Deutsche Postgeschichte

Deutsche POSTgeschichte

Essays und Bilder

Herausgegeben von
Wolfgang Lotz

Nicolai

Bild auf dem Umschlag: Johann Friedrich Fechhelm,
Die Lange Brücke in Berlin, um 1785

Redaktion und Herstellung: Gesine Asmus
Gestaltung: Atelier Kattner, Berlin
Satz: MEDIA trend, Berlin (aus der Bodoni)
Lithos: O.R.T. Kirchner + Graser GmbH, Berlin
Druck und Bindung: Passavia GmbH, Passau

ISBN 3-87584-249-9

Inhaltsverzeichnis

Vorwort

Der vorliegende Sammelband zur deutschen Postgeschichte erscheint als Begleitbuch zur Neueröffnung des Postmuseums Berlin. Bewußt wurde auf die übliche Katalogform verzichtet, stattdessen eine Aufsatzsammlung mit eigenem Bildteil gewählt.

Es sei mir an dieser Stelle gestattet, all diejenigen zu nennen, die das Werden dieses Buches auf das Beste gefördert und unterstützt haben. Neben einer Vielzahl von Museen, Bibliotheken und Archiven, am Schluß des Bandes aufgeführt, sind die Mitarbeiter des Postmuseums Berlin und vor allem des Bundespostmuseums in Frankfurt am Main zu nennen. Speziell weiß ich mich hierbei Herrn Gerd Arnsburg, Herrn Karl-Heinz Heck, Herrn Herbert Leclerc, Herrn Hans Puchtinger und Frau Inge Wissner verpflichtet. Ohne ihre allzeit bereitwillig gewährte Unterstützung wäre das Arbeitspensum nur schwer zu bewältigen gewesen. Das Engagement der Autoren sowie der Nicolaischen Verlagsbuchhandlung – besonders von Frau Gesine Asmus – sollen ebenfalls hervorgehoben werden. Ihnen allen gilt mein herzlicher Dank.

Wolfgang Lotz

Einleitung

Die Postgeschichtsforschung nimmt unter den verschiedenen Teildisziplinen der Geschichtswissenschaft nur eine bescheidene Randposition ein. Diese Tatsache ruft bei näherer Betrachtung einiges Erstaunen hervor; denn die Postgeschichtsforschung vermag durchaus einen sinnvollen Beitrag zu fast allen historischen Disziplinen zu leisten. Postgeschichte ist ja nicht nur die Geschichte der Institution »Post« – für sich allein im gleichsam geschichtsfreien Raum betrachtet –, sondern immer auch Teil der Rechts-, Verwaltungs-, Kultur-, Sozial- und Wirtschaftsgeschichte und nicht zuletzt der allgemeinen politischen Geschichte. So hat Heinrich Hartmann 1937 in einem Aufsatz über »Die Aufgabe der Postgeschichtsforschung« (Deutsche Postgeschichte 1937/I, S. 5–7) zu Recht auf die eigentlich selbstverständliche Tatsache hingewiesen, daß die politischen Einflüsse auf die Entwicklung der Post zu allen Zeiten immer recht erheblich gewesen sind. In diesem Zusammenhang ist stellvertretend auf den Poststreit des 17. und 18. Jahrhunderts hinzuweisen.

Die in jüngster Zeit verstärkt Interesse hervorrufende Technikgeschichte greift eine Reihe von Fragen auf, die gleichzeitig Themen der Postgeschichte sind – die Interessen und Arbeitsfelder fließen dabei sinnvoll ineinander. Hauptsächlich gilt dies für die Fernmeldegeschichte, also die Bereiche des Telegraphen-, Telefon- und Funkwesens. Diese Techniken haben seit Mitte des 19. und Anfang des 20. Jahrhunderts einen rasanten Aufschwung genommen und zu einer grundlegenden Wandlung nicht allein des gesamten Postbetriebes und der Arbeitswelt des Postpersonals, sondern aller Lebensbereiche überhaupt geführt. Die Entwicklungen, die damals eingeleitet wurden und die in dem heute weit verbreiteten Ausdruck »Telekommunikation« zusammengefaßt sind, führen gerade in unseren Tagen zu noch nicht absehbaren Veränderungen des öffentlichen und privaten Lebens.

Postgeschichtsforschung wurde bislang vor allem von Angehörigen der Post und – mit teilweise verwandten Interessen – von Philatelisten betrieben. Die »Postler« waren an der Geschichte ihres Arbeitgebers und Arbeitsgebietes interessiert; die andere Gruppe trieb ihr spezielles Hobby dazu, bestimmte Aspekte der Postgeschichte, wie die Entwicklung der Gebühren und ähnliches, aufzugreifen. Ihre Interessen deckten sich in der Mehrzahl nicht mit denen der Fachhistoriker, ihre Fragestellungen waren andere. Postgeschichte wurde und wird vielfach noch als eigene »Wissenschaft« ohne ausreichende Anbindung an die allgemeine Historiographie betrieben.

Eine moderne, zusammenfassende und den Ansprüchen der Wissenschaft genügende Gesamtdarstellung der deutschen Postgeschichte fehlt bislang. Auch Elias'/Steinmetz' »Geschichte der deutschen Post« kann nicht befriedigen, da sie fast ausschließlich der Betriebs- und Verwaltungsgeschichte gewidmet ist. Beim Studium der Geschichte der verschiedenen deutschen Postanstalten muß man immer wieder auf ältere Arbeiten zurückgreifen, die trotz aller Verdienste, die ihnen nicht abgesprochen werden sollen, unser Interesse nicht befriedigen und heutige Fragen nicht ausreichend beantworten können. Zudem befinden sich einige von ihnen, wie etwa Friedrich Webers »Post und Telegraphie im Königreiche Württemberg« (1901) nicht mehr auf dem aktuellen Stand der Forschung oder schließen ihre Darstellung mit Ende des 19. Jahrhunderts ab.

Die Intensität, mit der postgeschichtliche Themen behandelt wurden, läßt sich anschaulich am Beispiel Preußens darstellen. Will man sich mit diesem Gebiet auseinandersetzen, so bleibt als einziger Rückgriff nur die Lektüre der erstmals im Jahre 1859 veröffentlichten »Geschichte der preußischen Post« von Heinrich Stephan. Karl Sautter hat diese Monographie neu bearbeitet und 1928 herausgegeben. Dem Buch von Wilhelm Heinrich Matthias, »Darstellung des Postwesens in den Königlich-Preussischen Staaten« von 1817, kommt fast schon der Rang einer Primärquelle zu. So bleibt allein Stephan. Dies jedoch nicht, weil sich sein Werk als Monographie ersten Ranges durch eine besonders fesselnde Darstellung und Lesbarkeit auszeichnet: Stephans Arbeit von 1859 ist vielmehr die letzte (!) Gesamtdarstellung der preußischen Postgeschichte.

Der spezielle Grund hierfür liegt unter anderem in der vielfach äußerst unzureichenden Quellenlage. Für Preußen gilt dies – obwohl Akten in ausreichender Menge überliefert sind – deshalb, weil sich die vor dem Zweiten Weltkrieg im Geheimen Staatsarchiv Berlin aufbewahrte Archivüberlieferung heute in den Zentralen Staatsarchiven der DDR in Potsdam und Merseburg befindet und sich somit dem leichten Zugriff des Interessierten weitgehend verschließt. Ohne die Kenntnis und das Studium der Archivalien läßt sich aber auf Dauer kein entscheidender Fortschritt auf dem Gebiet der Postgeschichte erreichen.

Trotz aller Kritik im Prinzipiellen bezüglich der Heranziehung der Primärquellen ist dennoch auf eine durchaus beeindruckende Fülle von Einzelveröffentlichungen hinzuweisen, die das Wissen auf diesem Felde bedeutend vermehrt haben. Hervorzuheben ist hier vor allem die Gesellschaft für deutsche Postgeschichte, die sich seit 1953 der Erforschung der Postgeschichte gewidmet hat. Ihre Zeitschrift, das zweimal jährlich erscheinende »Archiv für deutsche Postgeschichte« (1989 bereits der 37. Jahrgang) brachte jedoch in der Mehrzahl Arbeiten zur Betriebsgeschichte, zur inneren Geschichte der Post sowie zu den verschiedenen Techniken, derer sich diese im Laufe ihrer Geschichte bediente. Gleiches gilt im übrigen für das seit 1925 erscheinende »Archiv für Postgeschichte in Bayern« sowie die verschiedenen, in unregelmäßiger Folge aufgelegten Hefte der einzelnen Bezirksgruppen der Gesellschaft für deutsche Postgeschichte.

Bei der Konzeption des vorliegenden Aufsatzbandes wurde versucht, wichtige Themen der Postgeschichte herauszugreifen und in den Gang der allgemeinen Historie einzuordnen. Die Auswahl der Illustrationen zu den einzelnen Beiträgen soll dieses zusätzlich verdeutlichen. Die Darstellung der Betriebsgeschichte, mit einer Ausnahme nicht berücksichtigt, und der Fernmeldegeschichte mußte unterbleiben, da sonst der Rahmen des Buches gesprengt worden wäre. Der Herausgeber glaubte jedoch, auf diese Themen umso eher verzichten zu können, als dafür in den oben genannten Publikationen der Gesellschaft für deutsche Postgeschichte reiches Material vorhanden ist. Das Schwergewicht des Bildteils liegt bei Dokumenten und Bildern aus dem 18. und 19. Jahrhundert. Ausgewählt wurden vor allem solche, die – zum Teil schwer zugänglich – bislang weitgehend unbekannt waren.

Briefe und Boten im Mittelalter

Eine Skizze*

Bernd Schneidmüller

Betrachtet man die historischen Vorläufer des staatlichen Monopolbetriebes Post, so fällt die außerordentliche Vielfalt in räumlicher und zeitlicher Perspektive auf. Schon lange, bevor am Ende des Mittelalters überregionale und staatlich beförderte Organisationsformen im Gebiet des Deutschen Reiches entstanden, war das Nachrichtenwesen in zahllosen Initiativen von geistlichen und weltlichen Herren, von Klöstern, Städten und Universitäten geregelt und in durchaus unterschiedlichem Ausmaß genutzt worden.

Auf zwei Weisen beförderten Boten und Gesandte ihre Informationen, als mündliche und als schriftliche Nachrichten. Schriftliche Informationen von Mensch zu Mensch waren so alt wie die Schrift selbst, so daß eine Kulturgeschichte des Briefes bis in die Anfänge der Antike zurückreichen würde. Und sicherlich fast ebenso alt waren die Anfänge eines Boten- und Nachrichtenwesens, das in den verschiedenen Epochen der Geschichte ganz unterschiedliche Gestalt annehmen konnte. Eine Vor- und Frühgeschichte der Post hat schon immer auf entsprechende Erscheinungen der Antike und des Mittelalters verwiesen, dann aber – mit zugespitzt institutionengeschichtlichem Blick – die Wechselwirkung staatlicher Privilegien und Gesetze mit der Entwicklung eines geordneten und überregionalen Nachrichtenwesens betrachtet.

Notwendigkeit wie Erscheinungsformen eines vorneuzeitlichen Botensystems wurden zumeist mit anthropologischen Kategorien, etwa der schlichten Notwendigkeit von Nachrichten- und Datenaustausch in allen Phasen der Geschichte, erklärt, die unterschiedliche Intensität vor allem mit komplizierter werdenden Formen von Herrschaft, Wirtschaft und Verwaltung gedeutet. Daraus resultierte das Bild eines vom Bevölkerungswachstum und von zunehmender herrschaftlicher wie wirtschaftlicher Durchdringung und Verdichtung der Gesellschaft abhängigen Bedürfnisses zum Nachrichtenaustausch, der schließlich in der neuzeitlichen Post kulminierte, einer Institution, die selbst wiederum von ökonomischen, technischen, mentalen und politischen Wandlungen abhängig bleibt.

Eine solche genetische Betrachtung kann sich in der Tat auf ein seit dem frühen Mittelalter wachsendes Quellenmaterial stützen, das durchaus disparat ist und sich erst allmählich dem forschenden Interesse erschließt. Vielfältige Überlegungen zur Heuristik sind nötig, um einige sichere Aufschlüsse über das Thema »Briefe und Boten im Mittelalter« zu erhalten. So kann es nicht darauf ankommen, in einer ohnehin lückenhaften Statistik die zufällig überlieferten Briefe quantitativ zu erfassen. Vielfach auf konkrete Situationen oder Personen bezogen, hatten Briefe in allen Phasen der Geschichte schlechtere Überlieferungschancen als etwa Gesetze, Urkunden, literarische oder historiographische Erzeugnisse. Meist waren Briefe Gebrauchsgut, im Mittelalter fast so rasch vernichtet wie wir dies heute bei Haushaltsauflösungen zu tun pflegen. Freilich gab es selbst im Hochmittelalter charakteristische Ausnahmen von solcher Praxis, die unsere Kenntnis von der Gattung Brief stark verzerren; darauf wird noch zurückzukommen sein.

Selbst wenn wir uns einen Moment auf diese statistische Methode einlassen wollen, so erkennen wir eine ungleiche Überlieferung in verschiedenen Zeitabschnitten des Mittelalters. Blickt man – unter dem Vorbehalt, daß längst nicht alle überkommenen Briefe des 15. Jahrhunderts erfaßt, ediert und ausgewertet sind – auf die Zahl der überlieferten Textzeugnisse des 8. und des 15. Jahrhunderts, so gelangt man unschwer zu dem keineswegs originellen Schluß, daß auch im Hinblick auf unser Thema das Mittelalter nicht als einheitliche Epoche, sondern als ein Jahrtausend mit vielen Gesichtern und Erscheinungen zu sehen bleibt. Dies gilt auch für alle anderen Näherungen an das Thema, die Suche nach Nachrichten über Boten und Botenorganisationen, nach Kommunikationsbedingungen und -wegen, nach ökonomischen Einsichten in Kosten und Nutzen eines Briefverkehrs, oder nach soziologischer Erhellung des Themas, nämlich nach den Teilnehmern am Brief- und Botenverkehr. Für das Jahrtausend von 500 bis 1500, also für die Zeit, die man landläufig als Mittelalter bezeichnet, bietet eine solche Fülle von ungleichen und unvergleichbaren Phänomenen, daß selbst derjenige, der nur eine grobe Skizze will, stets auf das Exemplarische, auf das Verallgemeinernde, auf das Vergröbernde seiner Ausführungen mit Nachdruck hinweisen muß.

Behält man solche Bescheidenheit im Sinn, so darf zunächst ganz allgemein ein Eindruck mitgeteilt werden, der der epochalen Charakterisierung des Brief- und Botenwesens im Mittelalter gilt und den behandelten Stoff in Parallele zu anderen »typisch« mittelalterlichen Erscheinungen zu rücken scheint: Wenn wir heute von »mittelalterlichen Zuständen« sprechen, so meinen wir meist ungeordnete, dumpfe, rückschrittliche Verhältnisse, eine Wertung, die auf das im Humanismus und in der frühen Neuzeit entstandene Mittelalterbild zurückgeht. Eine solche Klassifikation, die von der Vorstellung vom Mittelalter als Zwischenzeit zwischen Antike und Neuzeit lebt, resultiert aber nicht nur aus dem Menschenbild und der Ordnung politischer und mentaler Systeme. Auch die Postgeschichte des 19. Jahrhunderts konnte das Mittelalter als wirre, ungeordnete Übergangszeit sehen, zwischen dem wohlgeordneten Post- und Botenwesen der Antike und dem der Neuzeit. Staatliche Garantie- und Organisationsformen machten die mittelalterlichen Erscheinungen zum Chaos, zu einem Kommunikationssystem ohne Kontinuität, immer wieder nur fallweise geordnet, mit vielen konkurrierenden und darum scheinbar ineffizienten Botenorganisationen.

Und wenn für das späte Mittelalter gerade im Zusammenhang mit expandierenden italienischen Banken und Handelsgesellschaften neue Formen schriftlicher Kommunikation über weite Strecken als Besonderheit herausgestellt werden, so unterstreicht dies nur die generelle Wertung. Doch bevor wir uns einzelnen Aspekten der Forschungswege zuwenden, wollen wir einige grundsätzliche Hinweise zum Thema zusammentragen – zunächst zum Brief-, dann zum Botenwesen –, ohne daß hier dem ganz Europa umfassenden Epochenbegriff Mittelalter mit den speziellen Entwicklungen in Süd-, Ost-, Nord- und Westeuropa ganz Genüge getan und eine Verengung des Blickwinkels auf das römisch-deutsche Reich nicht geleugnet werden kann.

Daß man dem Brief ein ungefähr gleiches Alter wie der Schrift bescheinigt, hilft uns für unser Thema nur bedingt, weil aus der Antike wie auch aus den ersten Jahrhunderten des Mittelalters Briefe in ihrer Originalform kaum überliefert sind. Eine Geschichte des Briefes muß sich in wesentlichen Punkten indirekt dem Thema nähern. Einigermaßen verläßlich sind wir über die Beschreibstoffe unterrichtet: Im Orient benutzte man Tontafeln, in der griechisch-römischen Antike mit Wachs überzogene Holztafeln und den aus Ägypten stammenden Papyrus, selten Pergament. Das frühe Mittelalter kannte im mediterranen Bereich Papyrus (besonders lange in der päpstlichen Kanzlei benutzt), nördlich der Alpen wurde fast ausschließlich auf Pergament geschrieben. Die Kostspieligkeit dieses Beschreibstoffes, der in einem komplizierten Verfahren aus Tierhäuten gewonnen wurde, engte den Kreis der Briefschreiber und -empfänger sehr deutlich ein. Und exklusiv blieb der Kreis selbst noch im späten Mittelalter, als sich seit dem 14. Jahrhundert Papier mehr und mehr durchsetzte: In den Anfängen blieb auch dieser Beschreibstoff teuer. Da Papier aber deutlich billiger als Pergament war und die Rohstoffe zur Papierherstellung nicht in gleicher Weise endlich wie die Tierhäute waren, nahm die Zahl der überlieferten Schriftstücke seit dem 14. und 15. Jahrhundert sprunghaft zu, eine Entwicklung, die allerdings nicht allein durch den billigeren Beschreibstoff zu erklären ist. Im frühen und hohen Mittelalter blieb das Briefwesen von antiken, besonders von antik-christlichen Vorbildern geprägt. Auch für Briefschreiber galten die allgemeinen Regeln der Rhetorik, die umfassender seit dem 12. Jahrhundert rezipiert wurden. Einige wenige Regeln können für alle Briefe gelten: Mehr oder minder ausführlich werden Absender und Empfänger genannt, wobei der Grad der Ausführlichkeit von der Vertrautheit und vom sozialen Status geprägt wird. Ebenso enthalten diese Briefe eine allgemeine Grußformel und einen Schlußgruß. Die anderen Bestandteile des Briefes entziehen sich eindeutiger Ordnung, sie sind vielmehr abhängig von den jeweiligen Umständen, die zur Mitteilung führten, von der Stellung des Adressaten und des Empfängers usf.

Die Einengung des Kreises von Schreibern und Empfängern, die letztlich eine soziale war, erhielt außerdem eine intellektuelle Komponente. Briefe des frühen und hohen Mittelalters wurden in Latein geschrieben, und die Volkssprache setzte sich erst im 12./13. Jahrhundert mehr und mehr durch. Bis dahin blieb die Vatersprache Latein, die neben und über die vielen Muttersprachen des christlichen Abendlandes trat, die *lingua franca* der europäischen Intellektuellen, derjenigen Personen, die nach ihrer Ausbildung in den *artes liberales* oder wenigstens der Eingangsstufe des kirchlich dominierten Bildungswesens in der Lage waren, zu lesen und zu schreiben. Denn selbst zwischen Lesen und Schreiben müssen wir trennen: Das erste war eine Fertigkeit, das zweite eine Kunst, über die selbst die großen Herrscherpersönlichkeiten des frühen Mittelalters nicht immer verfügten. Davon legt der Bericht Einhards über die mühevollen Versuche Karls des Großen, die Stunden der Schlaflosigkeit mit dem Erlernen des Schreibens zuzubringen, hinreichend Zeugnis ab. Wenn also die Geschichte des Briefeschreibens letztlich Bestandteil der Bildungsgeschichte ist, muß nochmals auf den geistlichen Charakter aller uns überlieferten Briefe hingewiesen werden, geschrieben in der Sprache der Kirche und abgefaßt von Geistlichen. Davon legt jene berühmte Episode auf dem Reichstag von Besançon beredt Zeugnis ab, als der Kanzler Kaiser Friedrichs I. 1157 einen Brief des Papstes Hadrian IV. durchaus zweideutig übersetzte: Der Papst habe dem Kaiser das Kaisertum und gerne auch andere *beneficia* überlassen, und der Kanzler Rainald von Dassel übersetzte das lateinische Wort mit Lehen, was zu tumultuarischen Auftritten der deutschen Fürsten führte. Hadrian mußte später präzisierend einräumen, mit *beneficium* habe er nicht Lehen (feudum), sondern Wohltat (bonumfactum) gemeint, doch die Verwirrung zeigt die Problematik der Mehrsprachigkeit, die auch heute noch bei der Abfassung internationaler Verträge zu umständlichen Verhandlungen und Genehmigungen der verschiedenen Fassungen führt. In entsprechenden Situationen des Mittelalters blieb der Brief ob seiner lateinischen Sprachform damit auslegbar, er mußte für den Großteil der Laien sowohl akustisch wie auch inhaltlich-sprachlich überhaupt erst disponibel gemacht werden.

Blieben die frühmittelalterlichen Briefe auf Grund der zu benutzenden Sprache wie des überaus teuren Beschreibstoffes also exklusive Gebilde, so wurden sie von den Verfassern wie von den Empfängern in vielfältiger Weise bewahrt und weiter genutzt. Originalbriefe sind bis zum Beginn des Spätmittelalters nur ausnahmsweise auf uns gekommen. Die Briefe der frühen Jahrhunderte haben auf zweierlei Weise überdauert. Da die Abfassung eines lateinischen Briefes hohe intellektuelle Anforderungen stellte und sich die Autoren häufig ihrer Leistungen durchaus bewußt waren, behielten sie die Konzepte, um sie für ähnliche Anlässe erneut zu benutzen. Solche Formulare entsprechen den frühmittelalterlichen Formelsammlungen von Urkunden, die auch die Grundlage für vielfältige Rechtsgeschäfte boten und wo der Text für den Einzelfall nur noch auszuwählen und zuzuspitzen war.

Viel häufiger aber war, daß Absender oder Empfänger, häufig auch Freunde oder Schüler von ihnen, die ausgehenden und eingehenden Briefe sammelten und abschrieben. Daraus entstanden Briefsammlungen und Briefbücher, deren Anlageprinzipien oft nicht leicht zu durchschauen sind. Diese gesammelten Briefe, meist von Autoritäten stammend, aufbewahrt und gepflegt vor allem in monastischen Instituten, konnten mehrfach abgeschrieben werden und überschritten vielfach die Grenze zur Literatur, indem auch

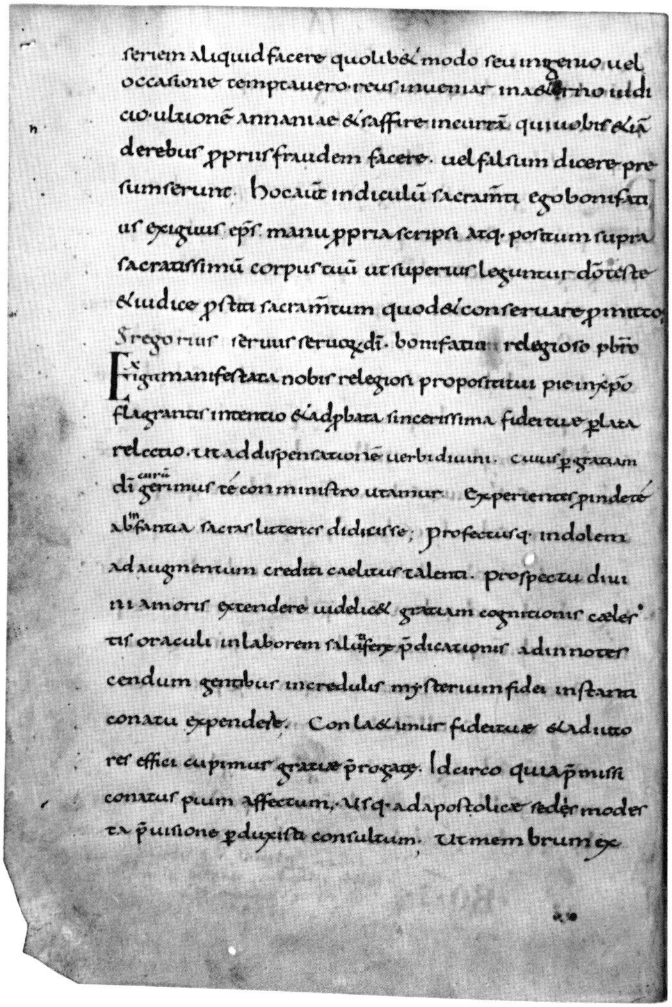

Abb. 1: Aus den Briefen des Heiligen Bonifatius: Papst Gregor II. betraut den Priester Bonifatius mit der Heidenmission; Beginn des Papstbriefes vom 15. Mai 719 in einer Sammelhandschrift von Bonifatiusbriefen

sonstige Werke der Briefsteller aufgenommen wurden. Aus der Sammlung von Briefen waren Handschriften geworden, und ihren ersten großen Höhepunkt erreichten solche Sammlungen in der Karolingerzeit. Neben den Briefsammlungen Alkuins, Hrabanus' Maurus und Hinkmars von Reims haben die Briefe des Bonifatius und des Lul besondere Bedeutung für die historische Forschung gewonnen, und aus den verschiedenen Handschriften hat der Herausgeber Tangl immerhin gleich drei mit eigenem Überlieferungswert herausgestellt (vgl. Abb. 1). Einhundertfünfzig Nummern umfaßt die Sammlung, die nicht nur Briefe im engeren Sinn, sondern auch Formulare umfaßt, Briefe von und an Bonifatius wie Lul vereint. Nach einer Pause setzten sich die Briefsammlungen seit der berühmten Kollektion Gerberts von Reims, des späteren Papstes Silvester II., durch: Entsprechende Corpora solcher Gelehrter (wie Anselm von Canterbury, Ivo von Chartres, Johannes von Salisbury, Hildebert von Lavardin, Gervasius von Prémontré) belegen nicht nur die Gelehrsamkeit von Absender und Empfänger, sondern mehr noch den weiten geographischen Rahmen, in dem diese Briefe tatsächlich im übernationalen Sinne verschickt und auch rezipiert wurden.

Doch die Aufzählung der illustren Sammlungen, durchaus nur exemplarisch und durch anonyme Kollektionen zu ergänzen, darf nicht zu dem Schluß führen, in mittelalterlichen Briefen seien nur die letzten Fragen theologischen und philosophischen Inhalts behandelt worden. Vielfach war das Pergament nicht zu schade, auch alltägliche Klagen, Beschreibungen über Reiseeindrücke und körperliches Unwohlsein aufzunehmen, alles Dinge, die man dem alltäglichen Leben der Schreiber und Empfänger zuordnen kann.

Mit einem hohen Grad an Wahrscheinlichkeit ergeben die überlieferten Sammlungen allerdings nur einen Ausschnitt aus der Korrespondenz ihrer Adressaten und Empfänger, denn mit redaktionellen Eingriffen muß gerechnet werden.

Über die Wirklichkeit unterrichten die vielen original überlieferten Briefe des Spätmittelalters besser. In der Zwischenzeit hatte die Gattung Brief manche Wandlung durchlaufen, waren gerade Briefe in den großen publizistischen Auseinandersetzungen zum geeigneten Kampfinstrument geworden, zuvorderst im Kampf zwischen Kirche und Reich im 11. Jahrhundert. Hier feierte der Typus des offenen Briefes seine Triumphe, der seine Wirkung gerade auf Grund des scheinbar nur auf den Adressaten und Empfänger beschränkten Disputs besaß. Und in der Historia calamitatum hatte Petrus Abaelard eine Vorform des Briefromans geschaffen.

Die Einheit der Welt war zerbrochen im Kampf zwischen Kaiser und Papst, der Einzelne aufgefordert zur Stellungnahme in einer Auseinandersetzung, in der Gut und Böse nicht mehr festzustehen schienen. In der lateinischen Literatur kamen ganz folgerichtig autobiographische Schriften auf, trat die Person und das Denken des Einzelnen mehr in den Vordergrund. Otloh von St. Emmeram, Petrus Abaelard und Guibert von Nogent faßten eigene Erfahrungen ihres Lebens in Worte, und in diesen Prozeß paßte sich auch die Entwicklung des Briefes ein. Neben die theologischen und politischen Briefe treten seit dem Hochmittelalter mehr und mehr volkssprachige Texte, werden uns Briefe überliefert, die Aussagen über das Denken und Fühlen (neuerdings spricht man gerne von der Mentalität) von Angehörigen verschiedener sozialer Gruppen ermöglichen, die Spiegel sind für Lebensformen von Mönchen und Heiligen, von Klerikern wie von Ketzern, von Bürgern wie von Studenten. Im Wandel des Hochmittelalters treten neue Briefexpedienten stärker hervor, und in den offiziellen Briefen der fürstlichen Kanzleien wie der städtischen Räte beginnt sich eine spätmittelalterliche Verwaltungsgeschichte abzuzeichnen.

Besitzen Absichtserklärungen der karolingischen Reichsverwaltung, die von Missi dominici in die Teile des Großreiches getragen wurden, noch den Seltenheitswert der Einmaligkeit, so sind die Produkte städtischer Schreiber des 14. und 15. Jahrhunderts in solcher Fülle auf uns gekommen, daß eine nur annähernde Ausschöpfung der in die Zehntausende gehenden Quellen in weiter Ferne bleibt. Die Zufälligkeit der Überlieferung wie auch die Möglichkeit von Neufunden bestätigt die Goslarer Entdeckung von ca. 1500 Briefen der Zeit um 1400 unter den Dielen des Rathauses. Ihr Inhalt mag die Mittelalterforschung nicht auf eine neue Grundlage stellen, aber ihre Auswertung wird uns in der Erforschung der sozialen, rechtlichen und wirtschaftlichen Realitäten einer spätmittelalterlichen Stadt in Norddeutschland ein gehöriges Stück weiterbringen (vgl. Abb. 2). Die Goslarer Briefe wie auch die anderen spätmittelalterlichen Briefsammlungen mit ihren vielfältigen editorischen Problemen geben uns eher eine Ahnung von der Notwendigkeit und Vielfalt weiterer Forschung, als daß sie uns in der Sicherheit unserer bisherigen Erkenntnis wiegen könnten.

Diese Offenheit im Forschungsstand über den mittelalterlichen Brief muß – vielleicht etwas abgemildert – auch

Abb. 2: Briefe aus der Zeit um 1400, gefunden bei der Renovierung des Goslarer Rathauses

für unsere Kenntnisse des mittelalterlichen Botenwesens gelten, für das die Vielfalt der Erscheinungen vor allem in zeitlicher Perspektive mit Nachdruck zu unterstreichen bleibt. Da aber das Botenwesen Teil einer Verwaltungs- und Verfassungsgeschichte ist und da manche grundsätzlichen Hinweise wie viele bildliche Quellen überliefert sind, gelingt die Strukturierung des Bildes etwas leichter, bleibt freilich weit entfernt von den Erkenntnismöglichkeiten neuzeitlicher Postgeschichte.

Abhängig blieb auch das Botenwesen in den verschiedenen Phasen des Mittelalters von Kommunikationsweisen und der gesellschaftlichen Durchdringung und Verdichtung. An das staatlich geordnete Botenwesen der Antike vermochte das frühe Mittelalter kaum anzuknüpfen, vor allem nicht im Gebiet nördlich der Alpen. Das System fester Stützpunkte und Relaisstationen kam hier praktisch zum Erliegen, ebenso die Pflege des berühmten antiken Straßenwesens. In den Reichsbildungen des Frühmittelalters auf dem Boden des früheren römischen Weltreiches beobachten wir trotzdem sowohl Kontinuitäten wie auch abrupte Brüche, und dies muß auch für das Nachrichten- und Botenwesen gelten. So bleibt auf der einen Seite festzustellen, daß sich das Leben etwa im Gebiet des heutigen Deutschland in sogenannten Siedlungskammern abspielte, die sowohl wirtschaftlich als auch sozial vielfach autark blieben und durch unwegsames Land, vor allem durch dichte und fast undurchdringliche Wälder voneinander getrennt waren. Die geringe Zahl der wirtschaftenden, aber auch der zu versorgenden Bevölkerung, gekoppelt mit den Produktionsbedingungen der sich ausbreitenden Grundherrschaft machte weitgespannte Kontakte für die Mehrzahl der Menschen unnötig und unmöglich. Doch schon im frühen, vollends dann im hohen Mittelalter fielen einzelne Gruppen aus der Verhaftung an die Scholle heraus, vor allem die vom Königtum privilegierten Wanderkaufleute, die ihre Waren über weite und gefahrvolle Strecken transportierten und feste Handelsstützpunkte ausbildeten. Sicher waren sie im Frühmittelalter, ohne daß es ihr »Beruf« war, wichtige Boten und Nachrichtenüberbringer. Ihnen durchaus an die Seite zu stellen sind die fahrenden Sänger und Gaukler, vielfach Randexistenzen der Gesellschaft, die im hohen und späten Mittelalter für den Kontakt der Menschen untereinander, für die Übermittlung von Nachrichten immer wichtiger wurden. Weit entfernt von der Höhe höfischer Ideale vom fahrenden Ritter, eher schon näher an den Klagen eines Walthers von der Vogelweide über Unsicherheit im Winter und Pferdediebstahl, bildeten sie ein ganz Europa verknüpfendes Netz von Informanten, die ihre Neuigkeiten in den letzten Winkel einsamer Bergburgen, aber auch in Städte und Dörfer brachten. Die mittelalterliche Gesellschaft profitierte so von zunehmender Mobilität, sozialer und mentaler, geographischer wie intellektueller. Für einzelne Gruppen wurde es seit dem Hochmittelalter typisch, unterwegs zu sein, für die Kaufleute, die Gaukler, die Studenten, die die Universitätsorte Europas in heute kaum mehr zu ahnender Mobilität aufsuchten. Hier kamen Erfahrungen, Kenntnisse zusammen, die auf dem Hintergrund eines einheitlichen christlichen Abendlandes entstanden waren und nicht an nationalen Schranken Halt machten.

Leute, die im Mittelalter unterwegs waren, kamen also aus verschiedenen gesellschaftlichen Gruppen, besaßen unterschiedliche Interessen zu reisen und brachten daher auch disparate Eindrücke und Botschaften mit. Doch berühren diese Beobachtungen eher den Grad der Kommunikation und der Mobilität der Gesellschaften des Mittelalters als die Organisation eines Botenwesens, die von den zunächst genannten Trägern allgemeinerer Botschaften unterschieden sein wollen. Menschen für das gelegentliche oder auch kontinuierliche Überbringen von Botschaften freizustellen, erforderte eine soziale und herrschaftliche Differenzierung der Gesellschaft. An solchen Personen, die immer eine Vertrauensstellung einnahmen und darum häufig durch den Klaps auf den Mund symbolisch zur Verschwiegenheit ermahnt wurden (Abb. 3), besaßen ganz unterschiedliche Gruppen Interesse.

Geradezu in scharfem Kontrast zu den geschilderten Siedlungsbedingungen des Frühmittelalters standen die Großreichsbildungen in Europa, vor allem die Formierung des fränkischen Reiches, das immer wieder an Problemen der Kommunikation wie seiner Wehrverfassung zu scheitern drohte. Monarchische Herrschaft wurde in diesem riesigen Reich von der Nordsee bis nach Mittelitalien, von der Elbe bis nach Nordspanien möglich durch das Reisekönigtum, das die Ausbildung einer festen Hauptstadt unnötig erscheinen ließ. Ebenso wie der König selbst reisten seine Boten durchs Reich, Personen, die die königlichen Gesetze, die Kapitularien, bekannt machten. Das berühmte *Capitulare de villis* aus der Zeit Karls des Großen hat sich in der Wolfenbütteler Bibliothek in einem Exemplar erhalten, das in seiner charakteristischen Form – geringe Breite, große Länge – gut in der Satteltasche eines reitenden Boten Platz gefunden haben mag. Für die Ordnung von Herrschaft, Gericht

Abb. 3: Der Minnesänger Hartwig von Raute übergibt einem Boten einen Brief und ermahnt ihn durch eine Maulschelle zum Schweigen; Codex Manesse, Anfang 14. Jahrhundert

und Verwaltung hatten die karolingischen Herrscher Königsboten, *missi dominici,* eingesetzt, die zu zweit im Auftrag des Königs unterwegs waren. Neben diesen mit außerordentlichen Vollmachten ausgestatteten Herren besaß das Königtum seit merowingischer Zeit eine Reihe von Boten, von denen wir auf Grund von Nachrichten über die Gestellung von Pferden Kenntnisse besitzen. Solche Leute stammten aus niederen sozialen Schichten, besaßen meist keine Vollmachten, sondern nur die Pflicht der Brief- oder mündlichen Nachrichtenüberbringung, allenfalls das Abwarten einer Antwort.

Neben den Königen besaßen große Grundbesitzer solche Boten. Der Besitz großer Reichsabteien etwa lag über weite Distanzen verstreut, die Verwaltung, Nutzung und Abgabeeintreibung war zu organisieren und miteinander zu verknüpfen. In den großen Güterverzeichnissen aus karolingischer Zeit begegnen im 9. Jahrhundert Notizen über reitende und laufende Boten im Auftrag der Herrschaft. Allmählich bildeten sich spezialisierte Personen mit Erfahrungen im Umgang mit Reitpferden innerhalb der Hörigenschicht heraus. Doch nach dem Ende des Karolingerreiches fließen unsere Quellen spärlicher, so daß erst seit dem 12. und 13. Jahrhundert genauere Kunde über mittelalterliche Boten auf uns gekommen ist.

Nun beobachten wir ein festes System von Boten vor allem in den westeuropäischen Monarchien und beim Papsttum. Naturgemäß beschäftigten aber auch geistliche und weltliche Herren ihre Boten, schon kurz nach 1200 sind Boten des Bischofs von Passau, kurze Zeit später solche des französischen Eroberers Simon von Montfort im Albigenserkrieg und in der zweiten Hälfte des 13. Jahrhunderts auch Boten des burgundischen Herzogs bezeugt. In dem Maße, wie Politik und Verwaltung nicht mehr ohne Boten auskamen, nahmen auch ihre Darstellungen zu, und diese Zunahme von Zeichnungen bezeugt wiederum die Wichtigkeit der Boten (vgl. Abb. 4).

Nun unterhielten auch Klöster und Städte ihre Boten, die häufig nur einen oder wenige Briefe beförderten, auf ihren Reisen aber auch gerne Briefe und Nachrichten anderer Absender besorgten. Im Laufe des Spätmittelalters werden unsere Kenntnisse immer dichter. Universitätsboten und Boten des Deutschen Ordens (siehe die entsprechenden Artikel in diesem Band) sind ebenso zu verfolgen wie Personen, die im Auftrag von Zünften, Genossenschaften und Handelsherren unterwegs waren. Jetzt können wir auch genauere Vorstellungen über die Zahl der Boten, die einzelne Herr-

Abb. 4: Boten an Kaiser Heinrich VI.; Liber des Petrus de Ebulo, 13. Jahrhundert

schaftsträger beschäftigten, gewinnen: Das englische Königtum verfügte über 15–45 Boten, das französische im 13. Jahrhundert über 16, im 14. über 31, im 15. gar über 120 bzw. 240 Boten. Die Beförderungsgeschwindigkeit für ihre Briefe oder Nachrichten war naturgemäß von vielen Faktoren abhängig, von der Beschaffenheit der Straßen und der Landschaft, von klimatischen und auch von politischen Bedingungen. Man wird freilich grob schätzen können, daß ein laufender Bote bis zu 30 km pro Tag, ein reitender über 50 km bewältigen konnte, und Expreßboten brachten es in ebenen Gebieten auf eine Tagesleistung von bis zu 100 km. Besonders gut können wir die Übermittlungsgeschwindigkeit bei großen politischen Ereignissen ablesen. So wissen wir in etwa, wie lange die Nachricht vom Tod Friedrichs I. Barbarossa 1190 in Kleinasien bis ins Reich unterwegs war, haben Vorstellungen darüber, wann einschneidende politische Ereignisse im Heiligen Land wie die katastrophale Niederlage von Hittin 1187 in Süd- und Westeuropa bekannt wurden, können abschätzen, nach wieviel Tagen man in entscheidenden politischen Zentren Deutschlands Kunde vom plötzlichen Tod Kaiser Heinrichs VI. vor seiner Kreuzzugsreise in Messina 1197 erhielt. Solche wesentlichen Nachrichten wurden nicht mehr von einem Boten einzeln verbreitet, vielmehr verbreitete sich die Kunde »wie ein Lauffeuer«. So fingen einzelne Herrschaftsträger im 14. und 15. Jahrhundert damit an, regelmäßige Botenverbindungen zu unterhalten. Vorbild dafür waren das Botenwesen im islamischen Bereich und sicher auch der Nachrichtenaustausch im europäischen Handelsverkehr. Beobachten wir bei den Arabern schon frühzeitig einen politisch geordneten und gelenkten Nachrichtenverkehr, so lassen sich regelmäßige Botenverbindungen seit dem 13. Jahrhundert auch bei west- und südeuropäischen Kaufleuten ausmachen, die ihre Waren und ihr Geld in einem europaweiten Handels- und Messesystem einsetzten. Die »Kaufleute von der scarsela« (scarsella als Tasche, Botentasche) nahmen ihren Ursprung in Italien und bildeten ein bis nach Nordwesteuropa reichendes Kommunikationsnetz aus, so daß es allmählich zu festen Brieflinien kam.

Hier konnten seit dem späten 14. Jahrhundert auch politische Potentaten anknüpfen, bezeichnenderweise wieder zuerst in Italien, im 15. Jahrhundert beobachten wir Reitpostenketten an wichtigen Straßen aber auch in Frankreich, der Schweiz und schließlich im Gebiet des Deutschen Ordens, der seine Ordenshäuser als Stationen für die Briefbeförderung nutzte (vgl. den entsprechenden Beitrag in diesem Band). Vor allem in Kriegszeiten wurden Nachrichtenverbindungen geschaffen, um jederzeit über die militärische Lage unterrichtet zu sein und flexibel reagieren zu können. Insgesamt bleiben diese Unternehmungen, sieht man von den festen Botenlinien zwischen den wirtschaftlichen Zentren vor allem im Süden und Westen Europas einmal ab, punktuell und wurden erst seit dem 16. Jahrhundert zunehmend zusammengefaßt. Vielfältige Erfahrungen von der Effizienz von Botenstafetten, die Verdichtung der Kommunikation und die Zunahme der Notwendigkeiten zum Nachrichtenaustausch eröffneten neue Wege, die festere Organisationsformen hervorbrachten. Diesen Prozeß vermögen wir in groben Zügen zu verfolgen, empfinden aber gleichzeitig immer wieder die Lückenhaftigkeit unserer Überlieferung wie auch die mangelnden Kenntnisse. Wie sehr moderne Fragestellungen auch auf die Erforschung der Briefe und der Boten des Mittelalters durchschlagen, soll an drei Beispielen entrollt werden, die uns die Zufälligkeit unseres Wissens richtig einschätzen lernen. Erfahrungen der Kriege von 1870/71 und von 1914–1918 waren es, die zwei Historikern der ersten Hälfte unseres Jahrhunderts das Interesse bei der Beschäftigung mit historischen Quellen schärften. Auf die Briefbeförderung durch Brieftauben im Krieg von 1870/71 wies beispielsweise 1909 Hans Fischl hin: Nach diesem Krieg hätten »fast sämtliche Armeen ein staatlich organisiertes oder doch staatlich subventioniertes Militärbrieftaubenwesen« eingerichtet (S. 33), Grund genug für den königlichen Gymnasiallehrer, die Geschichte der Brieftaube im Altertum und im Mittelalter zu verfolgen. Auch hier gewinnt man den Anschein, daß das fortschrittliche Brieftaubenwesen der Antike über arabische Vorbilder an das lateinische Mittelalter überliefert wurde, aus den Erfahrungen der Kreuzzugszeit.

Und nur die Erlebnisse der Stellungskriege im Ersten Weltkrieg haben den berühmten Mediaevisten Holtzmann eine Stelle im Liber pontificalis etwas genauer lesen lassen. Nach positiven Erfahrungen hatte die Heeresleitung seit 1917 in allen Kampfdivisionen des Westens Meldehundtrupps zur Nachrichtenübermittlung in den Gräben aufgestellt. Einen historischen Vorläufer fand Holtzmann bei der kriegerischen Auseinandersetzung Kaiser Heinrichs V. mit Papst Paschalis II. 1118. Der Herr der Burg Torrice bei Frosinone, belagert von kaiserlichen Truppen, habe zur Kommunikation mit den Seinen einen Meldehund, »ein treues Tier, dem man Briefe an den Hals band«, eingesetzt.

Mögen wir solche Beobachtungen noch im Bereich des Pittoresken ansiedeln, so bemüht sich die moderne Mittelalterforschung mehr und mehr um die Zunahme der Schriftlichkeit als wesentliche Kulturleistung des Mittelalters. Die landesherrlichen und städtischen Kanzleien geraten dabei zunehmend ins Zentrum des Interesses, ihre Organisation und ihre Leistung. So bieten die vielfach ungedruckten und häufig wenig beachteten Stadtrechnungen oder sonstige Quellen aus dem administrativen Bereich, die in überaus großer Masse auf uns gekommen sind, wichtige Hinweise auf die Kosten, die etwa eine Gesandtschaft an die päpstliche Kurie oder den kaiserlichen Hof verursachten, auf die Schnelligkeit der Briefbeförderung von den großen Konzilien in Konstanz und Basel während des 15. Jahrhunderts in norddeutsche Städte. Zunehmend wird deutlich, wie viel Geld für Pergament, Papier und Tinte aufgewandt wurde, wieviele Schreiber eine Kanzlei unterhielt und wieviele Briefe täglich angefertigt werden konnten. Angesichts der Papierflut moderner Verwaltungen hielt sich dies naturgemäß sehr im Rahmen, aber seit dem 15. Jahrhundert erkennen wir mehr und mehr die Geburt des Aktenzeitalters, das wesentlichen Wandel in das Schreiben und Befördern von Briefen brachte. Gerade die städtischen Quellen verraten uns im 14. und 15. Jahrhundert auch mehr über die soziale Zuordnung und die Lebenswirklichkeit der Boten, über ihre Kleidung (Botendarstellungen aus Braunschweig, Abb. 6, aus Frankfurt, Abb. 5), über ihre Zahl (im 14. und 15. Jahrhundert zwischen drei und vierundzwanzig pro Stadt) und über ihre Einbindung in das städtische Gemeinwesen. Neben den freien Boten, die ihre Dienste im Prinzip jedermann anboten, gab es nämlich spezielle Ratsboten, die sich in Boteneiden der Obrigkeit verpflichten mußten.

Diese Vielfalt entstand im Bereich des römisch-deutschen Reiches nicht aus zentralstaatlicher Lenkung und Planung, sondern im Miteinander kaiserlicher und ständischer, adliger, geistlicher und städtischer Anstrengungen und legt Zeugnis ab von der Pluralität, die das Alte Reich ausmachte. Doch nicht nur der administrative Aspekt des Botenwesens tritt in den wissenschaftlichen Anstrengungen deutlicher zutage, nein, es vermehren sich auch unsere Kenntnisse von den Hospizen, Gasthäusern, Tavernen, ohne die ein Kommunikations- und Nachrichtenwesen nicht denkbar wäre und die Plattform abgaben für diejenigen, die im Spätmittelalter unterwegs waren. Indem wir nach der Geschichte von Briefen und Boten im Mittelalter fragten, haben wir wesentliche Aspekte der mittelalterlichen Gesellschaft kennengelernt: Wir fragten, wie die Menschen miteinander kommunizierten, wer an diesem Informationssystem teilnahm, in welchen Formen sich die Menschen des Mittelalters äußerten und welche Wege sie zum Nachrichtenaustausch schufen. Wer sich also nach den Frühformen des Post- und Nachrichtenwesens erkundigt, wird viel Grundsätzliches zur Verfassungs-, Kultur-, Wirtschafts- und Siedlungsgeschichte erfahren müssen und sowohl angesichts des Reichtums wie auch der Beschränktheit unseres historischen Wissens erstaunt sein.

* Auf Einzelanmerkungen wurde verzichtet. Die notwendigen Hinweise sind den bibliographischen Hinweisen zu entnehmen. Die aufgeführten Titel bieten zum Teil reiche Literaturhinweise zur Weiterarbeit.

Bibliographische Hinweise

Robert-Henri Bautier, Recherches sur les routes de l'Europe médiévale I: De Paris et des foires de Champagne à la Méditerranée par le Massif central, in: Bulletin philologique et historique du comité des travaux historiques et scientifiques 1960, S. 99–143.- Hermann Joseph Becker, Das politische Nachrichtenwesen im Mittelalter, in: Postgeschichtliche Blätter der OPD Saarbrücken 1963/1, S. 10–15; 1963/2, S. 1–6; 1964/1–2, S. 1–5.- Ders., Das politische Nachrichtenwesen im späten Mittelalter, in: Postgeschichtliche Blätter der OPD Saarbrücken 1965/1–2, S. 16–20; 1966/1–2, S. 7–10.- Ders., Das mittelalterliche Pilgerwesen in seiner Bedeutung für den öffentlichen Nachrichtendienst, in: Postgeschichtliche Blätter der OPD Saarbrücken 1967/1, S. 4–9; 1968/1, S. 1–6; 1969/1, S. 1–5.- Ders., Städteboten, in: Postgeschichtliche Blätter der OPD Saarbrücken 1961/1, S. 10–18.- Giles Constable, Letters and Letter-Collections, Turnhout 1976 (Typologie des sources du moyen âge occidental 17).- Reinhard Elze, Über die Leistungsfähigkeit von Gesandtschaften und Boten im 11. Jahrhundert. Aus der Vorgeschichte von Canossa 1075–1077, in: Histoire comparée de l'administration (IVe–XVIIIe siècles), hg. Werner Paravicini – Karl Ferdinand Werner, München 1980, S. 3–10.- Carl Erdmann, Studien zur Briefliteratur Deutschlands im elften Jahrhundert, Stuttgart 1938.- Adalbert Erler, Art. »Post«, in: Handwörterbuch zur deutschen Rechtsgeschichte, Bd. 3, Berlin 1984, Sp. 1834–1840.- Hans Fischl, Die Brieftaube im Altertum und im Mittelalter. Programm des K. humanistischen Gymnasiums Schweinfurt 1908/09, S. 1–38.- Gastfreundschaft, Taverne und Gasthaus im Mittelalter, hg. Hans Conrad Peyer, München – Wien 1983.- W. Holtzmann, Meldehunde im Mittelalter, in: Deutsche Postgeschichte 1939/2, S. 131.- Ernst Kießkalt, Die Entstehung der deutschen Post und ihre Entwicklung bis zum Jahre 1932, Erlangen o. J.- Landesherrliche Kanzleien im Spätmittelalter, 2 Bde., München 1984.- Otto Lauffer, Der laufende Bote im Nachrichtenwesen der früheren Jahrhunderte. Sein Amt, seine Ausstattung und seine Dienstleistungen, in: Beiträge zur deutschen Volks- und Altertumskunde 1, 1954, S. 19–60.- Norbert Ohler, Reisen im Mittelalter, München 1986.- Yves Renouard, Information et transmission des nouvelles, in: L'histoire et ses méthodes, hg. Charles Samaran, Paris 1961, S. 95–142.- Franz-Josef Schmale (u. a.), Art. »Brief, Briefliteratur, Briefsammlungen«, in: Lexikon des Mittelalters, Bd. 2, München – Zürich 1983, Sp. 648–682 (weitere Lit.).- Thomas Szabó, Art. »Botenwesen«, in: Lexikon des Mittelalters, Bd. 2, München – Zürich 1983, Sp. 484–487 (weitere Lit.).- Unterwegssein im Spätmittelalter, hg. Peter Moraw, Berlin 1985.

Abb. 5: Der Frankfurter Stadtbote Henchin Hanauwe von 1439 und der Frankfurter Stadtbote von 1440; Botenbuch, 15. Jahrhundert

Abb. 6: Ein Braunschweiger Stadtbote als Hinweis auf den Verfasser des Schichtbuchs, Hermen Bote, Anfang 16. Jahrhundert

Die Organisation des Briefverkehrs beim Deutschen Orden

Ekkehart Rotter

Der Streit ums Prinzip

Die Auseinandersetzung um Bedeutung, Ein- bzw. Erstmaligkeit, Organisation und Aktionsradius einer im Prinzip von niemandem bestrittenen Einrichtung beim Deutschen Orden, die der Übermittlung von Briefen diente, währt bis in unsere Zeit.[1] Die Gräben, die darüber aufgerissen wurden, sind tief; Pro und Contra stehen sich beinahe unversöhnlich gegenüber. Die z.T. durch unwissenschaftliche Vorgehensweisen erzielten Ergebnisse geben sich indes beim leichtesten prüfenden Anstoß als Schutzbehauptungen für persönliche bzw. institutionelle Zielsetzungen oder (immer noch) ideologischer Absichten zu erkennen. So dient wie der Deutsche Orden unverändert selbst aufgrund besonderer (geographischer, historischer und politischer) Umstände auch jede seiner Einrichtungen vielen zum Prüfstein nicht geschichtlicher Wahrheitsfindung, sondern – in beiden Fällen – schlichter Gesinnung: ob man zum Lobpreis der (eigenen) Postinstitution um den Nachweis einer über 700jährigen Tradition bemüht ist, ob man zur Erhöhung der eigenen Person den rührenden Beleg dafür zu erbringen trachtete, daß man als Postinspektor in der ungebrochenen Tradition der Ordensritter – mit blauen Uniformen, Briefstuben und Posthaltereien – wandelte, ob man feststellte, daß somit die Deutschen schon 1276 und nicht die Franzosen (durch Ludwig XI.) – was allein schon jede deutsche Forschung rechtfertigte – das »Postwesen« erfunden hatten[2]; oder ob man »die Auffassung, daß es eine ›Ordenspost‹ gegeben habe«, für »völlig unbewiesen« abtat und »die ganze Ordenspost in das Gebiet der Fabel« verwies[3], wobei eine unzureichende Quellenkenntnis den Blick noch nicht in der erforderlichen Weite geöffnet hatte. Eine letzte Fehlerquelle für schiefe historische Schlußfolgerungen bargen schließlich Verallgemeinerungen und Bedingtheiten der Zeit, welche nach Meinung verschiedener Autoren ihre Behauptungen von der »Notwendigkeit einer Ordenspost« untermauerten.

Verschriftlichung – grundsätzliche Mutmaßungen, tatsächliche Folgen

Eines der wesentlichsten Merkmale der sich verändernden Welt um 1400 war die Verschriftlichung weiter Lebensbereiche. Verschiedene, sich gegenseitig bedingende Faktoren hatten dafür den Ausschlag gegeben. Am Anfang stand als entscheidende Neuerung die Einführung des Papiers, das im Gegensatz zum Pergament bald kostengünstiger hergestellt und verbreitet wurde.[4] Auch der Deutsche Ordensstaat kaufte davon regelmäßig beträchtliche Mengen.[5]

Die Frage, ob nun die Zunahme der Papierproduktion der Auslöser für eine anwachsende Verwaltungstätigkeit war, oder die allgemeine Entwicklung der Territorialherrschaften mit den entsprechenden administrativen Erfordernissen eine steil ansteigende Nachfrage nach Papier hervorrief, ist müßig. Man kann nur konstatieren, daß völlig zeittypisch von da an auch der Deutsche Orden zu den kräftigen Mehrern des Geschäftsschriftgutes – bereits damals häufig in mehrfacher Ausfertigung[6] – gehörte. Dazu zählten in erster Linie Briefe, geschrieben zu den unterschiedlichsten Anlässen, wie

- Ladungen und Untersuchungsaufträge bei Streitfällen, die ihrerseits zahlreiche Eingaben provozierten,
- Schreiben, in welchen sich Städte und Ritterschaft Preußens im März 1413 wegen der Ablehnung eines königlichen Richters durch den Ordens-Hochmeister gegenüber den Reichsstädten rechtfertigten und die aus Sicherheitsgründen durch Boten des Ordens verschickt wurden[7],
- Berichte an den Hochmeister, zu denen die Komture und Landkomture bzw. Landmeister (wie in Livland) ständig von Amts wegen verpflichtet waren[8],
- Korrespondenz zwischen Hochmeister und Deutschmeister bzw. zwischen Hochmeister und seinen Kammerballeien Österreich, Bozen, Elsaß und Koblenz[9],

– Kundschafterberichte von Feindbewegungen, die der oberste Marschall aus Königsberg etwa übermittelte[10],
– Briefe, die mit den jährlichen Falkensendungen des Hochmeisters nach Köln und Mainz gingen[11], an die Könige in England, Frankreich und Ungarn[12], sofern man nicht ohnehin von Seiten des Deutschen Ordens gerade mit den europäischen Königs-, Herzogs- und Bischofshöfen[13] oder Städten[14] in regem Briefwechsel stand,
– häufigen, mit Begleitschreiben an »ihren« Mann in Rom, den dortigen Prokurator, versehenen Geldsendungen bzw. die Rückmeldungen desselben, in welchen dieser die neuesten (geheimen) Anschuldigungen gegen den Orden beim Papst verriet oder auch nur um die Erstattung der auf einem gesondert beiliegenden »Zettel« festgehaltenen Auslagen bat, die ihm durch den Boten entstanden waren[15],
– Verträge und damit verbundene Korrespondenzen[16] und vieles andere mehr, was des Schriftverkehrs bedurfte.

Briefschreiber hatten Hochkonjunktur. Der Briefwechsel stand in voller Blüte.

Direkt damit verbunden entstanden als eine der ältesten Formen von Geschäftsschriftgut beim Deutschen Orden die Briefregister, nahezu lückenlos vorliegend für die Zeit von 1389 bis 1422[17], in denen die Ausgänge von Urkunden notiert wurden. Doch auch die anderen Amtsbücher des Ordens, heute die wichtigste Quelle für die Administration des Ordensstaates, gehen letzten Endes auf Briefe zurück, d. h. auf Berichte in Form von Besitzstandsverzeichnissen z. B., wie sie die neuen Komture bei Amtsantritt anlegten und an die Zentrale schickten, wo sie – fortlaufend von 1365 bis 1444 – in das sogenannte Große Ämterbuch übernommen wurden.[18]

Da der Natur des Briefes immanent ist, daß er von einem Absender zu einem Adressaten transportiert wird, kam, lange bevor die reichen Briefschätze des Ordensarchivs überhaupt bekannt waren, die Hypothese von der festen Einrichtung eines Briefbotendienstes beim Deutschen Orden auf.

Obrigkeitliche Absicherung

Durch die Goldene Bulle von Rimini und die damit einhergegangene Verleihung von *potestas* und *iurisdictio* hatte Kaiser Friedrich II. 1126 den Deutschen Orden mit anderen Reichsfürsten in allen damit verbundenen Selbstverwaltungsrechten gleichgestellt.[19] In einer undatierten, wohl ebenfalls von 1226 stammenden Urkunde des Herzogs Swantopol II. von Pommerellen gewährte dieser den Ordensrittern überall, wohin sie auch kommen mochten in seinem Land, jegliche Freiheit, was gut die Gewährung eines für den Reiseverkehr und die Briefbeförderung erforderlichen freien Durchgangs beinhaltet haben kann.[20] Die Kulmer Handfeste des Ordenshochmeisters Hermann von Salza von 1233 ließ jedenfalls keinen Zweifel daran, daß dem Deutschen Orden sehr an der raschen Beförderung seiner Briefe gelegen war; ob die Boten damit vom Ordenshaus weggingen oder zu ihm hinkamen, sollten sie (gemäß Absatz 5) von Fährleuten immer umsonst übergesetzt werden.[21] Zahllose Privilegien von Herrschern aus allen möglichen Ländern dokumentieren die Vorrechte des Ordens zu ungehinderten, freien Passagen seiner Leute.[22]

Dienstanweisung: Mangelware

Nach alledem konnte man erwarten – und zahlreiche Schlußfolgerungen gelangten dahin –, daß der Deutsche Orden sich eines ausgefeilten Systems zur Übersendung von Briefen bediente, einer Organisation, die zweckorientiert aufgebaut war und reibungslos funktionierte.

Die Statuten[23] freilich – wenn man so will: die »Verfassung« des Ordens –, in denen so viele Kleinigkeiten des täglichen Lebens geregelt waren und in denen man auch eine »Dienstanweisung« der oft zitierten, berühmten »Deutschordenspost« erwarten möchte, zeigen dazu nichts an. Sie sind mit ihrem Verbot eines freien, »privaten« Briefwechsels der Ordensbrüder untereinander auf den ersten Blick eher dazu angetan, dem Deutschen Orden ein Verdienst an der Blüte des aufkommenden Schriftverkehrs abzusprechen; selbst die Beförderungen von Briefen anderer war ihnen, wenn sie unterwegs waren, nicht erlaubt. Dazu bedurfte es in beiden Fällen der Erlaubnis des Vorstehers, die in der Regel nur nach Lektüre des Briefes erteilt wurde. Selbst zum Lesen zugesandter Briefe mußte das Einverständnis des Obersten eingeholt werden.[24]

Ganz anders sah es dagegen mit dienstlichen Schreiben aus. Amtsleuten des Ordens war die Abfassung und Versendung von Briefen uneingeschränkt zugestanden. Folgerichtig führt die einzige Stelle in den Statuten, die zum Nachweis für die Existenz einer »Deutschordenspost« heranzuziehen ist, zum Hochmeister selbst, dem höchsten Amtsinhaber, der naturgemäß die größte Korrespondenz zu bewältigen hatte. In den *Consuetudines maiores* heißt es Ziff. 11[25]: »Von des meisters bestien und sinem gesinde. ... Uber daz

Die Marienburg, Sitz des Hochmeisters des Deutschen Ritterordens von 1309 bis 1466, 1939

mac er zwene loufende Knechte han zu tragene botteschaft unde brieve.«

Daß dem Hochmeister solcherlei dienstbare Geister zur Aufrechterhaltung von unverzichtbaren Außenkontakten zustanden, durfte man allerdings schon immer auch ohne Zugrundelegung einer »Deutschordenspost« annehmen.

Briefe als Belege

Eine deutliche Sprache sprechen die Objekte der Beförderungsinstitute selbst: die Briefe, von denen zahllose auf uns gekommen sind. Auf ihnen notierte *praesentata*, also Angaben über Absendeorte und -zeiten sowie Eilvermerke, lassen gesicherte Aussagen über Strecken und Laufzeiten zu, die ihre Träger mit ihnen zurücklegten.[26]

Immer gleiche Wendungen betonten die Dringlichkeit der Beförderung; deshalb wurde vermerkt, daß die Briefe »Tag und Nacht ohne jedes Säumen« weitergeleitet werden sollten; die Bedeutung, die dem zukam, hob ein ebenso häufig wiederkehrendes »(große) Macht liegt daran« hervor. Ab der Mitte des 15. Jahrhunderts wurden die mit der eiligen Beförderung der Briefe Befaßten noch zusätzlich der Liebe und/oder des Dankes des Hochmeisters versichert; so 1439 auf einem Schreiben des Hochmeisters an den Rat der Stadt Thorn; noch vor der Adresse stand die wohlmeinende, aber bestimmte Aufforderung: »Wer uns Liebe tun will, der fördere diesen Brief«, und auf die Adresse folgte der dringende Zustellungsvermerk: »Tag und Nacht ohne Säumen. Macht liegt daran.«[27] Selten sind so ausführliche (und deshalb aufschlußreiche) Beispiele wie das folgende: »Wir bitten alle unseres Ordens Gebietiger und alle unseres Ordens Amtsleute, geistlich und weltlich, welcherlei sie seien, sowohl in Preussen als durch Kurland mit fleißiger Beeilung, daß sie dies kennwertige Zerat mit Briefen (= Briefbündel), das an unseren Ehrwürdigen Hochmeister seien geschrieben, wenn es zu Euch kommt in derselben Stunde mit gewissen[haften] reitenden Boten Tag und Nacht ohne alles Säumen fortschicken ..., daß es unverwahrloset über litauischen Strand geführt, und von Hause zu Hause die Zeit gekommen und gegangen auf diesen Brief müssen schreiben ....«[28] Derselbe Brief verrät durch die hinzugefügten Absendeorte und -zeiten, wie lange er von Riga (über Tuckum, Kandau, Memel, Königsberg, Brandenburg und Balga) bis Elbing unterwegs war: 197 Stunden, d.h. 8 Tage und 5 Stunden ohne Unterbrechung für eine Strecke von ca. 420 Kilometern Luftlinie bzw. mit einer Geschwindigkeit von etwa 2 (Luftlinien-)Kilometern pro Stunde.

Der zuvor zitierte Brief des Hochmeisters an die Stadt Thorn, der am 4. Januar abging und am 5. Januar 1439 zwischen fünf und sechs Uhr abends am Zielort eintraf, war auf dem ca. 95 Kilometer langen Weg, wie aufgrund der *praesentata* gut nachvollziehbar ist[29], wohl ohne Pause 27 Stunden unterwegs und erreichte somit eine Geschwindigkeit von 3,3 Kilometern pro Stunde, d.h. er benötigte für einen Kilometer 18 Minuten. Ein zweiter Brief desselben Hochmeisters mit Zielort Thorn war weder mit dem Eilvermerk »tag und nacht«, noch »ane alles zumen« versehen und trug »nur« die Beförderungsauszeichnung »Sunderlich Macht liegt hieran«; vielleicht lag es daran, daß er fünf Stunden länger unterwegs war, obwohl er denselben Weg nahm. Es können freilich auch unterschiedliche Witterungs- und Wegeverhältnisse eine Rolle gespielt haben.[30]

Als letztes Beispiel (von möglichen 1500) für den »pausenlosen« Briefverkehr beim Deutschen Orden sei mit seinen Orts- und Zeitangaben der Brief genannt, der – »Tag und Nacht ohne alles Säumen – besondere Bedeutung liegt daran« – von Königsberg nach Marienburg geschickt worden war:

- Königsberg ab Do, 7.2., 17 Uhr (hora V nach Mittag)
- Brandenburg an/ab Do, 7.2., 22 Uhr (vor Mitternacht h.X)
- Balga an/ab Fr, 8.2., 9 Uhr (Mittag hora IX)
- Elbing an/ab Fr. 8.2., 20 Uhr (nach Mittag hora VIII)
- Marienburg an/ab Sa, 9.2., 8 Uhr (vor Mittag hora VIII).

Dieses Schreiben benötigte vom Absender bis zum Empfänger 39 Stunden und gehörte damit trotz Eilvermerken zu den langsameren, die auf der Strecke Königsberg-Marienburg befördert wurden. Es gab Briefe, die dieselbe Distanz (nach den bereits gemittelten Zahlen bei Mortensen/Wenskus) in 24 Stunden schafften; andere brauchten dagegen auch schon einmal 46 Stunden. Manche Angaben – wie die 24 Stunden für das Teilstück von Elbing nach Marienburg, auf dem andere Briefe nicht länger als 4 Stunden unterwegs waren – lassen darauf schließen, daß entweder keine Personen oder auch keine Pferde (oder Schiffe) zum Transport bereitstanden, oder aber die Witterungsverhältnisse bzw. die Wege- und/oder Seeverhältnisse entspechend widrig waren. Hier könnten detaillierte Untersuchungen über das Verhältnis von Zeitstellung des Brieftransportes (Jahreszeit) zu Beförderungsdauer näheren Aufschluß geben.

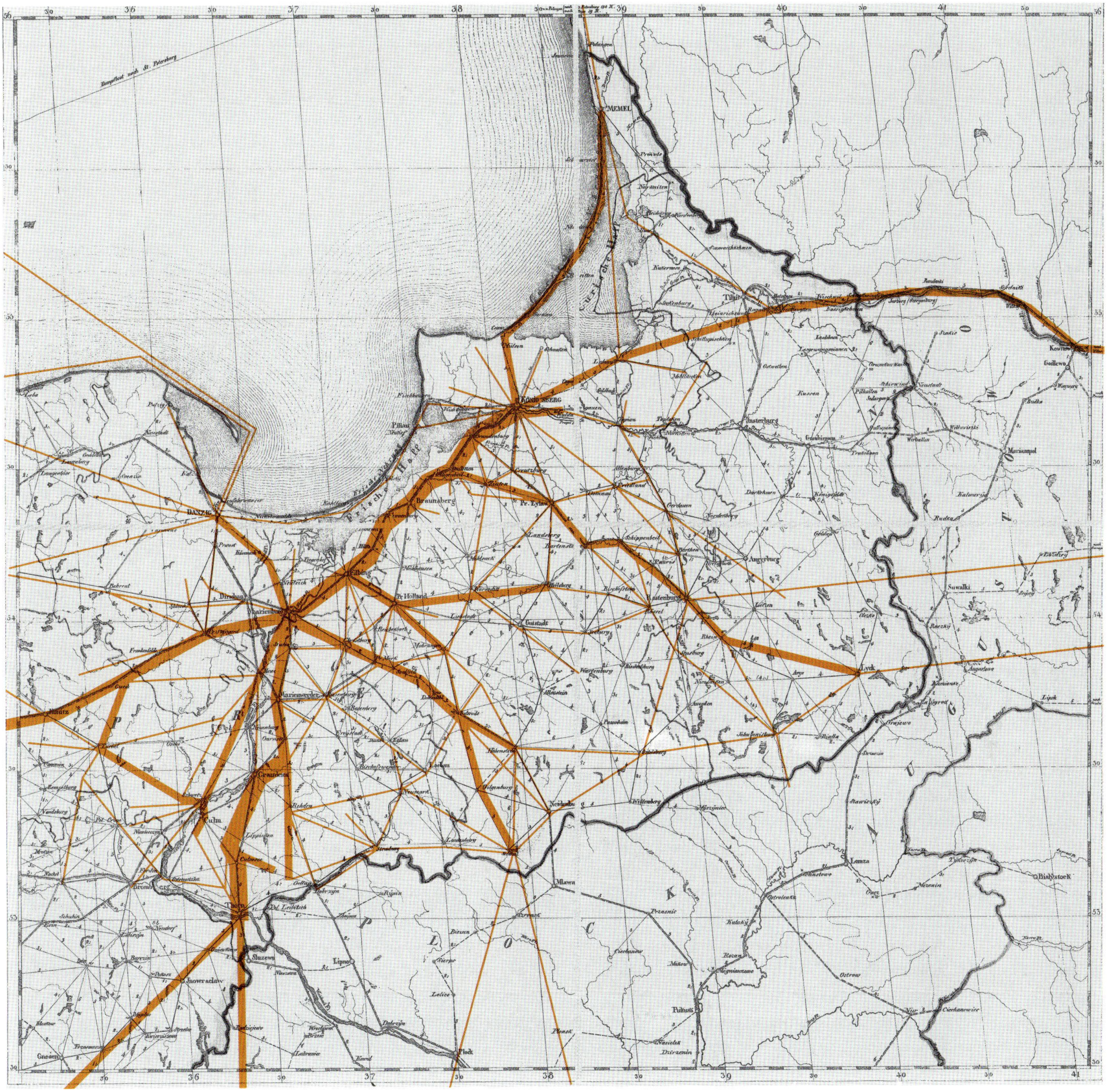

Der Briefverkehr des Deutschen Ordens im 15. Jahrhundert (Schematische Darstellung)

Die zuletzt erwähnten Briefe lenken den Blick auf die im Ordensland am häufigsten frequentierten Verbindungswege, allen voran die Kurzstrecke von Elbing nach Frauenburg sowie, unter den landesweiten Distanzen, von Königsberg über Brandenburg, Balga und Elbing nach Marienburg mit den wichtigen Verbindungen nach und von Litauen und Livland. Weitere bedeutende Beförderungswege waren in Richtung Süden (Polen) die Strecke von Marienburg nach Thorn (über Stuhm, Marienwerder, Roggenhausen, Graudenz, Papau und Kulmsee, mit deutlich stärkerer Frequentierung des zweiten Streckenabschnitts) und in westlicher Richtung die Straße von Marienburg zum Grenzort Hammerstein (über Pr. Stargard, Hoch-Stüblau, Brandenburg, Iwitzno, Long, Konitz und Schlochau). Ins Landesinnere führte der Briefverkehr vornehmlich von Marienburg über Christburg, Pr. Mark und Liebemühl nach Osterode mit Fortsetzungen nach Hohenstein bzw. über Vierzighufen und Gilgenburg nach Soldau und von Elbing nach Pr. Holland mit Fortsetzungen nach Mohrungen bzw. über Wormditt, Schippenbeil und Leunenburg nach Rastenburg, von wo die Briefe nach Osten über Rhein nach Lyck weitertransportiert wurden. In Richtung Nordwesten, d.h. nach Pommern und Deutschland, gingen die Briefe von Marienburg über Löbau und Dirschau direkt nach Danzig. Angaben aus dem Treßlerbuch folgend, sah Babendererde direkt in westlicher Richtung den Vogt im entfernteren Bütow vorrangig mit dem Briefverkehr nach und von Pommern befaßt.[31] Den Ausgangspunkt für den Briefverkehr nach Norden und Nordosten bildete Königsberg mit den Verbindungen (über die Kurische Nehrung mit der Niederlassung Rossitten) nach Memel, von wo der Fortgang durchaus schon mit Unsicherheiten behaftet sein konnte[32], und über Lablau nach Ragnit mit einer Fortsetzung nach Christmemel. Erwähnung verdienen schießlich noch der häufig frequentierte Abschnitt von Pr. Stargard nach Mewe, die Strecke von Marienburg über Mewe nach Schwetz sowie der Kurs von Roggenhausen über Rehden nach Schönsee.

Obwohl die Streckenführung zwischen den Ordenshäusern im einzelnen oft nicht nachvollzogen werden kann, hat man aufgrund der Regelmäßigkeit, mit der auf bestimmten Hauptwegen Briefe befördert wurden, dazu geneigt, von der Ausbildung fester Botenkurse zu sprechen[33] – was auch immer man darunter mit Blick auf Zeit und Gegebenheiten verstehen mochte. Denn andererseits liegt es fraglos in der Natur der Sache, daß man erstens Briefe nicht irgendwohin schickte, sondern an die weitverstreuten, nur durch einen intensiven Nachrichtenaustausch miteinander verknüpfbaren und lenkbaren Amtssitze, und zweitens bei der Beförderung der Briefe natürlich die am Weg liegenden Ordenshäuser als willkommene bzw. notwendige Versorgungsstationen anlief. Dies wird für die Bewältigung von Strecken innerhalb des Ordenslandes ebenso gegolten haben wie für die europaweiten Verbindungen[34], etwa von Thorn über Breslau, Wien, Loeben und Venedig nach Rom.[35]

Um den Bau und Unterhalt von Straßen – allenfalls befestigte Wege, »die nach jedem schlechten Wetter wieder neu hergerichtet werden mußten, schon damals widerwillig von den anliegenden Bauern«[36] – konnte sich der Orden freilich nur im eigenen Land kümmern. Wenn er Land als Lehen ausgab, behielt er sich in der Regel alle Straßenrechte vor: Grundbesitzer wurden zur Unterhaltung bestehender Wege verpflichtet.[37] Brücken über die Flüsse gab es nur wenige; keine einzige führte z. B. über die Memel, der Pregel wurde bei Königsberg überbrückt. Um 1400 gelangte man nur bei Marienburg und Danzig auf Brücken über Weichsel und Nogat. Dafür gab es zahlreiche Fährstellen, die den Briefboten das Übersetzen erlaubten.[38]

Tasche und/oder Sack als Transportbehälter

Nun wird man den Versuch des Komturs von Elbing, der einen in einem ausgehöhlten Pfeil verborgenen Brief in die Altstadt schießen wollte, nicht als Baustein für die Einrichtung eines Postwesens gelten lassen, und das nicht nur, weil der Pfeil zu früh herab und der Brief dadurch in des Gegners Hände fiel.[39] Aber die Absicht, zumindest gewisse Schriftstücke nicht vor aller Augen zu transportieren, und dazu manche schlechte Erfahrung dürften auch »offizielle« Briefboten des Deutschen Ordens dazu bewogen haben, sich Gedanken über Briefverstecke zu machen, wie man sie allgemein aus dem Mittelalter kennt:

Am Körper, in der Kleidung, in (hohlen) Pilgerstäben[40], überhaupt in mitgeführten Gegenständen wie Reliquienbehältern, gerade wenn der Bote – wie häufig auch beim Deutschen Orden zu beobachten ist – ein Geistlicher war, in eigens anzulegenden Schenkelbinden (für Gold bzw. Geld bevorzugt) oder, sehr subtil, unter der Wachsschicht eines hölzernen Tabletts.[41] Auch den Briefboten bzw. Läufern des Deutschen Ordens konnten Briefe abhanden kommen, die nicht gut gesichert bzw. verborgen befördert wurden. 1405 wurden einem Boten des Hochmeisters die Briefe, die er im Zusammenhang mit dem Verkauf der Neumark durch König Sigmund von Ungarn überbringen sollte, unterwegs abgenommen und zerschnitten.[42] Seit 1408 kam es infolge Überfällen auf Boten durch einheimische bzw. gegenseitige Behinderungen von Briefboten der Komtureien Memel und Windau zu Störungen des Briefverkehrs.[43]

Aus diesem Grund wird man die aus allgemeinen Beobachtungen bekannten Formen von Briefverstecken auch für den Transport von Briefen im Auftrag des Deutschen Ordens – gerade in oder durch andere Länder – nicht von vorneherein ausschließen dürfen. Bezüglich des Verkehrs von und nach Rom scheint jedoch festzustehen, daß die Briefe in dem sogenannten Zerat auf die Reise gingen – z. B. 1407, als sich damit ein Läufer gegen Bezahlung von 10 Mark von Thorn aus zum Ordens-Procurator nach Rom aufmachte.[44] Dieser war wohl mit dem aus den Quellen bekannten Sack identisch, wie ihn wahrscheinlich der – tatsächlich so genannte – Briefträger von Straßburg im Dienst für den Orden 1408 verlor[45], oder *bryffsack*, einem Behälter aus Leinwand, die zum Schutz gegen Nässe mit Wachs getränkt war – möglicherweise sogar unter Übernahme einer Praxis, wie man sie beim Läufer der päpstlichen Kurie beobachtet hatte.[46]

Sweiken als Beförderungsmittel

Entgegen einer verbreiteten Meinung waren die mittelalterlichen Boten, die Briefe und mündliche Nachrichten beförderten, wohl nur selten beritten. Von Stadtboten der Zeit ist bekannt, daß sie nur zu bestimmten Gelegenheiten mit (gemieteten) Reittieren ausgerüstet wurden[47] – ein Phänomen, das zeitweise auch beim Brieftransport des Deutschen Ordens zu beobachten ist. Die Nachteile unterwegs, die mit Unterbringung, Futterbeschaffung, also zusätzlichen Kosten, und Erkrankungen des Pferdes zusammenhingen, machten den Vorteil größerer Geschwindigkeit wohl zu häufig zunichte, als daß man vor allem bei weiten Strecken darauf setzen mochte. Es ist darum im Zusammenhang mit Ordensbriefen, die z. B. nach Deutschland, Italien oder Ungarn gingen, so gut wie nie von Boten zu Pferd die Rede; expressis verbis bestimmen »Läufer« bzw. »Boten« das Bild der Auslandsverbindungen.

Ganz anders im Ordensland selbst, für welches die alten Amtsbücher hinreichend Belege auf Pferde enthalten, die speziell zur Briefbeförderung eingesetzt wurden: die sogenannten Sweiken. In der Regel dem polnischen *swojski* = »einheimisch, zahm« u. ä. (*swojak* = »Landsmann«) zugeordnet, scheint es sich dabei »um kleine einheimische Pferde ... für leichte Reiter und kürzere Strecken«[48] gehandelt zu haben. Zur Unterscheidung von Sweiken, die man in der Landwirtschaft, beim Fischfang, beim Jäger oder Falkner heranzog, wurden die im Briefverkehr verwendeten gewöhnlich Briefsweiken oder auch *briffpferde* und – seltener – Beyssweiken genannt, welche Perlbach von *beyten* = »warten« her erklärte und somit als »Relaispferde« verstand.[49]

Im direkten Preisvergleich stellte Benkmann fest, daß eine solche Sweike »nicht billig« und »mehrere Kühe wert« gewesen sei.[50] Er vergaß freilich einzuräumen, daß das Treßlerbuch, auf das er sich bezog, Preisunterschiede für Sweiken von 100 Prozent kennt, schwankend zwischen 2,5 und 5 Mark pro Pferd. Nach einem anderen (Zirkel?)-Schluß ist an der (angenommenen) Tatsache, daß es sich bei den Briefjungen, die die Tiere ritten, um junge Burschen oder noch um Kinder (im Knabenalter) handelte, festzumachen, daß es sich bei den Sweiken um leichte und kleine Pferde handelte.[51]

Insofern ist für eine Aussage bezüglich ihrer Wertigkeit nur der Vergleich mit anderen Pferden stichhaltig. Ein solcher, ebenfalls aus dem Treßlerbuch gewonnener fördert zu Tage, daß es sich in der Tat nicht um hochwertige Tiere gehandelt haben kann.[52] Während für eine Sweike, die für den Briefstall bestimmt war, durchschnittlich 4 Mark gezahlt wurden, gab man z. B. für ein dem Herzog Switirgal von Podolien zugedachtes Pferd 8 Mark.[53] Das Pferd gar, das den neuen Prokurator des Ordens auf seinem Zug nach Rom begleiten sollte, ließ sich der Hochmeister 14 Mark kosten.[54] Soviel zum Preisvergleich.

Wie die Tatsache selbst, daß man die Briefpferde kaufte, spricht auch der Umstand, daß sie unter anderem durch Vermittlung des Pferdearztes auf Jahrmärkten erworben wurden[55], nicht gerade für die Behauptung von Wenskus, wonach es sich bei den »Briefschweiken« um eine »besondere Pferderasse« gehandelt habe, die eigens für das »Postwesen ... gezüchtet wurde«.[56] Es sei denn man wollte die Begründung gelten lassen, daß es zu Beginn des 15. Jahrhunderts wegen der Rüstungen gegen Polen Pferdemangel gegeben und dieser dazu geführt habe, daß nicht nur die Boten von Thorn aus auf gemieteten Pferden ausgesandt worden seien, sondern daß man auch für den Nachrichtenverkehr im Ordensland selbst auf Mietpferde, in erster Linie auf

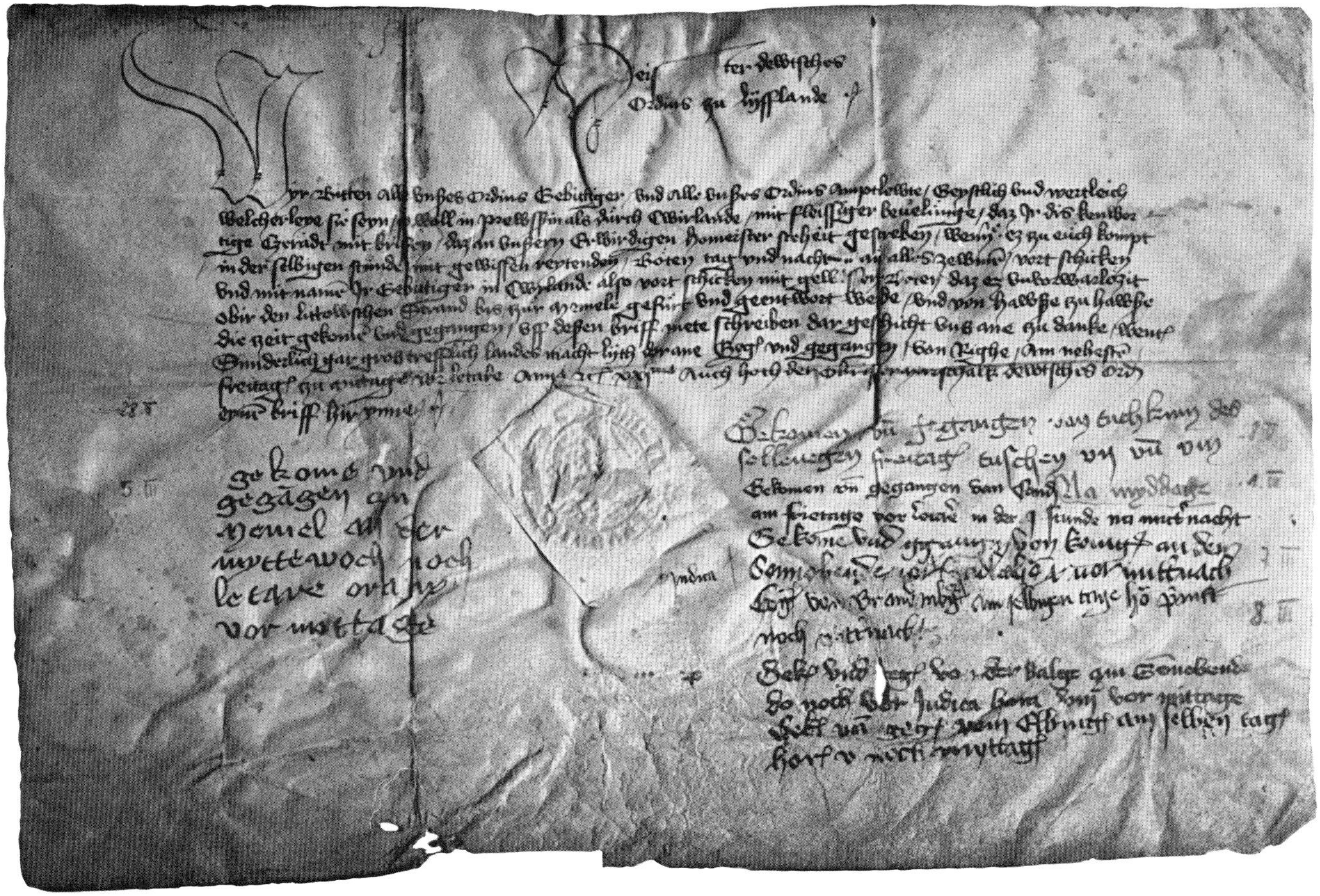

»Eilbrief« des Deutschen Ordens, 15. Jahrhundert

solche von Fuhrleuten, zurückgegriffen habe[57], also die Briefpferde aus einer eigenen Zucht in der benötigten Anzahl nicht (mehr) zur Verfügung standen. Schlüssig ist dies nicht. Einmal die Sweiken – begründet – als einheimische, kleinwüchsige und minderwertige Gattung hinzustellen und ein andermal dieselben als Produkte einer eigens dazu vorgenommenen Zucht auszugeben, beinhaltet gleich mehrere Widersprüche in sich.[58]

Die im Zusammenhang mit Eintragungen über Briefsweikenkäufe stereotyp wiederholten Zuweisungen der Tiere zu einem »Briefstall« lassen keinen Zweifel daran, daß es einen solchen zur Unterbringung der Tiere vielerorten gab, wo diese – wie naheliegend vermutet wird – von den Briefjungen versorgt wurden.[59] Die Vermerke im Treßlerbuch belegen ferner Briefställe in Marienburg, Danzig und Ragnit. In den zehn Jahren von 1399 bis 1409 wurden laut Treßlerbuch für Marienburg insgesamt 74 Briefpferde gekauft.

Bezüglich Marienburgs, wo allgemein die »Zentrale der Deutschordenspost« vermutet wird, fehlt erstaunlicherweise – über den Hinweis aus dem Ausgabebuch des Hauskomturs auf Zahlungen im Jahr 1417 für Maurerarbeiten am Briefsweikenstall hinaus – jeder weitere Beleg für einen solchen, wie überhaupt erstaunen muß, daß das Marienburger Ämterbuch keinen einzigen Rückschluß auf die Existenz von Postpferden bzw. Briefsweiken beinhaltet. Dies ist um so unverständlicher, als der »Oberste Pferdemarschall« einerseits in der Literatur ausnahmslos als der »Oberste Postverwalter mit Oberaufsicht über Briefjungen und Postpferde« erscheint, andererseits eines der im angesprochenen Buch wirtschaftlich erfaßten Ämter bekleidete und darin – mit den vermuteten Pferden, Briefjungen und Gebäuden einer Deutschordenspost – trotzdem an keiner Stelle auftaucht. Ein Hinweis auf die Anschaffung von Briefsweikenbäumen, also Sattelbäumen für Postpferde, im Jahr 1414 aus dem Ausgabebuch des Marienburger Hauskomturs (1410–1420) bestätigt wiederum nur indirekt ihre Existenz.

Während das Treßlerbuch über die Anzahl der Sweiken-Zukäufe informiert, enthält das sogenannte Große Ämterbuch in seinen Inventarlisten, die im Zuge von Amtsübergaben erstellt werden mußten, den jeweils aktuellen Bestand; dieser läßt Rückschlüsse auf den Umfang und damit die Bedeutung einer Station sowie den Entwicklungsgang einer – vermuteten – Einrichtung zur Briefbeförderung zu. Auf der anderen Seite stehen sie in eklatantem, kaum auflösbarem Widerspruch zu dem Bild, das auf der Grundlage der Briefvermerke und der nach ihnen rekonstruierten »Post«wege bzw. »Post«stationen gewonnnen wurde. Dringend ist auf jeden Fall davor zu warnen, die Zahlen für die eine oder andere Behauptung zu vereinnahmen; für eine aussagekräftige statistische Auswertung sind die absoluten Zahlen, die das Große Ämterbuch liefert, zu gering; allenfalls Trends lassen sich ablesen.

So sind für Königsberg von 1379 bis 1440 dreizehn mal Briefsweiken genannt, am wenigsten für 1379 mit 7 Sweiken, am meisten in den Jahren 1431 und 1434 mit jeweils 16. Damit liegt Königsberg hinsichtlich der Menge der Briefpferde wie auch der Anzahl der Jahresnennungen klar an der Spitze; das entspricht in etwa der Bedeutung Königsbergs nicht nur als Briefdurchlaufstation, wie sie aus der Bearbeitung der Briefe im Historisch-Geographischen Atlas des Preußenlandes ersichtlich wurde, sondern auch als Sitz des Ordensmarschalls, dessen Amt an das des Komturs von Königsberg gekoppelt war. Nur Christburg weist bei insgesamt 4 Nennungen (1382, 1432, 1434, 1441) mit einmal 17 Pferden eine höhere Kopfziffer auf, die sich jedoch dadurch erheblich relativiert, daß darunter Reit- und Briefsweiken verstanden wurden. Häufig wurden Briefsweiken noch genannt für die Häuser Brandenburg, Danzig, Mewe, Roggenhausen, Schönseee und Thorn. Erwartungsgemäß in Erscheinung trat – wenn auch nur mit zwei Nennungen 1432 und 1440 – Elbing mit der hohen Zahl von jeweils 14 Briefsweiken.

Allem was man über die Bedeutung von Thorn als Durchgangsstation für Ordensbriefe weiß, scheint dagegen die geringe Anzahl der für den dortigen Vieh- bzw. Wirtschaftshof, den *Karban*, in der Regel ausgewiesenen zwei Briefpferde zu widersprechen.

Sämtliche Hinweise auf Briefsweiken, auf Sattel- und Zaumzeug, auf Briefjungen und deren Kleidung zusammengenommen, existierten – neben dem anderweitig bekannten in Marienburg – nach dem Großen Ämterbuch Briefsweikenställe des Deutschen Ordens in Balga, Rastenburg, Biberen, Brandenburg, Christburg, Danzig, Elbing, Holland, Ortelsburg, Graudenz, Lobin, Königsberg, Leipe, Mewe, Stargard, Osterode, Papau, Ragnit, Reden, Roggenhausen, Schönsee, Schwetz und Thorn.

Für den Unterbringungsstandort der Pferde wurde im Großen Ämterbuch bisweilen die – in anderer Beziehung durchaus geläufige – Bezeichnung *Karwan* u.ä. verwendet, die, bedingt durch die mit dem Nahen Osten eng verknüpfte Geschichte des Ritterordens, auf das persisch-arabische Vorbild dieses »Viehhofes« hindeutet; so wurde etwa zum Jahr 1437 festgehalten, daß die eine Briefsweike, die man in Rastenburg hatte, im dortigen »Viehhof« stand, wogegen für die 14 Briefsweiken des Jahres 1440 in Elbing, die vier Briefsweiken des Jahres 1419 in Papau, die 2 Briefsweiken des Jahres 1436 in Reden sowie die zwei des Jahres 1446 in Thorn jeweils ein Karwan mitvermerkt wurde.

Briefjungen als Personal

Noch mehr als die Briefsweiken entziehen sich ihre Reiter, die sogenannten Briefjungen, einer eindeutigen Beurteilung. So gerne man sie auch in vielen Publikationen als unstrittigen Beleg für ein institutionalisiertes Postwesen anführte, so sehr muß man auf die Kargheit der Aussagen über ihren Wirkungsbereich, ihren Status und ihre Anzahl hinweisen. Die Frage etwa, ob angesichts der bisweilen beträchtlichen Verkehrszeiten von 27 oder 32 Stunden für einen Brief der Briefjunge von Station zu Station gewechselt oder das Schreiben vom Absender bis zum Empfänger »durch«getragen wurde, läßt sich aufgrund der fehlenden Belege ebensowenig gültig beantworten wie die nach ihrem ersten Auftreten.

Im Jahr 1217 wurde die Burg Odenpäh durch die Nowgoroder Russen belagert. Der dortige Bischof und vor allem die Ordensbrüder wehrten sich standhaft. Als andere Niederlassungen des Deutschen Ordens davon erfuhren, schickten sie zur Unterstützung 3000 Mann, angeführt vom Ordensmeister Volkwin. Als diese zum Kawershöfschen See Restjärw kamen, trafen sie auf einen Knaben – von Heinrich von Lettland, dessen lateinischer Chronik (XX,7) dieser Bericht entnommen ist, *puer* genannt –, der von der belagerten Burg kam; sie ließen sich von ihm zur Burg führen, die sie anderntags erreichten.

Es sei dahingestellt, ob dieser Junge im Auftrag der Belagerten unterwegs war, was sehr naheliegend erscheint, um entweder Botschaften nach draußen zu bringen oder gezielt Hilfe zu holen. Er besaß aber wohl genau die Eigenschaften, welche die sog. Briefjungen auszeichnete, die im Briefverkehr des Deutschen Ordens eingesetzt wurden und als solche in dessen Rechnungsbüchern bzw. Rechenschaftsberichten begegnen. Daß »Jungen« auch in späteren Zeiten mitunter gefährlich lebten, belegt die im Treßlerbuch notierte Auslösung gefangengenommener Jungen.[60] Ohne auf die angeführte *puer*-Stelle zu rekurrieren, ging Tumler so weit, die Briefjungen, »das ist Briefträger«, aufgrund eines Briefes, der Nachrichten über feindliche Truppenbewegungen beinhaltete und – entsprechend dem typischen Eilvermerk – ohne Aufschub zum Hochmeister gebracht werden sollte, unter die *militaria* einzureihen.[61]

Wie nicht anders zu erwarten, liegt der Begriff Junge bzw. Briefjunge im Widerstreit der Meinungen; ob er abwertend gemeint sei, wurde bereits beleuchtet; fraglich bleibt, ob er tatsächlich etwas über das Alter der Person aussage, wie ja auch in den rheinischen Erzstiften junge Leute für die Briefbeförderung eingesetzt worden seien[62], oder ob er nicht eher zu »Junker« zu stellen sei, abzuleiten von den in den Quellen faßbaren »jungen Herren«; ob es sich bei den Briefjungen im Unterschied zu anderem Gesinde nicht um »Diener der ersten Klasse«[63] handelte, um »Edelknaben«[64] gar, weshalb diese bei der Benennung ihres Lohnes stets getrennt von den Knechten aufgeführt seien[65], oder ob sie zu den Knechten zählten, aus denen »viele der niederen Ordensbediensteten«[66] hervorgingen; und ob – den wenigen bekannten Eigennamen nach zu schließen – die Briefboten nicht der einheimischen Bevölkerung entstammten. Zu klären bleibt allerdings, ob man die Briefjungen überhaupt mit den ebenfalls in den Amtsbüchern häufig auftauchenden Jungen und vor allem Briefboten bzw. denen allen, die im Ordensland oder im Auftrag des Ordens Briefe transportierten, gleichsetzen darf.[67] Das Große Ämterbuch belegt Briefjungen ohne Angabe über ihre Anzahl für Biberen zum Jahr 1401 im Zusammenhang mit Kleidungszuteilung, für Danzig zum Jahr 1410, zweimal für Graudenz zum Jahr 1434 aus demselben Grund, für Königsberg zum Jahr 1437 einmal wegen ihrer Sättel und einmal wieder wegen der Tuche für ihre Kleidung, wie nochmals zum Jahr 1438 und auch für Osterode zum Jahr 1397 wegen ihrer »Laken«. Alles in allem: acht Nennungen in vier Jahrzehnten.

Das für die Jahre von 1410 bis 1420 erhaltene Ausgabebuch des Marienburger Hauskomturs vermerkt Briefjungen im Zusammenhang mit Geldern für neue Pferdegeschirre lediglich einmal zum Jahr 1417.

Im Treßlerbuch, dem von 1399 bis 1409 geführten Rechnungsbuch der Ordenszentrale, erscheinen Briefjungen in erster Linie für Elbing; mit Heinrich wurde ein Briefjunge von Marienburg, wo nachweislich aber noch weitere Dienst taten, namentlich genannt; andere hießen Mattis, Andris, Sander, Pauwil, Nogoth, Wenzlaw und Mertin.

Alles in allem sind neben den zahlenmäßig nicht aufgeschlüsselten Briefjungen von Elbing und Marienburg durch das Treßlerbuch insgesamt 15 Briefjungen festgehalten.

Falls es – wie die Auswertung der erhaltenen Briefe nahelegt – viel mehr Briefjungen gab als die zitierten amtlichen Bücher ausweisen, dann wurden sie für ihre stetigen Briefbeförderungen nicht eigens entlohnt; denn eine solche erscheint nirgends. Sie liefen dann wohl alle *pro caritate* bzw. als Knechte ihres Herrn, in einem festen Dienstverhältnis zum Orden, die eine gesondert auszuweisende Entlohnung nicht erforderlich machte. Andererseits gab es auch im Zusammenhang mit der Beförderung von Briefen oder anderen Dingen immer wieder Bezahlungen selbst für geringste Dienste. Sogar Briefjungen – wie auch Jungen in derselben Funktion – wurden bezahlt, wie das Treßlerbuch belegt, wenn sie etwa Pferde von Brandenburg nach Marienburg zurückholten[68], von Birgelau nach Marienburg[69] oder von Marienburg nach Labiau[70] brachten – durchwegs übrigens »Pferde« oder »Hengste« und keine Sweiken. Eine Erklärung hierfür wäre in der Tat, daß es sich gerade nicht um den regulären »Postdienst«, sondern um zusätzliche Leistungen handelte, die extra vergolten wurden. Allein, die Beweise dafür fehlen.

Dieselben Briefjungen als »junge Herren« ansprechen zu wollen, verbietet die Lektüre des Treßlerbuches, da einmal junge Herren und Briefjungen gesondert nebeneinander erscheinen.[71] Zum anderen treten sie zu häufig neben den Bedürftigen des Ordensstaates auf, d.h. neben Schülern, Krüppeln, Siechen »und andern armen luthen«, als daß man sie zu den Bessergestellten zählen könnte, wie das eine frühere, verklärende Darstellung des Deutschen Ordens versuchte. Die Stelle aus dem Treßlerbuch, nach der von »jungen Herren« (zu Elbing) die Rede ist[72], wo an früheren Stellen adäquat von »Briefjungen« gesprochen wird, läßt sich dafür unmöglich heranziehen: die unterschiedlichen Geldbeträge, die zum einen die Briefjungen zu Elbing, zum anderen die erwähnten »jungen Herren« von Elbing durch die Ordenszentrale erhielten, belegen unzweideutig die Unterschiedlichkeit der Empfänger und damit die Unmöglichkeit, Briefjungen und »junge Herren« als ein und dasselbe anzusehen. Die »jungen Herren« bekamen 2 Mark, die Briefjungen Beträge zwischen – auf die damalige Mark umgerechnet – 0,08 und 0,25 Mark[73], welche sie 1399 auch noch mit den Schülern zu Elbing teilen mußten.

Läßt man des weiteren – zu recht – gelten, daß bisweilen an Stelle des Begriffs »Briefjunge« nur »Junge« gebraucht wurde, vermag man vor einer Stelle im Treßlerbuch nicht die Augen zu verschließen, die beträchtlich an der Vorstellung von den Kindern im Postpferdesattel rüttelt[74]; denn dort ist die Rede, daß der Komtur von Ragnit in der Landschaft Schalauen samt ihren Sweiken Jungen (und Witinge) angesiedelt und ihnen dazu (Ehe-)Frauen mitgegeben habe.

Boten, die für den Orden auf eigene Rechnung unterwegs waren (wie jener Bote namens Hund zwischen Flandern und Preußen im Jahr 1421), erhielten selbstredend ihre Reisekosten für Hin- und Rückweg erstattet. Den oft genannten Läufern, die im Auftrag des Deutschen Ordens meistens weit vom Ordensland entfernte Ziele anstrebten, wurden vielleicht nur die Zehrungskosten vergütet.[75] Ihr Geld bekamen sie entsprechend der Richtung, in der sie überwiegend das Ordensland verließen, vom Komtur in Thorn, der jährlich mit dem Treßler darüber abrechnete. Der Komtur von Memel erhielt vom Hochmeistersitz regelmäßig ein Briefgeld, unter dem man sich wohl eine finanzielle Unterstützung für den Einsatz vornehmlich einheimischer, mit den Tücken des Strandes vertrauter Kuren[76] zum Transport der Briefe vorzustellen hat.

Wie der spätmittelalterliche Bote im allgemeinen gekleidet war, ist durch Abbildungen in etwa bekannt: eng anliegende Hosen, knielanges Hemd bzw. Rock mit Gürtel, kurzer Schulterumhang mit Kapuze, an den Füßen flache Schuhe oder Stiefel; Läufer hatten meist noch Holzsandalen untergebunden.[77] Als Stadtboten traten sie bald in bestimmten Farben auf[78], wohl nicht ganz unabhängig von dem auch beim Deutschen Orden zu beobachtenden Umstand, daß sie die Kleidung bzw. die Stoffe dafür gestellt bekamen.

Von den Briefboten des Ordens gibt es keine Abbildungen. Die Annahme, daß die Briefjungen »eine eigene Uniform aus blauem Tuch«[79] trugen, besitzt trotzdem bedeutende Fürsprecher; Wenskus etwa formulierte, in seinem Sinne wohl ebenso auf die Briefjungen gemünzt: »Diener und Witinge waren auch einheitlich gekleidet, wie die Ausgabelisten von bestimmten Stoffmengen und Stoffarten nahelegen.«[80]

Ebenso meldete sich – mit Verweis auf eine Stelle, die ich in der angegebenen Quelle allerdings nicht finden konnte – die Gegenposition zu Wort: »Ein Vermerk im Treßlerbuch, man habe ›16 halbe bloe elen Engelisch laken vor de bryffjongen‹ gekauft, wird in verschiedenen Abhandlungen dahingehend ausgelegt, daß die Briefboten eine blaue Uniform getragen hätten. Doch diese Behauptung hat sich nach eingehenden Forschungen von Archivdirektor Dr. Koeppen nicht bestätigt.«[81] Es sind die aus den Quellen nicht zu tilgenden Unwägbarkeiten, die den Streit darum müßig erscheinen lassen: Es wäre nämlich auch hier zunächst zu klären, ob mit den *jungen* und *weytingen* und den *juncherren* bzw. *junchern*, für welche zu den Jahren 1394, 1400 und 1401 im Marienburger Ämterbuch Bekleidungsstoffe einer wohl minderen Art, d.h. *poperische* bzw. *paperische*, aber auch Junkertücher, Hosentuch und Junkerpelze aufgezählt werden, Briefjungen gemeint sind; vieles, wie oben gezeigt, spricht dagegen. Des weiteren ist darauf hinzuweisen, daß die Tuche, die zum Jahr 1437 für die Königsberger Briefjungen erwähnt sind, wohl *puperisch*, jedoch entsprechend der Nennung zum folgenden Jahr nicht blau, sondern grün und rot waren. Die im selben Buch zum Jahr 1397 für die Briefjungen zu Osterode genannten zwei »Laken« sind ohne Farbe angeführt wie *gewand* und die in ähnlichem Sinn gebrauchte *liwant* für die Briefjungen von Graudenz im Jahr 1434 sowie die Kleidung, die die Briefjungen in Biberen 1401 erhielten; der für die Danziger Briefjungen unter dem Jahr 1410 genannte Bekleidungsstoff dagegen war rot und blau. Für (vielleicht mit Briefjungen zumindest in dem einen oder anderen Fall identische) Jungen und Stallknechte vermerkt das Treßlerbuch die Ausgabe von grauem[82] und weißgrauem[83] (Bekleidungs)-Stoff.

Während hinlänglich bekannt ist, daß sich der (spätmittelalterliche Bote durch bestimmte Gesten, durch Gegenstände wie Münzen, Ringe und Handschuhe, durch Beglaubigungsschreiben oder botenspezifische Attribute wie Stäbe von weißem Holz, Brieffässer, Briefbüchsen, lederne Taschen oder Säcke[84], durch am Gürtel getragene oder auf der Briefbüchse bzw. dem Briefsack angebrachte Wappenschilde des Absenders, durch besondere Ringkrägen und an der Brust befestigte Spangen[85] wie natürlich durch das auf dem Brief selbst angebrachte Siegel auswies, läßt sich bezüglich des Deutschen Ordens und seiner Briefbeförderer nur eine einzige Stelle anführen, die als Beleg für die Verwendung von Botenzeichen taugt: zum Jahr 1440 sind für die Botenstation in Thorn acht silberne Abzeichen genannt. Dabei kann es sich um Brustschilde oder aber um Botenbüchsen gehandelt haben, die der sicheren Verwahrung der Briefe unterwegs dienten.[86]

Bezüglich einer Bewaffnung der Briefboten, Läufer und Briefjungen des Ordens sowie ihrer Unterbringung ist nichts überliefert. Daß ihnen »gute Wohnungen« zur Verfügung standen, »da sie auch hohe Dienerschaft von Gebietigern aus Deutschland und durchreisender Fürsten zu behergen hatten«[87], gehört wohl ins Reich der Spekulation. Während im Ausgabebuch Unterbringungsmöglichkeiten für Witinge etwa – Einheimische im Dienst der Ordensritter – erwähnt werden, finden sich solche für Briefjungen nicht; daraus resultiert folgerichtig, daß in der Zusammenstellung der »Örtlichkeiten des Ordenshauses«[88] für Briefjungen keine vorgesehen waren.

Der Stall als Postamt?

In der Literatur findet sich die sehr verbreitete Meinung, daß alle Briefe, die eine Station durchliefen, von den Briefjungen mit dem Briefsack oder im sogenannten Zerat abgeliefert, überall in ein Buch eingetragen[89], mit Ein- und Ausgangszeitpunkt versehen, gegebenenfalls sogar mehrfach – für andere zu benachrichtigende Komtureien – kopiert[90] und mit frischen Briefjungen sowie ausgeruhten Briefpferden[91], die man »zur raschen Beförderung amtlicher Schreiben in jeder Komturei«[92] bereit gehalten habe[93], zur nächsten »Postrast«[94] weitergeschickt worden seien.

Man sieht die Betriebsamkeit eines »Postamtes« förmlich vor sich. Ohne die Grundlagen für seine Berechnung zu offenbaren, behauptete Kießkalt, daß in Marienburg, der »Zentrale der ordenseigenen Postanstalt«[95], mit »etwa 50 ... Kanzleiboten zu rechnen« sei.[96] Schriftliche Belege dafür gibt es nicht, auch nicht dafür, daß in jeder Ordens-Vorburg eine solche Poststation eingerichtet war[97] und der oberste Pferdemarschall am Ordenshauptsitz in Marienburg in seiner Funktion als »Oberpostmeister« mit strengem Regiment dem Briefstall mit Briefjungen und Briefsweiken vorstand.[98] Ohne Quellennachweis erklärt Benkmann, daß der »Stallmeister des Ordens« zur »Leitung des Nachrichtendienstes ... durch einen besonderen *ambtbryff* verpflichtet wurde« und pro Jahr »neben seinen sonstigen Bezügen eigens für diese Aufgabe *200 preussisch Mark lon* empfing«.[99] Nach den Statuten (Gew. 19) unterstanden dem Marschall das Sattelhaus und die kleine Schmiede; er konnte aus dem Karwan für einen oder zwei Tage Pferde ausleihen und war gehalten, jedem Ordensangehörigen pro Nacht ein bestimmtes Maß an Futter für sein Pferd auszugeben (Gew. 23). Nach Gew. 39 hatte sich der Vizemarschall der Knechte anzunehmen, d.h. sie aufzunehmen (wenn sie als Briefboten unterwegs waren?), sie zu entloh-

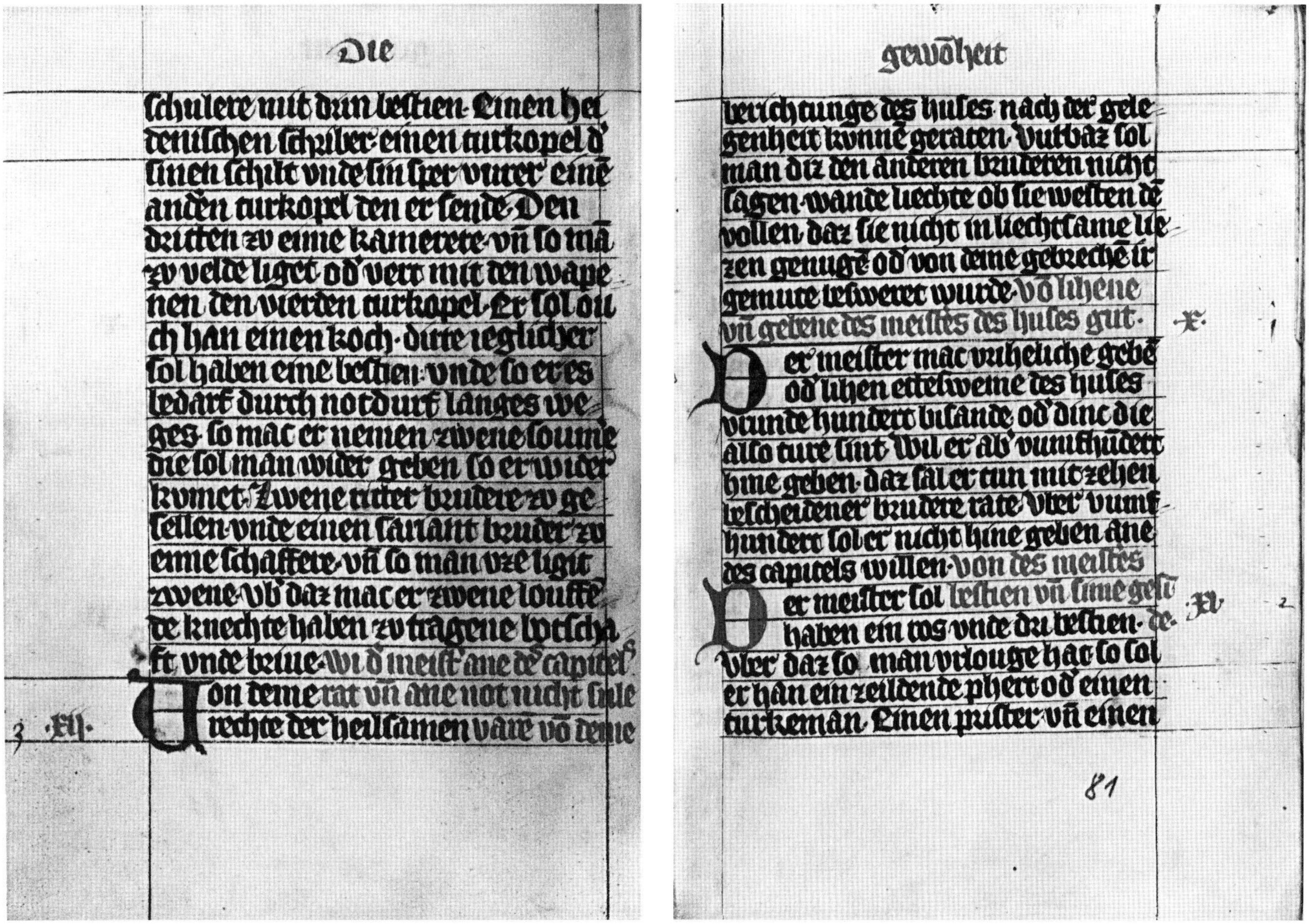

Consuetudines majores, Ziffer 11, womit dem Hochmeister unter anderem zwei Laufende Knechte zur Übermittlung von Botschaften zugestanden werden nen, ihnen die für die Pflege ihrer Tiere nötigen Geräte wie Striegel und Bürsten auszuhändigen und mit Pferdefutter zu versorgen.

Aus den Amtsbüchern, den lebendigen Zeugnissen des Ordensgeschehens, weiß man aber allenfalls, an welchen Orten Sweiken für die Briefställe gekauft wurden. Über weitere Funktionen und Dienste der Briefställe liegen keine Nachrichten vor.

Auch was die Führung von Briefregistern anbelangt, ist festzuhalten, daß sie mit Sicherheit nur am Haupthaus zu Marienburg (mit kleineren Lücken von 1389 bis 1422) und – entgegen früheren Überzeugungen[100] – »nicht immer gleichzeitig mit dem Ausgang der Urkunden geführt worden sind«.[101]

Die Briefe selbst, die in wünschenswert großer Zahl vorliegen, lassen nur den Rückschluß zu, daß sie in den jeweiligen Ordenshäusern (in der Kanzlei des Komturs oder Vogtes bzw. zu Marienburg in der des Hochmeisters, in den Kontoren der Handelsniederlassungen des Ordens?), die sie beim Transport durchliefen, mit den gewünschten Bemerkungen versehen wurden; daß dies allerdings kein Automatismus war, belegt folgender Versendungsvermerk: »Wir bitten alle unseres Ordens Gebietiger und alle unseres Ordens Amtsleute, geistlich und weltlich, welcherlei sie seien, sowohl in Preussen als durch Kurland mit fleißiger Beeilung, daß sie dies kennwertige Czeradt mit Briefen, das an unseren Ehrwürdigen Hochmeister seien geschrieben, wenn es zu Euch kommt in derselben Stunde mit gewissen[haften] reitenden Boten Tag und Nacht ohne alles Säumen fortschicken ... daß es unverwahrloset über den litauischen Strand geführt, und von Hause zu Hause die Zeit gekommen und gegangen auf diesen Brief müssen schreiben ....«[102] Wenskus wähnte die angesprochenen Gebietiger selbst am Werk, wenn er auf der Grundlage seiner Ordens-Briefforschung feststellte, daß einem jeglichen Gebietiger solche »Eilbriefe ... auf jeder am Wege liegenden Burg vorgelegt werden« mußten, »der die Einhaltung der Dringlichkeitsvermerke kontrollierte und in einer Dorsalnotiz für Eingangs- und Abfertigungsvermerke unter Angabe der Uhrzeit sorgte«.[103] Und ob tatsächlich bei dem angeführten reitenden Boten in jedem Fall an das Institut der Briefjungen gedacht werden muß/darf, ist ebenso unsicher wie die Frage, ob sie im Briefstall lebten und wohnten. Es gibt im Gegenteil genügend Hinweise darauf, daß reitende Boten auch im Ordensland selbst oft gerade keine Briefjungen waren.

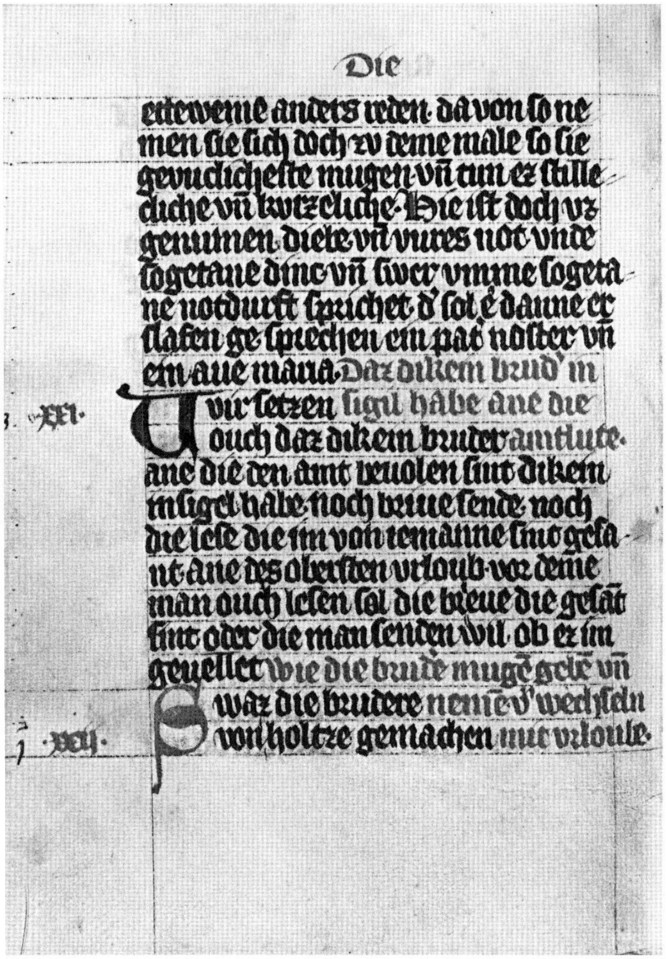

Statuten des Deutschen Ritterordens, Regel 19: Nicht jedes Mitglied des Ritterordens durfte Briefe schreiben – der Briefverkehr war streng reglementiert

Im Ordensland keine Alternative zu den Briefjungen

Die Briefjungen waren, was die Briefbeförderung innerhalb des Ordenslandes angeht, trotz allem nahezu »konkurrenzlos«. Wenn auch immer zu Recht darauf hingewiesen wird, daß in den Geschäftsbüchern des Ordens in der Regel nur von laufenden und reitenden Boten, von namentlich faßbaren, mehrfach erwähnten Läufern, von Knechten und Priestern, von städtischen Boten und expressis verbis Briefträgern die Rede ist, die dem Hochmeister Post nach Marienburg oder anderswohin brachten, dann muß gleichzeitig mit Nachdruck herausgestrichen werden, daß es sich dabei ausschließlich um einen Brieffernverkehr handelte, der über die Grenzen des Ordenslandes hinausreichte. Dasselbe trifft für die Post zu, die vom Orden bzw. vom Hochmeister ins Ausland ging. So kam Dittherich von Logendorf, der »Briefträger« der Stadt Danzig, 1408 bezeichnenderweise mit einem Brief aus Holland zum Hochmeister.[104]

Anders verhielt es sich mit den als Witinge bezeichneten nicht-deutschen, einheimischen Ordensbediensteten insofern, als sie auch innerhalb des Ordenslandes mitunter im Zusammenhang mit der Briefbeförderung zu beobachten sind. Ob sie nun – um mit Wenskus zu sprechen – »kleine Aufseher«[105] waren, oder – nach einer wesentlich älteren Auffassung – gar die »Postmeister im eigentlichen Sinne«[106], die »gegen die Verpflichtung zur Briefbeförderung innerhalb eines bestimmten Umkreises« Brief- bzw. Botenlehen innehatten[107] und in einer Art Stafettendienst für die eilige Briefversendung des Deutschen Ordens Sorge trugen[108], das sei hier dahingestellt. Das Ausgabebuch des Marienburger Hauskomturs kennt sie jedenfalls nur als Fuhrleute z.B. von Kalk und Kohle, von Wein, Met und anderen Naturalien, auch als Überbringer von Geldsendungen, nicht aber als Briefboten. Nur aus dem Treßlerbuch ist mit einer Eintragung zum Jahr 1407 bekannt, daß man den Witingen *vor eyne sweyke in den bryefstal* den außerordentlich hohen Betrag von über 5 Mark zugestand.[109]

Der Schüler, der 1399 für eine Mark Briefe des Hochmeisters transportierte, lief immerhin bis nach Livland.[110] Bei anderen Schülern ist nicht bekannt, woher sie die Briefe – gegen Bezahlung von einem halben Vierdung – beibrachten.[111]

Fazit

Die Post ist in ihren Anfängen nirgendwo eine Institution, deren Beginn sich exakt festschreiben läßt, sondern eine an den Notwendigkeiten und Erfordernissen der Zeit wachsende Einrichtung von zunächst sehr unbestimmten und unregelmäßigen Formen. Insofern ist auch der Streit um die Einführung einer ältesten deutschen Post durch den Deutschen Orden sowohl was das Datum betrifft als auch, was dessen vielfach behauptete exemplarische Bedeutung angeht, gar nicht zu führen. Je nach Gewichtung und Blickrichtung wird das Ergebnis einer diesbezüglichen Bewertung immer anders ausfallen. So wurde unlängst bemerkt, daß die Wurzeln des modernen Postwesens frühestens in der Zeit Kaiser Maximilians I. zu suchen seien[112], und auch in Preußen selbst nicht vor Ende des 16. Jahrhunderts.[113]

Aus der Frühzeit des Ordens sind kaum Originalbriefe erhalten. Im Archiv der Deutschordensballei Marburg etwa sind aus dem 13. und 14. Jahrhundert nur 15 Briefe im Original bekannt, zwei weitere aus Drucken des 18. Jahrhunderts.[114] Nicht von ungefähr kommt es, daß die »Postwege des Deutschen Ordens« im Historisch-Geographischen Atlas des Preußenlandes auf der Grundlage von Briefmaterial aus der 1. Hälfte des 15. Jahrhunderts rekonstruiert wurden. Ein Übriges zum schlechten Kenntnisstand über die Anfänge einer Posteinrichtung beim Deutschen Orden leistet schließlich der Umstand, daß die erhaltenen Amtsbücher gerade auch die Zeit um 1400 und später beleuchten.

Auf der anderen Seite sind z.B. die Brieffragmentfunde von Marburg beredte Zeugnisse für eine verbreitete Korrespondenz bereits in frühesten Zeiten auch außerhalb des Ordenslandes, in dem die Organisationszusammenhänge wesentlich günstiger waren als etwa in den mittel- und süddeutschen Streubesitzungen. Ordensbrüder nahmen die Briefe, z.T. seit ca. 1300 erkennbar mit Außenadressen, mit auf den Weg[115], sofern es ihre eigenen Belange betraf, vielleicht aber auch eigene Boten, sofern es sich um amtliche Schreiben handelte. Interessant ist mit Blick auf erste Organisationsformen des Briefverkehrs der Hinweis aus einer um 1310 geschriebenen Mitteilung eines Erfurter Deutschordensbruders an Mitbrüder im Deutschen Haus zu Marburg[116], die u.a. die Bitte enthielt, einen weiteren, beiliegenden Brief an einen namentlich genannten Ordensbruder in Mainz weiterzuleiten. Dieses Ersuchen ist deutlicher Ausdruck dafür, daß der Absender von einer problemlosen, also in irgendeiner Form wohl organisierten Weiterleitung seiner Post ausgehen konnte.

Eine »Erfindung« des Deutschen Ordens – selbst wenn man einen sehr frühen Zeitansatz gelten läßt – war es aber mitnichten – ohne deshalb nun sämtliche Einlassungen über die Entwicklungen des Nachrichtenwesens seit Karl dem Großen hier bemühen zu wollen, das sicherlich anders gelagert war. Es sei immerhin daran erinnert, daß etwa Cluny (als Orden) bereits im 11. Jahrhundert einen eigenen Botendienst einrichtete, um mit seinen zahlreichen Tochterklöstern stets in Verbindung stehen zu können.[117] Becker, der im übrigen die »vielverbreitete Annahme einer deutschen ›Ordenspost‹« für »ebenso unbegründet als unerwiesen« abtat, verwies auf die nach seiner Meinung schon 400 Jahre vorher bei den rheinischen Abteien und ab dem 13. Jahrhundert bei den Erzstiften zu beobachtenden Boteneinrichtungen und kanzelte – allerdings wohl ohne die erforderliche Quellenkenntnis – die Behauptung, wonach »das Postwesen von den Deutschen Ordensrittern erfunden und eingeführt worden sei«, als »Verbreitung« einer »irrigen Auffassung« ab.[118] Und zur Zeit des Deutschen Ordens besaßen z. B. Reichshof- und später Reichkammergericht sowie Reichskanzlei durchaus ähnliche Einrichtungen, die den Versand ihrer umfangreichen Korrespondenzen sicherstellten. Die reitenden königlichen Briefboten z.B. unter Friedrich III. konnten an größeren Orten ebenso einen Pferdewechsel vornehmen, indem sie sich gegen Vorlage eines entspechenden Diploms Tiere liehen.[119]

Auch daß beim Deutschen Orden Ein- und Ausgangszeiten auf Briefen vermerkt wurden, ist so neuartig, so »modern« nicht, wie es zunächst den Anschein hat. Bereits im 8. und 9. Jahrhundert wurden Briefankunftszeiten auf den sogenannten Totenroteln, den Totenrundschreiben, notiert, die von Mönchen nach dem Dahinscheiden eines ihrer Mitbrüder zu den in Gebetsverbrüderung verbundenen Klöstern getragen wurden, damit jene dort ins Gebet mit eingeschlossen würden.[120] Damit sollte möglichen Betrügereien der Boten vorgebeugt werden.

Zu allen Zeiten war Briefverkehr auch immer eine Sache des Vertrauens. Es ist beeindruckend zu beobachten, in welchem Ausmaß die (wenigen) genannten und (zahllosen) ungenannten Personen, die ihn beim Deutschen Orden als Briefjungen, Läufer oder (reitende) Boten abwickelten, dieses rechtfertigten. Vor dem Hintergrund ihrer Leistungen sollte man sich von jeglichem institutionellen Denken lösen und es als nichtig abtun können, wie denn das (Post-?)Pferd hieß, mit dem oder ohne das sie für den Deutschen Orden innerhalb und außerhalb des Ordenslandes rastlos unterwegs waren.

Anmerkungen

1 Vgl. Kießhalt, Post, S. 39
2 Vgl. APw 44 (1837), S. 173ff.; Huber, Verkehr, S. 153ff.; nach Flegler, Posten, S. 29, gab es die »vollständig eingerichtete Reitpost« des deutschen Ritterordens erst seit dem Ende des 14. Jahrhunderts.
3 Vgl. Babendererde, S. 55f. mit zahlreichen Belegstellen.
4 Vgl. Patze, Geschäftsschriftgut, S. 25. – Seit Kaiser Friedrich II. wurde Papier in der kaiserlichen Kanzlei auch als Urkundenbeschreibstoff verwendet; vgl. Zinsmaier, Reichskanzlei unter Friedrich II., S. 136.
5 Vgl. z.B. die Angaben im Treßlerbuch, ed. Joachim, S. 53,9; 130,13; 155,12; 220,12; 311,5; 367,5; 367,13; 392,13; 432,41; 480,36; 542,34. Daneben wurde aber noch – auch ausdrücklich für Briefe! – Pergament bezogen.
6 So liegt schon – bezeichnenderweise – die Urkunde BF 1483 Friedrichs II. für den Deutschen Orden in fünffacher Ausfertigung vor; vgl. Zinsmaier, Reichskanzlei unter Friedrich II., S. 137. In Hanseangelegenheiten wurden Briefe häufig in doppelter Ausführung zu Wasser und zu Land auf den Weg gebracht; vgl. Babendererde, S. 24. Der Ordensprokurator von Wien mahnte 1409 den Hochmeister, doch wie früher Schreiben des Ordens an Könige, Fürsten, Ritter oder andere Herrschaften in Kopie auch an ihn mitzuschicken, um vor der offiziellen Übergabe der verschlossenen Originalbriefe noch auf veränderte Sachlagen reagieren und die Übergabe notfalls noch stoppen zu können; vgl. Babendererde, S. 11. Von den Besitzstandsverzeichnissen, die Komture bei Amtsantritt anfertigten, wurden immer zwei Exemplare angefertigt; eines ging mit Boten nach Marienburg, das andere verblieb in der jeweiligen Komturei; vgl. Patze, Geschäftsschriftgut, S. 50
7 Vgl. Neitmann, Stände, S. 38.
8 Babendererde, S. 3, 32, 45; Becker, Nachrichtenwesen mal. Körperschaften 2, S. 2.
9 Becker, Nachrichtenwesen mal. Körperschaften 2, S. 2; Babendererde, S. 10
10 Babendererde, S. 2.
11 Becker, Nachrichtenwesen mal. Körperschaften 2, S. 2; Babendererde, S. 12
12 Babendererde, S. 27, 29, 46.
13 Vgl. Babendererde, S. 12ff., 18 (mit den Herzögen von Pommern wegen der Sicherung der Straße durch deren Gebiet, die das Ordensland mit Deutschland verband), 26, 28–31, 39f., 43f.
14 Etwa mit Hamburg, Rostock und Wismar, vgl. Neitmann, Stände, S.42f., oder mit Krakau, Brest, Kalisch, Posen und Bromberg, vgl. Neitmann, Stände, S. 65.
15 Babendererde, S. 52.
16 Etwa 1417 zwischen dem Hochmeister und dem Herzog von Pommern-Stolp, vgl. Neitmann, Stände, S. 62.

17 Vgl. Patze, Geschäftsschriftgut, S. 43, nach: Forstreuter, Registerführung Deutschordenskanzlei, S. 52.
18 Druck: Das Große Ämterbuch des Deutschen Ordens, hg. W. Ziesemer, Wiesbaden 1968 (Nachdruck der Ausgabe von 1921).
19 Vgl. Wenskus, Ordensland, S. 349.
20 Es muß freilich offenbleiben, ob man das Dokument so konkret wie Schüler, Anfänge, S. 47, als Beleg für die Gewährung einer »Durchzugsfreiheit auf der in Danzig beginnenden sogenannten Pommerschen Straße ... nach Lauenburg« heranziehen und »als die älteste auf das Nachrichtenwesen der neueren Zeit bezügliche Urkunde« bezeichnen kann.
21 Auch erwähnt bei Benkmann, S. 14.
22 Vgl. Babendererde, S. 9f.
23 Druck (der verschiedensprachigen Handschriftenausgaben): M. Perlbach (Hg.), Die Statuten des Deutschen Ordens nach den ältesten Handschriften, Halle 1890 (Nachdruck: Hildesheim/New York 1975).
24 Vgl. Becker, Nachrichtenwesen mal. Körperschaften 2, S. 2f.; Benkmann, S. 17; Babendererde, S. 2f.; Huber, Verkehr, S. 154. – Vgl. dazu die Gesetze I,e (Perlbach, S. 57), 36,1 (S. 80), 37,2 (S. 82); Regel 19; ludicia in Versen, Zeile 1 (S. 163), Zeile 13 (S. 164).
25 Perlbach, Statuten, S. 99; Huber, Verkehr, S. 154.
26 Mortensen/Wenskus, Die Postwege des Deutschen Ordens, haben dazu aus den ca. 30000 Briefen, die im Ordensbriefarchiv in Berlin aufbewahrt werden, ungefähr 1800 »Eilbriefe« ausgewertet, von welchen etwa 1500 zusätzlich mit Praesentata versehen worden waren. Vgl. dazu auch Wenskus, Ordensland, S. 373; Benkmann, S. 18; Ziesemer in der Einleitung seiner Edition des Großen Ämterbuches, S. X; APw 44 (1837), S. 174. Siehe dazu auch Abb. S. 30.
27 APT 10 (1882), S. 492.
28 Nach Benkmann, S. 14; Abbildung ebenda, S. 16. Im Original lautet der gesamte Text:

Meister dewtsches
Ordins zu lyfflande

Wyr erbitten alle vnseres ordins Gebittiger vnd alle unseres ordins amptlewte, Geystlich vnd wertleich
welcherleye sie seyn, sowoll in prewssin als durch Ewirlande, mit fleissiger beuelunge, daß Ir des kenwor-
tige Zeradt mit briffen, daß an vnsern Erwirdigen homeister freheit gestreben, wenn eß zu euch kompt
in der selbigen stunde mit gewissen reytenden boten tag und nacht an alles ßewmen vort schicken
vnd mit namen Ir Gebittiger in Ewirlande also vort schicken mit gewissen boten daß eß vnvorwarloßit
obir den litowschen Strand
bis zur memele gefürt vnd geentwort werde, und von hawße zu hawße
die zeit gekommen und gegangen, uff deßen briff mete schreiben dar
geschicht uns ane zu danke wente
Sunderlich gar groß trefflich landes macht lyth dorane Gegeben und gegangen von Righe am nehesten
freitage zu mittage vor letare anno 1421. Auch hotus (?) der obriste marschalk dewtsches ordins
eynen briff hir inne.

gekome und gegangen an Memel in der	Gekomen und gegangen von tuchkum des sellenegen freitags tuschen vii und viii Na myddage
myttewoch noch letare ora ix vor mittage	Gekomen und gegangen van Kandau am frietage vor letare in der 1. stunde na mitternacht Gekomen und gegangen von Konigsberg an den Sonnabend vor Judica 7 vor mitternacht Gegangen von Brandenburg am selbigen tage hora prima noch mitternacht Gekomen und gegangen von der Balge am Sonnobend do noch vor Judica hora viii vor mittage Gekomen und gegangen von Elbinge am selben tage hora v noch myttage.

29 Um 6 Uhr früh war er in Roggenhausen, um 10 Uhr in Graudenz, und um 2 Uhr nachmittags in Papau.
30 Der Brief in APT 10 (1882), S. 492.
31 Babendererde, S. 6 u. 35.
32 Vgl. Babendererde, S. 35 f.
33 Vgl. z.B. Becker, Nachrichtenwesen mal. Körperschaften 2, S. 2.
34 Vgl. Babendererde, S. 9 f.
35 Babendererde, S. 53.
36 Benkmann, S. 14.
37 Babendererde, S. 6.
38 Babendererde, S. 8 f.
39 Benkmann, S. 15/17.
40 Eine eindrucksvolle Geschichte dazu bei Kießkalt, Post, S. 35.
41 Vgl. Ohler, Reisen, S. 99–102.
42 Babendererde, S. 45 f.
43 Vgl. Babendererde, S. 35.
44 Treßlerbuch, ed. Joachim, S. 440, 34 f.
45 Treßlerbuch, ed. Joachim, S. 458, 14 f.
46 Vgl. Babendererde, S. 53; Benkmann, S. 14; APw 44 (1837), S. 174; ohne neue Aspekte North, Post, S. 25 f.
47 Vgl. Becker, Städteboten, S. 16 f.
48 Babendererde, S. 3 f; vgl. ebenso Kießkalt, Post, S. 37; Flegler, Posten, S.29; Becker, Nachrichtenwesen mal. Körperschaften 2, S. 2; Benkmann, S. 13. – Töppen, Pferdezucht, S. 686, hat auf die von Grimm beigebrachte Ableitung des Begriffs Sweike von einem deutschen *sueiga*, *swaiga* = Viehof verwiesen.
49 M. Perlbach in seiner Besprechung des Treßlerbuch-Drucks in den Göttinger gelehrten Anzeigen (1897), S. 977.
50 Benkmann, S. 13.
51 Becker, Nachrichtenwesen mal. Körperschaften 2, S. 2.
52 Zu diesem Schluß kamen bereits Becker, Nachrichtenwesen mal. Körperschaften 2, S. 2 u.a.
53 Treßlerbuch, ed. Joachim, S. 154, 14.
54 Treßlerbuch, ed. Joachim, S. 261, 30 f.
55 Z.B. Treßlerbuch, ed. Joachim, S. 72, 28 ff, S. 72, 41 f, S. 178, 25 f; vgl. Babendererde, S. 3 f.
56 Wenskus, Ordensland, S. 373.
57 Vgl. die Angaben im Treßlerbuch, ed. Joachim, S. 430, 37; 439, 40 f; 458, 41 f; 461, 17; 461, 20; 546, 4 f; 546, 30 f; 547, 24 f; 547, 25 f; 546, 29; 5554, 10 f; 559, 36 f; – Nach dem Ausgabebuch des Marienburger Hauskomturs transportierte der Fuhrmann Paul nicht nur Briefe wie im Jahr 1411 nach Roggenhausen, sondern z.B. von Dirschau nach Ma-

rienburg einmal im Jahr 1413 – mitunter auch einen Boten selbst; vgl. Ausgabebuch, ed. Ziesemer, S. 30 u. 117 f.

58 Völlig zu recht hat Töppen eine eigene Pferdezucht beim Orden immer nur in Verbindung mit den teuren, schweren Pferden gesehen und die Sweiken – allerdings in Widerspruch zu seinen vorherigen Auffassungen – nicht einmal als „Dienstpferde" gelten lassen; vgl. Töppen, Pferdezucht, S. 687 ff u. 702.

59 APw 44 (1837), S. 174.

60 Treßlerbuch, ed. Joachim, S. 588, 4 ff.

61 Tumler, Der Deutsche Orden, S. 496.

62 Nach Becker, Nachrichtenwesen mal. Körperschaften 2, S. 2.

63 APw 44 (1837), S. 174.

64 So zuletzt sehr unglücklich bei North, Post, S. 26.

65 Vgl. Benkmann, S. 13.

66 Babendererde, S. 4.

67 So bei Benkmann, S. 14, zu beobachten.

68 Treßlerbuch, ed. Joachim, S. 63, 34 ff.

69 Treßlerbuch, ed. Joachim, S. 183, 6 ff.

70 Treßlerbuch, ed. Joachim, S. 356, 19 f.

71 Treßlerbuch, ed. Joachim. S. 153, 14–18.

72 Treßlerbuch, ed. Joachim, S. 384, 34.

73 Treßlerbuch, ed. Joachim, S. 8, 12; 24, 22; 68,4; 107, 24; 153, 17; 181, 39 f; 245, 24.

74 Treßlerbuch, ed. Joachim, S. 317, 40 f.

75 Vgl. APT 25 (1897), S. 649.

76 Vgl. Babendererde, S. 35 f.

77 Nach Becker, Städteboten, S. 15.

78 Vgl. die Beispiele bei Becker, Städteboten, S. 16.

79 North, Post, S. 26 wie schon APw 44 (1837), S. 173.

80 Wenskus, Ordensland, S. 366.

81 Benkmann, S. 13 f.

82 Treßlerbuch, ed. Joachim, S. 363, 2; 404, 26 f; 583, 28 f; 586, 27.

83 Treßlerbuch, ed. Joachim, S. 441, 3 f.

84 Kießkalt, Post, S. 29; Ohler, Reisen, S. 99.

85 Becker, Städteboten, S. 14 f.

86 Vgl. Kießkalt, Post, S. 37; APT 25 (1897), S. 648.

87 APw 44 (1837), S. 174.

88 Ausgabebuch des Marienburger Hauskomturs, ed. Ziesemer, ab, S. 448.

89 So in: APw 44 (1837), S. 174.

90 So Tumler, Der Deutsche Orden, S. 496.

91 Kießkalt, Post, S. 73.

92 So Ziesemer in der Einleitung zur Edition des Großen Ämterbuches, S. X.

93 Becker, Nachrichtenwesen mal. Körperschaften 2, S. 2.

94 Flegler, Posten, S. 29.

95 Vgl. North, Post, S. 25.

96 Kießkalt, Post, S. 38.

97 Benkmann, S. 13: „Ein Raum in der jeweiligen Vorburg mußte für die Dienstgeschäfte des Nachrichtendienstes zur Verfügung gestellt werden, man nannte ihn den ‚Bryffstall'." Nach Flegler, Posten, S. 29, war der Briefstall vergleichbar mit dem heutigen „Postamt".

98 Flegler, Posten, S. 29; Kießkalt, Post, S. 37. – Nach einer älteren Auffassung war der Briefstall ein besonderes, dem Postversand dienendes Zimmer in der Wohnung eines jeden Witings, d. h. des Ordensstallmeisters bzw. „Postmeisters im eigentlichen Sinne", in dem die mit dem Ein- und Ausgang von Briefen verbundenen Schreibtätigkeiten erledigt und die Briefjungen abgefertigt wurden (APw 44 [1837], S. 174).

99 Benkmann, S. 13.

100 So hatte z. B. Menzel, Gesandtschaftswesen, S. 182, für alle Ordenshäuser geltend noch vertreten: „Im Archiv des Bryffstalls lagen die Register der Ab- und Eingänge."

101 Vgl. Patze, Geschäftsschriftgut, S. 43, nach: Forstreuter, Registerführung Deutschordenskanzlei, S. 52.

102 Zitiert nach Benkmann, S. 14.

103 Wenskus, Ordensland, S. 373.

104 Treßlerbuch, ed. Joachim, S. 471, 3 f.

105 Wenskus, Ordensland, S. 365.

106 APw 44 (1837), S. 174.

107 Kießkalt, Post, S. 38.

108 Vgl. Benkmann, S. 17.

109 Treßlerbuch, ed. Joachim, S. 462, 2.

110 Treßlerbuch, ed. Joachim, S. 29, 33.

111 Treßlerbuch, ed. Joachim, S. 33, 6.

112 Dallmeier, Reichsstadt und Reichspost, S. 56.

113 Gallitsch, Postwesen.

114 Vgl. Lachmann, Deutschordensbriefe, S. 385.

115 Vgl. das Schreiben des Landkomturs von Franken an den Komtur zu Schweinfurt von 1296; Lachmann, Deutschordensbriefe, S. 389 ff.

116 Abgedruckt bei Lachmann, Deutschordensbriefe, S. 403.

117 Vgl. Ohler, Reisen, S. 94

118 Becker, Nachrichtenwesen mal. Körperschaften 2, S. 2 u. Anm. 162.

119 Vgl. Menzel, Gesandtschaftswesen, S. 182 ff.

120 Vgl. Ebner, Gebetsverbrüderungen, S. 81.

Literatur

Archiv für das Postwesen, Nr. 44 (1837).

Archiv für Post und Telegraphie (Beihefte zum Amtsblatt des Reichs-Postamtes), 10. Jg., Berlin 1882.

Archiv für Post und Telegraphie (Beihefte zum Amtsblatt des Reichs-Postamtes), 25. Jg., Berlin 1897.

Babendererde, P., Nachrichtendienst und Reisevekehr des deutschen Ordens um 1400, Elbing 1913.

Becker, H. J., Städteboten (Silberboten), in: Postgeschichtlicher Blätter der Oberpostdirektion Saarbrücken 1961, S. 10–18.

Becker, H. J., Das Nachrichtenwesen mittelalterlicher Körperschaften an der Saar, im Trierer und Pfälzer Raum sowie im Elsaß (Fortsetzung u. Schluß), in: Postgeschichtliche Blätter der Oberpostdirektion Saarbrücken 26 (1977), S. 1–3.

Benkmann, H.-G., Königsberg (Pr.) und seine Post, München 1981.

Dallmeier, M., Reichsstadt und Reichspost, in: R. A. Müller (Hg.), Reichsstädte in Franken, München 1987, S. 56–69.

Ebner, A., Die klösterlichen Gebetsverbrüderungen bis zum Ausgange des karolingischen Zeitalters, Regensburg 1890.

Flegler, A., Zur Geschichte der Posten, Nürnberg 1858.

Gallitsch, A., Vom Reise-, Boten- und Postwesen in Brandenburg-Preußen, ungedrucktes Manuskript in der Bibliothek des Bundespostmuseums

Huber, F. C., Die geschichtliche Entwicklung des modernen Verkehrs, Tübingen 1893.

Joachim, E. (Hg.), Das Marienburer Treßlerbuch der Jahre 1399–1409, Königsberg i. Pr. 1896.
Kießkalt, E., Die Entstehung der deutschen Post und ihre Entwicklung bis zum Jahr 1932, Erlangen o. J.
Lachmann, H.-P., Deutschordensbriefe aus dem frühen 14. Jahrhundert, in: Aus Geschichte und ihren Hilfswissenschaften, Festschrift für W. Heinemeyer, hg. H. Bannsch/H.-P. Lachmann (= Veröffentlichungen der Historischen Kommission für Hessen, Bd. 40), Marburg 1979, S. 383–404.
Menzel, V., Deutsches Gesandtschaftswesen im Mittelalter, Hannover 1892.
Mortensen, H. u. G./Wenskus, R., Die Postwege des Deutschen Ordens in der ersten Hälfte des 15. Jahrhunderts, 5 Blätter (M. 1:300 000), mit Erläuterungen. Historisch-geographischer Atlas des Preußenlandes, Lieferung 1, Wiesbaden 1968.
Neitmann, K., Die preußischen Stände und die Außenpolitik des Deutschen Ordens vom 1. Thorner Frieden bis zum Abfall des Preußischen Bundes (1411–1454), in: U. Arnold (Hg.) Ordensherrschaft, Stände und Stadtpolitik. Zur Entwicklung des Preußenlandes im 14. und 15. Jahrhundert, Lüneburg 1985, S. 27–79.
North, G., Die Post. Ihre Geschichte in Wort und Bild, Heidelberg 1987.
Ohler, N., Reisen im Mittelalter, München 1986.
Patze, H., Neue Typen des Geschäftsschriftgutes im 14. Jahrundert, in: H. Patze (Hg.) Der deutsche Territorialstaat im 14. Jahrhundert (= Vorträge und Forschungen, Bd. 13), Sigmaringen 1970, S. 9–64.
Perlbach, M. (Hg.), Die Statuten des Deutschen Ordens nach den ältesten Handschriften, Halle 1890 (Nachdruck: Hildesheim/New York 1975).
Schüler, G., Über die Anfänge des Nachrichtenwesens des Deutschen Ritterordens, in: Archiv für deutsche Postgeschichte 1957/2, S. 46–47.
Töppen, M., Über die Pferdezucht in Preußen zur Zeit des deutschen Ordens, nebst einigen Bemerkungen über die Sweiken, in: Altpreuß. Monatsschrift 4 (1867), S. 681–702.
Tumler, P., Der Deutsche Orden im Werden, Wachsen und Wirken bis 1400 mit einem Abriß der Geschichte des Ordens von 1400 bis zur neuesten Zeit, Montreal/Wien 1955.
Wenskus, R., Das Ordensland Preußen als Territorialstaat des 14. Jahrhunderts, in H. Patze (Hg.), Der deutsche Territorialstaat im 14. Jahrhundert (= Vorträge und Forschungen, Bd. 13), Sigmaringen 1970, S. 347–382.
Ziesemer, W. (Hg.), Das Ausgabebuch des Marienburger Hauskomturs für die Jahre 1410–1420, Königsberg i. Pr. 1911.
Ziesemer, W. (Hg.), Das Marienburger Ämterbuch, Danzig 1916.
Ziesemer, W. (Hg.), Das Große Ämterbuch des Deutschen Ordens, Wiesbaden 1968 (zuerst: 1921).
Zinsmaier, P., Die Reichskanzlei unter Friedrich II., in: Probleme um Friedrich II., hg. J. Fleckenstein (= Vorträge und Forschungen, Bd. 16), Sigmaringen 1974, S. 135–166.

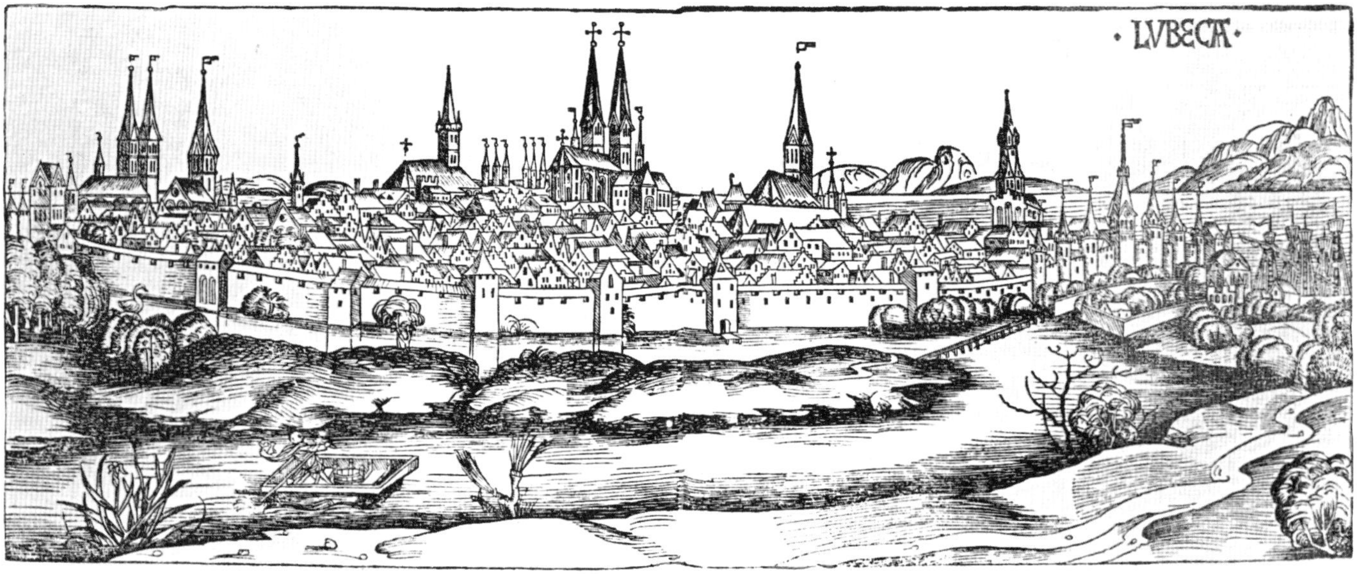

Gesamtansicht von Lübeck; Holzschnitt aus der Schedelschen Weltchronik, 1493

Das Gesandten- und Botenwesen der Hanse im späten Mittelalter

Matthias Puhle

Die Hanse im Mittelalter: Ein Überblick

Die »Hansa Theutonicorum« oder »dudesche hense« war eine von der Mitte des 12. Jahrhunderts an bestehende Gruppe norddeutscher Kaufleute, die sich in der Mitte des 14. Jahrhunderts zu einer Gemeinschaft von zeitweise annähernd 200 Küsten- und Binnenstädten entwickelte.[1]

Auf dem Höhepunkt ihrer Macht und Entfaltung von der zweiten Hälfte des 14. bis ins späte 15. Jahrhundert gehörten der Hanse Städte »in einem Gebiet von 1500 km Länge zwischen der Zuidersee und dem Finnischen Meerbusen, der Ostsee und Thüringen« an.[2] Diese immense flächenmäßige Ausdehnung und die große Anzahl von grundsätzlich gleichberechtigten Mitgliedern der Gemeinschaft läßt die Frage aufkommen, wie die Hanse zu Beschlüssen, die manchmal auch schnell gefaßt werden mußten, kam und wie die notwendige Kommunikation innerhalb der Gemeinschaft hergestellt wurde. Die Frage nach dem Gesandten- und Botenwesen der Hanse führt in das Zentrum der inneren Organisation der Hanse, da von schnellen Beschlußfassungen und der reibungslosen Übermittlung von Botschaften nicht selten der Ausgang eines kriegerischen Konflikts zwischen der Hanse und auswärtigen Mächten oder auch die erfolgreiche Verteidigung von Mitgliedsstädten gegen Eroberungsversuche von Territorialherren abhingen.

Feste Gemeinschaftseinrichtungen der Hanse im 14. und 15. Jahrhundert wird man vergeblich suchen, von den vier Kontoren in Brügge, London, Bergen und Nowgorod abgesehen, die noch in der Zeit der Kaufmannshanse im 12. und 13. Jahrhundert eingerichtet worden waren. Das Gremium, das seit dem Jahr 1356 einberufen und zum entscheidenden Organ der Hanse wurde, der Hansetag, war keine Institution im eigentlichen Sinne, da es nicht regelmäßig in einer festgelegten Form und an einem bestimmten Ort, sondern nach Bedarf, meist in Lübeck, zusammenkam und sich nach der Tagfahrt wieder auflöste. Erst 1418 übernahm Lübeck formal die »Geschäftsführung« zwischen den Hansetagen.

Lübeck war aber schon lange vor 1418 das »Haupt der Gemeinschaft«, das »caput omnium«. In dieser Stadt wurde jahrhundertelang nicht nur lübisch, sondern auch hansisch gedacht und gehandelt, so daß diese beiden Begriffe zeitweise als synonym gegolten haben dürften. In Lübeck wurden auch kurzfristig und im Vorgriff auf die Beschlüsse des Hansetags hansische Entscheidungen getroffen, wenn die Situation eine schnelle Entscheidung forderte. So glich die Hanse den Nachteil aus, der ihr aus Größe und Ausdehnung in organisatorischer Hinsicht erwuchs. Erst die Einrichtung des Hansetags im Jahr 1356 läßt ein nach gewissen Regeln funktionierendes Gesandtenwesen der Hanse entstehen. Die vor 1356 stattfindenden Städtetage sind häufig nicht ausschließlich hansische Versammlungen, sondern auch, meist sogar überwiegend, Tagfahrten, auf denen bestimmte regionale Probleme erörtert wurden. Außerdem können nur in wenigen Fällen die Personen ermittelt werden, die als Gesandte zu diesen Städtetagen geschickt wurden, während die sehr gut überlieferten Hansetage in der Regel auch Auskunft über die Gesandtschaften geben.

Am 24. Juni 1418 fand einer der größten Hansetage in der Geschichte der Städtegemeinschaft statt, auf dem auch die Besendung des Hansetags geregelt wurde. 34 Städte hatten Gesandte nach Lübeck geschickt, Abgesandte des Kaisers, des Deutschen Ordens, des Erzbischofs von Bremen, des Brügger Kontors waren ebenso anwesend wie die Herzöge von Schleswig und von Mecklenburg. Auf diesem Hansetag, dem wahrscheinlich bedeutendsten in der Geschichte der Hanse im Mittelalter, dokumentierte Lübeck, daß es nach der gerade überstandenen schweren inneren Verfassungskrise seine Führungsrolle in der Hanse wieder übernommen hatte. Viele hansische Angelegenheiten waren während der acht Jahre dauernden lübischen Verfassungskrise nicht erledigt worden, was nun in Lübeck nachgeholt werden mußte. Man wandte sich auf diesem Hansetag vor allem der inneren Organisation und dem inneren Zustand der Städtegemeinschaft zu. Es wurde ein hansisches Statut erlassen und ein

Entwurf über eine »Tohopesate«, also ein Städtebündnis, vorgelegt, das zwölf Jahre Gültigkeit haben sollte. Die Hansestädte haben immer sehr sorgfältig zwischen der Hanse, die den wirtschaftlichen und politischen Rahmen für ihren Handel in Europa setzte, und zeitlich befristeten, bestimmten politischen bzw. militärischen Zwecken dienenden Städtebünden unterschieden. Es wurde Stellung bezogen zu den vielfach in dieser Zeit aufkommenden innerstädtischen Konflikten, in denen sich in der Regel unabhängig vom jeweiligen Anlaß starke soziale und politische Spannungen entluden und in einen Kampf um die Macht in den Städten mündeten. Hier schwang sich die Hanse zum Beschützer der alten Räte auf, indem sie einer Stadt, in der der alte Rat durch eine Erhebung abgesetzt wurde, den Ausschluß aus der Hanse, die »Verhansung«, androhte. Denn Hansestadt konnte nur eine Stadt sein, deren Rat noch unangefochten über »regimente, vryheiden und herlicheiden«, also die volle Herrschaftsgewalt, verfügte. Diese Haltung der Hanse im Jahr 1418 war freilich nicht neu. Während der großen Braunschweiger Ratsunruhe von 1374 bis 1380 etwa hatte die Hanse die Stadt fünf Jahre lang ausgeschlossen. Die Ratsgremien in den Hansestädten wurden 1418 ausdrücklich als alleinige legitime Vertretung ihrer Städte von der Hanse anerkannt. Diese kompromißlose Haltung brachte auch den Beschluß über die Besendung der Hansetage hervor.[4] Dieser besagte, daß sich auf den Hansetagen die Städte ausschließlich von Ratsmitgliedern vertreten lassen konnten. Als Begleiter der Ratsherren waren deren Schreiber geduldet. Schreiber oder Syndici wurden zu den Sitzungen der Hanse allein nicht mehr zugelassen. Die Besendung von Hansetagen durch gelehrtes städtisches Personal hatte so sehr um sich gegriffen, daß man diesen Beschluß um des »gemeinen Besten wegen« treffen mußte. Hintergrund dieser Entscheidung war die in der Tat zu beobachtende Tendenz der Städte, ihre »Beamten« zu den Tagfahrten zu schicken und nicht mehr »geschworene Ratsleute«. Dies hat seinen Grund darin, daß die Ratsherren in der Regel einer kaufmännischen oder gewerblichen Tätigkeit nachgingen und ehrenamtlich im Rat der Stadt saßen und somit für die mehrwöchigen Tagfahrten nicht immer leicht verfügbar waren. Es war daher häufig bequemer und einfacher, den Stadtschreiber, Protonotar oder Syndicus, der von der Stadt bezahlt wurde, zu schicken. Zum anderen verfügten die städtischen Bediensteten, die für eine Delegation in Frage kamen, vielfach über eine juristische Ausbildung und hatten in Anbetracht der im 15. Jahrhundert stark zunehmenden »Verrechtlichung« der Hanse die nötigen Kenntnisse, um sofort Stellung nehmen zu können. Die nur selten akademisch gebildeten Ratsherren konnten diese Kenntnisse normalerweise nicht vorweisen. Mehrere zeitgenössische Berichte zeigen, daß die hansischen Sitzungen im Verlauf des 15. Jahrhunderts rhetorisch zunehmend von den städtischen »Beamten« dominiert wurden.

Der Weg bis zur Einführung des Hansetags soll an dieser Stelle kurz skizziert werden. In der Frühzeit der Hanse, in der zweiten Hälfte des 12. und den ersten Jahrzehnten des 13. Jahrhunderts, als die Initiative weitgehend bei den auf Fernhandelsreise gehenden Kaufleuten lag und die deutschen Städte sich in der Phase der Ausformung ihrer politischen und rechtlichen Struktur befanden, waren es ausschließlich die Fahrten, die Genossenschaften, die unregelmäßigen Zusammenkünfte, die Geschäfte, die Verhandlungen mit den Herrschern im In- und Ausland, das Risiko der Kaufleute, aus denen heraus sich die Hanse zunächst als Hanse der Kaufleute ausbilden konnte. Mit der Herausbildung der Ratsherrschaft und damit einer städtischen Obrigkeit in den Hansestädten in der ersten Hälfte des 13. Jahrhunderts entstand allmählich auch ein Verwaltungsapparat. Die Schriftlichkeit in den Städten setzt ein, in »das 13. Jahrhundert fällt ... der Ausbau der kommunalen Verwaltung und damit der Kanzlei als zentraler Institution«.[5] In Lübeck ist der erste Schreiber oder Notar mit Heinrich von Braunschweig für 1242 nachweisbar.[6] Schrittweise übernahmen die Städte die hansischen Angelegenheiten, Lübeck wuchs in die Rolle eines Vorortes der Hanse hinein. Diese Entwicklung verdeutlicht die Verlegung des Oberhofs, also der Appellationsinstanz, für das Kontor in Nowgorod 1294/95 von Visby nach Lübeck.[7] Wenige Jahre später führte Lübeck auf einer Städteversammlung den Beschluß der Städte herbei, daß auf Gotland keine Stadt mehr das Recht haben sollte, das Siegel der gemeinen Kaufleute zu führen[8], sondern nur noch das eigene städtische Siegel, damit nicht eine Stadt etwas beschließe, was den anderen Städten nicht gefalle.[9] In erster Linie richtete sich dieser Beschluß gegen die Stadt Visby und geht daher aus dem Kampf zwischen Lübeck und Visby im 13. Jahrhundert um die wirtschaftliche Vormachtstellung im Ostseeraum hervor. Das angesprochene Siegel ist das Liliensiegel der gotländischen Genossenschaft, einer Schwurgemeinschaft von Kaufleuten, die seit ca. 1160 auf ihren Handelsreisen auf der Ostsee von Lübeck aus nach Gotland fuhren, um Vorräte aufzunehmen und Handel zu treiben. In der Regel fuhren

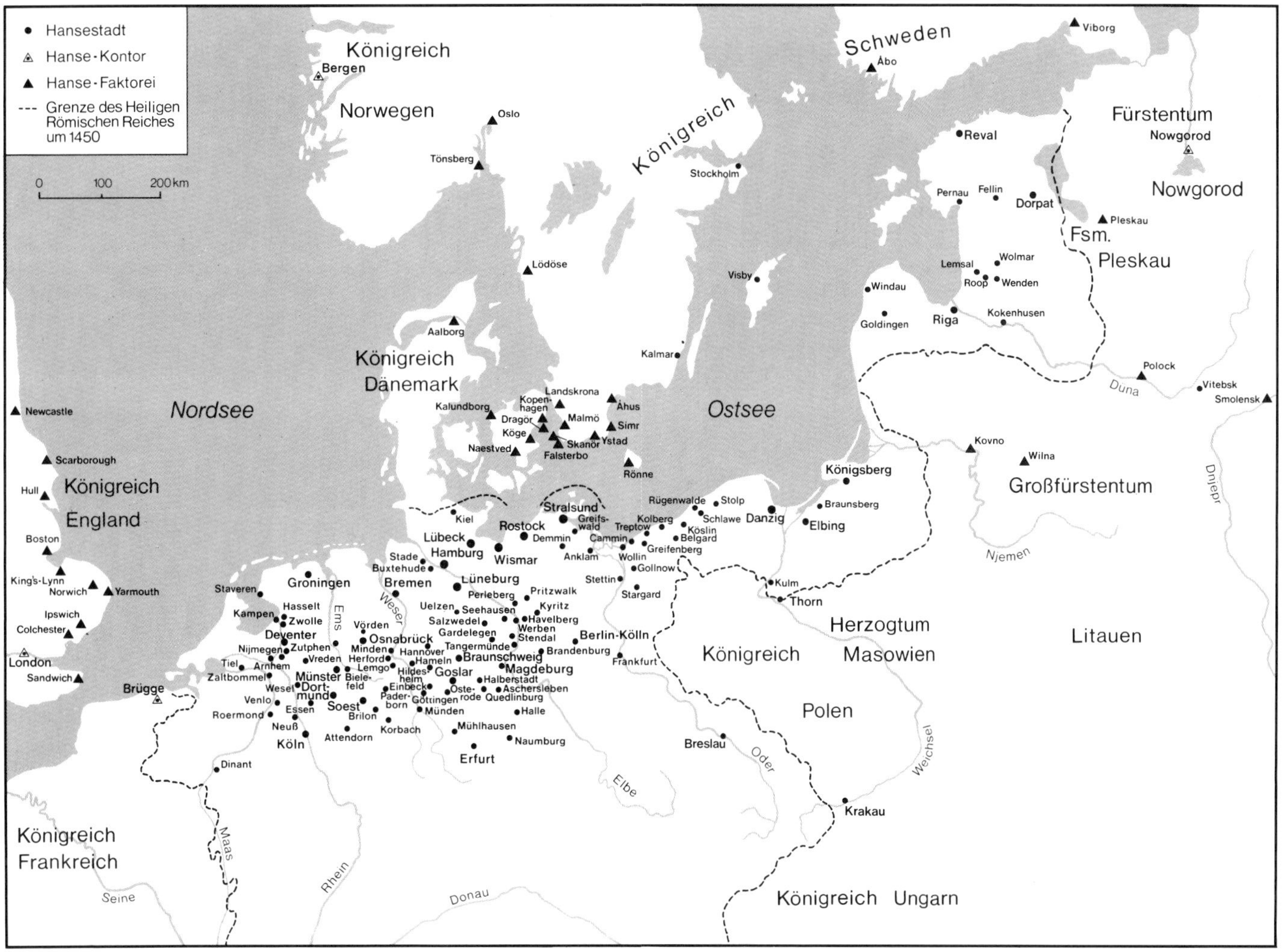

Die Hansestädte im 15. Jahrhundert

Schreibstube des Kaufmanns (»skrivekamere«) im Kaufmannskontor der Deutschen Brücke in Bergen, 17. Jahrhundert die Kaufleute dann bis nach Nowgorod, wo hochwertige Fernhandelsgüter für den mitteleuropäischen Markt eingekauft werden konnten. Im Laufe der Zeit teilten sich die deutschen Kaufleute in eine Gruppe, die Gotland besuchte (mercatores frequentantes), und eine Gruppe, die auf Gotland blieb, genauer in Visby, wo es schon eine skandinavische Ansiedlung gab (mercatores manentes). Kaufleute aus Städten von der Zuidersee bis zu den wendischen Städten waren an der gotländischen Genossenschaft beteiligt.[10] Soest, Visby, Dortmund und Lübeck stellten die vier Oldermänner, die an der Spitze der Genossenschaft standen. Sie besaßen die vier Schlüssel zur Kasse der Genossenschaft. Beide Gruppen, die »frequentantes« und die »manentes«, führten das Liliensiegel der gotländischen Genosssenschaft weiter, mit dem Unterschied, daß sich die Gruppen in der Siegelunterschrift kenntlich machten.[11] Der Niedergang der gotländischen Genossenschaft, der »Keimzelle« der Hanse, im Laufe des 13. Jahrhunderts verlief, so könnte man sagen, umgekehrt proportional zur wachsenden Bedeutung der Städte innerhalb der Hanse. Am Ende des 13. Jahrhunderts existierte die gotländische Genossenschaft zwar noch formal, hatte aber de facto ihre Tätigkeit eingestellt. Nun wurde sie 1298/99 durch das Verbot, ein eigenes Siegel zu führen, »auch ihrer rechtlichen Grundlage beraubt«.[12] Die Ausformung der Städtehanse, die an die Stelle der Kaufmannshanse trat, war allerdings um 1300 noch nicht abgeschlossen. Erst mit Beginn der Hansetage 1356/58 wurde das Organ geschaffen, das Ausgangs- und Mittelpunkt der hansischen Aktivitäten werden sollte. Der Hansetag war die Hauptversammlung der Hansestädte.[13] »Der Hansetag war die oberste Instanz der Gemeinschaft. Er entschied im Grundsatz ohne Berufungsmöglichkeit über alle sie betreffenden wichtigen Angelegenheiten: über die Ratifizierung von Verträgen oder über Handelsprivilegien, über Verhandlungen mit ausländischen Städten oder Herrschern, über die Absendung von Gesandten, über Frieden, Krieg und Blokkade, über finanzielle und militärische Maßnahmen, über wirtschaftliche Vorschriften aller Art, über den Ausschluß oder die Zulassung von Mitgliedern, die Schlichtung von Konflikten zwischen den Hansestädten usw.«[14]

Trotz dieser Aufgabenfülle entwickelte sich der Hansetag in keiner Phase der Geschichte der Hanse zu einer Institution, die regelmäßig einberufen und somit zu einer festen Einrichtung wurde. Es wurde vielmehr immer nach Bedarf und in der Regel von Lübeck zum Hansetag geladen. Diese Handhabung gab Lübeck ein zusätzliches Machtinstrument in die Hand, von dem die Stadt ausreichend Gebrauch machte. Im Unterschied zum unregelmäßig stattfindenden Hansetag wurden einige regionale Städtetage von Gruppen innerhalb der Hanse eine Zeitlang als periodisch stattfindende Versammlungen eingeführt, wie etwa der Städtetag der sächsischen Städte, der seit 1426 jährlich zwischen Ostern und Pfingsten tagte.[15] Dennoch wurde mit der Einführung des Hansetags in der Mitte des 14. Jahrhunderts ein Forum geschaffen, das von nun an die hansische Politik in allen wichtigen Belangen an sich zog. Die Einführung des Hansetags Mitte des 14. Jahrhunderts sowie die ebenfalls sich in dieser Zeit vollziehende Übernahme der Kontrolle über die vier hansischen Kontore Brügge, London, Bergen und Nowgorod durch die Städte signalisierte endgültig den Übergang von der Kaufmannshanse des 12. und 13. Jahrhunderts zur Städtehanse des 14. Jahrhunderts. Die Initiative lag nun bis zum Ende der hansischen Geschichte bei den Städten. Der hinter Städten wie etwa Köln, Lübeck oder Danzig stehende Verwaltungsapparat, deren ökonomische, politische und militärische Macht überstiegen die Möglichkeiten einzelner Kaufleute und auch die von Kaufmannsgenossenschaften bei weitem. Insbesondere im Ausland vermochten die Städte machtvoller aufzutreten als die Kaufleute. Die erste große Auseinandersetzung mit einer ausländischen Macht konnten die Städte durch einen besonderen Zusammenschluß innerhalb der Hanse, der Kölner Konföderation von 1367, im Stralsunder Frieden von 1370 bestehen. Dänemark wurde ein Frieden diktiert, den man als einen großen Erfolg der Hanse bezeichnen kann.[16] Neben der Bestätigung umfassender Handelsprivilegien und der Übernahme von vier Festungen am Sund konnte die Hanse sogar das Recht erwirken, nach dem Tode des herrschenden Königs Waldemar IV. der Nachfolgeregelung zustimmen zu müssen. Einen Krieg wie den gegen Waldemar hätten Kaufleutegenossenschaften nicht führen können. Der Genossenschaftsgedanke der Kaufleute blieb am stärksten noch in den vier auswärtigen Kontoren der Hanse lebendig. Natürlich war die Hanse auch weiterhin im wesentlichen von merkantilen Gesichtspunkten geprägt. Die Ratsgremien der Städte blieben in der Regel bis weit ins 15. Jahrhundert patrizisch dominiert; das Patriziat setzte sich überwiegend aus Kaufleuten zusammen. So wurden die Interessen der Handeltreibenden auch durch die städtische Handelspolitik wahrgenommen. Aber das entscheidende Gremium, von dem die hansische Politik bestimmt wurde, war nicht mehr die Schwurgemeinschaft der Kaufleute.

Die Politik der Hanse wurde in den Ratsgremien jeder einzelnen Hansestadt vorformuliert, häufig auf regionalen Städtetagen koordiniert und dann auf den Hansetagen in der Interessenvielfalt der Städtegruppen innerhalb der Hanse als gemeinhansischer Beschluß gefaßt.

Die Ratssendeboten

Allen drei genannten Ebenen ist der »geschworene Ratmann« als das konstitutive Element gemeinsam. Der »Ratssendebote«, der von seiner Stadt zum höchsten beschlußfassenden Gremium der Hanse geschickt wurde, war kein Bote, der versiegelte Botschaften gleichsam stumm überbringt, versiegelte Botschaften entgegennimmt und wieder nach Hause eilt, sondern einer der höchsten Repräsentanten seiner Stadt, nicht nur einfacher Ratsherr und herausgehoben durch Leistung, Alter, sozialen Status; nicht selten war er Bürgermeister. Die Überbringung von Botschaften war nicht seine Aufgabe und geschah eher am Rande. Er hatte seine Stadt auf den Hansetagen zu vertreten, zu verhandeln und Beschlüsse zu fassen. Die Besendung eines Hansetags war eine Prestigeangelegenheit von höchstem Rang und für die entsendenden Städte mit hohen Aufwendungen verbunden. Die Ratssendeboten reisten ja nicht allein, sondern mit einigem Gefolge. Zudem dauerten die Tagfahrten der Hanse oft mehrere Wochen, Hin- und Rückreise eingeschlossen. Diesem materiellen Aufwand mußte ein adäquates Resultat gegenüberstehen. Das gewünschte Verhandlungsergebnis konnte aber nur von hochrangigen Delegierten erzielt werden, die einerseits über genügende politische Kenntnisse und Erfahrungen verfügten, andererseits legitimiert waren, für ihre Heimatstadt zu sprechen und Entscheidungen zu treffen. Gelegenheit zur Rücksprache mit seiner Stadt während einer hansischen Tagfahrt hatte der Ratssendebote nicht. Vor diesem Hintergrund wird der Beschluß der Hanse von 1418 verständlich. Um nicht die eigene Grundlage zu zerstören, mußte deutlich gemacht werden, daß die Hanse nur »geschworene Ratsherren« als legitime Teilnehmer des Hansetags akzeptierte. Städtische Bedienstete durften nur beratend, nicht beschlußfassend tätig werden.

Der Widerstand der Hanse gegen die um sich greifende Tendenz, städtisches Personal zu den Hansetagen zu schikken, kann sicherlich als Ausfluß einer starren, konservativen Grundhaltung kritisiert werden, die es der Hanse unmöglich gemacht hat, auf neue Entwicklungen einzugehen. Das strikte Festhalten am Prinzip der Ratsherrrschaft auch auf den Hansetagen hatte jedoch seinen berechtigten Grund: man wollte der Professionalisierung des Gesandtenwesens, damit der hansischen Diplomatie, entgegenwirken. Anders ausgedrückt: die Hanse sollte nicht in die Hände des gelehrten städtischen Personals gelangen, das keine Stimme in den Ratsgremien der Städte hatte und im Prinzip austauschbar war. Die Haltung der Hanse impliziert auch die sicher richtige Vermutung, daß ein solcher Personenkreis nicht das notwendige Maß an Identifikation mit den städtischen und hansischen Angelegenheiten besaß. Die im Spätmittelalter ständig gefährdete Stadtfreiheit wie auch die Freiheit der Hanse war letzten Endes nur zu bewahren, wenn ein starker Wille innerhalb der Stadtmauern die Freiheit unter allen Umständen erhalten wollte. Diese »Res Publica-Mentalität« war in Ratskreisen am stärksten verankert. Es galt daher, den Hansegedanken primär mit diesem Personenkreis zu verbinden. Die in den letzten Jahren intensivierte Elitenforschung brachte Ergebnisse, die diese Haltung der Hanse »posthum« rechtfertigen. Drei Gründe, warum die Stadtfreiheit zwischen dem 15. und 17. Jahrhundert im Deutschen Reich praktisch verschwunden ist, sieht die Elitenforschung als ausschlaggebend an:

»1. Die Umbildung der ›patrizisch‹-kaufmännisch geprägten politischen Elite des Spätmittelalters durch Adaption ökonomischer Aufsteiger, die nicht mehr zwangsläufig in die städtischen Kreise der alten Elite – seien diese formell oder informell – integriert werden, trotzdem aber zu Teilhabern am politischen Entscheidungsprozeß werden.

2. Das Vordringen von Akademikern, vornehmlich Juristen, in die Ratskollegien.

3. Die Entstehung eines territorial orientierten Bürgertums.«[17]

Die Namen der Ratssendeboten zeigen, daß die Besendung von Hansetagen exklusiv gehandhabtes Vorrecht der angesehensten Ratsherren war. Das Beispiel Braunschweigs verdeutlicht, daß bis zum Ende des 15. Jahrhunderts, als die patrizische Alleinherrschaft in der Stadt schon längst gebrochen war, immer nur ein kleiner Teil der Ratsherren für würdig erachtet wurde, die Stadt auf Hanse- und Städtetagen zu vertreten.[18] Nur Ratsherren, die einem auf der sozialen Werteskala weit oben angesiedelten Gewerbe nachgingen, kamen für hansische Gesandtschaften in Frage, wie etwa Gewandschneider, Wechsler, Beckenwerker und Goldschmiede. Aber nicht nur die Berufszugehörigkeit

Bündnis von 19 Hansestädten, 1476

spielte bei der Auswahl der Gesandten eine Rolle. Es war ebenso wichtig, aus welchem Weichbild, also Siedlungsteil die Ratsherren stammten. Braunschweig ist aus fünf Weichbilden zusammengewachsen, der Altstadt, dem Hagen, der Neustadt, der Altewiek und dem Sack. Altstadt, Hagen und Neustadt waren die sogenannten »vorderen Weichbilde«. Nur aus den »vorderen Weichbilden« stammende Ratsherren durften Braunschweig auf Hanse- und Städtetagen vertreten.[19] D.h. die alten Geschlechter der Stadt, die seit 1386 die Macht im Rat der Stadt mit anderen sozialen Gruppen teilen mußten, behielten das Vorrecht der Besendung von Hansetagen bis zum Ende des Mittelalters. Auch in anderen Städten kann man dieses Phänomen beobachten. »Eine Aristokratie, welche die Herrschaft verloren hat, pflegt sich auch unter demokratischen Verfassungsformen in zwei Bereichen weiterhin unentbehrlich zu machen: im militärischen Dienst sowie in der Außenpolitik und Diplomatie.«[20]

Hansische Ratssendeboten sind generell von »normalen« städtischen Gesandten zu unterscheiden. Wenn es um hansische Angelegenheiten ging, war offenbar – zumindest im 14. und 15. Jahrhundert – der wichtigste und angesehenste Bereich der städtischen Außenpolitik angesprochen, was einerseits durch die Beschlüsse der Hanse erreicht und aufrechterhalten, andererseits aber auch von den Städten selbst so gesehen wurde. Das hansische Gesandtenwesen Braunschweigs ist Beleg dafür, wie exklusiv die Besendung der Hansetage gehandhabt wurde. Die Gründe für die große Bedeutung und das hohe Prestige der Gesandtschaften hängen mit der Bedeutung, die die Hanse für die einzelnen Städte in ökonomischer und politischer Hinsicht besaß, zusammen. Die Teilhabe an den Handelsprivilegien der Hanse im Ausland und die Ermöglichung eines einigermaßen reibungslosen Handels zwischen den Städten im hansischen Binnenland waren in den meisten norddeutschen Städten die Voraussetzungen für wachsenden Reichtum sowohl in privater als auch in öffentlicher Hand. Wie schwer eine Stadt daran trug, nicht mehr am hansischen Handel beteiligt zu sein, zeigt wiederum das Beispiel Braunschweigs, das nach dem schweren inneren Konflikt von 1374 aus der Hanse ausgeschlossen wurde.[21] Zwar konnte der Handelsboykott der Hanse, an dem sich etliche Städte in der Nachbarschaft nicht beteiligten, die politischen Verhältnisse nicht revidieren. Die Stadt war aber sehr daran interessiert, in die Hanse zurückzukehren, was ihr nach langen Verhandlungen schließlich 1380 gelang. Wir wissen von dem Verzicht des Braunschweiger Kaufmanns Hermen van Gheysmer auf sein Braunschweiger Bürgerrecht am 12. Dezember 1375.[22] »Dorch siner nod willen« war er zu diesem Schritt gezwungen. Mit anderen Worten: mit den hansischen Beziehungen stand und fiel Gheysmers Geschäft.[23] Es war von größter Bedeutung, daß die Städte auf den Hansetagen durch Gesandte von hohem Ansehen vertreten waren, ging es doch um die Aufrechterhaltung und Mehrung eines Wohlstands, den die Städte, aber auch die am Handel partizipierenden Familien im späten Mittelalter erreichten. Die Ratssendeboten, in der Regel von patrizischer Herkunft und kaufmännisch tätig, vertraten bei diesen Hansetagen nicht nur die Sache ihres Gemeinwesens, sondern auch ihre eigenen Angelegenheiten, was ihrem Engagement sicher zuträglich war. Das vielfach miteinander versippte hansische Patriziat der norddeutschen Städte verschaffte sich mit dem Hansetag auch ein Instrument zur Wahrung eigener ständischer Interessen.

Der Besuch von Hansetagen hing von den vorgesehenen Verhandlungspunkten der jeweiligen Tagfahrt und der Größe und Bedeutung der Städte ab. In bestimmten Fällen haben Hansestädte aus taktischen Gründen bevorstehende Hansetage nicht besucht. So veranlaßte etwa Braunschweig die Nachbarstädte, den Hansetag am 24. Juni 1426 in Lübeck nicht zu besuchen.[24] Die sächsischen Städte befürchteten, in den sich anbahnenden Konflikt zwischen Dänemark und den wendischen Städten mit den entsprechenden finanziellen Folgen hineingezogen zu werden.

Es läßt sich deutlich erkennen, daß nur größere Hansestädte zu den regelmäßigen Teilnehmern der Hansetage zählten. Bis in die zweite Hälfte des 15. Jahrhunderts waren folgende Städte annähernd regelmäßig auf Hansetagen anwesend: Lübeck, Hamburg, Köln, Rostock, Stralsund, Wismar, Lüneburg, Braunschweig, Danzig, Riga und Reval.[25] Für kleinere Hansestädte waren die Aufwendungen für die Besendung zu hoch, so daß sie nur die Hansetage besuchten, die für sie von besonderer Bedeutung waren. Die kleineren und mittleren Städte meinten ohnehin, daß ihre Interessen auf den Hansetagen häufig nicht wahrgenommen wurden. So teilte etwa Northeim 1434 der Hanse mit, daß es seine Mitgliedschaft in der Hanse vor drei Jahren bereits aufgegeben hätte, da sie trotz großer Aufwendungen für den Schutz der Straße und des Kaufmanns von der Gemeinschaft keinen Beistand in einer Fehde erhalten hätte.[26] Die regionalen Städtebünde in Norddeutschland prägten teilweise ein Delegationsprinzip aus, nach dem die kleineren und mittleren Städte von den größeren auf den Hansetagen mitvertreten wurden. Das bedingte allerdings einen hohen Grad an Organisation, denn die delegierten Städte mußten ja vor Antritt der Reise zu den Hansetagen über die Wünsche und Vorstellungen der zu vertretenden Städte ins Bild gesetzt werden. Der Sächsische Städtebund, im 15. Jahrhundert der geschlossenste Städtebund in Norddeutschland, beschloß auf einem Städtetag im Jahr 1416, Magdeburg und Braunschweig zu beauftragen, vor Hansetagen zu beraten, ob ein Besuch der Versammlung sinnvoll sei. Im positiven Falle sollte ein dann einberufener Städtetag entscheiden, welche Städte als Delegierte fahren sollten.[27] Die Kosten sollten sich alle sächsischen Städte teilen; 1426 wurde dieser Beschluß auf einer noch breiteren Basis bestätigt.[28] Tatsächlich waren es im wesentlichen Magdeburg und Braunschweig, die auf den Hansetagen erschienen und dann von verschiedenen sächsischen Städten Vollmachten hatten. Das Prinzip der Delegation auf Städte-Ebene erkannte die Hanse zunächst nicht an, ließ aber auf dem Hansetag vom 1. Januar 1430 die Vertretung für kleinere Städte zu.[29] Für das angeschriebene Mitglied bestand jedoch weiterhin Anwesenheitspflicht, nur die kleinen Städte durften sich vertreten lassen. Eine genauere Definition, was unter einer kleinen Stadt zu verstehen war, fehlt in dem Beschluß, was durchaus symptomatisch für hansische Beschlußfassungen ist.

Auf den Hansetagen nahmen die Ratssendeboten in einer genau festgelegten Reihenfolge auf der rechten und auf der linken Seite Platz, »eyn del tor vorderen hand unde en del tor linken ziiden«.[30] Nach welchen Kriterien die Reihenfolge und die Seitenwahl erfolgte, ist nicht eindeutig zu ermitteln. Eine Reihenfolge nach Bedeutung wäre nicht nur deshalb fragwürdig, weil dieses Kriterium nicht objektiv festzulegen und zudem Schwankungen unterworfen war. Eine solche Einteilung hätte auch dem Prinzip der Gleichberechtigung der Mitglieder widersprochen. Eher ist an eine Mischung von Kriterien zu denken, unter denen die regionale Zugehörigkeit sicher das hervorstechende war.

Neben dem hansischen Gesandtenwesen gab es in allen Hansestädten auch das »gewöhnliche« Gesandtenwesen, das die Beziehungen zwischen den Städten in einer Vielzahl gegenseitiger Konsultationen regelte. Die ersten Vereinbarungen zwischen norddeutschen Städten fallen in das zweite Viertel des 13. Jahrhunderts. Die hierfür nötigen Tagfahrten wurden durch Ratsherren besucht, weil es einerseits noch kein geeignetes städtisches Personal gab und andererseits die Spielregeln von Bündnispolitik und Diplomatie grundsätzlich festgelegt werden mußten. Im 14. Jahrhundert wurden die in städtische Dienste genommenen Stadtschreiber mit Gesandtschaften beauftragt. »Zu Gesandten bediente man sich der *städtischen Schreiber*, in den Urkunden »scriptores, scrivern« oder später auch »secretarii« genannt; auch erschienen als Gesandte die *Rechtsgelehrten*, als »syndici, doctores« und »prothonotarii« bezeichnet, sowie die *Geistlichen* oder »capellane«, die im Mittelalter vielfach in den Kanzleien vertreten waren«.[31] Diese Gesandten wurden im Regelfall mit einem klaren Auftrag und mit Verhandlungsvollmacht in andere Städte oder zum benachbarten Adel geschickt. So schickte der Braunschweiger Rat im Jahr 1418 seinen Schreiber Conrad van Huxer mit einem nicht näher erläuterten Auftrag zum Rat von Goslar: »De rad hadden oren scriver Cunrade van Huxer unde orem dener Dyderike Honsteine an den rad van Gosler ghesand umme werff, des on to donde was«.[32] Dieses Beispiel steht für zahllose ähnliche Gesandtschaften. Festgehalten wurde diese Mission wahrscheinlich nur deshalb, weil der braunschweigische Gesandte auf seinem Weg überfallen wurde. Das Risiko eines Überfalls und der Gefangennahme war für die Gesandten im späten Mittelalter generell sehr groß. Da die Auslösung von Gefangenen, insbesondere von Ratsherren oder Bürgermeistern, teuer werden konnte, statteten die Städte ihre hochrangigen Gesandtschaften mit Geleitschutz aus. Als während des Hansetags 1430 die Gefahr für Magdeburg und Braunschweig, in die Hussitenkriege hineingezogen zu werden, deutlich heraufzog, riefen beide Städte ihre Gesandten aus Lübeck zurück.[33] Der Grund für diesen Rückruf ist nicht überliefert, aber wahrscheinlich sollte verhindert werden, daß ihre Gesandten den Belagerern in die Hände fielen und damit die Position der Städte in diesem Konflikt geschwächt würde.

Zum hansischen Gesandtenwesen ist festzustellen: Die Hanse legte ihre Politik gegenüber dem Kaiser, den Fürsten und den auswärtigen Mächten auf den Hansetagen fest. Die für diese Politik notwendigen Schritte wurden ebenfalls dort beschlossen und die Delegierten ernannt. Die Gesandten wählte man in der Regel unter den auf dem Hansetag anwesenden Gesandten aus, wobei die Gesandtschaften meist aus den Delegierten verschiedener Städte zusammengestellt wurden. Am häufigsten waren Lübecker Ratsherren an den auswärtigen Gesandtschaften beteiligt. Da sich Lübeck auch zwischen den Hansetagen als Sachwalter hansischer Interessen verstand, kann dies nicht verwundern. Als Auswahlkriterium für die Gesandtschaften sind darüber hinaus erkennbar: Beteiligung der Städte an der zu regelnden hansischen Angelegenheit sowie Renommee und politische Erfahrung der Ratssendeboten. Mit dem Ende der diplomatischen Mission löste sich die Delegation wieder auf, bis ein neues politisches oder ökonomisches Problem zu lösen war und die Zusammenstellung und Beauftragung einer neuen Gesandtschaft notwendig machte.

Die Boten der Hanse

Vom Gesandtenwesen der Hanse und dem städtischen Gesandtenwesen muß man das Botenwesen der Hanse und der Städte sowohl von der Funktion als auch vom sozialen Status der Gesandten und Boten innerhalb der Städte her unterscheiden. Ein Gesandter hatte den Auftrag und die Vollmacht zu verhandeln, die Überbringung von Botschaften sollte er nur am Rande erledigen. Dies gilt nicht nur für Ratssendeboten, sondern auch für städtische Gesandte, die in vielen Missionen Fragen zwischen den Städten zu klären hatten.

Boten wurden im hansischen Bereich als »boden« bzw. »loper« bezeichnet. Sie gehörten zur Ratsdienerschaft und sind daher weder mit den Stadtschreibern noch mit den Syndici und schon gar nicht mit den Ratssendeboten zu vergleichen. Da die Stadtboten mit der Überbringung von Botschaften häufig nicht ausgelastet waren, wurden sie zur Unterstützung anderer Ratsdiener herangezogen, was der Braunschweiger »Ordinarius«, eine verfassungsähnliche Aufzeichnung der Rechte und Pflichten des Rates und der Bürger aus dem Jahr 1408, ausdrücklich vorsah.[34] Wenn der Ratsbote, so die Ordnung, zu Hause sei, solle er dem Rat Gänge abnehmen und den Bürgermeistern beim Schenken von Wein helfen. Vor allem war es aber natürlich seine Aufgabe, auf Geheiß des Rates zu Fuß oder zu Pferd schriftliche oder mündliche Botschaften zu überbringen. Im Unterschied zum Gesandten hatte der Bote keinen politischen Auftrag zu erfüllen, sondern lediglich für die schnelle und zuverlässige Überbringung von Botschaften zu sorgen. Aber auch diese Aufgabe sah der Rat als wichtig an und verlangte daher von den Boten die Leistung eines Eides. Vor der Anstellung von Stadtboten, die in Hamburg erstmals für das Jahr 1258 nachgewiesen werden können[35], hat es in der zweiten Hälfte des 12. und in der ersten Hälfte des 13. Jahrhunderts bereits Kaufmannsboten gegeben, die von Kaufleuten für einzelne Botengänge gemietet oder von

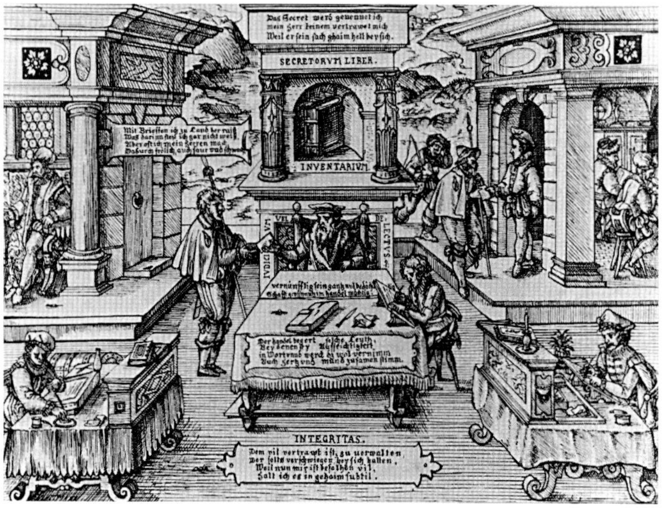

Bote im Geschäftsraum eines Kaufmanns; Federzeichnung nach einem Kupferstich, 16. Jahrhundert

Kaufleutegilden festangestellt wurden.[36] Nach Ahrens existierte um 1360 »von Brügge nach Riga eine durchgehende Reitpost der Hanse«.[37] Da diese Linie die Hauptverkehrs- und Handelsachse der Hanse war, liegt die Annahme eines intensiven Botenverkehrs auf dieser Strecke natürlich nahe.[38] Eine besondere Rolle bei der Abwicklung dieses Briefverkehrs spielte offenbar Hamburg, das für seine Boten Durchgangsrechte in verschiedenen Ländern besaß.[39] Insgesamt wird jedoch von einem geregelten hansischen Botenverkehr im 14. und 15. Jahrhundert nicht gesprochen werden können.[40] Die Botengänge wurden von Ratsboten und Kaufmannsboten erledigt, die jedoch nicht regelmäßig, sondern nach Bedarf auf die Reise gingen. Die Unzuverlässigkeit der spätmittelalterlichen Nachrichtenübermittlung ist aus vielen zeitgenössischen Schilderungen bekannt. In seinem »Narrenschiff« von 1494 läßt Sebastian Brant z. B. einen Boten eine Flasche leeren und ihn sagen:

»Ich bin gelouffen vern und wyt
Nie ler das flaeschlin was all zyt
Bis ich dis brieff den narren biit.«[41]

Brant geht in dem Begleittext ausführlich auf die Eigenarten unzuverlässiger Boten ein, denen er besonders Trunksucht und Vergeßlichkeit vorwirft.[42]

Auch die Hanse wußte um die Risiken der Nachrichtenübermittlung. Die Ladungen zu den Hansetagen wurden sowohl von Boten als auch von Gesandten vorgenommen.[43]

»Bei wichtigen Angelegenheiten bevorzugte man die mehrfache, oft doppelte Benachrichtigung«.[44] »Desser breve ez twe, een to watere, dy ander to lande: off dy ene vorloren worde, dat dy ander jo vort queme«.[45] Diese Bemerkung zu einer hansischen Botschaft im Jahr 1399 besagt, daß der Brief sowohl zu Lande als auch zu Wasser befördert wurde, damit zumindest einer ankäme. Die Befürchtung, ein Brief könne verlorengehen, war nicht aus der Luft gegriffen, wie ein Brief des Kaufmanns Rutgher Mant aus Riga an den Kaufmann Philipp Bischof in Brügge vom 6. Juni 1458 belegt.[46] Rutgher Mant erläutert in diesem Schreiben, daß er am 16. Mai einen Brief von Philipp Bischof vom 7. März erhalten hätte. Philipp Bischof hatte sich verwundert darüber geäußert, daß ein Bote, der vor Abschicken des Briefs nach Riga gekommen sei, keine Botschaft von Rutgher Mant wieder mit nach Brügge gebracht hätte. »Also, Philipp, guter Freund«, so schreibt Rutgher Mant, »von diesem ›lopper‹ wissen wir hier nichts, kein ›lopper‹ ist in diesem Jahr von hier gegangen, auch ist hier niemand gekommen; wo nun der ›lopper‹ gewesen ist, das weiß ich nicht!«

Für die Beschaffenheit des Botenwesens der Hanse in der zweiten Hälfte des 15. Jahrhunderts liefert der Brief des Rutgher Mant aus Riga mehrere Indizien. Für die knapp 2000 km lange Strecke von Brügge nach Riga brauchte ein Bote im Frühjahr mehr als zwei Monate. Es kam offenbar vor, daß Boten nicht ankamen. Der Botenverkehr eines nicht unbedeutenden Kaufmanns in Riga war anscheinend nicht sehr stark, da Rutgher Mant am 6. Juni schreiben kann, daß in dem Jahr noch kein Bote zu ihm gekommen und kein Bote von ihm geschickt worden sei. Deutlich wird auch, daß die Annahme einer funktionierenden, regelmäßigen Reitpost der Hanse auf der hansischen Hauptverkehrsachse Brügge – Riga dahingehend relativiert werden sollte, daß auch in der zweiten Hälfte des 15. Jahrhunderts das Schicken eines Boten bei Bedarf immer noch nicht von einem regelmäßigen Botenverkehr abgelöst worden war. Zwischen den einzelnen Botengängen konnten sich größere zeitliche Intervalle ergeben. Die Ordinarii-Boten, die erstmals für einen regelmäßigen Verkehr sorgten, gab es erst ab der zweiten Hälfte des 16. Jahrhunderts.[47] Für Braunschweig kann festgestellt werden, daß bis ins 17. Jahrhundert hinein »ein großer Teil des städtischen Briefverkehrs durch Gelegenheitsboten besorgt wurde«.[48]

Für den Bedarf der Städte an Briefbeförderung im späten Mittelalter mag auch der Hinweis wichtig sein, daß Braunschweig zu Beginn des 15. Jahrhunderts einen Ratsboten beschäftigte, Hamburg zwei Ratsboten in Diensten hatte. Diese Boten wurden zumeist gebraucht für den Nachrichtenaustausch zwischen den Städten; so war mindestens alle drei Wochen ein Bote von Lübeck nach Hamburg unterwegs, um Briefe zu befördern, der aber auch »alljährlich ... wenn das erste Schiff vom Häringsfange nach Lübeck zurückgekehrt ist, den Herren von Hamburg ein Gericht neuer Häringe überreicht, ein Geschenk seiner Herren von Lübeck«.[49]

Anmerkungen

1 Diese Definition folgt den Ausführungen bei Philippe Dollinger, Die Hanse, Stuttgart 1981³, S. 9.
2 Ebda.
3 Hanse Recesse (abgek. HR) Abt. I Bd. 6, Leipzig 1889, Nr. 554–609, S. 529.
4 HR I 6, Nr. 556, §17, S. 536.
5 Wriedt, Klaus, Das gelehrte Personal in der Verwaltung und Diplomatie der Hansestädte, in: Hansische Geschichtsblätter (abgek. HGbll) 96 (1978), S. 15–37, hier: S. 19.
6 Vgl. ebda., S. 20.
7 HR I 1, §§66–72, S. 32ff.
8 Ebda., Nr. 80, S. 42.
9 Hansisches Urkundenbuch (abgek. HUB) Bd. 1, Halle 1876, Nr. 1299, S. 435. HR I 1, Nr. 80, S. 42.
10 Vgl. Konrad Fritze, Johannes Schildhauer, Walter Stark, Die Geschichte der Hanse, Berlin 1985, S. 44.
11 Vgl. Dollinger, S. 43.
12 Vgl. ebda., S. 66.
13 Vgl. ebda., S. 124.
14 Ebda., S. 124f.
15 Vgl. Puhle, Matthias, Die Politik der Stadt Braunschweig innerhalb des Sächsischen Städtebundes und der Hanse im späten Mittelalter, Braunschweig 1985, S. 67.
16 Dollinger, S. 101.
17 Vgl. Mörke, Olaf, Der gewollte Weg in Richtung ›Untertan‹. Ökonomische und politische Eliten in Braunschweig, Lüneburg und Göttingen vom 15. bis ins 17. Jahrhundert, in: Heinz Schilling und Herman Diederiks (Hrsg.), Bürgerliche Eliten in den Niederlanden und in Nordwestdeutschland. Studien zur Sozialgeschichte des europäischen Bürgertums im Mittelalter und in der Neuzeit, Köln/Wien 1985, S. 111–133. Mörke bezieht sich bei diesem Erklärungsschema ausdrücklich auf die Forschungen von Heinz Schilling und kann diese Ursachenanalyse auch durch seine Untersuchung bestätigen.
18 Vgl. Puhle, S. 223ff.
19 Vgl. ebda., S. 230.
20 Maschke, Erich, Verfassung und soziale Kräfte in der deutschen Stadt des späten Mittelalters, vornehmlich in Oberdeutschland, T. 1, in: Vierteljahresschrift für Sozial- und Wirtschaftsgeschichte 46 (1959), S. 289–349, hier: S. 326.
21 Vgl. Puhle, S. 28ff.

Hamburger Ratsbote übergibt einen Brief (möglicherweise an einen russischen Kaufmann); Tafelbild (Ausschnitt) von Henrik Funhof am Hauptaltar der Johanneskirche in Lüneburg, in Auftrag gegeben 1482

22 Die Chroniken der deutschen Städte vom 14. bis ins 16. Jahrhundert, Bd. 6, bearb. v. Ludwig Hänselmann, Leipzig 1868, S. 356, Anm. 1. Vgl. auch Heinrich Mack, Handelsbeziehungen zwischen Braunschweig und Hamburg im 14. Jahrhundert, in: Braunschweigisches Magazin 9 (1895), S. 65–68, hier S. 67.
23 Vgl. Puhle, S. 33.
24 Vgl. ebda., S. 71.
25 Vgl. Hoffmann, M., Über allgemeine Hansetage in Lübeck, Lübeck 1884, S. 33–36.
26 HR II 1, Nr. 253, S. 165 f.
27 Vgl. Puhle, S. 52.
28 HUB 6, Nr. 624, §1, S. 348.
29 HR I 8, Nr. 712, §15, S. 461.
30 HR I 6, Nr. 556, S. 534.
31 Gaus, Heinrich, Das Boten- und Gesandtschaftswesen in der ehemaligen Hansestadt Braunschweig, in: Archiv für Post und Telegraphie 1929, S. 179–185, hier: S. 179.
32 Mittelniederdeutsche Beispiele im Stadtarchiv zu Braunschweig, gesammelt v. Ludwig Hänselmann, besorgt v. Heinrich Mack, Braunschweig 1932, Nr. 22, S. 12.
33 HUB 6, Nr. 845, S. 470; vgl. Puhle, S. 84.
34 Urkundenbuch Braunschweig Bd. 1, Braunschweig 1873, Nr. 63, §93, S. 170. Vgl. Gaus, S. 180.
35 Vgl. Ahrens, Gerhard, Das Botenwesen der Hamburger Kaufmannschaft (1517–1821), in: Archiv für deutsche Postgeschichte 1962/1, S. 28–42, hier: S. 28.
36 Vgl. ebda.
37 Vgl. ebda.
38 Vgl. auch Grintsch, K., Die Post der alten See- und Hansestadt Wismar, in: Archiv für deutsche Postgeschichte 1970/1, S. 98–124, hier: S. 98 f.
39 Vgl. ebda.
40 Vgl. Margot Lindemann, Nachrichtenübermittlung durch Kaufmannsbriefe. Brief-»Zeitungen« in der Korrespondenz Hildebrand Veckinchusens (1398–1428), München, New York 1978 (= Dortmunder Beiträge zur Zeitungsforschung, Bd. 26), S. 33.
41 Gedruckt in: Gachot, H., Louffende Botten. Die geschworenen Läuferboten und ihre Silberbüchsen mit besonderer Berücksichtigung der Straßburger Botenordnungen, in: Archiv für deutsche Postgeschichte 1964/2, S. 1–20, hier: S. 11.
42 Vgl. ebda., S. 12.
43 Vgl. Wernicke, Horst, Die Städtehanse 1280–1418. Genesis – Strukturen – Funktionen, Weimar 1983, S. 29 f.
44 Ebda., S. 30.
45 Zit. nach Wernicke, S. 30, Anm. 34.
46 Gedruckt in: Stein, Walther, Handelsbriefe aus Riga und Königsberg von 1458 und 1461, in: HGbll 26 (1898), S. 59–125, hier: Nr. 16, S. 100 ff.
47 Lauffer, Otto, Der laufende Bote, in: Beiträge zur deutschen Volks- und Altertumskunde 1 (1954), S. 19–60, hier: S. 28
48 Gaus, S. 180.
49 Koppmann, Karl, Hamburgs Stellung in der Hanse, in: HGbll 5 (1875), S. 3–20, hier: S. 12.

SJ Erläuterung des durch eine Königliche Ordonnance der Botten und anderer Briefträger halben jüngst publicirten Verbotts/ wird hiemit nachrichtlich angefügt:

Erstlich daß es keines weegs die meinung habe/ daß man dardurch die zu beförderung des gemeinen Wesens bißhero gemachte Anstalten und Bequemlichkeiten zu hindern gedencke / sondern daß man vielmehr hiemit willen gebe / an alle nebens zu gelegene Orthe/ da keine Ordinari Posten hingehen oder stabilirt seynd / die Brieffe nach belieben / und durch welche Personen man will / zu versenden.

Daß Zweytens denen Studiosis erlaubt seye / ein oder mehr Recommendations-Schreiben mit sich zu führen / in dem das Verbott allein auff die jenige Personen / welche zu höchstem Præjudiz und zu Abbruch des so kostbaren Postwesens / von Brieff tragen profession zu machen sich unterfangen wollen / anzunehmen und zu verstehen ist.

Den Land-Kutscheren ist Drittens nicht weniger gegönt / die Fracht-Brieffe / über die Jhnen auffgegebene Güter und Wahren bey sich zu haben/ doch dergestalten / daß dieselbige offen und ohnverschlossen sein sollen.

Jngleichem mögen Vierdtens die Nürnberger und Tübinger allhero gehende Ordinari Botten / sich mit den Disputationibus oder auch denen jenigen Geldern / welche denen Studiosis zu ihrer Unterhaltung übermacht werden / auch denen darüber besagenden Advis-Brieffen beladen / doch dergestalten / daß solche Brieffe / wann sie von denen Nebens-Orthen / da keine Ordinari Post hingehet / herkommen / zwar wohl verschlossen / die jenige aber / so von denen Orthen / da Ordinari Posten seind / außgesendet werden / Jhnen offen mitgegeben werden sollen.

Jm übrigen ist Fünfftens die Verordnung geschehen / daß / wann einer oder der ander Burger oder Einwohner hiesiger Statt/ zu eintreibung seiner außständigen Gülten oder anderer Schulden auff dem Land / sich eines hiesigen Cancelley Läufferbotten bedienen will / der oder dieselbige / zu verhütung alles Verdachts / mit gewissen, zwey oder drey Monat lang geltenden / mit der Statt Straßburg Cancelley Jnsigel verwahrt, und bekräfftigten Schein versehen werden sollen / umb damit auff allen Fall ihre Personen zu legitimiren / darnach sich männiglich zu richten wissen wird. Signatum den 26. Novembris 1681.

Verfügung aus Straßburg von 1681, die den »studiosi« die Briefbeförderung gestattete und den Versand von Disputationen und Geld an Straßburger Studenten durch Boten aus Nürnberg und Tübingen regelte

Zwischen Pedell und Botschafter: Der Universitätsbote

Ekkehart Rotter

Das 12. Jahrhundert hat nicht nur den abendländischen Intellektuellen hervorgebracht, sondern, wie Schriftzeugnisse der Zeit belegen, auch den für dessen Studien und geistigen Austausch notwendigen organisatorischen Rahmen geliefert. Einen wesentlichen Anteil an der Organisation des neuen akademischen Lebens bildeten vom Hochmittelalter bis in die Neuzeit die sogenannten Universitätsboten. Es gab sie in Göttingen und Greifswald ebenso wie in Heidelberg und Helmstedt, in Jena, Köln und Wittenberg; man begegnete ihnen in Bologna und Lissabon, Montpellier, Paris und Prag, Straßburg, Toulouse und Wien. Alle Universitätsmitglieder waren in irgendeiner Form von ihnen abhängig: die Studenten, die auf Briefe oder Geldsendungen aus der Heimat warteten, um den Magister entlohnen, Prüfungsgebühren entrichten, die Unterkunft bezahlen oder überhaupt den Lebensunterhalt bestreiten zu können, ebenso wie Professoren, Doktoren und Magister, die auf unbekannte Bücher hofften, den Antworten von Kollegen entgegensahen, mit denen man in regem Briefwechsel über strittige Ansichten stand, oder nur Anordnungen, Erlasse und Privilegien von seiten der Obrigkeit empfingen. Kaum einer dürfte sich wie später Erasmus von Rotterdam (gest. 1536) zum schriftlichen Gedankenaustausch mit anderen gelehrten Zeitgenossen für einen jährlichen Betrag von 60 Goldgulden den Luxus eines Privatboten geleistet haben können.[1]

Es gibt über Universitätsboten interessante Berichte: Ein Bote der Universität Jena verstarb 1594 in Nördlingen, nicht mehr in der Lage, seinen letzten Aufträgen nachzukommen. 41 Briefe und 2 Pakete fand man noch bei dem im Dienst Verschiedenen.[2] Oder: Der Bischof von Lisieux scheute sich nicht, einem Boten, der für normannische Magister und Studenten an der Pariser Universität unterwegs war, das Pferd wegzunehmen, was 1386 seine Auftraggeber auf den Plan rief und vor Gericht gehen ließ.[3] Schlimmer erging es 1491 Kollegen aus der Picardie, die ebenfalls in Paris ihren Studien nachgehen wollten und sich, um dorthin zu gelangen, einem Universitätsboten anvertrauten. Sie wurden überfallen und ihrer gesamten Habe beraubt.[4]

Die deskriptive Geschichtsschreibung, die sich bislang vornehmlich des Universitätsboten annahm, wartete gerne mit Aneinanderreihungen solcher und ähnlicher Darstellungen auf, um ihr Sujet dem Leser näherzubringen. Das dabei vom Universitätsboten erstellte Bild ist im wesentlichen ein romantisches, das allenfalls taugt, die aufgrund allgemeiner Beobachtungen gewonnenen Kenntnisse oder auch nur Vorstellungen über die notwendigen Rahmenbedingungen und administrativen bzw. technischen Voraussetzungen selbst schon der noch hochmittelalterlichen Universitäten mit Farbe zu versehen. Es vermittelt oft wenig über Herkunft und Einsatzbereich des Universitätsboten, über seine Verbreitung und mögliche Institutionalisierung etwa gar als »Universitätsbotenanstalt« (wie von Kirchenheim so genannt) oder über den- bzw. diejenigen, die den Universitätsboten zu dem machten, was er war, über seine – zeitbedingt nicht unproblematische – Freizügigkeit als Voraussetzung für sein Tätigwerden und nichts über die Personen, die Menschen, die sich hinter dem Institut des Universitätsboten verbargen.

Großboten und Unterboten

Daß es eine solche Einrichtung gab, steht außer Zweifel. Lediglich die Abgrenzung zu im universitären Bereich ebenfalls als »Boten« oder ähnlich bezeichneten Funktionsträgern bringt aufgrund einer ungenügend differenzierten oder auch austauschbaren lateinischen Terminologie – z.B. in Form des Allerweltswortes *nuncius* – einige Probleme mit sich.

Ein *nuncius* war zunächst jeder, der sich im Auftrag einer natürlichen oder rechtlichen Person von einem Ort zu einer natürlichen oder rechtlichen Person an einem anderen Ort

Spätmittelalterlicher Nuntius der Universität Paris in zeitgenössischer Darstellung bewegte[5], ein hilfreicher Geist in Gestalt eines wandernden Mönchs, der eine mündliche Nachricht überbrachte, ebenso gut wie ein Gesandter nach Art eines modernen Diplomaten. So wurden etwa auch *deputati* der Heidelberger Universität an den Bischof von Speyer als *nuncii* bezeichnet, ohne daß man sie nur im entferntesten als Universitätsboten in unserem Sinn ansprechen könnte (Acta I, 3, Nr. 1, Bl. 52v). Hinzu kommt, daß sowohl diese wie die Universitätsboten vereidigt und unterschiedslos *nuncii iurati* genannt werden konnten.

1232 wurde der Deutschmeister Hermann von Salza in einem Mandat, das ihn als kaiserlichen Bevollmächtigten auswies, als *nuncius et procurator* bezeichnet, ohne daß jemand auf die Idee käme, in ihm des Kaisers »Post«boten zu erblicken. Die Überschneidung beider Begriffe bringt bezüglich ihrer Anwendung im Rahmen der Universitäten erhebliche Interpretationsschwierigkeiten mit sich. Denn nicht immer ist so klar wie in den Erfurter Statuten von 1447 eine Unterscheidung zwischen Prokuratoren und Boten vorgenommen. Nach einer zeitgenössischen Definition, die sich bei Heinrich von Segusia (gest. 1270) findet[6], konnte der Prokurator als Rechtsvertreter einer *universitas* bzw. eines *collegium* als Teil der Gesamtuniversität unseres Verständnisses auch *nuncius* (oder *syndicus*) heißen. Wer von einer Pariser Fakultät als ihr Rechtsvertreter z. B. zum Papst geschickt wurde, wer Zahlungen entgegennahm oder im Auftrag beglich, konnte *nuncius* oder *procurator* heißen[7]. Auf der anderen Seite sind Fälle bekannt, wo der eher im Sinn eines Buchhalters tätige *tabellarius* in der Funktion eines Briefboten auftrat.

Im Gegensatz zu einem Prokurator oder *nuncius*, der zwar im Sinn seines Auftraggebers – hier: einer Körperschaft der Universität, die ihn zu ihrem Interessenvertreter gewählt hat, oder einer Universität insgesamt –, aber doch selbst aktiv, eigenverantwortlich und mit weitestgehenden Vollmachten (*libera administratio; plena potestas*) ausgestattet in Vertretung handelte[8], war der Bote, wie er im Zusammenhang mit der Postgeschichte vorrangig interessiert, nur Übermittler, Überbringer, allenfalls Sprachrohr und passiver Arm seines Herrn, Briefträger und Spediteur.

Doch das Bild des Universitätsboten ist unscharf, wenn man sich von der verbreiteten Überzeugung löst, daß etwa im Paris des 15. Jahrhunderts entsprechend der Anzahl von 162 Nuntien an der Universität ebenso viele »Postämter« existierten, die allein den französischen Raum bedienten, dazu 16 die Normandie, 14 die Picardie und noch einmal 60 weitere alle jene Länder Pariser Studenten, die sich in der deutschen »Nation« zusammengeschlossen hatten. Wir haben unter diesen *nuncii* (oft genauer *magni nuncii*, grands messangers, eingedeutscht als Haupt- oder Großboten) vielmehr Frühformen von Ländervertretern[9] zu sehen, von Botschaftern[10], ähnlich den seit Anfang des 14. Jahrhunderts auftauchenden *ambassiatores*, denen gerade eines der wichtigsten Kriterien für einen Boten abging: das der Freizügigkeit. In den bei Vaillé (Histoire des Postes francaises, S. 257f.) wiedergegebenen Dokumenten aus dem 16. Jahrhundert werden diese Boten stets als wohlhabende und angesehene Bürger oder Kaufleute bezeichnet. Ihnen standen z. B. in Paris für ihre Dienstbarkeiten (in erster Linie bezüglich der materiellen Fürsorge gegenüber Magistern und Studenten, denen sie gegen gewisse Sicherheiten zu günstigen Bedingungen Geld liehen[11]) nicht nur die sehr begehrten, z. T. von Konkurrenten angefochtenen Privilegien[12] der Universität zu, sondern sie unterlagen auch der Verpflichtung, die Stadt eben nicht zu verlassen[13], um im Fall auftretender Forderungen gegenüber Magistern und Studenten aus dem Territorium, für welches sie als Nuntius in Paris saßen, immer auf sie zurückgreifen zu können. Der Stiftungsbrief für die Universität Neapel von 1224 wies dieselben (d. h. die dortigen *foeneratores*) mit der Auflage, von Studenten, solange sie sich in Neapel aufhielten, kein Geld zurückfordern zu dürfen, wie vergleichsweise den spanischen Correo mayor mit seinen Bankgeschäften nachgerade als amtlich bestallte Bankiers aus.[14] Auf der anderen Seite waren diese »Großboten« dank ihres gesellschaftlichen Rangs, mit ihren Einflußmöglichkeiten und finanziellen Ausstattungen diejenigen, die u. a. für die Organisation eines Postdienstes die notwendigen Voraussetzungen mitbrachten.

Die für den »Post«verkehr erforderliche Beweglichkeit garantierten dagegen die vielfach ebenso als *nuncii* angeführten, (von den »Großboten« wohl auch häufig angestellten) sogenannten »Unterboten«, gerade in Paris auch als *viatores parvi*, *petits messangers* oder *messangers volants* bekannt, also als »fliegende Boten« wegen der Geschwindigkeit, mit der sie selbst zu Fuß große Entfernungen zurücklegten.[15] Sie waren es eigentlich, »die, beständig auf der Reise zwischen Paris und den Provinzen oder dem Ausland, den Verkehr der Lehrer und Schüler mit ihren entfernteren Verwandten und Freunden durch Besorgung ihrer Briefschaften, Geld- oder Effektensendungen vermittelten und die jüngeren Studenten auf ihrem Wege von und nach

Hause unter ihre Obhut nahmen, nebenbei aber auch die Aufträge anderer Personen gegen eine entsprechende Vergütung übernahmen. Sie verrichteten somit im Grunde einen eigentlichen Post- und Messagerien-Dienst, bis diese Anstalten vom Staate geschaffen wurden und das ausschließliche Privilegium der Brief- und Paketbeförderung erlangten«.[16] Mitunter tauchen sie auch unter den allgemeinen Bezeichnungen *cursor*, *puer*, *lator (litterarum)*, *portitor* oder *garcio* (in Südeuropa)[17], verschiedentlich als *tabellarius* auf.

Nationen, Fakultäten, Universitäten als Auftraggeber

Wenn nun beständig der Zusammenhang zwischen den Universitätsboten und »Nationen« herausgehoben wird, dann spiegelt dies weniger ein ausgeprägtes Nationalitätenbewußtsein[18] als vielmehr die innere Organisation der frühen Hochschulen wider und unsere Schwierigkeiten mit der Terminologie der Zeit, wie sie z. B. schon mit dem Begriff »Universität« selbst anheben. Im Plural »Universitäten« etwa verwendet, konnte es sich durchaus nur um eine einzige Hochschule handeln; denn die mittelalterliche setzte sich aus mehreren verschiedenen Gemeinschaften, *universitates*, zusammen. Sie übergreifend, zusammenfassend und namengebend als *universitas omnium magistrorum et scholarum* eines Ortes in unserem Sinn zu verstehen, beschreibt bereits den Endpunkt einer Entwicklung. Daneben und darüber aber gab es im administrativen Gefüge der Gesamtuniversität als die eigentlich bestimmenden Faktoren – je nach Zeit und Landschaft mit unterschiedlichem Gewicht – zum einen die inhalts- bzw. fachspezifische Einteilung nach Fakultäten und zum anderen die davon völlig unberührten, fakultätenübergreifenden landsmannschaftlichen Zusammenschlüsse, die sogenannten Nationen (*nationes*), in denen sich Studenten und Lehrer entsprechend ihrer Herkunftsländer trafen und Dinge, die sie bezüglich der Universität oder der pragmatischen Abwicklung ihres Alltagslebens gemeinsam betrafen, auch gemeinschaftlich bzw. durch von ihnen gewählte Vertreter angingen und zu regeln versuchten. Die Landsmannschaften brachten allgemein den Vorteil kollektiver Strukturierungen akademischer Bedürfnisse und Erfordernisse mit sich, die individuell kaum oder gar nicht zu organisieren waren. Darunter fiel auch die Sicherstellung der Übermittlung von Nachrichten und der Übersendung diverser anderer Notwendigkeiten.

Die Nationeneinteilung an den Universitäten wurde jedoch äußerst schematisch gehandhabt, d. h. nicht auf der Grundlage tatsächlicher Sprach- bzw. Volkszugehörigkeiten[19], sondern in der Regel idealtypisch nach den vier Himmelsrichtungen. Anders aber als in Paris oder Prag hatte schon die Vier-Nationen-Teilung z. B. in Wien, obschon formal festgeschrieben, keinerlei Bedeutung, wie selbstredend »Nationen« nur dort eine Rolle spielen konnten, wo sie sich aufgrund der tatsächlichen Zusammensetzung der Studentenschaft als zweckmäßig erwiesen. An typischen Landesuniversitäten wie Heidelberg, aber auch Köln, Erfurt oder Leipzig und später Frankfurt a. d. Oder mit relativ begrenzten Einzugsgebieten, waren Nationen entweder gar nicht mehr vorgesehen, oder, wo doch, weitgehend ohne praktische Auswirkung.[20] Dies erklärt, weshalb zwar in Paris Universitätsboten immer von den jeweiligen Nationen bestallt wurden, in Deutschland dagegen nur Universitätsboten nachweisbar sind, die, wie der Begriff nahelegte, in der Tat Boten im Auftrag der Universität (und nicht einer ihrer Untergliederungen) waren. Eine Grenzlinie zwischen den sogenannten Groß- und Unterboten ist dabei gerade für den deutschsprachigen Raum nicht immer klar zu ziehen. Es scheint vielmehr so zu sein, daß sie de facto bezüglich der Aufgabenerledigung auch nicht überall bestanden.

So waren etwa die Boten der Universität Erfurt, an welcher man aufgrund der Wiener Erfahrungen von vornherein auf eine Nationen-Einteilung verzichtet hatte[21], auf die Universität insgesamt eidlich verpflichtet. Nach den Statuten von 1447, wo hinter den Eidesformeln für die Prokuratoren und Notare zum Schluß noch das *iuramentum nunciorum* festgehalten wurde, mußte der Universitätsbote schwören, sein Amt ohne Betrug nach bestem Können auszuüben, Briefe und ihm anvertraute Prozesse an den festgesetzten Orten persönlich zu befördern, über die Ausführung einen Bericht[22] anzufertigen und für den Fall, daß er für seinen Teil schuldig erkannt würde oder ein anderer, der durch ihn in einem Streit vertreten werde, Schaden nehmen sollte, Auslagen und Arbeitsleistungen selbst zu tragen und die Angelegenheit von neuem aufzunehmen. Ferner hatte er eidlich zu versichern, die Statuten der Universität getreulich zu befolgen.[23]

Die Universitätsbotenverhältnisse in Heidelberg beleuchtet eine am 20. 6. 1397 ausgestellte Urkunde, die sich abschriftlich im dortigen Universitätsarchiv erhalten hat.[24] Vizerektor Johannes Noet adressierte sie an die Erzbischöfe von Mainz, Köln und Trier sowie an deren Suffragane und Prälaten und natürlich ebenso an Fürsten, Herzöge, Markgrafen, Grafen, Barone, Ritter und Knappen, an deren Magister und Räte in Stadt und Land, deren Vögte, Schultheißen und Richter, an Wächter und verschiedene Zöllner, die in allen Bezirken an sämtlichen Wegstrecken zu Wasser und zu Land eingesetzt waren, und ließ mit dieser formalisierten Auflistung von Standesvertretern etwas von dem beträchtlichen Aktionsradius erkennen, den man dem Boten Nikolaus, genannt Moer, aus Utrecht in Heidelberger Diensten zudachte. Dieser Bote und geschworene Kurier der Heidelberger Universität (*universitatis nuncius et missagius iuratus*), den Vizerektor Noet zu vollem Recht mit allen einzelnen Freiheitsprivilegien der Universität zu erfreuen kundtat, hatte, folgt man der lateinischen Urkunde weiter, in mannigfaltigen Angelegenheiten von Lehrern und Studenten in die verschiedensten Teile der Welt geschickt, sich zu Wasser und zu Land fortzubewegen; deshalb ersuchte, wie es in der Urkunde weiter heißt, Johannes Noet die in der Anrede Genannten, jenen Nikolaus, den Kurier und vereidigten Boten der Heidelberger Universität, wie wiederholt wurde, bei der Durchquerung ihrer Länder, Orte, Städte sowie Strecken und Bezirke mit den Gerätschaften, Büchern, Kleidungsstücken und anderen Gütern der Lehrer und Studenten und ihrem eigenen Hab und Gut auf Hin- und Rückweg zur Heidelberger Universität, sooft dies auch nötig sein mochte, frei von jedem Zoll und jeder Abgabe passieren zu lassen, nach Bedarf zu unterstützen und ihm im Interesse seiner Gesundheit und Sicherheit Geleit zu gewähren.

Kein Zweifel: Der mit diesem Förderbrief ausgestattete Bote war selbst unterwegs, ließ niemanden an seiner Statt laufen. Er scheint aber auch in dieser Funktion keinen mehr über sich gehabt zu haben, etwa in Gestalt eines Großboten-*nuncius*, wie sie zuhauf in Paris begegnen. Auf der anderen Seite war er aber auch nicht mit den »höheren« Aufgaben eines Erfurter *nuncius* betraut, der in Teilen zumindest an die Pariser Großboten erinnert.

Gar in die entgegengesetzte Richtung, die des Pedells nämlich, weist eine weitere Heidelberger Notiz, die sich in den Universitätsakten findet (AU I, 3 Nr. 1 Bl. 109v). Danach war ein gewisser Jakob von Mechelen, immerhin auch *nuncius iuratus universitatis*, damit betraut, die Mitglieder der Universitätsversammlung zu einer Sitzung am 23.3. 1416 einzuladen – gemessen an dem, was anderen Universitätsboten zugemutet wurde, ein äußerst bescheidener Auftrag. Jakob von Mechelen wird zu seiner Erledigung der Stadtmauer kaum den Rücken gekehrt haben. An anderen Universitäten wurde dergleichen von Pedellen erledigt (z. B. in Paris, wo pro Nation und Fakultät jeweils zwei zur Verfügung standen[25], oder in Bologna, wo der Pedell gemäß den Anweisungen in den Statuten nur im engeren Kreis, eben z. B. für Versammlungseinladungen eingesetzt wurde[26]).

Weit entfernt von dem hohen Rang eines Pariser *nuncius* – bei gleichzeitiger Beibehaltung einer interessanten Parallele – stellen sich auch die Verhältnisse der Kölner Universitätsboten dar, wo die Statuten zwar für Pedelle (und Notare und Buchhändler), nicht aber für Boten Eidesformeln aufwiesen. Lediglich aus den annalistischen Aufzeichnungen der Matrikel ist ihre Existenz und der Umstand bekannt, daß von ihnen eine Bürgschaft verlangt wurde; des weiteren natürlich weist das Attribut *nuncius universitatis nostre* in den Matrikellisten manchen Studenten als Boten aus.

Für den Zeitraum von 1396 bis 1557 sind insgesamt 16 Kölner Universitätsboten namentlich bekannt; dazu kommt einer, dessen Name nicht überliefert ist. Sie waren ordentlich immatrikuliert, in der Regel an der Artistenfakultät (ein einziger findet sich bei den Juristen) und überwiegend ohne Einschreibgebühr, was durchgängig mit der Übernahme des Universitätsbotenamtes begründet wurde (*quia nuntius universitatis nostre; quia servitor communis et nuntius; quia receptus pro nuncio universitatis*), zweimal aber auch mit ihrer Armut. Das mag ein über das reine Zahlenverhältnis hinausgehendes, bezeichnendes Licht auf den gesellschaftlichen Status dieser Art Boten werfen, selbst wenn man bedenkt, daß Studenten an den spätmittelalterlichen Universitäten nicht selten als *pauper* eingestuft und damit von der Immatrikulationsgebühr befreit wurden. Auf der anderen Seite bekundet die Matrikel, daß der 1458 ohne Einschreibgebühr immatrikulierte Universitätsbote Johannes Moyser de Kethwijck die geforderte Bürgschaft in Höhe von 200 Gulden nicht selbst hinterlegte, sondern sich die Familie van der Hallen und ein gewisser Adolf dye Wred, allesamt Kölner Bürger, dafür verbürgten.[27]

Bereits bei den von der Heidelberger Universität beigezogenen Belegen fiel auf, daß beide dort ausgemachten Universitätsboten vom Niederrhein bzw. aus Utrecht und Mechelen stammten. Diese Beobachtung findet in den Kölner Angaben ihre Fortsetzung. Die hier auszumachenden Boten stammten überwiegend ebenfalls aus den Diözesen Utrecht und Lüttich. Diese Feststellung korrelliert auffällig mit der Tatsache, daß gerade die Universitäten Köln und Heidelberg von Studenten und Lehrern aus jenen Regionen besucht wurden und kann sicher als Indiz dafür gelten, daß landsmannschaftliche Zugehörigkeit bei der Auswahl der Boten durchaus auch an Universitäten noch eine Rolle spielten, wo eine Einteilung nach Nationen entweder nicht mehr vorgesehen oder wie zwar in Heidelberg im Stiftungsbrief noch erwähnt, aber ohne jede weitere erkennbare Auswirkung war. Als unstrittige Belege dafür wird man ansehen dürfen, daß etwa 1489 der Kölner Universitätsbote Johannes Beer aus Utrecht als *cursor Romanus*[28] und 1557 ein Joch. Ludolph Stellewarffius speziell als Bote der Studenten aus Friesland (*cursor studentum Phrisonum*)[29] ausgewiesen wurde.

Es bleibt, diesen exemplarischen Diskurs mit einem Blick auf die (späteren) Verhältnisse an der Universität Greifswald zu komplettieren, wo der Universitätsbote ohne Zweifel als *tabellarius* in Erscheinung trat. Es ist zwar nicht zu verkennen, daß die *tabellarii* (entsprechend der Wortbedeutung, die man ihnen ohnehin unterlegt) bei ihrer Reisetätigkeit stets auch mit Geldangelegenheiten befaßt waren[30]; doch auf der anderen Seite läßt die Auswertung der erzählenden Teile der Greifswalder Matrikel Friedlaender und seiner Übertragung der *tabellarii* der Universität als Briefboten (im Register des Matrikel-Drucks) recht geben: 1630 wurden *tabellarii* mit Briefen nach Wolgast, Klempenow, Anklam und Stettin geschickt[31]; im selben Jahr nochmals der, wie betont wurde, *proprius tabellarius* zum Fürsten nach Stettin.[32] 1636 begab sich einer wegen ausgebliebener Gelder nach Rügen[33], 1638 aus demselben Grund nach Rügen und Rostock.[34] 1639 ging es wieder zweimal nach Rügen[35], und 1642 machte sich erneut ein *tabellarius* nach Wolgast auf.[36] Selbst bei der Bitte um die Erteilung des Promotionsrechts scheinen finanzielle Gründe maßgeblich gewesen zu sein, wie man der Tatsache entnehmen mag, daß man im Jahr 1648 *ad venerandum capitulum Camminense* deswegen ebenfalls einen *tabellarius* als Boten der Universität entsandte.[37] Beklagt wurde schließlich, daß man wegen der Kriegsgeschehnisse 1677/78 keine »Briefboten«, d.h. *tabellarii*, entsenden könne.[38]

In anderen Angelegenheiten scheint man sich allerdings auch anderweitig beholfen zu haben, vor allem wenn die zu überwindende Wegstrecke das Maß des Üblichen erheblich überschritt. So bediente man sich z.B. eines *cursor publicus* (nach Friedlaender eines »Eilboten«), als man eine Trauerrede anläßlich des Todes des schwedischen Königs übermittelte.[39] Jener stand mit Sicherheit nicht in einem festen Dienstverhältnis zur Universität. Aber diese Beobachtungen kann man an verschiedenen Universitäten machen. So wurde z.B. noch später, nämlich 1759, – Zeichen eines niedergehenden Universitätsbotenwesens? – die Beförderung von Briefen der in Prag studierenden Lausitzer dem Boten der Stadt Bautzen übertragen.[40]

Interessanterweise ist auch in Bologna (zum Jahr 1496) der *tabellarius* als Institution nachweisbar, ohne genau sagen zu können, daß er in gleicher oder ähnlicher Weise wie etwa in Greifswald Verwendung gefunden hätte. Nicht weniger erstaunlich ist aber, daß weder in den Annalen von 1289, noch in den Statuten der bedeutenden (seit 1265 sicher nachweisbaren[41]) deutschen Nation an der Universität Bologna von 1497 *nuncii* aufgeführt sind.

Privilegierung durch die Obrigkeit

Nach Lage der Quellen nahm alles hier seinen Anfang. Bereits im ältesten Schriftzeugnis, das die unentbehrliche Freizügigkeit von Professoren und Studenten verbrieft, tauchen gleichbedeutend neben diesen auch deren Boten (*nuncii*) auf. Bei einem Aufenthalt 1155 in Norditalien wurde Kaiser Friedrich I. Barbarossa – so man die Quelle korrekt interpretiert – von Gelehrten der damals bereits hochgeschätzten Rechtsschule zu Bologna aufgesucht, die sich beschwerten, daß sie häufig dazu gezwungen würden, für die Schulden säumiger, nicht mehr anwesender bzw. bereits in die Heimat abgereister Landsleute aufzukommen.

Daß Gläubiger ihre einzige Chance, offen gebliebene Verbindlichkeiten einzutreiben, darin sahen, sich an Landsleute nicht mehr greifbarer Schuldner zu halten und jene dafür sogar gerichtlich haftbar zu machen, war durchaus üblicher Rechtsbrauch. Dieser widersprach natürlich eklatant der von den Universitäten und ihren Vertretern von Beginn an als notwendig erachteten Freizügigkeit; sie war der Nährboden, auf dem der für die Zeit so typische »etudiant pélerin«, der Wanderstudent, und der Universitätsbote entstehen konnten.[42]

Kaiser Friedrich I. ließ sich herbei. Der Text des kaiserlichen Gesetzes, das sich expressis verbis gegen den Brauch und für die Freizügigkeit von Bildung und Gelehrsamkeit erklärte, ist erst aus einer Urkunde von 1158 bekannt[43], der sogenannten *Authentica Habita*[44], ausgestellt anläßlich eines Aufenthalts Barbarossas in Roncaglia; er dürfte aber mit dem von 1155 identisch sein. Darin gestand der Kaiser den Professoren und Scholaren zu, sich ebenso wie ihre Boten – als »Pfänder« für säumige Landsleute geradezu prädestiniert – sicher an ihre Studienorte begeben und dort auch Wohnung nehmen zu dürfen.

Ein Privileg König Philipps des Schönen von Frankreich, am 7.2. 1296 für die Magister und Studenten von Paris und Orléans sowie für deren Boten (*nuncii*) ausgegeben, scheint an das Friedrichs I. anzuschließen. Letzteren wurde darin für die Besorgungen ihrer universitären Auftragggeber absolute Bewegungsfreiheit zugestanden; es ist das älteste Privileg, das der Pariser Universität urkundlich gestattete, Boten zur Beförderung von Briefen, Geld und Paketen der Studierenden zu unterhalten.[45] Durch die Wendung *more solito* im Text darf als gesichert gelten, daß es sich dabei in der Tat nicht um ein neuartiges Privileg handelte, sondern vielmehr um die Bestätigung einer alten Übung, die längst Gewohnheit war.

Diese Freiheit der Universitätsboten, sich überall in Frieden und ohne jede Beeinträchtigung hinbegeben zu dürfen, verbriefte in Wiederholung der Privilegien Philipps des Schönen erneut König Ludwig X., der 1315, korrespondierend mit ähnlichen Maßnahmen in den Nachbarländern, den Universitätsboten selbst für den Kriegsfall Schutz und Geleit zusicherte.[46] Wieder ähnlich wie in der erwähnten Urkunde Kaiser Friedrichs I. hat Karl IV. 1348 im Stiftungsprivileg für die Universität Prag Lehrern und Studenten für Anreise wie Heimfahrt seinen königlichen Schutz zugesichert und insgesamt dieselben Vorrechte und Freiheiten gewährt, wie sie die Doktoren und Scholaren zu Paris und Bologna genossen.[47] 1551 wurden anläßlich der Krönung der neuen Königin von Frankreich nicht nur die Universität mit ihren Rektoren, Doktoren, Magistern und Studenten, sondern auch alle Amtsinhaber in einer entsprechenden Urkunde erwähnt; unter diesen wurden zum Schluß nach den Schreibern, Buchbindern, Papier- und Pergamentherstellern auch die Boten (*messangers*) eigens aufgeführt.[48] Einen Beleg für den hohen Rang, den die Universitätsboten nicht zuletzt aufgrund solcher königlicher Verfügungen bis in die Neuzeit hinein innehatten, lieferte 1576 das Edikt König Karls IX. von Frankreich. Indem er in einer Zeit, in der Boten nicht immer leicht zu finden waren, zur größeren Sicherheit der Postbeförderung eigene königliche Boten bestallte, stattete er diese genau mit den Privilegien aus, die bis dahin nur für die Universitätsboten gegolten hatten[49] und die König Heinrich IV. (1553–1660) ein letztes Mal für Frankreich bestätigte.

Die Universitätsboten und ihre Untergliederungen waren nicht nur an der Gunst der weltlichen Obrigkeiten interessiert. Sie bemühten sich in nicht minderem Maße darum, sich der kirchlichen Obhut und Fürsorge zu versichern. Als Belege dafür mögen zwei päpstliche Bullen genügen: die ältere stammt von 1233; darin verpflichtete Gregor IX. die weltlichen Großen, sich insbesondere den Schutz der Boten der 1229 zu Toulouse eingerichteten Universität angelegen sein zu lassen. Im selben Tenor gehalten ist die Bulle, die Nikolaus IV. anläßlich der Gründung der Universität Lissabon 1290 ausstellte.[50] Und nicht zuletzt sorgten die Kommunen selbst, die als Standort einer Universität ausgezeichnet waren, durch Privilegien und Verordnungen für ein geregeltes Miteinander von Bürgerschaft und Akademikern und für die nötigen Voraussetzungen eines vernünftig funktionierenden, gesicherten Studienbetriebs.[51]

Von diesen frühen Jahren an gingen die Universitätsboten einen weiten Weg. Sie waren im Rahmen jeder funktionierenden Universität unverzichtbar für die Zustellung von Geldern, Briefen und Paketen mit Büchern und Kleidern und nahmen bisweilen auch schon Reisende gegen ein Entgelt mit auf den Weg. Der Eid, den sie auf ihr Amt leisteten, bot die Gewähr einer gewissen Zuverlässigkeit; außerdem waren ihre »Kunden« in der Regel durch eine Bürgschaft, die sie aufzubringen hatten, gegen Verluste abgesichert.

Daß die Universitätsboten wie etwa städtische Boten Kleidung – gar in bestimmten, festgelegten Farben – erhielten, ist unwahrscheinlich. Für die sogenannten Großboten, also Postagenten und -organisatoren, ist das ohnehin undenkbar. Wie sich indes beider Lohn errechnete, ob nach Strecke, ob als Erfolgshonorar oder nach Dienstzeit, ist unbekannt.

Es war schließlich ein Zeichen auch der Anerkennung ihrer Leistung, die die Universitätsboten verdrängte; sie fanden Nachahmer wegen der doch beträchtlichen Einnahmen, welche die *nuncii* und durch diese auch teilweise die daran beteiligten Nationen, Fakultäten oder die Universitäten hatten. Als Ludwig XI. von Frankreich per Edikt vom 19. 6. 1464 eine königliche Post einrichtete, konnten sich die Universitätsboten zunächst u. a. deswegen noch halten, weil sie nicht nur für die Mitglieder der Universitäten Post beförderten, sondern auch amtliche Prozeßakten.[52] Denn inzwischen bedeutete der Druck der Konkurrenz doch auch eine bedeutende finanzielle Einbuße. Nachdem Ludwig XIV.

die Post zum königlichen Regal erklärt und die Universitätsboten-Einrichtung mit dem staatlichen Postdienst vereinigt hatte, wurde 1643 das Monopol der Universitätspost aufgehoben.[53]

Doch noch der 1735 von der hannoverschen Postdirektion zwischen Göttingen und Langensalza eingerichtete Postverkehr erwies durch die Bezeichnung »Universitätspost«[54] der alten Universitätsboten-Einrichtung in Deutschland seine Reverenz.

Anmerkungen

1 Kirchenheim, Universitätsbotenanstalten, S. 548.
2 Kießkalt, Post, S. 69.
3 Veredarius, Welt-Post, S. 63f.
4 Veredarius, Welt-Post, S. 63f; Flegler, Posten, S. 18, Anm. 34.
5 Vgl. Menzel, Gesandtschaftswesen, S. 22f, 55.
6 Summa 1.I, t. De Procur; nach: Post, Parisian masters (S. 431f).
7 Post, Parisian masters, S. 435ff; Queller, Nuncii, S. 200.
8 Vgl. Menzel, Gesandtschaftswesen, S. 18; Queller, Nuncii, S. 200, 206f, 213.
9 Am 24. April 1564 erging ein königliches Edikt mit einer detaillierten, nach Ländern und Landschaften gegliederten Aufzählung aller Regionen, d.h. in der Regel Diözesen, für welche an der Pariser Universität Nuntiaturen eingerichtet werden durften. Die Anzahl der französischen »Nationen«, die durch eigene »Boten« in Paris vertreten waren, betrug 64. Unter den insgesamt über hundert hinsichtlich eigener »Boten« zugelassenen nicht-französischen »Nationen« stellten die deutschen den mächtigsten Block mit insgesamt 25 (Diözesen-) Vertretern. Vgl. Vaillé, Histoire des Postes francaises, 1, S. 255ff.
10 So bei Menzel, Gesandtschaftswesen, S. 57, vgl. auch G.C. Boyce, The English-German Nation, S. 70ff.
11 Budinszky, Universität Paris, S. 42.
12 1440 kam es zu Beschwerden Pariser Bürger über die ihrer Meinung nach zu große Anzahl privilegierter Großboten, was nahelegt, daß die aus diesem finanziell lukrativen Amt erwachsenden Vorrechte in Gestalt der Universitätsprivilegien die Pflichten überwogen. Im selben Jahr gab es nach Flegler, Posten S. 18 alleine für die Kirchenprovinz Lyon in Paris 5 Großboten. 1483 wurde durch Karl VIII. schließlich die Zahl der *officiers des universités* festgelegt und bestimmt, daß pro Diözese, aus welcher sich Studenten in Paris aufhielten, nur ein Großbote bestellt werden dürfe; vgl. Kirchenheim, Universitätsbotenanstalten, S. 551.
13 Flegler, Posten, S. 18.
14 Vgl. Huber, Verkehr, S. 149 Anm. 1. Es sei daran erinnert, daß in gleicher Funktion der Prokurator des Deutschen Ordens in Rom Reisenden aus dem Ordensland mit Geldbeträgen aushalf, welche diese später zu Hause an den Orden zurückzahlten; vgl. Babendererde, S. 53.
15 Flegler, Posten, S. 18.
16 Budinszky, Universität Paris, S. 42.
17 Vgl. Kießkalt, Post, S. 51; Menzel, Gesandtschaftwesen, S. 56.
18 Vgl. dazu grundsätzlich Finke, Nation, S. 334, 337f.
19 Vgl. Schumann, Nationes, S. 61f.
20 Vgl. z.B. hinsichtlich Heidelberg Paulsen, Universitäten, S. 389.
21 Schumann, Nationes, S. 252.
22 Zur Berichtspflicht auch für Briefboten s. Menzel, Gesandtschaftwesen, S. 88.
23 Der lat. Text bei Wessenborn, Acten, S. 31.
24 Druck mit Überlieferungsangaben bei Winkelmann, UB Univ. Heidelberg 1, S. 64f Nr. 44; vgl. dazu Kirchenheim, Universitätsbotenanstalten, S. 552.
25 Vgl. Budinszky, Universität Paris, S. 41.
26 Vgl. Acta nationis Germanicae, ed. Friedlaender/Malagola S. XXVI.
27 Matrikel Köln 1, S. 629.
28 Matrikel Köln 2, S. 253.
29 Matrikel Köln 2, S. 1115.
30 Es sei an dieser Stelle darauf hingewiesen, daß z.B. der päpstliche Generalkollektor Bertrandus de Massello, der um die Mitte des 14. Jhs. mit Geschick in Deutschland Gelder eintrieb, natürlich gleichzeitig päpstlicher *nuncius* war; vgl. Patze, Geschäftsschriftgut, S. 52.
31 Matrikel Greifswald 1, S. 507.
32 Matrikel Greifswald 1, S. 512.
33 Matrikel Greifswald 1, S. 564.
34 Matrikel Greifswald 1, S. 575.
35 Matrikel Greifswald 1, S. 581.
36 Matrikel Greifswald 1, S. 608.
37 Matrikel Greifswald 2, S. 21.
38 Matrikel Greifswald 2, S. 150.
39 Matrikel Greifswald 2, S. 227.
40 Kießkalt, Post, S. 69.
41 Vgl. Dotzauer, Deutsches Studium, S. 100.
42 Dotzauer, Deutsches Studium, S. 84.
43 Druck: Monumenta Germaniae historica, Diplomata Bd. 10, 2, Hannover 1979, S. 39f, Nr. 243.
44 Zu ihr und speziell zu ihrem Rechtsgehalt s. Kibre, Priveleges S. 10–17.
45 Vgl. Kirchenheim, Universitätsbotenanstalten S. 548. Text bei Vaillé, Histoire des Postes francaises, 1 S. 226: Nuncios eorum (i.e. magistrorum et scholarum) pecuniam sibi Parisiis et Aureliae et alias necessaria aferentes cum patentibus Litteris, quas, ipsos ad partes Flandriae mittere vel de partibus ipsis ad eos Parisius et Aureliae mitti contingent, omni tamen suspicione carentibus, eundo et redeundo transire more solito permittentes.
46 Nach Veredarius, Welt-Post, S. 63f.
47 Schumann, Nationes, S. 90ff.
48 Vaillé, Histoire des Postes francaises, 1, S. 226f.
49 Kirchenheim, Universitätsbotenanstalten, S. 549.
50 Kirchenheim, Universitätsbotenanstalten, S. 549; Vaillé, Histoire des Postes francaises, 1, S. 256, Anm. 1.
51 Vgl. dazu für die Städte Bologna, Padua, Paris und Oxford grundsätzlich Kibre, Scholarly Privileges, London 1961.
52 Kirchenheim, Universitätsbotenanstalten, S. 549; Flegler, Posten, S. 19.
53 Die Einnahmeverluste, die die Universität dadurch erlitt, wurden von staatlicher Seite durch Zahlungen aus Posterträgen bis 1788 ausgeglichen; vgl. Kirchenheim, Universitätsbotenanstalten, S. 550.
54 Nach Kirchenheim, Universitätsbotenanstalten, S. 551.

Literatur

Acta nationis Germanicae universitatis Bononiensis ex archetypis tabularii Malvezziani, ed. E. Friedlaender/C. Malagola, Berlin 1887.

Acten der Erfurter Universität, bearb. J.C.H. Weissenborn (= Geschichtsquellen der Provinz Sachsen und angrenzender Gebiete, 8. Bd.), Teil I, Halle 1881.

Ältere Universitäts-Matrikeln II, hg. E. Friedlaender: Universität Greifswald, Bd. 1 (1456–1654), Leipzig 1893; Bd. 2 (1646–1700), Leipzig 1894.

Babendererde, P., Nachrichtendienst und Reiseverkehr des deutschen Ordens um 1400, Elbing 1913.

Boyce, G.C., The English-German Nation in the university of Paris during the Middle Ages, Brügge 1927

Budinszky, A., Die Universität Paris und die Fremden an derselben im Mittelalter, Berlin 1876 (Neudruck: Aalen 1970).

Dotzauer, W., Deutsches Studium in Italien unter besonderer Berücksichtigung der Universität Bologna, in: Geschichtliche Landeskunde 14 (1976), S. 84–130.

Finke, H., Die Nation in den spätmittelalterlichen allgemeinen Konzilien, in: Historisches Jahrbuch 57 (1937), S. 323–338.

Flegler, A., Zur Geschichte der Posten, Nürnberg 1858.

Huber, F.C., Die geschichtliche Entwicklung des modernen Verkehrs, Tübingen 1893.

Kibre, P., Scholarly Privileges in the Middle Ages, London 1961.

Kießkalt, E., Die Entstehung der deutschen Post und ihre Entwicklung bis zum Jahr 1932, Erlangen o. J.

Kirchenheim, A.v., Die Universitätsbotenanstalten des Mittelalters, in: Archiv für Post und Telegraphie. Beiheft zum Amtsblatt des Reichs-Postamtes, Nr. 17, Jg. 1886, S. 545–552.

Knod, G.C., Deutsche Studenten in Bologna (1289–1562), Biographischer Index zu den Acta nationis Germanicae universitatis Bononiensis..., o.O. 1899.

Matrikel der Universität Köln, Die, bearb. H. Keussen, Bd. 1: 1389–1475, Bonn 1928[2]; Bd. 2: 1476–1559, Bonn 1919; Bd. 3: Nachträge 1389–1559 u. Register zu Bd. 1 u. 2, Bonn 1931.

Menzel, V., Deutsches Gesandtschaftswesen im Mittelalter, Hannover 1892.

Patze, H., Neue Typen des Geschäftsschriftgutes im 14. Jahrhundert, in: ders. (Hg), Der deutsche Territorialstaat im 14. Jahrhundert (= Vorträge und Forschungen, Bd. 13), Sigmaringen 1970, S. 9–64.

Paulsen, F., Organisation und Lebensordnung der deutschen Universitäten im Mittelalter, in: Historische Zeitschrift 45 (1881), S. 385–440.

Post, G., Parisian Masters as a Corporation 1200–1246, in: Speculum 9 (1934), S. 421–445.

Queller, D.E., Thirteenth-Century Diplomatic Envoys: *Nuncii* and *Procuratores*, in: Speculum 35 (1960), S. 196–213.

Schumann, S., Die »nationes« an den Universitäten Prag, Leipzig und Wien. Ein Beitrag zur älteren Universitätsgeschichte. Phil. Diss. FU Berlin 1974.

Vaillé, E., Histoire Générale des Postes francaises, Bd. 1, Paris 1947.

Veredarius, O., Das Buch von der Welt-Post, Berlin 1894.

Winkelmann, E., Urkundenbuch der Universität Heidelberg, 1. Bd.: Urkunden, 2. Bd.: Regesten, Heidelberg 1886.

Hamburg zur Zeit des Teutschen Krieges

Zu treuen Händen

Schwedens Postwesen im Teutschen Krieg 1618–1648
Ein Beitrag

Günter Barudio

Nachrichten sind Neuigkeiten, nach denen man sich richten kann, sofern sie als gesichert und nützlich erscheinen. Das gilt für Entscheidungen in der hohen Politik ebenso wie in Handel und Wandel oder auf militärischem Gebiet. Zuverlässige und schnelle Informationen hinsichtlich angrenzender oder ferner Mächte und Märkte stärken somit die eigene Sicherheit und fördern lebenswichtige Initiativen. Unter diesen Bedingungen war schon das Wort des Staatsmannes Francis Bacon (1561–1626) – »Wissen ist Macht« – nicht nur ein wegweisendes Motto der einsetzenden »Aufklärung«, sondern auch eine Art Verpflichtung aller Regierungen, neben der üblichen Diplomatie mit gelegentlichen Gesandtschaften besondere Nachrichtendienste aufzubauen.

Die Notwendigkeit einer solchen Maßnahme stellte sich auch Schwedens Reichsleitung kurz vor dem Ausbruch des »Böhmischen Brandes« 1618, der sich bald zum Teutschen Krieg ausweiten sollte. Man war sich im Kreis um König Gustav Adolf und Reichskanzler Axel Oxenstierna darüber einig, zunächst besondere Korrespondenten in Dienst zu nehmen, die gleichzeitig auch als Kuriere tätig waren.

Auf diese Weise hoffte man, vor allem mit den seit 1614 verbündeten Niederlanden einen kontinuierlichen Kontakt zu halten. Deshalb wurde am 27. März 1618 ein gewisser Didrich Matthiasson darauf vereidigt, »anvertraute Briefe in vorgeschriebener Zeit an ihrem Ort zuzustellen, sie keinem Menschen zu offenbaren (und das) getreulich zu berichten, was er an Zeitungen in Erfahrung bringen kann«.

Für 400 Reichstaler Jahresgehalt stellte dieser Matthiasson nicht nur die »ordinarie Post« beider Regierungen zu, wobei er in der Regel den Weg über Hamburg zu nehmen hatte. Vielmehr war er auch von schwedischer Seite gehalten, all das an Neuigkeiten und wissenswerten Informationen zu sammeln und mitzuführen, was für die Einschätzung der Lage vor allem in Dänemark, im Heiligen Reich oder im Umkreis der Seemächte von Nutzen sein konnte.

Diese Doppelfunktion als Kurier und Korrespondent für die höchste Regierungsebene schloß allerdings nicht aus, daß das steigende Postaufkommen zusätzlich auch noch auf andere Weise bewältigt wurde. So teilte Leenart van Sorgen am 1. November 1619 dem Reichskanzler von Hamburg aus mit, daß er in dessen Sinn und Auftrag eine bestimmte Absprache mit der »kaiserlichen hier residierenden Post« getroffen habe, zunächst auf ein Jahr hin Briefe aus Schweden zu befördern. Damit war das »Gemeine Postwerk« gemeint, das seit 1615 von der Familie Thurn und Taxis als »erbliches Reichslehen« verwaltet und aufgebaut werden durfte. Ein Unternehmen also, das an vielen Orten im Heiligen Reich schon deshalb ziemlich verhaßt war, weil es den überkommenen Stadtboten mit deren Kundennetz in die Quere kam und mit seiner weitreichenden Beförderung über ganz Mitteleuropa hinaus bis nach Spanien und Italien allen lokalen und regionalen Postwerken den Rang ablief – vor allem mit »raschen Kerlen« auf schnellen Pferden.

Dennoch muß diese neue und effiziente Posteinrichtung genügend Vertrauen erworben haben, daß selbst fremde Regierungen gewisse Briefsendungen bei ihr zur Beförderung aufgaben. Als Axel Oxenstierna im Auftrag der königlichen Regierung 1620 beabsichtigte, in Hamburg eine ständig arbeitende Post einzurichten, die möglicherweise weit über das Gebiet dieser Hansestadt hinausreichen sollte, riet Leenart van Sorgen ab, weil das Thurn-und-Taxis-Unternehmen »mit vollständiger Sicherheit« fast halb Europa bediene. Gleichzeitig schlug er vor, die Postlinie Schwedens von Hamburg aus nach Helsingör und von dort über den Sund bis zur Grenzstation Markaryd nach dem Vorbild der »kaiserlichen Post« einzurichten: Reitende Boten brachten die Briefe »in einem Ranzen« von einer Station zur anderen, wobei sie »Tag und Nacht« unterwegs

Johann von den Birghden, Kaiserlicher, später Königlich Schwedischer Postmeister in Frankfurt am Main

waren. Gelang es bei einem Einsatz von 30 Reichstalern in der Woche, diese Linie durch Holstein und Dänemark zu halten, dann brauchten die Briefe von Hamburg bis Markaryd etwa »fünf Tage«: Das entsprach der Beförderungszeit zwischen Hamburg und Köln.

Mit der Ernennung des Niederländers Leenart van Sorgen zum ständigen diplomatischen »Residenten in Hamburg« und einer entsprechenden Post-Ordnung für den Brief- und Paketverkehr zwischen Hamburg, Markaryd und Stockholm begann also bereits 1620 Schwedens Posttätigkeit auf teutschem Boden – genau zehn Jahre vor seiner Intervention zur Wiederherstellung von Verfassungsverhältnissen im Heiligen Reich, die auch im Rechtsbereich des Gemeinen Postwesens seit etwa 1623 verstärkt untergraben wurden.

Als Matthiasson und van Sorgen, der 1626 von Anders Svensson abgelöst wurde, ihre »Obligation und Eid« darauf ablegten, die anvertraute Post gegen entsprechende Bezahlung zu befördern und zuzustellen, da bestätigten sie eine Staatsauffassung, die Gustav Adolf einmal in der Lehns- und Gegenseitigkeitsformel zusammenfaßte: »Obligatio mutua. Treu Herr – Treu Knecht.«

In dieser lateinisch-teutschen Aufforderung kennzeichnet der König das Treuhandwesen, das seit Alfons dem Weisen von Kastilien (1252–1284) nach dem Motto »Pro lege et grege« das libertäre Staatsdenken in Alteuropa geprägt hat. Grundlage des zugehörigen Politikbegriffs war demnach die Rechts- und Vertragsbezogenheit aller Regierungshandlungen, der unabdingbare Respekt des Drittrechtes (Gerichtswesens) und die Rechnungslegung der staatlichen Treuhänder auf jeder Ebene. Dazu gehörte auch das Postwesen und die Verpflichtung der Korrespondenten, Residenten und sonstigen Posthalter, jährlich Rechenschaft über Einnahmen und Ausgaben abzulegen, schließlich war ihnen die Post als ein »hohes Regalwerk« nur zu treuen Händen übergeben worden: Dem Vertragscharakter des Lehnswesens gemäß waren also Postbeauftragte lediglich Nutznießer und nicht Eigentümer ihrer Ämter.

Diese fundamentale Sperre, die sich auch aus der besonderen Rechtsnatur des Erblehens ergab, schien aber Lamoral von Taxis (1557–1624) bald nach dem florierenden Aufbau seines und des kaiserlichen Postwerkes nicht mehr beachten zu wollen. Statt sich selbst nur als »Postverweser« zu betrachten, der treuhänderisch ein erbliches Reichslehen zu verwalten hatte, betätigte er sich als »Erb-Generalpostmeister« und verfügte über sein Unternehmen wie ein Patrimonial- oder Eigenherr.

So erlaubte Lamoral von Taxis dem tüchtigen und überaus erfolgreichen Post- und Botenmeister Johann von den Birghden (1582–1645), der von Frankfurt am Main aus das Thurn-und-Taxis-Unternehmen nach Leipzig, Hamburg, Köln, Nürnberg und anderen wichtigen Orten ausgebaut hatte, eine Reihe von Kompetenzen, die eindeutig gegen den Erblehenscharakter des Postwerkes verstießen.

Birghden, der aus Aachen stammte und der Augsburger Konfession angehörte, hatte es verstanden, sich das besondere Vertrauen des Erb-Generalpostmeisters zu erwerben und erreichte bereits 1620 die »Immunität«, d.h., daß eine Anklage gegen ihn nur vor dem Kaiser möglich war oder vor dem Reichs-Erzkanzler und Kurfürsten von Mainz, der im ganzen Heiligen Reich als »Protector postarum« galt – als Schutzherr des Postwesens. Bereits drei Jahre später entband ihn Lamoral von Taxis für eine Jahrespauschale von 600 Reichstalern von der Verpflichtung jeder Rechnungslegung. Ja, es wurde Birghden sogar die Vererbung seines Postmeisteramtes in Aussicht gestellt, über das er verfügen durfte, als wäre es sein Hausgut oder ein Patrimonium.

Birghden, der mit einem Vermögen von 600 Gulden 1613 Bürger der Freien Reichsstadt Frankfurt geworden war, hatte sich im Laufe seiner recht kurzen Tätigkeit im Postwesen so schnell nach oben gearbeitet, daß er 1624 das Haus »Zum Kranich« in der Braubachstraße/Ecke Römerberg kaufen konnte – für 200000 Gulden! Kein Wunder, daß dieser materielle Erfolg und der soziale Aufstieg mit der Erhebung in den erblichen Adelsstand 1625 Mißgunst aufkommen ließ, zumal die Amtsführung und das »patrimoniale« Gehabe Birghdens – selbstherrliche Entscheidungen bei der Abgabenfestsetzung, Überheblichkeit gegenüber dem Rat der Stadt und ein freches Monopolstreben – mehr als nur Mißtrauen erzeugten.

Vor allem Leonhard II. von Taxis (1594–1628) sah in den Maßnahmen seines Vaters eine steigende Bedrohung seines eigenen Erbes. Denn wenn die untergeordneten Postverweser gleichsam zu patrimonialen Inhabern ihrer Ämter gemacht wurden, die nur noch geringe Pauschalbeträge zu entrichten hatten, dann waren die Einkünfte des Familienunternehmens aufs höchste gefährdet. So entwickelte sich zwischen Vater und Sohn ein Kampf um das rechte Verständnis des Gemeinen Postwerkes, der im Kern jener Auseinandersetzung glich, welche den »Böhmischen Brand« und letzlich den Teutschen Krieg verursacht hat – das Umpolen treuhänderischer Kompetenzen in absolutistische Verfügungen, die aus Märkten ein Monopol gestalten wollten.

Leonhard II. war zur Erreichung dieses Zieles jedes Mittel recht. Dabei nutzte er vor allem die guten Beziehungen zum Hof Ferdinands II. in Wien, der mit Eifer daran arbeitete, genau in diesem Sinne die libertäre Verfassung des ehemaligen Wahlkönigreichs Böhmen in ein patrimoniales Erbgut zu verwandeln. Seit 1624 in den Grafenstand erhoben, entfachte der neue Erb-Generalpostmeister nach dem

Graf Leonhard II. von Taxis (1594–1628); Ausschnitt aus dem Hochzeits- oder Reiterteppich, 1646

Tode des Vaters Aktivitäten, die Birghden das Fürchten lehren sollten. Zunächst wurde ihm untersagt, sich in den hohen Postangelegenheiten an den Reichs-Erzkanzler zu wenden. Das war zu jener Zeit Johann Schweikhard von Kronberg (1553–1626), der in seinem Wahlspruch »Pro grege« ausdrücklich auf das Treuhandwesen im Geiste Alfons des Weisen hinwies und als höchster Protektor der Post darauf zu achten hatte, daß diese eine besondere Reichsangelegenheit blieb und nicht als privates Monopol geführt werden durfte.

Doch diese und andere Rechtsvorbehalte des Heiligen Reiches fochten diesen Thurn und Taxis nicht an. Er interpretierte den Erb-Titel in seinem Amt nicht nach Maßgabe des vertraglichen Erblehens, sondern nach den Bedingungen eines Patrimoniums. Deshalb verwies er auch Birghden in einem Schreiben von 1625 auf »die absolute Macht und Authoritaet, so der Herr General über alle seine Aemter und Officiales hat«. Im Vollgefühl dieses angenommenen *Dominium absolutum* über das gesamte Postwerk war er demnach nicht gehalten, die Zustimmung des Kaisers oder eines »anderen Fürsten« wie des Reichs-Erzkanzlers einzuholen, wenn er in seinem Familien-Unternehmen etwas »disponieren« wolle.

Birghden wurde unter dem Druck dieser Drohung trotz eigener patrimonialer Anwandlungen bewußt, wohin es führen mußte, wenn Machtansprüche dieser Art nicht mehr kontrollierbar waren und durch Rechtsklagen unterbunden wurden. Eine mehrwöchige Inhaftierung in Aschaffenburg hatte ihn dabei ebenso zur Besinnung gebracht wie das machiavellistische Taktieren Leonhards II., dem es 1627 gelingen sollte, in Wien bei Ferdinand II. die Amtsenthebung Birghdens zu erwirken. Als Grund wurde in dem »kaiserlichen Befehl« angegeben, daß Birghden als Lutheraner auf Seiten der Widerstandspartei stünde, mit deren Anführern er »allerhand hochverdächtige und hochgefährliche Correspondencen geführet« habe. Außerdem unterstehe er sich, »in seinen wochentlichen gedruckten Zeitungen viel ungegründete Sachen uns und dem gemeinen Wesen zu Nachteil und Schaden eynzumischen«.

Die »patrimoniale Entartung« (O. Hintze) der Diktaturen des Absolutismus war auf Gleichschaltung und auf ein uneingeschränktes Machtmonopol gerichtet. Beide Ziele hatte Ferdinand II. mit der »Verneuerten Landesordnung für das Erbkönigreich Böheim« 1627 erreicht, die sich im Prinzip bis 1918 nicht ändern sollte. Deshalb verwundert es auch nicht, daß der Wiener Hof neben dem Postwerk auch das entstehende Pressewesen vollständig kontrollieren wollte, das im Teutschen Bürgerkrieg zwischen »Papisten« und Protestanten zunehmend an Bedeutung gewann.

Birghdens persönliche Intervention in Wien, vom neuen Reichs-Erzkanzler Georg Friedrich von Greiffenklau nachhaltig unterstützt, erbrachte nur die Bestätigung seiner Entlassung, die von Rechts wegen der Kurfürst von Mainz als höchster Schutzherr des Postwerkes auszusprechen hatte. Ohne Gerichtsverfahren und gegen die Reichsverfassung gerichtet, hatte Ferdinand II. wieder einmal seine Kompetenzen als Kaiser überschritten und das Patrimonialverfahren erzwungen, das Birghden verbittert wie folgt beschrieb: Ungeachtet der Rechtslage »ist der Herr Graf Leonhard fortgefahren, hat die Posten durch etliche Reuter mit gewehrter Hand auff den freyen Landstraßen de facto abnehmen, auch alle Posthalter beaydigen lassen, deme von den Birghden nichts mehr zuzuführen, mit demselben keine Correspondenz zu halten oder dergleichen zu tun; hat sich also der von Birghden nolens volens zur Ruhe begeben müssen...«

Diese Politik der Brachialgewalt, der fortgesetzten Verfassungsbrüche und Enteignungen von Protestanten wurde in Schweden das ganze Jahrzehnt über aufmerksam und mit steigender Unruhe beobachtet. Gustav Adolf, durch seine Korrespondenten und auch von Gesandten der Union seit 1614 gut unterrichtet, nannte dieses gewaltsame Vorgehen Wiens im Heiligen Reich »papistische Anschläge in Teutschland« und fürchtete 1628 »mit der Eroberung der nordischen Länder« durch Wallenstein »eine leibliche und seelische Tyrannei: Dazu werden nun viele mächtige Armeen zusammengetrommelt, die durch die Ausplünderung Teutschlands unterhalten und eine Zeitlang fortbestehen werden.«

Es war dem Schweden-König als überzeugtem Anhänger des Treuhandwesens und der libertären Staatlichkeit mit ihrer Drittwirkung (»Des Königs Majestät, des Rates Autorität und der Stände Libertät«) zu diesem Zeitpunkt längst klar, daß das Haus Habsburg unter dem Deckmantel der Rekatholisierung die Etablierung einer Haus-Diktatur betrieb. War unter dieser Zielsetzung das Heilige Reich erobert, gleichgeschaltet und militarisiert, dann konnte von dieser Plattform aus nicht nur die Gegenreformation betrieben werden, sondern auch die absolutistische Hegemonie Habsburgs über ganz Europa.

Der Abwehr dieser konkreten Gefahr galt die Intervention Gustav Adolfs in den Teutschen Krieg im Juni 1630, wobei das strategische Ziel darin bestand, das drohende »absolute Dominat« Habsburgs zu verhindern und dem Heiligen Reich wieder die »Teutsche Libertät« nach der Verfassungslage vor 1618 zu sichern. Dem Völkerrechtsverständnis des Hugo Grotius gemäß, der zwischen 1635 und 1645 Schwedens Botschafter in Paris war, betrachtete sich Gustav Adolf bei allen Maßnahmen auf teutschem Boden lediglich als Treuhänder des Heiligen Reiches, weshalb auch Verlehnungen und andere Rechtshandlungen stets dem Vorbehalt untergeordnet waren, daß sie nur bis zu einem »gerechten Frieden« in Kraft bleiben sollten.

Diese Haltung allein erklärt, warum Schweden im Gegensatz zu Spanien, das bereits 1620 militärisch eingegriffen hatte und vor allem das linke Rheinufer besetzt hielt, keine Missionierung betrieben hat und sehr darauf bedacht war, Institutionen des Heiligen Reichs wieder aufzurichten. Dazu gehörte auch das »ganz zerfallene Postwesen«, dessen Reorganisation kein Geringerer durchführen durfte als Johann von den Birghden!

Nach seiner erzwungenen und unrechtmäßigen Entlassung war er »mit einem Catholischen Subjecto« ersetzt worden, d.h. mit Gerhard Vrints. Dieser wurde von Birghden als »spanischer« Postmeister angesehen, hatte auch die nervenaufreibenden Kontrollen seines Vorgängers zu ertragen und machte sich beim Herannahen des Schwedenheeres im November 1631 aus dem Staub. Birghden, der bereits 1628 mit Unterstützung Tillys und der Liga in Wien für sich und seine Familie eine »Ehrenerklärung« des Kaisers erwirkt hatte und damit den erhobenen, aber nicht bewiesenen Spionageverdacht für die Union entschärfen konnte, vermerkte neben anderen Umständen besonders, daß Vrints »flüchtigen Fußes« das Frankfurter Postamt verlassen habe. Aus diesem Verhalten schloß er, daß sein katholischer Nachfolger das Postwerk nicht dem »gemeinen Wesen zum Besten« verwaltet und somit seine Pflichten als Treuhänder dem Heiligen Reich gegenüber gröblich verletzt habe.

Verständlich, daß sich diese Auffassung ohne große Hindernisse mit der Haltung Gustav Adolfs und in gleicher Weise mit jener Axel Oxenstiernas verbinden konnte, der aus Preußen herangeeilt war, um vornehmlich vom Schloß des Teutschen Ordens in Sachsenhausen aus auch nach dem Schlachtentod des Königs bei Lützen am 6. November 1632 die Interessen Schwedens und dessen teutschen Verbündeten wahrzunehmen. Nicht umsonst nannte sich Birghden nach der Übernahme des verwaisten Postamtes »Ihrer Königlichen Majestät und Reich Schweden samt mitalliierter Potentaten und Ständen verordneten Obrister Postmeister«, der vor einem Notar zusätzlich beglaubigen ließ, daß er sich lediglich deshalb zur Verfügung stellte, um das »zerfallene Postwesen, dem allgemeinen Nutzen zu wohl ersprießlichem Aufnehmen, wieder zu restaurieren und aufzurichten«.

In der Praxis bedeutete sein Einsatz, daß von Frankfurt aus nach Hamburg zweimal in der Woche eine reitende Post abging, die »innert sechsthalben Tagen« Briefe, Pakete und »Zeitungen« beförderte. Die entsprechende Post nach Leip-

Axel Oxenstierna (1583–1654), Schwedischer Reichskanzler von 1612 bis 1654; Kupferstich nach einer Zeichnung von de Leau zig mit 15 Poststellen unterwegs schaffte die Zustellung sogar »in dritthalben Tagen« und nach Straßburg über Speyer am Rhein brauchten Birghdens Boten »zu Ross« nicht mehr als »nur 2 Tag«.

Dieses Postwerk war so lange erfolgreich, wie die Postlinien von den einzelnen Armeen Schwedens und der verbündeten Reichsstände wie Brandenburg, Hessen-Kassel oder Sachsen gesichert werden konnten. Deshalb erließ auch Axel Oxenstierna am 30. Oktober 1633 in seiner Eigenschaft als Direktor des Heilbronner Bundes eine besondere Schutzordnung für das »hochnotwendige Postwesen im Reich nach den Niederlanden, Seestädten, Frankreich und anderen Orten«. Darin berief er sich auf entsprechende Maßnahmen, die Gustav Adolf bereits am 22. September 1631 und am 16. März 1632 veranlaßt hatte, indem den Postleuten aller Art eine umfassende Befreiung von Kriegslasten gewährt wurde. Außerdem sollten sie vor einer »Beraubung ihrer Güter« nachhaltig geschützt werden und jede Hilfe erhalten, das »unentbehrliche Postwesen im Reich« auch zur »Besserung der Commercien« aufrechtzuerhalten.

Dieser Schutz oder Salvaguardia wurde »an allen Posthäusern öffentlich angeschlagen« und sollte »zu jedweders Nachrichtung« dienen, besonders aber das eigene Militär daran erinnern, was es den Postleuten Birghdens schuldig war. Man kann also hier nicht einfach von der »schwedischen Post« (G. Rennert) sprechen, als sei sie die Neben-Post einer Besatzungsmacht, zumal Birghdens Dienste allen Parteien und dem Privatverkehr offenstanden sowie von diesem »bis Anno 1635 mit großen fast unerschwinglichen Unkosten kontinuiert und erhalten« worden sind.

Eine Restschuld von 600 Reichstalern, die Birghden von Axel Oxenstierna vergeblich einforderte, deutet darauf hin, daß der Anteil der Schweden-Armee an diesem Postwesen nicht allzu hoch gewesen sein kann. Schließlich benutzte der Reichskanzler und »Legat in Teutschland« für die »hohen Staatssachen« einen eigenen Kurierdienst, der auch seinen Entwurf zu einer »Regierungsform« oder »Verfassung« von Frankfurt am Main nach Stockholm brachte: das wohl größte Staatsgeheimnis dieser Zeit; ein Dokument, das nach Beratungen im Reichsrat und Reichstag 1634 als treuhänderische Rechtsgrundlage der Vormundschaftsregierung für die noch unmündige Königin Christina (1626–1689) bis 1644 diente.

Auch in diesem Fall zeigt sich wieder, daß es neben der Hauptpost, die Staats- und Privatbriefe befördern konnte, manch einen Sonderweg gab: eine Art Diplomaten-Post zumindest bis Hamburg, das auch nach der Intervention das Zentrum zur Weiterleitung nach Schweden blieb, zumal nach dem »Prager Frieden« von 1635 Schwierigkeiten auftraten, Briefe mit »Königlich Schwedischen Sachen von hoher Importanz« über Leipzig oder Frankfurt am Main gehen zu lassen, von wo aus Birghden mit seinem Hang zu Selbstherrlichkeiten »ein böses Blut und große Unordnung im Postwesen« mit seinem Abgabenverfahren verursacht haben soll.

Das schreibt ein Andreas Wechel am 14. Juli 1633 an Axel Oxenstierna von Leipzig aus, wohin er sich auf Order des Königs bereits 1631 begeben hatte, nachdem er in Hamburg für die Post tätig gewesen war. Dieser Wechel gehörte wahrscheinlich der wachsenden Schar von Korrespondenten an, die Nachrichten und »Zeitungen« zu sammeln hatten, ehe er gemäß einer »Königlichen Schwedischen Post-Ordnung« vom 20. November 1631 in Leipzig das allen Parteien zugängliche Brief- und Paketwesen zu leiten begann. Dabei hatte er sonntags die Post nach Erfurt, Hanau, Frankfurt am Main, Amsterdam und nach Paris zu besorgen. Dienstags mußten das kursächsische Hauptquartier und Prag bedient werden. Freitags »um 11 Uhr« sollte die Post nach Berlin, Stettin, Danzig und »in das Königreich Schweden« auf den Weg gebracht werden. Am Nachmittag »um 4 Uhr« des gleichen Tages wurden die reitenden Boten nach Nürnberg und Venedig abgefertigt, während sonnabends »um 4 Uhr nach Mittag« die Städte Hamburg, Lüneburg, Lübeck und Bremen an der Reihe waren.

In diesem Angebot an das Publikum sah natürlich die »kaiserliche Post« der Thurn-und-Taxis einen besonderen Gegner und ihr Postmeister Sieber ließ auch keine Gelegenheit aus, dem Wechel als der »Königlichen Schwedischen Krone halber eingesetzter Postmeister in Leipzig« überall dort Ungelegenheiten zu bereiten, wo es möglich war. Wechel hingegen wehrte sich nach Kräften, wobei das Mißvergnügen an diesem Streit meist beim Rat der Stadt Leipzig hängenblieb oder aber auf den Kurfürsten Johann Georg abgewälzt wurde, der sein eigenes Postwesen unterhielt und sich hinsichtlich der Wechel-Post nach Anordnungen oder Wünschen Gustav Adolfs richtete, sofern ihm ein Nachgeben opportun erschien. Auch hier wirkte nach dem Bündnis des Königs mit Kur-Brandenburg und Kur-Sachsen kurz vor der Schlacht bei Breitenfeld (nördlich von Leipzig) am 7. September 1631 die Treuhandnatur in den Beziehungen der Interventionsmacht mit den Reichsständen nach, so daß sich Andreas Wechel nicht ohne Grund »Königlicher und Churfürstlicher Postmeister« nennen durfte, mußten doch bei der Einrichtung der Postlinien und Annahme der Postboten die zuständigen Ämter in Stadt und Land um ihre Zustimmung gefragt werden.

Eine Klärung der postalischen Zuständigkeiten ergab sich aber erst am 6. Dezember 1632, als der schwankend gewordene Kurfürst dem Rat der Stadt Leipzig auf Beschwerden Siebers hin die Anordnung zugehen ließ: »Wechel sei nur für die von Schweden kommenden Schreiben bestellt.« In dieser Entscheidung deutete sich schon die Abwendung Johann Georgs vom verbündeten Schweden und die Hinwendung zu Habsburg an, mit dem er auf Kosten des Heiligen Reiches, aber zur eigenen Bereicherung im »Prager Frieden« von 1635 gemeinsame Sache machte und dabei die Lausitz erwarb. Kein Wunder, daß sich unter diesen Bedingungen die »Schwedische Postordnung« immer schwerer aufrechterhalten ließ und Axel Oxenstierna genötigt wurde, den tüchtigen Andreas Wechel aus Leipzig abzuziehen und ihn 1635 wieder nach Hamburg zu versetzen.

Dort war inzwischen Johan Adler Salvius als diplomatischer Resident eingesetzt worden, dem auch die Oberaufsicht im Postwesen oblag und der dafür zu sorgen hatte, daß die Verbindung über Helsingör nach Markaryd ungestört erhalten blieb. Wechel hielt sich aber nur kurze Zeit bei Salvius auf, der zehn Jahre später einer der beiden Chefverhandler Schwedens beim Friedenskongreß in Osnabrück werden sollte. Denn er wurde von Axel Oxenstierna nach Stockholm beordert, wo er das innerschwedische Postwesen neu organisieren sollte, und zwar nicht nur die Hauptlinie von Markaryd an der Grenze zu Dänemark bis nach Stockholm, sondern auch die Postverbindungen mit Finnland und Estland. Bereits 1624 hatte der Kanzler eine ausführliche »Post-Ordnung« für das weitgestreckte Reich verfaßt, die aber nicht verwirklicht werden konnte. 1626 wiederholte er in seiner neuen »Kanzlei-Ordnung« die Notwendigkeit der Reform des gesamten bestehenden Beförderungswesens. Aber erst am 20. Februar 1636 gelang es unter der tätigen Mithilfe des Andreas Wechel, von Stockholm aus ein Gemeines Postwerk einzurichten, das mit wenigen Änderungen über 200 Jahre Bestand haben sollte und als das Geburtsjahr der Schwedischen Reichspost angesehen werden kann.

Es besteht kein Zweifel, daß viele Erfahrungen aus der Posttätigkeit im Heiligen Reich unter Vermittlung des erfahrenen und arbeitsamen Andreas Wechel der Postreform in Schweden zugutegekommen sind. Damit waren aber nicht nur technische Neuerungen wie Raststationen mit Wirtshäusern oder Postuniformen verbunden. Vielmehr entwickelte sich mit dieser Art der Nachrichtenvermittlung auch das Presse- oder Zeitungswesen.

Wie bereits erwähnt, waren vor allem die bestallten Korrespondenten gehalten, besondere Berichte über Neuigkeiten und allerlei »Staatsveränderungen«, Kriegshandlungen und Kommerz-Angelegenheiten anzufertigen oder zu erwerben. Birghden hatte sich mit der eigenen Erstellung von derartigen »Zeitungen«, die erweiterten Flugblättern glichen, schon früh einen nicht unwichtigen Nebenverdienst gesichert, indem er seine Berichte mit der Post an Interessenten schickte. Damit erhielten die aufgekommenen »Messe-Relationen« in Frankfurt am Main und auch das berühmte Theatrum Europaeum (seit 1629) eine bedeutende Ergänzung im Aufbau eines öffentlichen Informationswesens. Auch Andreas Wechel gab bereits 1632 eine wöchentlich erscheinende »Ordinar Post und Zeitung aus dem Schwedischen Posthause zu Leipzig« heraus, in der vor allem Einzelereignisse aus dem Kriegsgeschehen näher beschrieben wurden.

Diese Tradition, Post und Presse zu verbinden, obgleich es zwei verschiedene Tätigkeitsbereiche waren, fand auch in Schweden ihre Fortsetzung, jedoch unter anderen Voraussetzungen als im Heiligen Reich, den Niederlanden oder Italien. Schließlich gab es in diesen Ländern eine reiche Stadtkultur mit Privatdruckereien und Buchhändlern, die für das Aufkommen und Entwickeln des Zeitungswesens auf privater Grundlage von Bedeutung waren. In Schweden, das kaum eine Handvoll größerer Städte besaß, kam diese Initiative von den königlichen Regierung her. So empfahl Gustav Adolf in der Kanzlei-Ordnung von 1626, daß das 1618 eingerichtete Reichsarchiv aus den Briefen der Korrespondenten im Ausland »das Beste und Besondere auswählt und jede Woche drucken läßt«, um auf diese Weise die Öffentlichkeit über das Geschehen in der Welt zu unterrichten.

Es sollte allerdings fast zwanzig Jahre dauern, ehe aus dieser gutgemeinten Ermunterung einer Aufklärung von oben das entstehen konnte, was die »Ordinari Post Tijdender« genannt wurde, die noch heute existiert! Auch dieses Zeitungsprojekt kam durch Anregungen aus der Reichskanzlei zustande. Johan Beijer, der Nachfolger im Stockholmer Postamt, das nach Andreas Wechels Tod von dessen zweiter Ehefrau Gese Wechel bis zum Neujahr 1643 verwaltet wurde, erhielt den Auftrag, neben der üblichen Posttätigkeit aus den vornehmsten Städten des Kontinents Nachrichten zu sammeln. Zusammen mit den Mitteilungen aus der Kanzlei sollten sie »in unserer schwedischen Sprache abgefaßt und in kurzen Auszügen gedruckt« werden. Bei dieser Arbeit hatte er »vorsichtig und mit Bedacht« vorzugehen, damit nicht falsche Angaben über die Königin, die Krone Schwedens oder auch über Privatpersonen verbreitet würden.

Ein Vorbild waren wohl die »Neuen Wochenzeitungen von Breslau und anderen Orten im Römischen Reich«, die Neuigkeiten vom Dezember 1644 und Januar 1645 zu melden hatten. Bereits zur Krönung Christinas war eine ähnliche »Zeitung« mit eher lustigen Nachrichten aus aller Welt in Uppsala und Stockholm angeboten worden. Mit der Schlußphase des Krieges gegen Dänemark kam dann der Durchbruch zur erwähnten »Post-Zeitung«: Sie umfaßte in der Regel nur vier Seiten und kostete bei einer Ausgabe in der Woche 2 Taler und 8 Öre (Silbermünze) im Jahr.

In den ersten Ausgaben konnte man nähere Angaben zur Kriegslage lesen, wie sie sich aus der Sicht des militärischen Hauptquartiers von Gustav Horn darstellte. Dieser General, einer der gebildetsten Vertreter der Gustavianischen Heeresreform und nach der Niederlage bei Nördlingen 1634 viele Jahre in »kaiserischer« Gefangenschaft, leitete die Kriegsoperationen gegen Dänemark von schwedischer Seite aus, während General Torstensson vom Heiligen Reich her schon 1643 die Dänen im eigenen Land unter Druck gesetzt hatte. Der Sieg in der Seeschlacht bei Femarn half zusätzlich, König Christian IV. zu veranlassen, Friedensverhandlungen einzuleiten. Auch darüber informierte die neue Post-Zeitung und klärte den Leser auf, daß französische und holländische »Mediatoren« unterwegs seien, um in dem kleinen Ort Brömsebro den Friedensvertrag zwischen Schweden und Dänemark im Beisein der beiden Reichskanzler auszuhandeln.

Natürlich konnte in dieser »Zeitung« nichts darüber stehen, daß Axel Oxenstierna mit dem zügig abgesprochenen Frieden von Brömsebro im Jahr 1645, der Schweden das ganze Jämtland und die Landschaft Härjedalen einbrachte, eine besondere Genugtuung für die Demütigungen widerfuhr, die er 1613 im Knebelfrieden von Knäröd hatte hinnehmen müssen. Damals hatte Christian IV. nach Abschluß des von ihm ausgelösten »Kalmar-Krieges« von Schweden eine ungeheuere Entschädigungssumme für die Festung Älvsborg gefordert, dem einzigen Zugang Schwedens zur Nordsee, in dessen Schutz dann auch von 1619 an die Stadt Göteborg angelegt und ausgebaut wurde. Es stand auch nichts in diesem Nachrichtenblatt über den Zusammenhang dieses epochalen Friedensschlusses, der im Prinzip noch heute gilt, mit den Friedensverhandlungen, die im gleichen Jahr in Osnabrück und Münster begannen, um den Teutschen Krieg zu beenden. Dafür wurde der Siegeszug Torstenssons im Heiligen Reich kurz beschrieben und die Auflösung der »kaiserischen« Armee des Heerführers Gallas erwähnt.

Aus Prag und Dresden wird unter dem Datum vom 7. Mai 1645 über das »elende Wesen in Wien« berichtet und darauf hingewisen, daß in Böhmen und Sachsen der Brotpreis innerhalb von sechs Wochen um das Zehnfache gestiegen sei. Aber nicht nur diese »sachlichen« Angaben gehörten zum Stil der Berichterstattung, die mit Preisangaben für Waren Kaufleuten wie Verbrauchern helfen sollte, sich zu orientieren. Auch die »menschlichen« Belange kamen zu Wort. Zu den Nachrichten aus Markaryd gehörte ein gedrängter Bericht über die Gefangennahme von dänischen Bauern in einer Kirche, und daß sie weggeführt worden seien, als ob es »eine Viehherde« wäre. Während des Kriegszuges von Torstensson an der Donau entlang soll »ein großer Haufen österreichischer Freiherren und Adliger von den Schwedischen gefangen« worden sein: Nach Zahlung von Lösegeld wurden sie wieder freigelassen.

Besondere Erwähnung fand in dieser Post-Zeitung die Ankunft einer Gesandtschaft aus Moskau in Kopenhagen, von der man zunächst nicht wußte, was für Absichten sie hatte. In einer späteren Wochen-Ausgabe wird dann die Erklärung nachgereicht, daß der Tod des Zaren Michajl mitgeteilt worden sei und der dänische Graf Waldemar, der mit einer moskowitischen Prinzessin aus politischen Gründen verheiratet worden war, auf dem Heimweg nach Kopenhagen sei. Der Hinweis, daß es auch nach dem Ableben des Zaren zwischen Schweden und dem Moskauer Staat eine »gute Freundschaft« gebe, deutet an, welche Besorgnisse in Stockholm aufkommen mußten, wenn sich Dänemark und Rußland verständigten – die ewige Angst vor einer Einkreisung.

Man kann sagen, daß diese Post-Zeitung Schwedens beinahe ein halboffizielles Regierungsorgan war, das in Verbindung mit dem Studium der Reichsratsprotokolle, der Reichsregistratur und der laufenden »Korrespondenz« eine

Der »freud- und friedenbringende Postreuter«, 1648

wichtige Quelle zum Verständnis der Zeit ist. Wegen der Nähe zur Reichskanzlei, die über alles Gedruckte in Schweden eine besondere »Zensur« und Kontrolle ausübte, sind ihre Angaben und Auskünfte oft zuverlässiger als jene der zahlreichen Privat-Zeitungen im Heiligen Reich, die oft aus Gewinninteresse marktschreierisch aufgemacht waren. Ja, noch zu Beginn der 1860er Jahre erhielt Stockholm wie schon 1620 alle wichtigen Auslandsnachrichten über das eigene Postamt in Hamburg. Dabei gingen die entsprechenden Telegramme zuerst ins Außenministerium, dem Nachfolger der ehemaligen Reichskanzlei, dann wurden die gefilterten Nachrichten an die seit 1645 mit wenigen Unterbrechungen bestehende Post-Zeitung weitergegeben: Erst wenn sie dort publiziert waren, konnten sie von den übrigen Privat-Zeitungen übernommen werden.

Dieser Weg des Informationsflusses von oben nach unten erklärt auch zu einem gewissen Teil den Neuigkeitsgrad der Nachrichten während des Teutschen Krieges. In der Regel brauchten Briefe und Korrespondenzen aus der Mitte Europas etwa drei Wochen, bis sie in Stockholm angekommen waren. Dann dauerte es meist noch einmal eine Woche, ehe die Informationen an die Öffentlichkeit weitergereicht wurden, so daß zwischen Ereignis und Bericht im günstigsten Fall vier Wochen lagen. So wird aus Hamburg unter dem Datum vom 30. September 1648 der Post-Zeitung gemeldet, daß die Kaiserischen Gesandten in Münster gelobt hätten, am 26. Oktober entweder selber Frieden zu schließen oder »den Ständen vollkommene Macht und Gewalt [zu]gebe[n], für sich selbst mit den Kronen Schweden und Frankreich Frieden zu schließen«.

Tatsächlich wurde der Frieden am 24. Oktober 1648 (nach neuem Stil) unterzeichnet und beendete den Versuch Habsburgs, über das Heilige Reich ein »absolutes Dominat« zu errichten: Demnach ein Machtsystem, welches das libertäre ständegebundene Treuhandwesen der bestehenden Lehnsverfassung beseitigen wollte und damit den vertraglichen Rechtsweg wie die institutionellen Rücksichten auf den Kurfürstenrat und den Kurienreichstag – kurz: die Teutsche Libertät.

Inbegriff der »Constitution de l'Empire« (Leibniz) war von altersher aufgrund des Wahlprinzips, daß der Kaiser und alle anderen Amtsträger des Heiligen Reiches ihre Kompetenzen nur *zu treuen Händen* überantwortet bekamen, d.h. zum Nutzen und Frommen des Reiches, wie es im Kaisereid steht. Dieses Prinzip aller Staatlichkeit in Alteuropa war das unabdingbare Gegenteil zum »Staat« des Absolutismus. Deshalb verwundert es auch nicht sonderlich, daß das Symbol des Teutschen Friedens von 1648, der bis zum »Erbkaiser« Napoleon das rechtliche Gleichgewicht in Europa ausgemacht hat (1806), weniger die Taube war als jene Institution, die auf besondere Weise bis heute das Treuhandwesen verkörpert, sofern es nicht von einer Diktatur mißbraucht wird – der reitende Bote der Post als Kurier des Vertrauens und des Friedens.

Dieser Beitrag entstand im Rahmen meiner Arbeit an der politischen Biographie zu »Axel Oxenstierna«; deshalb wird nur auf folgende Quellen und Literatur verwiesen: Axel Oxenstiernas Skrifter och Brevväxling, seit 1888, Reichsregistratur und Reichsratsprotokolle; T. Holm, Sveriges allmänna postväsen, Bd. 1, 1906; N. Forssell, Svenska postverkets historia, 2 Bde, 1936; E. Grape, Svensk posthistoria, 1941; ders., Postkontor och postmästare, 1951; G. Rennert, Die schwedische Post in Deutschland um 1632, in: Deutsche Postgeschichte 1938/I, S. 188–195; O. Sylwan, Svenska Pressens Historia till statshvälfningen 1772, 1896; K.-H. Kremer, Johann von den Birghden 1582–1645 des deutschen Kaisers und des schwedischen Königs Postmeister zu Frankfurt am Main, in: Archiv für deutsche Postgeschichte, 1984/1, S. 7–43.

Poststreit im Alten Reich
Konflikte zwischen Preußen und der Reichspost

Martin Dallmeier

Das lokale dynastische Botenwesen im Kurfürstentum Brandenburg und das überregionale, international ausgerichtete Reichspostwesen unter den Taxis und den Habsburgern hatten im 16. Jahrhundert völlig unterschiedliche Zielsetzungen; beide Einrichtungen standen sich zudem isoliert gegenüber. Erst der Ausbau der eigenen Postkurse zu einem linearen (Reichspost)[1] oder radialen (Landespost)[2] System von kommunikativen Verbindungen zu Beginn des 17. Jahrhunderts schuf erste Interessenschnittstellen und somit Konfliktherde.

Erste Begegnung am Niederrhein

Für das Kurfürstentum Brandenburg bot der sich anbahnende Erbfolgestreit um das niederrheinische Herzogtum Jülich-Kleve-Berg[3] Gelegenheit, sich am Unterlauf des Rheins, weitab von den Stammlanden, im Westen des Reiches territorial zu etablieren. Als letzter eines ehedem bedeutenden Geschlechts regierte dort seit 1592 der kinderlose, geistig umnachtete Herzog Johann Wilhelm. Schon zu seinen Lebzeiten versuchten seine vier mit mächtigen Reichsfürsten vermählten Schwestern das Erbe für ihre Nachkommen zu sichern. Territoriale Ansprüche meldeten Brandenburg, Pfalz-Neuburg und Kursachsen an. Johann Wilhelms ältere Schwester Marie Leonore, kinderlos verehelicht mit Herzog Albrecht von Preußen, übertrug ihren Erbanspruch auf ihren Schwiegersohn Johann Sigismund, den Kurfürsten von Brandenburg.

Mit Johann Wilhelms Tod am 9. Mai 1609 begann der politische, konfessionell beeinflußte Kampf um das Herzogtum. Trotz des Eingreifens des Kaisers zugunsten Kursachsens und militärischer Interventionen der beiden konfessionellen Parteien, der Liga und der Union und ihrer ausländischen Verbündeten, wurde auf Vermittlung Englands und Frankreichs das Erbe im Vertrag von Xanten (12. November 1614) geteilt: Pfalzgraf Wolfgang Wilhelm aus der katholischen Neuburger Linie des Hauses Wittelsbach erhielt Jülich-Berg, der protestantische Kurfürst Johann Sigismund das Herzogtum Kleve mit der Grafschaft Mark und Ravensberg, einschließlich der Herrschaft Ravenstein.

Die taxissche kaiserliche Reichspost hatte sich im 16. Jahrhundert auf die deutsche Poststraße, den Hauptpostkurs zwischen Innsbruck und Brüssel durch den Südwesten des Reiches, längs des Rheins, über den Hunsrück und die Eifel in den luxemburgisch-flandrischen Raum beschränkt; dazu kamen Postverbindungen von Rheinhausen bei Speyer durch den Odenwald nach Frankfurt und von Wöllstein bei Alzey links des Rheins nach Köln.

Eine neue Phase der Ausgestaltung des kaiserlichen Postwesens, der Anlage neuer Postkurse auf Reichsgebiet, begann mit der Erhebung des Reichspostmeisteramtes zu einem Reichslehen unter Generalpostmeister Lamoral von Taxis. Mit Billigung des Mainzer Kurfürsten[4], der als Reichserzkanzler oberster ***protector postarum*** war, belehnte Kaiser Matthias am 20. Juli 1615[5] den Freiherrn Lamoral von Taxis und dessen männliche Erben mit dem Reichspostgeneralat. Obwohl die Verpflichtung im Lehenrevers[6] u. a. nur darin bestand, einen neuen Postkurs von Köln über Frankfurt und Nürnberg bis zur böhmischen Grenze – als schnelle Verbindung zur Prager Residenz des Kaisers – anzulegen, brachte dieser endgültige Wandel zur taxisschen Reichspost neue private Investitionen und Pläne zur Erweiterung des Kursnetzes. Zentrum der Aktivitäten war das Oberpostamt Frankfurt mit dem ehrgeizigen und tatkräftigen Postmeister Johann von den Birghden.[7] Dieser stellte im Auftrag des Generalpostmeisters zum einen die Verbindung über Fulda und Erfurt zum kursächsischen Botenmeister Johann Sieber in Leipzig her, den er auf Taxis und die Reichspost verpflichtete, zum anderen verlängerte er gegen den Widerstand etlicher Reichsstände den Postkurs Frankfurt–Köln über Nienburg, Verden und Rotenburg a.d. Wümme bis Hamburg.

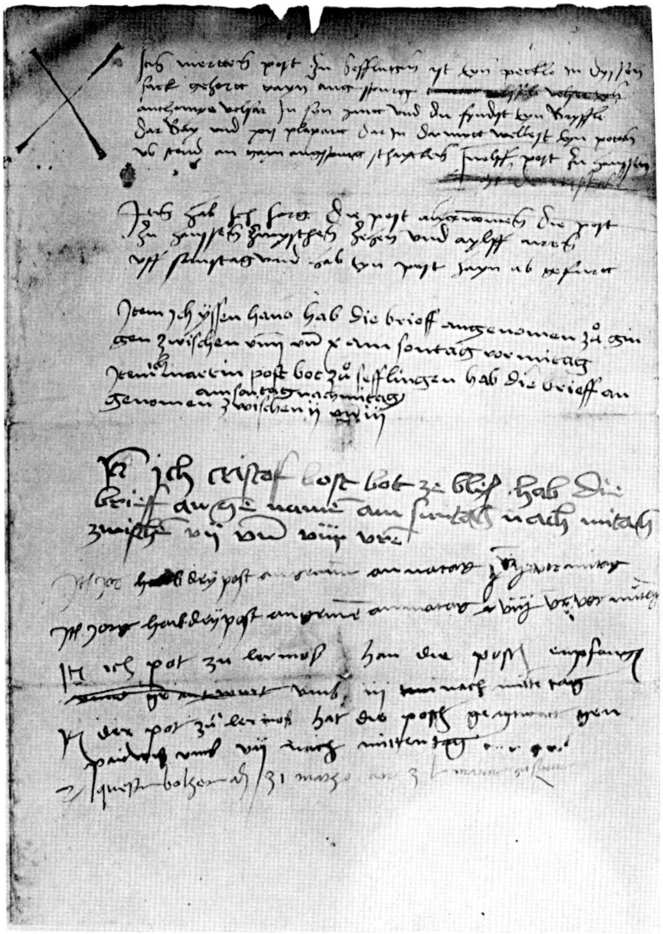

Einträge in den Poststundenpaß für eine Sendung von Mecheln zum Hofe Maximilians in Wiener Neustadt, 1506

Brandenburgische Briefe aus der Mark und dem Osten an den Niederrhein wurden zunächst noch auf einer nördlichen Route nach Hamburg befördert, da der Herzog von Braunschweig-Lüneburg den Durchritt der brandenburgischen Boten nicht dulden wollte. Den Weitertransport übernahmen die Hamburger Stadtboten[8] bis Amsterdam, wo die amtlichen (und privaten) Korrespondenzen den Kanzleiboten der brandenburgischen Regierung zu Kleve ausgehändigt wurden.

Am Vorabend des Dreißigjährigen Krieges (1618–1648) berührten sich somit die Kurse der brandenburgischen Botenpost und der Reichspost zwischen Hamburg, Köln und Kleve.

Die militärischen Operationen des Dreißigjährigen Krieges behinderten in starkem Maße sowohl den Kommunikationsfluß als auch den kontinuierlichen Ausbau der Postkurse. Die Reichspost versuchte zunächst, mit den militärischen Erfolgen Tillys und Wallensteins nach dem Sieg über Christian IV. von Dänemark (1626 Schlacht bei Lutter) Schritt zu halten und das von den Kaiserlichen besetzte Jütland, Mecklenburg und Pommern ebenso postalisch zu erschließen wie das von den protestantischen Truppen geräumte Gebiet zwischen Westfalen und der Elbe im Niedersächsischen Kreis. Mit dem Vordringen schwedischer Truppen nach Süddeutschland im Frühjahr 1632 veränderte sich jedoch die Lage der Reichspost dramatisch. Schweden richtete in den von ihm und seinen Verbündeten kontrollierten Reichsgebieten eine eigene schwedische Post in Deutschland ein, an deren Spitze der ehemalige Frankfurter Reichspostmeister Birghden stand und dem schwedische Postmeister zu Hamburg, Leipzig, Augsburg, Nürnberg und Straßburg verpflichtet waren.[9] Den drohenden Zusammenbruch der Reichspost, die nur noch auf einige Territorien im Süden und Westen des Reiches beschränkt war, verhinderte erst die schwedische Niederlage bei Nördlingen (1634).

Neue Anforderungen an die Leistungskraft der Reichspost und der brandenburgischen Botenpost stellten die 1643 zu Münster und Osnabrück beginnenden allgemeinen Friedensverhandlungen.[10] Der 1616 etablierte Reichspost-

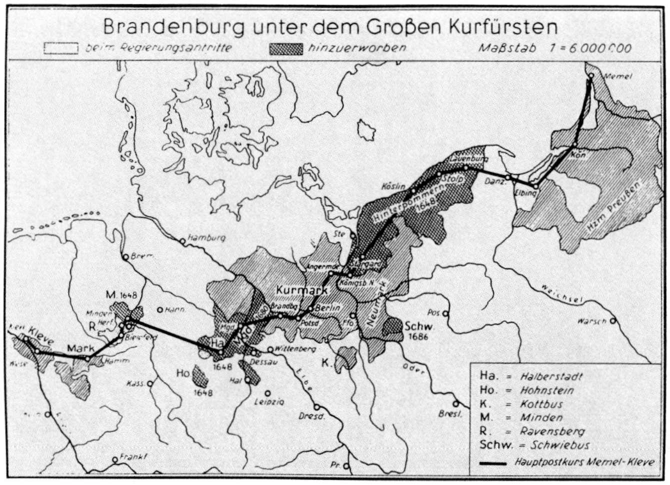

Der erste brandenburgisch-preußische Postkurs Kleve–Berlin–Memel, um 1650

kurs von Köln über Unna–Lipperode–Detmold–Bückeburg–Nienburg nach Hamburg konnte zwar dafür noch nicht instandgesetzt werden, doch gelang es Gräfin Alexandrine von Taxis, die anstelle ihres minderjährigen Sohnes Lamoral Claudius Franz (geb. 1621) die Geschicke des Hauses und der Post in diesen schwierigen Jahren lenkte, über einen provisorischen Kurs Detmold–Osnabrück und eine reitende Post Münster–Hamm–Unna die Kongreßorte an das Reichspostnetz anzubinden. Diese zweimal wöchentliche Briefbeförderungsmöglichkeit ab Münster wurde aber nicht von allen Gesandten in Anspruch genommen. Vor allem die protestantischen Reichsstände und ihre ausländischen Verbündeten (Schweden, Dänemark, Generalstaaten) mißtrauten der Reichspost als verlängertem Arm des Kaisers und der katholischen Partei.

Die brandenburgische Postverbindung nach Kleve

Kurfürst Friedrich Wilhelm von Brandenburg (1640–1688) bediente sich deshalb bis 1645 weiterhin des alten Botenkurses über Hamburg und der Hamburger Stadtboten nach Amsterdam.[11] Im Juni dieses Jahres trug er seinem klevischen Landrentmeister Conrad Möller auf, die Korrespondenz auf Kleve nicht mehr über Amsterdam, sondern ab Lingen direkt durch die Kanzleiboten über Emmerich nach Kleve bringen zu lassen. Als jedoch in Emmerich die Privatbriefe der Beamten und Hofdiener geöffnet und unterschlagen wurden, kehrte man notgedrungen auf den alten Kurs über Amsterdam zurück.[12] Damit konnte aber die Verbindung Brandenburgs zu seinen Gesandten auf dem Westfälischen Friedenskongreß nicht gelöst werden; denn der Umweg über Amsterdam und Kleve hätte zu politisch und diplomatisch unvertretbaren Verzögerungen führen müssen. In dieser Situation unternahm man einen neuen Vorstoß, von Braunschweig-Lüneburg die direkte Passage für die brandenburgischen Boten zu erreichen. Der Erfolg der nach Celle abgeordneten brandenburgischen Geheimen Räte Loeben und Fritze war nur partiell. Der Herzog konnte sich allein zu der Konzession durchringen, die Mitbenützung der eigenen Posten zwischen Celle und Osnabrück zu gestatten; von dort mußte wieder die Reichspost nach Münster beansprucht werden.

Glorwürdiger Adler,
Das ist:
Gründliche Vorstellung
und Unterscheidung
Derer
Kayserl. Reservaten und Hochheiten,
Von der
Reichs-Ständen Lands-Fürstlicher Obrigkeit,
Absonderlich aber von dem
J. K. Majestät reservirten Post-Regal
im gantzen Römischen Reich, und allen dessen
Provintzien teutscher Nation,
Aus denen gemeinen Rechten, Reichs-Abschieden,
Actis Publicis, Friedens-Tractaten, und Schlüssen, Wahl-Capitulationen, Kayserlichen, auch Chur- und Fürstlichen Mandatis & Edictis klärlich ausgeführt und bewiesen.
Deme hinzugesetzt
LUDOVICUS ab HORNICK de Reservato Cæsareæ Majestati Postarum Regali & Imperiali Jure vindicatus,
Et de
Malè prætenso à Principibus quibusdam ac pejus defenso à Licentiato EMERANO ACKOLT Provincialium Postarum Jure triumphans.
Auctore
Cæsareo Turriano.
Gedruckt im Jahr 1694.

Turrianus vertrat im Poststreit die Partei des Kaisers – die Post als Reichsregal

Während eines Aufenthaltes des Kurfürsten in Kleve im Oktober 1646 dürfte die Reichspost auch die brandenburgischen Briefschaften nach Münster und Osnabrück befördert haben; zumindest ist für dieses Jahr ein temporärer Reitkurs von Kleve über Xanten, Lembeck und Dülmen nach Münster bzw. über Lengerich nach Osnabrück erwähnt, den der kurbrandenburgische Boten- und kaiserliche Reichspostmeister zu Kleve Georg Osten anlegte.[13] Dieser Kurs wurde jedoch bereits im Januar 1647 wegen der hohen Kosten von monatlich 200 Reichstalern aufgehoben.

Der Westfälische Friede (1648) hatte den Reichsständen die langersehnte größere Unabhängigkeit von der kaiserlichen Reichsgewalt gebracht. Der Konflikt zwischen Zentralismus und Föderalismus, zwischen dem Einheitsgedanken des Reiches und den Partikularinteressen der Reichsstände war damit aber nicht gelöst, sondern nur auf eine neue Stufe gestellt worden. Zwar gelang es den Reichsständen nicht, das 1597 als Reichsregal beanspruchte Beförderungsmonopol der Reichspost im Friedensinstrument selbst zu beseitigen, lediglich die Auswüchse, die *immoderata postarum onera*, sollten abgestellt werden.[14] Darunter verstand jede beteiligte Partei etwas anderes, meistens jedoch die übermäßigen Portosätze der Briefbeförderung bei der taxisschen Post.

Friedrich Wilhelm, der Große Kurfürst, Kurfürst von Brandenburg 1640 bis 1688; Gemälde von Abraham Romandon, 1687

Kaiserliche Reichspost oder eigene Staatspost in Brandenburg

Auf der Grundlage dieses neuen landesherrlichen Selbstbewußtseins entwickelte sich unter Kurfürst Friedrich Wilhelm eine »eigenständige Postpolitik Brandenburg-Preußens, das den Ansprüchen der Reichspost bisher eher undifferenziert und pragmatisch« gegenübergestanden hatte. Während eines Aufenthaltes des Kurfürsten in Kleve hatte der Reichspostmeister Goswin Dulken im benachbarten Ruremonde diesen wissen lassen, daß der Reichsgeneralpostmeister Graf Taxis »kraft tragenden Amtes« zum allgemeinen Nutzen und Besten des Kurfürstentums Brandenburg Posten von der Residenzstadt Cölln a.d. Spree auf Osnabrück, Münster und Kleve anlegen lassen wolle.[15] In einem Schreiben vom 2. Februar 1647[16] an den Grafen von Taxis stellte Kurfürst Friedrich Wilhelm die Annahme des Angebotes – zugleich auch die Verlängerung des Kurses bis nach Danzig zur Förderung des Handels – in Aussicht, jedoch unter der Bedingung, daß die herrschaftliche Korrespondenz der Kanzleien zu Berlin, Küstrin und Kleve unentgeltlich befördert, die in brandenburgischen Diensten stehenden Hofdiener gegen gebührliche Bezahlung übernommen und der dem Schreiben beigefügte Revers vom Grafen unterzeichnet werden würde.

Unentgeltliche Beförderung der amtlichen Schreiben des Landesherrn und seiner Behörden sowie die Übernahme der im Land ansässigen Personen zum Postdienst wurden der Reichspost schon bisher als Gegenleistung für die Anlage von Postkursen im jeweiligen Territorium abgefordert. Was den endgültigen Einzug der Reichspost in Brandenburg schließlich scheitern lassen mußte, war der verlangte Revers: »Für die Errichtung einer Post durch das Kurfürstentum und die Mark Brandenburg auf Danzig zur Beförderung der nieder- und ausländischen Briefe« ›reversire und verpflichte ich mich‹ »gegen den Kurfürsten« ›daß Deroselben dieseswegen Dero hohen Regale, die Post selbst anzuordnen, zu keiner Konsequenz oder Präjudiz gereichen solle...‹.[17]

Damit hätte der Graf von Taxis de facto ein landesherrliches Postregal anerkannt und den Anspruch des Kaisers auf das Reichspostregal als Reservatrecht und den damit verbundenen Monopolanspruch der Reichspost bei der Anlage von Postkursen im Reich negiert. Derartige Zugeständnisse hätten für künftige Postverhandlungen mit an-

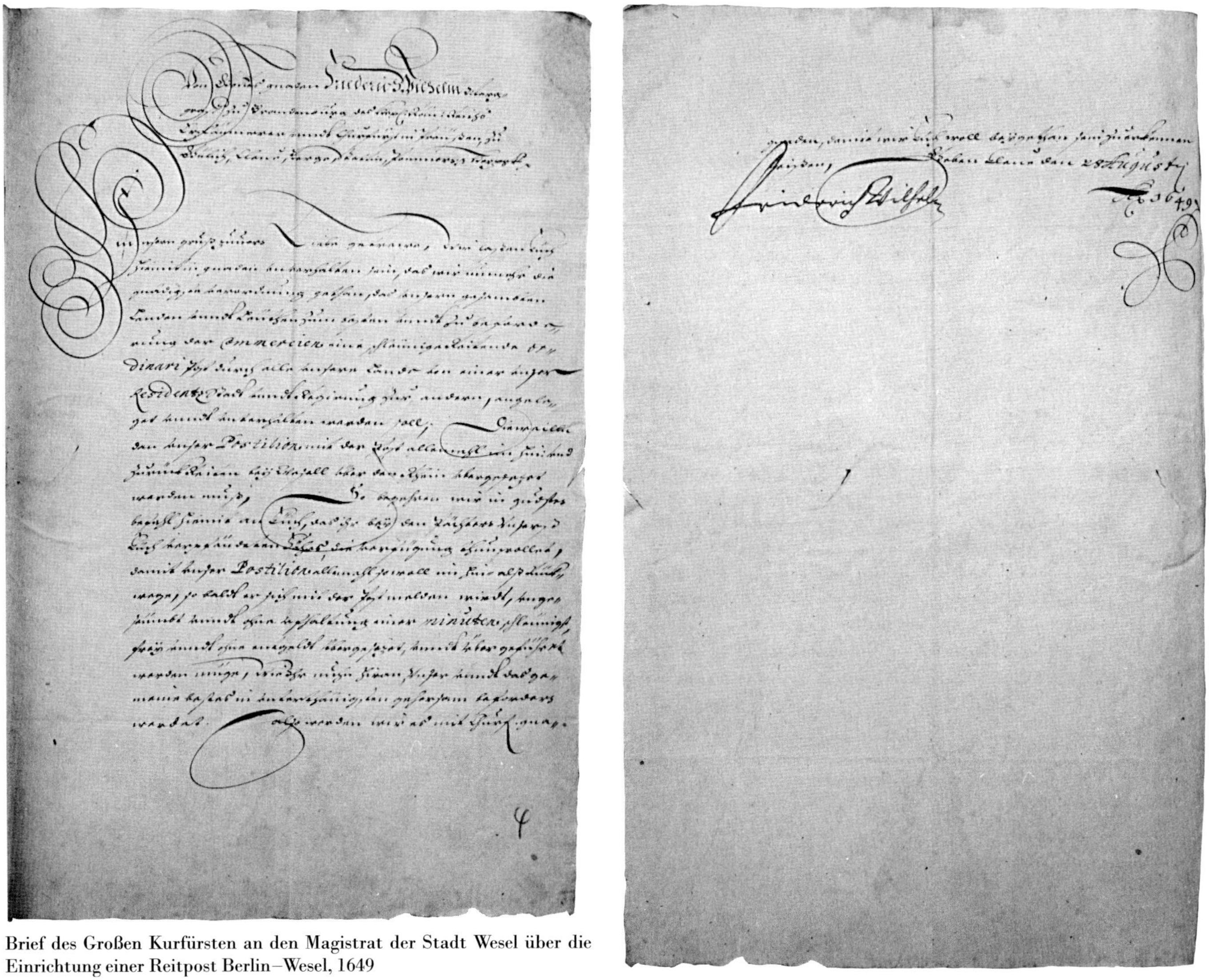

Brief des Großen Kurfürsten an den Magistrat der Stadt Wesel über die Einrichtung einer Reitpost Berlin–Wesel, 1649

deren Reichsständen verheerende Auswirkungen haben müssen.

Als der Reichsgeneralpostmeister Lamoral Claudius Franz von Thurn und Taxis (1646–1676) die Unterzeichnung des Reverses ablehnte, beauftragte der Kurfürst seinen Postmeister Martin Neumann[18] aus Königsberg mit dem Aufbau einer eigenen Landespost. Der fast gleichzeitige Anfall der Bistümer Halberstadt und Minden, des Erzstiftes Magdeburg und des Herzogtums Hinterpommern im Westfälischen Frieden an Brandenburg erleichterte die territoriale und postalische Verbindung zwischen den Kanzleien der Teilterritorien untereinander und mit der Residenz Berlin. Man war nicht mehr auf die Duldung anderer Landesherren angewiesen. Die weiterhin als Hofpost bezeichneten Landesposten sollten nach den Vorstellungen des Großen Kurfürsten den Handelsstand fördern, aber auch die Verwaltung des aufstrebenden Kurfürstentums erleichtern, straffen und überwachen.[19]

Der Reichsgeneralpostmeister versuchte zunächst durch Verhandlungen in Berlin diesen Schritt des Kurfürsten abzuwenden. Unterstützend wies ein Mandat[20] Kaiser Ferdinands III. die Reichsstände an, der Reichspost nach den langwierigen Kriegsläufen überall im Reich, besonders aber im ober- und niedersächsischen, niederländischen und westfälischen Kreis, die Anlage von Posten und die freie Besetzung mit Posthaltern in ihren Territorien zu gestatten sowie die Privilegien und Exemptionen der Posten nicht zu beeinträchtigen. Wenn Brandenburg darin nicht namentlich angesprochen war, muß man berücksichtigen, daß die kaiserlichen Mittel zur Durchsetzung des Reichspostregals schon dadurch beschränkt waren, weil sich Berlin in Hinblick auf die zu erwartenden Spannungen mit Schweden politisch dem kaiserlichen Lager angenähert hatte.[21]

Um 1650 hatte sich im Norden des Reiches mit Brandenburg, Braunschweig und Sachsen eine Koalition gegen die Reichspost gebildet. Ging der Widerstand früher von den welfischen Fürstentümern aus, so gewann er jetzt durch das entschlossene Auftreten Friedrich Wilhelms eine neue Dimension. Taxis und der kaiserliche Hof waren vom Vorgehen so überrascht, daß weder politische noch reichsrechtliche Schritte ergriffen wurden, um den Ausbau dieser Posteinrichtungen zu verhindern.

Der erste Stoß dieser »Anti-Taxis-Koalition« richtete sich gegen die Hamburger Stadtboten[22], die man noch ein knappes Jahrzehnt zuvor dringend benötigt hatte, um die postalische Anbindung zu den eigenen Besitzungen am Niederrhein herstellen zu können. Ein zunächst in Kooperation mit dem Hamburger Magistrat und dessen Stadtpostmeister von Hamburg aus über Berlin nach Danzig eingerichteter Postkurs, der die Beförderungszeit der Briefe um einen Tag reduzierte, löste wegen der brandenburgischen Portoforderung einen Konflikt zwischen der Landespost und den städtischen Botenanstalten zu Hamburg und Danzig aus. Schließlich konnte sich die brandenburgische Post in Danzig festsetzen und den Einfluß der Hamburger Boten auf den wichtigen Botenkurs von Amsterdam entlang der Küste und über die Hansestädte nach Königsberg stark beschneiden.

Der Tod Kaiser Ferdinands III. (1658) und die Wahl Erzherzog Leopolds zu seinem Nachfolger hatte bei der Formulierung der Wahlkapitulation die Frage des Postregals, ob reichs- oder landesherrlich, wieder in den Blickpunkt gerückt.[23] Kurfürst Friedrich Wilhelm gab dazu die Erklärung ab, daß in die neue Wahlkapitulation kein dem Landespostwesen nachteiliger Artikel aufgenommen werden dürfte und er in seinen Territorien nur das eigene Postwesen zu dulden gewillt wäre. Trotzdem verpflichtete sich Kaiser Leopold I. in Artikel 35 der Wahlkapitulation zum Schutze und zur Förderung der Reichspost; der Wunsch Brandenburgs blieb unberücksichtigt.

Unterdessen wuchs der Widerstand der Reichsstände gegen die Reichspost in ihren Territorien. Hessen-Kassel, das bisher taxissche Postmeister geduldet hatte, ergriff Partei für den von Braunschweig-Lüneburg unterstützten Hildesheimer Postmeister Rütger Hinüber und suchte die Aufhebung der Reichspost durchzusetzten.[24] Lamoral Claudius Franz vermutete sogar, wie er gegenüber dem Kaiser in einem Schreiben zu Beginn des Jahres 1659 andeutete, eine abgesprochene Aktion der norddeutschen Reichstände mit dem Ziel, die Reichspost auf das südliche und westliche Reichsgebiet zu beschränken. Nach unbestätigten Berichten hätten Hessen-Kassel, Braunschweig-Lüneburg, Brandenburg und Schweden sich in Hildesheim zu einer Konferenz über ihr Vorgehen gegen die Reichspost getroffen.

Die Hauptauseinandersetzung fand in der Folgezeit zwischen Braunschweig-Lüneburg und der Reichspost statt. Brandenburg hielt sich im Hintergrund, obwohl am kaiserlichen Hof der Verdacht bestand, es wolle durch das Zusammengehen seiner Postanstalt mit jenen der drei welfischen Herzogtümer die unbeschränkte Posthoheit im Norden und Osten des Reiches erlangen.

Reichspostgeneralat und Kaiser standen nur wenig reichsrechtliche Mittel zur Verfügung, das Vorgehen dieser

Graf Lamoral Claudius Franz von Thurn und Taxis (1621–1676), Reichsgeneralpostmeister; Silberstiftzeichnung von Nicolaus Vanderhorst, 1647

mächtigen Reichsstände gegen die Reichspost einzudämmen. Die taxissche Post versuchte mit wechselndem Erfolg, im Rücken der Territorien, vor allem in den Hansestädten Bremen und Hamburg, ihren Einfluß zu festigen, stieß dabei aber naturgemäß auf den Widerstand der dortigen städtischen Botenanstalten. Wien setzte hingegen auf einen politisch-postalischen Ausgleich mit Berlin.[25]

Der kaiserliche Gesandte in Berlin, Graf Strozzi, sollte nochmals gegen die brandenburgischen Pläne auftreten und den Kurfürsten zum Einlenken bewegen. Dessen Antwort fiel äußerst schroff aus: Die Aufgabe des eigenen Landpostwesens lehnte er entschieden ab. Als der Reichsgeneralpostmeister daraufhin vor dem Reichshofrat gegen die Vorstöße der Reichsstände Klage erhob und ein kaiserliches Postpatent die oppositionellen Postanstalten zur Einhaltung der Rechte des kaiserlichen Postregals anhalten sollte, ließ der Kurfürst von Brandenburg in einer geharnischten Replik an den Kaiser seinen Standpunkt darlegen: Er sei nicht geneigt, sich mit dem Grafen Taxis über seine landesfürstliche Hoheit und die von Reichs wegen zu Lehen tragenden Regalien einzulassen. Nach einer kurzen Darlegung der Entwicklung des Postwesens mit dem gezielten Hinweis, daß der Kaiser selbst bei der Belehnung des Grafen von Taxis mit dem Reichspostgeneralat das erbländische Post- und Hofpostamt ausgenommen hätte, verbat er sich jede weitere Intervention und »höchst strafbare injuriose Schriften« des Reichsgeneralpostmeisters.[26]

Der Kaiser resignierte daraufhin in seinem Kampf gegen das brandenburgische Postwesen. Im Schreiben vom 12. Juli 1660 ersuchte er den Kurfürsten nur noch, denjenigen Ständen, die vor Kurbrandenburg die taxissche Reichspost in ihren Territorien aufgenommen hätten, nicht durch sein Landpostwesen zum Nachteil der Reichspost die Hand zu bieten.[27]

Nachdem der kaiserliche Reichshofrat ein Gutachten zur Frage der Landesposten erstattet hatte, setzte sich in Wien die Einsicht durch, daß das Reichspostmonopol aufgrund der realen Machtverhältnisse im Reich nicht mit Zwang durchgesetzt werden könne, zudem die Lösung der unmittelbaren postalischen Fragen nur erschwert werden würde. Eine kaiserliche Kommission sollte die Kontakte für Verhandlungen in der Postfrage vorbereiten. Kommissar in dieser Angelegenheit war Feldmarschall Jost Maximilian von Gronsfeld, der zugleich bei den Reichsständen die Türkenhilfe abfordern sollte. Die Verknüpfung beider Fragen wirkte sich jedoch eher nachteilig auf den gesamten Auftrag aus.[28]

Sowohl Gronsfeld als auch der Reichshofrat mußten schließlich eingestehen, daß weitere Aktionen zur Auflösung der norddeutschen Postkoalition zwecklos seien; denn Brandenburg plädierte auf dem zu Lüneburg zusammengetretenen Kreistag gegenüber den Mitgliedern des niedersächsischen Kreises für ein gemeinsames Vorgehen gegen den Grafen von Taxis und die Reichspost. Dieser von Braunschweig, Lübeck und Mecklenburg unterstützte Vorschlag fand die Zustimmung und wurde in den Kreisabschied vom 17. Juni 1662 aufgenommen. Brandenburg war es somit gelungen, die norddeutschen Reichsstände zu einer geschlossenen Front gegen die Reichspost zu einigen. Fast von selbst fiel ihm die Führung der oppositionellen Landespostanstalten zu.

Der Kurfürst ließ es zunächst beim Lüneburger Kreistagserfolg bewenden. Als Brandenburg in Vorbereitung auf den Reichstag 1664 neuerlich die prinzipielle Erörterung der Postfrage auf die Tagesordnung setzen wollte, konnten der kaiserliche und kurmainzische Gesandte den Kurfürsten nur unter der Versicherung davon abbringen, es würden ihm mit schriftlicher Zusicherung des Kaisers und Erzkanzlers bei der Einrichtung seines Postwesens nicht im geringsten Einschränkungen gemacht werden. Somit war 1666 durch den kaiserlichen Gesandten zu Berlin dem Kurfürsten de facto die Anerkennung seines Landpostwesens ausgesprochen worden. Brandenburg hatte das Ziel seiner Postpolitik seit der Einführung der staatlichen Post erreicht. Es verlor damit sein Interesse am weiteren Kampf der norddeutschen Reichsstände gegen die Reichspost und griff bis zu den Verhandlungen über die Wahlkapitulation Josephs I. (1690) nicht mehr aktiv in die Poststreitigkeiten ein.

Der Postbetrieb gegen die Generalstaaten

Die vom Kaiser ausgesprochene Anerkennung des brandenburgischen Postwesens verringerte seit 1680 die Konfliktpunkte mit der Reichspost beträchtlich. Die bisherige Konfrontationsstrategie wich allmählich der Einsicht, zumindest auf lokaler Ebene die Interessen auszugleichen und künftig auf den gemeinsamen postalischen Vorteil zu blikken.

Ansatzpunkte bildeten die Postverhältnisse am Niederrhein, wo sich die taxisschen Postkurse Köln–Holland und Wesel–Münster–Hamburg mit dem brandenburgischen Kurs Berlin–Kleve im Verkehrszentrum Wesel trafen.[29]

Die Reichspost hatte noch vor Ende des Dreißigjährigen Krieges versucht, ihre Postverbindungen in die Generalstaaten zu aktivieren. Von Ruremonde an der Maas aus hatte Postmeister Goswin Dulken zunächst den Briefverkehr mit Maastricht, Aachen und 'S-Hertogenbosch (1641) eingerichtet und mit den städtischen Boten des Kölner Postkontors zu Amsterdam den Austausch der Briefe zwischen Italien, dem Reich und Amsterdam auf einer Route über Nymwegen vereinbart (1643)[30]; gleichzeitig wurde das am Kurs liegende Postamt Utrecht in den Korrespondenzaustausch einbezogen.[31]

Nach dem Ausscheiden der Generalstaaten aus dem Reichsverband 1648 verknüpfte Dulken mit Genehmigung seines Prinzipalen, des Reichsgeneralpostmeisters, weitere lokale Postanstalten der holländischen Provinzen, so zu Den Haag, Nymwegen, Arnheim und Dordrecht, mit der Reichspost, um den Briefffluß in den Süden und Westen des Reiches kontrollieren zu können.[32] Zur Erhöhung der Konkurrenzfähigkeit gegen die lokalen Boten und die brandenburgischen Vorstöße beschleunigte er gleichzeitig die Briefbeförderungszeiten auf dem Kurs von Holland über Münster nach Hamburg in den Kursabschnitten Ruremonde–Wesel und Wesel–Kleve.

In diesem dichtgesponnenen Netz von lokalen und überregionalen Postverbindungen der Reichspost mit den städtischen Postanstalten in den Generalstaaten trat nach der

Auffahrt der Reichstagsgesandten vor dem Regensburger Rathaus, 1732; Kupferstich von Andreas Geyer endgültigen Etablierung des Kurses Berlin–Kleve Brandenburg als zusätzlicher Konkurrent auf, da es wegen der Bedeutung des Handels mit den wirtschaftlich potenten niederländischen Städten die direkte Verlängerung seines Kurses bis Amsterdam wünschte.[33] Eine Schlüsselstellung kam dabei dem Postmeisteramt der Provinz Gelderland unter Postmeister Nikolaus Fagel in Nymwegen zu. Dies hatte auch die Reichspost erkannt und am 27. Mai 1675 zu Den Haag mit Fagel einen Vertrag geschlossen, der vorsah, Briefe aus Ruremonde und Kleve für Holland zweimal wöchentlich nach Nymwegen zu transportieren, von wo Fagel die Weiterbeförderung nach Utrecht und Amsterdam gegen jährlich 1500 Gulden zukam; ähnliches galt für die Retourbriefe aus Amsterdam. Das Porto für die Korrespondenz in die Provinz Gelderland sollte nach Abzug eines halben Stübers Bestellgeld halbiert werden.[34]

Brandenburg suchte nun seinerseits, Fagel in seine Dienste zu nehmen. Eine Vereinbarung von 1688 sah vor, daß dieser gegen jährlich 4000 holländische Gulden Vergütung das brandenburgische Felleisen aus Wesel von Nymwegen nach Utrecht befördern lassen sollte. Diese im Gegensatz zur Abmachung mit der Reichspost hohe Entschädigungssumme für Fagel hatte ihre Ursache in der geheimen Zusatzabsprache, daß er in Amsterdam künftig alle Korrespondenz nach Nord- und Mitteldeutschland den brandenburgischen Posten zuspielen sollte. Die dazu nötige Anstellung eines brandenburgischen Postfaktors zu Amsterdam scheiterte aber am Widerstand des Magistrates, so daß Kurfürst Friedrich III. die Zahlungen zu Jahresbeginn 1692 einstellte.[35]

Erste Annäherungen der Postanstalten

In diese Situation fiel die erste Vereinbarung zwischen der Reichspost und der brandenburgischen Postdirektion über die Koordinierung des Postbetriebes gegen die Generalstaaten. Schon 1687 hatte der Postmeister und Kanoniker Johann de Bors, Nachfolger Dulkens in Ruremonde, mit dem brandenburgischen Geheimen Sekretär Johann Friedrich Matthias eine Vereinbarung über den gegenseitigen Briefaustausch zwischen den Postämtern Ruremonde und Wesel bzw. Kleve projektiert[36]; dies betraf jedoch nur die direkte Korrespondenz aus Brabant, Lüttich, Aachen und dem spanischen Gelderland sowie die italienischen, deutschen und Kölner Briefe für die Grafschaft Kleve als Bestimmungsland. Schwerpunkt war dabei die Frankierungsfrage und die Vorschußportoabrechnung. Der holländische Briefverkehr blieb im Vertragsprojekt ausgeklammert. Dieses Problem und andere inzwischen entstandene Differenzen sollte der am 13./23. November 1690 zu Kleve zwischen den Vertretern Friedrichs III. von Brandenburg und des Fürsten Eugen Alexander von Thurn und Taxis (1676–1714) geschlossene Vergleich bereinigen.[37] Die Präambel sah vor, daß künftig zwischen beiden Postanstalten überall »aufrichtiges vertrawen und einigkeit« gepflogen werden sollte.

Fürst Eugen Alexander von Thurn und Taxis (1652–1714), Reichsgeneralpostmeister; Kupferstich von Richard Collin, 1682

Erstmals einigte man sich über den gemeinsamen Briefvertrieb auf bestimmten Kursabschnitten: die Briefe der südholländischen Postkontors nach Hamburg, Lübeck, Dänemark und Schweden sollten künftig bei Ankunft mit der Nachtpost in Utrecht vom kurfürstlichen Postdirektorium nach Wesel befördert werden, von wo die kaiserliche sogenannte Antwerpische Post die Weiterbeförderung über Münster nach Hamburg übernahm. Dieselbe Beförderungsvereinbarung galt für die Retoursendungen aus Hamburg. Bis ins Detail wurde dabei die Portoverrechnung und die Behandlung unzustellbarer Briefe geregelt.

Ferner verpflichtete sich Brandenburg, die von Kleve nach Köln am Rhein neu angelegte Post für seine während des Pfälzischen Erbfolgekrieges dort einquartierten Truppen nach einem Friedensschluß (mit Frankreich) wieder aufzuheben. Die Briefe zwischen den kurfürstlichen Landen und Frankreich sollten nach Wiederaufnahme der Korrespondenzmöglichkeit über das Reichspostamt Ruremonde laufen.

Brandenburg-Sachsen-Reichspost – ein Spiel der Koalitionen

Diese erste Vereinbarung zwischen Brandenburg und der Reichspost bei der Briefbeförderung in die Generalstaaten konnte die übrigen strittigen Punkte jedoch nicht überdekken oder gar bereinigen. Kursachsen[38] hatte nach dem Dreißigjährigen Krieg in starker Anlehnung an Brandenburg den ehemals in Leipzig etablierten Reichspostmeister gegen den Widerstand der Reichspost unter die Landeshoheit gedrückt und im Zusammenspiel mit Berlin ein eigenes Landpostwesen eingerichtet. Dies ließ u.a. ein brandenburgisches Postamt in Leipzig und einen Postkurs Leipzig–Berlin zu.

Nach dem Tod des Administrators des Erzbistums Halle und dem damit verbundenen Gewinn der magdeburgischen Lande 1681 konnte Brandenburg einen lange gehegten Plan in Angriff nehmen. Unter Benützung bestehender Kurse sollte eine neue Postroute zwischen Leipzig, Halle, Magdeburg und Hamburg eingerichtet werden, durch die Korrespondenzen in den Nordwesten des Reiches vom Reichspostkurs Nürnberg–Köln bzw. vom sächsisch-taxisschen Kurs Leipzig–Quedlinburg–Hamburg abgezogen hätten werden können.[39] Neben der Reichspost, deren Gegenmittel jedoch beschränkt waren, attackierten die Leipziger Stadtboten diesen neuen Kurs, der ihnen ihre Botenritte nach Halle und Magdeburg zu verwehren drohte.

Der nach dem Tode des eher brandenburgfreundlichen sächsischen Postmeisters Mühlbach[40] 1681 in das sächsische Postmeisteramt berufene Akzisenrat Egger nahm gegen dieses Postprojekt eine distanziertere Haltung ein. Durch die bewußte Verzögerung der mit der brandenburgischen Post in Leipzig ankommenden Briefe aus Hamburg, durch die Schikanierung der Reisenden und Zollvisitationen der Postwagenwaren suchte er das Projekt zu Fall zu bringen. Gegenrepressalien Berlins gegen sächsische Postillione, die zwischen Quedlinburg und Braunschweig brandenburgisches Territorium durchqueren mußten, trugen ebenfalls nicht zur Entspannung der Situation bei.

Am Ende des 17. Jahrhunderts überwogen somit die Differenzen über den gemeinsamen Postbetrieb die früheren postpolitischen Gemeinsamkeiten Kursachsens mit Brandenburg gegen die Reichspost. Ein Vergleich nach dem Tode Eggers 1684 konnte nur vorübergehend die Lage beruhigen. Man einigte sich, sowohl den brandenburgischen Fahrpostkurs Hamburg–Halle–Leipzig als auch den kombiniert taxissch-sächsischen Reitpostkurs Leipzig–Quedlinburg beizubehalten. Als jedoch das brandenburgische Postdirektorium daranging, eine Verbindung für die holländische und nordische Korrespondenz[41] in die kaiserlichen Erblande über Frankfurt/Oder und Breslau unter Ausschluß Kursachsens direkt herzustellen – alternativ wäre die alte Kommunikation Leipzig–Dresden–Prag in Frage gekommen –, näherte sich Kursachsen unter dem neuen Oberpostmeister Johann Jakob Käß d. Älteren zunächst noch vorsichtig der Reichspost wieder an. Ziel der kursächsischen Landespost war dabei, durch Vermittlung der Reichspost die gewinnträchtige Transitkorrespondenz aus den Generalstaaten in den ost- und nordosteuropäischen Raum an sich zu ziehen und Brandenburg davon auszuschließen. Ein neuer Postkurs über Bremen, Hamburg und Braunschweig nach Leipzig sollte dies ermöglichen; denn bisher mußte die Post aus Amsterdam über das brandenburgische Postamt in Hamburg laufen.

Verhandlungen zwischen dem kaiserlichen Postmeister zu Lübeck, Engelking, und J. J. Käß in den Jahren 1692/93 führten zur Errichtung der von Kursachsen, aber auch der Reichspost gewünschten Transitpostkurse von den Generalstaaten über Leipzig nach Danzig, Reval und Polen sowie über Schlesien in die habsburgischen Erblande unter Umgehung der brandenburgischen Postanstalt.[42] Die völlige Realisierung der bereits unterzeichneten Verträge scheiterte an der strittigen Portofrage.

Die neuen politischen Konstellationen, die sich aus der Wahl des sächsischen Kurfürsten Friedrich August als August II. zum König von Polen 1697 ergaben, wirkten sich stark auf die Entscheidungen der postpolitischen Fragen aus. Kursachsen war an Berlin als natürlichem Bundesgenossen gegen das mächtige Schweden, dem Erzrivalen Polens im Ostseeraum, stark interessiert. Der Verkauf Quedlinburgs, über das Sachsen seit 1685 die Schutzherrschaft ausgeübt hatte, an Brandenburg entsprach dieser Politik.[43] Damit konnte das dort für den Kurs Hamburg–Leipzig etablierte Reichspostamt endgültig von Brandenburg geschlossen werden.

Kursachsen, postalisch völlig von Brandenburg und der Reichspost eingeengt, baute nun notgedrungen auf einen Kompromiß mit Berlin. Eine kurze, vorübergehende Aussöhnung, dokumentiert in den kurbrandenburgisch-kursächsischen Postrezessen[44] vom 2. Dezember 1699 und 17. Januar 1700 ersetzte beim Postkurs Leipzig–Hamburg die Poststation Quedlinburg durch das brandenburgische Ritterode; zusätzlich übernahm Brandenburg einen Teil der Rittkosten für das Felleisen. Erleichtert wurde die Vereinbarung, weil gleichzeitig Spannungen mit der Reichspost über die Anlage kursächsischer Posten in der thüringischen Reichsstadt Mühlhausen und im benachbarten Langensalza auftraten. Brandenburg hatte wegen der ungeschickten sächsischen Postpolitik für kurze Zeit erreicht, daß die gesamte sächsische (und polnische) Korrespondenz nach Nordeuropa und dem Nordwesten des Reiches auf seine Postkurse gezogen werden konnte.

Am 15. Juni 1700 übertrug Friedrich III. von Brandenburg sein Landpostwesen, seit der Einrichtung der Staatspost 1652 dem Direktorium des Geheimen Rates unterstellt, aus finanziellen Erwägungen als Mannlehen an seinen Oberhauptmann der kurfürstlichen Schatullenämter, Graf Johann Kasimir Kolbe von Wartenberg. Durch die Krönung Friedrichs am 18. Januar 1701 zum ersten preußischen König war aus der kurfürstlich brandenburgischen die königlich preußische Landespost geworden.

Die Streitfragen Preußens mit Sachsen und der Reichspost blieben jedoch bestehen. Als Johann Jakob Käß der Ältere 1703 erneut das kursächsische Postwesen zur Pacht übertragen erhielt, bemühte er sich trotz der allgemeinen politischen Zwänge, mit dem Reichsgeneralpostmeister Fürst Eugen Alexander die anstehenden Differenzen zu beseitigen. Ein umfassendes Vertragswerk[45] bereinigte die strittigen Punkte einschließlich der Begleichung der Portonachforderungen. Nur die Regelung des künftigen Status des Postamtes Mühlhausen und des Betriebes auf dem Kurs von Erfurt über Langensalza, Mühlhausen und Wanfried nach Kassel und Braunschweig verzögerte sich bis 1706/07.[46]

Friedrich III., Kurfürst von Brandenburg 1688 bis 1713, König in Preußen 1701 bis 1713; Gemälde von Antoine Pesne

Auf dieser Vertragsbasis, die eindeutig zu Lasten Preußens gehen mußte, vollzog sich in den folgenden Jahrzehnten der Korrespondenzaustausch zwischen Reichspost und kursächsischer Landespost. Nur noch einmal, im Jahre 1714, nutzte Kursachsen den Konkurrenzkampf Reichspost–Preußische Post, um einen Vorteil daraus zu ziehen. Im Zusammenspiel mit der Landgrafschaft Hessen-Kassel, den Hochstiften Paderborn und Münster sollte ein alternativer mittlerer Ost-West-Transitkurs die holländische Korrespondenz nach Sachsen, Polen und Rußland aufnehmen. Dieses Projekt, geplant mit dem Reichsoberpostamt Pempelfort und gegen Preußen gerichtet, ließ sich jedoch nicht verwirklichen.[47]

Abgrenzung und Befriedung beider Postbezirke

Der Ausgleich zwischen den Interessen der Reichspost und Preußen, der sich bereits im Vertrag von Kleve 1690 für den Briefvertrieb gegen Holland abgezeichnet hatte, setzte sich auch am Niederrhein und in Westfalen fort. Gerade in diesen Territorien lagen Reichspostämter und preußische Postämter in unmittelbarer Nachbarschaft. Betroffen davon waren in erster Linie die preußischen Postämter Schwelm, Gevelsberg, Hamm und Wesel sowie das Reichsoberpostamt Köln.[48]

Ein am 23. Dezember 1712 zu Köln geschlossener, am 15. Mai 1713 durch das preußische Generalpostdirektorium ratifizierter Vergleich[49], der eine Verbesserung der Postverhältnisse in und um die preußische Grafschaft Mark bringen sollte, machte wiederum auf lokaler Ebene den Anfang. In §1 wurde zunächst der Bestand des Reichspostkurses von Köln durch Westfalen über Unna und Paderborn nach Niedersachsen und in das Hochstift Münster garantiert. Briefe aus Köln für die Grafschaft Mark bis in die Gegend von Hamm und Lünen sollten dem königlichen Grenzpostamt Schwelm in einem verschlossenen Amtspaket übergeben werden (§2). Der Posthalter zu Unna, der in Pflichten des kgl. Generalpostamtes stand, sollte zugleich die durchgehende Reichspost abfertigen sowie in der Stadt Unna die Briefe verteilen und sammeln (§4). Der Austausch der Briefpakete zwischen Köln und Schwelm, zwischen der Reichs- und preußischen Landespost, sollte durch die Posthalter zu Gevelsberg und Wermelskirchen geschehen (§5). In Dortmund wurde der kaiserliche Postverwalter Himmelreich schriftlich auf das königlich preußische Generalpostamt verpflichtet (§6).

Diese Postkombination zwischen dem Herzogtum Westfalen und der Grafschaft Mark, die ab 3. Januar 1713 ins Leben gerufen werden sollte, zog noch im selben Jahr eine weitere Vereinbarung zwischen zwei benachbarten Postämtern nach sich. Der kaiserliche Posthalter Adolph Pütz auf der Hochstraß und der preußische Postmeister Georg Krey im erst am 15. Mai 1713 in der Stadt Moers neu etablierten

Friedrich Wilhelm I., König in Preußen 1713 bis 1740; Gemälde von Antoine Pesne

preußischen Postamt verglichen sich über den gegenseitigen Austausch der Korrespondenz: Briefsammlung und Austeilung in Moers kam künftig allein dem preußischen Postpersonal zu, während Pütz für den Unterhalt des Boten zwischen Hochstraß und Moers einen halben Stüber pro gesammelten Brief zuerkannt erhielt, ausgenommen jene nach Wesel oder auf den Berliner Kurs; der Transport der Briefschaften in das preußische Krefeld wurde ebenfalls Pütz gegen jährlich 80 Reichstaler Vergütung übertragen.[50]

Nach diesen ersten Vereinbarungen zwischen der Reichspost und der preußischen Landespost seit dem Westfälischen Frieden war die allgemeine politische und postalische Lage im Reich allmählich soweit gediehen, daß eine pragmatische vertragliche Abgrenzung der beiderseitigen Interessen den reichsrechtlich ungelösten Konflikt über die Frage Postregal – Reichsregal oder Landesregal ablösen konnte.

Gründlicher Unterricht
Von dem aus
Landes-Fürstlicher Hoheit
Herspringenden
Post-Regal
Derer
Chur- und Fürsten des Heiligen
Römischen Reichs/
Kürtzlich fürgestellet/
Und
Herrn Ludolffs von Hornicks irrigen Meinungen entgegen gesetzet
Durch
Emeram Ackold/ J.U.L.

LIPSIÆ,
EX OFFICINA GROSSIANA.
ANNO M. DCCX.

Andreas Ockel, Gründlicher Unterricht, Ausgabe von 1710; Ockel war Parteigänger der Landesherren – die Post als Regal der Reichsfürsten

Ausschlaggebend war die gewünschte Durchsetzung gemeinschaftlicher Postprojekte gegen die Vorstöße kleinerer Postanstalten wie Hessen-Kassel oder Kursachsen.

So kam nach längeren Verhandlungen[51] am 22. Mai 1722 zu Wesel ein umfassender Postvertrag zustande, ein Freundschafts-, Nichtangriffs- und gegenseitiger Beistandspakt, wie ihn Kalmus in seinem 1937 erschienenen Buch Weltgeschichte der Post bezeichnete.[52] Die bilateralen Postverhältnisse sollten umfassend und dauerhaft geregelt werden.

Reichspost und preußische Post grenzten darin ihre Interessensphären ab und verständigten sich über die Einrichtung unmittelbarer Austauschpostämter und den Betrieb gemeinsamer Postkurse. Der seinem Vater Eugen Alexander als Reichsgeneralpostmeister gefolgte Fürst Anselm Franz (1714–1739) mußte darin zwar Preußen den gesamten Postbetrieb im nordöstlichen Reichsgebiet überlassen, konnte aber künftig seine Anstrengungen auf den Ausbau der Postkurse im Westen und Süden des Reiches konzentrieren. Der Weseler Vertrag bedeutete gleichsam den postalischen Friedensschluß zwischen Reichspost und preußischer Post bis zum Siebenjährigen Krieg (1756–1763). Im einzelnen sah er auf der Grundlage der 1690 zu Kleve getroffenen Vereinbarung vor: Das von Ruremonde nach Maaseik verlegte Reichspostamt sollte in einem direkten Paketschluß mit den kgl. Postämtern Wesel, Kleve und Emmerich wegen der Korrespondenz nach Frankreich, Spanien, Maastricht, Aachen, Lüttich und das Jülcher Land stehen, während von dort alle Briefe in die preußischen Lande, nach Halberstadt, Halle und Berlin, aber auch nach Hessen, Sachsen, Polen, Moskau und St. Petersburg übergeben werden sollten. Das Reichspostamt Maaseik übernahm künftig auf den Postkursabschnitten Ruremonde–Wesel und Wesel–Geldern–Straelen die unentgeltliche Beförderung der Postpakete. Hingegen würden die münsterschen Postpakete nach Holland vom kgl. Postamt Wesel transportiert.

Wichtig war ferner der Passus, daß künftig alle Briefe, die von einer der beiden Postanstalten nicht selbst bestellt werden könnten, dem Vertragspartner gegen Erstattung des Vorschußportos ausgehändigt werden sollten; speziell sollten die preußischen Postämter im Westfälischen (Lippstadt) alle Briefe nach Frankfurt, Nürnberg, ins Reich, die Schweiz und nach Italien dem Reichspostamt Paderborn zusenden.

In Bremen, wo sowohl ein Reichs- als auch ein preußisches Postamt bestand, sollte nach dem Tode des hochbe-

Fürst Anselm Franz von Thurn und Taxis (1681–1739), Reichsgeneralpostmeister; Kupferstich von Franz Harrewijn

tagten kgl. Postmeisters Stoudtmann die Expedition kumulativ der Reichspost übertragen werden; vorausgesetzt wurde im Vertrag jedoch, daß diese alle dem preußischen Postamt zustehenden Briefe vertrauensvoll übergäbe und keine in die preußischen Gebiete Minden, Herford und Bielefeld annähme. In Herford hingegen wurde die Spedition der kaiserlichen Posthalterei nach dem Tod des Posthalters Hoyer dem dortigen kgl. Postamt zugeschlagen.

Zur Verbesserung des Korrespondenzaustausches zwischen dem Reichspostamt Osnabrück und dem kgl. Postamt Minden sowie Herford und Detmold sollte nach gemeinsamer Prüfung je ein Bote zu gleichen Nutzen und Kosten angestellt werden.

Schließlich gelang es dem Reichspostgeneralat, in den Vertrag einen Artikel (§19) aufzunehmen, der es ihm gestattete, in Notzeiten die Reichspostkurse nach vorheriger Ankündigung im Transit auf kgl. Territorium zu verlegen.

Beide Parteien konnten mit diesem umfassenden Vertrag auch auf längere Sicht zufrieden sein. Im folgenden Jahrzehnt wurden nach Inhalt und Geist des Weseler Vertrags die noch ausstehenden Punkte geklärt: Die Anstellung des Boten für den direkten Briefaustausch zwischen Osnabrück und Minden und die Teilung des anfallenden Portos regelten 1726 die beiden betroffenen Postämter selbst.[53] Auch die Behandlung des »Tecklenburger Briefbeutels« wurde in den Vertrag miteinbezogen, ebenso das Vorgehen gegen die »hergelaufenen« Lübecker, Herforder und Bielefelder Stadtboten, die den Nutzen dieser Botenpost hätten beeinträchtigen können. 1727 überließ Preußen in Erfüllung seiner Vertragspflicht der Reichspost die Verwaltung des preußischen Postamtes in Bremen.[54]

Vom wittelsbachischen Kaisertum zum Siebenjährigen Krieg

Unter der kurzen Regierung Kaiser Karls VII. (1742–1745) aus dem Hause Wittelsbach hatte die Reichspost, die loyal zu Kaiser und Reich stand, jedoch nicht prinzipiell habsburgisch gesinnt war, durch die großzügige finanzielle Unterstützung Karls eine Verbesserung ihrer reichsrechtlichen Postition zu erlangen gesucht.[55]

Schon wegen der offenkundigen Rivalität zwischen Preußen und Habsburg zogen sich die Wahlkapitulationsverhandlungen, auch über die Reichspost, in die Länge.[56] Schließlich wurden einige gegen die habsburgisch erbländische Hofpost gerichtete Änderungen aufgenommen. Nach der Kompromißfassung des Artikels sollte die Reichspost in ihrem *Esse* erhalten werden und bei Anwesenheit des Kaisers und Hofstaates innerhalb des Reichs die Briefbestellung übernehmen – eine Zusage, die seit 1641 strittig gewesen war.[57] Preußen hatte zwar in dieser Frage wegen der Formulierung »als sonst im Reich« Bedenken geäußert, um sein eigenes Generalpostmeisteramt zu schützen, und sich gegen den Mehrheitsbeschluß der kleineren Reichsstände verwahrt, jedoch nicht weiter darauf insistiert.

Fürst Alexander Ferdinand von Thurn und Taxis (1704–1773), Reichsgeneralpostmeister; Gemälde, Peter Brandel zugeschr.

Fürst Alexander Ferdinand (1739–1773) hatte vielmehr 1751 den preußischen König erkennen lassen, daß die Reichspost an einem weiteren engen Zusammenwirken der beiden größten Postanstalten auf Reichsboden interessiert sei und dazu den Oberpostdirektor Freiherrn von Lilien zu Verhandlungen nach Berlin gesandt.[58]

Vorschläge in der dabei verfaßten Denkschrift des taxisschen Gesandten richteten sich vor allem gegen die vermehrt um sich greifenden Posteinrichtungen kleinerer Reichsstände (Fahrposten) und beschäftigten sich mit der beabsichtigten Deroutierung des englischen Briefverkehrs von Amsterdam nach Ostende und Brüssel, somit mit der endgültigen Beseitigung des immer noch existenten alten Botenkurses Amsterdam–Bremen–Hamburg, der sowohl Preußen als auch der Reichspost den Einfluß auf die Korrespondenz dieser wichtigen Transitroute verwehrte.

Preußen konnte nach Prüfung der Denkschrift zwar die erwähnten Vorschläge nicht insgesamt gutheißen, da es bei deren Verwirklichung den Bruch mit den Generalstaaten, Münster, Bremen und Hamburg befürchten mußte. Trotzdem erklärte man seine Bereitschaft zum Abschluß eines neuen Vertrages, der die Weseler Vereinbarung von 1722 modifizieren und ergänzen sollte.

Da das fürstliche Haus gerade in diesen Jahren seine Aufnahme in den Reichsfürstenrat[59] energisch betrieb, der viele Reichsstände ablehnend gegenüberstanden, suchte Fürst Alexander Ferdinand bei Friedrich II. Unterstützung in dieser Frage. Preußen verwendete sich am Reichstag sehr für das fürstliche Anliegen; am 30 Mai 1754 verlieh dieser dem fürstlichen Haus Sitz und Virilstimme im Reichsfürstenrat, nach den Kurfürsten wichtigstes Kollegium des Reichstages.

Dessen ungeachtet mußte Preußen jedoch fast gleichzeitig feststellen, daß im Widerspruch zum Weseler Vertrag die Reichspost nicht die gesamte Korrespondenz nach Preußen, Polen, Rußland und Sachsen über Wesel laufen ließ, sondern zum Teil über Straßburg und Frankfurt auf den südlicheren Postkurs nach Sachsen umleitete. Berlin hatte gegen dieses Taktieren durch seine geheimen Agenten in Leipzig, Frankfurt, Bremen, Hamburg und Amsterdam Beweise sammeln lassen und diese mit der Forderung nach Abstellung der Beschwerden dem Fürsten von Thurn und Taxis vorgelegt. Nach dem Hinweis auf die kgl. Unterstützung bei der Introduktion in den Reichsfürstenrat sagte der Fürst die Bereinigung der Angelegenheit zu und sandte den Bamberger Postmeister Franz Georg von Haysdorff zu Verhandlungen nach Berlin.

Meinungsverschiedenheiten und Widersprüche sollten in Verhandlungen mit dem preußischen Generalpostmeister Reichsgraf Gotter beseitigt werden. Bei einem neuen Treffen wurde am 12. April 1755 eine Zusatzvereinbarung [60] paraphiert, die unter anderem festlegte, daß beide Parteien nichts unternehmen wollten, was einer von ihnen nachteilig sein könnte.

Der Vertrag wiederholte die Hauptpunkte des Weseler Vergleichs und erweiterte den territorialen Rahmen des gegenseitigen Korrespondenzaustausches. Einen wichtigen Teil innerhalb seiner 26 Artikel nahmen die Porto- und Vor-

Friedrich II., der Große, König von Preußen 1740 bis 1786; Gemälde von Friedrich Georg Weitsch, 1780

schußgeldregelungen ein. Dem kaiserlichen Postillion, der auf dem neuen Postkurs von Werl vorbei an Hamm über Ahlen nach Münster ritt, war zu Hamm jegliche Briefsammlung und Spedition untersagt. Da die Briefe aus der Grafschaft Mark und dem Sauerland in den Norden am schnellsten über Hamm und Münster befördert werden konnten, sollte posttäglich ein direkter Paketschluß zwischen dem preußischen Postamt Hamm und dem Reichsoberpostamt Hamburg gestattet werden (wie zwischen Minden und Bielefeld). Vom kaiserlichen Postamt Osnabrück sollte ferner ein Bote nach Lingen für die Korrespondenz der Stadt und Grafschaft sowie jener nach Ostfriesland auf eigene Kosten unterhalten werden. Wegen der gemeinsamen Anlage einer Fahrpost von Wesel über Krefeld und Aachen nach Brabant sollte um die Konzession für die in der Grafschaft Jülich notwendigen Stationen der Reichspost beim kurpfälzischen Hof nachgesucht werden; ebenso sollte ein Vertrag mit der kurkölnischen Hofkammer zu Bonn den Postwagenzoll zu Uerdingen und Rheinberg regeln.

Als politische Unterstützung muß die Zusage Preußens im Vertrag gewertet werden, dem Reichserbgeneralpostamt im Falle einer Beeinträchtigung seines »ius postarum« Unterstützung zu gewähren.

Dieser am 6. Mai 1755 ratifizierte Vertrag schien die Fortschreibung der Weseler Vereinbarung, die Aufteilung der Interessensphären zwischen Reichspost und preußischer Post, für die zweite Hälfte des 18. Jahrhunderts zu sein.

Die endgültige Entscheidung im Siebenjährigen Krieg

Die politischen Ereignisse veränderten jedoch diese Erwartung in der Folgezeit gänzlich. Eine plötzliche Abwendung von der vereinbarten künftigen freundschaftlichen Gesinnung zwischen beiden Postgeneralaten bewirkte der Verlauf des Siebenjährigen Krieges (1756–1763).[61] Die Reichspost sah an der Seite Habsburgs und Frankreichs die große Chance, jene im 17. Jahrhundert angestrebte postalische Monopolstellung am Niederrhein doch noch erringen zu können.[62]

Friedrich II. ließ in der Annahme, einer Einkreisungspolitik Wiens zuvorkommen zu müssen, Ende August 1756 seine Truppen in das benachbarte Sachsen einmarschieren. Nach dem Beitritt Schwedens, Rußlands und Frankreichs sowie zahlreicher kleinerer und mittlerer deutscher Fürstentümer auf die Seite Habsburgs beschloß der Reichstag die Reichsexekution gegen Preußen, das neben England nur einige mittlere Reichsfürsten unterstützten. Da die westlichen preußischen Provinzen völlig von Truppen entblößt worden waren, konnten Franzosen und Kontingente der Reichsarmee unter Marschall d'Estrées bereits am 8. Mai 1757 in Wesel einrücken; die eroberten Gebiete Kleve, Obergeldern, Moers und Ravensberg waren bereits am 23. April der kaiserlichen Administration unterstellt worden.[63] In das Weseler Posthaus unter dem preußischen Postdirektor Weiler wurde französische Feldpost einquartiert, die Gelder bei sämtlichen preußischen Postkassen in diesen Gebieten gesperrt. Abgesehen von einzelnen Übergriffen gegen das Postpersonal, die in Kriegszeiten immer wieder durch die Soldateska verübt wurden, konnten die preußischen Posten zunächst weiterhin im Lande passieren. Doch bald darauf erschien der taxissche Kommissar Heger im Namen des Reichsoberpostmeisters von Köln, Beckers, bei Postdirektor Weiler und teilte ihm mit, daß künftig die genannten preußischen Postanstalten von der Reichspost verwaltet werden würden.[64] Der Reichsadler mit der Unterschrift »Kaiserliche Reichs Salva Guardia« wurde an den Posthäusern angebracht, und die Postillione mußten in der kaiserlichen Livree ihren Dienst versehen. Geblendet vom militärischen Erfolg erklärte man zugleich die Landesposten von Preußen, Hannover und Braunschweig wie früher zu verbotenen »Nebenposten und Postwerck«, um einen Rechtsgrund für das forsche postpolitische Vorgehen zu finden.[65]

Aus preußischer Sicht war die feindliche Haltung der Reichspost in der Provinz Kleve vertrags- und reichsgesetzwidrig, da Friedrich II. gegen Maria Theresia als Königin von Ungarn und Böhmen und nicht als Kaiserin Krieg führte. Ein am 20. Mai 1757 vom ›Departement der auswärtigen Affairen‹ verfaßtes Schreiben an den Fürsten von Thurn und Taxis enthielt eine Beschwerde über das den Reichsgesetzen und den kaiserlichen Wahlkapitulationen entgegenstehende Vorgehen gegen das preußische Postregal. Friedrich II., der sich von dem Fürsten hintergangen fühlte, forderte die schleunige Wiederherstellung der alten Verhältnisse im klevischen Postwesen und drohte der Reichspost Vergeltungsmaßnahmen an. Zugleich erhielt der preußische Gesandte am Reichstag, Graf Plotho, den Auftrag, die Angelegenheit vor die Reichsversammlung zu bringen.[66]

Während die französisch-österreichischen Truppen im Oktober 1757 die preußischen Posten aus der Grafschaft

Rietberg verjagten und nach Hannover und Thüringen vorrückten, hatte sich für Preußen die erste Gelegenheit zur Vergeltung gegen die Reichspost und den Fürsten von Thurn und Taxis geboten. Im Juni 1757 besetzte General Oldenburg das mainzische Erfurt und ließ – in Ausführung einer Instruktion des preußischen Generalpostmeisters Gotter – die Kasse des dortigen Reichspostamtes beschlagnahmen.[67] Die Beute betrug 692 Taler. Weitere Schritte unterblieben wegen der plötzlichen Räumung Erfurts.

Die Reichspost versuchte unterdessen, den wichtigen Kurs von Kleve nach Berlin zu zerschlagen oder unter ihre Kontrolle zu bringen. Da diese preußische Postroute das Territorium der Hochstifte Münster und Hildesheim queren mußte, ordnete die Reichspost mit rechtlicher Hilfestellung des Reichshofrates zu Wien die Aufhebung der preußischen Poststationen zu Hornburg, Beinum, Rettlingen, Steuerwald, Mosten, Marlen und Oldendorf an.

Die Jahre 1757/58 bedeuten den letzten Versuch der Reichspost, die im 17. Jahrhundert gegen die neu entstandenen Landesposten und städtischen Boten erlittenen territorialen und rechtlichen Einbußen wieder auszugleichen und den ursprünglich proklamierten Monopolanspruch der Post im Reich unter Ausnützung der militärischen Erfolge der Gegner Preußens durchzusetzen.

Obwohl die Lage der Reichspost im Frühjahr 1758 erfolgreich zu sein schien, richtete Fürst Alexander Ferdinand ein Schreiben an Friedrich II. wegen dessen Anschuldigungen der widerrechtlichen Okkupation preußischer Posteinrichtungen[68], in dem er das Verhalten der Reichspost im Klevischen mit einer Weisung der Kaiserin Maria Theresia zu entschuldigen suchte. In einem dialektischen Paradebeispiel stellte er das Vorgehen als Schutz der preußischen Posteinrichtungen laut konventionsmäßiger Absprache dar: Er hätte seiner vertragsmäßigen Verbindlichkeit gegen Preußen nur durch Übernahme der preußischen Postämter nachkommen können, da sonst die Posterträge von den französischen Truppen kassiert worden wären. Er selbst und die Reichspost hätten daraus keinen Nutzen gezogen, sondern vielmehr müsse er die dort eingesetzten Postbeamten bezahlen.

Friedrich ließ sich dadurch nicht von den angedrohten Repressalien gegen die Reichspost abbringen. Nach den Siegen von Roßbach, Leuthen und Krefeld gab er seinem Generalpostmeister Gotter Anweisung, in den besetzten Gebieten die Reichspostmeister zu entfernen und die dortigen Postämter seiner Administration zu unterstellen.[69] Auch sollten mit Hannover, Braunschweig und Hessen-Kassel wegen einer gemeinsamen Verfolgung der bedrohten Postinteressen Verhandlungen geführt werden.

Nach der Episode in Erfurt war im Sommer 1758 die Lage für die Reichspost immer bedrohlicher geworden. Schon im Mai hatte das preußische Generalpostamt den Feldpostschreiber Bertram bei der Armee des Prinzen Heinrich instruiert, die Reichspostämter der besetzten Orte zu übernehmen.[70] Mit dem Vorrücken preußischer Truppen traf diese Anweisung zunächst Hof, dann Bayreuth, Nürnberg, Berneck sowie Duderstadt und die thüringischen Reichspostämter Jena und Weimar.

Die Antworten der Regierungen zu Hannover, Braunschweig und Hessen-Kassel zu dem preußischen Vorschlag eines gemeinsamen Vorgehens gegen die Reichspost fielen unterschiedlich aus. Hannover scheute die Konsequenzen, wenn es die Reichspostämter Münster, Osnabrück und Paderborn okkupieren sollte, Braunschweig wollte die Angelegenheit lieber vor den Reichstag bringen als eine gewaltsame Lösung suchen. Nur Hessen-Kassel schwenkte auf die preußische Linie ein.

Die Reichspost war zwischenzeitlich nicht untätig gewesen, um diese Koalition zu hintertreiben. Der Reichshofrat erließ am 12. September 1758 an den Kurfürsten zu Hannover Weisung, den Reichspostbetrieb in seinem Territorium nicht zu behindern und den ungehinderten Lauf aller Briefschaften zu gewährleisten. Erst der allgemeine Friedensschluß beendete die gegenseitigen Übergriffe.

Die Erfahrungen, die Preußen mit der Reichspost während des Siebenjährigen Krieges machen mußte, blieben auch nach dem Frieden von Hubertusburg (15. Februar 1763) im Gedächtnis haften. Das Mißtrauen gegen vermeintliche oder tatsächliche Übergriffe und Anmaßungen der Reichspost blieb lange wach.

Erst nach dem Tode des Reichsgeneralpostmeisters Alexander Ferdinand von Thurn und Taxis 1773 entspannte sich die Lage deutlich. Preußen war wieder an einer guten Zusammenarbeit interessiert. Ergebnis war der Berliner Rezeß vom 20. März 1777, der das postalische Verhältnis formal bereinigte.[71]

Beide Parteien leisteten darin Verzicht auf Aufwägung und Ausgleich der gegenseitig im Siebenjährigen Krieg zugefügten Portoausfälle und sonstigen Schäden an den Posteinrichtungen. Preußen erhielt das Zugeständnis, Briefe aus dem Reich, der Schweiz und Italien nach seinen westfälischen Provinzen einschließlich Ostfriesland über Lippstadt

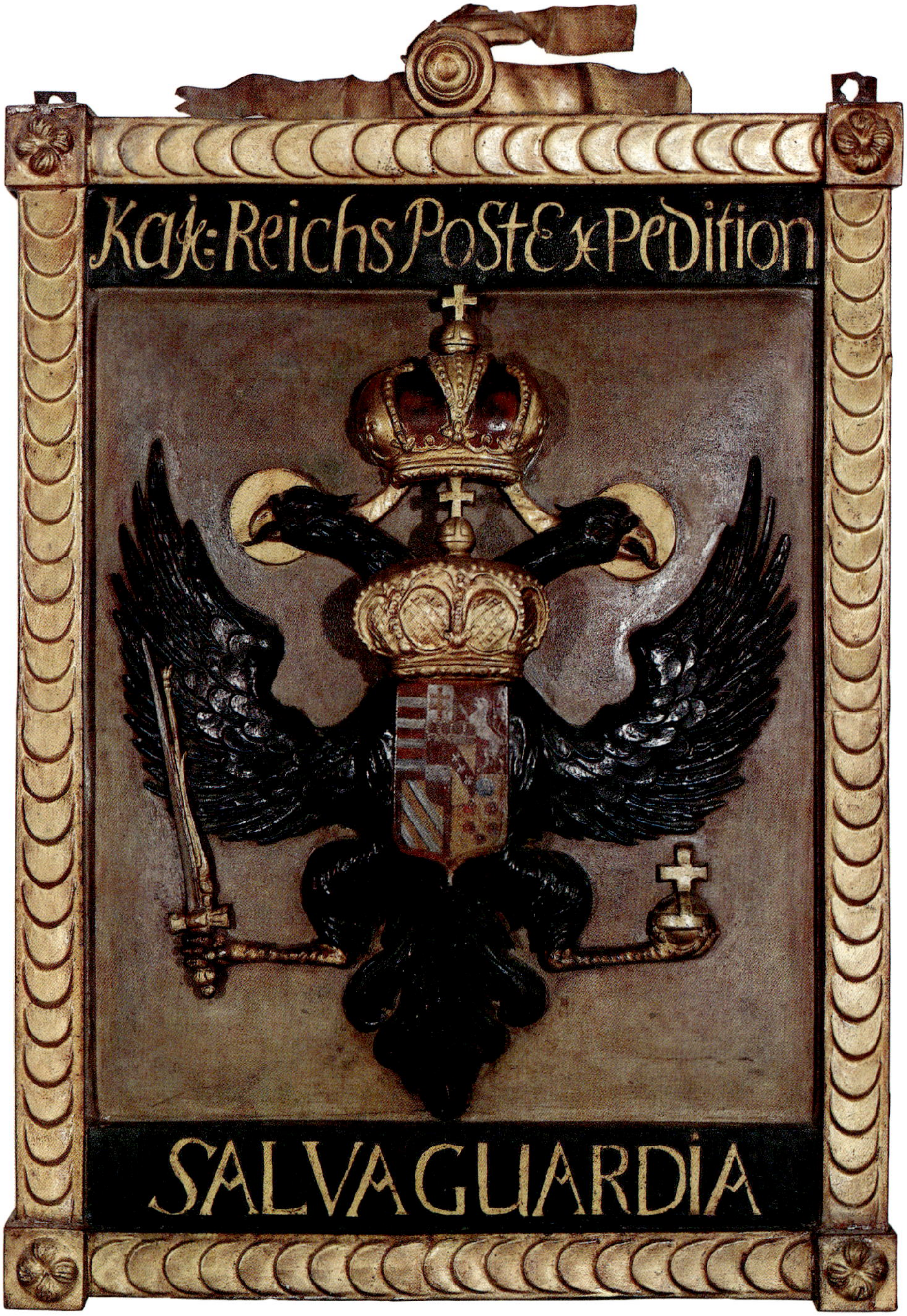

Posthausschild Thurn und Taxis, Höchst, um 1770

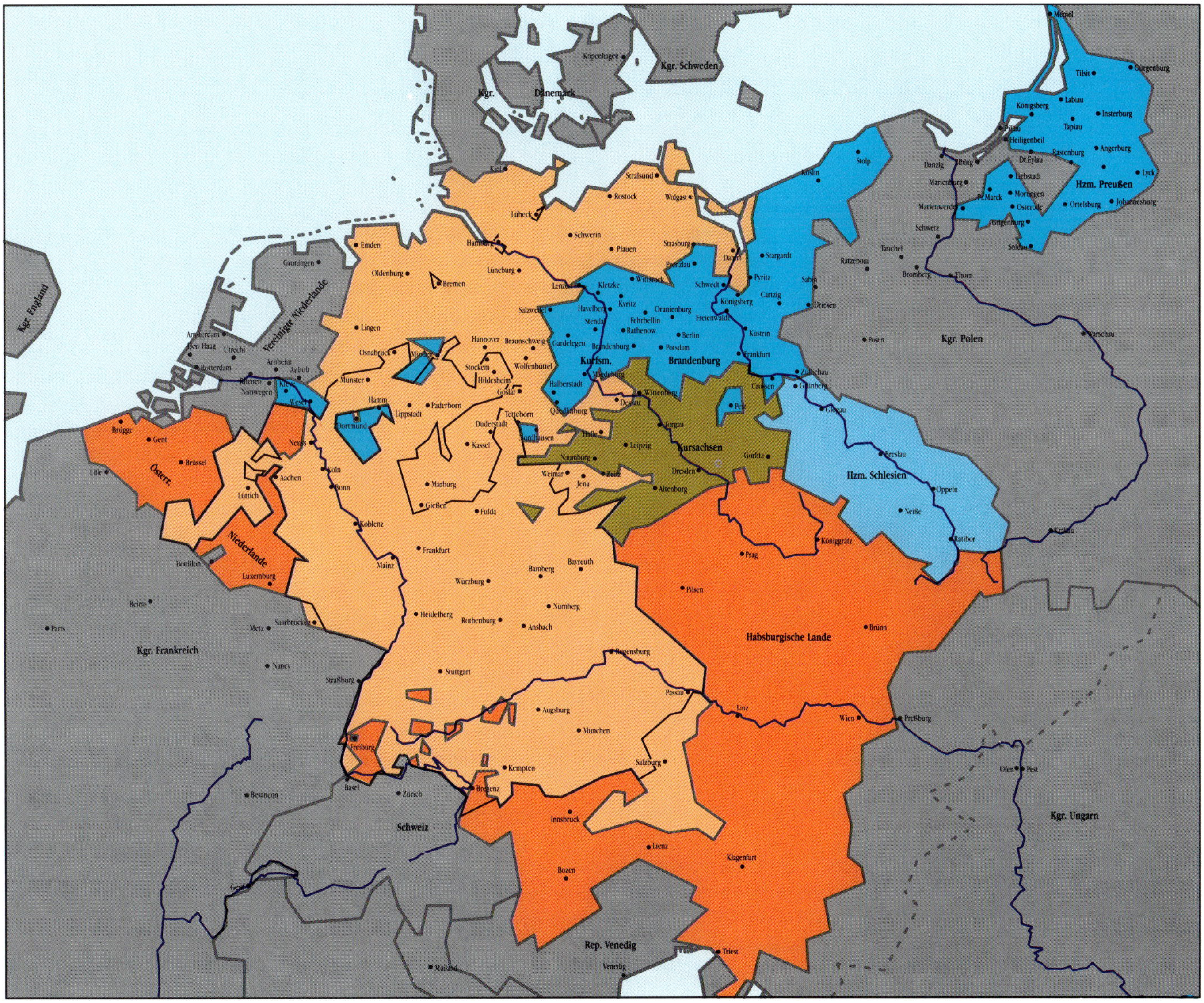

Postgebiete im Alten Reich, um 1770

Fürst Karl Anselm von Thurn und Taxis (1733–1805), Reichsgeneralpostmeister; Medaillon von Johann Peter Melchior

leiten und das Porto ab Kassel beanspruchen zu können. Auch wurde die preußische Postverwaltung in den gesamten Briefverkehr der Reichspostämter Osnabrück und Paderborn nach den Generalstaaten und von Hildesheim und Braunschweig in die Grafschaft Mansfeld, die Provinz Anhalt und Schlesien eingebunden. Die schon 1755 projektierte, wegen des Krieges nicht eingerichtete Fahrpost zwischen Kleve, Aachen und Brabant, die vor allem für den Krefelder Handel Bedeutung haben würde, sollte nun verwirklicht werden. Die Verbindung zwischen dem Reichspostamt Münster und dem preußischen Postamt Lingen sollte intensiviert werden. Zusammen wollte man gegen den Hildesheimer Stadtpostboten vorgehen, der entgegen den Reichsgesetzen und den beiderseitigen Interessen sein Fuhrwerk nach Braunschweig betrieb. Ein gemeinsames Anliegen war auch die Beseitigung des sogenannten Botenwesens der Stadt Hamburg nach Holland. Federführend beim Versuch, diese reitende Post, die die reichsstädtischen Befugnisse bei weitem überschritt, an sich zu bringen, sollte die Reichspost sein; für die Unterstützung Preußens wollte das Generalpostdirektorium im Erfolgsfalle die Hälfte der Einnahmen zugebilligt erhalten.

Damit hatten die gemeinsamen Interessen der beiden größten Postanstalten im Reich trotz der partiellen Differenzen und der direkten Konfrontation im Siebenjährigen Krieg einen Ausgleich für das ausgehende 18. Jahrhundert gefunden.

Die postalische Neuordnung im Reich während der napoleonischen Epoche

Für die wirtschaftlichen, politischen und kommunikativen Veränderungen im Reich von der Wende des 18. zum 19. Jahrhundert ging der Anstoß von der Französischen Revolution aus. Am Scheitelpunkt ihrer Organisationsstruktur und territorialen Ausdehnung um 1790 versorgte die Reichspost auf Reichsgebiet eine Fläche von 222 524 km^2 mit etwa 11,3 Millionen Einwohnern – dazu noch das österreichisch-niederländische Postgeneralat; ihr gegenüber standen zwölf landesherrliche Postanstalten mit ungefähr 16,7 Millionen Bewohnern auf 448 309 km^2.[72]

Preußen hatte am Ersten Koalitionskrieg gegen Frankreich an der Seite Österreichs, Englands und der übrigen Verbündeten teilgenommen. Die in das Reichsgebiet einströmenden Revolutionsheere bedrängten die Einrichtungen der Reichspost links des Rheins.[73] In Speyer wurde ein französisches Postamt etabliert, in Worms konnte der Betrieb nur unter französischem Schutz und Aufsicht aufrechterhalten werden. Mit der Besetzung von Mainz Ende Oktober 1792 und von Frankfurt brach der Postverkehr zwischen den links- und rechtsrheinischen Gebieten fast völlig zusammen. Die Rückeroberung Frankfurts durch hessische Truppen machte den Rhein zur postalischen Grenze.

Der französische General Custine verbot jeglichen Postverkehr mit Frankfurt, Hanau, Gießen, Aschaffenburg und Würzburg. Im eroberten und besetzten Gebiet zwischen der Republik, dem Rhein und dem Hunsrück setzte im Namen der Franzosen deren Citoyen Daniel Stamm als Administrator der französischen Post Christoph Friedrich Cotta[74] ein. Erst nach der Kapitulation der Festung Mainz vor preußischen Truppen im Juni 1793 konnte der Postverkehr mit dem linksrheinischen Gebiet von der Reichspost wieder notdürftig aufgenommen werden.

Preußen hatte nach dem Austritt aus der Koalition im Frieden von Basel (5. April 1795) auf seine Besitzungen westlich des Rheins zugunsten Frankreichs bis zu einem Reichsfrieden verzichtet, vorbehaltlich einer Entschädigung. Nach einem erfolgreichen französischen Feldzug nach Süddeutschland und in Italien mußte Österreich im Frieden von Campo Formio ebenfalls der Abtretung der linksrheinischen Reichsteile an Paris zustimmen. Damit waren die einträglichen Oberpostamtsbezirke Koblenz (mit dem Reichspostamt Trier), Köln, Lüttich (mit Aachen und Maastricht), Mainz (u.a. mit Worms und Kreuznach), Frankfurt (mit Zweibrücken und Saarbrücken), Mannheim (u.a. mit Speyer) und den Postämtern des österreichisch-niederländischen Postgeneralates der Reichspost entzogen. In einer Berechnung der zehnjährigen Durchschnittseinnahmen wegen einer eventuellen Entschädigung nach dem Vertrag von Campo Formio bezifferte die Reichspost den jährlichen Einnahmeausfall auf insgesamt 348 998 Gulden, wobei das Oberpostamt Köln mit 83 415 Gulden und das niederländische Postgeneralat mit 168 808 Gulden am höchsten zu Buche schlugen.[75]

Um noch größeren finanziellen Einbußen im Hinblick auf die künftigen allgemeinen Verhandlungen[76] zwischen dem Reich und Frankreich zuvorzukommen, hatte der Reichsgeneralpostmeister dem Departement des Auswärtigen in Paris eine Denkschrift über die Rechte, Bedeutung und Ansprüche der Reichspost vorgelegt. Damit sollte sein verfassungsmäßiges Recht, Posten zu unterhalten, auf dem Rastatter Friedenskongreß (1797–1799) ausdrücklich dokumentiert werden; ebenso eine angemessene Entschädigung für die Abtretung der linksrheinischen Postbezirke.[77] Zunächst hatte Fürst Carl Anselm gegenüber dem französischen Außenminister Talleyrand auch die familiären Verbindungen seines Hauses mit Preußen ins Spiel gebracht. Die Gemahlin des Erbprinzen Karl Alexander, Erbprinzessin Therese aus dem Hause Mecklenburg-Strelitz, war die

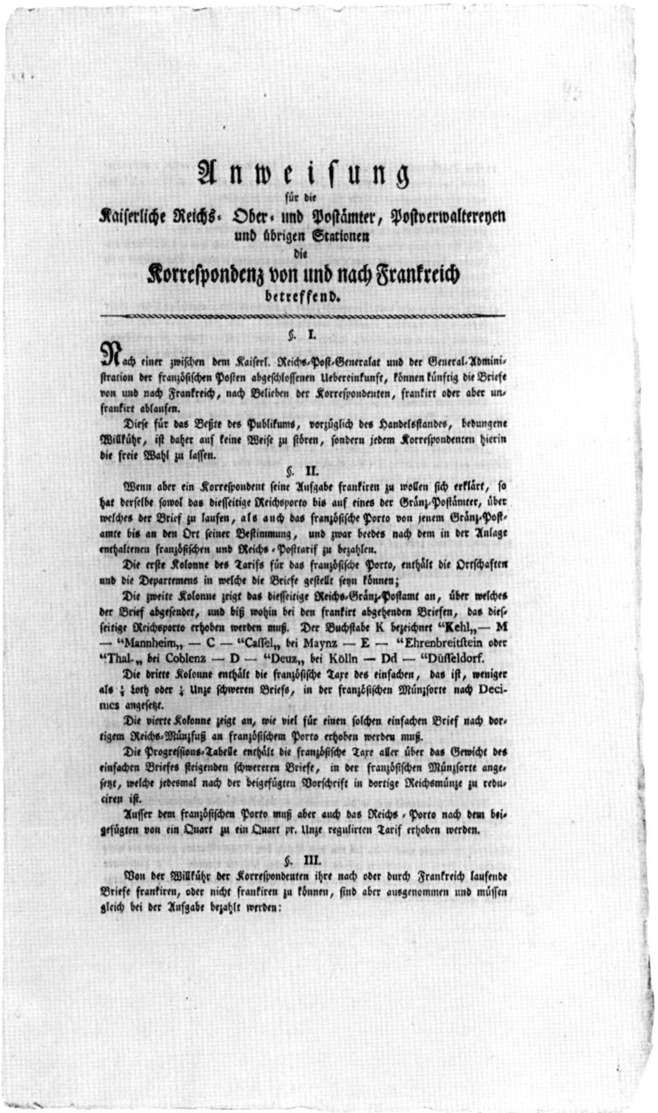

Anweisung
für die
Kaiserliche Reichs- Ober- und Postämter, Postverwalteryen
und übrigen Stationen
die
Korrespondenz von und nach Frankreich
betreffend.

§. I.

Nach einer zwischen dem Kaiserl. Reichs-Post-Generalat und der General-Administration der französischen Posten abgeschlossenen Uebereinkunft, können künftig die Briefe von und nach Frankreich, nach Belieben der Korrespondenten, frankirt oder aber unfrankirt ablaufen.

Diese für das Beßte des Publikums, vorzüglich des Handelsstandes, bedungene Willkühr, ist daher auf keine Weise zu stören, sondern jedem Korrespondenten hierin die freie Wahl zu lassen.

§. II.

Wenn aber ein Korrespondent seine Aufgabe frankiren zu wollen sich erklärt, so hat derselbe sowol das diesseitige Reichsporto bis auf eines der Gränz-Postämter, über welches der Brief zu laufen, als auch das französische Porto von jenem Gränz-Postamte bis an den Ort seiner Bestimmung, und zwar beedes nach dem in der Anlage enthaltenen französischen und Reichs-Posttarif zu bezahlen.

Die erste Kolonne des Tarifs für das französische Porto, enthält die Ortschaften und die Departemens in welche die Briefe gestellt seyn können;

Die zweite Kolonne zeigt das diesseitige Reichs-Gränz-Postamt an, über welches der Brief abgesendet, und biß wohin bei den frankirt abgehenden Briefen, das diesseitige Reichsporto erhoben werden muß. Der Buchstabe K bezeichnet "Kehl„— M — "Mannheim„ — C — "Cassel„ bei Maynz — E — "Ehrenbreitstein oder "Thal-„ bei Coblenz — D — "Deuz„ bei Kölln — Dd — "Düsseldorf.

Die dritte Kolonne enthält die französische Taxe des einfachen, das ist, weniger als ½ Loth oder ¼ Unze schweren Briefs, in der französischen Münzsorte nach Decimes angesetzt.

Die vierte Kolonne zeigt an, wie viel für einen solchen einfachen Brief nach dortigem Reichs-Münzfuß an französischem Porto erhoben werden muß.

Die Progressions-Tabelle enthält die französische Taxe aller über das Gewicht des einfachen Briefes steigenden schwereren Briefe, in der französischen Münzsorte angesetzt, welche jedesmal nach der beigefügten Vorschrift in dortige Reichsmünze zu reduciren ist.

Ausser dem französischen Porto muß aber auch das Reichs-Porto nach dem beigefügten von ein Quart zu ein Quart pr. Unze regulirten Tarif erhoben werden.

§. III.

Von der Willkühr der Korrespondenten ihre nach oder durch Frankreich laufende Briefe frankiren, oder nicht frankiren zu können, sind aber ausgenommen und müssen gleich bei der Aufgabe bezahlt werden:

Postvertrag zwischen der Taxisschen Reichspost und der Französischen Republik vom 14. Dezember 1801

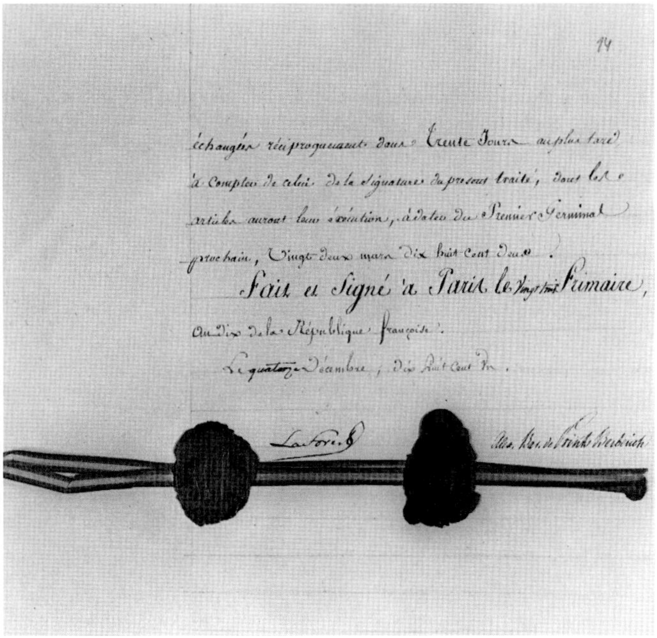

Letzte Seite des Postvertrags zwischen der Taxisschen Reichspost und der Französischen Republik vom 14. Dezember 1801

Schwester der preußischen Königin Luise. Als nächsten Schritt sandte er Baron Vrints-Berberich mit einem persönlichen Schreiben an den Ersten Konsul, Napoleon Bonaparte, als Unterhändler in die französische Metropole. Denn Artikel 7 des Luneviller Vertrags vom 9. Februar 1801 sollte die Entschädigungen – auch für die Reichspost – festlegen.[78]

Vrints-Berberich gelang es in geschickten Verhandlungen mit dem französischen Postkommissar La Forest, die Rechte der Reichspost vor allem gegenüber dem neutralen Preußen zu bewahren. Nur ein neuer Postvertrag zwischen Frankreich und der Reichspost konnte die dominante Stellung der taxisschen Postanstalt im Transitverkehr zwischen Frankreich und dem Reich behaupten. Seine Spitze richtete sich trotz der familiären Bande gegen das preußische Generalpostamt.

Dieser Postvertrag[79], geschlossen am 14. Dezember 1801 zu Paris, beließ der Reichspost die gesamten französischen Briefschaften ins Reich; die Auswechslungsorte waren die nun französischen Postämter Straßburg, Worms, Mainz, Koblenz, Köln und Neuss sowie die Reichspostämter Kehl, Mannheim, Mainz-Kastel, Ehrenbreitstein, Deutz und Düsseldorf. Ebenso lief die Korrespondenz mit den nordischen Staaten auf der kaiserlichen Ordinaripost über Frankfurt und Hamburg. Die Briefe nach Oberdeutschland, Obersachsen, Hessen, Schlesien, die Mark Brandenburg und die österreichischen Länder sollten zwischen Straßburg und Kehl in einem direkten Paketschluß ausgetauscht werden. Neben der Regelung der Transitkorrespondenz war für die Reichspost von großer Bedeutung, daß Frankreich in einem geheimen Separatartikel seine politische Unterstützung zur Beibehaltung der taxisschen Posten im Reich zusagte.

Bei der preußischen Regierung[80] hatte der Abschluß des Postvertrags zwischen der Französischen Republik und der Reichspost große Enttäuschung hervorgerufen, da man sich aufgrund der Haltung im Zweiten Koalitionskrieg Hoffnungen auf die gewinnbringende französische Korrespondenz in den Norden und Osten des Reiches gemacht hatte.

Man wollte jedoch diese Entscheidung nicht ohne weitere Gegenwehr hinnehmen. In einem am 23. Mai 1802 in Paris mit Frankreich geschlossenen Vertrag erhielt Preußen für die abgetretenen linksrheinischen Territorien die Hochstifter Hildesheim, Paderborn, Teile von Münster, das Eichsfeld mit dem kurmainzischen Erfurt, die Städte Goslar, Mühlhausen i.Thr., Nordhausen sowie die Reichsabteien Quedlinburg, Elten, Essen, Werder, Herford und Cappenberg.[81] Darunter befanden sich Gebiete, in denen bisher ausschließlich die Reichspost das Postwesen ausgeübt hatte.

Im Vorgriff auf den Reichsdeputationshauptschluß ließ der preußische Generalpostmeister Graf von der Schulenburg in diesen neu erworbenen Territorien eigene Landesposten anlegen und die Reichsposten aufheben.[82] Verhandlungen, die Preußen der Reichspost über den zukünftigen Postbetrieb in diesen Gebieten anbot, verzögerte Fürst Carl Anselm in der Hoffnung auf den Reichsdeputationshauptschluß und die verwandtschaftlichen Bindungen.

Der Reichsdeputationshauptschluß von 1803 brachte dem Fürsten wohl in Artikel 13 die rechtliche Anerkennung seiner Posten, wie sie damals konstituiert waren, und in der Ausdehnung und dem Zustand, wie sie sich zur Zeit des Luneviller Friedens befunden hatten.[83] Die preußische Regierung hielt jedoch an der am 5. August 1802 ergangenen Weisung zur Aufhebung der taxisschen Posten fest. Neue Verhandlungen des nach Berlin gesandten taxisschen Geheimen Rates Vrints von Treuenfeld[84] drehten sich nicht mehr um die Frage, ob die Reichsposten den preußischen Landesposten zu weichen hätten, sondern konnten nur noch Einzelpunkte zum Inhalt haben: Preußen erklärte sich bereit, der kaiserlichen Post den Durchritt in die Hansestädte unter Beteiligung des preußischen Postpersonals zu gestatten; die Briefe aus Frankreich nach Rußland, Polen, Mecklenburg, Sachsen und Hessen sollten jedoch seiner Postanstalt ausgehändigt werden.

Taxis brachte bei Frankreich[85], das nach dem Separatvertrag von 1801 als Schutzmacht zu betrachten war, einen neuen Gesichtspunkt für die Verhandlungen mit Preußen ins Spiel. Falls Frankreich bei einem Krieg mit England seine Post über Hamburg und Bremen in die nordischen Länder leiten wollte, wäre bei einer Vertreibung der Reichspost aus Paderborn, Hildesheim und Münster der Kurs unterbrochen; Preußen könnte nur den Kurs nach Sachsen durch die Inbesitznahme von Erfurt aufrechterhalten. Trotz des Mißtrauens der französischen Postverwaltung, dem seit 1795 neutralen Preußen die Briefschaften in den Norden anzuvertrauen, verhalf Frankreich der Forderung der Reichspost nicht zum Durchbruch.

Der preußische Botschafter in Paris, Marchese Lucchesini, drängte die französische Regierung, endlich dem Wunsche nach Anerkennung des preußischen Postregals in den neu erworbenen Gebieten nachzukommen und einen entsprechenden Vertrag zwischen Frankreich und Preußen abzuschließen. Napoleon und sein Außenminister Talleyrand spielten dagegen auf Zeit; Friedrich Wilhelm III. jedoch ordnete zum 1. Mai 1803 die Schließung der Reichspostämter an.[86] Den Untertanen wurde die Benutzung der Reichspost untersagt. Am 2. Mai erfolgte tatsächlich die Aufhebung der Reichspostämter Münster, Hildesheim und Erfurt. Preußen kam damit die entscheidende Mittlerrolle im Briefverkehr aus Frankreich, Österreich, Sachsen, Italien und der Schweiz mit Hannover, den Hansestädten, Mecklenburg und Skandinavien zu.

Um die finanziellen Verluste zu begrenzen, erklärte sich der Fürst schließlich zu Verhandlungen mit Berlin bereit. Unter aktiver Beteiligung des französischen Generalpostmeisters Graf La Valette und des französischen Gesandten in Berlin, La Forest, wurde am 1. November 1803 zwischen dem preußischen Generalpostdirektorium und dem Reichspostgeneralat wegen der veränderten Lage eine neue, die Verträge von 1722, 1755 und 1777 ersetzende Konvention unterzeichnet.[87]

Preußen gestattete den Reichsposten den Transit mit verschlossenen Felleisen auf den Hauptrouten in den neuen Entschädigungsländern gegen eine Rekognitionsgebühr; jedoch waren die Postritte in der preußischen Postlivree durchzuführen. Ferner wurde in Anpassung an die neuen territorialen Verhältnisse zwischen den benachbarten Reichs- und preußischen Postämtern ein direkter Paketschluß vereinbart. Der Reichspost blieb jedoch Spielraum bei der Routenwahl für die Post aus Frankreich nach Rußland, Polen, Mecklenburg und Hessen.

Trotz der empfindlichen Zugeständnisse, zu denen sich die Reichspost durch den preußischen Druck bequemen mußte, hatte sie erreichen können, daß sie als Reichsinstitution sowohl von Preußen als auch von Frankreich prinzipiell anerkannt worden war. Eine Nebenkonvention[88] vom gleichen Tage regelte als Konsequenz die Übernahme des Reichspostpersonals in die Dienste des neuen Landesherrn sowie die Auszahlung der Pensionen für invalide und im Ruhestand befindliche Postbediente samt Familien.

Durch die politischen Ereignisse hatte die Reichspost endgültig ihre Stellung am Niederrhein und in Westfalen an Preußen verloren. Preußen konnte sich dieser neuen Landespostanstalt nur kurz erfreuen. Die Gründung des Rheinbundes 1806 durch die von Napoleon protegierten deutschen Landesfürsten und die Niederlegung der Kaiserkrone durch Franz II. am 6. August 1806 schufen auch für die Neuordnung der postalischen Verhältnisse im Reich unerwartete Perspektiven. Sowohl die künftige fürstlich thurn und taxissche Lehen- als auch die preußische Staatspost mußten sich den Aufgaben des beginnenden 19. Jahrhunderts und dem preußisch-österreichischen Dualismus stellen.

Anmerkungen

1 Eine neuere zusammenfassende Darstellung zur Geschichte der kaiserlichen Reichspost fehlt; am ausführlichsten unter Verwendung der Quellen aus den Wiener Archiven Ludwig Kalmus, Weltgeschichte der Post. Mit besonderer Berücksichtigung des deutschen Sprachgebiets, Wien 1937. – Grundlegende Literatur bei Ernst Schilly, Verkehrs- und Nachrichtenwesen, in: Deutsche Verwaltungsgeschichte (hrsg. von Kurt G. A. Jeserich, Hans Pohl und Georg-Christoph von Unruh), Band 1: Vom Spätmittelalter bis zum Ende des Reichs, Stuttgart 1983, S. 448.

2 Zur brandenburgisch-preußischen Post immer noch grundlegend Wilhelm-Heinrich Matthias, Darstellung des Postwesens in den Königlich Preußischen Staaten, 3 Bde., Berlin 1817², und Heinrich Stephan, Geschichte der Preußischen Post, neubearb. und fortgef. von Karl Sautter, Berlin 1928.

Posthausschild Preußen, Schwedt, um 1750

3 Zum Erbfolgestreit vgl. Land im Mittelpunkt der Mächte – Die Herzogtümer Jülich-Kleve-Berg, Ausstellungskatalog, Kleve 1984, S. 455–469; dazu August Müller, Der Jülich-Clevesche Erbfolgestreit 1614, in: Forschungen zur Geschichte Bayerns 8 (1900), S. 21–105.

4 Claudia Helbok, Der Mainzer Erzkanzler als Schutzherr des Reichspostwesens, in: Deutsche Postgeschichte 1940/2 , S. 232–239.

5 Martin Dallmeier (Bearb.), Quellen zur Geschichte des Europäischen Postwesens 1501–1806. Thurn und Taxis-Studien Bd. 9/I: Quellen-Literatur-Einleitung, Kallmünz 1977, Bd. 9/II, Regesten, Kallmünz 1977; Bd. 9/III, Register, Kallmünz 1987; hier: Bd. II, S. 81, Nr. 174.

6 Dallmeier, Bd. II, S. 80, Nr. 173.

7 Zu Birghden und das Frankfurter Reichspostamt vgl. Bernhard Faulhaber, Geschichte der Post in Fankfurt a. Main. Nach archivalischen Quellen. Archiv für Frankfurts Geschichte und Kunst N. F. 10 (1883), S. 30ff., und Karl Heinz Kremer, Johann von den Birghden 1582–1645 des deutschen Kaisers und des schwedischen Königs Postmeister zu Frankfurt am Main, in: Archiv für deutsche Postgeschichte 1984/1, S. 7–43, hier. S. 14ff.

8 Gerhard Ahrens, Das Botenwesen der Hamburger Kaufmannschaft (1517–1821), in: Archiv für deutsche Postgeschichte 1962/1, S. 28–42.

9 Zur schwedischen Post in Deutschland vgl. Kalmus, Weltgeschichte (wie Anm. 1), S. 215ff.: Kremer, Birghden (wie Anm. 7), S. 34ff. und Faulhaber, Post in Frankfurt (wie Anm. 7), S. 54ff. Vgl. dazu auch den Beitrag von G. Barudio in diesem Band.

10 Dazu vor allem die Arbeit von Wilhelm Fleitmann, Postverbindungen für den Westfälischen Friedenskongreß, in: Beiträge zur Geschichte der Post in Westfalen, Münster 1969, S. 23–84, bes. S. 24–30 (Taxissche Reichspost).

11 Neben der älteren Darstellung bei Stephan, Preußische Post (wie Anm. 2), S. 13ff. vor allem Albert Gallitsch, Die Einführung der Staatspost in Kurbrandenburg, in: Jahrbuch für die Geschichte Mittel- und Ostdeutschlands 7 (1958), S. 207–228, bes. S. 214ff., und Fleitmann, Vorgeschichte und Anfang der kurbrandenburgischen Post in Westfalen, in: Beiträge zur Geschichte der Post in Westfalen, Münster 1969, S. 49–58.

12 Gallitsch, Staatspost (wie Anm. 11), S. 215.

13 Osten, der ab 1649 auch in brandenburgischen Diensten stand, bezeichnet sich noch 1679 als kaiserlichen Reichspostmeister zu Kleve (Fürst Thurn und Taxis Zentralarchiv = FZA, Postakten 4013, fol. 14).

14 Art. IX § 1: Immoderata postarum onmiaque alia inusitata onera et impedimenta, ... , penitus tollantur (abgedruckt bei Karl Zeumer, Quellensammlung zur Geschichte der Deutschen Reichsversammlung im Mittelalter und Neuzeit. Quellensammlung zum Staats-, Verwaltungs- und Völkerrecht, hrsg. v. H. Triepel, Band 2, Leipzig 1904, S. 353f.).

15 Fleitmann, Kurbrandenburgische Post in Westfalen (wie Anm. 11), S. 53.

16 FZA, Postakten 3339, fol. 1–2; abgedruckt z. T. bei Friedrich Albert Meyer, Die Besetzung der »überrheinischen« (preußischen) Posten durch Thurn und Taxis und ihre Vorgeschichte, in: Rheinische Vierteljahrsblätter 24 (1959), S. 74–105, hier S. 78.

17 Gallitsch, Staatspost (wie Anm. 11), S. 217f. und Fleitmann, Kurbrandenburgische Post in Westfalen (wie Anm. 11), S. 55.
(Doppelte Anführungszeichen: Wortlaut Fleitmann; einfache Anführungszeichen: Quellentext)

18 Vgl. dazu FZA, Postakten 3340.

19 Einzelheiten bei Fleitmann, Kurbrandenburgische Post in Westfalen (wie Anm. 11), S. 55ff.

20 Mandat von 1649 XII 2 Wien inhaltlich bei Dallmeier, Band II, S. 127f. Nr. 289.

21 Zum schwedisch-preußischen Krieg (1655–1660) bis zum Frieden von Oliva vgl. Handbuch der Deutschen Geschichte, 9. Aufl. hrsg. v. Herbert Grundmann, 2. Band: Von der Reformation bis zum Absolutismus, Stuttgart 1970, S. 249–253 §64.

22 Einzelheiten bei Kalmus, Weltgeschichte (wie Anm. 1), S. 253ff.

23 Zur Leopoldinischen Wahlkapitulation und die reichsrechtliche Frage des Postregals vgl. allgem. Gerhard Kleinheyer, Die kaiserlichen Wahlkapitulationen. Geschichte, Wesen und Funktion. Studien und Quellen zur Geschichte des deutschen Verfassungsrechts Reihe A: Studien 1 (1968) und bes. Hans Joachim Altmannsperger, Die rechtlichen Gesichtspunkte des Streites um das Postregal in den Schriften des 17. und 18. Jahrhunderts, Masch. Diss. Frankfurt 1954, S. 100ff.

24 Zum Postwesen in der Residenzstadt Kassel und der Landgrafschaft vgl. Julius Boes, Das Hessen-Kasseler Postwesen, in: Archiv für deutsche Postgeschichte 1957/2, S. 25–29, Archiv für deutsche Postgeschichte 1958/1, S. 41–51, und ders., Die Post in der Residenzstadt Kassel, in: Hessische Postgeschichte 8 (1963), S. 5–26.

25 Ausführlich bei Kalmus, Weltgeschichte (wie Anm. 1), S. 260ff.; vgl. dazu FZA, Postakten 3348.

26 Z. T. wörtlich wiedergegeben bei Stephan (wie Anm. 2), S. 43ff.

27 Kalmus, Weltgeschichte (wie Anm. 1), S. 274.

28 Zur Kommission des Grafen Gronsfeld vgl. FZA, Postakten 3824.

29 Günter Warthuysen » ... Mit gefänglicher Hinsetzung bey Wasser und Brod zur Straf«. Die Durchsetzung des brandenburgisch-preußischen Postregals im Raum Wesel ... , in: Archiv für deutsche Postgeschichte 1969/2, S. 34–43, hier S. 40f.

30 Dallmeier, Bd. II, S. 113ff. Nr. 255 bzw. S. 115f. Nr. 261.

31 Dallmeier, Bd. II, S. 116f. Nr. 262.

32 Die Vereinbarungen inhaltlich wiedergegeben bei Dallmeier, Bd. II, S. 126f. Nr. 285 und Nr. 287 (Nijmegen), S. 127 Nr. 286 und Nr. 188 ('S-Gravenhage), S. 130ff. Nr. 293 und Nr. 300 (Arnheim), S. 135 Nr. 306 (Dordrecht).

33 Vgl. Zur Geschichte der preußisch-niederländischen Postverbindungen, in: Postgeschichte am Niederrhein 3 (1956), S. 2–16.

34 Inhalt bei Dallmeier, Bd. II, S. 175f. Nr. 379.

35 Stephan (wie Anm. 2), S. 71f.

36 Dallmeier, Bd. II, S. 217 Nr. 444.

37 Meyer, Besetzung der »überrheinischen« Posten (wie Anm. 16), S. 81ff.; inhaltlich wiedergegeben auch bei Dallmeier, Bd. II, S. 220ff. Nr. 452.

38 Zur Geschichte der kursächsischen Post grundlegend Gustav Schäfer, Geschichte des sächsischen Postwesens vom Ursprung bis zum Uebergang in die Verwaltung des Norddeutschen Bundes, Dresden 1879.

39 Stephan, S. 36f.

40 Zum Postmeister Christoph Mühlbach neben Schäfer (wie Anm. 38) Georg Rennert, Christoph Mühlbach, Kursachsens Oberpostmeister nach dem 30 jährigen Krieg, in: Neues Archiv für Sächsische Geschichte und Altertumskunde 54 (1933), S. 16–27.

41 Zum brandenburgischen Postkursprojekt und die Gegenmaßnahmen vgl. FZA, Postakten 3349 und 3350 (1687–1694).

42 Zum sächsischen Postmeister Johann Jakob Käß (Kees) vgl. Kurt Krebs, Geschichte der Familie Kees, 2. Band: Das kursächsische Post-

wesen zur Zeit der Oberpostmeister Johann Jakob Kees I und II, Leipzig-Berlin 1914. – Die Verhandlungen in FZA, Postakten 4227 und 4229. – Die projektierten Vereinbarungen mit der Reichspost bei Dallmeier, Bd. II, S. 226ff. Nr.461 und S. 229f. Nr. 465.

43 Einzelheiten bei Krebs (wie Anm. 42), S. 62ff.; zur Etablierung der brandenburgischen Post in Duderstadt vgl. FZA, Postakten 3516, 4191–4193.

44 Inhaltlich Stephan (wie Anm. 2), S. 104f. und Schäfer (wie Anm. 38), S. 59f.

45 Vertrag vom 1703 I 15 Leipzig inhaltlich bei Dallmeier, Bd. II, S. 253 ff. Nr. 499 und ergänzende Vereinbarungen vgl. ebenda, Regest Nr. 500, 501, 505.

46 Dallmeier, Bd. II, S. 271f. Nr. 526 (1706 V 25 Leipzig) bzw. S. 277ff. Nr. 538 (1707 III 8 Leipzig).

47 Vgl. Schäfer (wie Anm. 38) S. 163ff. – Inhalt des Vertragprojektes bei Dallmeier, Bd. II, S. 300ff. Nr. 571.

48 Schon am 11. März 1682 hatten der Kölner Reichspostmeister Langenberg und der brandenburgische bzw. kaiserliche Posthalter Herrmann Ellinghaus zu Lippstadt über den gegenseitigen Briefaustausch eine lokale Vereinbarung getroffen vgl. Dallmeier, Bd. II, S. 197f. Nr. 417.

49 Dallmeier, Bd. II, S. 292f. Nr. 558 (Regest).

50 Moers fiel erst im Frieden von Utrecht (1713 IV 11) neben Lingen und Neuchâtel/Schweiz aus dem oranischen Erbe an Preußen; Vereinbarung inhaltlich bei Dallmeier, Bd. II, S. 295f. Nr. 565.

51 Taxissche Instruktion (1721 X 7) für die Konferenz des Postmeisters Wevelinchoven mit dem peußischen Postmeister Weiler zu Wesel in FZA, Postakten 4012, fol. 85–87.

52 Kalmus, Weltgeschichte (wie Anm. 1), S. 389.

53 Regest bei Dallmeier, Bd. II, S. 351f. Nr. 639 vom 27. Juli 1726 Minden; vgl. Heinz Neumann, Zur Geschichte des Boten- und Postwesens in Minden bis zum Jahre 1867, in: Beiträge zur Geschichte der Post in Westfalen, Münster 1969, S. 101–128, hier S. 115.

54 Stephan (wie Anm. 2), S. 152f., und Christian Piefke, Thurn und Taxis in der bremischen Postgeschichte, in: Bremisches Jahrbuch 39 (1940), S. 82–105, hier S. 94ff.

55 Allgemein dazu: Claudia Helbok, Die Reichspost zur Zeit Kaiser Karls VII. (1742–1745), in: Archiv für Postgeschichte in Bayern 16 (1940), S. 62–68.

56 Joachim Ernst von Beust, Versuch einer ausführlichen Erklärung des Post-Regals ..., 1. Teil, Jena 1747, S. 185.

57 Vgl. dazu Dallmeier, Bd. I, S. 106 und II, S. 112f. Nr. 251 und 252; die kaiserlichen Dekrete abgedruckt in: Kurze doch gründliche Information das im heiligen Römischen Reich angemaste Graff-Paarische Feldpostwesen betreffend, o. O. u. J. (1706), S. 16ff.

58 Kalmus, Weltgeschichte (wie Anm. 1), S. 415ff.

59 Max Piendl, Das Fürstliche Haus Thurn und Taxis, Regensburg 1980, S. 74, – Thomas Klein, Die Erhebungen in den weltlichen Reichsfürstenstand 1550–1806, in: Blätter für deutsche Landesgeschichte 122 (1986), S. 137–192, hier S. 138f.

60 Berliner Vertrag von 1755 IV 12 inhaltlich wiedergegeben bei Dallmeier, Bd. II, S. 475–480 Nr. 779; vgl. Meyer (wie Anm. 16), S. 86f.

61 Zur Geschichte des Siebenjährigen Krieges und Friedrich d. Großen allgemein: Willy Andreas, Friedrich der Große und der Siebenjährige Krieg, 2. Aufl., Leipzig 1941.

62 Max Braubach, Politik und Kriegsführung am Niederrhein während des 7jährigen Krieges, in: Düsseldorfer Jahrbuch 48 (1956). – Zum postalischen Konflikt zwischen der Reichspost und Preußen speziell Stephan (wie Anm. 2), S. 219ff.; A. Schmidt, Vertheidigung des preussischen Postregals gegen die Uebergriffe des Fürsten von Thurn und Taxis im siebenjährigen Kriege, in: Archiv für Post und Telegraphie 19 (1891), S. 744–748; Rudolf Zillmer, Die Vertheidigung des preußischen Postregals gegen das Haus Thurn und Taxis im 7jährigen Krieg, in: Archiv für deutsche Postgeschichte 1965/2, S. 43–52.

63 Kalmus, Weltgeschichte (wie Anm. 1), S. 419.

64 Zillmer (wie Anm. 62), S. 44; Stephan (wie Anm. 2), S. 249.

65 Z.B. Boes, Hessen-Kasseler Postwesen (wie Anm. 24), S. 41.

66 Das vom Gesandten Graf Plotho der Reichsversammlung übergebene Promemoria von 1757 Juli 11 abgedruckt bei Zillmer (wie Anm. 62), S. 48.

67 Stephan (wie Anm. 2), S. 225.

68 Vgl. dazu Zillmer (wie Anm. 62), S. 49f.

69 Stephan (wie Anm. 2), S. 225.

70 Zillmer (wie Anm. 62), S. 50f.

71 Dallmeier, Bd. II, S. 558–563 Nr. 870 (Regest); vgl. dazu FZA, Postakten 4032–4033 bzw. 4034–4035 (Manualakten des Baron Lilien).

72 Alfred Koch, Die deutschen Postverwaltungen im Zeitalter Napoleons I. Der Kampf um das Postregal in Deutschland und die Politik Napoleons I. (1798–1815), in: Archiv für deutsche Postgeschichte 1967/2, S. 1–38, hier S. 4.

73 Im folgenden vor allem Guido Sautter, Die Reichspost beim Einbruch der Franzosen in das Reich 1792 bis 1793, in: Archiv für Post und Telegraphie 41 (1913), S. 1–16, S. 43–53, S. 85–92.

74 Sautter (wie Anm. 73), S. 50f.; dazu ders., Friedrich Cotta, Generalpostmeister der Französischen Republik in Deutschland 1796, in: Historisches Jahrbuch der Görresgesellschaft 37 (1916), S. 98–121.

75 Koch (wie Anm. 72), S. 13.

76 Dazu neben Koch vor allem Eugène Vaillé, Histoire générale des postes françaises, 6 Bände, Paris 1947–1953, und ders., La politique Napoléonienne et les postes des pays allemands, in: Une Poste Europeenne avec les Grands maitres des Postes de la famille de la Tour et Tassis, Ausstellungskatalog Musée Postal, Paris 1978, S. 173–251, sowie Wilhelm Vollrath, Das Haus Thurn und Taxis, die Reichspost und das Ende des Heiligen Römischen Reiches 1790–1806, Lengerich 1940.

77 Vollrath (wie Anm. 76), S. 21ff.

78 Vaillé, Politique Napoléonienne (wie Anm. 76), S. 179ff.

79 Inhalt mit Literatur bei Dallmeier, Bd. II, S. 644–651 Nr. 936 und 937, und Rudolf Freytag, Das Aufkommen der Aufgabenstempel und die Postkonvention zwischen Thurn und Taxis und Frankreich vom 14. Dezember 1801, in: Archiv für Post und Telegraphie 54 (1926), S. 29–39.

80 Koch (wie Anm. 72), S. 15ff.; Kalmus, Weltgeschichte (wie Anm. 1), S. 434f.

81 Stephan (wie Anm. 2), S. 274f.

82 Vaillé, Politique Napoléonienne (wie Anm. 76), S. 91.

83 Vgl. Zeumer (wie Anm. 14), S. 444; Vollrath (wie Anm. 76), S. 40.

84 Zu den Verhandlungen siehe FZA, Postakten 4061–4063 bzw. 4047–4049 (Handakten Vrints-Treuenfeld).

85 Einzelheiten bei Vaillé, Politique Napoléonienne (wie Anm. 76), S. 192ff.

86 Zur Besitzergreifung und Schließung des Postamtes Erfurt vgl. FZA, Postakten 4046; Stephan (wie Anm. 2), S. 278f.

87 Vertrag inhaltlich bei Dallmeier, Bd. II, S. 655–660 Nr. 943.

88 Siehe Einzelheiten bei Dallmeier, Bd. II, S. 660–662 Nr. 644.

Orientierung vor und auf der Reise

Gedruckte kartographische Hilfsmittel zur Reiseplanung vom 16. bis zum 18. Jahrhundert

Dietrich Pfaehler

In den rund fünfhundert Jahren, die Europa nun gedruckte Landkarten besitzt, haben sich die vielfältigsten, in ihrer Menge kaum noch übersehbaren Methoden entwickelt, auch komplizierte Zusammenhänge unterschiedlichster Art mit den Mitteln der Kartographie mehr oder weniger übersichtlich darzustellen und anschaulich zu machen. Jede neue Aufgabe hat schnell zu einfachen Lösungen geführt, die uns im Rückblick geradezu logisch und selbstverständlich erscheinen. Zwar hat sich dieser Prozeß in den letzten hundert Jahren mit ständig wachsender Geschwindigkeit abgespielt, doch kennzeichnet er im Prinzip die Geschichte gedruckter (Land-)Karten in Europa von Anfang an. Fast jeder von uns ist heute wenigstens gelegentlich darauf angewiesen, (Straßen-)Karten zu benutzen, während noch vor weniger als 200 Jahren der Erwerb von Landkarten für die weit überwiegende Zahl der Menschen weder sinnvoll noch erschwinglich war. Blickt man aber aus der mit kartographischen Erzeugnissen beinahe schon überfütterten Gegenwart zurück auf die Geschichte der Kartographie, so erstaunt es mehr als einmal, wie alt manche der Darstellungsformen sind, mit denen wir noch heute umgehen.

Pilgerkarten

Als die ersten gedruckten Landkarten aufkamen, Ende des 15. und Anfang des 16. Jahrhunderts, gab es für die Menschen, die nicht gerade im Fernhandel tätig, auf Kriegszug oder in politischer Mission unterwegs waren, hauptsächlich einen Grund, die oft tödlichen Strapazen von Fernreisen auf sich zu nehmen: Wallfahrten zu weiter oder sehr weit entfernten Heiligtümern (Santiago de Compostela, Rom). Es verwundert deshalb nicht, wenn die ältesten Straßenkarten, die wir kennen, Pilgerrouten verzeichnen. Nun kann man nicht behaupten, daß diese Karten notwendig gewesen sind, um Pilgerreisen zu ermöglichen. Die jeweiligen Pilgerrouten gab es schon Jahrhunderte vor unseren gedruckten Reisekarten; keine Reise wurde auch durch Wegemarken und im Abstand von Tagesmärschen errichtete Hospize so relativ erleichtert wie die Pilgerfahrten zu den großen Zentren des religiösen Kultus. Dennoch sind die ältesten Landkarten, die nicht mittelbar von antiken Vorbildern herrühren, Pilgerwegkarten. Waren sie für die Pilgerreise selbst auch nicht unbedingt vonnöten, dann doch wenigstens nützlich für die vorherige Einstimmung und für den späteren Rückblick, auch für die Orientierung unterwegs und für die der Daheimgebliebenen. Es ist kaum möglich, sich in die Empfindungen, in die Denkweise der Menschen vor fünfhundert Jahren hineinzuversetzen. Daß Pilgerwegkarten auch für Reisen mit profaneren Beweggründen verwendbar waren, versteht sich von selbst.

Die älteste bekanntgewordene Pilgerstraßenkarte ist die Romwegkarte des Nürnberger Kompaßmachers und Astronomen Erhard Etzlaub (um 1460–1532), die vermutlich anläßlich des »Heiligen Jahres« 1500 entstand: »Das ist der Rom-Weg von meylen zu meylen mit puncten verzeychnet von eyner stat zu der andern durch teutzsche lantt« (Holzschnitt, 28,5 × 42,5 cm). Die nach Süden orientierte Karte reicht von Jütland bis nach Mittelitalien, im Westen bis Paris und Narbonne, im Osten bis Krakau und Ofen. Die Etzlaubsche Romweg-Karte verzeichnet die wichtigsten Routen für Rompilger aus Nord-, Ost- und Mitteleuropa, nicht jedoch die westeuropäischen Romwege. Die nördlichste Route beginnt in Ripen (Schleswig), an der Nordsee sind Nieuport und Bremen Ausgangspunkte der Romwege, an der Ostsee gilt das für Lübeck und Rostock. Eine besonders lange Pilgerstrecke beginnt im Deutschordensland Preußen, führt an den Küstenstädten Preußens und Pommerns vorbei bis Stettin, biegt dort nach Süden, um über Berlin, Leipzig und Regensburg zum Brenner und weiter nach Rom zu führen. Die Pilgerstraßen sind durch Punktierung hervorgehoben, wobei der Abstand zwischen zwei Punkten einer Meile entsprechen soll. Die Zuverlässigkeit dieser Anga-

Erhard Etzlaub, Romwegkarte, Nürnberg 1500

Martin Waldseemüller, Straßenkarte Europas

ben hebt Etzlaub im relativ langen, als Bildlegende unter der Karte stehenden Erläuterungstext hervor, der über das Ausmessen der Entfernungen und über den Gebrauch des Reisekompaß unterrichtet. Ganz selbstverständlich bildet Nürnberg das Zentrum der Karte, seine Bedeutung als Verkehrsknotenpunkt wird besonders herausgestellt. Etzlaubs Romweg-Karte enthält relativ viele Ortsnamen, die Mittelgebirge sind (meist) erkennbar, die Alpen erscheinen als Hindernis, allerdings als eines, das bequemer zu überwinden ist als es der damaligen Wirklichkeit entsprach. Sogar eine grobe territoriale Einteilung wird durch unterschiedliche Färbung der Flächen kenntlich gemacht.

Etzlaubs Werk erlebte mindestens drei Auflagen und wurde für einige Jahrzehnte typbildend für die Karten Deutschlands bzw. Mitteleuropas. Noch 1569 erschien in Nürnberg eine bearbeitete Neuausgabe. Etzlaubs Romweg-Karte ist einerseits noch der letzte Vertreter der in einiger Zahl überlieferten gezeichneten Pilgerstraßenkarten des 12. bis 15. Jahrhunderts, andererseits gibt sie der Entwicklung der gedruckten Landkarte wesentliche Impulse.

Straßenkarten

Franz Wawrik definiert im »Lexikon zur Geschichte der Kartographie« (Wien 1986) die Straßenkarte als »Orientierungskarte mit besonderer Hervorhebung des Wegenetzes samt Klassifizierung und Entfernungsangaben bzw. Angabe von Wegzeiten. Gelegentlich werden Distanzen von einem zentral gelegenen Ort aus gerechnet. Straßenkarten sind stets auf die praktische Anwendung ausgerichtet.« Bereits Etzlaubs Romweg-Karte genügte diesen Anforderungen. Da die Pilgerwege meist den vielbefahrenen Straßen folgten bzw. diese Straßen dort entstanden, wo es die Bedürfnisse der Pilger notwendig machten, überrascht es nicht, wenn sich aus Pilgerroutenkarten die ersten »profanen« Straßenkarten entwickelten. Die Straßen des 16. und auch noch viele der des 18. Jahrhunderts, deren kartographischer Darstellung wir uns hier zuwenden, darf man dabei auch nicht annähernd mit dem vergleichen, was man heute unter »Straßen« versteht.

Wieder ist es Erhard Etzlaub, dem wir die erste erhaltene Straßenkarte in Europa verdanken. Im Jahr 1501 erschien eine Deutschland-(Mitteleuropa)-Karte, die offenkundig aus der Romweg-Karte entwickelt wurde: »Das seyn dy lantstrassen durch das Romisch reych von einem Kunigreych zu dem andern dy an Teutzsche land stossen von meiln zw meiln mit punct verzaichnet« (Holzschnitt von Georg Glogkendon, 54,5 × 40 cm). Der Blattschnitt greift im Westen bis nach Mittelfrankreich und damit weiter aus als auf der Romweg-Karte. Wie in der Romweg-Karte sind die wichtigen Nord-Süd-Verbindungen dargestellt, hinzu kommen hier aber noch die wichtigsten Ost-West-Straßen. In der Randleiste gibt Etzlaub Hinweise zur Dauer der Tageshelligkeit, was für Fußreisende eine wichtige Hilfestellung bedeutete, konnten sie sich doch danach die jeweilige Dauer eines Tagesmarsches einteilen. Etzlaub stellte Nürnberg als Verkehrsknotenpunkt heraus, die Karte enthält rund 820 Ortsnamen. 1532 gab Georg Glogkendons Sohn Albrecht eine Neuauflage heraus.

Auch die Straßenkarte Europas von Martin Waldseemüller (etwa 1470–1518), dem wohl bedeutendsten Kartographen an der Wende vom 15. zum 16. Jahrhundert, ist in der ganzen Anlage erkennbar der Etzlaubschen Romweg- und der Straßen-Karte verpflichtet: »Carta Itineraria Evropae« von 1511 (Holzschnitt von vier Stöcken, Gesamtformat 106,7 × 140,7 cm), von der nur ein Exemplar einer zweiten Auflage (Straßburg 1520, bei J. Grüninger) im Tiroler Landesmuseum Ferdinandeum in Innsbruck bekannt geworden ist. Die südorientierte Karte enthält, im Gegensatz zu Etzlaubs Romweg-Karte, auch West-Ost-Verbindungen. Auch hier sind die wichtigen, in die Karte aufgenommenen Straßen durch Punktierung wiedergegeben worden. Neben dem durch den Kartentitel in den Vordergrund gestellten Karteninhalt der wichtigsten Reisewege enthält Waldseemüllers Karte noch andere Elemente. Auf der einen Seite versucht sie, das Höhenrelief der Gebirgszüge Europas anschaulich und auch die großen Waldgebiete erkennbar zu machen, andererseits bilden die Wappenleisten und die Texte an den Rändern ein Emblem, ein Sinnbild der europäischen Staatenordnung unter der theoretisch alle Territorien überspannenden Idee des römisch-deutschen Kaisertums.

Als erster Straßenatlas kann das »Itinerarium orbis christiani« gelten, ein textloses Werk, das zuerst 1579/80 erschien und aus 84 Karten im Format von etwa 14 × 19 cm bestand. Der Autor des Werkes ist unbekannt, die Zuschreibung an Johannes Metellus (Jean Matal, etwa 1520–1597) ist nicht gesichert. Gestochen wurden die Karten von Frans Hogenberg, damit dürfte alles für Köln als Verlagsort sprechen, wo der Atlas auch entstanden sein wird (Meurer). Wie bereits sein mehrsprachiger Titel erkennen läßt, ist das »Itinerarium orbis christiani/Itinerario de tutti i paesi christiani/Wegweiser des gantzen Christentums/La guide des chemins de tous les pais de la chrestienté« ein Gebrauchsbuch, das Reisenden in ganz Europa dienen sollte. Das Werk erschien in mindestens vier Plattenzuständen und in zahlreichen Variationen seiner Zusammensetzung etwa zehn Jahre lang. 54 der 84 Karten enthalten Straßeneintragungen. Dabei sind die wichtigen Fern- und Handelsstraßen berücksichtigt worden. Als Straßensignatur dient eine doppelt punktierte Linie. Wo die Straßensignatur den Kartenrand erreicht, werden die mit der Straße verbundenen Zielorte verzeichnet, die außerhalb des jeweiligen Kartenschnitts liegen, so daß die einzelnen Karten in einen überregionalen Zusammenhang eingeordnet und die Folgekarten nachgeschlagen werden können; bei 20 Karten fehlen diese Angaben. Um 1587 wurden 20 der Karten zusätzlich mit einem Findegitter versehen.

Eine frühe Form moderner Straßenkarten ist in der Karte »Totius Germaniae novum Itinerarium« (Nürnberg 1641, Kupferstich, 41,8 × 56 cm) der Rothenburger Johann Georg Jung (1583–nach 1641) und Georg Conrad Jung (1612–1691) erkennbar.

Die besten, detailreichsten und umfassendsten Straßenkarten entstanden im 17. und 18. Jahrhundert in England. In diesem überschaubaren und wirtschaftlich weitentwickelten Land war das Aufkommen zahlreicher aussagekräftiger Straßenkarten geradezu zwangsläufig. In der Nachahmung des englischen Vorbildes errang das sich zu einem streng durchorganisierten, zentralistischen Staat wandelnde Frankreich auf dem europäischen Festland auch bei der Herausgabe von Straßenkarten einen Vorsprung. Hier wurden zu Beginn des 18. Jahrhunderts die Vorformen moderner Signaturen (doppelte, einfache und unterbrochene Linien) entwickelt, mit denen sich auf Landkarten Art, Zustand und Ausbau von Verkehrswegen darstellen lassen.

Das französische Vorbild wurde auch im Bereich der Straßenkarten schnell in Deutschland nachgeahmt. Obwohl dieser Aufsatz sich nur mit gedruckten Karten befaßt, sei doch ausnahmsweise auf die nur als Handzeichnungen gefertigten Karten des in preußischen Diensten stehenden Militärgeographen Peter von Montargues (1690–1730) verwiesen, der in seiner Karte der Kurmark Brandenburg und in der »Land-Carte der Gräntzen der Prignitz und des Mecklenburgischen Landes« die Straßen durch unterschiedliche Linien-Signaturen sowie durch differenzierte Farbgebung klassifizierte. Peter von Montargues war Hugenotte, so daß in seiner Person der Anschluß an die französische Entwicklung, den besonders Preußen schnell fand, leicht nachweisbar wird. Die genannten Karten gehören heute zur Kartensammlung in der Staatsbibliothek der Stiftung Preußischer Kulturbesitz.

Aus England stammt ein weiterer sehr spezialisierter Typus der Straßenkarte, dessen Nutzung heute nicht mehr üblich ist. 1675 veröffentlichte John Ogilby (1600–1676) in London einen Straßenatlas (»Britannia«), der 100 Karten enthielt, auf denen ebensoviele Straßen streifenförmig vom Ausgangs- bis zum Endpunkt ihres Verlaufs detailliert dargestellt wurden. 1720 erweiterte Bowles diesen Atlas auf 274 Karten. Mitte des 18. Jahrhunderts wurde diese vorbildliche englische Straßenkartographie, von der nur zwei markante der zahlreichen Beispiele genannt werden konnten, in Frankreich nachgeahmt und auf die französischen Gegebenheiten übertragen.

Die zeitweilige Personalunion zwischen dem Kurfürstentum Sachsen und dem Königreich Polen verstärkte auch die wirtschaftlichen Verbindungen zwischen Sachsen und Polen, so daß auch die Kartenmacher zur Herausgabe besonderer Straßenkarten angeregt wurden, nach denen offenbar Bedarf bestand: »Pohlnische Reise-Chärtchen oder geographische Delineation der vornehmsten Passagen von Dresden nach Warschau« (Kupferstich, Nürnberg 1738), eine Routenkarte von Adam Friedrich Zürner (1679–1742). Daran anschließend: »Polnische Reisekarte über die vornehmsten Passagen von Dresden nach Warschau auf zweyerley Wegen: I. über Breslau, Peterkau, II. über Lissa, Kalicz. Aus Zürnerischen und andern Nachrichten geogr. entworfen ...« (Nürnberg 1740, Neuauflage 1751, Verlag der Homännischen Erben; Kupferstich, 19 × 69 cm), bereits das Format läßt erkennen, daß es sich um eine Streifenkarte handelt, bei der es nur um die Wegstrecke, um den Routenverlauf geht. – »Verjüngtes Connexions-Chärtchen von Dresden nach Warschau«, Dresden, um 1740, ebenfalls von Zürner; sehr eindrucksvoll ist die »Carte itinéraire par les pays de l'électorat de Saxe faisant voir les grands chemins depuis Lipsic jusque'aux Villes les plus principales des pays circonvoisins, faite en faveur du commerce et publié.../ Hohe Heerstrasse durch das Churfürstenthum Sachsen, wie selbige aus Polen u. Schlesien in die Lande Thüringen, Sachsen, Meißen u. so ferner gehen soll...« (Nürnberg 1752, Homännische Erben; Kupferstich 37 × 56 cm) von J. C. K. Reichenbach.

Eine reizvolle und lokalgeschichtlich interessierende Besonderheit sind die von Carl Ludwig Oesfeld (1741–1804) angefertigten Spezialkarten »Reise Charte von Berlin nach Kiritz« (gehört zu dem Werk »Beschreibung der Reise von Berlin nach Kyritz in der Prignitz vom 25. Sept. bis 2. Oct. 1779« des bedeutenden Geographen Anton Friedrich Büsching, Berlin 1780; Kupferstich von Gottfried Wilhelm Wolff, 15,5 × 47,7 cm) und »Reise Charte von Berlin nach Schwedt« (gehört zu der Serie »Sammlung kurzer Reisebeschreibungen« von Johann Bernoulli, Bd. 1–15, Berlin 1782–1793; Kupferstich von Benjamin Glassbach jun., datiert 1781, 9 × 41 cm).

Die zuletzt genannten Blätter sind Beispiele der hochentwickelten kartographischen Technik, die in Berlin gepflegt wurde, als gegen Ende der Regierungszeit Friedrichs des Großen ab etwa 1771 das strenge Publikationsverbot, Landkarten heimischer Provinzen betreffend, nach und nach stillschweigend und zunächst fast verschwörerisch unterlaufen wurde, bis es 1786 endete. An erster Stelle ist hier das sogenannte Schulenburg-Schmettausche Kartenwerk zu nennen (1767–1787), das der Verwaltung eine brauchbare Karte Brandenburgs und von Teilen der benachbarten Provinzen zur Verfügung stellte. In engem Zusammenhang damit stehen die exakten und informationsreichen Kreis- und Provinzkarten der Kartographen Carl Ludwig (von) Oesfeld (1741–1804) und Daniel Friedrich Sotzmann (1754–1840), die, zunächst nur als Handzeichnungen für den internen Bedarf entstanden, seit 1784 in schneller Folge als Kupferstiche veröffentlicht wurden, bis der Einzug Napoleons in Berlin 1806 diese Periode in der Geschichte der berlinisch-preußischen Kartographie beendete. Oesfeld und Sotzmann legen große Sorgfalt auf die Darstellung des Straßen- und Wegenetzes, so daß alle ihre Karten auch als Straßenkarten gelten können. Der Darstellung des Straßennetzes kommt zusätzlich Bedeutung zu, weil seit 1793 in Preußen der Bau moderner Straßen (Chausseen) planmäßig unternommen wurde. Die Karten Oesfelds und Sotzmanns wurden schon von den Zeitgenossen wegen ihrer Klarheit und Übersichtlichkeit geschätzt. Diese Wertschätzung muß man auch heute noch teilen.

Als spätes und hochentwickeltes Beispiel einer Straßenkarte in englischer Manier (Methode), also als Streifenkarte, erscheint die 1810 von Friedrich Justin Bertuchs Weimarer Bureau d'Industrie veröffentlichte »Carte de la route de Leipzic à St. Petersbourg. Dressée en bandes à la manière angloise«, die aus 22 neben- und übereinander angeordneten Streifen mit Teilstrecken in wechselnder Nordrichtung besteht (Kupferstich, 33,5 × 44 cm). Die Streifen erfassen einen etwa 20 km breiten Bereich, die Route und die Grenzen sind koloriert.

Postroutenkarten

Als sich im 17. Jahrhundert in Europa mit zunehmender Dichte ein länderübergreifendes Postwesen ausbildete, das nicht nur den Transport von Briefen und Paketen übernahm, sondern in Postkutschen auch Personen beförderte, bildete sich mit der Postroutenkarte schnell eine Sonderform der Straßenkarte heraus. Postroutenkarten stellen das Netz der Poststraßen dar und informieren mit wechselnder Gewichtung über Lage und Namen von Poststationen, über Entfernungen, über Sonderdienste der Posthaltereien, über die Art der Post (fahrend, reitend, Schnellpost) und über die Häufigkeit der Verbindungen. Diese Aufzählung ist nicht vollständig, die Informationen, die die Postroutenkarte zu geben vermochte, wurden im Laufe der über zweihundertjährigen Geschichte dieses Kartentypus immer zahlreicher und detaillierter.

Der Zusammenhang zwischen den Straßen- und Postroutenkarten des 17. und 18. Jahrhunderts ist eng, eine strenge Trennung ist nicht immer leicht möglich. Einigermaßen befahrbare Straßen wurden nun einmal in der Regel auch von der Post genutzt. Einen Anhaltspunkt, beide Ausführungen eines Grundgedankens auseinanderzuhalten, bietet vielleicht der Hinweis, daß auf den Postreisekarten des 17. und vor allem des 18. Jahrhunderts zur der Straßenkarte eigenen Information über Streckenführung und Entfernungen eben noch die Angaben über das Dienstleistungsangebot einer bestimmten Unternehmensform hinzukommen, über das der staatlichen bzw. privaten Postanstalten. Allerdings muß beachtet werden, daß Hinweise auf solche Dienstleistungen auch Straßenkarten und selbst Territorialkarten nicht fremd waren, z. B. Signaturen für Gasthäuser und Herbergen. Auf den Postroutenkarten jedoch stehen solche dem Reisenden, auch dem Fußreisenden, hilfreichen Informationen in einer Verbindung zueinander, die große Entfernungen länderübergreifend überbrückt.

So wie Straßen- und Entfernungskarten Meilenscheibe und Meilenzeiger nicht verdrängen konnten, stand neben der Postroutenkarte der Kurszettel, der Termine und Stationen tabellarisch aufführte und sich mit der Postrouten-

Johann Peter Nell und Johann Baptist Homann, »Post-Charte durch gantz Teutschland«

karte ergänzte, die längere Strecken und sich verzweigende Fahrtrouten anschaulich machen konnte.

Als älteste Postroutenkarte gilt die 1632 in Paris erschienene »Carte Geographique des Postes qui traversent la France« von Melchior Tavernier, die zahlreiche Nachfolger fand. Die bereits erwähnten hochentwickelten englischen Straßenkarten erfüllen meist ebenfalls die Funktion von Postroutenkarten. Für Deutschland maßgebend wurde die vom Kaiserlichen Feld- und Hauptpostmeister in Prag, Johann Peter Nell (von Nellenburg, 1672–1743), 1709 entworfene Postroutenkarte des römisch-deutschen Reiches, deren Urfassung 1711 in Brüssel publiziert worden war. In der Fassung, die sie 1714 vom Nürnberger Kartenverleger Johann Baptist Homann (1664–1724) als »Neu-vermehrte Post-Charte durch gantz Teutschland nach Italien, Franckreich, Niederland, Preußen, Polen, und Ungarn etc.« (bei vielen Ausgaben ist über dem oberen Kartenrand hinzugefügt: »Postarum seu Veredariorum Stationes per Germaniam et Provincias adiacentes«; Kupferstich, 48 × 59 cm) erhielt, konnte sie lange als vorbildlich gelten, wie zahlreiche verbesserte Auflagen belegen. Die Karte unterscheidet durch Signaturen einerseits zwischen reitenden Posten (einfache Linie), fahrenden Posten (Doppellinie) und Landstraßen (punktierte Doppellinie), andererseits erläutert sie durch verschiedenartig kombinierte Querstriche innerhalb der schematisch als Linien gezeichneten Poststrecken deren Länge (bzw. die Fahrtdauer) von Station zu Station. Die Nell'sche Karte differenziert von »ein und eine halbe Post« bis zur »dreyfache[n] Post«, wobei eine »Post« etwa zwei deutschen Meilen entspricht (d.h. fast 15 km). Die Angaben, ob reitende oder fahrende Posten eine Route frequentieren oder ob es sich um eine Landstraße handelt, sind durchaus auch als Angaben über den Straßenzustand und darüber zu verstehen, ob die Straße z.B. mit einem Wagen einigermaßen gefahrlos befahren werden konnte; diese Differenzierung fand sich auf der Erstausgabe der Nell'schen Karte noch nicht.

Die Entfernungsangabe in »Posten« zu je zwei deutschen Meilen hat Nell möglicherweise von der wohl älteren Postroutenkarte des Augsburgers Jeremias Wolff (1663–1724) übernommen, die etwa um 1705 erschienen sein dürfte: »Teutschland in seine 10 Kreise abgetheilt ... mit sonderbarem Fleiss, zu der reisenden Personen grösten Nuzen von einen aller angezeigten Post-Routten wolerfahrnen zusammen gebracht« (Kupferstich, 46,3 × 54,3 cm). Wolff, seine Karte erläuternd, teilt mit, er habe von der maßstabgerechten Einzeichnung der Postorte abgesehen und gebe die Entfernung in »Posten« an.

Die Rivalität zwischen der sich seit 1649 entwickelnden brandenburgischen, später preußischen Staatspost und der Thurn und Taxis'schen Reichs-Postverwaltung kommt sichtbar in der ältesten preußischen Postroutenkarte zum Ausdruck, die der preußische General-Erbpostmeister J. C. Kolbe von Wartenberg kurz nach der Errichtung des preußischen Königtums (1701) von François Halma (1653–1722) in Amsterdam herstellen ließ: »Regni Borussiae et Electoratus Brandeburgici ... quae Friderici, Regis Boruss. sceptro reguntur, nec non finitimarum Provinciarum Delineatio, ad Stationes Publicorum Cursuum et Veredariorum ...« (Kupferstich, 48 × 66 cm). Die Karte verzeichnet die rund 200 deutsche Meilen langen brandenburgisch-preußischen Postrouten, die nach ihrer Art differenziert und mit Entfernungsangaben gekennzeichnet sind. Die Postrouten der Thurn und Taxis'schen Reichs-Post sowie die anderer deutscher Territorien werden nur in undifferenzierter Punktierung als vorhanden vermerkt. Eine verbesserte und aktualisierte Fassung dieser Karte wurde um 1730 von Peter Schenk d. J. (vor 1698–1778) verbreitet.

Das 18. Jahrhundert brachte allein für Deutschland eine kaum noch zu übersehende Fülle von Postroutenkarten hervor. Neben die Gesamtdarstellungen des deutschen Postroutennetzes traten dabei immer mehr Postroutenkarten einzelner Regionen (z.B. einzelner Reichskreise) oder Territorien. Durch den Ausbau des Straßennetzes und die ständige Zunahme von Handel und Verkehr und damit auch der Postrouten und der Frequenz der Postlinien veralteten die Routenkarten immer schneller und mußten durch verbesserte Neuauflagen oder durch Neueditionen ersetzt werden. Auch die Ansprüche der Benutzer an die Aktualität der Karten und deren Informationsmenge und -qualität nahm zu. Diese Entwicklung beschleunigte sich nach dem Ende des Siebenjährigen Krieges und hielt, trotz einiger Rückschläge durch die Zeitereignisse, bis zur Mitte des 19. Jahrhunderts an.

Auch das Format von Postroutenkarten nahm vom 18. Jahrhundert an zu, mehrblättrige Karten entstanden, wie 1764 die »Neue und vollstaendige Postkarte durch ganz Deutschland und durch die angränzenden Theile der benachbarten Länder ...« (Kupferstich, zusammengesetzt 74 × 91 cm) im Verlag der Homännischen Erben zu Nürnberg. Verantwortlich für den Inhalt der Karte waren die Postmeister Johann Jakob von Bors und Franz Joseph He-

François Halma, »Regni Borussiae et Electoratus Brandeburgici…«, sogenannte Wartenberg-Karte ger. Die Karte wurde auch als Taschenatlas mit 17 Blättern angeboten. Die Zeit kennt mehrere Karten, die durch eine solche Aufteilung handlicher gemacht wurden. Große Sektionen (je 48 × 73 cm) blieben auch in nicht zusammengesetzter Form von der »Post Charte d. Kaiserl. Königl. Erblanden« übrig, die Georg Ignaz Freiherr von Metzburg (1735–1798) 1782 in Wien erscheinen ließ (Kupferstich, gestochen von Johann Ernst Mansfeld). Gleich als Atlas konzipiert war ein »Neuer Post- und Reise-Atlas von ganz Deutschland u. einigen angränzenden Ländern bestehend in 31 accurat gezeichneten Post-Kärtchen zum bequemen Gebrauch auf Reisen eingerichtet u. zu finden bey Chr[istoph] Weigel & A. G. Schneider in Nürnberg« (um 1785), der auch die Königliche Postverordnung von 1689 und ein Verzeichnis der Hauptstationen enthielt.

Die Berliner Akademie der Wissenschaften hatte 1748 das Königliche Privileg zur Herstellung und zum Vertrieb von Landkarten erhalten, das sie fleißig nutzte und aus dem sie erhebliche Einnahmen erzielte, trotz der gleichzeitigen Behinderung dieser Arbeit durch den sie privilegierenden König Friedrich den Großen, der aus Gründen der militärischen Sicherheit hartnäckig verhinderte, daß von seinen Landen genauere, den modernen Ansprüchen genügende Landkarten veröffentlicht wurden. Eine der bedeutenderen der von der Akademie publizierten Karten war eine »Deutsche Postcharte« (so die einzige deutsche Titulatur auf der Karte in der rechten unteren Ecke), an der unter der Leitung des bedeutenden Mathematikers und Kartographen Leonhard Euler (1707–1783) seit 1752 gearbeitet wurde. 1754 entstanden die ersten Abdrucke.

Nach »sorgfältiger und aktueller Erhebung« der Postrouten, wie der Kartentitel festhält, erschien 1755 die »Tabula geographica Imperii Germanici per novissimas observationes emendata iussuque Academ. Regiae Scient. et Eleg. Litt. Bor. descripta, in qua simul stationes cursuum et veredariorum publicorum exhibentur ...« (Kupferstich, 60,5 × 72,5 cm). Autor der Karte war der Geograph der Akademie, Johann Christoph Rhode (1713–1786), gestochen wurde sie von Friedrich Gottlob Berger (1713–1800). Besonders sorgfältig wurde das Kolorit angelegt, die Straßen sind durch ihre Farbgebung unterschieden (fahrende Posten sind rot, reitende grün und zu Fuß gehende sind gelb gefärbt). Die »Deutsche Postcharte« verstand sich als erklärte Konkurrenz zur Nell'schen Karte der nunmehr Homännischen Erben. Auch von Nells Postroutenkarte gibt es verschiedene Ausgaben und Auflagen, in denen die Routen durch ihre Farbgebung eingeteilt werden. Auf Anregung Eulers wurden 1762 Korrekturen in die Karte eingearbeitet, seit diesem Jahr erschien sie mit einem Korrekturvermerk.

Für die zahlreichen regionalen Postroutenkarten mag hier stellvertretend die »Special Post Karte durch den Schwaebischen Kreis ...« stehen (Kupferstich, 51,3 × 63 cm), die 1752 bei den Homännischen Erben in Nürnberg erschien. Der Schwäbische Reichskreis erstreckte sich vom Südufer des Bodensees bis fast nach Heidelberg und zum Odenwald im Norden, vom Lech im Osten bis zum Rhein im Westen. Auf der Karte sind die Hauptkurse der fahrenden Post koloriert, die Entfernungen erscheinen in Stunden (1 Stunde ist ungefähr 0,55 deutsche Meilen).

Die bedeutendste regionale Postroutenkarte ist unbestritten die »Neue Chur Saechsische Post Charte darinnen des Chur Fürstenthum Sachsen und seiner incorporirten Lande wie auch andere angraentzende vornehmste Vestungen, Staedte ... Postwege, Strassen« (Kupferstich von 2 Platten von Moritz Bodenehr, 65 × 104 cm, mit Ortsverzeichnis und Rand 90 × 124 cm). Das Straßennetz ist außerordentlich sorgfältig wiedergegeben, zahlreiche Signaturen unterscheiden nach Verkehrsart, klassifizieren die Straßen, beschreiben den Straßenzustand und nennen den Standort der einzigartigen steinernen Postmeilensäulen Sachsens (alle Angaben anhand der Ausgabe von 1753). Die Karten Zürners sind für die Zeit sehr hoch entwickelt und genau, eine Folge sorgfältiger Messungen. Adam Friedrich Zürner (1679–1742) war zunächst Pfarrer, erhielt wegen seiner kartographischen Fähigkeiten aber 1713 den Auftrag, Sachsen zu kartieren. 1715 war seine »Post Charte« fertig, die 1719 im Druck erschien. Im Jahr 1730 folgte eine zweite, verbesserte Ausgabe, nun wegen ihres großen Formats von zwei Platten gedruckt. Weitere Auflagen folgten 1736 und 1753. Wenn Zürner in den Titel der Neuausgabe von 1736 das Privileg »... und mit Ihrer Königl. Maj: ernstlichem Verbothe diese nicht nachzustechen ...« aufnahm, so nützte das wenig, innerhalb weniger Jahre erschienen zahlreiche Kopien durch die großen Kartenverlage der Zeit (Homännische Erben, Seutter und Schenk).

Von Zürner abhängig ist Peter Schenks d. J. (vor 1698–1778) »Wegweiser durch das Churfürstenthumb Sachssen ...« (Kupferstich, 47 × 57 cm), entstanden um 1730; schon im Kartentitel vermerkt Schenk stolz: »... vermöge dessen uber secsste halb Tausend nach dem Alphabet angemerckte Distanzien so gleich erörtert werden«. Vermutlich 1734 legte Schenk eine weitere Edition vor, die nach

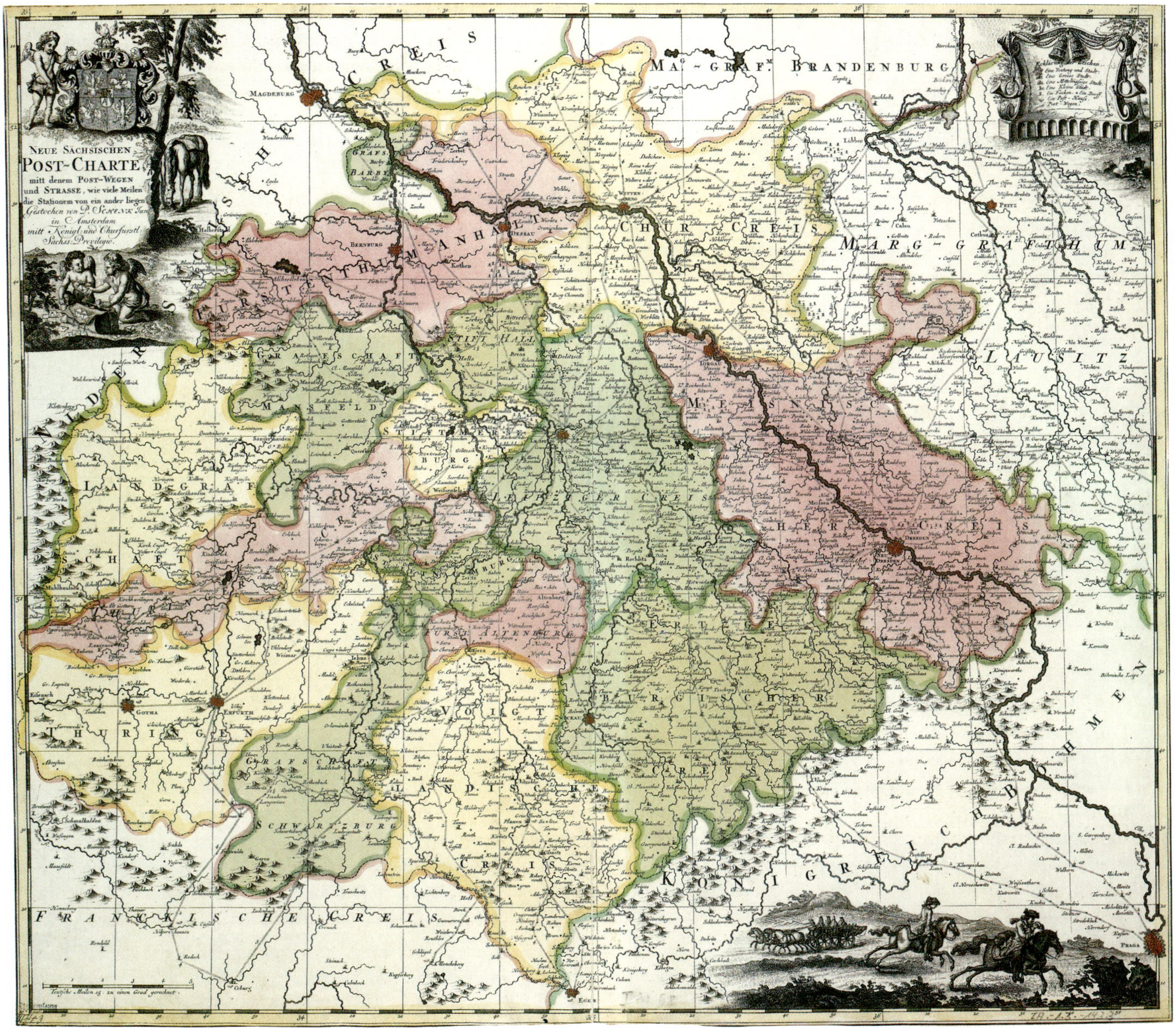

Peter Schenk d. J., »Neue Sächsische Post-Charte«, vor 1734

Zürners Vorlage gestochen worden war: die »Neue Sächsische Post-Charte mit denen Post-Wegen und Strasse. Wieviele Meilen die Stationen voneinander liegen« (Kupferstich, 48 × 57 cm).

Auch die Leipziger Kartographen Johann Georg Schreiber (1676–1750) und Johann Georg Schreiber d. J. haben, offenbar unter dem Einfluß des Zürner'schen Vorbildes, ihre reiche Produktion großformatiger Karten, teils von ihnen selbst, teils von den Homännischen Erben verlegt, mit sehr genauen und detaillierten Signaturen versehen, gerade auch im Hinblick auf das Wege- und Postroutennetz. Selbst Schreibers Karten aus dem kleinformatigen »Atlas selectus« (ab 1750) berücksichtigen, wenn auch in unterschiedlichem Maße, Wege, Straßen, Alleen und Postrouten, beispielsweise die Karten »Das Amt Gommern und Die Graffschafft Barby« (Kupferstich, 16,2 × 23,7 cm) und »Das Herzogthum Weimar nebst dem Erfurther Gebiethe« (Kupferstich, 16,2 × 24,8 cm).

Was eine Routenkarte an Informationen enthalten konnte, läßt sich dem folgenden Kartentitel aus dem Jahr 1784 entnehmen: »Reise-Karte von Magdeburg nach Lüneburg, welche die großen Heer- und Post-Straßen über Klözen, Quarenbek und Ülzen, über Gardeleben und Salzwedel enthält, nebst der jedesmahligen Beschaffenheit des Weges und Bodens, der Brücken und Dämme, der genauen Entfernung der Oerter und einem vollständigen Verzeichnis aller vorkommenden Zölle und Geleite« (Kupferstich, 29 × 43 cm).

Vom Ende des 18. Jahrhunderts bis Mitte des 19. Jahrhunderts erlebte der Typus der Postroutenkarte eine letzte quantitative und qualitative Blüte. Die Häufigkeit der Herausgabe neuer Karten hing einerseits mit den vielfältigen territorialen Veränderungen zwischen 1793 und 1815 (2. und 3. Teilung Polens, Rheingrenze, Säkularisierung und Mediatisierung, Veränderungen durch Napoleon und den Wiener Kongreß) und den ihnen folgenden Reorganisationen des Postwesens zusammen, andererseits hatte sie ihre Ursache in der ständigen bedeutenden Zunahme des Post-, Reise- und Warenverkehrs. Die Karten werden nun nüchterner und sind in unserem Sinn schon modern und sachbezogen. Die Informationen, die in ihnen unterzubringen sind, werden noch zahl- und umfangreicher, nicht zuletzt auch dank des Aufkommens der Schnellposten. Neue Zentren des Kartenverlegens entstehen in Wien, Frankfurt am Main, Weimar und Berlin, die die seit dem 17. Jahrhundert führenden Kupferstecherstädte Nürnberg und Augsburg ablösen. Nach der Mitte des 19. Jahrhunderts entsteht mit der Eisenbahn-Reisekarte ein neuer Kartentypus, der die Tradition der Postrouten- und Straßenkarte neuen Erfordernissen anpaßt, wie es dann in unserem Jahrhundert die Autoreisekarte tun wird.

Hilfsmittel für Reisende zur Darstellung von Entfernungen

Es mußten nicht unbedingt Landkarten sein, mit deren Hilfe sich der Reisende über die Entfernung informieren konnte, die er zurückzulegen hatte. Neben den Routenkarten standen schon früh die Meilenscheiben, die als Kupferstiche (anfangs auch als Holzschnitte) verbreitet wurden. Als Mittelpunkt der Meilenscheibe wurde die Stadt abgebildet, von der die Reiserouten ausgingen. Da im Falle einer Druckgraphik das nicht für jeden denkbaren Ort möglich war, erscheinen in den meisten Meilenscheiben Augsburg oder Nürnberg als Mittelpunkt, Handelszentren, in denen die Meilenscheiben auch meist hergestellt wurden, da hier Zentren des Kupferstichs waren und später ab etwa 1700 die bedeutendsten deutschen Landkartenverlage ihren Sitz hatten. Daneben kommen noch Meilenscheiben mit Erfurt im Zentrum vor. Um den Mittelpunkt liegen mehrere Ringe, die in Sektoren eingeteilt sind, die jeweils einer Fahrtroute entsprechen. Die Routen gehen also strahlenförmig vom Ausgangspunkt der Reise im Zentrum aus. Im äußeren Ring steht für jeden Sektor der Zielort, in den Ringen zwischen Ausgangs- und Zielort stehen die auf der Reise berührten Zwischenstationen, alle mit Entfernungsangaben, so daß Gesamt- und Teilentfernungen ablesbar sind. Wenn sich Routen nach einer gemeinsamen Anfangsstrecke gabeln, so wird der entsprechende Sektor von dem Ort ab in zwei oder mehr Strecken unterteilt, an dem sich die Wege der bisher gemeinsam verlaufenden Strecken trennen. Meilenscheiben gab es nicht nur als Einblattdrucke, mitunter farbig dekoriert, sondern in mehr oder weniger einfacher Form auch als Kupfertafeln in den zahllosen Reisebüchern des 17. und 18. Jahrhunderts. Die Zahl der auf Meilenscheiben übersichtlich unterzubringenden Routen war naturgemäß sehr begrenzt und hängt allein vom gewählten Durchmesser der Meilenscheibe ab.

Ein frühes Beispiel ist die 1612 von Johann Schermer in Nürnberg herausgegebene Meilenscheibe »Eine grundliche und richtige der vierundzweinzigk vornehmen Haubt und

Handelsstätt hierverzeichnet und Unterweisung wie fern der Stätt eine von der löblichen weitberuhmten Keyserlichen freyen Reichstatt Nurnbergk gelegen ...« (Holzschnitt, 37 × 30,5 cm).

Von Caspar Augustin stammt eine 1629 nach einem älteren Holzschnitt (Hans Rogel, Augsburg) in Kupfer gestochene Meilenscheibe (41 × 40 cm), die prachtvoll mit allegorischen Figuren verziert ist und die Zielorte der Routen als kleine Stadtansichten abbildet. Drei der darin aufgeführten Routen sind »Ordinariposten« (regelmäßig verkehrende Postlinien).

Klaus Stopp hat auf ein Reisebuch aufmerksam gemacht (»Unentberliche dreyfache Leit=Stern der Reisenden«, Leipzig und Halle 1681), das fünf doppelseitige, inhaltsreiche und recht qualitätvoll gestochene (wohl von H. I. Schellenberger in Nürnberg) Meilenscheiben enthält, die neben Augsburg, Nürnberg und Erfurt auch andere Städte Deutschlands sowie Paris als Ausgangspunkt der Reisestrecken im Zentrum haben. Dabei ist Leipzig und Breslau jeweils eine eigene Meilenscheibe eingeräumt worden, während sich Wien und Prag zu zweit, Augsburg, Straßburg und Erfurt zu dritt sowie Hamburg, Nürnberg, Frankfurt am Main und Paris zu viert in eine Meilenscheibe teilen. Die weiteste Reiseroute auf den Meilenscheiben dieses Buches führt von Wien über Belgrad und Konstantinopel nach Jerusalem (465 Meilen), die kürzesten führen von Augsburg nach Ingolstadt und von Straßburg nach Tübingen (je 9 Meilen).

Die Funktion der Meilenscheiben erfüllen auch die wohl noch verbreiteteren Meilenzeiger, die sich noch heute als in der Funktion unveränderte, nur der alten Dekoration entkleidete Entfernungstabellen in fast jedem Taschenkalender finden lassen. Am linken und auf dem oberen Rand eines Rechtecks oder am linken Rand und auf der Diagonale eines Dreiecks stehen dabei jeweils dieselben Namen recht zahlreicher Orte. Die Entfernung zwischen zwei Orten ist dort verzeichnet und leicht ablesbar, wo sich eine horizontale und vertikale Linie, die von den jeweiligen in Frage stehenden Ortsnamen ausgehen, innerhalb des Rechtecks bzw. des Dreiecks kreuzen. Die so entstehenden tabellarischen Spalten sind auf den barocken Meilenzeigern durch eine farblich kontrastreiche Kolorierung übersichtlich gestaltet worden.

Mitunter wurden, wo das dank der besonderen Gestalt des dargestellten Territoriums möglich war, auch Landkarten und Meilenzeiger miteinander kombiniert. Besonders gelungene Beispiele finden sich auf Karten des Herzogtums Anhalt (bzw. der vier anhaltinischen Herzogtümer), das sich handtuchartig von Nordwest nach Südost erstreckt und so im Rechteck des Kartenbildes genügend Platz für einen großen Meilenzeiger läßt. Das schönste Beispiel ist die Karte »Nova Anhaltini Principatus Tabula« (1710, Kupferstich, 43,5 × 55,8 cm) von Peter Schenk (1661–1711).

Aus praktischen Gründen ist die Kapazität von Meilenscheiben und Meilenzeigern relativ begrenzt, was die Vorteile der durch die tabellarische Darstellungsweise ermöglichten schnellen Information auf wenige Hauptreisestrekken reduziert. So entstanden parallel zu den gedruckten Meilenzeigern rasch Entfernungskarten, die es möglich machten, eine große Datenmenge differenzierter als auf den handlichen Tabellen darzustellen. Entfernungskarten hatten zudem den Vorteil, Entfernungen und Reisewege anschaulich zu machen. Die älteste Entfernungskarte von Deutschland ist die »Tabula Geographica totius S. Imperii Romani« (1690, Kupferstich, 69 × 81 cm) des Ulmer Mathematikers, Geographen und Kartographen Johann Ulrich Müller (1653– nach 1715). Diese Karte, die letztlich sicher auch auf englischen, vermutlich über französische Nachahmer vermittelten Vorbildern beruht, gehört im Prinzip bereits zum selben Typus wie unsere heutigen Straßenkarten. Die eingezeichneten Verkehrswege sind mit Entfernungsangaben versehen, so daß sich die Länge beliebig zu wählender Reiserouten feststellen läßt. Ansonsten handelt es sich bei dieser Karte um eine normale Landkarte des damaligen römisch-deutschen Reiches; besondere Signaturen informieren über die Größe der eingetragenen Städte (»Große Statt«, »Gemeine Statt«, »Stättlein«), über Schlösser, Universitäten und über (Erz-)Bischofssitze.

Verkehrswege auf normalen Landkarten

Für sich allein genommen sind Routenkarten nicht immer von überzeugendem Informationsgehalt, so daß man sich fragen kann, warum diese Sonderform nicht häufiger dadurch umgangen wurde, daß man Streckenangaben in Karten einarbeitete, die nach heutiger Klassifizierung zu den politischen oder physikalischen Karten zählen würden. Tatsächlich gab es bereits im 16. und 17. Jahrhundert Territorialkarten, in denen sich Straßen und Wege finden. Immer handelt es sich dabei um kleinere Bereiche oder um abgegrenzte Regionen, deren Karten aufgrund einer genauen

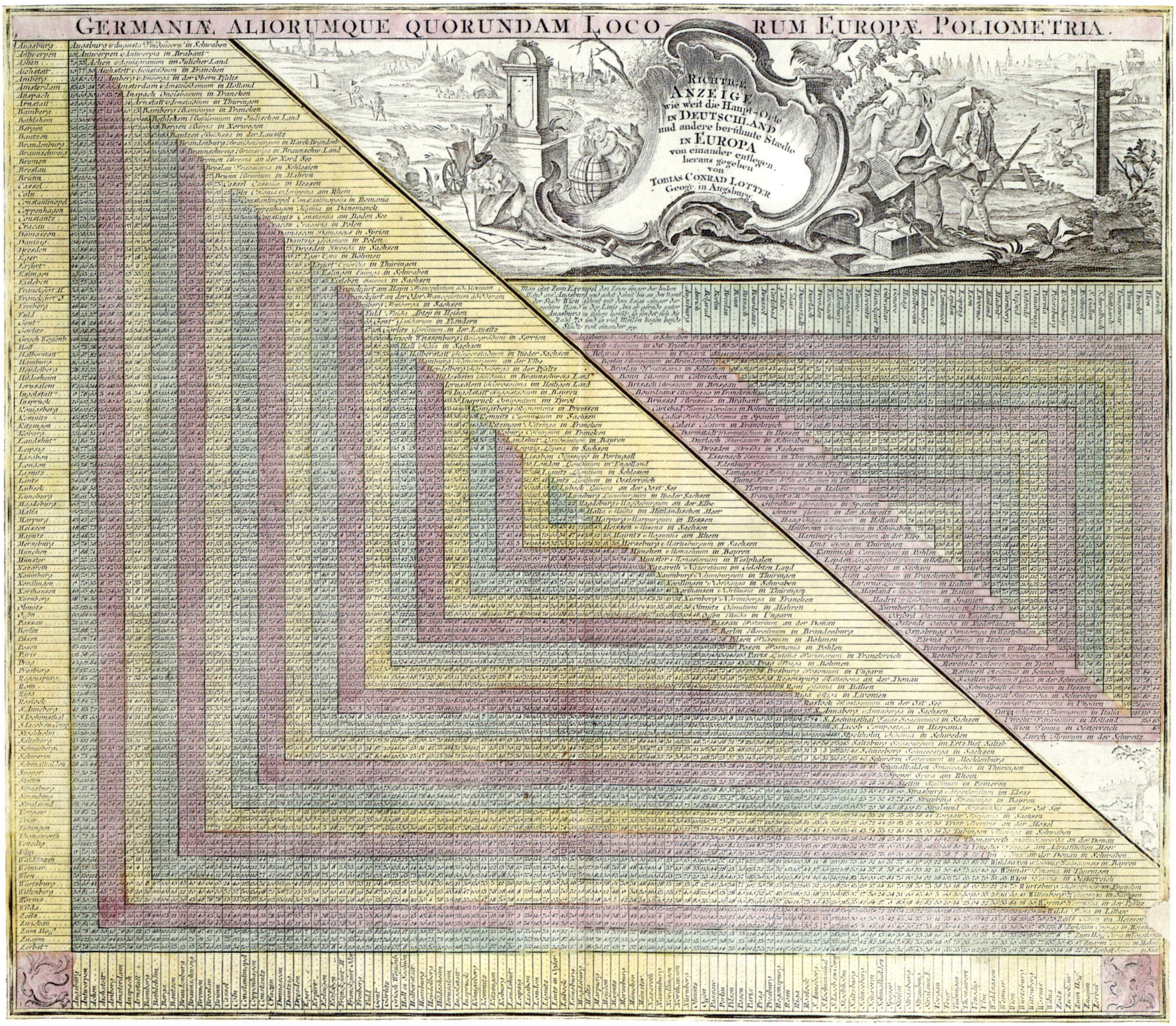

Meilenzeiger, Mitte 18. Jahrhundert

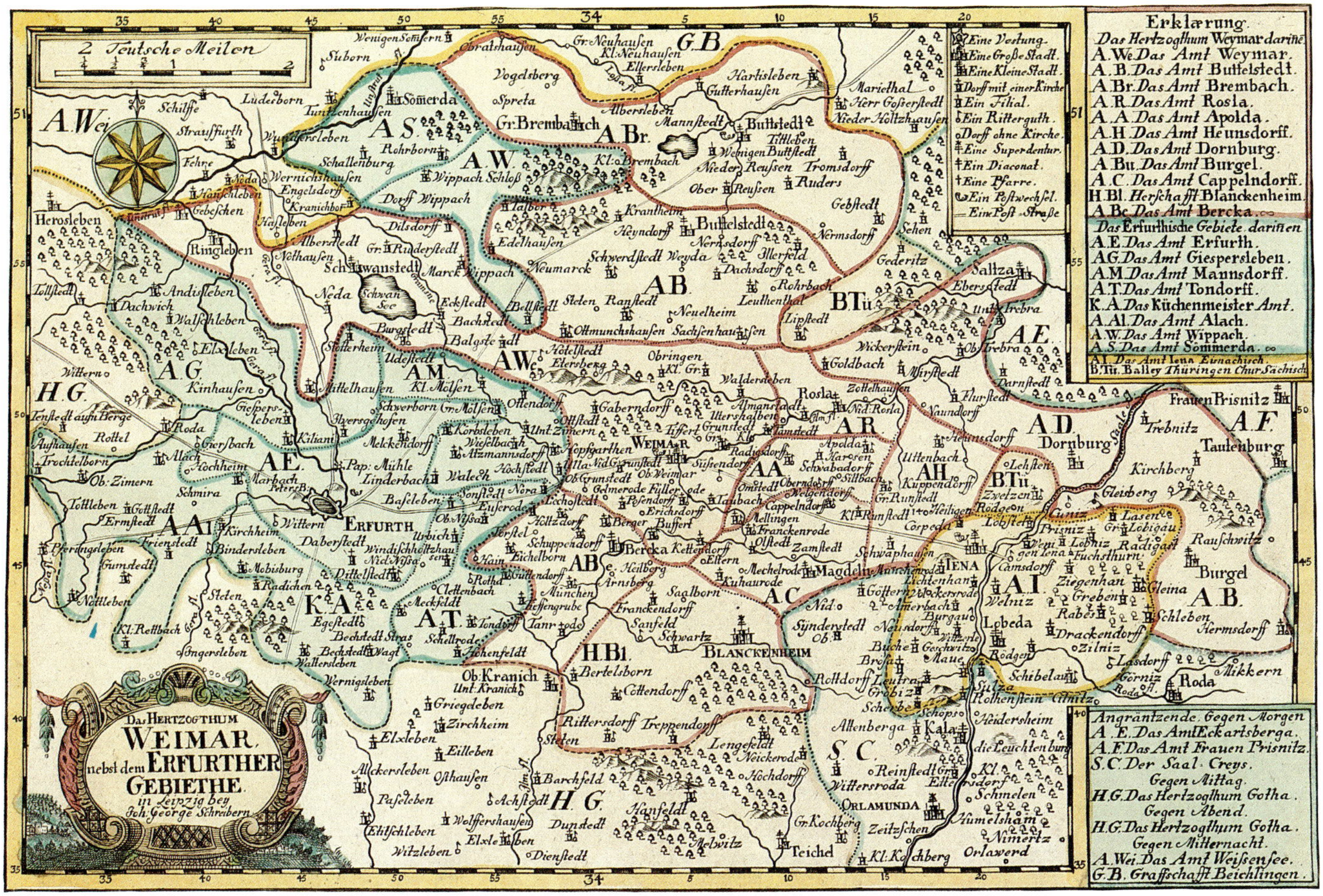

Johann Georg Schreiber, »Das Herzogthum Weimar nebst dem Erfurther Gebiethe«

Ortskenntnis oder Landesaufnahme entstanden. Das gilt beispielhaft für die 1652 veröffentlichten 43 Karten Schleswig-Holsteins und seiner Amtsbezirke, die Johannes Mejer (1606–1674) auf der Grundlage seiner Aufnahme beider Herzogtümer von 1638 bis 1648 herausbrachte. Auch fast alle Regionalkarten des Hoch- und Niederstifts Münster bzw. des Kurfürstentums Köln von Johannes Gigas (Riese, 1580–nach 1650) verzeichnen wichtige Straßen, auf manchen Karten werden sogar die außerhalb des Kartenrandes liegenden Zielorte der Straßen angegeben. Interessanterweise verzichten alle Karten, die von niederländischen Kartenmachern im 17. Jahrhundert nach den Gigas'schen Vorlagen von 1620 herausgegeben werden, so von Janssonius d.Ä., Blaeu, Danckerts, Valck, Schenk, einheitlich darauf, das Straßennetz der Gigas'schen Karten mit zu kopieren.

Erst im 18. Jahrhundert erscheinen dann in manchen »allgemeinen« Territorial- und Regionalkarten auch Straßen und Wege. Einige Hauptstraßen finden sich bereits auf der Schlesienkarte (»Superioris et inferioris Ducatus Silesiae ...«, Erstausgabe 1712) Johann Baptist Homanns (1664–1724). Ein anderes Beispiel mit einem genaueren Straßennetz ist die Westfalenkarte (westliche Hälfte) von Josef Sittartz, veröffentlicht 1757 von den Homännischen Erben in Nürnberg (»Ducatus Westfaliae nova repraesentatio geographica ex prototypo illo ...«, 45,5 × 54 cm). Besonders hervorhebenswert sind die 50 Kreiskarten Sachsens von Peter Schenk d.J. (vor 1698–1778) aus seinem »Atlas saxonicus novus ...« (seit 1750, spätere Auflagen bis 1781), die nach dem handgezeichneten »Atlas Augusteus saxonicus« von Adam Friedrich Zürner (1679–1742) gestochen sind. Diese Karten Schenks quellen geradezu über von Detailangaben und sind dennoch von klarer Übersichtlichkeit. Die Karte »Accurate Geograph. Delineation derer Aemmter Bitterfeld, Delitzsch u. Zoerbig ...« (Kupferstich, 49 × 49 cm, mit Ortsregister 49,5 × 57,5 cm) nennt in der »Erklaerung derer Zeichen« 55 Signaturen, das Straßennetz ist dicht und recht genau, Wegbiegungen und Windungen sind angedeutet, wenn auch sicher nicht bis ins einzelne berücksichtigt. Von den Karten des Schenk'schen »Atlas saxonicus novus« gibt es ebenfalls sehr qualitätvolle Nachstiche von Lotter bei Seutter (bzw. später Lotter) in Augsburg.

Zürners und Schenks Methodik der Straßendarstellung fußt auf dem Vorbild der französischen Kartographie, die kurz nach 1700 Straßen je nach Bedeutung und Zustand mit einfacher, doppelter und gestrichelter Linie signierte. Diese Signaturen fanden auch für außerfranzösische Gebiete Verwendung. So enthält die Karte »Grand Theatre de la Guerre sur les Frontieres de France & D'Allemagne ou Carte Nouvelle du Cours du Rhin et des Païs circonvoisins« (4 Blätter, Kupferstich, je etwa 50 × 62,5 cm) von Guillaume Deslisle (de L'Isle; 1675–1726) bei Jean Covens und Corneille Mortier in Amsterdam ein sehr ausführlich und genau dargestelltes Straßennetz der deutschen Gebiete rechts und links des Rheins.

Auch drei Territorialkarten mit unmittelbarer Beziehung zu Berlin dürfen in dieser Aufzählung nicht fehlen. So verzeichnet die Karte des Kurfürstentums Brandenburg von Jakob Paul von Gundling (1673–1731) auch »Post-Wege«: »Land-Charte des Churfürstentums Brandenburg« (1724, Kupferstich von Georg Paul Busch, 49,5 × 83 cm). Das gilt auch für die beiden Kopien »Nova Electoratus Brandenburgici Tabula .../Land-Charte des Chur-Fürstentums Brandenburg« (Amsterdam, bei Johannes Covens und Cornelius Mortier, um 1730; Kupferstich von Georg Paul Busch, 47,5 × 60 cm) und »Carte nouvelle de L'Electorat et Marquisat de Brandebourg .../Nova Electoratus et Marchionatus Brandenburgici tabula ...« (Amsterdam, bei Reiner und Josua Ottens, etwa 1740; Kupferstich, 49 × 58 cm).

Schließlich darf in dieser Aufzählung das wohl prachtvollste Erzeugnis preußischer Kartographie nicht fehlen, die »General-Karte der gesamten Königlichen Preußischen Länder« (Kupferstich von zwei Platten, 58,7 × 71 cm), bei der es sich eigentlich um eine Mitteleuropakarte (ohne Bayern und Österreich) handelt, in der die weit verstreuten preußischen Besitzungen hervorgehoben sind. Für den ganzen weiten Raum von Memel bis Neuenburg verzeichnet die Karte »Post-Wege«. Gestochen und verlegt wurde die Preußenkarte von Johann David Schleuen d.Ä. (1711–1771) in Berlin. Anhand der eingezeichneten Schlachtorte aus dem Zweiten Schlesischen Krieg läßt sie sich auf kurz nach 1745 datieren.

Angesichts der Karten Brandenburgs bzw. Preußens von Gundling und Schleuen muß daran erinnert werden, daß ihre geodätischen Grundlagen und geographischen Aussagen hinter dem Standard der Zeit herhinken, im Falle Gundlings trotz dessen intensiver Reisetätigkeit im dargestellten Bereich, im Falle Schleuens wegen der Abneigung König Friedrichs gegenüber vom Gegner militärisch nutzbaren Landkarten. Beide Kartenautoren haben diesen Mangel aber mit Einfallsreichtum, graphischer Sorgfalt und einer Fülle nützlicher Details auszugleichen versucht, auch emblematische Ergänzungen so angebracht, daß wenig-

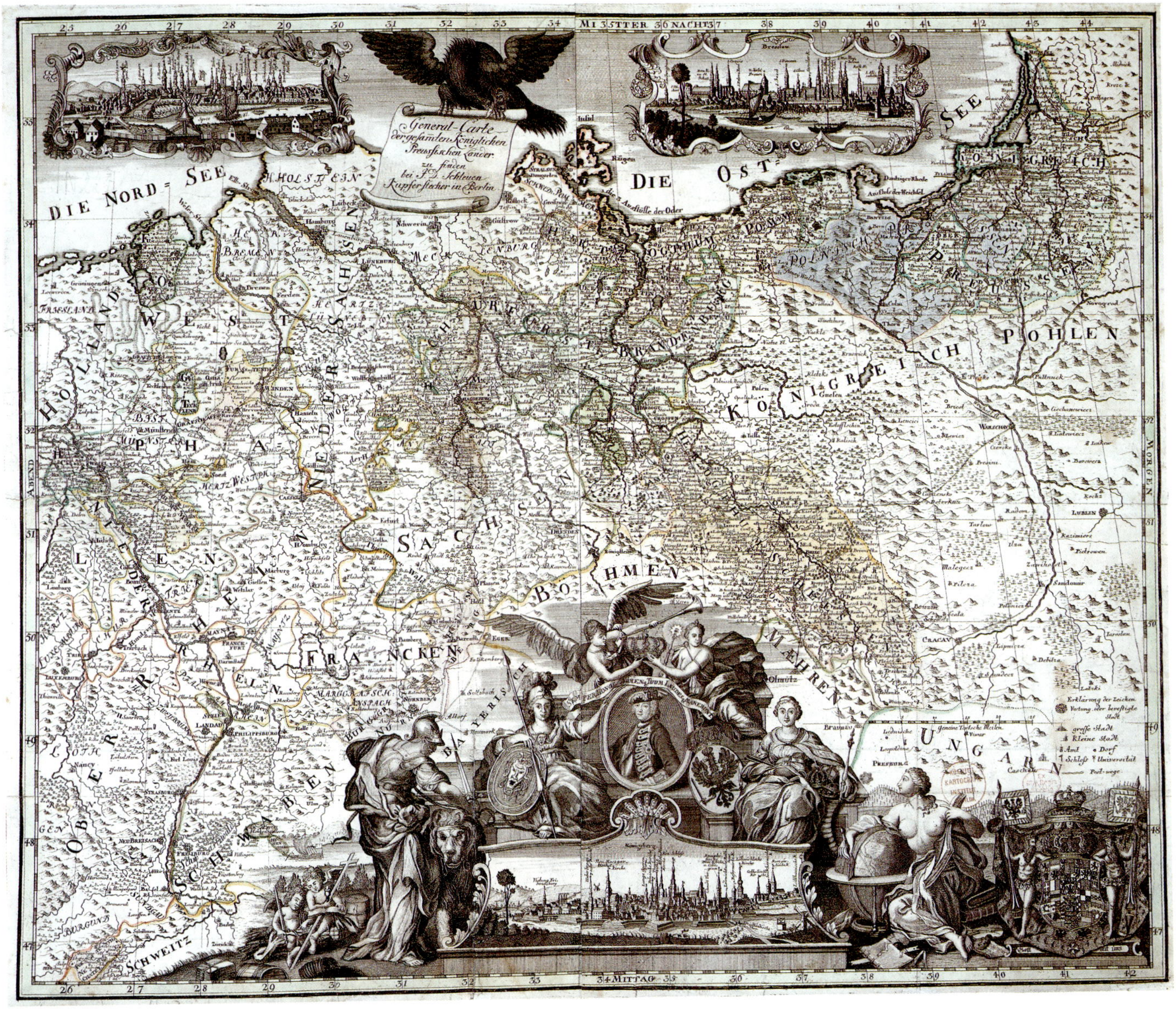

Johann David Schleuen d. Ä., »General-Karte der gesamten Königlichen Preußischen Länder«, nach 1745

stens aus heutiger Sicht die mangelhafte wissenschaftliche Grundlage mehr als unerheblich ist.

Und so weiß man, wenn man sich mit alten Landkarten befaßt, ohne sich in selbstgemachten Kategorien und Systematiken zu verirren, am Ende doch nicht genau, was man höher schätzen und mehr bewundern soll, das (durchaus unterschiedlich) hohe kartographische Können oder die Kunst der Darstellung, deren umfassende, die Kartuschen und »Verzierungen« einschließende Aussage im heute gebräuchlichen Adjektiv »dekorativ« auch nicht annähernd zu erkennen ist. In den meisten Fällen wird man sich wohl gar nicht entscheiden können und beide Leistungen anerkennen müssen.

Literaturverzeichnis

Wilhelm Bonacker: Bibliographie der Straßenkarte. Bonn-Bad Godesberg 1973.

Wilhelm Bonacker: Kartenmacher aller Länder und Zeiten. Stuttgart 1966 (Alle Lebensdaten sind mit wenigen Korrekturen und ohne vollständige Überprüfung nach Bonacker angegeben im Wissen darum, daß die Daten dieses Handbuchs mitunter sehr unzuverlässig sind).

Ingrid Kretschmer: Leonhard Eulers Beitrag zur Kartographie. In: Kartographiehistorisches Colloquium Lüneburg '84, 15.–17. März 1984. Hrsg. von Wolfgang Scharfe und Eckhard Jäger. Berlin 1985, S. 29ff.

Landkarten und Postroutenkarten. Dokumente der Geschichte. Ausstellungskatalog des Bundespostmuseums, bearb. von Helmut Jockel und Gottfried North. Frankfurt am Main 1982.

Lexikon zur Geschichte der Kartographie von den Anfängen bis zum Ersten Weltkrieg, bearbeitet von Ingrid Kretschmer, Johannes Dörflinger und Franz Wawrik (= Die Kartographie und ihre Randgebiete. Enzyklopädie. In Verbindung mit der Österreichischen Akademie der Wissenschaften redigiert und hrsg. von Erik Arnberger, Bde. C/1 u. C/2). Wien 1986. (Stichwörter: Postroutenkarte, Straßenkarte).

Karl-Heinz Meine: Einige Höhepunkte der Straßenkartographie 1500 bis 1900. In: Straße und Autobahn, 22. Jg. 1971, Heft 8, S. 362ff.

Peter H. Meurer: Atlantes Colonienses. Die Kölner Schule der Atlaskartographie 1570–1610. Bad Neustadt a.d. Saale 1988 (S. 116–141 Beschreibung und Katalog zu »Itinerarium Orbis Christiani«).

Wolfgang Scharfe: Carl Ludwig Oesfeld – Daniel Friedrich Sotzmann. Zwei Berliner Kartographen an der Wende vom 18. zum 19. Jahrhundert. In: Brandenburgische Jahrhunderte. Festgabe für Johannes Schultze zum 90. Geburtstag, hrsg. von Gerd Heinrich und Werner Vogel. Berlin 1971, S. 137ff. (= Veröffentlichungen des Vereins zur Geschichte der Mark Brandenburg, 35).

Wolfgang Scharfe: Daniel Friedrich Sotzmann – Das Leben und Werk eines Berliner Kartographen. In: Kartographiehistorisches Colloquium Wien '86, 29.–31. Oktober 1986. Vorträge und Berichte. Hrsg. von Wolfgang Scharfe, Ingrid Kretschmer und Franz Wawrik. Berlin 1987, S. 11ff.

Klaus Stopp: Ein neuer Typ von Meilenscheiben. In: Festgabe für Herbert Krüger zum 75. Geburtstag (= Mitteilungen des Oberhessischen Geschichtsvereins, Neue Folge, Band 62), Gießen 1977, S. 99ff.

Straßenkarte im Wandel der Zeiten. Ausstellungskatalog der Kartenabteilung der Staatsbibliothek Preußischer Kulturbesitz, bearb. von Lothar Zögner (= Staatsbibliothek Preußischer Kulturbesitz, Ausstellungskataloge 5), Berlin 1975.

Thurn und Taxis
Das Zeitalter der Lehenposten im 19. Jahrhundert
Rheinbund – Deutscher Bund – Preußische Administration

Erwin Probst

Von der Endphase des Alten Reichs zum Wiener Kongreß: Niederungen und Lichtpunkte

»Das Hochfürstlich Thurn und Taxissche Postwesen ist ein Kunstgebäude, in welchem eine bewundernswürdige Summe von Erfahrungen, politischen Verhandlungen, historischen Interessen und Kraft- und Capital-Aufwand, nebst den eigentlichen Schlüsseln zum deutschen Postwesen enthalten und vereinigt ist. Es unterscheidet sich durchaus und wesentlich von der Beschaffenheit der Territorialposten. – Seit aber das Taxissche Postwesen besteht, hat es keine historisch wichtigere Periode gehabt, als die ersten zwei Jahrzehnte des 19. Jahrhunderts. Die ungeheuren Erscheinungen dieser Zeit haben die Rechtsverhältnisse bis auf die tiefste Wurzel erschüttert, zerrissen und geändert.« So äußerte sich der fürstliche Generalpostdirektionsregistrator Vischer in Frankfurt im Vorwort zu seiner 1823 abgefaßten, bis 1826 fortgeführten »Übersicht der Hochfürstlich Thurn und Taxisschen Postverträge«.[1] Die dort erwähnten Dokumente, ergänzt durch Staatsverträge, die grundsätzlich auf das Postwesen Einfluß nahmen, bildeten seit Beginn des Jahrhunderts Grundlagen für die weitere Entwicklung.[2]

Ausgangspunkte waren der Friedensvertrag von Luneville 1801, der Reichsdeputationshauptschluß von 1803, die Rheinische Bundesakte 1806, dann nach der Napoleonischen Ära der Pariser Friede, 1814 zwischen den verbündeten Mächten und Frankreich geschlossen, schließlich der Wiener Kongreß und die Deutsche Bundesakte 1815. Vischer nennt für die Zeit bis 1824 fast 80 Verträge und Vereinbarungen zwischen Thurn und Taxis einerseits und den Gliedern des Rheinbundes, des Deutschen Bundes sowie ausländischer Staaten andererseits. Bemerkenswert erscheint dabei, daß das nach dem Ende des Reiches mediatisierte Fürstenhaus Verträge abschließen konnte, die nach außen den Charakter von »Staatsverträgen« hatten. Für die sechs Jahrzehnte vom Ende des Alten Reiches 1806 bis zur gewaltsamen Auflösung der Thurn und Taxis-Post 1866/67 lassen sich insgesamt 336 Verträge in den Repertorien des »Fürst Thurn und Taxis Zentralarchivs« nachweisen. Hier zeigt sich besonders deutlich die Flexibilität der taxisschen Verwaltung, mußte sie doch oft genug unter schwerem politischen Druck handeln. Die Lehenverträge der nunmehr souveränen Landesherren stellen eine wichtige Quelle zur Geschichte des innerdeutschen Postwesens wie auch zur Verfassungsgeschichte des 19. Jahrhunderts dar; ebenso haben die vertraglichen Vereinbarungen mit ausländischen Staaten und deren Postverwaltungen für die Geschichte des zentraleuropäischen und internationalen Postwesens bedeutsame Quellenfunktionen.[3]

Noch in ihrer Blüte im 18. Jahrhundert, auf dem Höhepunkt vor Ausbruch der Französischen Revolution, versorgte die Kaiserliche Reichspost der Thurn und Taxis als das führende Postinstitut innerhalb des Reiches eine Fläche von über 222 000 km^2 mit etwa 11,3 Millionen Bewohnern.[4] Daneben bestanden wichtige Transit-Postkurse nach Italien, Frankreich, England und Skandinavien, nach Polen und Rußland sowie über den Landweg zum Sultanshof am Bosporus. Von der Schelde bis zur Elbniederung, von der Nord- und Ostsee bis zu den Alpen, vom Rhein bis zum Thüringer- und Böhmerwald erstreckte sich das Postnetz. Damals standen der Reichspost 12 landesherrliche Postanstalten mit 16,7 Millionen Einwohnern auf einer Fläche von knapp 450 000 km^2 gegenüber.

Im Gefolge der Französischen Revolution setzte gegen Ende des Jahrhunderts der Verfall ein: Schon 1790 hoben Hannover und Braunschweig die Reichspostämter auf. Auch die Posten in Brabant und Flandern gingen dem Haus verloren. Der Wegfall des Postgeneralats in den österreichischen Niederlanden bedeutete zudem den Verlust einträglicher Transitkorrespondenzen. Mit der Abtretung der linksrheinischen Gebiete an Frankreich entfielen auch dort

Posthausschild Walsrode, Kaiserlich französische Post, um 1810

die Reichsposten. Durch Preußens »Vorgriff« auf den Reichsdeputationshauptschluß spitzte sich 1802 die Lage im Reich noch mehr zu, da der neue Landesherr in den annektierten Gebieten die volle Souveränität und damit auch das Postregal für sich beanspruchte.

Der Regensburger Reichsschluß von 1803 räumte dem Fürstlichen Haus und der Reichspost wohl nochmals eine Atempause ein. Artikel 13 garantierte den Erhalt der Posten in dem Umfang, wie sie zur Zeit des Luneviller Friedens 1801 bestanden hatten.[5] Die 1803 neugeschaffenen Herzogtümer Arenberg und Salm überließen der taxisschen Reichspost den Postbetrieb in ihren Territorien; auch mit den Herzögen von Nassau und dem Landgrafen von Hessen einigte sich die Reichspost 1804 über Status und Umfang des Postbetriebes.

Fürst Karl Alexander von Thurn und Taxis (1770–1827), Erbgeneralpostmeister von 1805 bis 1827

Dem im November 1805 verstorbenen Fürsten Carl Anselm von Thurn und Taxis[6], seit 1773 Reichserbgeneralpostmeister, blieb es erspart, nach dem Wegfall der »Niederländischen Posten« auch den Verfall der Reichspost erleben zu müssen. Der Preßburger Friede 1805 bot den mit Napoleon verbündeten süddeutschen Mittelstaaten mit der Erlangung der Souveränität die Möglichkeit, die Reichspost sofort beseitigen zu können. Die jungen Königreiche Bayern[7] und Württemberg[8] wurden so 1805/06 noch vor dem endgültigen Untergang des Reichs zu Wegbereitern eigener Landesposten: Bayern wandelte die Post in ein Thronlehen um, das unter Aufsicht königlicher Kommissare stand. Ab März 1808 mußte Taxis ganz auf die weitere Ausübung des Postregals verzichten. Württemberg ließ bereits Ende 1805 die taxisschen Postanstalten für sich in Besitz nehmen. Der dritte größere Staat im Süden, das Großherzogtum Baden, das 1806 die Post dem Fürstenhaus weiterhin als Thronlehen beließ, richtete schließlich 1811 eine eigene Landespost ein.[9]

Rheinbundgründung: Der Zerfall der Reichspost – Konkurrenz der Landesposten und der taxisschen Lehenposten

Den Schlußpunkt unter das Kapitel »Reichspost« setzte die Gründung des Rheinbundes am 12. Juli 1806.[10] Die Inanspruchnahme der Souveränität mußte zur Auflösung des Reichsverbandes führen, und damit auch zum Erlöschen des kaiserlichen Reichspostwesens. Die Post in den neuen napoleonischen Staatsgebilden Königreich Westphalen, Bayreuth, Fulda und Hanau, in den Hansestädten sowie in den »Lippe und Hanseatischen Departements« war nun in fremden Händen.[11] Die bisher vom österreichischen Kaiser dem Fürsten überlassenen Posten im Innviertel hatten durch den Verlust der Post in Bayern für Thurn und Taxis ihre Bedeutung verloren.[12] Fürst Karl Alexander[13], seit Ende 1805 an der Spitze des Hauses, konnte dafür nur noch eine »großmüthigste Entschädigung in Kaiserlichen Allerhöchsten Gnaden« erhoffen, die allerdings bis 1824 auf sich warten ließ.

Die Zersplitterung des Postwesens während der napoleonischen Zeit wird gerade 1810 deutlich. Zu Ende dieses Jahres stritten sich auf dem Territorium der früheren Reichspost 43 verschiedene Postanstalten um Anteile am Postverkehr. Bescheiden waren dabei die Reste, die Thurn und Taxis verblieben: Das Oberpostamt Frankfurt war für das dalbergische Großherzogtum sowie für Nassau zuständig, das Oberpostamt Karlsruhe für Baden (bis 1811), das Oberpostamt Würzburg für das Großherzogtum Würzburg (ab 1814/15 Bayerische Post). Ein staatsrechtlich enorm zersplitterter Bereich bestand im sächsisch-thüringischen Raum. Hier verwaltete das taxissche Postkommissariat Eisenach die Posten in Sachsen-Weimar, Sachsen-Gotha, Sachsen-Meiningen, Sachsen-Hildburghausen und Sachsen-Coburg-Saalfeld, in Reuß-Ebersdorf, Reuß-Greiz, Reuß-Lobenstein und Reuß-Schleiz, in Schwarzburg-Rudolstadt und Schwarzburg-Sondershausen (Arnstadt). Als weitere Souveräne mit taxisschen Posten sind für 1810 schließlich noch Hohenzollern-Sigmaringen, Ysenburg-Birstein und von der Leyen zu erwähnen.[14] Damals fiel übrigens Regensburg, seit 1748 Residenzort des Fürstlichen Hauses, infolge der napoleonischen Neugestaltungspolitik an Bayern. Eine Folge davon war im folgenden Jahr die Verlegung der Generalpostdirektion von Regensburg nach Frankfurt.[15]

Mit dem Niedergang Napoleons in den Befreiungskriegen und mit dem Vordringen der Alliierten Mächte nach Westen machte man sich in Regensburg wie in Fankfurt Hoffnungen, einst verlorenes Postareal wieder in taxissche Hände zu bekommen.[16] Bei dem im Oktober 1813 geschaffenen Zentral-Verwaltungsrat für Deutschland drängte das Haus auf eine Rückübertragung der Posten auf dem linken Rheinufer. Preußen und Österreich stimmten einer provisorischen Übernahme in den eroberten Gebieten Frankreichs, Belgiens, Luxemburgs und der Niederlande durch Taxis zu, bestanden aber darauf, daß zwei Drittel der Reineinkünfte an die Allgemeine Verwaltungskasse der Verbündeten entrichtet wurden.

Posthausschild Thurn und Taxis, Oberpostamt Frankfurt am Main, um 1850

Posthausschild Thurn und Taxis, Reuß ä. L., um 1850

Im Februar 1814 verkehrte die Journalière Frankfurt – Nancy und die Reitpost verlief noch weiter bis in das Hauptquartier nach Chalons. Schon seit dem Vormonat hatten sich neue taxissche Postdistrikte gebildet[17], in Mainz, Koblenz, Köln, Lüttich, Brüssel und Nancy. Im April 1814 ordnete der Zentralverwaltungsrat allerdings bereits die Rückübertragung der Posten in den französischen Gebieten nach den Grenzen von 1792 an Frankreich an. Der Lütticher Distrikt wurde zwischen Brüssel und Köln aufgeteilt. Ursprüngliche Erwartungen, die linksrheinischen Posten wieder in taxissche Hand zu bekommen, wurden sehr rasch gedämpft. Die Postorte im belgisch-niederländischen Raum gingen im März 1815 endgültig an die neue Staatsregierung über. Die Besitzergreifung des Rheinlandes durch Preußen im April 1815 und die Abtretung der dortigen Posten ab Juli 1816 an die preußischen Posten, ebenso die Übernahme der Post in der Pfalz durch Bayern im Mai 1816 beschnitten die »überrheinischen« Posten nochmals erheblich; Restbereiche kamen an die Lehenposten Hessen-Darmstadt und Hessen-Homburg, an das Großherzogtum Oldenburg (Fürstentum Birkenfeld) sowie an Sachsen-Coburg-Gotha (St. Wendel).

Wiener Kongreß und Deutsche Bundesakte: Keine Lösung

Unbestreitbar ist, daß die Postverluste im Gefolge der Koalitionskriege und der Rheinbundzeit in ihrer Gesamtheit für das Fürstenhaus einen zunächst fast nicht mehr gutzumachenden Schaden bedeuteten. Erst der Wiener Kongreß schuf eine neue Rechtsgrundlage, wiewohl der Weg nicht einfach war.[18]

Eines der postalischen Probleme des Wiener Kongresses bildete die Frage nach der künftigen Stellung des Fürstenhauses, ob es als ein »Privatunternehmen« seinem Schicksal überlassen oder erneut in seiner ehedem reichsunmittelbaren oder sonst privilegierten Stellung bestätigt, oder überhaupt an die Spitze »vereinigter« Landesposten gestellt werden sollte.[19] Auch noch andere Fragenkomplexe standen an, so die »Wertigkeit« der Landesregale, nicht zuletzt die Regelungen der »installierten« Postverwaltungen zu einander und zu einer allenfallsigen »Spitze«. Der später als Systematiker des Deutschen Bundes apostrophierte Jurist Johann Ludwig Klüber[20] vertrat eine Vereinigung aller deutschen Postanstalten unter Taxis. Für das Fürstenhaus sprach auch dessen Indifferenz gegenüber dem Postgeheimnis. Der Fürst war nach der Mediatisierung ja kein »regierender« Fürst mehr, hatte also jene Polizeigewalt nicht in Händen, der bei anderen Staatsposten vom Briefschreiber gerade in politisch schwierigen Zeiten immer wieder Mißtrauen entgegengebracht wurde. Nicht zuletzt waren die jahrhundertealten Erfahrungen und Verdienste der Taxis Pluspunkte und Garantieposten. Vertreter der Gegenseite, so der preußische Publizist H.W. Matthias[21], verteidigten in ihren Erwiderungen die Staatsposten mit dem schon im Alten Reich immer wieder geltend gemachten Einwand, Thurn und Taxis bereichere sich als »Landfremder« an den Landeseinwohnern und stelle das Ertragsinteresse in den Vordergrund. Im übrigen sei eine »Reichspost« nur denkbar, wenn Deutschland einem Herrscher unterstehe.

Das Verhältnis des Fürstenhauses zu Bayern war zweifellos gespannt; daran änderte die Verwandtschaft der Fürstin zum Königshaus ebenso wenig wie die Tatsache bayerischer Entschädigungsleistungen im Jahre 1812 für die 1808 eingezogenen Posten.[22] Andererseits verstand es Fürst Karl Alexander, sich die Gunst Österreichs zu sichern.[23] Verständlich ist dies, da Taxis seine Transitpost an Österreich ohne Anrechnung von Transitgebühren abgab, andererseits für die aus Italien kommende und Österreich transitierende Post jährlich 12 000 Gulden zahlte. Regensburg wollte zumindest den augenblicklichen Besitzstand der Posten erhalten, dann, gestützt auf den Reichsdeputationshauptschluß, soweit nicht oder nicht angemessen Entschädigungen geleistet wurden, Ersatzleistungen erhalten und den Gesamtbesitz abrunden. Zudem sollten diese Rechte garantiert und eine Art »reichsunmittelbarer« Stellung erlangt werden. Dies war sicher nicht wenig und bei der unterschiedlichen Zusammensetzung der Hauptverhandlungspartner sprach nicht viel für die Durchsetzung der taxisschen Vorstellungen.

In dem am 16. Oktober 1814 eröffneten Kongreß befaßte sich ein aus Österreich, Preußen, Bayern und Hannover gebildetes Komitee mit der Ausarbeitung der Bundesakte. Hatte noch der Verfassungsentwurf Metternichs an Hardenberg die Regulierung des Postwesens neben Münzwesen und Zollregulierung, neben der Erleichterung von Handel und Verkehr namentlich erwähnt, so enthielt der gemeinschaftlich von Österreich, Preußen und Hannover am ersten Verhandlungstag eingebrachte Entwurf schon keinen Hinweis mehr auf die Post. Ausschlaggebend war die Uneinigkeit, sicherlich das engherzige Festhalten an Hoheitsrechten, dann

Sitzung des Wiener Kongresses, 1815; Lithographie von J. Zutz, 1815

überhaupt die zu weit auseinandergehende Auffassung über das Postwesen als »Finanzinstitut« oder als »gemeinnützige Einrichtung«. Mitte November einigte sich das Fünf-Mächte-Komitee darauf, das Thema Post mit dem Münz- und Zollwesen als Stoff zu allgemeinen Gesetzen dem »Zweiten Rat« der Bundesversammlung zu überstellen, wobei die Bundesakte die Grundlage bilden sollte. Wegen des königlichen Postregals in Bayern widersprach Fürst Wrede den österreichisch-preußischen Ansichten. Metternich war für eine Zusammenfassung der kleineren Staaten, präzisierte dann aber, daß, ohne bestehende Regale anzutasten, das Postwesen im Gesamtgebiet der kleinen Staaten Taxis übertragen werden solle, freilich gegen Leistung eines entsprechenden Kanons. Für das Ganze käme dann nichts als ein gleicher Tarif, eine gleichmäßige Aufteilung der Poststraßen und ihrer Influenzen, nebst anderen Details, als Beratungsbündel in Frage. Auffallen mag hier schon der Wunsch nach einer Einigung über Tarife, Fahrplan und Anschlüsse, also nach jenen Punkten, die Jahrzehnte später bei den Postvereinsverhandlungen wiederum zu Streitpunkten wurden.

Taxis tendierte schließlich dahin, Landesposten lediglich in Österreich, Preußen, Bayern, Hannover, Sachsen und Württemberg bestehen zu lassen, das Postwesen außerhalb seines Postgebietes aber noch auf Baden, Hessen-Kassel, Braunschweig, die beiden Mecklenburg, Oldenburg, Anhalt-Dessau und Nassau-Oranien (Luxemburg) auszudehnen. Postrechtliche Fragen sollten nur vom Bundesrat oder einem besonderen Ausschuß desselben entschieden werden. Als im März 1815 die Nachricht von der Landung Napoleons auf dem Festland in Wien eintraf, traten wichtigere Fragen als die des Postwesens in den Vordergrund; bestand bis dahin noch die Möglichkeit, ein Post-Komitee zu bilden, so mußte man jetzt die Hoffnung auf eine »Allgemeinlösung« aufgeben.

Noch bis Mai 1815 waren die kleineren Staaten trotz wiederholten Einspruchs von den Kernberatungen ferngehalten worden; dann, ab 23. Mai, wurde die Bundesakte von sämtlichen deutschen Gesandten beraten, am 10. Juni kam es dann zur Bestätigung der Fassung vom 8. Juni. Artikel 17 bildete die weitere Grundlage für die Lehenposten: »Das fürstliche Haus Thurn und Taxis bleibt in dem durch den Reichsdeputationshauptschluß vom 25. Februar 1803 oder spätere Verträge bestätigten Besitz und Genuß der Posten in den verschiedenen Bundes-Staaten, so lange als nicht etwa durch freye Uebereinkunft anderweitige Verträge abgeschlossen werden sollten. In jedem Falle werden demselben, in Folge des Artikels 13 des Reichsdeputationshauptschlusses, seine auf Belassung der Posten, oder auf eine angemessene Entschädigung gegründeten Rechte und Ansprüche versichert. Dieses soll auch da Statt finden, wo die Aufhebung der Posten seit 1803 gegen den Inhalt des Reichsdeputationshauptschlusses bereits geschehen wäre, insofern diese Entschädigung durch Verträge nicht schon definitiv festgesetzt ist.«[24]

Die Entscheidung, die der Wiener Kongreß getroffen hatte, war die Bestätigung des früheren Zustandes; eine »größere« Lösung und eine endgültige Entscheidung für oder gegen Taxis kam nicht zustande; auch für die Fortentwicklung des Postwesens im allgemeinen war nichts geschehen. So fehlten den zeitgenössischen Kritikern der Bundesakte dann auch »greifbare« Ergebnisse. Taxis konnte aber in zahlreichen deutschen Mittel- und Kleinstaaten sowie in den Hansestädten nochmals Fuß fassen und auch unter Fürst Maximilian Karl[25] zu einer ansehnlichen »Nachblüte« gelangen.[26]

Jahrzehnte der Konsolidierung Die »Sonderfälle« Württemberg und Schaffhausen

Im Gegensatz zur Idee des Zollvereins, die sich nach dem Wiener Kongreß Zug um Zug durchsetzte, ließ eine Vereinheitlichung des Postwesens noch auf sich warten. Thurn und Taxis versuchte indes, durch Vereinbarungen mit den angrenzenden Postverwaltungen das eigene Postnetz zu stabilisieren, aber auch, verlorenes Terrain wiederzugewinnen.

Württemberg: Stände und Staatseisenbahn gegen die taxissche Lehenpost

Das radikale Vorgehen Württembergs Ende 1805, die Errichtung einer von Taxis unabhängigen »Staatspost«, nicht zuletzt die schroffe Haltung des Königreichs 1807/08 bei der Mediatisierung des Fürstenhauses[27] wurden im nächsten Jahrzehnt noch nicht überwunden.[28] Dann setzte die Bundesakte die Norm, entweder Thurn und Taxis für die Post zu entschädigen oder das Postwesen zu restituieren. Der Staat, in dem gerade der Verfassungsstreit entbrannt war, mußte sich entscheiden. Unter König Wilhelm I. (1816–1864) erreichte Taxis schließlich 1819 eine einigermaßen tragbare Lösung. Gegen die »eigentümliche Überlassung des Postinventars« verzichtete Regensburg auf alle Entschädigungsansprüche aus dem Reichsdeputationshauptschluß und der Bundesakte. Die württembergischen Posten wurden als Erb-Mann-Thronlehen dem Fürsten überlassen, andererseits verpflichtete sich das Haus, ab Oktober 1819 jährlich 70000 Gulden als Lehenkanon zu leisten; alle übrigen Einnahmen aus der Post verblieben dem Fürsten in seiner Funktion als Erb-Landpostmeister.

Am 1. Oktober 1819 vergrößerte sich das taxissche Postgebiet um die vier württembergischen Oberpostämter, 80 untergeordnete Postanstalten und sieben für die Extrapost und den Kurierdienst eingerichtete Posthaltereien, die nicht an den Poststraßen gelegen waren. Während einer Über-

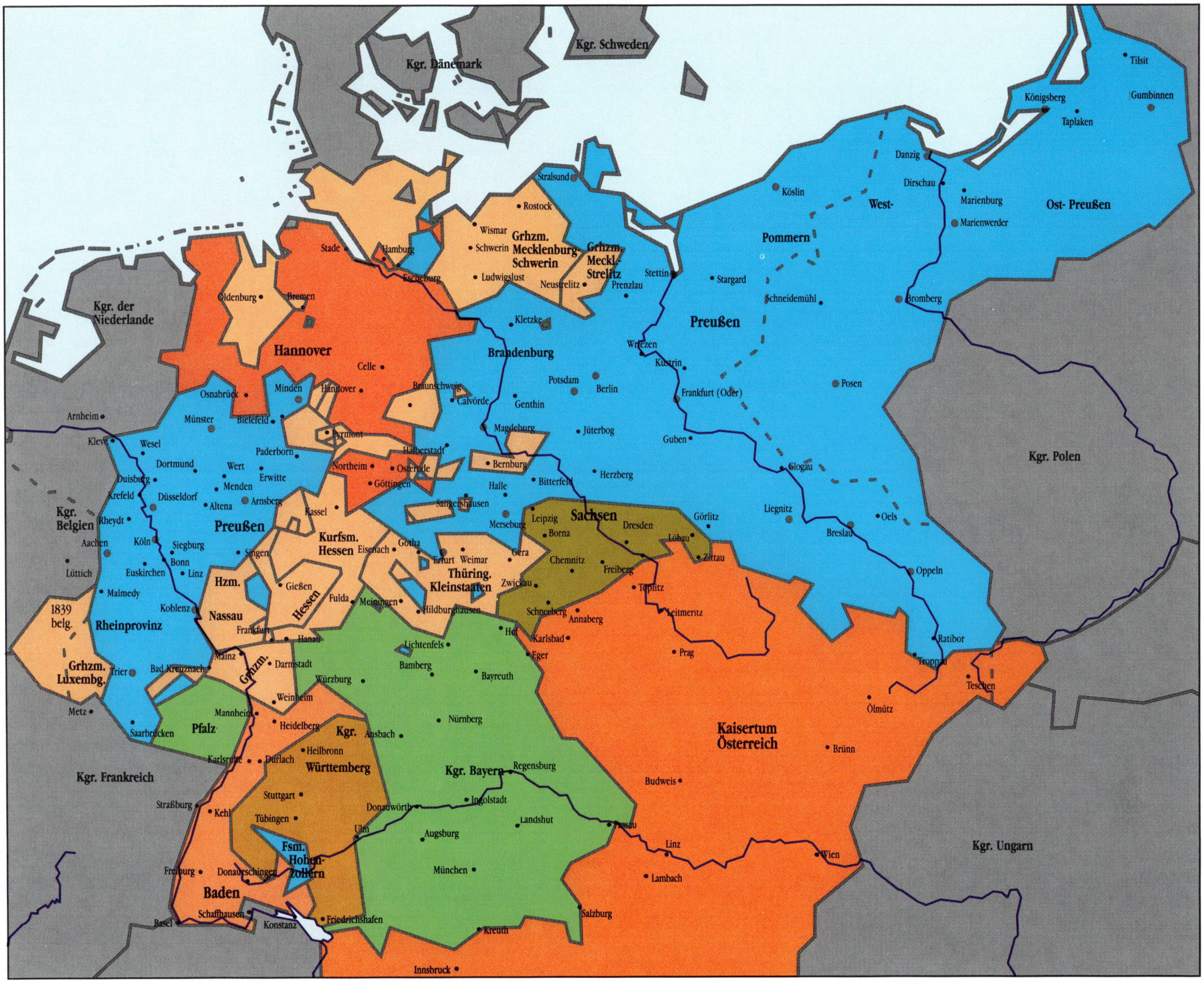

Postgebiete im Deutschen Bund

gangszeit bestand bis 1822 eine besondere Württembergische Kommission in Postsachen. Eine vom Erb-Landpostmeister ernannte Generalpostdirektions-Kommission amtierte so lange, bis die Zentralverwaltung vollständig mit der Fürstlichen Generalpostdirektion in Frankfurt vereinigt werden konnte. Bezeichnend ist, daß diese sich dann bei allen Württemberg betreffenden Angelegenheiten der Amtsbezeichnung Generaldirektion der Königlich Württembergischen Posten bedienen mußte. Die Wahrung staatlicher Hoheitsrechte verblieb weiterhin in Württemberg ressortmäßig beim Staatsministerium des Innern. Da der Sitz der Generalpostdirektion außerhalb des Landes lag, amtierte als ihr Vertreter bzw. als Verbindungsmann zum Ministerium ein Postkommissär in Stuttgart; hier war außerdem die Oberpostkasse, vereinigt mit der Briefpostkasse des Hauptpostamtes.

Allein schon diese Verwaltungsstrukturen zeigen, zu welchen Kompromissen Taxis bereit sein mußte. Hinzu kamen aber auch immer wieder die Angriffe gegen das Postlehen, überhaupt gegen das Fürstenhaus. Der Lehenvertrag von 1819 wurde von Anfang an durch die Stände heftig bekämpft. Immer wieder kam es in der Kammer der Abgeordneten zu neuen Eingaben. So wurde 1845 gefordert, die Regierung möge »diejenigen Einleitungen treffen, durch welche der Postlehensvertrag als nichtig und verletzend aufgehoben und die seit 1819 bezogene Nutzung nach Abzug der Gegenansprüche zurückerstattet wird«. Eine nicht unwesentliche Rolle spielte der Bau von Staatseisenbahnen[29], deren Betriebsergebnisse durch das Postmonopol eine unerwünschte Minderung erlitten. Andererseits war der Post mit der Bahn ein leistungsfähiger Konkurrent erwachsen, dem sich ein erheblicher Teil des Personen- und Güterverkehrs zuwandte. Die Situation wurde ständig schlechter: Taxis forderte von Württemberg Entschädigungsleistungen wegen Schmälerung der Einkünfte, der Staat verweigerte der Post die Benützung der Eisenbahn. Die Folge war, daß an den wichtigsten Kursen zwei Verkehrswege nebeneinander herliefen: zum Nachteil der Postbeförderung wie zum Schaden der Eisenbahnverwaltung.

Im März 1849 beantragte die Abgeordnetenkammer, den gerade drei Jahrzehnte alten Lehenvertrag »mit einem möglichst unerheblichen Opfer der Staatskasse« aufzulösen. Als Anfang April der Gesetzentwurf den Landständen zuging, lag bereits bei der »Reichsgewalt« die Beschwerde des Fürsten vor. Hier darf nicht übersehen werden, daß in diese Zeit auch der Kampf um eine Reichsverfassung[30] ging. Die Frankfurter Verfassung vom 28. März 1849 sah in Artikel VIII vor, daß die Reichsgewalt das Recht der Gesetzgebung und der Oberaufsicht über das Postwesen habe (§41). Wenn dann auch die Verfassung scheiterte, war es offenbar doch der Zentralgewalt zuzuschreiben, daß zwar der von den Ständen genehmigte und Anfang Juni dem König vorgelegte Gesetzentwurf sanktioniert, das Gesetz aber nicht verkündet und damit nicht rechtskräftig wurde. Mochte auch Württemberg dem »Reichsministerium des Innern« das Entscheidungsrecht über die Taxis-Beschwerden bestreiten, so blieb letztlich doch nur der Verhandlungsweg, zumal die Haltung des »Reichsministeriums« und der Bundeszentralkommission in Deutschland erhebliches Aufsehen erregte.

Ein endgültiger Ablösungsvertrag mit Württemberg kam schließlich am 22. März 1851 zustande. Der Staat erkannte eine Ablösungssumme von 1,3 Millionen Gulden an. Am 19. April wurden die Ratifikationsurkunden ausgetauscht. Nach der Zustimmung der beiden Kammern übernahm das Königreich am 1. Juli 1851 die Post wieder in eigene Regie. Damit war ein für Thurn und Taxis nicht nur wegen des Transits fremder Posten wichtiges Gebiet verloren.

Kantonalpostamt Schaffhausen: 1834 bis 1848/49 im Eigentum der Fürsten Thurn und Taxis

Bis in die Mitte des 17. Jahrhunderts reichen die Beziehungen der Kaiserlichen Reichspost zu Schaffhausen zurück. Die Lage des Kantons diesseits und jenseits des Rheins machte Schaffhausen für die taxisschen Lehenposten des 19. Jahrhunderts interessant. Dabei konnte das Fürstenhaus an die Tradition vor dem Untergang des Reichs anknüpfen.[31] Eine Voraussetzung war der Hauptlehenvertrag zwischen Thurn und Taxis und der Krone von Württemberg vom Juli 1819. Jetzt erst waren auch direkte Paketschlüsse mit dem durch das Großherzogtum Baden weitgehend abgeschnittenen Schweizer Kanton möglich. Der erste Vertrag zwischen der Frankfurter Generalpostdirektion und dem Schaffhauser Postamt, das sich im Besitz dreier »postberechtigter« Familien befand, stammt vom 7. Juni 1822.

Grundsätzlich ist zu fragen, was Taxis veranlaßte, zu Anfang der dreißiger Jahre über das Gebiet des Deutschen

Bundes hinaus selbständig Aktivitäten zu entwickeln, die bei anderen Verwaltungen auf Argwohn stoßen mußten und dann sogar systematisch bekämpft wurden. Typisches Beispiel dafür ist der »Postkrieg« Badens gegen die Thurn und Taxis-Posten, wobei die Differenzen trotz Interventionen auf höchster Ebene – Schriftwechsel zwischen Fürst Maximilian Karl und dem Großherzog von Baden – lange nicht ausgeräumt wurden.[32] Einen gewissen Ausgangspunkt bildete das »bayerische Projekt« der taxisschen Lehenposten, das auf das Jahr 1831/32 zurückgeht.[33] Damals reiste im Auftrag des Chefs der Gesamtverwaltung Oberpostrat Dr. Liebel – eine übrigens äußerst bemerkenswerte Persönlichkeit – in geheimer Mission nach München, um die 1808 in Bayern verlorene Post in irgendeiner Form für das Haus zurückzugewinnen. Wenn diese Schritte schließlich erfolglos blieben, so mag möglicherweise das schon damals »taxiskonträre« Verhalten Badens eine Rolle gespielt haben.

Im September 1833 verfaßte Liebel eine erste Denkschrift, die den von Baden »eingekreisten« Kanton Schaffhausen in den Vordergrund rückte. Der Berichterstatter stellte schon dabei »den Wert und die Verhältnisse der Schweizerischen zu den Fürstlichen Posten« fest. In den folgenden Monaten wurde ausgiebig verhandelt, auch mit anderen Kantonen, und am 1. Januar 1834 erfolgte die förmliche Übergabe der Schaffhauser Kantonalpost an Thurn und Taxis. Der finanzielle Aufwand für diese sehr desolate Posteinrichtung belief sich immerhin noch auf über 186000 Gulden. Der Erwerb mußte freilich, wie es die Generalpostdirektion tat, »vom politischen Standpunkte aus« gewertet werden, demgegenüber administrative oder finanzielle Erwägungen zurückzutreten hatten.

Dank erheblicher Verbesserungen konnten noch bis 1843 in Schaffhausen Überschüsse erwirtschaftet werden; dann führten die Ausweitung der Fahrpostkurse, teils die Mitbeteiligung daran, die damit verbundenen Investitionen und unvermeidbare Personalvermehrungen zu größeren Negativzahlen. Eine Amortisierung des neuerlichen Aufwandes kam Taxis nicht mehr zugute, denn in der Folge nahmen die Auseinandersetzungen um die künftige staatsrechtliche Gestaltung der Schweiz neue Formen an. Die Bundesverfassung vom Herbst 1848 ging vom Grundsatz aus, daß allein der Bund mit dem Ausland Verträge abschließen konnte und das bisher kantonale Postwesen zentralisiert wurde. Mit der Umwandlung der Post in ein »Bundesregal« lag für Regensburg und Frankfurt auf der Hand, daß dies das Ende des »Schweizer Experimentes« bedeutete.

Fürst Maximilian Karl von Thurn und Taxis (1802–1871), Erbgeneralpostmeister von 1827 bis 1867

Von Januar bis Ende August 1849 verwaltete der 1837 von der Frankfurter Generalpostdirektion nach Schaffhausen versetzte taxissche Postmeister Johann Adam Klein[34] das Kantonalpostamt auf Rechnung der Schweizerischen Eidgenossenschaft. Diese wollte auch danach auf Kleins Kenntnisse nicht verzichten, und so war Klein noch bis Ende Mai 1851 auf Einladung des Schweizer Bundesrates als Experte beim Departement der Eidgenössischen Postverwaltung in Bern tätig.

Für das Haus Taxis wurden in der Folge die Ablösungsverhandlungen zu einem Trauerspiel. Erst nach zähen Verhandlungen kam am 12. März 1853 eine Vereinbarung zustande. Schließlich zahlte Bern im September 1853 knapp 153000 Franken, umgerechnet genau 72054 Gulden 57 Kreuzer.

Darstellung aus dem Deutschen Post-Almanach, 1847

Darstellung aus dem Deutschen Post-Almanach, 1849

Die Thurn und Taxis-Post und der Deutsch-Österreichische Postverein

Kleine Schritte bis zur Jahrhundertmitte

Für die Herstellung einer Einheit im Verkehrs- oder Postwesen gab es nach 1815 bekanntlich keine Normen. Dann setzte ab Mitte der dreißiger Jahre das neue Transportmittel »Eisenbahn« auch für die Postbeförderung neue Maßstäbe.[35] Hinzu kamen deutsche Reformvorschläge wie die des ehemals an der taxisschen Generalpostdirektion in Regensburg tätig gewesenen Johann von Herrfeld[36], ferner die englischen Postreformen Rowland Hills, die auf dem Kontinent ebenso großes Interesse erregten.[37] Allerdings war eine Übertragung der englischen Reformen auf deutsche Verhältnisse wegen der staatlichen Zersplitterung nicht möglich.

Das dem Deutschen Bund angehörende kaiserliche Österreich vereinfachte 1842 sein kompliziertes Tarifsystem. Noch im gleichen Jahr kamen Postverträge mit Bayern, Baden und Sachsen zustande, die im Januar 1843 auch zwischen der Thurn und Taxis-Post und dem Kaiserhaus einen entsprechenden Vertrag ermöglichten.[38] Die Aufhebung des Brieffrankaturzwanges zwischen Österreich und dem wieder sehr stattlichen taxisschen Postbezirk war eines der Resultate. Damit waren erste Schritte zu einer Angleichung im internationalen Postverkehr getan. Andererseits konnte dieses Übereinkommen nicht voll befriedigen, da für die deutschen Staaten, die keine direkte Postverbindung nach Österreich hatten, ein hohes Transitporto zu entrichten war.

Als weiterer Schritt ist eine 1847 von Österreich und Preußen den Bundesgliedern als Grundlage eines deutschen Postvereins vorgelegte Propositionsschrift anzusehen. 1847/48 tagte in Dresden eine Deutsche Postkonferenz. Dort wurde Thurn und Taxis durch den fürstlichen Generalpostdirektionsrat Walter vertreten. Nach 37 Sitzungen brachte das Schlußprotokoll vom 3. Februar 1848 mit seiner »Zusammenstellung der Bestimmungen für die Gründung des deutschen Postvereins« Ansätze für eine neuerliche Fortentwicklung.

Die politischen Ereignisse des Jahres 1848 ließen, wie die Situation in Württemberg belegte, das Postwesen keineswegs unberührt.[39] Der am 26. April der Bundesversammlung in Frankfurt übergebene Entwurf des deutschen Reichsgrundgesetzes wollte das Postwesen künftig ausschließlich der Reichsgewalt unterworfen sehen. Das hätte schon damals das Ende sämtlicher taxisscher Lehenposten bedeutet. Artikel VIII der Frankfurter Reichsverfassung vom 28. März 1849, der vom »deutschen Postwesen« handelt, kam freilich nicht zur Ausführung.[40]

Den Durchbruch zur Vereinheitlichung des Postwesens brachte endlich der Preußisch-Österreichische Postvertrag vom 6. April 1850. Für alle österreichischen Staaten, für Preußen, Bayern, das Königreich Sachsen mit Sachsen-Altenburg, ferner für Mecklenburg-Strelitz und Holstein trat der »Verein« am 1. Juli 1850 in Kraft.

Die Thurn und Taxis-Post hatte jetzt wegen ihrer Sonderstellung und der ihr mangelnden Souveränität eine wesentlich schlechtere Ausgangsposition, da für jedes einzelne Postgebiet von dessen Regierung die Genehmigung beizubringen war. Andererseits war der Vertrag für Thurn und Taxis von größter Bedeutung. Die von der Frankfurter Generalpostdirektion aus betreuten 19 Staaten und Städte lagen geographisch so verstreut, daß in vielen Fällen der kürzeste Postweg durch Gebiete anderer deutscher Postverwaltungen führte. Die beiden Fürstentümer Lippe und die Stadtstaaten Hamburg, Bremen und Lübeck waren nur mit Hilfe anderer deutscher Postanstalten zu erreichen; gleiches galt, nachdem 1851 Württemberg die Post in eigene Regie übernommen hatte, auch für Hohenzollern. So bildeten die Postverträge, die Thurn und Taxis mit Preußen am 2. August 1850 und mit Österreich am 31. März bzw. 13. April 1851 abschloß, die Basis für die weitere Arbeit der Frankfurter Generalpostdirektion. Beide Verträge entsprachen sich in den wesentlichen Punkten. Der Postvereinsvertrag selbst wurde integrierter Bestandteil der neuen Vereinbarungen. Einverständnis bestand darüber, daß wegen der Sonderverhältnisse bei Taxis Postsendungen solcher Distrikte, deren Regierungen am Vertragswerk Anstoß nehmen sollten, nach bisher geltenden Tarifbestimmungen weiterhin behandelt werden konnten.

Nach und nach folgten dann die einzelnen zum taxisschen Postgebiet gehörigen Staaten.[41] Eine Zusammenstellung aus dem Jahre 1854 nennt im Bereich der Thurn und Taxisschen Postverwaltung folgende Beitrittsdaten: 1851: 1. April Fürstentümer Reuß; 1. Mai Sachsen-Weimar, Sachsen-Coburg-Gotha, Sachsen-Meiningen, die Oberen Herrschaften der Fürstentümer Schwarzburg-Sondershausen und Schwarzburg-Rudolstadt, Hessen-Homburg und Frankfurt am Main; 1. Oktober Kurhessen, Großherzogtum Hessen, Nassau; – 1852: 1. Juni Hohenzollernsche Lande; –

Vertrag zur Anfertigung von Armschilden und sonstigem Monturzubehör für Postillione, 1853

1853: 1. Juli Fürstentum Lippe-Detmold; – 1854: 1. Januar Fürstentum Schaumburg-Lippe.

Nicht erwähnt wurden in der Aufstellung von 1854 die drei Hansestädte, offensichtlich weil zwischen ihnen und Thurn und Taxis kein »Lehenverhältnis« im rechtlichen Sinn bestand, vielmehr eine Art »Staatsvertrag« mit dem Fürstenhaus. Die Einbeziehung ihrer taxisschen Postämter in den Postvereinsbereich ist zu sehen in den Verträgen der Generalpostdirektion in Frankfurt mit der Senatskommission von Bremen vom 15. November, mit der Freien und Hansestadt Lübeck am 22. November und mit der Postverwaltungsdeputation der Freien und Hansestadt Hamburg am 28. November 1851.

Mit dem Vereinsvertrag von 1850 und den taxisschen Anschlußverträgen blieb verständlicherweise die Entwicklung nicht stehen, schließlich sah der Postverein ja auch die weitere Ausbildung und Einführung allgemeiner Verbesserungen, Gleichheit der Gesetzgebung und des Reglements und deswegen den zeitweisen Zusammentritt einer deutschen Postkonferenz vor. Fünf Kongresse zwischen 1851 und 1865/66 brachten dann entsprechende Fortschreibungen des Vertragswerkes und seiner Ausführungsbestimmungen. Die erste Konferenz des Deutschen Postvereins, die von Oktober bis Dezember 1851 in Berlin tagte, hatte bereits 16 stimmführende Mitglieder. Ergebnis dieser Verhandlungen war der Revidierte Postvereinsvertrag vom 5. Dezember 1851.

Ziffern in Kreis und Quadrat: Fünf Briefmarkenausgaben 1852–1866/67

Erst nach Bayern, Sachsen, Hannover, Schleswig-Holstein, Preußen, Braunschweig, Baden und Württemberg gab ab 1. Januar 1852 auch Thurn und Taxis – veranlaßt durch Artikel XVIII des Postvereinsvertrages – eigene Postwertzeichen heraus. Die Zersplitterung des taxisschen Postgebietes mit seinen unterschiedlichen Währungen und die Abhängigkeit der Generalpostdirektion in Frankfurt von den einzelnen Regierungen hatten die Verzögerung verursacht.[42]

In den 15 Jahren bis zum Ende der Taxis-Post erschienen unter Verwendung gleicher Ziffern-Markenklischees fünf verschiedene Ausgaben, jeweils in »norddeutscher« Silbergroschen- und in »süddeutscher« Kreuzer-Währung: zunächst ab 1852 ein schwarzer Markendruck auf farbigem Papier, seit 1859 der Farbdruck auf weißem Papier, dann ab 1862 im Hinblick auf neue Postvereinsbestimmungen eine Ausgabe in veränderten Farben. Diese drei Ausgaben mußten noch mit der Schere auseinandergetrennt werden. Die vierte (1865) und fünfte Ausgabe (1866/67) hatten dann einen »farblosen« bzw. einen »farbigen Durchstich« zur leichteren Trennung. Die in drei unterschiedlichen Formaten an die Schalter gebrachten »Ganzsachen«, also Briefumschläge mit eingedrucktem Postwertzeichen, hatten nur die Wertbezeichnung in Hochoval bzw. Achteck. Ein anderes Motiv, etwa das taxissche Wappen, wäre wegen des Einspruchs der Lehengeber zum Scheitern verurteilt gewesen. Zur »Entwertung« der Postwertzeichen wurden ab 1853 neue »Ringnummernstempel« eingeführt; sie erreichten bis 1866/67 die stattliche Zahl von mehr als 420 Orts-»Kennziffern«.[43]

Fünf Postkongresse bis 1866

Die weitere Entwicklung des Postvereins bis zum Vertrag von 1860 wurde im wesentlichen bestimmt durch die 1855 in Wien tagende Zweite Konferenz, durch die Dritte Konferenz 1857 in München, schließlich durch die Vierte Konferenz 1860 in Frankfurt.[44]

Innerhalb eines Jahrzehntes hatten sich die Vereinbarungen zu einem immer umfassenderen Postrecht ausgebildet. Da die Normen auf dem Vertragswege zustande kamen, konnten sie nicht einseitig geändert werden, erlangten den Vorzug einer größeren Stabilität und sicherten das Publikum auch hinsichtlich des inneren Postverkehrs der Einzel-

Die ersten Thurn und Taxisschen Postwertzeichen; Schwarzdrucke als Vorlageexemplare für den Fürsten, 1851

Thurn und Taxissches Palais in Frankfurt am Main, 1831; Aquarellierte Handzeichnung von Harveng, 1834

staaten vor etwa sonst möglichen allzu raschen Änderungen. Für Thurn und Taxis war die vierte Konferenz am Sitz der Generalpostdirektion verständlicherweise eine Prestigesache, zumal ja eine völlig neue Vertragsfassung, nun mit 80 Artikeln, anstand. Hinzu kamen als ergänzende Vorschriften das »Reglement für den Postvereinsverkehr«, die »Instruktion für den Vereinspostdienst« und schließlich die »Instruktion für die Kommission zur Ermittlung der Prozentanteile an den Vereins-Fahrposteinnnahmen«. Diese Kommission setzte sich aus 25 Beamten der verschiedenen deutschen Postvereinsverwaltungen zusammen; Preußen hatte dafür neun, Thurn und Taxis vier Mitglieder zu stellen. Die Textfassung vom 18. August 1860 sollte ab 1. Januar 1861 wirksam sein, bis 1870 gelten und von da ab weiter unter Vorbehalt einjähriger Kündigung in Kraft bleiben. Faktisch ersetzte dieser Vereinsvertrag den Revidierten Vertrag von 1851 und die Nachtragsverträge vom 3. September 1855 und 26. Februar 1857. Im Gegensatz zur Rechtslage 1850/51 wurde jetzt das taxissche Postgebiet als eine Einheit betrachtet, so daß Fürst Maximilian Karl am 28. Februar 1861 allein für Thurn und Taxis das Vertragswerk ratifizierte.[45]

Schließlich ist noch die Weiterentwicklung des Vertrags von 1860 sowie seiner Ausführungsbestimmungen bis zum Ende der Thurn und Taxis-Post zu erwähnen. Die fünfjährige Zeitspanne zwischen der Frankfurter Konferenz 1860 und dem Fünften Kongreß 1865/66 in Karlsruhe läßt den Schluß zu, daß sich die seinerzeitigen Abmachungen zufriedenstellend bewährten.[46] Zu bedenken ist allerdings, daß der preußisch-österreichische Krieg gegen Dänemark in diesen Zeitabschnitt fällt und es danach bereits zu Spannungen zwischen den beiden größten Partnerstaaten, Österreich und Preußen, kam.

Als Ergebnis von Karlsruhe ist der eigentliche, 25 Artikel umfassende Nachtrag zum Postvereinsvertrag von 1860 anzusehen, ferner eine Neufassung der drei Verfahrensübereinkommen, wie wir sie von 1860 her kennen. Auffallend ist dabei das Anwachsen der vorgegebenen Formularmuster von 12 auf 26 Typen. Die Vereinbarungen in ihrer Gesamtheit zeigen jenes filigranartige Netzwerk, das durch die Weiterentwicklung des »Postrechts«, genau genommen des Vereinsrechts und seiner Ausführungsbestimmungen, für die weitere postalische Entwicklung hin zur Reichspost und schließlich zum Weltpostverein Wegbereiter wurde.

Den am 2. März 1866 endgültig ausgehandelten Vertragstext hat für Thurn und Taxis Dr. jur. Friedrich Roßhirt unterzeichnet, für Preußen und Luxemburg Heinrich Stephan, für Österreich Wilhelm Kolbensteiner. Praktische Bedeutung für Thurn und Taxis erlangte der Nachtrag nicht mehr: Inzwischen kam es auf der politischen Bühne zum preußisch-italienischen Offensiv-Bündnis gegen Österreich. Am 7. Juni rückte Preußen in Holstein ein, am 14. Juni drückte Österreich die Bundesmobilmachung gegen Preußen durch. Das Ende ist bekannt: Preußen annektierte Schleswig-Holstein, Hannover, Hessen-Kassel, Nassau und Frankfurt und gründete den Norddeutschen Bund. Damit waren die Tage der Thurn und Taxis-Post gezählt, der Übergang an Preußen programmiert.

Die Endphase der Thurn und Taxis-Posten: Die Jahre 1866/67

Die militärischen und politischen Entscheidungen im Krieg von 1866, die Besetzung Frankfurts, des Sitzes der Generalpostdirektion, durch Preußen, und die Auflösung des Deutschen Bundes führten zwangsläufig zum Ende der Thurn und Taxis-Post.[47]

Die Frankfurter Oberpostamtszeitung: Gewaltsames Ende einer jahrhundertealten Tradition

Vorgänge in der Redaktion der Frankfurter Oberpostamtszeitung, damals ein Zuschußunternehmen des Fürstlichen Hauses, mögen das Schlußkapitel der Taxis-Post einleiten.[48] Dabei ist die politische Bedeutung des Blattes aus österreichischer Sicht und die Haltung Regensburgs nicht uninteressant. Der k.k. Bundespräsidialgesandte Freiherr von Kübeck hielt es in jenen Tagen für sehr wichtig, »daß die Frankfurter Postzeitung gerade jetzt in ihrem Kampfe nicht erlahme, vielmehr ihre Anstrengung verdopple. Weil sie diesen Kampf mit ehrlichen und anständigen Mitteln führt, ist sie den Gegnern gefährlich und unangenehm; in demselben Maße gewinnt sie an Gewicht bei den aufrichtigen Freunden einer konservativen und föderativen Ordnung Deutschlands.« Eine derartige Haltung mußte Preußen verständlicherweise ein Dorn im Auge sein. Die Stellungnahme Regensburgs auf eine von Frankfurt am 8. Juli durch Depesche erbetene Instruktion fiel freilich etwas neutraler aus: »S. D. der Fürst in seiner Eigenschaft als Inhaber

Hof der Thurn und Taxisschen Post zu Frankfurt a. M.

Vordere Ansicht des Postgebäudes in Frankfurt a/M.

Briefposthalle in Frankfurt a/M.

Fahrposthalle in Frankfurt a/M.

Neues Thurn und Taxis-Postgebäude in Frankfurt am Main, um 1845

Heinrich Stephan (1831–1897), um 1865

der Posten muß in dem gegenwärtig ausgebrochenen Kampfe der Parteien als eine durchaus unbeteiligte Person angesehen werden. Die Postanstalt hat keine andere Aufgabe, als die treue Vermittlerin des Gedankenaustausches der verschiedenen Individuen zu sein, deren Gesinnung und Aussprüche, welche sie transportiert, die Post weder zu prüfen noch zu berücksichtigen hat. Dieser Stellung entspricht es nicht, wenn die Post eine einseitige und zum Teil leidenschaftliche Sprache führt.« Im übrigen glaubte man unter Verkennung der drohenden Gefahr, daß die Oberpostamtszeitung auch noch nach dem Einrücken preußischer Truppen in Frankfurt unbeanstandet erscheinen könne.

Es sollte ganz anders kommen. Der Krieg hatte zur Annexion einer Reihe deutscher Bundesstaaten geführt. Mit der Besetzung der »freien Stadt« am Abend des 16. Juli war das Ende vorgezeichnet. Schon am folgenden Tag wurden Schritte zur Einschränkung der Presse eingeleitet: mit aufgepflanztem Bajonett erschien preußisches Militär in der Osterriethischen Druckerei. Der Chefredakteur und der als verantwortlich zeichnende Setzer wurden zur Vernehmung abgeführt. Hofrat Dr. Fischer-Goulett erlitt wohl einen »Nervenschlag«, konnte das Protokoll nur noch mit Mühe unterzeichnen und verstarb am 19. Juli. Auf Weisung der Besatzungsmacht mußte am 17. Juli ein zweieinhalb Jahrhunderte altes Blatt sein Erscheinen einstellen.

Schon zwei Tage nach Besitzergreifung der Stadt verfügte der preußische Handelsminister Graf Itzenplitz, dem das Generalpostamt unterstellt war, die Entsendung des Geheimen Postrats Stephan[49] nach Frankfurt. Ihm wurde durch »Befehl« des neuernannten Oberbefehlshabers der Main-Armee, Generalleutnant Freiherrn von Manteuffel, die Leitung der fürstlichen Postverwaltung als »Preußischer Administrator« übertragen. Stephan erließ die Weisung, Zahlungen aus der Postkasse an Redaktionsmitglieder der Oberpostamtszeitung sofort auszusetzen. Der politische Zwang erforderte die Liquidation. Zum 1. August 1866 wurde dem Personal gekündigt und das Vertragsverhältnis mit Osterrieth aufgehoben, Unterstützungsbeiträge an ehemaliges Postzeitungspersonal wurden allerdings noch bis Mitte der achtziger Jahre geleistet. Ein Stück Frankfurter und deutscher Pressegeschichte ging allerdings in den Julitagen 1866 endgültig zu Ende.

Preußische Administration – Preußische Gründlichkeit: Das »postalische Königgrätz«

Stephans Einstellung gegenüber der taxisschen Post war eindeutig: »Die Grundlage ihrer Verwaltung gehörte dem Mittelalter an, ihre Ausbildung fiel in die Barockzeit, ihr Losungswort entstammte der Epoche der fiskalischen Monopolidee.« Er vertrat »ein sofortiges faktisches Vorgehen« gegen Thurn und Taxis und sah darin »den einzigen Weg, um in kürzester Frist zu einem rechtsgültigen Übergang des Postwesens an Preußen zu gelangen« sowie »in einem großen Wurf dem fürstlichen Lehensinstitute für alle Zeiten in Deutschland ein Ende zu machen«. Dementspechend erblickte die preußische Postgeschichtsschreibung im Wirken Stephans *die* Gelegenheit, »das seit mehr als 300 Jahren bestehende Familienmonopol der Postbeförderung, das sich mit der Zeit ... zu einem gefährlichen Hemmschuh jeglicher freier Verkehrsentwickung gestaltet hatte«, zu beseitigen. Teilweise völlig unqualifizierte Vorwürfe gegen Taxis beherrschten über eine lange Zeit hinweg die spätere Literatur.

Als Stephan am 21. Juli die eigentlichen Verhandlungen mit dem taxisschen Generalpostdirektor Freiherrn von Schele[50] in Frankfurt aufnahm, hielt dieser es für angebracht, seinen Rücktritt zu erklären. Damit entfiel ein Verhandlungspartner, der – ehedem Ministerpräsident in Hannover und seit 1858 Nachfolger Dörnbergs – bis 1866 »eine der vorteilhaftesten und unabhängigsten Stellen innerhalb der deutschen Bundesstaaten« innegehabt hatte. Preußen sah sich jetzt veranlaßt, in den besetzten Gebieten – Kurhessen, Nassau, Hessen-Darmstadt und Hessen-Homburg – die dort bisher amtierenden Aufsichtsbehörden, die General- oder Oberpostinspektionen kurzerhand aufzuheben. Bei den verbündeten Staaten erwirkte die preußische Regierung auf diplomatischem Wege die Zustimmung zur Beseitigung derartiger Inspektionen. Mit der Unterzeichnung entsprechender Reverse im Bereich der besetzten Länder, in den Hansestädten und im Thüringischen Postdistrikt war der erste Teil der preußischen Operationen mit der Zielsetzung der Zerschlagung der Taxis-Posten abgeschlossen.

Wiederum ist Stephan zu zitieren, der bereits am 22. Juli nach Berlin melden konnte: »Ich hatte die Thurn und Taxissche Postverwaltung übernommen; es war ein historischer Akt: Der Fall eines 300jährigen Instituts! ... Die Kassen, die Archive – die ganze Verwaltungsmaschine befindet sich in unseren Händen. Fürst Hohenlohe gratulierte mir gestern. ... «, und am 20. September berichtete er, »daß es sich darum handelt, ein 400jähriges Institut zu stürzen, das mit allen alten deutschen Reichs- und Rechtsurkunden, mit allen kleinen Höfen verwachsen, und mit Österreichs und Bayerns Einfluß umgeben ist ... Ja, diese Tage werden der Geschichte angehören! Es ist das postalische Königgrätz, was hier geschlagen wird, und ich bin der Feldherr und der kämpfende Soldat zugleich! Nie hat die Preußische Post, so lange sie besteht, eine größere und für sie wichtigere Zeit gesehen ... «

Am 11./12. August 1866, sechs Tage nach der Wiederaufnahme des Postverkehrs mit Baden, Bayern, Württemberg und Österreich, verhandelte Stephan in Würzburg erstmals mit dem Chef der Fürstlichen Gesamtverwaltung, freilich erfolglos, über Entschädigungsansprüche des Fürstenhauses. Auch in der Folge verliefen die Verhandlungen für Taxis unbefriedigend. Als Stephan am 7. Januar 1867 dem Ministerium in Berlin in Gegenwart Bismarcks den Entwurf des Entschädigungsvertrags vorlegte, waren die Würfel praktisch längst gefallen. Beide Kammern, der Landtag und das Herrenhaus, genehmigten die Vorschläge. Fürst Maximilian Karl reiste am 24. Januar 1867 selbst nach Berlin, um womöglich eine günstigere Wendung der Sache zu erzielen, kam aber auch nach einem Gespräch mit Bismarck nicht weiter. Die von Taxis erhoffte Entschädigungssumme von 4 Millionen Talern war in den seit 17. Januar geführten zähen Verhandlungen nicht zu erzielen: Preußen hielt an seinem Angebot von 3 Millionen fest. In dieser Zwangslage unterzeichneten die taxisschen Bevollmächtigten, Freiherr von Gruben[51] und Wilhelm Ripperger[52], am 28. Januar schließlich mit Zustimmung des Fürsten den endgültigen Ablösungsvertrag.[53]

Kompromißlos stellte der Vertrag fest, daß »sämtliche dem Fürsten eigenthümlich zugehörigen Post-Gebäude und Post-Grundstücke und überhaupt alle gegenwärtig für den Postbetrieb bestimmten Realitäten im ganzen Bereich des Fürstlichen Postbezirks« zum 1. Juli 1867 in das Eigentum des Preußischen Staates übergehen, ebenso die für den laufenden Dienst erforderlichen Akten der Fürstlichen Generalpostdirektion und der Oberpostkasse. Die Bücher und Rechnungen waren am Abend des 30. Juni abzuschließen. Die taxisschen Beamten wurden von Preußen übernommen, ebenso die Pensionen und Unterstützungszahlungen für Pensionisten und deren Hinterbliebene. Die vom Fürsten für das Postpersonal errichteten Stiftungen und Hilfskassen gingen gleichzeitig an Preußen über. Als Äquivalent wurden Fürst Maximilian Karl die bereits vorher von Preußen erwogenen 3 Millionen Taler Preuß. Courant zugebilligt. Nicht zuletzt stellte das den Hauptvertrag ergänzende Schlußprotokoll fest, daß gegen eine weitere Führung des Prädikates Erbgeneral- und Erblandpostmeister durch den jeweiligen Chef des Fürstlichen Hauses keine Bedenken bestünden. Die Ratifikation des Vertragswerkes erfolgte durch König Wilhelm von Preußen am 16. Februar, durch Maximilian Karl am 23. Februar 1867 und Mitte April unterrichtete ein an sämtliche fürstliche Poststellen gerichte-

Silberpokal der Thurn und Taxis-Postbeamten für Heinrich Stephan, 1867

tes Generale über die wesentlichen Vertragspunkte. Aus dem Schlußprotokoll wurden vor allem die Normen für die Postablösungskommission, der die Abwicklung oblag, übernommen.

Der »Rest« lag in den Händen des preußischen Administrators.[54] Bereits am 7. April wurde die Einrichtung königlicher Oberpostdirektionen in Kassel, Frankfurt am Main und Darmstadt sowie die Vereinigung des Thüringischen Postbezirks mit der Oberpostdirektion Erfurt genehmigt. Dem Vorschlag, die Frankfurter Oberpostdirektion an den Regierungssitz nach Wiesbaden zu verlegen, widersetzte sich Stephan entschieden. Für Frankfurt sprachen die besonders günstige Verkehrslage, das Eisenbahnpostamt am Schnittpunkt mehrerer Bahnlinien, die Personal- und Raumverhältnisse, und bezeichnenderweise die historische Bedeutung Frankfurts als Sitz der obersten Postbehörde für ganz Mitteldeutschland seit einer langen Reihe von Jahren. Auch das Postwesen in Hohenzollern sollte jetzt Frankfurt unterstellt werden. Die Verlegung des Eisenbahnpostamtes Nr. 6 von Halle nach Eisenach wurde entsprechend Stephans Vorschlag gebilligt. Am 16. Mai veröffentlichte er die Normen für die Neuorganisation ab 1. Juli. Das taxissche Postwesen – künftig gegliedert in Postämter sowie Postexpeditionen I. und II. Klasse – sollte dabei auf die Oberpostdirektionen Frankfurt am Main, Darmstadt, Kassel, Erfurt, Minden (ehemals Schaumburg-Lippe und Lippe-Detmold) und Koblenz (Meisenheim) aufgeteilt werden.

Ein weiteres Zirkular Stephans erging am 24. Juni an die noch fürstlichen Beamten, die »ihre durch die bewegte Zeit erschwerten Dienstpflichten in ehrenwertester Weise erfüllt haben«. Damit dankte der Administrator den Räten und Beamten der Generalpostdirektion, den Distriktsbehörden, den Poststellen und Eisenbahnbüros. Im Gegenzug übergab die Beamtenschaft der Generalpostdirektion am letzten Tag ihrer Amtsführung Stephan eine kunstvoll geschriebene Dankadresse und einen Silberpokal Hanauer Arbeit. Fürst Maximilian Karl hatte schon am 28. Juni von Regensburg aus in bewegenden Worten einen Abschiedserlaß an das Postpersonal hinausgegeben: »Schweren Herzens« verabschiedete er sich, dankte für die oft langjährigen Dienste und knüpfte daran die Erwartung, »daß sie auch Seiner Majestät dem Könige von Preußen treuergebene Diener sein mögen«. Der Fürst konnte nicht verschweigen, wie schwer der Verlust des Postwesens das Haus treffe, verband damit aber auch die Hoffnung, »daß die einheitliche Leitung des Postverkehrs in größere Theile des deutschen Vaterlands allen seinen Bürgern zum größeren Vortheil und Gedeihen gereichen möge«.[55]

Das förmliche Übergabeprotokoll vom 1. Juli 1867 ist von Stephan, von Gruben und Ripperger unterzeichnet. Am 24. August wurde die Entschädigungssumme samt $4^{1}/_{2}$ Prozent Zinsen geleistet, am 10. Oktober erfolgte in Regensburg die Einweisung der Zahlung an die Fürstliche Obereinnehmerei (Generalkasse).

Den Ablösungsvertrag sah Stephan 1867 als *das* Mittel an, das einen »350 Jahre alten Krebsschaden Deutschlands« beseitigte. Damals wehte längst schon die preußische Fahne mit dem königlichen Adler auf dem Roten Haus,

Circulare.

Berlin, den 25. Juni 1867.

Die Herren Beamten der Fürstlich Thurn und Taxis'schen Post-Verwaltung, welche mit dem Uebergange des bisherigen Fürstlich Thurn und Taxis'schen Postwesens an Preußen in den Kreis der Preußischen Postverwaltung eintreten, heiße ich vertrauensvoll hiermit willkommen. Ich erwarte, daß dieselben nach allen Richtungen hin bemüht sein werden, durch eine gewissenhafte Wahrnehmung ihrer Dienstpflichten ebensowohl die höheren Staats-Interessen zu fördern, als insbesondere den Anforderungen des Verkehrs und hierbei den an die Bereitheit, Präcision und Zuverlässigkeit der Post-Anstalten mit Recht zu stellenden Ansprüchen des Publikums in regem Eifer und voller Hingebung zu entsprechen. Gern werde ich die in den Preußischen Staatsdienst übergehenden Beamten in diejenige Kategorie ihrer Amtsgenossen in der Preußischen Post-Verwaltung, in welche sie nach den bisherigen Verhältnissen am Richtigsten einzureihen sein werden, mit angemessener Feststellung ihrer Anciennetät einrücken lassen. In dieser Beziehung bestimme ich vorläufig Folgendes:

Die Vorsteher der größeren Post-Aemter werden in die Kategorie der Postdirectoren, die Vorsteher der kleineren Post-Aemter in die Kategorie der Postmeister aufgenommen werden.

Die bisherigen Post-Secretäre, Post-Amts-Secretäre und Ober-Post-Amts-Secretäre sowie die bereits definitiv oder bedingt widerruflich angestellten Post-Assistenten treten in die Kategorie der Post-Secretäre ein.

Die Post-Practicanten, welche bis ult. Juni cr. das bisher übliche Postdienst-Examen bestanden haben, rücken in die Klasse der Post-Assistenten, diejenigen Post-Practicanten aber, welche bis zu dem bezeichneten Termine das gedachte Examen noch nicht abgelegt haben, in die Klasse der Post-Eleven ein.

Die Vorsteher der Postverwaltungen und Post-Expeditionen werden, je nachdem diese Post-Anstalten künftig als Post-Expeditionen erster oder zweiter Klasse bestimmt werden, in die Kategorie der Post-Expedienten oder in diejenige der Post-Expediteure eintreten. Soweit diese Vorsteher den Amts-Character als Post-Verwalter geführt haben, behalten sie denselben.

Die Vorsteher der bisherigen Post-Ablagen treten in das Verhältniß der Post-Expediteure über.

Die bisher schon in überwiegender Dauer gegen Diäten beschäftigten Post-Gehülfen werden unter die Post-Expeditions-Gehülfen ohne Beschränkung, diejenigen Postgehülfen aber, welche zur Zeit im Privat-Engagement stehen, oder nur vorübergehend gegen Diäten beschäftigt worden sind, unter die Post-Expeditions-Gehülfen für den Ort aufgenommen.

Was die Ablegung der Prüfung für die höheren Dienststellen der Post-Verwaltung betrifft, so soll dieselbe bei den vor dem 1. Juli 1862 in Secretär- oder Assistenten-Stellen bereits angestellten Beamten nicht als Bedingung ihres entsprechenden Vorrückens in höhere Dienststellen angesehen werden.

Ich beauftrage die Herren Vorsteher der Post-Anstalten, diesen Erlaß den ihnen nachgeordneten Beamten zur Kenntniß zu bringen und auch den Unterbeamten, contractlichen Dienern und Postillonen bekannt zu machen, wie ich mit Zuversicht erwarte, daß dieselben ihren Dienst ferner mit Treue, Pünktlichkeit und Eifer verrichten werden, wogegen dieselben darauf rechnen dürfen, daß ihnen unter der Preußischen Verwaltung eine, ihren bisherigen Dienstverhältnissen entsprechende Stellung gewahrt bleiben wird.

Der Königlich Preußische Staats-Minister
für Handel, Gewerbe und öffentliche Arbeiten:
Graf von Itzenplitz.

Zirkularverfügung, betreffend die Übernahme der Thurn und Taxis-Postbeamten in die preußische Postverwaltung, 1867 dem Taxisschen Postgebäude in Frankfurt. Knapp drei Jahrzehnte später, bei der Einweihung des Frankfurter Reichspostgebäudes 1895, hörte sich das postalische Geschichtsempfinden des inzwischen in den Adelsstand erhobenen und zum preußischen Staatsminister aufgerückten Heinrich von Stephan wieder etwas anders an: jetzt räumte er dem Hause Taxis für immer das Verdienst ein, daß es inmitten eines mosaikartigen Staatsgefüges lange Zeit hindurch eine Einheit gebildet und es verstanden habe, sich unter oft schwierigen Umständen und selbst bei tiefgreifenden Erschütterungen der Staats- und Rechtsverhältnisse Alt-Deutschlands zu behaupten.[56]

Anmerkungen

1 Fürst Thurn und Taxis Hofbibliothek Regensburg, Ms. P. 237, aus der privaten Bibliothek des 1843 verstorbenen fürstl. Generalpostdirektors Alexander Freiherrn von Vrints-Berberich.

2 Grundsätzlich, mit weiterführender Literatur: Martin Dallmeier (Bearb.), Quellen zur Geschichte des europäischen Postwesens 1501–1806 (Thurn und Taxis-Studien 9/I–III), Kallmünz 1977–1987, bes. Bd. I, S. 214ff.; Zwei Jahrtausende Post, Vom cursus publicus zum Satelliten (Ausstellungskatalog Schloß Halbturn), Halbturn/Burgenland 1985 (weiterhin: Kat. Halbturn): Dallmeier, S. 41–88 (Text und Katalog), Erwin Probst, S. 88–104 (Katalog); Werner Münzberg, Stationskatalog der Thurn und Taxis-Post (Thurn und Taxis-Studien 5), Kallmünz 1967; Max Piendl, Das Fürstliche Haus Thurn und Taxis, Zur Geschichte des Hauses und der Thurn und Taxis-Post, Regensburg 1980; Erwin Probst, Postorganisation (Behördliche Raumorganisation seit 1800, Grundstudie 3: Beiträge der Akademie für Raumforschung und Landesplanung 14, 1977; weiterhin: Postorganisation); Ernst Schilly, Nachrichtenwesen, in: Kurt G. A. Jeserich, Hans Pohl und Georg-Christoph von Unruh (Hrsg.), Deutsche Verwaltungsgeschichte 2, Vom Reichsdeputationshauptschluß bis zur Auflösung des Deutschen Bundes, Stuttgart 1983, S. 257–285.

3 Neben Verträgen u. a. mit den Gliedern des Deutschen Bundes urkundliche Vereinbarungen mit Belgien, Dänemark, England, Frankreich, Italien, den Niederlanden, mit einzelnen Schweizer Kantonen und der Eidgenossenschaft in ihrer Gesamtheit. – Zu den postgeschichtlichen Beständen des Fürst Thurn und Taxis Zentralarchivs u. a. Erwin Probst, Die Thurn und Taxis-Post und Europa, in: Wilhelm Fleitmann (Hrsg.), Neue Beiträge zur Geschichte der Post in Westfalen, Münster/Westf., 1981, S. 1–5; ders., Postkonventionen und Posturkunden aus der Endphase der Thurn und Taxis-Post (Austellungskatalog: IBRA München '73), München 1973, S. 100–109.

4 Dallmeier, Bd. I, S. 214.

5 Text u. a. bei Hanns Hubert Hoffmann (Hrsg.), Quellen zum Verfassungsorganismus des Heiligen Römischen Reiches Deutscher Nation 1495–1815 (Ausgewählte Quellen zur Deutschen Geschichte der Neuzeit, 13), Darmstadt 1976, S. 338f. – Allg. vgl. auch Ernst Rudolf Huber, Deutsche Verfassungsgeschichte seit 1789 (Bd. 1: Reformation und Restauration 1789–1830), Stuttgart 1957, S. 42–60; ders., Dokumente zur deutschen Verfassungsgeschichte (Bd. 1: 1803–1850), Stuttgart 1961, S. 75–81, bes. S. 80.

6 Kurzbiographien der Fürsten Carl Anselm (1733–1805), Karl Alexander (1770–1827) u. Maximilian Karl (1802–1871) sowie weiterführende Literatur bei Erwin Probst, in: Biographisches Wörterbuch zur Deutschen Geschichte, Bd. 3, München 1975, Sp. 2898–2905 – Allg. Piendl (s. Anm. 2); ausführlich, aber z. T. überholt, von Joseph Rübsam die biographischen Skizzen über Angehörige des Fürstlichen Hauses, in: Allgemeine Deutsche Biographie 37, Leipzig 1894, S. 477–525.

7 Postorganisation, S. 10 u. S. 32f.; Max Piendl, Post, in: Wilhelm Volkert (Hrsg.), Handbuch der bayerischen Ämter, Gemeinden und Gerichte 1799–1980, München 1983, S. 250–256 – Zu Bayern zahlr. Beiträge in dem seit 1925 erscheinenden Archiv für Postgeschichte in Bayern; Rückblick auf das erste Jahrhundert der K. Bayer. Staatspost, München 1909 (Nachdruck, München 1982); H. Aue, Die rechtliche Entstehung der bayerischen Staatspost 1805–1808, Jur. Diss. München 1949) – Für zahlr. Fakten noch immer Johann Brunner, Das Postwesen in Bayern in seiner geschichtlichen Entwicklung von den Anfängen bis zur Gegenwart, München 1900.

8 Postorganisation, S. 18, S. 26f., S. 51f. – neben Einzelbeiträgen in den regionalen Postgeschichtsblättern: Erwin Probst, Thurn und Taxis und die Post in Württemberg. Zur Vorgeschichte und Geschichte der »Württembergischen Staatspost« von 1851 (in: Austellungskatalog NAPOSTA '81), Stuttgart 1981, S. 261–271; Fritz Wölffing-Seelig, 500 Jahre Post in Württemberg, Lorch 1965, bes. S. 17–22 – Ergänzend immer noch Friedrich Weber, Post und Telegraphie im Königreich Württemberg, Stuttgart 1901.

9 Postorganisation, S. 10 u. S. 29f. – Neben Einzelbeiträgen in den regionalen Postgeschichtsblättern: Ewald Graf, Handbuch der Badischen Vorphilatelie 1700–1851, Schwandorf 1971, u. noch immer Karl Löffler, Geschichte des Verkehrs in Baden, Heidelberg 1910.

10 Rheinbundakte: Hoffmann, Quellen (s. Anm. 5), S. 374–392 – Zur Auflösung des Reichs Hoffmann, S. 392–396. – Zur Rheinbundzeit allg. Schilly, a. a. O., S. 260–263.

11 Postorganisation, S. 20–23; Alfred Koch, Die deutschen Postverwaltungen im Zeitalter Napoleons I. Der Kampf um das Postregal in Deutschland und die Politik Napoleons I., in: Archiv für deutsche Postgeschichte 1967/2, S. 1–38.

12 Kat. Halbturn (s. Anm. 2), S. 97f., S. 102f.

13 Probst in Biogr. Wörterbuch 3 (s. Anm. 6), Sp. 2901f.

14 Erwin Probst, Die Entwicklung der fürstlichen Verwaltungsstellen seit dem 18. Jahrhundert, in: Thurn und Taxis-Studien 10, Kallmünz 1978 (S. 267–386), hier S. 285 u. S. 306.

15 Postorganisation, S. 17 u. S. 25; Kat. Halbturn, S. 60f.; Schilly, a. a. O., S. 263f.

16 Schilly, a. a. O., S. 265. – Karl Sautter, Die Thurn und Taxissche Post in den Befreiungskriegen 1814–1816, in: Archiv für Post und Telegraphie 1911, S. 1–17 und S. 33–49.

17 Postorganisation, S. 23f.; Werner Münzberg, Der Überrhein. Offenbach 1969.

18 Dazu neuerdings Emanuela Wilm, Das Haus Thurn und Taxis auf dem Wiener Kongreß. Der Kampf um die Posten und die Remediatisierung. München 1986 (ungedruckt; Hofbibliothek Regensburg); Schilly, a. a. O., S. 269f. – Allg. Huber, Verfassungsgeschichte 1 (s. Anm. 5), S. 543ff.

19 Ausführlich, auch zur weiteren Entwicklung, Paul Danzer, Bayern und die Vereinheitlichung des Postwesens in Deutschland, Diss. TH München 1923.

20 Von ihm stammt Das Postwesen in Teutschland, wie es war, ist, und seyn könnte, Erlangen 1811. Dazu Hermann Wolpert, Schrifttum über das Deutsche Postwesen, Teil 2, in: Archiv für das Post- und Fernmeldewesen 1952, S. 177–272, hier: S. 183: Nr. 1313 – Über Klüber speziell: Neue Deutsche Biographie 12, Berlin 1980, S. 133f.

21 Von ihm Widerlegung einiger Behauptungen des Herrn Staatsrathes Klüber ... (Anhang zu seiner Darstellung des Postwesens in den K. Preuss. Staaten, Berlin 1812 u.a.). Dazu Wolpert, a.a.O., S. 184: Nr. 1326 – Matthias war Erster Registrator und Archivar beim Königl. Generalpostamt in Berlin.

22 Neben Danzer (s. Anm. 19) u.a. auch Anton Haeut, Die Übernahme der Taxisschen Reichsposten durch den Staat, München 1925 – Zur Entschädigung vgl. Probst, Verwaltungsstellen (s. Anm. 14), S. 318f., S. 358 u.a.

23 Danzer, S. 25f.

24 Huber, Verfassungsgeschichte 1 (s. Anm. 5), S. 560f.; ders., Dokumente 1, S. 75–81, hier S. 80.

25 Probst in Biogr. Wörterbuch 3 (s. Anm. 6), Sp. 2902.

26 Postorganisation, S. 26ff.; Schilly, a.a.O., S. 270ff.

27 Probst, Verwaltungsstellen (s. Anm. 14), S. 292.

28 Probst, Württemberg (s. Anm. 8), S. 266.

29 Grundlegend Klaus Herrmann, Thurn und Taxis-Post und die Eisenbahnen. Vom Aufkommen der Eisenbahnen bis zur Aufhebung der Thurn und Taxis-Post im Jahre 1867 (Thurn und Taxis-Studien 13) Kallmünz 1981, bes. S. 146ff.; Herrmann Kunze, Das Wegeregal, die Post und die Anfänge der Eisenbahnen in den Staaten des Deutschen Bundes, Diss. Bochum 1982

30 Huber, Dokumente 1 (s. Anm. 5), S. 304–324; Art. VIII (41–44): S.309.

31 Allg. neuerdings Rudolf C. Rehm (Hrsg.), Postgeschichte und klassische Philatelie des Kantons Schaffhausen, Schaffhausen 1987; bes. Rehm, Postgeschichte, S. 15ff.

32 Erwin Probst, Erwerb, Rentabilität und Verlust des Thurn und Taxisschen Kantonalpostamtes Schaffhausen 1833/34–1848/53, in: Rehm, Postgeschichte, S. 144–158.

33 Max Piendl, Das »bayerische Projekt« der Thurn und Taxis-Post, in: Zeitschrift für Bayerische Landesgeschichte 33 (1970) S. 272–306.

34 Erwin Probst, Beiträge zum Personal- und Besoldungswesen beim Fürstlichen Kantonalpostamt Schaffhausen, mit Personalschematismus, in: Rehm, Postgeschichte, S. 124–144, bes. S. 137.

35 Neben Herrman u. Kunze (s. Anm. 27):Erwin Probst, Das Thurn und Taxissche Eisenbahnpostwesen, in: Hans Haferkamp u. Erwin Probst (Hrsg.), Thurn und Taxis Stempelhandbuch 2, Soest 1977, VIII/1–8; ders., Verträge und Vereinbarungen zwischen den Thurn und Taxisschen Lehenposten und den Staatsregierungen bzw. Eisenbahngesellschaften wegen Benützung für postalische Zwecke (ab 1844), VIII, S. 67–84, u. Dokumententeil.

36 So 1839: Post-Reform in Deutschland; ders., Reform des Post- und Transportwesens in Deutschland, Frankfurt 1841 – Zum Autor vgl. u.a. Wilhelm Schröder, Johann von Herrfeld, ein Post- und Verkehrswissenschaftler der ersten Hälfte des 19. Jahrhunderts, in: Wissenschaftliche Zeitschrift der Hochschule für Verkehrswesen Dresden 7 (1959/60), S. 761–771.

37 So 1840: (Fr. Schmidt) Postreform – Vorschläge zur Einrichtung des Pennysystems in England aus einem Berichte an die Lords der Schatzkammer, in: Deutsche Vierteljahresschrift 1840, S. 368–382; Christian Friedrich Wurm, Postreform in England – Aussichten für Deutschland, in: C. von Rotteck u. C. Welcker (Hrsg.), Staats-Lexicon oder Encyklopädie der Staatswissenschaften 12, Altona 1841, S. 721–741, u.a. – Vgl. bes. später: J. Holzhammer, Zur Geschichte der Briefportoreform in den Culturstaaten von ihrem ersten Beginne 1837 bis zum Abschluß des Berner Weltpostvertrages, Tübingen 1879.

38 Kat. Halbturn (s. Anm. 2), S. 105 (C 109–111).

39 Vgl. die zahlreichen zeitgenössischen Beiträge 1848/49 bei Wolpert (s. Anm. 20), S. 220ff.

40 Huber, Dokumente 1; vgl. Anm. 30.

41 Probst in Haferkamp-Probst, Stempelhandbuch 1, Schwandorf 1976, II/6 u.a.

42 Dazu u. zum folgenden Erwin Probst, Druck und Neudruck Thurn und Taxisscher Postwertzeichen, in: Polygraph Jahrbuch 1968, Frankfurt 1967, S. 61–72; ders. in Haferkamp-Probst, Stempelhandbuch 1, IV, S. 1–4.

43 Erwin Probst, Die Einführung der Thurn und Taxisschen Ringnummernstempel und die Stempeleinführungen anderer, insbesondere altdeutscher Staaten, in: Philatelie und Postgeschichte 3, Frankfurt 1967, S. 1ff. – Allg. Haferkamp-Probst, Stempelhandbuch 2, V/S. 1ff.

44 Probst in Stempelhandbuch 1, II, S. 9–12.

45 Probst in Stempelhandbuch 1, II, S. 12–17.

46 Probst in Stempelhandbuch 1, II, S. 17–20.

47 Kat. Halbturn (s. Anm. 2), S. 110–114 (C 120–129); Probst in Stempelhandbuch 1, I/27–43; Schilly, a.a.O., S.285 – Einzelheiten bei Gottfried North, Die Übernahme des Thurn und Taxisschen Postwesens durch Preußen 1867, in: Archiv für Post- und Fernmeldewesen 1967, S.389–407; Max Piendl, Das Ende der Thurn und Taxis-Post, in: Tradition, Zeitschrift für Firmengeschichte und Unternehmerbiographie 6, (1961), S. 145–155.

48 Erwin Probst, Frankfurts »Postzeitung«: Ihre Anfänge und ihr Ende, in: NAPOSTA '78, Frankfurt 1978, S. 289–294, S. 293f. – Eine zusammenfassende systematische Darstellung zur Geschichte der »Oberpostamtszeitung« steht noch immer aus.

49 Kat. Halbturn, S. 113f. (C 129); Günter Pollex, Heinrich von Stephan, Essen 1984.

50 Kat. Halbturn, S. 113 (C 128).

51 Probst, Verwaltungsstellen (s. Anm. 14), S. 309. – Gruben gilt als führender Kopf eines »großdeutschen« Kreises, der sich in den sechziger Jahren in Regensburg gebildet hatte. Vgl. auch Heinz Wilfried Sitta, Franz Joseph Freiherr von Gruben, Phil. Diss. Würzburg 1953.

52 Ripperger war Sachbearbeiter in Postfragen; seine Handakten im Fürst Thurn und Taxis Zentralarchiv Regensburg (FZA) stellen eine einmalige Quelle zur Geschichte der Lehenpostzeit, insbesondere zu Organisation und Dienstabwicklung, dar.

53 FZA Posturkunden 716, mit Beilagen; vgl. Kat. Halbturn, S. 110f. (C 120–121).

54 Postorganisation, S. 28f.

55 Abb. u.a. bei Probst in Stempelhandbuch 1, I, S. 40–41, u. Piendl (s. Anm. 47), nach S. 154.

56 Kat. Halbturn, S. 114 (C 129).

Carl Friedrich Ferdinand (von) Nagler (1770–1846), Preußischer Beamter, Generalpostmeister und Bundestagsgesandter; Gemälde von Manasse Unger (1802–1868)

Carl Friedrich Ferdinand (von) Nagler 1770–1846
Nicht nur Generalpostmeister

Ein politisches Essay

Wilfried Forstmann

Zum Forschungsstand

Keine Frage, unternähme man den Versuch, die innere Geschichte Preußens im beginnenden 19. Jahrhundert zu charakterisieren, so müßte man in erster Linie, ungeachtet ihrer divergierenden Ansätze, auf die Reformen der Minister Stein und Hardenberg hinweisen. Keine Frage aber auch, daß sich beim näheren Hinsehen diese Reformen unschwer mit einer Reihe weiterer Namen der leitenden preußischen Bürokratie verbinden lassen, wie beispielsweise dem Namen Beyme, Altenstein, Nicolovius, Sack, Schön, Stägemann, dem der Brüder Schrötter oder dem der Militärreformer Scharnhorst und Gneisenau; daß sie gerade in ihnen ihre planenden, formulierenden und exekutierenden Gestalten besaßen, die »Reformgruppe«, wie Ernst Rudolf Huber dieses heterogene Ensemble preußischer Beamten zusammenfaßt.[1] So sehr die Gruppierung auch durchaus weitverzweigt und entsprechend einflußreich den politischen Entscheidungsbereich bis etwa 1819 bestimmend auszufüllen verstand, so hat es an Gegnern dieser Politik natürlich nicht gefehlt. Jenes Jahr wird gemeinhin als der greifbare Endpunkt einer programmatisch bestimmten Reformpolitik verstanden; als entscheidendes Ereignis hierfür erscheint der Sturz Wilhelm von Humboldts, zu diesem Zeitpunkt Minister für ständische Angelegenheiten, über seinen Versuch, in Preußen eine – geschriebene – Verfassung einzuführen. Grosso modo gewannen die Gegner in der vormärzlichen Reaktionszeit die Oberhand, wobei nicht nur verschiedene Ansätze der Reformzeit, etwa im gewerblichen oder Bildungsbereich, weitergeführt wurden, sondern auch verschiedene Reformer unter den sich verändernden Gegebenheiten in Amt und Würden blieben.

Die Vorstellung von einer spezifischen Parteibildung im Sinne einer klar definierten reformerisch-fortschrittlichen und konservativ-reaktionären Ausrichtung im Preußen die ser ersten Jahre des 19. Jahrhunderts darf somit nicht überstrapaziert werden. Die Lebenswege der genannten Beamten etwa zeigen zwar vereinbarte politische Auffassungen, gemeinsame politische Wegstrecken und können damit zu Recht, wie es Huber getan hat, zur besseren historiographischen Illustration verwendet werden. Ebenso lassen sich aber auch in dieser Gruppierung unterschiedliche Auffassungen über die Reformwege und -inhalte erkennen, in ihrer jeweiligen Perspektive von den sich wiederum wandelnden Gewichten einer Vielzahl von innen-, außen- und gesellschaftspolitischen Faktoren abhängig. Sicherlich förderten allerdings die politischen und militärischen Ereignisse von 1806 bzw. 1813/15 eine reformerische Gesinnung, mit ihr eine festere reformerische Programmatik und Organisationsstruktur, in denen das Bewußtsein, den Staat und seine Gesellschaft neu zu gestalten, besseren Halt gewinnen konnte. Eine anhaltende, durchschlagende Wirkung ging aber von ihnen nicht aus. Sich verändernde Bedingungen der politischen Gesamtlage in Europa forcierten auch in Preußen neue, wenngleich in vielem retardierende politische Inhalte, und veränderten damit auch das Beziehungsgeflecht gerade auf der Ebene der bislang reformerisch eingestellten führenden Beamtenschaft.

Zu den »Vorkämpfern der Restauration« gehörten dann in einer zweiten Zusammenstellung Hubers neben den Führern der feudalen Fronde, Finckenstein und Marwitz, unter anderem die Generäle Kalckreuth und Yorck, die Minister Bernstorff, Lottum, Voss und Wittgenstein, die Staatstheoretiker Gentz, Haller und Adam Müller, die Dichter Arnim, Fouqué und Kleist, schließlich und nicht zuletzt Karl Friedrich Ferdinand (von) Nagler (1770–1846), langjähriger Beamter und Diplomat in den Diensten Preußens[2], dabei u.a. Legations- und später Geheimer Staatsrat, Bundestagsgesandter und Generalpostmeister, seit 1836 im Ministerrang.

Wird in dieser zusammenfassenden, überblicksartigen, einen abschließenden Forschungsstand suggerierenden Retrospektive Hubers Nagler ein klare politische Parteinahme zugewiesen, so gewinnt seine Darstellung zusätzliches Gewicht, da er sogar als ein ausgesprochener Protagonist dieses Übergangs von einer reformerischen zu einer vormärzlichen Politik in Preußen angesehen wird. »Ein Zeichen für den verschärften reaktionären Kurs war es, daß Nagler 1821 als Chef des Postwesens (seit 1823 im Rang des Generalpostmeisters) in den Staatsdienst zurückkehrte.«[3] Diese, vermeintlich eindeutige, ultrareaktionäre Haltung Naglers, wie sie hier Huber beiläufig apostrophiert, wird, in Anlehnung an einige zeitgenössische Stimmen, von der älteren und neueren Geschichtsschreibung vielfach geteilt, die sich bei diesem Gegenstand der Betrachtung zumeist mehr oder weniger eng an den »res gestae« Steins und Hardenbergs orientiert. Sie fand in diesem Zusammenhang darüber hinaus ein zusätzliches Motiv für eine äußerst kritische Einlassung, wurde Nagler doch hier bei allem Arbeitseifer und Sinn für Verwaltungsvorgänge verletzender Schroffheit und bedenklichen Zynismus' geziehen, dort ihm erhebliche charakterliche Schwächen, Egoismus, Intriganten- und Strebertum, verbunden mit fachlicher Inkompetenz, attestiert. So formulierte etwa Gerhard Ritter scharf: »Legationsrat Nagler, eine der unerfreulichsten Kreaturen Hardenbergs im Auswärtigen Departement, gehörte zu jenen Strebernaturen minderen Grades, die im Bewußtsein ihrer eigenen Unzulänglichkeit eine stets wache Betriebsamkeit in den Fragen der Stellenbesetzung entfalten.«[4]

Derartige Charakterisierungen bilden gewiß keine gute Grundlage, auf der ein ansehnlicher Nachruhm, wie ihn verschiedene Reformer, aber auch einige ihrer konservativen Kontrahenten erworben haben, sprießen und gedeihen kann, mag auch die Ursache dafür sein, daß kein namhafterer Historiker es bisher unternommen hat, über diese gleichermaßen beiläufigen wie unfreundlichen Zugriffe auf Abschnitte und Aspekte aus der Vita Naglers hinaus, eine wissenschaftlich fundierte Biographie über ihn zu verfassen und damit aus den Prämissen der Gegenwart seine Zeit aus seiner Perspektive zu beschreiben. Seine Lebensdaten, sein Werdegang und seine verschiedenen Funktionen im Staatsdienst, sein politischer Einfluß und der Typus, den er darstellt, sind gewiß Grundlage genug, einen weiterführenden, sinnvollen Beitrag zur preußischen Geschichte aus dem Zeitraum vom Ancien Regime über die Verwerfungen der napoleonischen Zeit bis weit in den Vormärz hinein ins Auge zu fassen.

Keine Regel ohne Ausnahme, keine Generalisierungen ohne Einschränkungen – insbesondere in der Historiographie: Abgesehen von kürzeren biographischen Zusammenfassungen über Nagler, wie sie Treitschke in seinem Werk über die deutsche Geschichte im 19. Jahrhundert, verschiedene historische Fachlexika, spezifisch postgeschichtliche Abrisse und schließlich auch Huber bieten, hat sich vor dreißig Jahren Albert Gallitsch, von einem posthistorischen Interesse ausgehend, mit Nagler beschäftigt. Daraus ist dann der Versuch erwachsen, seinen gesamten Lebenslauf zu fassen, zu beschreiben, aber nicht nur das, sondern ihn vor dem Hintergrund eines eingehenden Quellenstudiums durch eine neue, völlig anders gewendete, äußerst positive Beurteilung zu würdigen. Gallitsch widerspricht geradezu vehement allen zeitgenössischen und von der Seite der Historiker vorgebrachten Vorwürfen, die gegen Nagler bislang erhoben worden sind. Trotz eines akribischen Mühens vermag er jedoch in erster Linie nur die Stationen des Lebensweges von Nagler einordnend und kommentierend darzustellen, ein Bildungs- und Bewußtwerdungsgang fehlt indes weitgehend. Dieser kurze bibliographische Überblick sei mit einem Hinweis auf mehrere Editionen zur preußischen Reformzeit – Briefe, Memoranden und Gesetzestexte –, in denen Nagler verschiedentlich erwähnt wird, ferner zwei ältere Editionen von Korrespondenzen Naglers, teils beruflichen, teils privaten Charakters, abgeschlossen.[5]

Es ergibt sich ein eigentümlicher Zustand: Die wissenschaftliche historiographische Beurteilung Naglers – bisher nicht eben Gegenstand einer eingehenden und sich mühenden Diskussion – führt zu widersprüchlichen, nicht miteinander zu vereinbarenden Ergebnissen. Die Negativa jedoch kennzeichnen das undeutliche Bild, das die Gegenwart von Nagler besitzt. Gallitsch' Arbeit, gewiß kein historiographisches Kabinettstück, scheint nicht einmal als bibliographische Angabe, geschweige denn in ihrem Inhalt rezipiert worden zu sein, ein Zustand allerdings, der in verschiedenen Sparten der historischen Wissenschaft ein häufiges Ärgernis darstellt.

Worin können nun Ziel und Zweck der vorliegenden knappen Skizze bestehen? Gewiß kann sie zu keinem neuen erschöpfenden biographischen Versuch führen. Dazu ist einmal der Raum, der hier zu Verfügung steht, viel zu beschränkt, zum anderen basiert sie mit Ausnahme der Durchsicht des bereits genannten, veröffentlichten Briefwechsels nirgendwo auf dem Studium von Primärquellen, läßt sich also allein von der darstellenden und interpretierenden Literatur führen, legt so keine eigenen, neuen Forschungsergebnisse vor. Dennoch soll es hierbei, ausgehend von diesem unbefriedigenden Rezeptionsstand, mit wenigen andeutenden Hinweisen darum gehen, einen Versuch zu machen, Aspekte der Biographie Naglers aufzugreifen, ihre eigenwilligen Wege zu verfolgen, diese dann möglichst zu strukturieren und anzuregen, sich mit ihr weiter zu beschäftigen. Das geschieht mit dem Ziel, eine erkannte Disparität in der historischen Forschung soweit wie möglich aufzulösen, zugegebenermaßen aber für eine Persönlichkeit wie die Naglers wieder mehr und sensiblere Aufmerksamkeit in einem breiteren Rahmen zu gewinnen, in diesem Fall, die Vorstellungen des »kleinen« Gallitsch und nicht etwa die des »großen« Ritter als leitende Maxime zu verstehen.

Zum Lebenslauf

Karl Ferdinand Friedrich Nagler besaß, wie andere preußische Amtsträger bis hinauf zu Stein und Hardenberg, von Hause aus keine Beziehungen zum preußischen Staat. Er wurde am 22. Januar 1770 als Sohn eines höheren, wenngleich bürgerlichen Regierungsbeamten in Ansbach geboren, war also nach herkömmlicher Sprachregelung ein Süddeutscher. Nach »sorgfältiger Erziehung«, wie Gallitsch in Anlehnung an den Artikel über Nagler in der Allgemeinen Deutschen Biographie formuliert, und einem rechts- und staatswissenschaftlichen Studium in Göttingen und Erlangen trat er 1793 in die Dienste der ansbach-bayreuthischen Verwaltung, der Verwaltung eines Direktoriums, das zwei Jahre zuvor durch fürstliche Vereinbarung friedlich in preußischen Besitz übergegangen war. Haben andere renommierte Staatsdiener dieser Zeit, wie Scharnhorst, aus weit ungünstigeren persönlichen Verhältnissen einen sozialen Aufstieg durch die preußische Administration bis in eine Spitzenstellung im Staat erreicht, so erscheint dennoch auch die Karriere Naglers als höchst bemerkenswert, ein Weg, von dem ihm sicherlich an seiner Wiege nicht gesungen worden ist.

Karrieren vollziehen sich in der Regel in einem Ablauf von Anpassung und Emanzipation, orientieren sich bewußt zunächst an den objektiven Gegebenheiten, finden parallel dazu oft eine Basis in einer arrivierten Bezugsperson, einem fördernden, vorbildhaften Mentor, bis sie dann so gefestigt erscheinen, daß aus ihnen selbst heraus gestaltend, verändernd gewirkt werden kann. Naglers Karriere entspricht diesen Regeln durchaus, ja sie läßt sich unter diesen Aspekten vereinfachend und plakativ in drei Abschnitte gliedern, nämlich den mit Hardenberg, den gegen Hardenberg und den ohne Hardenberg.

Hardenberg, der von 1790–1798, zuerst noch unter Markgraf Karl Alexander, dann unter den preußischen Königen Friedrich Wilhelm II. und seinem Nachfolger Friedrich Wilhelm III. als leitender Minister die Geschicke Ansbach-Bayreuths lenkte, war in einem ersten Abschnitt auf ganz ausgeprägte Weise Mentor, ja zuweilen der ältere Freund des jüngeren Assessors und Kriegsrats, dann aber, seit 1810, also in einem zweiten Abschnitt, dessen kühler und distanzierter Gegenspieler. Der Minister führte Nagler zunächst an die fränkische Schule des preußischen Beamtentums heran, die sich unter ihm gebildet hatte. Zu ihr gehörten etwa Alexander von Humboldt, Schuckmann, Kircheisen und insbesondere Naglers gleichaltriger Schwager und lebenslanger Vertrauter Altenstein. Treitschke sieht in den »philosophischen Ostpreußen«, den Beamten, die, wie Theodor Schön, an der Königsberger Universität durch Kant und Kraus Bildung und Ausbildung erfahren haben, und in dieser Gruppierung fränkischer Beamter die beiden Zweige, aus denen sich die Reformpartei des preußischen Beamtentums im nachhinein bildete.[6]

Über die ersten Aufgaben und Tätigkeiten Naglers in der Verwaltung seiner engeren Heimat gibt die Literatur nur umrißhaft Auskunft. Während einer der führenden Biographen Hardenbergs, Hans Haussherr, Nagler in der Rolle eines persönlichen Referenten, ja Sekretärs des Ministers sieht, skizzieren andere, unter ihnen Gallitsch, eine ganz normale Verwaltungslaufbahn des höheren Dienstes, die er als Referendar und Assessor am Ersten Senat der Kriegs- und Domänenkammer in Ansbach begann, wobei er vornehmlich mit der Neuorganisation der preußischen Provinzen in Franken beschäftigt war.[7] Dabei wurde Hardenberg auf den jungen Beamten aufmerksam, zog ihn in seine Nähe und verwandte ihn für verschiedene, nicht weiter benannte »Kommissionsgeschäfte«. Als Hardenberg 1798 seine Stellung als Provinzialminister in Ansbach aufgeben und als Provinzial- und Kabinettsminister in Berlin seine politische Laufbahn fortsetzen mußte, veranlaßte er neben anderen Beamten aus seiner Ansbacher Zeit gerade Nagler, ihm dorthin zu folgen und, im Rang eines Kriegs- und Domänenrats seit 1802 zum Geheimen Legationsrat befördert, unter ihm im Provinzialministerium für Ansbach und Bayreuth seine Arbeit fortzusetzen. Wie es scheint, setzte der Minister seinen Legationsrat, insbesondere nachdem er 1804 die Leitung der auswärtigen Angelegenheiten vertretungsweise für den Grafen Haugwitz übernehmen mußte, jetzt auch verstärkt bei verschiedenen schwierigen diplomatischen Verhandlungen und Missionen als eine bewährte Hilfskraft ein – der Zeitraum, auf den sich die oben ge-

Friedrich Wilhelm III. (1770–1840), König von Preußen 1797 bis 1840; Kopie eines Gemäldes von François Gérard (1770–1837)

Carl August Reichsgraf Hardenberg (1750–1822), ab 1814 preußischer Fürst, Leitender preußischer Minister; Gemälde von Johann Heinrich Tischbein, um 1800

nannte, geradezu ehrabschneidende Bemerkung Gerhard Ritters bezieht. 1806, als Ansbach auf den Druck Napoleons hin an Bayern abgetreten werden mußte, – Preußen erwarb unglücklicherweise dafür Hannover – fungierte Nagler als preußischer Übergabekommissar in seiner alten Heimat, wobei er sich angelegen sein ließ, zu retten, was zu retten war. »So wurden u. a. in aller Eile die wertvollsten Teile der Schloßbibliothek nach Erlangen gebracht, von Dezember 1805 bis März 1806 wanderten auch noch zahlreiche Kunstgegenstände an das Berliner Kunstkabinett. Kurz vor der Übergabe an Bayern übertrug man das von der Markgräfin Christiane Charlotte gestiftete Kapital von 150 000 fl. zur Universitätsgründung der preußisch verbleibenden Universität Erlangen.«[8]

Hardenberg, aber auch Friedrich Wilhelm III. zeigten sich von Naglers engagiertem Einsatz sehr angetan. Der Minister notierte: »Das Abtretungsgeschäft in Franken war auf meinen Antrag dem Geheimen Legationsrat Nagler, einem Manne übertragen worden, der voll Eifers für den König und sein Vaterland Ansbach, voll tiefen Gefühls über die sorglose Art, wie man die treuen Bewohner desselben ohne irgendeine Bedingung für sie wegwarf, nach Kräften arbeitete, um ihr Schicksal zu sichern und es ihnen zu erleichtern, der für den König redlich suchte, was irgend möglich war.«[9] Der König erkannte ausdrücklich die Dienste, die Nagler in Ansbach geleistet hatte, in einem Reskript vom 9. April 1806 an: »Ich habe aus Ihren Berichten ersehen, daß Sie alle möglichen Maßnahmen ergriffen haben, um die Interessen des Landes und die Instruktion, die ich Ihnen bezüglich der Abretung des Fürstentums Ansbach gegeben habe, zu Meinen Gunsten auszulegen und Ich gebe Ihnen meine Genugtuung zu erkennen.«[10]

Das war kein schlechtes Ergebnis, das der jetzt 36jährige Bürgersohn aus dem peripheren Ansbach in der Hauptstadt auf seinem Karriereweg erreicht hatte. Im Gegenteil, er hatte es vermocht, in der Maschinerie der staatlichen Administration nicht nur eine hohe Führungsposition zu besetzen, sondern besaß durch seine enge Verbindung mit Hardenberg und sich nunmehr anbahnende Beziehungen zum König eine Sonderstellung, wie sie viele der rätlichen Kollegen so nicht besaßen. Es ist nicht verwunderlich, daß ein solcher Lebensweg Mißgunst und Neid bei den weniger Erfolgreichen hervorrief, auch gehässige Kritik umlief, persönliche Verunglimpfungen die Runde machten. Einer derjenigen, der sich hierbei besonders hervortaten, war in diesen frühen Jahren Karl Heinrich Ritter von Lang, ebenfalls eine Zeitlang engerer Vertrauter von Hardenberg, studierter Historiker, ansbachischer Rat und Archivar, später in bayerischen Diensten, und bekannter Memoirenschreiber. Er kolportierte eine Bemerkung des Ministers, in der dieser sich geäußert haben sollte, keine selbständigen, gar genialen, sondern nur mittelmäßige und ausführende Mitarbeiter heranzuziehen, um unnütze Streitigkeiten in seiner Behörde zu vermeiden.[11] Gallitsch weist eine solche Einschätzung, wie sie Ritter von Lang wohl nicht zuletzt gerade auf Nagler, den er offensichtlich wegen seines Fortkommens beneidete, gemünzt hatte, und wie sie von den meisten Historikern eben übernommen worden ist, für seinen Schützling weit zurück. Er verweist gerade auf dessen zügigen Karriereverlauf, seine erfolgreichen Missionen, damit verbunden – im Rahmen des Auftrags – selbständiges Handeln, was ihm entsprechende Wertschätzung bei Hardenberg, dann aber auch beim König selbst, eingebracht hat. Es ist gewiß nicht von der Hand zu weisen, daß diesen Äußerungen des Wohlwollens aus dem Bereich von Naglers Vorgesetzten, darunter seinem königlichen Souverän, aus einer klaren quellenkritischen Perspektive ein höherer Wert zugemessen werden kann als denen nörgelnder, sich übergangen fühlender Kollegen und Widersacher. Daß Nagler dabei keineswegs einen ausgemachten Karrieristen darstellte, der allein seinen eigenen Vorteil im Sinn hatte, mag etwa sein Eintreten dafür beweisen, daß Altenstein, von Hardenberg gegen den Widerstand anderer Räte berufen, ebenfalls von Ansbach nach Berlin kam und er den Freund und Schwager wiederum in dessen Karriere uneigennützig unterstützte. Unangemessen blauäugig wäre es sicherlich, von Nagler zu verlangen, eigene Interessen, eigenen Ehrgeiz, eigene gestaltende Neigungen, kurz, selbst auch »Politik zu machen«, zugunsten anderer hintanzustellen, in Auseinandersetzungen der eigenen Auffassung keine Rechnung zu tragen. Er hat so natürlich nicht gehandelt, daraus aber kann gerechterweise gegen ihn kein Vorwurf entstehen.

Hardenberg besaß 1806 in seinen ehemals ansbachischen Beamten Altenstein und Nagler vertrauensvoll ergebene, persönlich engagierte Mitarbeiter und Parteigänger. Beider Stellung – Altenstein war seit 1803 Geheimer Finanzrat im Generaldirektorium – gründete sich andererseits in dem wohlmeinenden Interesse, das der Minister ihnen entgegenbrachte. Diese Konstellation, diese politische und menschliche Verbindung blieb auch noch bestehen, als Hardenberg unter dem Druck Napoleons, von diesem als »ennemie de la France« bezeichnet, 1806 seine Funktion als verantwort-

Napoleons Einzug in Berlin am 27. 10. 1806 nach seinem Sieg über die preußische Armee bei Jena und Auerstedt; Zeichnung von Ludwig Wolf (1772–1832)

»Ansicht auf den ehemaligen berlinischen Rathausturm«; Gemälde von Wilhelm Brücke, 1840

Karl Reichsfreiherr vom Stein zum Altenstein (1770–1840), Preußischer Minister

Clemens Lothar Wenzel Fürst von Metternich (1773–1859), Leitender österreichischer Minister; Gemälde von Thomas Lawrence, 1816

licher Leiter der preußischen Außenpolitik wieder verlor. Bis zum Herbst blieb er nur noch als inoffizieller Berater des Königs tätig und begab sich schließlich wie der Hof nach dem Zusammenbruch der Armee bei Jena und Auerstedt nach Ostpreußen, das noch von französischer Besetzung frei war. Dabei hegte er zwar die Absicht, selbst die preußischen Dienste zu quittieren, gleichzeitig empfahl er aber bezeichnenderweise die Beamten seines fränkischen Departements, insbesondere Nagler und Altenstein, der Gnade des Königs. Diese Vorsichtsmaßnahmen erwiesen sich zunächst als unnötig, gewann doch Hardenberg seinen Einfluß auf die preußische Politik im Frühjahr 1807 zurück. Seine Kompetenzen wurden jetzt sogar so ausgeweitet, daß er – wenn auch nicht so bezeichnet – faktisch als erster Minister der Monarchie gelten konnte. Unter seiner Führung wurde preußischerseits nicht nur versucht, in einem Bündnis mit Rußland (Vertrag von Bartenstein, 26. 4. 1807) wieder einen festen außenpolitischen Halt zu gewinnen, sondern eben auch einen ersten Anlauf zu unternehmen, das innere, zutiefst erschütterte Gefüge des nunmehrigen Rumpfstaates zu reformieren. Die Niederlage der verbündeten Preußen und Russen bei Friedland im Juni 1807 und der darauffolgende Friede von Tilsit beendeten jäh diese hoffnungsvollen Versuche eines selbstbestimmten preußischen Neubeginns unter Hardenbergs Führung. Napoleon, mit dem Nimbus des Unbezwinglichen befehlend, erzwang dessen Demission aus preußischen Diensten, den Weg ins baltische Exil.

Für Nagler, der wie Altenstein seinem bisherigen Mentor nach Ostpreußen gefolgt war, ergab sich unter Hardenbergs erneuter Leitung des Kabinettsministeriums ein erweitertes Aufgabengebiet. Einerseits war er als erster referierender Beamter dieses Ministeriums voll in die verantwortliche Bearbeitung eines großen Teils der drängenden politischen Fragen eingespannt, andererseits übertrug ihm Harden berg weitere Aufgaben, die aus der Oberaufsicht seines Geschäftsbereichs über das Postwesen, also die Dienstgeschäfte des Generalpostmeisters, resultierten. Hierzu gehörten neben dem eigentlichen postbetrieblichen Bereich mit seinen rechtlichen und technischen Zweigen – diesen zu verwalten, war dem Geheimen Finanzrat und späteren Generalpostmeister Seegebarth übertragen – auch ein postpolizeilicher Zweig, der sich u. a. mit der Kontrolle und gegebenenfalls Beschlagnahme der aus dem Ausland eingehenden Druckschriften mit staatsfeindlichem Inhalt zu beschäftigen hatte. Gallitsch hat sicherlich recht, wenn er in diesem Zusammenhang wieder auf die besondere Vertrauensstellung hinweist, die Nagler bei Hardenberg besaß. Das wird von beiden Seiten eindrucksvoll bestätigt. Wandte Hardenberg es ins Private, Menschliche, wenn er schrieb, »meine Departementsräte und Freunde Nagler und Altenstein… sind durch Freundschaft aufs engste mit mir verbunden«, so läßt sich bei Nagler über sein persönliches, verteidigendes, dabei keineswegs unterwürfiges, sondern selbstbewußtes Engagement für seinen Chef deutlich auch eine übereinstimmende politische Haltung ablesen: »Die großen Zwecke greift er auch diesmal herrlich an, und wenn er in der ersten Anlage auch nicht gleich groß schneidet, so liegt dies größtenteils außer ihm, an anderen; und das, was er zur Ergänzung daran flickt, bekommt eine so feine Naht, daß er manchmal fast selbst allmählich glaubt, es wäre schon im Zuschnitt dazugekommen. Übrigens ist er und bleibt er ein herrlicher, großer Mann, der, wenn er auch nicht ganz schuldlos daran war, daß ein steifer Intrigant wie Schulenburg sich erlaubte, ihn einen Windhund zu nennen – doch, wenn er stirbt, nicht mehr in der zweiten Auflage erscheint.«[12]

Heinrich Theodor (von) Schön (1773–1836), Preußischer Beamter

Die bisher gültige Maxime im Leben Naglers, persönliche, dienstliche und damit offensichtlich auch politische Orientierung an Hardenberg, fanden 1807 so ihre beste Erfüllung. Einen längeren Abschnitt ihr zu leben, war Nagler durch die erzwungene zweite Entlassung Hardenbergs jedoch nicht vergönnt. Sprechen einige Stimmen davon, Nagler, der im Ministerium verblieb, – Altenstein war im übrigen Mitglied der Immediatkommission, die bis zum Herbst 1807, der Regierungsübernahme durch Stein, die Geschäfte führte – habe sich Hardenberg gegenüber deswegen undankbar und illoyal verhalten, so ist gewiß das Gegenteil richtig. Die beiden fränkischen Beamten, aber auch etwa der Ostpreuße Theodor Schön, der sich im weiteren Verlauf stärker Stein anschloß, sahen ihre Aufgabe nach dem Abgang Hardenbergs darin, ihn zu vertreten, eine Art Interim bis zu seiner Rückkehr in seinem Sinne zu gestalten. Altenstein befand sich sogar eine Zeitlang, vom König beurlaubt, in Riga und unterstützte Hardenberg bei der Arbeit an seiner Reformdenkschrift; Nagler dagegen blieb in Ostpreußen und übermittelte weiterhin wichtige politische Informationen. Hardenberg drängte auf dieses Modell, durch seine Stellvertreter in der preußischen Politik weiter wirksam sein zu können. Wenn es noch eines Beweises bedurfte, daß er in erster Linie hierzu Nagler ausersehen hatte, so gab er ihn in einem Immediatantrag an den König im September 1807 ganz uneingeschränkt, plädierte dabei sogar für die Nobilitierung Naglers: »Für auswärtige und innere Geschäfte habe ich seit zehn Jahren den Geheimen Legationsrat Nagler vorzüglich gebraucht, der Ew. Königl. Majestät persönlich bekannt ist. Vorzügliche Geschäftskenntnis und Gewandtheit und der unbegrenzte Diensteifer charakterisieren ihn, bei großer Rechtlichkeit, Reinheit und einem lebhaften Ehrgefühl. Er hat mit ungewöhnlicher Anstrengung und mit Aufopferung seiner Gesundheit gedient und für außerordentliche Dienste als die bayerischen Vergleiche, die Übergabe von Ansbach usw., die Belohnungen nicht erhalten, wozu ihm Hoffnung gemacht war. Die nützlichsten Dienste würde er in Deutschland im diplomatischen Fach leisten, wozu ihm die wohlverdiente Verleihung des Adels die äußerliche Fähigkeit geben würde. Seine Gesundheit leidet, und er wünscht deshalb eine Oberpostamtsstellung. Jene Tätigkeit im diplomatischen Fach würde aber dem Staat größere Vorteile bringen. Auf alle Fälle empfehle ich ihn EKM angelegentlich, er verdient Ihr höchstes Vertrauen ganz.«[13]

Dieser Perspektive folgte Friedrich Wilhelm III. nicht. Nagler wurde nicht in den diplomatischen Dienst berufen, gar als Kabinettsminister mit der Leitung der auswärtigen Angelegenheiten betraut. Im Gegenteil, er mußte sich Stein unterordnen. Wie es scheint, tat er es nur widerwillig, kam es doch zumindest zu einem heftigen Auftritt zwischen beiden. Mochten hier Gesichtspunkte seiner Loyalität zu Hardenberg eine Rolle gespielt haben, die Stein als führenden Minister von vornherein nur schwerlich anerkennen konnten, so kamen neben persönlichen Reibereien Punkte der Kritik an Steins Politik hinzu, wobei es ihm ähnlich wie einer Reihe anderer verantwortungsvoller Persönlichkeiten ging. Peter Thielen, der jüngste Biograph Hardenbergs, faßt diese Entwicklung zusammen: »Inzwischen sammelte sich die Opposition gegen Stein, eine bunt gemischte Gruppe von Widersachern. Die Freunde Frankreichs waren dabei, die konservativen Gegner der Agrargesetze, schließlich Mitglieder des Reformkreises selbst, die den radikalsten Gedanken Steins nicht mehr zu folgen vermochten. Unter ihnen der Freiherr von Altenstein, der noch im vergangenen Herbst und Winter zu den engsten Mitarbeitern des Dirigierenden Ministers gehört, sich ihm aber aus sachlichen, dann mehr und mehr menschlichen Beweggründen entfremdet hat.«[14] Fraglos waren Altensteins Motive auch die Naglers, sich gegen Stein zu wenden. Hardenberg, von ihm auf dem laufenden gehalten, stimmte dieser Kritik zu. Die Schwäger drängten auf eine Ablösung Steins, hatten ihren Anteil daran. Sie vermittelten eine Zusammenkunft des Königspaars mit Hardenberg, der entsprechende Vorschläge zur Regierungsumbildung und weiteren politischen Programmatik machte, die Altenstein und Nagler prinzipiell mittrugen: »...ein Ja zur Teilnahme der Nation an den Angelegenheiten des Staates, an der Verteidigung, aber keinesfalls – wie Stein es zuletzt beabsichtigte – mit schallenden Proklamationen und nur in dem Maße, als es mit einer monarchischen Verfassung zu vereinigen ist und nicht in etwas Revolutionäres ausartet.«[15]

Letztlich war es aber das Zusammentreffen des Einflusses dieser oppositionellen Kräfte mit dem geradezu unverständlich ungeschickten Vorgehen Steins, welches das Ende seiner Laufbahn als preußischer Minister bedeutete. Intrigantes Finassieren von verschiedenen Seiten mag dabei nicht auszuschließen sein. Wenn aber Theodor Schön bemerkte, »elende Menschen«, zu denen er auch Nagler und Altenstein zählte, hätten Stein gestürzt, so stand wohl, wie bei weiteren verdächtigen Bemerkungen dieser Art, allein sein eifersüchtiger Ärger dahinter, für die neue Regierung nicht als Finanzminister berücksichtigt worden zu sein.[16] Es wäre gewiß übertrieben, die neue Regierung, als die der – bisherigen – Partei Hardenbergs zu bezeichnen. Allerdings gehörte ihr Altenstein auf dem wichtigen Posten des Finanzministers an; Nagler blieb weiterhin Geheimer Legationsrat im Außenamt. Darüber hinaus hatte es sich schon während des Ministeriums Stein erwiesen, daß er aufgrund seines Engagements und seiner Kompetenz seinem nominellen Chef Goltz überlegen war und dadurch einen überragenden Einfluß gewonnen hatte. Daraus ergaben sich verstärkte Kontakte zum Hof, wurde er von Friedrich Wilhelm III. zu Fragen innen- und außenpolitischen Vorgehens gehört, entwickelte sich eine Zeitlang ein vertrauensvolleres Verhältnis zu Königin Luise. So begleitete Nagler das königliche Paar zum Jahreswechsel 1808/09 auf seiner Reise nach St. Petersburg.

Mit den postpolizeilichen Aufgaben, die ihm 1807 übertragen worden waren, geriet er zum ersten Mal mit der Institution der königlichen Post administrierend in Berührung. Jetzt, im zu Ende gehenden Jahr 1808, gewann er in diesem Bereich eine zusätzliche, herausragende Stellung. Auf Veranlassung Hardenbergs wurde Nagler als Stellvertreter und präsumptiver Nachfolger des alternden Generalpostmeisters Seegebarth zum Vizegeneralpostmeister ernannt. Die Anwartschaft auf die Stellung des Generalpostmeisters stellte sich als eine klare Anerkennung der Leistungen, die Nagler im Kontext des Hardenbergschen Ministeriums und seiner Politik erbracht hatte, dar. Sie sollte als Ausgleich dafür verstanden werden, daß ihm Friedrich Wilhelm III. das

Heinrich Friedrich Karl Reichsfreiherr vom und zum Stein (1757–1831), Leitender preußischer Minister

Außenministerium aus eher formalen Gründen verweigerte – dieses wichtige Staatsamt einem Bürgerlichen zu geben, verletzte für diese Zeit und die Bewußtseinslage des Königs geradezu althergebrachte Etikette. Gallitsch hebt allerdings hervor, daß Nagler trotz dieses hochklingenden Amtes mit dem Postdienst nur insofern etwas zu tun hatte, als er als Geheimer Legationsrat die Postkorrespondenz mit dem Ausland zu führen hatte, wenn Postverträge abzuschließen oder Streitigkeiten mit fremden Postministern zu klären waren. Im Oktober 1809 schließlich folgte eine weitere, wichtige Beförderung – Naglers Bestallung zum Geheimen Staatsrat.

Es wird nicht falsch sein, aus einer zurückblickenden Betrachtung gerade diese Jahre als den erfolgreichen Höhepunkt der Karriere Naglers zu verstehen. Reiften auch nicht alle – mit dem Außenamt wohl allzu hoch gegriffene – Blütenträume, so hatte er seine feste Stellung in der Hierarchie des hohen preußischen Beamtentums ausbauen, Zugang zu König und Königin gewinnen und damit die Chance nutzen können, jetzt unabhängiger von seinem Mentor nicht allein mehr seine administrierenden, sondern auch gestalterischen Vorstellungen in die preußische Politik einzubringen. Das war gewiß nicht so angelegt, seine Stellung als einer der Statthalter Hardenbergs gedankenlos über Bord zu werfen, aber – so wird er auch festgestellt haben – die verrinnende Zeit mit ihren sich verändernden Gegebenheiten rief gewissermaßen naturgegeben auch veränderte Szenarien hervor, auf die es angemessene Antworten zu finden galt. Wobei ein ängstliches Klammern an die Rockschöße des Mentors, unselbständige Rückfragen sich nicht mehr als geeignete Mittel erweisen konnten, die rationale Basis für verantwortungsvolles politisches Handel unter dem Druck dieser Jahre abzugeben. Es ließ sich wohl immer weniger an die Situation des Sommers und des Herbstes 1807 anknüpfen, so zu tun, als ob nicht aus der alltäglichen, praktischen Politik heraus die Gewichte sich zu verschieben begonnen hatten.

Hardenberg glaubte auf der anderen Seite registrieren zu können, daß sich Altenstein und Nagler ihm immer mehr entzogen, der Informationsfluß spärlicher und damit auch seine wichtigen Beziehungen zum Hof schwächer würden. Verbunden mit einer persönlichen Verärgerung darüber, daß Minister und Geheimer Rat sich seinen finanziellen Bedürfnissen und entsprechenden Wünschen nicht genügend, wie er meinte, annahmen, wurde das Grund genug für ihn, seine Unterstützung der doch weitgehend von ihm geschaffenen politisch-administrativen Konstruktion in Preußen aufzugeben, sich in die Reihen ihrer teilweise hämischen und bösartigen Gegner einzureihen. Ein solcher Wandel von einem freundschaftlichen Meister-Schüler-Verhältnis in eine ausgesprochene Rivalität ist gewiß nicht so ungewöhnlich. Dieser recht abrupte Bruch, der die Zeit mit Hardenberg von der Zeit gegen diesen trennt, war dennoch, zumal in dieser schwierigen Lage, in der sich Preußen befand, befremdlich, eigentlich unverzeihlich, für die Freunde Preußens traurig. Die Regierung stürzte, wie die Steins, über einem Zusammenwirken außenpolitischen Druckes und innenpolitischer Opposition über die Frage, wie den exorbitanten französischen Kontributionsforderungen am zweckmäßigsten begegnet werden könnte. Diese erwies sich deswegen als besonders gravierend, weil Napoleon entschlossen schien, die Abtretung Schlesiens durchzusetzen, falls man preußischerseits seinen Forderungen nicht nachkommen würde. Während Altenstein keinen Ausweg sah und in eine Abtretung Schlesiens einwilligen wollte, um das restliche Preußen um so sicherer retten zu können, ging der Hof nicht darauf ein. Dieser schenkte schließlich einem problematischen Finanzplan Hardenbergs, den er von den Gegnern der Regierung übernommen und nur leicht verändert hatte, Gehör, wie einer so schrecklichen Amputation des schon so sehr verkleinerten Staates vorzubeugen wäre. Von Napoleon für den preußischen Staatsdienst, sprich das Amt des leitenden Ministers, sozusagen wieder zugelassen, verlangte Hardenberg, daß neben anderen gerade auch Nagler und Altenstein einer von ihm geführten Regierung nicht mehr angehörten, wozu der König allerdings nur zögernd seine Zustimmung gab. Am 4. Juni 1810 trat Nagler, der Altensteins Politik geteilt hatte, ehrenvoll vom König verabschiedet, in einen vorläufigen Ruhestand. Wie er sich 1819 äußerte, hatte er zu diesem Zeitpunkt daran gedacht, Preußen zu verlassen und in seine Heimat zurückzukehren; war ihm doch ausnahmsweise gestattet worden, die ihm ausgesetzte jährliche Pension von 3000 Talern auch im Ausland »verzehren« zu dürfen. Seine Anwartschaft auf die Stellung des preußischen Generalpostmeisters, die der König, wie Gallitsch annimmt, ihm mündlich zugesagt habe, und seine Kunstsammlung, die er in der Zwischenzeit aufgebaut hatte, hielten ihn jedoch in Berlin. Für Nagler war eine eigentümliche Situation eingetreten: Derjenige, der seinen glänzenden Aufstieg betrieben hatte, hatte ihn auch jäh unterbrochen. Sein Engagement und seine Kompetenz, lange Zeit sehr gelobt, schienen jetzt für Staat und Regierung bedeutungslos – gewiß ein niederschmetterndes Gefühl für einen Vierzigjährigen, der bislang sein Leben erfolgreich gestaltet hatte. Dazu eine menschliche Belastung: Ein wirklicher Ausgleich, geschweige denn eine Versöhnung kam zwischen Hardenberg und ihm nicht mehr zustande.

In einem zweiten Lebensabschnitt, der immerhin elf Jahre von 1810 bis 1821 währte, beschäftigte sich der Geheime Staatsrat a. D. vornehmlich mit kunsthistorischen Studien, wurde ein ausgesprochener Kenner von Gemälden, Stichen oder Zeichnungen, und er begann, trotz beschränkter finanzieller Mittel, eine private Kunstsammlung anzulegen. Ihre glänzende Bedeutung erwies sich 1830, als sich die Berliner Museen um ihre Erwerbung bemühten. Wilhelm von Humboldt schrieb in einem entsprechenden Gutachten: »Die von Naglersche Sammlung ist so bedeutend, daß sie als eine der größten bezeichnet werden kann. An innerem Wert, was die Schönheit einzelner Blätter anbetrifft, ist sie unstreitig die erste ihrer Art zu nennen. Die Sammlung enthält in allen Teilen das Seltene und fast im Kauf unzugänglich zu Nennende. Erste Kenner haben die Sammlung geprüft und den Wert anerkannt. Einen solchen Reichtum von Handzeichnungen und Kupferstichen und solche Seltenheit der Vorzüglichkeit zusammenzubringen, konnte einem Privatmann nur durch unsäglichen und beharrlichen Fleiß einen großen Teil seines Lebens hindurch, durch ausgebreitete und gründliche Kenntnisse dieses Fachs, durch ungewöhnlichen Scharfblick in der Beurteilung der einzelnen Exemplare und durch sehr bedeutenden Geldaufwand gelingen.«[17]

Gibt es auch eigentümliche Verquickungen in der Natur des menschlichen Charakters, so deutet doch diese Leidenschaft ebenso wie seine totale Abstinenz vom politischen Leben, nicht auf eine im Wesen kleinkarierte Bürokratennatur mit spitzen Ellenbogen hin. Systematik und Disziplin, Tugenden des Beamten, treten auch im Zusammenhang mit dieser Sammeltätigkeit zu Tage. Was können sie aber hierbei ohne ästhetisches Empfinden und schöngeistiges Gefühl bedeuten? Gewiß, Nagler hat sich erst nach dem frustrierenden Erleben des Jahres 1810 der Kunstbetrachtung und -sammlung zugewandt. Seine vertieften Interessen diesem Sujet gegenüber zeigen sich aber beispielsweise schon 1806, wie erwähnt, bei der Übergabe Ansbachs an Bayern. Seine Jahre als privatisierender Kunstliebhaber mögen auf den ersten Blick als eine unfruchtbare, surrogatartige Übergangsperiode für einen politischen Menschen mit den dafür notwendigen Ambitionen, sich durchsetzen zu wollen, erscheinen. Sie waren es sicherlich nicht, eröffnen den Blick auf ein zweites, eher kontemplatives Naturell Naglers, stellen in seiner Biographie einen gleichberechtigten Abschnitt neben der Periode dar, während der er in staatlich-öffentlicher Funktion tätig war.

Im Jahr 1817 hatte sich eine wichtige Veränderung ergeben. Hardenberg behielt zwar Distanz zu Nagler, dessen Schwager Altenstein kam aber als Kultusminister in die Regierung, ein Amt, das er bis zu seinem Tode 1840 innehatte. Wohl von ihm ließ sich Nagler bestimmen, sich wieder an Hardenberg zu wenden, um zunächst auf ausstehende Pensionszahlungen aufmerksam zu machen. Er wiederholte seine Bitte mehrfach, der Minister möge sich in dieser Angelegenheit für ihn einsetzen – vermutlich vergeblich.

1817 noch einmal von Hardenberg zurückgestellt, wurde schließlich 1821 die Frage der Nachfolge Seegebarths, der seinen Rücktritt erneut eingereicht hatte, akut. Es entbrannte ein regelrechter Kampf um die Neubesetzung des

Generalpostmeisteramtes. Besaßen die Kandidaturen Außenminister Bernstorffs oder des Feldmarschalls Gneisenau keine Aussichten, so gelangten doch gleichzeitig zwei Kandidaturen in die Hände des Königs. Hardenberg hatte, obwohl er von dem königlichen Versprechen wissen mußte, Nagler diese Stelle zu gegebener Zeit übertragen zu wollen, den preußischen Gesandten in Sachsen, Jordan, favorisiert, dabei wohl daran gedacht, mit vollendeten Tatsachen einer neuen Karriere Naglers einen festen Riegel vorzuschieben. Altenstein und Wittgenstein dagegen hatten Nagler auf das anstehende Revirement frühzeitig aufmerksam gemacht, ihn veranlaßt, seinerseits auf das alte königliche Versprechen hinzuweisen und sein Interesse an der Stelle zu bekunden. Friedrich Wilhelm III. erklärte ohne Zögern, sich an seine Zusage zu erinnern und entschied sich für Nagler, wodurch Hardenbergs Pläne zunichte gemacht wurden. Ein nicht geringer Wermutstropfen fiel jedoch in den Becher von Naglers Erfolg, da er nicht als Generalpostmeister, sondern, unmittelbar weisungsgebunden an Hardenberg, mit dem Titel »Generalpostamtspräsident« die Stelle übernehmen mußte. Ein schmählicher Versuch Hardenbergs, seinem alten Freund Knüppel zwischen die Füße zu werfen, während dieser, davon noch nichts ahnend, in einem Brief an ihn seiner alten Anhänglichkeit Ausdruck gab: »...fühle ich mich durch den Vorzug beglückt, unter Ew. Durchlaucht Befehlen zu stehen. Ew. Durchlaucht haben mir dadurch das Schätzbarste meines Jugendlebens wiedergegeben.«[18]

Nun sicherte das Amt Nagler ein Einkommen von mehr als dem Doppelten seiner bisherigen Pensionsbezüge. Die vorläufige, formelle Zurücksetzung hatte allerdings mehr den Charakter eines unerfreulichen Geplänkels als eines greifbaren inhaltlichen Effekts. Hardenberg setzte trotz allem, wie in alten Tagen, großes Vertrauen in die Fähigkeiten Naglers, übertrug ihm den nämlichen Umfang der Geschäfte, wie ihn sein Vorgänger zu bewältigen gehabt hatte. Darüber hinaus sollte nicht mehr das Kollegium im Generalpostamt, sondern Nagler allein alle Verordnungen, Verfügungen und Immediatberichte vollziehen und absenden.

Dennoch kam es mit Hardenberg zu keiner gedeihlichen Zusammenarbeit, da Nagler sich gegen Bestrebungen sträubte, die Postverfassung so zu verändern, daß die Postämter sich in den Provinzen den jeweiligen Oberpräsidenten unterzuordnen hätten. Nagler torpedierte entsprechende Kommissionsverhandlungen, aus denen Vorschläge in dieser Richtung hervorgehen sollten, was wiederum von Hardenberg mit Ärger vermerkt wurde. In den letzten Jahren der Amtszeit Hardenbergs scheint selbst ein dienstlicher Verkehr zwischen beiden nicht mehr stattgefunden zu haben. Nagler ging es jedoch darum, der Zielsetzung der königlichen Kabinettsorder – eigentlich von Hardenberg inspiriert – »Mißbräuche und Unordnung, welche sich in letzter Zeit beim Generalpostamt oder auch sonst eingeschlichen haben mögen, von Grund aus abgeholfen und hiernach das Postwesen im allgemeinen für das Interesse des Staates in jeder Hinsicht angemessen eingerichtet werde«[19], ernst zu nehmen, nach ihr zu handeln und deswegen eine straffe Führung anzustreben.

In der Tat gab er unmittelbar nach Beginn seiner Tätigkeit für die Post Raum für innovatorische Veränderungen. So bemühte er sich um den Bau eines bequemen Postreisewagens, war aber auch besorgt um einen neuen Geist der Postbediensteten und drängte deshalb auf Disziplin und Ausbildung des Personals. Möglichste Schnelligkeit, Pünktlichkeit und Zuverlässigkeit wurden durch ihn zur grundlegenden Maxime des Postbetriebs in Preußen. Neueingerichtet wurde die Landzustellung, die Schnellposten vermehrt, Extra-Post, Kurier- und Estafetten-Beförderung wesentlich verbessert, die Stadtpost in Berlin eingerichtet.

Es fehlte auch nicht an positiven Stimmen, mit denen der Postbetrieb beurteilt wurde. »Bereits am 8. Oktober 1821, nur vier Monate nach Naglers Übernahme des Amts, hob Varnhagen lobend hervor: ›Gute Postordnung in Preußen durch Herrn Nagler.‹ Am 27. März 1823 vermerkte er: ›...daß der von Herrn Nagler ins Leben gerufene tägliche Briefwechsel mit Frankreich, Holland usw. eine längst ge-

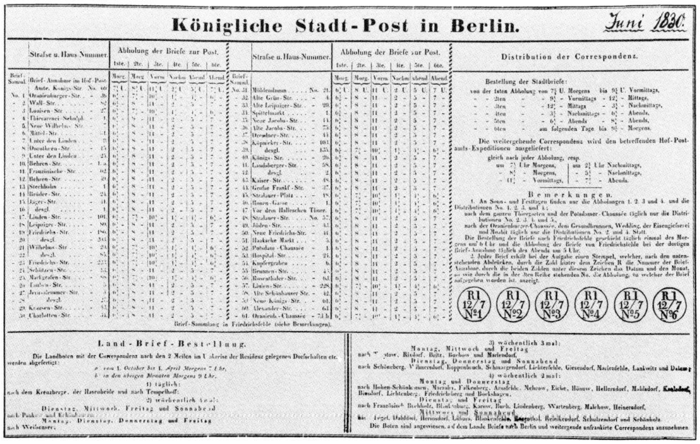

Plakat: Stadtpost Berlin, 1830

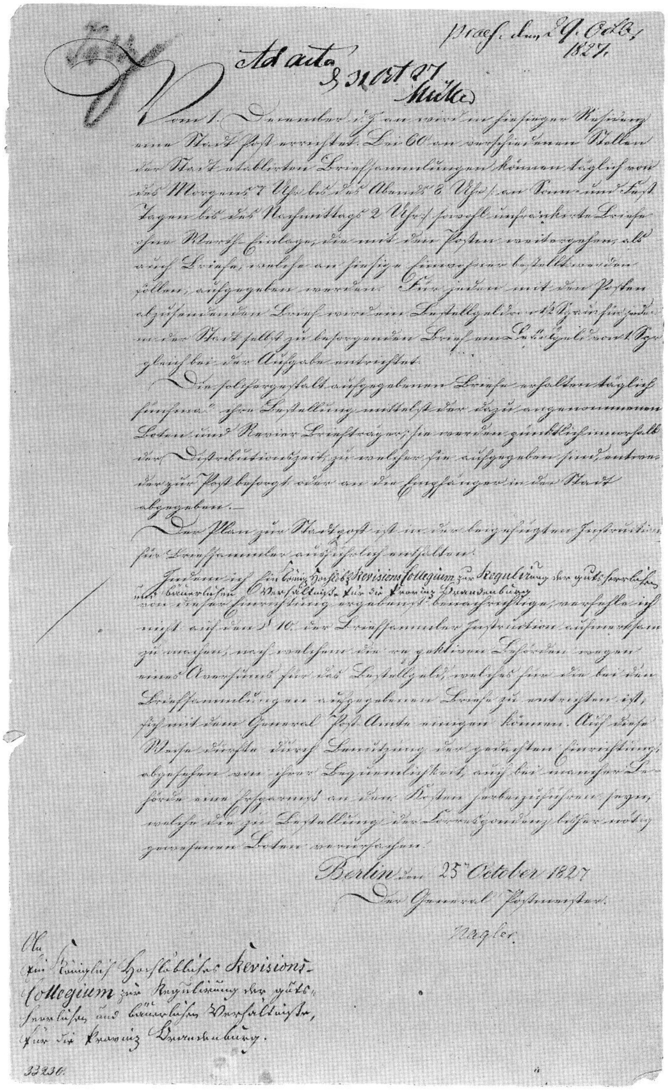

Berlin den 25ten October 1827
Nagler

Verfügung Naglers zur Einrichtung der Stadtpost in Berlin zum 1. Dezember 1827

wünschte Einrichtung für den ganzen Lebensverkehr und in politischer Beziehung von unberechenbarer Bedeutung ist.‹ Eine neue Anerkennung Naglers ist vom 8. Juli 1825: ›Heute in Weimar angelangt, am 6. von Berlin abgereist. Die neuen Kunststraßen… und Herrn von Naglers Postwesen machen die Reise zur Lustfahrt. Doch merkt man hin und wieder, daß Nagler mit guter Einsicht in den noch zarten Zustand seiner Schöpfung (gute Postwagen auf guten Straßen) unaufhörlich fortarbeitet, sie zu befestigen und nicht ohne Grund seine scharfen Verordnungen immer aufs neue einschärft.‹ Auch Goethe… erkannte den Fortschritt in einem Gespräch mit dem Kanzler Fr. von Müller am 4. April 1825 an, indem er dem Generalpostmeister von Nagler schmeichelhafter Weise den Titel ›Velocifer-Charakter‹ beilegte, womit er in enger Anlehnung an Lucifer, Signifer, Turifer usw. ihn ›Träger der Schnelligkeit‹ nannte. Auch Graf Helmuth von Moltke lobte das verbesserte Postwesen in einem Brief vom 7. März 1831 an seinen Bruder Ludwig, indem er auf den im neueröffneten Museum am Lustgarten befindlichen Götterboten hinwies, der hier einen Versorgungsposten erhalten habe, weil Herr von Nagler nach der geschehenen Neuordnung des Postwesens ihm nicht die kleinste Posthalterstelle anvertrauen würde. Am 10. Februar 1826 hebt Varnhagen hervor: ›Man lobt sehr den Finanzminister von Motz; er sucht bei den Zollbehörden die Höflichkeit und Ordnung einzuführen, die Herrn von Nagler im Postwesen schon so gut gelungen ist.«[20]

Allseits belobigt, stand Nagler jedoch vor dem gravierenden Problem, wie die investiven Bedürfnisse einer solchermaßen expandierenden Post mit den fiskalischen Interessen des Staates in ein erträgliches Gleichgewicht gebracht werden könnten. Hatte man doch bislang den Postdienst nicht als staatlichen Dienstleistungsbereich, sondern als wichtige Einnahmequelle für den Staat verstanden. Die Anforderungen des Finanzministeriums an Nagler waren entsprechend, Zahlungen aus den Postüberschüssen regelmäßig im Etat veranschlagt. Zweifellos zeigte sich Nagler auch über die genannten Verbesserungen hinaus als ein engagierter Befürworter, den technischen Fortschritt auch für den postalischen Bedarf verfügbar zu machen. So erfuhren die preußischen Postdampfschiffahrtsverbindungen unter seiner Führung eine deutliche Ausweitung. Ebenso interessiert beobachtete er die Entwicklung des beginnenden Eisenbahnbaus. Verschiedene Beobachter, die die Auffassung vertraten, er hätte – jetzt schon als älterer Mensch – aus einer gewissen Unbeweglichkeit heraus für die Möglichkeiten,

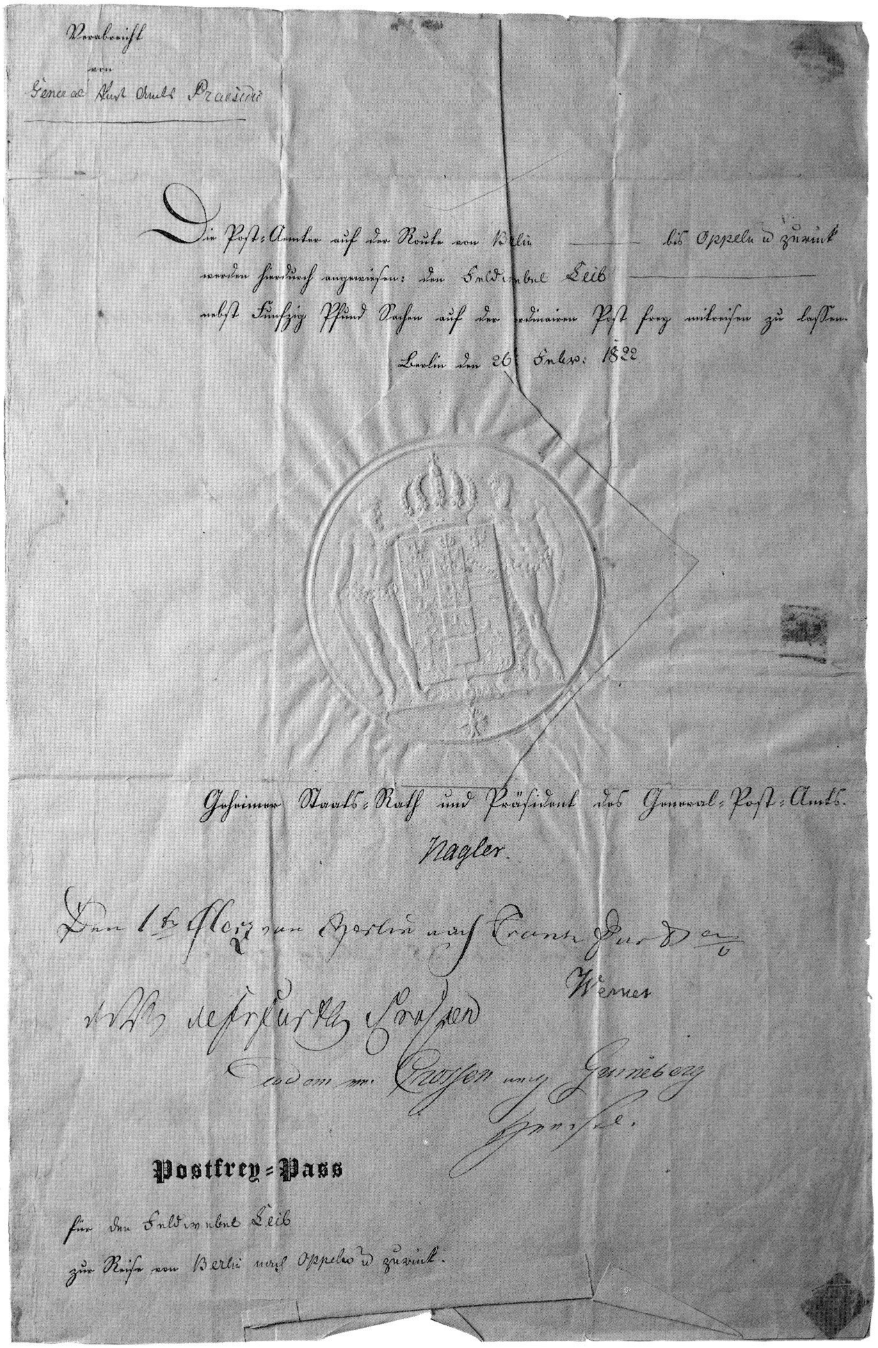
Postfrey=Pass

Nagler

»Postfrey-Pass« aus Naglers Amtszeit, 1822

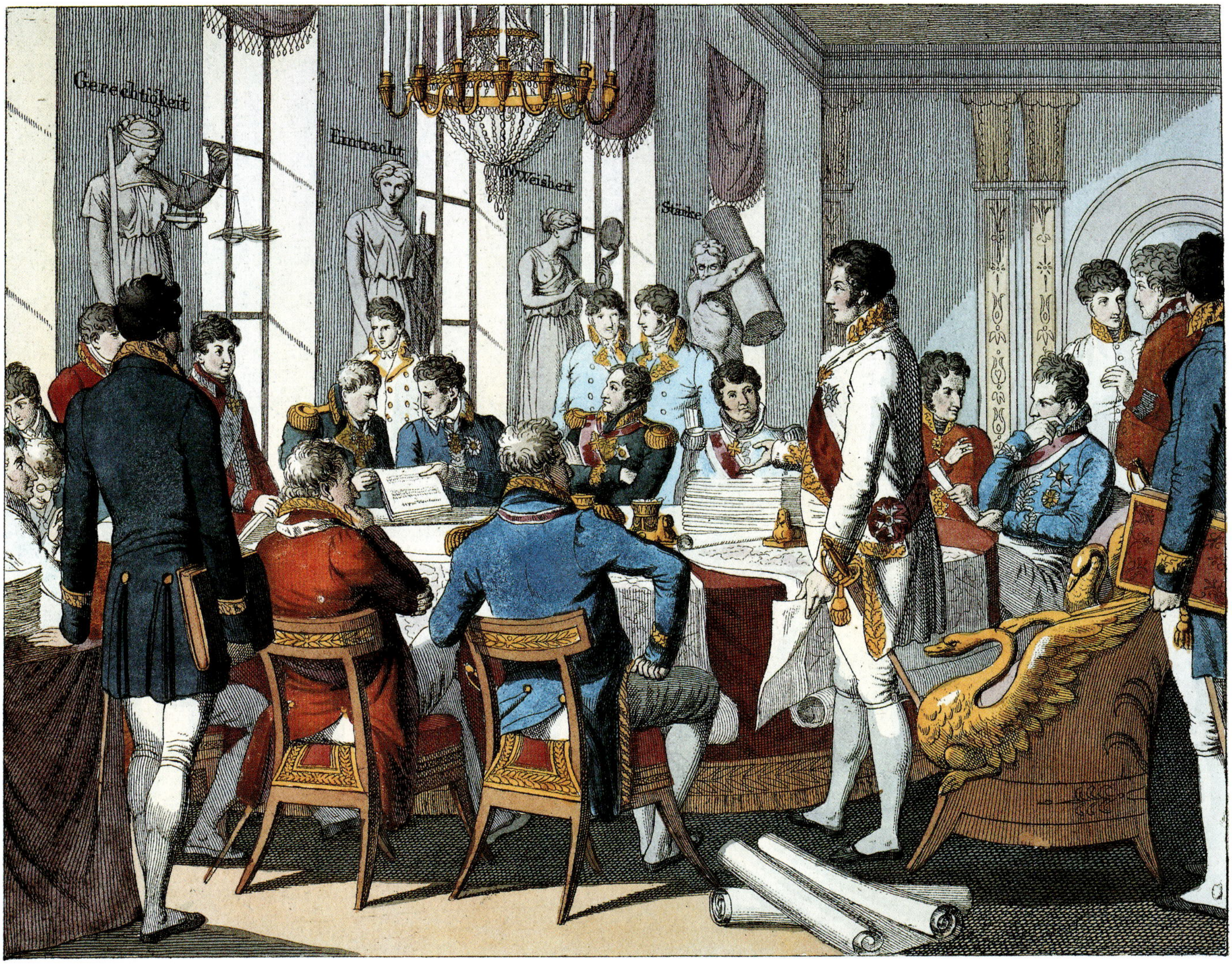

»Deutschlands Hoffnung« – Sitzung des Bundestages in Frankfurt am Main, 1816; Radierung, 1816

Carl Friedrich Ferdinand von Nagler, um 1840

die die Eisenbahn eröffneten, kein rechtes Verständnis aufgebracht, irrten gewiß. Nagler sah einerseits volkswirtschaftliche Probleme, die durch einen unbedenklichen Eisenbahnboom entstehen mußten, andererseits aber, daß das Konkurrenzverhältnis zwischen staatlicher Post und privaten Eisenbahnen erst einer verbindlichen Regelung zugeführt werden müßte, ehe man dem Eisenbahnbau weitere Konzessionen erteilen sollte.[21] Hier, wie bei der Frage der Briefgebühren, drängten sich die fiskalischen Anforderungen des Staates an seine Post in den Vordergrund. Nagler plädierte für einen klar definierten Interessenausgleich zwischen Post und Eisenbahn, so in einer vergüteten Postbeförderung durch diese. Einem rigorosen Zugriff des Staates und der Post auf das Eisenbahnwesen redete er nicht das Wort. Dafür hat er später von seinem berühmten Nachfolger, Heinrich von Stephan, Kritik erfahren müssen.

Die rangmäßige Einschränkung, die Hardenberg Nagler 1821 auferlegt hatte, fand nach dem Tod des Ministers (1822) ein Ende. Ein dritter Lebensabschnitt Naglers, der ohne Hardenberg, begann. Gallitsch spricht davon, daß damit für Nagler ein glanzvoller Aufstieg seinen Anfang nahm. »Man könnte fast meinen, daß der König bisher unter einem gewissen Druck Hardenbergs gestanden hatte und nun nach Wiedergutmachung strebte.«[22] Diese Wiedergutmachung kam schon am 4. April 1823 zustande. Friedrich Wilhelm III. ernannte ihn an diesem Tag zum Generalpostmeister und wies ihn an, sein Departement allein verantwortlich zu verwalten. Dazu verlieh er ihm den Roten Adler-Orden II. Klasse und erhob ihn schließlich im Jahr darauf in den Adelsstand. 1836 mündete diese jetzt schon weitgehend unabhängige Position für ihn in ein Ministeramt. Der Generalpostmeister scheint die Zurücksetzungen, die er hatte erfahren müssen, schließlich voll und ganz überwunden zu haben. Neben Altenstein wurde der König zu einer engen Bezugsperson, beider Ableben im Jahr 1840 traf ihn schmerzlich.

Eine Doppelbelastung als politischer Beamter und verantwortlicher Leiter der Post, wie er sie in Ansätzen schon vor 1810 erlebt hatte, mußte er allerdings auch von 1824–1836, dabei in einem viel anspruchsvolleren Rahmen, tragen. Friedrich Wilhelm III. ernannte ihn nämlich zum preußischen Gesandten am Bundestag in Frankfurt am Main, berief ihn damit in diplomatische Dienste, eine Aufgabe, die ihn schon seit den frühesten Jahren im Staatsdienst interessierte. Die übliche Mißgunst einiger ambitionierter Zukurzgekommener, Hinweise auf seine bürgerliche Abkunft, fanden jetzt keinen Nährboden mehr. Zu einer Ernennung zum Außenminister, worüber ebenfalls gemunkelt wurde, kam es jedoch auch diesmal nicht. Aber der lange Zeitraum, den er als Bundestagsgesandter wirken konnte, zeigte die Anerkennung seines Königs auch mit dieser Amtsführung, die ihm eine unglaublich hohe Arbeitslast und ständiges Pendeln zwischen Berlin und Frankfurt auferlegte. Getroffen von der Trauer über den Tod zahlreicher Weggefährten, dabei von abnehmender Gesundheit, entzog er sich in den letzten Jahren seines Lebens jedoch keineswegs dem drückenden Gewicht des alltäglichen Geschäfts; er arbeitete, wie er schrieb, oft bis in die Nacht hinein. Am 13. Juni 1846, kurz vor der Vollendung seines 25jährigen Dienstjubiläums als Generalpostmeister, starb er, innerlich wohl vereinsamt, und wurde auf dem Berliner Domfriedhof begraben.[23] Hatten an seiner Beerdigung noch König Friedrich Wilhelm IV., die Prinzen, andere Vertreter des Staates, des öffentlichen Lebens und Abordnungen der Postbediensteten teilgenommen, so wurde Nagler kein ehrendes Andenken gewährt. Selbst sein Grab verfiel und wurde, als man den Domfriedhof nach 1900 einebnete, zerstört.

Versuch eines Resümees

Wir konnten ein langes, vielleicht erfülltes, facettenreiches Leben, wenn auch nur andeutungsweise, ausbreiten. Den privaten Bereich, über den wenig bekannt ist, haben wir bewußt ausgespart. Es ist sicherlich klar geworden, wie die verschiedenen Funktionen und Tätigkeitsbereiche, Erfolge und Mißerfolge Naglers ineinandergreifen, der Beamte im Ministerium, der Diplomat auf dem Bundestag und der verantwortliche Leiter des Postwesens eines großen Landes von der Person her nicht zu trennen sind, einen personifizierten Ausschnitt eines gemeinsamen Ansatzes staatlicher Administration und Leistung darstellen. Kommen wir aber zur Ausgangsfrage zurück. Wo ist Nagler politisch und ideologisch zu finden, welcher Partei können wir ihn zuordnen? Ist Hubers eingangs erwähnter Einschätzung zuzustimmen?

Folgen wir unserer Strukturierung, das Leben Naglers in drei – auf Hardenberg bezogene – Abschnitte zu gliedern, so können wir eine knapp siebzehnjährige Periode festmachen, während der Hardenberg den entscheidenden Halt und Orientierungspunkt im Entwicklungsgang des Jüngeren darstellt. Dieser Halt und Orientierungspunkt verliert nach 1808 allmählich an Wirksamkeit, leitet über in eine elfjährige Periode zurückhaltender Abstinenz von seinem bisherigen Tun. Nagler läßt sich schließlich 1821 fast widerwillig, diesmal vom König gestützt, in einen neuen Karriereabschnitt führen, der dann 25 Jahre währt und seiner Biographie den Stempel aufdrückt. Obwohl mit 17 gegenüber 25 Jahren nicht eben deckungsgleich, kann es doch keinen Zweifel geben, daß der erste Karriereabschnitt aus simplen anthropologischen Gründen eine originärere, eindrücklichere, prägendere Perspektive aufweist als der abschließende. Das bedeutet, daß Naglers politisch-weltanschauliche Position im Kreis Hardenbergscher Reformvorstellungen zu suchen ist, wozu ihn auch seine Studien, insbesondere im reformorientierten Göttingen, prädestiniert haben müßten. Es war keine widerwillig absolvierte, sondern engagierte und erfüllende Tätigkeit, die Nagler unter den Direktiven seines Mentors leistete. Seine Identifikation mit ihm und seinen Zielen war gewiß hoch. Diese 17 Jahre im preußischen Staatsdienst standen keineswegs unter einem ultrakonservativen Vorzeichen. Nagler hatte im Troß Hardenbergs seinen Anteil an der reformerischen Programmatik und der entsprechenden Politik. Diese scheint jedoch nicht durchgehalten worden zu sein. Nicht nur Abkehr und bleibende Distanz zu Hardenberg – verstanden als Befund und nicht als Analyse des Distanzierungsprozesses – kennzeichnen seine Biographie im zweiten und dritten Abschnitt, sondern sein Schritt auf die politisch-administrative Bühne zum Zeitpunkt beginnender verstärkter vormärzlicher Reaktion. In der Tat, Nagler vertrat die preußische Anpassungspolitik an das Metternichsche System vor dem Bundestag, beschäftigte als Generalpostmeister Spitzel- und Zensurbeamte, um den Briefwechsel zu überwachen und Stimmungsberichte aus einzelnen Gegenden verfassen zu lassen. Liberale Kritiker sehen in ihm gerade wegen dieser Tätigkeiten einen ausgesprochenen »Demagogenverfolger«.

Um zu einer historisch fundierteren, gerechteren, einfach faireren Beurteilung für diesen dritten Abschnitt zu kommen, darf einerseits sein eigener Erfahrungshorizont, andererseits die formelle Stellung Naglers in der preußischen Administration nicht außer acht gelassen werden. Hardenbergs reformerische Vorstellungen gingen keineswegs dahin, die monarchische Staatlichkeit in ihren Grundfesten anzugreifen, gar zu zerstören. Im Gegenteil, eine gelenkte Reform von oben sollte dieses überkommene System staatlicher Ordnung und gesellschaftlicher Über- und Unterordnung vor dem Hintergrund der revolutionären Ereignisse in Frankreich modifizieren, elastischer machen, den Herausforderungen der Moderne anpassen. »Revolutionäres«, Anflüge von Volksherrschaft – das war der mißverstandene Ausgangspunkt des inhaltlichen Streits mit Stein – lagen nicht nur fern, sie sollten dadurch gerade verhindert werden. Das Bewußtsein, eine systemimmanente Reform anzustreben, konnte allerdings leicht auch zu einer Abwehrstrategie gegen vermeintliche oder wirkliche Kräfte werden, die eben keine noch so sehr reformierte monarchische, sondern eine andere, bis hin zu einer parlamentarischen, republikanischen Staatlichkeit anstrebten. Das trifft wohl auf Nagler zu. Er scheint aber darüber hinaus von dem technokratisch-effizienten Moment der Reformvorstellungen gefesselt worden zu sein, ein Moment, das er als Generalpostmeister mit so großem Erfolg verfolgte.

Also: Ein wirklicher ideologischer Bruch, Formen des Verrats an eigenen gelebten Prinzipien lassen sich bei ihm ebensowenig erkennen wie bei Altenstein, bei Schön und anderen. Als Protagonisten von Herrschaftsvorstellungen, die auf konstitutionellen Verfassungselementen, gar auf den Prinzipien der Volkssouverenität beruhten, sind sie niemals aufgetreten. Zum anderen hatte Nagler weder formal noch inhaltlich – bis zu einem gewissen Grade zwischen 1808 und 1810 – jemals eine völlig weisungsunabhängige Stellung inne. So wie er als Generalpostmeister fiskalischen Ansprüchen des Staates genügen sollte, so mußte er auch der vormärzlichen Zensur- und Bespitzelungspolitik Rechnung tragen, sich an ihr beteiligen, als eine staatliche Institution einer anderen staatlichen Institution, dem Polizeiministerium, eine Art Amtshilfe leisten. Verschiedentlich sind Äußerungen Naglers belegt, daß er diese Praktiken ablehnte, darin keine Förderung der inneren Sicherheit zu erkennen vermochte.[24]

Nagler gehörte so in seinem dritten Karriereabschnitt in das Milieu des reaktionären politischen Systems der vormärzlichen preußischen Regierung. Er agierte darin wie von ihm gefordert, legte aber doch den Großteil seiner Arbeitskraft in die technisch-organisatorische Weiterentwicklung seiner Post, arbeitete also für Reformen des ihm anvertrauten Aufgabenbereichs. Nagler war kein ultrakonservativer Politiker, wie es Huber und andere so lapidar darstellen; er war Reformer, allerdings wohl in einem zu engen, administrierend technischen Sinn. Das heißt nicht, daß er kein politischer Mensch mit politischen Anliegen und Gestaltungsabsichten war.

Es war ihm nur nicht vergönnt, diese zu realisieren, einen genügend großen Anteil des politischen Umfeldes selbst gestalten zu dürfen. Aus der unmittelbaren Interessenlage der Post war das gewiß nur von Vorteil. Ihre Leistungen im späteren 19. Jahrhundert beruhten gewiß auf dem Ideenreichtum und dem Arbeitseinsatz der Nachfolger Naglers und ihrer Mitarbeiter, ihre Erfolge jedoch wurzeln bei ihrem nahezu vergessenen Vorgänger.

Anmerkungen

1 Ernst Rudolf Huber. Deutsche Verfassungsgeschichte, Bd. 1, Stuttgart 1975², S. 127–135.

2 Ebd., S. 139–145.

3 Ebd., S. 155.

4 Gerhard Ritter. Freiherr vom Stein (Fischer Taschenbuchausgabe Bd. 5610), Frankfurt 1983, S. 356.

5 Vgl. hierzu u. a. Heinrich von Treitschke. Deutsche Geschichte im Neunzehnten Jahrhundert (Athenäum Taschenbuchausgabe 7236), 5 Bde., Düsseldorf und Königstein 1981. Fritz Hartung. Hardenberg und die preußische Verwaltung in Ansbach/Bayreuth 1792–1806, Tübingen 1906. (E.) Kelchner. Nagler, in: Allg. Deutsche Biographie (Neudr. der 1. Auflage von 1886), Bd. 23, 1970, S. 233–236. O. V., v. Nagler, in: Wilhelm Küsgen u. a. (Hg.). Handwörterbuch des Postwesens, Berlin 1927, S. 375. Hanns Hubert Hofmann. Nagler, in: Biographisches Wörterbuch zur Deutschen Geschichte (begr. v. H. Rössler und G. Franz), Bd. 2, München 1974, S. 1979f. Kurt Roth (Hg.). Die Post in Berlin 1237–1987, Berlin 1987. Heinrich von Stephan. Geschichte der Preußischen Post von ihrem Ursprunge bis auf die Gegenwart (unveränd. Nachdr. d. Ausgabe Berlin 1859), Heidelberg 1987. Albert Gallitsch. Carl Ferdinand Friedrich von Nagler. Diplomat und Generalpostmeister. Ein Beitrag zu seiner Rehabilitation, in: Archiv für deutsche Postgeschichte 1955/2, S. 3–11, 1956/1, S. 3–8, 1956/2, S. 3–13, 1957/1, S. 3–16, 1957/2 S. 3–12, 1958/1, S. 3–14, 1958/2, S. 3–14. Franz Rühl (Hg.). Briefe und Aktenstücke zur Geschichte Preussens unter Friedrich Wilhelm III. vorzugsweise aus dem Nachlass von F. A. Stägemann, 3 Bde., Leipzig 1899–1902. Paul Bailleu (Hg.). Briefwechsel König Friedrichs Wilhelm's III. und der Königin Luise mit Kaiser Alexander I. (Publication aus dem Preußischen Staatsarchiv, Bd. 75), Leipzig 1900. Karl Griewank (Hg.). Briefwechsel der Königin Luise mit ihrem Gemahl Friedrich Wilhelm III. 1793–1810, Leipzig 1929. Heinrich Scheel (Hg.). Das Reformministerium Stein (Deutsche Akademie der Wissenschaften zu Berlin. Schriften des Instituts für Geschichte. Reihe I: Allgemeine und deutsche Geschichte. Bd. 31/A–C), 3 Bde., Berlin (Ost) 1966–1968. Ernst Kelchner und Karl Mendelssohn-Bartholdy (Hg.). Preußen und Frankreich zur Zeit der Juli-Revolution. Vertraute Briefe des Preußischen Generals von Rochow an den Preußischen Generalpostmeister von Nagler, Leipzig 1871. Diess. (Hg.). Briefe des Königl. Preußischen Staatsministers, General-Postmeisters und ehemaligen Bundestags-Gesandten Karl Ferdinand Friedrich von Nagler an einen Staatsbeamten, 2 Bde., Leipzig 1869.

6 Heinrich von Treitschke. Deutsche Geschichte im Neunzehnten Jahrhundert, Bd. 1, S. 143. Über Altenstein neuerdings auch Werner Vogel, Karl Sigmund Franz von Altenstein, in: Einzelveröffentlichungen der Historischen Kommission zu Berlin, Bd. 60, S. 8/9–105, Berlin 1987.

7 Vgl. Hans Haussherr. Hardenberg. Eine politische Biographie, Bd. 1, Köln/Graz 1963, S. 196. Haussherr nimmt darüber hinaus irrtümlicherweise an, daß Nagler nicht studiert habe. Zum preußischen Verwaltungsaufbau siehe u. a. das instruktive graphisch dargestellte Organisationsschema bei Werner Vogel. Zur Entwicklung der Verwaltungsbehörden unter Friedrich d. Gr., in: Jürgen Ziechmann (Hg.), Panorama der fridericianischen Zeit (Forschungen und Studien zur fridericianischen Zeit), Bd. 1, Bremen 1985, S. 465.

8 Günther Schuhmann. Die Markgrafen von Brandenburg-Ansbach (Jahrbuch des Historischen Vereins für Mittelfranken, Bd. 90), Ansbach 1980, S. 588.

9 Vgl. Gallitsch, 1955/2, S. 10.
10 Ebd.
11 Ebd., S. 5.
12 Gallitsch, 1956/1, S. 6
13 Gallitsch, 1956/2, S. 5
14 Peter G. Thielen. Karl August von Hardenberg 1750–1822. Eine Biographie, Berlin/Köln 1967, S. 227 ff.
15 Ebd., S. 230.
16 Gallitsch, 1956/2, S. 8.
17 Gallitsch, 1957/1, S. 8. Daß Naglers Interessen weit über enge Karriereperspektiven hinausgingen, belegt ferner seine bereitwillige Mitarbeit in der Zentraldirektion der Monumenta Germaniae Historica von 1824–1835. Nach dem Tode des Freiherrn vom Stein war er sogar von 1831–1835 deren Vorsitzender. 1842 verfügte er Portofreiheit in Preußen für alle brieflichen Sendungen, die mit der Arbeit der MGH in Berührung standen. Vgl. hierzu: Harry Bresslau. Geschichte der Monumenta Germaniae Historica, Hannover 1921. Befremden muß allerdings auch hier die Diktion Bresslaus, der sachlich über Naglers Engagement für die MGH – selbstverständlich eher organisatoricher als wissenschaftlicher Natur – schreibt, ihn aber eingangs als (S. 147) »strammen Reaktionär« apostrophiert.
18 Ebd., S. 11.
19 Ebd.
20 Ebd., S. 14.
21 vgl. hierzu Karl Sautter. General-Postmeister v. Nagler und seine Stellung zu den Eisenbahnen, in: Archiv für Post und Telegraphie 1917, S. 169–173.
22 Zur organisatorischen Einbindung der Stelle des Generalpostmeisters in die ministerielle Hierarchie der preußischen Verwaltung, vgl. Ernst Schilly. Nachrichtenwesen, in: Kurt G. A. Jeserich, Hans Pohl und Georg-Christoph von Unruh (Hg.). Deutsche Verwaltungsgeschichte, Bd. 2, Vom Reichsdeputationshauptschluß bis zur Auflösung des Deutschen Bundes, Stuttgart 1983, S. 273 f. – Gallitsch 1957/1, S. 16.
23 Menschlich am nächsten stand Nagler in diesem dritten Abschnitt seines Lebens, abgesehen vom König und Altenstein, wohl dem Hofrat J. A. Kelchner, seinem langjährigen Sekretär an der preußischen Bundestagsgesandtschaft in Frankfurt am Main. Der Briefwechsel mit ihm (vgl. Anm. 5) atmet gleichermaßen Arbeitsintensität und beiderseitige menschliche Anteilnahme. Ihre Korrespondenz ist von Kelchners Sohn, Ernst, an dessen Entwicklung Nagler sich persönlich sehr interessiert zeigte, zusammen mit Karl Mendelssohn-Bartholdy herausgegeben worden. Gallitsch kritisiert empört den offensichtlich herabwürdigenden Ton, den Mendelssohn-Bartholdy in seiner längeren Einleitung gegenüber dem Leben Naglers anschlägt, zeigt sich betroffen, daß Kelchners Sohn diesen Zungenschlag nicht hat verhindern können bzw. bewußt oder fahrlässig unterstützt hat (Gallitsch 1958/2, S. 12). In diesem Zusammenhang verweist er auch auf üble Schmähschriften, die ein ehemaliger Angestellter der Bundestagsgesandtschaft, G. Kombst, gegen Nagler verfaßt hat, und die, wie für verschiedene andere Historiker und Publizisten auch, für Mendelssohn-Bartholdy eine wichtige Quelle gespielt haben dürften. Kombst, der sich mit Nagler überworfen hatte, stahl Akten aus dem Büro der Gesandtschaft und suchte für seine Schriften gegen Nagler, die angeblich auf dem Schriftverkehr dieser Akten beruhten, damit den Eindruck der uneingeschränkten Authentizität zu erwecken.
24 Gallitsch, 1958/1, S. 4

Preußische Postbeamte und Postillione vor einem Postamt; Lithographie von Ludwig Burger, um 1855

Post- und Personenbeförderung in Preußen zur Zeit des Deutschen Bundes

Herbert Leclerc

Die preußische Post

Nach dem Wiener Kongreß 1815 umfaßte Preußen ein Gebiet von rund 278 042 km² mit etwa 10,4 Millionen Einwohnern. Bis 1866 kamen etwa 1759 km² (insbesondere das Fürstentum Lichtenberg und die Fürstentümer Hohenzollern) hinzu, während 768 km² (Neuenburg und Valengin) aufgegeben wurden. Im Jahre 1861 wohnten 19,6 Millionen Einwohner auf einer Fläche von etwa 279 030 km².[1]

Die preußische Post hatte (nach dem Stand von 1850[2]) darüber hinaus die Herzogtümer Anhalt-Dessau, -Bernburg, und -Cöthen sowie die Fürstentümer Waldeck, Schwarzburg-Rudolstadt und -Sondershausen (jeweils die Unterherrschaft) mit zusammen etwa 258 000 Einwohnern auf 4294 km² Fläche zu betreuen. Dazu kamen fremde Enklaven, wie zum Beispiel Birkenfeld (Teil des Großherzogtums Oldenburg).[3] Ab Ende 1865 zählte auch das Herzogtum Lauenburg zum preußischen Postgebiet. Andererseits wurden die Fürstentümer Hohenzollern-Hechingen und -Sigmaringen selbst nach ihrer Übernahme durch Preußen weiterhin von der Thurn und Taxisschen Post versorgt.[4]

Die Zahl der Postanstalten stieg vor allem ab 1850 erheblich an. Aus unterschiedlich gegliederten Zusammenstellungen jener Zeit ergeben sich folgende Zahlen:

1817 258 Post- und Oberpostämter und etwas mehr als 810 Postwärterämter, Briefsammlungen und Stationen[5],

1821 2 Hofpost-, 258 Post- und Oberpostämter, 818 Postexpeditionen, 53 Briefsammlungen (ohne den Stadtpostdienst),

1830 2 Hofpost-, 236 Post- und Oberpostämter, 37 Postverwaltungen, 829 Postexpeditionen, 59 Briefsammlungen,

1850 26 Oberpostdirektionen (in diesem Jahr eingerichtet), 2 Hofpostämter, 1 Oberpostamt, 154 Postämter I. und II. Klasse, 1557 Postexpeditionen I. und II. Klasse, 8 Eisenbahnpostämter[6],

1857 1956 Postanstalten[7],

1866 außer den Oberpostdirektionen 1 Oberpostamt

Posthausschild Altdöbern (bei Calau)

(in Hamburg), 205 Postämter I. und II. Klasse, 13 Eisenbahnpostämter, 284 Postexpeditionen I. Klasse, 2300 II. Klasse, zusammen 2803 Postanstalten.[8]

Die Zahl der Postanstalten hat sich demnach im Zeitraum von 1817 bis 1866 von 1068 auf 2803, d.h. um mehr als 160 Prozent erhöht, und das bei einem nur unwesentlich größeren Postgebiet mit allerdings fast doppelt so hoher Einwohnerzahl.

Es würde zu weit führen, die einzelnen Änderungen in der Organisation und der Bezeichnung ihrer Einheiten zu erläutern. Während die Postämter und die (z.T. nur ehrenhalber so genannten) Oberpostämter selbständig abrechneten, waren die Postwärterämter und die späteren Postexpeditionen einem Postamt unterstellt. Das galt auch für die Postverwaltungen.

Zugleich mit der Einrichtung von Oberpostdirektionen im Jahre 1850 unterteilte man die Postexpeditionen in solche I. und II. Klasse. Erstere wurden von kündbar angestellten Fachbeamten mit der Bezeichnung »Postexpediteur«, letztere von nebenamtlich tätigen Ortseinwohnern mit dem Titel »Postexpedient« geleitet.[9] Teilweise waren »zur möglichen Ersparniß an Verwaltungskosten und zur Verbesserung des Einkommens gering besoldeter Beamten die Postanstalten mit den im Ort befindlichen Steuerstellen vereinigt«.[10]

Die preußische Post hatte in der Zeit des Deutschen Bundes hauptsächlich folgende Aufgaben:

- Beförderung von Postsendungen (Briefe, Akten, Pakete, Geld),
- Beförderung von Reisenden und
- ab 1822/23 Vertrieb von Zeitungen.

Einrichtungen für den Post- und Personentransport

Für den Transport von Sendungen und Personen gab es unterschiedliche Einrichtungen, die zudem im Laufe der behandelten Zeit zum Teil umgestaltet und umbenannt wurden. Eine größere Zahl der folgenden Angaben ist zeitgenössischen Kursbüchern entnommen, und zwar aus den Jahren 1819, 1837, 1841, 1851 und 1866.[11] Mit Hilfe dieser Kursbücher konnten Auskünfte an Reisende und an Einlieferer von

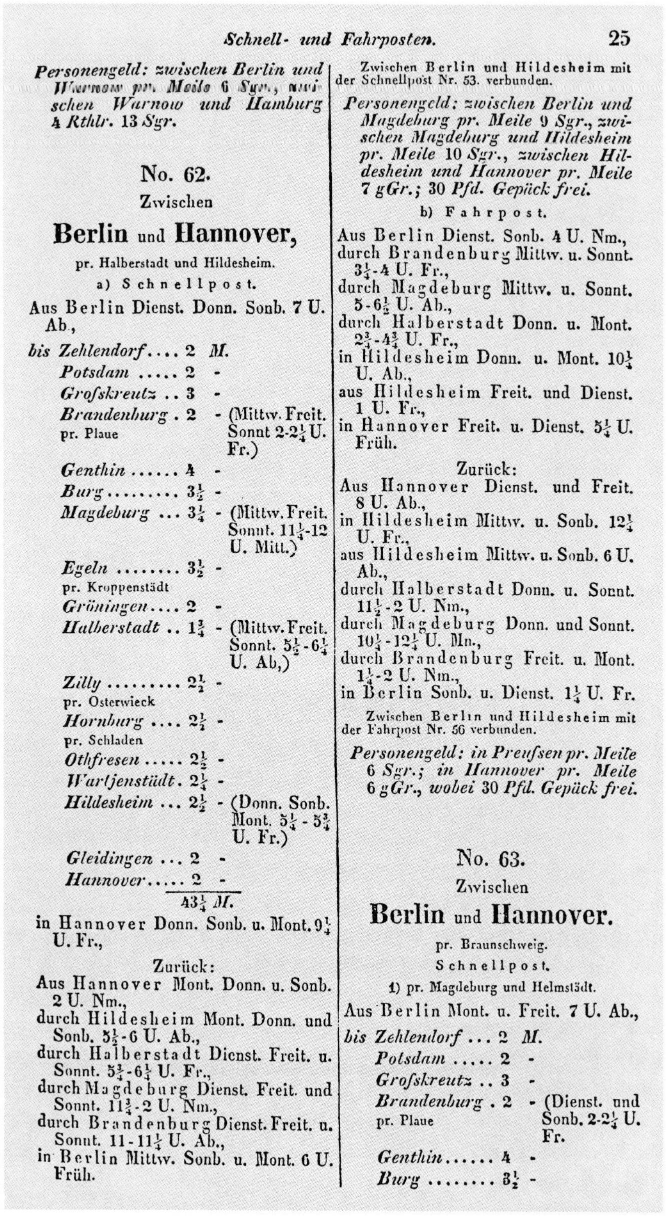

Schnell- und Fahrposten. 25

Personengeld: zwischen Berlin und Warnow pr. Meile 6 Sgr., zwischen Warnow und Hamburg 4 Rthlr. 13 Sgr.

No. 62.
Zwischen
Berlin und Hannover,
pr. Halberstadt und Hildesheim.

a) Schnellpost.

Aus Berlin Dienst. Donn. Sonb. 7 U. Ab.,
bis Zehlendorf .... 2 *M.*
Potsdam ..... 2 -
Grofskreutz .. 3 -
Brandenburg . 2 - (Mittw. Freit. Sonnt 2-2¼ U. Fr.)
pr. Plaue
Genthin ...... 4 -
Burg .... 3½ -
Magdeburg ... 3¼ - (Mittw. Freit. Sonnt. 11¼-12 U. Mitt.)
Egeln .... 3½ -
pr. Kroppenstädt
Gröningen .... 2 -
Halberstadt .. 1¾ - (Mittw. Freit. Sonnt. 5½-6¼ U. Ab,)
Zilly .... 2½ -
pr. Osterwieck
Hornburg .... 2½ -
pr. Schladen
Othfresen ..... 2½ -
Wartjenstädt. 2¼ -
Hildesheim ... 2½ - (Donn. Sonb. Mont. 5¼ - 5¾ U. Fr.)
Gleidingen ... 2 -
Hannover ..... 2 -
43¼ *M.*

in Hannover Donn. Sonb. u. Mont. 9¼ U. Fr.,

Zurück:
Aus Hannover Mont. Donn. u. Sonb. 2 U. Nm.,
durch Hildesheim Mont. Donn. und Sonb. 5½-6 U. Ab.,
durch Halberstadt Dienst. Freit. u. Sonnt. 5¾-6¼ U. Fr.,
durch Magdeburg Dienst. Freit. und Sonnt. 11¾-2 U. Nm.,
durch Brandenburg Dienst. Freit. u. Sonnt. 11-11¼ U. Ab.,
in Berlin Mittw. Sonb. u. Mont. 6 U. Früh.

Zwischen Berlin und Hildesheim mit der Schnellpost Nr. 53. verbunden.

Personengeld: zwischen Berlin und Magdeburg pr. Meile 9 Sgr., zwischen Magdeburg und Hildesheim pr. Meile 10 Sgr., zwischen Hildesheim und Hannover pr. Meile 7 gGr.; 30 Pfd. Gepäck frei.

b) Fahrpost.

Aus Berlin Dienst. Sonb. 4 U. Nm.,
durch Brandenburg Mittw. u. Sonnt. 3¼-4 U. Fr.,
durch Magdeburg Mittw. u. Sonnt. 5-6½ U. Ab.,
durch Halberstadt Donn. u. Mont. 2¾-4¾ U. Fr.,
in Hildesheim Donn. u. Mont. 10¼ U. Ab.,
aus Hildesheim Freit. und Dienst. 1 U. Fr.,
in Hannover Freit. u. Dienst. 5¼ U. Früh.

Zurück:
Aus Hannover Dienst. und Freit. 8 U. Ab.,
in Hildesheim Mittw. u. Sonb. 12¼ U. Fr.,
aus Hildesheim Mittw. u. Sonb. 6 U. Ab.,
durch Halberstadt Donn. u. Sonnt. 11½-2 U. Nm.,
durch Magdeburg Donn. und Sonnt. 10¼-12¼ U. Mn.,
durch Brandenburg Freit. u. Mont. 1¼-2 U. Nm.,
in Berlin Sonb. u. Dienst. 1¼ U. Fr.

Zwischen Berlin und Hildesheim mit der Fahrpost Nr. 56 verbunden.

Personengeld: in Preufsen pr. Meile 6 Sgr.; in Hannover pr. Meile 6 gGr., wobei 30 Pfd. Gepäck frei.

No. 63.
Zwischen
Berlin und Hannover.
pr. Braunschweig.

Schnellpost.

1) pr. Magdeburg und Helmstädt.

Aus Berlin Mont. u. Freit. 7 U. Ab.,
bis Zehlendorf ... 2 *M.*
Potsdam ..... 2 -
Grofskreutz .. 3 -
Brandenburg . 2 - (Dienst. und Sonb. 2-2¼ U. Fr.
pr. Plaue
Genthin ...... 4 -
Burg .... 3½ -

Ausschnitt aus »Die preußischen Postkurse von 1837«

Sendungen gegeben werden. Daneben erschienen Hinweise auf die bestehenden Verbindungen in den Zirkularen des Generalpostamtes Berlin und (mindestens in der Zeit von 1838 bis 1846) in den sogenannten »Mitteilungen aus dem Coursbureau des Generalpostamts Berlin«. Auch das seit 1846 veröffentlichte »Amts-Blatt des Königlichen Post-Departements« enthielt Nachrichten über das »Post-Cours-Wesen«. Die Postkursbücher geben einen Überblick über quantitative und qualitative Änderungen im Transportwesen der Post. Das Buch von 1819 enthält insgesamt 382 Strecken (von Aachen–Köln bis Züllichow–Posen). Zum Teil sind die Pläne weiter aufgeteilt nach reitenden und fahrenden Posten und nach Teil- und Zweigstrecken. Das Verzeichnis von 1837 enthält 464 Schnell- und Fahrposten, 141 Reit-, 208 Karriol- und 365 Botenposten. Wieder anders eingeteilt ist das Verzeichnis von 1841. Es beginnt mit den Plänen für 54 Reitposten. Dann folgen 66 Schnell-, 388 Personen-, 212 Fahr- und Güterposten, 354 Karriol-, 225 Boten- und 96 Retourposten. Erstmals finden sich Hinweise auf die Eisenbahn. Bei der Fahr- und Güterpost Nr. 15 zwischen Berlin und Köln liest man die Anmerkung: »Zwischen Berlin und Potsdam wird die Post auf der Eisenbahn befördert.« Auch die Schnellpost (»Mallepost«) Nr. 53 zwischen Frankfurt am Main und Paris wird bis Mainz »pr. Dampfwagen« transportiert.

Mit dem Jahre 1841 nähert sich die Postbeförderung auf Straßen entlang der großen Linien ihrem Höhepunkt. Schon einige Jahre später haben die Eisenbahnen der Post immer mehr Fernverbindungen abgenommen. So fehlen 1851 auf den Postseiten schon die langen Strecken, z. B. nach Köln oder nach Frankfurt am Main; sie findet man im Eisenbahnteil des Kursbuches wieder. Im Kursbuch von 1866 sind als Postverbindungen von Berlin aus nur noch regionale Linien vermerkt.

Ehe nun die einzelnen Transporteinrichtungen betrachtet werden können, ist es erforderlich, kurz auf die Entwicklung der Post- und Personenbeförderung einzugehen. Fast zweihundert Jahre lang, von 1490, als die erste Taxissche Postlinie zwischen Innsbruck und Mecheln (nördlich von Brüssel) entstand, bis in die zweite Hälfte des 17. Jahrhunderts hinein, wurden Sendungen nur durch Reitposten befördert. Sie nahmen Briefe sowie kleine und leichte Paket- und Geldsendungen in dem sogenannten Felleisen[12] mit. Das war im allgemeinen eine rollenförmige Ledertasche mit Längsklappe, die quer hinter dem Reiter am Sattel festgezurrt wurde.

»Der erfrorene Postillion« (Unfall einer Reitpost); Bleistiftzeichnung, um 1850

Als auch schwerere und größere Sendungen schnell und planmäßig befördert werden mußten, war man gezwungen, Wagen einzusetzen. So gibt es frühe Aushänge aus den Jahren 1649 und 1657, mit denen die Einrichtung von in beiden Richtungen verkehrenden »Postkaleschen« zwischen Kassel und Frankfurt am Main bekanntgegeben wurde.[13] Einige Jahre später, nach 1681, richtete Brandenburg eine »Kurfürstliche Geschwindpost« mit Wagen von Leipzig über Halle, Magdeburg, Tangermünde, Perleberg, Lenzen nach Hamburg und zurück ein, die wöchentlich zweimal je drei Tage unterwegs war.[14]

Die fahrenden Posten sollten vornehmlich »Commercien« mitnehmen. Sie boten darüber hinaus aber auch eine Reisemöglichkeit für Personen. Wie zeitgenössische Schilderungen beweisen, waren die Menschen zunächst so etwas wie Transportgut zweiter Klasse; sie mußten z. B. versuchen, sich zwischen Paketen, Säcken und »stinkenden Heringstonnen« einigermaßen zu arrangieren. Was hier über die Anfänge zu lesen war, hatte sich um 1815 bereits wesentlich gebessert. Die Posten verkehrten öfter und das Reisen wurde angenehmer, zumindest was die Qualität der Wagen anging.

Die Reitposten gab es immer noch. Ihre Zahl und Bedeutung nahm jedoch zwischen 1815 und 1866 ständig ab. Wie erwähnt, führt das Verzeichnis von 1837 noch 141 Reitposten (darunter einige ausländische) auf. 1840 legten 81 preußische Reitposten 193 000 Meilen zurück.[15] 1870 gab es im Bereich der Norddeutschen Bundespost, der wesentlich größer war als der der preußischen Post, noch 10 Reitposten mit einer Gesamtkurslänge von 26 Meilen (= etwa 195 km) und einer Jahresleistung von rund 11 000 Meilen.[16]

Reitposten verkehrten 1841 auch noch auf langen Linien. So legte damals die Reitpost viermal wöchentlich die 39 Meilen umfassende Strecke Berlin–Hamburg in $22^{1}/_{2}$ Stunden, d.h. mit einer Geschwindigkeit von knapp 13 km/h, zurück. Ähnliche Werte erreichte die Reitpost Berlin–Breslau, die täglich verkehrte und $24^{1}/_{2}$ Stunden für $43^{1}/_{2}$ Meilen brauchte.

Die Reitpost Aachen–Berlin (und zurück) war etwas langsamer. Sie ging täglich um 7.30 Uhr ab und kam am vierten Tag um 6.15 Uhr in Berlin an. Die Zwischenorte, an denen Reiter und Pferde gewechselt wurden, waren 1 bis $3^{3}/_{4}$ Meilen, im Durchschnitt $2^{1}/_{2}$ Meilen, voneinander entfernt (1 Meile = rund 7420 m). Die Gesamtstrecke über Düsseldorf, Münster, Hildesheim, Magdeburg, Potsdam betrug $91^{1}/_{4}$ Meilen (= 677 km). Sie wurde in knapp 71 Stunden zurückgelegt, von denen rund 6 Stunden auf längeren Aufenthalt bei wichtigeren Stationen entfielen. Die reine Transportgeschwindigkeit lag knapp über 10 km/h. Der Unterschied gegenüber den schnelleren Reitposten nach Breslau oder Hamburg ist leicht zu erklären: Die Reitpost Aachen–Berlin wurde über lange Teilstrecken (Aachen–Münster und Magdeburg–Berlin) mit den dort fahrenden Schnellposten kombiniert, die das Durchschnittstempo naturgemäß verringerten.

Im Kursbuch von 1841 sind auch internationale Reitposten vermerkt, etwa von Trier nach Metz, die auf französischem Gebiet eine Strecke von »7 Myriametern« (70 000 m) und »1 Kilometer«, auf preußischem Gebiet 3 Meilen zurücklegten, insgesamt also rund 93 km. Die längste verzeichnete Reitpost (von Berlin nach St. Petersburg) durchmaß eine Entfernung von $96^{3}/_{4}$ Meilen bis Tauroggen und von da 785 Werst (1 Werst = 1066 m) bis St. Petersburg, d.h. rund 1555 km, in knapp 129 Stunden, allerdings nur, wenn der Plan eingehalten werden konnte, was insbesondere im Winter zweifelhaft war.

Reitposten besonderer Art waren die sogenannten Retourposten. Hatten z.B. Pferde eine Zugleistung vor einem Wagen von der Station A nach B erbracht und war in absehbarer Zeit kein Fahrzeug in der Gegenrichtung zu befördern, so wurden die Pferde von dem Postillion »ledig«, d.h. frei und ungebunden, zurückgeführt. Diese »Retourposten«, meist nur auf kurzen Strecken, nützte man aus, um Briefe und leichte Sendungen mitzunehmen. 1841 sind insgesamt 96 Retourposten vermerkt.

Reitposten, die nicht nach Plan verkehrten und deshalb in den Kursbüchern nicht enthalten sind, waren die Estafetten. Durch sie konnten besonders eilige Sendungen bis zu 20 Pfund Gewicht jederzeit befördert werden. Die Gebühren waren allerdings sehr hoch. Je nach der Entfernung (bis 10 Meilen oder darüber) wurde eine Grundgebühr von 15 Silbergroschen oder 30 Silbergroschen (= 1 Taler) erhoben. Dazu kam bei Sendungen über 2 Pfund für jedes Lot (= rund 15 g) die einfache Briefgebühr. Außerdem war eine Rittgebühr von 15 oder $17^{1}/_{2}$ Silbergroschen je Meile fällig. Die richtige und schnelle Übermittlung der Nachricht wurde durch Estafettenzettel überwacht, in denen jede Zwischenstation die Ankunft und den Abgang der Reiter genau angeben mußte.[17] Die Reitgeschwindigkeit der Estafetten lag nicht höher als bei den Reitposten; man bediente sich derselben Menschen und Pferde. Der Zeitgewinn wurde dadurch erzielt, daß man mit der Absendung nicht bis zum Abgang der nächsten planmäßigen Post warten mußte, und daß die Sendung bei ein- oder mehrfach gebrochener Linienführung unterwegs nicht bis zum Übergang auf einen anderen Kurs längere Zeit lagerte. Angesichts der hohen Gebühren ist es verständlich, daß Estafetten nur selten und dann meistens im staatlichen Auftrag verkehrten. Der Dienst wurde erst 1892 eingestellt.

Erreichten die Reitposten auf der Gesamtstrecke Geschwindigkeiten von etwa 13 km/h, so waren die fahrenden Posten im allgemeinen erheblich langsamer. Bei ihnen machten sich schlechte Wegeverhältnisse naturgemäß stärker bemerkbar. Dazu kam, daß das Aus- und Zusteigen von Reisenden, gegebenenfalls die Pausen für die Einnahme von Mahlzeiten sowie das Aus- und Einladen von Sendungen und Reisegepäck vergleichsweise längere Aufenthalte an den einzelnen Stationen erforderten. Stephan nennt folgende durchschnittliche Netto-Zeiten für die Meile (aus der Zeit nach 1850):[18]

	auf chaussierter Straße Minuten	auf unchaussierter Straße Minuten	das sind umgerechnet km/h etwa
Schnellposten	35	45	12,7/10
Personenposten	40	50	11 / 9
Güterposten	45	55	10 / 8

Diese Leistungen wurden jedoch bei sehr gebirgigen Straßen oder auf tiefen Sandwegen nicht erreicht.

Gottlob Heinrich Schmückert (1790–1862), Generalpostdirektor von 1850 bis 1862; Gemälde von Albert Korneck, 1852

An dieser Stelle ist es notwendig, eine kurze Bemerkung über die Straßen in Preußen einzuschieben. Sie waren lange Zeit im allgemeinen erheblich schlechter als in weiten Teilen Süd- und Westdeutschlands. Dafür gibt es mehrere Gründe. Erst nach dem Tod Friedrichs II. begann man 1793 mit dem Bau der ersten Chausseen; in Württemberg geschah das schon 1739. Das Wort Chaussee kommt von galloromanisch *via calciata*, d.h. mit Kalksteinen gedeckter Weg. Und damit stößt man auf ein zweites Hindernis: in Preußen, vor allem in seinen mittleren und östlichen Teilen, gab es an Ort und Stelle nicht immer genügend Steine. Das führte dazu, daß 1816 rund 60 Prozent aller preußischen Chausseen im Rheinland und in Westfalen lagen. Die Provinzen Pommern und Posen besaßen damals noch keine derartigen Straßen. In Ost- und Westpreußen gab es beim Aufkommen der Eisenbahnen erst rund 100 km Chausseen.[19]

Selbst wenn man Wege ausbaute, so geschah das meist nur auf einem schmalen Streifen. Daneben verlief oft noch ein sogenannter Sommerweg, der bei trockenem Wetter von Reitern und nicht beschlagenen Zugtieren benutzt wurde. Auf ihn mußten auch die gewöhnlichen Fahrzeuge ausweichen, wenn sich ein Wagen mit »allerhöchsten und höchsten Herrschaften« oder die Postkutsche näherten. Bei unchaussierten Straßen spielte das Geleise eine Rolle, das unterschiedlich festgelegt war. Man strebte damals eine Normung der Spurbreite der Fahrzeuge an, zum Beispiel mit einem Wert von 4′ 4″ (4 Fuß, 4 Zoll = rund 1,35 m). Bei schwereren Wagen war eine größere Felgenbreite (um 10 cm) vorgeschrieben, um das Geleise nicht zu sehr zu beschädigen.[20]

Doch zurück zu den fahrenden Posten. Im Kursbuch von 1819 gibt es bei ihnen noch keine Unterscheidungen. Sie dienten im allgemeinen dem Transport von Reisenden und schweren Sendungen, den noch lange Zeit danach so genannten »Fahrpostsendungen«, insbesondere Akten, Paketen und Geldsendungen. Nur gelegentlich sind besondere Fahrposten genannt, zum Beispiel die »Journalière« nach Potsdam. Diese schnelle Post, vorzugsweise zum Personentransport, war bereits 1754 eingerichtet worden; sie fuhr zunächst einmal täglich (daher der Name) in beiden Richtungen, später zweimal und 1819 dreimal.

Auf Vorschlag des Postrats (1850–1862 als Generalpostdirektor Leiter des preußischen Postwesens) Schmückert begann der Schnellpostbetrieb im Jahre 1821, und zwar zwischen Koblenz, Köln und Düsseldorf. Diese Schnellposten sollten Briefe befördern und damit nach und nach die Reitposten ersetzen, aber auch für Reisende ein »vorzügliches Transportmittel« sein.[21] Die neue Idee setzte sich rasch durch; 1827 gab es bereits 114 Schnellposten in Preußen, die längste Verbindung führte über fast 110 Meilen. Zu dem Erfolg trug bei, daß man bequemere Wagen verwendete und auf äußerste Pünktlichkeit achtete. Neue Uhren an den Postgebäuden größerer Städte wurden anhand der »Cours-Uhren«, die der Kondukteur mit sich führte, reguliert, natürlich unter Berücksichtigung der Zeitdifferenz, die sich aus der geographischen Lage des jeweiligen Ortes ergab (erst am 1. 4. 1893 führte man im Deutschen Reich die einheitliche Mitteleuropäische Zeit ein).

Die Personenposten nahmen neben Reisenden und Briefen manchmal auch leichte andere Sendungen mit. Sie fuhren langsamer als die Schnellposten, waren aber wesentlich schneller als die Güterposten oder die kombinierten Fahr- und Güterposten. Letztere beförderten auch Personen. Entsprechend der Bequemlichkeit und Schnelligkeit waren die Reisegebühren gestaffelt. Sie haben sich nach Schwarz[22] in Preußen wie folgt entwickelt:

1801 zahlte man je Meile 6 Groschen und durfte 50 Pfund Gepäck mitnehmen.

1822 erhob man bei Fahrposten 7½, bei Schnellposten 10 Groschen je Meile. Bei Schnellposten waren 10 Pfund Gepäck frei.

1823 gestand man den Schirrmeistern, wenn sie die Aufsicht über das Gepäck übernahmen, eine nach der Entfernung gestaffelte, vom Reisenden zu zahlende Gebühr von 5 bis 20 Silbergroschen zu.

1824 wurde infolge der Münzreform von 1821 (Umstellung von Groschen auf Silbergroschen) das Personengeld von 10 Gr. auf 7½ Sgr. und von 7½ Gr. auf 5 Sgr. ermäßigt. Dabei erhob man es erstmals für die gesamte Reisestrecke, nicht mehr von Station zu Station. Das Freigepäck wurde generell auf 10 Pfund festgesetzt. Der Schirrmeister durfte für die Aufsicht darüber kein Trinkgeld mehr fordern. Für Personenbilletts über eine Strecke von 8 und mehr Meilen war eine Einschreibgebühr von 2½ Sgr. zu zahlen.

1827 erhöhte man das Personengeld bei drei- und vierspännigen Posten um je 1 Sgr. je Meile. Dafür erhielt der Postillion das bisher vom Reisenden zu zahlende Trinkgeld aus der Postkasse, und zwar 3 Sgr. je Meile (zur Anschaffung der Dienstkleidung).

1840 erhob man keine Einschreibgebühr mehr.

1842 wurden 30 Pfund Gepäck frei. Handgepäck, das unter der Aufsicht des Reisenden blieb (z.B. Arbeitsbeutel,

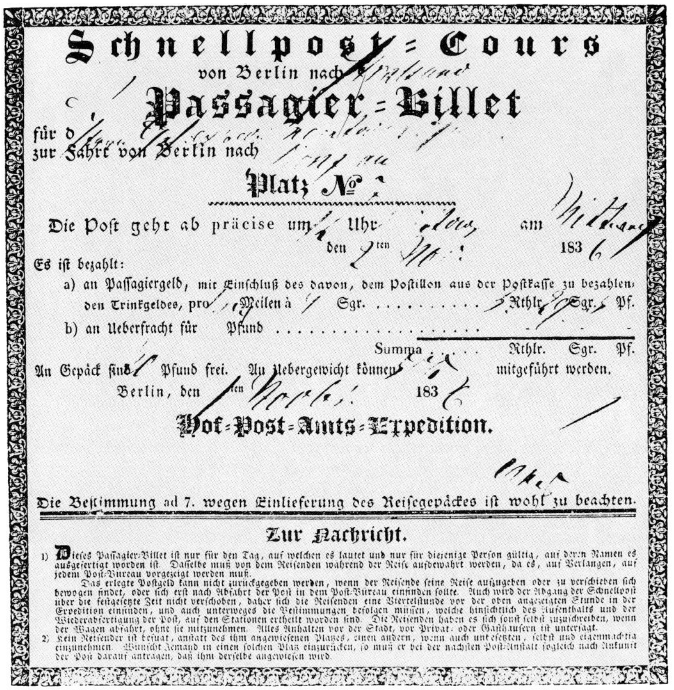

Schnellpost = Cours
von Berlin nach
Passagier = Billet
für
zur Fahrt von Berlin nach
Platz №
Die Post geht ab präcise um Uhr am
den ten 183
Es ist bezahlt:
a) an Passagiergeld, mit Einschluß des davon, dem Postillon aus der Postkasse zu bezahlenden Trinkgeldes, pro Meilen à Sgr. . . . . Rthlr. Sgr. Pf.
b) an Ueberfracht für Pfund . . . .
Summa . . . . . Rthlr. Sgr. Pf.
An Gepäck sind Pfund frei. An Uebergewicht können mitgeführt werden.
Berlin, den ten 183
Hof-Post-Amts-Expedition.

Die Bestimmung ad 7. wegen Einlieferung des Reisegepäckes ist wohl zu beachten.

Zur Nachricht.

1) Dieses Passagier-Billet ist nur für den Tag, auf welchen es lautet und nur für diejenige Person gültig, auf deren Namen es ausgefertigt worden ist. Dasselbe muß von dem Reisenden während der Reise aufbewahrt werden, da es, auf Verlangen, auf jedem Post-Bureau vorgezeigt werden muß.
Das erlegte Postgeld kann nicht zurückgegeben werden, wenn der Reisende seine Reise aufzugeben oder zu verschieben sich bewogen findet, oder sich erst nach Abfahrt der Post in dem Post-Bureau einfinden sollte. Auch wird der Abgang der Schnellpost über die festgesetzte Zeit nicht verschoben, daher sich die Reisenden eine Viertelstunde vor der oben angezeigten Stunde in der Expedition einfinden, und auch unterweges die Bestimmungen befolgen müssen, welche hinsichtlich des Aufenthalts und der Wiederabfertigung der Post, auf den Stationen ertheilt worden sind. Die Reisenden haben es sich sonst selbst zuzuschreiben, wenn der Wagen abfährt, ohne sie mitzunehmen. Alles Anhalten vor der Stadt, vor Privat- oder Gasthäusern ist untersagt.
2) Kein Reisender ist befugt, anstatt des ihm angewiesenen Platzes, einen andern, wenn auch unbesetzten, selbst und eigenmächtig einzunehmen. Wünscht Jemand in einen solchen Platz einzurücken, so muß er bei der nächsten Post-Anstalt sogleich nach Ankunft der Post darauf antragen, daß ihm derselbe angewiesen wird.

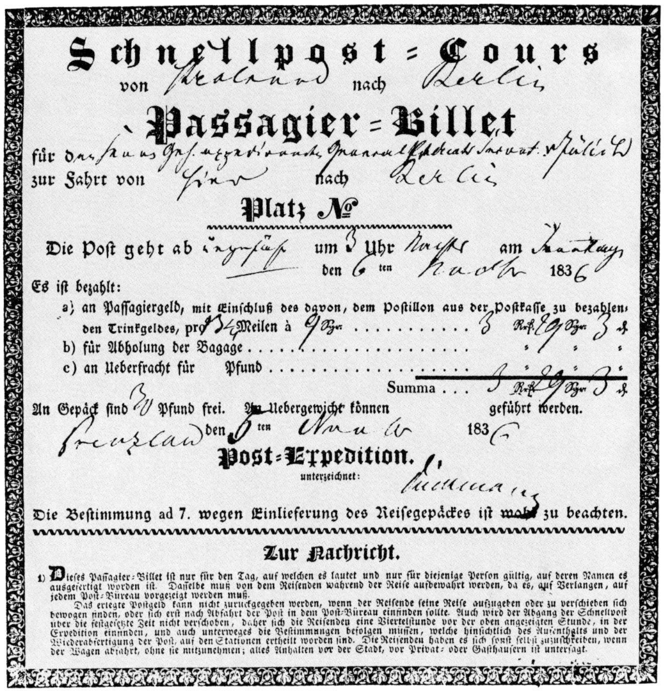

Schnellpost = Cours
von nach
Passagier = Billet
für
zur Fahrt von nach
Platz №
Die Post geht ab um Uhr am
den ten 183
Es ist bezahlt:
a) an Passagiergeld, mit Einschluß des davon, dem Postillon aus der Postkasse zu bezahlenden Trinkgeldes, pro Meilen à . . . .
b) für Abholung der Bagage . . . .
c) an Ueberfracht für Pfund . . . .
Summa . . .
An Gepäck sind Pfund frei. An Uebergewicht können geführt werden.
den ten 183
Post-Expedition.
unterzeichnet:

Die Bestimmung ad 7. wegen Einlieferung des Reisegepäckes ist wohl zu beachten.

Zur Nachricht.

1) Dieses Passagier-Billet ist nur für den Tag, auf welchen es lautet und nur für diejenige Person gültig, auf deren Namen es ausgefertigt worden ist. Dasselbe muß von dem Reisenden während der Reise aufbewahrt werden, da es, auf Verlangen, auf jedem Post-Büreau vorgezeigt werden muß.
Das erlegte Postgeld kann nicht zurückgegeben werden, wenn der Reisende seine Reise aufzugeben oder zu verschieben sich bewogen finden, oder sich erst nach Abfahrt der Post in dem Post-Büreau einfinden sollte. Auch wird der Abgang der Schnellpost über die festgesetzte Zeit nicht verschoben, daher sich die Reisenden eine Viertelstunde vor der oben angezeigten Stunde, in der Expedition einfinden, und auch unterweges die Bestimmungen befolgen müssen, welche hinsichtlich des Aufenthalts und der Wiederabfertigung der Post, auf den Stationen ertheilt worden sind. Die Reisenden haben es sich sonst selbst zuzuschreiben, wenn der Wagen abfährt, ohne sie mitzunehmen; alles Anhalten vor der Stadt, vor Privat- oder Gasthäusern ist untersagt.

Reisescheine (Hin- und Rückreise) aus dem Jahre 1836

Stöcke, Schirme, Degen, Mäntel, Fußsäcke), rechnete man nicht mehr zum eigentlichen Gepäck.

1852 liberalisierte man den Personentransport in Preußen. Auch private Unternehmer konnten Personen ohne die bisherigen Einschränkungen befördern. Um sich der neuen Konkurrenzsituation besser anpassen zu können, setzte die Post die Fahrgebühren für jeden Kurs individuell fest.

Aber schon vorher gab es Abweichungen von den allgemeinen Tarifbestimmungen. So waren 1841 bei der Schnellpost Nr. 11 zwischen Berlin und Köln oder Emmerich und Magdeburg 9 Sgr., zwischen Magdeburg und Köln 10 Sgr. und auf der Zweigstrecke zwischen Brüninghausen (nahe Unna) und Emmerich 8 Sgr. je Meile zu zahlen. Bei der Personenpost Nr. 42 Berlin–Köln, die in Thüringen durch Thurn und Taxissches Postgebiet führte, entrichtete man in Preußen 6 Sgr., im Taxisschen Gebiet aber 7 Sgr. je Meile. Die Personenpost Nr. 43 Berlin–Köln führte über eine nördliche Route durch hannoversches Territorium. Dort zahlte man 7½ Sgr. je Meile.

Die Gebühr bei Fahr- und Güterposten mit Personenbeförderung betrug in Preußen im allgemeinen 5 oder 6 Sgr., bei anderen Postverwaltungen war es oft teurer. Zwischen Arolsen und Marburg waren 7½ Sgr., im Taxisschen Teil der Strecke Frankfurt am Main–Leipzig 8 Sgr. zu entrichten.

Wie hoch die Gebühren wirklich waren, erkennt man bei einem Vergleich mit Löhnen und Preisen jener Zeit. Um 1850 verdiente ein Weber in der Woche etwa 63 Sgr., eine Stickerin oder Weißzeugnäherin in Berlin bekam einen Tagelohn von 4 Sgr., für ein Pfund Butter mußte man 6 Sgr. zahlen.[23] Rechnet man den letzten Wert mit heute etwa 4 DM, so würde auf dieser Basis 1 km Postkutschenfahrt in heutigem Geld etwa 54 bis 80 Pf kosten. Einfache Leute, wie die Weißzeugnäherin, hätten für eine Fahrt mit der Schnellpost von Berlin nach Aachen (rund 92 Meilen, Fahrpreis ohne Nebengebühren etwa 750 Sgr.) mehr als ein halbes Jahr werktags und sonntags arbeiten müssen, ohne sonstige Ausgaben bestreiten zu können. Das Reisen mit der Post war demnach ein sehr kostspieliges »Vergnügen«, das sich nur reiche Leute leisten konnten. Arme Menschen gingen zu Fuß oder ließen sich, manchmal verbotenerweise, von anderen Fuhrwerken mitnehmen. Postbeamte und ihre Angehörigen bekamen bei Versetzungen usw. einen »Postfreipaß«, wurden aber nur mitgenommen, wenn noch Platz im Wagen war. Vermögende Leute reisten nicht mit der ordinären, d.h. fahrplanmäßig verkehrenden Post, sondern mit der Extrapost. Sehr oft besaßen sie eine eigene Kutsche. Dazu mieteten sie bei jeder Poststation den Postillion und die Pferde. Die Bedingungen dafür waren zahlreichen Änderungen unterworfen. Im Jahre 1850 waren zu zahlen:[24]

- Je Pferd und Meile in den östlichen Provinzen 10 Sgr., in Westfalen und der Rheinprovinz $12^{1}/_{2}$ Sgr. Die Zahl der erforderlichen Pferde war amtlich festgelegt. Dabei wurde nach drei Wagengattungen und innerhalb dieser wieder nach dem Gewicht unterschieden. Außerdem spielte die Art der befahrenen Straße eine Rolle (Chaussee oder unchaussierter Weg; bei letzterem wurde zwischen spurhaltenden und nicht spurhaltenden Wagen differenziert). Bei leichten offenen Wagen bis zu einem Gewicht von 800 Pfund reichten auf Chausseen zwei Pferde. Eine Kutsche, die bis zu 2100 Pfund wog, mußte auf unchaussierten Wegen mit acht Pferden bespannt werden, wenn sie die richtige Spurweite hatte. Andere Wagen waren dort bei gleicher Pferdezahl nur bis 1400 Pfund Gewicht zugelassen.
- Hatte der Reisende keinen eigenen Wagen, so konnte er ihn bei dem Posthalter mieten und mußte dafür zwischen 4 und $7^{1}/_{2}$ Sgr. je Meile zahlen.
- Es gab zahlreiche Nebengebühren. So hatten die Wagenmeister auf jeder Station Anspruch auf 4 Sgr. Für eigene Kutschen mußte man 2 oder 3 Sgr. Schmiergeld zahlen (»Wer gut schmert, der gut fährt«). Soweit Chausseen befahren wurden, war das Chausseegeld (je 1 Sgr. je Pferd und Meile) fällig. Dem Postillion stand ein nach der Zahl der Pferde gestaffeltes Trinkgeld (zwischen 5 und $7^{1}/_{2}$ Sgr.) zu. Schließlich gab es noch Wartegelder bei längerem Aufenthalt auf einer Station oder bei verspäteter Abfahrt, die der Reisende verschuldet hatte, sowie eine Gebühr für die Rechnung.

Wer mit einer großen Kutsche reiste und deswegen viele Pferde brauchte, tat gut daran, seinen Bedarf mit einem Laufzettel vorab den einzelnen Stationen mitzuteilen. Für dessen Beförderung war das einfache Briefporto zu zahlen. Trotzdem standen bei kleinen Stationen oft nicht genügend Pferde zur Verfügung. Dann mußte der Posthalter zusehen,

Platzkarte für eine Journaliere von Potsdam nach Berlin

daß er selbst noch Gespanne von Landwirten mietete. Dies war besonders dann erforderlich, wenn »Reisen Allerhöchster und Höchster Herrschaften« angekündigt waren. In einem solchen Fall mußten oft Dutzende von Pferden bereitgestellt werden, da die Fürsten meist mit vielen Wagen unterwegs waren.

Die hohen Kosten des Extrapostdienstes führten zu Versuchen, sich anderer Reisemöglichkeiten zu bedienen. Doch da hatte man (von Staat zu Staat und im Laufe der Zeit) unterschiedliche Sperren eingebaut. So durfte zum Beispiel ein Reisender, der mit privat gemieteten Pferden oder Fahrzeugen unterwegs war, erst nach einer festgelegten längeren Aufenthaltszeit an den Unterwegsstationen weiterfahren, was ihn oft zu zusätzlichen Ausgaben für Mahlzeiten und Übernachtungen zwang, wodurch etwaige Einsparungen wieder aufgezehrt wurden. In manchen Fällen mußte er an die Post auch eine besondere Abgabe, das sogenannte Stationsgeld, zahlen. Diese Bestimmungen galten jedoch nur, wenn seine Reiseroute auch von der Post befahren wurde, und nur bis 1852.

Eine wesentlich billigere Reisemöglichkeit boten auf kurzen Entfernungen die Karriolposten. Sie dienten bis etwa zur Mitte des 19. Jahrhunderts auch der Personenbeförderung. Es handelte sich dabei um leichte, meist einachsige und einspännige Wagen, auf denen neben dem Postillion noch ein Passagier auf dem Bocksitz Platz nehmen konnte. Die Fahrgebühr lag bei 4 oder 5 Sgr. je Meile.

Preußischer Schnellpostwagen, 1826

Der Vollständigkeit halber sei noch darauf hingewiesen, daß es bei anderen Postverwaltungen abweichende Bezeichnungen gab. Die Diligencen und Eilwagen entsprechen etwa den preußischen Schnellposten. Bei der Mallepost handelt es sich um ein leichtes Fahrzeug zur Briefbeförderung, auf dem einige Passagiere transportiert werden konnten, meist jedoch so schlecht, daß man die Einrichtung scherzhaft als »Mal-Post« bezeichnete (französisch mal = schlecht, malle = Koffer, Felleisen).

Zum Schluß seien noch die Botenposten erwähnt. Meistens zu Fuß, manchmal mit eigenen Pferden, stellten die Boten auf kurzen Strecken die Verbindung von abseits gelegenen Postanstalten mit der Hauptlinie sicher. So verkehrte zum Beispiel eine Botenpost von Recklinghausen nach dem damals wichtigeren Postort Dorsten. Passagiere wurden selbstverständlich nicht befördert.

Die Fahrzeuge

Lange Zeit hindurch wurden die Postwagen nach den Wünschen und finanziellen Möglichkeiten der Posthalter gebaut. Dabei spielten Erfahrungswerte über die Zahl möglicher Passagiere, die örtlichen Straßenverhältnisse, die unterschiedliche Leistungsfähigkeit der regionalen Pferderasse und das Können der lokalen Stellmacher (Wagner) eine Rolle. Dieser unbefriedigende Zustand zwang zu neuen Überlegungen.

In Berlin unternahm man 1817 Versuche mit einem Zugkraftmesser an verschiedenen Wagentypen. Ein Jahr später ließ Generalpostmeister von Seegebarth in England, damals im Wagenbau führend, einen Postwagen nach dem Muster der dortigen stage-coaches bauen und mit einigen Modellen anderer Wagen nach Preußen bringen.

Insbesondere auf Grund der Anregungen von Schmükkert wurden seit 1821 zahlreiche Verbesserungen im Wagenbau eingeführt. Ein neunsitziger Postwagen wog um 1850 nur noch 26 Zentner, früher 40, und hielt im Durchschnitt vier bis sechs Jahre und 18 000 Meilen auf chaussierten Straßen. Vorher mußte man solche Wagen schon nach längstens zwei Jahren ausmustern.[25]

Diese Maßnahmen betrafen allerdings zunächst nur die »königlichen«, d.h. posteigenen Wagen, von denen es 1844 und 1855 1329 und 1859 Stück gab. Die meisten Wagen wurden jedoch von den Posthaltern gestellt (1844: 5619, 1855: 5809).[26] Mit der Circular-Verfügung Nr. 37 vom 17. November 1837 wies man die Postanstalten an, auf die Posthalter einzuwirken, die von ihnen gestellten Fahrzeuge der amtlichen Bauweise anzugleichen. So sollten zum Beispiel die Schnellpost-Beiwagen, die von den Posthaltern zu stellen waren, wenn die posteigenen Schnellpost-Hauptwagen besetzt waren, genau wie diese gebaut werden. Der Verfügung lagen acht Baupläne bei.

Auch später erließ man Normvorschriften. Für die posteigenen Wagen erschien 1856 ein Musteralbum[27] mit eingehenden Anweisungen über Maße, Material und Verarbeitung. Die Zeichnungen gaben auch wichtige Details wieder. Unter den 14 Wagentypen waren auch einige gleich mit und ohne Langbaum. Dieser diente der Stabilisierung des Chassis beim Einsatz auf unchaussierten Wegen. Die meisten Typen wurden fast ohne Änderungen in das Wagenbauprogramm der Reichs-Postverwaltung (neues Album 1873) übernommen. Diese Alben sollten helfen, den Wagenbau (vorher hauptsächlich bei posteigenen Werkstätten in Berlin und Düsseldorf) zu dezentralisieren. Jetzt konnten auch geeignete private Firmen in den Provinzen mit der Herstellung von Postwagen betraut werden.

Posthalter und Postillione

Die Post hat sich – nicht nur in Preußen – bei den Transportaufgaben weitgehend der Hilfe Dritter bedient: der Posthalter. Sie waren im allgemeinen private Unternehmer, die durch Verträge verpflichtet wurden, gegen Vergütung bestimmte Fuhrleistungen mit ihrem Personal, ihren Pferden und zum Teil eigenen Wagen zu erbringen. Einige der mehr als 1000 preußischen Posthalter trugen dabei auf zwei Schultern: sie bekleideten auch die Stellung des örtlichen Postmeisters oder -expeditors und mußten sich sozusagen selbst überwachen. Viele Posthalter waren Land- oder Gastwirte und hatten von daher genügend Zugtiere und Personal, um auch für die Post arbeiten zu können. Die Postillione waren »Gesinde« des Posthalters, galten aber als »Königliche Beamte« und unterstanden der Disziplinargewalt der »Post-Comtoirs«. Die Post erließ Vorschriften über die Bedingungen, die an sie gestellt werden mußten, z.B. hinsichtlich des Mindestalters von 17 Jahren. Zur Überwachung der Postillione schaltete man auch die Gendarmerie ein. Sie kontrollierte manche Postkutsche unterwegs und prüfte dabei auch, ob alle Passagiere gültige Fahrscheine hatten. Immer wieder findet man in den Circularen jener

Am preußischen Postschalter; Lithographie, 1854

Gegen Ende des betrachteten Zeitraums wurden auch »ärarische« Posthaltereien eingerichtet, so in Köln 1857 und in Düsseldorf 1858.

Zu Wasser und auf Schienen

Der Vollständigkeit halber müssen noch zwei Verkehrsmittel erwähnt werden, derer sich die preußische Post für ihre Zwecke ebenfalls bediente. Mit Postdampfschiffen konnte man die zuvor nur mit Segelyachten betriebenen Verbindungen über die Ostsee nach Ystad, Stockholm, Kopenhagen und Kronstadt/St. Petersburg verbessern. Der 1821 erbaute »Adler« war das erste Dampfschiff auf der Ostsee. Ihm folgten die »Königin Elisabeth«, der »Preußische Adler« und (1853) der »Nagler«. Alle Schiffe beförderten auch Passagiere, der »Nagler« zum Beispiel bis zu 70 Personen von Stettin nach Stockholm in 36 Stunden.[30]

Auf die Eisenbahnen wurde schon kurz hingewiesen. Zunächst bediente man sich ihrer zur Beförderung von Postwagen auf Plattformwagen, also im Huckepackverkehr, 1849 setzte Preußen, als zweites Land in Deutschland nach Baden, die ersten Bahnpostwagen, wie wir heute sagen, ein. In ihnen wurden während der Fahrt Briefe und andere Sendungen bearbeitet. Die Dienstleistung für diese neue Art der Postbeförderung übertrug man zunächst acht Post-Speditions-Bureaus (vier in Berlin, je eines in Breslau, Halle, Magdeburg und Deutz). 1866 gab es bereits 13 Eisenbahn-Post-Ämter, wie sie nun hießen.

Zeit Listen »der vom Post-Dienste entfernten Postillons«. Zwischen Anfang 1824 und Anfang 1826 wurden allein 37 Postillione entlassen[28], z.B. wegen unvorsichtigen Fahrens, Trunkenheit im Dienst, Mitnahme einer »uneingeschriebenen Person« oder erheblicher Verspätung.

Empfindliche Geldstrafen gab es selbst bei kleineren Verspätungen, z.B. 1 Sgr. je Minute bei Schnellposten auf Chausseen.[29] Auf größeren Kursen fuhr häufig ein Kondukteur mit, der unmittelbar im Dienst der Post stand und die Postillione überwachte. Er hatte natürlich auch darauf zu achten, daß sie die vorgeschriebenen Signale auf dem Posthorn, in Preußen meist auf einer Posttrompete, bliesen.

Preußisches Postdampfschiff »Königin Elisabeth«

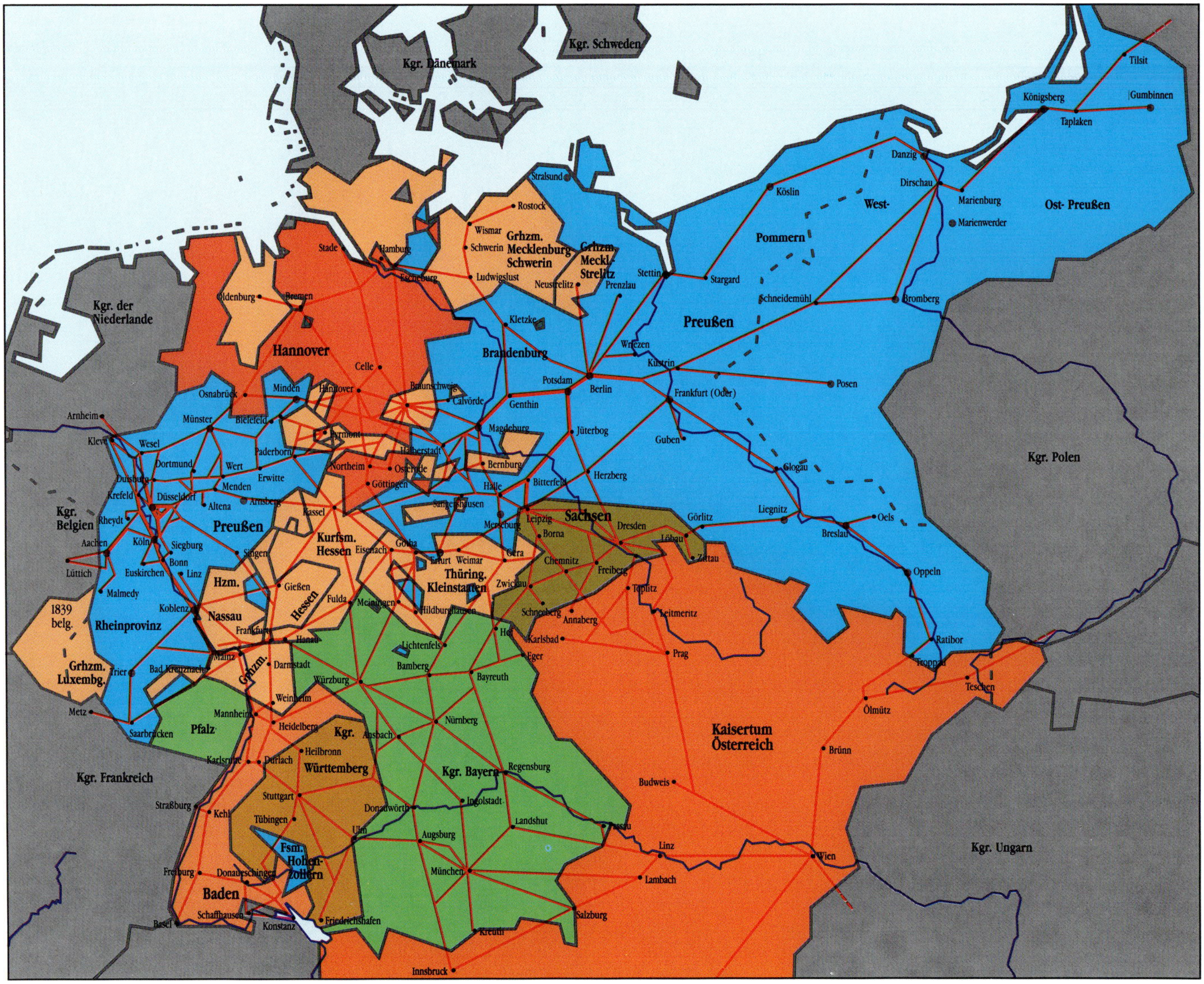

Schnellpost-Netz, um 1835

Preußischer Postillion in Galauniform, um 1830

Die Post aus der Sicht des Kunden

Wer um 1820 einen Brief versenden wollte, beschrieb ein Blatt, meist im Folioformat (21 × 33 cm), faltete es je zweimal längs und quer und versiegelte die ineinandergesteckten Falze auf der Rückseite. Vorgefertigte Briefumschläge, in England um 1820 erstmals auf den Markt gebracht, setzten sich in Deutschland erst ab 1850 langsam durch. Auf die freie Vorderseite kam die Anschrift, im allgemeinen noch ohne Straßenangabe. Den Brief gab der Kunde am Postschalter, meist einem Fenster in einer Hofeinfahrt, ab. Vorausbezahlt werden mußten nur Briefe an Fürsten und Behörden. Sonst trug der Empfänger die Gebühr. Allerdings war auf Wunsch auch eine Freimachung möglich, im Verkehr mit dem Ausland, z. B. mit Bayern oder Rußland, häufig nur bis zum Grenzpostamt. Es gab zwar schon Briefkästen (im linksrheinischen Preußen seit der französischen Besetzung um die Jahrhundertwende, im übrigen Preußen seit 1823/24), aber nur in geringer Zahl. Ihre Bedeutung nahm erst zu, als 1850 Briefmarken in Preußen eingeführt wurden.

Die Gebühr für einen Brief stand grundsätzlich dem Bestimmungspostamt zu. Deswegen mußten in die Begleit-»Karte« zu dem nach dort gesandten Briefpaket die Briefe mit den bereits gezahlten und den noch zu erhebenden Gebühren einzeln eingetragen werden. Das wurde zwar 1849 vereinfacht, die komplizierte Gebührenabrechnung gab es jedoch teilweise auch später noch.

Am Bestimmungsort wurden ursprünglich alle eingegangenen Briefe in eine öffentlich ausgehängte »Charte« eingetragen und konnten gegen Zahlung der (restlichen) Gebühr am Schalter abgefordert werden. Erst nach einer gewissen Zeit wurden sie von (halbamtlichen) Briefträgern gegen eine zusätzliche Gebühr zugestellt. Seit 1825 war in Preußen die Zustellung im Ort obligatorisch, allerdings nur für gewöhnliche Briefe und für Begleitpapiere von Paketen und Geldsendungen. Bis 1863/64 wurde je Sendung eine Zustellgebühr von 1/2 Sgr. erhoben. Von den ersten Versuchen, Briefe in den Landorten ohne Postanstalt zuzustellen, dauerte es 22 Jahre, bis dieser Dienst im Jahre 1846 in Preußen allgemein eingeführt wurde. Erst 1871 fiel auch die Landzustellgebühr weg.

Die Gebühr für Briefe richtete sich nach der Entfernung und dem Gewicht; sie wurde mehrmals geändert. So zahlte man 1825 für einen gewöhnlichen Brief bis zu 2 Meilen Entfernung und 3/4 Lot (etwa 12 g) Gewicht 1 Sgr. Im Jahre

Preußischer Briefkasten (Originalanstrich: Blau) mit Gebrauchsanweisung, um 1860

1844 waren für dasselbe Gewicht und 15 bis 20 Meilen Entfernung 2 1/2 Sgr. zu entrichten. Wog der Brief aber zwischen 3/4 und 1 Lot, so erhöhte sich die Gebühr um den Faktor 1,5 auf 3 3/4 Sgr. 1849 gab es nur noch drei Entfernungsstufen. Ein Brief bis zu 1 Lot (= rund 15 g) kostete bis zu 10 Meilen 1, bis zu 20 Meilen 2 und über 20 Meilen 3 Silbergroschen, bei höherem Gewicht ein Mehrfaches davon.[31]

Bis zum Beginn des 19. Jahrhunderts befaßte sich die Post nicht mit der Annahme und Zustellung von Sendungen innerhalb des Einlieferungsorts. Allenfalls konnte der Leiter einer Postanstalt seinen Briefträgern gestatten, sie auf eigene Rechnung zu besorgen. In Preußen richtete die Post zuerst in Berlin 1827 einen Stadtpostdienst ein. Er wurde im Laufe der Zeit ausgebaut und bei allen Postämtern eingeführt. Trotzdem gab es im lokalen Postdienst noch bis zum Jahre 1900 Privatunternehmen.[32]

Wer eine Reise plante, tat gut daran, sich rechtzeitig beim Postamt einzuschreiben. Dann konnte er eher damit rechnen, einen der begehrten Fensterplätze, möglichst noch in Fahrtrichtung zu bekommen. Heinrich Heine kam bei einer seiner Fahrten wohl zu spät, und so mußte er in »Deutschland. Ein Wintermärchen« klagen:

Von Köllen bis Hagen kostet die Post
fünf Taler sechs Groschen preußisch.
Die Diligence war leider besetzt,
und ich kam in die offene Beichais'.

Mit der sich so schlecht auf »preußisch« reimenden »Beichaise« meinte er den Beiwagen, den der Posthalter stellen mußte.

Während der Fahrt waren die Zeiten für die Einnahme von Mahlzeiten gerade ausreichend bemessen. Die Schnellpost Berlin–Köln hielt 1841 jeweils am 1. Tag in Genthin für das Frühstück 30, in Magdeburg für das Mittagessen 120 und in Braunschweig für das Abendessen 30 Minuten. Geschlafen wurde in der fahrenden Kutsche. Im Sommer war es tagsüber fast unerträglich heiß, denn von einem kühlenden Fahrtwind war bei einer Geschwindigkeit von 12 km/h kaum etwas zu spüren. Dafür fror man im Winter erbärmlich. Trotzdem war eine Postkutschenfahrt im 19. Jahrhundert wegen der besseren Straßen und Wagen sowie der kürzeren Fahrtzeiten erheblich angenehmer als vorher.

Die Post befaßte sich auch mit dem Vertrieb von Zeitungen. Sie fußte dabei auf alten Traditionen. Zu den ersten Herausgebern von Zeitungen in Deutschland zählten einige Postmeister. Sie sammelten Nachrichten, die ihnen von Postreitern und Reisenden zugingen, und ließen sie drukken. Die Postmeister vertrieben auch fremde Zeitungen, die sie sich ohne Beförderungsgebühren zuschicken lassen durften, auf eigene Rechnung. Mancher von ihnen zog aus der Nebenbeschäftigung mehr Gewinn als aus seiner Haupttätigkeit für die Post. Im Jahre 1822/23 übernahm die preußische Post den Zeitungsvertrieb auf eigene Rechnung, senkte die Gebühren und gab Ende 1822 den ersten »Zeitungs-Preiscourant« (die spätere Postzeitungsliste) heraus. Bei allen preußischen Postanstalten konnten von da an zunächst 474 Zeitungen und Zeitschriften aus dem In- und Ausland zu einheitlichen Bedingungen bezogen werden.[33] Der Postzeitungsdienst wurde immer weiter ausgebaut und trug wesentlich zu einer kostengünstigen (aber für die Post nicht kostendeckenden) Versorgung weiter Kreise mit politischen, kulturellen und fachbezogenen Periodika bei.

Jahr	alle Straßenposten (auch Reitposten usw.) haben zurückgelegt Millionen Meilen	mit den Straßenposten gereiste Personen in Millionen	Einnahmen Personengeld u. Gepäckgebühr Millionen Taler	Postgebühren (Briefe, Pakete usw.) zum Vergleich Millionen Taler
1825			0,38	2,77
1830			0,81	3,25
1834	1,87	0,57		
1835	1,87		1,15	3,52
1836	1,90	0,57		
1838	2,40	0,83		
1839	2,46	1,13		
1840	3,06	1,55	2,03	4,27
1841	3,59	1,93	2,20	4,41
1842	3,66	2,08	2,19	4,54
1845	3,94	2,40	2,30	4,33
1847	3,78	2,36	2,12	4,77
1848	3,86	2,03	1,59	4,43
1849	3,82		1,53	4,36
1850	3,83	1,92	1,67	4,42
1851	3,81	2,17	1,76	4,65
1852	4,88	2,39	1,78	4,86
1853	5,00	2,54	1,80	5,33
1854	5,02	2,79	1,91	5,81
1855	5,27	3,08	2,17	6,35
1870*	7,30	5,78	2,55	18,57
1900**	9,30	1,39	0,37	

* 1870: Norddeutsche Bundespost
** 1900: Reichs-Postverwaltung. Die Meilenzahl wurde errechnet aus 69,37 Millionen km, die Einnahme aus 1,1 Millionen Mark.

(Alle Zahlenangaben sind gerundet.[34])

Die Einnahmen je Reisenden betrugen:
1835 rund 60, 1845 rund 29, 1854 rund 20 1/2 und 1900 rund 8 Sgr., d. h. die Post wurde im zunehmenden Maße nur noch auf den kurzen Strecken benutzt, für den Fernverkehr bediente man sich der Eisenbahn.

Preußische Post-Wartestube; Gemälde von F. Schlesinger, 1859

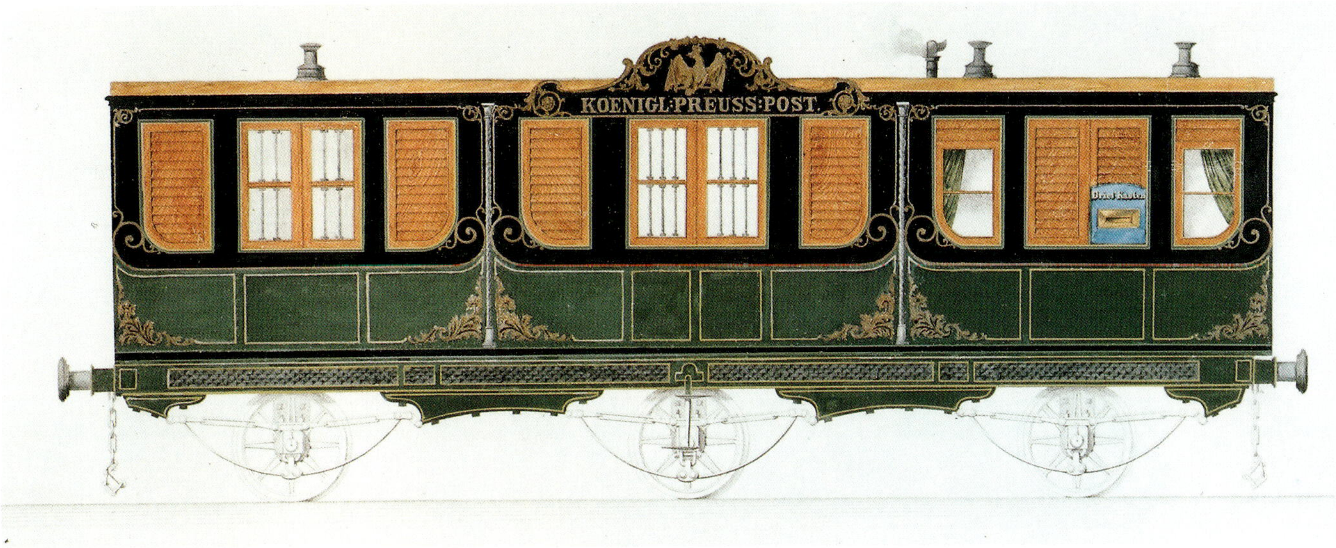

Preußischer Bahnpostwagen von 1859 mit einem Anstrich von 1867

Schluß

Je nach persönlicher Einstellung sind die Menschen von heute geneigt, die Ära der Postkutschen als »gute alte Zeit« zu glorifizieren oder sie als hoffnungslos rückständig zu betrachten. Beides ist falsch. Reisen mit der Post waren mühsam und unbequem, und es gab auch viele unliebsame Zwischenfälle, z.B. Straßenraub. Andererseits stellte die Verbesserung, Vermehrung und Beschleunigung des Postwagenverkehrs ab etwa 1820 einen erheblichen zivilisatorischen Fortschritt dar, der von den Zeitgenossen dankbar anerkannt wurde.

Das Bessere war schon damals der Feind des Guten. Spätestens seit etwa 1860 übernahmen die Eisenbahnen den größeren Teil der Post- und Personenbeförderung und behielten ihn fast ein Jahrhundert lang.

Anmerkungen

1 Meyers Großes Konversations-Lexikon, 16. Band, Leipzig/Wien 1909[6]; nach Seite 316: Übersicht des Wachstums des Preußischen Staates.

2 Statistische Beilage zum Bericht des Volkswirtschaftsausschusses vom 17.4. 1849, zitiert bei: Alfred Koch, Die deutschen Postverwaltungen um 1850 und die deutsche Posteinheit; in: Archiv für deutsche Postgeschichte 1972/2, S. 154ff.

3 Stephan, Heinrich, Geschichte der Preußischen Post, Berlin 1859, S. 518.

4 Stephan, S. 520.

5 Matthias, Wilhelm Heinrich, Darstellung des Postwesens in den Königlich Preussischen Staaten, 3. Band, Berlin 1817, (S. 229–315: Verzeichnis der sämtlichen Postämter ... bis zum 30. Oktober 1817).

6 Die Zahlen für 1821, 1830 und 1850 wurden entnommen der »Acta, enthaltend Statistische Übersichten« beim Bundespostmuseum Frankfurt am Main (Sign.: I D 7, 1821–1855).

7 Stephan, S. 682.

8 Sautter, Karl, Geschichte der preußischen Post, Berlin 1928, S. 647.

9 Handwörterbuch des Postwesens, Berlin 1927, einzelne Stichwörter.

10 Dienst-Instruction für die Ober-Postdirektionen, Erfurt 1850, Abschnitt IV, § 89.

11 Post-Course in den Preußischen Staaten und zwar fahrende und reitende Posten, mit Einschluß der fremden und bedeutendsten Nebencourse. o. O. 1819.
Die Preußischen Post-Course und die mit denselben in unmittelbarer Verbindung stehenden ausländischen Posten im Jahre 1837. Bearbeitet im Cours-Bureau des Königl. General-Post-Amtes. Berlin o. J.
(wie vor, jedoch:) ... im Jahre 1841...
Die Eisenbahn-, Post- und Dampfschiff-Verbindungen in Deutschland und den angrenzenden Ländern ... Zusammengestellt von dem Cours-Bureau des Königl. General-Post-Amtes in Berlin. Sechste Ausgabe. Mai-Juni 1851 (Sommer-Cursus). Berlin o. J.
Die Eisenbahnen und die bedeutenderen Post- und Dampfschiff-Verbindungen in Deutschland und den angrenzenden Ländern ... Bearbeitet nach den Materialien des königlichen Post-Cours-Bureaus in Berlin. Nr. 4, 1866 o. O., o. J.

12 Von mittellateinisch valisia = Satteltasche; vergleiche französisch valise = Handkoffer.
13 Leclerc, Herbert, Von der Botenordnung zum Reichskursbuch, in: Archiv für deutsche Postgeschichte 1985/1, S. 8–34.
14 Stephan, S. 35f.
15 »Acta« (s. Anm. 6)
16 Statistik der Postverwaltung des Norddeutschen Bundes, Jahr 1870. Berlin o. J.
17 Dienst-Instruction (s. Anm. 10), Abschnitt XI No. 1, §§ 60ff.
18 Stephan, S. 791.
19 Voigt, Fritz, Verkehr. Zweiter Band, erste Hälfte: Die Entwicklung des Verkehrssystems. Berlin 1965, S. 434.
20 Stephan, S. 783.
21 Stephan, S. 789, und Sautter, Karl, Die preußischen Schnellposten, in: Archiv für Post und Telegraphie 1919, S. 448–458.
22 Schwarz, Konrad, Entstehung und Entwicklung der Postgebühren, (unveröffentlichtes) Manuskript im Bundespostmuseum Frankfurt am Main, S. 704ff. und 1528ff.
23 Rittmann, Herbert, Deutsche Münz- und Geldgeschichte der Neuzeit bis 1914. In: Archiv für deutsche Postgeschichte 1976/1, Tafel S. 78 (mit Quellennachweis auf S. 12).
24 Dienst-Instruction (s. Anm. 10), Abschnitt IX No. 1, §§ 2ff.
25 Stephan, S. 785.
26 »Acta« (s. Anm. 6).
27 Die Preussischen Postwagen 1856, o. O., o. J.
28 Beilage zum General-Circular vom 31. 3. 1826.
29 Dienst-Instruction (s. Anm. 10), Abschnitt X. Auf unchaussierten Straßen betrug die Strafe nur 1/4 Sgr. je Minute Verspätung.
30 Stephan, S. 767ff.
31 Schwarz, Konrad, Zeittafeln zur deutschen Postgeschichte. Band 22 der Reihe »Post und Telegraphie in Wissenschaft und Praxis«, Berlin 1935, S. 60f.
32 Schwarz, s. Anm. 31, S. 134ff.
33 Schwarz, s. Anm. 31, S. 195.
34 »Acta« (s. Anm. 6); Statistik ... 1870 (s. Anm. 16); Statistik der deutschen Reichs-Post- und Telegraphen-Verwaltung für das Kalenderjahr 1900, Berlin 1901.

Elsaß-Lothringen und die Eingliederung des Reichslandes in die Kaiserliche Reichspost

Wilfried Forstmann

Der betriebliche Aufbau der Reichspost in Elsaß-Lothringen

Elsaß und Lothringen liegen inmitten Europas. Beide haben Anteil an dem zivilisatorischen und kulturellen Prozeß, aus dem sich eine genuin europäische Identität entwickeln konnte; ein Pfund, mit dem die gegenwärtigen Protagonisten einer europäischen Einigung glauben, wuchern zu können. Die Expansionspolitik der französischen Könige des 16. und 17. Jahrhunderts hat die beiden aber auch zu umstrittenen Grenzländern werden lassen und, dadurch ausgelöst, gerade hier mit besonderer Intensität Fragen nach der nationalen Zugehörigkeit und dem ethnischen Bewußtsein immer wieder von neuem geweckt. Es erscheint nicht verwunderlich, daß im Land, in Straßburg und Metz einerseits, und draußen, in Paris oder Wien und später in Berlin andererseits, in politischen Angelegenheiten oftmals desorientiert und irritiert, eher überzogen und aggressiv als auf fairen Ausgleich bedacht, agiert und reagiert wurde.[1]

Während der letzten drei bis vier Generationen bezeichnen allein die Jahreszahlen 1870, 1918, 1940 und 1944 den, gut oder schlecht begründeten, annexionistischen Zugriff des jeweils siegreichen Nachbarn, also Deutschlands oder Frankreichs, auf das Elsaß und das nördliche Lothringen, der jeweils den Ausgangspunkt dafür bildet, gewachsene oder erzwungene Bindungen und Verbindungen zu lösen. Abgesehen von jener grundsätzlichen Problematik, die sich für das Bewußtsein und die Perspektive der Elsässer und Lothringer durch solche Annexionen und Reannexionen ergeben mußten, wirkten diese sich unmittelbar auf die gouvernementale und, von ihr abgeleitet, administrative Ebene im Lande aus. Alte, bekannte Normen und Usancen des alltäglichen Lebens verloren vielfach ihre Gültigkeit, wurden zwangsweise abgeschafft, neue dafür eingeführt, eine kontinuierliche Entwicklung in vielen Bereichen nicht nur des öffentlichen, sondern auch des privaten und kommerziellen Lebens unmöglich gemacht, zumindest sehr erschwert. Diese Beobachtung gilt natürlich auch für das Postwesen, auf dessen uneingeschränkter Funktionsfähigkeit alle arbeits- und verwaltungsteilig organisierten modernen Staaten und ihre Gesellschaften so sehr angewiesen sind.[2]

Blicken wir auf das zuerst genannte Datum, auf das Jahr 1870 und die Ereignisse, die im Zusammenhang mit dem deutsch-französischen Krieg postgeschichtliche Bedeutung gewonnen haben. Entgegen den Erwartungen eines Großteils der zeitgenössischen Akteure und Beobachter war es der deutschen militärischen Führung gelungen, den Krieg sehr schnell nach Frankreich hineinzutragen, schließlich am 2. September 1870 bei Sedan einen entscheidenden Sieg über ihren Widersacher, Napoleon III. und sein bonapartistisches Regime, zu erfechten. Ohne im einzelnen auf generellere Probleme wie das der Kriegsschuld oder der Kriegsziele eingehen zu wollen, darf wohl gesagt werden, daß es deutscherseits für den zivilen Bereich, der den Bahnen des militärischen Erfolges folgte, keine Pläne gab, die nur aus der Schublade zu nehmen gewesen wären, um für die verschiedenen zivilen Aufgabenfelder detaillierte Handlungsanweisungen zu besitzen. Diese Problematik stellte sich insbesondere, nachdem sich die Führung entschieden hatte, Frankreich zu zwingen, die bisherigen drei Departements Bas-Rhin, Haut-Rhin und Moselle – hier und dort in dem Vorfrieden von Versailles (28. 1. 1871) und dem späteren Friedensvertrag von Frankfurt am Main (10. 5. 1871) durch einige Grenzkorrekturen in ihrem territorialen Umfang verändert – an die siegreichen Deutschen abzutreten. Diese entschieden sich zwar, die drei Departements als »Bezirke« weiterbestehen zu lassen, sie darüber hinaus aber zu einer eigenen Verwaltungseinheit, dem zunächst provisorischen Generalgouvernement, dann, verfassungsrechtlich verankert, Reichsland Elsaß-Lothringen zusammenzufassen. Diese politischen Vorgaben lösten natürlich eine Flut von administrativen Maßnahmen aus, um das gewonnene Reichsland und seine Verwaltung neu zu organisieren.

Besichtigung des XII. Armeekorps durch den Feldoberpostmeister Zschüsner vor dem Schloßhof zu Versailles; Gemälde von Ludwig Albrecht Schuster, 1886

Keine Frage, daß davon – nehmen wir unseren Hinweis an dieser Stelle nochmals auf – selbstverständlich auch das Postwesen zwischen Vogesen und Rhein betroffen war.[3]

Nachdem schon am 24. August 1870 in Nancy, zu einem Zeitpunkt also, zu dem noch keineswegs sicher über den Kriegsausgang entschieden war, eine deutsche Postverwaltung unter der Leitung des General-Postamtes eingerichtet worden war, die den Postverkehr in den besetzten Teilen Frankreichs selbst, mit Deutschland und mit dem Ausland aufrecht erhalten sollte, kam es im Feldlager von Reims am 12. September zu einer richtungsweisenden »Allerhöchsten Entschließung«. Bezugnehmend auf einen entsprechenden Antrag Bismarcks, der sich wiederum nach den Plänen Generalpostdirektors Stephan richtete, hieß es darin: »Auf Ihren Bericht vom 12.d.M. genehmige Ich, dass das Postwesen in dem Verwaltungsbereiche des General-Gouvernements Elsaß und Deutsch-Lothringen sogleich definitiv von der Norddeutschen Bundes-Postverwaltung organisiert wird, und dass zu diesem Behufe zwei Ober-Postdirectionen eingerichtet werden...«[4] Damit wurde für die Post ebenso wie etwa für die Eisenbahn oder die Ebene der staatlichen Administration der Pariser Zentralismus durch das deutsche Prinzip eines wirkungsvollen dezentralisierten Verwaltungsaufbaus abgelöst. Hatte man von vornherein als Amtssitze der beiden Oberpostdirektionen Straßburg und Metz ins Auge gefaßt, so bestimmte doch der Verlauf des Krieges, wann sie faktisch eingerichtet werden und ihre Arbeit aufnehmen konnten. Das war in Straßburg am 1. Oktober, in Metz erst am 31. Oktober 1870 der Fall, jeweils nur wenige Tage, nachdem die zu einer Festung ausgebauten Städte kapituliert hatten. Für das zunächst noch in französischen Händen befindliche Metz errichteten die deutschen Behörden am 6. Oktober ersatzweise in Nancy die Oberpostdirektion, die dann Ende des Monats nach Metz transferiert werden konnte.

Waren die militärischen Entscheidungen gefallen, so zog die Postverwaltung umgehend nach, gewiß ein guter Beleg dafür, wie sehr ein allgemeines, sei es öffentliches, sei es privates Bedürfnis nach ihren Dienstleistungen bestand.

Zu diesem Zeitpunkt von der allgemeinen Postverwaltung noch getrennt, eröffnete die Telegraphenverwaltung des Norddeutschen Bundes auf Anordnung von Bismarck für die politischen und militärischen Bedürfnisse der verschiedenen deutschen Dienststellen im Generalgouvernement Elsaß-Lothringen im September 1870 eine Telegraphendirektion in Nancy. Diese, im Laufe des Frühjahrs 1871 nach Straßburg verlegt, eröffnete ihrerseits einige Zweigstellen. Eine allgemeine, auch privaten Zwecken dienende Benutzung der Telegraphen wurde jedoch erst im April 1871 zugelassen, nachdem die administrative und militärische Praerogative im Zuge der aufgenommenen Friedensverhandlungen zurückgestellt werden konnte.

Eine lange Reihe von Gesetzen und Verordnungen, die während der gesamten Reichslandzeit erlassen worden sind, fixierten, im einzelnen immer subtiler, den organisatorischen Rahmen und die betriebliche Aufgabenstellung des elsaß-lothringischen Postwesens. Während bis zum Beginn des Jahres 1872 die entsprechenden Gesetze und Verordnungen lediglich die elsaß-lothringischen Verhältnisse, provisorischerweise kann man hinzufügen, regeln sollten, wurde danach die Reichsgesetzgebung fast ausnahmslos auf Elsaß-Lothringen ausgedehnt. Vom 28. Oktober und 28. Dezember 1870 datieren zwei »Allerhöchste Verordnungen«, auf Grund derer die Posttarife im Lande denen der Norddeutschen Postverwaltung angeglichen, vom 22. November 1870 ein Reglement des Generalpostamts in Berlin, durch welches die allgemeinen Beförderungs- und Haftungsbedingungen im Postverkehr Elsaß-Lothringens bestimmt wurden.[5] Mit der »Allerhöchsten Verordnung« vom 14. Oktober 1871, durch welche der Abschnitt VIII der Reichsverfassung, der sich mit dem Post- und Telegraphenwesen beschäftigt, in Elsaß-Lothringen eingeführt wurde, traten an die Stelle der zunächst gültigen Vorschriften ab 1. Januar 1872 die Reichsgesetze über das Postwesen und das Posttarifwesen, wie auch das Reichspostreglement, eine Veränderung, die vor dem Hintergrund der 1870 eingeführten Bestimmungen weniger den postdienstlichen Alltag als die verbindliche postrechtliche Einbindung des Reichslandes in das Reich betraf, somit eher ein politisch konsolidierendes Moment für den neu gegründeten deutschen Staat aufwies.[6] Neben diesen beiden grundlegenden Reichspostgesetzen erfuhren weitere drei ältere Vorschriften, wie die Strafbestimmungen zum Schutze der Telegraphenanlagen, das Gesetz über die Einführung von Telegraphenfreimarken und das Portofreiheitsgesetz, Eingang in den postrechtlichen Kanon Elsaß-Lothringens, bevor die reichspostrechtlichen Bestimmungen dann automatisch auch für Elsaß-Lothringen Gültigkeit erlangten.[7]

Mit der Einrichtung der beiden Oberpostdirektionen in Straßburg und Metz – ihre Verwaltungsbezirke waren mit den politischen identisch – war die organisatorisch-betriebliche Basis gelegt, um das Postwesen im Lande wieder aufzurichten. Dazu gehörte in erster Linie, die Präsenz der Post

Oberpostdirektion Metz; zeitgenössische Postkarte

Oberpostdirektion Straßburg

neu zu begründen, die durch die Kriegsereignisse aufgehoben worden war, was nur heißen konnte, eine genügend große, flächendeckende Anzahl von Postämtern einzurichten. Vermochten die Postverwaltungen im Unter-Elsaß und in Lothringen ohne gravierende Probleme, die über die sich ohnedies in einer Nachkriegsperiode einstellenden Schwierigkeiten hinausgingen, tätig zu werden, so erwies sich das Ober-Elsaß im Herbst 1870 noch als ein schwieriges Terrain. Die Front der Kampfhandlungen, durchsetzt mit partisanenartigen Überfällen, verschob sich nur sehr allmählich in südlicher Richtung, was eine schnelle Reorganisation von Postämtern in dieser Gegend unmöglich machte, einzelne Postbedienstete gerieten durchaus in unmittelbare Lebensgefahr, als sie ihren Dienst auszuüben suchten.

Indes wiesen die Bemühungen der beiden Oberpostdirektionen, ihrem Auftrag gemäß, jedoch einen deutlichen Erfolg auf. Folgende Zahlen mögen das verdeutlichen:[8] Bei Ausbruch des Krieges bestanden auf dem Gebiet des nachmaligen Reichslandes 170 französische Postanstalten, wobei diese Zahl sowohl die – nach der deutschen Klassifizierung – städtischen Postämter (erster bis dritter Klasse, 67 an Zahl, 54 im Elsaß, 13 in Lothringen), als auch die eher ländlichen, vom Publikum weniger in Anspruch genommenen Postagenturen und Posthilfsstellen (107) umfaßt. Schon Mitte Oktober war es gelungen, 36 dieser Postanstalten im Elsaß und 35 in Lothringen wieder für das Publikum zu öffnen. Ende 1870 waren es schon 147, Ende 1871 gar 192 Postanstalten (im OPD-Bezirk Straßburg 113, im OPD-Bezirk Metz 79). Die beiden Postdirektionen in Elsaß-Lothringen waren im Laufe der Jahre insbesondere bestrebt, die kleinstädtische und ländliche Bevölkerung in den Genuß der benötigten postalischen Leistungen kommen zu lassen. So schufen sie gerade dort eine beträchtliche Anzahl von Posthilfsstellen. Die Zahl der Postanstalten im Reichsland erhöhte sich so kontinuierlich, wies allerdings zwischen 1880 und 1890 bemerkenswert hohe Zuwachsraten auf. Bestanden im OPD-Bezirk Straßburg 1880 schon insgesamt 210 Postanstalten, so stieg diese Zahl – in einem Abstand von fünf Jahren erhoben – auf 416 (1885), 845, 884, 896, 905, 955 und 967 (1913). Ein vergleichbares Ergebnis wies der benachbarte Metzer Bezirk auf: 1880 zählte man dort 132 Postanstalten, dann 318 (1885), 379, 424, 483, 525, 606 und 625 (1913). Wie unterschiedlich dieses Wachstum an Poststellen den städtischen und ländlichen Bereich aber betraf, läßt sich daran erkennen, daß die eigentlichen, großen Postämter im Straßburger Bezirk zwischen 1885 und 1913 nur von 13 auf 15 (1. Klasse), von 56 auf 73 (3. Klasse) wuchsen, während die Postämter der 2. Klasse sogar zahlenmäßig unverändert blieben. Wiederum ein ähnliches Ergebnis ist für den Metzer Bezirk zu verzeichnen.

Diese Ausweitung des betrieblichen Rahmens des postalischen Leistungsangebots in Elsaß-Lothringen ging selbstverständlich einher mit einer Vermehrung des Personals. Es wuchs im Straßburger Bezirk von 1120 Personen im Jahre 1876 auf 4712 Personen im Jahr 1913, für den Metzer Bezirk lauten diese Beschäftigtenzahlen 637 und 2852. Als ein weiteres Datum, durch das die postalische Versorgung der Bevölkerung deutlich wird, läßt sich die Relation zwischen der Zahl der Postanstalten und dem Flächeninhalt bzw. der Einwohnerzahl des Erhebungsraumes heranziehen. Von 1879 bis 1913 sank das mittlere Betreuungsgebiet einer Postanstalt im OPD-Bezirk Straßburg von 41,9 auf 8,6 km^2, im OPD-Bezirk Metz von 49,9 auf 10,0 km^2. Die gleichen Betrachtungsdaten zur Zahl der Einwohner zugrunde gelegt, ergeben für Straßburg eine Veränderung von 5311 auf 1259 Einwohner pro Postanstalt, für Metz von 3842 auf 1055. Die Anzahl der Postbriefkästen schließlich erhöhte sich – ebenfalls bei gleichen Betrachtungsdaten von 1407 auf 2802, bzw. 1003 auf 2160. Vergleichen wir diese Entwicklung im Reichsland mit der im Reich, so ergeben sich für den Betreuungsraum 1879 58,79 km^2, für die Zahl der zu betreuenden Einwohner 4855, Daten, die 1913 die Werte 13,4 km^2 und 1617 Einwohner aufweisen. Bilden wir, um einen standardisierten Vergleich ziehen zu können, für das Ergebnis des Jahres 1879 einen Index auf der Basis von 100, so ergibt sich für 1913 bei dem Betreuungsraum für Straßburg ein indizierter Wert von 20,5, für Metz ein Wert von 20,0 und das Reich insgesamt ein Wert von 22,8, bei der Einwohnerzahl gewinnen wir, in die gleiche Reihenfolge gesetzt, die Werte 23,7, 27,5 und 33,3.

Von den sechs Vergleichsdaten sind mit einer Ausnahme, der Einwohnerzahl pro Postanstalt im Straßburger Bezirk im Jahr 1879, die Daten für die elsaß-lothringischen Oberpostdirektionen günstiger als diejenigen, die für das Reich insgesamt ermittelt werden konnten. Hinsichtlich des Maßes der Verbesserungen im postalischen Leistungsangebot unter den betrachteten Parametern schneiden unsere beiden Bezirke im Vergleich zum Reich überall besser ab, wobei insbesondere die sehr verbesserte Relation der Einwohnerzahl pro Postanstalt im Bezirk Straßburg 1913 auffällt. Blieb die Entwicklung im Bezirk Metz unter diesem Aspekt gegenüber der im Elsaß zurück, so wies er dennoch von der absoluten Zahl her die günstigste Relation in diesem Vergleich auf. Was die Größe des Betreuungsraumes pro Postanstalt angeht, so erscheint ein Gleichklang in der regionalen wie der gesamtstaatlichen Entwicklung erkennbar. Nicht unberücksichtigt bleiben darf ferner die Tatsache, daß die relativ günstige Relation von Betreuungsraum und zu betreuender Kundschaft der Post in Elsaß-Lothringen im Lande selbst nach 1870 erreicht worden ist. So stellte sich die Situation im Jahr des Kriegsausbruchs mit 82,4 km² und 7058 Personen, die jeweils – statistisch gesehen – von einer Postanstalt versorgt werden mußten, gegenüber den Zahlen, die etwa das Jahr 1879 aufweist, wesentlich schlechter dar. Der Standard der Postversorgung im Reich unter diesem Blickwinkel wurde von Elsaß-Lothringen nicht nur etwa erreicht, sondern sogar übertroffen.

Noch unmittelbarer als das herkömmliche Postwesen auf die kommunikativen Bedürfnisse des Publikums ausgerichtet, stellen das Telegrafie- und Fernsprechwesen weitere, immer größere Bedeutung erlangende Zweige des Postbetriebs dar. Der Dienstbereich der Telegrafie, 1876 mit der Post vereinigt, erlebte so ebenfalls in Elsaß-Lothringen einen kräftigen Aufschwung. 1870, zur Zeit des französischen Kaiserreichs, gab es im Lande nur 42 Telegraphenanstalten, die vom Publikum genutzt werden konnten. Der deutsche Telegraphenbetrieb wurde am 20. April 1871 mit 25 Anstalten zunächst eröffnet. 1875 hatte sich diese Zahl auf 106 Anstalten, 1876, dem Jahr der Vereinigung von Post- und Telegraphendienst, schon auf 132 (94 im Bezirk Straßburg, 38 im Bezirk Metz) deutlich erhöht. Die Zahlen stiegen kontinuierlich und umfaßten 1913 im Elsaß 848 und in Lothringen 589 Telegraphenanstalten. Auch für diesen Zweig der Post stehen näher charakterisierende Vergleichsmöglichkeiten, wie für das Institut der Postanstalt, zur Verfügung, wobei die gleichen Relationsberechnungen verwendet werden sollen. Im Jahr 1879 entfielen 47,6 km² und 6043 Personen auf eine Reichstelegraphenanstalt im OPD-Bezirk Straßburg, für den Metzer OPD-Bezirk lauten diese Zahlen 70,7 km² und 5457 Personen. 1913 wiederum waren es 9,8 km² und 1435 Personen im Straßburger Bezirk, 10,6 km² und 1119 Personen in seinem Metzer Pendant. Werfen wir auch hier einen Blick auf die entsprechenden Daten des Reichs, so stellen wir fest, daß 1879 9297, 1913 dagegen schon 50013 Telegraphenanstalten bestanden. Das bedeutet wiederum 1879 4801 Einwohner pro Telegraphenanstalt und 58,1 km² Betreuungsgebiet, 1913 dann 1336 Einwohner und 10,8 km². Die Indices für 1913, wie für das allgemeine Postwesen konstruiert, lauten für die Zahl der Einwohner pro Telegraphenanstalt 23,75 (Straßburg), 20,50 (Metz) und 27,8 (Reich), für die Zahl der Quadratkilometer pro Telegraphenanstalt in der gleichen Reihenfolge 10,6, 15,0 und 18,6. Entwickelte sich der Umfang des zu betreuenden Publikums insgesamt auch unterschiedlich, blieben die jeweiligen Abweichungen jedoch geringer als im konventionellen Postwesen. Bei der Größe der Betreuungsräume läßt sich insbesondere feststellen, daß die ungünstige Relation im Bezirk Metz aus dem Jahr 1879 voll und ganz ausgeglichen worden ist, die Entwicklung des Straßburger Bezirks entsprach weitestgehend der im gesamten Reich.

Postamt Mülhausen (von 1880/81 bis 1900 gemietetes Gebäude, in dem das erste Fernsprechamt eingerichtet war), um 1885

Unter fast skurrilen, anekdotenhaften Begleitumständen nahm das Fernsprechwesen in Elsaß-Lothringen seinen Anfang. In Mülhausen, der oberelsässischen Industriemetropole des 19. Jahrhunderts mit ihrer innovatorischen Dynamik, regte sich frühzeitig das Interesse daran, die Möglichkeiten, die das Telefon gerade auch für den Geschäftsverkehr bieten mochte, möglichst rasch nutzen zu können. Das erste Fernsprechamt in Elsaß-Lothringen wurde hier am

Reichspostgebäude in Straßburg

Reichspostgebäude in Straßburg

24. Januar 1881 eröffnet. Nur wenige Tage zuvor, am 8. Januar, hatte man in Berlin als erster Stadt den Fernsprechverkehr mit acht Teilnehmern aufgenommen. Wies das Berliner Teilnehmerverzeichnis am 1. April 1881 48 Anschlüsse auf, so zählte die Postverwaltung in Mülhausen binnen kurzem schon 71 Teilnehmer. Nicht viel hatte im übrigen gefehlt, daß in Mülhausen das erste Fernsprechamt im Reich überhaupt eingerichtet worden wäre, hätte nicht der Staatssekretär im Reichs-Postamt Stephan dessen Fertigstellung hinausgezögert, um dem kaiserlich-hauptstädtischen Berlin und nicht einer weitgehend republikanisch eingestellten Industriestadt am südwestlichen Rand des Reichs einen solchen Rekord zuzuschanzen. »Dabei hatte sich«, wie O. Grosse berichtet, »die Einführung der Fernsprechleitungen in das Mülhauser Postamt aus eigenartigem Anlaß ohnehin verzögert. Der Hausbesitzer, ein Großindustrieller aus der bekannten Familie Schlumberger, wollte nämlich ›Pietätsgründe halber‹ die Aufstellung eines Abspanngestänges auf dem Dach nicht gestatten. Die Oberpostdirektion in Straßburg sah sich daher genötigt, einen Bezirksaufsichtsbeamten... nach Mülhausen zu entsenden, um Licht in diese nicht verständliche Weigerung zu bringen. Es ergab sich, daß Schlumbergers Vater ein großer Verehrer Napoleons I. gewesen war, und, als dieser 1821 auf St. Helena starb, eigens einen Architekten dorthin geschickt hatte, der Napoleons Wohnhaus Longwood genau aufnehmen und dann in Mülhausen auf Kosten des Auftraggebers nachbauen mußte. Deshalb wollte nun der Sohn an der äußeren Gestalt des Hauses nichts geändert sehen. Seinen Einspruch ließ er erst fallen, als der Bezirksaufsichtsbeamte ihm zusagte, daß der Fernsprechturm auf die Rückseite des Daches gesetzt werden sollte.«[9]

Richtete die Postverwaltung im nächsten Jahr in Straßburg, der elsaß-lothringischen Hauptstadt und Verwaltungszentrale, ein weiteres Fernsprechamt ein, waren es in diesen ersten Jahren des Fernsprechwesens bemerkenswerterweise vorwiegend industriell bestimmte Ortschaften im Oberelsaß, wie Gebweiler, Thann und Markirch (Ste. Marieaux-Mines), die einen Telefonanschluß suchten und fanden. Um die Jahrhundertwende folgte dann, nach diesen ersten zögernden Schritten, ein rasanter Ausbau des Fernsprechnetzes. Im OPD-Bezirk Straßburg bestanden 1894 erst sieben Orte mit Fernsprechanlagen, die Länge des gesamten Fernsprechnetzes betrug 1642 km, die Zahl der Fernsprechstellen 1155, die der Fernsprechteilnehmer 922. Die Zahlen für 1911 zeigen, wie vehement sich der Fernsprechverkehr im Lande durchgesetzt hatte und sich auf dem Wege befand, zum erstrangigen Kommunikationsmedium zu werden: 793 Orte mit Fernsprechanlagen, 60238 km Fernsprechleitungen, 13725 Fernsprechstellen, 9211 angeschlossene Fernsprechteilnehmer. Im Metzer Bezirk sind die Anfänge noch bescheidener als im Elsaß. 1894 treffen wir dort auf 2 Orte mit Fernsprechanlagen, 238 km Fernsprechleitungen, 142 Fernsprechstellen, 86 angeschlossene Teilnehmer. 1911 haben sich diese Daten auf 534 Orte, 24263 km Fernsprechleitungen, 5026 Fernsprechstellen und 3482 angeschlossene Teilnehmer erhöht. Suchten wir ein Moment des Vergleichs zur Entwicklung dieses postalischen Investitionsbereichs sowohl zwischen den beiden OPD-Bezirken als auch zum Reich, so erscheint die Relation zwischen Einwohnerzahl und Fernsprechstellen hinreichend signifikant, um auch hier betrachtet zu werden. Unter der Perspektive einer relativ gleichmäßigen postalischen Entwicklung innerhalb Elsaß-Lothringens und zwischen Elsaß-Lothringen und dem Reich, wie wir es bei den Post- und Telegraphenanstalten zu beobachten vermochten, ergibt sich im Bereich des Fernsprechwesens eine doch erstaunliche Inkongruenz. Während im Reich – statistisch gesehen – 1911 57 Personen auf eine Fernsprechstelle kommen, sind es im Bezirk Straßburg erst 89 und im Bezirk Metz gar 130.

Die Reichspost in Elsaß-Lothringen und ihre Kunden

Der Betrachtung der betrieblichen Ausstattung der Post in Elsaß-Lothringen von der Reichslandzeit bis zum Ausbruch des Ersten Weltkrieges soll ein eingehender Hinweis über die tatsächlichen betrieblichen Leistungen für das Publikum folgen. Mit Stolz weist die Reichspost in Elsaß-Lothringen darauf hin, daß den Bewohnern des Reichslandes gegenüber der Zeit vor 1870 eine erkleckliche Reihe von Erleichterungen bei der Benutzung des Postdienstes sowie dessen Erweiterungen unmittelbar zuteil geworden sind.

In erster Linie seien folgende Maßnahmen zu nennen, die an dieser Stelle aufgeführt werden sollen, weil sie den neuen, deutschen Postalltag aller Benutzer recht gut illustrieren: »1. Die Herabsetzung des Briefportos durch Ermässigung der Sätze, durch Erhöhung des einfachen Briefgewichts von 10 auf 15 Gramm und durch Beseitigung der Gewichtsstufen bis auf zwei (1. bis 15 Gramm, 2. über 15 bis 250 Gramm). 2. Die Erweiterung der ersten Gewichtsstufe für

Drucksachen – von 40 auf 50 Gramm und entsprechende Abänderungen der Progression. 3. Die Herabsetzung der Gebühren für die Übermittlung baarer Beträge und die Befugnis zur Benutzung des Abschnitts der Postanweisung (Mandat) zu schriftlichen Mittheilungen. Ein Mandat über 100 Franken kostete z. B. unter französischer Verwaltung 1 Franken Porto, während die deutsche Verwaltung hierfür nur 25 Centimes berechnete. 4. Der Wegfall des Zwanges, die kleinen Werthgegenstände (valeurs cotées) im Postbureau unter den Augen des Postvorstehers zu verpacken. 5. Die Beseitigung der Werthgrenzen für Geldbriefe (unter französischer Verwaltung für jeden Brief höchstens 2000 Franken) und Werthpackete (für valeurs cotées mindestens 30 Franken und höchstens 1000 Franken). 6. Die wesentliche Beschränkung des Postzwanges, insbesondere der Wegfall des Postzwanges für unverschlossene Briefe bzw. schriftliche Mittheilungen und für Geschäftsanzeigen u. dgl. 7. Die Einführung von Porto-Befreiungen und Vergünstigungen für die Militärpersonen. 8. Der Wegfall der französischen Bestimmung, dass die Briefträger nur dann Treppen zu steigen, sich also nur dann nach der Wohnung der Empfänger zu begeben brauchten, wenn es sich um die Bestellung von Einschreibsendungen handelte, während im übrigen die Abgabe der Briefe an den Concierge u.s.w. erfolgte. 9. Die Einführung der Eilbestellung im Orte und nach dem Landbezirke der Postanstalten. 10. Die Einführung der Bücherbestellzettel und die Zulassung von Drucksachen zur Versendung als ausserordentliche Zeitungsbeilagen.«[10]

Eine Ausweitung des Postdienstes betraf auch den Paketverkehr, die Einführung von Postkarten, Nachnahmesendungen und schließlich seit 1909 den Postscheckdienst. Ebenso erweiterte die Oberpostdirektion den Bahnpostbetrieb und den Zustelldienst. Im übrigen, so kann zusammenfassend gesagt werden, galt der gesetzliche Rahmen, aus dem die Reichspost ihre Rechte und Pflichten ableitete.

Entsprechend dem gleichermaßen umfangreichen wie diversifizierten Leistungsangebot der Post besitzt die Poststatistik dieser Jahre eine Vielzahl von Zeit- und Vergleichsreihen, aus denen sich ihr Dienstleistungsaufkommen ableiten läßt. Haben wir den Ausbau von Post- und Telegraphenanstalten verfolgt, gesehen, wie das Fernsprechnetz gewachsen ist, so können auch hier zunehmende Volumina in allen Sektoren nicht vewundern, auf die jedoch an dieser Stelle nicht mehr näher eingegangen werden soll.

Ein anderer Aspekt in unserer Betrachtung scheint dagegen es wert zu sein, ihn genauer darzustellen: So sehr die Reichspost auch unverkennbar in quantitativem und qualitativem Sinn ihr Dienstleistungsangebot in Elsaß-Lothringen kontinuierlich erweitert und weitgehend dem im Reich gegebenen Stand angeglichen und gehalten hat – das Fernsprechwesen macht allerdings eine unübersehbare Ausnahme –, so muß doch auch konstatiert werden, daß die – pro Kopf gemessene – Nachfrage nach postalischen Dienstleistungen in Elsaß-Lothringen gegenüber der im Reich zumeist zurückblieb. Eine Momentaufnahme für das Jahr 1911, die gleichwohl für diese späteren Jahre nicht unrepräsentativ ist, zeigt so folgende, tabellarisch zusammengestellte Werte, bezogen auf eine Person.

1911	eingegangene Briefsendungen	eingegangene Zeitungsnummern	eingegangene Postanweisungen	ausgegangene Postanweisungen
Straßburg	80,85	29,37	2,27/120,42	2,47/129,35
Metz	79,49	35,10	2,78/143,01	2,13/108,52
Reich	91,71	34,20	2,80/142,30	2,80/141,60

	eingegangene Pakete ohne Wertpakete	eingegangene Nachnahmen	eingegangene Telegramme	ausgegangene Telegramme
Straßburg	3,71	1,10	0,64	0,61
Metz	4,68	1,39	0,55	0,61
Reich	4,15	19,16	0,76	0,76

	Zahl der vermittelten Telefongespräche
Straßburg	16,13
Metz	7,48
Reich	31,70

In unserem Zusammenhang muß allein ein kurzer Blick auf die finanziellen Betriebsergebnisse in den beiden OPD-Bezirken genügen. Bemerkenswert erscheint dabei, wie diese Ergebnisse ausfielen; im Elsaß, wie im Reich insgesamt, zeigen sie einen kontinuierlich wachsenden Einnahmeüberschuß, in Lothringen dagegen weisen die Betriebssalden von 1894 bis 1910 ein ständig wachsendes betriebliches Defizit bis zu einem Fünftel der Einnahmen auf.

Schließlich noch ein Aspekt, der bei der Betrachtung des elsaß-lothringischen Teils der Reichspost Aufmerksamkeit verdient. In den siebziger und achtziger Jahren stellten die

Oberpostdirektionen in Straßburg und Metz statistisches Material über die landsmannschaftliche Herkunft ihrer Beamtenschaft zusammen. Dabei ergab sich, daß im Elsaß 1871 unter den höheren Beamten nur 15 Prozent, unter den Beamten mittlerer und unterer Dienstränge 86 Prozent Elsässer und Lothringer Dienst taten. In Lothringen waren es sogar zu diesem Zeitpunkt nur 6 bzw. 67 Prozent. Im Jahr 1889 hatten sich die Anteilsgewichtungen durchaus verschoben. Im Elsaß waren nunmehr im höheren Dienst 42 Prozent und 88 Prozent in den mittleren und unteren Rängen, in Lothringen immerhin 33 Prozent bzw. 76 Prozent Einheimische. Weitere Zahlen, etwa für 1913, liegen nicht vor.[11]

Zusammenfassender Rückblick: Ein nostalgisches Resümee

Die Erinnerung an diese politisch-administrative Konstruktion unter dem Namen »Elsaß-Lothringen« ist weitgehend verblaßt. Im französischen Bewußtsein stellt Elsaß-Lothringen eine ungerechtfertigte Abtrennung eigenen Territoriums dar, eine schmerzliche Trennung des gemeinsamen Lebensweges der Elsässer und Lothringer von dem der übrigen Franzosen, die aber endlich, nach 48 Jahren, siegreich und glücklich überwunden werden konnte. Die (west-) deutsche Bewußtseinslage zu diesem historischen Komplex verbindet sich zumeist mit den kritischen Einlassungen, die gegenüber dem Zweiten Kaiserreich überhaupt gemacht worden sind. Elsaß-Lothringen stellt darin zumindest einen innenpolitischen Krisenherd und einen außenpolitischen Stolperstein dar. Der Entscheidung des Jahres 1918 wird mit keiner Träne nachgeweint. Es ist ein Ausdruck von flüchtiger Episode, der Elsaß-Lothringen dadurch in deutschem und französischem Verständnis über diese Zeit gleichermaßen anhaftet.

Nichtsdestoweniger haben nicht zuletzt auch die pompösen Baulichkeiten der Reichspost im Lande, gleich vieler Einrichtungen der Reichseisenbahn, die Jahre überdauert, zuweilen sogar ihre ursprünglichen Funktionen beibehalten. Es ist gewiß nicht richtig, den historisierenden Stil dieser Zweckbauten maliziös zu kritisieren, in ihm den bewußten Willen zu einer Herrschaftsarchitektur provinziellen Zuschnitts erkennen zu wollen.[12] Er entspringt einem Zeitgeist, der ganz fern von engeren politischen Demonstrationen – im einzelnen geglückt oder nicht, ist eine andere Frage – politisches und Kraftfülle ästhetisierendes Lebensgefühl aus einer spannungsgeladenen, gleichwohl selbstbewußten und optimistisch aufschäumenden Zukunftserwartung entstehen läßt. Das ist in Deutschland nicht anders als in Frankreich.

Dieser Abriß stellt weder inhaltlich noch methodisch eine – kurzgefaßte – Postgeschichte von oder in Elsaß-Lothringen dar. Die Fragen nach den Wirkungen verschiedener Einflüsse, etwa nach den Persönlichkeiten in der Leitung der beiden Oberpostdirektionen, ihrer politischen und funktionalen Verantwortung, dem Willensbildungsprozeß auf der allgemeinen politischen und administrierenden Ebene, nach wie auch immer gearteten Konflikten bleiben ebenso ausgeklammert wie die Fragen nach dem betriebswirtschaftlichen Management oder den exogenen Einflüssen aus dem ökonomisch-konjunkturellen Bereich auf die Maßnahmen der Postverwaltung im Lande. Ein zu großes Defizit für diesen Aufsatz? Fragmentarisch, dabei doch aber die betriebliche Komponente postalischer Entwicklung im Auge haltend, bildet er möglicherweise einen neuen Ausgangspunkt für eine solche – dann eher befriedigende – Geschichte der Post Elsaß-Lothringens. Er gibt aber doch – und das war mit ihm intendiert – Fingerzeige, um auf die Frage nach der Integration der Post in Elsaß-Lothringen in die des gesamten Reiches bzw. der gesamten Reichspost einzugehen.

Juristisch gesehen besteht eine völlige Integration. Die Reichspost amtete seit 1872 in Ars an der Mosel auf der gleichen Grundlage wie in Memel. Technisch gesehen, was das allgemeine Leistungsangebot angeht, sind ebenfalls erhebliche Anstrengungen unternommen worden, um zwischen Reich und Reichsland keine grundsätzlichen Unterschiede, wie sie 1870 bestanden haben, weiter wirken zu lassen. Wir haben gesehen, daß diese Absicht nicht in jeder Weise nahtlos erfüllt worden ist, aber hierbei sind sich wohl vorgegebenes Programm und bestehende Kapazitäten, dieses zu erfüllen, zuweilen im Weg gewesen, gab es nicht immer einen synchronen Entwicklungsweg bei einer so komplexen Aufgabe, wie sie sich der Post in Elsaß-Lothringen permanent stellte.

Schwierigkeiten, im Lande selbst Fuß zu fassen, Vertrauen bei der Bevölkerung zu gewinnen, also eine interne Integration zu erreichen, wird es aber wohl gegeben haben, wie es z. B. eben die landsmannschaftliche Zusammensetzung der Beamtenschaft zeigt. Dennoch hatte es die Reichspost in Elsaß-Lothringen um ein vieles leichter als der Oberpräsident, die ihm nachfolgenden kaiserlichen Statthalter und ihre Regierungen als die eigentlichen Repräsentanten einer neuen, ungewohnten, bei vielen Elsässern und Lothringern, zumindest anfänglich, auf Irritation, Skepsis oder klare Ablehnung stoßende politische Ordnung. Die Post, ebenfalls ein Hoheitsträger kaiserlich-deutscher Autorität, stieß, aus einer monopolistischen Position vorgetragen, mit ihren Dienstleistungsangeboten auf eine immer umfangreicher werdende, gleichzeitig aber, wie woanders auch, äußerst unelastische Nachfrage des Publikums. Es gab, wie könnte es anders sein, auch in Elsaß-Lothringen Stimmen der Kritik an der Post, Forderungen, spezifische Wünsche besser zu berücksichtigen. Daß die Reichspost in Elsaß-Lothringen versagt hat, kann ihr aber niemand nachsagen.

Anmerkungen

1 Die historiographisch-politische Literatur zu Elsaß und Lothringen, damit auch zu Elsaß-Lothringen, ist durchaus umfangreich. Eine auch nur annähernd erschöpfende Bibliographie kann an dieser Stelle nicht gegeben werden. Vgl. jedoch Martin Spahn. Elsaß-Lothringen, Berlin 1919, Rudolf Wackernagel. Geschichte des Elsaß, Basel 1919, Karl Stählin. Geschichte Elsaß-Lothringens, München u. Berlin 1920 (umfaßt entgegen des Titels auch die mittelalterliche Geschichte beider Regionen), Fernand L'Huillier. Histoire de l'Alsace (Que sais-je? Bd. 255), Paris 1974[4], Philippe Dollinger (Hg.). Histoire de l'Alsace, Toulouse 1970, ders. (Hg.), Documents de l'Histoire de l'Alsace, Toulouse 1972, Lucien Sittler. L'Alsace, terre d'histoire, Colmar 1972, Paul Schall. Geschichte des Elsaß in Kurzfassung, Frankfurt a.M. 1978, François G. Dreyfus. Histoire de l'Alsace, Paris 1979, François Reitel. La Lorraine (Que sais-je? Bd. 2033), Paris 1982, Michel Parisse (Hg.). Lothringen – Geschichte eines Grenzlandes, Saarbrücken 1984.

2 Gleiches gilt für diejenige Literatur, die sich unmittelbar mit der Periode der Reichslandzeit beschäftigt. Es versteht sich von selbst, daß zur Beschäftigung mit der Reichslandzeit auch die unter Anm. 1 genannte Literatur zu Rate zu ziehen sein wird. Fritz Bronner. Die Verfassungsbestrebungen des Landesausschusses für Elsaß-Lothringen (1875–1911), Heidelberg 1926, Max Schlenker (Hg. im Auftrag des Wissenschaftlichen Instituts der Elsass-Lothringer im Reich an der Universität Frankfurt am Main). Die wirtschaftliche Entwicklung Elsass-Lothringens 1871–1918 (Das Reichsland Elsass-Lothringen [1871–1918] Bd. I), Frankfurt am Main 1931, Georg Wolfram (Hg. im Auftrag des Wissenschaftlichen Instituts...). Wissenschaft, Kunst und Literatur in Elsass-Lothringen 1871–1918 (Das Reichsland Elsass-Lothringen 1871–1918 Bd. III), Frankfurt am Main 1934, ders. (Hg. im Auftrag des Wissenschaftlichen Instituts...). Verfassung und Verwaltung von Elsass-Lothringen 1871–1918 (Das Reichsland Elsass-Lothringen 1871–1918 Bd. II, 2 Teile), Berlin 1936–37, Joseph Rossé u.a. (Hg.) Das Elsass von 1870–1932, 4 Bde., Colmar 1936.

3 Es gibt keine wissenschaftlich fundierte Postgeschichte Elsaß-Lothringens. Dennoch finden wir einige mehr oder weniger deskriptive Darstellungen zur Organisation und zum Betrieb der Post und ihrer Dienste. Für die vorliegende Arbeit wurden folgende Texte durchgesehen und verwandt: o.V. Die Organisation des Deutschen Postwesens im Elsaß (Actenstücke und Aufsätze), in: Deutsches Postarchiv. Beiheft zum Amtsblatt der Deutschen Reichs-Postverwaltung, Nr. 3, Berlin 1873, S. 57–71, o.V. Die Entwicklung des Post- und Telegraphenwesens in Elsass-Lothringen seit 1870 (Actenstücke und Aufsätze), in: Archiv für Post und Telegraphie. Beiheft zum Amtsblatt des Reichs-Postamts, Nr. 22, Berlin 1880, S. 673–681, o.V. Die Post und Telegraphie in Elsaß-Lothringen 1870–1890, Berlin 1890, May. Entwickelung des Post- und Telegraphenwesens in Elsass-Lothringen von 1872–1896, in: Das Reichsland Elsass-Lothringen (1. Theil – Allgemeine Landesbeschreibung), hg. v. Statistisches Bureau des Ministeriums für Elsass-Lothringen, Straßburg 1898–1901, S. 147–155, Robert Zech. Die Entwicklung des Post-, Telegraphen- und Fernsprechwesens in Elsaß-Lothringen 1871–1918, in: Max Schlenker (Hg.). Die wirtschaftliche Entwicklung Elsass-Lothringens (vgl. Anm. 2), S. 545–580, O. Grosse. Reichspost und Elsaß im Zweiten Reich, in: Deutsche Postgeschichte 1941/2, Leipzig 1943, S. 100–131, Postes et Télécommunications (Stichwort), in: Encyclopédie de l'Alsace, Bd. 10, Straßburg 1985, S. 6112–6125.
Zum zeitgenössischen Postwesen vgl. u.a. Bitter (Hg.). Handwörterbuch der Preussischen Verwaltung, 2. Bd., Leipzig 1906, S. 242ff, Ludwig Elster u.a. (Hg.). Handwörterbuch der Staatswissenschaft, 6. Bd. Jena 1925, S. 894ff, Wilhelm Küsgen u.a. (Hg.). Handwörterbuch des Postwesens, Berlin 1927. Den modernen Forschungsstand faßt zusammen Rudolf Morsey. Die Erfüllung von Aufgaben des Norddeutschen Bundes und des Reiches durch die Behörden des Bundes und des Reiches, in: Kurt G.A. Jeserich, Hans Pohl, Georg-Christoph von Unruh (Hg.), Deutsche Verwaltungsgeschichte. Bd. 3, Das Deutsche Reich bis zum Ende der Monarchie, Stuttgart 1984, S. 138–186, hier: S. 152

4 May. Entwicklung des Post- und Telegraphenwesens (vgl. Anm. 3), S. 147.

5 ebenda.

6 vgl. dazu: Gesetzblatt für Elsaß-Lothringen, Jahrg. 1871, Nr. 21, S. 347–364.

7 Robert Zech. Die Entwicklung des Post-, Telegraphen- und Fernsprechwesens (vgl. Anm. 3), S. 552.

8 vgl. Robert Zech, S. 546ff und May. Entwicklung des Post- und Telegraphenwesens, S. 149ff, sowie die tabellarische Statistik »Post-, Telegraphen- und Fernsprechverkehr im vormaligen Reichsland Elsaß-Lothringen (Oberpostdirektionsbezirke Straßburg und Metz) von 1879–1913« im Anhang des Bd. I (Reichsland Elsass-Lothringen 1871–1918) hg. v. Max Schlenker (vgl. Anm. 2). Weitere statistische Daten wurden erhoben aus »Statistisches Jahrbuch für Elsass-Lothringen«, 7. Jahrg., 1913/14, hg. v. Statistischen Landesamt für Elsaß-Lothringen, Straßburg 1914, S. 137–140, sowie ferner aus dem »Statistisches Jahrbuch für das Deutsche Reich«, hg. v. Kaiserlichen Statistischen Amt, 4. Jahrg. Berlin 1883, S. 103–106 und 36. Jahrg., Berlin 1915.

9 O. Grosse. Reichspost und Elsaß im Zweiten Reich (vgl. Anm. 3), S. 110.

10 May. Entwicklung des Post- und Telegraphenwesens, S. 148f.

11 Robert Zech. Die Entwicklung des Post-, Telegraphen- und Fernsprechwesens (vgl. Anm. 3), S. 556.

12 vgl. dazu u.a. den Artikel Postes et Télécommunications in der Encyclopédie de l'Alsace (vgl. Anm. 3), S. 6122. Mit einigermaßen spottender Darstellung wird dort festgestellt: »L'Administration allemande entama aussi une campagne de construction des bureaux de poste dans un style souvent étonnant. Ainsi, à Strasbourg, l'architecte chargé du projet, s'inspira-t-il d'un couvent suédois du XIIe siècle.«

Amtsschild der Reichs-Post- und Telegraphenverwaltung, um 1900

Die Post im Kaiserreich Heinrich (von) Stephan und seine Nachfolger[1]

Martin Vogt

Einleitung

»Das Geniale von gestern ist das Banale von heute.«[2] Mit dieser Aussage beginnt und charakterisiert Theodor Heuss in seiner biographischen Skizze das Gesamtwerk Heinrich Stephans. »Genial« vermag es zu erscheinen, weil Stephans Ansichten und Vorstellungen im Augenblick ihrer Äußerungen für das Postwesen den Weg zu zum Teil grundlegenden Neuerungen im Sinn struktureller Modernisierung bedeuteten; »banal« konnten Stephans Anregungen und ihre Konsequenzen wirken, weil sie in kurzer Zeit so selbstverständlich erschienen, daß zu fragen war, weshalb sie nicht viel früher vorgetragen und verwirklicht wurden. Dabei ging es Heuss in seiner Würdigung gar nicht einmal so sehr darum, alle Aktionen im Bereich der Post Stephan zuzuschreiben[3], sondern um dessen Fähigkeit, ihre Notwendigkeiten und Nutzen verständlich zu machen.[4]

Dieser unverhohlenen Hochachtung steht die drastische zeitgenössische Kritik des Postdirektors Eduard Hildebrandt gegenüber, der gelegentlich in Stephans Nähe gearbeitet hat und ihm vorwarf, früh erworbenes Ansehen geschickt kultiviert und verwaltet zu haben, so daß es noch galt, als die eigentliche Leistung auf Durchschnittsniveau abgesunken war. Stephan habe seinen Ruf noch zu Lebzeiten verbraucht; nach seinem prachtvollen Staatsbegräbnis »wurde er im öffentlichen Urteil nur selten erwähnt und heute (1908) ist im öffentlichen Urteil von ihm kaum die Rede. Er hatte seinen weit zurückliegenden wohlerworbenen Ruhm nicht ... durch neue Taten befestigt, sondern ihn in der Hauptsache bei Lebzeiten verbraucht. Sein fieberhaftes Trachten nach dem Ruhm eines großen Mannes hatte ihn verhindert, ein solcher zu werden. So endete ein bedeutender und im Grunde liebenswerter Mensch durch übergroße, ihn von seiner Aufgabe ablenkenden Eigenliebe ... Nicht leicht wird ein Nachfolger Stephans sich so großer Eigenschaften rühmen dürfen, wohl aber seine Fehler vermeiden können.«[5]

Derartige rückschauende Bewunderung und zeitgenössische Kritik lassen es angebracht erscheinen, die Entwicklung des Postwesens orientiert an der Biographie Stephans knapp zu betrachten und zu sehen, was daraus unter seinen Nachfolgern geworden ist.[6]

Die deutschen Postverhältnisse bis zur Ernennung Stephans zum Generalpostdirektor

Zu den charakteristischen Eigentümlichkeiten des Deutschen Bundes gehört die Zerrissenheit des Postwesens, die auch dann noch fortbestand, als durch den Zollverein seit 1834 langsam eine zumindest wirtschaftliche Einheit entstand.[7] In dieser Phase der sich durchsetzenden Industrialisierung stellten vielfache Grenzen Hindernisse für die Kommunikation dar, die die Wirtschaft und auch die persönliche Bewegungsfreiheit beeinträchtigten. Der beginnende Bau von Eisenbahnen trug dazu bei, daß Güter schneller befördert werden konnten. Sofern die Post mit der Bahn weitertransportiert wurde[8], gab es hierfür Erleichterungen, die jedoch wieder nur den einzelnen Landespostverwaltungen zustanden – eine Situation, die besonders für die Thurn und Taxis-Post prekär wurde.

Die ökonomische Entwicklung duldete jedoch auf diesem Sektor keinen Aufschub: »Für die Konkurrenzfähigkeit der Industrie wurde nicht nur die Qualität des Produktes entscheidend, sondern auch die Schnelligkeit und Effizienz der Informations- und Kommunikationsströme. Im enger werdenden Netz von Binnen- und Auslandsmärkten wurden die Verbindungen der Post unverzichtbar.«[9] Mochten auch ähnliche Anschauungen u.a. von Friedrich List vorgetragen worden sein, so scheiterten sie aber zunächst an der verbreiteten fiskalischen Haltung der einzelstaatlichen Regierungen, die die Post vor allem unter dem Blickpunkt einer zusätzlichen Einnahmequelle für die Staatsfinanzierung betrachteten.[10] Gerade hierin drückte sich auch die Eigenstaatlichkeit der Länder aus und stellte zugleich in den Gebieten, in denen es Thurn und Taxis gelungen war, den Postbetrieb nach 1815 wieder zu lenken[11], die Verbindung zur historischen Tradition her. Dabei hatte auch hier bereits überwiegend eine Wandlung stattgefunden, weil die Einzelstaaten mehrheitlich über das Postregal verfügten, das sie der Taxis-Post gegen eine jährliche Abgabe als Lehen überließen.

Die Bestrebungen zur Überwindung der Postvielfalt schienen noch vor der Revolution von 1848 durch Verhandlungen, die 1847 stattgefunden hatten, vorangekommen zu sein. Doch die Reaktion auf die bürgerliche deutsche Revolution verhinderte die Aufhebung der Postgrenzen. So wie der Deutsche Bund fortbestand, blieben auch die einzelstaatlichen Postverwaltungen bestehen. Immerhin gab es insofern einen Fortschritt, als 1850 der Deutsch-Österreichische Postverein gebildet wurde, dessen siebzehn Mitgliedsstaaten untereinander einheitliche Tarifregelungen anstrebten.[12] Bei aller Gegenseitigkeit traten sie jedoch gegenüber anderen Staaten nicht als Einheit auf, sondern regelten die postalischen Probleme durch bilaterale Verträge. Eine erste gewaltsame Veränderung trat durch den deutsch-dänischen Krieg von 1864 ein, nach dessen Beendigung die Post in den beiden Herzogtümern Schleswig und Holstein sowie in Lauenburg bis 1866 zu einer Oberpostdirektion zusammengefaßt wurde, die nach dem preußisch-österreichischen Krieg von 1866 in das preußische Postwesen überging.[13] Dieser zweite der »Einigungskriege« brachte auch das Ende der Taxis-Post.[14]

Nach der Besetzung Frankfurts durch preußische Truppen im Juni 1866 erschien in der dortigen Zentrale der Postverwaltung des Hauses Thurn und Taxis ein relativ junger Beamter der preußischen Postverwaltung und erreichte durch sein geschicktes diplomatisches Auftreten, daß innerhalb kurzer Zeit diese Post unter preußischer Aufsicht ihre Arbeit wieder aufnahm. Der Postfluß von Frankfurt aus war trotz der kriegerischen Ereignisse nur für kurze Zeit unterbrochen, und die gerade in wirtschaftlicher Hinsicht wesentliche Verbindung nach Süd- und Westeuropa erfuhr keine längere Störung. Außerdem erreichte dieser Beamte in zäher Verhandlungsführung, daß die Mehrheit der Beamten der untergehenden Taxis-Post, soweit sie in Nord- und Mitteldeutschland tätig waren, nun in den preußischen Postdienst übernommen wurden. Daraufhin konnten die Ansprüche von Thurn und Taxis mit einer Abfindung von 3 Millionen anstelle der geforderten 10 Millionen Taler abgegolten werden.

Der Beamte mit dem Namen Heinrich Stephan hatte damit sein Programm eingehalten, das er dem Residenten der Thurn und Taxis in Frankfurt genannt hatte: »Einem jeden von uns erwächst die Pflicht, die Interessen, die wir vertreten, so zu wahren, wie es der Augenblick erfordert. Als Angehöriger eines Verkehrsinstituts, das dem allgemeinen Wohl dient, bin ich Handlungen abhold, bei denen die Gewalt zum Ziel führen soll. Deshalb möchte ich auch in dieser Stunde, wo ich namens der preußischen Regierung hier stehe, um die Leitung der fürstlichen Generaldirektion zu übernehmen, von der Gepflogenheit nicht abweichen, die meiner hohen Achtung vor Ihrer Person und der von Ihnen geleiteten ehrwürdigen Verkehrsanstalt entspringt. Und so hoffe ich, daß es uns gelingen werde, für das, was jetzt zu geschehen hat, eine Formel zu finden, die uns nicht nur die Gefühle gegenseitiger Achtung erhält, sondern auch keine Bitterkeit darüber aufkommen läßt, wie sich der nun einmal unvermeidliche Übergang vollziehen wird.«[15] Generalpostdirektor von Schele hatte entgegnet: »Die von Ihnen gewählte Art des Vorgehens, die mit unseren Vorstellungen vom ›preußischen Regiment‹ allerdings nichts gemein hat, macht es mir unerwartet leicht, aus der Lage, in der ich mich befinde, die Folgen zu ziehen.« In einem Abschiedserlaß an seine bisherigen Postbediensteten drückte Fürst Maximilian von Thurn und Taxis die Hoffnung aus, daß »die einheitliche Leitung des Postverkehrs im größeren Teile des deutschen Vaterlandes allen seinen Bürgern zum größeren Vorteil und Gedeihen gereichen« solle.[16]

Mit seiner geschickten Handlungsweise hatte Stephan die Erwartungen erfüllt, die der preußische Handelsminister Graf Itzenplitz in ihn gesetzt hatte; obgleich er ohne nähere Weisung durch den preußischen Generalpostdirektor von Philipsborn hatte handeln müssen. In weitgehend eigener Verantwortung hat Stephan in der Folge auch mit den thüringischen Staaten verhandelt, die ebenfalls in die Post- und Telegraphenverwaltung Preußens eintraten. Schwierigkeiten, die mit dem Großherzogtum Hessen-Darmstadt bestanden, dessen Regierung trotz anderslautender Bedingungen des Friedensvertrags mit Preußen bemüht war, eine eigene Posthoheit zu erhalten, überwand Stephan ebenfalls. Er sicherte damit der preußischen Post die Kontrolle der zentralen Postämter in Darmstadt, Mainz und Worms, die den Weg über Süddeutschland in die Schweiz und nach Italien öffneten und eine der wichtigsten Einnahmequellen der Taxis-Post gewesen waren.

Stephan, der durch sein Vorgehen wesentlich zur Verbreiterung der preußischen Postverwaltung beigetragen hatte, beteiligte sich nach seiner Rückkehr nach Berlin auch an dem Gesetzgebungswerk, durch das 1867 die Grundlagen für die Norddeutsche Bundespost und – in deren Weiterbildung – für die Deutsche Reichspost entstanden sind. Seit dem 1. Januar 1868 bildete Preußen mit Sachsen, Braunschweig und den drei Hansestädten die Norddeutsche Bundespost, die auf Stephans Betreiben in kurzer Zeit mit Baden, Bayern und Württemberg sowie mit der aus Deutschland herausgedrängten Habsburger Monarchie Verträge über einheitliche Tarife abschloß.

»Der Generalpostdirektion des Norddeutschen Bundes unterstanden am 1. Januar 1868 35 Oberpostdirektionen, das Postzeitungskomtoir ..., das Postmontierungsdepot ..., außerdem waren ihm die nur übergangsweise eingerichteten hanseatischen Oberpostämter ... unterstellt. Zur postalischen Versorgung des 424069 qkm großen und rd. 30,5 Millionen Einwohner zählenden Bundesgebietes gab es 4340 Postanstalten (Postämter ... Postverwaltungen, Postexpeditionen, Postagenturen, Eisenbahn-Postämter).«[17] Das bedeutet, daß die Zahl der bisher 26 preußischen Oberpostdirektionen deutlich vergrößert worden war. Im einzelnen handelte es sich um die Bezirke: Aachen, Arnsberg, Berlin, Braunschweig, Breslau, Bromberg, Danzig, Darmstadt, Düsseldorf, Erfurt, Frankfurt am Main, Frankfurt an der Oder, Gumbinnen, Halle, Hannover, Kassel, Kiel, Koblenz, Köln, Königsberg, Köslin, Leipzig, Liegnitz, Magdeburg, Marienwerder, Minden, Münster, Oldenburg, Oppeln, Posen, Potsdam, Schwerin, Stettin, Stralsund und Trier. Die Direktionen in den Hansestädten unterstanden direkt dem Berliner Generalpostamt.

In der nächsten Zukunft kam es zu einer weiteren Vergrößerung des Postgebietes, als Elsaß-Lothringen hinzutrat[18], gefolgt von der Badischen Post. Aus strukturellen Gründen, d.h. um eine gewisse Überschaubarkeit zu gewährleisten, bemühte sich die Postleitung um einige regionale Veränderungen. Die bisherige OPD Konstanz wurde zu Jahresbeginn mit den Hohenzollernschen Landen verbunden. Teile der hannoverschen Direktion kamen an Oldenburg und Braunschweig. In Sachsen entstand aus einem Teil der Leipziger Direktion der Bezirk der OPD Dresden. Gerade in den nichtpreußischen Gebieten mußte mit äußerster Behutsamkeit vorgegangen werden, um die Ressentiments gegen die preußische Vorherrschaft nicht zu verstärken. Diese Vorsicht war sicher auch in »neupreußischen« Gebietsteilen angebracht, die durch die gewaltsame Expansion des Jahres 1866 erst zum Territorium des Königsreichs gekommen waren.

So ist auch zu erklären, daß in unmittelbarer Nachbarschaft Frankfurt am Main und Darmstadt eigene OPD-Bezirke gebildet haben. Aber selbst in Preußen hat die Postleitung in den traditionellen Landesteilen nur geringe Umformungen vorgenommen, als sie zwischen 1868 und 1872 lediglich die Direktionen in Stralsund, Minden, Bromberg, Aachen und Marienwerder aufgehoben hat.[19]

Die Dreistufigkeit des Postwesens mit Leitung in Berlin, Bezirksverwaltungen, d.h. den Oberpostdirektionen, als Mittelbehörden, und lokalen Dienststellen als unterer Instanz blieb erhalten und hat dann auch Eingang in die Deutsche Reichspost gefunden.[20] Entgegen den Bestrebungen, bereits die Vereinigung der Post- und der Telegraphenverwaltung vorzunehmen, unterblieb die Zusammenarbeit zunächst noch, wobei sicherlich der durch das Militär bestimmte Charakter und seine entsprechende Nutzung von Bedeutung gewesen ist. Immerhin kam es jedoch zu Vereinbarungen über eine engere Zusammenarbeit und die Ausbildung von Postbeamten in der Telegraphie.[21] Die unterschiedlichen Formen der Eisenbahnverwaltungen[22] machten jeweils eigene Vereinbarungen über die Nutzung der Bahnen durch die Post erforderlich, die aber insgesamt Vergünstigungen für den Transport von Postgut oder auch seine Freiheit von Gebühren erreichten.[23]

Das Engagement Stephans bei der Neuordnung sowie seine Pflege postalischer Kontakte zum Ausland fanden weithin Anerkennung, die in der von ihm angenommenen Einladung gipfelte, an der Eröffnung des Suezkanals teilzunehmen. Generalpostdirektor von Philipsborn stand zu diesem Zeitpunkt an der Spitze einer Verwaltung, die – wie es in der Rückschau scheint – vor allem von der Aktivität Stephans bewegt wurde. Das Verhältnis zwischen dem Generalpostdirektor und dem Oberpostrat, das ehemals gut gewesen war, hatte inzwischen einen Tiefpunkt erreicht.[24] Als Handelsminister Itzenplitz nicht mehr für das Postwesen zuständig war, da es ab 1867 eine eigene Abteilung im Bundeskanzleramt des Norddeutschen Bundes bildete[25], kam es zu einem Eklat. Bei einem Besuch Bundeskanzler Bismarcks im Generalpostamt versuchte Philipsborn, eine Vorstellung Stephans zu verhindern. Der Kanzler, der den

Ehrenbürgerbrief seiner Geburtsstadt Stolp für Stephan, 1894

Oberpostrat zumindest aus einer Sitzung des preußischen Staatsministeriums über die Entschädigung der Thurn und Taxis kannte, sprach ihm jedoch seine ausdrückliche Anerkennung für das umsichtige und politisch geschickte Vorgehen und das menschliche Handeln aus. Philipsborn erkannte wohl bald, daß seine Zeit vorüber war und trat Anfang Mai 1870 in den Ruhestand.[26]

Wenige Tage zuvor hatte Bismarck dem preußischen König den neuen Leiter der Postverwaltung vorgeschlagen: »Der im Dienstalter fünfte vortragende Rat, Geheimer Oberpostrat Stephan, vereinigt die für die Stelle des Generalpostdirektors erforderlichen Eigenschaften in solchem Grade, daß ich ihn mit Vertrauen in Vorschlag bringen kann.«[27] Daran schließt sich ein Überblick über die Karriere Stephans an, wobei trotz des nüchternen, amtlichen Tones die Schnelligkeit des Aufstiegs und die Leistungen unüberhörbar sind. Der Immediat-Bericht schließt: »Mit einer nicht gewöhnlichen allgemeinen Bildung, welche er sich während seiner Laufbahn im Postdienste selbst angeeignet hat, und mit einer vollständigen Kenntnis der einzelnen Zweige der Postverwaltung verbindet er diejenige geistige Frische, welche für den Leiter einer mitten in der Entwicklung des Verkehrslebens stehenden Verwaltung unentbehrlich ist, und diejenige persönliche Gewandtheit, deren der General-Postdirektor des Bundes für die Beziehungen zu den Behörden der einzelnen Bundesstaaten bedarf.«

Stephans frühe Karriere

Stephans beruflicher Aufstieg scheint sich ohne Mühen vollzogen zu haben, er war jedoch mit harter Arbeit und großer Selbstdisziplin verbunden sowie mit familiären Belastungen, auf die hier nicht näher eingegangen werden kann.[28]

1831 im hinterpommerschen Stolp als Sohn eines bescheidenen Handwerkers, der später Ratsherr seiner Stadt wurde, geboren, erhielt Stephan die Möglichkeit zum Besuch einer örtlich angesehenen Bürgerschule, die allerdings nicht zur Universitätsreife führte. Stephan wußte die dort vermittelten fremdsprachlichen und musischen Anregungen später jedoch zu nutzen. Im Februar 1848 trat er als Schreiber in den Dienst der Postverwaltung. Ob die Revolution in Deutschland damals in irgendeiner Weise auf ihn stärkeren Eindruck gemacht und wie dieses demokratische Aufbegehren auf ihn gewirkt hat, ist nicht überliefert. Immerhin soll er die Reden und Aufsätze des Stolper Stadtverordneten und Gerichtsassessors Lothar Bucher gelesen haben. Auf seine Arbeit – 12 Stunden am Tag – hatte die Lektüre keinen Einfluß; hieraus könnte aber eine später gezeigte Zivilcourage in der Verteidigung individueller Rechte abzuleiten sein.

Die nächsten Ausbildungsstationen führten Stephan nach Marienburg und Danzig. Dort legte er 1850 die Prüfung zum Postassistenten ab; damit war ihm der Weg in die höhere Beamtenhierarchie geöffnet. Die Prüfungskommission hatte er dadurch in Verlegenheit gestürzt, daß er statt der üblichen Fremdsprachen – Englisch und Französisch – Spanisch und Italienisch für das Examen genannt hatte. In seiner Prüfungsarbeit hatte er die Problematik zu behandeln, ob ein auf »Zentralisation oder Dezentralisation gegründetes Verwaltungssystem den Vorzug verdiene«. Das Thema war heikel, da in Preußen die Post kurz zuvor dezentralisiert worden war, aber noch keine Erfahrungen vorlagen, während in Österreich eine Zentralisierung stattgefunden hatte. Stephan beeindruckte die Kommission immerhin mit seinen Ausführungen, so daß er die Prüfung nicht nur »mit Auszeichnung« bestand, sondern außerdem eine Belobigung erhielt.

Adelsbrief für Stephan vom 19. März 1885, verliehen durch Kaiser Wilhelm I.

Nach Beendigung seiner abschließend abgegoltenen Militärpflicht, bei der er auch mit der damaligen preußischen Feldpost in Berührung gekommen sein soll, wurde Stephan in das Rechnungsbüro des Berliner Generalpostamts versetzt. Und gerade hier schien seine gut begonnene Laufbahn eine Wendung zu erfahren. Nach nicht einmal zwei Monaten wurde er mit der Begründung nach Köln strafversetzt, er habe nicht »den erforderlichen Grad von Eifer bekundet«, der für seine Arbeit nötig sei.[29] Tatsächlich hat sich Stephan neben der öden Rechnungstätigkeit auch anderen Interessen gewidmet, die zum Teil sogar mit dem Postwesen – Lektüre über nichtpreußische Posteinrichtungen – zu tun hatten, und damit Anstoß erregt. Schwerer noch hatte gewogen und den Anlaß zur Entfernung aus Berlin gegeben, daß er sich geweigert hatte, Spitzeldienste zu leisten: »Zum Spionieren lasse ich mich nicht gebrauchen.« Hier kommt eine Haltung zum Ausdruck, die Stephan auch noch als obersten Leiter der »Deutschen Reichspost« gekennzeichnet hat: Er bewahrte seine Grundsätze, die auch die Unantastbarkeit des Briefgeheimnisses einschlossen.

Die als Strafe gedachte Versetzung in die rheinische Metropole stellte sich im Nachhinein als Glücksfall für Stephan heraus, da er in den vielfältigen Sparten des Postwesens zu arbeiten hatte. Zunächst mußte er sich allerdings mit einem 14-Stunden-Arbeitstag und Dienst in jeder zweiten Nacht abfinden.[30] Über das Kölner Postamt lief Postverkehr nach Süddeutschland, Italien, Frankreich, in die Niederlande, nach Belgien und Großbritannien[31], wobei jeweils unterschiedliche Taxen zu berechnen waren – im Verkehr Preußen-Belgien allein 45. Fehlerlos arbeitete Stephan weder beim Rechnen noch beim Sortieren der Post, aber sein örtlicher Vorgesetzter bemerkte Fähigkeiten für die Lösung von Problemen, die ihm beachtenswert erschienen. Verbesserungsvorschläge Stephans hatten allerdings nur geringe Resonanz. Mit Absicht wurde er nach und nach in allen Zweigen des Kölner Postbetriebs eingesetzt: »Das Postamt Köln – neben dem es in Köln noch drei Bahnpostämter … gab, deren fliegende Büros in den Eisenbahnzügen liefen – hatte gegen 100 Köpfe Personal, darunter 15 Briefträger, 3 Paketbesteller für 180 werktäglich in Köln abzutragende Pakete und 3 Geldbriefträger. Auch besaß die Stadt Köln bereits 12 Briefkästen! Das waren für die damaligen Verhältnisse achtungsgebietende Verkehrszahlen, hinter denen sich die meisten sonstigen preußischen Verkehrsämter verstecken konnten.«[32]

Zweierlei machte die Kölner Zeit für Stephan wichtig: Zum einen lernte er die Unübersichtlichkeit der postalischen Verhältnisse dieser Zeit kennen und zugleich die Schwierigkeiten, gegen Traditionen anzugehen; zum anderen fand Stephan Eingang in die Kölner Gesellschaft, in der er mit seinem breiten Allgemeinwissen und seinen nun erstmals angewandten schriftstellerischen Fähigkeiten Eindruck hinterließ. Er »schrieb Theater- und Konzertrezensionen. In dem bunten Kreis, in den er da getreten war, wußte man gar nicht recht, daß der geistreiche Plauderer, der unterrichtete junge Enthusiast mit Schalterdienst und Postabfertigungen, mit Fahrplänen und Terminbesprechungen zu tun hatte.«[33]

Das ist kennzeichnend für Stephans weiteren Weg gewesen; denn wenn er auch seinen beruflichen Lebensinhalt in der Arbeit für die Ausgestaltung des deutschen und interna-

Ehrenbürgerbrief von Remscheid für Stephan, 1895

tionalen Postwesens fand, so widmete er sich nebenher seinen privaten Interessen, die er aber durchaus und gern öffentlich zur Geltung brachte. Er schrieb größere und kleinere Arbeiten zur Geschichte der Post und allgemeine Betrachtungen; er dichtete – mehr schlecht als recht –; er jagte mit Leidenschaft; er schätzte gute Unterhaltungen, Wein und Zigarren, wenn er auch das Rauchen erst spät begonnen hat. Mit anderen Worten: Stephan war ein geselliger und ebenso lernfreudiger wie mitteilsamer Mensch. Dies kam ihm im Umgang mit der Gesellschaft der Städte und Länder, die er bereiste, und später in Berlin sehr entgegen. Es scheint kaum jemand gegeben zu haben, der sich über den Schneiders- und Gastwirtssohn wegen dessen einfacher Herkunft mokiert hätte. Seine Leistungen sprachen für sich!

Doch ist schon hier festzuhalten, daß eigentümlicherweise der »Aufsteiger« Stephan in die Ordnung für das Beamtenwesen der Post später Klippen und Schwierigkeiten eingefügt und eine Grenze zwischen den Beamtenkategorien gezogen hat, die einen Aufstieg innerhalb dieser Hierarchie unmöglich machte. Im Grunde verlangte Stephan damit von jedem Anfänger mit Ehrgeiz den gleichen Schulabschluß, den er gemacht hatte, und ein gleiches Engagement, wie er es aufgebracht hatte. Daß dies Überforderung bedeutete und daß nur wenige Anwärter aus einfachen Verhältnissen eine gleiche Startchance von ihrem Elternhaus bewilligt bekamen wie er sie erhalten hatte, hat Stephan nicht gesehen oder wollte es auch nicht sehen.

Nachdem er Anfang 1855 in Berlin die Prüfung für die höhere Postverwaltung wiederum erfolgreich abgelegt hatte, wurde er zunächst als Kassenkontrolleur nach Frankfurt an der Oder versetzt, dann erneut in das Generalpostamt berufen, wo er 1856 die Ernennung zum Geheimen expedierenden Sekretär erhielt. Auch wenn es gelegentlich noch einmal kürzere Versetzungen in andere Ämter im regionalen Umkreis des Generalpostamts gab, so war doch hier künftig das eigentliche Wirkungsfeld Stephans.

Bereits 1856 fiel er durch den Vorschlag auf, für den Pakettarif nicht die erforderliche Transportstrecke, sondern die Luftlinie zu berechnen. Aufmerksamkeit erregte ein Aufsatz über die britische Penny-Post, der 1858 veröffentlicht wurde. Wirkliches Ansehen gewann der 28jährige Postrat, als 1859 seine auf umfangreichem Aktenstudium beruhende »Geschichte der preußischen Post von ihrem Ursprunge bis auf die Gegenwart« erschien. Fraglos sind in diese Arbeit gelegentlicher Überschwang und zeitgenössisches Pathos eingedrungen; aber sie stellt bis heute eine Grundlage für die Postgeschichte dar und ist von einem Mann geschrieben, der die Praxis zu beurteilen verstand. Erst gegen Ende der Weimarer Republik wurde diese Geschichte neu aufgelegt und von dem damaligen Staatssekretär Sautter weitergeführt.[34]

Die Kenntnis der Akten und damit auch der Details von Verhandlungen über Postvereinbarungen zusammen mit dem Posterlebnis in Köln trug dazu bei, daß Stephan bald ein ausgesprochener Diplomat des Postwesens war.[35] Er begab sich – für die Zeitverhältnisse war dies noch immer ein abenteuerliches Unternehmen – selbst nach Spanien und Portugal, um – wie er es in einer Denkschrift vorgeschlagen hatte – die Neuordnung der Tarife zu verbessern. In gründlich vorbereiteten Verhandlungen, die Stephan vorantrieb, konnte er eine deutliche Senkung der Tarife in Madrid und Lissabon durchsetzen.

Sein Erfolg hatte die Konsequenz, daß Stephan auch für Verhandlungen mit den Niederlanden und Belgien sowie 1864 mit Dänemark herangezogen wurde. Er trat mit großer Hartnäckigkeit dafür ein, daß die in Hamburg noch bestehenden Ämter fremder Postverwaltungen (Dänemark, Schweden, Thurn und Taxis, Mecklenburg) zugunsten der preußischen Postverwaltung aufgehoben würden. Bis dieses Ziel dann wirklich erreicht wurde und die Widerstände im Senat überwunden werden konnten, verging noch einige Zeit; es geschah erst, als feststand, daß Preußen die Hansestadt territorial einschloß. Immerhin hat Stephan dafür gesorgt, daß noch während des deutsch-dänischen Krieges die Arbeit der Post in den schleswig-holsteinischen Herzogtümern wieder aufgenommen wurde.

Der Beamte, der zwei Jahre später nach Frankfurt entsandt wurde, um die Übernahme der Taxis-Post in die Wege zu leiten, war wahrlich kein Neuling auf dem Feld der Verhandlungen und problematischer Postbeziehungen, sondern ein profunder Kenner, der zudem durch seine historischen Arbeiten und Interessen ein umfangreiches Wissen über die Verbindungen der Thurn und Taxis zu den deutschen Mittel- und Kleinstaaten mitbrachte. Unter diesen Umständen war es in der Rückschau fast unumgänglich, daß Bismarck im April 1870 König Wilhelm I. Stephan als General-Postdirektor des Norddeutschen Bundes vorschlug, was zugleich Stephans Zugehörigkeit zum Bundesrat bedeutete.

Das Postwesen unter der Leitung Heinrich Stephans

Diese Ernennung brachte noch nicht in der Verwaltung, wohl aber im Versand des Postguts eine Neuerung. Vergeblich hatte Stephan seit 1865 versucht, ein »Postblatt«, d.h. die Postkarte einzuführen. Die Tatsache, daß nun jedermann hätte lesen können, was hier an privater Mitteilung stand, galt als »unmoralisch«. In Österreich benutzte man die »Correspondenzkarten« schon seit 1869. Nun wurden sie auch in Deutschland am 1. Juli 1870 eingeführt und fanden schon in kürzester Zeit »ausgedehnte Verwendung«.[36]

Nur wenige Monate nach der Ernennung Stephans zum obersten Postbeamten des Norddeutschen Bundes begann der deutsch-französische Krieg (19. Juli 1870). Stephan brachte sogleich Erfahrungen und Erwägungen aus den beiden vorhergehenden militärischen Konflikten Preußens (1864 und 1866) ein. Bisher hatten vor allem die preußischen Armeen eigene Feldpost-Ämter errichtet, die über Relais-Stationen mit Postillionen in geringen Mengen Briefe transportiert hatten. Nun begleiteten etwa 1000 Beamte des Norddeutschen Bundes die in Frankreich eindringenden Heere und richteten nahezu 90 Feldpostämter ein.[37] Diese besorgten zum einen den Postverkehr zwischen Heimat und Truppe und erreichten zum anderen, daß in den besetzten französischen Regionen die postalische Kommunikation nicht völlig zusammenbrach.[38]

Gerade dem Feldpostwesen hat Stephan damals besondere Bedeutung beigemessen und den hierfür eingesetzten Beamten erklärt: »Behandeln sie jeden Feldpostbrief wie ein Kind, das Ihrer Sorgfalt anvertraut ist.«[39] Während bisher die Verbindung zwischen den aktiven Militäreinheiten und ihren Angehörigen von vielen Zufällen abhängig war und entsprechende Unsicherheiten bestanden, hatte jetzt die Führung die – positiv wie negativ einschätzbare – Chance zu psychologischer Motivation und propagandistischer Auswertung von Ereignissen. Der liberale Abgeordnete Ludwig Bamberger bemerkte über diese verbesserte Einrichtung im April 1871 vor dem Reichstag: »Verdient irgendeiner der Geschäftszweige, die sich in diesem Kriege mit Ruhm bedeckt haben – und das will viel heißen – unsere Anerkennung, so ist es die Postbehörde, so ist es der Mann, der an der Spitze dieser Behörde steht, der Unerreichtes und vielleicht Unerreichbares geleistet hat in diesem Punkte.« Bamberger, der auch später viel Sympathie für Stephan besaß, fand bei Bismarck mit seinem Lob keine Resonanz. Der Kanzler und preußische Ministerpräsident nahm Anstoß an der Eitelkeit seines Protegés, die er auch bei anderer Gelegenheit gerügt hat.[40]

Damit ist ein Charakterzug berührt, der bei zunehmendem Alter Stephans immer mehr hervortrat und berechtigte persönliche Kritik ausgelöst hat, die jedoch nicht das Postwesen betraf. Die Ursache mag Stephans Sorge gewesen sein, auf Grund seiner Herkunft in dem Kreis der fast ins Amt geborenen anderen Exzellenzen Probleme der Anerkennung oder Gleichberechtigung zu haben. Hier könnte – neben finanziellen Erwägungen – auch der Grund für den Antrag zu finden sein, zum Domherren ernannt zu werden.[41]

Tatsächlich war Stephan gar nicht auf diese äußerlichen Hervorhebungen angewiesen, da neben seinen technisch-organisatorischen Leistungen auch seine persönliche Haltung durchaus anerkannt wurde. So ist denn auch Bismarcks Kritik gegenüber Bamberger aus dem Unmut über die Klarheit der Auffassung Stephans von den Aufgaben der Post – auch der Feldpost – zu erklären. Im Auftrag der Kronprinzessin, die zu Bismarck in einem bekannt schlechten Verhältnis stand, hatte der General-Postdirektor die Beschaffung bestimmter Zeitungen, die aber Bismarck mißfielen, für Verwundete zugelassen. Eine Zensur der Sendungen unterblieb, da sie wohl für Stephan eine Verletzung des Postgeheimnisses bedeutet hätte. Praktisch bestand für die Presse jedoch eine Zensur, da sie nach dem Pressegesetz vom Mai 1851 strenger polizeilicher Beaufsichtigung und der Genehmigungspflicht unterlag. »Die Post wurde zwar nicht unmittelbar davon betroffen, doch mußte sie die gerichtlichen und polizeilichen Verbote und Beschlagnahmen von Druckschriften beachten und ausführen.«[42]

Sich an die Vorschriften zu halten hätte für Stephan sicher kein Problem bedeutet, er hat jedoch keine präventiven Maßnahmen im Sinne des Kanzlers vorgenommen.[43] Deshalb von Bismarck zur Rede gestellt und mit Vorwürfen bedacht, bemühte sich Stephan, seinen Standpunkt zu vertreten. Das Ergebnis war ein unüberhörbarer Zornausbruch Bismarcks. Ein Beobachter schilderte diese Szene später, die sowohl für Bismarck wie für Stephans Verhältnis zu seinem »Vorgesetzten« charakteristisch erscheint: »Der Reichskanzler, welcher fast immer eine oder mehrere Personen zu Gast lud, hatte an dem fraglichen Tage den Generalpostdirektor Stephan zum Diner gebeten, der sich schon damals wegen seiner hervorragenden Leistungen in seinem Departement eines sehr rühmlichen Rufes erfreute. Er wurde als Ehrengast zur Rechten des Fürsten plaziert, der ihn mit ausgesuchter Zuvorkommenheit behandelte und sich während der Mahlzeit angelegentlich mit ihm unterhielt. Nach Abschluß der Mahlzeit waren die täglichen Hausgenossen, d.h. die anwesenden Räte, da kein anderes Verhandlungszimmer in der Nähe war, zum Teil aufgestanden, während Fürst Bismarck und der jetzige Staatssekretär Stephan sitzen blieben, und ich hatte mich, wie ich mich deutlich erinnere, an das Fenster gestellt. Wer beschreibt mein Erstaunen, als ich zu hören glaubte, daß der Fürst plötzlich anfing, in lauterem und offenbar gereizten Ton zu sprechen. Ich glaubte im ersten Augenblick, ich müßte mich täuschen, da doch kaum anzunehmen war, daß der Fürst dem eigenen Gast, den er eben noch mit Zuvorkommenheit überschüttet, und jetzt noch vor Zeugen dazu unangenehme Dinge sagen könne. Beim ersten Blick auf den Fürsten, der wie ich aus Erfahrung weiß, im Zorn blaß wird, war mir vollständig klar, um was es sich handelte, und daß der Generalpostmeister einfach wie ein Kanzlist ›heruntergerissen‹ wurde. Unglücklicherweise für ihn kannte er den Fürsten damals noch nicht genug, um wie wir zu wissen, daß sich sein Zorn ins Unendliche steigert, wenn jemand, dem er einen Vorwurf macht, sich rechtfertigen, d.h. ihm nachweisen will, daß er unrecht hat. So war es auch in diesem Fall, und Stephan, dem der Fürst über seine Organisation der Feldpost Vorwürfe machte, mußte dies zu seinem Schaden erfahren, als er den sachlichen, aber hier gar nicht angebrachten Nachweis versuchte, daß er im Interesse der Sache das Beste gewollt und getan habe. Das Resultat war, daß der Fürst, der immer blasser wurde, seinem Schlachtopfer schließlich vorhielt, daß er seine Stellung verkenne und nicht zu verstehen scheine, daß er nichts als sein, des Fürsten Untergebener sei und sich jeder Eigenmächtigkeit zu enthalten habe.«[44]

Es ist nicht überliefert, daß Stephan sich gebeugt habe; vielmehr besteht der Eindruck, daß er durchaus in der Lage gewesen ist, seinen Dienstbereich und sich selbst gegen alle Einwirkungen von außen zu behaupten.[45] Die Poststatistik weist jedenfalls eine – allerdings hinter der der Jahre 1868 auf 1870 zurückbleibende – Steigerung im Zeitungsversand auf.[46]

Als wenige Jahre später Bismarck begann, die Gegner seiner Wirtschaftspolitik aus den Reichsämtern zu verdrängen, in der Phase nach der »zweiten Reichsgründung« von 1878, als die konservative Richtung sich durchzusetzen begann und der bisher von Bismarck benutzte Nationalliberalismus mit seinen freihändlerischen Intentionen an Bedeutung verlor, beurteilte Stephan einheitlich alle von ihm zur Beförderung vorgeschlagenen Beamten: »Die bisherige politische Haltung dieses Beamten ist eine völlig befriedigende gewesen; zu einem Hervortreten auf wirtschaftspolitischem Gebiete hat derselbe eine Gelegenheit bisher nicht gehabt, doch fehlt jeder Anlaß zu einem Zweifel darüber, daß der genannte Beamte auch in diesem Punkte die von der Reichsregierung vorgezeichnete Richtung jederzeit einhalten werde.«[47]

Der Krieg gegen Frankreich brachte schließlich eine weitere Beobachtung für Stephan, die er genutzt wissen wollte. Bei der Belagerung von Paris haben die Eingeschlossenen versucht, Nachrichten durch Luftballons nach außen zu bringen, was zum Teil gelungen ist. 1874 hat Stephan einen Vortrag gehalten, in dem er ausdrücklich auf die zukünftige Möglichkeit des Posttransports durch die Luft eingegangen ist. Graf Zeppelin hat darauf hingewiesen, daß einer der wenigen, die seinen Luftschiffbau von Anfang an mit Ermutigungen begleitet haben, Stephan gewesen ist.[48] Das bedeutet, der Generalpostmeister war kein Visionär, sondern ein nüchterner Pragmatiker, der nur eben früher als andere Erkenntnisse gewann und sie dann eindrucksvoll zu formulieren verstanden hat.

In den Verhandlungen, die zwischen dem Norddeutschen Bund und dem Großherzogtum Baden über die Bildung des kaiserlichen »Deutschen Reichs« geführt wurden, spielte auch die Post- und Telegraphenverwaltung eine Rolle. Nach Ausräumung gewisser Personalfragen kam man überein, auch Baden unter die Berliner Leitung zu stellen, so daß ab 1. Januar 1872 auf dem Territorium des Deutschen Reichs drei Postverwaltungen nebeneinander bestanden: die »Deutsche Reichspost«, die Bayerische und die Württembergische Post. Sie waren trotz der Reservatrechte der beiden süddeutschen Staaten allerdings eng miteinander verbunden.[49] Die Reichsverfassung besagte in Art. 52, Abs. 1: »Dem Reich ausschließlich steht die Gesetzgebung über Vorrechte der Post und Telegraphie, über die rechtlichen Verhältnisse beider Anstalten zum Publikum, über die Portofreiheiten und das Posttaxwesen, jedoch ausschließlich der reglementarischen und Tarifbestimmungen für den internen Verkehr innerhalb Bayerns, beziehungsweise Württembergs, sowie, unter gleicher Beschränkung, die Feststellung für die telegraphische Korrespondenz zu.«

Das Reich besaß auch das alleinige Recht zur Regelung der postalischen Auslandsbeziehungen mit Ausnahme der Verbindungen zu den unmittelbaren nichtdeutschen Nachbarstaaten Bayerns und Württembergs. Wünsche und Vorstellungen in Fragen des Nachrichtenwesens konnten beide Staaten in dem vom Bundesrat gebildeten Ausschuß für Eisenbahnen, Post und Telegraphie vortragen. Bayern und Württemberg behielten ihre Posteinnahmen, sie mußten jedoch jährlich einen Ausgleich an die Reichskasse abführen, der in Relation zu den Überschüssen der Reichspost pro Kopf errechnet wurde und Millionenhöhe erreicht hat.[50] Trotz einiger Vorstöße hat diese Aufteilung der Postgebiete bis 1920 Bestand gehabt, da insbesondere in Bayern hartnäckig das Postreservat verteidigt worden ist. Dagegen war die Württemberger Postverwaltung durchaus zu einem engeren Zusammenrücken bereit und verzichtete ab 1902 auf eigene Briefmarkenausgabe.[51]

Vom 1. Januar 1872 an war das Gebiet der Reichspost nicht nur um Baden und Elsaß-Lothringen erweitert, sondern es traten auch vereinheitlichende neue Bestimmungen für diesen Bereich in Kraft, die u. a. das Briefgewicht auf 15 Gramm festlegten. An diesem Gewicht hielt Stephan künftig auch gegenüber Angriffen im Reichstag starr fest, obgleich durch die Benutzung neuer Papiersorten die Briefe insgesamt schwerer wurden. Auf den Hinweis August Bebels, daß in Österreich 20-Gramm-Briefe zugelassen seien, wußte 1893 Stephan kaum überzeugend nur zu erwidern: »Ja die Österreicher sind in ganz anderer Lage: in Österreich ist die Bevölkerung noch in der Kultur zurück; infolgedessen schreibt man meist auf dickem schweren Papier, und da mußte man die Gewichtsgrenze von 15 auf 20 g erhöhen.«[52]

Im Zeitungsdienst gab es ab Anfang 1872 die Erleichterung, daß nur noch politische Zeitungen, die lediglich einmal wöchentlich erschienen, dem Postzwang unterlagen. Generell besaßen alle Zeitungen in einem 15-Kilometer-Umkreis ihres Druckorts Beförderungsfreiheit.[53]

In den nächsten Jahren hat Stephan sich auch um neue Tarife im Paketverkehr bemüht und damit frühere Absichten zur Vereinfachung wieder aufgegriffen. Dies war umso nötiger, als durch Gewichtsstufen und Entfernungsbereiche 1705 Gebührensätze zu beachten waren. Unter Stephan wurden die Entfernungsstufen auf sechs (von 18) verringert und die Gewichtseinheiten nicht von Pfund zu Pfund, sondern in Schritten zu 5 kg berechnet (25 Pf per Einheit bis 10 Meilen und 50 Pf über 10 Meilen hinaus). »Die Reform erbrachte eine weitgehende Vereinfachung, brachte der Wirtschaft wichtige Vorteile und bot der Postverwaltung eine gerechtere Abgeltung. Der besondere Vorzug aber besteht in der Schaffung des typischen Fünfkilo-Pakets, das mit seinen einfachen Betriebsformen den Massenpaketverkehr der Post begründete, den allgemeinen Kleingüterverkehr maßgeblich beeinflußt und sich auch in den Verkehrsbeziehungen der Auslandspost durchgesetzt hat.«[54] Die Paketgebühren konnten nicht die Kosten decken. Das Defizit war kennzeichnend für die Auffassung Stephans, dem es vor allem darauf ankam, Dienstleistung zu betreiben und zwar auch dort, wo Bedarf bestehen mochte, den wohl der Staat, nicht aber private Unternehmen befriedigen würden.

Es muß zu der Zeit als eigentümlich empfunden worden sein, daß eine Verwaltung wie die Reichspost nur als Abteilung im Reichskanzleramt, also unselbständig bestand. Die Staatssekretäre der Reichsämter waren zwar nicht verantwortlich wie Minister, auch wenn es gelegentlich entsprechende Überlegungen gegeben hat, aber eine Form von Stellvertretung für den jeweiligen Arbeitsbereich war schon mit »Kanzlerqualitäten innerhalb der gesetzlichen Schranken«[55] und unter Berücksichtigung der Tendenz Bismarcks, alle Ämter zu penetrieren[56], vorhanden. Eine Änderung bahnte sich 1875 an, als der Generaldirektor der Telegraphenverwaltung (Abteilung II des Reichskanzleramtes), Generalmajor Meydam, starb.[57] Stephan erhielt nun die Aufsicht über diese Abteilung: die Reichs-Post- und Telegraphenverwaltung, die zum 1. Januar 1876 auf sein Betreiben als eigene Reichsbehörde unter dem »Generalpostmeister« arbeitete – ein Titel, den Stephan für sich gewünscht hatte. Freie Hand war der neuen Verwaltung damit nicht gegeben, vielmehr waren die Beziehungen zum Reichskanzleramt und zum Auswärtigen Amt nach einem Erlaß Bismarcks vom März 1876 zu beachten: »1. Die Mitwirkung des Reichskanzleramts tritt ein bei denjenigen Angelegenheiten, welche auf die Ergebnisse der Reichsfinanzverwaltung von Einfluß sind, und bei Entscheidungen von prinzipieller Bedeutung oder Feststellung allgemeiner Grundsätze zur Ausführung von Reichsgesetzen, welche nicht ausschließlich das Ressort der Post- oder Telegraphenverwaltung betreffen, z. B. des Reichsbeamtengesetzes und des Reichseigentumsgesetzes. 2. Die Mitwirkung des Auswärtigen Amtes tritt ein bei allen Verhandlungen mit fremden Staaten.«[58]

Stephan waren damit wohlweislich eindeutige Beschränkungen auferlegt; denn er fühlte sich in seinem Ressort niemandem nachgeordnet und arbeitete entsprechend. D. h. aber auch, er »machte Bismarck durch selbständiges Vorgehen viel zu schaffen. Dennoch erkannte der Kanzler die hohe Befähigung dieses temperamentvollen und fachlichen

Mitarbeiters, der im Gefühl seiner Unentbehrlichkeit die notwendige Rücksicht auf die vorgesetzte Instanz bisweilen außer acht ließ, voll an. Stephan verkörperte wie kein anderer Ressortchef so sehr sein Ressort, daß man ihn lobte, wenn die Post gut arbeitete, und ihn tadelte, wenn die Post einen Fehler beging. Nächst Bismarck war er die stärkste Persönlichkeit in der Reichsverwaltung.«[59]

Gerade diese ständige amtliche Begegnung zweier starker Persönlichkeiten mußte auch zu Konfrontationen führen. Dabei wird eine Rolle gespielt haben, daß Stephans Ansehen international hoch war, ohne daß er mit dem Odium eines gewaltsamen Expansionismus belastet gewesen wäre. Stand für den ersten Reichskanzler des Deutschen Reichs das Wort von »Blut und Eisen«, so hatte Stephan allgemeine Achtung dadurch gefunden, daß er seine Absichten und weltweiten Ziele unter das Motto gestellt hatte: »Si vis pacem, para concordiam.« Freilich hatte auch er nicht darauf verzichtet, das Gewicht der neuen mitteleuropäischen Macht in die Waagschale zu werfen, als er 1872 »unter Anwendung eines gewissen Druckes«[60] Frankreich in einen Postvertrag hineinzwang, der ein für Deutschland günstiges Porto und Transitfreiheit brachte.

Dies Vorgehen gegenüber Frankreich ist aber wohl ein Einzelfall im Umgang mit anderen Staaten gewesen. Zeitweise scheinen Überlegungen bestanden zu haben, Stephan im diplomatischen Dienst einzusetzen, da er es verstand, auf dem internationalen Parkett überzeugend zu agieren. Das wird vor allem durch den Weltpostverein deutlich, mit dem eine Zusammenarbeit der Postverwaltungen aller Staaten angestrebt wurde. Anregungen hierzu hatte es schon früher auch außerhalb Deutschlands gegeben.[61] Im Deutschen Reich spielten die Erfahrungen eine Rolle, die man in den fünfziger Jahren mit dem Deutsch-Österreichischen Postverein gesammelt hatte. Bereits Ende 1868 war Stephan auf Grund seiner Erfahrungen in internationalen Postvertrags-Verhandlungen mit einer Denkschrift dafür eingetreten, einen »allgemeinen Postkongreß« einzuberufen.[62] Dies geschah auf deutsche Anregung 1874 durch die Schweiz. Damit wurde der Eindruck vermieden, Deutschland beabsichtige, auf die anderen Staaten kraft seines eben noch demonstrierten militärischen Potentials Pressionen auszuüben. Vom 15. September bis zum 9. Oktober 1874 verhandelten im Berner Ständehaus die Vertreter von 21 Staaten. Sie einigten sich darauf, in einem Gebiet mit 350 Millionen Menschen und 40 Millionen km^2 eine postalische Einheit zu schaffen, die zunächst dem Briefdienst, später auch anderen Versendungsformen zugute kam. Internationale Postkonferenzen, die in einem möglichst gleichmäßigen Abstand von etwa fünf Jahren vorgesehen waren, hatten die Aufgaben, die Erfahrungen auszuwerten und Verbesserungen herbeizuführen. Die nächsten Kongresse fanden in Paris (1878), in Lissabon (1885) und Wien (1891) statt.[63] Dem Reichstag erklärte Stephan zur entsprechenden Gesetzesvorlage: »Im Vergleich mit großen politischen Fragen nur von bescheidener Bedeutung, kann dieser Vertrag vielleicht doch als kleine organische Zelle betrachtet werden, aus der sich im Leben der Völker unter der Wärmeentwicklung stärkerer Berührung und durch Lichteinfluß der Gesittung vielleicht weitere homogene Gebilde lebenskräftig gestalten werden. In jedem Falle verwertet er die Solidarität der Interessen als ein kräftiges Einigungselement.«[64] Dies ist wieder der pathetische Sprachstil, der Stephan kennzeichnet, aber für das 19. Jahrhundert nicht selten ist; doch läßt sich aus ihm heraushören, daß Stephan Zusammenarbeit und Gemeinsamkeit wünschte – jedenfalls auf der Ebene der internationalen Postverwaltungen.[65]

Stephans Bemühen, auch die dem Weltpostverein entsprechende Organisation des Telegraphenwesens, die Internationale Telegraphenunion[66], durch ökonomisch wirkungsvolle Tarife effizienter zu gestalten, stieß zunächst nur auf beschränkte Resonanz. Dabei mag ein Grund gewesen sein, daß die Leiter der staatlichen Telegrapheneinrichtungen, mit denen er hauptsächlich über diesen Fragenkreis zu verhandeln hatte, und denen er 1875 in St. Petersburg und 1879 in London seine Absichten darlegte, möglicherweise abwarten wollten, wie dauerhaft die Postvereinbarungen sein und welche Resultate sie erzielen würden. Wirtschaftliche Risiken konnten sich auch die staatlichen Betriebsbehörden in einer Phase schwerer wirtschaftlicher Erschütterungen nicht leisten, die in Deutschland als »Gründerkrise« bekannt geworden ist. Hinzu kommt aber auch, daß Stephan ja erst kurze Zeit auf dem Feld der Telegraphie tätig war. Immerhin machte er sich nur wenig später, nachdem er die Leitung der Abteilung übernommen hatte, in der praktischen Telegraphie kundig.

Nachdem Stephan den Eindruck gewonnen hatte, mit den Experten Sachfragen auf der Basis eigener Kenntnis erörtern zu können, setzte die Umstrukturierung dieses Bereichs ein, der zuvor zu den defizitären Sektoren des allgemeinen Nachrichtenwesens gehört hatte. Hinzu kommt, daß die Telegraphie bisher eine militärische Domäne innerhalb des Kommunikationswesens darstellte.[67] Die geringe

Zahl von Telegraphendirektionen ging in bestehenden Oberpostdirektionen auf.[68] In lokalen Postämtern wurden Telegraphenstationen eingerichtet, bis allmählich auch eine umfassende Landversorgung erreicht war. Außerdem begann man mit der erforderlichen Verbesserung der Leitungen, da sich die oberirdischen Leitungen als zu wetteranfällig erwiesen hatten. Dabei entstand eine sinnvolle Zusammenarbeit mit der Privatindustrie, in der die Behörde den Auftrag zu Versuchen und zu endgültigen Ausarbeitungen sowie zur Produktion erteilte. Ein wesentlicher Faktor für die Erprobung und die gelungene Durchführung der Arbeiten war nicht allein die Erfahrung, die in diese Kooperation eingebracht wurde[69], sondern ebenso die Möglichkeit zur schnellen, direkten Kontaktaufnahme zwischen Behörde und Firmen, da Berlin zu dem deutschen Zentrum der Elektro-Industrie – »Elektropolis« (P. Czada) – wurde (Siemens, AEG).[70]

Nachdem im Frühjahr 1876 ein erstes Kabel der Firma Felten und Guillaume unterirdisch zwischen Berlin und Halle verlegt worden war, begann zunächst eine strahlenförmige Verbindung Berlins mit 221 Städten. Bis Mitte 1881 waren 5460 km Kabel mit einer Länge der Einzelleitungen von etwa 37370 km gelegt. Die Zunahme dieser Verbindung hielt stetig an, mit einem besonderen Schub nach 1900.[71] Die Kompetenz der Reichs-Post- und Telegraphenverwaltung war im Grunde schon nach dem positiven Ergebnis der Kabelverlegung von 1876 erwiesen, als dies erstmals unterirdisch gelungen war. Gleichsam als Belohnung konnte Stephan dann auf der internationalen Telegraphenkonferenz in Berlin 1885 die Vereinbarung über eine einheitliche Telegraphengebühr durchsetzen. Im Bereich der Reichstelegraphenverwaltung hatte es bereits 1876 eine Vereinfachung durch das Abgehen von einem Drei-Zonen-Tarif gegeben, so daß nun ein Wort immer nur 10 Pf kostete. In Einzelverträgen konnte Stephan für die Postverwaltung ähnliches erreichen, so daß sein Vorgehen insbesondere bei den von den ökonomischen Schwankungen getroffenen Wirtschaftskreisen Beifall fand. Die Gebühr eines 10-Worte-Telegramms nach Amerika sank z.B. von 71,50 DM im Jahr 1868 auf 10,50 DM 1882. Die Berliner Konferenz von 1885, an der neben den staatlichen Verwaltungen auch große Kabelunternehmen beteiligt waren, erzielte nach diesem Vorbild auch eine Vereinbarung über die Wortgebühr, die in Deutschland ein weiteres Absinken des Tarifs zur Folge hatte: auf 6 Pf (1886–1891), später auf 5 Pf (1891–1916).[72] Es wurden nur geringfügig modifizierte Apparate eingesetzt, die im Prinzip schon vor 1871 entwickelt worden waren, wie der Klopf-Morse-Apparat und der Hughes-Drucktelegraph. Eine Beschleunigung ermöglichte der Siemens-Schnellschreib-Telegraph mit Lochstreifen.[73]

Geradezu revolutionäre Bedeutung gewann daneben der Entwicklungsgang des Ferngesprächs für das Nachrichtenwesen.[74] Nachdem sich die von Stephan beschafften Bell-Apparate auf einer Distanz von 60 km bewährt hatten, konnte mit einigen Startschwierigkeiten der Ausbau des Telefonwesens beginnen. Es ist kennzeichnend, daß gerade in Berlin die von der Firma Siemens hergestellten Apparate zunächst nur wenig Beifall fanden, während im elsässischen Mülhausen schnell eine Reihe von Persönlichkeiten die neue Technik zu nutzen wünschte.[75] Die sich überwiegend französisch fühlenden Textilindustriellen hatten mehr Verständnis für die Neuerungen als die in den preußischen Beschränkungen groß gewordenen Unternehmer Berlins.

Es ist vor allem das Verdienst Emil Rathenaus gewesen, der als Propagandist des Fernsprechwesens in Berlin auftrat, daß die erste Teilnehmergruppe von acht Personen sich bald vergrößerte. Hatte das Telefonverzeichnis der Hauptstadt im Juli 1881 94 Namen umfaßt, so waren es im folgenden Jahr schon 579. Die Zahl der Vermittlungsstellen stieg von 9 im Jahr 1881 auf 7651 1915, die der Hauptanschlüsse (in Millionen) während des gleichen Zeitraums von 0,01 auf 0,83.[76] Zurecht hat Stephan erkannt, daß diese Entwicklung nicht wie in anderen Ländern aus der Hand des Staates gegeben werden sollte. Er hat daher alle privatwirtschaftlichen Bemühungen, in diesem Bereich Rechte zugesprochen zu erhalten, abgewiesen. Er wußte allerdings auch, daß dies staatliche Monopol nur dann zu verantworten war, wenn die Grundsätze einer fortschrittlichen Wirtschaftlichkeit eingehalten wurden.

In seinem berühmten »Hirtenbrief« an die Oberpostdirektoren vom 3. Juli 1888 heißt es hierzu: »Wenn irgendwo, so kommt es in der heutigen Zeit bei den Telegraphenanlagen und bei den Fernsprecheinrichtungen darauf an, mit den größten Anforderungen des Verkehrslebens gleichen Schritt zu halten. Das Telegraphenmonopol ist zum Nutzen der Gesamtheit geschaffen; daraus folgt, daß es nur dann seinen Zweck erfüllt, wenn die Verwaltung mit ihren Leistungen das Verkehrsbedürfnis voll zu befriedigen vermag. Aus der sorgsamsten Beobachtung der für dieses Gebiet maßgebenden Verkehrsmomente werden die Herren Ober-Postdirektoren die Überzeugung gewinnen, daß die Benutzung des Telegraphen wie des Fernsprechers in stetem Steigen begriffen ist und eine noch weit stärkere Entwicklung verheißt. Dieser Entwicklung muß die Verwaltung mit allen ihr zu Gebote stehenden Mitteln entgegenkommen; sie muß das Augenmerk darauf gerichtet halten, ihr die erforderlichen Verkehrswege zu verschaffen, die Nutzbarkeit und Zugänglichkeit der bereits vorhandenen zu erhöhen.« Daran schloß sich die Forderung an, ständig auch die praktische Arbeit zu überwachen und die Ausrüstung und Leitungen in Ordnung zu halten. Auch der militärische Aspekt schlägt durch: »Der Ausbildung des Telegraphennetzes in den Grenzbezirken muß aus nahe liegenden Gründen besondere Umsicht zugewendet werden.« Selbstverständlich lag dem Organisator einer effizienten Internationalen Telegraphenunion daran, daß »Betrieb und Zustand der großen internationalen Linien ... fortdauernd« kontrolliert wurden.

Dennoch ist nicht zu übersehen, daß Stephan trotz gelegentlicher Kontroversen mit Bismarck Mensch seiner Zeit gewesen ist, der wie ein beträchtlicher Teil der Bevölkerung vom expansionistischen Kolonialrausch gefangen war und auch hier die Posttätigkeit aktiviert sehen wollte. Wenn es Kolonien gab, dann sollten auch dort Postämter eingerichtet werden, der Postdienst dorthin mußte funktionieren. Dies aber war nach Stephans neomerkantilistischer Auffassung nur mit deutschen Mitteln möglich, die er dem Reichstag am 14. Juni 1884 vortrug:[77] »Unsere Briefe, Passagiere, Schnellwaren, unsere Gelder, unsere Wechsel, sie werden befördert auf Schiffen, die auf fremden Werften gebaut sind, ihre Mannschaften bestehen leider z.T. aus Deutschen. Es werden also die Unternehmungen fremder Staaten mit gestärkt durch deutsche Produktion, durch deutsche Kapitalkraft, durch deutsche Arme. Es ist auch klar, daß es unter Umständen nicht sehr zu empfehlen ist, unsere Post an fremde Verwaltungen auszuliefern und eine direkte Postverbindung mit den Ländern völlig zu entbehren. Denken sie nur an gespannte Zeiten. Ich will hier nicht von dem Kriegsfalle sprechen, der in den asiatischen Meeren ausbrechen kann.«[78] Mit dieser Erklärung trat Stephan in die Reihe der deutschen Kolonialisten ein, die nachhaltig die Verbesserung der transmaritimen Verbindungen zu den »Schutzgebieten« verlangten. Stephans Einsatz galt insbesondere dem Bau von Reichspostdampfern.[79]

Bereits 1886 lief als erstes Schiff die »Oder« unter der Postflagge von Bremerhaven nach Ostasien aus. Bis zum Jahr 1900 richteten mehrere deutsche Reedereien Linien für den Postverkehr nach Übersee ein, wobei neben Kolonien

Werbeplakat für den Ostasiendienst der Deutschen Reichspost, nach 1886

anscheinend auch Auswanderungsgebiete interessant waren.[80] Der Norddeutsche Lloyd unterhielt von Bremerhaven aus Linien nach Yokohama und nach Apia mit einer Anschlußlinie Brindisi–Port Said, ferner nach Baltimore, nach Santos und nach Buenos Aires. Die HAPAG unterhielt zwei Linien von Hamburg nach New York: einmal über Southampton, dann über Le Havre, eine dritte Linie führte nach Westindien und Mexiko. Die Hamburg-Südamerikanische Dampfschiffahrtsgesellschaft hatte Dienste nach Brasilien, Argentinien und Uruguay; von Hamburg nach Peru ging die Linienführung der Reederei Kosmos; die Woermann-Linie führte nach West-Afrika, die Deutsch-Afrika-Linie hatte ihre Endpunkte in Deutsch-Ostafrika und Mozambique. Auf diesen Linien wurden die Sendungen in Säcken verpackt transportiert. Anders verhielt es sich mit den Seeposten, die u.a. zwischen Deutschland und den USA in Gang gesetzt waren.[81] Bei diesen Schiffstransporten wurden die Sendungen an Bord behandelt, d.h. nach ihren Empfangsorten und -gebieten geordnet und entsprechend dann schon vor der Ladung des Schiffs im Endhafen vorzeitig in einem Hafen (Southampton) ausgeladen, wenn eine günstigere Postverbindung von dort aus bestand.

Grundsätzlich wünschte Stephan auch die Entsendung befähigter Postbeamter in die deutschen Kolonien, damit sie dort Verwaltungserfahrung sammelten und die Post und Telegraphie überwachten.[82] Einer von diesen Abgesandten der Reichspost war der spätere Staatsekretär des Reichspostamts Kraetke. Die Arbeit in den Kolonialterritorien, die erst eine Infrastruktur nach deutschen Vorstellungen erhalten mußten, galt als besonders schwierig. Die »Schutzgebiete« waren als eigene Gebiete dem Weltpostverein angegliedert. Posteinrichtungen gab es in der Südsee auf Neuguinea (unterstellt der OPD Bremen), den Karolinen, den Ladronen, den Palau- und den Marshall-Inseln und auf Samoa (unterstellt der OPD Bremen). Die Deutsche Kolonialpost in Afrika arbeitete in Deutsch-Ostafrika (erst der OPD in Hamburg, seit 1891 direkt dem Reichspostamt unterstellt) sowie in Deutsch-Südwestafrika (bis 1899 der OPD Hamburg, dann dem Reichspostamt unterstellt), ferner in Togo (unter Fachaufsicht der OPD Hamburg) und in Kamerun (erst unterstellt der OPD Hamburg, dann dem Reichspostamt). Die Posteinrichtungen in den Kolonien stellten im Lauf des Ersten Weltkriegs ihre Arbeit nach der Eroberung der jeweiligen Territorien durch alliierte Truppen ein.

Stephan in seinem Arbeitszimmer, um 1890

Neben dem Kolonial-Postdienst bestand auch die Möglichkeit, in einem der deutschen Auslandspostämter Dienst zu tun, die dort eingerichtet worden waren, wo die Reichspost meinte, mit eigenem Personal bessere Leistungen erzielen zu können. Dies galt für die Türkei, wo in Konstantinopel ein Amt mit Nebenstellen in der Stadt und Zweigämtern in Smyrna, Beirut und Jerusalem aufgebaut worden war. Als bei Ausbruch des Ersten Weltkriegs die Türkei generell Postvereinbarungen aufhob, wurden die deutschen Posteinrichtungen geschlossen. In Tanger arbeitete zur Erleichterung des Postverkehrs der Deutschen in Marokko ein Amt seit Ende 1899, das mit Agenturen in den von Frankreich und Spanien kontrollierten Landesteilen verbunden war. Während die Agenturen in französischem Einflußbereich und in Tanger im August 1914 stillgelegt worden sind, haben diejenigen im spanischen Bereich bis Kriegsende ihre Tätigkeit fortsetzen können. Neben dem deutschen Postamt in Shanghai, das beim Eintreffen des ersten Reichspostdampfers 1886 errichtet worden war, gab es zahlreiche weitere Poststellen u.a. in Peking, Kanton und Tientsin und vor allem mehrere Ämter im »Pachtgebiet« Kiautschou. Alle deutschen Posteinrichtungen in China waren der Dienststelle in Shanghai unterstellt, die bei der wachsenden

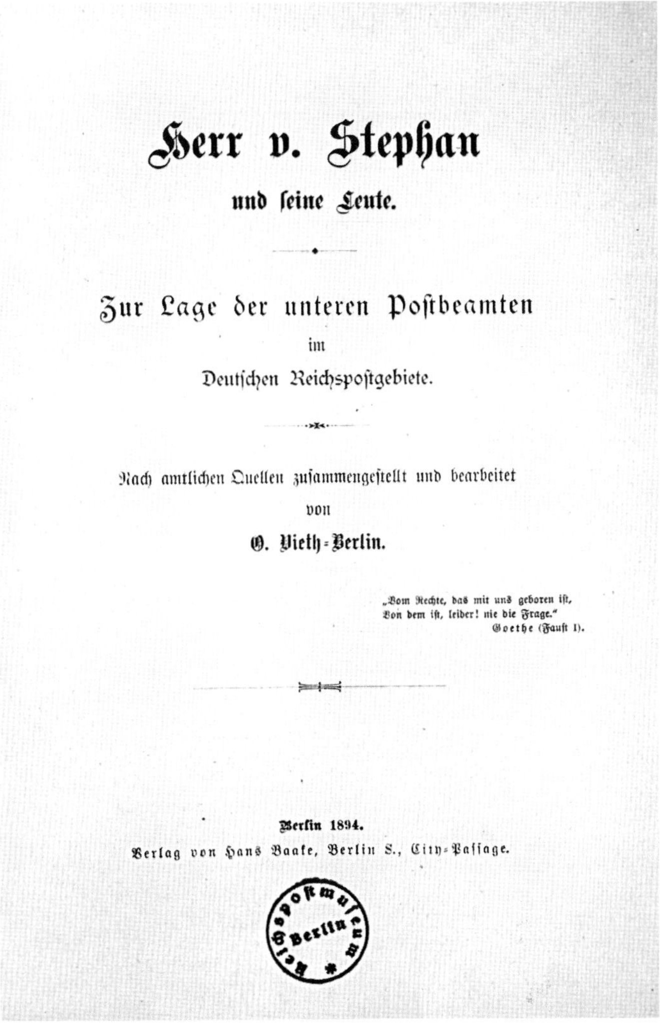

Herr v. Stephan

und seine Leute.

Zur Lage der unteren Postbeamten

im

Deutschen Reichspostgebiete.

Nach amtlichen Quellen zusammengestellt und bearbeitet

von

O. Vieth-Berlin.

„Vom Rechte, das mit uns geboren ist,
Von dem ist, leider! nie die Frage."
Goethe (Faust I).

Berlin 1894.

Verlag von Hans Baake, Berlin S., City-Passage.

Denkschrift der unteren Reichs-Postbeamten, 1894

Bedeutung der deutsch-chinesischen Verbindung und der Zunahme der Agenturen 1912 zur Postdirektion erhoben wurde.[83] Nach dem Eintritt Chinas in den Ersten Weltkrieg wurden die Posteinrichtungen geschlossen; diejenigen in Kiautschou waren nach der Eroberung durch die Japaner 1914 aufgehoben worden.

Auch wenn diese Auslandsämter in Staaten eingerichtet waren, wo auch andere Länder über entsprechende Einrichtungen verfügten, so waren sie doch ein Kennzeichen europäischen Überlegenheitsgefühls und der Mißachtung fremder Souveränität unter dem Einfluß der imperialistischen Zeitströmungen. Einen Sonderfall stellt Thailand (ehemals Siam) dar, da dort ein deutscher Postbeamter des mittleren Dienstes bis zum Generaldirektor aufstieg. In diesem Fall war die Entsendung ausdrücklich erbeten worden. Als der Beamte erkrankt nach mehreren Jahren 1911 nach Deutschland zurückkehrte, wurde ihm keine sonderliche Anerkennung zuteil. Als Obersekretär hatte er seinen Dienst fortzusetzen.[84]

Ob Stephan in dieser Situation ähnlich gehandelt hätte, ist schwer zu entscheiden. Allerdings gingen auf ihn die Schwierigkeiten in den Personalverhältnissen der Postbediensteten mit zurück. Die Literatur stimmt weitgehend darin überein, daß er weder zu Sozialfragen noch zu den Organisationen der Postangehörigen ein vernünftiges Verhältnis entwickelt hat.

Stephan war aus einfachen Verhältnissen aufgestiegen. Er hatte durch eigene Leistung Hürden überwunden, aber er kam niemandem entgegen, der dies nicht selbst vermochte bzw. dem durch Vorschriften ein ähnlicher Weg versperrt war. Stephan forderte großen Einsatz und begriff nicht, daß sein von Unrast geprägter Lebensstil anderen nicht lag. Klagen und Einwendungen wies er zurück. Kennzeichnend hierfür ist eine Erklärung gegen Sonntagsruhe für die Postverwaltungen aus dem Jahr 1885: »Schließen sie die Häfen, schließen Sie die Flüsse, schließen sie die Eisenbahnen, schließen sie den sämtlichen Verkehr auf den Straßen, in den Läden u.s.w., vor allen Dingen die Vergnügungslokale: dann wird die Post auch nicht nötig haben, ihren Dienst am Sonntag zu verrichten.«[85]

Der Postdienst schwankte zunächst zwischen 49 und 75 Stunden in der Woche ohne besondere Anrechnung des Nachtdienstes. Ab 1885 galt die Richtlinie, daß in den großen Ämtern (Ämter I) eine Arbeitszeit von 52 bis 54 Stunden pro Woche bestand, die im Bedarfsfall auch bis 60 Stunden angehoben wurde. Keine feste Regelung gab es für die

Stephan als Redner im Reichstag; Zeichnung von Franz Skarbina, 1890

kleineren Ämter der Klassen II und III, weil dort andere Arbeitsverhältnisse bestanden. Da aber die Postleitung davon ausging, leichte Arbeit könne zu längerer Dienstdauer genutzt werden, galt es unter Podbielski 1899 schließlich sogar als möglich, in den Ämtern III von einer wöchentlichen Arbeitszeit von 69 Stunden auszugehen.[86]

Die Arbeitnehmerorganisationen waren für Stephan kein Gesprächspartner.[87] Es kam insbesondere zu Zusammenstößen mit dem Post-Assistenten-Verband, da die Angehörigen der mittleren Beamtenlaufbahn für sich keine Aufstiegschancen sahen und sogar feststellen mußten, daß sie von Gehalt und Ansehen her hinter vergleichbaren Beamten anderer Ressorts zurückstanden. Versuche der Beamten, sich Gehör zu verschaffen und im Verband der Post- und Telegraphenassistenten – 1890 im Jahr der Aufhebung des »Sozialistengesetzes« gegründet – ein Organ zu schaffen, das beachtet würde, hatten ebenso disziplinarische Konsequenzen wie nur die Lektüre der Verbandszeitschrift »Der Postbote«.[88] Die Zeit, in der Opposition gegen obrigkeitliche Gebote als Reichsfeindschaft ausgegeben und in der die Ablehnung einer patriarchalisch-autoritären Behördenleitung als Undankbarkeit angesehen, in der jedes Bemühen, Interessen der Arbeitnehmer zur Geltung zu bringen, wie eine Gesetzwidrigkeit behandelt wurde, brachte Stephans Stern in die Nähe des Erlöschens.[89]

Einen Höhepunkt erreichten diese Auseinandersetzungen in der Druckschrift »Die Neue Zeit und die Alte Deutsche Reichspost unter der Leitung des Herrn von Stephan«. Dieser angeblich »von einem alten Postillon« herausgegebene »Leitfaden durch die postalischen Mißstände« war für Postbeamte, Kaufleute sowie für das gesamte »große Publikum« gedacht und rüttelte an dem Ansehen des Mannes, der zu Lebzeiten Legende geworden war. »Sachbezogene Angriffe werden gegen die unzureichende Vergütung der durch die Eisenbahnen für die Post geleisteten Arbeiten, gegen erhebliche Fehler in der postamtlichen Statistik und gegen die äußere Pracht und inneren Mängel der Postbauten gerichtet.« Dazu kamen Vorwürfe über Behinderungen in der Laufbahn, über die unzureichende Besoldung und die Härte des Disziplinarrechts. Die Schrift, von Vorstandsmitgliedern des Post-Assistenten-Verbandes verfaßt, wurde den Reichstagsabgeordneten 1892 zugesandt. Viele von diesen konnten eigene Kritik an Selbstherrlichkeit und Rechthaberei des älter werdenden Stephan bestätigt finden.

Zu dieser Rechthaberei ist auch seine Ablehnung jeder Frauenbeschäftigung im Post- und Telegraphenwesen zu zählen. 1872 hatte er im Reichstag erklärt: »Ich glaube in der Tat, daß keine Anstalten weniger als die Reichsverkehrsanstalten dazu geeignet sind, Frauen in Beschäftigung zu setzen.«[90] Für eine bessere »Versorgung« sah er es an, »wenn recht viele deutsche Mädchen sich entschließen würden, unsern braven Postbeamten die Hand zu reichen, um dieselben durch den veredelnden Einfluß, welche wahre Weiblichkeit und gemütliche Häuslichkeit auf jeden Mann, vollends in Deutschland immerdar ausüben werden, für die Erfüllung ihres schweren Berufes zu stärken«.[91]

Die Peinlichkeit von Stephans Verhalten liegt zusätzlich darin, daß sowohl bei der bayerischen als auch der württembergischen Post Frauen eingestellt wurden und sich besonders die württembergische Postverwaltung um eine möglichst vielseitige Ausbildung kümmerte. Unlogisch war Stephans Benehmen außerdem dadurch, daß auch in Baden seit 1864 Telegraphistinnen eingesetzt worden waren, die die Reichspost 1872 in ihren Dienst übernommen hat.[92] Dies gilt ebenso für die Telegraphistinnen, die seit 1873 von der Generaldirektion der Telegraphen eingestellt wurden. Schließlich hat die Reichspostverwaltung seit 1873 Frauen im Berliner Kontrollbüro für Postanweisungen beschäftigt. Erst als infolge der schnell wachsenden Zahl von Telefon-Teilnehmern die männlichen Beamten in den Telefonvermittlungen und Telegraphenämtern nicht mehr ausreichten, wurden nach ersten verheimlichten Versuchen seit 1886 auch bei der Reichspost offiziell junge Frauen eingestellt, denen allerdings jederzeit gekündigt werden konnte und die unter besonderer Überwachung standen.[93]

Die Zahl der Frauen bei der Telegraphie stieg bis 1896 auf 2356 und hatte zehn Jahre später 12668 erreicht. Im Grunde hatten die weiblichen Bediensteten nur Hilfskraftfunktionen auszuüben und besaßen keine Aussichten auf eine sicheren Arbeitsplatz. Heirat oder Geburt eines unehelichen Kindes zogen die sichere Entlassung nach sich. Diese Haltung ist mit nur graduellen Unterschieden in die Zeit nach dem Ersten Weltkrieg tradiert worden. Aber eben dieser Haltung standen Stephans Gründungen von Unterstützungskassen für Hilfsbedürftige und Hinterbliebene oder eines Töchterhorts gegenüber, die Ausdruck einer patriarchalischen Sensibilität für Notlagen sind, deren Lösung von den einfachen Bediensteten nicht gefordert werden durfte, sondern die mit Dank entgegenzunehmen war. Es ist unbestreitbar, daß ein großer Kreis derjenigen, die mit und unter Stephan gearbeitet haben, ihn verehrten und bewunderten. Das ändert jedoch wenig daran, daß er im Umgang mit dem Personal Fehler begangen hat. Sie mögen in den Zeitverhältnissen begründet sein, aber damit werden sie in der Rückschau auch nicht entschuldbar. Vielleicht werden sie dadurch verständlich, daß Stephan inzwischen an Diabetes erkrankt war und angesichts des damaligen medizinischen Standes immer weniger in der Lage war, seine Fähigkeiten richtig einzusetzen.

Stephan hat sich mit seiner eigenwilligen Amtsführung, die sich u. a. im Bau einer Reihe monumentaler Postbauten – insgesamt soll er den Bau von fast 2000 Postgebäuden veranlaßt haben[94] – niederschlug, auch in den Ressorts und im Reichstag Kritik zugezogen. Die Bauten mochten äußerlich dem Stil und Geschmack der wilhelminischen Epoche entsprechen und von ihm als Repräsentationsgebäude gedacht gewesen sein[95], aber sie kosteten große Summen. Diese wurden zwar aus den Einkünften der Post aufgebracht, aber sie führten den Reichstag wiederholt dazu, Etatkürzungen vorzunehmen. Da auch der preußische Finanzminister zu den häufigen Kritikern Stephans gehört hat, entschloß sich Stephan schließlich, den gern geführten Titel des »Generalpostmeisters« aufzugeben und wie die anderen Leiter der obersten Reichsverwaltungen als Staatssekretär ein Reichsamt zu leiten.[96]

Das neue Reichsamt, das durch kaiserlichen Erlaß vom Februar 1880 gegründet wurde, erhielt drei Abteilungen. Zu den Abteilungen Post- und Telegraphenwesen trat eine Abteilung für allgemeine Angelegenheiten (Personalsachen, Etat, Kassenwesen), deren Leitung der Jurist Paul David Fischer erhielt, zu dem Stephan lange Zeit ein recht gutes Verhältnis hatte. Allerdings war Fischer – seit 1895 erster Unterstaatssekretär des Reichspostamtes[97] – nicht in der Lage oder auch nicht willens, von sich aus gegen die Differenzen zwischen Stephan und den Bediensteten etwas zu unternehmen. Stephan hat in seinem »Hirtenbrief« vom Juli 1888, in dem er den Ober-Postdirektoren Anweisungen erteilte, wie eine Direktion zu leiten sei, auch die Behandlung der Bediensteten angesprochen, ohne jedoch auf deren akute Anliegen einzugehen. Es sind vielmehr sehr allgemein gehaltene Hinweise über den Umgang mit Untergebenen und über die Wahrung der eigenen Autorität. Diese Hinweise sind die Frucht eines arbeitsamen Lebens gewesen. Sie waren in diesem speziellen Bereich aber nicht mehr den realen Verhältnissen adäquat.

Immerhin verstand Stephan es aber noch, sich einzusetzen und sein Ressort zu vertreten, dessen Bedeutung für die Modernisierung der Wirtschaft und des täglichen Lebens durch die Vielfalt seiner Aufgaben und Bereiche kaum zu hoch eingeschätzt werden kann. Voll Stolz schrieb er im Januar 1896 seiner Schwester: »Drei Tage habe ich jetzt mühsam Verhandlungen im Reichstag gehabt, habe auch den großen Erfolg, daß von dem ganzen Etat welcher 576 Millionen M. umfaßt nicht ein Pf. gestrichen, sondern alles bewilligt worden ist. Das ist in den ganzen 30 Jahren, die ich mit dem Parlament verkehre, noch nie dagewesen!«[98] Die Krankheit mag ihm den Schwung genommen haben, der die ersten Amtsjahre begleitet hat. Die Postbediensteten, die »Stephansjünger«, konnten feststellen, daß in die bisher zeitweise hektische Betriebsamkeit des Reichspostamtes

»Stephan als Taufpate im Hause des Künstlers«; Gemälde von Anton von Werner, 1880
(Zur Taufe seines Sohnes hatte von Werner 1879 auch den Kronprinzen des Deutschen Reiches, den späteren Kaiser Friedrich III., geladen.)

Ruhe einkehrte. Im Januar 1897 vertrat Stephan noch einmal seinen Etat vor dem Reichstag. Im folgenden Monat starb er.

Er hatte als Leiter der obersten Reichspostbehörde unter drei Kanzlern gedient – Bismarck, Caprivi und Hohenlohe –, ohne daß eine andere politische Grundlinie zu erkennen gewesen wäre als die der Nutzbarmachung der Post für eine große Bevölkerung. Bismarck hat rückschauend bemerkt: »Weniger durchsichtig waren für mich die Beziehungen zu dem Reichspostamte. ... Das Bedürfnis hoher Anerkennung ist eines der Passiva, welche auf den meisten ungewöhnlichen Begabungen lasten. Ich nahm an, daß die Schwächen, welche Stephan aus seinen Anfängen in seine höheren Stellungen hinübergebracht hatte, je älter und je vornehmer er werde, desto mehr von ihm abfallen würden. Ich kann nur wünschen, daß er in seinem Amte alt und gesund werde, und würde seinen Verlust für schwer ersetzlich halten, vermute aber, daß auch er bei meinem Abgange zu denen gehörte, welche eine Erleichterung zu empfinden glaubten. Ich bin stets der Meinung gewesen, daß der Transport und Korrespondenz-Verkehr zu den Staatszwecken beizusteuern habe und diese Beisteuer in der Porto- und Frachtvergütung einzubegreifen sei. Stephan ist mehr Ressortpatriot und als solcher allerdings nicht nur seinem Ressort und dessen Beamten, sondern auch dem Reiche in einem Maße nützlich gewesen, welches für jeden Nachfolger schwer erreichbar sein wird. Ich bin seinen Eigenmächtigkeiten stets mit Wohlwollen entgegen getreten, welches die Achtung vor seiner eminenten Begabung mir einflößte, auch wenn sie meine Kompetenz als Kanzler und stimmführender Vertreter Preußens einschnitten oder er durch seine Vorliebe für Prachtbauten die finanziellen Ergebnisse schädigte.«[99]

Stephans Leichenbegängnis, 1897
(Unter den Trauergästen auch Kaiser Wilhelm II.)

Bismarcks Urteil war subjektiv und nicht ohne Ressentiment, aber darin hatte er recht: Keiner der Nachfolger Stephans hat dessen hier nur knapp angedeutete vielfältigen Beschäftigungen im Post- und Telegraphenbereich nachvollziehen können oder sein Niveau wieder erreicht.[100] Der Praktiker und Techniker war zugleich der kluge Modernisator des deutschen Nachrichtenwesens[101], aber unfähig oder nicht willens, auf die sozialen Anliegen einer modernen Zeit angemessen zu reagieren.

Die Zeit nach Stephan

Stephans Tod löste in der Reichspostverwaltung Bewegung aus. Die Stagnation, die, vom Bauwesen einmal abgesehen, in seinen letzten Lebensjahren geherrscht hatte, war nun zu überwinden, wenn der richtige Mann an die Stelle des »Generalpostmeisters« trat und dieser es verstand, die »Stephansjünger« erneut zu motivieren. Eine lebhafte Debatte unter politischen Aspekten setzte ein, in der die eigentlichen Sachfragen des Post- und Telegraphenwesens und damit auch die Anwartschaft des bisherigen Unterstaatssekretärs Fischer bald untergingen.[102] So drückte sich für den Bereich der Post aus, daß es sich um eine Zeit wachsender sozial und politisch motivierter Spannungen handelte, nachdem sich die Erwartungen der Arbeiterschaft an den neuen Kaiser nicht erfüllt hatten und er in den Arbeitnehmern, soweit sie sich zur Arbeiterbewegung und zu Gewerkschaften bekannten, Reichsfeinde erblickte. Dies schlug sich wiederum in der »Zuchthausvorlage« nieder, die sich gegen die Zwangsmitgliedschaft in wirtschaftlichen Vereinigungen richtete, aber primär dazu gedacht war, Streikbewegungen der Gewerkschaften zu verhindern.[103] Zugleich wirkte sich die fortdauernde wirtschaftliche Unsicherheit und das Deutlichwerden einer neuen ökonomischen Stockungsphase[104] u.a. in heftigen Angriffen gegen die Zollpolitik und die Minister Preußens sowie die Staatssekretäre in den Reichsämtern aus, die noch aus der Ära Caprivi im Amt waren. Der Reichsleitung

Victor von Podbielski, Staatssekretär des Reichspostamtes von 1897 bis 1901

erschien es daher angebracht, zugleich die angeblich von links drohende Gefahr einzudämmen und den Konservativen weitestgehend entgegenzukommen.[105]

Wilhelm II. hat später betont, er selbst habe »als Staatssekretär des Reichspostamts ... Herr(n) von Podbielski... nach Ablehnung einer Reihe anderer Kandidaten ausgesucht«.[106] Daß der Kaiser einen seiner nächsten Günstlinge in das Reichspostamt entsandt hatte, bestätigt auch die Aufzeichnung Reichskanzler Fürst Hohenlohes vom 16. Juni 1897: »Der Kaiser teilte mir mit, daß er den General Podbielski zum Staatssekretär des Reichspostamtes machen wolle. Ich widersprach nicht.«[107] Der Preußische Finanzminister Johannes von Miquel bemerkte: »Ein offenbar gegebener Kandidat ist nicht vorhanden. Herr v. P. ist nach allem ein tüchtiger und sehr geschäftskundiger Mann. Niemand kann ihn als unfähig von vorneherein bezeichnen und niemand weiß im voraus, ob er nicht vollkommen Herr der Sache wird. Da würde ich es kaum für zulässig halten, gegenüber dem Wunsch des Kaisers aus der Sache einen Konfliktfall zu machen.«[108]

Podbielski hatte bisher keinerlei Verbindung zum Postwesen gehabt. Er war der erste Leiter dieser Verwaltung, der nicht aus ihr hervorgegangen war. Er stammte, geboren 1844 in Frankfurt/Oder, aus einer preußischen Offiziersfamilie und hatte an den Kriegen 1866 und 1870/71 teilgenommen. Danach war er bis zum Generalmajor aufgestiegen und mit diesem Rang zu Disposition gestellt worden.

Politisch stand »Pod« – wie er genannt wurde und sich selbst nannte – den Deutsch-Konservativen und dem Ostmarkenverein nahe und gehörte zu den Repräsentanten des Bundes der Landwirte.[109] Seine politisch-ökonomischen Bindungen ließen ihn für das Amt, in das er 1897 berufen wurde – jetzt als Generalleutnant und 1898 zum Wirklichen Geheimen Rat mit dem Prädikat Exzellenz ernannt –, gewiß nicht als prädestiniert erscheinen.

Anders verhielt es sich mit der Tatsache, daß er hoher Offizier war. Diese Phase des Wilhelminismus bzw. des »Neuen Kurses« war mitbestimmt von einer tief in die Gesellschaft hineinreichenden Militarisierung, mit der Hochschätzung von Reserveoffiziersrängen und militärischem Drill. Faktoren, die auch innerhalb der Arbeiterbewegung und ihrer Disziplin eine Rolle gespielt haben. D.h. ein Offizier an der Spitze eines Reichsamts besaß von vorneherein gewisse Autorität. Dazu kam, daß ein Teil der Post- und Telegraphenbeamten aus dem Militärdienst in die Postlaufbahn übernommen worden war und diese Praxis auch weitergeführt wurde (Militäranwärter). Für diese ehemaligen Soldaten hatten die Weisungen eines Generals ganz anderes Gewicht als die eines Zivilisten. Vor allem mochte dies eine Rolle spielen bei der Abwehr der gefürchteten Sozialdemokraten und Gewerkschaften.

Kleinlich im Umgang mit Postvorschriften war der dicke »Pod« nicht. So ordnete er seinen eigenen Worten nach an, »ihm besonders interessante Telegramme aus dem ganzen Reich und namentlich aus Berlin zuzuleiten«.[110] Danach liegt die Vermutung nahe, daß das von Stephan so hochgehaltene Briefgeheimnis ebenfalls nicht mehr sonderlich bewahrt worden ist. Der Postbereich mußte politisch als besonders sensibel gelten[111], da seine Technik für die Zeitverhältnisse hochstehend war, und sich in einzelnen Sektoren nur noch Spezialisten zurecht fanden. Es war für die Regierung und die ihr nahestehenden Parteien und Gruppierungen daher nahezu selbstverständlich, daß bereits gegen jede potentielle Störung des inneren Betriebs eingeschritten wurde.

Wie in anderen staatlichen Bereichen auch begann 1898, dem Jahr, in dem die »Zuchthausvorlage« eingebracht wurde, bei der Post das Vorgehen gegen diejenigen Bediensteten, die der Sozialdemokratie angehörten oder des Sympathisantentums verdächtigt wurden.[112] Podbielski nahm hierzu die Ermahnungen und Verwarnungen wieder auf, die schon unter Stephan bekanntgegeben worden waren und verstärkte sie erheblich, wobei er insbesondere das Lesen sozialdemokratischer und gewerkschaftlicher Zeitschriften und Zeitungen bekämpfte.[113] Zur Gegenwirkung ließ er eine posteigene Zeitung herausgeben. Der Tonfall Podbielskis geht aus dem Erlaß vom 25. Juni 1898 hervor, in dem der General Versuche zur Anwerbung von Postbeamten für die Sozialdemokratie ebenso rügt wie die Agitation postfremder Redner, denen er vorwirft, »Unzufriedenheit« und »Zwietracht« zu säen: »Wenngleich ich überzeugt bin, daß der Geist der Pflichttreue in der Beamtenschaft auch für die Zukunft ein Bollwerk gegen das Eindringen sozialdemokratischer Bestrebungen bilden wird, so halte ich es doch für meine Pflicht, ausdrücklich darauf hinzuweisen, daß ... jede Beteiligung an sozialdemokratischen Bestrebungen mit den durch den Diensteid gelobten Amtspflichten unvereinbar ist, und daß deshalb Beamte, die derartigen Anschauungen Ausdruck geben, nicht im Dienst geduldet werden können. Unstatthaft ist ferner, daß gewerbsmäßigen Agitatoren in Beamtenversammlungen Gelegenheit geboten wird, durch aufreizende, die Organe der Reichsregierung und insbesondere die vorgesetzten Dienstbehörden herabsetzenden Reden die Einmütigkeit vertrauensvollen Zusammenarbeitens und die Arbeitsfreudigkeit in der Beamtenschaft zu untergraben. Wer sich durch solche Agitation beeinflussen läßt, kann nicht erwarten, daß ihm das Vertrauen geschenkt wird, das für die Verwendung in verantwortlichen Stellungen unerläßlich ist. Es ist die Pflicht der einsichtsvollen Elemente in den einzelnen Beamtenklassen, allen die Dienstzucht lockernden und die Interessen des Standes schädigenden Einflüssen energisch entgegenzutreten und in ihren Kreisen mit allem Ernste dafür einzutreten, daß der Beamtenschaft das gegenseitige Vertrauen und die Berufsfreudigkeit erhalten bleiben, die zur Lösung der großen und wichtigen Aufgaben der Reichs-Post- und Telegraphenverwaltung unentbehrlich sind.«[114]

Die Kenntnisnahme dieses Erlasses mußte von allen Angehörigen der Post durch Unterschrift bestätigt werden. Das galt gleichfalls für die Anordnung Podbielskis vom Mai 1899, wonach Vereine der Postunterbeamten nur von aktiven Angehörigen des Postdienstes geleitet werden durften.[115] Denn diese konnten gegebenenfalls leichter zur Verantwortung gezogen und disziplinarisch belangt werden, falls die Vereinigung nach Auffassung der Postleitung unbotmäßig erschien. Um eine großflächige Zusammenarbeit der Verbände zu verhindern, war die Ausdehnung der Vereinigungen über das Gebiet mehrerer Oberpostdirektionen verboten. Podbielski hat auf diese Weise die in ihn gesetzten Erwartungen erfüllt. Ernsthafte, das Gefüge des Post- und Telegraphenwesens gefährdende Entwicklungen in der Beamtenschaft und bei den anderen Gruppen der Bediensteten hat es nicht gegeben.

Als Podbielski schließlich eine Belobigung des Kaisers erhielt, der ihm zu Beginn des Jahres 1900 durch »Allerhöchsten Erlaß« seines »Wohlwollens« versicherte, geschah dies dann allerdings für seine Tätigkeit auf sachlichen Gebieten der Postverwaltung.[116] Hier liegt auch das Problem der Einschätzung Podbielskis, der einerseits tatsächliche und vermutete politische Gegner massiv bekämpfte, andererseits aber ganz offensichtlich »mit Geschäftssinn und großer Geschäftskenntnis ausgestattet, in finanziellen Fragen gewandt und beschlagen, ein geborenes administratives Talent«[117] gewesen ist.

Dies war nicht allein das Lob des Kaisers für einen Günstling, der General wurde auch sonst geachtet.[118] Dabei mag sicherlich eine Rolle gespielt haben, daß »Pod« eine gehörige Portion Humor und Selbstironie besessen hat. Dieser Staatssekretär bemühte sich aber auch, die Arbeitsbedingungen und Notwendigkeiten im Post- und Telegraphenbetrieb kennenzulernen, wobei er nicht vorgab, ein intimer Kenner der Verhältnisse zu sein, sondern einräumte, von außen in das Amt hineingesetzt worden zu sein. Besonders schätzte er hierfür Konferenzen mit den Chefs der Mittelbehörden, den Oberpostdirektoren: »Dabei gab er sich ... in der liebenswürdigsten und offensten Weise, erklärte uns auch unverblümt, ja mit einer gewissen Jovialität und Burschikosität, daß er sich von uns als den im Leben stehenden Verwaltungschefs gern belehren lasse, da er selbst kein

Die Notlage

der

höheren Reichs-Postbeamten.

Denkschrift, 1905

Fachmann sei und sein Amt nur auf kaiserlichen Wunsch übernommen habe, gewissermaßen als gehorsamer Soldat, so daß er auch gesonnen sei, sein Mandat wieder in die Hände des Kaisers zurückzugeben, sobald er sich ihm nicht mehr gewachsen fühlen sollte. Seine Gradheit und Offenheit machte allgemein den besten Eindruck, und wir arbeiteten gut und gern (mit) ihm zusammen, wenn wir selbstverständlich auch den Druck, von einem Nichtfachmann regiert zu werden, nicht ganz los wurden.« Als Podbielski anschließend das preußische Agrarressort übernommen hatte, betonte er wiederholt, »daß man bei der Post im Reichspostamt entschieden mehr und bessere Arbeit leiste, als im Landwirtschaftsministerium«.[119]

Einen Teil seiner Aufmerksamkeit wandte Podbielski dem Personalproblem zu, wobei er im Jahr 1900 eine Reform in die Wege leitete.[120] Von nun an hatten Zivilanwärter für die Postlaufbahn erhöhte schulische Leistungen zu erbringen, für den mittleren Dienst war das Einjährige Voraussetzung. Nach vier Jahren war die Assistentenprüfung abzulegen, nach weiteren zwei oder spätestens vier Jahren stand die Sekretärsprüfung an. Nach diesem Examen war die oberste erreichbare Stufe für diese Beamtenkategorie die eines Geheimen expedierenden Sekretärs im Reichspostamt. Es stellte sich jedoch sehr bald heraus, daß die Sekretärsstellen überfüllt waren. Aus diesem Grund wurden die Prüfungsbedingungen äußerst erschwert, so daß sie insbesondere für die Militäranwärter nahezu unumschiffbare Klippen darstellten. Effektiv stieg die Zahl der Sekretärsstellen von 1900 mit 6242 bis 1918 auf 8108; im gleichen Zeitraum nahm die Zahl der Assistenten von 19053 auf 46090 zu. Im höheren Dienst waren in den Jahren der Ära Stephan zu viel Eleven eingestellt worden, die dann als Sekretäre bei den Direktionen festgehalten wurden. Die Post- und Telegraphenschule, als posteigene Akademie 1885 gegründet, hatte zwar eine verbesserte Ausbildung gebracht, aber den Stellenplan nicht verbessert; sie wurde 1905 wieder geschlossen. Die Reform Podbielskis sah nun für den höheren Dienst ein akademisches Studium in Staats- und Rechtswissenschaften, in Elektrotechnik, Physik oder Chemie vor. Nach dem Examen vor einem Postausschuß folgte die Ernennung zum Postreferendar, nach weiteren drei, spätestens fünf Jahren die Assessoren-Prüfung. Sowohl im Post- wie im Telegraphenbereich gab es längere Phasen, in denen wegen Stellenmangels keine Anwärter für die höhere Beamtenlaufbahn eingestellt werden konnten.

Gegenüber der Frauenarbeit hat Podbielski offenbar weniger Bedenken als Stephan gehabt, wobei nun auch schon Erfahrungswerte vorlagen. Unter ihm wurde eingeleitet, daß »ältere, besonders befähigte Gehilfinnen«[121] auch als Aufsicht eingesetzt wurden. Durch einen Erlaß vom Februar 1898 verfügte Podbielski, daß die Vorsteher der untersten Kategorie der Postämter, also in kleinen Gemeinden, auch Gehilfinnen anstelle von Männern einsetzen konnten. Diese weiblichen Postbediensteten durften nicht jünger als 16 Jahre sein. Podbielski regte an, in diesen Fällen vor allem Familienmitglieder zu berücksichtigen. Um die Moral des Postpersonals zu sichern, war Nachtdienst von Frauen bei

Deutsche Postzeitung

Das Wort sei frei, Das Herze treu.

Einig und gleich, Treu Kaiser und Reich

Organ des Verbandes Deutscher Post- und Telegraphen-Assistenten.

Verantwortlicher Redakteur: L. Hubrich in Berlin. Verlag: F. Funk in Berlin. — Erscheint am 1. und 16. jedes Monats. — Bezug: Durch die Post, durch die Geschäftsstelle der „Deutschen Postzeitung", Berlin, C. Münzstr. 20 I oder durch den Buchhandel (Kommissionsverlag R. F. Funcke, Berlin, SO. Köpenickerstr. 114). — Bezugspreis: Vierteljährlich 2 M. Einzelne Nummern 35 Pf. — Anzeigen: Die viergespaltene Petitzeile 40 Pf.; bei Wiederholungen Rabatt. Für Familienanzeigen und Stellentauschgesuche von Verbandsmitgliedern ist der Betrag von 1 M. im Voraus einzusenden — Fernsprech-Anschluß: Amt VII 3126.

Sämmtliche Zuschriften sind an die Schriftleitung der „Deutschen Postzeitung" in Berlin, C. Münzstr. 20, zu richten.

Nummer 1. Berlin, 1. Januar 1899. X. Jahrgang.

Weshalb sind die Postbeamten unzufrieden?

Eine Studie von Ober-Postassistent Monitor.

I.

In Nr. 20 der „Deutschen Postzeitung" für 1898 ist ein Artikel: „Die Sozialdemokratie im Beamtenthum" aus der konservativen Zeitschrift „Die Grenzboten" abgedruckt, dessen Inhalt, anscheinend den Verhältnissen der preußischen Beamten auf den Leib geschrieben, Wort für Wort auch auf die Postbeamten zutrifft und nur insoweit einer Ergänzung bedarf, als die besonderen Verhältnisse der Reichs-Postverwaltung hierzu Anlaß geben. In den nachfolgenden Ausführungen soll versucht werden, diese Ergänzungen zu geben, überhaupt die Leser dieses Blattes und alle Freunde einer wahrhaft gründlichen Reform der Personalverhältnisse bei der Post zu veranlassen, sich über die in der Ueberschrift zu diesen Zeilen ausgedrückte Frage zu äußern, um eingehend klarzustellen, woran es liegt, daß trotz des offenkundigen Bestrebens unserer Verwaltung, die wirthschaftliche Lage ihrer Beamten zu heben, ein rechtes, beide Theile befriedigendes Verhältniß nicht zu Stande kommen will.

Der erwähnte Artikel der „Grenzboten" zählte als Gründe für die unleugbar vorhandene Unzufriedenheit der mittleren und unteren Beamten zwei Hauptübel auf, den Mangel an wirklichem, aufrichtig gemeinten Wohlwollen der höheren Beamten gegenüber ihren Untergebenen und das „Zwischenmeistersystem", wodurch die Oberbeamten ihren Untergebenen immer fremder geworden und Behandlung und Erziehung immer mehr in subalterne Hände gekommen seien. Der Artikel schließt mit den Worten: „Das Wohlwollen fehlt überall, und deshalb hilft alles nichts."

Ja, das Wohlwollen — ein schönes Wort, das „Wohl (eines anderen, in unserem Falle eines Abhängigen, Untergebenen) wollen". Hätte jeder Beamte das Gefühl, daß alle Maßnahmen seiner Vorgesetzten, soweit es sich nicht um Dinge rein technischer Natur handelt, von dem Gesichtspunkte ihrer Wirkung auf das Wohl der Beamten geprüft würden oder gar einer ähnlichen Erwägung entsprängen, so würde mit einem Schlage das Vertrauen zu dem guten Willen der Vorgesetzten wiederkehren. Ob sich ein Umschwung in dieser Richtung im Reichspostwesen vorbereitet, soll hier nicht untersucht werden, die Zeit wird es lehren. Das aber muß gesagt werden, daß es lange dauern wird, bis die letzten Spuren der Stephan'schen Aera verwischt sein werden, in der das Wort „Wohlwollen" einen häßlichen, mindestens ironischen Beigeschmack bekommen hatte. Wer erinnert sich nicht noch der pathetischen Erklärung eines jetzt zu unfreiwilliger Muße verwiesenen Vertreters der Postverwaltung im Reichstage, wonach Gerechtigkeit, Milde und Wohlwollen die Leitsterne bei Behandlung des Personals seien? Wer erinnert sich nicht noch, mit welchem Ingrimm diese Erklärung von den Betheiligten aufgenommen wurde, die am eigenen Leibe Proben dieser Behandlung erfahren hatten, wie allgemein dieser Ausspruch theils als offenbare Verhöhnung, theils als ein Beweis dafür aufgefaßt wurde, wie weit selbst bei den Höchstgestellten, für das Wohl vieler Tausende verantwortlichen Personen die Selbsttäuschung gehen kann? Und dabei kann und darf Niemand behaupten, daß der Verkündiger solcher Tendenzen etwa wider besseres Wissen gesprochen habe. Aber gerade, wenn er in dem Wahne befangen gewesen sein sollte, daß die Behandlung des Personals in vollem Einklang stände mit den verkündeten Grundsätzen, so wäre diese Selbsttäuschung um so verhängnißvoller, als sie mit erschreckender Deutlichkeit den Beweis erbrächte, wie recht der Grenzboten-Artikel mit seiner Behauptung hat, daß die leitenden Personen dem Gros des Personals fremd geworden seien, das Verständniß für das Fühlen und Denken desselben verloren hätten.

Ein weiteres Beispiel für viele. Jahraus, jahrein suchten die Träger des Stephan'schen Systems das Vor-

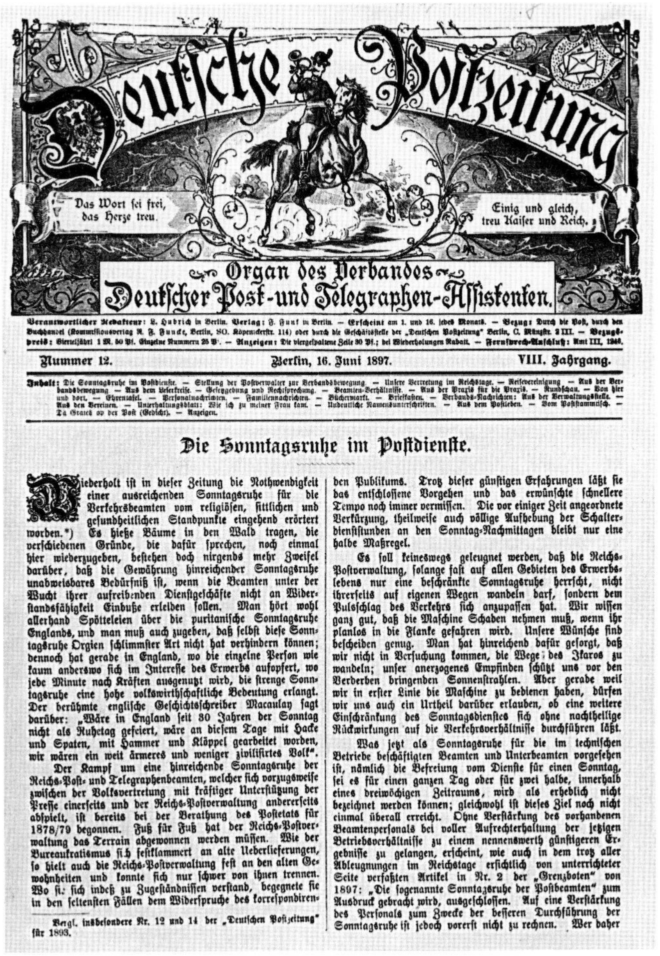

Deutsche Postzeitung

Das Wort sei frei, das Herze treu.

Einig und gleich, treu Kaiser und Reich.

Organ des Verbandes Deutscher Post- und Telegraphen-Assistenten.

Verantwortlicher Redakteur: L. Hubrich in Berlin. Verlag: F. Funk in Berlin. — Erscheint am 1. und 16. jedes Monats. — Bezug: Durch die Post, durch den Buchhandel (Kommissionsverlag R. F. Funcke, Berlin, SO. Köpenickerstr. 114) oder durch die Geschäftsstelle der „Deutschen Postzeitung" Berlin, C. Münzstr. 2 III. — Bezugspreis: Vierteljährl 1 M. 50 Pf. Einzelne Nummern 25 Pf. — Anzeigen: Die viergespaltene Zeile 30 Pf.; bei Wiederholungen Rabatt. — Fernsprech-Anschluß: Amt III, 1246.

Nummer 12. Berlin, 16. Juni 1897. VIII. Jahrgang.

Inhalt: Die Sonntagsruhe im Postdienste. — Stellung der Postverwalter zur Verbandsbewegung. — Unsere Vertretung im Reichstage. — Reisevereinigung — Aus der Verbandsbewegung — Aus dem Leserkreise. — Gesetzgebung und Rechtsprechung. — Beamten-Verhältnisse. — Aus der Praxis für die Praxis. — Rundschau. — Von hier und dort. — Ehrentafel. — Personalnachrichten. — Familiennachrichten. — Büchermarkt. — Briefkasten. — Verbands-Nachrichten: Aus der Verwaltungsstelle. — Aus den Vereinen. — Unterhaltungsblatt: Wie ich zu meiner Frau kam. — Undeutliche Namensunterschriften. — Aus dem Postleben. — Vom Poststammtisch. — Da Graids op der Post (Gedicht). — Anzeigen.

Die Sonntagsruhe im Postdienste.

Wiederholt ist in dieser Zeitung die Nothwendigkeit einer ausreichenden Sonntagsruhe für die Verkehrsbeamten vom religiösen, sittlichen und gesundheitlichen Standpunkte eingehend erörtert worden.*) Es hieße Bäume in den Wald tragen, die verschiedenen Gründe, die dafür sprechen, noch einmal hier wiederzugeben, bestehen doch nirgends mehr Zweifel darüber, daß die Gewährung hinreichender Sonntagsruhe unabweisbares Bedürfniß ist, wenn die Beamten unter der Wucht ihrer aufreibenden Dienstgeschäfte nicht an Widerstandsfähigkeit Einbuße erleiden sollen. Man hört wohl allerhand Spötteleien über die puritanische Sonntagsruhe Englands, und man muß auch zugeben, daß selbst diese Sonntagsruhe Orgien schlimmster Art nicht hat verhindern können; dennoch hat gerade in England, wo die einzelne Person wie kaum anderswo sich im Interesse des Erwerbs aufopfert, wo jede Minute nach Kräften ausgenutzt wird, die strenge Sonntagsruhe eine hohe volkswirthschaftliche Bedeutung erlangt. Der berühmte englische Geschichtsschreiber Macaulay sagt darüber: „Wäre in England seit 30 Jahren der Sonntag nicht als Ruhetag gefeiert, wäre an diesem Tage mit Hacke und Spaten, mit Hammer und Klöppel gearbeitet worden, wir wären ein weit ärmeres und weniger zivilisirtes Volk".

Der Kampf um eine hinreichende Sonntagsruhe der Reichs-Post- und Telegraphenbeamten, welcher sich vorzugsweise zwischen der Volksvertretung mit kräftiger Unterstützung der Presse einerseits und der Reichs-Postverwaltung andererseits abspielt, ist bereits bei der Berathung des Postetats für 1878/79 begonnen. Fuß für Fuß hat der Reichs-Postverwaltung das Terrain abgewonnen werden müssen. Wie der Bureaukratismus sich festklammert an alte Ueberlieferungen, so hielt auch die Reichs-Postverwaltung fest an den alten Gewohnheiten und konnte sich nur schwer von ihnen trennen. Wo sie sich indeß zu Zugeständnissen verstand, begegnete sie in den seltensten Fällen dem Widerspruche des korrespondirenden Publikums. Trotz dieser günstigen Erfahrungen läßt sie das entschlossene Vorgehen und das erwünschte schnellere Tempo noch immer vermissen. Die vor einiger Zeit angeordnete Verkürzung, theilweise auch völlige Aufhebung der Schalterdienststunden an den Sonntag-Nachmittagen bleibt nur eine halbe Maßregel.

Es soll keineswegs geleugnet werden, daß die Reichs-Postverwaltung, solange fast auf allen Gebieten des Erwerbslebens nur eine beschränkte Sonntagsruhe herrscht, nicht ihrerseits auf eigenen Wegen wandeln darf, sondern dem Pulsschlag des Verkehrs sich anzupassen hat. Wir wissen ganz gut, daß die Maschine Schaden nehmen muß, wenn ihr planlos in die Flanke gefahren wird. Unsere Wünsche sind bescheiden genug. Man hat hinreichend dafür gesorgt, daß wir nicht in Versuchung kommen, die Wege des Ikaros zu wandeln; unser anerzogenes Empfinden schützt uns vor den Verderben bringenden Sonnenstrahlen. Aber gerade weil wir in erster Linie die Maschine zu bedienen haben, dürfen wir uns auch ein Urtheil darüber erlauben, ob eine weitere Einschränkung des Sonntagsdienstes sich ohne nachtheilige Rückwirkungen auf die Verkehrsverhältnisse durchführen läßt.

Was jetzt als Sonntagsruhe für die im technischen Betriebe beschäftigten Beamten und Unterbeamten vorgesehen ist, nämlich die Befreiung vom Dienste für einen Sonntag, sei es für einen ganzen Tag oder für zwei halbe, innerhalb eines dreiwöchigen Zeitraums, wird als erheblich nicht bezeichnet werden können; gleichwohl ist dieses Ziel noch nicht einmal überall erreicht. Ohne Verstärkung des vorhandenen Beamtenpersonals bei voller Aufrechterhaltung der jetzigen Betriebsverhältnisse zu einem nennenswerth günstigeren Ergebnisse zu gelangen, erscheint, wie auch in dem trotz aller Ableugnungen im Reichstage ersichtlich von unterrichteter Seite verfaßten Artikel in Nr. 2 der „Grenzboten" von 1897: „Die sogenannte Sonntagsruhe der Postbeamten" zum Ausdruck gebracht wird, ausgeschlossen. Auf eine Verstärkung des Personals zum Zwecke der besseren Durchführung der Sonntagsruhe ist jedoch vorerst nicht zu rechnen. Wer daher

*) Vergl. insbesondere Nr. 12 und 14 der „Deutschen Postzeitung" für 1893.

der Bahnpost unzulässig, gleichzeitige Beschäftigung von Männern und Frauen sollte vermieden werden.[122] Grundsätzlich galt allerdings weiterhin, daß bei einem entsprechenden Stellenbedarf für männliche Bedienstete die Frauen entlassen wurden. Neben den Telegraphenämtern und der Telefonvermittlung sind weibliche Bedienstete der Post ab 1912 auch im Postscheckdienst eingesetzt worden. Im Ersten Weltkrieg gab es dann wegen des großen Arbeitskräftemangels keinen Bereich des unteren Postwesens mehr, für den sie nicht geeignet erschienen wären.

In »Pods« Amtszeit fällt die erste Fernsprechgebührenordnung (ab 1. Juni 1900).[123] Durch sie trat an die Stelle der Einheitsgebühr von jährlich 150 M eine nach der Größe des jeweiligen Ortsnetzes gestaffelte Pauschale von 80 bis 180 M oder zu einer Grundgebühr von 60 bis 100 M eine Gesprächsgebühr von 5 Pf für jedes vermittelte Gespräch bei einem Jahresminimum von 400 Gesprächen. Im Krieg gab es dann zwei Gebührenerhöhungen: 1916 von 10 Prozent und 1918 von weiteren 20 Prozent. Fast gleichzeitig mit der Gebührenordnung trat eine Änderung des Telegraphenwegegesetzes in Kraft[124], die die von Stephan gesicherten privaten Freiräume dahin einschränkte, daß bei aller Schonung des Eigentums und unter Wahrung anderweitiger Interessen die Telegraphenbaubehörden das Recht hatten, ihre Bautrupps auch auf öffentlichen Wegen einzusetzen und Leitungen über Privatgrundstücke hinwegzuführen und diese

Deutsche Postzeitung

Das Wort sei frei, das Herze treu. — Einig und gleich, treu Kaiser und Reich.

Organ des Verbandes Deutscher Post- und Telegraphen-Assistenten.

Nummer 18. Berlin, 16. September 1896. VII. Jahrgang.

An unsere Mitarbeiter.

Die wirthschaftliche Lage der Postgehülfen und nicht angestellten Assistenten.

Berlin, Freitag den 12. Januar 1900.

24. Jahrgang. Nr. 2.

Deutsche Verkehrs-Zeitung

Organ für das Post- und Telegraphenwesen und für die Interessen der deutschen Verkehrs-Beamten.

Die Wohlfahrtseinrichtungen der Reichs-Post- und Telegraphenverwaltung.

1. Maßnahmen zur Hebung des Gesundheitszustandes der Beamten und Unterbeamten.

dabei zu betreten. Diese Neuregelung stellte eine Vereinfachung bei dem Verlegen von Leitungen dar und bietet eine Erklärung dafür, daß gerade ab 1900 im Jahresdurchschnitt die stärkste Zunahme neuer Telegraphenleitungen zu verzeichnen ist (im Durchschnitt von 1900 bis 1910 pro Jahr 9500 km). Im gleichen Zeitraum nahm die Zahl der Fernsprechteilnehmer jährlich um 2113 zu.[125]

Podbielski gab weiterhin die Anregung, die Nutzung von Kraftfahrzeugen für die Post zu erproben.[126] Noch waren die Ergebnisse allerdings wenig günstig, da die benutzten Wagen den Ansprüchen der Post nicht genügten. Aber ein erster Schritt war unternommen, daß in dieser Richtung unter Podbielskis Nachfolger zielstrebig weitergearbeitet werden konnte. Zweckdienlich für den Postinnendienst war die Einführung von Schreib-, Rechen- und Stempelmaschinen. Nach der Jahrhundertwende wurden als Erleichterung für die Schalterbeamten Automaten für Postkarten und Briefmarken aufgestellt. Schließlich ging man dazu über, elektrisch betriebene Transportbänder und Fördereinrichtungen aufzustellen, die neben den schon von Stephan eingerichteten Rohrposten in den Ämtern einen schnelleren und weniger arbeitsintensiven Umgang mit dem Postgut ermöglichten.[127]

Der Kundschaft wurde unter Podbielski nach Stephans Postkarte jetzt der Kartenbrief für kurze, aber Kartenlänge überschreitende Mitteilungen angeboten; außerdem konn-

Berlin, Freitag den 24. März 1899.

23. Jahrgang. Nr. 12.

Deutsche Verkehrs-Zeitung

Organ für das Post- und Telegraphenwesen und für die Interessen der deutschen Verkehrs-Beamten.

Erscheint: Jeden Freitag. — Bezugsgebühr: Zwei Mark vierteljährlich. Anzeigenpreis: für die 4gespaltene Zeile 50 Pf. | Bestellungen: nehmen sämmtliche Postanstalten, Zeitungsgeschäfte, sowie die Expedition in Berlin SW. 12, Zimmer-Straße 7. I. an.

Bestellungen auf das mit dem 1. April 1899 beginnende zweite Vierteljahr der „Deutschen Verkehrs-Zeitung" werden, um die Höhe der Auflage rechtzeitig bestimmen zu können und den oft unausführbaren Ansprüchen auf Nachlieferung einzelner Nummern zu begegnen, schleunigst erbeten. Bestellungen gegen Einzahlung von 2 Mark vierteljährlich nehmen alle Postanstalten des Deutschen Reichs sowie die Expedition, Zimmer-Straße 7, entgegen.

Inhalt: Die Umgestaltung der Beamtenverhältnisse bei der Reichs-Post- und Telegraphenverwaltung. — Gerichtliches Erkenntniß über die Haftung der Postverwaltung für Werthsendungen, welche auf Verlangen eines Unberechtigten postlagernd nachgesandt und an Letzteren ausgehändigt sind. — Aus dem Reichstage. — Kleine Mittheilungen. — Ausland. — Büchertisch. — Personal-Nachrichten. — Stenographische Berichte des Reichstages. — Stiftung Töchterhort. — Briefschalter. — Eine Reise zum Negus von Abessinien. — Anzeigen.

Die Umgestaltung der Beamtenverhältnisse bei der Reichs- Post- und Telegraphenverwaltung.

Nachdem der Herr Staatssekretär des Reichs-Postamts in der Budgetkommission des Reichstags, wie bereits mitgetheilt, über die künftige mittlere Postlaufbahn Aufschluß gegeben hatte, hat er in voriger Woche im Plenum des Reichstags über die Grundzüge für die Umgestaltung der gesammten Beamtenverhältnisse — vorbehaltlich der näheren Verständigung mit den betheiligten Ressorts — folgende Erklärung abgegeben:

„Für die Beamten der Reichs-Post- und Telegraphenverwaltung werden zwei streng von einander geschiedene Laufbahnen — die höhere und die mittlere — eingerichtet.

Die höhere Laufbahn umfaßt die Stellen als Postassessor, Postinspektor, Post- und Telegraphendirektor, Postrath u. s. f.

Zur mittleren Laufbahn gehören sämmtliche Subalternstellen.

Die Bewerber für die höhere Laufbahn müssen das Reifezeugniß eines Gymnasiums, eines Realgymnasiums oder einer Ober-Realschule besitzen. Der Beamte wird zunächst im technischen Post- und Telegraphendienste ausgebildet und hat sich dann einem mehrjährigen Studium zu unterziehen. Nach Ablegung der Prüfungen zum Postreferendar und zum Postassessor rückt er bei sich darbietender Gelegenheit in die höheren Stellen der Verwaltung ein. Wer die Prüfung zum Postassessor auch beim zweiten Versuch nicht besteht, muß aus dem Postdienste ausscheiden.

Vorbedingung zum Eintritt in die mittlere Laufbahn ist die Reife für die Untersekunda eines Gymnasiums, eines Realgymnasiums oder einer Ober-Realschule. Nach vier Jahren ist die Assistentenprüfung abzulegen. Die etatsmäßige Anstellung als Assistent oder Postverwalter erfolgt sogleich auf Lebenszeit. Bewährte und tüchtige Assistenten rc. können nach mehrjähriger Dienstzeit zur Sekretärprüfung zugelassen werden. Durch das Bestehen dieser Prüfung erlangen sie die Aussicht, in Stellen für Sekretäre, Obersekretäre, Postmeister, Ober-Postdirektionssekretäre u. s. w. einzurücken.

Auch den bereits in der mittleren Laufbahn befindlichen Beamten werden unter bestimmten Voraussetzungen die Stellen für Sekretäre, Obersekretäre u. s. w. zugänglich gemacht werden."

Die geplante Neuordnung schließt sich hiernach im Allgemeinen der Beamtenorganisation an, welche bei den übrigen Verwaltungen des Reichs und bei denen in Preußen und anderen Bundesstaaten schon jetzt besteht. Die beiden Hauptgesichtspunkte sind: scharfe Trennung der höheren von der mittleren Laufbahn und Freigabe sämmtlicher Subalternstellen an die Anwärter der mittleren Laufbahn.

Eine völlige Umgestaltung erfährt die höhere Laufbahn. Die Anwärter haben sich künftig nach erfolgter Ausbildung im technischen Post- und Telegraphendienste einem mehrjährigen Studium zu unterziehen, um sich die für den höheren Post- und Telegraphendienst nothwendigen wissenschaftlichen Kenntnisse anzueignen. Ob die Studien an einer Universität, einer technischen Hochschule oder einer etwa neu zu begründenden Postakademie betrieben werden sollen, ist nicht gesagt, auch wohl noch nicht endgültig beschlossen. Es würde u. E. zweckmäßig sein, wenn die Anwärter ihre wissenschaftliche Ausbildung nicht ausschließlich auf einer Postakademie, sondern zum Theil auch auf einer Hochschule erlangten. Selbstverständlich haben die Beamten die Kosten des Studiums aus eigenen Mitteln zu bestreiten. Nach Beendigung der Studien tritt der Beamte zur Post- und Telegraphenverwaltung zurück. Er hat die Prüfung zum Postreferendar und später die zum Postassessor abzulegen. Die erste etatsmäßige Anstellung des Anwärters der höheren Laufbahn erfolgt künftig nicht mehr in einer Subalternstellung, sondern unmittelbar in einer höheren Dienststelle.

Nachdem der Herr Staatssekretär des Reichs-Postamts sich entschlossen hatte, eine Umgestaltung der höheren Postlaufbahn in der angegebenen Richtung vorzunehmen, war die Möglichkeit gegeben, den mittleren Beamten sämmtliche Subalternstellungen zu eröffnen. Das ist denn auch geschehen und damit den Wünschen der Assistenten im weitesten Umfange Rechnung getragen.

Wer künftig als Postgehülfe eintreten will, muß nach der obigen Erklärung mindestens das Zeugniß der Reife für die Untersekunda eines Gymnasiums, eines Realgymnasiums oder einer Ober-Realschule besitzen. Durch diese Eröffnung wird natürlich nur das für den Eintritt in den mittleren Postdienst künftig erforderliche Maß schulwissenschaftlicher Bildung bezeichnet; nicht aber soll dadurch bestimmt werden, daß die Bewerber stets ein Gymnasium, ein Realgymnasium oder eine Ober-Realschule besucht haben müssen. Der Herr Staatssekretär hat sich in der Budgetkommission dahin ausgesprochen, daß auch die Annahme solcher jungen Leute zulässig sein soll, die auf einer anderen öffentlichen Schule, z. B. auf einer Realschule, einer Mittelschule oder dergl. eine entsprechende Schulbildung erlangt haben.

Von den Anwärtern der mittleren Laufbahn wird hiernach für die Folge eine größere Schulbildung, als bisher, gefordert werden. Dies ist gegenüber den Anforderungen, welche die stete Entwickelung des Post- und Telegraphenbetriebes an die Beamten stellt, unbedingt nothwendig. Namentlich sollte auch darauf geachtet werden, daß die Anzunehmenden gute Kenntnisse in neueren Sprachen besitzen. In verschiedenen Zuschriften an uns ist zum Ausdruck gebracht, daß es zweckdienlich sein würde, von den Anwärtern der mittleren Laufbahn allgemein das Zeugniß für den einjährig-freiwilligen Militärdienst zu verlangen. Die Postverwaltung hat diesen Standpunkt nicht eingenommen. Nach unserer Meinung hat schon mit Rücksicht darauf, daß die etatsmäßigen Postassistentenstellen und die Postverwalterstellen zu einem Drittel, die etatsmäßigen Telegraphenassistentenstellen zu zwei Dritteln den Militäranwärtern vorbehalten sind, über das geforderte Maß an Schulbildung nicht hinausgegangen werden können.

Die Vorbereitungszeit ist, wie bisher, auf vier Jahre bemessen. Die etatsmäßige Anstellung als Assistent oder Postverwalter erfolgt künftig sogleich auf Lebenszeit, also unwiderruflich. Durch diese Anordnung ist eben-

Ausgabe B.

Unter dem Reichsadler

Offizielles Organ des Verbandes d. deutschen Reichs-Post- u. -Telegraphenbeamtinnen.

Erscheint am 2. und 4. Donnerstag jeden Monats. Bestellungen nehmen alle Postanstalten für 75 Pfg. ausschl. Porto oder Bestellgeld für das Vierteljahr entgegen. Für auswärtige Vereine weitgehende Ermässigung. | Herausgeber: Ernst Sommer. Verlag: Verkehrs-Verlag Union Berlin-Wilmersdorf, Prinzregentenstr. 89 Tel.: Amt Pfalzburg 4500. | Anzeigen 1/1 Seite 150,— Mk. Kleine Anzeigen die 3gespaltene Nonpareillezeile 50 Pfg. Bei Wiederholungen hoher Rabatt. Bei Nichtinnehaltung der Vereinbarungen fällt der bewilligte Rabatt fort.

No. 19 Berlin, den 8. Oktober 1914 VI. Jahrg.

Die nächste Nummer unserer Zeitschrift erscheint am 22. Oktober
Redaktionsschluss für Vereinsnachrichten am 16. Oktober.

Inhalt: Personalfragen und -Sorgen während des Krieges. — Eine Kriegshilfe der Frauen: Die Alkoholbekämpfung. — Harnack's deutsche Rede in schwerer Zeit. — Kriegsmaßnahmen der Reichs-Postverwaltung. — Verbandsnachrichten. — Vereinsnachrichten. — Personalien. — Postalisches. — Soziales. — Verschiedenes. — Frauenfortschritt.

Personalfragen und -Sorgen während des Krieges.

Die „Blätter für Post und Telegraphie", Zeitschrift der höheren Post- und Telegraphenbeamten, brachten in ihrer Nr. 11 an vorderster Stelle einen Aufsatz „Die Zurückgebliebenen", den wir hier im Wortlaut folgen lassen, da er für die Beurteilung der gegenwärtigen Personalverhältnisse, wie sie sich von unserem Standpunkte aus ergibt, nicht ohne Interesse ist. Der Artikel lautet:

„Die abkömmlichen und felddienstfähigen Angehörigen der Reichspost sind dem Rufe ihres Kaisers freudig gefolgt. Jeder will in dieser großen Zeit nicht müßiger Zuschauer sein, sondern zum Nutzen des Vaterlandes das Höchste leisten, was ihm seine Kraft erlaubt. Wer als alter Soldat nicht die hohe Ehre genießt, ins Feld ziehen zu dürfen, wird zum militärischen Erzieher der kampfbereiten Jugend oder er wacht als Landsturmmann über Gut und Sicherheit seiner Mitbürger. Auch die Berufung zur Feldpost- und Etappen-Telegraphie eröffnet dem Tatendrang ein weites Arbeitsgebiet, und alle diejenigen unter uns, welche dem Reiche nicht mit der Waffe dienen, sind glücklich, unseren wackeren Streitern die Verbindung mit der Heimat herstellen und erhalten zu können. So geht durch die ganze Beamtenschaft ein unwillkürliches Vorwärtsdrängen, ein unaufhaltsamer Trieb nach Betätigung. Leider findet dieser Trieb nicht immer genügende Befriedigung; der größte Teil der schaffensfreudigen Beamten muß in der Heimat zurückbleiben. Hier stockt Handel und Wandel, und gerade in den größten Städten ist der Rückschlag am stärksten. Trotz der Lücken, die der Personalbestand im Vergleich zu normalen Zeiten aufweist, sind hier die Beamten — von Ausnahmen abgesehen — sehr wohl in der Lage, ein umfangreicheres Arbeitspensum zu bewältigen, ein Blick in die oft so leeren Schalterhallen wird diese Ansicht bestätigen. Es muß mit allen Mitteln versucht werden, hier Abhilfe zu schaffen, sei es durch Ueberweisung der jüngeren Beamten an mittlere und kleinere Aemter, sei es durch Uebertragung gewisser Geschäfte der örtlichen Postsammelstelle auf die größeren Lokalämter. Das Gefühl, sich jetzt dem Vaterlande nützlich erweisen zu müssen, ist allenthalben stark ausgeprägt. Die Rückwirkung der außerordentlichen Leistungen unserer Armee und Marine auf die zu Hause Zurückgebliebenen macht sich infolgedessen in einer gedrückten Stimmung geltend. Der gewaltsam gehemmte Tätigkeitstrieb führt zu

ten Postanweisungen und Nachnahmen bis zu 800 M aufgegeben werden. Unter seiner Ägide kam die allgemeine Einführung von Postschließfächern, die sich in einzelnen Teilen des Reichspostgebiets wie auch in Bayern und Württemberg bereits bewährt hatten. Schließlich ist unter Podbielski die private Ortszustellung aufgehoben worden, die deshalb noch Bedeutung besessen hatte, da sie innerhalb der Orte Sendungen zu einem Tarif zustellte, der deutlich unter dem der Reichspost lag. Podbielski weitete den Zustellungsbereich der Ortsbriefe auch auf unmittelbare Nachbarorte aus und senkte gleichzeitig den Ortstarif gegenüber dem Ferntarif. Im Gegensatz zur Zeit des starrsinnigen Festhaltens Stephans an dem 15-Gramm-Brief durften jetzt Briefe auch 20 Gramm wiegen. Hutten-Czapski, polnischer Großgrundbesitzer und Mitglied des preußischen Herrenhauses, schrieb über Podbielski: »Er liebte drastischen Ausdruck, volkstümliches Bekanntsein und derbe Sitten. Dem Kenner konnte der tüchtige Kern und die Begabung dieses Mannes nicht entgehen, der das Unglück hatte, in das traditionell geheiligte Schema nicht hineinzupassen. Eine vortreffliche und beliebte Einrichtung waren die Vortragsabende, die Podbielski alljährlich im Winter für die Berliner Gesellschaftskreise im Lichthof des Reichspostmuseums veranstaltete. In ausgezeichneter Weise verstand es dieser vielgewandte Staatssekretär des Reichspostamts für seine Behörde und ihren riesigen Betrieb zu werben, technische Neuerungen bekanntzumachen und der Post Freunde zu gewinnen.«[128]

Mit dem Auftrag an Bülow, das preußische Kabinett zu bilden und das Amt des Reichskanzlers zu übernehmen, wechselte »Pod« an die Spitze des preußischen Landwirtschaftsministeriums[129], das er 1906, zutiefst in einen Kolonialskandal verwickelt, verlassen mußte. Daß Podbielski 1912 die deutsche Olympia-Mannschaft in Stockholm führte und in Berlin ein Sportstadion errichten ließ, waren die letzten beachteten Stationen seines Lebens. Er starb Anfang 1916 in Berlin.

Victor von Podbielski hat der Post im technisch-organisatorischen Bereich genützt und ihr neuen Schwung verliehen, aber ihre Angehörigen hat er politisch hart geknebelt.

Der Wechsel im Reichspostamt bei der Übernahme der Reichskanzlerschaft durch Bülow drückte aus, daß die Vorstellungen einer politischen Gefährdung durch die Bediensteten nicht mehr bestand. Das bedeutete aber auch, daß die äußeren Einflüsse unter Kontrolle gebracht bzw. die Disziplinierung soweit vorangeschritten war, daß wieder eine »zivile« Leitung des Reichspostamtes tätig werden konnte.

Diese Aufgabe erhielt der Berliner Reinhold Kraetke[130], der, 1845 geboren, nach dem Schulabschluß 1864 direkt in den Postdienst eintrat. Hier vollzog er den langsamen Aufstieg bis zum Postinspektor im Jahr 1874 mit Dienst an den Oberpostdirektionen in Berlin und Düsseldorf. Von Stephan erhielt er 1879 den Auftrag, in die USA zu reisen, um sich mit den dortigen postalischen Einrichtungen vertraut zu machen. Dort gewann er durch die Art seines Auftretens Beifall und galt als »distinguished German officer«.[131] In Stephans Augen hatte er sich damit bewährt und wurde für zukünftige Aufgaben vorgesehen. Nach weiterem Aufstieg in der Hierarchie nun im Reichspostamt ging Kraetke 1887 nach Neu-Guinea. Bei der Neu-Guinea-Kompanie, der 1885 die Hoheitsrechte für diese Kolonie übertragen worden waren, übernahm er das Verwaltungsamt des Landeshauptmanns, des obersten Zivilbeamten, der in dieser Zeit von der Gesellschaft besoldet wurde.[132] In seiner nur bis Oktober 1889 reichenden Amtszeit hat Kraetke eine Reihe von Postagenturen einrichten lassen, die jedoch nur begrenzte Zeit Bestand hatten, d.h. immer nur solange, wie sie mit Handelsagenturen verbunden waren.

Die Intensität, mit der sich Kraetke in seiner zweijährigen Tätigkeit und auch noch später sowohl um die wirtschaftliche Erschließung und Verwaltung dieses »Schutzgebietes« als auch der Verwaltung der anderen Kolonien bemüht hat, fand in Deutschland Anerkennung. Er gehörte seit 1912 dem Kolonialrat an, in dem von den Kolonialgesellschaften und vom Reichskanzler benannte Persönlichkeiten zusammentraten, um die Kolonialabteilung bzw. das Kolonialamt zu beraten. Außerdem war Kraetke Mitglied im Beirat für Auswanderer und konnte auch hier auf umfangreiche Auslandserfahrungen zurückgreifen, da er nicht nur in Europa und nach Amerika gereist war, sondern gleichfalls Kenntnisse von Ägypten, dem indischen Subkontinent, den niederländischen Kolonien in Asien und von Australien besaß.

Reinhold Kraetke, Staatssekretär des Reichspostamtes von 1901 bis 1917; hier während seiner Amtszeit als Landeshauptmann von Neu-Guinea

Der Kabeldampfer »Stephan« vor der Karolineninsel Yap, 1905; Gemälde von Axel Kircher, 30er Jahre

Unter Podbielski leitete Kraetke als Direktor die Abteilung I (für Postwesen) des Reichspostamtes. Zuvor schon hatte er die Gelegenheit gehabt, seine Auslands- und Reiseerfahrungen – offensichtlich im Auftrag Stephans – für die Reichspost zu nutzen, da er wesentlich an dem Vertrag über die deutsch-amerikanische Seepost von 1890 beteiligt war, der 1907 erneuert wurde. Die Berufung zum Mitglied des preußischen Herrenhauses im Jahr 1912 war ein Zeichen dafür, daß Kraetke sein Amt im Sinn der Reichsleitung und der preußischen Regierung geführt hat. Es bedeutet, daß er sicherlich nicht im Verdacht auch nur liberaler Geisteshaltung gestanden hat.

Die Arbeit des Reichspostamts unter Kraetke kann in zwei Abschnitte geteilt werden: die Zeit des Friedens und die des Ersten Weltkriegs. Beide sind von der Arbeit des Post- und Telegraphenwesens her jedoch miteinander verbunden. Für beide Phasen gilt außerdem, daß sich Kraetke ganz offensichtlich als eigentlicher Erbe der Stephanschen Tradition betrachtet und versucht hat, dessen Vorstellungen fortzuführen oder zu vollenden. Dabei hat er sich in seinem Auftreten von diesem offensichtlich als »flotter Junggeselle und Berliner durch und durch«[133] erheblich unterschieden. »Dazu kam, daß seine Dienstmethoden und auch seine Einschätzungen des Wertes der Familie von der Stephanschen Auffassung stark abwichen, und daß er auch nicht die Toleranz Podbielskis besaß, anderer Meinung gern zu hören und sich unter Umständen auch ihr unterzuordnen.« Das muß wohl dahin verstanden werden, daß Kraetke durchaus autoritär und auf sein Fachwissen verweisend das Reichspostamt geleitet hat. Immerhin folgte er Stephans Beispiel, aus Erfahrung mitsprechen zu wollen, und lernte den Umgang mit Telegraphen sowie das beschleunigte Funken.

Kraetkes besonderes Interesse galt den überseeischen Einrichtungen der deutschen Post, an deren Errichtung er selbst beteiligt gewesen war, sowie den Auslandspostämtern, die er zu »Musterämtern« ausgestaltet wissen wollte, mit von ihm persönlich ausgewähltem Personal.[134] Sie sollten – wie innerhalb Deutschlands Stephans Monumentalbauten – im Ausland durch ihre Effizienz das Deutsche Reich und damit die Reichspost repräsentieren; selbst dort, wo sie über kein eigenes Gebäude verfügten.

Kraetke versuchte, wie seine beiden Vorgänger, eine Änderung der Postreservate herbeizuführen; über den württembergischen Wertzeichenverzicht hinaus war jedoch nichts zu erreichen. Im Gegenteil – die bayerische Postverwaltung konnte darauf hinweisen, daß sie, während die Reichspostverwaltung noch Tests durchführen ließ[135], bereits die ersten Kraftpostlinien einrichtete (1905) und »in München das erste automatische Großwählamt Europas in Betrieb« nahm.[136] Dagegen schritt die Reichspost bei der Verbesserung des Fernmeldewesens kräftig voran, indem sie Versuche unternahm, die Leitungen besser zu schützen. Erste Erfolge mit einem pupinisierten Seekabel wurden 1906 im Bodensee erzielt.[137] Vor allem aber begannen 1909 die Planung und 1910 der Ausbau der modernen Kabelverbindung Berlins zu den westlichen Wirtschaftszentren Deutschlands, das »Rheinlandkabel«, das bis zum Ausbruch des Ersten Weltkriegs bereits von Berlin über Magdeburg bis Hannover führte. Die längste Kabelverbindung des deutschen Fernmeldewesens reichte 1914 von Berlin nach Mailand mit einer Gesamtlänge von 1350 km. In den Jahren von 1903 bis 1917 sind überdies die meisten ost- und nordfriesischen Inseln mit Kabelverbindungen zum Festland versehen worden.[136] Im übrigen fallen in die Jahre vor 1914 auch erste Bemühungen um die Übertragung von Musikaufführungen auf dem Kabelweg. Parallel hierzu fand – wieder einmal in enger Verbindung mit der Privatindustrie – die Errichtung von Funkanlagen für den Küsten- und Überseeverkehr statt: Nauen wurde 1906 von Telefunken eingerichtet, peilte die afrikanischen Kolonien an und erreichte außerdem die »Schutzgebiete« in der Südsee, wo die Deutsche Südsee-Gesellschaft mehrere Funkstationen unterhielt. In Eilvese bei Hannover betrieb die Hochfrequenzmaschinen AG für drahtlose Telegraphie eine Funkstation, die die Verbindung nach Nordamerika sicherstellte. Nach Kriegsausbruch errichtete in Königs Wusterhausen die Militärverwaltung eine weitere Hauptfunkstelle, die 1916 ihren Betrieb aufnahm.[139] Tatsächlich gelang es, die weit auseinanderliegenden Befehlsstellen der West-, Ost- und der kleinasiatischen Front zu verbinden.[140]

Eine andere Form postalischer Auslandsverbindung waren die Internationalen Antwortscheine, die seit 1907 in Gebrauch kamen. Auf Grund des geringen Umsatzes brachten sie der Post kaum Gewinn, aber sie sind gezielt für Handel und Werbung eingesetzt worden: »Wohlwissend, daß der Korrespondent sich durch Vorauszahlung der Posttaxe leichter zu einer Antwort veranlaßt sieht, die er sonst wahrscheinlich unterlassen hätte.«[141]

Einen wesentlichen Fortschritt erreichte Kraetke mit der Einrichtung des Postscheckdienstes zum 1. April 1912.[142] Am Widerstand von Banken und ihrer Lobby im Reichstag

Briefträgerinnen (»Wilmersdorfer Post-Schwalben«) während des Ersten Weltkrieges

Weibliche Postillione in Frankfurt, 1917

waren die früheren, schon von Stephan eingeleiteten Versuche der Einführung eines postalischen Giroverkehrs gescheitert. Einerseits stand dahinter die Sorge vor einer Verstaatlichung des Bank- und Sparkassenbetriebs, andererseits die Sorge vor der Zunahme der Zentralisierung durch das Reich. Andere Länder wie z. B. Österreich sind auf diesem Weg der Reichspost weit voraus gewesen. Ausschlaggebend dafür, daß gegen alle fortbestehenden Widersprüche der bargeldlose Verkehr praktiziert werden konnte, war die Vorlage der Regierung im Reichstag im Jahr 1907, bei der auf eine Verzinsung der Gelder verzichtet wurde. Daraufhin kam allerdings die Meinung auf, diesem Unternehmen werde keine Zukunft beschieden sein. Neun Postscheckämter wurden im Gebiet der Reichspost, drei in Bayern errichtet und ein weiteres in Württemberg. Von 1909 bis zur Vereinheitlichung des Postwesens in Deutschland 1920 stieg die Zahl der Postscheckkonten von 43929 auf 622343 und der Durchschnitt der Guthaben per Jahr von 53,9 Millionen M auf 4742,4 Millionen M, wobei zwar die Inflationsraten des Kriegs und der Nachkriegszeit zu berücksichtigen sind, die aber 1920 noch vergleichsweise gering waren. Von 1909 bis 1918 stieg die Zahl der Buchungen von 24 Millionen auf 171 Millionen mit einer Transfersteigerung von 9821 Millionen auf 131192 Millionen M.[143]

Der Erste Weltkrieg brachte für die Reichspost eine Reihe von Umstellungen: Bedienstete, die zum Militär eingezogen worden waren, mußten durch Hilfskräfte ersetzt werden, die erst einzuarbeiten waren; ein aktiver Feldpostbetrieb war durchzuführen und schließlich gab es den Postdienst in besetzten Gebieten.[144] Im Postbereich wurden vermehrt Frauen eingestellt und auch Kriegsverletzte aufgenommen.[145] Die Post wurde Beschränkungen in ihrer Zustelltätigkeit durch verminderte Zulassung von Versendungen und Überweisungen unterworfen. Dies galt z. B. auch für die Verbreitung von Zeitungen. So bemühte sich Theodor Wolff, die Zulassung der linksliberalen »Berliner Volkszeitung« durch das Reichspostamt »für die Provinz u. die Postabonnenten durchzusetzen. Unterredung mit Kraetke, dem Staatssekretär, der sich hinter dem Postgesetz und formalen, juristischen Bedenken verschanzt. Ergebnis negativ.«[146]

Schwerer wog jedoch die Kontrolle der Post, die das Briefgeheimnis gefährdete, wie Friedrich Ebert im Hauptausschuß des Reichstags monierte.[147] Diese Kontrolle galt eben nicht nur dem Verdacht von Landesverrat, sondern war auch gegen die linke Opposition im Kaiserreich gerichtet, die sich zunehmend radikalisierte und im Streit um die Bewilligung von Kriegskrediten von der sozialdemokratischen Reichstagsfraktion ablöste. Nachdem 1916 die Sozialistische Arbeitsgemeinschaft gegründet worden war, entstand aus den Vertretern dieser Richtung 1917 die USPD.

Auch in dieser Situation wich Kraetke einer klaren Aussage aus, sondern »verschanzte« sich hinter anderen: »Aufgrund des Belagerungszustandes müsse die Postverwaltung den Anordnungen der Militärbefehlshaber Folge leisten und Postsendungen, die an bestimmte Personen gerichtet oder von diesen abgesandt wurden, einbehalten und der entsprechenden Dienststelle ausliefern. Die Postverwaltung habe auf solche Postsendung weiter keinen Einfluß und trage dafür auch keine Verantwortung.« Es ist nicht zu erkennen, daß das Reichspostamt selbst Schritte zur Sicherung des Postgeheimnisses unternommen hat, sondern es fügte sich den Forderungen der kommandierenden Generäle – an die Stelle der Linie Stephans gegenüber dem Postgeheimnis war die Linie Podbielskis getreten.

Für die Verbindung mit den Truppen an der Front und in der Etappe standen während des Krieges 53 Feldpostämter, 270 Feldpostexpeditionen und 417 Feldpoststationen zur Verfügung mit 8131 Beamten, ungerechnet die ihnen zugeordneten Hilfskräfte. Genutzt wurden dabei auch Erfahrungen, die das deutsche Expeditionskorps in China während des Boxeraufstandes (1900/01) sowie die Schutztruppe während der Vernichtung der Hereros in Südwest-Afrika gesammelt hatten (1904–1907).

Obwohl 1907 für den Betrieb der Feldpost eine spezielle Ordnung erlassen worden war und auch klare Vorschriften über die Adressierung bestanden[148], hat es Klagen über verschleppte Zulieferung und Verluste von Sendungen in einem derart erheblichen Maße gegeben, daß Kraetke im Hauptausschuß des Reichstages Stellung beziehen mußte. Im März 1915 erklärte er die Beschwerden für häufig unberechtigt und machte außerdem »die unzureichenden Adressen und die Einstellung von ungeübtem Hilfspersonal verantwortlich«.[149] Im Dezember 1915 verwies er auf die Probleme, »die der Postverkehr in die Operations- und Etappengebiete zu überwinden habe. Die Post sei im Feld völlig von der Heeresverwaltung abhängig, sie könne keinen Wagen und keinen Beamten hinausschicken, ohne daß die Armee ihre Zustimmung gebe.« Ebenso wie das preußische Kriegsministerium wandte er sich gegen die Erhöhung des Gewichts für Paketsendungen, da – wie der Departmentsdirektor im Kriegsministerium, von Wrisberg, dazu bemerkte – sonst die Auslieferung von Päckchen an die Soldaten gefährdet sei.[150] Tatsächlich lag die Paketzustellung im wesentlichen beim Militär, das Päckchen und Pakete von der Zivilpost in zentralen Depots in Deutschland sammeln ließ und dann unter eigener Regie weiterbeförderte. Sendungen von der Front gingen den umgekehrten Weg.

Unter Kraetkes behördlicher Verantwortung und in Zusammenarbeit mit den deutschen Besatzungsbehörden und militärischen Befehlshabern richtete die Post besondere Dienststellen in Belgien (1914), im Generalgouvernement Warschau (1915) und dem Bereich des Oberbefehlshabers Ost (1915 als Heeresbehörde im Stab des Oberbefehlshabers) sowie in Rumänien (1917) ein. Diese Posteinrichtungen waren alle zunächst mit der Versorgung der deutschen Truppen beauftragt, haben dann aber auch die Aufgabe übernommen, innerhalb des Landes wieder Postsendungen zu ermöglichen. Auffällig ist, daß die Postbeamten in Belgien besser gestellt gewesen zu sein scheinen als andere Postbeamte in der Etappe[151]; Gründe sind hierfür nicht festzustellen. Immerhin ist bemerkenswert, daß sowohl Belgien wie Polen und auch das Baltikum auf der Liste der von entscheidenden Kräften der politischen Rechten vorgetragenen deutschen Kriegszielen standen.[152]

Hutten-Czapski hat über Kraetke geurteilt, er sei »keine faszinierende, aber eine ungemein sympathische und zuverlässige Persönlichkeit als Mensch und ebenso wie als Beamter« gewesen. »Unter seiner rein sachlichen hingebenden und geschickten Leitung hat das deutsche Postwesen sich gedeihlich entwickeln können. Kraetke, ein Mann von eiserner Gesundheit, verfügte über eine außerordentliche Arbeitskraft und besaß eine Echtheit des Wesens, die jedem Achtung und Vertrauen abnötigte.«[153]

Dies positive Urteil wird durch die politische Haltung Kraetkes mitbedingt gewesen sein, der sich z. B. gegen die Vorschläge Bethmann-Hollwegs zu einer Änderung des Wahlrechts stellte.[154] Anfang August 1917 schied Kraetke aus seinem Amt. Ohne zusätzliche Quellen läßt sich nicht sagen, ob und wieweit hierfür die einsetzende Parlamentarisierung des Deutschen Reiches und die Friedensresolution der Reichstagsmehrheit eine Rolle gespielt haben. Es ist allerdings schwer vorstellbar, daß Kraetke bei seiner Verwurzelung in der Entwicklung der Verhältnisse im 19. Jahrhundert die neue Entwicklung hätte mittragen können. Er starb 1934.

Der letzte Staatssekretär des Reichspostamts in kaiserlicher Zeit hat keine Möglichkeit mehr gehabt, sich durch Neuerungen hervorzutun, sondern er mußte die Notlage verwalten.

Otto Rüdlin, 1861 in der Neumark geboren, hatte Jura studiert und war 1889 in die Dienste der preußischen Staatseisenbahnverwaltung getreten. Nach seiner Tätigkeit als Regierungsrat bei der Eisenbahndirektion in Altona wurde er 1904 als Geheimer Regierungsrat und vortragender Rat ins preußische Ministerium der öffentlichen Arbei-

ten berufen. 1911 wurde er zum Präsidenten der Eisenbahndirektion in Berlin ernannt. In dieser Eigenschaft hatte er natürlich auch mit der Post zu tun, ohne jedoch als ausgesprochener Postspezialist gelten zu können. Ihm oblag es, die Reichspost auch in der Phase beginnender Parlamentarisierung gegenüber den Abgeordneten zu vertreten. Die Voraussetzungen hierzu scheinen günstig gewesen zu sein, da ihm im März 1918 bei dem ersten Auftreten im Hauptausschuß der liberale Abgeordnete Hubrich »das Vertrauen der Beamtenschaft« aussprach, »das er bereits durch eine Reihe von Maßnahmen erworben habe«, die er zugunsten der Postbeamten eingeleitet hatte. Demgegenüber sei Kraetke nicht in der Lage gewesen, das Vertrauen der Beamten zu gewinnen.[155]

Soweit dies aus Rüdlins Auftreten im Hauptausschuß des Reichstags zu ersehen ist, hat er dabei Ressortinteressen beachtet und sich vor seine Bediensteten gestellt.

Hinzu kamen Probleme, die aus den wirtschaftlichen Notverhältnissen erwuchsen: Der Abgeordnete Zubeil von der SAG hat bereits im Mai 1916 die Bestrafung von »Postmardern« verlangt und dabei auch auf höhere Postbeamte verwiesen.[156] Das Problem des Raubes von Postgut blieb bestehen. Im März 1918 nahm Rüdlin zu dem Vorwurf der Unzuverlässigkeit von Postbediensteten im Zusammenhang mit der »Veruntreuung von Feldpostpäckchen« Stellung. Dabei räumte er ein, daß sowohl der Diebstahl von Sendungen wie die Beraubung von Waggons der Post »seit Kriegsbeginn ständig zugenommen habe«. »Immer mehr« Angehörige der Post seien bestraft worden, aber wegen des oft raffinierten Vorgehens der Täter hatte die Post Schwierigkeiten, gegen diesen Raub vorzugehen. Ein Teil der Sendungen, so hatte Rüdlin ausgeführt, komme auch deshalb nicht an das Ziel, weil auf dem Transport die Verpackung mit den Adressen beschädigt worden sei. Er diskutierte aber auch Wege für eine Verbesserung.[157]

Eine andere Frage, mit der sich Rüdlin zu beschäftigen hatte, war die Aufhebung der Portofreiheit für die Fürstenhäuser, die vielfach mißbraucht worden war. Im Sommer 1918 berichtete er, daß die Regierung hierzu einen Gesetzentwurf vorlegen werde, durch den Porto- und Gebührenfreiheit in der Telegraphie und bei Ferngesprächen fortfallen würden. Die Einschränkung dieser »wohlerworbenen Rechte« habe dadurch eine Erleichterung erfahren, daß die Fürsten das Entgegenkommen ausgedrückt hätten, »sich auch an den Lasten des Reiches (zu) beteiligen«. Bei der Diskussion dieser Frage sprach Rüdlin selbst von Mißbrauch der Portofreiheit.[158]

Der eigentliche Erfolg Rüdlins ist darin zu sehen, daß er über Kriegsende und Staatsumwälzung hinaus den Postbetrieb durch seine Bediensteten aufrechtzuerhalten verstand. Das Defizit der Post im Krieg hat er nicht mehr aufhalten oder korrigieren können. Er schied am 11. Februar 1919 aus dem Postdienst aus und wurde Vorsitzender des Stickstoff-Syndikats. Rüdlin starb im Jahr 1928.

Die Reichspost der Kaiserzeit war im wesentlichen das Werk Stephans und der Postangehörigen seiner Zeit. Sie hatten ein Kommunikationsnetz errichtet, das aus den partikularen Postinteressen der Epoche des Deutschen Bundes eine Einheit schuf, die ein großes Territorium zu versorgen imstande war. Die Tragfähigkeit dieser Konstruktion erwies sich bis zum Ende der Monarchie in Deutschland und darüber hinaus. Die Nachfolger Stephans und die Angehörigen der Reichspost in den Jahren von 1897 bis 1918 haben seine Linie weitergeführt und ausgebaut, so daß es zu keinem Bruch kam. Die kaiserliche Reichspost war ein Dienstleistungsbetrieb von hoher Effizienz, der sich – wenn auch manchmal mit Zögern – Neuerungen nicht verschloß. Die Leistungen der Mitarbeiter sind umso höher zu bewerten, als sie ihre Tätigkeit unter schwierigen sozialen Bedingungen zu erfüllen hatten.

Anmerkungen

1 Für diesen Beitrag sind u.a. Materialien herangezogen worden, die Dr. Wolfgang Michalka zusammengestellt hatte, der ursprünglich als Autor des Abschnittes über die Post im Kaiserreich vorgesehen war, aber aus beruflichen Gründen davon Abstand genommen hat; weitere Literatur und Hinweise – auch für meinen Aufsatz über die Post in der Weimarer Republik – erhielt ich durch den Herausgeber des Bandes, Dr. Wolfgang Lotz. Beiden Kollegen bin ich zu Dank verpflichtet.

2 Theodor Heuss, Heinrich Stephan, in: ders., Deutsche Gestalten. Studien zum 19. Jahrhundert. Tübingen 1951, S. 338–345.

3 »Seine Geschicklichkeit beim Abschluß von Verträgen, die Überführung des Taxischen Postwesens, besonders aber die führende Stellung bei Gründung des Weltpostvereins sichern ihm seinen Platz in der Kulturgeschichte. Aber sie waren nur die Verwirklichung längst vorhandener Gedanken und Absichten, zum Teil auch notwendige Schritte anläßlich der Neugestaltung Deutschlands. Die Ernte war reif und Stephan war der geeignete Schnitter.« So Eduard Hildebrandt, Vorgesetztentum und Organisation in der Reichs-Post- und Telegraphenverwaltung. Berlin 1908, zit. bei Herbert Leclerc, Bewundert und viel gescholten. Heinrich von Stephan – einmal kritisch gesehen, in: Archiv für Deutsche Postgeschichte 1981/1, S. 62–80, hier: S. 78.

4 Heuss, Stephan, S. 338: »Bei der Post kommt aber alles darauf an, daß Menschen und Dinge in dem gemäßen, festen Rahmen bleiben. Das Normale, das Normierte ist Trumpf, damit die Apparatur richtig läuft. Dagegen läßt sich nichts sagen. Nur darf man dies eine nicht vergessen: solche Norm muß auch einmal gesetzt worden sein; sie mag sich aus vielerlei Beeinflussung im Lauf der Zeit gebildet, mag von da, von dort ein Stück geschichtlicher Prägung empfangen haben. Und so ist es natürlich mit den Grundelementen des Postverkehrs: alle Epochen, alle Völker haben an ihrem Werden teil.«

5 Hildebrandt, Vorgesetztentum, zit. bei Leclerc, Bewundert, S. 79.

6 Die Problematik einer derartig personalistischen Betrachtungsweise ist unbestreitbar; denn sie birgt die Gefahr, strukturelle Zusammenhänge und sachliche Bedingungen beiseite zu schieben oder vergessen zu machen. Unter dem Zwang einer kurzfristigen Übernahme des Beitrags und knapper Terminsetzung erschien dies jedoch als die beste Lösung. Sie bietet zugleich auch den Übergang von stärker personenbezogenen vorhergehenden Aufsätzen über die preußischen General-Postdirektoren zu schon thematisch stärker sachbezogenen Untersuchungen dieses Bandes.

7 Zur Situation der Post in diesen Jahren: Heinrich von Stephan, Karl Sautter, Geschichte der Preußischen Post. Nach amtlichen Quellen bearbeitet... Berlin 1928: Sechster Abschnitt. Vom Wiener Kongreß bis zur Gründung des Deutsch-Österreichischen Postvereins (1815–1850); Siebenter Abschnitt. Von der Gründung des Deutsch-Österreichischen Postvereins bis zur Einrichtung der Postverwaltung des Norddeutschen Bundes (1850–1860). Knapper, aber präzise unter dem organisatorischen Aspekt die Beiträge von Ernst Schilly mit der jeweils gleichen Überschrift »Nachrichtenwesen« mit zahlreichen Literaturangaben, in: Kurt G. A. Jeserich u.a. (Hrsg.), Deutsche Verwaltungsgeschichte, Bd. 2: Vom Reichsdeputationshauptschluß bis zur Auflösung des Deutschen Bundes. Stuttgart 1983, S. 257–285 (= Schilly I) und Bd. 3: Das Deutsche Reich bis zum Ende der Monarchie. Stuttgart 1984, S. 385–406 (= Schilly II).

8 S. hierzu generell Stephan-Sautter, Geschichte, S. 486–492; Schilly I, S. 276f.

9 Christian Wapler, Kommunikationsnetze, in: Jochen Boberg, Tilman Fichter u. Eckhart Gillen (Hrsg.), Exerzierfeld der Moderne. Industriekultur in Berlin im 19. Jahrhundert. München 1984, S. 360–368, hier: S. 361.

10 Schilly I, S. 273f.

11 Dies gilt an erster Stelle für Bayern, Württemberg und Baden sowie die Mehrzahl der Mittel- und Kleinstaaten; s. dazu Stephan-Sautter, S. 341–350; Schilly I, S. 270–273; vgl. auch den Beitrag von Erwin Probst in diesem Band.

12 Stephan-Sautter, S. 551–560; Schilly I, S. 280–282; Handwörterbuch des Postwesens, bearb. von Hans Rackow u.a. Frankfurt (Main) 1953, S. 203.

13 Hierzu und zum folgenden Stephan-Sautter, S. 607, 716–745; Karl Sautter. Geschichte der Deutschen Post, Teil 2: Geschichte der Norddeutschen Bundespost (1868–1871). Berlin 1935 (= Sautter I); Schilly II.

14 Dazu und für das weitere: Stephan-Sautter, S. 716–725; Schilly II, S. 386–388; Oskar Grosse, Stephan. Vom Postschreiber zum Minister. Berlin 1931, S. 107–126.

15 Zit. nach Grosse, Stephan, S. 107.

16 Zit. nach Schilly II, S. 387.

17 Schilly II, S. 389.

18 S. hierzu den Beitrag von Wilfried Forstmann in diesem Band.

19 Sautter I, S. 8f.

20 Karl Sautter, Geschichte der Deutschen Post. Teil 3: Geschichte der Deutschen Reichspost (1871–1945). Frankfurt (Main) 1951, (= Sautter II), S. 24.

21 Sautter I, S. 44–45.

22 Sautter I, S. 40: »Im Gebiet des Norddeutschen Bundes bot das Eisenbahnwesen ein buntes Bild. Einzelne Länder, wie Braunschweig und Hannover, hatten ausschließlich Staatsbahnen, andere wieder, besonders Preußen und Sachsen, ein Gemisch von Staats- und Privatbahnen, einzelne Länder auch nur Privatbahnen.«

23 A.a.O., S. 40–43.

24 In einem Brief Stephans an seine Mutter (wohl Januar 1868) meint er, er werde gern seine Stelle wechseln und dorthin gehen, wohin ihn der König sende, auch nach Vorderasien, »zumal ich mit der Art, in welcher

die Postverwaltung geleitet wird, vielfach nicht übereinstimme u. unerschrocken die Mißgriffe bekämpfe«. Gottfried North, Der Stephan-Nachlaß in: Archiv für deutsche Postgeschichte 1981/1, S. 26–55, hier: S. 36.

25 Rudolf Morsey: Die Oberste Reichsverwaltung unter Bismarck 1867–1890. Münster 1957, S. 123: »Die Verfassung des Bundes regelte in den Art. 48–52 das Post- und Telegraphenwesen, das für das gesamte Bundesgebiet als ›einheitliche Staatsverkehrs-Anstalten‹ eingerichtet und verwaltet wurde. Das bedeutete das Ende der Selbständigkeit der Post- und Telegraphenverwaltungen in den einzelnen Bundesstaaten. Die obere Leitung lag nunmehr beim Bundespräsidium und wurde verwaltungsmäßig durch das Bundeskanzleramt wahrgenommen. Das Amt erhielt dafür durch Allerhöchsten Erlaß vom 18. Dezember 1867 mit Wirkung von 1. Januar 1868 die frühere preußische Postverwaltung als Abteilung I (Generalpostamt) angewiesen, während gleichzeitig die Generaldirektion der Telegraphen daneben trat (Abteilung II).« Stephan hielt offensichtlich die Zuordnung nicht für glücklich. Seiner Mutter schrieb er am 2. Dezember 1868: »Mit Vielem, was in unserem Vaterland geschieht u. insbesondere in unserer Verwaltung bin ich nicht einverstanden; für diese betrachte ich den Norddeutschen Bund mit seiner konfusen Organisation als ein Unglück.« (North, Stephan-Nachlaß), S. 35.

26 Es wäre ungerecht, den Eindruck entstehen zu lassen, daß Karl Ludwig von Philipsborn nur ein eifersüchtiger Wahrer preußischer Posttradition gegenüber den Stephanschen Modernisierungsbestrebungen gewesen sei. Philipsborn, der als Postschreiber im Berliner Hofpostamt seine Karriere begonnen hatte, übernahm das preußische Generalpostamt in der schwierigen politischen Phase des Verfassungskonflikts und trug die eigentliche Verantwortung für die Gestaltung des Postwesens im Norddeutschen Bund. Er war es auch, der die Beschränkung der Portofreiheit im Jahr 1869 durchzuführen hatte, nachdem festgestellt worden war, daß im Jahr rund 56 Millionen Sendungen von bevorrechtigten Personen und Gruppierungen gebührenfrei befördert wurden, was für die Post einen Einnahmeausfall von 3 855 000 Talern bedeutete. Gruppierungen und Staatsbehörden verloren ihre Privilegien ebenso wie die meisten Angehörigen der regierenden Häuser. S. dazu Sautter I, S. 19–21. Sicher steht jedoch Philipsborn im Schatten seines Vorgängers Schmückerts und seines Nachfolgers Stephan. Die kritischen Bemerkungen von Oskar Grosse, Generalpostmeister von Stephan und der Postassistentenverband, in: Deutsche Postgeschichte 1942/2, S. 261–301, hier: S. 262, 268 sind geprägt von den politisch-rassistischen Tendenzen der Zeit dieser Veröffentlichung.

27 Zit. bei Sautter I, S. 7 f.

28 Das Schrifttum über Heinrich Stephan ist außerordentlich umfangreich, aber es muß mit großer Vorsicht betrachtet werden, da Stephan allzu leicht glorifiziert worden ist. Eine sehr nützliche Hilfe, um Stephans Leben in den gesamthistorischen Zusammenhang einordnen zu können, bieten die synchronoptischen, zum Teil mit Illustrationen unterlegten Tabellen bei Gottfried North, Heinrich von Stephan. Zum 150. Geburtstag, in: Archiv für deutsche Postgeschichte 1981/1, S. 6–25. Die folgenden Angaben zu seinen biographischen Daten stützen sich außerdem auf: Hermann von Petersdorff, Stephan, in: Allgemeine deutsche Biographie, Bd. 54. Leipzig 1908, S. 477–501; Grosse, Stephan; Heuss, Heinrich Stephan; Stephan, in: Handwörterbuch des Postwesens, S. 695–697; Siegfried Balke, Heinrich von Stephan, in: Die Großen Deutschen. Hrsg. von Hermann Heimpel u. a. Bd. 3. Berlin 1956, S. 531–539. Die genannte Biographie von Grosse zeichnet sich durch eine völlig kritiklose Darstellung Stephans aus und kann daher jenseits der reinen Fakten nur mit Vorsicht benutzt werden, zumal nicht zu erkennen ist, ob der Verf. sich für eingestreute direkte Rede etc. immer auf Quellen berufen kann. Die Literatur aus den Jahren 1933–1945 ist nur schwer zu benutzen, da in den meisten Arbeiten der krampfhafte Versuch gemacht wird, Stephan für den Nationalsozialismus zu reklamieren.

29 Grosse, S. 30; Heuss, S. 341.

30 Nach Petersdorff, S. 479, war Stephan auch im Bahnpostdienst zwischen Köln und Verviers eingesetzt.

31 Zur Rolle Kölns im grenzüberschreitenden Postverkehr des 19. Jahrhunderts s. Herbert Körting, Entstehung und Weiterentwicklung der grenzüberschreitenden deutschen Bahnposten, in: Archiv für deutsche Postgeschichte 1984/Sonderheft, S. 132–170, hier S. 135–139.

32 Grosse, S. 32 f.

33 Heuss, S. 341; s. a. Petersdorff, S. 479.

34 S. o. Anm. 6. Diese Postgeschichte erschien kurz hintereinander in zwei Ausgaben. Eine knappe textkritische Untersuchung liegt vor durch H. Wolpert, Stephans Geschiche der Preußischen Post. Beiträge zur Geschichte ihrer Herausgabe und ihrer beiden ursprünglichen Ausgaben, in: Deutsche Postgeschichte 1942/2, S. 301–305.

35 Dazu bemerkt Balke, S. 534: »Stephan hatte seine Verhandlungen mit fremden Regierungen in enger Verbindung mit dem Auswärtigen Amt zu führen. So mußte er seine Pläne und Absichten in die Außenpolitik des preußischen Ministerpräsidenten von Bismarck eingliedern.« Dies ändert jedoch nichts an der Eigenständigkeit des Vorgehens bei Stephan.

36 Die Zahlen (in Tausend) im Brief- und – seit Juli 1870 – Kartenverkehr sprechen eine deutliche Sprache: 1868: 274 014; 1869: 301 434; 1870: 309 714; 1871: 396 878 (Sautter I, S. 48, 59; Handwörterbuch des Postwesens, S. 531).

37 Zur Feldpost-Tätigkeit in diesem Krieg – allerdings aus Sicht der nicht der Norddeutschen Bundespost beigetretenen württembergischen Post – s. Lebenserinnerungen des Kaiserlichen Geheimen Ober-Postrats Friedrich Maier aus Hemigkofen (Hrsg. von Rudi Müller). Tettnang 1985, S. 43–47.

38 Sautter I, S. 78–83; Handwörterbuch des Postwesens, S. 266. Voll funktionsfähig war die Feldpost ab Mitte August 1870. Stephan engagierte sich in ihrer Ausgestaltung durch Einrichtung einer Hauptpostlinie, von Feldeisenbahn-Postämtern und einer »Gürtelpost« für die Paris einschließenden Truppen. Zur Erleichterung des Transports schloß er mit dem Königreich Belgien einen Vertrag. Ab Dezember 1870 bezog die Feldpost in ihre Transporte auch Pakete ein, deren Zahl bei 43 800 gelegen haben soll (Petersdorff, S. 487 f.).

39 Bismarcks großes Spiel. Die geheimen Tagebücher Ludwig Bambergers. Eingeleitet und hrsg. von Ernst Feder. Frankfurt am Main 1933, S. 522.

40 Leclerc, S. 75 f.; Max Klemm, Was sagt Bismarck dazu? Ein Wegweiser durch Bismarcks Geistes- und Gedankenwelt. 2. Bd. Berlin 1924, S. 230 f.

41 Morsey, S. 272.

42 Sautter I, S. 52.

43 Bei Bismarck liest sich dies Ereignis: »... ich war schon damals von seiner ungewöhnlichen Begabung nicht für sein Fach allein, so überzeugt, daß ich ihn gegen die Ungnade Se. Majestät mit Erfolg vertrat. Herr von Stephan hatte an seine Untergebenen ein amtliches Circular ge-

richtet, in welchem er die Besorgung von gewissen Blättern für alle Armeelazarette in Frankreich anbefahl und zur Motivierung dieses Befehls auf I. K. Hoheit die Kronprinzessin Bezug nahm. Wie weit er dazu berechtigt war, weiß ich nicht; wer aber den alten Herrn kannte, wird sich seine Stimmung denken können, als dieser postalische Erlaß durch Militärberichte zu seiner Kenntnis gekommen war. Die Farbe der empfohlenen Blätter allein hätte genügt, um Stephan bei Wilhelm I. in Ungnade zu bringen; noch verstimmender aber wirkte die Berufung auf ein Mitglied der königlichen Familie und gerade der Frau Kronprinzessin. Ich stellte den Frieden mit Sr. Majestät her.« (Erinnerung und Gedanke, Kritische Neuausgabe auf Grund des gesamten schriftlichen Nachlasses von Gerhard Ritter, Rudolf Stadelmann. Bismarck. Die gesammelten Werke. Bd. 15. 2. Aufl. Berlin 1932, S. 386).

44 Botschafter Paul Graf von Hatzfeld, Nachgelassene Papiere 1838–1901. 1. Teil. Hrsg. und eingeleitet von Gerhard Ebel in Verbindung mit Michael Behnen. Boppard, 1976, S. 57f.

45 Morsey, S. 125.

46 Nach Sautter I, S. 59, betrug der Postzeitungsdienst (in Tausend): 1868: 145 965; 1869: 152 370; 1870: 191 629; 1871: 202 866.

47 Morsey, S. 268.

48 Hierzu u. a. Grosse, S. 174f., Sautter II, S. 300; Handwörterbuch des Postwesens, S. 424; Petersdorff, S. 493f.

49 Schilly II, S. 392f.; Sautter II, S. 10–14 auch zum folgenden.

50 Die finanziellen Verpflichtungen Bayerns und Württembergs aus ihren Postreservaten erreichten eine erhebliche Höhe. »An Ausgleichsbeiträgen wurden z. B. von Bayern an das Reich in den Jahren 1900–1913 90,91 Millionen bezahlt, an Beiträgen zu den Kosten der Zentralverwaltung 1900–1911 419 067 Mk. und an Zuschüssen zu den Kosten des Postwesens in den Schutzgebieten in den Jahren 1901–1911 insgesamt 1 402 347 Mk. Für Württemberg beliefen sich die entsprechenden Zahlungen auf 24,42 Millionen Ausgleichsbeiträge in den Jahren 1900–1911, auf 138 518 Mk. Beiträge zu den Zentralkosten und auf 492 219 Mk. Beiträge zu den Kosten des Postwesens in den Kolonien.« In den Jahren von 1876–1913 erzielte die Reichspost einen Überschuß von insgesamt 1212,2 Millionen M (Siegfried Ermer, Die Deutsche Reichspost unter dem Reichspostfinanzgesetz, in: Schriften des Vereins für Sozialpolitik 176 (1931), S. 273–322, hier: S. 277).

51 Zur eindeutigen Unterscheidung von den Postanstalten Bayerns und Württembergs hatten nach einer Verfügung Bismarcks vom August 1871 alle Anstalten der Reichspost die Zusatzbezeichnung »kaiserlich« zu tragen. Entsprechend ist auch die Anweisung im Amtsblatt der Reichspost (Nr. 1/1872) zu verstehen, in der zwischen den Anstalten der Deutschen Reichspost und den Bayern und Württemberg einschließenden Deutschen Postanstalten unterschieden wird (Schilly II, S. 393 m. Anm. 17).

52 Leclerc, S. 66.

53 Sautter, S. 94.

54 Sautter II, S. 86. Nach Petersdorff, S. 488, machte der deutsche Paketverkehr im Jahr 1883 allein (79 Millionen) mehr als der der übrigen Welt (52 Millionen) aus. Zu berücksichtigen ist allerdings, daß diese Angaben des Berner internationalen Postbüros sich eben nur auf den Posttransport beziehen und in zahlreichen Ländern für Pakete kein Postzwang bestand.

55 Morsey, S. 309.

56 Morsey, S. 312.

57 S. hierzu und zum folgenden Sautter II, S. 209; Morsey, S. 124f.; Schilly II, S. 393f.; vgl. ferner Ernst Rudolf Huber, Deutsche Verfassungsgeschichte seit 1789, Bd. III: Bismarck und das Reich. Stuttgart 1963, S. 840.

58 Zit. b. Morsey, S. 124f.

59 Morsey, S. 125, als Ergebnis detaillierter Untersuchung über die Reichsverwaltung und ihre Träger unter Bismarck.

60 Petersdorff, S. 489. Es ist nicht außer acht zu lassen, daß dieser Druck auf einen Staat ausgeübt wurde, der eben erst besiegt worden war.

61 S. hierzu Otfried Brauns-Packenius, Montgomery Blair – Wegbereiter Stephans zum Weltpostverein, in: Archiv für deutsche Postgeschichte 1981/1, S. 81–105, hier: S. 94–97.

62 Grosse, S. 129f.; Walter Ehrenfried, Deutsche Einflüsse auf die Gründung des Weltpostvereins, in: Archiv für deutsche Postgeschichte 1984/Sonderheft, S. 69–81, hier S. 77.

63 Petersdorff, S. 489; Grosse, S. 164–168; Handwörterbuch des Postwesens, S. 780–782; zur allgemeinen Organisationsform Alfred Weber, Geschichte der internationalen Wirtschaftsorganisation. Wiesbaden 1983, S. 27f.

64 Zit. b. Petersdorff, S. 489.

65 Auf die Beachtung guter internationaler Beziehungen legte Stephan auch in seinem Grundsatzschreiben zur Arbeit der Ober-Postdirektionen vom 3. Juli 1888 (»Hirtenbrief«) großen Wert: »Der Pflege der ausgedehnten internationalen Beziehungen der Post und Telegraphie ist von den bei diesem Verkehr beteiligten Ober-Postdirektionen besondere Sorgfalt zuzuwenden. Unterhaltung freundnachbarlicher Verhältnisse und Gesinnungen, schleunige und entgegenkommende Behandlung der dienstlichen Angelegenheiten – unbeschadet der Gründlichkeit – in gefälligen Formen, Auswahl geeigneten, womöglich sprachkundigen Personals für die Grenzämter und besonders für die über die Grenzen verkehrenden Bahnposten, freundlicher Empfang der in das diesseitige Gebiet kommenden Kollegen, wie derselbe schon jetzt vielfach geübt wird, werden zur Erreichung dieser Zwecke beitragen.«

66 Weber, S. 24f.

67 S. dazu u. a. Handwörterbuch der Staatswissenschaften Bd. 8 (1928), S. 65.

68 Grosse, S. 177; Schilly II, S. 393.

69 S. u. a. Ulrich Wengenroth, Deutsche Wirtschafts- und Technikgeschichte im 19. und 20. Jahrhundert, in: Martin Vogt (Hrsg.), Rassow Deutsche Geschichte, Stuttgart 1987, S. 298–348, hier: S. 316.

70 S. u. a. Michael Erbe, Berlin im Kaiserreich (1871–1918), in: Wolfgang Ribbe (Hrsg.), Geschichte Berlins. 2. Bd.: Von der Märzrevolution bis zur Gegenwart. München 1987, S. 727f.

71 Grosse, S. 181; Petersdorff, S. 491; Handwörterbuch der Staatswissenschaften, Bd. 8, S. 69; S. 250f.

72 Handwörterbuch der Staatswissenschaften Bd. 8, S. 84; Grosse, S. 226; Sautter II, S. 541.

73 Berthold, S. 241; Sautter II, S. 212f.

74 Hierzu und zum folgenden Gerhard Basse, 100 Jahre öffentlicher Fernsprechdienst in Deutschland, in: Archiv für deutsche Postgeschichte 1981/1, S. 124–157; Berthold, S. 241f.; Sautter II, S. 229f.; Grosse, S. 184–189; Petersdorff, S. 492.
Bezeichnend auch hier ist die Abwertung, die einem anderen Pionier auf diesem Gebiet in der NS-Zeit zuteil wurde durch Oscar Grosses diffamierenden Aufsatz, Emil Rathenau und die Einführung des Fernsprechers in Deutschland, in: Forschungen zur Judenfrage Bd. 5. Hamburg 1941, S. 244–289. Freilich muß Grosse, S. 286, 288, einräumen,

daß Stephan kein Antisemit gewesen sei. Wichtig hingegen ist immer noch zu diesem Fragenkreis Felix Pinner, Emil Rathenau und das elektrische Zeitalter, Leipzig 1918.

75 René Muller, Mülhausen und sein Telefonnetz – das erste im Elsaß und Deutschland (1881), in: Archiv für deutsche Postgeschichte 1981/1, S.181–183, Geschichte der Produktivkräfte in Deutschland von 1800–1945 ... Rudolf Berthold u.a. (Hrsg.), Bd.2: Produktivkräfte in Deutschland 1870–1917/18. Berlin (Ost) 1985.

76 Basse, S.132; Sautter II, S.241.

77 Zit. b. Petersdorff, S.493.

78 Stephan bezog sich damit auf die japanische Expansion und die daraus erwachsenden Spannungen mit China, nachdem schon 1884 Korea zur Öffnung von drei Häfen gezwungen worden war. Diese Spannungen eskalierten bis zum chinesisch-japanischen Krieg von 1894/95.

79 Grosse, S.221–223.

80 S. hierzu Alfred Fabke, Die grenzüberschreitenden Postverbindungen zu Wasser, in: Archiv für deutsche Postgeschichte 1984/Sonderheft, S.171–188, hier besonders: S.174–177; Sautter II, S.295–299.

81 Handwörterbuch des Postwesens, S.678f., hier: S.678.

82 Grosse, S.223f.; Sautter II, S.294f.

83 Die enge Verbindung, die gerade praktische Nachrichtentechniker aus China und insbesondere aus Shanghai seit Beginn des 20. Jahrhunderts zu den nachrichtentechnischen Instituten der Technischen Hochschule Darmstadt pflegen, finden hier eine einfache Erklärung.

84 Siehe hierzu die Mitteilungen bei Herbert Leclerc, Die Post als Bindeglied zwischen den Völkern, in: Archiv für deutsche Postgeschichte 1984/Sonderheft, S.82–108, hier besonders S.99–104; Handwörterbuch des Postwesens: Deutsche Posteinrichtungen im Auslande, S.201–203, hier S.201f.

85 Zit. b. Petersdorff, S.495.

86 Sautter II, S.398f.

87 Im Amtsblatt des Reichs-Postamts 1890 wurde in einem Schreiben an einen ungenannten Ober-Postdirektor unter dem 12. Juli mitgeteilt, man wolle entgegen seiner Anregung von einer öffentlichen Warnung vor dem Post-Assistenten-Verband absehen »im Vertrauen darauf, daß der oft erprobte Sinn der Beamten selbst erkennen wird, daß Bestrebungen, wie sie der Verband verfolgen will, für die Beteiligten leicht zu Enttäuschungen, zu pekuniären Schädigungen und sonstigen Nachteilen führen können«. Man gehe davon aus, die Mehrzahl der Beamten werde »im Bewußtsein ihrer Beamtenstellung und Beamtenpflicht nicht gesonnen« sein, sich »jenen Bestrebungen ... anzuschließen« und »sich in dem Vertrauen auf die Fürsorge, welche ihren Interessen durch die geordneten Organe der Verwaltung gewidmet wird, nicht erschüttern lassen«.

88 S. hierzu u.a. Geschichte der deutschen Postpersonalverbände von 1890 bis 1949. (Frankfurt) 1959. S.114–120. Im Amtsblatt des Reichs-Postamts 1890/ Na. 59 wurde ein Schreiben an einen Ober-Postdirektor wiedergegeben, der ausdrücklichen Beifall für seine Ablehnung erhielt, die Zeitschrift des Post-Assistentenverbands zu verteilen. »Sofern noch an andere Amtsvorsteher ein derartiges Ansinnen gestellt werden sollte, würde es den diesseitigen Absichten völlig entsprechen, wenn die betreffenden Zeitungsnummern an die Absender zurückgesandt würden, da es nicht statthaft ist, daß die amtlichen Organe der Reichs-Post- und Telegraphenverwaltung in agitatorischer Weise für Privatzwecke in Anspruch genommen werden.«

89 Zu diesem Komplex wie generell zu der Kritik an Stephan s. den außerordentlich abgewogenen Aufsatz von Herbert Leclerc, Bewundert und viel gescholten. Heinrich von Stephan – einmal kritisch gesehen (s.o. Anm.3). Leclerc rückt die verbreitete Stephan-Bewunderung zurecht, ohne deshalb dessen Leistungen zu schmälern.

90 Zit. b. Petersdorff, S.495.

91 Zit. b. Ursula D. Nienhaus, Fräulein Geduldig, Herr Post und Ada Kupferdraht. Technologie und Sozialbeziehungen. Ein Kapitel Postgeschichte, in: Journal Geschichte 1988/5, S.44–53, hier: S.46. Im Amtsblatt der Deutschen Reichspostverwaltung 1874/97 vom 31. Dezember 1874 erschien als Generalverfügung des General-Postamts die »Berichtigung einer Zeitungsnotiz, betreffend die Beschäftigung weiblicher Personen im Postdienst«. Zur Mitteilung einer Zeitung, »daß zu Neujahr die provisorische Anstellung weiblicher Hilfsarbeiter bei der Post erfolgen solle«, wird festgestellt: »Diese Notiz entbehrt jeder Begründung. Erfahrungsgemäß wird aber auch sie die Wirkung haben, daß die Postbehörden mit einer Unzahl von Gesuchen überschüttet werden, denen dann die Enttäuschung folgt. – Die geehrte Redaktion wird daher ergebenst ersucht, für schleunige Berichtigung jener Notiz gefälligst zu sorgen, die aller Wahrscheinlichkeit nach leider schon in eine ganze Anzahl anderer Blätter übergegangen sein wird.«

92 Sautter II, S.346.

93 Journal Geschichte 1988/5, S.48f.

94 Gottfried North, Heinrich von Stephan. Zum 150. Geburtstag, S.25.

95 Der ehemalige Ober-Postdirektor Friedrich Maier, Lebenserinnerungen, S.139, berichtete dazu: »In Halle stritt er (Stephan) sich in einer abendlichen Konferenz mit einem ganzen Stabe staatlicher, städtischer und postalischer Bauräte und Architekten herum um das Projekt eines großen monumentalen Posthauses in Halle, und schlug sie alle, so daß die Herren nach beendigtem Abendessen mit anschließendem mannhaften Trunke, als Stephan sich zurückgezogen hatte, einhellig erklärten, sie hätten viel von dem Manne gelernt, und der alte Postbaurat Neumann aus Erfurt, einer unserer erfahrensten Bauleute, mir sagte, es wäre ihm jedesmal Angst, mit Stephan ein Bauprojekt zu besprechen, da er nicht bloß die ganze Konstruktionslehre, Stil- und Materialkunde beherrsche, sondern auch alle Bauwerke und Steinbrüche Deutschlands und darüber hinaus kenne und einen unbezahlbaren Geschmack besitze, so daß jede bauliche Besprechung mit ihm zu einem wahren Kunst- und Bauexamen würde.«

96 S. hierzu Morsey, S.125f.; Schilly, S.394.

97 Fischer schied aus dem Amt, als er nicht die Nachfolge Stephans antreten konnte. Gern als steif dargestellt, war er doch beweglich genug, sich danach in verschiedenen Wirtschaftsunternehmen zu engagieren, die seine Kenntnisse des Verkehrswesens nutzten, z.B. war er Direktor der Shantungs-Bahn, die die Konzession für die Strecke Kiautschou-Tientsin innehatte und das Hinterland des deutschen »Pachtgebiets« erschließen sollte.

98 Zit. b. Gottfried North, Stephan-Nachlaß, S.39.

99 Erinnerung und Gedanke, S.386f.

100 In diesem Zusammenhang kann nicht eingegangen werden auf Stephans – oft belächelten bis kritisierten – Bemühungen um eine Sprachreinigung, die er jedoch auf eine Vermeidung nicht dringend erforderlicher Fremdworte im schriftlichen Amtsverkehr beschränkt wissen wollte. Für die Geschichte des Postwesens wichtiger war die Anordnung, eine Plan- und Modellkammer anzulegen, aus der 1882 das Reichpostmuseum hervorgegangen ist.

101 Dazu gehört auch die Verbesserung der Postzustellung auf dem Land, die hier nicht näher behandelt werden konnte.

102 Zu den politischen Zusammenhängen s. John C.G. Röhl, Deutschland ohne Bismarck. Die Regierungskrise im Zweiten Kaiserreich 1890–1900. Tübingen 1969, S. 218f.; auch zum folgenden. Friedrich Maier, Lebenserinnerungen, S. 156, schreibt, Stephan habe – einem Gerücht nach – die Nachfolge Fischers verhindern wollen und daher Podbielski oder einen anderen General zumindest für eine Übergangszeit als Nachfolger vorgeschlagen.

103 S. dazu aus einer allerdings einseitig konservativen Sicht Ernst Rudolf Huber, Deutsche Verfassungsgeschichte 1798. Band IV: Strukturen und Krisen des Kaiserreichs, S. 1235f.

104 Über die wirtschaftlichen Zyklen im ausgehenden 19. und beginnenden 20. Jahrhundert in ihrer Beziehung zu den Wirtschaftsverhältnissen in Deutschland s. Knut Borchardt, Wirtschaftliches Wachstum und Wechsellagen 1800–1914, in: Hermann Aubin, Wolfgang Zorn (Hrsg.), Handbuch der deutschen Wirtschafts- und Sozialgeschichte, Bd. 2, Stuttgart 1976, S. 198–275, hier: S. 208f; ders., Germany, in: Carlo M. Cipolla (Hrsg.), The Fontana Economic History of Europe 4, The Emergency of Industrial Societies. Part One 1978, S.76–160, hier: 154–156; Alan S. Milward, S. B. Saul, The Development of Economies of Continental Europe 1850–1914, London 1977, S. 21–25; Wolfram Fischer, Deutschland 1850–1914, in: Wolfram Fischer (Hrsg.), Europäische Wirtschafts- und Sozialgeschichte von der Mitte des 19. Jahrhunderts bis zum Ersten Weltkrieg (= Handbuch der Europäischen Wirtschafts- und Sozialgeschichte Bd. 5), Stuttgart 1985, S. 357–442, hier: S. 425. Generell zur Problematik der Wirtschaftszyklen Wilhelm H. Schröder, Reinhard Spree, Historische Konjunkturforschung. Stuttgart 1980.

105 Dirk Stegmann, Die Erben Bismarcks. Köln, Berlin 1970, S. 67; s.a. Bogdan Graf von Hutten-Czapski, 60 Jahre Politik und Gesellschaft, Bd. 1. Berlin 1936, S. 330.

106 Wilhelm II., Ereignisse und Gestalten aus den Jahren 1878–1918. Leipzig, Berlin 1922, S. 159; s. dazu auch Hutten-Czapski, S. 329, ferner: Am Hof der Hohenzollern. Aus dem Tagebuch der Baronin Spitzemberg 1865–1914. Hrsg. Rudolf Vierhaus (dtv 318), S. 180.

107 Chlodwig Fürst zu Hohenlohe-Schillingsfürst, Denkwürdigkeiten aus der Reichskanzlerzeit. Hrsg. von Karl Alexander von Müller. Stuttgart, Berlin 1931, S. 355; Norman Rich, Friedrich von Holstein, Cambridge 1965, S. 542; Röhl, S. 248.

108 Hohenlohe-Schillingsfürst, S. 355, Anm. 1.

109 Röhl, S. 287, Anm. 201.

110 Hutten-Czapski, S. 329.

111 Berthold, Produktivkräfte, S. 258.

112 Röhl, S. 233f.

113 Amtsblatt des Reichspostamtes, 1898/51, S. 299.

114 Amtsblatt des Reichspostamtes, 1898/37, S. 215f.

115 Amtsblatt des Reichspostamtes, 1899/38, S. 191.

116 Amtsblatt des Reichspostamtes, 1900/1, S. 1; s.a. Wilhelm II., S. 159.

117 Wilhelm II., S. 159.

118 Vgl. z.B. Brockhaus Konversations-Lexikon, 13. Bd., Leipzig 1908, S.214.

119 Maier, Lebenserinnerungen, S. 167.

120 Hierzu und zum folgenden Sautter II, S. 334–336.

121 Sautter II, S.350f., auch zum folgenden.

122 Sautter II, S.349.

123 Handwörterbuch der Staatswissenschaften Bd.8, S.86; Sautter II, S.544.

124 Handwörterbuch der Staatswissenschaften Bd.8, S.91; Sautter II, S.56f.

125 Berthold, S.250f.

126 Hierzu Handwörterbuch des Postwesens, S.388.

127 Berthold, S.241.

128 Hutten-Czapski, S.403.

129 Der österreichische Botschafter berichtete nach Wien, Bülow, der allein die Gunst Wilhelms II. genießen wolle, sei über die Umsetzung Podbielskis in das preußische Kabinett unzufrieden. Der General »gehört zu den ausgesprochenen Günstlingen des Kaisers und ist gewöhnlicher Gast der Bierabende und Skatpartien Seiner Majestät«. (Philipp Eulenburgs politische Korrespondenz, Bd.III.: Krisen, Krieg und Katastrophen 1895–1921, Hrsg. John C.G. Röhl. Boppard 1983, S.2018, Anm. 2.

130 Ernst Müller-Fischer, Kraetke, in: Neue Deutsche Biographie, Bd.12. Berlin 1980, S.641f.

131 Grosse, S.272.

132 Horst Gründer, Geschichte der deutschen Kolonien. Paderborn 1985, S.294.

133 Maier, Lebenserinnerungen, S.167.

134 Müller-Fischer, S. 642.

135 Anscheinend hat Kraetke hier bremsend gewirkt; denn in einer Sitzung des Hauptausschusses des Reichstags wies Erzberger 1918 darauf hin, »der frühere Staatssekretär (nämlich Kraetke)« habe »sich auf diesem Gebiet sehr zurückhaltend gezeigt«. In diesem Zusammenhang begrüßte es Erzberger, »daß die Reichspostverwaltung dem Kraftfahrwesen mehr Aufmerksamkeit schenken wolle«. (Sitzung des Hauptausschusses des deutschen Reichstags am 6. März 1918, in: Der Hauptausschuß des deutschen Reichstages 1915–1918, Bd.4. Eingel. v. Reinhard Schiffers. Bearb. v. Reinhard Schiffers u.a. Düsseldorf 1983, S.2005.

136 Heinrich Hartmann, Zur Geschichte der politischen Kämpfe um die Bayerische Post, in: Archiv für Postgeschichte in Bayern 1956/2, S.45–68, hier: S.58.

137 Gerhard Basse, 100 Jahre öffentlicher Fernsprechdienst in Deutschland, in: Archiv für deutsche Postgeschichte 1981/1, S.124–157, hier: S.141; Sautter II, S.258.

138 Sautter II, S.256–258.

139 Sautter II, S.264f.

140 Handwörterbuch des Staatswissenschaften, Bd.8, S.65.

141 Horst Diederichs, 75 Jahre Internationale Antwortscheine deutsche Ausgabe, Teil 1, in: Archiv für deutsche Postgeschichte 1983/2, S.17–72, Hier: S.18.

142 S. hierzu Sautter II, S.188–191; Handwörterbuch des Postwesens, S.547–549 (Postscheckämter; Postscheckverkehr).

143 Sautter II, S.597.

144 Sautter II, S.167–170; Handwörterbuch des Postwesens, S.288.

145 69. Sitzung des Hauptausschusses des Deutschen Reichstags, 6. Mai 1916, in: Der Hauptausschuß des Deutschen Reichstags 1915–1918. Eingel. von Reinhard Schiffers. Bearb. von Reinhard Schiffers u.a., Bd. 2, Düsseldorf 1981, S.560.

146 Theodor Wolff, Tagebücher 1914–1918. Erster Teil. Eingel. u. hrsg. von Bernd Sösemann, Boppard 1984, S.412 (Eintragung vom 5. August 1916).

147 69. Sitzung des Hauptausschusses des Reichstags am 6. Mai 1916, in: Der Hauptausschuß, Bd. 2, S. 563.

148 Sautter II, S. 168.

149 10. Sitzung des Hauptausschusses des Reichstags am 19. März 1915, in: Der Hauptausschuß, Bd. 1. Eingel. v. Reinhard Schiffers. Bearb. v. Reinhard Schiffers u. a., Düsseldorf 1981, S. 76 f.

150 45. Sitzung des Hauptausschusses am 20. Dezember 1915, in: Der Hauptausschuß, Bd. 1, S. 329.

151 Anfrage des nationalliberalen Abg. Meyer-Herford in der 10. Sitzung des Hauptausschusses am 19. März 1915, in: Der Hauptausschuß, Bd. 1, S. 76. Eine Antwort scheint der Staatssekretär nicht gegeben zu haben.

152 Als das Kabinett des Prinzen Max von Baden Anfang Oktober 1918 über die Zuständigkeit von Reichsämtern gegenüber den »Oststaaten« beriet, trat Staatssekretär Rüdlin dafür ein, »Spezialverwaltungen wie Post« bei den zuständigen Ressorts zu belassen. (Sitzung des Gesamtkabinetts am 7. 10. 1918, in: Die Regierung des Prinzen Max von Baden, Bearb. Erich Matthias und Rudolf Morsey. Düsseldorf 1962, S. 102.).

153 Hutten-Czapski. S. 403.

154 Kuno Graf Westarp, Konservative Politik im letzten Jahrzehnt des Kaiserreiches, Bd. 2, Berlin 1935, S. 352.

155 Sitzung des Hauptausschusses des Reichstags am 6. März 1918, in: Der Hauptausschuß, Bd. 4, S. 2000.

156 Sitzung des Hauptausschusses des Reichstags am 6. Mai 1916, in: Der Hauptausschuß, Bd. 1, S. 562.

157 Sitzung des Hauptausschusses des Reichstags am 6. März 1918, in: Der Hauptausschuß, Bd. 4, S. 2001.

158 Sitzung des Hauptausschusses des Reichstags am 1. Juli 1918, in: Der Hauptausschuß, Bd. 4, S. 2235.

Amtsschild Reichs-Post- und Telegraphenverwaltung/Deutsche Reichspost, ab 1923

Das Staatsunternehmen »Deutsche Reichspost« in den Jahren der Weimarer Republik.

– Akos Paulinyi zum 60. Geburtstag –

Martin Vogt

Einleitung

Post- und Fernmeldewesen gehören zu den Einrichtungen des täglichen und öffentlichen Lebens, deren Einschränkung und Behinderung sich spürbar auf die sozialen Verhältnisse und zwischenmenschlichen Beziehungen auswirken. Dennoch erscheint es bei oberflächlicher Betrachtung, daß sie kaum größeren politischen Wandlungen unterworfen sind, sondern – soweit nicht kriegsbedingte Unterbrechungen eintreten oder andere längerfristige Störungen durch höhere Gewalt – einen gleichförmigen Entwicklungsgang nehmen.

Tatsächlich ist aber für die hier zu behandelnde Phase deutscher Postgeschichte zu bemerken, daß der Erste Weltkrieg allein schon materiell einen scharfen Einschnitt bedeutete: »Der Bedarf an Sachgütern war sehr gestiegen, da während des Krieges alle Betriebseinrichtungen heruntergewirtschaftet worden waren, in besonderem Maße gerade die Telegraphen- und Fernsprecheinrichtungen«[1] – hinzuzusetzen ist: soweit sie nicht Bündnis- und militärischen Zwecken und Aufgaben gedient hatten. Zwar war während des Krieges unter Einsatz von Hilfskräften im Inland der Postbetrieb weitergeführt worden, zum Ausland war er dagegen deutlich eingeschränkt und im Fernmeldebereich buchstäblich weitestgehend abgeschnitten worden, so daß die Verbindung zu ferner liegenden neutralen Staaten Schwierigkeiten bereitet hatte.

Insofern gilt die Zustandsbeschreibung der Preußischen Staats-Postanstalt am Ende der napoleonischen Kriege, die Heinrich Stephan Mitte des 19. Jahrhunderts gegeben hat, auch für die Situation der deutschen Posten nach dem Ersten Weltkrieg: »...gehemmt an ihrer Kraft, zerrüttet in ihren Beziehungen zum Ausland, gehemmt an freier Wirksamkeit, ein Opfer des Verfalls, ein Bild ersiechenden Wachstums.«[2]

Diese Einschränkungen haben in der ersten Phase der Weimarer Republik (1918-1923) zu verminderten Einnahmen geführt, die für die öffentliche Hand umso spürbarer waren, als die Post nun nicht mehr wie in der Vorkriegszeit Überschüsse abführte, sondern Unterstützung aus der Reichskasse erhalten mußte, um ihre Aufgaben erfüllen zu können. Es bedurfte erheblicher Anstrengungen und Willenskraft in der Leitung, im Personal und bei den beratenden Gremien, die Post nicht nur aus der krisenhaften Situation herauszuführen, sondern sie wieder zu einem leistungsfähigen Unternehmen aufsteigen zu lassen. Der finanzielle Verfall konnte durch das Reichspostfinanzgesetz von 1924 abgefangen und ins Positive gekehrt werden. Die Nutzung neuer Techniken der Kommunikation, die Ausweitung der postalischen Tätigkeiten verbunden mit Verbesserungen der Vermittlung unter Nutzung der zeitgenössischen Rationalisierungserkenntnisse haben dazu beigetragen, daß die Post ein selbstverständlicher Bestandteil der Alltagskultur nicht nur blieb, sondern auch zu deren Ausgestaltung beigetragen hat.

Insofern gilt mit gewisser Berechtigung auch das von Stephan – mit heute schwer erträglichem Pathos – vorgestellte Bild der preußischen Post nach der Konsolidierung der Verhältnisse im Land auch für die Deutsche Reichspost rund hundert Jahre später wieder: »Jetzt durchdringt ihre Tätigkeit regsamer, allseitiger als je zuvor, die wichtigsten Kanäle des öffentlichen Lebens. Ein markvoller Organismus, entfaltet sie ihre leichte freie Bewegung in weitverzweigter Gliederung und unverkümmerter Triebfülle, gekräftigt durch eine liberale Gesetzgebung, veredelt durch eine von wissenschaftlichem Geist und staatsmännischer Einsicht geleitete Verwaltung, erstarkt in ihrer Stellung zum Auslande und durchdrungen von ihrer Aufgabe als Institut der Kultur... Sie hat innere und äußere Stürme überdauert, von Niederlagen sich erholt, ihre Hilfsmittel vermehrt und ihre Formen gewechselt, um in beflügelter Schnelle dem Fortschritt zu folgen und in verjüngter Kraft den erhöhten Forderungen ihres Berufes Genüge leisten zu können.«[3]

Da nach dem Ersten Weltkrieg in Deutschland gern auf

Reichspostflagge 1921–1933

die Zeit der napoleonischen Kriege als Parameter der eigenen Verhältnisse zurückgeblickt, sogar häufig die Forderung erhoben wurde, sich daran ein Beispiel zu nehmen – auch wenn dies aus historisch-wissenschaftlicher Perspektive ein schwer akzeptierbares Unterfangen war –, so hätte diese vorgebliche Parallelität wenigstens in den zwanziger Jahren bei einer großen Zahl der Postangehörigen Zustimmung hervorgerufen.

Die Post war ein staatliches Monopolunternehmen[4], das in Deutschland auf der Ebene des Reichs und der Reservatländer Bayern und Württemberg keine Konkurrenz neben sich geduldet hatte und auch nach 1918 nicht duldete. Der Anspruch der Post lag darin, daß sie nicht nur dem Staat und seinen Anliegen zur Verfügung stand, sondern daß sie darüber hinaus und vor allem der Allgemeinheit der Einwohner selbst dort diente und nützlich war, wo Privatunternehmen wegen der beschwerlichen Bedingungen und der geringen Gewinnaussichten einen Verzicht auf die Dienstleistung ausgesprochen hätten. Zu Recht hat der Frankfurter Nationalökonom Hellauer 1928 darauf aufmerksam gemacht, daß sowohl Leistungsverbesserungen wie auch technische Neuerungen bei der Deutschen Reichspost nicht – wie sonst im Wirtschaftsleben häufig üblich – aus der Konkurrenz erwuchsen, sondern daß sie entstanden und gefördert wurden durch den Geist, aus dem heraus die Leistungskräfte des Post- und Nachrichtenwesens arbeiteten, und aus ihrem wirtschaftlichen und wissenschaftlichen Verständnis für eine Institution heraus, die nicht allein sich selbst zu tragen, sondern daneben auch Überschüsse für die Reichskasse abzuwerfen hatte.[5]

Die sehr genaue Analyse Hellauers ist aus einer gründlichen Betrachtung des deutschen Post-, Telegraphen- und Telefonwesens in allen Zweigen hervorgegangen, wie diese sich in den Jahren der Weimarer Republik auf Grund der verfassungsrechtlichen, gesetzlichen und ökonomischen Bedingungen und Bestimmungen entwickelt und gewandelt haben. Dabei ist zu bemerken, daß die Dreigliederung der Post aus organisatorischen und technischen Gründen jedoch der sie benutzenden Allgemeinheit kaum zu Bewußtsein gelangt ist, sondern daß sie als eine in sich geschlossene Einheit wirkte.

Ihrer Aufgabenstellung und ihrem Charakter nach – dies ist noch einmal nachdrücklich zu betonen – war die Deutsche Reichspost sowohl zum Zeitpunkt ihres Entstehens in der Weimarer Republik wie im Verlauf des weiteren Geschehens bis zum Jahr 1933 ein hoheitsrechtlicher Dienstleistungsbetrieb, der einen weitreichenden Anspruch auf alleinige Wahrnehmung des postalischen und telegraphischen Nachrichtenverkehrs sowie für das Telefonwesen erhob. Dennoch hat der erste Reichspostminister – ganz im Gegensatz zu der späteren Analyse Hellauers – bestritten, daß es sich um ein Monopol gehandelt habe, schon allein aus dem Grund, daß sie anders als das Eisenbahnwesen nicht ihren Ursprung in der Privatwirtschaft genommen habe.[6]

Faktisch bestand freilich auch seit 1918 – wie ja später Hellauer u. a. gezeigt hat – der Monopolcharakter, der eben notwendig war, weil bei der Post der leicht strapazierte Begriff des »Gemeinwohls« trotz aller anderen Probleme vor allem zu Beginn der Republik von größter Bedeutung gewesen ist. Durch das Monopol schuf sich die Post in diesem Moment Sicherheit, einer umfassenden Kommunikationsversorgung nachzukommen, selbst wenn es an Reinertrag bei der Erfüllung einzelner staatlicher und sozialer Dienstleistungen fehlte. In dieser Aufgabe konnte die Post jedoch nur bestehen, wenn sie die potentielle Konkurrenz kontrollierte: »Die Reichs-Post- und Telegraphenverwaltung bedarf eines Schutzes gegen gleichartige Beförderungsunternehmungen, damit die Rentabilität der Verwaltung und des Betriebs nicht in Frage gestellt wird«, schrieb der die Monopol-Vorstellung zurückweisende Minister Giesberts.[7]

Es war auch nicht daran zu denken, daß die Reichspost- und Telegraphenverwaltung auf »Zwangsbefugnisse« und »Vorrechte« verzichtete, die ihr nach dem 1871 verkündeten und 1899 sowie 1920 ergänzten Gesetz über das Postwesen des Deutschen Reiches zustanden. Gesetzgebung, Verordnungsrechte und Verwaltung haben nach der Umwälzung der Bismarckschen Staatsordnung 1918/1919 auch weiterhin in den Händen der staatlichen Postverwaltung gelegen. Gemildert wurde der betriebliche Monopolcharakter dadurch, daß in Sonderfällen im Telegraphenbereich und für den Funkverkehr über weite Distanzen Sonderaufträge und Benutzungsgenehmigungen an privatwirtschaftliche Unternehmungen erteilt wurden. Dies bedeutete jedoch, daß die Reichskontrolle durch das Staatsunternehmen gegenüber den privaten Subunternehmen weiterbestand und daß deshalb das einzelne privatwirtschaftliche Unternehmen keinen eigenen Monopolanspruch in diesem Bereich zu erheben vermochte.

Wichtig erschien auf lange Sicht, daß von Post- und Telegraphenbetrieb eine weitreichende Deckung der Kosten aus eigenen Einnahmen zu erreichen sei, wobei zu beachten war, »daß die Grenze der Belastungsfähigkeit des volkswirtschaftlich notwendigen und zum Nutzen der Allgemeinheit zu fördernden Nachrichten- und Güteraustausches nicht überschritten« werde.[8] Vornehmlich galt dies zunächst auch noch für einen Bereich, der zu Beginn der Republik nur von einer Minderheit genutzt wurde, die allerdings in wirtschaftlich-finanzieller Hinsicht leistungsfähig erschien: »Der Gesichtspunkt der Deckung der Unkosten durch die Benutzer der Anstalt steht bei Telegraph und Fernsprecher im Vordergrund, da sie nicht derart, wie die Posteinrichtungen der Allgemeinheit, sondern in erster Linie einem Sonderverkehr engerer Wirtschafts- und Volkskreise dienen.«[9]

Alle Maßnahmen der Post- und Telegraphenverwaltung in der »Weimarer« Frühzeit waren von dem Bewußtsein begleitet, daß sich der Staat finanziell in einer unerquicklichen Situation befand und daß die Post nicht in der Lage war, wie in den Vorkriegsjahren Überschüsse abzuführen. Da sich außerdem erwies, daß gesetzliche Festlegungen bei plötzlichen Krisen des Finanz- und Wirtschaftslebens ein Hindernis gegenüber rascher Anpassung darstellten, ist eine Konsequenz dahin gezogen worden, daß der große Postbetrieb, der durch seine Funktionen ohnehin eine Wirtschaftsinstitution war, zu einem Großunternehmen umstrukturiert wurde, das sich dann bis zum Ende der Weimarer Republik hat behaupten können.

Im Rahmen einer Überblicksdarstellung ist es nicht möglich, die Gesamtgeschichte der Deutschen Reichspost in den Jahren der Weimarer Republik so detailliert wiederzugeben, daß alle Entwicklungen und Ereignisse, die sie betroffen und bewegt haben, angesprochen werden können.[10] Auch eine Geschichte der Post »von unten«, d.h. aus dem Erleben und der Sicht schlichter Benutzer und der unteren Ränge der Postbediensteten ist nicht vorzulegen; vielmehr geht es darum, die wesentlichsten Problemkreise zu skizzieren, die für diesen Zeitabschnitt mit technischen Wandlungen ebenso wichtig sind wie Konsequenzen aus den ökonomischen Verhältnissen, und einige der Leitungspersönlichkeiten zu charakterisieren, die für die politische Außenwirkung der Post Verantwortung getragen haben. Dabei ist jedoch immer wieder wesentlich, daß die Deutsche Reichspost – und bis zu ihrer Integration auch die Postverwaltungen Bayerns und Württembergs – durch Aufgabenstellung und Tätigkeit bereits sowohl Behörde als auch Wirtschaftskörper gewesen ist und als solche dann die rechtliche Transformation in ein Unternehmen mit einem Reichsminister weiterhin an der Spitze durchmachte, so daß auch nach der Umwandlung die Bedingungen und Bestimmungen prinzipiell Gültigkeit behielten, die der Deutschen Reichspost durch die Weimarer Verfassung auferlegt worden waren.

Die Post und die Verfassungsbestimmungen

Für die Monate der staatlichen Neuformung in Deutschland nach der Niederlage im Ersten Weltkrieg ist die politische Wandlung bei Wahrung von Kontinuität der Beamtenschaft bezeichnend.[11] Sie hat auch für die Deutsche Reichspost – wie gleichfalls für die entsprechenden Einrichtungen in Bayern und Württemberg – gegolten, so daß der Apparat unverändert ab 8./9. November 1918 seinen Dienst weiter geleistet hat. Erst nach dem Zusammentreten der Nationalversammlung und bei der Bildung des Kabinetts Scheidemann demissionierte der letzte Staatssekretär des Reichspostamtes Otto Rüdlin; der Unterstaatssekretär Teucke blieb jedoch im Amt. Damit war das Fortbestehen der postalischen Kontinuität im weitesten Sinn gesichert. Zugleich konnte die Reintegration der aus dem Krieg heimkehrenden Postbediensteten als wesentliche soziale Aufgabe in die Wege geleitet werden.[12]

Von Belang auch für die rechtliche Situation des deutschen Postwesens wurde in dieser Zeit eine Haltung, die in einer Bemerkung Friedrich Eberts aus seiner Rede bei der Eröffnung der Nationalversammlung ihren Ausdruck findet: »Deutschland darf nicht wieder dem alten Elend der Zersplitterung und Verengung anheimfallen. Geschichte und Anlage hemmen zwar, einen straff zentralisierten Einheitstaat zu bilden.(...) Die Abgrenzung zwischen Reichsrecht und Stammesrecht mag im einzelnen umstritten bleiben. Im Großen müßten wir uns aber alle einig sein, daß nur eine ungehemmte einheitliche Entwicklungsmöglichkeit unser Wirtschaftsleben, ein politisch aktionsfähiges, festgefügtes einiges Deutschland die Zukunft unseres Volkes sicherstellen kann.«[13]

In diesem Kontext sind die Bemühungen und Verhandlungen um eine Vereinheitlichung, und das heißt für die Postreservate im damaligen Sprachgebrauch »Verreichlichung«, der Postverwaltung in Deutschland zu sehen. Bereits im Artikel 6 der Verfassung wurde unter Punkt 7 die Ausschließlichkeit der Reichsgesetzgebung für »das Post- und Telegraphenwesen einschließlich Fernsprechwesen« bestimmt, so daß dem maßgeblichen Kommentar Gerhard Anschütz' zufolge[14] die Länderkompetenz, soweit sie bisher noch bestanden hatte, fortfiel.

Die Alleinbestimmung des Reichs, die bereits im Artikel 48 Absatz 1 der Bismarckschen Reichsverfassung angelegt war, wurde daraufhin[15] mit einigen grundlegenden Änderungen, die kennzeichnen, daß neue Ordnungsverhältnisse begonnen hatten, im Artikel 88 der Verfassung – er wurde 1924 abgeändert, um das Bedürfnis nach Wirtschaftlichkeit der Post zu erfüllen – ausgesprochen: »Das Post- und Telegraphenwesen samt dem Fernsprechwesen ist ausschließlich Sache des Reichs. – Die Postwertzeichen sind für das ganze Reich einheitlich. – Die Reichsregierung erläßt mit Zustimmung des Reichsrats die Verordnungen, welche Grundsätze und Gebühren für die Verkehrseinrichtungen festsetzen. Sie kann diese Befugnisse mit Zustimmung des Reichsrats auf den Reichspostminister übertragen. – Zur beratenden Mitwirkung in Angelegenheiten des Post-, Telegraphen- und Fernsprechverkehrs errichtet die Reichsregierung mit der Zustimmung des Reichsrats einen Beirat. – Verträge über den Verkehr mit dem Ausland schließt allein das Reich.«[16]

Der Reichspostminister gewann schon durch diese Bestimmungen – auch wenn er selbstverständlich dem Reichstag für seine Amtsführung politisch verantwortlich war – wie jeder Verwaltungschef ein Weisungsrecht im inneren Dienstbetrieb.[17] Doch ist zweifelhaft, daß bereits 1919 daran gedacht worden sein soll, ihn aus wirtschaftlichen Gründen »zu gegebener Zeit aus dem Kreis der übrigen Reichsminister herauszuheben und ihr eine größere Bewegungsfreiheit, die ein solcher Betrieb verlangt, wenn er wirtschaftlich im Interesse des Reichs geführt werden soll«, zu geben.[18]

Es ist aber nicht zu bestreiten, daß die Umwandlung 1924 durch die Formulierung der Verfassung erleichtert worden ist. Das heißt allerdings nicht, daß der Reichspostminister mehr Freiheit von Kontrollen als seine Kollegen genossen hätte, sondern er blieb »in seiner Stellung als Leiter eines wirtschaftlichen Unternehmens abhängig (...) von dem Vertrauen der jeweiligen im Parlament herrschenden Mehrheit«.[19]

Es war Aufgabe des Reichspostministers und seines Ressorts, die nach dem Erlaß des Reichspräsidenten über die Errichtung der obersten Reichsbehörden[20] in der Ordnung des Reichskabinetts an zehnter, also keineswegs hervorragender Stelle standen, die Verhandlungen zu führen, die die Sonderrechte Bayerns und Württembergs gemäß Artikel 170 der Verfassung aufhoben: »Die Post- und Telegraphenverwaltung Bayerns und Württembergs gehen spätestens am 1. April 1921 auf das Reich über. – Soweit bis zum 1. Oktober 1920 noch keine Verständigung über die Bedingungen der Übernahme erzielt ist, entscheidet der Staatsgerichtshof. – Bis zur Übernahme bleiben die bisherigen Rechte und Pflichten Bayerns und Württembergs in Kraft. Der Post- und Telegraphenverkehr wird jedoch ausschließlich vom Reich geregelt.«

Diese Überführung war im Prinzip kein neuer Gedanke, hat aber vor allem in Bayern, wo das Banner des Föderalismus mit besonderer Entschiedenheit hochgehalten wurde, die antizentralistischen Affekte und die Tendenzen der Abneigung gegenüber »Berlin« nur noch verstärkt. Das Bemühen, die bayerischen Reservatrechte in Postfragen zu verteidigen, war in kaiserlicher Zeit gegen die Vorstöße Heinrich Stephans und Victor von Podbielskis gelungen. Nach der Staatsumwandlung suchten Bayerns erster republikanischer Ministerpräsident Kurt Eisner und sein Verkehrs- und Postminister Heinrich von Frauendorfer nach Wegen, die bayerischen Belange in diesem Bereich auch für die Zukunft zu sichern.[21]

Deshalb gewann noch vor den Beratungen der Nationalversammlung bei Erörterungen erster Verfassungsentwürfe und bei den Konferenzen der Ländervertreter im vorläufigen Staatenausschuß die Postfrage schnell eine zunehmende Bedeutung – zumal sie im Grunde mit der »Verreichlichung« der Eisenbahnen verkoppelt war.[22] Allerdings war bei abwägender und objektiver Einschätzung der Lage kein Zweifel gegeben, daß die Zeit der Reservatrechte vorüber war. Es kam eben darauf an, wie dies den Bayern und Württembergern nahegebracht werden konnte.

In Bayern wurde schon bald als ein weitreichender Kompromiß ausgegeben, daß – »um die Unitarier in der Nationalversammlung zu beschwichtigen«[23] – auf das Postvertragsrecht gegenüber den nichtdeutschen Nachbarstaaten verzichtet worden war – ein Vorschlag, der allerdings vom württembergischen Vertreter ausgegangen war. Überhaupt scheint die Haltung Württembergs weitaus reichsdienlicher und -freundlicher als die offizielle bayerische gewesen zu sein. Und tatsächlich haben beide süddeutschen Länder keineswegs eine einheitliche Linie verfochten. Bevor noch Bayern die Gespräche mit dem Reich aufnahm, hatte Württemberg bereits eigenständige Verhandlungen geführt.[24]

Während Bayern noch Sonderrechte für die bisherige Landesbahn und -post zu erringen trachtete, war es die Taktik Württembergs, nur dann einen Verzicht auf die Post auszusprechen, wenn das Reich auch die württembergischen Bahnen in eigene Verwaltung übernehme. Immerhin haben sich die beiden Länder die Aufgabe eigener Wertzeichen besonders honorieren lassen, wobei dann bayerische Marken noch eine Weile mit einem Überdruck »Reichspost« zur Deckung des lokalen Bedarfs verkauft werden mußten. Den Bemühungen um die bayerische Sonderstellung kam dies entgegen. Immerhin hatte noch im Dezember 1918 der »Rat bildender Künstler Münchens« zur Schaffung einer bayerischen Briefmarke erklärt: »Die neuen Wertzeichen oder Symbole sollen zeigen, daß im Volksstaat Bayern die Pflege der Kunst dem ganzen Volke zu erschließen, auf eine warmherzige Förderung rechnen darf.«[25] Aber es hat keine bedeutenden künstlerischen Entwürfe mehr gegeben, die auf die Marken gelangten; vielmehr führte Reichsinnenminister Hugo Preuß am 21. Februar 1919 aus: »Für die Post kann ich die erfreuliche Mitteilung machen, daß demnächst eine Deutsche Reichspostmarke im ganzen Reich gelten wird. Bayern hat auf die eigene Briefmarke verzichtet.«[26]

Noch bevor im März 1919 in Stuttgart die süddeutschen Länder über ihre Positionen für die Verfassungsverhandlungen beraten haben und Gemeinsamkeiten herauszustellen suchten, waren auch in München die Tendenzen stärker geworden, Verzicht – wenn auch hinhaltend – dort auszusprechen, wo sich dieser Verzicht finanziell als Verbesserung auszahlen würde. Überdies zeichnete sich ab, daß eine einseitig radikal-föderalistische Grundlinie zu weitgehender Isolation Bayerns führen würde.[27] Schließlich ist auch nicht zu übersehen, daß die turbulenten inneren bayerischen Verhältnisse nach der Ermordung Eisners kein Ausdruck sonderlicher eigenstaatlicher Stärke gewesen sind. Die Bindungen an das Reich wollte die übergroße Mehrzahl der Bayern ohnehin nicht aufgeben (in Württemberg war dies gar nicht erst diskutiert worden).

Freilich sind die Verhandlungen über die »Verreichlichung« des Postwesens auch nach der Verkündung der Verfassung im August 1919 nur sehr schleppend vorangegangen, da nun über die Absichtserklärung hinaus die Details der künftigen Rechtsordnung, der weiteren Mitsprache und der gegenseitigen Pflichten und Rechte auszuarbeiten gewesen sind. Im Preußischen Staatsministerium meinte man immerhin hierzu, die »Verreichlichung« gerade auch der Post werde in Bayern irrtümlich noch immer als eine »Verpreußung« angesehen und löse Haßgefühle aus. Das Tempo sei wohl doch gegenüber solchen Emotionen zu eilig gewesen »und manche Imponderabilien« seien »außer acht geblieben ..., deren Nichtbeachtung sich unter Umständen sogar zu einer schweren Belastungsprobe für das Reich auswachsen könnte«.[28]

Eine ähnliche Ansicht drückte noch im Januar 1920 Reichsinnenminister Koch in einem Schreiben an Reichskanzler Bauer aus, in dem er feststellte, die »Verreichlichungen« und die Zentralisierung hätten »in den Ländern in verschiedenem Maße ein gewisses Mißbehagen und Bedenken aller Art ausgelöst. Solche ablehnende oder doch zurückhaltende Stimmung bei den Regierungen und Volksvertretern der Länder müssen alsbald behoben werden, wenn nicht die Durchführung der in der Reichsverfassung betonten Stärkung der Reichseinheit und der Reichsverfassung Schaden leiden und verzögert werden soll«.[29]

Allerdings hätte die bayerische Regierung beschwichtigend gegenüber der eigenen Bevölkerung wirken können, da Reichspostminister Giesberts ein sehr weitreichendes Entgegenkommen signalisiert hatte, als dem bayerischen Minister von Frauendorfer im Oktober 1919 mitgeteilt worden war, daß eine spezielle Abteilung der Post für bayerische Angelegenheiten in München bestehen werde, an deren Spitze auch ein Bayer in Absprache mit der Münchner Regierung berufen werde. Frauendorfer hatte dies auch anerkannt, als er in seinem Antwortschreiben an Giesberts des-

Wertzeichenausgabe vom 6. April/Juni 1920 nach der »Verreichlichung« der Post

sen Vorgehen als »Akt weitausschauender politischer Klugheit« charakterisierte, »der allen denen gegenüber, die sich sonst in Gedanken des völligen Aufgehens des bayerischen Postwesens in das Reich kaum hineinzufinden vermöchten, versöhnend wirken und nicht wenig zur Förderung des Reichseinheitsgedankens auch bei uns in Bayern beitragen würden. Auch in den Kreisen des bayerischen Postpersonals wird der Plan Euer Exzellenz mit vorzüglicher Befriedigung aufgenommen werden. Ich bin ferner gewiß, daß die Einrichtung einer besonderen Reichsministerialabteilung in München auch in geschäftlicher Hinsicht von größtem Nutzen sein wird«.[30]

Indem dann Giesberts bei den Detailverhandlungen die früher guten Beziehungen zwischen den Postverwaltungen des Reichs, Bayerns und Württembergs besonders herausstellte, schuf er den Boden für eine sachliche Atmosphäre der Gespräche, so daß bereits zum 1. April 1920 – also ein Jahr vor der in der Verfassung angegebenen Frist – die »Verreichlichung« vollzogen werden konnte. Sowohl Bayern in München wie Württemberg in Stuttgart erhielten eigene Postabteilungen und Mitspracherechte in allen postalischen Angelegenheiten beider Länder, die eigene Postbezirke darstellten, die nicht einseitig vom Reich abgeändert werden konnten. Daß Württemberg dabei nicht die gleiche Stellung wie Bayern innehatte, zeigt sich daran, daß die Stuttgarter Abteilung lediglich einem Oberpostdirektor unterstellt gewesen ist, der allerdings aus dem Land stammte.

Rechte und Versorgung der Postangehörigen und -pensionäre gingen auf das Reich über. Als Entschädigung für das Postreservat erhielt Bayern vom Reich 620 Millionen Mark und Württemberg 250 Millionen, die nach schwierigen Verhandlungen mit dem Reichsfinanzministerium mit 4,5% statt der üblichen 4 Prozent zu verzinsen waren. Das Reich nahm in seinen Besitz alle Mobilien und Immobilien, soweit sie nicht historischen bzw. musealen Charakter hatten, ferner die Kassenbestände und selbstverständlich auch das Personal.[31] Wenigstens in Bayern ist die Aufgabe des Postreservatrechts nach außen hin zwar als unvermeidbare, aber doch zu bedauernde Notwendigkeit angesehen und ausgegeben worden. Unterstrichen wurde dies durch eine Medaille, die – aus Anlaß der »Verreichlichung« herausgegeben – die Inschrift trug: »B'hüat di' Gott Du alte Zeit«.[32]

Dagegen mußte jeder objektive Betrachter zu der Erkenntnis gelangen, daß diese Abtretung an das Reich – gleiches gilt auch für die Bahnverreichlichungen – faktisch einen Gewinn darstellte, da sie beide Länder entlastete, nicht allein was die Personalkosten anging, sondern auch im Hinblick auf die anstehenden technischen Modernisierungen[33], die ein kleinerer Flächenstaat kaum noch allein zustande zu bringen vermochte. Auch wenn zumindest bis 1928 in München noch die bayerische Postabteilung ihre eigene technische Forschung und Erprobung betrieb, so war sie doch jetzt enger als zuvor mit den Berliner Technischen Abteilungen der Deutschen Reichspost verbunden.

Der Umstand, daß 1922/23 und 1924–1932 aus dem bayerischen Postdienst hervorgegangene Beamte, die jeweils zuvor in München der bayerischen Abteilung sogar als Staatsekretäre vorgestanden hatten, Reichspostminister wurden, hat dazu beigetragen, daß größere Belastungen auf diesem Gebiet – anders als in der Frage des Eisenbahnwesens und noch mehr der Justiz – nicht speziell zwischen Bayern und dem Reich entstanden sind. Allerdings traten doch gewisse Spannungen dadurch auf, daß unter dem Eindruck der schweren finanziellen Probleme, die die Hochinflation ausgelöst hatte, im September 1923 das Reich die Zinszahlung einstellte und die Grundschuld überhaupt nicht abgetragen wurde.

Schon im Zusammenhang mit dem von Bayerns Regierung entschieden abgelehnten Reichspostfinanzgesetz[34] wurde dann das Verlangen auf Auszahlung im April 1924 vom damaligen bayerischen Ministerpräsidenten von Knilling erhoben, um die bayerischen Ansprüche geltend zu machen und nachdrücklich an sie zu erinnern. Es habe den Anschein, daß die Reichsregierung aus dem von ihr eingenommenen Standpunkte, daß die bayerische Forderung nicht berechtigt sei und das Reich seine Vertragspflicht nicht verletzt habe, seine Verpflichtungen nicht erfüllen wolle.[35] »Der im Postvertrag vereinbarte Übernahmepreis von 620 Millionen Mark ist seit dem 1. April 1920 zur Zahlung fällig und nur durch das Entgegenkommen Bayerns bisher vom Reich nicht zu entrichten gewesen. Es ist wohl selbstverständlich, daß das Reich bei der gegensätzlichen Auffassung der beiden Beteiligten sich veranlaßt sehen müßte, alsbald die Bezahlung dieser Summe anzubieten. Dabei würde es sich nicht um die Bezahlung des Betrags in Papiermark, sondern um die Entrichtung eines entsprechend aufgewerteten Betrags handeln. (...) Ein weiteres Stundungsentgegenkommen Bayerns würde die Reichsregierung so wie die Dinge liegen wohl selbst nicht mehr wünschen. Das Rechtsempfinden des bayerischen Volkes, das durch das ganze Verfahren des Reichs in dieser Angelegenheit schon über Gebühr belastet ist, würde eine derartige weitere Belastung nicht mehr ertragen; seine Reichsfreudigkeit würde aufs schwerste erschüttert.«

Medaille zur Übernahme der bayerischen Post in die Deutsche Reichspost, 1920

In diesem Fall durfte die Bayerische Regierung annehmen, mit ihrer massiven Forderung, die sich aus den permanenten München-Berliner Spannungen zusätzlich erklärt, auch den württembergischen Beifall zu finden, da ja alle Länder und öffentlichen Kassen unter den Folgeerscheinungen der Inflation litten. Wenig wurde jedoch beachtet, wenn nicht sogar geflissentlich übersehen, daß das Reich jetzt Lasten trug, die ohne die »Verreichlichung« diese Länder zu tragen gehabt hätten. Außerdem war man ja bemüht, der »Deutschen Reichspost« einen neuen Status zu geben, der ihr finanzielle Unabhängigkeit und damit auch wieder Überschüsse verschaffen sollte.

Fortan gehörte die Klärung der Postabfindung zu den Desiderata der beiden süddeutschen Länder, die aber vor allem von Bayern immer wieder angebracht wurden mit einer unterschwelligen Drohung gegen das Verfassungsrecht, aus der Posteinheit ausscheiden zu wollen. Permanent wurde auf die Verfassungsdenkschrift Bayerns vom Januar 1924 verwiesen, in der behauptet worden war, »ein auf die Dauer befriedigender Zustand könne nur geschaffen werden, wenn Bayern im Postwesen ›die zur Wahrung seiner Belange unerläßliche Selbständigkeit wiedererhält‹«.[36] Bis in das Jahr 1927 stellte sich das Reich gegenüber solchen Äußerungen taub; aber im Zusammenhang mit der Erhöhung der Beamtenbesoldung zeigte sich Reichsfinanzminister Heinrich Köhler geneigt, um die Länderzustimmung zu gewinnen, die Abfindungszahlungen nicht nur anzuerkennen, sondern sogar einen Vorschuß zu zahlen.

Dieser »Köhlerwechsel«, der später weder in Bayern noch im Reichsfinanzministerium aufzufinden gewesen ist[37], hat die weiteren Verhandlungen begleitet. Er war 1928 und 1929 Hintergrund für das bayerische Auftreten, bei dem dem Reich eine Rechnung über – nach Aufwertung – 100 Millionen Goldmark präsentiert wurde[38], um Konsequenzen der Reichssteuerpolitik für die Länder abzufangen.

So sehr gerade 1929/1930 das Kabinett der Großen Koalition auch auf die Bayerische Volkspartei angewiesen war und obwohl der Reichspostminister von dieser Partei gestellt worden ist, hat sich die Reichsregierung nicht dazu bewegen lassen, die erwünschte Auszahlung vorzunehmen. Unter der Kanzlerschaft Brünings hat dann die Bayerische Staatsregierung sogar beim Staatsgerichtshof Klage erhoben, um ihre finanziellen Forderungen durchzusetzen. Zu einer Verhandlung ist es allerdings in der Zeit der Weimarer Republik nicht mehr gekommen. Nachdem die Nationalsozialisten im Reich und in Bayern an die Macht gelangt waren, ist die Klage zurückgenommen worden.[39] D. h. die »Verreichlichung« der Post ist während der Weimarer Republik so, wie es die Verfassung vorgeschrieben hat, durchgeführt worden. Sie hat trotz gewisser finanzieller Probleme in dieser Phase als Vertragswerk Bestand gehabt.

Wie wichtig diese Punkte in Bayern über alle Jahre genommen worden waren, ergibt sich aus einem Ereignis in der Zusammenbruchsphase der Weimarer Republik: Als damals sehr ernsthaft die Frage einer Restauration der Monarchie erwogen wurde, teilte der bayerische Kronprinz Rupprecht dem führenden bayerischen Monarchisten Erewein von Aretin mit, er werde die Königswürde nur dann annehmen, wenn unter den wiederherzustellenden Bayerischen Eigenverwaltungen auch die für Post und Telegraphie sei.[40]

Daß das Unternehmen Deutsche Reichspost zwar gewinnträchtig wurde, aber die Länder dann nicht die Gewinne insgesamt hatten, die sie erhofft haben mögen, lag an der rechtlich-wirtschaftlichen Neugestaltung des Postwesens im Jahr 1924. Immerhin waren sie dann aber im Verwaltungsrat mit Sitz und Stimme beteiligt. Die Verfassung war beachtet worden.

Die Postverträge des Reiches mit Bayern und Württemberg sind schließlich im Rahmen der nationalsozialistischen »Reichsreform«, d.h. der Neuaufbau-Vorstellungen von Reich und Ländern, 1934 aufgehoben worden. Die gesetzlich verankerte Mitbestimmung in postalischen Angelegenheiten ging für beide Länder in drastischerer Weise verloren, als es entschiedene Föderalisten zu Beginn der Weimarer Republik in ihren Zentralismusängsten zu befürchten gehabt hatten. Die totale, entschädigungslose »Verreichlichung« der Post stellte in dieser letzten Form einen eklatanten Rechtsverstoß dar.

Im Zusammenhang mit dieser Aktion ist auch die Aufhebung eines anderen Rechts zu erwähnen, das die nationalsozialistische Gewaltausübung behindert hätte und bereits Ende Februar 1933 durch die »Reichstagsbrand-Notverordnung« verschwand. Es war im Artikel 117 der Weimarer Verfassung niedergelegt, jedoch derart, daß Einschränkungen dieses Grundrechts nicht ausgeschlossen waren: »Das Briefgeheimnis sowie das Post-, Telegraphen- und Fernsprechgeheimnis sind unverletzlich. Ausnahmen können durch Reichsgesetz zugelassen werden.« Gerhard Anschütz hat diese Bestimmung dahin kommentiert[41], die persönliche Freiheit sei wohl gegenüber Verwaltung und Rechtspflege gesichert – und auch parlamentarische Untersuchungsausschüsse besaßen kein Recht zur Beweisaufnahme, dies Geheimnis zu durchbrechen[42] –, nicht aber gegenüber der Gesetzgebung, die allerdings allein vom Reich und nicht von den Ländern ausgehen dürfe.

Die Selbstverständlichkeit, mit der die Wahrung des Postgeheimnisses als Grundrecht 1919 in die Weimarer Verfassung aufgenommen worden ist[43], darf nicht darüber hinwegtäuschen, daß die Praktizierung vor allem in den Anfangsjahren der Republik auf Hindernisse und Widerspruch bei Postfremden gestoßen ist. Damit wird deutlich, in welcher Weise gegenüber dem Recht des Individuums tatsächliche und vorgebliche Staatsinteressen zu dominieren drohten. Hinzu kamen die Wünsche nach politischer Beaufsichtigung, die jedoch schon vor dem Erlaß der Verfassung dahin im Kabinett eingeengt wurden, daß auf eine Anfrage Reichswehrministers Noske festgestellt wurde, die Überwachung des Telefon- und Telegraphenverkehrs sei »nur aus wirtschaftlichen und finanziellen Gründen und nur durch Organe der Behörden, nicht auch durch Abgeordnete und Arbeiterräte zulässig«.[44]

Tatsächlich bestand eine Brief- und Telefonüberwachung aus ökonomischen Gründen, die erst im Juli 1919 im »Interesse der Geschäftswelt« aufgehoben worden ist; allerdings bestanden Kontrollen gegen Kapitalflucht weiter, was wenig bewirkte. Die Versendung von Lebensmittelpaketen sollte von Zustellern gegebenenfalls zur Anzeige gebracht werden. Es ist bezeichnend, daß es vor allem der Reichspostminister gewesen ist, der aus »verfassungsrechtlichen, innerbetrieblichen und volkswirtschaftlichen Gründen« den Kontrollen widersprochen hat, aber gegen sich – und die Verfassung – die Kabinettsmehrheit hatte, die auf Grund »eines Reichsgesetzes oder einer Notverordnung« freie Hand zu gewinnen wünschte.[45]

Die Einschränkung des Grundrechts ist jedoch – und eben wohl auch unter dem Eindruck der Rechtsbedenken bei der Deutschen Reichspost – unterblieben. Nicht verhindern konnte die Reichspost Postbehinderungen durch die Besatzung, als 1920 kurzfristig Frankfurt und dann 1923 das rheinisch-westfälische Industriegebiet unter vorwiegend französische Kontrolle gerieten.[46] In der Beachtung des Telegraphengeheimnisses gegenüber ausländischen Pressevertretern hat sich die Reichsregierung in den Anfangsmonaten der Republik über internationales Recht sogar hinweggesetzt: Auf Wunsch des Auswärtigen Amts wurden Pressetelegramme nach ihrer Absendung dort vorgelegt, um »rechtzeitig Vorkehrungen gegen falsche Nachrichten treffen zu können«. Der Postminister erblickte hierin einen Verstoß gegen den Internationalen Telegraphenvertrag, ohne seine Kollegen für seine Meinung gewinnen zu können.[47]

Eine Beteiligung des Postministeriums bzw. von Postangehörigen an der gelungenen Brechung des französischen Nachrichtencodes, mit dem Mitte der zwanziger Jahre Meldungen zwischen der Regierung in Paris und der Botschaft in Berlin ausgetauscht wurden, ist nicht nachzuweisen und bei der dargestellten Rechtsaufassung der Postleitung auch kaum anzunehmen, zumal dies eine Sache des Nachrichtendienstes gewesen ist, der in den Händen der Reichswehr lag. Immerhin gab es mit ihr über Verbindungsoffiziere im Postministerium und im Telegraphentechnischen Reichsamt eine Zusammenarbeit, die auch durch die Sonderbevollmächtigten für den Fernmeldedienst der Reichswehr bei den einzelnen Oberpostdirektionen bestand. »Nach dem Gesetz über Fernmeldeanlagen von 14. Januar 1928 wurde die Fernmeldehoheit vom Reichspostminister ausgeübt; die Reichswehr durfte aber im Rahmen ihrer Zuständigkeit Fernmeldeanlagen, die zur Verteidigung des Reichs bestimmt waren, errichten und betreiben.«[48]

Wie aber die Reichswehr Verteidigung und Abwehr verstand, läßt sich daran sehen, daß sowohl Stresemann als Außenminister wie – nach seinem eigenen Bekunden – Brüning als Reichskanzler, wohl auf Veranlassung Schleichers, von ihr überwacht worden sind: Brüning durch Verstoß gegen das Fernmeldegeheimnis, indem er über ein Mikrophon in seinem Telefon abgehört wurde.

Diese Geschehnisse wirken jedoch als Einzelfälle und erwuchsen aus einer Haltung, die ganz offensichtlich nicht mit dem Postministerium und seinen Dienststellen abgesprochen oder von ihnen gebilligt waren. Vielmehr hat als Regel wohl doch die grundsätzliche, gerade in der Anfangszeit der Republik entwickelte Auffassung bestanden, daß Sonderfälle nicht benutzt werden dürften, um den allgemeinen Anspruch auf Sicherheit durch Verletzung der Vertraulichkeit bei der postalischen Kommunikation zu befriedigen. Man war vielmehr der Meinung, daß gegen die der Verfassung entgegenstehenden Wünsche nach Kontrolle die Barriere des Verfassungsinhalts ausreiche. Daß dies wirklich zutraf, hat die eilige Aufhebung des Geheimnisschutzes durch die Regierung Hitler bewiesen. In diesem Bereich haben in den Jahren der Weimarer Republik hingegen die parlamentarischen Minister und die Beamten dieses »Fachressorts« eine klare Linie an den Tag gelegt.

Die Minister

Zu den Erfahrungen des jungen republikanischen, parlamentarisch-demokratischen Staatswesens in Deutschland gehörte generell, daß an die Stelle der als »unpolitisch« ausgegebenen Fachminister die »politischen«, d.h. parteigebundenen oder doch einer politischen Richtung nahestehenden Minister traten.[49] Entsprechend sind auch die Minister des Postressorts unabhängig davon, wie weit sie durch ihre Ausbildung und ihr Berufsleben diesem Ressort verbunden waren, als Vertreter bestimmter politischer Auffassungen zu sehen.

Die Funktion des Ministers in einem parlamentarischen kollegialen Kabinett beschränkte sich daher also in der Weimarer Republik nicht allein auf die praktische Leitung und verantwortliche Lenkung des eigenen Ressorts. Er war gleichzeitig politischer Repräsentant einer Regierungspartei, als der er seine Meinung in den Ministerbesprechungen und Kabinettssitzungen äußerte.[50] Zugleich bedeutete dies, daß sich der Minister nicht auf die möglicherweise eng erscheinenden Grenzen seines Ressorts beschränken durfte. D.h. der Postminister der Reichsregierung mußte einerseits einschätzen können, wieweit der Postverkehr von Deutschland aus grenzüberschreitend internationale Kontakte erweitern konnte, die den diplomatischen folgten – z.B. Luftpostverkehr mit der UdSSR – oder ihnen sogar voranging, wie die Teilnahme an der internationalen Postkonferenz in Madrid 1920. Andererseits hatte er sich um die allgemeinen finanziellen Verhältnisse zu kümmern, von denen sowohl die Besoldung des Personals als auch die Tarife und schließlich die Struktur der Deutschen Reichspost bis hin zur Umwandlung in eine Sonderwaltung mit den Charakteristika eines Staatsunternehmens abhängig waren.[51] Dies verlangte ebenso urteilsfähige Standfestigkeit und Übersicht wie eine gewisse Flexibilität, um gegebenenfalls ein fachfremdes Ressort mindestens vertretungsweise übernehmen zu können.

Bezeichnenderweise ist trotz politischer kaum fachbezogene Kritik an den Ministern des Postressorts in den Jahren der Weimarer Republik laut geworden. Das war zum guten Teil mit begründet in der Arbeit der oft geschmähten Bürokratie. Die Beamtenschaft hielt das institutionelle Räderwerk im Gang, ohne jedoch als – im Sinne Max Webers – »Techniker des Apparates« selbst die politische Richtung zu bestimmen oder in sie entscheidend einzugreifen, was jedoch nicht heißt, daß es nicht Postbeamte gegeben hätte, die dazu geneigt haben. Diese politische Richtung wurde vom Minister vorgegeben, der sich an die – nach der Verfassungstheorie – vom Reichskanzler bestimmten Richtlinien zu halten hatte, die jedoch weitestgehend durch Koalitionsabsprachen der die Regierung tragenden Partei vorgegeben waren (in der Zeit der Präsidialkabinette war das Einverständnis des Reichspräsidenten wesentlich).

So war auch ein auf den ersten Blick als reines Fachressort erscheinendes Ministerium wie das für die Post nicht nur auf seine internen technischen Abläufe beschränkt, sondern auch durch seine betriebliche Struktur fest in die ökonomische und politische Landschaft der Weimarer Republik eingebettet. Politische Stürme, Wirtschaftskrisen, soziale Belastungen gingen an dem Ministerium als Unternehmensleitung und dem ihm zugeordneten Personal ebensowenig vorüber wie die Notwendigkeit, sich auf neue Verhältnisse einzustellen und sich mit technischen Innovationen auseinanderzusetzen. Im Einzelfall konnte auch ein Minister dieses Ressorts in das Mahlwerk politischer Auseinandersetzungen gelangen oder er war nicht widerstandsfähig genug, sich profitabel wirkenden Avancen zu entziehen. Dies muß im Einzelfall kritisch beurteilt werden; aber in der Gesamtschau ist zu erkennen, daß die Dienstleistung der Post nicht darunter gelitten hat.

Auffällige Gemeinsamkeit der fünf Reichspostminister in zwanzig Kabinetten der Weimarer Republik ist ihre Herkunft aus dem politischen Katholizismus West- und Süddeutschlands, so daß sie, wenn überhaupt und historisch gesehen, eher der Thurn- und Taxis-Tradition als der brandenburgisch-preußischen verbunden gewesen sind. Nur zwei von ihnen können nicht vor ihrer Berufung ins Ministeramt als »Fachbeamte« angesehen werden, brachten aber dafür sozial- und beamtenpolitische Erfahrung mit. So ist das Postressort in der politischen Theorie und unabhängig von seiner wirtschaftlichen Relevanz unzweifelhaft vor allem als Fachministerium betrachtet worden[52], dessen Leiter angesichts des politisch-ökonomischen Aspekts des Wirtschaftsbetriebs generell ihre Tätigkeit »mehr im fachlich-administrativen als im Politischen« wahrgenommen hätten.[53]

Die Entscheidung, Johannes Giesberts[54] in das Amt des Postministers zu berufen, hat sicherlich nicht ihren Grund in einer ganz spezifischen Kompetenz gehabt, sondern drückt die Parlamentarisierung dieses Ressorts aus. Sie ist zugleich die Reverenz vor den »Allround«-Fähigkeiten eines altgedienten Abgeordneten und wurde bestätigt durch die Kompetenz, mit der dann der Minister Giesberts seinen Posten wahrnahm und die sich u.a. in Sachartikeln über Postangelegenheiten niederschlug.[55]

Giesberts – geboren 1865 –, der aus dem Rheinland nahe der niederländischen Grenze stammte, arbeitete nach einer schweren Jugend im Metallgewerbe. Geprägt wurde er durch seinen katholischen Glauben und sein Engagement in der christlichen Arbeiterschaft. Seit 1893 gehörte er der katholischen Arbeiterbewegung an und wurde 1899 Redakteur der »Westdeutschen Arbeiterzeitung«, später des Zentralblattes der christlichen Gewerkschaften, zu deren Mitbegründern er zählte; außerdem war er für die Zentrumspartei tätig. Dies und sein reges Interesse an sozialen und humanitären Problemen brachte Giesberts neben zahlreichen Ämtern in entsprechenden Organisationen – von der internationalen Vereinigung für Arbeitsschutz, an deren Züricher Konferenz er 1897 teilgenommen hatte, bis zum Zentralkomitee des Deutschen Roten Kreuzes – auch Funktionen im Vorstand der Christlichen Gewerkschaften. Dazu kam die politische Arbeit als Stadtverordneter in Mönchen-Gladbach (1892–1918) und als Mitglied des Reichstags seit 1905 sowie des Preußischen Abgeordnetenhauses seit 1906. In beiden Parlamenten war er der erste Arbeitervertreter des Zentrums. Im Krieg setzte er sich für die Interessen der organisierten Beamten ein, denen er bald darauf als Postminister entgegentreten mußte.[56] Während der Phase der Parlamentarisierung des Reichs seit Sommer 1917 gehörte Giesberts faktisch zum Interfraktionellen Ausschuß und wurde zu Beginn des Jahres 1918 in den Beirat des Reichswirtschaftsrats berufen. Vom kurzlebigen Kabinett des Prinzen Max von Baden bis zur Bildung der ersten Regierung der Weimarer Republik hatte Giesberts den Posten eines Unterstaatssekretärs im Reichsarbeitsamt inne. Das heißt, der erste Reichspostminister, der auch Abgeordneter der Nationalversammlung war, brachte langjährige Kenntnis der Institutionen sowie das Wissen um parlamentarische und Ressorttätigkeit mit.[57]

Bezeichnend für sein Ansehen – aber auch gegründet auf seine Herkunft – war seine Entsendung als Delegationsmitglied zu den von der deutschen Regierung erwarteten Friedensverhandlungen. Es ist charakteristisch für seine politische Haltung, daß er zwar zunächst die Annahme der alliierten Friedensverhandlungen vehement ablehnte[58], sich dann aber fest auf den Boden des Beschlusses seiner Fraktion stellte und bis zum Herbst 1922 sein Ministerium weiterverwaltet hat.

Die deutsche Delegation für die Friedensvertragskonferenz von Versailles im Mai 1919; von links: Dr. Schüking, Reichspostminister Giesberts, Dr. Landsberg, der Leiter der Delegation, Graf Brockdorff-Rantzau, Leinert und Dr. Melchior

Als Minister trat er mit großer Entschiedenheit für alle Belange der Reichspost ein – ebenso für ihr Personal. Unter seiner Verantwortung und auf Grund seines Geschicks wurden die Verhandlungen zu der von der Verfassung vorgeschriebenen Vereinheitlichung der deutschen Postverwaltungen gegen alle Widerstände so zügig vorangetrieben, daß sie bereits zum 1. April 1920 in Kraft treten konnte.

Es wird der prinzipiellen Forderung der katholischen Gewerkschaftsbewegung nach Wirtschaftsfriedlichkeit zuzuschreiben sein, daß Giesberts trotz manchen Vorbehalts gegenüber zu engen Restriktionen nachdrücklich Streiks der Postbeamten abgelehnt hat und sich damit den Unwillen des Beamtenbundes zuzog.[59] Andererseits hat er zugunsten von Besoldungsverbesserungen Konflikte nicht gescheut, selbst wenn sie bis zur Kabinettskrise auf Grund des Demissionsgesuchs des gleichfalls dem Zentrum angehörenden Finanzmininsters Wirth führten.[60] Auch der Kompromiß, den er dann erreichte, war noch immer eine Verbesserung. Hier zeichneten sich die Qualitäten des alten Gewerkschaftsführers ab. Wenn er auch dem linken Zentrumsflügel zuzurechnen ist, so waren ihm wie anderen christlichen Gewerkschaftlern – Stegewald, Brüning – durchaus konservative Züge eigen.[61]

Hervorgehoben werden seine große Integrationskraft und seine Jovialität, die einerseits die Zusammenfügung und den Zusammenhalt der Deutschen Reichspost in den verschiedenen Abteilungen des Ministeriums und des Gesamtbetriebs unterstützten, den Minister jedoch andererseits in den Ruf brachte, politische Interna wegen seiner Trinkfreudigkeit nicht für sich behalten zu können.[62] Dabei darf aber nicht außer acht gelassen werden, daß Giesberts sowohl bei der Verhandlung um bessere Förderleistungen im Kohlebergbau Anfang 1920 wie zur Überwindung der bürgerkriegsähnlichen Verhältnisse nach dem Kapp-Lüttwitz-Putsch wesentliche Hilfe für die Gesamtpolitik der Regierung geleistet hat.[63] Ähnlich war auch seine Haltung im Frühjahr 1922, als er im Streit um den Beamtenstreik Konzessionen vorschlug, die zweiseitige Gespräche ermöglichten.[64]

In seinen Charakteristiken zeitgenössischer Politiker schrieb Erich Dombrowski über den aktiven Minister Giesberts, er sei gegangen, »als wenn irgend etwas Bleischweres ihm ein Ritardando auferlegte. Über sein poröses, wenig gepflegtes Gesicht mit den paar blonden Haarbüscheln auf dem Haupt huschte irgendein genialischer Abglanz, als ob ihm die politische Muse ganz leicht, ganz von weitem lächelnd, streichelnd über die Wange gefahren wäre. Ein Hauch, nichts weiter, und doch dies bißchen Etwas, das ihm, in all den Jahren seines wechselvollen Lebens, von unten herauf den Pfad nach oben gezeigt hatte.«[65]

Im Jahr 1919 war Giesberts »auf Drängen« führender Zentrumspolitiker, die zum Teil inzwischen gestorben oder aus der Verantwortung geschieden waren, in das Postministerium eingetreten.[66] In seiner Arbeitsfähigkeit gesundheitlich belastet, schied er aus seinem Ressort, als Ende 1922 das zweite Kabinett Wirth nach dem Scheitern der Bemühungen um eine große Koalition zurücktrat und erstmals in der Weimarer Republik eine Regierung gebildet wurde, an deren Spitze ein Nichtparlamentarier stand. In ihrer Zusammensetzung demonstrierte sie eine deutliche Wendung nach rechts und mit »Fachministern« die Hoffnung auf größere Kreditfähigkeit – »Kabinett der diskontfähigen Unterschrift«.

Giesberts hinterließ seinem Nachfolger ein Ministerium und eine betriebliche Gesamtverwaltung, die trotz aller finanziellen Probleme durch Kriegs- und Nachkriegszeit und trotz der hohen Kosten für ein zahlreiches Personal nicht nur funktionsfähig waren, sondern sich auch bereits auf dem Weg technischer Innovation und Modernisierung befanden. Unter Giesberts Verantwortung war im Oktober 1920 das Telegraphentechnische Reichsamt geschaffen worden, dem die technischen Erprobungen und Versuche der Deutschen Reichspost – das Versuchslabor des Unternehmens – oblagen. Dies alles ging nicht ohne finanzielle Belastung für das Reich ab, da ja die Reichspost auf Zuschüsse aus der Reichskasse angewiesen war. Es führte schließlich anläßlich der Steuerkompromiß-Verhandlungen des Kabinetts Wirth mit der Deutschen Volkspartei zu deren grundsätzlicher Erwartung, »daß uns bis zur Verabschiedung der Steuergesetze ›persönliche und sachliche‹ Garantien für eine sparsame und kaufmännische Wirtschaft, insbesondere in der Staatskasse (Post, Telegraphie etc.) gegeben werden müßten. Das bedeutet evtl. die Entfernung von Giesberts und Groener (Reichsverkehrsminister), aber nicht unseren Eintritt in das Kabinett...«[67]

Dennoch konnte auf dem Fundament, das unter Giesberts' Verantwortung geschaffen worden war, weitergearbeitet werden. Hier war der Grund gelegt worden, auf dem das Staatsunternehmen mit größerer Eigenständigkeit in seinem finanziellen Gebaren entwickelt werden konnte. Insofern war es eine in der Rückschau nur schwer verständliche Ansicht, daß Giesberts – nun gesundheitlich wieder in besserem Zustand – mit der Begründung, er sei nicht kompetent genug[68], nicht wiederberufen wurde. Es scheint, daß hier doch wohl die genannten DVP-Bedenken, die wenig Verständnis für das ökonomische Gewicht technischer Modernisierung und für soziale Leistungen erkennen lassen, maßgebend gewesen sind; und die eigene Partei meinte, Giesberts habe nach außen nicht repräsentativ genug das Zentrum vertreten.

Der langjährige Reichswehrminister Geßler hat über seinen Kabinettskollegen geurteilt: »Nahezu vier Jahre lang war der christliche Gewerkschafter Giesberts (vom Zentrum) Reichspostminister. Er war seinem Ressort ein umsichtiger und besorgter Betreuer. Mitunter sogar mit etwas unfreiwilligem Humor, wenn er alles und jedes letzten Endes auf die Post zurückzuführen schien. Mit seinem gesunden Menschenverstand hat er manches treffende Wort zu den Kabinettsberatungen beigesteuert. Auch er blieb als Minister der einfache, unbedingt saubere Mann aus dem Volk, auch er nicht verschont von plumper dünkelhafter Kritik.«[69] Nachdem er zuvor noch nationalsozialistischen Verfolgungen ausgesetzt gewesen war, starb Johannes Giesberts 1938 in Mönchengladbach.

Die politische Wende, die Ende 1922 durch die Bildung des rechtsorientierten Kabinetts Cuno ausgedrückt wurde, zeigte sich unter anderem darin, daß die Bayerische Volkspartei, die sich Anfang 1920 vom Zentrum aus Protest gegen Berliner Zentralismus und die Steuerpolitik des Reichs getrennt hatte, und seither in – auch ideologischer – Opposition zu allen bisherigen Reichsregierungen gestanden hatte und – als eigentliche Lenkerin der bayerischen Geschicke – sogar nach dem Mord an Außenminister Rathenau an einer Verfassungskrise schuldig war, nun – ein Vierteljahr später – einen Vertrauensmann in die Berliner Regierung entsandte. Freilich konnte Karl Stingl (1864–1936) auch durch

Karl Stingl, Reichspostminister 1922/23 und von 1925 bis 1927

seinen Ruf als gründlicher Sachkenner den Charakter des Kabinetts der Fachmänner aufwerten. Der Umstand, daß er Nichtparlamentarier war, galt unter diesen politischen Voraussetzungen eher als positiv.

Der Oberpfälzer Stingl war seit 1885 im höheren bayerischen Postdienst tätig gewesen. Er hatte 1912 die Stelle eines Oberpostdirektors in Landshut erhalten und war 1919 Ministerialdirektor der Postabteilung im Bayerischen Verkehrsministerium geworden. Er war demnach Bayerns ranghöchster Postbeamter, als die Verhandlungen zur Vereinheitlichung stattfanden und diese durchgeführt wurde. Schon damals war er vom Reichspostminister für die künftige Führung der Abteilung München des Reichspostministeriums vorgesehen – eine Auffassung, die auch das bayerische Kabinett geteilt hatte. 1920 übernahm Stingl diese Aufgabe als Staatssekretär – eine Position, die bei seiner ersten Entsendung in die Reichsregierung zunächst für ihn offengehalten worden sein soll. In den Jahren der Arbeit in München hat »er sich sehr aktiv um die Modernisierung des vielerorts noch vergleichsweise rückständigen Postbetriebs Bayerns gekümmert«.[70]

Während des ersten Abschnitts seiner Amtsführung in Berlin konnte Stingl allerdings nur wenig ausrichten; denn die Inflation, die im Sommer 1922 ihre Geschwindigkeit bereits gesteigert hatte, gewann weitere entwertende Schnelligkeit, nachdem das Ruhrgebiet Anfang 1923 von Franzosen und Belgiern mit dem Vorwurf besetzt worden war, daß Deutschland seine Reparationsverpflichtungen willentlich nicht erfülle. Daraufhin riefen die Reichsregierung und die von Besatzung betroffenen deutschen Landesregierungen den passiven Widerstand aus, der zeitweise auch sehr aktive Form annahm.

Nachdem generell den Reichs- und Länderbediensteten die Erfüllung von Anordnungen und Befehlen durch Franzosen und Belgier verboten worden war, da beide Staaten gegen das Völkerrecht verstoßen hätten, gab Stingl den Postangehörigen bekannt: »Ich erwarte von allen Beamten, Angestellten und Arbeitern der Reichs-Post- und Telegraphenverwaltung, daß sie dem ... Aufruf unweigerlich Folge leisten. Rechtswidrige Anordnungen der Besatzungsbehörden ist ohne Rücksicht auf die eigene Person unbeugsamer Widerstand entgegenzusetzen. Den Betroffenen wird volle Schadloshaltung zugesichert.«[71]

Im Rückblick auf diese Zeit hat der Ernährungsminister des Kabinetts Cuno, Hans Luther, geurteilt: »Stingl war ein allgmein beliebter und sympathischer Mann, der sich große Mühe auch in Einzelfragen um die Eingliederung der Postarbeit in den passiven Widerstand gab.«[72]

Tatsächlich haben dann Postbedienstete zu dem Personenkreis gehört, der bis zu dem – von der Bayerischen Volkspartei abgelehnten – Abbruch des passiven Widerstands durch das Kabinett Stresemann im Herbst 1923 mit am deutlichsten von den Zwangsmaßnahmen der Besatzung betroffen worden sind. Ihr Widerstand richtete sich vor allem gegen die Bemühungen der französischen Truppen, durch Beschlagnahme öffentlicher Gelder oder von Geldbeträgen, die – wie Versorgungsrenten durch die Postämter oder Löhne und Gehälter von Angehörigen des öffentlichen Dienstes – von amtlichen Institutionen aufbewahrt und ausgezahlt wurden, die Besatzungskosten zu erzwingen, deren Zahlung vom Reich eingestellt worden war. Kassen und Geldschränke, die in den Postanstalten nicht freiwillig geöffnet wurden, sind gewaltsam gesprengt worden.[73] Die für die Verweigerung Verantwortlichen wurden wegen Ungehorsams ausgewiesen oder auch zu Geld- und Haftstrafen von Militärgerichten verurteilt. Ähnliche Konflikte entwickelten sich um die Benutzung von Fernmeldeeinrichtungen.[74]

Stingl vermochte für die Bediensteten der Reichspost ebensowenig direkte Hilfe zu leisten wie seine Kollegen für die Angehörigen ihrer Ressorts. Im Kabinett und in Gesprächen mit Wirtschaftsführern, von denen die in der Inflationsbekämpfung wenig erfolgreiche Regierung Cuno Unterstützung erwartete, wurde angesichts immer größerer Finanzschwierigkeiten der Post, die zum Teil mit den Personalkosten, dann aber auch mit den ständig zurückgehenden Einnahmen auf Grund abnehmender Leistungsfähigkeit zusammenhingen, vorgeschlagen, Bahn und Post auf einen wertbeständigen Goldtarif umzustellen.[75] Finanzminister Hermes sprach dann die bald gesetzlich verwirklichte Notwendigkeit an, die Post zur schnelleren Anpassung ihrer Tarife an den Währungsverfall von der Genehmigung durch den Reichstag unabhängig zu machen.[76] Als dieses Gesetz verkündet wurde, war das Kabinett Cuno angesichts der Kritik der Öffentlichkeit und selbst aus den Reihen der es tragenden Parteien, weil es nicht in der Lage war, die drängenden materiellen Nöte zu lösen, bereits zurückgetreten. Karl Stingl kehrte vorerst nach Bayern zurück.

Seine zweite Amtszeit als Postminister begann 1925 wiederum unter einem Kanzler, der nicht Parlamentarier war – dem der Deutschen Volkspartei nahestehenden Hans Luther. Angesichts des unglücklichen Abschieds Anton Hoef-

Wohltätigkeits-Ausgabe »Rhein-Ruhrhilfe« vom 19. Februar 1923 (ab 11. Januar 1923 war das Ruhrgebiet von den Franzosen besetzt)

les aus dem Postressort waren eigentlich die Bedingungen für das erneute Wirken des Fachmannes günstig. Dieses Mal mußte er der Berliner Fraktion von der Münchner Parteizentrale jedoch geradezu aufgezwungen werden, da ein anderer Protagonist der BVP – Emminger, der dem ersten Kabinett Marx 1924 als Justizminister angehört hatte – seine erneute Berufung erwartete und betrieb, obwohl der BVP nur ein Platz im Kabinett zugebilligt worden war. Der bayerische Ministerpräsident Held vermochte seinen Kandidaten in diesen internen Auseinandersetzungen, die sogar die Kabinettsbildung bedrohten, nur mit Mühe durchzubringen und bedauerte ausdrücklich den Autoritätsverlust, den Stingl unter diesen Umständen sowohl im Kabinett als auch im »Vertrauen Luthers zu seinen Verbindungen« habe erleiden müssen.[77]

Wenn Stingl künftig auch insofern die Haltung der Bayerischen Volkspartei kundgab, daß er beispielsweise deren Bedenken gegen den Locarno-Pakt ankündigte, dann begann er jedoch mit wachsender zeitlicher Distanz zu München, eine eigene politische Sehweise zu entwickeln. Sie erlaubte ihm, dieser Außenpolitik Stresemanns zuzustimmen, weil der Postminister in ihr eine »starke Unterhöhlung des Versailler Vertrags« und bessere Bedingungen für die Bevölkerung des besetzten Gebiets – d.h. auch der bayerischen Pfalz – erblickte.[78]

Die Eigenständigkeit Stingls zeigt sich auch darin, daß er weder Probleme sah, mit der in Bayern oppositionellen DDP zusammenzuarbeiten, noch mit der dort ebenfalls in Opposition stehenden SPD zu verhandeln.[79]

Allerdings wandte er sich dagegen, mit dem Finanzausgleich, d.h. mit der Länderbeteiligung an den Reichssteuern, politische Ziele zu verfolgen.[80] Hier gilt weiter, was der spitzzüngige zeitweilige Referent in der Reichskanzlei, von Stockhausen, über die Kabinettsrunde noch aus der Zeit Cunos berichtet hat: »Als erster erschien zumeist der immer freundliche, ein heiteres Lächeln zur Schau tragende Reichspostminister Stingl, ein Mann von der Biederkeit des bajuwarischen Stammes, die nur dann einmal schwand, wenn seine Antipathie gegen die ›Preußen‹ durchbrach oder bayerische Belange gefährdet schienen.«[81]

Zwar war von der bayerischen Landesregierung in ihrer großen Denkschrift zur Verfassungsfrage vom Januar 1924 verlangt worden, daß die Eigenständigkeit der Länder wieder im Sinn der Bismarckschen Reichsverfassung gestärkt werden sollte, und daß in diesem Zusammenhang auch »eine völlige Neuregelung der Rechtsverhältnisse betreffend Bahn und Post« vorzunehmen sei[82], doch ist nicht zu erkennen, daß der aus Bayern kommende Postminister diesen Kurs nachdrücklich unterstützt hätte. Gerade unter ihm kam die Konsolidierung des Postbetriebs unter dem Reichspostfinanzgesetz zustande. Immerhin war es Forderung der BVP bei der Bildung des zweiten Kabinetts Luther, daß Grundzüge dieser Denkschrift anerkannt würden, da sonst Stingl lediglich als Fachminister in der Regierung belassen werde, zu der die Partei in »wohlwollende Neutralität« treten werde.[83]

Anfang 1926 hat dann Stingl seinen wichtigsten Beitrag zur deutschen Postgeschichte geleistet, als die Versorgungsanstalt der Deutschen Reichspost in Dresden ihre Tätigkeit aufnahm. Im weiteren Verlauf des Jahres geriet Stingl jedoch in die Mühlen politischer Kritik, einmal weil er ein ungeschicktes Plädoyer für »deutsche Schrift« abgegeben hatte und dann vor allem wegen der »Fridericus-Marke«, die in diesem Jahr herauskam und selbst innerhalb seiner eigenen Partei Konsternation auslöste.[84] Damit war das Ende seiner politischen Laufbahn nahegerückt. Als das dritte Kabinett Marx demissionierte, wurde er nicht mehr in die Bürgerblockregierung entsandt. Die BVP gab gesundheitliche Gründe hierfür an, tatsächlich hatte er aber zu viel Eigenbeurteilung und – nicht immer erwünschte – Eigeninitiative bewiesen.[85] »Sobald ein bayerischer Beamter oder Politiker nach Berlin übersiedelte und dort nun zwangsläufig die Dinge aus einer anderen, einer weiteren Perspektive sah, galt er in der Heimat oder in gewissen Kreisen der Heimat schon nur mehr halb soviel.«[86]

Mit Anton Hoefle übernahm unter Stresemann wieder ein Parlamentarier das Reichspostministerium, der sich für soziale Arbeit und Sozialpolitik engagiert hatte. Politisch stand der Zentrumspolitiker Hoefle in der Nähe der Sozialdemokraten, deren Ausscheiden aus dem Kabinett im November 1923 er bedauerte.[87] Außerdem wurde er als »fachlich qualifizierter als Giesberts, der zunächst als Zentrumskandidat im Gespräch war«, angesehen.[88]

Der gebürtige Pfälzer hatte nach einem rechts- und staatswissenschaftlichen Studium und seiner Promotion in Volkswirtschaft kurzfristig an der Handels- und Gewerbekammer in München gearbeitet und war danach Referent bei dem Volksverein für das katholische Deutschland geworden. In dieser Eigenschaft bearbeitete er Probleme des Mittelstandes, Angestellten- und Beamtenfragen; in den Kriegsjahren war er Direktor des Techniker-Verbandes. Die gleiche Position hatte er nach der Staatsneuordnung im Deutschen Beamtenbund inne; ab 1920 war er im christlichen Deutschen Gewerkschaftsbund Direktor des Gesamtverbandes Deutscher Beamtengewerkschaften.[89] Seit den ersten Reichstagswahlen der Weimarer Republik im Juni 1920 gehörte er diesem Parlament für den Wahlkreis Westfalen Nord an; im Mai 1924 wurde er für den Wahlkreis Thüringen in den Reichstag entsandt. Im Eisenbahnerstreik 1922 hatte er wesentlichen Anteil an der Wiederaufnahme des Gesprächs zwischen Beamten und Regierung.[90]

Mit seinem Eintritt in das Kabinett Stresemann wurde gegenüber dem Kabinett Cuno die Lösung von der Forderung nach Fachleuten zugunsten einer stärkeren parlamentarischen Bindung signalisiert. Außerdem repräsentierte Hoefle durch sein Herkommen die besetzten Gebiete, was es für ihn möglicherweise leichter gemacht hat, nach den Monaten der Entbehrungen und Pressionen durch die Besatzung, unter denen die Postbediensteten im neubesetzten Gebiet zu leiden hatten, ihnen das Aufgeben des passiven Widerstandes zu vermitteln.[91]

Insofern war es kein Zufall, daß Hoefle, der zudem ein persönlicher Freund des Zentrumsvorsitzenden Wilhelm Marx war, in dessem ersten Kabinett in Personalunion auch das Ministerium für die besetzten Gebiete verwaltet hat. Er kann also nicht wie sein direkter Vorgänger und Nachfolger Stingl als eigentlicher Fachmann für das Post- und Fernmeldewesen angesprochen werden, aber unter seiner politischen Verantwortung fand die Herauslösung der Reichspost aus dem Reichshaushalt und der Übergang zum eigentlichen Staatsunternehmen »Deutsche Reichspost« auf Grund des Reichspostfinanzgesetzes statt. Dies war zugleich ein notwendiger Schritt und eine eminent politische Entscheidung, die seit 1924 die Arbeit der Deutschen Reichspost in wirtschaftlicher und technologischer Hinsicht geprägt hat, bis sie im April 1934 von der nationalsozialistischen Regierung aufgehoben wurde. Für dieses Gesetz war sowohl bei dem verantwortlichen Minister wirtschaftliche Kenntnis als auch Durchsetzungswille erforderlich, mit der Bereitschaft, traditionelle Bindungen umzuformen, aber auch das Prinzip der Gemeinnützigkeit keinesfalls gegenüber privatwirtschaftlichen Interessen aufzugeben. Eine ähnliche Haltung galt auch für die Aufnahme des Rundfunkbetriebes; dieser war zwar von Staatssekretär Bredow in Gang gesetzt worden, die politische Verantwortung für den Übergang vom Versuchsstadium zur regelmäßigen Programmsendung ab Oktober 1923 lag jedoch auch hier bei dem Minister.[92]

Anton Hoefle, Reichspostminister von 1923 bis 1925

Hoefle müßte deshalb eigentlich als Verfechter von Neuerungen im Postwesen und der allgemeinen Kommunikation im Zusammenhang der Geschichte der Weimarer Republik genannt werden. Wenn sein Name aber kaum erscheint, so liegt das wohl weniger daran, daß das Postministerium nicht zu den Ressorts gehört hat, deren Entscheidungen den Gang der politischen Geschichte geprägt haben, sondern daran, daß der Minister in einen der großen Wirtschaftsskandale der ersten deutschen Republik verwickelt gewesen ist. Zwar ist in der Folge aus den Reihen der bürgerlichen Parteien der Versuch unternommen worden, vor allem Sozialdemokraten zu beschuldigen, gute Kontakte zu den Brüdern Barmat besessen zu haben, die in der Anfangsphase der Republik durch Lebensmittellieferungen zu Wohlstand gelangt waren und vielerlei politische Kontakte geknüpft hatten.[93] Doch reichten die Beziehungen der Barmats tatsächlich tief in das rechtsbürgerliche Lager – zu ihren Gesellschaftern gehörte u.a. zeitweilig Franz von Papen.[94]

Gewinnaussichten für beruflich nicht abgesicherte Parlamentarier, Versprechungen von Spenden an ihre Parteien führten zu politischen Verstrickungen in undurchsichtige Transaktionen. Rückblickend heißt es dazu in der Zentrums-Zeitung »Germania« vom 2. Mai 1925: »Die Nachkriegszeit mit ihren Inflationserscheinungen und der vollständigen Dekomposition der Wirtschaft hat die moralischen Bruchstellen in der deutschen Volksseele erheblich vermehrt. Es ging bei uns allmählich amerikanisch zu, d.h. man brachte wirtschaftliche Aktionen nicht mehr ausschließlich unter den Rechts- und Rechtlichkeitsgesichtspunkt, man hatte nur die Wirkung und den Erfolg im Auge. Der Erfolg wurde der große und allgemeine Exponent der Rechtfertigung. Nur wenige haben sich dieser Entwicklung der ›Wirtschaft‹ ins Amoralische widersetzt. In dieses hochgespannte wirtschaftliche Treiben kam Dr. Höfle mit seinem Postministerium, das über die vielen flüssigen Millionen verfügte, die vor allem zur Bewältigung der Aufgaben im Ruhrgebiet dienen sollten. Es handelte sich um großzügiges Disponieren, um eine offene Hand maßgebender Instanzen. Im Schwange der Unternehmungslust und einer Finanzwirtschaft des Zugreifenden wurden Vorsichtsmaßnahmen außer acht gelassen; die exakte Buchführung fehlte, jener gewissenhafte kaufmännische Sinn, der mit Pfennigen rechnet, und jene absolute Feinfühligkeit im Wohlanständigen, die der Trinkgeldwirtschaft und allem Schmieren ablehnend gegenübersteht, all das wurde als unzeitgemäß beiseite gestellt.«[95] In einem »Zustand geschwächter intellektueller und moralischer Dispositionsfähigkeit« habe »Dr. Höfle gefehlt«, da er dem materiellen Erfolgsstreben der Zeit verfallen sei.

Als in der Konsolidierungsphase unmittelbar nach dem Ende der Inflation die Barmatgeschäfte zusammenbrachen und die Brüder unter dem Verdacht des Betrugs, des Gold- und Devisenschmuggels verhaftet wurden, stellte sich heraus, daß Hoefle ihnen 14,2 Millionen Mark an Postgeldern zur Verfügung gestellt hatte, aber neben ihm auch andere Politiker mit den Barmats kooperiert hatten. In der Krise der Kabinettsum- und -neubildung 1924/1925 wurde Hoefle seiner Partei zur Last. Er mußte als Minister demissionieren und wie der Zentrumsabgeordnete Lange-Hegermann, der die Geschäfte vermittelt haben soll, auf die Ausübung seines Mandats verzichten und legte es nieder.

Am 10. Februar 1925 wurde der ehemalige Minister auf Betreiben der Staatsanwaltschaft in Haft genommen. Eine Woche darauf distanzierte sich die Zentrumsfraktion des Reichstags unter Vorsitz Konstantin Fehrenbachs von ihm: »Er (Fehrenbach) unterrichtete weiter die Fraktion über Gelder, die Dr. Höfle für die Partei eingenommen hat, die jedoch an sie nicht weitergeleitet worden sind. Der Vorsitzende stellt fest, daß der Vorstand und die Fraktion keine Kenntnis von den Geldern hatten und daß keine Mitwirkung der Fraktion oder des Vorstandes beim Sammeln und beim Verteilen der Gelder stattgefunden habe.«[96] In der Haft verschlechterte sich der Gesundheitszustand Hoefles rapide, ohne daß dies Gefängnisarzt oder Staatsanwaltschaft rechtzeitig zum Anlaß genommen hätten, dem Antrag auf Verlegung in ein Krankenhaus stattzugeben. Physisch und psychisch gebrochen fand die Überführung in ein Krankenhaus erst im April statt. Bald darauf starb Hoefle nach der Einnahme von Veronal und Alkohol – beides ihm ärztlich verordnet.

Der Tod gab Anlaß zu einem erneuten Untersuchungsausschuß, der die Probleme der Haftbedingungen ans Tageslicht brachte.[97] Es ist nicht von der Hand zu weisen, daß hier mit beabsichtigter Härte gegen einen ins Straucheln geratenen Exponenten des republikanischen Parlamentarismus mit dem Ziel vorgegangen worden ist, diesen insgesamt zu diskreditieren – ein Vorgang, der in der Geschichte der Weimarer Republik wiederholt zu verzeichnen ist.

Während der Prozeß gegen Julius Barmat 1928 mit einer Verurteilung wegen Bestechung endete, blieb das Fehlverhalten Hoefles ohne juristische Überprüfung. Doch besteht kaum ein Zweifel, daß er gegen die »zwischen Postministerium, Finanzministerium und der Reichsbank zustandegekommene Vereinbarung, wonach die Reichspost über ihre Überschüsse nicht frei hätte verfügen dürfen«[98], grob verstoßen hatte. Die Reichspost insgesamt war gar nicht erst in die Schußlinie geraten, sondern vor allem der politisch – und in diesem Fall auch sachlich – verantwortliche Minister neben dem Parteifreund, der den Kredit an die Barmats vermittelt hatte. Dabei bleibt jedoch zu fragen, wie es geschehen konnte, daß die finanzielle Transaktion zugunsten der Barmats bei den für das Postscheckwesen zuständigen Beamten nicht mehr Beachtung oder Reaktionen gefunden hat; denn aus den Überschüssen dieses Bereichs hatte Hoefle seine sinistren Geschäftsfreunde subventioniert.

Unabhängig hiervon ist jedoch auch zu sehen, daß der Minister, unter dem die Reichspost der direkten parlamentarischen Kontrolle entzogen wurde und finanzielle Eigenständigkeit erhielt, die Post und das aus ihren Überschüssen zu alimentierende Reich benachteiligt hat. Ein Verbleib im Amt und aktive politische Tätigkeit wären danach kaum mehr möglich gewesen. Es ist bezeichnend genug und sollte wohl auch nach außen die Rückkehr von Fachkompetenz ausdrücken, daß Stingl von der bayerischen Regierung und der BVP wieder in die Reichsregierung entsandt wurde, um das Postressort zu leiten. Die Abwicklung der »Hoefle-Kredite« brachte dem auf Betreiben der deutsch-demokratischen Fraktion eingesetzten Beauftragten »sehr viel Honorar«, während sein »Arbeitserfolg nicht überall gleichhoch eingeschätzt wurde«.[99]

Gut fünf Jahre und vier Monate hatte Georg Schätzel (1874–1934) das Amt des Postministers inne und leitete damit während der Weimarer Republik am längsten das Ressort. Der im fränkischen Höchstadt geborene Jurist hatte in München als Rechtsanwalt gearbeitet und sich mit der Problematik des Überlandverkehrs beschäftigt, zu dessen Verbesserung er 1901 in einer Publikation die Motorisierung der Post vorschlug. Eine Thematik, mit der sich zu beschäftigen er auch künftig Gelegenheit hatte; denn 1899 war er in den höheren bayerischen Postdienst eingetreten, fünf Jahre später wurde er in das Bayerische Verkehrsministerium berufen, in dem er 1909 zum Postrat und 1919 zum Ministerialrat ernannt wurde.

Sein ehemaliger persönlicher Referent hat Schätzels Arbeit in diesen und späteren Jahren charakterisiert: »... er war ein Mann von lebhaftem, schöpferischem, fortschrittsfreudigem Geist, der mit zäher und gestaltender Energie

verbunden war. Mit nüchternem und klarem Verstand traf er seiner Verantwortung bewußt und Einflüsterungen abhold seine Entscheidungen oft auch gegen erhebliche Widerstände. Er war schlackenrein von jedem Bürokratismus und daher bei allen Bürokraten trotz seines verbindlichen Wesens unbeliebt: die anderen schätzten ihn umso mehr. Allzu eingehende Dienstvorschriften – man nennt das heute Perfektionismus – waren ihm zuwider. Seinem innersten Wesen nach war er keine eigentliche Beamtennatur im herkömmlichen Sinne. Wie jeder schöpferische Mensch, so erregte er auch da und dort Anstoß nicht nur in Richtung nach unten, sondern auch (solange er noch nicht Minister war) nach oben. Bereits kurz nach meinem Eintritt in die Bayerische Postverwaltung hörte ich bei der Oberpostdi-

Postfuhrbetrieb in Berlin (verschiedene Wagengattungen), 1925

rektion München, deren höhere Beamte seinerzeit (1912) zu einem Teil noch der damaligen alten Generation angehörten, über Dr. Schätzel, der zu dieser Zeit Referent in der Postabteilung des Bayerischen Verkehrsministeriums war, als einen ›Neuerungssüchtigen‹ räsonieren.«[100]

Nach der Vereinheitlichung des Postwesens gehörte er der Abteilung München des Reichspostministeriums an, dessen Führung er als Staatssekretär übernahm. Seine Arbeit begann er mit der doch wenig selbstkritischen Aufforderung: »Es ist Ehrensache aller, den alten Ruf, den die frühere bayerische Post besaß, auch künftig hoch zu halten.«[101] In der Stellung als Staatssekretär bereitete Schätzel einen eigenen (»Münchner«) Entwurf des Reichspostfinanzgesetzes vor, der jedoch nicht verwirklicht wurde.[102] Diese handelnde Eigenständigkeit hatte Schätzel schon zuvor demonstriert, als er – gegen ausdrückliche Reichsvorschriften allerdings – besonderes Notgeld ausgegeben hatte, um 1923/1924 »die Postbeamten in Bayern mit Barmitteln versorgen zu können«.[103] Zwischen 1923 und 1927 sorgte Schätzel weiter dafür, daß 135 bayerische Kraftpostlinien mit 214 Omnibussen und einer Kraftposthauptwerkstätte in Bamberg eingerichtet wurden.[104] Er setzte sich für die Gründung der Rundfunkgesellschaft »Deutsche Stunde in Bayern« ein, obwohl dies neue Medium in Münchner Künstlerkreisen gering galt und zunächst auch im Bayerischen Innenministerium die Anschauung vorgeherrscht hatte, es sei »angesichts der Zeitläufe zu bedenken, ob eine Zeit, in der die Behörden aller Länder auf Veranlassung der Reichsregierung mit Rücksicht auf die Notlage des Volkes auf Einschränkungen drängen, für Schaffung einer solchen Einrichtung gerade günstig gewählt sei, zumal wenn behördliche Anlagen benützt werden«.[105]

Mit der Durchsetzung des Rundfunks in Bayern scheint sich Schätzel die künftige Zusammenarbeit mit dem nicht einfach zu nehmenden Rundfunkkommissar Bredow wesentlich erleichtert zu haben.[106] Für Schätzels weitgespannte Interessen spricht auch seine Unterstützung der Fortbildungsmaßnahmen im Rahmen der »Post- und Telegraphenwissenschaftlichen Wochen in München«, deren Überschreiten eines engen Fachrahmens er ermöglichte.[107] Da in Skandinavien die Mechanisierung des Postwesens vorbildlich gelungen war, entsandte er eine Studienkommission nach Oslo und Stockholm, deren Bericht für die Gestaltung neuerbauter Brief- und Paketpostämter in München, Nürnberg und Augsburg genutzt wurden.[108] Seinem Münchner Amtsvorgänger folgte Schätzel 1927 auch in Berlin, wo er als Verfechter bayerischer Postinteressen und der Fürsorge für bayerisches Postpersonal bekannt war; denn seiner Schaffensfreude war »die durch das Reichspostfinanzgesetz zunächst gewonnene Beweglichkeit in der Geschäftsführung sehr zustatten« gekommen. »Es war für ihn die Zeit gekommen, im Rahmen der gegebenen Möglichkeiten Neues mit Optimismus zu planen und mit der ihm eigenen Energie entstehen zu lassen, wozu er natürlich auch die nötigen Haushaltsmittel zur Verfügung haben mußte, die aus Berlin kamen. Für die Art seiner Geschäftsführung fand er allerdings in Berlin nicht überall Anklang und Verständnis. Wer diese Jahre in der Nähe Dr. Schätzels miterlebt hat, wird die alljährlich innerhalb des Reichspostministeriums geführten Kämpfe wegen der der Abteilung München zuzuteilenden Geldmittel aus dem vom Verwaltungsrat genehmigten Posthaushalt nicht so leicht vergessen haben.«[109]

Phänomobil der Deutschen Reichspost, 1923

Danach kann doch wohl nur mit Einschränkung gelten, was der Finanzminister des vierten Kabinetts Marx, Köhler, in seinen Memoiren schreibt: »Dr. Schätzel war eine stille Beamtennatur, aus der höheren Beamtenlaufbahn Bayerns hervorgegangen, tief religiös, absolut unpolitisch, ein Fachminister, der sein Ressort gut verwaltete.«[110] So »unpolitisch« wie angesprochen kann Schätzel auch nicht gewesen sein, da er sonst nicht als Vertrauensmann der Münchner Zentrale der Bayerischen Volkspartei nach Berlin entsandt worden wäre. Sein Münchner Engagement mußte ihn als die geeignete Persönlichkeit erscheinen lassen, bei den bevorstehenden Verhandlungen über die bayerischen Erstattungsansprüche für Post und Eisenbahn, die Steuervereinheitlichung und Reichsreform die Anschauungen, wie sie von der BVP vertreten wurden, vorzutragen.

In Berlin erging es ihm allerdings nach der Beobachtung eines erfahrenen Kabinettskollegen wenigstens zu Beginn nicht anders als dem Vorgänger Stingl: »Sie und andere Fachminister sind von der Berliner Medisance, die immer etwas zu spötteln hatte, nicht mit dem Respekt behandelt worden, den ihre Haltung und Leistung verdienten.«[111] Hinzu seien die durch die räumliche Entfernung wachsenden Probleme mit der Leitung der BVP in München gekommen.

Wie 1923 in München gab Schätzel auch bei seinem Berliner Amtsantritt seine Auffassung über die künftige Arbeit seines Ressorts bekannt: »Sie wollen heute von mir wissen, wen Sie vor sich haben, was mein Programm ist. Das kann ich sehr kurz zum Ausdruck bringen. Mein Programm war bisher und wird es weiter sein: Der Imperativ der Arbeit und der Pflicht. Nur restlose Erfüllung der Pflicht kann uns wieder emporbringen aus den Schwierigkeiten, unter denen unser Volk darniederliegt und krankt. Sie können sich auf mich verlassen, daß ich mit meiner ganzen Person wie bisher in meinem engeren Verwaltungsgebiet, so auch jetzt für die gesamte Deutsche Reichspost mich einsetzen werde und besonders auch für das Personal und seine Wohlfahrt. Wollen wir in diesem Sinne zusammenarbeiten zum Wohl unserer Verwaltung, zur Hebung ihres Ansehens und zum Wohl unseres armen deutschen Volkes.«[112]

Wenigstens in der Klage um die – primär wohl politisch unter dem Aspekt des Versailler Vertrags gesehenen – Verhältnisse hat Schätzel durchaus einen Standpunkt vertreten, wie er in der BVP üblich gewesen ist und sich in deutlichen Vorbehalten gegen die Sozialdemokraten niederschlug. Die Sozialdemokraten selbst waren zumindest nicht zimperlich im Umgang mit dem Postministerium seit der Affäre um die »Fridericus«-Marke in der Ära Stingl. Als sich bald nach dem Amtsantritt Schätzels ein neuer Konflikt ergab, erhielt er von ihnen – nicht nur wegen seines Aussehens – den Beinamen »Briefmarken-Mussolini«, der ihm bis zur Bildung des zweiten Kabinetts Hermann Müller im Juni 1928 anhaftete. Anlaß waren die Gebührenerhöhungen, unter Schätzels Verantwortung 1927 durchgeführt, nachdem bereits 1926 eine Postanleihe aufgelegt worden war, um die Ausgaben decken zu können. Für 1927 stand ein gleicher Haushaltsengpaß zu erwarten, da der innerdeutsche Anleihemarkt schon weitestgehend ausgetrocknet war.

Das Vorgehen des Postministers brachte ihm weit über die Sozialdemokraten hinaus Kritik ein und vom Reichstag eine Resolution zur Rücknahme der Gebührenerhöhung. Aus Wirtschaftskreisen wurde Schätzel entgegengehalten, die Portogebühren brächten ihnen einen jährlichen Schaden von 250 Millionen Mark. Schätzel hingegen verteidigte sich gegen Angriffe, den Reichstag nicht genügend zu beachten und wirtschaftsfeindlich zu sein, mit dem Hinweis auf den Bericht des Post-Verwaltungsrats, aus dem die Unabwendbarkeit der Maßnahme hervorgegangen sei, der aber bei seiner Vorlage nicht die ihm gebührende Beachtung gefunden habe. Außerdem setzte sich Schätzel mit der allgemeinen Wirtschaftsentwicklung und ihren Konsequenzen seit 1924 auseinander, aus denen er das Recht für erhöhte Postgebühren ableiten zu können meinte: »Die Ursache der finanziellen Schwierigkeiten der Deutschen Reichspost ist nicht von heute. Sie liegt letzten Endes darin, daß seit der Stabilisierung der Währung die Einnahmen der Deutschen Reichspost aus den Gebühren nicht mit der zunehmenden Höhe der Ausgaben Schritt gehalten haben. Die Deutsche Reichspost mußte ihre gewaltigen Ausgaben zu 100% bezahlen und nahm hiergegen nur durchschnittlich etwa 60% ein. Dies Mißverhältnis mußte von Jahr zu Jahr zu immer größeren Fehlbeträgen führen. Kein ordentlicher Wirtschaftler wird mir zumuten, daß ich für die Beamtenbesoldung (sie wurde 1927 um 25% angehoben! M. V.) oder sonstige laufende Ausgaben Darlehen aufnehmen soll. Es ist ein bitteres Unrecht der deutschen Öffentlichkeit, der Reichspost darüber Vorwürfe zu machen, daß sie nunmehr endlich ihre Tarife den Ausgabeansätzen angleicht. Die Deutsche Reichspost gibt doch hiermit nicht vor, sondern holt ausschließlich nach, was alle Kreise der gesamten deutschen Wirtschaft, große und kleine, meist in viel höherem Ausmaß längst vor ihr vollzogen haben. Wer in der deutschen Wirtschaft seine Preise selbst erhöht hat, dem fehlt auch das Recht, gegen die Gebührenerhöhung der Reichspost zu protestieren.«[113]

Schätzel wies »Rationalisierung und ähnliche Zauberformeln« als ungenügend für die Beseitigung des Defizits zurück. Da allerdings nach kurzer Zeit einige Gebühren wieder zurückgenommen wurden[114], läßt sich der Eindruck nicht verwischen, daß das Vorgehen bei der Tarifanhebung nicht voll durchdacht gewesen ist. Auch die Erklärung Schätzels wirkt – bei allem Verständnis für seine emotionale Entrüstung – recht eigenartig, da er nun doch allzu sehr die Reichspost wie ein beliebiges Privatunternehmen angesehen wissen wollte, das allein auf Gewinn hin arbeitete und daher auch seine Preise dem allgemeinen Standard anpaßte. Er übersah nun doch, daß die allgemeine Erhöhung der Beamtengehälter, obgleich sie überfällig gewesen war und für alle Reichsbehörden galt, erhebliches Aufsehen erregt hatte.

Hier wäre es angebracht gewesen, die Fürsorgepflicht der Post für die Bediensteten hervorzuheben und zu zeigen, daß dadurch auch die Effizienz des Staatsunternehmens erhöht wurde. Überdies wäre es auch sinnvoll gewesen, auf die vielfältigen Aufgaben der Post von der Briefzustellung bis zur Rundfunkübertragung und den Personenverkehr einzugehen und damit aufzuweisen, daß sie allein für Entwicklung und Erprobung im Dienste der Allgemeinheit auf Einnahmen angewiesen war. Wie tief Schätzel persönlich von den Angriffen getroffen war, zeigte sich noch zwei Jahre später, als er sich mit dem Für und Wider einer Aufhebung des Reichspostfinanzgesetzes und mit dem Vorwurf von Wirtschaftsgruppen auseinandersetzte, der Verwaltungsrat der Post übe Rücksichtnahme allein auf die Interessen der im Parlament vertretenen Parteien, so daß sogar mit der Aufhebung von Beschlüssen gerechnet werden müsse, die sich gegen die Mehrheit des Reichstags richten würden: »Der Reichstag hat auf den Verwaltungsrat die nötige Rücksicht zu nehmen, und der Verwaltungsrat muß seinerseits versuchen, in vertrauensvoller Zusammenarbeit mit dem Parlament die Dinge zu regeln. Sollte aber, daraus mache ich kein Hehl, der Fall eintreten, daß die eine Seite, der Reichstag, nur für sich die Entscheidungen in Anspruch nehmen würde, für die die andere Seite, der Verwaltungsrat, die Verantwortung zu tragen hätte, dann wäre für mich der Augenblick gegeben, die Aufhebung des Reichspostfinanzgesetzes zu fordern. Ich möchte nicht wieder erleben, was sich bei der letzten Gebührenordnung im Reichstag zugetragen hat, daß ich von den Kreisen, die jetzt die Früchte jener Gebührenerhöhung in größtem Maße für sich beanspruchen, in scharfer Weise bekämpft werde.«[115]

Hier scheint nun aber auch durchzudringen, daß die gültige Form des Reichspostfinanzgesetzes keineswegs Schätzels Intentionen entsprochen hatte und daher für ihn nicht tabuisiert war. Mehr Zustimmung – jedenfalls im inneren Betrieb der Reichspost – konnte Schätzel auf Grund der Zuständigkeitsordnung vom März 1928 gewiß sein, da durch sie die Oberpostdirektionen größere Entscheidungsfreiheit auf den Gebieten zugebilligt erhielten, die nicht dem Ministerium und den Verkehrsämtern direkt unterstanden. »Der Sinn der Zuständigkeitsordnung war, den Schwerpunkt der Verwaltung in die Geschäftstätigkeit der Oberpostdirektionen zu legen, deren Präsidenten überdies später noch mit besonderen Befugnissen ausgestattet wurden.«[116]

Sicherlich stellt dies eine Aufwertung der Eigenverantwortlichkeit in den einzelnen Bereichen dar. Zugleich erscheint dies Vorgehen aber auch der Neigung der BVP zu entsprechen, eine Lockerung der Bindungen an Berlin durch Dezentralisierung zu erreichen. Auch nach der parteipolitischen Neustrukturierung des Reichstags als Konsequenz der Reichstagswahlen vom Mai 1928 blieb Schätzel im Kabinett Müller II; doch fühlten sich weder der Minister noch seine Partei dadurch in irgendeiner Weise gebunden – eine Haltung, die auch andere Parteien einnahmen, die durch Mitglieder in diesem »Kabinett der Persönlichkeiten« vertreten waren, das nur nach größeren Schwierigkeiten hatte gebildet werden können.[117]

Vor allem das Problem der Reparationen und eines vorzeitigen Abzugs der Besatzung aus dem Rheinland hat dann noch vor der Einigung auf ein Koalitionspapier im Frühjahr 1929 die engere Zusammenarbeit erforderlich gemacht. Schätzels Verbleib im Kabinett als Sprachrohr der bayerischen Interessen selbst zu dem Zeitpunkt, als die Zentrumspartei für einige Wochen nicht in der Regierung vertreten war, signalisiert seinen Wert für die Partei, auch wenn und gerade weil er sich inzwischen eine eigene, Berliner Sehweise verschafft hatte, die ihm gestattete, die Verhältnisse im Kabinett und seinen Nutzen darin für die BVP richtig einzuschätzen. Angesichts seiner unbestreitbaren Kompetenz wurde er dringend für die bevorstehenden Verhandlungen über die endgültigen Abfindungen für Post und Bahn benötigt. Gerade in diesem Punkt ergaben sich dann Schwierigkeiten mit dem sozialdemokratischen Finanzminister Hilferding, der nicht gewillt war, die Zugeständnisse zu honorieren, die sein Vorgänger gemacht hatte, um die bayerische Zustimmung zur Erhöhung der Beamtengehälter zu gewinnen.[118]

Das Bestreben Hilferdings, die Biersteuer zu erhöhen, ist jedoch keinesfalls als antibayerische Politik zu sehen, sondern als Kennzeichen der fatalen Finanz- und Haushaltslage des Reiches, in die es bewußt unter den Kabinetten Marx III und IV hineinmanövriert worden war, um die begrenzte Reparationsfähigkeit zu demonstrieren (»Finanzpolitik am Rand des Abgrundes«). Im Kabinett der »Großen Koalition« hat Schätzel dann die besonderen bayerischen Interessen bzw. die der BVP in den Fragen der Reichsreform und in der Abwehr einer Biersteuererhöhung vertreten; »doch scheint es, daß Schätzel auf Grund der Erfahrungen als Reichsminister in seinen Ansichten maßvoller und in seinen Äußerungen zurückhaltender gewesen ist als seine Münchener Parteifreunde. Soweit erkennbar neigte der Postminister dazu, bei Abstimmungen im Kabinett wie die Vertreter des Zentrums zu votieren, sofern nicht spezifisch bayerische Interessen berührt wurden oder die BVP eigene politische Konzeptionen besaß«.[119]

Zwar geriet Schätzel ähnlich der Reichstagsfraktion der BVP unter Druck der Münchner Parteizentrale, als beide in der Frage der Arbeitslosenversicherung eine dem Zentrum entsprechende Haltung einnahmen. Immerhin wurde auch er von der BVP als Druckmittel benutzt, um die Erhöhung der Biersteuer zu verhindern, da er andernfalls aus dem Kabinett zurückgezogen worden wäre, was den Übertritt der Partei in die Opposition angezeigt hätte.[120]

Diese politischen Kämpfe und Gefechte sind auf dem Hintergrund der wirtschaftlichen Stagnation und Rezession zu sehen, die auf die große Krise seit 1929/1930 hinführten. Damals wurde von den Unternehmern erwartet, daß sie die Bereitschaft zu arbeitsschaffenden Investitionen aufbrachten. Schätzel hat als Chef des Staatsunternehmens »Deutsche Reichspost« zusammenfassende Richtlinien für den Ausbau der Wohlfahrtspflege in vielerlei Beziehungen erlassen und damit die Sozialpolitik für Postbedienstete weitergeführt, die er schon in Bayern betrieben hatte. Er gab Aufträge für den Wohnungsbau, durch den Mietwohnungen für Postangehörige und Postsiedlungen entstehen sollten, damit der akuten Wohnungsnot des ihm unterstellten Personals begegnet werde.[121] In weitem Umfang hat er sich auch wieder der Erschließung der Infrastruktur zahlreicher Regionen zugewendet, als er für den Ausbau der Kraftpostlinien eintrat und 1929 die Landkraftposten eingeführt wurden.[122]

Der Rücktritt des Kabinetts Müller im Streit um die Arbeitslosenversicherung im März 1930 fand zu einem Zeitpunkt statt, als sich die BVP längst von der Regierung distanziert hatte und unmittelbar vor dem Absprung in die offene Opposition stand. Auf Wunsch des Reichspräsidenten, der offensichtlich für Schätzel große Sympathien hegte[123], blieb der Minister unter Brüning im Amt – und geriet auch in diesem Kabinett in einen Streit über die Anhebung der Biersteuer.[124]

Bis 1932 nahm der Postminister unübersehbar die Funktion eines Vermittlers zwischen den drängenden Anliegen der Regierung und den speziellen bayerischen Ansinnen an sie ein.[125] So billigte er im Juli 1930 persönlich die geplante Bürgersteuer, unterbreitete aber andererseits die Sorgen der BVP vor einer Ausschaltung des Reichsrats, wenn dies durch einen Initiativgesetzentwurf geschehe.[126] Das Mittel der Pression – wie schon gegenüber der Großen Koalition – wurde von München aus auch gegenüber Brüning sogar bei Reichstagsvertagungen und im Fall von Notverordnungen angewandt: »Solange der Weg über den Reichstag versperrt war, verlagerte man in München die Aktivität von der Partei auf die Regierungsebene, um aber sofort die Reichstagsfraktion und Minister Schätzel wieder einzuschalten, wenn parlamentarischer Druck ausgeübt werden konnte.«[127]

Soweit es noch möglich war, versuchte Schätzel auch in der Wirtschaftskrise seine Beamten zu schützen, doch konnte er sie nicht vor der allgemeinen Kürzung der Gehälter bewahren. Als auch für den ersten Kanzler der Präsidialkabinette die Gunst Hindenburgs zu erlöschen begann, war es Schätzel, der die Nachricht übermittelte, seit der Begegnung Hindenburgs mit dem Führer der Deutschnationalen, Hugenberg, sei Brünings Stellung gefährdet.[128] Er wurde auch um sein fachmännisches Urteil gebeten, als sich herausstellte, daß die Telefone in der Reichskanzlei angezapft wurden. Zwar gab Schätzel nach Rücksprache mit dem Staatssekretär für technische Angelegenheiten der Post, Feyerabend, dessen Meinung bekannt, ein Abhören sei nicht möglich, scheint sich selbst aber in sibyllinisches Schweigen gehüllt zu haben, was Kanzler und Minister dahin verstanden, daß das Abhören durch die Reichswehr fortdauere.[129] Dies dürfte auf General von Schleicher zurückgegangen sein, der damit nicht nur intrigante Innenpolitik betrieb, sondern zugleich gegen das Fernmeldegeheimnis verstoßen ließ. Als aufgrund seiner Machenschaften das Kabinett Brüning in die Demission gezwungen wurde, gingen die BVP und – zu Hindenburgs ausdrücklichem Bedauern[130] – Schätzel in eine »scharfe Opposition«.[131] Zwei Jahre später starb der Minister in München, was dann kaum noch Beachtung fand.[132]

Der letzte Minister, der das Postministerium in der Weimarer Republik übernahm, war Paul Freiherr von Eltz-Rübenach (1875–1943)[133], der wie Giesberts aus dem Rheinland stammte und bei Siegburg aufwuchs. Nach seinem Abitur war Eltz eine kurze Zeit »Eleve« in einer Eisenbahnwerkstatt, d.h. er leistete ein Praktikum ab, begab sich dann zum Studium des Maschinenbaus an die Technische Hochschule Aachen und später nach Berlin-Charlottenburg. Nach Examen und Militärdienst schloß er seine Ausbildung im Staatsdienst ab und erhielt eine Stelle als Regierungsbaumeister bei der Eisenbahndirektion Hannover. Von dort aus reiste er zweimal in die USA und brachte die Kenntnisse, die er dort gesammelt hatte (1911 als technischer Sachverständiger bei dem deutschen Generalkonsulat in New York) in die Organisation des deutschen Eisenbahnwesens zur Verbesserung der Reisegeschwindigkeit von Zügen und zur Anwendung von Druckluftbremsen ein.

Im Ersten Weltkrieg war er dem Feldeisenbahnwesen zugeteilt, für das er eine Weile bei der Obersten Heeresleitung arbeitete. Aus dieser Zeit rührt seine Bekanntschaft mit Hindenburg und dem zeitweiligen Weimarer Verkehrs- und Reichswehrminister Wilhelm Groener. Nach einer kurzen Zwischentätigkeit im Preußischen Ministerium für Öffentliche Arbeiten trat Eltz 1920 in das Eisenbahnzentralamt ein und wurde 1921 zum Oberregierungsbaurat bei der Reichsbahnverwaltung, 1922 zum Ministerialrat ernannt. 1924 übernahm er als Präsident die Reichsbahn-Direktion Karlsruhe.

In diesen Jahren beschäftigte er sich weiter mit Fragen der Verkehrsrationalisierung und lehnte Maßnahmen ab, die die Aufhebung der »Verreichlichung« der Reichsbahn anstrebten. Der im außerdienstlichen Umgang mit anderen Menschen spröde Mann hatte bis zum Juni 1932 auf dem Eisenbahnsektor Leistungen im administrativen Bereich zu verzeichnen. Mit der Post hatte er kaum zu tun gehabt; den wesentlichsten Berührungspunkt gab es durch sein Bestreben, auch die Reichsbahn mit einem Kraftfahrzeugpark auszustatten. Als er nach Brünings Demission von dem neuen Kanzler von Papen ins Kabinett berufen wurde und sowohl das Verkehrs- wie das Postressort übernehmen

Von Eltz-Rübenach, Reichspostminister von 1932 bis 1937

sollte, hatte Eltz nicht politische, sondern sachliche Bedenken. Der Reichspräsident ließ ihm jedoch nachdrücklich ausrichten, »daß es die Pflicht eines alten Beamten sei, zu kommen, wenn man ihn rufe«.[134] Eltz folgte diesem Gebot eines Mannes, der ebenso wie der neue Reichskanzler seiner politischen Überzeugung nahestand.

Wenn er sein Amt auch »als politisch farbloser Fachminister« ausfüllte, so stimmte er Papens Preußenschlag und der Einsetzung eines Reichskommissars zu. Im Kabinett Schleicher blieb er im Amt, obwohl er dem General keine große Zuneigung entgegengebracht hat. Im Januar 1933 trat er auf Wunsch sowohl Hindenburgs als auch Papens in das Kabinett Hitler ein, in dem er dann Anfang 1934 zur gleichen Zeit die Aufhebung des Reichspostfinanzgesetzes wie die »Revision« der Poststaatsverträge mit Bayern und Württemberg in die Wege leitete.

Das Staatsunternehmen, das sich in seiner Eigenständigkeit seit 1924 bewährt hatte, weil es in dieser Form wirtschaftlicher Selbstbestimmung in der Lage gewesen war, seine verfassungsgebotenen Pflichten zu erfüllen, war wieder Teil des reinen Behördenapparats geworden. Die freiere Selbstverantwortung unter parlamentarischer Aufsicht fügte sich nicht in die Ideologie zentraler Lenkung im »Führerstaat«.

Sechs leitende Beamte

Im Unterschied zu anderen Reichsressorts arbeiteten im Postministerium unter dem Minister gleichzeitig drei Staatssekretäre: zwei in Berlin, einer in München. Auf diese Weise wurden die administrativen und die technischen Belange in fachkundige Hände gegeben sowie die Bedingungen des Vertrags über die »Verreichlichung« mit Bayern erfüllt. Auf die besonderen Verhältnisse nach Erlaß des Reichspostfinanzgesetzes übertragen – auch wenn die Regelung schon vor 1924 galt –, hieß das: Die Berliner Staatssekretäre arbeiteten als Verwaltungs- bzw. Technischer Direktor des Staatsunternehmens »Deutsche Reichspost«, während der Münchner Staatssekretär die Funktion eines Leiters des wichtigsten Filialbetriebs einnahm. Immerhin stiegen ja von den drei Staatssekretären Stingl, Schätzel, Neumayer in München zwei zu Reichspostministern auf.

Erster Staatssekretär im Reichspostministerium war Paul Arthur Teucke[135], der, 1875 in den Postdienst eingetreten, 1895 Postrat und 1917 Direktor im damaligen Reichspostamt wurde. Nach der Staatsumwälzung war er 1919 der erste Unterstaatssekretär im Reichspostministerium. Als während des Kapp-Lüttwitz-Putsches für das Usurpatoren-Kabinett der damalige Leiter der Berliner Oberpostdirektion als Postminister nominiert wurde, stellte Teucke klar, er erkenne einen solchen Ressortleiter nicht an und werde selbst nur der Gewalt weichen.[136] Im gleichen Jahr zum Staatssekretär ernannt, schied er nach Erreichen der Altersgrenze 1923 aus dem Amt.

Ihm folgte Karl Christian Sautter[137], durch den vor allem die damals württembergische Post in der Berliner Zentrale repräsentiert worden ist. 1888 war er in den Postdienst sei-

Karl Christian Sautter, 1949

ner Heimat eingetreten und hatte an der Technischen Hochschule Stuttgart studiert. 1896 trat Sautter in den höheren Post- und Telegraphendienst ein und arbeitete ab 1910 als Oberfinanzassessor. 1913 wurde er zum Postrat ernannt, 1918 zum Ministerialrat. Dann wechselte er in das Reichspostministerium, in dem er unter den schwierigen Finanzierungsbedingungen der Inflationszeit 1922 die Aufgabe eines Sparkommissars übertragen erhielt. 1923 wurde er zunächst zum Ministerialdirektor, später zum Staatssekretär ernannt. Diesen Posten gab er 1933 ab. Sautter trat durch eine Vielzahl von Veröffentlichungen hervor, mit denen er die Geschichte bestimmter Abschnitte und Richtungen des Postwesens beleuchtet hat und in dieser Hinsicht als Posthistoriograph in den Spuren Heinrich Stephans wandelte. Trotz des oft sehr konservativen Grundzugs der Sautterschen Auffassungen, die dann auch in der zum Teil erst nach dem Zweiten Weltkrieg veröffentlichten Postgeschichte zum Ausdruck kommen, stellen diese Publikationen die wesentliche Grundlage für die Betrachtung des Postwesens in den Jahren der Weimarer Republik dar.

Neben Teucke und Sautter arbeitete bis 1926 Hans Bredow[138] als Technischer Staatssekretär im Reichspostministerium. Er war 1904 Ingenieur bei der Gesellschaft für drahtlose Telegraphie (Telefunken) geworden und hatte 1908 ihre Leitung übernommen. 1906–1911 organisierte er den deutschen Schiffsfunkverkehr. Während dieser Zeit entstanden die Funkstation Nauen (1906) und die »Deutsche Betriebsgesellschaft für drahtlose Telegraphie« (1911). In den Jahren bis zum Kriegsausbruch widmete er sich dem Ausbau des deutschen Weltfunkverkehrs und gründete 1912 die »Südseegesellschaft für drahtlose Telegraphie«. Nach militärischer Verwendung im Krieg trat er 1918 an die Spitze des Telefunken-Direktoriums, doch schon im folgenden Jahr arbeitete er im Staatsdienst und setzte sich noch vor Abschluß des Versailler Vertrages erfolgreich für die Wiederaufnahme des deutschen Funkverkehrs ein. Bereits 1909 hatte er einen Pressefunkdienst von Königswusterhausen aus eingerichtet. Auf dieser Linie lag der von ihm engagiert vertretene weitere Ausbau des drahtlosen und Drahtfunks.

Bredow besaß spezielle Fachkenntnisse wie nur wenige Kollegen im Ministerium. Zu Recht ist hervorgehoben worden, daß er die treibende Kraft bei der Einführung des Rundfunks in Deutschland gewesen sei und es sich hierbei eben »nicht« um »das Ergebnis anonymer Verwaltungsarbeit« gehandelt habe.[139] 1926 schied Bredow aus dem Amt eines Staatssekretärs aus, blieb jedoch als Reichsrundfunkkommissar mit großer Selbständigkeit dem Bereich des Reichspostministeriums nachgeordnet. 1933 wurde er zum Rücktritt veranlaßt, und nach längerer Untersuchungshaft erteilten ihm die Nationalsozialisten Berufsverbot. Nach dem Zweiten Weltkrieg war Bredow noch einmal für den Rundfunk in Hessen tätig.

Als Staatssekretär folgte auf Bredow Ernst Feyerabend.[140] Der Westpreuße war nach mehrjährigem Postdienst ins Reichspostamt gerufen worden und hatte als Vorsteher 1898–1905 das Telegraphen-Apparateamt Berlin geleitet. 1909 wurde er Postrat, 1912 Vortragender Rat. Durch Studienreisen nach England und Amerika hatte er Kenntnisse für die Selbstanschlußtechnik gewonnen. Unter seiner

Verantwortung entstand in Hamburg eine Fernsprechzentrale, in der 80000 Anschlüsse zusammengefaßt wurden. 1920 wurde Feyerabend Ministerialdirektor für das Fernsprech- und Telegraphenwesen und beschäftigte sich weiterhin mit dem Ausbau von Fernkabeln und der Einrichtung des telefonischen Schnellverkehrs. Eine Übersicht seiner Aufgabenfelder bietet das von ihm herausgegebene »Handwörterbuch des elektrischen Fernmeldewesens« von 1929, das den besten Einblick in den damaligen Stand von Forschung und Praxis bietet.[141] Obwohl er gelegentlich zur Mitwirkung gewonnen werden sollte, hat Feyerabend die Privatisierung des Fernmelde- und Telegraphiebereichs abgelehnt. Er schied aus Altersgründen 1933 aus dem Amt.

Nach Stingl und Schätzel war der Dritte Staatssekretär als Leiter der »Abteilung München« Hans Theodor Neumayer.[142] Er hatte ein rechts- und staatswissenschaftliches Studium absolviert, bevor er 1897 in die bayerische Post- und Telegraphenverwaltung eintrat. 1899 wurde er Postoffizial in Augsburg, danach arbeitete er bei der Generaldirektion der Posten und Telegraphen und im Verkehrsministerium. Seit 1915 war Neumayer Ministerialrat. Im Ersten Weltkrieg hatte er das bayerische Feldpostwesen zu leiten. Von 1919–1925 unterstand ihm die Oberpostdirektion München. 1925 erhielt er den Rang eines Ministerialdirektors und wurde zwei Jahre später zum Staatssekretär ernannt. Diese Funktion erlosch 1934, als mit dem Reichspostfinanzgesetz auch die Verträge mit Bayern und Württemberg über die Postverreichlichung aufgehoben worden sind.

Von den zahlreichen nachgeordneten Beamten des Postministeriums ist Wilhelm Ohnesorge[143] zu nennen, der als glänzender Fachmann angesehen und bei dem offensichtlich nur gering bewertet wurde, daß er auch im Ministerium der ranghöchste Nationalsozialist war. Nach erstem Postdienst und naturwissenschaftlichem Studium (Mathematik und Physik) war er 1900 an das Telegraphenversuchsamt versetzt worden und arbeitete 1902–1914 in der Oberpostdirektion Berlin. Im Ersten Weltkrieg gewann er einen Namen als Praktiker, da er in der Eigenschaft des Leitenden Telegraphendirektors im Großen Hauptquartier eine telegraphische Verbindung von Mézières in Frankreich nach Konstantinopel herstellen konnte. Nach Kriegsende war er der Oberpostdirektion Dortmund zugeteilt und rühmte sich später, dort die erste außerbayerische Ortsgruppe der NSDAP gegründet zu haben. Der Entdecker der Vierdrahtschaltungen als Verstärker für Ferngespräche über große Strecken wirkte bei der Reorganisation des Berliner Fernmeldenetzes mit und wurde 1929 zum Präsidenten des Reichspostzentralamtes berufen. Nachdem 1933 Hitler an die Macht gelangt war, wurde Ohnesorge zum Staatssekretär im Reichspostministerium ernannt, dessen Leitung er 1937 erhielt.

Das Personal

Die Situation der Postbediensteten unterschied sich wenig von der in anderen Reichsdienststellen. Die politische Grundströmung dürfte gleichfalls kaum anders gewesen sein. Wie generell in der Bevölkerung gegenüber dem Weimarer Staatswesen von seinem Anfang an Skepsis oder doch

Staatssekretär Hans Bredow

Gleichgültigkeit zu registrieren war, die auch die verfassungsloyalen Parteien nicht zu überwinden verstanden, so gab es auch unter dem Personal der Deutschen Reichspost aus recht unterschiedlichen Gründen in divergierender Form Zeichen von Unzufriedenheit, die gegebenenfalls deutlich zum Ausdruck gebracht worden sind. Diese Haltung war mit den Möglichkeiten der Staatsbediensteten zu politischen Willenskundgebungen in der Vorkriegszeit – zumindest dann, wenn es sich damals nicht um Loyalitätsbekundungen gehandelt hatte – kaum zu vergleichen.[144]

Für die »Postler« galt außerdem, daß die »obere Post- und Telegraphenverwaltung« dem Kaiser[145] bzw. den Monarchen in Bayern und Württemberg unterstanden hatte, von denen nominell die Verwaltungsregelungen und -anordnungen ausgegangen waren. An die Stelle dieses physisch vorhandenen obersten Dienstherrn trat das weitaus abstraktere »Reich« in seiner republikanischen Form. Kritik konnte sich nun gegen den Arbeitgeber Staat richten – und tat dies oft in drastischer Form.[146]

Es muß allerdings beachtet werden, daß die Kritik recht unterschiedliche Anlässe hatte. Sie konnte sich auf wirtschaftliche Belastungen gründen oder in kaum verhüllter Form Ablehnung der Staatsform ausdrücken. Dabei gehört es zu den bekannten Eigenheiten der Weimarer Republik, daß das Verhalten der äußersten Linken eher Anstoß erregte als das der extremen Rechten. (Ohnesorges Stelle als Präsident des Reichspostzentralamtes war durch seine Mitgliedschaft in der NSDAP nicht gefährdet.) Diese Haltung galt auch dann, wenn der Ressortminister seinem ganzen Herkommen nach nicht als Anhänger der Auffassungen aus der Zeit vor der Staatsumwälzung anzusehen gewesen ist. Bezeichnenderweise hat Giesberts in seiner Eigenschaft als Leiter des Postressorts in der Kabinettssitzung vom 5. August 1919 die Haltung des Preußischen Handelsministers nicht geteilt, der im Entwurf für das Betriebsrätegesetz bereits Ansätze zur Bolschewisierung zu erblicken vermeinte, sondern er hat in Übereinstimmung mit dem Reichskanzler erklärt, durchaus mit diesem Entwurf leben zu können.[147]

Im Bereich der Post des Reiches, Bayerns und Württembergs waren schon im Dezember 1918 Bestimmungen für die Einrichtung von Beamten- und Arbeiterausschüssen erlassen worden, die als Vorgriff auf ein später nicht zustandegekommenes Beamtenrätegesetz anzusehen sind. Die Arbeiter haben dann nach dem Betriebsrätegesetz von 1920 wieder über eigene Vertretungen verfügt. Für die Beamten wurden diese nach mehreren Verhandlungen des Postministers 1922 gebildet, nachdem bereits 1920 ein entsprechender Erlaß ergangen war. »Damit ist für die Beamtenausschüsse im Bereich der Reichs-Post- und Telegraphenverwaltung eine feste Grundlage geschaffen worden. Der Erlaß entspricht den Richtlinien, die die Reichsregierung für die allgemeine Regelung der Beamtenvertretungen gegeben hat.«[148]

Nach zeitgenössischem Kommentar war der Erlaß vom Gedanken bestimmt, »die Beamten-Ausschüsse zur Erfüllung ihrer vornehmsten Aufgabe, das Einvernehmen und das Vertrauen zwischen den Beamten und ihren Dienstherren zu fördern, mit dem nötigen Rüstzeug auszustatten.«[149] Zusätzlich heißt es im § 38, der Ausschuß solle sich »von dem Bestreben leiten ... lassen, das Pflichtbewußtsein und die Arbeitsfreudigkeit der Beamten durch Pflege des Einvernehmens untereinander zu heben«.[150]

So war es denn auch die eigentliche Aufgabe der Ausschüsse, »Anträge und Anregungen der Beamten« im Hinblick auf »persönliche Dienstangelegenheiten« weiterzuleiten, Differenzen zwischen den Beamten zu schlichten und zur »Bekämpfung von Unfall- und Gesundheitsgefahren besonders im Betriebe« beizutragen[151]: allerdings ohne Beschwerderecht. Dies trat erst in Kraft bei Entscheidungen der jeweiligen Vorgesetzten gegenüber den Orts- und Bezirksausschüssen sowie des Hauptaussschusses (§§ 47–53).[152] Ein Mitwirkungsrecht stand zu in den Fragen der Arbeitszeitregelungen, der Schaffung sozialer Einrichtungen, bei Einstellung und Eingruppierung, Entlassung, Versetzung, Pensionierung, bei Urlaubsverweigerung, Sozialmaßnahmen für Kranke und Bedürftige sowie »bei der Feststellung der Beschaffenheit von Dienstwohnungen«.

Von einer Mitbestimmung im modernen arbeitsrechtlichen Sinne kann also keine Rede sein, sondern es handelte sich um jene Haltung, die auch der Beamtenbund ausdrückte, der sich gegen Streikaktionen aussprach.[153] Diese wirtschaftsfriedliche Auffassung sollte das Verhältnis der Tarifpartner bei der Post bestimmen, und sie legte die Interessenvertretung der Postbeamten auf den Status einer Sozial- und Hygieneaufsicht fest, wie dies auch den Betriebsräten nur zugebilligt worden war. Die revolutionären Erwartungen der Arbeitnehmer aus der Zeit der staatlichen Neuordnung waren in sich zusammengebrochen.

Für die Arbeiter im Bereich der Reichspost wurde 1920 ein Tarifvertrag geschlossen, bei dem der »Deutsche Transportarbeiter-Verband« ihre Vorstellungen vertreten hat. Ein neues Abkommen in größerem Umfang wurde nach der

Inflation erforderlich, das nun »alle bei der Deutschen Reichspost in einem unmittelbaren Arbeitsverhältnis zur Verwaltung stehenden vollbeschäftigten und nichtvollbeschäftigten Lohnempfänger« einschloß. Jetzt war die Deutsche Postgewerkschaft maßgebliche Sprecherin.

Insgesamt läßt sich bis 1931, d.h. bis zu den Kürzungen in der Wirtschaftskrise verfolgen, daß systematisch Lohn- und Arbeitsverhältnisse kollektiv geregelt worden sind.[154] Es bestand in den Jahren der Weimarer Republik überhaupt kein Zweifel daran, daß – wenn auch in Deutschland Streiks von bestimmten sozialen Gruppen als etwas Ungehöriges angesehen worden sind – die nicht beamteten Postbediensteten in einen Arbeitskampf für die Verbesserung ihrer Arbeitsbedingungen und Einkommen hätten eintreten können. Anders war allerdings die Haltung gegenüber Beamten, die auch schon 1919/1920 von Postminister Giesberts demonstriert worden war. 1919 nahmen Postbeamte zum hellen Erstaunen ausländischer Beobachter sogar in ihren Dienstuniformen an einer Kundgebung gegen die kritischen sozialen Lebensbedingungen teil.[155] Anfänglich drohte parallel zu den Streikwellen im rheinisch-westfälischen Industriegebiet bei der Reichspost ein Streik[156], da eine Überprüfung der Besoldung und verbindliche Erklärungen des Kabinetts hierzu hinausgezögert erschienen. Giesberts fürchtete, dieser Ausstand könne die deutsche Wirtschaft erheblich belasten und ließ in Anlehnung an das Vorgehen des Preußischen Staatsministeriums die Angehörigen der Post an ihre besondere Treuepflicht gegenüber dem Staat erinnern, die jegliche passive Renitenz verbiete, sondern gegebenenfalls Disziplinarmaßnahmen auslöse.[157] An dieser Haltung hat sich bei Giesberts bis zum Abschied vom Ressort 1922 nichts geändert. Sie wurde auch von seinen Nachfolgern geteilt.

Dabei waren es aber sehr oft gerade materielle Probleme, die den Beamten, Angestellten und Arbeitern des Staatsdienstes Schwierigkeiten bereitet haben. Soweit sie als Soldaten den Krieg überlebt hatten und einigermaßen unversehrt geblieben waren, konnten sie entsprechend den Demobilmachungsbestimmungen der Volksbeauftragten an ihre alten Arbeitsplätze zurückkehren. Für Schwerbeschädigte waren geeignete Arbeitsplätze zu finden. Dies geschah unter dem Aspekt, daß die Kriegsbeschädigtenrenten für den Lebensunterhalt allein nicht reichten. Die Betroffenen wurden daher gern als Postagenten eingestellt, eine Tätigkeit, die wie in der Vorkriegszeit als Nebenberuf angesehen und auch tariflich eingeschätzt wurde, dann aber eine gewisse Gleichstellung mit anderen »Beamten im Nebenamt« erfuhr. Bezeichnenderweise war jedoch für die Übernahme als Postagent weiterhin ein gewisses Eigeneinkommen erforderlich; denn aus einer Verfügung des Jahres 1928 geht hervor, daß sonst »die Gefahr der Veruntreuung gegeben ist«.[158]

Auch wenn »zahlreiche Postagenten ... ein Kaufmannsgeschäft, eine Gastwirtschaft, eine Ackerwirtschaft usw. betrieben«[159], war doch die Masse mehr und mehr nur für die Post – sogar unter Einbeziehung von Familienangehörigen – tätig. Insofern kamen schon 1923 Überlegungen auf, die Agenturen abzubauen oder von den Gemeinden Zuschüsse zahlen zu lassen; es wurden dann jedoch lieber Zuschüsse aus dem Postetat gegeben.[160] Die Postagenturen verloren auf dem Land an Bedeutung, als die »Landpostverkraftung« um sich griff.[161] Sie sind bald jedoch wie Posthilfsstellen auch in Randbezirken von Großstädten eingerichtet worden. Sowohl 1924 wie 1931 waren die Postagenturen in Besoldungsverminderungen einbezogen, die im Zusammenhang mit der Konsolidierungs- und Wirtschaftskrise standen. Im Einkommen lagen die Postagenten, auch bei vollem Einsatz für die Reichspost, deutlich unter einem Postschaffner.[162]

Angehörige der Post, die bis 1914 bzw. 1918 in Gebieten ihren Dienst geleistet hatten, die nach den Friedensbedingungen künftig nicht mehr zum Deutschen Reich gehörten oder die bei Auslandsposten eingesetzt gewesen waren, wurden in freie oder neugeschaffene Stellen eingewiesen. Die Zahl der Arbeitskräfte im Postdienst hatte während des Krieges kontinuierlich zugenommen (von 320 000 1914 auf 370 000 1918).[163] Dies war jedoch mitbedingt gewesen durch die wachsende Zahl der »nichtbeamteten Kräfte« (von 118 000 1914 auf 188 000 1918), während die der Beamten zurückgegangen war (von 202 000 1914 auf 182 000 1918). Nach Kriegsende wurden die Aushilfekräfte entlassen, und dies scheint besonders die Frauen getroffen zu haben, von denen nur etwa 25 000 beamtet waren und damit – wenn sie unverheiratet blieben(!) – Dauerstellungen innehatten.

Die Behauptung des Historiographen der Reichspost, des früheren Staatssekretärs Sautter, es seien »keine fühlbaren Stellenverluste für das weibliche Personal«[164] eingetreten, ist mit äußerster Vorsicht zu betrachten. Denn bei Kriegsende beschäftige die Post etwa 50 000 weibliche Aushilfskräfte, die Zahl der »nichtbeamteten Kräfte« ging von 1918 bis 1919 um knapp 44 000 auf 144 520 zurück, während gleichzeitig die der Beamten »in Haupt- und Nebenamt« um mehr als 90 000 auf 272 431 anwuchs, so daß die Post

Prüfungsstelle im Postscheckamt Köln, 1925

nun über 416951 Arbeitskräfte und zusätzlich 3845 Postfuhrhalter und Postillione verfügte.

Die Bemühungen der Postangehörigen, die ja auch von den sozioökonomischen Krisen in den Jahren 1919 bis 1924 nicht verschont blieben, tarifliche Verbesserungen zu erreichen, wendeten sich letztlich gegen sie selbst, auch wenn Giesberts und Hoefle als alte Gewerkschaftler und Sozialexperten bemüht gewesen sind, die Verhältnisse für das Personal ihres Ressorts zu bessern.[165] Aber es machte sich bemerkbar, daß die unternehmerische Erfolgsbilanz der Post negativ geworden, sie selbst auf Zuschüsse angewiesen und damit der Forderung nach Einsparungen ausgesetzt war. Zwar nahm von 1919 auf 1920 die Zahl der Arbeitskräfte bei der Post – ohne Postfuhrhalter und Postillione – noch einmal um 55505 auf 472456 zu, danach sank ihre Zahl aber kontinuierlich bis 1923, als sie nur noch 333047 betrug. Betroffen waren hiervon besonders die Arbeiter, deren Zahl von 146570 auf 47439 zurückging. 1920 hatten 38319 Beamte im Nebenamt Dienst getan, 1921 waren es 40012, 1923 aber nur 33318 und 1924 lediglich 29939. An Beamten im Hauptamt hatte die Post von 1920 bis 1922 eine Steigerung von 287567 auf 311967 erfahren, 1923 reduzierte sich die Zahl auf 252380, und 1924 machten nur noch 247136 Dienst.

Auch wenn hierbei die Umstrukturierung des Beamtenapparats der Post 1920 und 1922 nicht außer acht zu lassen ist, so hat der Personalabbau zur Sanierung der Reichsfinanzen voll durchgeschlagen, und wieder waren dabei weibliche Beschäftigte erheblich betroffen. Es muß als eine eindeutige – wenn auch traditionellen Anschauungen entsprechende – Diskriminierung angesehen werden, daß zwar die im Krieg verfügte Ernennung von weiblichen Postangehörigen nach 15 Dienstjahren zu Beamtinnen erhalten blieb; doch hatte auch schon im Krieg gegolten, daß bei Verheiratung das Dienstverhältnis aufgelöst bzw. bei Kriegstrauung die Unkündbarkeit aufgehoben wurde. Im Frühjahr 1920 erklärte dann der Postminister unter dem Eindruck der im Artikel 108 der Verfassung bestimmten Gleichstellung von Mann und Frau in ihren Rechten und Pflichten, »daß verheiratete Beamtinnen vorbehaltlich spätere(r) endgültiger Entscheidung in ihren bisherigen Dienstverhältnissen belassen werden können«.[166]

Das war eine positive Aussage, da auch eine 1919 verfügte Sperrung für die Einstellung von Anwärterinnen aufgehoben wurde, im April 1920 7000 »Gehilfinnen« des Fernmeldebereichs, wo die Frauen ausschließlich beschäftigt waren, verbeamtet wurden und 1921 sogar 17000. Für 3000 weibliche Bedienstete, die ihre Männer im Krieg verloren hatten, wurde bei der Verbeamtung sogar eine Überschreitung der Altersgrenze zugelassen. Hatte bis 1919 die nicht schriftlich fixierte Regelung bestanden, daß uneheliche Mütter noch vor der Niederkunft aus dem Postdienst auszu-

Buchung im Postscheckamt Berlin, 1925

scheiden hatten, wurde seit 1919 jeder einzelne Fall »in Verbindung mit der Standesvertretung sorgfältig geprüft«.[167] Entlassungen sind – nach Sautter[168] – dann ausgesprochen worden, wenn der außerdienstliche Lebenswandel dazu gezwungen habe, was jedoch nur in Ausnahmefällen gegolten habe. Für die Post erschien dies »vorbildlich«.[169] Doch schon seit 1923 zeigte die Post das alte Verhaltensmuster, als die Frauen der Personalabbau-Verordnung vom 27. Oktober 1923 unterworfen wurden, die im Artikel 14 bestimmte, verheirateten weiblichen Beamten könne am Monatsersten zum letzten Tag des Monats gekündigt werden, »sofern nach dem Ermessen der Behörde die wirtschaftliche Versorgung der Beamtin gesichert erschien«.[170] Auch für die lebenslang Eingestellten war diese Bestimmung wirksam; nur – und angesichts der Verhältnisse von geringem Trost – wurde jetzt eine Abfindung gezahlt.

Bis 1929 sind jährlich 2000 Frauen aus dem Postdienst ausgeschieden. Sie wurden durch jüngere Kräfte mit geringeren Gehaltsansprüchen ersetzt. Der Kündigungsstop von 1929 bestand auch nur bis 1931, als unter dem Eindruck der großen Wirtschaftskrise erneut Personalabbau vorgenommen und die 1929 aufgehobenen Abfindungen erneuert und bis zur Höhe eines vollen Jahresgehalts ausgezahlt wurden. Die Meinung, das Gesetz über die Rechtsstellung weiblicher Beamter vom 30. Mai 1932 habe am besten »den dienstlichen Bedürfnissen und zugleich den sozialen Rücksichten« entsprochen[171], geht darüber hinweg, daß die entlassenen Beamtinnen in der großen Mehrzahl nicht ihren Platz räumten, weil sie »sich voll ihrer Familie zu widmen planten«, sondern weil sie vor männlichen Kollegen zurückzustehen hatten.

Rund zwanzig Jahre später hat Sautter noch immer behauptet, die Postverwaltung habe mit verheirateten Beamtinnen »im allgemeinen keine günstigen Erfahrungen gemacht«, da sie wegen der Doppelbelastung Beruf und Familie häufig krankgeschrieben worden seien und einen »ungünstigen Einfluß auf die unverheirateten Beamtinnen« ausgeübt hätten. »Die Doppelbelastung« – so der ehemalige Staatssekretär – »zeigt trübe Folgen für das Familienleben und für die Gesundheit der Frau, letztlich auch für Kultur und Staat«. Besser sei für »Volkswirtschaft und Volksgemeinschaft«, wenn die verheirateten Frauen gar nicht erst »in unselbständiger Stellung erwerbstätig« würden. Dies gelte erst recht für Beamte, die ihre ganze Kraft für ihr Amt einzusetzen hätten und nicht zwischen Dienst und Familie teilen sollten. Da Sautter seit 1922 der ressorteigene Sparkommissar des Postministeriums war und in den Jahren des Personalabbaus als Staatssekretär wirkte, dürften diese Äußerungen in seiner Postgeschichte die offizielle Haltung und bequeme Selbstrechtfertigung des Postministeriums in den Jahren der Weimarer Republik zum Ausdruck bringen.

Bei den Personaleinsparungen im Postwesen waren neben den Frauen vor allem die Arbeiter betroffen: 1920 hatte es im Postbetrieb noch 146570 gegeben, für 1921 waren 126273 gezählt worden, ein Jahr darauf 90831 und im Jahr der Hyperinflation wurde der Tiefstand für die Zeit der Weimarer Republik mit 47349 erreicht. Von 1924 an mit 64715 begann dann eine permanente Zunahme bis zum Jahr 1930, in dem die Post 100469 Arbeiter beschäftigte. Die Depression wirkte sich jedoch dahin aus, daß schon 1931 nur noch 74631 und 1932 lediglich 71671 beschäftigt waren. Vergleichbare Bewegungen – wenn auch in modifizierter Weise – sind bei den Beamten festzustellen. Die Zahl der Beamten im Nebenamt sank von 40012 1921 auf 29939 1924, nahm dann aber gleichmäßig bis 1932 zu, als ihre Zahl 39681 betrug. Demgegenüber sank die Zahl der Beamten im Hauptberuf von 311967 1922 auf 247136 1924. Eine erneute Steigerung der Zahl bis 1926 mit 253161 wurde bereits 1927 mit einer Absenkung auf 249368 abgefangen. Dieser Rückgang, der sich bis 1936 – also in die Jahre des NS-Regimes – fortsetzte, hatte die Konsequenz, daß im Rechnungsjahr 1932 noch 233343 hauptamtliche Postbeamte tätig gewesen sind (1933: 222969; 1936: 219259). Das heißt aber auch, daß das Staatsunternehmen »Deutsche Reichspost« strikt nach wirtschaftlichen Richtlinien geführt wurde und entsprechend in Krisenzeiten die Bilanz für wichtiger als die Behebung sozialer Not angesehen worden ist. Zum anderen bedeutet es, daß die Besoldungsverbesserung, die für alle Beamten des Reiches 1927 eine Anhebung um 25% brachte, dadurch relativiert worden ist, daß der Beamtenstamm der Reichspost abnahm bzw. durch nebenamtliche Kräfte mit niedrigerem Einkommen der Ausgleich gefunden worden ist.

Der Schub der Gesamtpersonalminderung von 438187 1922 auf 341790 1924 und von 362340 1925 auf 358864 1926 ist einmal im Zusammenhang mit der Beendigung der Fristen für die Demobilmachungsverordnung, sodann mit den ökonomischen Verhältnissen unter der Hyperinflation und der ihr nachfolgenden »Reinigungsphase« zu sehen. Aber gerade der Rückgang der Zahl der Postbediensteten in den Jahren der »relativen Stabilisierung« der Weimarer Republik bzw. ihrer politischen Konsolidierung ist auch zu betrachten als Ausdruck der Rationalisierungsmaßnahmen, die von der Leitung dieses Staatsunternehmens im vollen Bewußtsein der Anpassung an die Produktions- und Wirtschaftsabläufe durchgeführt wurde, wobei zwar der Gemeinnutz in den Vordergrund gerückt worden ist, jedoch die Diskussion auch innerhalb des Personals keineswegs zu verschweigen war.

Der Chronist der »Deutschen Reichspost«, Karl Sautter, gibt dies in einem Aufsatz aus dem Jahr 1928/1929 zu erkennen, in dem er den Neuaufbau des Post- und Telegraphenwesens seit 1918 behandelt und die Personalpolitik zu begründen versucht, wobei er jedoch bemüht ist, den faktischen Personalabbau in einen Aufbau des Personalwesens umzudeuten, und dann mit Hinweis auf Verhältnisse der Vorkriegszeit, wirtschaftliche Nachkriegskrisen und verbesserte Personalvertretung erklärt: »In den Mittelpunkt des starren Beamtenrechts trat der Mensch als solcher.«[172] Außerdem meinte Sautter eine positive Seite der Entwicklung hervorheben zu können, wenn er nach einem Hinweis auf den Tiefstand der Gesamtzahl der Postangehörigen im Jahr 1924 ausführt: »Seither hat sie sich infolge der Rationalisierungsmaßnahmen ungeachtet der Zunahme des Verkehrs etwa auf der gleichen Höhe gehalten.«[173] Auch hier scheint die Apologie im Vordergrund der Aussage zu stehen, indem einerseits eine Verbesserung der Verhältnisse daraus konstruiert wird, daß bei steigender Arbeitsbelastung der Abbau nicht weitergetrieben worden ist und daß die neue politische Ordnung in Deutschland grundlegende Rechte auch den Postbediensteten zugebilligt hat. Es ist jedoch nicht zu leugnen, daß – wenn auch in »gefilterter« Weise – die Problematik der Umstellungen, die die Rationalisierung in den Reflektionen der Leitung des Staatsunternehmens »Deutsche Reichspost« bedeutet hat, angesprochen wird, obgleich dies nur zwischen den Zeilen zu lesen ist: »Der Aufbau des Betriebs konnte bei den Um- und Neugestaltungen der Verkehrseinrichtungen und bei den Umschichtungen des Verkehrs nicht im Gleichmaß allmählicher Entwicklung vor sich gehen. Vielmehr muß der Betrieb seinerseits neue Wege zu vergrößertem Wirkungsgrad und zu gesteigerter technischer Leistung suchen. In den Jahren schwerster Finanznot war man gezwungen, in dem Programm der Vereinfachung die technische Ausgestaltung mit einer Einschränkung der Betriebsleistung zu verbinden, beispielsweise Anstalten und Zweigstellen aufzuheben und die Verkehrsbedienung auf ein Mindestmaß zurückzuführen. Dieser Weg wurde verlassen, sobald einigermaßen die Möglichkeit dazu gegeben war. Der Betrieb sieht heute eine seiner vornehmsten Aufgaben darin, bei dem Maße der Verkehrsbedienung allen Anforderungen und Bedürfnissen der Bevölkerung gerecht zu werden. Innerhalb des Betriebs aber lag und liegt das Problem darin, die Mittel der Verkehrsbedienung und die Betriebsabwicklung so wirtschaftlich und wirkungsvoll als möglich zu gestalten. Man strebt danach, alle Arbeitsvorgänge nach arbeits- und betriebswirtschaftlichen Methoden zu vereinfachen, Transportleistungen, Handgriffe des Betriebs, Schreib-, Rechnungs- und Buchungsarbeiten durch mechanisierte Vorrichtungen und Maschinen ausführen zu lassen, die Menschenkraft durch elektrische Triebkräfte zu ersetzen oder zu ergänzen, die Betriebsmittel, Betriebs- und Geschäftsformen zu normen. So ist im Laufe des letzten Jahrzehnts die Verkraftung der örtlichen Betriebe, die Mechanisierung und Maschinisierung der verschiedenen Arbeitsgebiete, die Automatisierung des Ortsfernsprechdienstes, des Wertzeichenverkaufs und anderer Verkehrszweige sowie die Normung zahlreicher Apparate und Betriebsmittel im weiten Umfang vollzogen worden. In der Organisation des Betriebs kam der Grundsatz der Konzentration zur Geltung durch Zusammenfassung örtlicher Betriebe und bestimmter Dienstzweige sowie durch die Verlegung der Betriebsleitung an die dafür geeignetste Stelle. Insgesamt handelt es sich um eine Modernisierung des Betriebs unter Nutzbarmachung des Fortschritts der Technik. Das Personal äußerte manchmal die Meinung, es geschehe zuviel in der Rationalisierung; andere wieder wünschen eine Beschleunigung des Vorgehens. Wir halten ein schrittweises, den Verhältnissen möglichst angepaßtes Vorgehen für richtig, indem wir neben den Erfordernissen der Wirtschaftlichkeit die personalpolitischen Zusammenhänge beachten und uns vor einer in technischen Fragen nicht ratsamen Überstürzung hüten. Die Rationalisierung in der öffentlichen Verwaltung unterscheidet sich naturgemäß von derjenigen im Privatbetrieb, einmal durch die personalpolitischen Rücksichten und Gebundenheiten, zum anderen durch die Aufrechterhaltung volkswirtschaftlich notwendiger Betriebszweige und Einrichtungen auch bei mangelnder Rentabilität.«[174]

Bis auf den letzten Satz könnte dies auch der Bericht für den Gesellschafter eines großen Wirtschaftsunternehmens sein. Die Reichspost war als Dienstleistungsbetrieb ein Unternehmen des »tertiären Sektors« und wurde entsprechend geführt.

Im Hinblick auf die Gliederung der Post ist zu beachten, daß ganz bewußt Verwaltungs- und technische Bereiche von einander getrennt gehalten wurden bis hin zum Technischen Zentralamt. Auf dem technischen Sektor führten Überbesetzungen aus der Vorkriegszeit dazu, daß erst ab 1921 wieder Anwärter eingestellt wurden, die im Fernmeldewesen arbeiten wollten. Dabei hatten jetzt Diplomingenieure die Möglichkeit, als Postreferendare angenommen zu werden. Für die Rechtsabteilung wurden ab und zu Juristen eingestellt. Bei den unteren und mittleren Beamtenstufen wurde schon längere Zeit nach Wegen gesucht, die schon seit vielen Jahren bestehende Problematik der Postassistenten, d.h. ihr Streben nach Aufstieg, zu einer Lösung zu bringen und sie damit den Verhältnissen in anderen Verwaltungen anzupassen. Mit der Einführung der Verwaltungsprüfung, für die die damalige Assistentengeneration Sonderbedingungen und wiederholte Gelegenheit erhielt, ergab sich seit 1920 und durch Reformen 1922 der Aufstieg in den Inspektorenbereich, der dann aber auf lange Zeit die Stellen blockierte. Eine »Besserung« konnte erst während der Wirtschaftskrise dadurch erreicht werden, daß damals zur Einsparung stehende Plätze des höheren Dienstes auf niedrigere Beamtenkategorien umgewidmet worden sind.

Seit 1920 gab es einen unteren Dienst, in den Jungen nach Abschluß der Volksschule mit 14 Jahren als Postjungboten oder Telegraphenbaulehrlinge eintreten konnten. Nach Ablauf der Ausbildungszeit und Prüfungen waren die höchsten zu erreichenden Stellen dieser Kategorie die eines Oberpostschaffners oder Telegraphenoberleitungs-Aufsehers. Im Kraftfahrzeug- und Maschinenwesen wurden Lehrlinge für das Kraftfahrzeughandwerk und den Maschinenbau eingestellt. Außerdem konnten hier auch ausgebildete und geprüfte Kraftfahrer sowie Gesellen des Maschinenbaubereichs und Industriearbeiter mit Zeugnis unterkommen. Die obersten Stufen waren hier: Kraftwagenführer und Obermaschinist. Diese Stufen standen etwa auf dem gleichen Niveau wie die unterste des einfachen mittleren Dienstes, die den Aufstieg zum Oberpostsekretär und zum Leitungsaufseher I. Klasse von 1920 bis 1922 ermöglichte. Nach den Regelungen in diesem Jahr und Neuorganisationen der Beamtenstruktur für die technischen Gebiete waren schließlich die Spitzenstellungen: Postsekretär, Telegraphenbauführer, Telegraphenoberwerkmeister, Oberwerkmeister im Kraftfahrdienst. Mittlere Reife als Schulabschluß mußten diejenigen Anwärter nachweisen, die in den gehobenen mittleren Dienst einzutreten wünschten und als Endstufe den »Amtmann« erreichen konnten. Soweit die Anwärter im Fernmelde- oder einem anderen technischen Sektor arbeiten wollten, hatten sie die entsprechenden Fachschulkenntnisse vorzuweisen.[175]

Für alle Bereiche der Reichspost ist im Januar 1928 eine einheitliche Dienstkleidung eingeführt worden. Die Angehörigen des unteren und mittleren Dienstes – mit Ausnahme der technischen Bereiche – waren zu ihrem Tragen verpflichtet, soweit sie ständigen Kontakt mit Postkunden hatten. Für die Beamten des höheren Dienstes bestand diese Pflicht nicht. An den Kragen der Uniformjacken und -mäntel waren Dienstgradabzeichen (Spiegel) angebracht. Die Kopfbedeckungen waren mit Reichs- und Landeskokarden versehen.[176]

Soweit die Postbediensteten Beamte waren, hatten sie alle Ansprüche und Rechte, die mit dieser Stellung verbunden waren, d.h. nach dem regulären Ausscheiden erhielten sie eine Pension. Die Hinterbliebenen erhielten – ab 1920/23 mit gewissen Änderungen im Anschluß an die Beamtenbesoldung – Witwen- und Waisenrenten. Angestellte und Arbeiter – im Postbetrieb immer nur eine Minderheit – wurden bei ihrem Ausscheiden Rentenempfänger.[177]

Angesichts dieser Bedingungen ist die Versorgungsanstalt der Deutschen Reichspost mit der Zentrale in Dresden von Wichtigkeit gewesen.[178] Sie stand als Verein des öffentlichen Rechts unter der Aufsicht des Reichspostministers und besaß Zweigstellen bei allen Oberpostdirektionen. Diese Einrichtung geht auf traditionelle Wohlfahrtseinrichtungen der früheren Postverwaltungen, aber auch auf die unmittelbare Erfahrung der Nachkriegszeit und insbesondere der Hochinflation zurück, als bei allen Behörden des Reiches Unterstützungzahlungen für die Bediensteten erforderlich wurden. Generell wurde festgestellt, daß den Hinterbliebenen der Angestellten und Arbeiter Unterstützungen als regelmäßiger Zuschuß zur Rente zustanden. Diese Gelder wurden zu einem Drittel von den pflichtversicherten Bediensteten und zu zwei Dritteln von der Reichspost aufgebracht. In der Inflation wurden zusätzliche Zahlungen auch für Krankenversorgung geleistet, dazu kam später eine eigene Postkrankenkasse. Außerdem verfügte die Reichspost an Ost- und Nordsee sowie im Schwarzwald über Heime, in denen erholungsbedürftige Kinder von Postangehörigen untergebracht werden konnten.

Angesichts der verbreiteten Wohnungsnot nach dem Ersten Weltkrieg hat die Reichspost, nachdem sie sich durch das Reichspostfinanzgesetz in ihrer wirtschaftlichen Bewegungsfreiheit gestärkt fühlte, auch auf diesem Gebiet eingegriffen, wobei sie nachdrücklich Selbsthilfe, z. B. von Postbaugenossenschaften, gefördert hat.[179] Postminister Schätzel, der hierfür bayerische Erfahrungen mitbrachte, versuchte ein Bauprogramm mit vierjähriger Laufzeit im Jahr 1928 in Gang zu setzten, für das Musterbauten vorgesehen gewesen sind. Darüber hinaus sind Eigenheime für Alleinstehende – gedacht war vor allem an Beamtinnen – errichtet worden. Gebunden an die Richtsätze für öffentlichen Wohnungsbau betrug die Wohnfläche dieser Wohnungen durchschnittlich 32–45 Quadratmeter, bei kinderreichen Familien 60 Quadratmeter. Auch für diese Bauten sind von der Versorgungsanstalt Zuschüsse gegeben worden. 1932 wurde dann von der Postleitung erklärt, von nun an könne der Wohnungsbedarf auf dem freien Markt gedeckt werden. »Die deutsche Reichspost hat in den Rechnungsjahren 1924 bis 1933 insgesamt 152 Millionen RM für die Wohnungsfürsorge aufgewendet und dafür (neben 2803 Mietwohnungen in posteigenen Gebäuden) 35 325 Wohnungen mit Verwaltungszuschüssen für das Personal beschafft.«[180]

Wenn also im sozialen Bereich an Traditionen angeknüpft worden ist, dann ist – auch angesichts der sicher nicht alle Vorstellungen und Wünsche der Postangehörigen befriedigenden Leistungen, die immer unter dem Eindruck der ökonomischen Schwankungen dieser Jahre standen – doch festzustellen, daß in der Weimarer Republik – und zwar bereits früh – viel unternommen worden ist, um den Bediensteten der Reichspost entgegenzukommen und ihnen das Leben unter den neuen Staatsverhältnissen erträglich zu gestalten.

Die Post in politischer Kritik

Umso auffälliger erscheint deshalb ein Vorfall, den Kurt Tucholsky unter dem Pseudonym Ignaz Wrobel am 23. Januar 1922 in der Berliner »Welt am Montag« glossierte. Dabei mag seine Kritik am Geschäftsablauf der Post noch der Stimmung eines übelgelaunten Kunden entsprochen haben: »Wer hätte sich nicht schon über die Post geärgert! Über ihren Bummelbetrieb, über ihre Verständnislosigkeit für die Bedürfnisse des modernen Verkehrs, über ihre Paragraphenstieseligkeit und über ihre Tarife, die in so gar keinem Verhältnis zu ihren Leistungen stehen. Was macht man dort eigentlich den ganzen Tag – was machen insbesondere die höheren Beamten, denen die Organisation ihres Ressorts obliegt?«[181] Darauf folgt die Beobachtung, daß im Berliner Paketpostamt Unterschriften für eine Ergebenheitsadresse zum Geburtstag des ehemaligen Kaisers gesammelt werden konnten, ohne daß dies Anstoß erregt hätte, obwohl die Tendenz des Textes keinen Zweifel an der monarchistischen Gesinnung und der Ablehnung des neuen Staatswesens ließ: »Und der Tag wird kommen, da Preußen-Deutschland die Quellen seiner Kraft bewußt als solche wieder erkennt, neu erwirbt und an ihnen gesundet. Das Kommen dieses Tages erhoffen und ersehnen wir nicht als Erfolg äußeren und darum verwerflichen Zwanges und Druckes, sondern als Frucht des Wiedererstarkens bester Kräfte des deutschen Volkes, das jetzt durch erschütternd schweren Läuterungsprozeß gehen muß.«

Ruhrkrise 1923: Ein französischer Soldat bewacht Waggons mit Kohle, die als Reparationsleistung nach Frankreich gebracht werden soll

Ruhrkrise 1923

Tucholsky erhob den Vorwurf, daß diese Unterschriftensammlung zwar von einem kleinen Monarchistenblatt ausgegangen sei, aber von höheren Beamten gefördert wurde. Die Schlußzeile des Telegramms lautete: »In tiefster Ehrfurcht verharren…« Dazu Tucholsky: »Und dann verharren sie: Laufende Nummer, Name, Dienstgrad. – Das geschieht in den Dienststunden. Dafür bezahlt die Republik ihre Beamten, damit sie einen tränenduseligen und verlogenen Wisch unterschreiben, der – wir wollen uns doch nichts vormachen – gegen die Republik gerichtet ist… Man denke sich, wie das alte Regime mit denen abgefahren ist, die auch nur außerdienstlich die gemäßigte Politik der Sozialdemokratie mitgemacht haben. Man vergegenwärtige sich weiter, daß diese Wische da natürlich nicht nur durch die Diensträume des Berliner Paketpostamtes wandern – sondern daß sicherlich auch andere Postämter die Dienstzeit ihrer Beamten mit diesem Unfug in Anspruch nehmen lassen. Wovon träumt Herr Giesberts? Schläft die Republik? – Die Republik schnarcht.«

Nur ein halbes Jahr später waren die Verfassungsloyalen der Republik wachgerüttelt durch den rechtsradikalen Anschlag auf Außenminister Walter Rathenau. Damit wurde auch das Bewußtsein für die Problematik der Verhältnisse und ihrer Auswirkungen auf das Postpersonal in Anordnungen und Weisungen umgemünzt. Im Sommer 1922 rief Giesberts deshalb die Beamtenschaft seines Ressorts auf [182], dafür zu sorgen, daß nicht weiterhin republikanischen Anstoß erregende Relikte »der früheren Staatsform … auf Postschildern« und Marken, »Stempeln und Vordrucken« ungetilgt blieben oder wieder zum Vorschein kamen, bzw. daß »Bildwerke, deren Verbleib in amtlichen Räumen als Widerspruch gegen die Republik angesehen wird«, nunmehr endlich zu entfernen seien. Der Minister war besorgt, daß sich hieraus negative Urteile über die Post bilden ließen und daß das Ansehen der Beamtenschaft Schaden leide, wenn »trotz aller Verwaltungsanordnungen« weiterhin Grund für »unliebsame Beschwerden« aus der Öffentlichkeit gegeben seien: »Vom gesunden Sinne der Beamten muß ich erwarten, daß künftig derartige Verstöße gegen die wiederholt ergangenen Anordnungen unbedingt aufhören, und daß mit größter Sorgfalt alles vermieden wird, was der Reichspostverwaltung und ihren Organen als Widerstand gegen republikanische Einrichtungen gedeutet werden kann. … Dem deutschen Volk tut innerer Friede dringend not. Dabei mit allen Kräften ihrerseits mitzuwirken, ist Pflicht aller Beamten. Verletzung dieser Pflicht wird fortan strengstens geahndet werden.«

Daß diese Auffassung generell auch bei den verfassungs-

Reichspräsident Friedrich Ebert
Wertzeichenausgabe
vom 1. September 1928

Reichspräsident
Paul von Hindenburg
Wertzeichenausgabe
vom 1. Oktober 1932

loyalen Parteien vertreten wurde, ergibt auch das »Gesetz über die Pflichten zum Schutze der Republik«, das nach seiner Veröffentlichung im Reichsgesetzblatt auch im Amtsblatt des Reichspostministeriums zum Abdruck gelangte.[183] Es scheint jedoch, daß die bestehenden politischen Differenzen dadurch nicht beschwichtigt, geschweige denn überwunden werden konnten. Vielmehr nahmen die Auseinandersetzungen unter dem Eindruck der galoppierenden Inflation und dann 1923 durch den französisch-belgischen Ruhreinmarsch mit den schweren wirtschaftlichen Konsequenzen für das übrige Deutschland derartig zu, daß neuerliche Maßnahmen ergriffen werden mußten, um der verbreiteten hohen Erregung Herr zu werden.

Das galt auch für die Dienststellen der Post, deren Bedienstete durch die ständigen Kontakte zum Publikum im deutlichen Blickfeld der Öffentlichkeit standen, so daß auch ihre Auseinandersetzungen leicht nach draußen gelangten. Es erschien daher notwendig, Einschränkungen von Streitigkeiten so in die Wege zu leiten, daß zwar nicht die verfassungsrechtliche Meinungsfreiheit behindert, aber doch die Dienstfähigkeit des Gesamtbereichs der Deutschen Reichspost erhalten blieb. Daher wurde ein »Verbot für das Führen politischer Gespräche im Dienst und in den Diensträumen« im Nachrichtenblatt des Reichspostministers veröffentlicht: »In letzter Zeit haben mehrfach Beamte in den Diensträumen während des Dienstes und während der Dienstpausen politische Gespräche geführt. Solche Gespräche dienen dazu die Leidenschaft aufzuregen, die Beamten in Streit miteinander zu bringen und die ordnungsmäßige Abwicklung des Dienstes zu stören. Auch ist es vorgekommen, daß sich Beamte dabei zu Äußerungen haben hinreißen lassen, die mit ihrer Beamtenstellung nicht vereinbar waren und ein Eingreifen im Dienststrafweg erforderlich gemacht haben. Die Beamten werden deshalb im eigenen Interesse darauf hingewiesen, daß sie sich zumal in Zeiten politischer Erregung während des Dienstes, in den Dienstpausen und in den Diensträumen aller politischen Gespräche und Erörterungen zu enthalten haben.«[184]

Die Notwendigkeit solcher Mahnungen behielt ihre Gültigkeit weiterhin auch in den Jahren relativer Stabilität von 1924–1929 und nahm nun eigentlich sogar zu. Bezeichnend genug ist, daß z.B. 1927 der Sigmaringer Regierungspräsident Klage führte, daß die örtlichen Leiter von Reichsdienststellen – unter ihnen auch der des Postamtes – anläßlich des Todes des als aktiver Republikgegner bekannten Fürsten Wilhelm kondoliert hatten. Sie wurden als »ziemlich und sehr rechts« stehend charakterisiert.[185] Hieran hat auch eine spätere Besprechung, an der das Reichspostministerium beteiligt war, keine Änderung gebracht. In diesem lokalen Rahmen kennzeichnet es Verhaltensweisen, daß ein anderer Postbediensteter, der in den Auseinandersetzungen zwischen Sigmaringer Regierungspräsident und örtlichen Hohenzollernanhängern inner- und außendienstlich durch seine Äußerungen aufgefallen und deshalb wegen Beleidigung verurteilt worden war, seine Strafe von der hohenzollernschen Hofkammer bezahlt erhielt. »Dieser Oberpostsekretär war wenige Jahre später der Anführer der Nationalsozialisten in Sigmaringen.«[186]

Die Erklärung für Illoyalität in der Beamtenschaft liegt einmal in den als materiell bedrängend empfundenen Verhältnissen, für die die extremen Parteien die Schuld allen verfassungsloyalen politischen Richtungen anlasteten, ohne daß ein Blick über die Grenzen getan wurde, wo – z.B. in Österreich oder bei den Siegermächten Frankreich und Großbritannien – wirtschaftliche Krisen zu meistern waren. Als Angehörige des »neuen Mittelstandes« haben Postbedienstete unter den Entwertungen der Inflation gelitten, und bei ihnen – wie überhaupt in der Bevölkerung – bestand die Tendenz, die Vorkriegsverhältnisse unverhältnismäßig zu glorifizieren.

Frühere historische Perioden deutscher Geschichte wurden – ahistorisch – auch dann idealisiert, wenn damals die Lebensverhältnisse keineswegs ersprießlich gewesen waren. Einzelgestalten der Geschichte wurden in patriotischer Aufwallung unkritisch zu Leitfiguren stilisiert. Diese Haltung konnte nur dadurch gestärkt werden, wenn in dem eigenen dienstlichen Bereich bzw. von seiner Leitung aus durch wenigstens ungeschicktes Vorgehen, solche Auffassungen Unterstützung erhielten. Diese wirkten sich dann zumindest unbewußt gegen die Weimarer Staatsordnung aus.

Im weiteren Bereich des Republikschutzes, aber auch unter dem Aspekt der Rücksichtnahme auf historisch bedingte Sentiments und Ressentiments in Ländern und Regionen ist der Briefmarkenstreit des Jahres 1926 zu sehen.[187] Ihm haftet – aus zeitlicher Distanz betrachtet – auf den ersten Blick ein Hauch von provinzieller Kleinlichkeit und republikanischem Purismus an. Wird die Auseinandersetzung allerdings in den Kontext der Ereignisse gerückt, dann offenbart sich die tagespolitische Bedeutung.

Da auch nach der Vereinheitlichung des deutschen Postwesens die Briefmarken sich nicht gerade durch besondere Originalität auszeichneten, war 1924 beschlossen worden,

Posthalterei Berlin, Möckernstraße (Fahrzeuge der Deutschen Reichspost mit Werbung der Postreklame), 1926

zu den üblichen Werten eine Serie »Bedeutende Männer der deutschen Geschichte« zu entwickeln, die, von Dürer abgesehen, Persönlichkeiten des 18. und frühen 19. Jahrhunderts umfaßte, die wohl als unbestrittene Größen des deutschen Kulturlebens eingeschätzt worden sind. Im Jahr nach der Wahl des »Ersatzkaisers« Hindenburg zum Reichspräsidenten, des Streits um die Annahme des Locarno-Vertrags, als die rechtsbürgerlichen und nationalistischen Parteien eine völlige politische Wende angestrebt hatten, im Jahr des Flaggenstreits, an dem der Kanzler Luther scheiterte, sowie des Volksentscheids über die Fürstenenteignung, als zugleich Staatsstreichgerüchte der Rechten aufkamen, d.h. als Wogen innenpolitischer Auseinandersetzungen hochschlugen und republikanische Loyalität gegen restaurative Tendenzen mit rechtsradikalen Untertönen stand, kam die Serie mit einer Abbildung Friedrichs des Großen als 10-Pfennig-Wert heraus, so daß bei den damaligen Tarifen diese Marke besonders häufig benutzt und gesehen wurde.

Während die »nationale Rechte« die Hervorhebung des Preußenkönigs, der gerade erst in mehreren Spielfilmen verherrlicht worden war, lauthals begrüßte und darin eine Rückbesinnung auf eine angebliche Glanzzeit deutscher Geschichte erblickte, waren sowohl die verfassungsloyalen Parteien wie süddeutsche Länder und die preußischen Westprovinzen durchaus kritisch bis ablehnend eingestellt. Besonders pikant wurde die Angelegenheit dadurch, daß ausgerechnet ein der Bayerischen Volkspartei angehörender Minister die Ausgabe der Serie zu verantworten hatte. Schon im Vorfeld des Erscheinens kamen Proteste aus Bayern und dem Rheinland, wo eine spezifisch deutsche bzw. nationale Haltung Friedrichs angezweifelt und darauf hingewiesen wurde, wie sehr mit dieser Marke den Konservativen borussischer Prägung entgegengekommen werde.

Auch Ministerpräsident Otto Braun, der »Rote Zar« Preußens, der an sich Friedrichs Bedeutung würdigte, hielt es »für einen schweren politischen Mißgriff, sein Bildnis für eine Briefmarke eines republikanischen Staatswesens zu verwenden«. Auch wenn Postminister Stingl der Auffassung war, die Serie hätte »an dem größten deutschen Mann jener Zeit nicht vorbeigehen« dürfen, »der neben seinen Leistungen als Feldherr einer der größten Staatsmänner aller Zeiten und außerdem ein bedeutender Philosoph und Volkswirt gewesen ist«, so klingt hier mehr Schulweisheit als eigene Kenntnis an.

Nur mühsam konnte verhindert werden, daß aus dem Briefmarkenstreit ein schwerer Konflikt zwischen Reich und Ländern wurde, denn schon der Preußische Ministerpräsident hatte moniert, daß der Verwaltungsrat der Post, in dem die Ländervertreter Stellungnahmen hätten abgeben können, nicht rechtzeitig unterrichtet worden war. In Baden ergriff der damalige Staatspräsident Heinrich Köhler dazu im Landtag das Wort[188], nachdem bei der Debatte im Verwaltungsrat der Reichspost der offizielle Vertreter des Landes Baden sich gegen die Marke, ein Vertreter der Wirtschaft des Landes – der von der Landesregierung benannt worden war – sich aber auf Grund seiner konservativen Einstellung ausdrücklich dafür ausgesprochen hatte. Kernpunkt Köhlers, von Zentrum und Sozialdemokraten mit Beifall aufgenommener Rede waren die Sätze: »...die deutsche Republik war schlecht beraten, als sie aus dem ›Zeitalter der deutschen Klassik‹, wie der Herr Minister Stingl gesagt, den Preußenkönig Friedrich dem deutschen Volk als Repräsentanten vorstellte. Wenn die auf dem Boden des monarchischen Staatsgedankens stehenden Parteien dies verlangen und verteidigen, so finde ich das schließlich verständlich und begreiflich; für sie ist, wie eine ihrer Zeitungen neulich schrieb, Fridericus ein Protest gegen die jetzigen Verhältnisse; für uns ist er aber nicht der Ausdruck der Gesinnung des deutschen Volkes. Wir halten deshalb das Vorgehen des Reichspostministeriums für verfehlt und mit der Würde der Republik nicht zu vereinbaren, und deshalb haben wir das Markenbild abgelehnt.«[189]

Friedrich der Große
Wertzeichenausgabe
vom 1. Oktober 1926

Noch in seinen Lebenserinnerungen, die vor 1949 entstanden, hat Köhler diese Haltung bewahrt, obwohl er kaum dem linken Zentrumsflügel zuzurechnen ist und im vierten Kabinett Marx 1927/1928 durchaus mit den Deutschnationalen in einem Kabinett zusammenarbeitete: »Dafür, daß eine Republik sich lächerlich macht, die auf ihren Hoheitszeichen Bildnisse früherer Monarchen bringt, hatte dieses prominente Mitglied der Bayerischen Volkspartei (Stingl) offensichtlich kein Verständnis. Das Gefühl für die Würde der Republik ließ Stingl bei der Auswahl der Bilder vollständig vermissen.«[190] Die Republik ist sicherlich nicht an dieser Briefmarke gescheitert, wohl aber an der unterminierenden Kraft, die dies Bild auf einem Postwertzeichen als einen Sieg über die Republik ausgab.

Das Reichspostfinanzgesetz

Es erscheint bemerkenswert, daß die Deutsche Reichspost in den Jahren der Weimarer Republik auch ohne charismatische Führungspersönlichkeit oder einen Wirtschaftsdiktator an ihrer Spitze die Kraft und den Weg gefunden hat, in eigener Verantwortung nicht nur eine wirtschaftliche Selbstheilung vorzunehmen, sondern auch ihre Effizienz in einem solchen Umfang zu erhöhen, daß sie wieder Überschüsse an die Reichskasse abzuführen vermochte.[191] Sie unterlag dabei noch immer einer – wenn auch nur indirekten – Kontrolle des Reichstags, konnte nun aber deutlich zeigen, daß sie weitaus mehr Unternehmen als Behörde war.

Diese Kennzeichnung gilt auch für die vorhergehende Zeit, da ja die Post in ihren verschiedenen Bereichen wirtschaftlich agieren sollte. Die Auffassung wird deutlich in der Übernahme der Postreklame als Dienstzweig der Deutschen Reichspost 1920, nachdem zuvor dagegen erhebliche Bedenken bestanden hatten. Angesichts »der ungünstigen wirtschaftlichen Lage des Reichs«[192] wurde die neue Einnahmequelle nach Kräften genutzt. Innerhalb des Ministeriums wurde ein »Referat Postreklame« eingerichtet, die Oberpostdirektionen verfügten über Sonderbüros.[193] Durch Beteiligung u. a. des Reichskunstwarts wurde darauf geachtet, daß die Reklame nicht ausuferte. Außerdem galt es, weder politische noch religiöse oder moralische Empfindungen zu verletzen. Trotz der verschiedensten Interessentenangriffe und auch Einwendungen aus dem Reichstag blieb die Post – außer im Gebiet der Abteilung München – bei der Reklame, die sich selbst in der »gemäßigten« Inflationsphase als einträglich erwiesen hatte. Vom 1. Januar 1920 bis zum 31. März 1922 hatte die Post einen Gewinn von 35,5 Millionen Dollar verzeichnen können. Vom Mai 1924 ist dann auch im Rundfunk Werbung getrieben worden.

Wenn auch in den frühen Jahren der Weimarer Republik die staatliche Lenkung der »Deutschen Reichspost« ihr nach außen durchaus den Eindruck einer Behörde gab, so hatte Minister Giesberts bereits 1919 einen »Verkehrsbeirat» zusammengerufen, der im Mai 1920 institutionalisiert wurde und zunächst aus 35 Vertretern von Wirtschaft, Verkehr, Technik und Kommunen sowie des Reichsfinanzministeriums bestand. 1921 wurde dieser Beirat durch Angehörige der Reichstagsfraktionen und des Reichsrats ergänzt.[194] Der Beirat hat sowohl in den Fragen des inneren Wirtschaftsbetriebs als auch in Fragen der Tarifgestaltung und der Modernisierung beratend mitgewirkt. Außerdem wurde er herangezogen, als die erste Weltpostkonferenz der Nachkriegszeit – 1920 in Madrid –, an der die »Reichspost« bereits teilnehmen durfte, vorzubereiten war. Dieser Beirat hat auch in den folgenden Jahren regelmäßig getagt, wobei seine Aufgabe mehr und mehr in der Erörterung unvermeidbarer Gebührenerhöhungen und innerbetrieblicher Sparmaßnahmen gelegen hat. Nach dem 8. August 1923 scheint dieser Beirat, der eine Vorstufe des künftigen Verwaltungsrats gewesen ist, nicht mehr zusammengetreten zu sein.

Künftig waren primär kaufmännische Grundsätze maßgebend, die auch die Weiterführung der Modernisierungsmaßnahmen erlaubten. Der Leiter der Finanz- und Wirtschaftsabteilung, Andersch, erklärte die Lage charakterisierend 1927, »daß die Reichspost eine vorwiegend Wirt-

Briefmarke aus der Zeit der Hochinflation
Ausgabe ab 1. Oktober 1923

Die erste Ausgabe nach Einführung der Rentenmark, ohne Währungsbezeichung,
1. Dezember 1923

schaftszwecken dienende Einrichtung ist, – daß ohne sie eine geregelte allgemeine wirtschaftliche Tätigkeit, ein richtiges Sichauswirken der wirtschaftlichen Kräfte nicht denkbar ist, – daß mithin die Reichspost als wesentlicher Bestandteil mitten in die Volks- und Weltwirtschaft hineingestellt ist, ganz gleich ob es sich um Groß- oder Kleinwirtschaft handelt, daß infolgedessen die Reichspost von der Entwicklung der allgemeinen Wirtschaft durchaus abhängig ist und alle diese Schwankungen der allgemeinen Wirtschaftslage mitmachen muß; sie ist somit ein äußerst empfindliches Wirtschaftsbarometer«.[195]

Die wiederholte Diskussion über die für die Reichspost aufzubringenden finanziellen Mittel und die Entwicklung ab August 1923, als dem Postminister größere Entscheidungsfreiheit in der wirtschaftlichen Betriebsführung eingeräumt wurde, indem er nun mit einem Beirat ohne parlamentarische Mitwirkung die Tarife bestimmen konnte[196], hatte zur Folge, daß der Organisationsstatus grundsätzlich überdacht wurde. Dabei spielte auch eine Rolle, daß seit dem Stillstand der Notenpresse im November 1923 die Post- und Telegraphenverwaltung kein Geld mehr aus der Reichskasse erhielt, sondern auf Eigeneinnahmen angewiesen war.[197]

Schon seit 1922 besaß die Reichsbank einen Sonderstatus, der – damals unter dem Eindruck der Hyperinflation – nun in Verbindung mit der vorläufigen Regelung der Reparationsproblematik durch den »Dawes-Plan« in eine Unabhängigkeit von der eigentlichen Reichsaufsicht hinüberführte.[198] Eine gleiche Lösung fand – gegen den erbitterten Widerstand der politischen Gruppen des Rechtskonservativismus und der Nationalisten – bei der Reichsbahn statt. Während jedoch die Reichsbank und die Reichsbahn-Gesellschaft zu Rechtspersonen wurden, die internationaler Kontrolle unter Aufsicht des Generalagenten für die Reparationen bei Beteiligung von Vertretern des Reichs und der deutschen Privatwirtschaft unterlagen, kam es bei Post, Telegraphie und Fernsprechwesen darauf an, sie ihre verfassungsmäßigen Verpflichtungen bei erleichterter wirtschaftlicher Betriebsführung erfüllen zu lassen.

Die Konsequenz war nach gründlicher Debatte in Reichsrat und Reichstag der Erlaß des »Reichspostfinanzgesetzes« vom Juni 1924, durch das die Deutsche Reichspost einen eigenen Haushalt und eigenes Vermögen erhielt, die nicht mehr der direkten Aufsicht und Beschlußverfassung des Parlaments zu unterliegen schienen. In jedem Fall wurde eine schnellere Entscheidungsfähigkeit in allen finanzwirtschaftlichen und kaufmännischen Angelegenheiten angestrebt, die bisher durch den langwierigen Gesetzgebungsweg behindert gewesen sei. Überdies und vor allem sollte jedoch die Post wieder in den Vorkriegszustand versetzt werden, beträchtliche Reingewinne zu erwirtschaften, gleichzeitig aber durch Investitionen Anschluß an die internationale Kommunikationstechnik zu halten und eigene Innovationen zu praktizieren.

Im politischen Umfeld der Währungsstabilisierung nach den Inflationsjahren zeigen die Debatten um das Postfinanzierungsgesetz eine Tendenz, in der ganz offensichtlich die Fachkompetenz in der Ressortverwaltung dem Parlamentarismus, seinen Kontrollen und Beschlüssen entgegengestellt werden sollte, wobei gerade die schwierigen Verhältnisse der Inflationskrise als Argument genutzt wurden, weitreichende Eigenständigkeit zu verlangen, was sogar in die Begründung der Regierungsvorlage für den Reichstag einfloß.[199]

Fest stand allerdings für die Regierung und die Parlamentsmehrheit, daß an eine Privatisierung der Post- und Telegraphenverwaltung ebensowenig zu denken sei wie an die von einer Mehrheit im Reichsrat verlangte Einsetzung eines Generalpostmeisters zur Leitung der Postgeschäfte – ähnlich dem britischen »Postmaster general« –, während die Aufsicht nach Reichsrats-Auffassung einem Minister obliegen sollte, der auch das Verkehrswesen zu kontrollieren hatte. Doch wurden die politisch-sachlichen Implikationen nicht berücksichtigt, die bei ungenügenden politisch-parlamentarischen Verbindungen entstehen mußten und über die schon im 19. Jahrhundert Heinrich Stephan geklagt hatte.

Die Reichsregierung machte sich denn auch diese Argumentation zu eigen und gewann die Reichstagsmehrheit leicht dafür, die Ministerialverfassung des Ressorts zu erhalten, das nunmehr aber doch einer staatlichen Institution mit unbestreitbar deutlich überwiegendem Unternehmenscharakter vorstand. Ein Rückfall hinter das Jahr 1880, als Stephan Staatssekretär des Reichspostamtes geworden war, und in die Verhältnisse des Konstitutionalismus, wie sie mancher Gegner der Weimarer Verfassung wünschte, war damit verhindert worden. Eine Besonderheit gewann der Minister nun allerdings dadurch, daß er nach Erlaß des Reichspostfinanzgesetzes scheinbar »zwei Herren« verantwortlich war: dem neugeschaffenen Verwaltungsrat der Deutschen Reichspost und dem Reichstag.[200]

Der Verwaltungsrat konnte zwar Empfehlungen für die Geschäftsführung der Deutschen Reichspost aussprechen und hatte nach Prüfung des Posthaushalts durch den Rechnungshof entsprechend dessen Vorschlag die Entlastung zu gewähren bzw. zu verweigern (was nicht geschehen ist)[201], aber Abberufung oder Absetzung des Ministers versuchte er – wenigstens aus eigener Kraft – nicht zu bewerkstelligen.[202] Parlamentarisch blieb der Minister dem Reichstag verantwortlich, der weiterhin den Haushalt des Ministeriums genehmigte, d.h. über die Gehälter des Ministers, der Beamten, Angestellten und Arbeiter beschloß. Da Angehörige des Reichstags in den Verwaltungsrat der Deutschen Reichspost delegiert wurden – neben Vertretern des Reichsrats, der Postbediensteten und der Wirtschaft –, war die Parlamentskontrolle nicht nur gesichert, sondern sogar noch zusätzlich verfestigt.[203] Immerhin waren schnelle Entschlüsse durch die begrenzte Mitgliederzahl des Verwaltungsrats erleichtert, und ein aus seiner Mitte gebildeter Arbeitsausschuß sorgte für die weitere Verkürzung der Beschlußfristen – auch hier waren Parlamentarier maßgeblich beteiligt.[204]

Das heißt jedoch, wenn überhaupt von einer »Sonderstellung« des Postministers gesprochen werden kann[205], daß sie darin liegt, daß er mit seinem Ressort gerade wegen der verkürzten Beschlußfassung in Unternehmensfragen verstärkter Kontrolle unterlag. Die Lösung des Staatsunternehmens Deutsche Reichspost vom Reichshaushalt befreite das Reich von den Zuschußzahlungen, jedoch Gewinne und Möglichkeiten von Zuschüssen aus postalischen Betriebseinnahmen sollten der Reichskasse wieder zur Verfügung stehen, wie das dann auch ab 1925 der Fall war.

Gutschein der OPD Hamburg über eine Million RM vom 24. August 1923

Gutschein der OPD Stuttgart über 50 Milliarden RM vom 25. Oktober 1923

Der Reichspostminister blieb hierfür dem Parlament verantwortlich und hatte außerdem seine Handlungen und Entscheidungen vor dem Verwaltungsrat zu rechtfertigen. Erwartet wurde nicht nur die durch das Gesetz festgelegte Eigenfinanzierung der »Deutschen Reichspost« (§7), sondern auch eine den Reichsansprüchen genügende Ablieferung von Zuschüssen. Das hatte zur Folge, daß die Bestimmungen über die Ablieferung wiederholt gesetzlich – und das heißt vom Reichstag – geändert worden sind.

Die »Deutsche Reichspost« war ein Unternehmen, aber dies Unternehmen gehörte dem Staat, der sich letztlich vorbehielt, was mit den Einnahmen geschah. Die Beschlußfassung des Verwaltungsrats galt (§6) für »die Feststellung des Voranschlags und die Entlastung der Verwaltung, die Aufnahme von Krediten, die Übernahme von Bürgschaften und Bedingungen, die Höhe der Schuldentilgung, die Grundsätze für die Benutzung der Verkehrseinrichtungen, die Gebührenbemessung in Post-, Telegraphen- und Fernsprechverkehr, die Grundsätze für die Gestaltung der Lohntarife der Arbeiter und Angestellten, die allgemeinen Grundsätze für Anlage und Verwendung des Postscheckguthabens sowie für die Anlage der Rücklage, die Übernahme neuer und die Aufgabe bestehender Geschäftszweige«.[206]

Allerdings war die Rolle des Verwaltungsrats dadurch gemindert, daß der Reichspostminister bei Differenzen mit diesem »Aufsichtsrat«[207], in dem er selbst als dessen Vorsitzender kein Stimmrecht besaß, an die Reichsregierung appellieren konnte und daß außerdem bei übereinstimmender Forderung von Reichstag und -rat der Verwaltungsrat binnen 3 Monaten Entscheidungen aufzuheben hatte. Faktisch hatte der Verwaltungsrat den Auftrag, den Minister in der Geschäftsführung zu unterstützen und die Ausführung der Gesetze und Verordnungen zu überwachen. Das Ministerium war vor wichtigen Verwaltungsfragen, der Verwaltungsrat gutachtlich zu hören[208]; ferner war jederzeit über die finanzielle Lage Auskunft zu erteilen und monatlich über Einnahmen und Ausgaben Rechung zu legen.

Die Arbeitsfähigkeit des Verwaltungsrats, dessen ursprüngliche Mitgliederzahl von 31 auf 41 angehoben worden war[209], erhielt eine wesentliche Förderung durch den Arbeitsausschuß, der aus nur 13 Personen bestand, die auf Vorschlag des Ministers vom Verwaltungsrat zu wählen waren (4 aus der Gruppe Wirtschaft/Verkehr, je 3 aus den Gruppen Reichstag, -rat, Personal der Reichspost; dazu je ein Stellvertreter); hinzu kam ein Vertreter des Reichsfinanzministeriums.[210] Problematisch für das »Postparlament« mußte sein, daß die Anbindungen zahlreicher Mitglieder – auch wenn sie »Wirtschaft und Verkehr« zugerechnet wurden – an politische Interessengruppen dazu führte, daß die Stimmung des Reichstags deutlich in der Beschlußfassung Ausdruck fand.[211] Im zeitgenössischen Kommentar ist jedoch mit Genugtuung festgestellt worden: »Der Umstand, daß die zahlreichen politischen Mitglieder nicht nur, sondern auch die der Wirtschaft und des Personals sich oft gebunden fühlen durch die Interessen und Wünsche der von ihnen vertretenen Kreise und Körperschaften, hat sich bisher für die Deutsche Reichspost nicht schädlich ausgewirkt, wenn auch die Verhandlungen dadurch bisweilen unnötig verbreitert sind.«[212]

Es ist augenfällig, daß sich der Verwaltungsrat nicht sonderlich um die Reichsdruckerei[213] gekümmert hat und auch den Reichsrundfunkkommissar hat gewähren lassen. Die finanzielle Verselbständigung des Staatsunternehmens bedeutete keine Unabhängigkeit vom Reichsfiskus, d.h. die Post war keine vom Reich unabhängige Rechtsperson, aber auf Grund der neuen Bewegungsfreiheit hatte sie sehr schnell wieder eine positive Erfolgsbilanz aus kaufmännischer Sicht und erfüllte damit die Erwartungen an das Reichspostfinanzgesetz.[214]

Betroffen war das Personal, da in einer Zeit fortdauernder hoher Arbeitslosigkeit[215] 1926 etwa 5000 Postbedienstete »eingespart wurden« (das hieß kaufmännisch: 10 Millionen RM) und durch Rationalisierungsmaßnahmen 1927/28 etwa 1230 bzw. 2900 »Postler«. »Die Einsparung bei der Deutschen Reichspost wurde teils durch bessere Ausnützung der Arbeitskräfte (zweckmäßige Arbeitsverrichtung, Aus- und Weiterbildung des Personals), teils durch Mechanisierung des Arbeitsprozesses ermöglicht. Allerdings ist die Einführung von Maschinen in den postalischen Betrieben infolge der Eigenart des Betriebs (Sortierung von Briefsendungen, Zustelldienst) nicht in dem Maße möglich wie in den Gütererzeugungsbetrieben.«[216] Dennoch wurde eine weitergehende Rationalisierung angestrebt, die am umfänglichsten auf dem Gebiet des Fernsprechwesens durch den Ausbau der Selbstwahlanschlüsse gelang[217], die dafür die »Fräulein vom Amt« verdrängten.

Aber auch in der Praxis der Anschaffungen, die z. B. 1927 einen Wert von 443,3 Millionen besaßen, wurde an Einsparungen gedacht und Anfang 1928 dafür einheitliche Richtlinien bekanntgegeben, die eine zentrale Beschaffung über das Ministerium und das Zentralamt sowie die Oberpostdi-

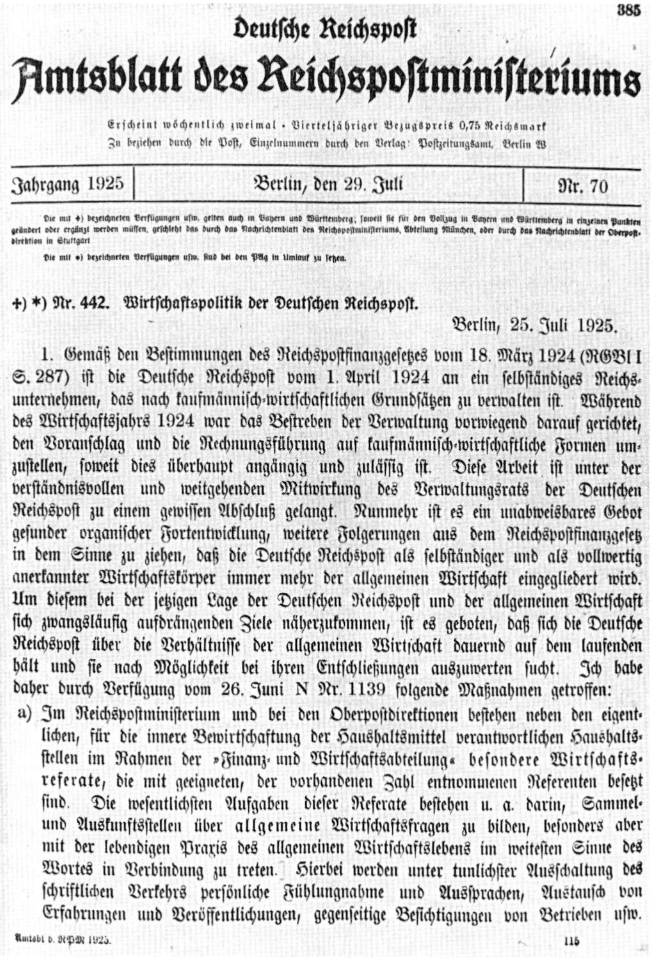

385

Deutsche Reichspost

Amtsblatt des Reichspostministeriums

Erscheint wöchentlich zweimal · Vierteljähriger Bezugspreis 0,75 Reichsmark
Zu beziehen durch die Post, Einzelnummern durch den Verlag: Postzeitungsamt, Berlin W

Jahrgang 1925	Berlin, den 29. Juli	Nr. 70

Die mit +) bezeichneten Verfügungen usw. gelten auch in Bayern und Württemberg; soweit sie für den Vollzug in Bayern und Württemberg in einzelnen Punkten geändert oder ergänzt werden müssen, geschieht das durch das Nachrichtenblatt des Reichspostministeriums, Abteilung München, oder durch das Nachrichtenblatt der Oberpostdirektion in Stuttgart

Die mit *) bezeichneten Verfügungen usw. sind bei den PAg in Umlauf zu setzen.

+) *) Nr. 442. **Wirtschaftspolitik der Deutschen Reichspost.**

Berlin, 25. Juli 1925.

1. Gemäß den Bestimmungen des Reichspostfinanzgesetzes vom 18. März 1924 (RGBl I S. 287) ist die Deutsche Reichspost vom 1. April 1924 an ein selbständiges Reichsunternehmen, das nach kaufmännisch-wirtschaftlichen Grundsätzen zu verwalten ist. Während des Wirtschaftsjahrs 1924 war das Bestreben der Verwaltung vorwiegend darauf gerichtet, den Voranschlag und die Rechnungsführung auf kaufmännisch-wirtschaftliche Formen umzustellen, soweit dies überhaupt angängig und zulässig ist. Diese Arbeit ist unter der verständnisvollen und weitgehenden Mitwirkung des Verwaltungsrats der Deutschen Reichspost zu einem gewissen Abschluß gelangt. Nunmehr ist es ein unabweisbares Gebot gesunder organischer Fortentwicklung, weitere Folgerungen aus dem Reichspostfinanzgesetz in dem Sinne zu ziehen, daß die Deutsche Reichspost als selbständiger und als vollwertig anerkannter Wirtschaftskörper immer mehr der allgemeinen Wirtschaft eingegliedert wird. Um diesem bei der jetzigen Lage der Deutschen Reichspost und der allgemeinen Wirtschaft sich zwangsläufig aufdrängenden Ziele näherzukommen, ist es geboten, daß sich die Deutsche Reichspost über die Verhältnisse der allgemeinen Wirtschaft dauernd auf dem laufenden hält und sie nach Möglichkeit bei ihren Entschließungen auszuwerten sucht. Ich habe daher durch Verfügung vom 26. Juni N Nr. 1139 folgende Maßnahmen getroffen:

a) Im Reichspostministerium und bei den Oberpostdirektionen bestehen neben den eigentlichen, für die innere Bewirtschaftung der Haushaltsmittel verantwortlichen Haushaltsstellen im Rahmen der »Finanz- und Wirtschaftsabteilung« besondere Wirtschaftsreferate, die mit geeigneten, der vorhandenen Zahl entnommenen Referenten besetzt sind. Die wesentlichsten Aufgaben dieser Referate bestehen u. a. darin, Sammel- und Auskunftsstellen über allgemeine Wirtschaftsfragen zu bilden, besonders aber mit der lebendigen Praxis des allgemeinen Wirtschaftslebens im weitesten Sinne des Wortes in Verbindung zu treten. Hierbei werden unter tunlichster Ausschaltung des schriftlichen Verkehrs persönliche Fühlungnahme und Aussprachen, Austausch von Erfahrungen und Veröffentlichungen, gegenseitige Besichtigungen von Betrieben usw.

Amtsbl. d. RPM 1925. 115

Amtsblatt des Reichspostministeriums vom 25. Juli 1925 mit dem Erlaß von Reichspostminister Stingl über die »Wirtschaftspolitik der Deutschen Reichspost«

rektionen und knappe Lagerhaltung mit einer Bedarfsdekkung für 2 Monate vorsah. Vor allem auf dem Sektor des Fernmeldewesens hat dies zu einer bewußten Einengung des Lieferantenkreises geführt, da nun nur noch bekannt erfahrene und zuverlässige Firmen als Geschäftspartner herangezogen worden sind. Einer monopolistischen Preisbildung der Privatfirmen wirkte die Post dadurch entgegen, daß sie – damit auch Patentrechte nicht gegen sie verwendet werden konnten – im Bereich des Fernsprechwesens die »Autofag« gründete, als »eine Zusammenfassung verschiedener Gesellschaften, die automatische Fernsprechanlagen herstellen. Durch diese Gründung ist also die Deutsche Reichspost unabhängiger von den übrigen Firmen geworden. Aus ähnlichen Gründen hat die Post die »Deutsche Fernkabelgesellschaft m.b.H.« ins Leben gerufen. In dieser Gesellschaft sind die einzelnen Kabelfirmen unter Beteiligung der Deutschen Reichspost zu einem gemischtwirtschaftlichen Unternehmen zusammengefaßt. Diesen Unternehmen obliegt nun die Verteilung der Lieferungen von Kabel an die einzelnen Firmen«.[218] Durch diese Aktionen war die Marktbeherrschung nur einer Firma ausgeschlossen.

Grundsätzlich galt ab 1926, daß für Bestellungen auch sozialpolitische Überlegungen zu berücksichtigen waren. Dies bedeutete die Vergabe von Aufträgen in Gebiete mit hoher Arbeitslosigkeit. Die Oberpostdirektionen hatten zu prüfen, ob – hier klingt, wenn nicht sogar schlechtes Gewissen, so doch nachträgliche Fürsorge an – bei Aufträgen an Private »die Möglichkeit vorliegt, abgebauten Beamten, Angestellten und Arbeitern der Deutschen Reichspost Beschäftigung zu verschaffen«.[219] In welchem Umfang dies Erfolg gebracht hat, war nicht zu ermitteln.

Die weitgehende Beachtung der ökonomischen Vorgaben, die von den Wirtschaftsreferaten des Ministeriums und der Oberpostdirektionen erarbeitet und kontrolliert wurden[220], verbesserte die Rentabilitätsrechnungen, obgleich die Konsoliderungskrise die Post bereits wieder belastet hat und Bemühungen und Anleihe wenig erfolgreich geblieben sind.[221] Von 1924 bis 1926 arbeitete die Post vornehmlich mit einem 25 Millionen RM-Kredit der Hannoverschen Bodenkreditbank. Trotz einiger Bedenken hat die Post weitere Bedürfnisse aus Postscheckgeldern befriedigt und auch – 1927 gegen erheblichen Widerstand – durch Tariferhöhungen. Dieser Bedarf bestand vor allem, um die Anlagen der Post zu modernisieren und die Fernmeldegeräte den Ansprüchen der Antragsteller und neuen technischen Entwicklungen anzupassen.[222]

Von der »Reichskasse« ist darauf wenig Rücksicht genommen worden, sondern trotz wiederholter Bemühungen der Reichspost, ihre Eigenvorhaben zur Geltung zu bringen, wurde auf der Ablieferung bestanden. Daraus erwuchs scharfe Kritik: »Die Reichspost hat dem Reich in seiner Finanznot geholfen, so gut sie konnte, jedoch schienen ihre eigenen Interessen, die lediglich in der Sorge bestehen, dem Verkehr richtig dienen zu können, dabei zu kurz gekommen zu sein.« Die Post habe sich den Verhältnissen »angepaßt ..., als sie über die Mittel, die durch Anleihe gedeckt werden sollten, nur sehr allmählich verfügt hat, um die Folgen, die aus der Unmöglichkeit einer Anleihebegebung entstehen mußte, nach Möglichkeit abzuschwächen«. Die Haushaltsrechnung von 1929 mache deutlich, »daß das Unternehmen völlig gesund dasteht und jede Anleihe durchaus gesichert wäre. Es ist nur die Kapitalknappheit, unter der die Deutsche Reichspost – ebenso wie die gesamte deutsche Wirtschaft – zu leiden hat und die es verhindert, die Betriebsanlagen in der Weise auszubauen, wie es die Zunahme des Verkehrs und der Fortschritt der Technik eigentlich verlangen«.[223]

Obgleich der Haushalt der Post durch Besoldungserhöhungen – vor allem 1927 –, Pensionzahlungen, beschäftigungssichernde Aufträge an die Wirtschaft auf äußerste angespannt gewesen war, hat das Reich gerade in der Wirtschaftskrise auf erhöhten Zuwendungen bestanden. Dennoch wurden aber Betriebsrücklagen durch die Post erwartet. 1929 erhielt das Reich mit 151,5 Millionen RM den bisher höchsten Betrag, während die Post nur 71 Millionen RM zurücklegte.[224] »Das Reich brauchte eben Geld, und so mußte die Post die geforderten Beträge unter allen Umständen bereitstellen, wenngleich die Betriebsausgaben (2059,2 Millionen RM) auf das Äußerste beschränkt werden mußten.«[225]

1931/1932 waren die Einsparungen zusätzlich abzuführen, die die Post aus der Herabsetzung der Beamtenbesoldung erhofft hatte (Überweisung an das Reich 226 bzw. 229 Millionen RM). Dennoch ist die Schlußbilanz für die Jahre der Weimarer Republik durchaus beachtenswert: »Am Schluß dieses Zeitraums betrug das Reinvermögen mit Einschluß gesetzlicher Rücklagen und der Betriebsmittel: 2516,2 Millionen RM gegenüber 1574,4 in der Eröffnungsbilanz von 1924.«[226] Das Reichspostfinanzgesetz hatte sich dahin bewährt, daß die Reichspost als Staatsunternehmen der Gemeinschaft diente und zugleich Spardose des Reichs gewesen war. Um die Post leichter allein den Interessen und Zwecken des Staats und einer Partei verfügbar zu machen, wurde das Reichspostfinanzgesetz zehn Jahre nach seiner Verkündung im Frühjahr 1934 aufgehoben.[227]

Schluß

Die Post hat in ihren verschiedenen Zweigen während der Jahre der Weimarer Republik den Rang eines eigenständigen Wirtschaftskörpers unter staatlicher Kontrolle eingenommen, nachdem das Reichspostfinanzgesetz im Jahr 1924 erlassen worden war. Wenn schon diese Entwicklung zur Eigenständigkeit als eine politisch-ökonomische Notwendigkeit erschien, dann war die deutsche Reichspost auch nach ihrer formalen Umstrukturierung eine Einrichtung, an der die sozio-ökonomischen Ereignisse und das politische Geschehen nicht spurlos vorübergegangen sind. Dies konnte nur in großen Zügen und unter Auslassung mancher wünschenswerter Details angedeutet werden. Dafür sind zeitgenössische Aussagen ganz bewußt benutzt worden, um das Problem der Quellen zu dieser Phase der Postgeschichte zu umgehen.[228]

Gerade bei der Reichspost schienen die sonst gar nicht so »Goldenen Zwanziger« in den Veränderungen und Verbesserungen der Kommunikationstechniken Niederschlag gefunden zu haben, der ihr auf den unterschiedlichsten Gebieten eine Vorreiterrolle gebracht hat, obwohl sie auch in der Tradition verhaftet war, wie z.B. die Sonderherstellung der Münchner Abteilung des Reichspostministeriums erkennen läßt. In der Verbindung von Erfahrungen aus der Vergangenheit, als die Post konventioneller Betrieb des Staates gewesen war, und von Erprobungen der Gegenwart, in der die »Deutsche Reichspost« ein Staatsunternehmen darstellte, fand sie den Weg zur technologischen Zukunft. Und gerade hier sind die Jahre der Weimarer Republik als Scharnierjahre deutschen Postwesens anzusehen. Aber daneben gingen die politischen und wirtschaftlichen Erschütterungen einher, die – so weist es etwa das persönliche Schicksal des Reichspostministers Hoefle aus, und so geben es beispielsweise die finanziellen Belastungen der Post in der Inflationsphase zu erkennen – auch die Reichspost getroffen haben.

Die Konstruktion der »Deutschen Reichspost« als staatseigener verantwortlicher Träger der Kommunikation durch Brief- und Paketsendungen usw., durch Telegraphie und Fernsprechwesen sowie als Vermittler von Rundfunksendungen hat die Konsequenz gehabt, daß die Post fest im täglichen Leben der Bevölkerung verankert war. Unvermeidlich ist die Kritik gewesen, die sich gegen das Postmonopol gerichtet hat, wobei allzu leicht übersehen wurde, daß von der Deutschen Reichspost auch die Risiken übernommen worden waren, die mit der Entwicklung neuer Techniken und ihrem Einsatz verbunden gewesen sind, und daß die Post trotz und wegen der hohen Ablieferungen an die Reichskasse gezwungen war, rentabel zu arbeiten. Trotzdem hatte sie aber auch dort zu wirken, wo wenig und kein Gewinn zu erwarten stand. Über alle Krisen und Kritik hinweg stellte die Deutsche Reichspost in ihren Bereichen Post, Telegraphie und Funk eine Einheit dar, die auch angesichts ihrer wirtschaftlichen Teilautonomie als Bestandteil des Staates in die Gesamtgeschichte der Weimarer Republik – sei es politisch, sozial oder ökonomisch – integriert gewesen ist.

Anmerkungen

1 Curt Traxdorf, Ein Rückblick auf die Arbeiten des Verkehrsbeirats beim Reichspostministerium, in: Archiv für Post und Telegraphie, S. 94–100, hier: S. 96; s.a. Ernst Schilly, Nachrichtenwesen, in: Deutsche Verwaltungsgeschichte. Hrsg. von Kurt G. A. Jeserich, Hans Pohl, Georg-Christoph von Unruh, Bd. IV: Das Reich als Republik und in der Zeit des Nationalsozialismus, Stuttgart 1985, S. 297–307, hier: S. 297.
2 Heinrich Stephan, Geschichte der Preußischen Post von ihrem Ursprunge bis auf die Gegenwart. Nach amtlichen Quellen ..., Unveränderter Nachdruck der Ausgabe von 1859. Heidelberg 1987, S. 815.
3 A.a.O.
4 Josef Hellauer, Post und Telegraphenverkehr (einschließlich Telephonverkehr), in: Grundriß der Betriebswirtschaftslehre, Bd. 13, Leipzig 1928, S. 80–137, hier: S. 81.
5 A.a.O.
6 Johann Giesberts, »Post- und Telegraphenmonopol, Postzwang«, in: Politisches Handwörterbuch ..., hrsg. von Paul Herre, Bd. 2, Leipzig 1923, S. 349f., hier: S. 349.
7 Ebenda.
8 Johann Giesberts, »Deutsche Reichspost«, in: Politisches Handwörterbuch, Bd. 1, S. 383–386, hier: S. 385; ähnlich Karl Sautter, Möglichkeiten und Grenzen der Durchsetzung der Reichs-Post- und Telegraphenverwaltung mit privatwirtschaftlichen Grundsätzen, in: Archiv für Post und Telegraphie 1922, S. 249–259, besonders: S. 250f.
9 Giesberts, Deutsche Reichspost.
10 Knappe Überblicke über historische Abschnitte zu zahlreichen postspezifischen Stichworten gibt: Handwörterbuch des Postwesens. Bearb. von Hans Rackow ... 2. Auflage, Frankfurt 1953. Hier wird jedoch nicht auf den wichtigen fernmeldetechnischen Bereich eingegangen. Von großer Wichtigkeit – wenn auch bisweilen Denkstrukturen der Entstehungsjahre allzu deutlich durchschlagen –: Karl Sautter, Geschichte der Deutschen Post, Teil 3: Geschichte der Deutschen Reichspost (1871–1945). Frankfurt 1951; hier werden wirklich alle Bereiche der Posttätigkeit von einem Kenner der internen Verhältnisse, der selbst hohe Verantwortung trug, ausgebreitet. Dadurch erhält diese Postgeschichte geradezu den Rang einer sekundären Quelle; nur erleichtert der durchweg trocken-nüchterne Ton nicht unbedingt die Lesbarkeit.
11 S. hierzu wie zur Gesamtgeschichte der Weimarer Republik, die für das Verständnis der deutschen Postgeschichte stets im Bewußtsein zu halten ist, u.a.: Martin Vogt, Die Weimarer Republik (1918–1933), in: Deutsche Geschichte. Begründet von Peter Rassow. Vollständig neu bearbeitete und illustrierte Ausgabe ..., hrsg. von Martin Vogt. Stuttgart 1987, S. 568–645, hier: S. 568–579.
12 Dazu s. unten im Abschnitt über die Postbediensteten.
13 6. Februar 1919, in: Die deutsche Nationalversammlung im Jahr 1919 in ihrer Arbeit für den Aufbau des neuen Volksstaates. Hrsg. von Eduard Heilfron. Bd. 1. Berlin 1919, Hauptteil, S. 3–9, hier: S. 7.
14 Gerhard Anschütz, Die Verfassung des deutschen Reiches vom 11. August 1919. Ein Kommentar für Wissenschaft und Praxis. Fotomechanischer Nachdruck der 14. Auflage von 1933. Bad Harzburg (u.a.) 1968, S. 74; s.a. Schneider, Das Verfassungsrecht der Deutschen Reichspost, in: Jahrbuch für Post und Telegraphie 1930/31, S. 88–125.
15 So betont bei Walter Moser, Die Rechtsstellung des Reichspostministers (Diss. jur. Göttingen). Braunschweig 1931, S. 24.
16 Anschütz, S. 442–446; Sautter, Geschichte, S. 15–17; Schilly, S. 298.
17 Anschütz, a.a.O.
18 So Moser, S. 25.
19 Moser, S. 21.
20 Erlaß des Reichspräsidenten über die Errichtung der obersten Reichsbehörden vom 21. März 1919, in: Reichsgesetzblatt 1919, S. 327; s.a. Hagen Schulze (Bearb.), Akten der Reichskanzlei Weimarer Republik: Das Kabinett Scheidemann, Boppard 1971, Dok. Nr. 17, Anm. 10.
21 Heinrich Hartmann, Zur Geschichte der politischen Kämpfe um die Bayerische Post, in: Archiv für Postgeschichte in Bayern 1956, Nr. 2, S. 45–68, besonders S. 58ff. Die sehr einseitige – bayerische – Sichtweise des Aufsatzes ist in Rechnung zu stellen; doch ergibt sich gerade für die Phase der Verhandlungen 1919 ein brauchbarer Überblick; s.a. Karl Sautter, Die Vereinheitlichung des deutschen Postwesens, in: Jahrbuch für Post und Telegraphie 1926/27, S. 1–7.
22 Wolfgang Benz, Süddeutschland in der Weimarer Republik. Ein Beitrag zur deutschen Innenpolitik 1918–1923, Berlin 1970, S. 110–112.
23 Benz, S. 110f.; Sautter, Geschichte, S. 16; Schilly, S. 298f.
24 Hartmann, Geschichte, S. 63.
25 Hartmann, S. 59.
26 Hartmann, S. 61.
27 Hartmann, S. 61ff.; Benz, S. 114ff., besonders S. 133ff.
28 Erlaß des Preußischen Staatsministeriums vom 23. September 1919, in: Anton Golecki (Bearb.), Akten der Reichskanzlei Weimarer Republik: Das Kabinett Bauer, Boppard 1980, Dok. Nr. 21, Anm. 2.
29 Der Reichsinnenminister an den Reichskanzler, 13. Januar 1920, in: Golecki, Das Kabinett Bauer, Dok. Nr. 147.
30 Hartmann, Geschichte, S. 63.
31 Die Verträge des Reichs mit Bayern und Württemberg vom 29./31. März 1920, in: Reichsgesetzblatt 1920, S. 647–673; s.a. Schilly, S. 268f.; Franz Menges, Reichsreform und Finanzpolitik. Die Aushöhlung der Eigenstaatlichkeit Bayerns auf finanzpolitischem Wege in der Zeit der Weimarer Republik, Berlin 1971, S. 178f.
32 Gottfried North, Die geschichtliche Entwicklung des Post- und Fernmeldewesens, in: Archiv für deutsche Postgeschichte 1974/2, S. 6–25, hier: Abbildung S. 20.
33 Auf den vergleichsweise hohen technischen Stand des bayerischen Postwesens verwies ausdrücklich Minister von Frauendorfer in seiner Abschiedsadresse an die bisher bayerischen Postbeamten, zit. bei: Hartmann, Geschichte, S. 67.
34 Menges, S. 179, geht auf die eindeutig ablehnende Haltung der bayerischen Regierung gegenüber dem Reichspostfinanzgesetz nicht ein, obwohl er sich sonst befleißigt hat, alle von ihm als Benachteiligung Bayerns empfundenen Aktionen des Reiches herauszustellen.

35 Der Bayerische Ministerpräsident an Reichskanzler Marx, 29. April 1924, in: Günter Abramowski (Bearb.), Die Akten der Reichskanzlei Weimarer Republik. Die Kabinette Marx I und II, Boppard 1973, Dok. Nr. 186.
36 Menges, S. 180.
37 Aufzeichnung Reichskanzler Müllers über seine Besprechung mit dem bayerischen Ministerpräsidenten Held am 29. Dezember 1928, in: Martin Vogt (Bearb.), Akten der Reichskanzlei Weimarer Republik: Das Kabinett Müller II, Dok. Nr. 98; s. dort Ministerbesprechung am 17. Dezember 1928, P. 3 (Dok. Nr. 90), Anm. 6.
38 Menges, S. 180.
39 Menges, S. 181–183; dieser Autor hat aber die politischen Verhältnisse wohl doch fehl eingeschätzt, wenn er meint, gerade das Zögern des Reiches, diese Zahlung zu leisten, habe zum Verlust der Staatsautorität und damit zum Aufstieg der NSDAP beigetragen.
40 Freundliche Mitteilung von Professor Dr. Karl Otmar Freiherr von Aretin (26. August 1988).
41 Anschütz, S. 549f.
42 Artikel 34, Absatz 3 der Weimarer Verfassung.
43 S. zur Entwicklung den Artikel »Postgeheimnis«, in Handwörterbuch des Postwesens, S. 520–525, besonders S. 524f.; Ernst Pappermann, Artikel 10 (Brief-, Post- und Fernmeldegeheimnis), in: Ingo von Münch (Hrsg.), Grundgesetz, Bd. 1: Präambel bis Art. 20, Frankfurt 1974, S. 351–372, hier: S. 351 sowie Anm. 51.
44 Schulze, Kabinett Scheidemann, Kabinettssitzung vom 19. März 1919, TOP 8 (Dok. Nr. 17).
45 Schulze, Kabinett Scheidemann, Besprechung des Reichsfinanzministers mit Ländervertretern am 13. Juli 1919 (Dok. Nr. 24); Golecki, Kabinett Bauer, Kabinettssitzung vom 17. Oktober 1919, TOP 1 (Dok. Nr. 82).
46 Martin Vogt (Bearb.), Akten der Reichskanzlei: Das Kabinett Müller I, Boppard 1971, Anm. 2 zu Dok. Nr. 15; Nachrichtenblatt des Reichspostministeriums 1923, Nr. 35 (11. April 1923): »Keinerlei Störung und keinerlei Veränderung sollte nach den Worten des französischen Ministerpräsidenten die ›friedliche‹ Ingenieurkommission in dem Leben der Bevölkerung hervorrufen. Dabei schützt seit langem kein Briefgeheimnis vor der frechen Neugier der Eindringlinge ... Telegraph und Fernsprecher sollen in erster Linie ihren Zwecken dienen: rücksichtslos beraubt der Feind große Städte des gesamten Post- und Telegraphenverkehrs und zerreißt die tausendfältigen Beziehungen, die jeden einzelnen mit der Umwelt verknüpfen.«
47 Schulze, Kabinett Scheidemann, Dok. Nr. 46 mit Anm. 8.
48 Gottfried Korella, Über die Zusammenarbeit der deutschen Post mit Heer/Wehrmacht im Fernmeldewesen von 1900 bis 1945, in: Archiv für deutsche Postgeschichte 1976/2, S. 25–45, hier: S. 30.
49 Wie wenig noch zwölf Jahre nach der Verkündung der Verfassung dies Prinzip der parlamentarischen Regierungsbildung in breiten Kreisen der Bevölkerung begriffen worden war, zeigt die Kritik Mosers an der Abhängigkeit des Postministers vom Mehrheitswillen des Reichstags: »Damit zog die, für jedes Unternehmen so ungünstig auswirkende Gefahr eines öfteren Wechsels in die Leitung des Reichspostministeriums ... Dieser Mangel ist endgültig in die Reichsverfassung übernommen worden und hat bis heute noch nicht beseitigt werden können.« Insofern hat dieser Verfasser dann die verstärkte Position des Reichspostministers durch das Reichspostfinanzgesetz ausdrücklich begrüßt: »Nicht eine Minderung der Befugnisse des Reichspostministers, sondern eine wesentliche Erweiterung seiner Aufgaben und größere Unabhängigkeiten von den gesetzgeberischen Organen konnte im Interesse dieses wirtschaftlichen Machtfaktors sein.« Moser, Rechtsstellung, S. 21 u. 29.
50 Dies entspricht Artikel 58 der Weimarer Verfassung und ihrer Kommentierung durch Anschütz, S. 330f.
51 S. dazu u. den Abschnitt über das Reichspostfinanzgesetz.
52 Das wird besonders deutlich in dem knappen Absatz »Die Reichspost«, in Ernst Rudolf Huber, Deutsche Verfassungsgeschichte seit 1789, Bd. VI: Die Weimarer Reichsverfassung. Stuttgart [u. a.] 1981, S. 1047.
53 So Peter Wulf (Bearb.), Akten der Reichskanzlei Weimarer Republik: Das Kabinett Fehrenbach, Boppard 1972, S. XXXII.
54 Zur Person u. a. Helga Grebing, Johann Giesberts, in: Neue Deutsche Biographie, Bd. 6. Berlin 1964, S. 375; ferner »Johann Giesberts«, in: Politisches Handwörterbuch. Hrsg. von Paul Herre, Bd. 1. Leipzig 1923, S. 720.
55 S. u. a.: »Post-, Telegraphen- und Fernsprechgeheimnis«, in: Politisches Handwörterbuch, Bd. 2, S. 346.
56 Hierfür und für andere Bereiche sozialer Diskussionen Andreas Kunz: Civil Servants and the Politics of Inflation in Germany 1914–1924. Berlin, New York 1986, S. 119f. Anm. 79, S. 170 u. ö.
57 Rudolf Morsey, Die deutsche Zentrumspartei 1917–1923. Düsseldorf 1966, S. 170.
58 Morsey, Zentrumspartei, S. 186f., 333.
59 Kunz, S. 224f., 230.
60 Wulf, Kabinett Fehrenbach, S. L, Dok. Nr. 71; Kunz, S. 207, 213; Morsey, Zentrumspartei, S. 345f.
61 Morsey, Zentrumspartei, S. 241.
62 Heinrich Köhler, Lebenserinnerungen des Politikers und Staatsmannes 1878–1949. Hrsg. von Josef Becker, Stuttgart 1964, S. 224.
63 Golecki, Das Kabinett Bauer, S. XXXXVI f; s. a. Grebing.
64 Kunz, S. 315.
65 Johann Fischart (= Erich Dombrowski), Das alte und das neue System. Bd. II, Berlin 1920, S. 116f.
66 Wie Anm. 53.
67 Morsey, S. 445.
68 Morsey, S. 517.
69 Otto Geßler, Reichswehrpolitik in der Weimarer Republik. Hrsg. von Kurt Sendtner. Stuttgart 1958, S. 387f.
70 Geßler, S. 391.
71 Nachrichtenblatt des Reichspostministeriums 1923, Nr. 8 (20. Januar 1923)
72 Hans Luther, Politiker ohne Partei. Erinnerungen, Stuttgart 1960, S. 94.
73 Nachrichtenblatt 1923, Nr. 35.
74 Im Nachrichtenblatt des Reichspostministeriums 1923, Nr. 21, würdigte Stingl den bisherigen Widerstand: »Bei der zunehmenden Zahl derjenigen, die ihre treue Pflichterfüllung mit schwerem Leid besiegeln müssen, ist es mir nicht mehr möglich, ihnen wie bisher in jedem Falle den Dank und die Anerkennung ihrer Verwaltung auszusprechen. Ihre Namen sollen aber zum Zeichen meines Dankes, als Ehrung ihrer Pflichttreue und als Vorbild für alle Angehörigen der Reichs-Post- und Telegraphenverwaltung nach den hier eingehenden Meldungen im Nachrichtenblatt des RPM fortlaufend bekanntgegeben werden.« In der folgenden Liste war dann bei allen Namen angegeben, welchen Maßnahmen der Besatzung die jeweiligen Postbediensteten ausgesetzt

gewesen waren. Im Nachrichtenblatt Nr. 35 hob der Minister hervor: »Alle Klassen des großen Personalkörpers der Post und Telegraphenverwaltung, vom jüngsten Arbeiter bis zum höchsten Beamten, wetteifern miteinander in Taten der Selbstverleugnung und des Opfermuts. Keine Drohung und keine Verlockung der Feinde, nicht Not und Leid haben sie von ihrer beschworenen Pflicht, von der Treue zu ihrem Volk und Vaterland abzubringen vermocht. Kein Verräter hat sich in ihren Reihen gefunden, der, gelockt vom Golde des Feindes, zu ihm übergegangen wäre ... Ein Volk, das soviel Treue, soviel Opfermut und soviel eiserne Willenskraft aufzubringen vermag, wird aller Gewalt und Bedrückung zum Trotz sich erhalten. Darum haltet aus in Eurem Widerstande, Ihr Männer und Frauen der Reichs-Post- und Telegraphenverwaltung an Rhein und Ruhr, so werden wir bald wieder in Frieden und Freiheit zum Wohle des ganzen Volkes unsere Arbeit verrichten können.« Dieser doch sehr emotional geprägte Aufruf wirkt wie Beschwörung, zwischen deren Zeilen die Sorge vor der weiteren Zuverlässigkeit angesichts wachsender materieller Not durchschimmert.

75 Karl-Heinz Harbeck (Bearb.), Akten der Reichskanzlei Weimarer Republik: Das Kabinett Cuno. Wirtschaftsdenkschrift vom 27. Juli 1923 (Dok. Nr. 229), hier: S. 686; Besprechung mit Wirtschaftsführern vom 31. Juli und 1. August 1923 (Dok. Nr. 234), hier: S. 713.

76 Harbeck, Kabinett Cuno, Ministerbesprechung vom 4. August 1923, TOP 2 (Dok. Nr. 238), Hier: S. 713 mit Anm. 8; Reichsgesetzblatt 1923 I, S. 797.

77 Hierfür wichtig die Arbeit von Klaus Schönhoven, der sowohl bayerisches Quellenmaterial wie Akten des Reichs herangezogen hat: Die Bayerische Volks-Partei 1924–1932. Düsseldorf 1972, S. 115.

78 Schönhoven, S. 133f., 146.

79 Schönhoven, S. 151, 169.

80 Schönhoven, S. 167.

81 Max von Stockhausen, Sechs Jahre Reichskanzlei. Von Rapallo bis Locarno. Erinnerungen und Tagebuchnotizen. Bonn 1954, S. 66.

82 Zur bayerischen Verfassungsdenkschrift s. die Zusammenfassung in Schultheß' Europäischer Geschichtskalender 1924. München 1927, S. 1–3; zur Interpretation Gerhard Schulz, Zwischen Demokratie und Diktatur, Verfassungspolitik und Reichsreform in der Weimarer Republik, Bd. I. Berlin 1963, S. 457–462.

83 Schönhoven, S. 154.

84 S. dazu u.

85 Schönhoven, S. 170.

86 Geßler, S. 391f.

87 Karl Dietrich Erdmann, Martin Vogt (Bearb.), Akten der Reichskanzlei Weimarer Republik. Die Kabinette Stresemann I/II, Boppard 1978, Besprechung der bürgerlichen Mitglieder des Kabinetts vom 2. November 1923 (Dok. Nr. 214); Morsey, Zentrumspartei, S. 546.

88 Morsey, Zentrumspartei, S. 517.

89 Kunz, S. 143, 155.

90 Kunz, S. 325.

91 Nachrichtenblatt 1923, Nr. 101 (28. September 1923): Auf den Aufruf der Reichsregierung über den Abbruch des passiven Widerstands folgten Hoefles Ausführungen, in denen er für Opfer und Pflichtbewußtsein dankte. »Mit Wirkung vom heutigen Tage [27. September] werden alle Erlasse und Verfügungen, die zur Abwehr des Ruhreinbruchs und der sonstigen Zwangsmaßnahmen der Einbruchsmächte ergangen sind, aufgehoben. Die Verkehrsanstalten werden ermächtigt, den Post-, Telegraphen- und Fernsprechverkehr der Besatzungsmächte im altbesetzten und im Einbruchsgebiet uneingeschränkt zu vermitteln. Etwaigen Requisitionen, Zollkontrollen, Zensurvorschriften und Beförderungsverboten ist ein Widerstand nicht mehr entgegenzusetzen. Die von den Besatzungsmächten beanspruchten Telegraphen und Fernsprechleitungen sind ihnen unter tunlichster Wahrung der Belange des allgemeinen Verkehrs zu Verfügung zu stellen; die für ihren Betrieb erforderlichen Auskünfte sind zu erteilen. An denjenigen Orten, an denen der Post-, Telegraphen- und Fernsprechverkehr noch ruht, ist mit allen Mitteln dafür zu sorgen, daß er im Interesse der schwer leidenden Bevölkerung sobald als möglich wieder in vollem Umfang in Gang kommt.«

92 Es gehört zu den Eigenheiten des Umgangs mit diesem Minister, daß z.B. in der Rundfunkgeschichte von Heinz Pohle, Der Rundfunk als Instrument der Politik. Zur Geschichte des deutschen Rundfunks von 1923/38. Hamburg 1955, Hoefle überhaupt nicht genannt wird, der auch sonst meist schweigend übergangen wird.

93 S. hierzu Winfried Steffani, Die Untersuchungsausschüsse des Preußischen Landtags zur Zeit der Weimarer Republik. Düsseldorf 1960, S. 169–181, 334, u.ö.; Martin Vogt, Gustav Adolf Bauer, in: Die deutschen Kanzler. Hrsg. von Wilhelm von Sternburg. Königstein/Ts. 1985. S. 177–190, hier: S. 188f. Für die Form der Polemik kennzeichnend: Rumpelstilzchen (= A. Stein), Berliner Funken. Berlin 1927, S. 156f.

94 Münchner Neueste Nachrichten, 27. April 1925: Bericht über die Sitzung des Untersuchungsausschusses des Preußischen Landtags; Allgemeine Rundschau 22 (1925), 29. Januar 1925, S. 71: »Freilich, der Sumpf erstreckt sich ja weit nach rechts. In Haft sitzt u.a. der Schwiegersohn des deutschnationalen Innenministers Schiele.«

95 Zit. nach Hans Grundei, Die Wüstenwanderung der deutschen Katholiken durch Politik und Wirtschaft, in: Allgemeine Rundschau, 9. Juli 1925, S. 438–441, hier: S. 439f.

96 Die Protokolle der Reichstagsfraktion der Deutschen Zentrumspartei 1920–1925. Bearb. von Rudolf Morsey und Karsten Ruppert. Mainz 1981, Dok. Nr. 299.

97 Hierzu Steffani, S. 186–190. S.a. Erich Eyck, Geschichte der Weimarer Republik, Bd. 1, 4. Aufl. Erlenbach-Zürich, Stuttgart 1962, S. 433f.

98 Schultheß' Europäischer Geschichtskalender 1925, München 1929, S. 38.

99 Köhler, S. 239.

100 Heinrich Hartmann, Dr. Georg Schätzel. Vom Leben und Wirken einer hervorragenden Persönlichkeit aus dem Frankenland, in: Archiv für Postgeschichte in Bayern, 1957, S. 171–186, hier: S. 171. Der Verfasser war einige Zeit persönlicher Referent Schätzels und schildert ihn kritiklos.

101 Hartmann, Schätzel, S. 175.

102 Hartmann, Schätzel, S. 174f.

103 Hartmann, Schätzel, S. 174.

104 Hartmann, Schätzel, S. 177.

105 Hartmann, Schätzel, S. 175.

106 Hartmann, Schätzel, S. 183.

107 Hartmann, Schätzel, S. 179f.

108 Hartmann, Schätzel, S. 177.

109 Hartmann, Schätzel, S. 175.

110 Köhler, S. 194.

111 Geßler, S. 391, sah in Schätzel und Stingl »Fachmänner von Rang«,

die er »sehr geschätzt und auf Wunsch als einer der Senioren im Ministerkonvent gern mit seinem Rat unterstützt habe«.

112 Hartmann, Schätzel, S. 180.

113 Hartmann, Schätzel, S. 180f.

114 Hartmann, Schätzel, S. 181.

115 Hartmann, Schätzel, S. 184.

116 A.a.O.

117 Schönhoven, S. 216ff., zur Haltung der BVP in der Frage der Regierungsbildung.

118 Schönhoven, S. 219f. u.ö.

119 Vogt, Das Kabinett Müller II, S. XIV.

120 Schönhoven, S. 228 mit Anm. 11; S. 233 mit Anm. 3.

121 Hartmann, Schätzel, S. 183.

122 Hartmann, Schätzel, S. 182f.

123 Heinrich Brüning, Memoiren 1918–1934. Stuttgart 1970, S. 162.

124 Schönhoven, S. 246.

125 Tilman Koops (Bearb.), Akten der Reichskanzlei Weimarer Republik: Die Kabinette Brüning I/II, Boppard 1982ff., S. XXVIIff.

126 Schönhoven, S. 249f., vgl. S. 256, 259.

127 Schönhoven, S. 267.

128 Brüning, S. 380.

129 Brüning, S. 396; Gottfried Reinhold Treviranus, Das Ende von Weimar, Düsseldorf, Wien 1968, S. 141.

130 Hartmann, Schätzel, S. 185f.

131 Schönhoven, S. 275.

132 Hartmann, Schätzel, S. 171.

133 Jürgen Huck, Paul Freiherr von Eltz-Rübenach (1875–1943).: Rheinische Lebensbilder, Bd. II., Düsseldorf 1966, S. 257–274; Walter Linden, Paul Freiherr von Eltz-Rübenach, in: Neue Deutsche Biographie, Bd. IV. Berlin, 1959, S. 470f.; Anton Golecki, Akten der Reichskanzlei Weimarer Republik: Das Kabinett Schleicher, Boppard 1986, S. XXXIII.

134 Huck, S. 262; zur Problematik des »Doppel«-ministers, d.h. daß die Ministerien getrennt gehalten werden, s. Karl Sautter, Organisationsfragen des deutschen Verkehrswesen, in: Archiv für Post und Telegraphie 1932, S. 145–152, besonders: S. 146f.

135 Handwörterbuch des Postwesens, S. 706.

136 Golecki, Kabinett Bauer, Aufzeichnung über die Verhandlungen des Reichsrats und der Unterstaatssekretäre vom 15.–20. März 1920 (Dok. Nr. 218), hier: S. 777. Teuckes Haltung entsprach der der überwiegenden Zahl der Beamten, die bisweilen eher der Undurchschaubarkeit des Vorgehens und der offensichtlichen Disziplinlosigkeit der Putschisten als deren politischen Einstellungen skeptisch gegenüberstanden.

137 Handwörterbuch des Postwesens, S. 659; Cuno Horkenbach, Das Deutsche Reich von 1918 bis Heute, Berlin 1930, S. 737.

138 S. die Festschrift zu Bredows 75. Geburtstag »Im Banne der Ätherwellen«, 2 Bde. Stuttgart 1954–1956; Horkenbach, Reich, S. 645. Zur Tätigkeit für den Rundfunk s. Heinz Pohle, Der Rundfunk als Instrument der Politik. Zur Geschichte des deutschen Rundfunks von 1923–38. Hamburg 1955; Horkenbach, Reich 1930, S. 645, Wilhelm Kosch, Biographisches Handwörterbuch, Bd. 1, Bern, München 1963, S. 157.

139 Wilhelm Kronjäger, Hans Preßler, Karl Vogt, 50 Jahre Rundfunk in Deutschland, in: Archiv für deutsche Postgeschichte 1973/2, S. 87–135, hier: S. 87f.

140 Erwin Müller-Fischer, Ernst Feyerabend, in: Neue Deutsche Biographie, Bd. 5. Berlin 1961, S. 118f.; Cuno Horkenbach, Das Deutsche Reich von 1918 bis Heute. Berlin 1932, S. 503.

141 Das zweibändige Handbuch erschien 1929 in Berlin und ist von zahlreichen Postangehörigen miterarbeitet worden; unter ihnen befindet sich Ministerialdirektor Kruckow, den Postminister von Eltz-Rübenach Ende 1932 als Nachfolger Feyerabends vorschlug.

142 Horkenbach, Reich 1932, S. 528.

143 Kosch, Bd. 2, S. 940; Cuno Horkenbach, Das Deutsche Reich von 1918 bis Heute. Berlin 1933, S. 996; Erich Stockhorst, Fünftausend Köpfe. Wer war was im Dritten Reich. Velbert, Kettwig 1967, S. 312.

144 Allgemein hierzu Hans Hattenhauer, Geschichte des Beamtentums. Köln u.a. 1980, besonders S. 328–341; außerdem Kunz, Civil Servants.

145 Art. 144 der Reichsverfassung von 1871.

146 S. hierzu die Warnung vor politischen Gesprächen aus dem Jahr 1923 durch den Postminister.

147 Golecki, Kabinett Bauer, Dok. Nr. 39.

148 Paul Müller, Der Erlaß über Bildung und Aufgaben der Beamtenausschüsse im Bereich der Reichs-Post- und Telegraphenverwaltung, in: Archiv für Post und Telegraphie 1922, S. 367–392, hier: S. 367. Insgesamt handelt es sich um einen Kommentar des Erlasses, der 1920 im Amtsblatt des Reichspostministeriums veröffentlicht worden war (S. 225ff.).

149 Müller, Erlaß, S. 368.

150 Müller, Erlaß, S. 382.

151 §39, in: Müller, Erlaß, S. 382f.

152 Müller, Erlaß, S. 386–392.

153 Hattenhauer, S. 315f.

154 Hermann Hartke, Überblick über die lohn- und tarifrechtlichen Verhältnisse der Arbeiter der Deutschen Reichspost und der Deutschen Bundespost, in: Jahrbuch des Postwesens 1959, S. 342–383, hier: S. 348–356.

155 Francis L. Carsten, Die Quäker in Deutschland 1919–1924, in: Deutschland und Europa in der Neuzeit. Festschrift für Karl Otmar Freiherr von Aretin ... 2. Halbband. Stuttgart 1988, S. 741–750, hier: S. 748.

156 S. hierzu Kunz, Civil Servants, S. 217.

157 Wulf, Das Kabinett Fehrenbach, Dok. Nr. 126; Kunz, S. 190.

158 Karl Hill, Klaus Reuter, Die Entwicklung der Verhältnisse der Posthalter und Hilfsposthalter, in: Jahrbuch des Postwesens 1959, S. 279–340, hier: S. 293f.

159 Hill, Reuter, S. 295.

160 Hill, Reuter, S. 297.

161 Hill, Reuter, S. 298f.

162 Hill, Reuter, S. 294–298: Die Vergütung erfolgte nach individueller Einstufung bis 1927 in sieben, dann in neun Gruppen. Gegebenenfalls kamen Kinderzuschläge usw. hinzu. 1923 lag der unterste Betrag bei 210 RM, der höchste bei 636, 1924 waren es 444 bzw. 1356 RM, 1927 schließlich 567 und 1662 RM + Zulagen von 192, 264 oder 420 RM. Ein Postschaffner erhielt 1923 zwischen 666–888 RM, 1927: 1500–2200 RM.

163 Diese und die folgenden Zahlen zum Personalbestand nach Sautter, Geschichte, S. 351, 599 und 603; vgl. auch das Kapitel »Beamte in der Weimarer Republik«, in: Hattenhauer, S. 295–368.

164 Sautter, Geschichte, S. 351.
165 Hierzu finden sich zahlreiche Belege in den »Akten der Reichskanzlei Weimarer Republik«, auf die in diesem Zusammenhang nur generell zu verweisen ist. Welche Auswüchse allerdings diese Verhältnisse zur Folge hatten, geht auch aus einer Verfügung des Reichspostministeriums hervor mit der etwas eigentümlichen Überschrift »Sparsamkeit bei Verbrauch der Amtsbedürfnisse«. Hierin wurde ausgeführt: »Amtsbedürfnisse dürfen nur beschafft werden, soweit sie für den Betrieb notwendig sind«. Danach war bei der Beschaffung von allen Arbeits- und Hilfsmitteln wie Licht, Heizstoff, Papier, Bleistift etc. schon sparsam umzugehen: Außerdem hieß es: »Die allgemeine Lieferung von Seife an das Personal ist einzustellen. Seife darf zum Dienstgebrauch nur noch beschafft werden, wo zwingende dienstliche und gesundheitliche Gründe (z. B. schmutzige Arbeiten, Berührung mit ansteckenden, giftigen oder gesundheitsschädlichen Gegenständen, Untersuchungen usw.) die Lieferung erfordern. Das Bedürfnis ist in jedem Fall besonders zu prüfen und von der OPD gutzuheißen. Dabei ist zum Besten der Reichskasse der strengste Maßstab anzulegen.« Die Liste der Sparmaßnahmen wird beendet mit der patriotisch-pädagogischen Mahnung: »Jedes Glied der großen Reichspostgemeinschaft muß darauf bedacht sein, soweit es in seinen Kräften liegt, durch Sparsamkeit die Not des Reichs zu lindern und so den Aufstieg zu ermöglichen. Die nicht genügend Erfahrenen sollen von ihren Mitarbeitern belehrt, Lässige ernst zur Ordnung gewiesen werden.« (Nachrichtenblatt des Reichspostministeriums 1923, Nr. 158, S. 1149 vom 31. Dezember 1923). Es liegt auf der Hand, daß unter diesen Umständen die Postbediensteten zur persönlichen Unterstützung und Linderung materieller Not von ihrem Ministerium wenig zu erwarten hatten.
166 Sautter, Geschichte, S. 351 f.
167 Sautter, Geschichte, S. 353.
168 Sautter, Geschichte, S. 351.
169 A.a.O.
170 Sautter, Geschichte, S. 353.
171 A. a. O.
172 Karl Sautter, Zehn Jahre Aufbau des deutschen Post- und Telegraphenwesens, in: Jahrbuch für Post- und Telegrafiewesen 1928/29, S. 1–10, hier: S. 7; vgl. ders., Die Reichspost seit 1918, in: Archiv für Post und Telegraphie 1928, S. 325–334, besonders: S. 331 f.
173 A.a.O.
174 Sautter, Zehn Jahre, S. 6.
175 Sautter, Geschichte, S. 336–340; Artikel »Beamtenlaufbahnen bei der Deutschen Post (Geschichte)«, in: Handwörterbuch des Postwesens, S. 100–112, hier: S. 105–110; Dieter Deuster, Rangverhältnisse und Dienstkleidung im deutschen Postwesen 1928–1945, in: Archiv für deutsche Postgeschichte 1987/2, S. 49–107, hier: S. 50–53; Wolfgang Hoffmeister, Entwicklungen der Laufbahnen und Laufbahnanforderungen bei der Deutschen Post (1488–1949), in: Archiv für das Post- und Fernmeldewesen 31 (1979), S. 341–362, hier: S. 357–359.
176 Deuster, S. 53–69.
177 Sautter, Geschichte, S. 381–389.
178 Sautter, Geschichte, S. 409–413; Horkenbach, Reich 1930, S. 555–558, Handwörterbuch des Postwesens, S. 749–752, hier: S. 752: Artikel »Versorgungsanstalt der Deutschen Bundespost«.
179 Sautter, Geschichte, S. 447–450.
180 Sautter, Geschichte, S. 450.
181 Abgedruckt in Kurt Tucholsky, Gesammelte Werke, Hrsg. Mary Gerard-Tucholsky, Fritz J. Raddatz, Bd. 3. Hamburg 1985, S. 122–126, besonders S. 123 f.
182 Amtsblatt des Reichspostministeriums für 1922, Nr. 38, S. 219 (2. August 1922).
183 RGBl. 1922 I, S. 590; Amtsblatt des Reichspostministeriums für 1922, Nr. 45, S. 239–242 (20. VIII. 1922).
184 Nachrichtenblatt des Reichspostministeriums 1923, Nr. 78, S. 623.
185 Fritz Kallenberg, Die Staatsautorität der Republik. Der Preußische Regierungspräsident, der Fürst von Hohenzollern und die Stadt Sigmaringen 1919–1932, in: Deutschland und Europa in der Neuzeit, S. 751–779, hier: S. 766 f.
186 Kallenberg, S. 762.
187 Hierzu s. zusammenfassend Wolfgang Lotz, Friedrich der Große und die Deutsche Reichspost. Ein Beitrag zur Problematik politischer Inhalte von Briefmarken in der Weimarer Republik, in: Archiv für deutsche Postgeschichte 1986/2, S. 108–113; dort auch die folgenden Zitate.
188 Köhler, Lebenserinnerungen, S. 144–148.
189 Köhler, S. 147.
190 Köhler, S. 143.
191 Als zeitgenössische Literatur hierzu: Siegfried Ermer, Die Deutsche Reichspost unter dem Reichspostfinanzgesetz, in: Schriften des Vereins für Sozialpolitik 176 (1931), S. 273–322; Gebbe, Das Kassen- und Rechnungswesen und die Finanzergebnisse der Deutschen Reichspost seit 1918, in: Archiv für Post und Telegraphie 1930, S. 93–107; Walter Scheda, Das Reichspostfinanzgesetz. Textausgabe mit Ausführungsverordnungen und -bestimmungen sowie den Materialien erläutert ... Berlin 1932; ferner: Sautter, Geschichte, S. 17–21; Schilly. S. 301–304; Handwörterbuch des Postwesens, S. 616 f.
192 Vgl. hierzu die Bemerkung Stingls, der in der Kabinettssitzung vom 24. 10. 1925 darauf hinwies: »Seine Verwaltung könne als eine Betriebsverwaltung nicht nach den gleichen Grundsätzen wie die Hoheitsverwaltungen behandelt werden. Abgesehen von den bereits durch Kabinettsbeschluß festgelegten Umwandlungen im gehobenen mittleren Dienst sei es eine unabwendbare Notwendigkeit, in einer Betriebsverwaltung den Bedürfnissen der Wirtschaft, des Betriebes und des Verkehrs Rechnung zu tragen. Er verweise dafür auf die Anforderungen der Technik und das schon wieder stark ausgeartete Helferwesen.« Reichsfinanzminister von Schlieben stimmte Stingl im Hinblick auf die Sonderstellung zu, Karl-Heinz Minuth (Bearb.), Die Kabinette Luther I und II, Boppard 1977, Dok. Nr. 206, hier: S. 798 f.
193 Jürgen Kühn, Die Deutsche Postreklame GmbH – Aufgaben und Werdegang, in: Archiv für deutsche Postgeschichte 1983, 1, S. 61–67, hier: S. 64
194 Hierzu und zum folgenden Traxdorf, Ein Rückblick auf die Arbeiten des Verkehrsbeirats beim Reichspostministerium, passim.
195 Zit. b. Schilly, S. 303; s. a. Andersch, Die neuzeitliche Wirtschaftspolitik der Deutschen Reichspost, in: Jahrbuch für Post und Telegraphie 1926/27, S. 27–32.
196 Ermer, S. 218, setzt die beginnende Ablösung der Reichspost von der Reichskasse früher an: »Die durch die Reichsfinanzreform vom Jahre 1919/20 vorgenommene Trennung des Reichshaushalts in zwei Abschnitte (1. Allgemeiner Reichshaushalt, 2. Betriebsverwaltungen) kann bereits als ein Ansatz zu der finanziellen Verselbständigung der Reichspost sowie der Reichsbahn – allerdings innerhalb des Reichshaushalts – angesehen werden.«

197 Ermer, S. 278f., und Scheda, S. 3, stimmen darin überein, daß das Inflationsende der endgültige Zeitpunkt der Loslösung der Reichspost von den Reichsfinanzen gewesen sei. Dazu Ermer: »Am 15. Oktober 1923, dem Tag der Errichtung der Rentenbank, wurde die Reichspost als lästiger Kostgänger auf Veranlassung des Reichsfinanzministers kurzerhand, ohne irgendwelche Verordnungen und ohne gesetzliche Grundlagen, vom allgemeinen Reichshaushalt getrennt.« Der dem Reich durch die Rentenbank zur Verfügung gestellte Kredit von 900 Millionen Mark habe größere Zuschüsse an Betriebsverwaltungen unmöglich gemacht. Dabei ist zu sehen, daß das Postdefizit von 3177 Millionen M 1920 auf immerhin 19316649600000 Millionen Mark im November 1923 angeschwollen war (Sautter, Geschichte, S. 573). Umgewertet wären dies noch immer 19316,6 Millionen M gewesen. S.a. Körner, Das Postverfassungsrecht, in: Archiv für Post und Telegraphie 1936, S. 69–78, hier: S. 69; Gebbe, S. 97f., nimmt den 15. November als Tag des Neubeginns an.

198 S. u.a. Martin Vogt (Bearb.), Die Entstehung des Youngplans dargestellt vom Reichsarchiv 1931–1933 ... Boppard 1970, S. 20f.

199 Zu den Erörterungen des Reichspostfinanzgesetzes im Kabinett Marx s. Günter Abramowski (Bearb.), Die Kabinette Marx I und II. Boppard 1973, S. XXVIf. mit Nachweis der Behandlung in den abgedruckten Dokumenten. S. außerdem die Begründung des Gesetzes in RT-Drucksache Nr. 6590, S. 4 (Scheda, S. 64–67); Gebbe, S. 94–97.

200 S. dazu Scheda, S. 18–23; Ermer, S. 289f., 307.

201 Ermer, S. 289.

202 Soweit zu übersehen ist, hat die Affäre Hoefle (s.o.) keine Maßnahmen des Verwaltungsrats hervorgerufen.

203 Scheda, S. 20, geht davon aus, daß durch die Mitglieder des Reichstags im Verwaltungsrat eine bessere Kontrolle als vor der Inflation möglich gewesen sei.

204 Dem Verwaltungsrat haben – auch als Stellvertreter – an bekannten Persönlichkeiten u.a. angehört: Die Reichstagsabgeordneten Hertz (SPD), Torgler (KPD), Ersing (Z), Leicht (BVP); aus dem Reichsrat: Ministerialdirektor Brecht (Preußen); aus der Wirtschaft: Florian Klöckner (MdR Z), Solmssen (Bankier), von Papen (Mdpreuß. LTZ), Baltrusch (Gewerkschaftsführer, DDP), Held (Bayer. Ministerpräsident); s. Handbuch des Öffentlichen Lebens. 6. Ausgabe des Politischen Almanachs, hrsg. von Maximilian Müller-Jabusch, Leipzig 1931, S. 32.

205 Moser, Rechtsstellung S. 31: »Die Entwicklung ging bis zur Gegenwart mit Deutlichkeit dahin, die Stellung des Reichspostministers immer mehr zu festigen und ihn gegenüber dem Gesamtministerium mehr Bewegungsfreiheit zu geben«; s.a. S. 28, 30, 33.

206 Scheda, S. 30; Sautter, Geschichte, S. 19, Schilly, S. 302.

207 Moser, S. 33.

208 Hierauf bezogen sich wohl die Länder bei ihrem Anspruch auf Mitsprache im Streit um die »Fridericus«-Marke (s.o.).

209 Scheda, S. 21f.: Auch kleinere Parteien hätten Sitz und Stimme erhalten, wenn auch kein Recht der Fraktionen auf Zugehörigkeit zum Verwaltungsrat bestanden habe. Die Geschäftsordnung bei Scheda, S. 51–55. Zu der Kritik der »Wirtschaft« an der Zusammensetzung s. Sautter, Organisationsfragen, S. 150: »Der aus der Wirtschaft erhobene Einwand, daß der Verwaltungsrat zu viel Gehaltsempfänger und zu wenig Männer der freien Wirtschaft enthalte, kann sich darauf stützen, daß außer der Personalgruppe auch die Reichstags- und Reichsratsgruppe zum Teil Beamte in sich haben. Allein die Verwaltung hat auf die Vorschläge des Reichstags und des Reichsrats keinen Einfluß.«

210 §13 der Geschäftsordnung des Verwaltungsrats (Scheda, S. 54).

211 S. dazu o. im Abschnitt »Schätzel«.

212 Scheda, S. 22; s.a. Sautter, Organisationsfragen, S. 150.

213 Zu dieser Nebenverwaltung unter Aufsicht des Postministeriums s. Gerd Gnewuch, 100 Jahre Bundesdruckerei, in: Archiv für deutsche Postgeschichte 1979/2, S.55–84.

214 Geschichte der Produktionskräfte in Deutschland von 1800 bis 1945 in drei Bänden. Bd. 3: Rudolph Berthold u.a. (Hrsg.), Produktionskräfte in Deutschland 1918–1945. Berlin 1988, S. 306.

215 Es wird leicht übersehen, daß während der Phase der relativen Stabilisierung eine Sanierungskrise stattfand, auf deren Höhepunkt 1924/25 eine Spitzenarbeitslosigkeit von über 2 Millionen bestand und daß danach die Zahl der Erwerbslosen nicht mehr unter 1 Million abgesunken ist (Vogt, Weimarer Republik, S. 607).

216 Ermer, S. 302.

217 Ermer, S. 303.

218 Ermer, S. 305.

219 Ermer, S. 306.

220 Andersch, Wirtschaftspolitik, S. 28.

221 Ermer, S. 281; Sautter, Geschichte, S. 506f.

222 Gebbe, S. 104.

223 A.a.O.; s.a. Scheda, S. 34.

224 In diesem Jahr wirkte sich auf den Reichshaushalt, der zusätzlich durch den Rechtsanspruch der Reichsanstalt für Arbeitsvermittlung und Arbeitslosenunterstützung auf Reichszuschüsse schwer belastet wurde, die Finanzpolitik früherer Kabinette aus, die sämtliche Reserven rücksichtslos geleert hatten.

225 Ermer, S. 322.

226 Sautter, Geschichte, S. 574.

227 Hier folgen im ursprünglichen Manuskript Kapitel zu den Themen: Organisation und Dienstleistung, Postbeförderung und -verkehr, Telegraphie und Telefon, Funk und Rundfunk. Sie können hier aus Raumgründen nicht gebracht werden, sondern erscheinen demnächst als Aufsatz im »Archiv für deutsche Postgeschichte«.

228 Die erforderlichen Akten des früheren Reichspostministeriums liegen jetzt im Deutschen Zentralarchiv Potsdam und im Verwaltungsarchiv des Ministeriums für Post und Fernmeldewesen der DDR. Auf eine Einsichtnahme mußte bei der knappen Frist für diesen Beitrag verzichtet werden.

Amtsschild der Deutschen Reichspost 1939–1945

Die Deutsche Reichspost im Zweiten Weltkrieg

Gerd R. Ueberschär

Will man der Frage nachgehen, welche Rolle und Bedeutung die Deutsche Reichspost im Rahmen der totalen Kriegführung im Zweiten Weltkrieg einnahm, so steht man vor dem Problem, daß sowohl die Quellenlage als auch der Forschungsstand recht dürftig sind. Zwar liegen einige entwicklungs- und organisationsgeschichtliche Arbeiten über Einsatz und Arbeit der deutschen Feldpost im Zweiten Weltkrieg[1] sowie ein Überblick über die Probleme des Fernmeldewesens in der Kriegszeit[2] vor, es fehlt jedoch eine umfassende Darstellung über die politische und Sozialgeschichte der Deutschen Reichspost im Dritten Reich, die zugleich über die Veränderungen, Probleme und Umbrüche während des Krieges von 1939 bis 1945 Auskunft gibt. Die handbuchartigen Schilderungen von Karl Sautter und Ernst Schilly skizzieren nur sehr bruchstückhaft die Ereignisse von 1933 bis 1945 und klammern wesentliche politische Abläufe und Aufgabenbereiche zum Teil bewußt aus.[3] Leider sehr unzureichend und fehlerhaft ist die von Walter Glasbrenner redaktionell betreute Beschreibung von Verfolgung und Widerstand im Bereich der »Post und Postler im Nationalsozialismus«.[4]

Die Lücke läßt sich aufgrund der schlechten Quellensituation auch nur sehr schwer schließen, da ein Teil der Akten aus den Jahren 1941 bis 1945 bei Fliegerangriffen und zum Kriegsende verloren ging und nur ein kleiner Bestand an ehemaligen Handakten aus dem Reichspostministerium im Bundesarchiv in Koblenz überliefert ist[5]; der größere Teil befindet sich im Zentralen Staatsarchiv der DDR in Potsdam sowie als geringfügiger Restbestand im Archiv des DDR-Postministeriums und steht der historischen Auswertung nur gemäß den dortigen Bestimmungen zur Verfügung.[6] Einige Arbeiten von DDR-Historikern zur Geschichte der Deutschen Reichspost gestatten allerdings einen begrenzten Einblick in das in Potsdam vorhandene Material. Von Bedeutung sind dabei die Arbeiten von Rudi Keil, insbesondere dessen Habilitationsschrift über »Charakter und Funktionen der Deutschen Reichspost in der Periode der faschistischen Kriegsvorbereitung (1933–1939)«, die jedoch die Zeit des Weltkrieges ausklammert.[7]

Nach wie vor steht bislang auch keine Biographie des letzten Reichspostministers Dr.-Ing. e.h. Wilhelm Ohnesorge zur Verfügung.[8] Ebenso ist dessen überlieferter Nachlaß äußerst dürftig und keineswegs aussagekräftig.[9] Wichtige Hinweise bietet schon eher das Aktenmaterial zum Spruchkammerverfahren gegen Ohnesorge nach dem Kriege.[10] Publikationen des Ministers oder anderer Mitarbeiter der Reichspost aus der Zeit des Dritten Reiches – darunter auch vornehmlich von den Präsidenten der Reichspostdirektion Berlin – erlauben aufgrund der offenkundigen Propagandaabsichten und wegen der damaligen Zensurbestimmungen nur selten einen freien Blick auf die tatsächliche Entwicklung und Politik des Reichspostministeriums unter der Leitung Ohnesorges von 1937 bis 1945.[11]

Die Position Ohnesorges im NS-Staat

Für die Arbeit und Leistung der Postverwaltung während des nationalsozialistischen Regimes war es von besonderer Bedeutung, daß gerade in der Zeit kurz vor und während des Zweiten Weltkrieges mit Dr.-Ing. e.h. Wilhelm Ohnesorge[12] ein »alter Parteigenosse« der NSDAP an der Spitze stand, der zudem auch über langjährige Berufserfahrung und technischen Sachverstand verfügte; denn im Führerstaat Hitlers spielten parteipolitische Bindungen und Beziehungen der führenden Personen eine nicht unerhebliche Rolle.[13]

Ohnesorge, bislang Staatssekretär im Reichspostministerium, wurde am 2. Februar 1937 zum Reichspostminister ernannt, nachdem die Personalunion des Post- und Verkehrsministeriums unter der Leitung von Reichsminister Paul Freiherr und Edler Herr von und zu Eltz-Rübenach (9.2. 1875–25.8. 1943) aufgelöst worden war, da sich

Reichspostminister Paul Freiherr und Edler Herr von und zu Eltz-Rübenach (1875–1943)

Hitler, Dorpmüller und Ohnesorge anläßlich deren Ernennung zum Reichsverkehrs- bzw. Reichspostminister im Februar 1937

dieser Hitlers Ärger zugezogen hatte, weil er die Annahme des ihm von Hitler verliehenen goldenen Parteiabzeichens sowie den Eintritt in die NSDAP ablehnte.[14] In der Hierarchie der Nazigrößen und im Kreis um Hitler nahm Ohnesorge einen gesicherten Platz ein, obwohl er in seiner Stellung als Reichspostminister nach 1937 nicht immer unangefochten blieb. Immerhin verstand er es, sein Ressort und die ihm unterstellten Bediensteten vor Zugriffen anderer Parteiformationen und Parteiführer zu bewahren. So gelang es ihm, den umfassenden Aufgaben- und Dienstbereich der Deutschen Reichspost auch nach Kriegsbeginn am 1. September 1939 weiterhin in eigener Verantwortung zu behalten, obwohl vielfältige Kriegsanforderungen an die Post herangetragen wurden und mehrere ihrer Teilbereiche militärischen Belangen und Aufgaben direkt zugeordnet wurden.

Mit Genugtuung und Zufriedenheit konnte Ohnesorge schon kurz nach Antritt seines Ministerpostens in mehreren Vorträgen und Publikationen registrieren, daß sich im Dritten Reich eine gewandelte Auffassung vom Wesen und der Stellung der Deutschen Reichspost durchgesetzt hatte, welche die Reichspost nicht als Wirtschaftsunternehmen, wie es seit 1925 gesetzlich verankert war, sondern als »Reichsverwaltung mit Hoheitsaufgabe« gemäß der »nationalsozialistischen Auffassung vom Wesen des Staates« einstufte.[15] Folgerichtig hob Ohnesorge denn auch den vom damaligen Reichspostminister Stingl erlassenen Wirtschaftserlaß vom 25. Juli 1925 wieder auf.[16]

Es ist auch kein Zufall, daß Ohnesorges Ernennung zum Staatssekretär und obersten Verwaltungschef im Reichspostministerium durch Hitler am 1. März 1933 mit dem Beginn einer neuen, nationalsozialistisch ausgerichteten Personalpolitik zusammenfiel. Sein Nachfolger als Staatssekretär ab 1937, Dr.-Ing. Jakob Nagel, erklärte in der Festgabe für Ohnesorge von 1937, daß man »auf dem Gebiet der Personalpolitik völlig neue Wege beschritten« habe und rühmte dabei die durch eine enge Verbindung vieler Beamten mit der NSDAP erreichte »Vertiefung des nationalsozialistischen Gedankengutes innerhalb der Verwaltung« der Post.[17]

Sichtbarer Ausdruck der herausgehobenen Stellung Ohnesorges im Gefüge des NS-Führerstaates war die ihm von Hitler am 1. Mai 1941 verliehene goldene Auszeichnung »Pionier der Arbeit«[18] und die zum 70. Geburtstag am 8. Juni 1942 gewährte Dotation in Höhe von 250000 RM.[19] Ohnesorge wurde ferner durch besondere Leitartikel im »Völkischen Beobachter« und in der SS-Zeitschrift »Schwarzes Korps« sowie durch Verleihung des »Totenkopfringes der SS« aus der Hand des Reichsführers SS Heinrich Himmler geehrt.[20] Hitler ließ den stattlichen Geldbetrag zusammen mit seinem Bild und einem Handschreiben sowie dem Gemälde »Die alte Postkutsche« von Paul Hey durch seinen Adjutanten Schaub übergeben.[21] Der »Führer« würdigte den »langjährigen unermüdlichen Einsatz« des Ministers für die NS-Bewegung und dessen besondere Verdienste bei der Durchsetzung des NS-Gedankengutes in der Postorganisation. Das Geld sollte »bei der Ausgestaltung« des »ferneren Lebensweges behilflich sein«.[22]

Den größten Teil der Geldschenkung verwendete Ohnesorge jedoch nicht zur damals üblichen Anschaffung eines Gutes, sondern zur Abfindung seiner geschiedenen Frau; mit einem Teil kaufte er ferner ein Haus in Wien. Der Postminister hatte im März 1940 in dritter Ehe eine ehemalige österreichische Postangehörige geheiratet. Die nicht folgenlose Beziehung zu der erheblich jüngeren Frau und die sich daraus ergebende Scheidungsangelegenheit hatten gerade in der ersten Kriegszeit Anlaß zu Gerüchten und Gerede gegeben[23], so daß die von Hitler steuerfrei gewährte Dotation ihm eine gute Chance bot, seine familiären Angelegenheiten zufriedenstellend zu regeln, um sie aus der Gerüchteküche –

Erfolgsmeldungen der NS-Propaganda für die Deutsche Reichspost 1932–1937 (Deutsche Postzeitung 1938)

Reichspostminister Ohnesorge zusammen mit dem »Duce« Mussolini während seines Besuches in Italien im Oktober 1941

insbesondere innerhalb der Partei und Post – herauszuhalten.

Denn im Kreis der Naziführer um Hitler gab es auch einige ihm nicht wohlgesonnene Parteigenossen. Sowohl Reichspropagandaminister Goebbels und Reichsminister Speer als auch der »Sekretär des Führers«, Reichsleiter Bormann, zählten nicht immer zu seinen Anhängern. Allerdings gehörte Ohnesorge als Gründer der NSDAP-Ortsgruppe in Dortmund von 1920 (mit der Mitgliedsnummer 42) zu dem von Hitler begünstigten Personenkreis der »alten Kämpfer« und Träger des goldenen Parteiabzeichens, die der »Führer« in der Regel nicht so leicht fallen ließ. Zudem galt er in Parteikreisen sogar als »Vertrauter des Führers«; überliefert ist, daß Hitler die Vitalität Ohnesorges respektvoll bewunderte.[24]

Darüber hinaus hatte sich Ohnesorge um Hitler auch persönlich sehr verdient gemacht. Trotz seines hohen Lebensalters galt er bei dem erheblich jüngeren Diktator als angesehen, seitdem er ihm eine laufende und sehr reichlich sprudelnde Geldquelle verschafft hatte, indem die Post an Hitler ständige Honorarzahlungen leistete für den Abdruck von dessen Bildern auf Sonder- und Serien-Briefmarken.[25] Während Reichspräsident von Hindenburg sich nie sein Abbild auf den Briefmarken hatte bezahlen lassen, war Ohnesorge nach Anregung durch den ihm vertrauten »Reichsbildberichterstatter« Heinrich Hoffmann bereit, Hitler einen Prozentanteil für die Nutzung des Persönlichkeitsrechtes am eigenen Abbild zu vergüten. Die Zahlungen setzten ein, nachdem Ohnesorge dem »Führer« die erste Briefmarke mit Hitler-Bild im März 1937 nach einem Foto von Heinrich Hoffmann (6 Pfennig im Viererblock) »abgetrotzt« hatte.[26] Viel Mühe dürfte Ohnesorge allerdings dabei nicht nötig gehabt haben, denn nach einer Notiz von Goebbels in seinen Tagebüchern stand von vornherein fest, daß die »neue Führerbriefmarke« für Hitler »viel Geld einbringen« sollte.[27]

In der Öffentlichkeit verbrämte man diesen für Hitler lukrativen Handel mit der Erklärung, daß die besondere Genehmigung Hitlers zur Herausgabe des Sonderwertzeichens mit seinem Bild die »schönste und größte Anerkennung« sowie »Ausdruck des neuen Gedankens des nationalsozialistischen Staates« sei.[28] Der »Führer« habe daran »die Bedingung« geknüpft, »daß durch diese Sonderausgabe neue Mittel geschaffen werden sollten zur Erfüllung der großen und für das Volksganze wichtigen kulturellen Aufgaben«, die sich Hitler besonders gestellt habe. Durch Erwerb und Verwendung der Marken mit dem Bild des »Führers« könne »jeder Volksgenosse zur Erfüllung dieser Aufgaben beitragen«. »Viele Wenig machen auch hier ein Viel«, so lautete die Erwartung gemäß einer Veröffentlichung im »Jahrbuch des Postwesens«.[29]

Wie angenommen, ließ die Masse der verkauften Briefmarken dann jeweils eine stattliche Summe zusammenkommen, die der Reichspostminister seinem »Führer« in der Regel als Scheck übergab; einmal waren es über 50 Millionen Reichsmark, wie Albert Speer und Heinrich Hoffmann

Reichspostminister Ohnesorge zusammen mit dem »Duce« Mussolini während seines Besuches in Italien im Oktober 1941

überliefern.[30] Hitler konnte damit unbeschwert seine Kunsttransaktionen und Bilderkäufe tätigen. Insgesamt zeigte sich Ohnesorge als ein treuer Gefolgsmann Hitlers und überzeugter Nationalsozialist, der – zusammen mit der ihm anvertrauten Post – gerade ab Kriegsbeginn seinen Beitrag zur Durchsetzung der nationalsozialistischen Weltanschauung und zur Erringung der deutschen Großmachtstellung leisten wollte.

Die Post und die nationalsozialistische Judenpolitik

Auch auf anderem Gebiet erwiesen sich Ohnesorge und die Deutsche Reichspost als zuverlässige Vollstrecker nationalsozialistischer Politik. Konsequent verfügte das Reichspostministerium mehrere Verbote und Beschränkungen für jüdische Postbenutzer des Reiches; es folgte damit jeweils den entsprechenden Verfügungen des Reichsinnenministeriums oder Reichsicherheitshauptamtes der SS, wie beispielsweise mit dem Entzug der Rundfunkempfangsgenehmigung für Juden ab 18. Juli 1940. Durch ministeriellen Erlaß vom 29. Juli 1940 wurden »reichsangehörige« Juden ab Ende September 1940 mit wenigen genehmigungspflichtigen Ausnahmefällen (wie z. B. jüdische Rechtskonsulenten, Krankenbehandler und Krankenhäuser, »privilegierte Mischehen« und die Reichsvereinigung der Juden in Deutschland sowie Juden fremder Staatsangehörigkeit) vom Fernsprechverkehr gänzlich ausgeschlossen.[31] Auch die einstweilen belassenen Fernsprechanschlüsse bei schwerkriegsbeschädigten Juden wurden wenig später aufgehoben. Ferner wies das Postministerium am 19. Oktober 1940 darauf hin, daß die Überwachung der gemäß »Dritter Bekanntmachung über den Kennkartenzwang« vom 23. Juli 1938[32] den Juden auferlegte Kennkartenpflicht »auch im Bereich der DRP anzuwenden« sei und »zwar bei jeder Auskunftseinholung persönlicher Art, beim Verkehr in Büroräumen der DRP sowie bei allen schriftlichen Eingaben, im Schalterverkehr jedoch nur bei der Ausgabe von Postsendungen«.[33] Konnten Juden nicht sofort die mit »J« gekennzeichnete Kennkarte vorzeigen, oder kamen sie nicht unaufgefordert der Ausweis- und Vorzeigepflicht nach, hatten »sie sich bereits strafbar gemacht«.

Als weitere »Sondermaßnahme für Juden« stellte es dann das Ministerium im Juli 1941 in das Ermessen der Präsidenten der Reichspostdirektionen, für ihren Bereich »besondere Schalterstunden für Juden« einzurichten.[34] Dabei konnte die Abfertigung von Juden auch auf einzelne Postämter beschränkt werden. Ebenso folgte das Reichspostministerium im September 1941 den Bestimmungen über die Benutzung von Verkehrsmitteln durch Juden, die seit 1. September 1941 mit dem gelben »Judenstern« gekennzeichnet waren. Nach den neu erlassenen Richtlinien wurden den Juden umfangreiche Beschränkungen bei der Benutzung der Kraftpostlinien des Postreisedienstes für bestimmte Tage, Stunden, Strecken oder in anderer Weise auferlegt.[35]

Einen Monat später wurden Juden auch von der Postschließfachbenutzung ausgeschlossen.[36] Weitere Schritte auf dem Weg der Post-Schikanen für Juden waren der Ausschluß vom Bezug deutscher Zeitungen und Zeitschriften, der am 23. Dezember 1941 verordnet wurde, sowie die Aufhebung von Fahrpreisvergünstigungen und der bevorzugten Abfertigung von schwerkriegsbeschädigten Juden, wie

Reichspostministerium Berlin, Leipziger-/Mauerstraße

sie noch bis Januar 1942 den deutschen Reichsangehörigen gewährt wurden.[37]

Eine Weisung des Ministeriums vom 1. April 1942 erinnerte daran, daß Juden bei der Reichspost »grundsätzlich nicht zu beschäftigen« waren, daß also auch keine jüdischen Fremdarbeiter, Kriegsgefangenen, Aushilfsarbeiter oder Zwangsarbeiter eingestellt werden durften.[38] Ab 1. Mai unterlag auch die Benutzung öffentlicher Verkehrsmittel innerhalb der Wohngemeinde durch Juden einer verschärften Beschränkung, dies galt auch für den Orts- und Nahverkehr der Post-Kraftomnibusse.[39] »Im Einvernehmen mit dem Chef der Sicherheitspolizei und des SD« wurde am 12. November 1942 entschieden, daß »Pakete und dem Paketzustellgeschäft zugeführte Päckchen an Empfänger, die an der Anschrift eindeutig als Juden erkannt werden können, ... künftig nicht mehr« zugestellt werden durften.[40] Die Empfänger hatten sich die Pakete zu besonderen Zeiten, »in denen andere Postbenutzer möglichst wenig durch die Juden beeinträchtigt werden«, selbst abzuholen. Schließlich verfügte Ohnesorges Ministerium am 13. Januar 1943, daß deutsche Volksgenossen an den Postschaltern gegenüber Juden bevorzugt abzufertigen waren. Dies galt in jedem Falle bei »uniformierten Angehörigen der Wehrmacht, des Reichsarbeitsdienstes, der Polizei, der NSDAP und ihrer Gliederungen« sowie für »durch das Parteiabzeichen kenntliche oder persönlich als Mitglieder der NSDAP bekannte Volksgenossen«, wenn sie »diesen Wunsch zum Ausdruck bringen«.[41]

Letztlich bestanden somit im Bereich des Reichspostministeriums für deutsche und staatenlose Juden umfangreiche Ausschließungen und Einschränkungen im Post-, Fernmelde-, Rundfunk- und Kraftpostdienst, die alsbald auch auf Juden anderer Staatsangehörigkeit ausgedehnt wurden.[42] Insgesamt erweist sich der Dienstleistungsbereich der Post als ein nicht unwichtiges Feld für die Diskriminierung und Entrechtung der jüdischen Mitbürger durch besondere Gesetze, Verordnungen, Erlasse und Maßnahmen des NS-Staates.[43] Es überrascht deshalb auch nicht, daß Minister Ohnesorge in einem Rundschreiben an die unterstellten »Herren Präsidenten der Reichspostdirektionen« im Dezember 1940 in bezug auf die »Pflege des deutschen Volkstums« die Bitte formulierte, »der Betreuung und Pflege des deutschen Volkstums ihre ganz besondere Aufmerksamkeit zu schenken und diese wichtigen Fragen persönlich initiativ voranzutreiben«, wobei er ihnen zudem seine persönliche Unterstützung »im weitesten Umfang« zusicherte.[44]

Anforderungen und Aufgaben in der Zeit der »Blitzkriegserfolge«

Bereits unmittelbar nach Kriegsbeginn entsprach das Reichspostministerium den personellen Anforderungen der Wehrersatzdienststellen und gab die wehrpflichtigen Postangehörigen an die Wehrmacht ab (siehe Grafik auf S. 305). Zudem kam die Post bereitwillig den Forderungen nach Einsatz von Postpersonal in den in der ersten Kriegshälfte eroberten Gebieten im Westen, Norden und Osten Europas nach. Zum Teil wurden dabei mit eigenen Kräften völlig neue Postverwaltungen nicht nur für den Dienstpostbereich sondern auch für den zivilen einheimischen Bereich der besetzten Länder – wie z. B. mit der »Deutschen Post Osten« im Generalgouvernement – eingerichtet. Wiederholte Vereinfachungsmaßnahmen im Fach- und Verwaltungsdienst sowie Neueinstellungen von Fremdarbeitern und Zuweisungen von Kriegsgefangenen machten es der Reichspost jeweils möglich, dem vergrößerten Postdienstbedarf seit Kriegsbeginn zu genügen, ohne daß Einschränkungen bei der Postversorgung und -beförderung vorgenommen werden mußten. Gerade in der Kriegszeit stieg der Versand an Postgütern stetig an. Er lag in den Jahren 1939 bis 1944 jeweils weit über dem Umfang des Friedensjahres 1938 (siehe Tabelle/Grafik auf S. 301).
Einen erheblichen Anteil der Arbeitsleistung nahm die unter der Leitung des »Heeresfeldpostmeisters« am 2. Septem-

Stau von Feldpostsendungen auf dem Bahnhof Smolensk, Winter 1941/1942

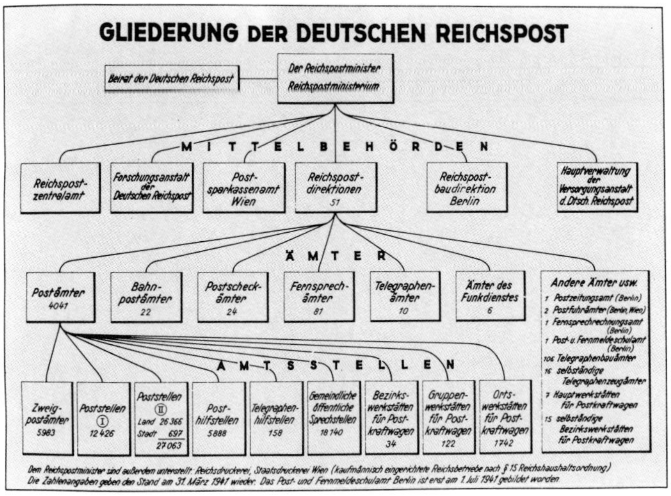

Gliederungsschema der Deutschen Reichspost nach dem Stand vom 31. März 1941

ber 1939 aufgestellte »Feldpost« in Anspruch, deren Personal ebenfalls von der Deutschen Reichspost gestellt wurde.[45] Im Zusammenhang mit den vielfältigen Anforderungen und Aufgaben beim Aufbau neuer Post- und Dienstpostverwaltungen in den eroberten, besetzten oder angegliederten Gebieten wies Ohnesorge im April 1941 darauf hin, daß es der »Schicksalkampf des Volkes« erforderlich mache, die neu übertragenen Aufgaben »mit allen zu Gebote stehenden Kräften und Mitteln« durchzuführen sowie die von den Wehrersatzbehörden angeforderten Kräfte trotz der ungünstigen Personalsituation in den einzelnen Reichspostdirektionen abzustellen.[46] So mußten die Reichspostdirektionen im Juli 1941 (nach Beginn des Krieges gegen die Sowjetunion) 20 Prozent ihres Personalbestandes für Wehrmacht, Feldpost sowie den Einsatz im Osten und Westen abgeben.[47]

Insbesondere in den ersten Kriegsjahren von 1939 bis 1941 sah es das Reichspostministerium als Aufgabe des »Großdeutschen Post- und Fernmeldewesens« an, ein »einheitlich ausgerichtetes Post- und Fernmeldewesen« innerhalb des »großräumigen Reiches mit weit vorgeschobenen Grenzen« zu schaffen.[48] Zug um Zug fielen der Deutschen Reichspost aufgrund der erfolgreichen Eroberung und Eingliederung von Feindgebieten in der Zeit der Blitzkriegserfolge neue, zusätzliche Aufgaben zu.

Im Zusammenhang mit diesen Bemühungen standen auch die Verhandlungen auf dem am 19. Oktober 1942 in Wien mit den Postverwaltungen anderer Länder durchgeführten »Europäischen Postkongreß«, der seinen äußeren Höhepunkt mit der Unterzeichnung der Gründungsurkunde des »Europäischen Post- und Fernmeldevereins« durch 13 europäische Postverwaltungen unter der Führung Berlins fand.[49] Allerdings konnte auch die Herausgabe dreier Sonderbriefmarken zum Wiener Postkongreß nicht darüber hinwegtäuschen, daß dem neuen Postverein nur ein begrenzter Erfolg beschieden war, da neutrale Länder, wie die Schweiz, Schweden, Portugal und Spanien, um die man sich sehr bemüht hatte, ebensowenig beitraten wie die europäischen Kriegsgegner-Staaten Deutschlands und Italiens.

Das Ministerium bemühte sich auch darum, den Anordnungen Hitlers zur Vereinfachung der Verwaltung zu entsprechen, die in einem Erlaß vom 25. Januar 1942 im Hinblick auf den totalen Krieg, »in dem das deutsche Volk einen Kampf um Sein oder Nichtsein führt«, verfügt wurden.[50] Nach Hitlers Ansicht verlangte die Lage zu Jahresbeginn 1942 »nunmehr in erster Reihe gebieterisch den Einsatz aller verfügbaren Kräfte für die Wehrmacht und die Rüstungsindustrie«. Da der »Führer« ausdrücklich die öffentliche Verwaltung ansprach, konnte und wollte die Reichspost sich diesen Forderungen nicht entziehen. Sie stellte in den nächsten Monaten kontinuierlich der Wehrmacht weiteres Personal zur Verfügung. Um aufgrund des Personalabzuges Außenstellen nicht schließen zu müssen, machte man dafür verstärkt Personal im Ministerium und in den Berliner Dienststellen frei.

Wiederholt unterstrich das Reichspostministerium, daß es die angestrebte Erfüllung der vielfältigen Aufgaben unter den erschwerten Kriegsbedingungen nur durch »hingebenden Einsatz« der ganzen Person jedes einzelnen Post-Gefolgschaftsmitgliedes erreichen könne. Um gerade die »Leistungsfähigkeit und Leistungsfreudigkeit« des stark geforderten weiblichen Personals in der Heimat zu erhalten, wurde ab Sommer 1942 ein Personalaustausch aus luftkriegsgefährdeten Bereichen mit sogenannten »Austausch-Reichspostdirektionen« im Innern des Reiches durchgeführt.[51] Obwohl in der Folgezeit auch diese »Austausch-RPDs« alsbald ständigen Luftangriffen der Westalliierten ausgesetzt waren, hielt das Ministerium noch im Sommer 1943 an der Austauschaktion fest, um wenigstens geringfügig und vorübergehend für die Betroffenen Arbeitsentlastungen zu erreichen. Zudem bestanden in dieser Zeit aufgrund der eingeleiteten Maßnahmen im Zusammenhang mit dem totalen Kriegseinsatz in der Heimat kaum noch Möglichkeiten für eine in Ruhephasen vorzunehmende Wiederherstellung der Arbeits- und Einsatzkraft des im Post- und Fernmeldebereich eingesetzten Personals.

Zusammenarbeit mit der SS

Sehr bald nach Kriegsbeginn geriet das Postministerium mit dem seit März 1933 – in früherer Organisation schon seit 1922 – bestehenden »Postschutz« in das Kompetenz- und Funktionsgerangel um die Stellung der Wehrmacht als einzigem Waffenträger des Dritten Reiches, wie es Hitler einmal zugesichert hatte. Die anfangs freiwilligen Postschutz-Formationen dienten als bewaffneter Objektschutz für die verschiedensten Postdienststellen. Ab 1939 führte das Oberkommando der Wehrmacht darüber Klage, daß alle möglichen zivilen Reichsbehörden ihre Angehörigen (wie z.B. Bahn-, Finanz- und Postbeamten) auch in den besetzten Gebieten in feldgrauen, wehrmachtsähnlichen Uniformen auftreten ließen; es erreichte schließlich auch, daß Hitler dies im Juni 1941 untersagte. Die Postschutzangehörigen mußten danach zuerst Drillichzeug tragen, dann ihre Uniformen braun umfärben lassen. Diese »Uniformkrise« lief parallel zur Diskussion, ob der Postschutz ebenso wie der Bahnschutz der Wehrmacht unterstellt werden oder in anderer Form weiterbestehen sollte. Ohnesorge wollte den Postschutz der SA angliedern. Er fand auch die Zustimmung von SA-Stabschef Viktor Lutze; Hitler entschied jedoch, daß die Aufgaben des Postschutzes nicht mit denen der SA vereinbar seien. Der Postschutz sollte vielmehr aufgrund seines militärisch-polizeilichen Charakters beim Reichsführer SS als Chef der Deutschen Polizei angebunden werden. Ohnesorge ließ daraufhin bereitwillig seinen ursprünglichen Plan fallen und wandte sich Himmler zu.[52]

Eine für die Deutsche Reichspost auf politischem Gebiet wegweisende und entscheidende Verbindungsaufnahme erfolgte dann im Oktober 1941, als der Chef des SS-Hauptamtes, SS-Gruppenführer Gottlob Berger, über den SS-Oberführer und Generalkonsul Willy Köhn, der zugleich Ministerialdirigent und Abteilungsleiter im Reichspostministerium war, Kontakt mit Ohnesorge aufnahm, um Bestrebungen der Wehrmacht, der SA und des Reichsorganisationsleiters der NSDAP zuvorzukommen, die jeweils Teile der Postverwaltung unter ihre Obhut zu bringen suchten.[53]

»Postschutz«-Briefmarke aus dem Kameradschaftsblock der Deutschen Reichspost, Ausgabe 1941

Stabschef Viktor Lutze von der SA wollte beispielsweise nach wie vor den bewaffneten Postschutz »in die Hand bekommen«.

Bereits bei der ersten Besprechung mit SS-Führer Berger gaben Ohnesorge und sein Staatssekretär Nagel zu erkennen, daß sie zukünftig mit Himmler und der SS zusammenarbeiten und ihm »den noch bestehenden Postschutz restlos und eindeutig« unterstellen wollten. In einem Bestätigungsschreiben an Himmler wiederholte Ohnesorge am 25. Oktober 1941 seine Bereitschaft, »mit allen« ihm »zur Verfügung stehenden Mitteln ein besonders enges und kameradschaftiches Zusammenarbeiten zwischen der Deutschen Reichspost und den Schutzstaffeln der NSDAP (= SS – der Verf.) herbeizuführen«.[54] »Erster Schritt auf dem Wege zur Erreichung dieses Zieles« war der Vorschlag des Postministers, den »gesamten Postschutz«, der immerhin eine Friedensstärke von rund 45 000 Mann hatte, »in die allgemeine SS als SS-Postschutzeinheit« zu überführen. Die Finanzierung dieses SS-Postschutzes wollte Ohnesorge mit Postgeldern sicherstellen. Zwischen Deutscher Reichspost und SS sollte zudem eine enge Personalverbindung hergestellt werden. Der Minister wollte auf seine waffenfähigen Gefolgschaftsmitglieder einwirken, daß sie ihrer Wehrpflicht in der Waffen-SS genügten und war ferner bereit, »aus den Reihen der zur Entlassung kommenden Männer der Waffen-SS ge-

Dr.-Ing. Jakob Nagel (1899–1973), Staatssekretär im Reichspostministerium von 1937 bis 1945

Heinrich Himmler, Reichsführer SS, ab August 1943 auch Reichsinnenminister

eignete Bewerber für den Beamtennachwuchs der Deutschen Reichspost zuzuführen«. Auch Ohnesorge selbst stellte sich Himmler »als dem künftigen Führer des Staatsschutzkorps des deutschen Volkes selbstverständlich jederzeit persönlich ... zur Verfügung«.

Verschiedene Widerstände aus anderen Parteikreisen und der Wehrmacht hielten Ohnesorge nicht davon ab, »unter allen Umständen mit (dem) Reichsführer SS ein Abkommen zu treffen«.[55] Die vom Postminister angebotene »totale Zusammenarbeit und ein Ineinanderaufgehen« gingen sogar so weit, daß er mit Himmler »eine Reihe von Dingen besprechen, d.h. zur Verfügung stellen« wollte, »die er aber dem Papier nicht anvertrauen möchte«.[56] Dabei handelte es sich um die von Ohnesorge eingerichtete Post- und Funküberwachung, deren Ausnutzung er dem Reichsführer SS gleichsam als spezielle Mitgift für die neue Zusammenarbeit darbot. Nach außen sollten dabei jedoch SS, Reichssicherheitsamt, SD und Polizei nicht in Erscheinung treten. Himmler schätzte denn auch die angebotene Zusammenarbeit als »sehr vorteilhaft« für die SS ein und machte sich bei Hitler zum Fürsprecher einer entspechenden Vereinbarung mit Ohnesorge.[57]

Als Bonbon und weitere Zugabe bot Ohnesorge in einer Besprechung mit Himmler Ende Februar 1942 an, aus sei-

Dr. Joseph Goebbels, Reichsminister für Volksaufklärung und Propaganda, ab 25. Juli 1944 auch Reichsbevollmächtigter für den totalen Kriegseinsatz

Gottlob Berger, SS-Gruppenführer (ab Juni 1943 SS-Obergruppenführer) und Chef des SS-Hauptamtes, zugleich Leiter des SS-Postschutzes

nem Etat der SS »leihweise Geld« zur Verfügung zu stellen; außerdem offerierte er Ende März 1942 gegenüber Berger bei einem privaten Treffen die konkrete Summe von 20 Millionen RM für die SS »wahrscheinlich zinsfrei oder nur zu einem ganz geringen Zinssatz« und im September 1942 war Ohnesorge bereit, dem Reichsführer SS für dessen Kulturfonds einen Scheck über 5 Millionen RM persönlich zu übergeben.[58] In den Spruchkammerverhandlungen gegen Ohnesorge nach dem Kriege wurden noch weitere Zahlungen an Himmler von 500 000 RM im Sommer 1943 und nochmals 2 Millionen RM im September 1944 bekannt; zudem zahlte Ohnesorge aus der Generalpostkasse an Himmler ab 1942 für Ausgaben des Postschutzes jährlich 250 000 RM, die wiederholt um 100–150 000 RM durch sogenannte Sonderzuschüsse erhöht wurden.[59]

Schließlich sandte er dem Reichsführer SS zwecks Weiterleitung an Hitler exklusiv die Abhör- und Entschlüsselungsergebnisse der Forschunganstalt der Deutschen Reichspost ab Ende März 1942 laufend zu, die aus dem funktechnisch überwachten Fernsprechverkehr zwischen den USA und England gewonnen werden konnten.[60]

Als SS-Gruppenführer Berger im April 1942 davon hörte, daß der Chef des Heeresnachrichtenwesens, General der Nachrichtentruppe Erich Fellgiebel, angeblich »allen Ernstes Reichspostminister und damit Nachfolger von Dr. Ohnesorge werden« wolle, drängte er Himmler, die Entscheidung Hitlers über die Veränderungen beim Postschutz alsbald einzuholen, zumal Ohnesorge ihn bereits am 12. März mit der vorläufigen Führung und Reorganisation beauftragt hatte.[61]

Schließlich stimmte Hitler den Absprachen von Himmler und Ohnesorge zu und genehmigte die Überführung des Postschutzes in die SS. Sie erfolgte am 1. Mai 1942. Der Chef des SS-Hauptamtes, SS-Gruppenführer Berger, wurde mit der militärischen Leitung des neuen SS-Postschutzes beauftragt und direkt dem Minister unterstellt.[62] Mit begeisterten Worten verkündete Ohnesorge die »Reorganisation des Postschutzes im Rahmen der SS« den »Kameraden und Männern des Postschutzes« im Amtsblatt des Reichspostministeriums vom 7. Mai 1942; dabei begrüßte er besonders die »nun vollzogene enge Verbindung« zwischen der Post und der SS. Sie sei »eine weitere Garantie« für den Erfolg seines Strebens seit Anbeginn, »nämlich für die bis aufs letzte durchzuführende Nationalsozialisierung« der Deutschen Reichspost.[63]

Die neue Regelung befreite den Postminister auch von dem anstehenden Problem der Uniformfrage. Die Postschutzangehörigen trugen nunmehr wieder feldgraue Uniformen, jedoch mit Abzeichen der Allgemeinen SS. Die korporative Eingliederung des Postschutzes in die SS bedeutete allerdings nicht automatisch die Einzelmitgliedschaft des Postschutzmannes in der SS. Sie konnte weiterhin nur durch ein Einzelaufnahmeverfahren erlangt werden.

Verärgert über die Neuregelung waren das Oberkommando der Wehrmacht, SA-Stabschef Lutze und Reichsleiter Bormann, der Ohnesorge später sogar direkt vorwarf, er begünstigte einseitig die SS gegenüber anderen Parteigliederungen.[64] Mit Himmler im Rücken wußte sich der Postminister jedoch zu wehren. Kühl wies er den Leiter der Parteikanzlei auf den Umstand hin, daß »diese Neuformung (des Postschutzes – der Verf.) im Rahmen der SS vom Führer gerade freudig begrüßt« worden sei und daß er bislang stets mehrere Parteigliederungen unterstützt habe; schließlich schaltete sich noch Himmler ein und ließ Ohnesorge wissen, daß er die Angelegenheit mit Bormann bereinigt habe.[65]

Himmler und Berger, seit Juni 1943 SS-Obergruppenführer, konnten auch im August 1943 ihre schützenden Hände über Ohnesorge halten, als der Chef des Reichssicherheitshauptamtes, SS-Obergruppenführer Kaltenbrunner, Vorwürfe gegen den Postminister weiterleitete, die offensichtlich aus Kreisen der Postverwaltung im Zusammenhang mit Ohnesorges Wegzug aus Berlin erhoben wurden und in der Behauptung gipfelten, er sei »aus Berlin geflüchtet«, um den schweren Luftangriffen der Alliierten zu entgehen. Himmler ließ von Berger eine Gegendarstellung formulieren und gab Anweisung, »den über den Reichspostminister in dieser Richtung umlaufenden Gerüchten mit aller Energie entgegenzutreten«.[66]

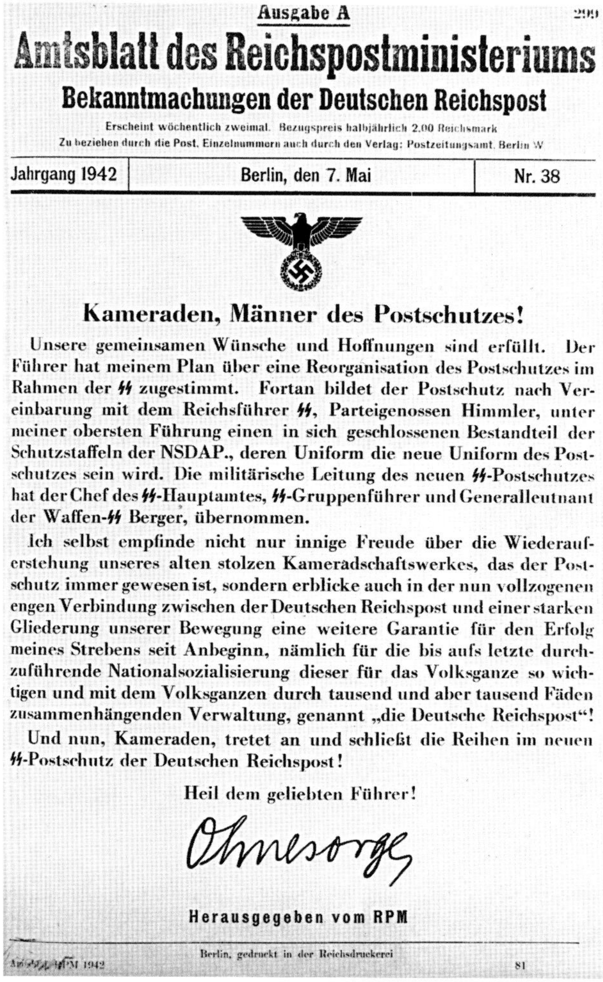
Ausgabe A 299

Amtsblatt des Reichspostministeriums

Bekanntmachungen der Deutschen Reichspost

Erscheint wöchentlich zweimal. Bezugspreis halbjährlich 2,00 Reichsmark
Zu beziehen durch die Post. Einzelnummern auch durch den Verlag: Postzeitungsamt, Berlin W

Jahrgang 1942 | Berlin, den 7. Mai | Nr. 38

Kameraden, Männer des Postschutzes!

Unsere gemeinsamen Wünsche und Hoffnungen sind erfüllt. Der Führer hat meinem Plan über eine Reorganisation des Postschutzes im Rahmen der SS zugestimmt. Fortan bildet der Postschutz nach Vereinbarung mit dem Reichsführer SS, Parteigenossen Himmler, unter meiner obersten Führung einen in sich geschlossenen Bestandteil der Schutzstaffeln der NSDAP., deren Uniform die neue Uniform des Postschutzes sein wird. Die militärische Leitung des neuen SS-Postschutzes hat der Chef des SS-Hauptamtes, SS-Gruppenführer und Generalleutnant der Waffen-SS Berger, übernommen.

Ich selbst empfinde nicht nur innige Freude über die Wiederauferstehung unseres alten stolzen Kameradschaftswerkes, das der Postschutz immer gewesen ist, sondern erblicke auch in der nun vollzogenen engen Verbindung zwischen der Deutschen Reichspost und einer starken Gliederung unserer Bewegung eine weitere Garantie für den Erfolg meines Strebens seit Anbeginn, nämlich für die bis aufs letzte durchzuführende Nationalsozialisierung dieser für das Volksganze so wichtigen und mit dem Volksganzen durch tausend und aber tausend Fäden zusammenhängenden Verwaltung, genannt „die Deutsche Reichspost"!

Und nun, Kameraden, tretet an und schließt die Reihen im neuen SS-Postschutz der Deutschen Reichspost!

Heil dem geliebten Führer!

Ohnesorge

Herausgegeben vom RPM

Berlin, gedruckt in der Reichsdruckerei

Amtsbl. RPM 1942 81

Amtsblatt vom 7. Mai 1942 mit Ohnesorges Aufruf an die Angehörigen des Postschutzes

Anzahl der Postkarten- und Briefsendungen

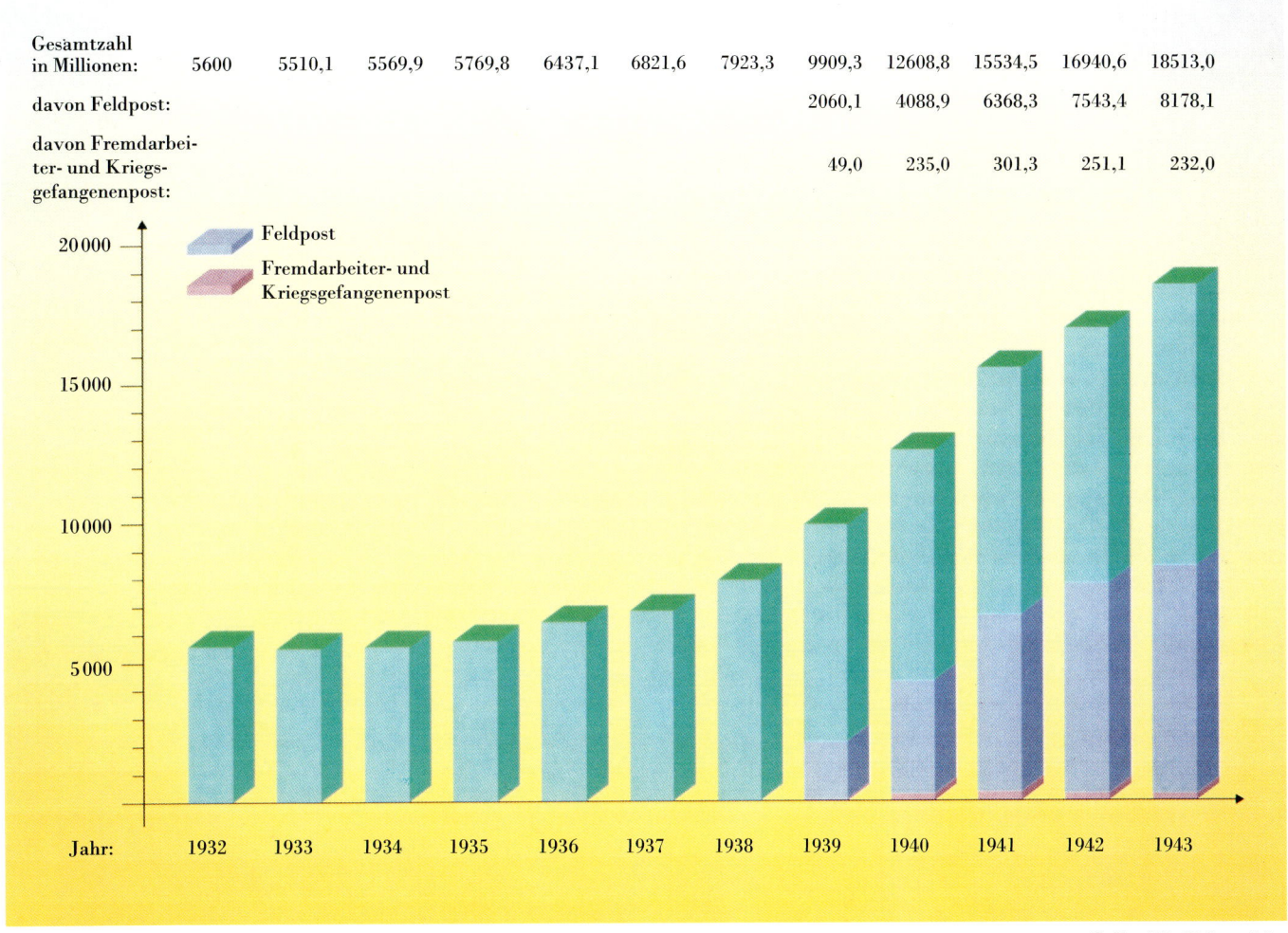

Gesamtzahl in Millionen:	5600	5510,1	5569,9	5769,8	6437,1	6821,6	7923,3	9909,3	12608,8	15534,5	16940,6	18513,0
davon Feldpost:								2060,1	4088,9	6368,3	7543,4	8178,1
davon Fremdarbeiter- und Kriegsgefangenenpost:								49,0	235,0	301,3	251,1	232,0

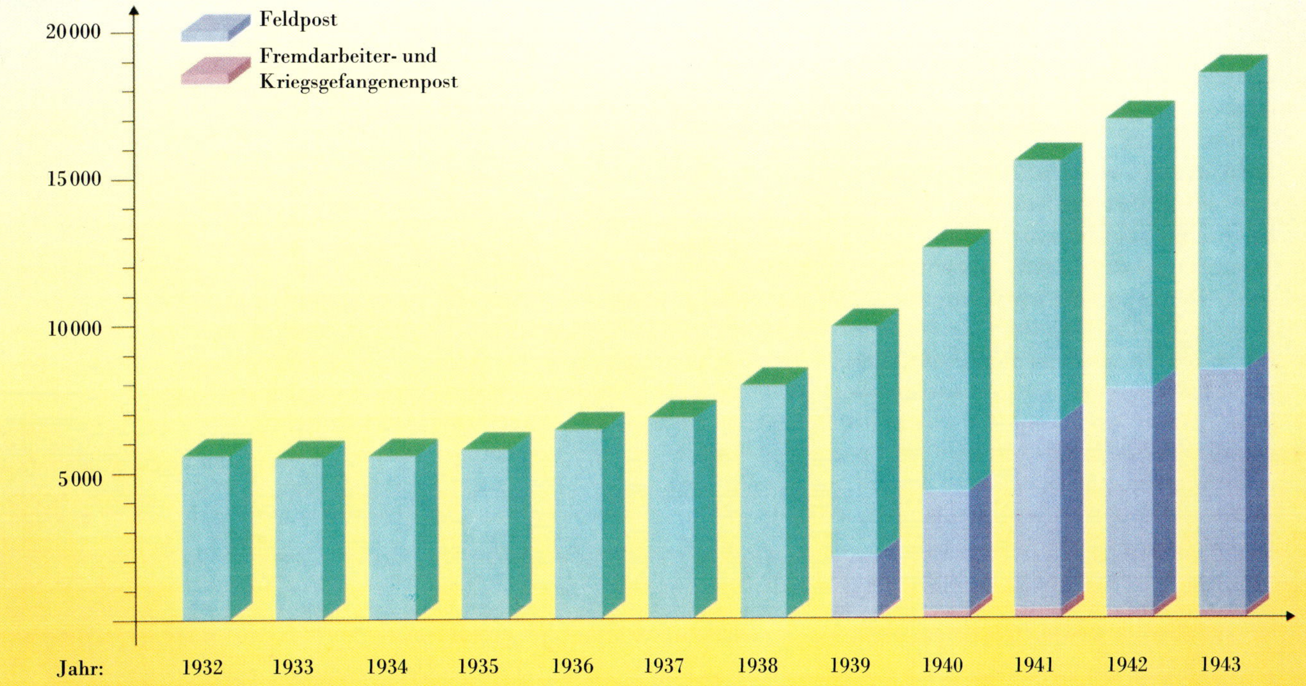

Quellen: Georg Rabe, Wirtschaftsverlauf und Reichspostdienst. In: Jahrbuch des Postwesens, Jg. 1937, Berlin 1938, S. 111 (mit unterschiedlichen Zahlen für 1932–36); Bundesarchiv Koblenz, R 48/57 und 62; vgl. Karl Sautter, Geschichte der Deutschen Post. Teil 3: Geschichte der Deutschen Reichspost, Frankfurt 1951, S. 600 (dort z. T. ohne Feldpost und Fremdarbeiterpost).

Kurz nach der Übernahme der Leitung des Postschutzes durch Berger wurden dem SS-Gruppenführer auch die Ausbildung und Bewaffnung der »Fernkraftpost«-Einheiten im Osten unterstellt, die dem Heer vor allem seit Beginn des Krieges gegen die Sowjetunion ab Juni 1941 mit zahlreichen Postfahrzeugen aller Art – insbesondere Omnibussen – auf Wunsch Hitlers zur Verfügung gestellt worden waren, um den Transport von Verwundeten, Kranken und Urlaubern, bald aber auch von Einsatztruppen, hinter der Front zu unterstützen. Mehrere solcher »Postkolonnen« wurden auch in Italien, auf dem Balkan und nach der alliierten Invasion in Frankreich eingesetzt.

Nach starkem Verschleiß des Kraftfahrzeugbestandes wurden diese Kraftfahrtabteilungen im Frühjahr 1943 reorganisiert, dann erneut dem Heer für die Ostfront als »Fronthilfe der Deutschen Reichspost« zur Verfügung gestellt; dabei wurden sie jedoch gliederungsmäßig von Ohnesorge der Waffen-SS Himmlers unterstellt und dementsprechend eingekleidet. Ab 1943 wurde die »Fronthilfe der Deutschen Reichspost (SS-Kraftfahrstaffel)« ständig ausgebaut, so daß sie im April 1943 rund 6000 Mann, gegen Kriegsende etwa 7000 Mann umfaßte. Zwei Abteilungen der Fronthilfe wurden ab 1944 sogar unmittelbar zwei SS-Divisionen zugeordnet. Aus dem Fronthilfe-Personal gingen schließlich noch regelrechte »SS-Sicherungsbataillone der Deutschen Reichspost« hervor, die in Oberkrain, Südsteiermark und Weißruthenien zum Kampfeinsatz gegen Partisanen und sogenannte »Banden« kamen, so daß die Post auch zum direkten militärischen Einsatz herangezogen wurde.[67]

Aus einem Rechtfertigungsschreiben Bergers für seine positive Einstellung zu Ohnesorge und der Reichspost[68], die er gegen den Chef des Sicherheitsdienstes der SS, SS-Obergruppenführer Reinhard Heydrich, verteidigen mußte, geht hervor, daß die SS weitere, in die Zukunft reichende Absichten mit der Verbindung zur Post realisieren wollte. Unter anderem strebte man den Zugriff auf den umfangreichen Kraftwagenpark der Reichspost und auf ihr technisches Personal an; man könne dann in Friedenszeiten mit Hilfe der SS-Reservisten »ohne jegliche Schwierigkeiten« eine Überwachung durchführen, »die vorbildlich ist«, konstatierte Berger am 27. Januar 1942.[69]

Eine weitere Absicht der SS-Führung wurde im Februar 1943 deutlich, als Berger nach Vorbesprechungen mit Köhn (inzwischen SS-Brigadeführer) und Staatssekretär Dr. Nagel dem Reichsführer SS Himmler vorschlug, man sollte doch an den Reichspostminister mit dem Antrag der Gründung eines Nachrichtenregiments herantreten. Die Führung des Regiments sollte Staatssekretär Nagel als SS-Obersturmbannführer der Reserve übernehmen, der Name des Regimentes sollte »Ohnesorge« sein. Mit diesem Nachrichtenregiment wollte Berger »das Nachrichtenwesen ganz Deutschlands bei Störungen aller Art in der Hand behalten«.[70] Eine Entscheidung Himmlers läßt sich in den überlieferten Akten nicht finden, möglicherweise blieb sie damals aus. Denn immerhin erschwerten es sowohl die militärische Lage als auch die angespannte Personalersatzsituation ab Frühjahr 1943, Pläne zur Aufstellung neuer Truppenkontingente mit Hilfe der Reichspost weiterzuverfolgen, da die Post immer mehr Personal abgeben mußte und kaum noch Ersatz erhielt, weil der Zugriff auf ausländisches Personal aufgrund der militärischen Situation immer schwieriger wurde.

Mobilisierung für den totalen Krieg

Aufgrund der kontinuierlichen Personalabgaben sah sich das Postministerium veranlaßt, am 28. Dezember 1942 grundsätzliche »Richtlinien für den Personaleinsatz und die Sicherung des Dienstes in der Deutschen Reichspost« aufzustellen.[71] Es kündigte darin neue Anordnungen für die Vereinfachung im Arbeitsablauf an, da auch zukünftig – bedingt durch die militärische Lage – mit weiteren Einberufungen zur Wehrmacht zu rechnen sei und zudem neue Aufgaben zugeteilt werden könnten. Ziel sei die »Mobilisierung der stillen Reserven an Frauen und Mädeln vor allem in mittleren und kleineren Orten«. Zum Ersatz sollten auch »ausländische Hilfskräfte« herangezogen werden, obwohl man sich bewußt war, daß die Kriegssituation die Heranschaffung weiteren Personals aus den besetzten Gebieten erschwerte. Nach diesen Richtlinien blieb es den Präsidenten der Reichspostdirektionen überlassen, je nach Personallage vorübergehende örtliche Einschränkungen für den Postfachdienst – wie z. B. beim Zustell- oder Leerungsdienst der (damals roten) Postbriefkasten – anzuordnen. Als erstes Indiz für die ständige Überforderung des Dienstpersonals registrierte das Postministerium bereits einen erschreckend hohen Krankenstand; durch besondere persönliche Einwirkungen der Vorgesetzten sollte dem begegnet und die Arbeitsmoral wieder gestärkt werden.

Wenige Tage später setzte Ohnesorge Ministerialdirektor

Dr. Körner, den Leiter der Personalabteilung im Ministerium, als »Sonderbeauftragten« für die unterstellten Reichspostdirektionen ein, um deren seit 1939 ständig gestiegenen Personalbestand zu überprüfen und fühlbar – wenn möglich auf den Stand von 1933 – zu vermindern.[72] An »seine Präsidenten« richtete Ohnesorge dabei einen nachdrücklichen Appell: Die Mitarbeiter müßten »das Äußerste an Zeit und Kraft für die obliegende Arbeit hergeben, um jede hierdurch gewonnene Menschenkraft der Front zur Verfügung stellen zu können«. Er selbst fühle sich »dem deutschen Soldaten gegenüber aufs höchste verantwortlich und werde ihm zur Erfüllung seiner Erwartungen verhelfen«.

Diese positive und zur tatkräftigen Mitarbeit bereite Einstellung zu den Kriegsanstrengungen kam auch in Ohnesorges öffentlichem Aufruf anläßlich des zehnten Jahrestages der NS-Machtübernahme zum Ausdruck, der in der Wochenschrift »Die Deutsche Post« am 31. Januar 1943 abgedruckt wurde. Der Minister stellte darin eine direkte Parallele des gerade geführten Krieges zu dem nationalsozialistischen Kampf um die Macht vor 1933 her; er bemühte sich nachhaltig, den siegreichen Ausgang des Krieges vorherzusagen und erinnerte an den »unvergleichlich harten Kampf« sowie »die gewaltigen Leistungen und die Aufbauarbeit« nach 1933. Zufrieden konstatierte er, daß in dieser Zeit der deutsche Soldat immer noch »tief in Feindesland« stehe und daß dadurch die Schrecken und Belastungen des Krieges mit Ausnahme der feindlichen Terrorangriffe aus der Luft bislang erfolgreich von der Heimat ferngehalten worden waren. In der »geheiligten Person des Führers« sowie in der Wehrmacht und in dem durch die NSDAP geeinten Volk lag nach Ansicht Ohnesorges »die stärkste Sicherung« des Reiches sowie die größte Gewißheit für den Sieg. Als gläubiger Nationalsozialist rief er die »Frauen und Männer der großen Postkameradschaft« zur »höchsten Pflichterfüllung, größten Opferbereitschaft und hingebungsvollsten Treue« auf. Dies alles sollte erfolgen »in tiefem Glauben, in stolzer Zuversicht und bedingungsloser Treue hinter dem Führer, um dessen herrlichste Schöpfung in den Stürmen des Krieges zu sichern und vollenden zu helfen: Großdeutschland«.[73]

Mit solchen übertriebenen und überschwenglichen Superlativen entsprach Ohnesorge zweifellos seinem Image als treuer, alter Parteigenosse, der fest an den Endsieg glaubte; der militärischen Realität entsprachen diese Propagandaerklärungen jedoch nicht. Das zeigten die militärischen Rückschläge und Niederlagen bei Stalingrad, am Don in Südrußland und bei Tunis in Nordafrika, die mit der Kapitulation ganzer Armeen verbunden waren und die neue, zum Teil umfassende Pläne zur Personalauskämmung und -freimachung für die Wehrmacht nach sich zogen.

In den ersten Monaten des vierten Kriegsjahres wurden deshalb in der nationalsozialistischen Führungsspitze Überlegungen angestellt, wie die deutschen Kriegsanstrengungen auf personellem und kriegswirtschaftlichem Sektor verstärkt und intensiviert werden könnten. Insbesondere Reichspropagandaminister Joseph Goebbels vertrat vehement den Gedanken von der Totalisierung der Kriegführung des Reiches; er proklamierte denn auch in seiner berüchtigten Sportpalastrede am 18. Februar 1943 den totalen Krieg.[74] Nur sehr zögernd wurden jedoch Maßnahmen und Anordnungen in die Praxis umgesetzt, die unmittelbar einschränkende Auswirkungen auf den Kriegsalltag der deutschen Bevölkerung nach sich gezogen hätten. Man war sich bei allen Besprechungen und Überlegungen bewußt, daß eine konsequente Durchführung der beabsichtigten Totalisierung der deutschen Kriegführung zu einschneidenden Veränderungen für Gewohnheiten und Alltag der Bevölkerung führen würde. Ging es doch entsprechend den Vorstellungen vom totalen Krieg und der totalen Mobilisierung, wie sie schon in den 20er und 30er Jahren entwickelt worden waren, um die generelle Einbeziehung aller Lebensbereiche in den modernen technisierten Krieg.[75] Dazu zählte auch das bislang aufrechterhaltene Leistungsangebot der Deutschen Reichspost. Noch zögerte man jedoch, dieses Leistungsangebot einzuengen.

Als Hitler am 13. Januar 1943 durch einen geheimen »Führererlaß« den »umfassenden Einsatz von Männern und Frauen für Aufgaben der Reichsverteidigung« forderte[76], mußte sich auch das Postministerium darauf einstellen, weitere personelle Kräfte freizumachen. Im Rahmen von drei »Notprogrammen der Deutschen Reichspost über Vereinfachungen im Fach- und Verwaltungsdienst« waren bereits von 1940 bis 1941 zahlreiche personaleinsparende Erleichterungen und Vereinfachungen im praktischen und verwaltungsmäßigen Dienst eingeführt worden[77], so daß Ohnesorge am 16. Februar 1943 feststellte, er habe in der Post im Hinblick auf Hitlers neuen Erlaß bereits früher das meiste veranlaßt.[78] Ergänzend wies das Ministerium die unterstellten Behörden allerdings darauf hin, nur noch »solche Arbeiten und Aufgaben durchzuführen«, die »unbedingt notwendig« seien, denn es dürfe der Wehrmacht »kein Mann vorenthalten werden, der nicht mit kriegswichtigen Aufgaben betreut ist oder der durch eine weibliche Kraft ersetzt werden kann«.[79]

Gesamtpersonalzahl der DRP

(ohne abgegebene Kräfte; auf- und abgerundete Zahlen; inkl. nicht vollbeschäftigtes Personal)

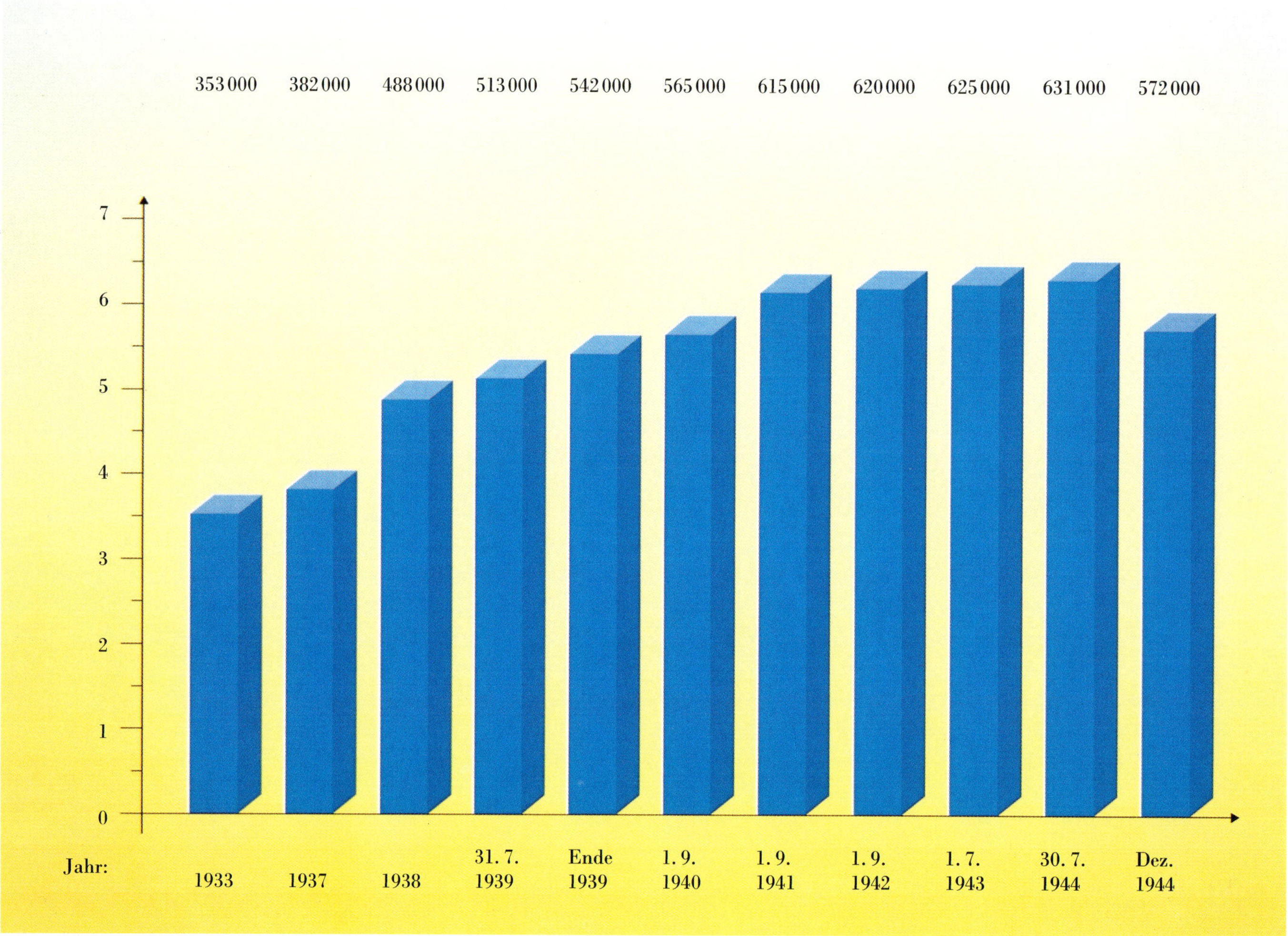

© Gerd R. Ueberschär

Quellen: Bundesarchiv Koblenz, R 48/62 und 63; W. Ohnesorge, Die Bedeutung der Deutschen Reichspost für die deutsche Wirtschaft. In: Die Deutsche Volkswirtschaft 6 (1937), Nr. 28, S. 956–959; Hans Rackow, Die Personalwirtschaft der Deutschen Reichspost im Zweiten Weltkrieg. In: Zeitschrift für das Post- und Fernmeldewesen, H. 5/1950 u. H. 6/1951.

Abgaben der DRP an die Wehrmacht und Rüstung
(inkl. Feldpostdienst, aber ohne Volkssturm)

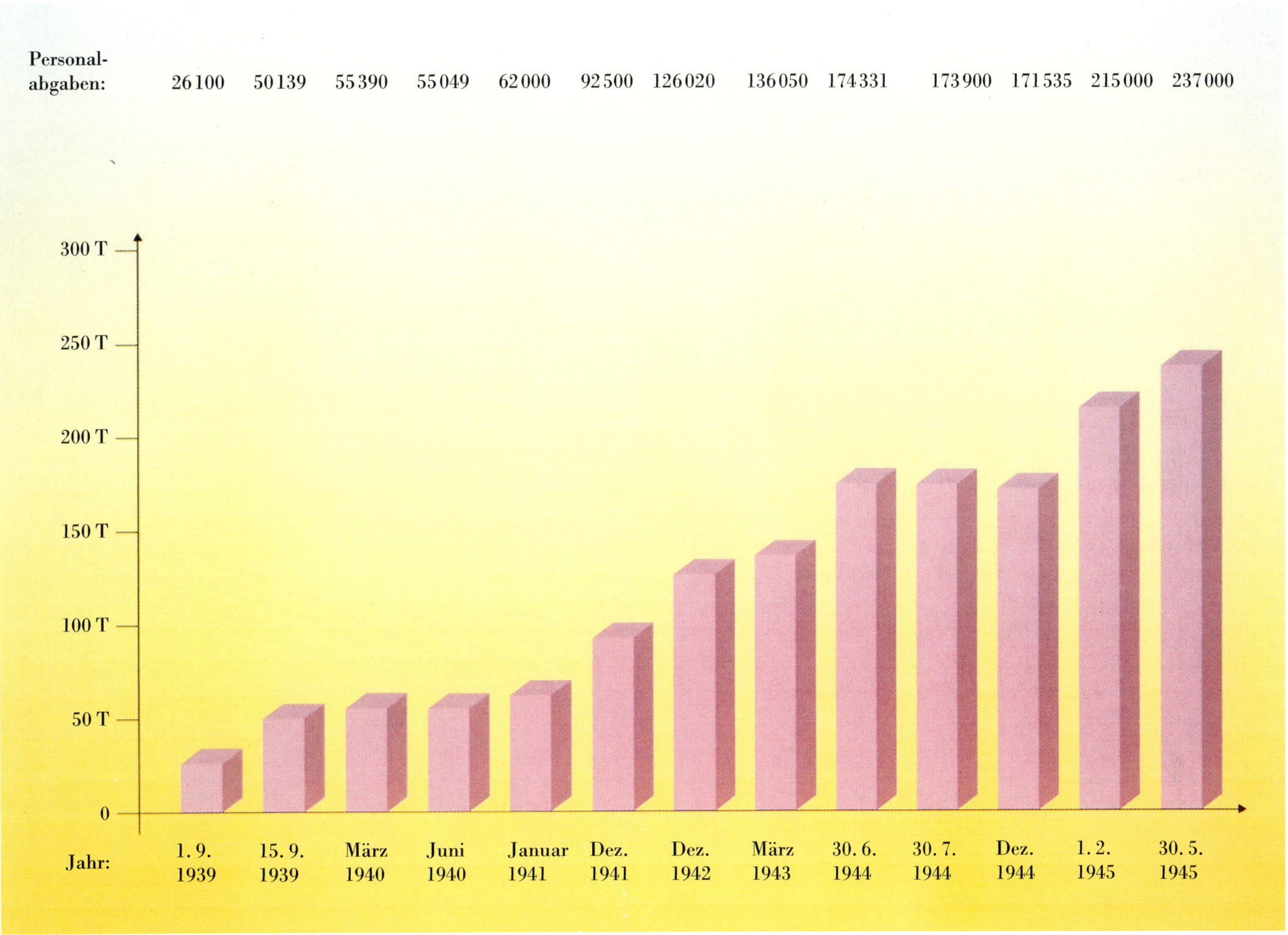

Quellen: Bundesarchiv Koblenz, R 48/5 und 59 und 62; H. Rackow, Die Personalwirtschaft der Deutschen Reichspost im Zweiten Weltkrieg, a.a.O., S. 826f.

Gleichsam als »Sonderaktion« der Verwaltungsvereinfachung verfügte der Postminister am 5. Februar 1943 die Auflösung mehrerer Reichspostdirektionen. Die Verminderung der flächenmäßig sehr ungleich ausgestatteten Mittelinstanzen in der Postverwaltung war schon während der Weimarer Republik im Reichstag wiederholt gewünscht worden; zuletzt waren die Oberpostdirektionen Konstanz, Darmstadt, Halle, Liegnitz und Minden im Februar 1934 aufgelöst worden.[80] Im einzelnen wurden nunmehr folgende Reichspostdirektionen nachstehenden anderen Direktionen zugeschlagen: Aachen an Köln, Bamberg an Nürnberg, Karlsbad (erst seit 1. Februar 1939 bestehend) an Aussig, Kassel an Frankfurt, Köslin an Stettin, Landshut an München, Oldenburg an Bremen, Potsdam an Berlin, Regensburg an Nürnberg, Speyer an Saarbrücken, Trier an Koblenz, Troppau (erst seit 1. Februar 1939 bestehend) an Oppeln, Würzburg an Nürnberg.[81] Am 11. März 1943 wurde noch die Reichspostbaudirektion, die insbesondere im Zusammenhang mit den Neubaumaßnahmen Speers für Berlin geschaffen worden war, der Reichspostdirektion Berlin angeschlossen. Als Mittelinstanzen blieben 38 Reichspostdirektionen, das Postsparkassenamt in Wien, die Versorgungsanstalt, die Reichspostforschungsanstalt und das Reichspostzentralamt bestehen. Ob es in jedem Falle der Auflösung zu nachweisbaren Personaleinsparungen kam, ist aus späterer Sicht allerdings »schwer zu entscheiden«, wie Hans Rackow, ehemals Ministerialdirektor im Reichspostministerium, nach dem Krieg schrieb.[82]

Die Auflösung verschiedener Reichspostdirektionen fand nicht immer Zustimmung in NS-Führungskreisen. So protestierte der Leiter der Parteikanzlei, Martin Bormann, beispielsweise gegen die Aufhebung der Direktion Kassel, da sie einer für später geplanten Länder- und Gauneuordnung im kurhessischen Raum zuvorkam. Ohnesorge mußte zwar Kritik an seiner eigenmächtigen Entscheidung hinnehmen, konnte aber nach einer unentschiedenen Stellungnahme Hitlers die Auflösung durchführen.[83]

Ohnesorge ließ es mit diesen Maßnahmen jedoch nicht bewenden, sondern setzte am 5. April sogenannte »Vereinfachungsbeauftragte« für die Verwaltung in den einzelnen Reichspostdirektionen ein, die unmittelbar deren Präsidenten zugeordnet waren und die Zahl der vielfältigen Sachgebiete durchforsten und herabsetzen sollten, um zu einer strafferen Organisation in der Verwaltung zu kommen und deren Überbesetzung abzubauen.[84] Gleichzeitig kündigte er an, daß der »Sonderbeauftragte« des Ministeriums Stichproben in den Reichspostdirektionen vornehmen werde, »um ein weiteres Erstarren der Formen zu verhüten«. Kurz darauf forderte Ohnesorge nochmals auf, den Verwaltungsapparat der Reichspost »auf die Notwendigkeiten des totalen Krieges abzustimmen« und verlangte eine klare Gliederung innerhalb der Reichspostdirektionen.[85]

Als sich im Sommer 1943 die Auswirkungen der feindlichen Luftangriffe auf die westlichen Städte des Reiches immer stärker bemerkbar machten, es dabei auch zu Totalschäden von Postgebäuden kam, veranlaßte das Ministerium vorausplanend die Aufstellung von dezentralen Materialreserven an Postwertzeichen und Postkarten sowie die Aufstellung einer »Reichsreserve für Dienstausstattung« nach einer Material-Auskämmaktion im gesamten Reichsgebiet, um bei Ausfall von Postdienststellen sowohl die entsprechende Versorgung aufrechterhalten als auch die Neuausstattung von ausgebombten Postämtern ermöglichen zu können; zudem wurden »Katastrophenhilfen für den Fernmelde- und Postfachdienst« eingerichtet, die als besondere mobile Trupps die Post- und Fernmeldeversorgung nach schweren Luftangriffen wahrnehmen sollten.[86] Auf einer besonderen Arbeitstagung in Berlin fand ferner Mitte Juli ein Erfahrungsaustausch über die schwierigen Probleme nach Zerstörungen durch alliierte Bombardements statt.[87] Noch im gleichen Monat rief das Ministerium die Mitarbeiter zu freiwilligen Meldungen für einen kurzfristigen Einsatz im Luftkriegsgebiet des Westens auf. Dagegen wurde es aber abgelehnt, den so dringend nötigen Personalersatz aus der im Juli 1941 aufgestellten »Personalreserve für den Osteinsatz« zu nehmen, da man im Ministerium immer noch davon ausging, daß diese Kräfte ausdrücklich für den besonderen Einsatz in den eroberten Ostgebieten geschult und vorgesehen seien, sie somit nicht für einen anderen Einsatz bereitgestellt werden könnten.[88] Statt dessen griff man ab Mitte August 1943, als die freiwilligen Meldungen für den Einsatz im westlichen Luftkriegsgebiet nicht ausreichten, auch auf »nicht freiwilliges« geeignetes Personal zurück, um dort den dringendsten Bedarf decken zu können.[89]

Ohnesorges Bereitwilligkeit, den Personalwünschen für Wehrmacht und Kriegswirtschaft so weit wie möglich zu entsprechen, stieß jedoch bald an Grenzen, da der Arbeitsanfall im Post- und Fernmeldebereich seit Kriegsbeginn ständig anstieg. Im gesamten Post- und Fernmeldesektor lag der Arbeitsanfall Mitte 1943 um rund 50 Prozent über dem des letzten Friedensjahres 1938. Die Zahl der Brief- und Postkartensendungen stieg in der gleichen Zeit von

7923 Millionen auf 18513 Millionen (einschließlich Feldpost, Fremdarbeiter- und Kriegsgefangenen-Post).[90] Im Telegrammbereich kam es zu einer übermäßigen Steigerung von 100 Prozent im Jahr 1938 auf 269 Prozent im Jahr 1942 und auf 242 Prozent im Jahr 1943. Auch die Zahl der Ferngespräche lag 1942/43 um mehr als die Hälfte höher als 1938.

Die Steigerungen zogen generell Schwierigkeiten beim Personaleinsatz nach sich. Ohnesorge wandte sich deshalb im Juni 1943 an »Reichsmarschall« Göring sowie an Reichsminister Lammers, Reichsleiter Bormann und Generalfeldmarschall Keitel, die als »Dreierausschuß« Hitlers Erlaß vom 13. Januar 1943 in die Praxis umsetzen sollten, und bat sowohl um Zuweisung von Ersatzarbeitskräften für kriegswichtige Dienstbereiche der Post als auch um Gewährung von Arbeitsurlaub von 5000 Spezialkräften, mit denen das Ministerium die Sicherung des Nachrichtendienstes im westlichen Luftkriegsgebiet vornehmen wollte.[91] Zudem bat er den Generalbevollmächtigten für den Arbeitseinsatz, Gauleiter Sauckel, der Post bei der Zuweisung von Ersatzkräften durch die Arbeitsämter einen festen Platz in der Kontingentierung einzuräumen. Bei dem Reichsminister für Bewaffnung und Munition, Albert Speer, bemühte er sich außerdem, für die Postverwaltung zumindest die gleiche Einordnungsstufe wie für die Rüstungswirtschaft zu erhalten, damit Sauckel die Erfüllung der Personalbedürfnisse der Post anordnen konnte.[92] Die Antwort Speers war eindeutig: Er lehnte die Höherstufung am 2. Juli ab.

Dementsprechend reagierte Ohnesorge dann auch sehr verärgert, als sich Goebbels bei ihm am 17. Juli über starke Verzögerungen beim Nachrichtendienst im Luftkriegsgebiet beschwerte. In seiner Antwort betonte er, die Post habe bisher ihren »Stolz darin gesehen, sämtliche Dienstzweige ... voll aufrecht zu erhalten«. »Dank der Einsatzbereitschaft« der Mitarbeiter sei dies »auch gelungen«. Als Fazit der immer stärkeren Kriegseinwirkungen konstatierte Ohnesorge allerdings deutlich: »Wenn nunmehr jedoch nach fast völliger Ausblutung des Personalkörpers auch noch die gesamten Anlagen in den wichtigsten Brennpunkten des Nachrichtendienstes zerstört werden, die Reichsbahn, auf deren Funktionieren ich angewiesen bin, tagelang ausfällt, für Ersatzverbindungen keine Kraftwagen zur Verfügung stehen, männliche sowie weibliche Kriegsaushilfen aber auch Beamte verschickt werden, der Krankenstand fast 10 mal so hoch als sonst ist, der Arbeitsanfall zudem etwa um 50 vH über dem von 1938 liegt, so wird man sich – so schwer es mir fällt auszusprechen – damit abfinden müssen, daß die von mir gewollte volle Aufrechterhaltung des Dienstes, der durch lange Dienstschichten in Tages- und Nachtarbeit, auf Bahnsteigen sowie großen und offenen Hallen an die Leistungskraft jedes Mitarbeiters ganz besondere Ansprüche stellt, trotz allen guten Willens und Anspannung aller Kräfte vorübergehend eben nicht mehr durchführbar ist.« Abschließend stellte der Minister gegenüber Goebbels fest: »Ist hier« durch Zuweisung von Ersatzkräften »Hilfe nicht möglich, dann bleibt nur der Weg einer fühlbaren Einschränkung aller Nachrichtendienste«.[93]

Damit gab Ohnesorge das entscheidende Stichwort, das die Überlegungen und Maßnahmen der Post im Rahmen der steigenden Anforderungen des totalen Krieges ab 1943/44 bestimmte. Gleichwohl war dies auch ein Reizwort für die NS-Führung, denn vor »fühlbaren Einschränkungen« für die Zivilbevölkerung schreckte man zurück, weil dadurch eine Verschlechterung der Stimmung in der Heimat und das Aufkommen einer revolutionären Lage befürchtet wurde. Und einen November 1918 sollte es – wie Hitler wiederholt betonte – nicht noch einmal geben.[94]

Als dann auch noch Speer selbst über die langsame und schleppende Durchführung des Nachrichtendienstes im westlichen Reichsgebiet Klage führte, antwortete der Postminister mit einem scharfen Brief. Er schrieb, daß er die Mängel nicht abstellen könne, solange Speer die Post nicht mit der Rüstungswirtschaft bei der Zuweisung von Ersatzkräften gleichstelle. Er sehe sogar der »weiteren Entwicklung bei der Deutschen Reichspost mit großer Sorge entgegen« und behalte sich weitere Schritte vor. Man werde sich wohl damit abfinden müssen, »daß die Post nicht mehr die Leistungen vollbringen kann, die für den Krieg notwendig und an sich selbstverständlich sein müßten und die zu erhalten« bisher das Bestreben der Postmitarbeiter »noch stets gewesen« sei; nachdrücklich verlangte Ohnesorge nochmals die Gleichstellung der Post mit der Rüstungswirtschaft.[95]

Speer lehnte jedoch erneut wegen des dringenden Bedarfs der Rüstungsindustrie an Arbeitskräften ab. Er versprach aber, demnächst italienische Militärinternierte zuzuweisen, die nach dem Frontenwechsel der italienischen Regierung zur Verfügung stünden.[96] Von den von Speer angekündigten 10000 italienischen Internierten – Sauckel war sogar bereit, 15000 zuweisen zu lassen – trafen allerdings im September/Oktober 1943 nur rund 4900 Mann bei der Post ein. Der Fehlbestand an Arbeitskräften lag im November 1943 bei 27000, im Januar 1944 bei 25767 Kräften. Zum Jahres-

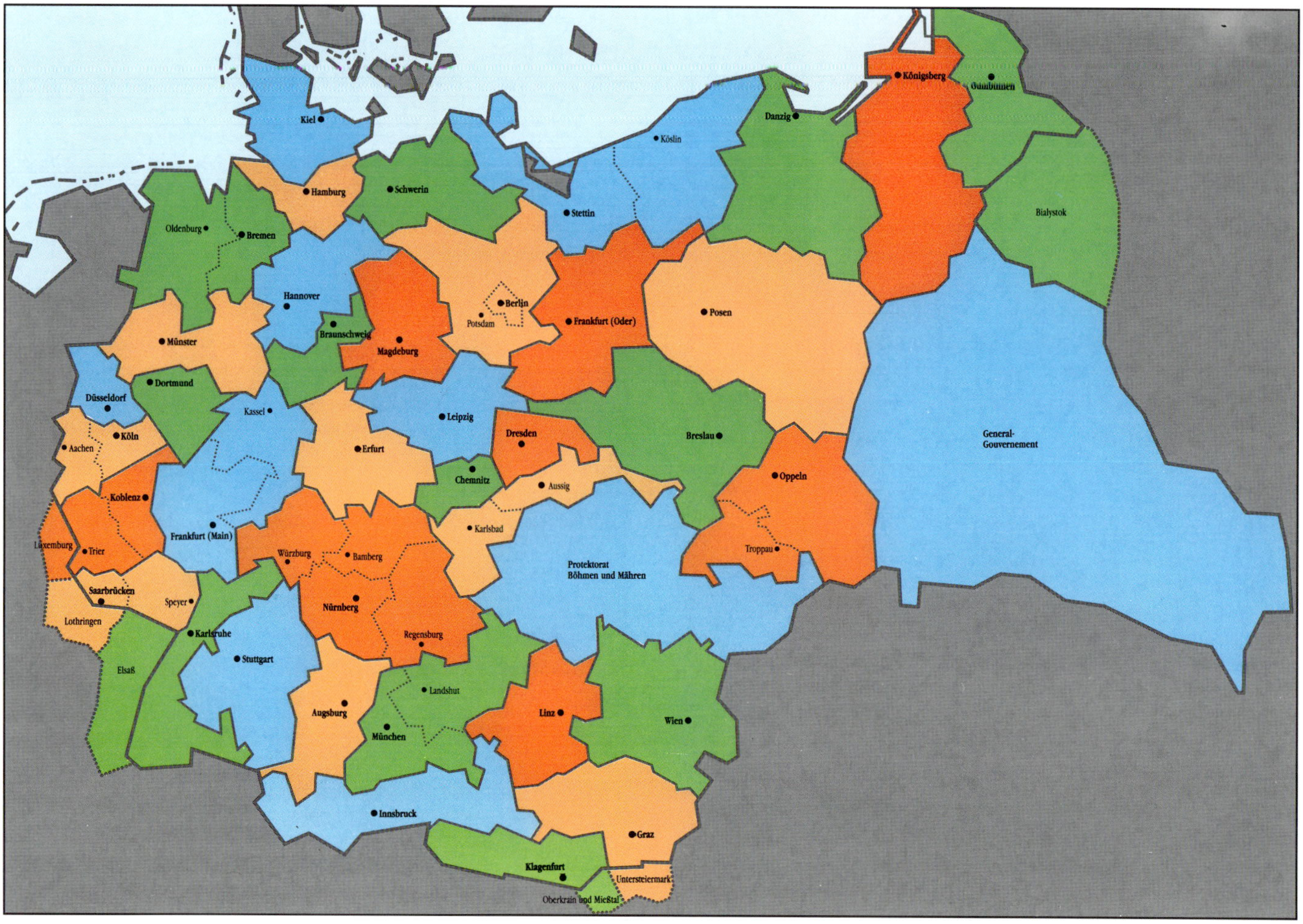

Reichspostdirektionen, 1943

Postleitgebiete und Postleitzahlen des »Großdeutschen Reiches« nach dem Stand von Anfang 1944

wechsel 1943/44 mußte das Postministerium schließlich konstatieren, daß sich an diesem Personalmangel kaum etwas ändern werde, daß sich die Klagen vielmehr vermehren mußten, wie beispielsweise das Drängen der Oberkommandos der Wehrmacht und des Heeres im Dezember 1943 und Januar 1944 zeigte, den durch feindliche Luftangriffe behinderten Transport der Feldpost durch die Sammelstellen in den Reichspostdirektionen Hannover und Frankfurt am Main nachhaltig zu verbessern, da sich Verzögerungen »bei längerer Dauer ungünstig auf die Stimmung der Front auswirken« würden.[97]

Trotz der Rückendeckung durch die Wehrmachtsstellen konnte Ohnesorge auch bei weiteren Erörterungen mit dem Ministerium Speer keine Besserstellung der Post beim Personalzuteilungsverfahren erreichen. Entsprechende Besprechungen am 18. Februar 1944 waren für die Post im Ergebnis negativ. Resigniert konstatierte Ohnesorge daraufhin in einem Schreiben an Speer vom 21. Februar: »Damit bin ich am Ende meines Lateins!«.[98] Auch danach hielt Speer jedoch an seiner Entscheidung fest, da er befürchten mußte, daß nach einer Neubewertung der Post auch andere »kriegswichtige Bedarfsträger« entsprechende Aufwertungswünsche äußern würden. Speer kam der Post dann aber doch einen Schritt entgegen, indem er gemeinsam mit dem interministeriellen Steuerungsgremium »Zentrale Planung« für das zweite Vierteljahr 1944 der Post erstmals ein Kontingent von 15000 neuen Arbeitskräften zubilligte, so daß Sauckel als Generalbevollmächtigter für den Arbeitseinsatz endlich den Reichspostdirektionen über die Arbeitsämter entspechende Ersatzkräfte zuweisen konnte.[99]

Parallel dazu unternahm das Postministerium eigene Anstrengungen, um Arbeitsanfall und Personallage auszugleichen. Nachdem bereits seit Ende Juli 1941 für die Verteilung und Versendung von Päckchen 24 Päckchenleitgebiete eingerichtet worden waren, um den Transport in Leitgebietsbeuteln zusammenfassen zu können, wurden auch die Briefsendungen nach diesem Muster ab 19. Oktober 1943 durchgeführt.[100] Die Umstellung führte zu einer Entlastung der Bahnposten; sie erleicherte aber auch den Aushilfskräften bei der Päckchen- und Briefsortierung die Arbeit und sollte generell eine schnellere Verteilung nach geographisch orientierten Sammelstellen ermöglichen. Das Deutsche Reich wurde dabei in sogenannte Postleitgebiete mit den Zahlen 1 bis 24 – teilweise mit Ergänzungen a, b und c – eingeteilt, in die jedoch auch das Generalgouvernement (= 7a), die Reichskommissariate Ukraine (= 7b) und Ostland (= 5c) sowie Luxemburg, das zum Postleitgebiet 22 Rheinland gehörte, und Elsaß (= 17b) einbezogen wurden. Die Maßnahme führte nur zum Teil zur schnelleren Postbeförderung, da bei manchen Beförderungsstrecken nunmehr zusätzliche Briefleit- und Sammelstellen eingeschoben wurden (vgl. die Karte auf S. 309).

Ende November 1943 wurden vorübergehende Einschränkungen im Paketdienst angeordnet, als bei der Reichsbahn aufgrund der alliierten Zerstörungen durch Luftangriffe Mangel an Transportmöglichkeiten bestand. Im gleichen Monat versuchte man, durch Einführung einer neuen Gattung von »kriegswichtigen (= kw) Telegrammen« der ansteigenden Flut von Telegrammen zu begegnen. Die Maßnahme konnte jedoch nur kurzfristig Erleichterung verschaffen, da dann die Zahl der kw-Telegramme alsbald ebenfalls anstieg. Andererseits wurde ab November 1943 ein gebührenfreier Eilnachrichtendienst für die von schweren feindlichen Bombenangriffen getroffene Bevölkerung innerhalb von 4 bis 10 Tagen nach dem Angriff sowohl aus als auch nach dem betroffenen Ort eingerichtet, um dadurch möglichst rasch Lebenszeichen und neue Anschriften an Verwandte übermitteln zu können (siehe Abdruck auf Seite 311).[101] Am 19. Februar 1944 richtete Ohnesorge in einem Rundbrief an alle obersten Reichsbehörden die Bitte, »bei der Inanspruchnahme aller Dienstzweige der Deutschen Reichspost äußerste Zurückhaltung zu üben«. Jede Minderung des zivilen Arbeitsanfalles sichere »die Durchführung des für die Haltung der Truppe so wichtigen Feldpostdienstes und aller der Leistungen, die die Wehrmacht und die Rüstung für den totalen Krieg benötigen«. Der ihm gewogene Reichsführer SS Himmler, der seit dem 26. August 1943 auch Reichsinnenminister war, unterstützte Ohnesorges Appell, indem er dessen Brief zur Grundlage eines eigenen Schreibens mit der Aufforderung zur Zurückhaltung bei der Postinanspruchnahme an die unterstellten Behörden des Reichsinnenministeriums machte.[102]

Darüber hinaus wurden durch die militärische Lage im Luftkrieg und im Zusammenhang mit der erwarteten Invasion der Alliierten auch ergänzende organisatorische Maßnahmen nötig. Reichsminister Lammers forderte am 11. Januar 1944 die obersten Reichsbehörden auf, sich auf den »Abwehrkampf im Westen einzustellen«. Dementsprechend ordnete das Postministerium am 16. Februar die Aufstellung eines »Einsatzstabes P (= Postwesen) Rhein-Ruhr« an, der als zentrale Stelle in Minden den Brief- und Paketdienst der Reichspostdirektionen in Düsseldorf, Köln, Dort-

Kostenloser Eilnachrichtendienst der Deutschen Reichspost nach Terrorangriffen

I. Der Eilnachrichtendienst bezweckt: 1. Kurze Lebenszeichen aus dem betroffenen Ort an Angehörige usw. nach außerhalb zu übermitteln (II) und
2. Anfragen über Postanschriften in dem betroffenen Ort nach den Unterlagen der Postdienststellen zu beantworten (III).

II. Nachrichten aus dem betroffenen Ort an Angehörige usw.

In den ersten 4 Tagen nach einem schweren Terrorangriff soll den Volksgenossen in dem betroffenen Ort Gelegenheit gegeben werden, ihren außerhalb dieses Wohngebiets wohnenden Angehörigen usw. kurze Lebenszeichen zu übermitteln. Dazu werden nach einem solchen Angriff in dem betroffenen Gebiet **Eilnachrichten**karten kostenlos abgegeben, und zwar

a) mit **rotem** Vordruck (Bild 1) für Empfänger mit **gewöhnlicher Anschrift** ohne Feldpostnummer,

b) mit **grünem** Vordruck (Bild 2) für Empfänger mit **Feldpostnummer**

(mit Mustereinträgen)

Bild 1
Anschriftenseite

Deutlich schreiben!
Eilnachricht
An Herrn Wilhelm Schmidt
Schneidermeister
Raum für Prüf- oder Beglaubigungsverm.
Berlin W7
Adolfstr. 7 II
(Straße und Hausnummer)
Fernsprecher Nr. 67 13 20 (Rufnummer)
oder über Fernsprecher Nr. (Rufnummer)

Rückseite

Deutlich schreiben!
Lebenszeichen von Schulze (Zuname) Otto (Vorname)
aus Wellental (Ortsangabe) Meierstraße 2 I (Straße)
Datum: 2. 7. 43 (Inhalt zugelassen höchstens 10 Worte Klartext)
Fensterschaden, alle gesund.
Keine Sorge, Brief folgt.

Bild 2
Anschriftenseite

Deutlich schreiben!
Eilnachricht an Feldwebel
Hermann Meyer
Raum für Prüf- oder Beglaubigungsverm.
57 385
(Feldpostnummer)
Dieser Raum muß für Dienstvermerke frei bleiben

Rückseite

Deutlich schreiben!
Lebenszeichen von Meyer (Zuname) Anna (Vorname)
aus Bestadt (Ortsangabe) Akazienweg 17 (Straße)
Datum: 3. 8. 43 (Inhalt zugelassen höchstens 10 Worte Klartext)
Kinder und Eltern sowie ich wohlauf,
kein Schaden.

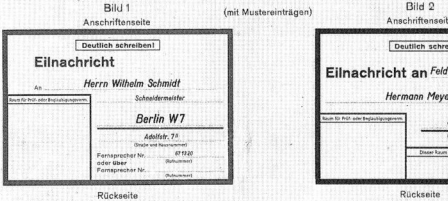

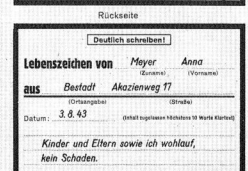

Beim Ausfertigen dieser Eilnachrichtenkarten ist zu beachten:

1. Deutliche Schrift!
2. Die Nachricht erreicht den Empfänger einer Eilnachrichtenkarte mit rotem Vordruck u. U. früher, wenn seine Fernsprech-Rufnummer oder die Rufnummer zum Zusprechen angegeben wird (z. B. der Arbeitsstelle) über die der Empfänger erreichbar ist.
3. Das Datum der Absendung ist anzugeben.
4. Zugelassen sind höchstens 10 Worte in offener Sprache, daher **kurz fassen.**
5. Die Karten müssen bei Postdienststellen, bei besonders eingerichteten Auffang- oder Verpflegungslagern oder bei den Briefzustellern **abgegeben** werden. **Nicht in den Briefkasten werfen.**
6. Bei Eilnachrichten an Wehrmachtangehörige kann der Raum für Prüf- oder Beglaubigungsvermerke auf der Anschriftenseite zu solchen Angaben durch die Polizei usw. benutzt werden.

III. Anfragen nach dem betroffenen Ort über Postanschriften von Angehörigen usw.

Geltungsdauer vom 4. bis zum 10. Tage nach Erwähnung des Ortes im Wehrmachtbericht. Die mit der Eilauftragskarte zu erteilende Auskunft erstreckt sich lediglich darauf, ob die alte Anschrift noch richtig ist, oder welche neue Anschrift gilt. Die Volksgenossen können die Maßnahmen dadurch unterstützen, daß sie bei Unterkunftswechsel nach Terrorangriffen die neue Anschrift ihrem bisherigen Postamt auf dem schnellsten Wege mitteilen.
Eilauftragskarten zu solchen Anfragen mit **violettem** Vordruck (Bild 3) werden auf Anfordern von den Schalterdienststellen der Deutschen Reichspost und bei den Feldpostamtern kostenlos abgegeben.

Bild 3 (mit Mustereintrag)

Anschriftenseite

Deutlich schreiben!
Absender:
Walter Müller (Name)
Nürnberg (Wohnort, auch Zustell- oder Leitpostamt)
Maxstraße 7 II (Straße, Hausnummer, Gebäudeteil, Stockwerk oder Postschließfachnummer)
6 73 25 (Fernsprechanschluß, über den Antwort zugesprochen werden kann)
Eilauftrag zur Prüfung einer Postanschrift
Nürnberg 3.7.43.-22 a
An das Postamt
(Auskunfts- und Ausgabestelle für Postsendungen)
Bestadt

Rückseite

Auskunft nur nach den Unterlagen der Postdienststellen
Ist folgende Postanschrift richtig?
(Deutlich schreiben!)
Frau Dora Weber
Bestadt
Ringstraße 6 II
Antwort: Ja! Eine Änderung ist dem Postamt nicht bekannt.
Nein, sie muß lauten:
Bestadt
Karlstraße 5
Nein, andere kann aber nicht angegeben werden
Bestadt 6.7.43.-14 c

Bei der Ausfertigung dieser Eilauftragskarten ist zu beachten:

1. Deutliche Schrift!
2. Genaue Angabe des Absenders nach dem Vordruck im linken Teil der Anschriftenseite.
3. Genaue Bezeichnung des betroffenen Ortes im rechten Teil der Anschriftenseite.
4. Genaue Angabe der zu prüfenden Anschrift in dem betroffenen Ort auf der Rückseite der Karte.

IV. Übermittlung der Nachrichten und Aufnahme des Eilnachrichtendienstes.

Die Eilnachrichtenkarten und die Eilauftragskarten werden auf dem schnellsten zur Verfügung stehenden Wege an die Empfangsstelle übermittelt. Die Eilauftragskarten werden nach Prüfung der angegebenen Postanschrift auf dem schnellsten Wege an den Absender zurückgesandt. Die Benutzung dieses Eilnachrichtendienstes ist gebührenfrei.

Die Aufnahme des Eilnachrichtendienstes der Deutschen Reichspost wird in jedem einzelnen Falle von dem Präsidenten der Reichspostdirektion bestimmt und bekanntgegeben.

Berlin W 66, den 16. November 1943

Der Reichspostminister

Plakatanschlag, 16. November 1943

mund und Münster im Falle eines Angriffes im Westen Europas oder nach Unterbrechung der Bahnlinien durch feindliche Luftangriffe überbezirklich lenken sollte.[103] Im folgenden Monat wurde noch der »Einsatzstab F (= Fernmeldewesen) Rhein-Ruhr« für die Lenkung der Fernmeldeanlagen bei Störungen und Unterbrechungen im rheinisch-westfälischen Gebiet mit Sitz ebenfalls in Minden eingerichtet. Beide Einsatzstäbe bildeten bei rückwärtigen Postämtern sogenannte »Hauptauffangsstellen« und stellten einen Plan für die »Lenkung des Postdienstes in Notfällen« auf, der vorsorglich Einschränkungen in bestimmten Gebieten vorsah.[104] Danach stellte das Postministerium noch einen weiteren »Einsatzstab P Südwesten« auf, der von Kaiserslautern aus den grenzüberschreitenden Postverkehr mit den Armeepostmeistern in Paris und Brüssel lenken sollte; ab Herbst 1944 übernahm dieser Einsatzstab auch die überbezirkliche Lenkung für die Direktionen Frankfurt am Main, Karlsruhe, Koblenz, Saarbrücken und Stuttgart.[105]

Im Mai 1944 kam das Postministerium zu dem ernüchternden Fazit, daß die Reichspost in einer »ernsten Personalkrise« stecke und daß der Zusammenbruch der Postversorgung drohe, wenn nicht in irgendeiner Form alsbald Abhilfe geschaffen werde; es ist bezeichnend, daß man für diesen Fall im Ministerium bereits entsprechende Absicherungsbelege sammelte, um die eigene Unschuld am drohenden Desaster nachweisen zu können; ebenso auffallend ist, daß Staatssekretär Nagel zur gleichen Zeit dem Chef der Reichskanzlei Hitlers, Reichsminister Lammers, mitteilte, die Reichspost könne »ihrer Aufgabe nur noch mit den äußersten Schwierigkeiten gerecht werden«.[106] Im Postministerium dachte man schon daran, durch »Führerentscheid« die Verantwortung für den weiteren Leistungsabfall festlegen zu lassen. Ganz offensichtlich wollte man sich absichern und die Verantwortung für den befürchteten Zusammenbruch in der Post- und Fernmeldeversorgung nicht allein tragen.

Nachdem es somit nicht gelungen war, durch Einstellung von Ersatz- und Aushilfskräften die beiden Faktoren Arbeitsanfall und Personal wieder in ein vertretbares Verhältnis zueinander zu bringen, und es auch nicht möglich war, die einzelnen Mitarbeiter noch stärker als bisher zu belasten, blieb als dritter Ausweg nur, das von Ohnesorge schon im Juli 1943 gegebene Stichwort »generelle fühlbare Einschränkungen« aufzugreifen und eine Verminderung der anfallenden Arbeit durch grundsätzliche Bestimmungen für die gesamte Bevölkerung durchzusetzen. Diese Chance bot sich dem Postministerium, als es im Juli 1944 durch einen Vorstoß von Goebbels zu neuen Überlegungen und Maßnahmen für den totalen Kriegseinsatz des deutschen Volkes kam.

Leistungsanpassung und Einschränkungen im Rahmen des totalen Kriegseinsatzes 1944/45

In einer größeren Denkschrift unterbreitete Goebbels ähnlich wie kurz zuvor Reichsminister Speer dem »Führer« am 18. Juli 1944 neue Vorschläge zur totalen Mobilisierung der Bevölkerung für den Krieg, nachdem sich mit der Landung der Westalliierten in der Normandie am 6. Juni 1944 und mit der großen Offensive der Sowjetunion im Abschnitt der zusammengebrochenen Heeresgruppe Mitte an der Ostfront ab 22. Juni eine entscheidende Verschlechterung der militärischen Lage des Dritten Reiches abgezeichnet hatte. Goebbels' grundlegendes Papier[107], in dem er konstatierte, es müsse doch möglich sein, »das zivile Leben« nun endlich »aus einem zum Teil noch vorhandenen Friedenszustand in den echten Kriegszustand überzuführen«, führte zu interministeriellen Besprechungen. Nach Ansicht von Goebbels sollte die Partei einen neuen »gigantischen Ausschöpfungsprozeß« anführen.

Bedingt durch den Attentatsversuch von Oberst Claus Schenk Graf von Stauffenberg und seinen Mitverschwörern am 20. Juli 1944 wurde die Entscheidung über den Vorstoß des Propagandaministers kurzfristig hinausgeschoben. Fünf Tage später wurde Goebbels von Hitler zum »Reichsbevollmächtigten für den totalen Kriegseinsatz« ernannt. Bei den anschließenden Chefbesprechungen zwischen den betroffenen Ministerien und Reichsbehörden im »Führerhauptquartier« kam man bald zu dem Ergebnis, daß eine radikale Überprüfung des gesamten Staatsapparates sowie eine grundlegende Reform des öffentlichen Lebens durch restlose Konzentration und totale Ausschöpfung der Reserven nötig sei, um den Einsatz deutscher Kräfte in der Rüstungsindustrie deutlich steigern zu können.[108] Diese rigorose Überprüfung bezog sich auch auf das Leistungsangebot der Post.

Das Reichspostministerium konnte dabei Goebbels und die Mitglieder der vom Propagandaminister neu eingerichteten Gremien (»Planungsausschuß« und »Exekutivausschuß«) sehr rasch von der Notwendigkeit überzeugen, wesentliche auf das gesamte Post- und Fernmeldewesen des Reiches bezogene Einschränkungen einzuleiten. Bereits am 30. Juli und 4. August legte das Postministerium entsprechende Vorschläge für die beabsichtigten Leistungsanpassungen der Deutschen Reichspost vor.[109] Ohnesorge verschaffte sich für die schwerwiegenden Eingriffe und Stilllegungsmaßnahmen im Postbetrieb die Zustimmung von Goebbels und Himmler. Die Maßnahmen sollten nochmals 50000 Kräfte der Post für Wehrmacht und Rüstungswirtschaft freimachen. Ein noch schärferer »Plan 2«, dessen Durchführung »praktisch einer Stillegung des Postverkehrs« nahekam[110], der allerdings aber auch 75–100000 Kräfte freimachen sollte, wurde vorläufig zurückgestellt. Man zog ferner vorübergehend die Auflösung »einiger (etwa 5)« weiterer Reichspostdirektionen in Erwägung. Das Postministerium sah im eigenen Vorschlag dafür die Direktionen Augsburg (mit Anschluß nach München), Braunschweig (nach Hannover), Chemnitz (nach Leipzig), Kiel (nach Hamburg), Klagenfurt (nach Graz oder Innsbruck) und Koblenz (nach Köln) vor.[111]

Gegen teilweise heftige Kritik von Reichsminister Lammers und Reichsleiter Bormann konnte das Postministerium schließlich die meisten der vorgeschlagenen Beschränkungen durchsetzen. Lammers und Bormann ließen erst dann ihre Einwände fallen, als sie davon ausgehen konnten, daß auch Hitler selbst, dem man Ohnesorges Absichten vorgelegt hatte, seine Einwände zurückstellte.[112] Hitler erhob allgemein gegen die »Schärfe mancher Bestimmungen« Bedenken, da die Frage angebracht sei, »ob der Effekt wirklich die Störungen«, die wohl zunächst zu erwarten seien, »rechtfertige«. Der Diktator führte dabei an, daß die Bevölkerung »heute weitgehend zerrissen lebe, d. h. daß die Familienmitglieder in den meisten Fällen voneinander getrennt seien. Darauf müsse, sollten sich nicht schwere Stimmungseinbrüche ergeben, Rücksicht genommen werden«.[113] In der entscheidenden Sitzung des Exekutivausschusses konnten Ohnesorges Vertreter jedoch ihre Vorschläge durchsetzen, obwohl sogar Goebbels nach Hitlers Einwänden wieder schwankend geworden war.[114]

Worin bestanden Hitlers Bedenken? Er wandte sich gegen die beabsichtigte Einstellung der Päckchen-Versendung und gegen die Sperrung der Annahme von privaten Inlandstelegrammen bei Entfernungen unter 150 km. Hitler wünschte, daß Mitteilungen über Todes- und Krankheitsfälle weiterhin zugelassen sein sollten. Zudem sollte nach Ansicht des »Sekretärs des Führers« Bormann bei der geplanten Einschränkung des Paketverkehrs auf die Hälfte der bisherigen Einlieferungen »in der Praxis nicht allzu engherzig verfahren« werden, da man sich doch an der möglichen »arbeitsmäßigen Höchstleistung der Post« orientieren solle.[115] Da sowohl Propaganda- als auch Postministerium die Einschränkungen jedoch bereits mit großer Aufmachung öffentlich angekündigt hatten, konnte man nicht mehr gänzlich zurück. Als Kompromiß gegenüber Hitlers Wünschen blieb dann die Briefbeförderung in ihrem Höchstgewicht uneingeschränkt bestehen. Schließlich wurden die Einschränkungen am 14. August 1944 als Verfügung »Deutsche Reichspost und totaler Kriegseinsatz« offiziell im Amtsblatt des Reichspostministeriums bekannt gemacht (siehe Abdruck auf S. 314).[116]

Die »Anpassungen der Leistungen der Deutschen Reichspost an die Erfordernisse der totalen Kriegsführung« sahen folgende Sofortmaßnahmen vor:
Für den Postfachdienst:
- Einstellung der Versendung von Drucksachen, Geschäftspapieren, Warenproben und Mischsendungen;
- Einstellung der Versendung von Päckchen, Postgütern und dringenden Paketen;
- Einschränkung im Paketdienst bei der Annahme von Paketen gemäß Arbeits- und Personallage der Post;
- Aufhebung der Eilzustellung;
- Aufhebung der Sonntagszustellung;
- Werktäglich nur noch eine Briefzustellung;
- Einschränkung bei der Briefkastenleerung;
- Einschränkungen beim Briefnachrichtendienst;

für den Fernsprechdienst:
- Mögliche Aufhebung von Fernsprechanschlüssen privater Art;
- Einschränkungen des privaten Ortsverkehrs;
- Aufhebung des Fernsprechauftragsdienstes;
- Keine Neuauflegung von amtlichen Fernsprechbüchern;

für den Telegraphenbeförderungsdienst:
- Sperrung der Annahme von privaten Inlandstelegrammen, telegraphischen Postanweisungen und Überweisungen innerhalb des Nahbereiches von 150 km (Mitteilungen von Todes- und Krankheitsfällen waren davon ausgenommen);
- Wegfall bestimmter Telegrammarten, wie z. B. des »dringenden Telegrammes«;

für den Feldpostdienst wurden keine Beschränkungen vorgesehen.

Ausgabe A 341

Amtsblatt des Reichspostministeriums

Bekanntmachungen der Deutschen Reichspost

Erscheint wöchentlich zweimal. Bezugspreis halbjährlich 2.00 Reichsmark
Zu beziehen durch die Post. Einzelnummern auch durch den Verlag: Postzeitungsamt, Berlin W. Dessauer Str. 3-5

Jahrgang 1944	Berlin, den 14. August	Nr. 77

Inhalt

Verfügung

Allgemeines

Die mit *) bezeichneten Verfügungen usw. sind bei den Poststellen (I) in Umlauf zu setzen.

Verfügung

Allgemeines

***) Nr. 258 1944. Deutsche Reichspost und totaler Kriegseinsatz**

Zur AmtsblVf. Nr. 245 1944 S. 331

Im Einvernehmen mit dem Reichsminister und Chef der Reichskanzlei, dem Leiter der Partei-Kanzlei und dem Generalbevollmächtigten für die Reichsverwaltung auf Grund des Erlasses des Führers über den totalen Kriegseinsatz vom 25. Juli 1944 (AmtsblVf. Nr. 245/1944) bestimme ich für den Bereich der Deutschen Reichspost folgendes:

A. Postdienst

I

Päckchen und Pakete im Inlandsdienst

1. Päckchen sind nicht mehr zugelassen.
2. Postgüter und dringende Pakete fallen weg.
3. Die Annahme von Paketen einschl. der versiegelten und unversiegelten Wertpakete kann, soweit es sich nicht um unbedingt kriegsnotwendigen Paketverkehr handelt, nach der Arbeits- und Personallage beschränkt werden.
4. Bei der Paketgebühr werden nur noch zwei Zonen unterschieden: die Nahzone bis 75 km und die Fernzone über 75 km. Für Pakete der Nahzone wird die Paketgebühr für die bisherige Zone 1 und für solche der Fernzone die Paketgebühr für die bisherige Zone 3 erhoben. Die Bestimmung, wonach im Paketverkehr zwischen Ostpreußen und dem übrigen Reichspostgebiet sowie zwischen dem Gebiet der ehemaligen Freien Stadt Danzig und dem übrigen Reichspostgebiet außer Ostpreußen die Gebühr der jeweilig nächstniedrigen Zone erhoben wird, wird aufgehoben.
5. Die Zustellgebühr für Pakete fällt weg.

II

Postreiseschecke

Postreisescheckhefte werden nicht mehr ausgestellt.

III

Briefsendungen im Inlandsdienst

Drucksachen, Geschäftspapiere, Warenproben und Mischsendungen sind nicht mehr zugelassen.

IV

Zustellung und Briefkastenleerung

1. Eine Zustellung von Postsendungen durch besondere Boten — Eilzustellung — findet nicht mehr statt.
2. Werktäglich findet nur eine Briefzustellung statt.
3. Die Sonntagsbriefzustellung oder an deren Stelle die Briefzustellung an einem Werktag in der Woche wird aufgehoben.
4. Die Briefkastenleerung wird nach Lage der örtlichen Verhältnisse weitgehend eingeschränkt.

V

Feldpost und Dienstpost

Der Feldpost- und Dienstpostverkehr wird durch die vorstehenden Anordnungen nicht berührt.

B. Fernmeldedienst

VI

Fernsprechanschlüsse

Fernsprechanschlüsse, die nicht kriegs-, wehr- oder lebenswichtigen Zwecken dienen, können aufgehoben werden; die Teilnehmer werden im einzelnen benachrichtigt. Das Teilnehmerverhältnis ruht. Die Anschlüsse können später ohne Erhebung von Einrichtungsgebühren wieder eingerichtet werden.

Amtsbl d. RPM 1944 102

342 Amtsbl 1944 **Nr. 77** — Vf. Nr. 258

VII

Allgemeiner Inlandsfernsprechdienst

1. Zur Sicherung der kriegswichtigen Gespräche und zur Vermeidung von Erweiterungen oder Erneuerungen von Fernsprecheinrichtungen sind
   a) unwichtige Fernsprechanschlüsse dort zu sperren, wo die technischen Einrichtungen der Ämter überlastet sind, und
   b) private Ferngespräche in den Sprechbeziehungen eines bestimmten Nahbereichs nicht zugelassen, wenn und solange die Fernleitungen für die Abwicklung der wichtigeren Ferngespräche benötigt werden. Der Umfang des Nahbereichs wird örtlich im einzelnen bestimmt.
2. Die zur Förderung der Fernsprechbenutzung in den Abend- und Nachtstunden ermäßigte Fernsprechgebühr fällt mit Wirkung vom 1. September 1944 weg.

VIII

Besonderer Inlandsfernsprechdienst

1. Der Fernsprechauftragsdienst wird eingestellt.
2. Gespräche zum Heranholen einer Person (XP-Gespräche) und Gespräche mit Voranmeldung (V-Gespräche) werden nicht mehr ausgeführt. Gespräche, bei denen die entstehenden Gebühren der verlangten Teilnehmersprechstelle angerechnet werden (R-Gespräche), werden vom 1. September 1944 an auf besondere Dienste beschränkt (RSrA-Gespräche und Frontgespräche).

IX

Vereinfachungen

1. Die amtlichen Fernsprechbücher werden weder neu aufgelegt noch berichtigt.
2. Die Fernsprechrechnungen werden nur jeden 3. Monat abgesandt, wenn nicht vorher die Gebühr von 50 ℛℳ erreicht ist.
3. Beanstandungen von Fernsprechrechnungen (Nachforderungen und Erstattungen) bis zu einem Betrage von 5,00 ℛℳ werden nicht mehr bearbeitet.

C. Telegraphendienst

X

Privattelegramme im Nahbereich

Private Inlandstelegramme einschl. telegraphischer Postanweisungen und Überweisungen sind nicht mehr zugelassen nach Orten im Nahbereich des Aufgabeortes. Ausgenommen sind folgende Telegramme (dringende und gewöhnliche): KW-Telegramme, Presse-Telegramme, Telegramme der NSDAP., ihrer Gliederungen sowie angeschlossener Verbände, ferner Feldpost-Telegramme, Telegramme im Unfallmeldedienst sowie telegraphische Mitteilungen von Todes- und Krankheitsfällen.

Der Nahbereich umfaßt die bisherigen Zonen I und II des Paketposttarifs; er erstreckt sich somit auf Entfernungen bis zu etwa 150 km vom Aufgabeort.

XI

Telegrammgattungen

Von den außerhalb des Nahbereichs (s. X) zugelassenen Privattelegrammen werden im Inlandsdienst folgende Gattungen aufgehoben:

Telegramme mit bezahlter Antwort (RP),
Telegramme mit Vergleichung (TC),
Telegramme mit telegraphischer oder brieflicher Empfangsanzeige und die Empfangsanzeigen selbst (PC, PCP und CR),
Mehrfachtelegramme (TM oder CTA),
Offen zuzustellende Telegramme (offen),
Eigenhändig zuzustellende Telegramme (MP),
Dringende Telegramme (D)
mit Ausnahme dringender KW-Tel., dringender Presse-Tel. und dringender Tel. der NSDAP., ihrer Gliederungen sowie angeschlossener Verbände.

Schmuckblatt-Telegramme, Glückwunsch-Telegramme und Blitztelegramme bleiben wie bisher aufgehoben.

XII

Bildtelegraphendienst

Der Dienst der öffentlichen und privaten Bildtelegraphenstellen wird im Inland eingestellt.

D. Inkrafttreten und Durchführungsbestimmungen

Dieser Erlaß tritt, soweit nichts besonderes bestimmt ist, sofort in Kraft.

Etwa erforderliche Durchführungsbestimmungen ergehen besonders. Da es sich um Kriegsmaßnahmen handelt, bleibt die Berichtigung der Benutzungsordnungen sowie Dienstwerke vorbehalten.

Berlin W 66, den 12. August 1944.

Der Reichspostminister

Ohnesorge

— 1160 — 0 —

Herausgegeben vom RPM

Berlin, gedruckt in der Reichsdruckerei

Amtsblatt vom 14. August 1944 betr. »Deutsche Reichspost und totaler Kriegseinsatz«

In einem Rundschreiben an den unterstellten Dienstbereich beschrieb Ohnesorge am 17. August diesen Katalog als »erste Stufe eines Gesamtprogrammes«, das eine »gewaltige Umstellung für die Deutsche Reichspost« mit sich bringe.[117] Am 20. August wurden die Vereinfachungsmaßnahmen auch propagandistisch im deutschen Rundfunk vorgestellt. Zusätzlich zu den angeordneten Beschränkungen wurde es dabei jedem Bürger zur »Pflicht« gemacht, der Post durch verringerte Inanspruchnahme bei der Arbeit im Rahmen des totalen Krieges zu helfen«.[118] Eine Werbeaktion im gesamten Reich mit den Sprüchen »Fasse dich kurz!« und »Warum ein Telegramm, wenn Postkarte genügt!« unterstützte die Appelle zur Mäßigung bei der Postbenutzung. Diese Aktionen sollten ebenso wie die Festsetzung der wöchentlichen Mindestarbeitszeit auf 60 Stunden und die Verfügung einer vorläufigen Urlaubssperre für Postbedienstete ab 26. August die Bewältigung des Arbeitsanfalles unter den erschwerten Anforderungen in den letzten Kriegsmonaten ermöglichen.[119]

Die Halbherzigkeit bei der Festlegung der Einsparungsmaßnahmen wurde jedoch deutlich, als für den 15. September 1944 die Ausgabe von neuen Sonderbriefmarken zum »Großen Preis von Wien« mit entspechend hohen Zuschlägen angekündigt wurde. Zwar hatte man bei den Erörterungen über die Vereinfachungsmaßnahmen auch einmal die Streichung der Herausgabe von Sondermarken und Sonderstempeln angesprochen, diesen Punkt allerdings rasch wieder fallengelassen, als das Postministerium darauf hinwies, daß die Geldeinnahmen aus den Zuschlägen der Sondermarken dem »Kulturfonds des Führers« zuflossen. Solche drastischen Eingriffe wagte dann doch niemand durchzusetzen, so daß auch in den weiteren Kriegsmonaten bis zum Ende des Dritten Reiches noch einiger Aufwand für die Herausgabe von Sondermarken betrieben wurde.[120]

Enttäuschend war denn auch die Feststellung Ende Oktober 1944, daß die Einschränkungen den Arbeitsanfall bislang nur um 10 bis 15 Prozent reduzierten, so daß die Post im Zusammenhang mit der zu erwartenden üblichen Spitzenbelastung zu Weihnachten 1944 erneut vor großen Personalproblemen stand und man im Ministerium bereits an eine Herabsetzung des noch zugelassenen privaten Paketverkehrs dachte. Symptomatisch für die weiterhin schlechte Personallage war dann auch der ab Januar 1945 angeordnete Kriegseinsatz von 12- bis 14jährigen Hitlerjugend-Angehörigen im Bereich des Post- und Fernmeldedienstes.[121]

Noch im November 1944 erhielt der Reichspostminister endlich das Ritterkreuz zum Kriegsverdienstkreuz mit Schwertern von Hitler verliehen, für das ihn SS-Gruppenführer Berger – der den Orden ebenfalls im November 1944 erhielt – schon im Juni 1943 gegenüber Himmler »im Hinblick auf die Verbundenheit (zur SS – der Verf.) und des treuen Mitspurens« vorgeschlagen hatte. Die Übergabe dieses höchsten Ordens für besondere Kriegsanstrengungen in der Heimat an Ohnesorge dokumentierte immerhin, daß der Postminister nach wie vor das Vertrauen des »Führers« besaß.[122] Von dieser Vertrauensgrundlage aus konnte Ohnesorge dann auch zwei Tage vor Weihnachten 1944 weitere Einschränkungen als »Sonderaktion Post« verfügen – wie die Reduzierung von privaten Einschreib- und Wertbriefen »im ganzen Reichspostgebiet auf ein Viertel der Einlieferungszahl von Juli 1944«.[123]

In den Kriegsmonaten nach September 1944 wurde die Post noch vor eine weitere, nicht immer leicht zu erfüllende Aufgabe gestellt. Ab Herbst 1944 mußten – beginnend im Raum Aachen im Westen und Gumbinnen im Osten – aufgrund des Zurückweichens der deutschen Truppen Einrichtungen der Post in immer stärkerem Umfange bis Mai 1945 abgebaut, geräumt oder sogar gesprengt werden. Dabei wurden in den Räumungsgebieten meist noch weiter örtliche Einschränkungen angeordnet, so daß die Post ab Winter 1944/45 ihrem selbst gesetzten Anspruch aufgrund der sich rasch verschlechternden Kriegssituation kaum noch gerecht werden konnte. So war es bald keine Seltenheit mehr, wenn die Laufzeit der Briefpost zum Jahreswechsel 1944/45 nicht nur in den stark luftkriegsbetroffenen Reichsgebieten, sondern auch in den anderen Reichsteilen »durchschnittlich 1 bis 4 Wochen« in Anspruch nahm, wie im Januar 1945 beklagt wurde.[124] Ursache dieser Verzögerungen war oft der Ausfall von Eisenbahnstrecken für die Postbeförderung. Um dort Abhilfe zu schaffen und wenigstens die kriegswichtige Briefpost transportieren zu können, wurden ab Ende März 1945 noch 18 »Fernkurierpostlinien« mit posteigenen Kraftfahrzeugen eingerichtet, deren Aufrechterhaltung dann allerdings durch den Mangel an Kraftstoff wieder behindert wurde.[125]

Wie untauglich die Mittel und verbliebenen Möglichkeiten des Postministers Anfang 1945 waren, solche Mißstände zu beheben, belegt Ohnsorges Aufforderung vom 22. Januar 1945 an die »Herren Präsidenten«, »los vom Schreibtisch und hinein in den Bezirk« zu gehen. Nur so könne auch von ihnen diese Schlacht gewonnen werden.

»Also nicht der Schreibtisch und die Feder« seien »ihre Waffe, sondern ihre Persönlichkeit, Autorität und Erfahrung sowie der unermüdliche Wille, auch in unmöglich scheinenden Situationen alle ihre Männer zusammenzureißen und vorwärts zu treiben«. Es gelte, »diesen Willen zur Tat« als »Beitrag zum Siege« zu beweisen.[126] Vergeblich war auch Ohnesorges noch im März 1945 unternommener Versuch, durch eine unmittelbare Weisung Hitlers an den Chef des Oberkommandos der Wehrmacht, Generalfeldmarschall Keitel, zugunsten des Reichspostministers die früher an die Wehrmacht abgegebenen 600 Fachkräfte im Kabellöterdienst und die Postbautrupps zurückzuerhalten, um den Fernmeldedienst, der nur noch zu 5 Prozent betriebsbereit war, wieder herstellen zu können. Eine Antwort Hitlers ist in den Akten nicht vorhanden.[127]

Gerade die überstürzte Räumung mancher Postdirektionen und Postämter sowie die Rückführung der Dienststellen der »Deutschen Post Osten« aus dem Generalgouvernement und der Generalpostkommissariate Ukraine und Ostland, die gelegentlich sogar erst unter feindlichem Beschuß erfolgten, bezeugen sehr deutlich, daß die Deutsche Reichspost unter Ohnesorge bis zum Schluß des Krieges voll in die Kriegsanstrengungen einbezogen war. Bezeichnenderweise sollten die Reichspostdirektionen ab Februar 1945 sogenannte »Führungsstäbe« nach militärischem Muster bilden.[128] Ähnlich wie die Reichsverwaltung war schließlich auch die Leitung des Postministeriums am Tage der militärischen Kapitulation der Wehrmacht in zwei Hälften zerrissen. Staatssekretär Nagel leitete von Hamburg aus bis zu seiner Internierung am 23. Mai 1945 den seit dem 2. Mai aufgestellten »Arbeitsstab Nord der Reichspost«, während sich Minister Ohnesorge, nachdem er Anfang April Freesen verlassen hatte, bis zu seiner Verhaftung durch US-Truppen in Bad Gastein am 11. Mai 1945 im Süden des Reiches aufhielt.[129] Der Untergang des Dritten Reiches führte schließlich auch zum Zusammenbruch des Post- und Fernmeldewesens; er hatte sich bereits in den letzten Wochen des Krieges durch regionale Unterbrechungen und Ausfälle in der Postversorgung angekündigt.

Zweifellos leisteten die Postmitarbeiter nicht nur als Teil eines leistungsfähigen Dienstes auf dem Gebiet des Nachrichtenwesens, sondern teilweise auch als Kombattanten mit der Waffe einen wichtigen Beitrag im Kriegseinsatz bis zur totalen Niederlage des NS-Staates, der weit über ihre beruflichen Aufgaben als Postangehörige hinausging. Dieses Fazit deckt sich auch mit der zeitgenössischen Einschätzung des Postministeriums, das schon im März 1944 in einem knappen Überblick über die Leistung der Deutschen Reichspost während des Krieges zu dem Ergebnis kam, daß die Reichspost »einen ganz außerordentlich fühlbaren Anteil am Kriegseinsatz geleistet« hat.[130] Letztlich war diese Heranziehung und Leistung für den totalen Krieg auch ein Resultat der Anerkennung und Einstufung der Post als Hoheitsverwaltung und staatliches Machtmittel des Reiches, so daß sie dann in der zweiten Kriegshälfte immer stärker einen entsprechenden direkten Beitrag für die nationalsozialistische Kriegführung leisten mußte.

Anmerkungen

1 Alfred Clement: Kleines Handbuch der Deutschen Feldpost 1937–1945. Graz 1952; Bruno Schmitt/Bodo Gericke: Die deutsche Feldpost im Osten und der Luftfeldpostdienst Osten im Zweiten Weltkrieg. In: Archiv für deutsche Postgeschichte 1969/1, S. 1–66; Bodo Gericke: Die deutsche Feldpost im Zweiten Weltkrieg. Eine Dokumentation über Einrichtung, Aufbau, Einsatz und Dienste. In: Archiv für deutsche Postgeschichte 1971/1, S. 1–164; Norbert Kannapin: Die deutsche Feldpost 1939–1945. Organisation und Lokalisation der Feldpostämter und Feldpostdienststellen. Osnabrück 1979, 2. erweit. Aufl. 1987.
Für vielfältige freundliche und hilfreiche Hinweise danke ich Herrn Dr. Wolfgang Lotz, Dieburg, und Herrn Hans U. Stenger, Universität Frankfurt.

2 Gottfried Korella: Über die Zusammenarbeit der deutschen Post mit Heer/Wehrmacht im Fernmeldewesen von 1900 bis 1945. In: Archiv für deutsche Postgeschichte 1976/2, S. 25–45.

3 Karl Sautter: Geschichte der Deutschen Post. Teil 3: Geschichte der Deutschen Reichspost (1871 bis 1945). Frankfurt 1951; zur selbst gewählten Beschränkung schreibt Sautter im Vorwort, daß in der Darstellung seines Werkes »die damit zusammenhängenden staatspolitischen Geschehnisse und deren Ursachen mit der gebotenen Zurückhaltung Erwähnung finden sollen«. Ernst Schilly: Nachrichtenwesen (Post- und Fernmeldewesen). In: Deutsche Verwaltungsgeschichte. Hrsg. v. Kurt G. A. Jeserich, Hans Pohl und Georg-Christoph von Unruh. Bd. 4: Das Reich als Republik und in der Zeit des Nationalsozialismus. Stuttgart 1985, S. 935–949.

4 Post und Postler im Nationalsozialismus – Verfolgung und Widerstand. Redaktion: Walter Glasbrenner. Frankfurt 1986; siehe dazu die kritische Rezension von Wolfgang Lotz, in: Archiv für deutsche Postgeschichte 1987/1, S. 120–122.

5 Das Bundesarchiv und seine Bestände. Begr. v. Friedrich Facius, Hans Booms, Heinz Boberach. Bearb. v. Gerhard Granier, Josef Henke und Klaus Oldenhage. Boppard 3. ergänzte Aufl. 1977, S. 138f.; der Bestand Reichspostministerium R 48 ist für diese Skizze vom Verf. ausgewertet worden.

6 Übersicht über die Bestände des Deutschen Zentralarchivs Potsdam. Redaktion: Helmut Lötzke, Hans-Stephan Brather. Berlin-DDR 1957 (= Schriftenreihe des Deutschen Zentralarchivs, Nr. 1), S. 108ff. Ulrich

Roeske: Der Bestand Reichspostministerium im Zentralen Staatsarchiv Potsdam. Bestandsanalyse. In: Archivmitteilungen. Zeitschrift für Theorie und Praxis des Archivwesens. Hrsg. v.d. staatlichen Archivverwaltung der Deutschen Demokratischen Republik Jg. 1986, H. 5, S. 154–157.

7 Rudi Keil: Die Gründung des Europäischen Post- und Fernmeldevereins während des zweiten Weltkrieges und seine Bedeutung für die Expansionspolitik des deutschen Faschismus. In: Wissenschaftliche Zeitschrift der Hochschule für Verkehrswesen Dresden 6 (1958/59), S. 683–691; ders.: Der Anteil der Deutschen Reichspost an der Sicherung und Festigung der Herrschaft des Faschismus in Deutschland (1933–1939). Teil I. In: Wissenschaftliche Zeitschrift der Hochschule für Verkehrswesen »Friedrich List« in Dresden 17 (1970), S. 25–33, Teil II: S. 189–200; ders.: Das Ausnutzen von internationalen Beziehungen der Deutschen Reichspost im Interesse des faschistischen deutschen Imperialismus. In: Wissenschaftliche Zeitschrift der Hochsschule für Verkehrswesen »Friedrich List« Dresden 19 (1972), S. 25–45; ders.: Charakter und Funktionen der Deutschen Reichspost in der Periode der faschistischen Kriegsvorbereitung (1933–1939). Habilitationsschrift, Fakultät für Gesellschaftswissenschaften, Hochschule für Verkehrswesen »Friedrich List« Dresden, 2. April 1969.

8 Biographisches Material befindet sich u.a. in den Spruchkammerakten, Amtsgericht München, Registratur S, und in den Personalunterlagen des Document Center in Berlin. Eine erste biographische Skizze von Herbert Leclerc ist im Archiv für deutsche Postgeschichte 1988/2 erschienen.

9 Das Bundesarchiv und seine Bestände, a.a.O., S. 612: Der Bestand NL 159 enthält »nur persönliche Unterlagen und wenige posttechnische Materialien«.

10 Die Unterlagen zu den Verfahren der Spruchkammer Garmisch-Partenkirchen vom Juni 1948 (mit Spruch-Einstufung in Gruppe II der Belasteten), der Berufungskammer für Oberbayern in München vom April 1949 (mit Spruch-Einstufung in Gruppe I der Hauptschuldigen) sowie des Wiederaufnahmeverfahrens vor der Hauptspruchkammer München im März 1955 (mit Entscheid zur Einstellung des Verfahrens gemäß § 1 des Gesetzes zum Abschluß der politischen Befreiung in Bayern v. 27. 7. 1950) befinden sich im Amtsgericht München, Registratur S. Der Verf. dankt den zuständigen Damen und Herren für die gewährte Erlaubnis zur Einsichtnahme in dieses Material.

11 Siehe dazu die Beiträge in der Zeitschrift »Archiv für Post und Telegraphie«, später »Postarchiv« Jg. 67–72 (1939–1944) – Jg. 73 (1945) erschien nicht mehr; ferner die Fest- und Gedenkpublikationen: Die Reichspost im Dritten Reich. Vier Aufsätze und Vorträge von W. Ohnesorge. Berlin 1937 (= Post und Telegraphie in Wissenschaft und Praxis, Bd. 2); Die Reichspost im Staate Adolf Hitlers. Festausgabe aus Anlaß des 65. Geburtstages des Reichspostministers Dr. Ing. e.h. Ohnesorge am 8. Juni 1937. Hrsg. v. Staatssekretär im Reichspostministerium Dipl. Ing. Nagel. Berlin 1937; Jakob Nagel und Lampe: Die Personalpolitik der Deutschen Reichspost im Dritten Reich. Berlin 1937 (= Post und Telegraphie in Wissenschaft und Praxis, Bd. 3); Deutsche Reichspost und Staatshoheit. Aufsätze und Vorträge von W. Ohnesorge. Berlin 1938 (= Post und Telegraphie in Wissenschaft und Praxis, Bd. 8); Die Aufgaben der Deutschen Reichspost. Aufsätze und Vorträge von W. Ohnesorge. Berlin 1939 (= Post und Telegraphie in Wissenschaft und Praxis, Bd. 10); Wilhelm Ohnesorge: Der Einsatz der Reichspost für die deutschen Wirtschaftsziele. In: Der Vierjahresplan 2 (1938), S. 76–78; ders.: Die Bedeutung der Deutschen Reichspost für die deutsche Wirtschaft. In: Die deutsche Volkswirtschaft 6 (1937), S. 921–923, 956–959; Hans Rackow: Die Aufgaben der Deutschen Reichspost in der Kriegswirtschaft. In: Die deutsche Volkswirtschaft 10 (1941), S. 328–330. Von den Präsidenten der Reichspostdirektion Berlin liegen von Dr. Dr. Friedrich Risch (1885–1965, er löste am 1. 3. 1938 Präsident Dr. Karl Lünsmann, 1875–1950, ab, der seit 1. 12. 1932 die RPD Berlin geleitet hatte, und war später als Leiter der Zentralabteilung im Ministerium persönlicher Berater Ohnesorges), Dr. Erich Körner (geb. 1903, Präsident in Berlin vom 1. 6. 1939 bis 31. 10. 1941) und Prof. Dr. Dr. Kurt Timm (1903–1974, Präsident in Berlin vom 1. 11. 1941 bis 8. 5. 1945) ebenfalls entsprechende publizistische Beiträge vor (vgl. z.B. Anm. 16 und 77).

12 Dr.-Ing. e.h. Wilhelm Ohnesorge (8. 6. 1872–1. 2. 1962), Gymnasium in Frankfurt (Main), 1890 Eintritt in die Post, Studium in Kiel und Berlin, 1897 erste Staatsprüfung zum höheren Postdienst, 1900–02 beim Telegraphenversuchsamt in Berlin, 1902–14 Telegrapheninspektor bei der Oberpostdirektion Berlin, 1914–15 Referent für Nachrichtenwesen bei der Obersten Heeresleitung, 1915–18 Chef der Telegraphenbaudirektion des Großen Hauptquartiers, 1916 Postrat, 1919 bei der Oberpostdirektion Dortmund, dort 1920 Gründer der NSDAP-Ortsgruppe (1921 NSDAP-Gründer in Hagen, Iserlohn und Altena), 1920 Oberpostrat, 1924 Abteilungsleiter bei der Oberpostdirektion Berlin, 1925 rückwirkende Aufnahme in die neugegründete NSDAP, Mitgliedsnummer 42, Goldenes Parteiabzeichen, 1929 Verleihung des Dr.-Ing. e.h. durch Technische Hochschule Stuttgart, ebenfalls 1929 Präsident des Reichspostzentralamtes Berlin, 1. 3. 1933 Staatssekretär im Reichspostministerium, 2. 2. 1937 Reichspostminister, 11. 5. 1945 von US-Truppen in Bad Gastein verhaftet, 17. 6. 1948 aus der Gefangenschaft entlassen.

13 Zum personell strukturierten Herrschaftsgefüge des Dritten Reiches und der sich daraus ergebenden Forschungsdiskussion über Polykratie oder monolithischer Block des »Führerstaates« siehe die grundlegenden Hinweise bei Klaus Hildebrand: Das Dritte Reich. 3. überarb. u. ergänzte Auflage München–Wien 1987 (= Oldenbourg Grundriß der Geschichte, Bd. 17) mit Angabe der weiterführenden Literatur.

14 Vgl. Max Domarus: Hitler. Reden und Proklamationen 1932–1945. Bd. I/2. Wiesbaden 1973, S. 678 und neuerdings: Die Tagebücher von Joseph Goebbels. Sämtliche Fragmente. Hrsg. v. Elke Fröhlich. Teil I: Aufzeichnungen 1924–1941. Bd. 3: 1. 1. 1937 – 31. 12. 1939. München 1987, S. 29f.

15 Zur Stellung der Post in der Zeit der Weimarer Republik vgl. den Beitrag von Martin Vogt in diesem Band und den Abschnitt »Nachrichtenwesen« von Ernst Schilly in: Deutsche Verwaltungsgeschichte. Hrsg. v. Kurt G. A. Jeserich, Hans Pohl, Georg-Christoph von Unruh. Bd. 4: Das Reich als Republik und in der Zeit des Nationalsozialismus. Stuttgart 1985, S. 297–307.

16 Amtsblatt 1937, Nr. 22 v. 5. 3. 1937. Wiederabgedruckt in: Deutsche Reichspost und Staatshoheit, a.a.O., S. 124; vgl. Erich Körner: Die Deutsche Reichspost – eine Hoheitsverwaltung. In: Die Deutsche Reichspost im Staate Adolf Hitlers, a.a.O., S. 87–94 sowie die eigene Darstellung von Ohnesorge, Die Bedeutung der Deutschen Reichspost für die deutsche Wirtschaft, a.a.O., S. 921.

17 Die Deutsche Reichspost im Staate Adolf Hitlers, a.a.O., S. 31.

18 Domarus, Hitler, a.a.O., Bd. II/2, S. 1697. Ohnesorge erhielt die Auszeichnung zusammen mit Reichsleiter Max Amann und Prof. Dr. Willy Messerschmidt aus der Hand von Rudolf Heß zum »Tag der Arbeit«.

19 Nachweis der Dotation in: Spruchkammerakten Amtsgericht München, Registratur S.

20 Siehe den Schriftwechsel des Persönlichen Stabes Reichsführer SS im Archiv des Institutes für Zeitgeschichte München, MA 295 und im Berlin Document Center. Einer von SS-Gruppenführer Berger vorgeschlagenen Übernahme in die SS als SS-Obergruppenführer entsprach Himmler jedoch nicht, da Ohnesorge schon NSKK-Obergruppenführer war.

21 Domarus, Hitler, a.a.O., Bd. II/2, S. 1890.

22 Der Text des Handschreibens befindet sich in den Spruchkammerakten Amtsgericht München, Registratur S.

23 Vgl. die Unterlagen im Bundesarchiv Koblenz, Nachlaß Ohnesorge NL 159.

24 Berlin Document Center, NSDAP-Reichsschatzmeister v. 17. 5. 1934. Zur Bewunderung durch Hitler siehe Henry Picker: Hitlers Tischgespräche im Führerhauptquartier. Vollständig überarb. u. erweiterte Neuausgabe. Stuttgart 1977, S. 371.

25 Vgl. Wulf C. Schwarzwäller: Hitlers Geld. Bilanz einer persönlichen Bereicherung. Rastatt 1986, S. 194f.; Albert Speer: Erinnerungen. Frankfurt 1969, S. 100; auch zum Folgenden.

26 Domarus, Hitler, a.a.O., Bd. I/2, S. 683.

27 Die Tagebücher von Joseph Goebbels, a.a.O., Bd. 3, S. 103.

28 H. Rost: Deutsche Postwertzeichen. In: Jahrbuch des Postwesens. Hrsg. v. Erich Körner. Jg. 1937. Berlin 1938, S. 270–295, auch zu den folgenden Zitaten.

29 Ebenda, S. 294f.

30 Heinrich Hoffmann: Hitler was my friend. London 1955, S. 182f., Speer, Erinnerungen, a.a.O., S. 100.

31 Bundesarchiv Koblenz, R 48/72 und Bundespostmuseum Frankfurt, Reichspostminister v. 29. 7. 1940 mit Ergänzungen v. 15. 8. 1940 und 12. 9. 1940.

32 Reichsgesetzblatt 1938, Teil I, Nr. 115 v. 26. 7. 1938, S. 922.

33 Bundesarchiv Koblenz, R 48/72 und Bundespostmuseum Frankfurt, Der Reichspostminister v. 19. 10. 1940, auch zum Folgenden.

34 Bundespostmuseum Frankfurt und Bundesarchiv Koblenz, R 48/72, Reichpostminister v. 7. 7. 1941.

35 Bundesarchiv Koblenz, R 48/72, Reichspostminister v. 30. 9. 1941 aufgrund der Richtlinien des Reichsinnenministers v. 15. 9. 1941.

36 Ebenda, Reichspostminister v. 30. 10. 1941.

37 Ebenda, R 48/72 und 89, Reichspostminister v. 23. 12. 1941 mit Zusatz v. 25. 2. 1942 und Reichspostminister v. 30. 1. 1942.

38 Ebenda, R 48/73, Reichspostminister v. 1. 4. 1942.

39 Ebenda, R 48/72, Reichspostminister v. 11. 4. 1942 mit Zusatz v. 25. 7. 1942.

40 Ebenda, R 48/72, Reichspostminister v. 12. 11. 1942 mit Ankündigung der Verfügung v. 16. 10. 1942, auch zum Folgenden.

41 Ebenda, R 48/72 und 89, Reichspostminister v. 13. 1. 1943.

42 Ebenda, R 48/72, Reichspostminister v. 16. 3. 1942 mit Ausweitung der Ausschließungen und Einschränkungen der Post auf Juden slowakischer, kroatischer und rumänischer Staatsangehörigkeit.

43 Vgl. dazu neuerdings Jonny Moser: Die Entrechtung der Juden im Dritten Reich. Diskriminierung und Terror durch Gesetze, Verordnungen und Erlasse. In: Der Judenpogrom 1938. Von der »Reichskristallnacht« zum Völkermord. Hrsg. v. Walter H. Pehle. Frankfurt 1988, S. 118–131; ferner Bruno Blau: Das Ausnahmerecht für die Juden in Deutschland. Düsseldorf 1954.

44 Vgl. Bundespostmuseum Frankfurt, Reichspostminister v. 11. 12. 1940.

45 Vgl. dazu die in Anm. 1 aufgeführte Literatur.

46 Bundesarchiv Koblenz, R 48/55, Reichspostminister v. 3. 4. 1941.

47 Ebenda, R 48/33, Reichspostminister an die Präsidenten der Reichspostdirektionen v. 9. 7. 1941.

48 Vgl. Hans Rackow: Das Großdeutsche Post- und Fernmeldewesen und seine Aufgaben in einer Europa-Wirtschaft. In: Weltwirtschaft. Monatsschrift für Weltwirtschaft und Weltverkehr 29 (1941), S. 12–17.

49 Vgl. Keil, Die Gründung des Europäischen Post- und Fernmeldevereins, a.a.O., S. 683ff.

50 Bundesarchiv Koblenz, R 48/47 und Bundespostmuseum Frankfurt, Reichspostminister v. 3. 4. 1942 mit dem »Erlaß des Führers über die weitere Vereinfachung der Verwaltung« v. 25. 1. 1942 als Anlage.

51 Bundesarchiv Koblenz, R 48/59, Reichspostminister an die Präsidenten der Reichspostdirektionen v. 4. 8. 1942 und v. 5. 7. 1943, auch zum Folgenden.

52 Mehrere Hinweise in den Spruchkammerakten, Amtsgericht München, Registratur S; rückblickend dargestellt in einem Schreiben Ohnesorges an SA-Stabschef Lutze v. 24. 4. 1942, Archiv des Institutes für Zeitgeschichte München, MA 341.

53 Archiv des Institutes für Zeitgeschichte München, MA 295, Chef des SS-Hauptamtes (Berger) an Himmler v. 2. 10. 1941; auch zu den folgenden Zitaten.

54 Ebenda, Ohnesorge an Himmler v. 25. 10. 1941; auch zum Folgenden.

55 Ebenda, Chef des SS-Hauptamtes an Reichsführer SS v. 4. 11. 1941; Berlin Document Center, Funkspruch Berger an Himmler v. 22. 2. 1942.

56 Archiv des Institutes für Zeitgeschichte München, MA 295, Chef des SS-Hauptamtes an Reichsführer SS v. 4. 11. 1941.

57 Archiv des Institutes für Zeitgeschichte München, MA 295, Himmler an Heydrich v. 21. 11. 1941.

58 Archiv des Institutes für Zeitgeschichte München, MA 295, Reichsführer SS/Persönlicher Stab an SS-Gruppenführer Pohl v. 1. 3. 1942 und Auszug aus dem Schreiben v. Berger an Himmler v. 21. 3. 1942; ebenso im Berlin Document Center; Archiv des Institutes für Zeitgeschichte München, MA 331, Berger an Himmler v. 8. 9. 1942.

59 Amtsgericht München, Registratur S; Archiv des Institutes für Zeitgeschichte München, MA 285, Reichspostminister an Himmler v. 18. 6. 1943; Keil, Charakter und Funktionen der Deutschen Reichspost, a.a.O., S. 125f.

60 Archiv des Institutes für Zeitgeschichte München, MA 331, Ohnesorge an Hitler v. 6. 3. 1942 mit Anlage »Bericht über die ›Entschlüsselung‹ der einzigen Fernsprechverbindung zwischen den USA und England« v. 4. 3. 1942.

61 Archiv des Institutes für Zeitgeschichte München, MA 327, Berger an Himmler v. 10. 4. 1942, anscheinend aufgrund abgehörter Telefongespräche; ebenso in Bundesarchiv Koblenz, NS 19/3898. In Kreisen des Widerstandes gegen Hitler wurde Fellgiebel ebenfalls als späterer Postminister vorgesehen.

62 Bundespostmuseum Frankfurt, Hausblatt des RPM Nr. 18, Nr. 64: Leitung des Postschutzes im RPM v. 1. 5. 1942.

63 Amtsblatt des Reichspostministeriums, Ausgabe A Jg. 1942, Nr. 38 v. 7. 5. 1942.

64 Archiv des Institutes für Zeitgeschichte München, MA 285 und Amtsgericht München, Registratur S, Bormann an Ohnesorge und Himm-

ler v. 26. 3. 1943; zum Schriftwechsel mit dem Oberkommando der Wehrmacht und Lutze, siehe Archiv des Institutes für Zeitgeschichte München, MA 132 und 341.

65 Ebenda, MA 285, Ohnesorge an Bormann v. 6. 5. 1943, Reichsführer SS/Persönlicher Stab an Berger für Ohnesorge v. 25. 6. 1943.

66 Berlin Document Center und Archiv des Institutes für Zeitgeschichte München, MA 295, Der Chef der Sicherheitspolizei und des SD an Reichsführer SS v. 13. 8. 1943, Bergers Stellungnahme an Himmler v. 23. 8. 1943 und Himmlers Schreiben an Kaltenbrunner sowie Reichsführer SS/Persönlicher Stab an Berger v. 1. 9. 1943.

67 Archiv des Institutes für Zeitgeschichte München, MA 305, Himmler an Berger v. 8. 2. 1943 und Telegramm Ohnesorges an Hitler v. 12. 3. 1943; vgl. Post und Postler im Nationalsozialismus, a. a. O., S. 128ff. mit Abdruck von Quellenstücken.

68 Archiv des Institutes für Zeitgeschichte München, MA 327, Berger an Himmler v. 27. 1. 1942.

69 Ebenda.

70 Archiv des Institutes für Zeitgeschichte München, MA 333, Berger an Himmler v. 19. 2. 1943. Staatssekretär Nagel (NSDAP-Nr. 1277955, SS-Nr. 416387, 2. 10. 1899 – 14. 1. 1973) hatte am 20. 2. 1942 auf Vorschlag Bergers den Rang eines SS-Sturmbannführers d. Res. und am 30. 1. 1943 den Rang eines SS-Obersturmbannführers d. Res. erhalten; siehe die Personalakten im Berlin Document Center und die SS-Führer-Liste v. 15. 5. 1946, Amtsgericht München, Registratur S.

71 Bundesarchiv Koblenz, R 48/55, Reichspostminister v. 28. 12. 1942, auch zu den folgenden Zitaten.

72 Ebenda, Reichspostminister v. 4. 1. 1943, auch zum Folgenden.

73 Aufruf zum 30. Januar 1943 von Ohnesorge. In: Die Deutsche Post 67. Jg. Nr. 5 v. 30. 1. 1943, S. 37.

74 Vgl. die Hinweise bei Wilfried von Oven: Mit Goebbels bis zum Ende. Buenos Aires 1950, Bd. II, S. 89; ferner Günter Moltmann: Goebbels' Rede vom Totalen Krieg am 18. Februar 1943. In: Vierteljahrshefte für Zeitgeschichte 12 (1964), S. 13–43; Willi A. Boelcke: Goebbels und die Kundgebung im Berliner Sportpalast vom 18. Februar 1943. Vorgeschichte und Verlauf. In: Jahrbuch für die Geschichte Mittel- und Ostdeutschlands 19 (1970), S. 234–255.

75 Vgl. dazu u.a. Erich Ludendorff: Der totale Krieg. München 1935; Ernst Jünger: Krieg und Krieger. Berlin 1930, Die totale Mobilmachung auf S. 11–30. Weitere Literaturhinweise bei Peter Longerich: Joseph Goebbels und der totale Krieg. Eine unbekannte Denkschrift des Propagandaministers vom 18. Juli 1944. In: Vierteljahrshefte für Zeitgeschichte 35 (1987), S. 289–314, hier S. 290f. sowie Hans-Ulrich Wehler: Der Verfall der deutschen Kriegstheorie: Vom »Absoluten« zum »Totalen« Krieg oder von Clausewitz zu Ludendorff. In: Geschichte und Militärgeschichte. Hrsg. v. Ursula von Gersdorff. Frankfurt 1972, S. 273–311.

76 Siehe dazu u. a. Ludolf Herbst: Der Totale Krieg und die Ordnung der Wirtschaft. Die Kriegswirtschaft im Spannungsfeld der Politik, Ideologie und Propaganda 1939–1945. Stuttgart 1982 (= Studien zur Zeitgeschichte, Bd. 21), S. 207ff.

77 Bundesarchiv Koblenz, R 48/62, Aufstellung v. 30. 7. 1944. Die Notprogramme waren am 11. 6. 1940, 17. 9. 1940 und 8. 2. 1941 aufgelegt worden; vgl. ferner Hans Rackow: Die Personalwirtschaft der Deutschen Reichspost im Zweiten Weltkrieg. In: Zeitschrift für das Post- und Fernmeldewesen H. 5/1950, S. 825–830, Fortsetzung S. 926–932, Schluß H. 6/1951, S. 31–35; Friedrich Risch: Die Deutsche Reichspost im Kriege. In: Postarchiv 68 (1940), S. 889–919, hier S. 911.

78 Bundesarchiv Koblenz, R 48/55, Reichspostminister v. 16. 2. 1943.

79 Ebenda, Reichspostminister v. 18. 1. 1943 mit Abschrift des »Führer«-Erlasses v. 13. 1. 1943.

80 Die Oberpostdirektionen wurden ab 1. 4. 1934 in Reichspostdirektionen umbenannt. Die Auflösung vom Frühjahr 1934 stützte sich auf das Gesetz zur Vereinfachung und Verbilligung der Verwaltung vom 27. 2. 1934 (RGBl. I, 1934, Nr. 22, S. 130). Vgl. auch Kurt Wiesemeyer: Die Abgrenzung der Oberpostdirektionsbezirke in ihrer geschichtlichen Entwicklung. In: Jahrbuch des Postwesens 9 (1959), S. 41–63, hier S. 50ff.

81 Bundesarchiv Koblenz, R 48/90, Der Reichspostminister v. 5. 2. 1943. Siehe auch Wiesemeyer, a. a. O., S. 61f.

82 Hans Rackow: Die Personalwirtschaft der Deutschen Reichspost im Zweiten Weltkrieg. (Fortsetzung = Teil II). In: Zeitschrift für das Post- und Fernmeldewesen H. 6/1951, S. 928.

83 Siehe dazu die Hinweise bei Dieter Rebentisch: Der Gau Hessen-Nassau und die nationalsozialistische Reichsreform. In: Nassauische Annalen 89 (1978), S. 128–162, hier S. 158.

84 Bundesarchiv Koblenz, R 48/90, Reichspostminister v. 5. 4. 1943, auch zum folgenden Zitat.

85 Ebenda, Reichspostminister v. 3. 6. 1943.

86 Ebenda, R 48/59, Reichspostminister v. 7. 7. 1943, 10. 7. 1943, 19. 7. 1943 und 22. 7. 1943.

87 Entsprechende Vorgänge in ebenda, R 48/58 und 59.

88 Ebenda, R 48/59, Reichspostminister v. 22. 7. 1943. Zur Einrichtung dieser Personalreserve siehe ebenda, R 48/33 v. 27. 6. 1941.

89 Bundesarchiv Koblenz, R 48/59, Reichspostminister v. 13. 8. 1943.

90 Siehe die Vorgänge in Bundesarchiv Koblenz, R 48/55 sowie die Angaben in der Tabelle/Graphik auf S. 301.

91 Ebenda, R 48/55, Schnellbrief des Reichspostministers v. 21. 6. 1943.

92 Ebenda, Schnellbriefe v. 26. 6. 1943.

93 Ebenda, R 48/59, Reichspostminister v. 23. 7. 1943.

94 Vgl. Henry Picker: Hitlers Tischgespräche im Führerhauptquartier. Vollständig überarb. u. erweit. Neuausgabe, Stuttgart 1977.

95 Bundesarchiv Koblenz, R 48/57, Reichspostminister v. 14. 9. 1943.

96 Ebenda, R 48/57, Aufstellung der Abt. IVc im Ministerium v. Mai 1944, Speer v. 25. 9. 1943.

97 Gesamter Schriftwechsel zwischen dem Generalstab des Heeres, Oberkommando der Wehrmacht, Reichspostministerium und Reichsministerium für Rüstung und Kriegsproduktion vom Dezember 1943 bis Februar 1944 in: Bundesarchiv Koblenz, R 48/57.

98 Bundesarchiv Koblenz, R 48/57, Ohnesorge an Speer v. 21. 2. 1944.

99 Bundesarchiv Koblenz, R 48/57, Speer an Ohnesorge v. 8. 3. 1944, Reichspostminister v. 20. 3. 1944.

100 Siehe die Hinweise bei Rackow, Die Personalwirtschaft der Deutschen Reichspost im Zweiten Weltkriege, Teil III, a.a.O., S. 33; zur weiteren Entwicklung der Postleitzahlen vgl. Handwörterbuch des Postwesens. Bearb. v. Hans Rackow, Gerhard Lapp, Ludwig Kämmerer, Wolfgang Breithaupt, Gotthart Lowag. 2. Aufl. Frankfurt (Main) 1953, S. 536.

101 Bundesarchiv Koblenz, R 48/59, Reichspostminister v. 1. 12. 1943.

102 Ebenda, Rundbrief v. 19. 2. 1944; R 48/55, Der Reichsminister des Innern v. 14. 3. 1944.

103 Ebenda, R 48/58, Reichspostminister v. 16. 2. 1944. Leiter des Einsatzstabes war Oberpostdirektor Schweitzer. Zum Schreiben von Lammers siehe R 48/64, Geheime Reichssache v. 11. 1. 1944

104 Ebenda, R 48/64, Reichspostminister v. 5. 3. 1944 und Unterlagen zur Besprechung v. 8.–18. 3. 1944 in Minden.

105 Ebenda, Reichspostminister v. 12. 5. 1944.

106 Ebenda, R 48/5 und 57, Reichspostminister v. 9. 5. 1944 (an Keitel) und v. 18. 5. 1944 (an Bormann) sowie die Zusammenstellungen v. Mai 1944; R 48/64, Staatssekretär Nagel an Lammers v. 15. 5. 1944.

107 Longerich, Joseph Goebbels und der totale Krieg, a. a. O., S. 307, auch zu den folgenden Zitaten.

108 Vgl. u. a. den Bericht »Tiefgreifende Maßnahmen im Staatsapparat« im »Völkischen Beobachter« Nr. 214 v. 1. 8. 1944.

109 Bundesarchiv Koblenz, R 48/62, Allgemeines Material für die Besprechung mit Goebbels.

110 Ebenda, R 43 II/665, Besprechungsnotiz v. 11. 8. 1944.

111 Ebenda, R 48/62, Vorschläge v. 30. 7. 1944.

112 Siehe den Schriftwechsel und die Fernschreiben zwischen Lammers, Bormann und Ohnesorge vom August 1944 im Bundesarchiv Koblenz, R 43 II/665 und R 48/6.

113 Ebenda, R 43 II/665, Schreiben v. Bormann an Goebbels v. 14. 8. 1944.

114 Ebenda, R 48/6, Niederschrift der Sitzung des Exekutivausschusses v. 14. 8. 1944 im Propagandaministerium.

115 Ebenda, Bormann an Ohnesorge v. 14. 8. 1944.

116 Ebenda, R 48/62 und R 43 II/665, Amtsblatt des Reichspostministeriums, Ausgabe A, Nr. 77 v. 14. 8. 1944, S. 341, auch zum Folgenden.

117 Ebenda, R 48/6, Reichspostminister v. 17. 8. 1944.

118 Ebenda, R 48/7, Ministerialrat Theurer und Berichter Hoffmann im Zeitgeschehen des Deutschen Rundfunks vom 20. 8. 1944, Aufzeichnung v. 22. 8. 1944.

119 Ebenda, R 48/6, Reichspostminister v. 26. 8. 1944.

120 Ebenda, R 48/62, Ankündigung im Amtsblatt Nr. 82 v. 22. 8. 1944: Nr. 265/1944; siehe auch den Beitrag von Stefan Martens in diesem Band.

121 Ebenda, R 48/7, Reichspostminister v. 26. 10. 1944; Rackow, Die Personalwirtschaft der Deutschen Reichspost im Zweiten Weltkrieg, a. a. O., Teil III, S. 31.

122 Ebenda, R 48/9 und Archiv des Institutes für Zeitgeschichte München, MA 295, Ohnesorge an Himmler v. 24. 11. 1944. Im Spruchkammerverfahren wurde diese höchste Ordensverleihung verschwiegen. Am 10. Juni 1943 hatte Himmler keine Möglichkeit gesehen, »von sich aus einen derartigen Vorschlag (Bergers – der Verf.) einzubringen« und hatte Bergers Anregung v. 27. 5. 1943 nicht weitergegeben, siehe Archiv des Institutes für Zeitgeschichte München, MA 326.

123 Bundesarchiv Koblenz, R 48/63, Reichspostminister v. 22. 12. 1944.

124 Generallandesarchiv Karlsruhe, 309/1218, Bericht des Oberlandesgerichtspräsidenten Karlsruhe an den Reichsjustizminister v. 2. 1. 1945.

125 Bundesarchiv Koblenz, R 48/11, Reichspostminister v. 23. 3. 1945.

126 Ebenda, R 48/4, Reichspostminister v. 22. 1. 1945.

127 Ebenda, R 48/5, Sprechzettel des Reichspostministers und Entwurf für »Führerweisung« v. März 1945.

128 Ebenda, R 48/4, Reichspostminister v. 3. 2. 1945.

129 Ebenda, R 48/8 und Archiv des Institutes für Zeitgeschichte München, Stand v. 7. 5. 1945; Befragungsmaterial zu Ohnesorge und Nagel im Amtsgericht München, Registratur S.

130 Bundesarchiv Koblenz, R 48/55, Beitrag der Abt. IVc im Reichspostministerium zum Vortrag »Die Deutsche Reichspost im Kriegseinsatz« vom März 1944.

Post und Propaganda

Das Dritte Reich und die Briefmarken der Deutschen Reichspost 1933–1945

Stefan Martens

In Sammlerkreisen erfreuen sich Briefmarken aus der Zeit des Dritten Reiches keiner besonderen Wertschätzung. Wer etwa im Falle einer Erbschaft hier auf Gewinn gehofft haben mag, wird spätestens beim Blick in einen Spezialkatalog das Album enttäuscht zur Seite legen. Dabei würde es sich unter historischen Gesichtspunkten durchaus lohnen, sich mit dieser Form der Hinterlassenschaft der nationalsozialistischen Herrschaft in Deutschland näher zu beschäftigen. Selbst für einen Fachmann ergeben sich bei flüchtiger Betrachtung, obgleich es sich doch eigentlich eher um banale Dinge handeln sollte, Fragen, die sich nicht auf Anhieb klären lassen und die zu weiteren Nachforschungen geradezu einladen.

Beim Blättern in Sammlerkatalogen fällt zum Beispiel sofort ins Auge, daß die Reichspost erst 1941 dazu übergegangen ist, eine Hitlerkopf-Serie auszugeben. Bis dahin existierten lediglich einige Sonderwerte mit dem Bildnis des »Führers«, meist anläßlich seines Geburtstages bzw. der Reichsparteitage, aber auch dies regelmäßig erst seit dem Jahre 1937.[1] Eine weitere Beobachtung betrifft den Zeitpunkt des Wechsels in der Kennzeichnung der Marken. Seit Oktober 1943, also über ein halbes Jahr nach dem Ende der Kämpfe in Stalingrad und der Kapitulation der letzten Truppen des Afrika-Korps in Tunesien, erschien plötzlich anstelle der gewohnten Bezeichnung »Deutsches Reich« der Schriftzug »Großdeutsches Reich«. Die dritte Wohltätigkeitsausgabe für den Kameradschaftsblock der Deutschen Reichspost, die im Mai 1944 erschien, machte hierin allerdings eine Ausnahme, ohne daß Gründe dafür ersichtlich gewesen wären. Für diese Serie wurde ein Zuschlag verlangt, auch dies ein Punkt, der näherer Untersuchung bedürfte, wurde doch bis zum Ende des Krieges kaum noch eine Briefmarke zum regulären Nennwert verkauft.

Die Liste der Fragen ließe sich noch erheblich erweitern. Sie veranschaulicht, wie wenig wir im Grunde selbst heute, ein halbes Jahrhundert später, über die Geschichte und die tägliche Verwaltungspraxis des Dritten Reiches wissen.

Ehe wir uns jedoch diesen Fragen im einzelnen zuwenden, zunächst ein kurzer Rückblick auf die Geschichte der Deutschen Reichspost in der Zeit der Weimarer Republik[2]: Nach dem Ende des Ersten Weltkrieges war die Post in die Bemühungen um einen allgemeinen Neuaufbau der Verwaltung und der inneren Ordnung des Reiches einbezogen worden. Das Nachrichtenwesen wurde zur alleinigen Sache des Reiches erklärt, die Zeit der Sonderrechte der süddeutschen Länder Württemberg und Bayern ging damit zu Ende. Neben dem organisatorischen Neuaufbau nach preußischem Vorbild wurde mit der Verkündung des Reichspostfinanzgesetzes von 1924 auch in wirtschaftlicher Hinsicht eine neue Basis geschaffen. Fortan war das deutsche Post- und Fernmeldewesen haushaltsrechtlich gesehen nicht mehr ein »Kostgänger« des Reiches, sondern, ausgestattet mit einem eigenen, von den Mitteln des Reiches streng getrennten Sondervermögen, das selbständige Unternehmen Deutsche Reichspost. An dessen Spitze stand der Reichspostminister, der einerseits zwar weiterhin Mitglied des Kabinetts blieb, zugleich aber auch die Führung des Unternehmens eigenverantwortlich wahrnahm. Bei dieser Aufgabe stand ihm ein Verwaltungsrat zur Seite, der den Minister in allen Haushalts- und Finanzangelegenheiten beraten sollte. Trotz anfänglicher Schwierigkeiten, insbesondere im Hinblick auf die vergleichsweise hohen Kosten beim Aufbau eines leistungsfähigen Fernmelde- und Rundfunksendernetzes, hat sich diese Reform rasch bewährt. Sowohl unter technischen als auch finanziellen Gesichtspunkten zählte die Deutsche Reichspost zu Beginn der dreißiger Jahre zu den prosperierenden Unternehmen des Reiches.

Als Adolf Hitler am 30. Januar 1933 an die Macht gelangte, beließ er einen Großteil der Minister, die noch von seinen Vorgängern von Papen und von Schleicher berufen worden waren, im Amt. An der Spitze des Reichspostministeriums stand seit 1932 Peter Paul Freiherr von Eltz-Rübenach[3], der in Personalunion auch das Reichsverkehrsministerium verwaltete. Die vorübergehende Zusam-

Auch die Briefmarke kündet des Führers Werk

Millionenfach hämmert der Poststempel tagtäglich seinen Abdruck auf unsere kleine Briefmarke, und sie nimmt dann ihren Weg zu einem Ort innerhalb unseres weiten deutschen Vaterlandes oder über die Reichsgrenzen hinaus in fremde Länder. Mehr und mehr ist diese kleine Marke zu einem Kulturdokument geworden, zu einem Künder deutschen Tatwillens und erfolgreichen deutschen Schaffens. Oft und oft spiegelt sich im Bild der Briefmarke das große Geschehen unserer großen Zeit. Sie trägt in alle Welt das Bildnis des Mannes, der Großdeutschland schuf und dem die Herzen seines 86-Millionen-Volkes zujubeln in Liebe und Vertrauen. Auch die Briefmarke kündet vom Führer und von seinem Werk. Den heroischen Befreiungsmarsch zur Feldherrnhalle, die wiedererrungene Wehrfreiheit, die Heimkehr der Saar, der Ostmark und des Sudetenlandes ins Reich, das größte sozialistische Werk aller Zeiten, wie wir es im Winterhilfswerk erleben, das stolze Erholungswerk „Kraft durch Freude" für den schaffenden deutschen Menschen, die gewaltigen Bauten des Dritten Reiches, die Reichsautobahn, die mit ihrem Silberband unser Land durchzieht: alle diese und viele andere Großtaten des Führers zeigt das Bildchen der kleinen Briefmarke. Auch sie ist ein Dokument für Kampf und Sieg eines Mannes, der sein Volk führte zu Einheit, Größe und Macht. Gerade jetzt, zu seinem 50. Geburtstag, schlagen unsere Herzen besonders stark dem Führer entgegen. Voll dankbarer Verehrung wollen wir an diesem Tage seiner gedenken, und wo immer Adolf Hitler selbst oder aus seinen Werken zu uns sprechen mag: Er ist unser Führer, der uns zur rechten Zeit erstand und der uns den rechten Weg weist. Ihm zu folgen und seinem Werk dienen zu dürfen, das macht uns stolz und glücklich und froh.

Otto Münsterkötter

Aufnahmen: Dr. H. W. Gewande

269

Seite aus der Deutschen Postzeitung, 1939

menlegung der beiden Ministerien, die 1937 wieder aufgehoben wurde, hatte sachliche Gründe, vor allem im Hinblick auf den Aufbau des Kraftverkehrs im Rahmen der Postdienste (Kraftpost).

Hitlers Interesse für alle Fragen des modernen Straßenverkehrs führte rasch zu ersten Kompetenzstreitigkeiten. Die Ernennung Fritz Todts[4] zum »Generalinspekteur für das deutsche Straßenwesen« und die Herauslösung des Autobahn-Projekts aus dem Zuständigkeitsbereich des Verkehrsministers wurde von von Eltz-Rübenach nicht unwidersprochen hingenommen.[5] Das Verhältnis zwischen ihm und Hitler begann sich zusehends zu verschlechtern, als Joseph Goebbels im Zuge des Aufbaus des neugeschaffenen Ministeriums für Volksaufklärung und Propaganda die Kontrolle über die Rundfunksender beanspruchte. Zum Bruch kam es jedoch erst im Januar 1937, als von Eltz-Rübenach die Annahme des ihm von Hitler verliehenen goldenen Parteiabzeichens verweigerte.[6] Zu diesem Zeitpunkt standen seine Nachfolger bereits fest. Während Julius Dorpmüller das Reichsverkehrsministerium übernahm, stieg der bisherige Staatssekretär, Wilhelm Ohnesorge, zum neuen Reichspostminister auf.[7]

Mit Ohnesorge rückte ein langjähriges Parteimitglied an die Spitze der Deutschen Reichspost. In der Verwaltungsstruktur und Arbeitsweise der Post machte sich dieser Wechsel zunächst kaum bemerkbar. Die wichtigsten Veränderungen mit einschneidenden Personalveränderungen sowie der Abschaffung des Postverwaltungsrates waren ohnehin bereits in den Jahren 1933 und 1934 vollzogen worden. Besondere Bedeutung kam in diesem Zusammenhang dem »Gesetz zur Vereinfachung und Verbilligung der Verwaltung« vom 27. Februar 1934 zu. Von diesem Moment an war der Reichspostminister alleiniger Herr und oberstes Organ der Deutschen Reichspost, der getreu dem »Führerprinzip«, ohne Rücksprache nehmen zu müssen, Verordnungen über Gebühren und Benutzungsbedingungen erlassen konnte.

Ohnesorge blieb bis zum Zusammenbruch des Dritten Reiches im Amt. Unter seiner Führung erlebte die Deutsche Reichspost die Jahre der Erweiterung ihres Zuständigkeitsbereiches. 1938 zunächst mit dem »Anschluß« Österreichs, dem im September, nach der »Münchener Konferenz«, die Eingliederung der sudetendeutschen Gebiete der Tschechoslowakei folgte. Mit dem »Griff nach Prag« vom März 1939 und der Errichtung des »Reichsprotektorats Böhmen und Mähren« zeichnete sich für die Post bereits die künftige Entwicklung ab, die mit dem Überfall auf Polen, am 1. September 1939, neue Aufgaben und Probleme mit sich brachte. Aufgrund der Erfahrungen des Ersten Weltkrieges bereitete die Einrichtung eines alle Fronten versorgenden Feldpostsystems wenig Mühe, verglichen etwa mit der Frage der postalischen Einstufung der eroberten Gebiete. Die Diskussion, ob in diesem Fall weiterhin Auslandstarife gelten sollten, hat die Verwaltung lange beschäftigt. Sie ist nur ein Beleg für die Akribie, mit der die Post – wie alle anderen Behörden des Reiches auch – bis in die letzten Kriegstage hinein die ihr gestellten Aufgaben zu erfüllen suchte.

Die Briefmarken aus der Amtszeit von Eltz-Rübenachs 1932–1937

Nachdem Hitler am 30. Januar 1933 von Reichspräsident von Hindenburg zum neuen Reichskanzler ernannt worden war, lernte er schon bald die tägliche Praxis moderner Regierungs- und Verwaltungsarbeit von ihrer Kehrseite kennen. Albert Speer hat er später erzählt, daß ihm in diesen »...ersten Tagen und Wochen aber auch jede Kleinigkeit zur Entscheidung vorgelegt (worden sei, d. Verf.). Stöße von Akten fand ich jeden Tag auf meinem Tisch vor, und ich konnte arbeiten was ich wollte, sie wurden nicht geringer. Bis ich diesen Unsinn radikal abstellte!«[8] Die Akten der Reichskanzlei zu Fragen des Postwesens bestätigen diese Schilderung. Während aus den ersten Amtsmonaten mehrere Vorgänge überliefert sind, bricht der Schriftwechsel mit dem Jahre 1935 fast gänzlich ab. Routinemäßig hatte der Reichspostminister bis dahin entweder auf schriftlichem Wege oder im Verlauf einer Kabinettssitzung über die beabsichtigte Einführung neuer Postwertzeichen berichtet. Diese Form der Information der Regierung entsprach den Gepflogenheiten, wie sie sich bis dahin in den zwanziger Jahren eingebürgert hatten. Anlaß, Entwurf und Auswahl der Motive wurden, soweit sich dies den Akten entnehmen läßt, im Reichspostministerium vorbereitet. Erst danach wurde das Kabinett in Kenntnis gesetzt. Widerspruch ist auf dieser Ebene, zumindest in der Zeit der Weimarer Republik, offiziell nicht laut geworden.[9] Ob der Verwaltungsrat der Deutschen Reichspost Einfluß zu nehmen gesucht hat, läßt sich zwar nicht ausschließen, andererseits aber auch nicht belegen.

Es spricht sowohl für das Interesse Hitlers als auch für sein Selbstverständnis als Künstler, daß er bei den wenigen Entscheidungen, die aktenkundig geworden sind, seine persönliche Meinung in Form von Änderungswünschen zum Ausdruck zu bringen suchte. Die Tatsache, daß sich von Eltz-Rübenach zumindest zu Anfang über diese Anregungen kurzerhand hinwegzusetzen vermochte, gibt einen Eindruck von der Sonderstellung, die die Post im Rahmen der Reichsverwaltung ursprünglich innegehabt hatte und die nun, Zug um Zug, verlorengehen sollte.

Unmittelbar nach seinem Regierungsantritt hatte Hitler den Vorschlag gemacht, zur Erinnerung an die »nationale Erhebung« des 30. Januar eine Sondermarke auszugeben. Mit Schreiben vom 13. April 1933 lehnte von Eltz-Rübenach diesen Gedanken ab. Zunächst wies er darauf hin, daß die Post soeben erst eine neue Portraitserie herausgebracht

1. Oktober 1932
Hindenburg-Medaillon

habe, die anstelle der ersten beiden Reichspräsidenten nun nur noch von Hindenburg zeige. Ob Hitler dieses Argument überzeugt hat, darf bezweifelt werden, denn der Verzicht auf Ebert war eine Maßnahme, die bereits im Herbst 1932 vorbereitet und beschlossen worden war. Der Verweis auf die jüngste Sondermarke der Post mit dem Bild Friedrichs des Großen, die an die feierliche Eröffnung des neuen Reichstages in der Potsdamer Garnisonskirche am 21. März 1933 erinnern sollte, war da schon eher schlüssig. Da von Eltz-Rübenach zum Abschluß seines Briefes auch noch erwähnte, daß mit der für den Herbst geplanten Ausgabe einer neuen Wohlfahrtsmarkenserie »aus betrieblichen und wirtschaftlichen Gründen«[10] die Möglichkeiten der Post für das laufende Jahr erschöpft seien, ließ Hitler die Frage zunächst einmal auf sich beruhen.

Als ihm im September die Entwürfe für diese neue Serie vorgelegt wurden, erhob er erneut Einspruch, wobei er vor allem die nach seiner Meinung zu geringe Größe der Abbildungen monierte. Hitler mußte sich daraufhin von von Eltz-Rübenach belehren lassen, daß die Marken diesmal ohnehin bedeutend größer als üblich hergestellt worden seien.[11] Im übrigen seien sie auch bereits gedruckt und fertig für die Auslieferung. Auf wessen Wunsch das Format geändert worden war, geht aus dem Brief leider nicht hervor. Die Annahme, daß diese Entscheidung, ebenso wie die Wahl von Motiven aus Wagneropern, unter Umständen auf den Einfluß des neuen Staatssekretärs im Reichspostministerium, Wilhelm Ohnesorge, zurückzuführen sei, läßt sich nicht bestätigen. Es gibt allerdings Anhaltspunkte, die für diese Vermutung sprechen. Zum einen verfügte Ohnesorge, der seit 1920 Mitglied der NSDAP war, über enge persönliche Kontakte zu Hitler, denn er war mit Heinrich Hoffmann[12], dessen »Leibphotographen« befreundet. Andererseits wurde von Eltz-Rübenach durch die Auseinandersetzungen auf dem Verkehrssektor zunehmend in Anspruch genommen, und schließlich war Ohnesorge als langjähriger Vorsitzender des Postverwaltungsrates auch von der Sache her mit diesen Fragen bestens vertraut.

Hitlers Gedanke, aus Anlaß des 30. Januar eine Sondermarke herauszubringen, wurde auch 1934 noch nicht verwirklicht, obwohl von Eltz-Rübenach diese Möglichkeit in Erwägung gezogen hatte.[13] Statt dessen entschied die Deutsche Reichspost, am 21. Januar 1934 drei Marken zu unterschiedlichen Werten herauszugeben, die bis 1939 gültig blieben. Neben den Flugpionieren Lilienthal und Graf Zeppelin, die jeweils mit ihren Erfindungen abgebildet wurden, zeigte die dritte Darstellung einen Adler, der mit weitausgebreiteten Schwingen vor einer Weltkugel dahinsegelte. Im Hintergrund war eine aufgehende Sonne zu sehen, in deren Zentrum deutlich ein Hakenkreuz zu erkennen war. Die politische Aussage dieses Bildes wird spätestens dann klar, wenn man sich die damaligen Umstände vor Augen hält. Auf Grund der

21. Januar 1934
Flugpost-Ausgabe mit Weltkugel

Bestimmungen des Versailler Vertrages waren dem Deutschen Reich im Bereich der Luftfahrt lange Jahre strenge Auflagen gemacht worden. Der Aufbau einer Luftwaffe war verboten, obwohl entsprechende Vorbereitungen im geheimen betrieben wurden. Mit dieser Serie machte sich die Post zum Fürsprecher Hermann Görings, der seit seiner Ernennung zum »Reichskommissar für Luftfahrt« am 2. Februar 1933 immer wieder sowohl für eine Gleichberechtigung Deutschlands in der Luft als auch für eine Rückbesinnung der Deutschen auf die eigene Tradition auf dem Gebiet der Luftfahrt und des Flugzeugbaus eingetreten war.[14]

Es sollte, wie sich schon wenige Monate später erwies, nicht bei diesem einzigen Ausflug in die Tagespolitik bleiben. Aus Anlaß der Kolonialfeiern druckte die Post Sondermarken mit den Portraits von vier bekannten deutschen Kolonialforschern, Franz A. Lüderitz, Gustav Nachtigall, Karl Peters und Hermann von Wissmann. Wiederum handelte es sich um ein Thema, daß auf die Bestimmungen des Versailler Vertrages anspielte. Neben der Abrüstung gehörte der von den Siegern geforderte Verzicht auf Kolonien zu den in der deutschen Öffentlichkeit am heftigsten umstrittenen Punkten. Eine Revision dieser Vereinbarung, die vielfach als eine weitere Demütigung des Reiches empfunden wurde, galt als unverzichtbar. In Hitlers Kalkül spielte dieser Aspekt in der politischen Argumentation ebenfalls eine wichtige Rolle, ohne daß er diesem Punkt jedoch herausragende Bedeutung, etwa im Hinblick auf seine langfristigen Ziele, beigemessen hätte.[15]

26. August 1934
Sonderausgabe zur Saarabstimmung am 13. Januar 1935

Am 26. August 1934 folgten zwei weitere Sonderwerte, diesmal aus Anlaß der für den Januar des nächsten Jahres anberaumten Volksabstimmung an der Saar. Eine dieser Briefmarken zeigt einen Reichsadler auf ovalem Grund mit der Inschrift »Saar«, die andere zwei Hände, die ein Kohlestück mit der Aufschrift »SAAR« fest umschlossen halten. Die Post nahm auf diese Weise nicht nur dezidiert Stellung, sondern reihte sich damit erstmals weithin sichtbar in den Propagandaapparat ein, der mit ähnlichen Bildern in den folgenden Wochen und Monaten massiv für eine Rückkehr des Saarlandes zum Reich Werbung machte. Drei Tage nach der Abstimmung, am 16. Januar 1935, erschien die dritte und letzte Marke in diesem Zyklus. Sie zeigte ein Kind, die Saar, das von einer glücklichen Mutter, Deutschland, in die Arme geschlossen wurde.

16. Januar 1935
Sonderausgabe zur Saarabstimmung

Doch kehren wir noch einmal zu den Ereignissen des Jahres 1934 zurück: Am 2. August war Reichspräsident von Hindenburg gestorben. Hitler hatte daraufhin dessen Amt mit seinem vereinigt. Er war nun »Führer und Reichskanzler« und darüber hinaus Oberbefehlshaber der Wehrmacht. Die Post reagierte erst einen Monat später mit einer Sonderausgabe der von Hindenburg-Serie, die mit einem schwarzen Trauerrand versehen worden war. Der Grund für diese Verzögerung wird aus den Akten leider nicht ersichtlich. Hat man vielleicht schon damals mit dem Gedanken gespielt, eine Serie mit dem Bildnis des neuen Staatsoberhauptes aufzulegen? Die Qualität der Trauerrand-Ausgabe macht zumindest einen improvisierten Eindruck. Möglicherweise waren aber auch einfach die der Post damals zur Verfügung stehenden Mittel durch die große Anzahl ständig neuer Sonderwerte erschöpft. Man beschränkte sich vorerst darauf, pünktlich zum 6. Parteitag der NSDAP, der unter dem Motto »Triumph des Willens« stand, eine Marke mit der Silhouette der Nürnberger Burg herauszubringen.

Passend zu dem in Nürnberg beschworenen Ideal der »Volksgemeinschaft« fiel bei der Suche nach einem geeigneten Motiv für die Wohltätigkeitsmarken des Jahres 1934 die

5. November 1934
Wohltätigkeitsausgabe für die Deutsche Nothilfe

Wahl auf die Darstellung von Berufsständen. Die Entwürfe stammten von Friedrich Spiegel, einem »deutschbewußten Künstler«[16], wie es damals offiziell hieß. Sie zeigten einen Kaufmann, Schmied, Maurer, Bergmann, Baumeister, Bauern, Forscher, Künstler und Richter, jeweils mit dem für sie typischen »Handwerkszeug«. In ihrem Äußeren, was Haltung und Gesichtszüge der Männer anlangte – Frauen waren bezeichnenderweise nicht berücksichtigt worden – sowie insbesondere der Zusammenstellung der Berufe, entsprach die Serie der von der nationalsozialistischen Propaganda behaupteten Gleichstellung des »Arbeiters der Faust« mit dem »Arbeiter der Stirn«.

Sieht man von der oben erwähnten Sondermarke aus Anlaß der Rückkehr des Saargebietes zum Reich einmal ab, so hielt sich die Post 1935 mit politischen Aussagen auf ihren Briefmarken zurück. Im Unterschied zum Vorjahr, wo nur eine einzige Marke zur Feier eines historischen Datums – Schillers 175. Geburtstag – herausgegeben worden war, gab es diesmal deren gleich vier (350. Geburtstag von Heinrich Schütz, jeweils 250. Geburtstag von Johann Sebastian Bach und Georg Friedrich Händel, 100 Jahre Deutsche Eisenbahn). Zu verschiedenen anderen Ereignissen, wie zum Beispiel den ersten Reichsberufswettkämpfen im April oder der osteuropäischen Briefmarkenausstellung in Königsberg im Juli 1935 gelangten Marken mit unverfänglichen Motiven in den Handel. Doch der Schein trügt. Im gleichen Monat kam eine Marke zum Welttreffen der Hitler-Jugend heraus, die einen Hitler-Jungen in voller Montur beim Blasen der Fanfare zeigte. Zum damaligen Zeitpunkt war die Hitler-Jugend noch eine Einrichtung der Partei, zur Staatsjugend wurde sie erst mit dem Gesetz vom 1. Dezember 1936 erhoben. Die zunehmende Verquickung von Partei und Staat, die darin zum Ausdruck kam, setzte sich fort in der erneuten Ausgabe eines Sonderwertes zum Reichsparteitag.

30. August 1935
Sonderausgabe zum
7. Nürnberger Reichsparteitag

Diesmal stellte sie einen Adler dar, der schützend seine Flügel über der Nürnberger Burg ausbreitete, während er ein mit Lorbeerkranz umgebenes Hakenkreuz in seinen Fängen hielt. Die Ähnlichkeit mit dem neuen Reichsadler, der inzwischen an die Stelle des von der nationalen Rechten in früheren Jahren oft als »Pleitegeier« verspotteten Hoheitszeichens der Weimarer Republik getreten war, war kaum zu

5. November 1935
Sonderausgabe zum
12. Jahrestag des Hitlerputsches

übersehen. In diese Reihe gehört schließlich auch noch die erste Briefmarke, mit der die Reichspost an den Jahrestag des Hitler-Putsches erinnerte, auf der ein Fahnenträger der SA vor der Feldherrnhalle in München zu sehen war.

Im Bereich der Außenpolitik hatte das Jahr mit einem Paukenschlag begonnen: Am 16. März 1935 verkündete Hitler die Wiedereinführung der allgemeinen Wehrpflicht und die Aufhebung der militärischen Bestimmungen des Versailler Vertrages. Nur einen Tag zuvor, passend zum Heldengedenktag, begann die Post mit dem Verkauf einer Son-

15. März 1935
Sonderausgabe zur Erinnerung für die im Ersten Weltkrieg gefallenen Soldaten

dermarke, auf der der Kopf eines deutschen Soldaten des Ersten Weltkrieges mit Stahlhelm abgebildet war. Es fällt schwer, an ein zufälliges Zusammentreffen der Ereignisse zu glauben, wenn man weiß, daß die nächste Gedenkmarke, die aus gleichem Anlaß gedruckt wurde, aus dem Jahre 1942 stammt.

Für die folgenden beiden Jahre war es das letzte Mal, daß die Post auf militärische Motive zurückgriff. Die Wohltätigkeitsausgabe, die im Oktober 1935 an die Schalter kam, zeigte Volkstrachten. Wenig später folgten die ersten Olympiamarken, zunächst für die Winterspiele von Garmisch-Partenkirchen, im Sommer 1936 dann aus Anlaß der Spiele in Berlin. Politisch unverfängliche Ereignisse, wie der 6. Gemeindekongreß, der in der Reichshauptstadt und in München abgehalten wurde, oder der Weltkongreß für Freizeit und Erholung in Hamburg bestimmten in jenen Wochen und Monaten das Bild. Heikle Themen, aber auch außenpolitische Erfolge des Reiches, wie die Rheinlandbesetzung vom März 1936, blieben dagegen gänzlich unberücksichtigt. Auf ihre Weise trug die Reichspost dazu bei, dem Ausland im Jahre 1936 den Eindruck von einem wohlgeordneten, »friedlich schaffende(n) Deutschland«[17] zu vermitteln.

3. September 1936
Sonderausgabe zum 8. Nürnberger Parteitag

Welche Entwicklung sich seit Hitlers »Machtübernahme« vollzogen hatte, spiegelt sich in den Briefmarkenmotiven des Herbst 1936 wider. Vor einem überdimensionalen, von einem hellen Strahlenkranz umgebenen Hakenkreuz recken sich unzählige Hände zum Hitlergruß in den Abendhimmel. Mit dieser Darstellung, die deutliche Anleihen bei der von Speer kreierten Verschmelzung von Licht und Architektur nahm, feierte die Post den 8. Nürnberger Reichsparteitag. Unmittelbar darauf folgte eine neue Wohltätigkeitsausgabe für das Winterhilfswerk, mit der die Bauten des neuen Deutschlands, die Streckenführung und Brücken der Reichsautobahn bzw. der Alpenstraße, das Reichsluftfahrtministerium und die Deutschlandhalle in Berlin, das Ehrenmal der Partei in Nürnberg sowie das Haus der Deutschen Kunst und der Führerbau in München herausgestellt wurden. Das Reich, so lautete die Botschaft, war zu neuer Größe aufgestiegen. Die vielbeschworenen »Fesseln von Versailles« gehörten der Vergangenheit an, denn auch in militärischer Hinsicht war Deutschland nun wieder in der Lage, sich zu verteidigen. In diesem Sinne zumindest ist wohl die Abbildung eines Angehörigen des Reichsluftschutzbundes (RLB) zu verstehen, die am 3. März 1937 erschien. Sie zeigte nicht etwa einen Luftschutzwart in Uniform, sondern einen helmbewehrten Soldaten mit Schild und Lanze. Die Ausrüstung ebenso wie die Darstellung des Mannes mit bloßem Oberkörper erinnerte eher an einen germanischen Krieger als an den Angehörigen einer modernen Waffengattung. Der Reichsluftschutzbund war eine eigenständige Einrichtung neben dem Reichsluftfahrtministerium, das seit dem Jahre 1935 den 1. März als »Tag der Luftwaffe« feierte. Vor dem Hintergrund der Bemühungen um ein friedliches Bild, das zugleich aber auch das Bewußtsein der wiedergewonnenen eigenen Stärke zum Ausdruck bringen sollte, war die Wahl gerade dieses Motivs mehr als bezeichnend.

3. März 1937
Sonderausgabe Luftschutz

Briefmarken aus der ersten Hälfte der Ära Ohnesorge 1937–1941

Weder vorher noch nachher, nicht einmal in den letzten Kriegsjahren, hat die Deutsche Reichspost derart wenig Briefmarken neu herausgebracht wie im Jahre 1937. In der Forschung spricht man gern von einem »Wendejahr«, weil in jenen Monaten unabhängig voneinander, aber fast gleichzeitig in Berlin und Tokio die Weichen gestellt wurden, die schließlich in den Zweiten Weltkrieg führen sollten.[18] Im Falle der Post ist durchaus denkbar, daß der Wechsel von von Eltz-Rübenach zu Ohnesorge zu Umstellungen in der Arbeitsweise des Ministeriums geführt hat. Für den Verzicht auf die Ausgabe neuer Briefmarken ist dies jedoch keine befriedigende Erklärung. Es gibt aber auch noch andere Deutungsmöglichkeiten.

Am 5. April 1937 brachte die Post zum ersten Mal in ihrer Geschichte einen Sonderwert zum bevorstehenden Geburtstag des »Führers« heraus. Es handelte sich um vier identische Marken mit dem Portrait Hitlers, die zu einem Block zusammengefaßt und mit der Aufschrift versehen worden waren: »Wer ein Volk retten will, kann nur heroisch denken«. Im Laufe des Jahres wurde dieser Block noch mehr-

5. April 1937
Wohltätigkeits-Sonderausgabe in Blockform zum 48. Geburtstag Hitlers

mals aufgelegt, zuletzt aus Anlaß des Reichsparteitages im September. Der nominelle Wert jeder einzelnen Marke betrug 6 Reichspfennige zuzüglich 19 Reichspfennige Zuschlag, über deren Verwendung zumindest in einem Fall ein erläuternder Aufdruck »25 Rpf einschließlich Kulturspende« Auskunft gab.

In den Erinnerungen Albert Speers kann man nachlesen, daß Hitler auf Grund seiner zahllosen Bauvorhaben damals ständig über Geldsorgen geklagt habe, bis eines Tages Martin Bormann »...zusammen mit dem Leibphotographen Hoffmann und dessen Freund, dem Postminister Ohnesorge...« auf die Idee gekommen sei, »daß Hitler als der Abgebildete auf Briefmarken ein Recht auf sein Bild besitze, das durch Zahlungen abgegolten werden könne. Der Anteil am Umsatz war zwar minimal, aber da Hitlers Kopf auf allen Werten erschien, kamen Millionen für die von Bormann verwaltete Privatschatulle zusammen«.[19] Speer war nur wenige Wochen vor der Ausgabe der ersten Hitlermarke zum »Generalbauinspektor für die Neugestaltung der Reichshauptstadt« – Hitlers größtem Bauauftrag – ernannt worden.[20] Ein weiterer Hinweis findet sich bei Goebbels. Unter dem Datum des 7. April 1937 notierte er über einen Besuch bei Hitler in seinem Tagebuch: »Ohnesorge bringt die neue Führermarke. Sie ist sehr nett und soll viel Geld einbringen.«[21]

Neben der Wohltätigkeitsausgabe, die 1937 Schiffsmotive zeigte, kam in jenem Jahr nur noch eine Marke neu heraus, mit der zugleich eine weitere Serie eröffnet wurde. Es handelte sich um die Sonderausgabe zum Tag des Rennens um das »Braune Band« in München, einer NS-Konkurrenzveranstaltung zum Deutschen Derby, das traditionell in Hamburg ausgetragen wurde. Hamburg erhielt übrigens später ebenfalls eine eigene Serie, doch mußte man sich hier noch bis zum Sommer 1939 gedulden, als der Wettbewerb zum siebzigsten Mal ausgetragen wurde.

Mit dem Wechsel von von Eltz-Rübenach zu Ohnesorge vollzog die Post einen weiteren wichtigen Schritt auf dem Wege der Anpassung. Fortan gehörte der Führerkult zu den Konstanten, die regelmäßig in den Motiven der Briefmarken wiederkehrten. Zum fünften Jahrestag der »Machtergreifung« Hitlers erschien am 28. Januar 1938 erstmalig eine Gedenkmarke, auf der ein Fackelträger vor dem Brandenburger Tor dargestellt war. Pünktlich zum 20. April, Hitlers 49. Geburtstag, und zum 1. September 1938, dem Beginn des Reichsparteitages, wurden neue Marken mit dem Portrait des »Führers« ausgegeben, nach nun schon bewährter Manier, erneut mit Zuschlag. Der Entwurf stammte wiederum von Professor Richard Klein, dem Direktor der Akademie für angewandte Künste in München.[22] Hitler hatte ihn schon mehrfach mit dem Entwurf von Hoheitszeichen für Staat und Wehrmacht betraut. Die Post tat noch ein übriges, indem sie an den fraglichen Tagen in ausgewählten Postämtern Sonderstempel führte.[23]

Aus der Reihe der Briefmarken, mit denen man im Jahre 1938 einzelner Ereignisse bzw. Jahrestage gedachte, ragt eine ganz besonders hervor, obwohl sie auf den ersten Blick eher einen unscheinbaren Eindruck macht. Zum 100. Geburtstag des Grafen Zeppelin erschienen im Juli zwei Werte zu 25 und 50 Rpf, von denen die eine den Grafen in seinem Luftschiff, die zweite die Führergondel des Luftschiffs »Hindenburg« (LZ 129) zeigte. Mit keinem Wort wurde daran erinnert, daß letzteres knapp ein Jahr zuvor, am 6. Mai 1937, über dem Flughafen von Lakehurst explodiert und brennend abgestürzt war. Ein Großteil der Besatzung und der Passagiere hatte bei diesem Unglück den Tod gefunden. Zwar könnte es sich bei der Abbildung theoretisch auch um das Schwesterschiff LZ 130 handeln, doch war dieses Luftschiff zum damaligen Zeitpunkt noch nicht in Dienst gestellt worden, da man den Flugbetrieb nach der Katastrophe vorerst eingestellt hatte. Eine Wiederaufnahme des Transatlantikverkehrs, die davon abhing, daß sich die USA bereit erklärten, Deutschland mit dem nun anstelle von Wasserstoff für die Füllung des Schiffes vorgesehenen Helium zu beliefern, wurde infolge der politischen Entwicklung immer unwahrscheinlicher.

Zwei Ereignisse haben dem Jahre 1938 ihren unverwechselbaren Stempel aufgedrückt: Am 12. März hatten deutsche Truppen die Grenze zum benachbarten Österreich überschritten. Zwei Tage später meldete Hitler bei seiner Ankunft auf dem Heldenplatz in Wien vor der Weltöffentlichkeit und »vor der Geschichte… den Eintritt (s)einer Heimat in das Deutsche Reich«.[24] Am 4. April wurden die im Reich kursierenden Postwertzeichen auch in Österreich gültig, obwohl die Volksabstimmung über den »Anschluß« erst sechs Tage später erfolgen sollte. Die Reichspost

8. April 1938
Sonderausgabe zur
Volksabstimmung in Österreich

brachte aus diesem Anlaß am 8. April eine Sondermarke heraus, die einen uniformierten deutschen Fahnenträger Arm in Arm mit einem Österreicher darstellte. Symbolisch umhüllte die Hakenkreuzfahne, deren Stange von beiden gehalten wurde, ihre Träger schützend wie ein weiter Umhang. Den Schriftzug »Ein Volk, ein Reich, ein Führer, 10. April 1938«, der auf dem Rand umlaufend zu lesen war, hatte man so angeordnet, daß dessen dritter Bestandteil, »Ein Führer«, zur Kopfzeile des Bildes wurde. Die Wohltätigkeitsausgabe des Winterhilfswerkes trug im Herbst den veränderten Umständen mit einer Serie von Landschaftsansichten aus der »Ostmark« Rechnung.

Auch das zweite große politische Ereignis des Jahres 1938, das »Münchner Abkommen« vom 29. September, wurde postwendend gewürdigt. Zwei Tage vor Beginn der Volksabstimmung im Sudetenland erschien eine Sondermarke, die ein Egerländer Paar in seiner Tracht und mit einer für seine Heimat als typisch erachteten Landschaft im Hintergrund zeigte. Im Unterschied zum April wurde diesmal allerdings ein Zuschlag für wohltätige Zwecke erhoben. Offenbar wollte man damit den Vorwurf erhärten, daß diese Region in den vergangenen Jahren unter tschechoslowakischer Herrschaft systematisch benachteiligt und unterdrückt worden sei.

2. Dezember 1938
Wohltätigkeits-Sonderausgabe zur
Abstimmung im Sudetenland am
4. Dezember 1938

Der »Anschluß« Österreichs und des »Sudetengaus«, wie die offizielle Sprachregelung lautete, stellte die Post vor allem in verwaltungstechnischer Hinsicht vor Probleme. Aus dieser Tatsache läßt sich vielleicht erklären, weshalb Anfang 1939 kein einziger der bislang genannten Jahrestage (30. Januar, 1. und 15. März) mit einer eigenen Sonderausgabe gewürdigt wurde. Im Februar erschien lediglich eine Serie zu drei Werten aus Anlaß der Internationalen Automobilausstellung. In allen drei Fällen handelte es sich bezeichnenderweise um deutsche Konstruktionen, die für die Abbildungen ausgewählt worden waren. Der Einmarsch deutscher Truppen in die Tschechoslowakei und die Bildung des »Reichsprotektorats Böhmen und Mähren« im März 1939 schlug sich auf den Briefmarken des Reiches ebensowenig nieder wie die im Sommer auf Drängen Berlins von Litauen konzedierte Rückkehr des Memellandes. Für die Post brachten beide Ereignisse weitere Umstellungen mit sich, mußte doch vor allem im »Protektorat« eine völlig neue Verwaltung unter deutscher Oberhoheit aufgebaut werden.[25] Hatte man sich anfangs noch damit begnügt, tschechoslowakische Marken mit einem zusätzlichen Aufdruck weiterzuverwenden, ging man bereits im Herbst 1939 zum Druck einer eigenen Serie mit Darstellung eines Lindenzweiges bzw. von politisch unverfänglichen Landschafts- und Stadtansichten über. Diese neuen Wertzeichen blieben bis 1942 fast ausschließlich in Verwendung.

Im Reich dagegen schienen die Dinge von April an wieder in gewohnten Bahnen zu verlaufen. Ausstellungen, wie die Stuttgarter Gartenschau und der Tag der deutschen Kunst in München, Sportveranstaltungen, wie das 70. Deutsche Derby in Hamburg, das Rennen um das »Braune Band« in München sowie der »Große Preis von Deutschland« auf dem Nürburgring waren in den Augen der Post die herausragenden Themen. Des alljährlich veranstalteten »Reichsberufswettkampfes« wurde ebenso gesondert gedacht wie des 1. Mai, dem »Tag der Arbeit«. In dem einen Fall fiel die Wahl auf die Plakette, die dem Sieger des Wettbewerbes winkte, bei dem anderen handelte es sich um eine Darstellung Hitlers am Rednerpult, die mit einem zusätzlichen Aufdruck versehen, im August für den ursprünglich geplanten, durch den Kriegsausbruch dann aber nicht mehr zustande gekommenen »Reichsparteitag des Friedens« noch einmal aufgelegt wurde.

Zu Hitlers 50. Geburtstag, der überall im Reich feierlich begangen wurde, hatte Ohnesorge erneut Richard Klein bemüht. Die Druckvorlage, die Hitler beim Einzug in seine Geburtsstadt Braunau darstellte, dürfte vermutlich nach einer Fotovorlage entstanden sein. Wie im Vorjahr, als man den Nominalwert für diese spezielle Ausgabe auf 12 Rpf verdoppelt hatte, wurde auch diesmal einschließlich Zuschlag ein Betrag von 50 Rpf erhoben. Für die Marken zum »Tag der Arbeit» bzw. dem Reichsparteitag wurden dagegen jeweils nur 25 Rpf verlangt. Im Vergleich dazu recht bescheiden blieben die Aufschläge von 2 bis zu maximal 20 Rpf, die die Reichspost bei der Einführung ihres ersten Kameradschaftsblocks auswies.

Keine dieser Marken deutete darauf hin, daß sich das Reich zu diesem Zeitpunkt bereits im Krieg befand. Weder der Kameradschaftsblock mit Darstellungen zu den verschiedenen sozialen Einrichtungen der Post noch die Wohltätigkeitsausgabe zugunsten des Winterhilfswerkes, bei der man sich diesmal für die Darstellung historischer Bauwerke entschieden hatte, wichen von der gewohnten Routine ab. Von wenigen Ausnahmen abgesehen wurde dieser Eindruck, zumindest nach außen, bis zum Frühjahr 1942 aufrechterhalten. Während all dieser Jahre fiel die Wahl nicht ein einziges Mal auf militärische Motive bzw. auf Darstellungen, die unmittelbar an den Krieg erinnert hätten. Ob eine ausdrückliche Weisung vorlag, diese Themen zu vermeiden, läßt sich nur vermuten, mangels entsprechender Akten aber nicht belegen.

18. September 1939
Sonderausgabe zur Wiedereingliederung Danzigs in das Reich

18. September 1939
Sonderausgabe zur Wiedereingliederung Danzigs in das Reich

Vorerst beschränkte sich die Post darauf, die Ergebnisse der deutschen Kriegführung ins rechte Bild zu setzen. Anläßlich der Wiedereingliederung Danzigs brachte sie bereits am 18. September 1939 unter der Überschrift »Danzig ist deutsch« zwei Sonderwerte mit Ansichten aus der ehemaligen Freistadt, der Marienkirche und dem Krantor, heraus. Rechnet man den vom Entwurf bis zur fertigen Marke erforderlichen zeitlichen Vorlauf, so stellt dies eine eindrucksvolle Leistung dar, immer unter der Voraussetzung natürlich, daß die Vorbereitungen tatsächlich erst am 1. September aufgenommen worden waren. Wie zuvor bereits im Falle der Tschechoslowakei hätte man sich auch mit der Übernahme der vorhandenen Briefmarken des Freistaates begnügen können. In Danzig selbst ist dies so gehandhabt worden. Obwohl es sich um ein vergleichsweise kleines, folglich rasch mit neuen Postwertzeichen zu versorgendes Gebiet handelte, wurden die vorgefundenen Bestände bis Dezember 1940, mit entsprechendem Aufdruck, weiterverwendet. Daß für das übrige Reichsgebiet sofort eigene Marken zur Erinnerung an die Eingliederung der Stadt geschaffen wurden, spricht sowohl für die politische als auch für die propagandistische Bedeutung, die man diesem Ereignis beimaß.

Ein vergleichbares Beispiel stellen die beiden Zuschlagswerte vom Juli 1940 dar, die unter der Überschrift »Eupen und Malmedy wieder deutsch« Ansichten der beiden Städte zeigten. Wie im Falle Danzigs handelte es sich nach offizieller Lesart auch hier um eine Wiedergutmachung für in Versailles erlittenes Unrecht. Die Umstände, der erfolgreiche Abschluß des Westfeldzuges, der diese Revision der Vertragsklauseln erst möglich gemacht hatte, wurde dagegen ebensowenig erwähnt wie zuvor der Sieg der Wehrmacht über Polen.

Der Krieg, der von der Post auf dieser Ebene sorgfältig ausgeklammert wurde, war entgegen den Erwartungen Hitlers im Sommer 1940 noch nicht zu Ende. Zwar hatten

25. Juli 1940
Sonderausgabe zur Wiedereingliederung der Gebiete von Eupen, Malmedy und Moresnet

25. Juli 1940
Sonderausgabe zur Wiedereingliederung der Gebiete von Eupen, Malmedy und Moresnet

nach Polen, Dänemark und Norwegen nun auch Holland, Belgien, Luxemburg und Frankreich kapituliert, dennoch war Großbritannien nicht bereit, auf Hitlers »letztes« Friedensangebot vom 19. Juli einzugehen. Da die Kämpfe fortgesetzt wurden, unterblieb eine dauerhafte Friedensregelung mit den besiegten Ländern, die entweder einem Besatzungsstatut oder einer deutschen Zivilverwaltung unterworfen wurden.

Für die Post brachte dieser Unterschied erhebliche Probleme mit sich, da unter diesen Voraussetzungen der Aufbau einer einheitlichen Verwaltungsstruktur innerhalb des deutschen Herrschaftsbereiches kaum zu verwirklichen war.[26] Während im Osten, im sogenannten »Generalgouvernement«, Teilen des ehemaligen Polen, neue Briefmarken ausgegeben wurden, blieben im Westen die jeweiligen nationalen Postwertzeichen im Umlauf. Die einzige Ausnahme bildeten das Elsaß, Lothringen und Luxemburg, die anstelle einer Militär- einer Ziviladministration unterstellt worden waren. Nach Rücksprache mit der Reichskanzlei[27] führte die Post ab August 1940 im Elsaß und in Lothringen kurzerhand neue Marken ein, nachdem die alten Bestände aufgebraucht waren. Da die geplante Hitlerkopf-Serie noch nicht verfügbar war, griff man auf die Serie mit dem Bild von Hindenburgs zurück. Hitler hatte gegen diese Maßnahme keine Bedenken, obgleich damit ein wichtiges Präjudiz im Hinblick auf den auf die Zeit nach dem Ende des Krieges vertagten Friedensvertrag mit Frankreich geschaffen wurde. Im Unterschied zum Auswärtigen Amt spielten für die Post in dieser Frage zunächst einmal praktische Erwägungen eine Rolle. Auf der anderen Seite spricht die Auswahl der Bauwerke, die auf der Wohltätigkeitsausgabe für das Winterhilfswerk des Jahres 1940 zu sehen waren, dafür, daß man sich seitens der Post über die künftige Ausdehnung des Reichsgebietes eigene Gedanken gemacht hatte: Gleichberechtigt erschienen darauf nebeneinander der Artushof in Danzig, das Rathaus in Thorn, die Pfalz bei Kaub, das Stadttheater in Posen, das Heidelberger Schloß, die Porta Nigra in Trier, das neue Deutsche Theater in Prag sowie die Rathäuser von Bremen und Münster.

Diese Zusammenstellung entsprach der deutschen Auffassung, daß im Gegensatz zur Situation im Westen mit der Besetzung der Tschechoslowakei und Polens eine neue Rechtslage entstanden sei. Beide Länder hatten aufgehört, selbständige Staaten zu sein. Die Deutsche Reichspost hatte in beiden Fällen die Verwaltungshoheit in dem ihr angestammten Bereich übernommen. Zu einer Verschmelzung mit dem Reich kam es indes nicht. Nachdem man sich in den ersten Wochen und Monaten damit beholfen hatte, vorhandene Postwertzeichen zu überdrucken und weiterzuverwenden, ging man bald dazu über, eigene – mit den im Reich verwendeten nicht identische – Marken auszugeben. In Polen lautete die Aufschrift von Beginn an »Generalgouvernement«, im »Protektorat« dagegen verwendete man bis 1942 zunächst die Doppelbezeichnung »Böhmen und Mähren/Cechy a Moravia«, ehe man auch hier mit dem Schriftzug »Deutsches Reich/Böhmen und Mähren« vollendete Tatsachen schuf.

Nicht nur durch diesen abrupten Wechsel, sondern auch an Hand der Darstellungen auf den Marken läßt sich erkennen, daß die Politik der deutschen Besatzungsmacht in beiden Fällen zunächst unterschiedliche Wege eingeschlagen hatte. Während im »Generalgouvernement« von Anbeginn, etwa mit dem Aufdruck des Reichsadlers sowohl auf den alten als auch auf den neuen Postwertzeichen, kein Zweifel an der künftigen Rechtsstellung als einer der Kontrolle des Reiches unterstellten Provinz bestehen konnte, blieb der Schein nationaler Identität im Falle des »Protektorats« nach außen vorerst unangetastet. Zum Wechsel kam es Ende 1941, nachdem Hitler den als »Reichsprotektor« als zu nachgiebig empfundenen Konstantin von Neurath durch den Chef des Reichssicherheitshauptamtes, Reinhard Heydrich, ersetzt hatte. Die Post reagierte umgehend und brachte zur Erinnerung an den Jahrestag der Errichtung des »Protektorats« erstmals eine Gedenkmarke heraus. Es handelte sich um eine Darstellung der Stadt Brünn, die kurzerhand mit einem stilisierten Reichsadler und den beiden Daten »15. III. 1939/15. III. 1942« überdruckt worden war. Wie zuvor bereits im »Generalgouvernement« üblich, wurde fortan dieses Jahrestages ebenso gedacht wie des Ge-

15. März 1942
Sonderausgabe zum 3. Jahrestag der Errichtung des Protektorats

burtstages des »Führers«. Allerdings bediente man sich dabei im »Protektorat« nicht etwa der Ausgaben des Reiches als Vorlage, sondern verwendete in der Regel eigene Entwürfe. Beispielsweise zeigte die Briefmarke des Jahres 1943 Hitler am Fenster der Prager Burg und noch im Februar 1945 erschien ein Sonderwert, der nach einem Foto Heinrich Hoffmanns gearbeitet war.

15. März 1944
Sonderausgabe zum 5. Jahrestag der Errichtung des Protektorats

Die Vorstellungen des Reiches über die künftige Rolle des »Protektorats« illustriert die Gedenkmarke, die aus Anlaß des fünften Jahrestages des deutschen Einmarsches im März 1944 ausgegeben wurde. Sie zeigte den Reichsadler, der seine mächtigen Schwingen über die Wappen von Böhmen und Mähren ausgebreitet hielt. Gegen die Politik der wachsenden Unterdrückung und der vollständigen Vereinnahmung durch das »Großdeutsche Reich«, wie es sich nun nannte, hat sich früh Widerstand geregt. Am Anfang hatte man in Polen noch mit gefälschten Briefmarken reagiert, die anstelle Hitlers den »Generalgouverneur« Hans Frank zeigten. Die Marken stammten, wie einige andere Kriegspropagandafälschungen, die etwa den »Reichsführer SS«, Heinrich Himmler, oder Hitler als Totenkopf, meist in Verbindung mit der Unterschrift »DFUTSCHES REICH« darstellten, aus Großbritannien und wurden von polnischen Untergrundorganisationen in Umlauf gebracht. Die sich zunehmend verschärfende Politik der Unterdrückung brachte es mit sich, daß derart aufwendige Aktionen Episode blieben.

1943
Britische Fälschung für Gebiete außerhalb Deutschlands

Reinhard Heydrich starb am 4. Juni 1942 an den Folgen eines Attentats. Zur »Vergeltung« wurde sechs Tage später das tschechische Dorf Lidice vernichtet, alle männlichen Einwohner erschossen, Frauen und Kinder in ein Konzentrationslager gebracht. Ein Jahr darauf begann die Post im »Protektorat« mit dem Verkauf einer Sondermarke mit der Totenmaske des ehemaligen »Reichsprotektors«. In der Geschichte der Post nimmt diese Marke

28. Mai 1943
Sonderausgabe zum 1. Todestag von Reinhard Heydrich

eine gewisse Sonderstellung ein, und dies nicht nur, weil in diesem Fall ein ungewöhnlich hoher Zuschlag (60 zuzüglich 440) erhoben wurde. Bis zum Ende des Krieges wußte man es zu vermeiden, bei der Entscheidung für neue Briefmarkenmotive Themen aus dem Bereich des Besatzungsalltages zu wählen.

Briefmarken der Reichspost aus den letzten Kriegsjahren 1942–1945

1940 und 1941 hielt sich die Post im Reich bei der Ausgabe von neuen Briefmarken an aus Friedenszeiten gewohnte Gepflogenheiten. Lediglich die Anzahl der Sonderausgaben, die aus Anlaß von Jahrestagen bzw. besonderen Ereignissen aufgelegt wurden, verringerte sich deutlich. Eine Ausnahme wurde allerdings gemacht: Am 30. Januar 1941 brachte die Post eine Marke heraus, die Hitler und Mussolini Seite an Seite zeigte. Das Bild, das die deutsch-italienische Waffenbrüderschaft bekräftigen sollte, wurde eingerahmt von den Herrschaftssymbolen der beiden Diktatoren, links neben dem »Duce« das Liktorenbündel, rechts neben dem »Führer« dessen mit dem Reichsadler gekrönter Feldherrnstab. Die Überschrift zu dieser Darstellung, »Zwei Völker und ein Kampf«, die an den soeben zu Ende

30. Januar 1941
Wohltätigkeits-Sonderausgabe
Deutsch-italienische Waffenbrüderschaft

gegangenen Besuch Mussolinis auf dem Berghof erinnerte, sollte sich schon bald bewahrheiten: Italien hatte am 28. Oktober 1940 von Albanien aus einen Angriff auf Griechenland unternommen, war dabei aber auf unerwartet hartnäckigen Widerstand gestoßen. Mussolinis Schilderung der militärischen Lage, die für ihn alles andere als günstig war, veranlaßte Hitler, seinerseits einen Angriff auf dem Balkan vorzubereiten, um die bedrohte Flanke zu sichern. Am 2. März 1941 rückten deutsche Truppen in Bulgarien ein, am 6. April erfolgte dann der Angriff auf Jugoslawien und Griechenland.

Im ersten Kriegsjahr war Hitlers Geburtstag noch mit einer in Anbetracht der Umstände ungewöhnlichen Darstellung gewürdigt worden. Sie zeigte den »Führer«, wie er einem kleinen Mädchen zum Dank für den überreichten Blumenstrauß väterlich über die Wange strich. Dieses friedliche Bild schien 1941 nicht mehr angebracht. Die Reichspost kehrte zum konventionellen Portrait, im Halbprofil und mit Schirmmütze, zurück; ein Motiv, das auch 1942 – wiederum in leichter Abwandlung – Verwendung fand. Weder eine dieser drei noch eine der früheren Sonderausgaben lieferte die Vorlage, als man sich im Herbst 1941 dazu entschloß, eine Standardserie mit dem Hitlerkopf einzuführen. Die Zeichnung, erneut von Richard Klein, zeigte Hitlers rechtes Profil, ohne Kopfbedeckung, den Blick aus-

1. August 1941
Hitler-Kopf-Serie

druckslos und starr geradeaus gerichtet. Bemerkenswert ist in diesem Zusammenhang, daß die vorhandenen Postwertzeichen mit dem Bild von Hindenburgs trotz Einführung dieser neuen Serie bis zum Ende des Krieges weiter zugelassen blieben, ohne daß es dafür einen erkennbaren Grund gegeben hätte.[28]

Mit der Ausgabe der Hitlerkopf-Serie begann die Post ihre bislang gegenüber der Darstellung des Themas »Krieg« geübte Zurückhaltung langsam aufzugeben. Nach dem Scheitern des Rußlandfeldzuges und den schweren Verlusten während des Winters 1941/42 konnte man nicht einfach zur gewohnten Tagesordnung übergehen. Zum Heldengedenktag legte die Reichspost eine Sondermarke auf, die einen toten Kämpfer zeigte, dessen verbundener Kopf an einem Stahlhelm lehnte. Zwar handelte es sich bei der Vorlage um die Arbeit eines Bildhauers und nicht etwa um ein Foto von der Front, dennoch dürfte die Marke bei einem aufmerksamen Betrachter nach dem jahrelangen Schweigen nicht ohne Wirkung geblieben sein. Vielleicht liegt hierin ei-

10. März 1942
Wohltätigkeits-Sonderausgabe
zum Heldengedenktag 1942

ner der Gründe, weshalb das Thema »Tod« von der Post anschließend nicht noch einmal aufgegriffen wurde. Im März des folgenden Jahres, nach der katastrophalen Niederlage von Stalingrad, erschien zum gleichen Anlaß eine umfangreiche Serie, die Soldaten mit Waffen und Gerät im Einsatz zeigte. Dieser Lösung gab man 1944 erneut den Vorzug.

Der 10. Jahrestag der »Machtergreifung« Hitlers stand für das Reich im Zeichen der bevorstehenden Kapitulation der deutschen Truppen in Stalingrad. Die Wohltätigkeitsausgabe der Post gibt vor diesem Hintergrund zu denken, stellt sie doch einen strahlenden Reichsadler über dem Brandenburger Tor dar, dessen Konturen sich scharf vor der dahinter aufgehenden Sonne abzeichnen. Ein zynischer Betrachter könnte allerdings auch, da das Tor auf der Ost-

26. Januar 1943
Wohltätigkeits-Sonderausgabe zum
10. Jahrestag der Machtergreifung Hitlers

West-Achse steht, auf eine untergehende Sonne schließen, aber diese Interpretation war wohl kaum intendiert. Trotz des an allen Fronten beginnenden Rückzuges der deutschen Truppen vertraute man unbeirrt dem militärischen Weitblick des »Führers«, den die Goebbels'sche Propaganda zum »Größten Feldherrn aller Zeiten« erhoben hatte. In der Krise des Frühjahrs 1943 nahm auch die Post bei diesem Bild Zuflucht. Zu Hitlers Geburtstag erschien sein Portrait im Lorbeerkranz, während links und rechts Feldherrnstab und Schwert zu sehen waren.

Realität und Wirklichkeit begannen immer weiter auseinanderzuklaffen. Im Oktober 1943 tauchte erstmals auf einer Briefmarke die Bezeichnung »Großdeutsches Reich« auf. Es handelte sich um die Sonderausgabe zur 800-Jahrfeier der Hansestadt Lübeck, die zu diesem Zeitpunkt bereits seit über einem Jahr in Schutt und Asche lag, nachdem sie in der Nacht vom 28. zum 29. März 1942 als eine der ersten deutschen Großstädte von britischen Bombern angegriffen und zerstört worden war. Auf der mittelalterlichen Zeichnung, die man gewählt hatte, war die bekannte Silhouette der Stadt mit ihren sieben Türmen noch intakt.

9. November 1944
Wohltätigkeits-Sonderausgabe zum
21. Jahrestag des Hitlerputsches

Für Durchhalteparolen, wie sie für die Bevölkerung damals zur Gewohnheit wurden, gibt es ebenfalls einige Beispiele, meist im übertragenen Sinne, durch immer häufigere Darstellungen aus dem Arbeitsleben. Die Wohltätigkeitsausgaben für den Arbeitsdienst aus den Jahren 1943 und 1944 oder die Sonderserie zum 10. Jahrestag der Gründung des Hilfswerkes »Mutter und Kind« vom März 1944 wären hier zu nennen. Eine andere Möglichkeit bot die Beschwörung historischer Vorbilder. Zum Hitler-Putsch, der sich 1943 zum 20. Mal jährte, brachte die Reichspost eine Abbildung, die links einen Fahnenträger, rechts den Reichsadler mit der Unterschrift »Und ihr habt doch gesiegt« zeigte. 1944 ließ man den Bezug zur Partei gänzlich fallen und entschied sich für eine allegorische Darstellung: ein Adler, der wie in der griechischen Mythologie einst Herakles mit einer mehrköpfigen Hydra kämpft. Nur die Überschrift, »Gedenke des 9. November«, erinnerte noch an den eigentlichen Anlaß; der Bezug zur aktuellen Lage an den Fronten war, wenn auch nicht zutreffend, so doch offenkundig.

Februar 1945
Wohltätigkeits-Sonderausgabe
Volkssturm

Trotz des sich abzeichnenden Zusammenbruchs des Reiches arbeitete die Post bis in die letzten Tage des Krieges hinein scheinbar unbeirrt weiter. Im Februar 1945 erschien unter der Überschrift »Ein Volk steht auf« eine Zuschlagsmarke, die drei Angehörige des »Volkssturms« mit dem Gewehr im Anschlag auf dem Vormarsch gegen einen imaginären Feind zeigte. Hinter dieser Gruppe war ein Adler zu erkennen, der den Männern mit seinen mächtigen Flügeln Deckung bot. Dieses Bild stand in krassem Gegensatz zur Wirklichkeit, denn die wenigen Flugzeuge der Luftwaffe, die den überhastet zusammengestellten Einheiten des »Volkssturms« noch hätten Schutz vor Angriffen gewähren können, konnten damals wegen akuten Treibstoffmangels nicht mehr aufsteigen. Auf den ersten Blick mag es daher

April 1945
Ausgabe vorbereitet, aber nicht mehr zum Schalterverkauf gekommen

fast wie ein beschwörender Wunsch erscheinen, daß eine der letzten beiden Marken, die noch im April vorbereitet wurden, ausgerechnet ein Flugzeug am Himmel zeigte. Aus heutiger Sicht schon eher passend war dagegen das Motiv des zweiten Wertes, das drei Angehörige des NSKK, des »Nationalsozialistischen Kraftfahrerkorps«, ohne Fahrzeug, aber im Gleichschritt vor einer aufgehenden Sonne darstellen sollte. Auch in diesem Fall handelte es sich nicht, wie man vielleicht annehmen könnte, um eine zufällige Wahl. Spätestens seit dem Attentat vom 20. Juli 1944 hatte Hitler das

April 1945
Ausgabe vorbereitet, aber nicht mehr zum Schalterverkauf gekommen

Vertrauen in die Wehrmachtführung verloren. Nutznießer waren SS und Partei mit ihren Organisationen. Ihnen wurden gegen Ende des Krieges wichtige Zuständigkeiten übertragen in der Hoffnung, bei der Bevölkerung auf diese Weise letzte Reserven mobilisieren zu können. Die Deutsche Reichspost vollzog auch diesen Umschwung noch mit. Die letzten beiden Marken, die noch zum Verkauf gelangten, datieren vom 20. April 1945, Hitlers 56. Geburtstag. Sie stellten nicht etwa den »Führer«, sondern jeweils einen Angehörigen der SA und der SS dar, der beiden Formationen der Partei, mit deren Hilfe Hitler sich vor 12 Jahren den Weg an die Spitze des Reiches geebnet hatte.

Zusammenfassung

Ohne Zweifel hat sich das Dritte Reich der Briefmarke als eines Mittels der Propaganda bedient. Man muß bei dieser Feststellung allerdings verschiedene Aspekte sorgfältig voneinander trennen. Die Deutsche Reichspost hat, wie alle Verwaltungseinrichtungen des Reiches, ihre Arbeit nach der »Machtübernahme« Hitlers wie gewohnt fortgesetzt. Da zunächst die Unabhängigkeit und Sonderstellung des Unternehmens ebenso wie die alleinige Weisungsbefugnis von Eltz-Rübenachs nicht angetastet wurden, gab es für einen Konflikt keine Veranlassung. Mit Hilfe tiefgreifender personeller Veränderungen, die mit einer Stärkung der Position des Ministers einhergingen, wurde jedoch früh der Weg bereitet, der die Post langfristig dem Zugriff der Partei öffnen sollte.

Bis zum Januar 1937, dem Datum des Wechsels von von Eltz-Rübenach zu Ohnesorge, blieb die Auswahl der Motive der Briefmarken in der Regel auf einzelne politische Themen beschränkt. Im Vergleich zur Praxis in den zwanziger Jahren war dies allein schon eine gravierende Veränderung. Belege dafür, daß die Post jeweils erst auf Weisung tätig geworden wäre, gibt es nicht.[29] Vor dem Hintergrund der für breite Schichten der Bevölkerung und der politischen Eliten des Reiches traumatischen Erfahrung des Versailler Vertrages hielt man es damals nicht nur in konservativen Kreisen für eine nationale Pflicht, den als berechtigt angesehenen Forderungen der neuen Regierung nach Gleichbehandlung Deutschlands auf internationaler Ebene auf jede nur erdenkliche Weise Nachdruck zu verleihen. Unter von Eltz-Rübenach war die Post indessen noch bemüht, zwischen nationalem und Parteiinteresse sorgfältig zu unterscheiden.

In der Ära Ohnesorge, einem »Alten Kämpfer« und langjährigem Parteimitglied, trat neben diesen mehr nach außen gerichteten Aspekt als zweites beherrschendes Element der Kult um die Person des »Führers«. Mit der Ausgabe zahlreicher Sonder- und Zuschlagsmarken stellte sich die Post zunehmend in den Dienst Hitlers und der Partei. In der Bevölkerung stieß diese Haltung, nicht zuletzt auf Grund der damit für sie verbundenen Kosten, auf wachsende Kritik.[30] Als im Verlauf des Krieges die Flucht in die Sachwerte einsetzte, manifestierte sich diese Unzufriedenheit auf ihre eigene Weise. In Sammlerkreisen erfreuten sich neben den Postwertzeichen aus den Besatzungsgebieten vor allem Marken aus der Vorkriegszeit hoher Wertsteigerungen.[31]

Dennoch sollte man aber auch nicht übersehen, daß die Reichspost bis zum Jahre 1942 auf ihren Briefmarken sowohl die Heroisierung des Krieges als auch die für die damalige Propaganda so gängigen Themen wie Rassefrage und Germanenkult vermied. Ob der Umschwung, der mit der Kriegswende 1942/43 eintrat, in unmittelbarem Zusammenhang mit der Verkündung des »Totalen Krieges«[32] durch Joseph Goebbels zu sehen ist, darf wohl angenommen werden. Angesichts des hohen Anpassungsvermögens, das die Post zwischen 1933 und 1942 bewiesen hat, sprechen alle Indizien dafür, daß es für diese Entscheidung jedoch keiner ausdrücklichen Weisung des Reichspropagandaministers bedurfte. Unter dem Eindruck der Rückschläge an allen Fronten betrachtete es die Post vielmehr als selbstverständlich, in dem sich abzeichnenden »Schicksalskampf« des Reiches alle ihr zur Verfügung stehenden Möglichkeiten auszuschöpfen. Ob es ihr allerdings gelungen ist, die erhoffte Wirkung zu erzielen, muß stark bezweifelt werden. Der abrupte Wechsel in den Motiven der Briefmarken dürfte einen aufmerksamen Beobachter eher nachdenklich gestimmt haben. Und was, so muß man sich fragen, mag wohl in einem Soldaten vorgegangen sein, der in seinem Frontabschnitt dringend benötigte Waffen lediglich in dieser Form zu sehen bekam. Offenbar hat man sich bei der Post über dieses Problem Gedanken gemacht, denn in den letzten Monaten des Krieges konzentrierte man sich wieder stärker auf die Darstellung von Menschen. Man zeigte Männer, die sich – meist ohne Waffen oder schweres Gerät – entschlossen und aufrecht einem nicht sichtbaren Feind entgegenstellten. Im Zeichen des sicheren Untergangs des Reiches war die Post damit vollends zu einem Sprachrohr der Propaganda geworden.

Anmerkungen

1 Zum ersten Jahrestag der »Machtergreifung« hatte man eine Gedenkpostkarte ausgegeben, auf deren Marke Hitler und Reichspräsident von Hindenburg abgebildet waren. Diese Postkarte wurde jedoch nur in limitierter Auflage gedruckt, das Postwertzeichen wurde nicht als eigene Briefmarke ausgegeben.

2 Zum folgenden vergl. Kurt G. A. Jeserich, Hans Pohl, Georg Christoph von Unruh (Hg.), Deutsche Verwaltungsgeschichte, Bd. 4: Das Reich als Republik und in der Zeit des Nationalsozialismus, Stuttgart 1986, S. 297–307 bzw. S. 935–949. Vgl. dazu den Beitrag von Martin Vogt in diesem Band.

3 Peter Paul Freiherr von und zu Eltz-Rübenach (1875–1943). Abitur 1894 in Siegburg, danach Studium des Maschinenbaus in Aachen und Berlin, 1905 Regierungsbaumeister, Eintritt in den Staatseisenbahndienst, 1911–1914 technischer Sachverständiger beim Deutschen Generalkonsulat in New York. Im Ersten Weltkrieg zuletzt beim Stab des Chefs des Feldeisenbahndienstes. 1920 Eintritt in das Reichsverkehrsministerium, 1923 Ministerialrat, 1924 Präsident der Reichsbahndirektion Karlsruhe. Seit dem 2. 6. 1932 Reichsverkehrsminister.

4 Franz W. Seidler, Fritz Todt. Baumeister des Dritten Reiches, München, Berlin 1986.

5 Vgl. u.a. Protokoll der Chefbesprechung v. 24. 11. 1933, in: Akten der Reichskanzlei. Regierung Hitler 1933–1938, Teil 1: 1933/34, bearbeitet von Karl-Heinz Minuth, 2 Bde. Boppard 1983, hier Bd. 2, S. 972.

6 Zum Hergang vgl. die Schilderung in: Die Tagebücher von Joseph Goebbels. Sämtliche Fragmente, hrsg. von Elke Fröhlich im Auftrag des Instituts für Zeitgeschichte und in Verbindung mit dem Bundesarchiv, 4 Bde, München, New York, London, Paris 1987, hier: Bd. 3, Eintragung vom 31. 1. 1937, S. 29f.

7 Wilhelm Ohnesorge (1872–1962), Sohn eines Telegrafenbeamten aus Gräfenhainichen, trat nach dem Abitur in Frankfurt am Main in den höheren Staatsdienst ein. Studium der Mathematik und Physik in Kiel und Berlin, von 1902 bis 1914 bei der Oberpostdirektion Berlin beschäftigt. Im Ersten Weltkrieg bei der Obersten Heeresleitung als Telegrafeningenieur eingesetzt. Nach 1919 Tätigkeit bei den Oberpostdirektionen Dortmund und Berlin, 1929 Präsident des Reichspostzentralamtes, 1933 Staatssekretär, 1937 Reichspostminister. Ohnesorge war seit 1920 Mitglied der NSDAP.

8 Albert Speer, Erinnerungen, Frankfurt am Main, Berlin 1969, S. 48.

9 Vgl. dazu Wolfgang Lotz, Friedrich der Große und die Deutsche Reichspost. Ein Beitrag zur Problematik politischer Inhalte von Briefmarken in der Weimarer Republik, in: AfdP 1986/2, S. 108–113.

10 Vgl. dazu das Schreiben von Eltz-Rübenachs an Staatssekretär Lammers v. 13. 4. 1933, Bundesarchiv Koblenz (künftig zitiert als BA) R 43 II/266, Bl. 19.

11 Vgl. Schreiben von Eltz-Rübenachs an Lammers v. 1. 11. 1933, ebenda Bl. 28.

12 Zu dessen Person und Rolle vgl. dessen Erinnerungen, Heinrich Hoffmann, Hitler, wie ich ihn sah, München, Berlin 1974.

13 Vgl. von Eltz-Rübenachs Schreiben an Lammers v. 13. 4. 1933, BA R 43 II/266, Bl. 19 sowie oben, Anm. 1.

14 Vgl. dazu Stefan Martens, Hermann Göring. »Erster Paladin des Führers« und »Zweiter Mann im Reich«, Paderborn 1985, S. 25ff.

15 Klaus Hildebrand, Vom Reich zum Weltreich. Hitler, NSDAP und koloniale Frage, 1919–1945, München 1969.

16 So Heinrich Garbe, Rassische Kunsterziehung, in: Nationalsozialistisches Bildungswesen, 1938, S. 664–665, hier zitiert nach Joseph Wulf, Die bildenden Künste im Dritten Reich. Eine Dokumentation, Frankfurt am Main, Berlin, Wien 1983, S. 304.

17 Vgl. Goebbels, Tagebuchaufzeichnungen, Bd. 2, Eintragung v. 16. 7. 1936, S. 645.

18 Gottfried Niedhart, Deutsche Außenpolitik und internationales System im Krisenjahr 1937, in: Wolfgang Michalka (Hrsg.), Nationalsozialistische Außenpolitik, Darmstadt 1978, S. 360–376.
19 So Speer, Erinnerungen, S. 100.
20 Ebenda, S. 90.
21 Goebbels, Tagebuchaufzeichnungen, hier Bd. 3, S. 103.
22 Zu Richard Klein s. Die ›Kunststadt‹ München 1937. Nationalsozialismus und ›Entartete Kunst‹, hrsg. von Klaus-Peter Schuster, München 1987, S. 37f.
23 Sonderstempel führte die Post in Berlin, München, Nürnberg, Berchtesgaden und Pasewalk, aber auch in Wien, Linz, Graz und Braunau.
24 Max Domarus (Hrsg.), Hitler-Reden 1932–1945. Kommentiert von einem deutschen Zeitgenossen, 2 Bde., Wiesbaden 1973, hier Bd. I/2, S. 824.
25 Vgl. dazu Hans Umbreit, Deutsche Militärverwaltungen 1938/39. Die militärische Besetzung der Tschechoslowakei und Polens, Stuttgart 1977.
26 Vgl. dazu die ausführlichen Schreiben Ohnesorges an Lammers v. 20.11.1940 bzw. v. 23.11.1940, BA R 43 II/266, Bl. 104–106 bzw. Bl. 123–124v.
27 Vgl. dazu den Vermerk über eine telefonische Rückfrage Willuhns im Führerhauptquartier v. 1. 8. 1940, ebenda. Bl. 42.
28 Da Briefmarken mit dem Bild von Hindenburgs offenbar als unverfänglich galten, blieben sie in einzelnen Regionen des Reiches z. T. noch bis zum Herbst 1945 offiziell in Gebrauch.
29 In den Beständen des Bundesarchivs waren entsprechende Belege nicht zu ermitteln. Die Akten des Reichspostministeriums, die in der Zwischenzeit ins Zentrale Staatsarchiv Potsdam überführt wurden (vgl. dazu den Beitrag von Gerd Ueberschär in diesem Band) konnten nicht mehr ausgewertet werden.
30 Vgl. Karl Sautter, Geschichte der Deutschen Post, Teil 3: Geschichte der Deutschen Reichspost (1871–1945), Frankfurt am Main 1951, S. 560.
31 Vgl. Meldungen aus dem Reich 1938–1945. Die geheimen Lageberichte des Sicherheitsdienstes der SS, hrsg. und eingel. von Heinz Boberach, 18 Bde., Herrsching 1984, hier Bericht Nr. 370 v. 25. 3. 1943, Bd. 13, S. 5017.
32 Willi A. Boelcke (Hrsg.), »Wollt ihr den totalen Krieg?« Die geheimen Goebbels-Konferenzen, Stuttgart 1967.

Berlin im Sommer 1945

Der Wiederaufbau der Post in Berlin nach 1945

Gerd Gnewuch

Die verfassungsmäßigen Grundlagen der Berliner Post seit 1945

Am 2. Mai 1945 endete für Berlin der Zweite Weltkrieg. Den Überlebenden bot sich ein Bild grenzenloser Verwüstung. Sämtliche Postverbindungen hatten aufgehört zu bestehen. Bereits am 28. April hatte der sowjetische General Bersarin als Stadtkommandant die Verwaltung der Stadt übernommen. Er erließ die ersten Verordnungen, die den Wiederaufbau der Berliner Post einleiteten. Der Beginn hierzu fand im Gebäude der nur wenig beschädigten Reichspostdirektion in Charlottenburg statt. Weil der Präsident der RPD und andere hohe Beamte des Reichspostministeriums Ende April geflüchtet waren, übernahm Oberpostdirektor Dox die kommissarische Leitung des Wiederaufbaus der Post.[1] Seine ersten Verfügungen ergingen noch (bis 16. 5.) unter der Bezeichnung »Reichspostdirektion«, danach für kurze Zeit unter »Stadtverwaltung Berlin, Abteilung Verbindungswesen«. Die sowjetische Militärregierung nahm jedoch bald die personelle Neuorganisation der Post in eigene Hände.

Am 16. Mai meldete sich ein früherer Postinspektor des Postamts Berlin W 35, Ernst Kehler, bei der RPD und erklärte, daß er auf Befehl Marschall Schukows die Leitung der Berliner Post übernähme. Als einen Tag später ein Magistrat die Arbeit aufnahm, erhielt Kehler als »Stadtrat« die Leitung der »Abteilung für Post- und Fernmeldewesen«. Zu seinem Stellvertreter wurde der frühere Oberpostinspektor Wilhelm Schröder bestellt.

Die neue Magistratsabteilung umfaßte neben der Hinterlassenschaft der RPD auch die Reste des Reichspostministeriums, des Reichspostzentralamtes sowie der Forschungsanstalt der Reichspost. Die Zugehörigkeit der RPD Potsdam zur Berliner Behörde durfte nicht mehr aufrecht erhalten werden. In der Provinz Brandenburg der Sowjetischen Besatzungszone (SBZ) war eine »Abteilung Post- und Fernmeldewesen« eingerichtet worden, die am 1. 10. 1945 in die OPD Potsdam umgewandelt wurde.

Am 4. 7. 1945 rückten Amerikaner und Briten in ihre Berliner Sektoren ein; am 12. 8. folgten die Franzosen. Inzwischen hatte am 11. 7. die Alliierte Kommandantur die Verwaltung der Stadt übernommen. Sie unterstand dem Alliierten Kontrollrat, der für das besetzte Deutschland zuständig war.

Bald darauf bestätigten die Westalliierten den von den Sowjets befohlenen Verwaltungsaufbau der Berliner Post.[2] Am 23. 8. 1945 wurde angeordnet, daß das Post- und Fernmeldewesen in Berlin einen »einzigen Organismus« bilden und von der »Abteilung Post- und Fernmeldewesen« des Magistrats geleitet werden sollte. Ein weiterer Befehl bestimmte am 17. Oktober, daß der Oberbürgermeister »bis zur Verwirklichung einer Organisation für das gesamte Deutschland« gegenüber der früheren RPD die Stellung eines »Delegierten« des zukünftigen Staatsorganismus einnehme. Diese Verfassungskonstruktion ist am 30. 11. 1946 nochmals durch einen Befehl bekräftigt worden. Danach sollte der Magistrat als »Kurator« der »Reichspost« fungieren. Bis zu einer Neuorganisation müsse der »Direktor der Reichspost« ein gewähltes Mitglied des Magistrats sein. Die verfassungsmäßigen Folgen dieser Anordnung reichen bis in die Gegenwart.

Inzwischen war am 27. 7. 1945 von der Sowjetischen Militärregierung für die SBZ die Gründung einer »Zentralverwaltung für das Post- und Fernmeldewesen« (ZVPF) angeordnet worden. Zu ihrem Leiter wurde am 18. August der bisherige stellvertretende Chef der »Abteilung Post- und Fernmeldewesen« der Stadt Berlin, Schröder, ernannt. Die Zentralverwaltung nahm am 8. 8. 1945 im schwer beschädigten Gebäude des Reichspostministeriums ihre Arbeit auf.

Sofort versuchte die ZVPF, sich die Magistratspost organisationsmäßig zu unterstellen. Diese wurde von ihr als untergeordnete »Oberpostdirektion« angesehen und so in amtlichen Schreiben angeredet. Bereits am ersten Tag ihrer Tätigkeit entsandte die ZVPF ihren Präsidenten in das Gebäude der Magistratspost. Schröder sprach dort zu den Beschäftigten. Nach ihm nahm Stadtrat Kehler das Wort und verkündete: »Die Oberpostdirektion Berlin meldet sich zum Dienstantritt.«[3]

Folglich erließ die ZVPF ihre ersten Verfügungen nicht nur an die Oberpostdirektionen der SBZ, sondern auch an die »OPD Berlin«, eine Behörde, die es unter dieser Bezeichnung gar nicht gab. Gleichwohl wurden anfangs diese Anordnungen von der Magistratspost beachtet. In diesem Zusammenhang muß auch die Einrichtung eines Beschaffungsamtes der (sowjetzonalen) Deutschen Post in Berlin-Tempelhof (amerikanischer Sektor!) gesehen werden. Für dieses am 1. 10. 1945 eingerichtete Amt übte die ZVPF die Befugnisse einer vorgesetzten Behörde aus. Erst am 8. 10. 1948 wurde das Beschaffungsamt in den sowjetischen Sektor verlegt.

Die Einflußnahme der ZVPF ging jedoch noch weiter. Sie versuchte, sich ab 1. 10. 1945 die durch Kriegsschäden und Demontagen schwer mitgenommene Staatsdruckerei (die frühere Reichsdruckerei) zu unterstellen. Die im amerikanischen Sektor liegende Staatsdruckerei war mit Wirkung vom 1. 7. 1945 vom Magistrat als städtischer Betrieb in Gang gesetzt und verwaltungsmäßig der Abteilung für Post- und Fernmeldewesen unterstellt worden. Die Versuche der ZVPF blieben ohne Erfolg, wohl weil die Alliierten ihre Zustimmung versagten.

Zu den Bestrebungen, die unter Vier-Mächte-Kontrolle arbeitende und für ganz Berlin zuständige Magistratspost in die Deutsche Post der SBZ zu integrieren, gehörte auch ein Schreiben Schröders an den Oberbürgermeister von Berlin vom 22. 11. 1945, worin die Loslösung des Post- und Fernmeldewesens aus dem Magistratsverband und die Unterstellung der »OPD Berlin« unter die ZVPF gefordert wurde.[4] Der Chef der Magistratspost, Stadtrat Kehler, unterstützte den Versuch, indem er den Magistrat ersuchte, bei der Alliierten Kommandantur die Umbenennung der Magistratspost in Oberpostdirektion Berlin beantragen zu dürfen. Da sogar der Magistrat diesem Vorschlag zustimmte, kann die Umbenennung mit ihren weitreichenden Folgen nur an den Bedenken der Alliierten, vor allem der Westalliierten, gescheitert sein.

Am 20. 10. 1946 fanden in Groß-Berlin zum ersten und bislang letzten Mal freie Wahlen zur Stadtverordnetenversammlung statt. Gewinner war die SPD, die bei einer Wahlbeteiligung von 92,3 Prozent 48,7 Prozent der Stimmen errang und mit Dr. Ostrowski den neuen Oberbürgermeister stellte; Stadtrat Kehler mußte zurücktreten. Zu seinem Nachfolger wurde der frühere Präsident der OPD Halle, Ernst Delius, gewählt. Die Alliierte Kommandantur verweigerte diesem jedoch die Bestätigung, so daß die Stadtverordnetenversammlung einen neuen Leiter der Magistratspost vorschlagen mußte. Chef der Berliner Post wurde der ehemalige Oberlandesgerichtspräsident Dr. Holthöfer. Er trat am 1. 2. 1947 seinen Dienst an.

Der verfassungsmäßige Aufbau der Post wurde wiederholt durch politische Auseinandersetzungen unterbrochen und dadurch lange verzögert. Die Jahre 1947 und 1948 waren geprägt durch Streitigkeiten mit der am 4. 6. 1947 zur Koordinierung verschiedener Zentralverwaltungen der SBZ eingerichteten »Deutschen Wirtschaftskommission«. Diese hatte sich die ZVPF unterstellt und am 8. 4. 1948 in »Hauptverwaltung Post- und Fernmeldewesen« (HVPF) umbenannt. Politisch entfernten sich die Alliierten immer mehr voneinander. Am 20. 3. 1948 verließen die Sowjets schließlich den Kontrollrat und am 16. 6. 1948 die Kommandantur.

Im Laufe des Jahres 1948 verstärkte sich der Druck der HVPF auf die im sowjetischen Sektor gelegenen Postdienststellen, so daß die Magistratspost – noch vor der politischen Spaltung der Stadt – ihren Einfluß in diesem Teil Berlins nach und nach völlig einbüßte. Holthöfer selbst wurde vom sowjetischen Stadtkommandanten nach Ost-Berlin befohlen und dort mit Verhaftung bedroht, falls er die Anordnungen nicht im Sinne der Sowjets erlassen würde.[5] Zugleich zeichneten sich östliche Maßnahmen ab, die als Verkehrsbehinderungen (Paketverkehr mit den Westzonen) wirksam wurden. Sie waren Vorboten der Blockade West-Berlins, die am 24. 6. 1948 begann und bis zum 12. 5. 1949 dauerte.

Nachdem die Arbeit der im Ostsektor tagenden Stadtverordnetenversammlung mehrfach stark behindert worden war, verlegte diese ihren Sitz in die Westsektoren. Daraufhin konstituierte sich Ende September 1948 im Ostsektor eine kommunistisch beherrschte Stadtverordnetenversammlung, die am 30. 11. 1948 einen neuen Magistrat einsetzte. Die politische Spaltung Berlins war vollzogen.

Der politischen folgte die postalische Spaltung. Alle Berliner Postanstalten empfingen am 30. 11. 1948 ein Telegramm, in dem es u. a. hieß: »Der bisherige Magistrat von Groß-Berlin, einschließlich der Abteilung Post- und Fernmeldewesen, ist durch Beschluß der außerordentlichen

Stadtverordnetenversammlung im Admiralspalast heute abgesetzt worden. Ein neuer Magistrat ist bestellt worden, dem ich als Leiter der Abteilung Post- und Fernmeldewesen (Oberpostdirektion Berlin) angehöre… Anordnungen der alten Magistratspost sind nicht mehr zu befolgen… Kehler.«[6]

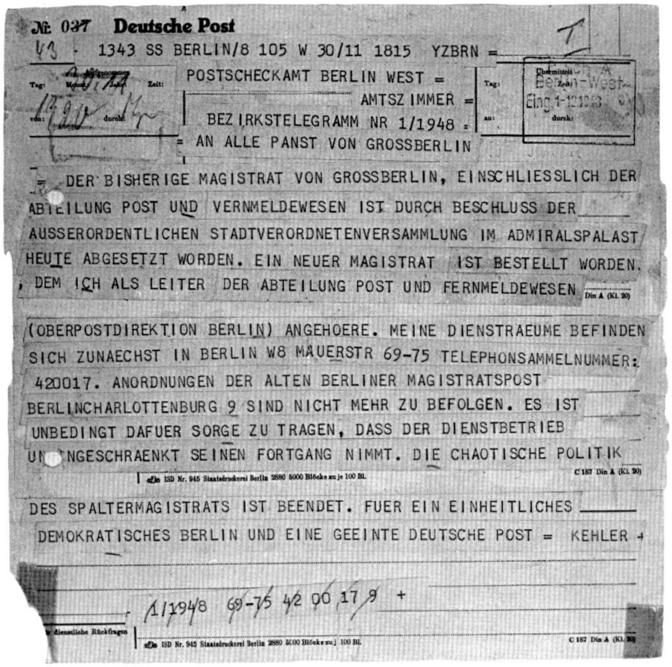
Nr. 037 Deutsche Post

1343 SS BERLIN/8 105 W 30/11 1815 YZBRN =

POSTSCHECKAMT BERLIN WEST =
AMTSZIMMER =
BEZIRKSTELEGRAMM NR 1/1948 =
= AN ALLE PANST VON GROSSBERLIN

= DER BISHERIGE MAGISTRAT VON GROSSBERLIN, EINSCHLIESSLICH DER ABTEILUNG POST UND VERNMELDEWESEN IST DURCH BESCHLUSS DER AUSSERORDENTLICHEN STADTVERORDNETENVERSAMMLUNG IM ADMIRALSPALAST HEUTE ABGESETZT WORDEN. EIN NEUER MAGISTRAT IST BESTELLT WORDEN, DEM ICH ALS LEITER DER ABTEILUNG POST UND FERNMELDEWESEN (OBERPOSTDIREKTION BERLIN) ANGEHOERE. MEINE DIENSTRAEUME BEFINDEN SICH ZUNAECHST IN BERLIN W8 MAUERSTR 69-75 TELEPHONSAMMELNUMMER: 420017. ANORDNUNGEN DER ALTEN BERLINER MAGISTRATSPOST BERLINCHARLOTTENBURG 9 SIND NICHT MEHR ZU BEFOLGEN. ES IST UNBEDINGT DAFUER SORGE ZU TRAGEN, DASS DER DIENSTBETRIEB UNEINGESCHRAENKT SEINEN FORTGANG NIMMT. DIE CHAOTISCHE POLITIK DES SPALTERMAGISTRATS IST BEENDET. FUER EIN EINHEITLICHES DEMOKRATISCHES BERLIN UND EINE GEEINTE DEUTSCHE POST = KEHLER +

1/1948 69-75 42 00 17 9 +

Erstes Telegramm Ernst Kehlers vom 30. November 1948

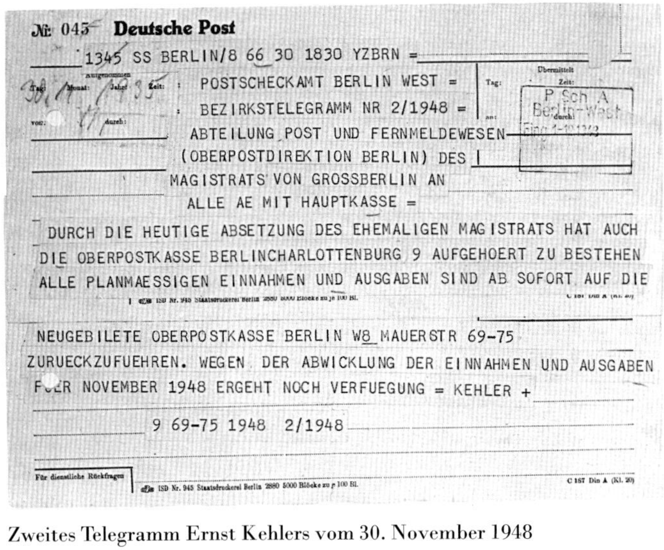
Nr. 045 Deutsche Post

1345 SS BERLIN/8 66 30 1830 YZBRN =

POSTSCHECKAMT BERLIN WEST =
BEZIRKSTELEGRAMM NR 2/1948 =
ABTEILUNG POST UND FERNMELDEWESEN
(OBERPOSTDIREKTION BERLIN) DES
MAGISTRATS VON GROSSBERLIN AN
ALLE AE MIT HAUPTKASSE =

DURCH DIE HEUTIGE ABSETZUNG DES EHEMALIGEN MAGISTRATS HAT AUCH DIE OBERPOSTKASSE BERLINCHARLOTTENBURG 9 AUFGEHOERT ZU BESTEHEN ALLE PLANMAESSIGEN EINNAHMEN UND AUSGABEN SIND AB SOFORT AUF DIE NEUGEBILETE OBERPOSTKASSE BERLIN W8 MAUERSTR 69-75 ZURUECKZUFUEHREN. WEGEN DER ABWICKLUNG DER EINNAHMEN UND AUSGABEN FUER NOVEMBER 1948 ERGEHT NOCH VERFUEGUNG = KEHLER +

9 69-75 1948 2/1948

Zweites Telegramm Ernst Kehlers vom 30. November 1948

Die Magistratsabteilung für Post- und Fernmeldewesen reagierte und teilte den Ämtern mit, daß sie die einzige deutsche Dienststelle sei, die ihnen Weisungen erteilen dürfe. Zugleich lud sie die Amtsvorsteher und Betriebsräte für den 2. 12. 1948 zu einer Besprechung in das Gebäude der Magistratspost nach Charlottenburg ein. Die Besprechung scheiterte am Verbot der sowjetischen Zentralkommandantur, die untersagte, die Anordnungen der Magistratspost zu befolgen.

Auch die HVPF der SBZ hatte den Dienststellen der Post im sowjetischen Sektor untersagt, mit der bisher vorgesetzten Behörde im Westteil der Stadt dienstlich zu verkehren. Angehörigen der nun auf die Westsektoren beschränkten Magistratspost wurde der Zutritt zu Postgebäuden im Ostsektor verwehrt. Die Entwicklung der Post in Ost- und West-Berlin verlief fortan getrennt. Von dem Gebiet, das vor Kriegsende und vor Eingliederung der RPD Potsdam zur RPD Berlin gehört hatte (1272 qkm), blieben nach der Spaltung der Stadt nur etwa 480 qkm mit 124 von ehemals 214 Ämtern und Amtsstellen bei der Magistratspost.

Die Magistratspost nannte sich ab Dezember 1948 »Hauptverwaltung der Abteilung Post- und Fernmeldewesen des Magistrats von Groß-Berlin«. Sie suchte den Anschluß an die Post des Vereinigten Wirtschaftsgebietes, aus der sich nach Gründung der Bundesrepublik Deutschland die Deutsche Bundespost (= DBP) entwickelte. Der Magistrat ermächtigte Holthöfer am 22. 5. 1950, bei der Alliierten Kommandantur (drei Westmächte) die Genehmigung zur Eingliederung der West-Berliner Post in die Deutsche Bundespost (Bezeichnung seit 1. 4. 1950) zu beantragen.

Die Alliierte Kommandantur verhinderte jedoch am 6. 7. 1950 vorläufig alle Anschlußpläne. Sie gestattete lediglich die enge Zusammenarbeit der beiden Postverwaltungen. Auch der Einsatz Oberbürgermeister Reuters führte nicht weiter. Vergeblich wandte er sich an Bundeskanzler Adenauer mit der Bitte, die Sache des postalischen Zusammenschlusses vor die Alliierte Hohe Kommission zu bringen.

Nach der Neuwahl des Magistrats in Berlin (West) und mit Inkrafttreten der neuen Berliner Verfassung am 1. 10. 1950 erhielt die Post die Bezeichnung »Senatsverwaltung für das Post- und Fernmeldewesen« (SVPF). Ihr Leiter amtierte fortan als Senator. Es gelang, die Senatspost in finanzieller Hinsicht eng an die DBP anzuschließen. Diese deckte die Haushaltsdefizite der Senatspost und erhielt ein eingeschränktes Weisungsrecht. Die entsprechenden Regelungen enthielt das »Gesetz über die Stellung des Landes Berlin im Finanzsystem des Bundes« vom 4. 1. 1952, das sogenannte »Dritte Überleitungsgesetz«.

Als für die DBP ein Postverwaltungsgesetz erlassen wurde, ergab sich eine neue Gelegenheit, die Verschmelzung der Senats- mit der Bundespost zu versuchen. Das Berliner Abgeordnetenhaus übernahm das für den Bereich der DBP am 1. 8. 1953 in Kraft getretene »Gesetz über die Verwaltung der Deutschen Bundespost«. Die (West-)Alliierte Kommandantur machte jedoch erneut Bedenken geltend. Erst am 24. 9. 1953 billigte sie die Übernahme des Gesetzes. Sie behielt aber weiterhin bestimmte besatzungsrechtliche Zuständigkeiten und Kontrollfunktionen.

Nach § 1 des Postverwaltungsgesetzes wird das Post- und Fernmeldewesen in Berlin (West) vom Präsidenten der Landespostdirektion nach Weisungen des Bundespostministers verwaltet. Der Posten eines Senators für das Post- und Fernmeldewesen blieb erhalten. Er ist den alliierten Schutzmächten für die Post verantwortlich und vertritt diese vor dem Abgeordnetenhaus.

Das Personalwesen

Die auf Befehl der sowjetischen Militärregierung eingesetzte Leitung der Post begann schon im Mai 1945, den – wie sie es nannte – »demokratischen Personalaufbau« nach folgenden Grundsätzen zu regeln:

- Die Deutsche Reichspost habe mit dem Zusammenbruch des Hitler-Reiches zu bestehen aufgehört.
- Damit wären alle Postangehörigen entlassen.
- Ein »Berufsbeamtentum« und alte, wohlerworbene Rechte gäbe es ebenfalls nicht mehr.
- Neu einzustellende Beschäftigte würden entweder als Verwaltungsangestellte oder als Arbeiter tätig sein.[7]

In einer Verfügung vom 19. Mai wurden die Ämter aufgefordert, das vorhandene Personal zu melden. Am 28. Mai erhielten die kommissarisch tätigen Amtsvorsteher Anweisung, Betriebsversammlungen einzuberufen, auf der Delegierte gewählt werden sollten. Diese wurden zum 31. Mai in das Gebäude der ehemaligen Reichspostdirektion bestellt, um sich die Amtsvorsteher von der Leitung der Post bestätigen zu lassen.

Das Personal erhielt für Mai 1945 keine Bezüge, denn ohne Postverkehr gab es keine Einnahmen. Die Geldbestände waren meist den Kriegsereignissen oder -folgen zum Opfer gefallen. Auch in den nächsten Monaten erfolgten die Zahlungen nur unregelmäßig. Die ersten Zahltage waren der 9. 6., 11. 7. und 15. 8. 1945. Sozialbeiträge konnten in den ersten Monaten nach Kriegsende ebenfalls nicht abgeführt werden.

Nur wenige Postler, die nach dem Zusammenbruch zu ihren Dienststellen zurückgekehrt waren, fanden ab Juni 1945 als Verwaltungsangestellte der Gruppen I bis IV (monatlich 150 bis 450 Reichsmark) oder als Arbeiter wieder Aufnahme bei der Post. Das Fernamt Berlin, wo 1944 fast 4700 Kräfte tätig gewesen waren, stellte z. B. nur 900 Leute ein, davon die Hälfte nur vorübergehend zu Aufräumungsarbeiten.

Ehemalige NSDAP-Mitglieder wurden meist nicht eingestellt oder nur als »Ausräumer« zu einem Stundenlohn von 72 RPf beschäftigt. Bald mußten alle ehemaligen Parteigenossen aus dem Postdienst ausscheiden. In schwere Not gerieten die einstigen Empfänger von Versorgungsbezügen (Pensionen, Witwen- und Waisengelder usw.). Dieser Personenkreis empfing von Mai 1945 bis Anfang 1947 keine Zahlungen. Erst nach einer Verordnung des Magistrats vom 10. 3. 1947 zahlte die Versicherungsanstalt Berlin seit Ende März an ehemalige Versorgungsempfänger Renten zwischen 30 und 170 Reichsmark, wie sie auch die Mitglieder der Angestelltenversicherung erhielten.

Der Personalbestand der Berliner Post betrug im Juni 1945 etwa 15000 gegenüber 64000 Kräften 1942. Von den 15000 Beschäftigten waren 10865 im Postdienst tätig (4441 Angestellte, 2386 Arbeiter und 4038 Aufräumer). Der Rest, davon 1925 Angestellte, gehörte zum Fernmeldedienst. Das Personal war überaltert, zum Teil über 65 Jahre alt. Todesfälle schlugen dem Personalbestand noch 1945 derartige Lücken, daß der Magistrat am 15. 10. 1945 entschied, 600 Nachwuchskräfte einzustellen. Zu ihrer Ausbildung wurde im schwer beschädigten Gebäude des früheren Reichspostzentralamtes ein »Post- und Fernmeldeschulamt« eingerichtet. Am 1. 11. 1945 beschäftigte die Berliner Post bereits wieder 20149 Kräfte – 10767 Angestellte, 5212 Arbeiter und 4170 Aufräumer.

Der personelle Wiederaufbau war noch längst nicht abgeschlossen, als die Spaltung der Stadt am 30. 11. 1948 die Post vor neue Schwierigkeiten stellte. Von 30722 Postbediensteten gehörten 18092 zu Dienststellen der Westsekto-

Postamt Berlin SW 11, Hallesche Straße, 1945

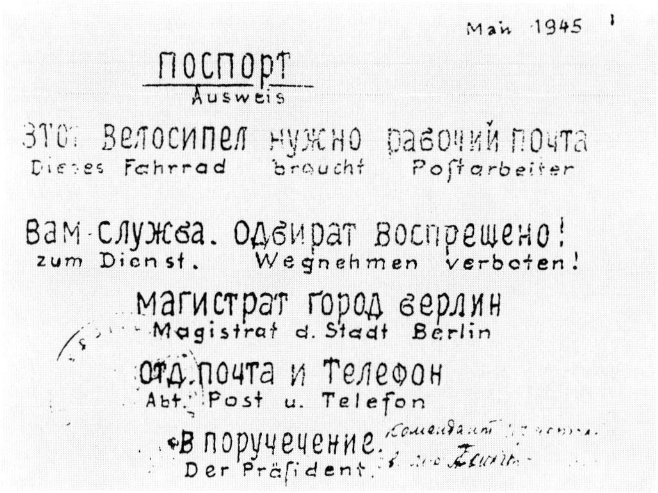
Mai 1945

поспорт
Ausweis

Этот велосипел нужно рабочий почта
Dieses Fahrrad braucht Postarbeiter

вам служба. одбират воспрещено!
zum Dienst. Wegnehmen verboten!

магистрат город берлин
Magistrat d. Stadt Berlin

отд. почта и телефон
Abt. Post u. Telefon

В поручечение.
Der Präsident.

»Fahrrad-Berechtigungsschein«, ausgestellt von der Abteilung Post und Telefon des Berliner Magistrats, Mai 1945

ren. Die anderen Beschäftigten fanden sich über Nacht in Diensten der HVPF wieder. Wer sich weigerte, eine Loyalitätserklärung abzugeben, wurde unter Zahlung der Dienstbezüge bis 15. 12. 1948 sofort entlassen. Der Text lautete: »Ich erkenne den provisorischen, demokratischen Magistrat von Groß-Berlin und sein Programm an und verpflichte mich auf Grund des von mir geleisteten Eides zur loyalen Mitarbeit.«[8] 3200 im Ostsektor wohnende Postler verweigerten die Abgabe der Erklärung, wurden entlassen und mußten in Westberliner Ämtern Arbeit finden. 500 freie Stellen ergaben sich aus der Versetzung von Sympathisanten der östlichen Seite zu Postämtern des Ostsektors. Es konnten aber nicht alle 3200 »Ostler« aufgenommen werden, so daß 1949 Kündigungen ausgesprochen werden mußten.

Im Zuge der Angleichungsbemühungen der Senatspost an die DBP mußten auch die Rechtsverhältnisse der Beschäftigten denen der Bundesrepublik angeglichen werden. Durch das Landesbeamtengesetz vom 1. 12. 1952 konnte die Mehrzahl der Berliner Postler in das Beamtenverhältnis übernommen werden. Jetzt galten die beamten- und tarifrechtlichen Vorschriften der DBP auch für die Postler in West-Berlin. Dienstherr der Berliner Postbeamten ist jedoch das Land Berlin. Sie sind – mit allen Rechten und Pflichten der Bundesbeamten – Landesbeamte.

Briefdienst

Der Wiederaufbau der Postdienste schien daran zu scheitern, daß die bauliche Substanz der Dienststellen schwer geschädigt war. Fast die Hälfte aller Gebäude war entweder völlig zerstört oder so beschädigt, daß an eine Aufnahme des Betriebes nicht zu denken war. Die Großbriefämter SW 11 und O 17 sowie zahlreiche größere und kleinere Ämter wie C 2, NW 21, SW 68, W 62, Charlottenburg 5 und 8, Lichterfelde 1, 2 und 4, Halensee, Reinickendorf 3, Spandau 3 und 7 sowie Zehlendorf 5 gehörten dazu.

Aus den Chroniken der Ämter geht hervor, daß den Kampftruppen größere Demontage-Kommandos folgten, die speziell technische Einrichtungen aller Art ausbauten, z.B. beim Postamt SW 11 fast alle Förder-, Verteil- und Rohrpostanlagen. Diese Arbeiten wurden bei den Ämtern der späteren Westsektoren in größter Eile vor dem Eintreffen der Westalliierten durchgeführt.

In den ersten Maiwochen waren die Postdienststellen untereinander ohne jede Verbindung. Sie wurden meist von Dienststellenleitern beaufsichtigt, die die sowjetische Militärregierung eingesetzt hatte. Trotz aller Schwierigkeiten waren in der zweiten Maihälfte einige, meist in den Außenbezirken liegende Ämter notdürftig dienstbereit.

Einen ersten, losen organisatorischen Zusammenhang schuf ab 18. 5. 1945 eine von der Magistratsabteilung für Post- und Fernmeldewesen eingerichtete Stafettenpost. Es war eine fast mittelalterlich anmutende Verbindung. Über Fußboten und einige Radfahrer konnten die betriebsbereiten Ämter Kontakt aufnehmen, erste Weisungen empfangen oder Behördenpost zur Zustellung entgegennehmen.

Ausgangs- und Endpunkte der Stafetten waren die Abteilung für Post- und Fernmeldewesen in Charlottenburg und die Großbriefämter N 4, NW 7, O 17 und Charlottenburg 2. Es gab 13 sogenannte »Verfügungsstafetten«, von denen an Knotenpunkten Nebenstafetten abzweigten. Sie reichten bis in die entfernten Vororte. Mitte Juni 1945 übernahmen 15 behelfsmäßig hergerichtete Kraftfahrzeuge den Verbindungsdienst. Diese Posteinrichtung bestand bis zum 4. 8. 1945.

In dieser Zeit ruhte jeglicher private Postverkehr. Die am 19. 5. 1945 für den 22. Mai von den Sowjets angeordnete Wiederaufnahme des Ortsbriefdienstes wurde am 21. Mai wieder untersagt.

Am 20. 5. 1945 hatte der Magistrat die damals noch so benannte Reichsdruckerei mit der Herstellung neuer Briefmarken beauftragt. Die Berliner Grafiker Schwabe und Goldammer bedienten sich bei der Motivsuche des Berliner Bären. Am 9. Juni lieferte die in Staatsdruckerei umbenannte Reichsdruckerei die ersten Marken zu 5 und 8 Pfennigen. Doch die Bären hatten offiziell noch keinen »Auslauf«, denn der erste Schalterbetrieb begann erst am 22. Juni mit der Erlaubnis der Militärregierung, Zahlkarten und Postanweisungen für den Verkehr innerhalb Berlins anzunehmen. Findige Berliner benutzten das sogleich zur Nachrichtenübermittlung, indem sie Kleinstbeträge einzahlten und die Empfängerabschnitte mit privaten Mitteilungen beschrieben. Diese Sendungen wurden aber am 12. Juli sogleich untersagt, als die Westalliierten in ihre Sektoren eingerückt waren und die Alliierte Kommandantur am 11. 7. 1945 ihre Arbeit aufgenommen hatte. Die Postämter mußten bis 16. Juli wieder schließen.

Seit dem 24. Juli durften die Postämter den Kastenleerungsdienst wieder aufnehmen, dem sich die Bearbeitung der meist noch aus der Zeit vor Kriegsende stammenden Post anschloß. Die Sendungen mußten den alliierten Zensurstellen zugeführt werden, danach lagen sie zur Zustellung oder Rücksendung den Postämtern wieder vor.

Am 31. 7. 1945 genehmigte die Alliierte Kommandantur die Wiederaufnahme des Briefverkehrs (offene Briefe bis 20 g und Postkarten). Die Magistratspost erließ am 2. 8. 1945 die entsprechende Verfügung: ab 2. 8. 1945 durften Privatpersonen Briefe und Postkarten innerhalb des sowjetischen Sektors und im Verkehr mit bestimmten Orten in der SBZ einliefern. In einer Verfügung an die Ämter des Bezirks, ebenfalls vom 2. 8. 1945, hieß es ergänzend: »Für die anglo-amerikanische Zone (gemeint waren hierbei auch der britische und amerikanische Sektor Berlin, d. Verf.) gilt diese Verfügung vom 6. August ab.«

Am 3. 8. 1945 fand die erste Zustellung an Privatpersonen im Ostsektor Berlins statt, ab 6. August wurde auch im britischen und amerikanischen Sektor zugestellt. Nach und nach schienen sich die Beschränkungen zu lockern: ab 11. August durften Postanweisungen eingeliefert werden, jedoch noch keine Zahlkarten. Seit dem 13. August war wieder die Annahme (offener) eingeschriebener Briefe und Postkarten erlaubt. Die Sendungen konnten für den Berliner Ortsverkehr und nach der SBZ eingeliefert werden. Aus Sicherheitsgründen wurde noch im Dezember 1945 jeder zweite oder dritte Brief als Einschreiben versandt.

Die positive Entwicklung des Postverkehrs hätte weitergehen können, wenn nicht alliierte Befehle die erteilten Genehmigungen bald widerrufen hätten. Der private Briefverkehr kam erneut zum Erliegen. Bei den Postämtern herrschte zeitweilig ein völliges Durcheinander, das sich aus den verschiedenen unterschiedlichen Bestimmungen ergab.

Die erste Kastenleerung in Berlin nach dem Kriege

Mit Erleichterung begrüßten die Berliner schließlich das Ende des Chaos. Ab 15. 10. 1945 wurde ihnen endgültig der Postverkehr mit dem gesamten sowjetisch besetzten Gebiet für folgende Sendungsarten erlaubt: Briefe (bis 500 g), Postkarten, Drucksachen, Geschäftspapiere, Mischsendungen,

Briefträger in Berlin, 1946

Warenproben, Postanweisungen, -aufträge und Nachnahmen bis 1000 RM, Briefe mit Zustellurkunde und Einschreiben mit Rückschein. Am 24. Oktober wurde die Genehmigung auf den Verkehr mit den Westzonen ausgedehnt, betraf aber nicht alle Versendungsformen.

Ende 1945 normalisierte sich der Postbetrieb in Berlin weiter. An Werktagen wurden die Briefkästen dreimal geleert; seit 1. 12. 1945 wurden die Sendungen werktags zweimal zugestellt. Auch die Briefzustellung an Sonntagen hatte man wieder eingeführt, die jedoch ab 1. 2. 1946 eingestellt wurde. Davon ausgenommen blieb vorerst noch die Zustellung der Zeitungen an den Sonntagen.

Es soll nicht weiter verfolgt werden, unter welchen Schwierigkeiten der Wiederaufbau des Postdienstes voran ging. Was den Inlands-Briefdienst anlangte, so erfolgte er durch kleine und kleinste Schritte, oft unterschiedlich nach den Wünschen der einzelnen Besatzungsmächte gestaffelt und immer von deren teils mündlich, teils schriftlich erteilten Genehmigungen abhängig, die oft kurzfristig widerrufen wurden.

Schließlich kam auch der Postverkehr ins Ausland wieder in Gang. Zum 1. 4. 1946 wurde die Wiederaufnahme des internationalen Briefverkehrs erlaubt. Anfangs waren nur gewöhnliche Briefe und Postkarten zugelassen; Österreich, Japan und Spanien waren als Bestimmungsländer ausgenommen. Daß sämtliche aus Berlin ins Ausland abgehende Post nach einem sowjetischen Beförderungsplan über Berlin NW 7 (Ostsektor) und seine Zensurstelle geleitet wurde, haben die meisten Berliner damals gewiß nicht bemerkt.

Paketdienst

Der Wiederaufbau des Paketdienstes stand vor größten Problemen: Das Postamt SW 77, das vor Kriegsende mehr als 50 Prozent des Paketaufkommens sowie einen beträchtlichen Durchgangsverkehr bewältigt und an Spitzentagen bis zu 700000 Sendungen bearbeitet hatte, war durch Luftangriffe nahezu total zerstört worden. Erst im Oktober 1945 konnte ein kleiner, interner Dienstbetrieb wieder aufgenommen werden. Da auch das Paketpostamt N 3 fast vollständig vernichtet worden war, normalisierte sich der Paketdienst in Berlin erst verhältnismäßig spät.

Hier einige Stationen des Wiederbeginns: Der Päckchen- und Paketverkehr zwischen Berlin und seiner Umgebung durfte erst zum 16. 5. 1946 wieder aufgenommen werden. Die Alliierten erlaubten den Austausch von Paketen (bis 5 kg) und Päckchen zwischen Berlin und der SBZ. In dieser Zeit begann beim Postamt SW 77 der Paketannahme- und Paketausgabedienst sowie ein bescheidener Paketumschlag, der sich jedoch schnell steigerte. Ab 15. 5. 1947 durften gewöhnliche Pakete (bis 7 kg) und Päckchen zwischen Berlin und den Westzonen verschickt werden.

Paketzustellung in Berlin, 1949

Briefträger in Berlin-Kreuzberg, 1946

An die Paketzustellung war in Berlin selbst bis Mitte Mai 1947 nicht zu denken; alle Sendungen mußten vom Empfänger abgeholt werden. Als im August 1947 fast 880000 und im September 1947 1,2 Millionen Pakete eintrafen, erzwang der Mangel an Lagerraum eine Lösung der Zustellfrage. Man richtete in den Außenbezirken die Paketzustellung durch gemietete Pferdefuhrwerke ein. In der Innenstadt begann die regelmäßige Zustellung erst viel später, nachdem durch Instandsetzungen, Neuanschaffungen und Umbauten beschädigter Fahrzeuge die Zahl der posteigenen Kfz deutlich gestiegen war. Durch die Blockade Berlins wurde die Normalisierung des Paketdienstes erneut zurückgeworfen und durch die Spaltung der Stadt in seiner Substanz getroffen.[9] Das gesamte Transport- und Zustellsystem mußte neu geordnet werden. Es verging noch eine Reihe von Jahren, bis der Wiederaufbau des Paketdienstes, in Angleichung an die Bestimmungen der DBP, abgeschlossen war.

Postzeitungsdienst

Um den Wiederaufbau des Zeitungsdienstes würdigen zu können, muß man sich ein Bild davon machen, in welcher Blüte das Zeitungswesen in der Reichshauptstadt gestanden hatte. Wegen der Nähe des Postzeitungsamtes (Dessauer Str. 3–5) als Verlags- und Auswechslungspostamt und Herausgeber amtlicher Druckwerke und wegen der Nähe der großen Fernbahnhöfe (Potsdamer- und Anhalter Bahnhof) war in Berlin ein Zeitungsviertel entstanden, in dem ein Drittel der deutschen Zeitungsverlage ansässig war. 177 Verleger hatten noch 1938 722 Zeitungen beim Postzeitungsdienst zum Vertrieb angemeldet. In diesem Jahr wurden 539 Millionen Exemplare befördert.[10]

Abschicken der Postzeitungsbeutel im Postzeitungsamt Berlin, 1949

Der Stadtteil, in dem Zeitungsviertel und Postzeitungsamt lagen, wurde fast völlig zerstört. Das Postzeitungsamt war ein einziger Trümmerhaufen. Es dauerte Monate, bis Ende August 1945 die Ruinen notdürftig wieder betriebsbereit gemacht werden konnten. Die ersten Berliner Zeitungen nach dem Kriege waren die sowjetisch lizensierten Blätter »Tägliche Rundschau« und »Berliner Zeitung«, die ab 15. bzw. 21. 5. 1945 erschienen. Das Postzeitungsamt erhielt erst zum 14. 11. 1945 die Genehmigung zur Arbeitsaufnahme. Von diesem Tag an konnten Zeitungsbestellungen bei den Postämtern angenommen werden, allerdings nur für Blätter aus Berlin und der SBZ.

Vor dem Kriege war Berlin mit 147 politischen Blättern die größte Zeitungsstadt der Welt gewesen (1928/29). 1939 waren noch 29 Tageszeitungen erschienen. 1946 waren es bereits wieder 16 Tageszeitungen mit einer Gesamtauflage von 4,2 Millionen Exemplaren, die das Postzeitungsamt bewältigen mußte. Die alliierten Beschränkungen des Postzeitungsdienstes lockerten sich nur schrittweise. Erst ab 15. 9. 1947 konnten zwischen Berlin und den Westzonen Zeitungen ausgetauscht werden. Bald darauf erschien wieder eine Postzeitungsliste. Damit schien der Wiederaufbau des Postzeitungsdienstes weitgehend abgeschlossen zu sein, als die politische Spaltung Berlins die freie Entfaltung des Pressewesens im Ostsektor und in der SBZ verhinderte. In Berlin (West) normalisierte sich der Zeitungsdienst erst nach der Aufhebung der Blockade. Im Januar 1950 wurde der Postzeitungsdienst mit dem Ausland wieder aufgenommen, ein Zeichen, daß der Wiederaufbau dieses Dienstzweiges nahezu abgeschlossen war.

Postscheck- und Postsparkassendienst

Der Wiederaufbau des Postscheckdienstes hing eng mit der Arbeitsaufnahme des Postscheckamtes Berlin zusammen. Das im Ostsektor liegende Amt, Zentrum des deutschen Postscheckdienstes vor Kriegsende, war zwar schwer beschädigt, aber relativ schnell wieder betriebsbereit. Schon zum 22. 6. 1945 erlaubte die sowjetische Besatzungsmacht die Aufnahme des Postscheckdienstes. Postanweisungen bis zu 1000 RM und Zahlkarten in unbegrenzter Höhe durften eingeliefert werden.

Die alten Konten blieben bestehen, niemand konnte jedoch über die Guthaben verfügen; nur neu eröffnete Konten durften bewegt werden. Der Zahlungsverkehr beschränkte sich vorerst auf Groß-Berlin. Nach drei Wochen wurde der Postscheckdienst wieder von den Alliierten verboten. Erst zum 29. 11. 1945 durfte er innerhalb Berlins endgültig wieder aufgenommen werden.

Am 1. 12. 1945 nahm das Postscheckamt Berlin, das auch für Mecklenburg und Brandenburg zuständig war, den Verkehr mit den Postscheckämtern der SBZ auf. Die Unsicherheit, unter der der Postbetrieb damals zu leiden hatte, kennzeichnet die Tatsache, daß schon am 7. Dezember die Arbeit wieder eingestellt werden mußte. Erst am 7. 3. 1946 kam die endgültige Genehmigung zur Wiederaufnahme.[11] Die Konten mußten getrennt nach den Sektoren sowie den Ländern Mecklenburg und Brandenburg geführt werden. Geschäftsverkehr mit den Ämtern der Westzonen bestand noch nicht.

Der weitere Aufbau des Postscheckdienstes litt unter den Auswirkungen der in Ost- und West-Berlin unterschiedlich wirksamen Währungsreformen. Am 25. 6. 1948 teilte der Leiter des Postscheckamtes seiner vorgesetzten Behörde, der Magistratsabteilung mit, daß sein Amt auf Anordnung der Sowjetischen Kommandantur der Deutschen Wirtschaftskommission der SBZ unterstellt worden sei. Der Dienstbetrieb lief am 3. Juli 1948 wieder an. Über Guthaben in neu eingezahlter Ostmark konnte frei verfügt werden. Den West-Berliner Konteninhabern blieb jedoch ihr altes Guthaben gesperrt. Davon waren auch die Konten der Magistratspost betroffen. Etwa 78000 Konten, d.h. etwa 60 Prozent, mit einem Guthabenbestand von 70 Millionen RM wurden gesperrt.

In West-Berlin war die Deutsche Mark wichtigstes und ab 20. 3. 1948 alleiniges Zahlungsmittel geworden. Für diese Währung mußte ein neuer Postscheckdienst eingerichtet werden. Die westlichen Stadtkommandanten wiesen daher am 24. 7. den Oberbürgermeister an, bis zum 9. August 1948 ein Postscheckamt »West« einzurichten. Stadtrat Holthöfer konnte nach Überwindung großer organisatorischer, räumlicher und personeller Schwierigkeiten wie angeordnet an diesem Tag das Postscheckamt Berlin West mit anfangs etwa 1000 Konten eröffnen.[12]

Am 3. 12. 1948 wurde der Postscheckverkehr mit den Westzonen aufgenommen. Noch bestanden allerdings gewisse Beschränkungen, die erst im Januar 1950 völlig beseitigt wurden.

Der Postsparkassendienst war am 1. 2. 1939 nach österreichischem Vorbild im Deutschen Reich eingeführt worden. Die Erneuerung der Postsparkasse nach Kriegsende in Berlin ging 1946 von der SBZ aus. Für dieses Gebiet, nicht aber für Groß-Berlin durfte am 1. 9. 1946 der Betrieb wieder aufgenommen werden.[13]

Zwei Jahre später (1. 9. 1948) wurde durch die HVPF die Wiedereröffnung des Postsparkassendienstes in ganz Berlin angeordnet. Die Berliner sollten ihre Konten im Ostsektor und in Ostmark eröffnen. Von diesem »Angebot« wird in der Blockadezeit jedoch kaum jemand Gebrauch gemacht haben. Die Westsektoren mußten bis zum 1. 3. 1950 auf die Aufnahme des Postsparkassendienstes warten. Ende 1950 gab es in Berlin (West) bereits wieder eine Viertelmillion Postsparkonten.

Rentendienst

Berlin hatte unter den Rentenrechnungsstellen der Reichspost einen besonderen Rang eingenommen. Neben dem Gebiet der RPD Berlin wurde eine Reihe anderer Bezirke mit betreut. Nach Kriegsende mußte sich die Arbeit der Rentenrechnungsstelle auf das Stadtgebiet beschränken. Das Rentenwesen normalisierte sich mangels finanzieller Mittel nur langsam. Am 1. 7. 1945 wurde die Versicherungsanstalt Berlin gegründet, bei der alle Arbeitnehmer – auch die Postangehörigen – pflichtversichert waren.

Die Versicherungsanstalt Berlin beabsichtigte, ab 1. 11. 1945 über die Post Renten an erwerbsunfähige und mittellose Rentner der früheren Sozialversicherung auszahlen zu lassen. Die postalischen Vorbereitungen zogen sich jedoch bis Dezember hin. In diesem Monat wurden von der Post lediglich 1323 Renten im Gesamtbetrag von 65378 RM ausgezahlt. Die Rentenrechnungsstelle selbst wurde beim Postamt Friedenau 1 untergebracht.

Der Rentendienst erweiterte sich schrittweise, wie die folgenden Zahlen verdeutlichen: im Januar 1946 wurden 12366 Renten (601381 RM), im Juni bereits 209878 Renten mit einem Gesamtbetrag von rund 11 Millionen RM ausgezahlt.

Telegraphendienst

Das Zentrum des deutschen, man darf sagen des europäischen Telegraphendienstes war das Haupttelegraphenamt Berlin gewesen. Das im sowjetischen Sektor gelegene Amt hatte den Krieg ohne größere Schäden überstanden, litt jedoch erheblich unter den Demontagen. Nachdem im Spätsommer 1945 wesentliche Leitungswege wieder hergestellt worden waren, war das Haupttelegraphenamt wieder betriebsfähig. Auf Anordnung der Alliierten Kommandantur vom 18.9. 1945 sollte der Telegrammdienst (gewöhnliche Telegramme bis 30 Worte) innerhalb Berlins binnen 14 Tagen wieder aufgenommen werden. Die ersten Telegramme wurden am 8. 10. 1945 an die Zustellämter weitergeleitet.

Die Schwierigkeiten bei der Telegrammübermittlung blieben noch längere Zeit bestehen, denn fast alle Rohrpost- oder Springschreiberverbindungen waren vernichtet oder demontiert worden. Von 99 Berliner Rohrpostdienststellen waren 41 zerstört.

Erst allmählich konnten einzelne Ämter wieder mit Fernschreibern ausgerüstet werden. Der über die Stadtgrenzen hinausgehende Telegrammverkehr entwickelte sich nur sehr langsam. Am 22. 11. 1945 wurde der Telegrammdienst mit der gesamten SBZ aufgenommen, am 8. 2. 1946 der Verkehr mit den Westzonen zugelassen. Zu dieser Zeit bestanden noch erhebliche Beschränkungen, denn Ende 1946 waren von Berlin aus nur 74 Leitungen nach 22 Orten Deutschlands (der vier Zonen) betriebsfähig. Einen gewissen Abschluß beim Wiederaufbau des Telegrammdienstes bedeutete die Erlaubnis der Alliierten Kommandantur vom 1.12. 1947 zur Aufnahme des internationalen Telegrammdienstes.

Fernsprechdienst – Ortsverkehr

Der Fernsprechdienst war durch die Kriegsereignisse erheblich schwerer getroffen als die Telegraphie – etwa zwei Drittel aller Anschlüsse waren unbrauchbar. Nur 11 von 79 Ortsvermittlungsstellen hatten, wenn auch beschädigt, die Kämpfe überstanden. Dennoch war der gesamte Telefonverkehr unterbrochen, da das Kabelnetz an vielen Stellen zerstört worden war. Noch intakte Einrichtungen verfielen zudem zum größten Teil der Demontage durch die sowjetische Besatzungsmacht. Ungeachtet der Demontage wichtiger Teile des Fernsprechnetzes befahl die Sowjetische Militärkommandantur am 13. 5. 1945, daß bis zum 20. Mai 25000 Anschlüsse in Betrieb zu nehmen und Verbindungen zwischen den Behörden, Krankenhäusern und lebenswichtigen Betrieben herzustellen seien. Von den dafür vorgesehenen vier Ortsvermittlungsstellen verfiel eine sogar noch der Demontage – sie lag bezeichnenderweise im späteren amerikanischen Sektor.

Vorrangig mußte der Fernsprechverkehr der sowjetischen Besatzungsmacht und später auch der anderen Besatzungsmächte gesichert werden. Die Amerikaner ordneten den sofortigen Aufbau eines amerikanischen Fernsprechnetzes sowie die Errichtung eines Militär-Fernamtes an. Auch im sowjetischen Sektor mußte ein Sonderfernamt für militärische Zwecke (beim Postamt Lichtenberg) eingerichtet werden.

Mitte Juli 1945 erschien das erste »Fernsprechbuch« nach dem Kriege unter der Bezeichnung »Amtliches Verzeichnis der Fernsprechteilnehmer in Berlin 1945« (Stand 27. 6. 1945) mit einer Auflage von 500 Stück; 750 Anschlüsse waren darin verzeichnet. Die Zahl der privaten Fernsprechteilnehmer war von den Alliierten auf 2 Prozent der Zivilbevölkerung beschränkt worden. Sämtliche Anschlüsse waren neu zu beantragen. Die Stadtkommandanten führten unter Beteiligung der Bezirksbürgermeister ein langwieriges Genehmigungsverfahren durch. Betriebe, Krankenhäuser, Ärzte, Apotheken und andere bevorrechtigte Organisationen erhielten die ersten Anschlüsse. Dieses Verfahren blieb in den Westsektoren bis 1947/48 bestehen.

Anfangs fehlte es natürlich an Fernsprechapparaten. Die sowjetische Besatzungsmacht ordnete am 2. 7. 1945 an, daß alle früheren Fernsprechteilnehmer, die keinen neuen Anschluß hatten oder erwarten durften, ihre Apparate bei den Postämtern abliefern sollten. Aber selbst Drohungen, daß die Nichtablieferung »aufs schärfste betraft wird«, scheinen nicht viel bewirkt zu haben, denn der Befehl mußte 1946 wiederholt werden. Zusätzliche Behinderungen resultierten aus der Beschlagnahme zahlreicher Telefone durch sowjetisches Militär.

Ende 1945 waren 18 Ortsvermittlungsstellen mit etwa 16000 Anschlüssen wieder betriebsfähig. Ein neues »Amtliches Fernsprechbuch« mußte herausgegeben werden. Es erschien im Januar 1946 nach dem Stand vom Dezember 1945 und enthielt rund 10000 Anschlüsse meist behördlicher Art. Dem Mangel an Privatanschlüssen versuchte die Post durch die Einrichtung öffentlicher Sprechstellen in den Postämtern zu begegnen. Eine weitere Erleichterung brachten die seit Januar 1946 bei einigen Ämtern installierten

Notdürftig instandgesetzte Telefonzelle in Berlin, 1948

Im Fernmeldeschulamt Berlin-Tempelhof

Münzfernsprecher, von denen Ende 1946 schon fast 1000 vorhanden waren. Schwieriger war der Aufbau von Fernsprechzellen. Die erste »Zelle« wurde bereits am 20. 12. 1945 dem Verkehr übergeben, doch stieg ihre Zahl nur langsam.

Die Ausgabe des »Amtlichen Fernsprechbuches« war 1948 wegen Papiermangels gefährdet; die Post rief deshalb zu einer Altpapiersammlung auf: Wer 8 kg Papier abgab, erhielt einen Berechtigungsschein und ab Oktober 1948 je ein Fernsprechbuch und ein Branchenfernsprechbuch. Es sollten die letzten Fernsprechbücher des ungeteilten Berliner Fernsprechnetzes sein.

Schon vor der politischen Spaltung der Stadt begannen 1948 im Ostsektor die Arbeiten zum Aufbau eines separaten Fernmeldenetzes. Das Behördenfernamt in Lichtenberg wurde erweitert. Die auf das Fernamt Winterfeldtstraße (amerikanischer Sektor) zuführenden Fernkabel erhielten außerhalb West-Berlins Schaltstellen, die eine Trennung ermöglichen konnten.

Von den 99481 Fernsprechhauptanschlüssen und den 1806 öffentlichen Sprechstellen wurden bei der Spaltung Berlins (nach dem 30. 11. 1948) 31 710 Anschlüsse sowie 571 Sprechstellen der Kontrolle der Magistratspost entzogen. Am 27. 5. 1952 wurde vom Ostsektor aus das innerstädtische Fernsprechnetz unterbrochen. Der Protest der Alliierten Hohen Kommissare blieb ohne Erfolg. Das Angebot der Ost-Berliner Postverwaltung, über 70 Leitungen (bisher 3900) einen eingeschränkten Telefonverkehr über eine zentrale Vermittlung im Ostsektor abzuwickeln, wurde wegen der befürchteten Überwachung nicht angenommen. Die West-Berliner mußten für zwei Jahrzehnte einschneidende Behinderungen beim Fernsprechverkehr mit dem Ostteil der Stadt hinnehmen – Verbindungen konnten nur durch Vermittlung via Bundesgebiet hergestellt werden. Erst im Januar 1971 durften zwischen Berlin (West) und der DDR einschließlich Berlin (Ost) 10 Handrufleitungen geschaltet werden. Dadurch konnte seit dem 31. 1. 1971 ein direkter, wenn auch handvermittelter Fernsprechverkehr zwischen beiden Teilen Berlins durchgeführt werden. Es dauerte noch bis zum 14. 4. 1975, bis Gespräche im Selbstwählverfahren zwischen West- und Ost-Berlin wieder möglich wurden. Erst danach konnte von einem Abschluß des Wiederaufbaus des Ortsfernsprechdienstes gesprochen werden.

Fernsprechdienst – Fernverkehr

Auch der Aufbau des Fernsprech-Ferndienstes nahm mehrere Jahre in Anspruch, obwohl die Zerstörungen beim Fernamt Berlin nicht übermäßig stark waren. Vor Kriegsende wurden hier etwa 3000 Leitungen bedient, der Personalbestand umfaßte 4700 Kräfte. Nach der Besetzung des Gebäudes Ende April 1945 durch sowjetisches Militär wurden rund 70 Prozent der erhalten gebliebenen technischen Einrichtungen demontiert. Abtransportiert wurden u.a. das Schnellamt (ehemals bestimmt für den Fernsprechverkehr mit der Umgebung Berlins), das Übersee-, das Drahtfunkamt, die Rundfunkübertragungsstelle, Meßeinrichtungen sowie Anlagen der Stromversorgung.

Am 7. 7. 1945 übernahmen die Amerikaner die Verfügungsgewalt im Fernamt, die Russen blieben jedoch noch einige Zeit im Gebäude. Zu ihnen kamen noch die Briten, so daß sich jahrelang mehrere Besatzungsmächte im Fernamt aufhielten. Briten und Amerikaner richteten im Hause eigene Sondervermittlungen ein.

Anfang August 1945 wurde für den zivilen Behördenverkehr der Ferndienst mit fünf Orten in der SBZ aufgenommen. Er wurde aber bereits am 8. Oktober nach Lichtenberg verlegt, wo seitdem ein »Behördenfernamt« arbeitete. Der Ferndienst für private Gespräche begann erst am 31. 1. 1946. Die Teilnehmer, die zwischen Berlin und der SBZ sprechen durften, mußten eine besondere Erlaubnis vorweisen. Die alliierte Genehmigung wurde am 25. 2. 1946 auf den Verkehr mit den übrigen Besatzungszonen ausgedehnt. Wer telefonieren durfte, entschieden die vier Stadtkommandanten. Lange Wartezeiten waren wegen der geringen Zahl geschalteter Leitungen die Regel. Der frühere Schnellverkehr mit den Orten der Berliner Umgebung wurde nicht mehr aufgenommen.

Nachdem im Februar 1948 der Auslands-Ferndienst genehmigt worden war, nahm dieser Dienst am 3. 4. 1948 mit einigen Ländern Europas seine Arbeit auf. Auch hier war für jedes Gespräch (!) eine spezielle Genehmigung der dem Sektor Berlins entsprechenden Besatzungsmacht erforderlich.

Einen spürbaren Rückschlag erlitt auch dieser Dienstzweig durch die Spaltung Berlins. Am 13. 4. 1949 nahm das bis dahin auf den Behördenfernverkehr beschränkte Fernamt Lichtenberg den öffentlichen Dienst zwischen Ost-Berlin und der SBZ auf. Ohne Ankündigung wurden die 89 Fernleitungen, die vom Fernamt Berlin in die SBZ führten, abgetrennt und auf das Lichtenberger Amt umgelegt. Gespräche aus West-Berlin mußten jetzt entweder über den Ostsektor oder über Westdeutschland geleitet werden.

Es blieben noch einige Etappen zu überwinden, bis von einer Normalisierung des Fernsprechverkehrs zwischen West-Berlin und dem Bundesgebiet gesprochen werden konnte. 1952 wurde ein handvermittelter Sofortverkehr zwischen West-Berlin und den Bereichen Hamburg, Hannover und Frankfurt eingerichtet. Am 5. 8. 1954 wurde schließlich das erste Selbstwahl-Ferngespräch von Berlin aus vermittelt. In den nächsten Jahren konnten weitere Orte in der Bundesrepublik angewählt werden, seit 1966 auch das europäische Ausland. Es dauerte aber noch weitere sechs Jahre, bis West-Berliner die Teilnehmer in der DDR im Selbstwählverkehr anwählen konnten. Seit 24. 7. 1972 konnten 32 Ortsnetze im Raum Potsdam erreicht werden. In den folgenden Jahren wurden weitere Ortsnetze angeschlossen – eine Entwicklung, die noch nicht abgeschlossen ist.

Funkdienst

Vor Kriegsbeginn 1939 waren im RPD-Bezirk Berlin etwa 1000 Kräfte im Funkdienst tätig. Sie wickelten einen Funktelegraphendienst mit 18 Gegenstationen in Übersee ab und unterhielten in Europa 14 Verbindungen.[14]

Das Schicksal der zur RPD Berlin gehörenden Sende- und Empfangsanlagen gestaltete sich recht unterschiedlich.

Die Einrichtungen der Hauptfunkempfangsstelle Zehlendorf sind gleich nach Kriegsende von sowjetischem Militär demontiert worden. Als die Amerikaner in ihren Sektor einrückten, beschlagnahmten sie das Gebäude und hielten es von 15. 7. 1945 bis 21. 12. 1949 besetzt.

Die Verwaltung der anderen, außerhalb Berlins gelegenen Liegenschaften des Funkwesens unterstand weiterhin dem Haupttelegraphenamt. Es handelte sich dabei um die Hauptfunkstelle Königs Wusterhausen, die Übersee-Funkempfangsstelle Beelitz, die Großfunkstelle Nauen, die Funksendestelle Rehmate, die Langwellen-Sendeanlage in Zeesen und einige andere Einrichtungen des Funkdienstes. In diesen Dienststellen wurden die Funkeinrichtungen durch die Rote Armee demontiert. Dies betraf besonders die umfangreichen Anlagen in Nauen, wo sich die Abbauarbeiten bis weit in das Jahr 1946 hinzogen.

Die Hauptfunkstelle Königs Wusterhausen – mit von den Sowjets zurückgelassenen älteren und leistungsschwachen Geräten – und die Empfangsstelle Beelitz konnten bereits 1945 einen eingeschränkten Betrieb aufnehmen. Die Beelitzer Dienststelle wurde sogar mit einigen neuen Geräten ausgestattet, so daß Ende 1945 Radio Moskau empfangen werden konnte. Nachdem man Kabelverbindungen zum Haupttelegraphenamt betriebsfertig gemacht hatte, wurde noch 1945 in Königs Wusterhausen ein Langwellensender für Presseberichte eines sowjetischen Nachrichtenbüros in Dienst gestellt. Es folgten ein Kurzwellen- und ein weiterer Langwellensender zur Ausstrahlung des Programms des Berliner Rundfunks (Ende 1945).

Die Zentralverwaltung der Post in der SBZ versuchte schon im November 1945, sich die Dienststellen der Magistratspost in Königs Wusterhausen und Beelitz verwaltungsmäßig zu unterstellen. Nachdem dies Befehle der Sowjetischen Zentralkommandantur im Dezember 1945 noch verhindert hatten, mußten schließlich die Anlagen in beiden Orten und die in Rehmate der Zentralverwaltung übergeben werden. Seit 1. 7. 1946 unterstanden die drei Funkstellen der Zentralverwaltung und damit der OPD Potsdam.

Der Mangel an Kabelverbindungen, die Blockade West-Berlins und die Notwendigkeit, eine unkontrollierte Verbindung mit dem Westen zu besitzen, führten im Sommer 1948 zum Entschluß der Magistratspost, neben den behelfsmäßig erstellten Kurzwellensprechverbindungen Mehrkanal-UKW-Verbindungen (Richtfunk) zur Nachrichtenübermittlung einzusetzen.[15] Bei der Entfernung zwischen West-Berlin und den Westzonen war die für einen sicheren Betrieb erforderliche Sichtverbindung nicht vorhanden. Mit ihrer Entscheidung, trotzdem eine Verbindung aufzubauen, betraten Post und Industrie nachrichtentechnisches Neuland.

Am 27. 11. 1948 war es gelungen, durch Einrichtung einer UKW-Überreichweitenverbindung das erste Gespräch zu vermitteln. Offizieller Betriebsbeginn war Heiligabend 1948. Man darf sagen, daß damit der Wiederaufbau des Funkdienstes in Berlin erst begonnen hat.

In den folgenden Jahren wurden die Funkverbindungen mit dem Bundesgebiet ständig ausgebaut. 1950/51 errichtete die Post hierzu am Wannsee drei 150 m hohe Masten. 1952 liefen monatlich etwa 35 000 Ferngespräche und 40 000 Telegramme über Funk. Die Errichtung des Fernmeldeturms auf dem Schäferberg (Inbetriebnahme 1964) und der Anlagen in Frohnau (seit 1970) waren eine Anpassung an die Entwicklung der Technik und an die Verkehrszunahme.

Rundfunkdienst

Der Wiederaufbau des Rundfunkdienstes vollzog sich auf Wunsch der sowjetischen Besatzungsmacht relativ schnell. Es ergab sich dabei das Kuriosum, daß die Sowjets einerseits unverzüglich mit der Demontage begannen, andererseits aber die sofortige Inbetriebnahme des Rundfunks verlangten. Ältere Verstärkereinrichtungen konnten wieder hergestellt werden. Gestörte Leitungsverbindungen zwischen Funkhaus, Fernamt und Sender verhinderten jedoch die sofortige Aufnahme des Sendebetriebes. Auch bei den Sendeanlagen gab es Probleme. Die Sowjets hatten den modernen Sender demontiert und nur eine ältere Anlage von 1933 zurückgelassen.

Wer Rundfunk empfing, mußte natürlich auch damals Gebühren – an die Post – zahlen. Für April und Mai 1945 waren keine Rundfunkgebühren kassiert worden, im Juni lediglich 46 860 RM. Durch eine Ermittlungsaktion konnte die Post feststellen, wer wieder Rundfunk empfing und diese Berliner zur Postkasse bitten. Von Juni bis September 1945 kamen immerhin 2,8 Millionen RM Rundfunkgebühren ein. Am 1. 10. 1945 gab es in Berlin wieder 483 000, im Dezember etwa 640 000 angemeldete Hörer.

Der sowjetisch kontrollierte Rundfunk strahlte bis in die Blockadezeit hinein sein Programm von dem im britischen Sektor liegenden Funkhaus und über die Sendeanlagen in Tegel (französischer Sektor) aus. Am 16. 12. 1948 wurde der

100 KW-Rundfunksender Tegel, 1933–1948

Fernsehdienst

Abschließend soll noch ein Blick geworfen werden auf das wichtigste Medium der Gegenwart, das Fernsehen.

Am 22. 3. 1935 wurde der Deutsche Fernsehrundfunk, das erste öffentliche Fernsehen der Welt, in Berlin eröffnet. Der Post oblag der technische Betrieb, die Errichtung öffentlicher Fernsehstellen und die Werbung für das neue Medium.[16]

Nachdem die Berliner Fernsehsender der Reichs-Rundfunk-Gesellschaft im November 1943 Luftangriffen zum Sendebetrieb in Tegel eingestellt, die Sendeanlagen von französischen Soldaten gesprengt.

Es soll nicht näher ausgeführt werden, wie die Post zum Aufbau amerikanischer und britischer Sendeeinrichtungen beitrug, sondern es sollen lediglich die Anfänge der beiden Sender SFB und RIAS erwähnt werden.

1946 hatte die Post auf Anordnung der britischen Besatzungsmacht und in deren Sektor zwei Mittelwellensender errichtet und betrieben. Einer davon diente seit dem 17. 8. 1946 dem Nordwestdeutschen Rundfunk (NWDR). Ihre Mitwirkung an der Sendetechnik stellte die Post auf britischen Befehl am 19. 7. 1949 ein. Sie mußte die Sendeanlagen dem NWDR zur alleinigen Benutzung überlassen. Mit der Gründung des SFB 1953 gingen Eigentum und Betrieb auf diese Rundfunkanstalt über.

Die amerikanische Besatzungsmacht wünschte, dem Programm des Berliner Rundfunks ein eigenes Programm gegenüberzustellen. Am 7. 2. 1946 wurde der »Drahtfunk im amerikanischen Sektor« (DIAS) über ein bescheidenes Drahtfunknetz im Fernamt Winterfeldtstraße in Betrieb genommen. Am 8. 6. 1946 folgte ein Drahtfunk im britischen Sektor, der das Programm des NWDR übertrug. Wegen der nur geringen Empfangsmöglichkeit erhielt der DIAS einen drahtlosen Sender aus amerikanischen Militärbeständen und strahlte am 4. 9. 1946 als RIAS zum ersten Mal ein Programm aus. Kurz nach Beginn der Blockade verließ der RIAS das Fernamt Berlin und bezog in Schöneberg eigene Studioräume.

Werbeplakat für den Sendebeginn des Drahtfunks im amerikanischen Sektor, 7. Februar 1946

Opfer gefallen waren, konnten die Teilnehmer, die Fernsehgeräte besaßen, sowie die wenigen unzerstörten Fernsehstuben der Post bis gegen Kriegsende noch über Drahtfunk mit einem Programm versorgt werden.

Der Wiederaufbau des deutschen Fernsehens ging nach 1945 unter Beteiligung Berliner Experten zunächst vom NWDR in Hamburg aus. Dort wurde am 12. 7. 1950 die erste Fernseh-Versuchssendung nach dem Kriege ausgestrahlt. Doch auch in Berlin blieb die Post nicht untätig. 1951 wurde im ehemaligen Reichspostzentralamt in Tempelhof ein Studio für Fernseh-Übertragungsversuche eingerichtet sowie ein kleiner Sender aufgebaut, der ab Juni 1951 Fernsehbilder ausstrahlte. Auf der Deutschen Industrieausstellung zeigte die Post im Oktober 1951 wieder öffentliche Fernsehvorführungen. Mit Fertigstellung der Richtfunkstelle Nikolassee wurde es möglich, Fernsehbilder von Berlin nach Hamburg zu übertragen. Am 10. 9. 1952 begann der Programmaustausch. Am 1. Weihnachtstag 1952 eröffnete schließlich das deutsche Nachkriegs-Fernsehen in Hamburg offiziell sein Programm.

Anmerkungen

1 Tapfer, W., Zusammenbruch, Wiederaufbau und Spaltung des Berliner Postwesens, in: Archiv für deutsche Postgeschichte 1966/1, S. 39–47, hier S. 39.

2 Hoffmann, Georg, Die Rechtsgrundlagen für das Post- und Fernmeldewesen im Land Berlin, in: Archiv für das Post- und Fernmeldewesen 1956, S. 1–10, hier S. 1.

3 Schröder, Wilhelm, Das Elend der Magistratspost, in: Amtsblatt HVPF Nr. 30/1948, S. 212.

4 Ders., Das Werden einer demokratischen Postverwaltung, Berlin (Ost) 1949, S. 33.

5 Vgl. den Brief Holthöfers vom 31. 8. 1949 an die US-Militärregierung, in: Philatelie 1987, Nr. 174, S. 8ff.

6 Schröder, Wilhelm, Die staatsrechtliche Entwicklung der Deutschen Post von 1945 bis 1950, in: Postarchiv (Ost) 1950/Nr. 4, S. 99.

7 Heppner, Herbert, Die Dienst- und Rechtsverhältnisse der Westberliner Postbediensteten vom Zusammenbruch im Mai 1945 bis zur Angleichung an die Deutsche Bundespost, in: Jahrbuch des Postwesens 1956/7, S. 347–376 sowie Wilhelm Schröder, Das Werden einer demokratischen Postverwaltung, S. 5.

8 ›Der Sozialdemokrat‹ vom 17. 12. 1948.

9 Gnewuch, Gerd und Kurt Roth, Aus der Berliner Postgeschichte, Berlin 1975, S. 87; dort weitere Literaturangaben.

10 Drescher, Das Postzeitungsamt in Berlin, in: Deutsche Post 1938, S. 1077–1083.

11 Hamann, Horst, Der Wiederaufbau des Postscheckverkehrs, in: Postarchiv (Ost) 1950, S. 36.

12 Krüger, Helmut Otto, Postscheckamt Berlin West, in: Zeitschrift für das Post- und Fernmeldewesen 1949, S. 659–661 sowie ›Postscheckamt Berlin West‹, hrsg. von der Landespostdirektion Berlin, Berlin 1971.

13 Voß, Wilhelm, Die Entwicklung des Postsparkassendienstes in der DDR und Groß-Berlin, in: Postarchiv (Ost) 1950, S. 46.

14 Hahn, Wilhelm, Das Entstehen drahtloser Nachrichtendienste und deren Weiterentwicklung durch die Deutsche Reichspost bis zum Ende des Zweiten Weltkrieges, in: Archiv für das Post- und Fernmeldewesen 1963, S. 255–352 sowie ders., Über Funkanlagen der Deutschen Reichspost aus den Jahren von 1919 bis 1944, in: Archiv für das Post- und Fernmeldewesen 1964, S. 399–466.

15 Deutsch, Karl-Heinz, UKW, die ›drahtlosen‹ Kabelverbindungen, in: Funk-Technik 1950, S. 691.

16 Goebel, Gerhart, Das Fernsehen in Deutschland bis zum Jahre 1945, in: Archiv für das Post- und Fernmeldewesen 1953, S. 259–393.

Daneben wird speziell auf folgende Werke verwiesen (dort weiterführende Literaturangaben):

Berlin und seine Bauten. Teil X. B. Anlagen und Bauten für den Verkehr (4). Post- und Fernmeldewesen. Hrsg. vom Architekten- und Ingenieur-Verein zu Berlin, Berlin 1987

Deutsch, Karl-Heinz, Gerd Gnewuch und Karlheinz Grave, Die Post in Berlin 1237–1987, Berlin 1987

Dohmen, Kurt, Zum 100. Jahrestag der Gründung der Oberpostdirektion Berlin, Berlin 1949

ders., Der Wiederaufbau der Post in Berlin, in: Archiv für das Post- und Fernmeldewesen 1949, S. 5–19

Steinmetz, Hans/Elias, Dietrich, Geschichte der deutschen Post, Bd. 4 (1945–1978), Bonn 1979

Die Leiter des Postwesens von der Gründung der brandenburgisch-preußischen Staatspost bis zum Ende der Deutschen Reichspost, 1652–1945

Otto Reichsfreiherr von Schwerin,
Generalpostdirektor von 1652 bis 1679

Friedrich von Jena,
Oberpostdirektor von 1679 bis 1682

Paul von Fuchs,
Oberpostdirektor von 1682 bis 1694
und von 1697 bis 1698

Eberhard von Danckelmann,
Oberpostdirektor von 1694 bis 1697

Johann Casimir Kolbe Reichsgraf
von Wartenberg,
Generalerbpostmeister von 1700 bis 1711

Ernst Bogislaw von Kameke,
Generalpostmeister von 1711 bis 1719

Friedrich Freiherr von Görne,
Generalpostmeister von 1719 bis 1745

George Dettlof von Arnim,
Generalpostmeister von 1750 bis 1753

Gustav Adolf Reichsgraf von Gotter,
Generalpostmeister von 1753 bis 1762

Heinrich IX., Graf von Reuß,
Generalpostmeister von 1762 bis 1769

Friedrich Wilhelm von Derschau,
Generalpostmeister von 1769 bis 1779

Friedrich Gottlieb Michaelis,
Generalpostmeister von 1779 bis 1781

Hans Ernst Dietrich Freiherr von Werder,
Generalpostmeister von 1781 bis 1800

Friedrich Wilhelm Graf von der
Schulenburg-Kehnert,
Generalpostmeister von 1800 bis 1807

Johann Friedrich von Seegebarth,
Generalpostmeister von 1808 bis 1821

Karl Ferdinand Friedrich von Nagler,
Präsident des Generalpostamtes von 1821 bis 1823,
Generalpostmeister von 1823 bis 1846

Justus Wilhelm Eduard von Schaper,
Generalpostmeister von 1846 bis 1849

Gottlob Heinrich Schmückert,
Generalpostdirektor von 1850 bis 1862

Karl Ludwig Richard von Philipsborn,
Generalpostdirektor von 1862 bis 1870

Heinrich (von) Stephan,
Generalpostdirektor von 1870 bis 1876, Generalpostmeister von 1876 bis 1880, Staatssekretär des Reichspostamtes von 1880 bis 1897

Victor von Podbielski,
Staatssekretär des Reichspostamtes
von 1897 bis 1901

Reinhold Kraetke,
Staatssekretär des Reichspostamtes
von 1901 bis 1917

Otto Rüdlin,
Staatssekretär des Reichspostamtes
von 1917 bis 1919

Johann Giesberts,
Reichspostminister von 1919 bis 1922

Karl Stingl,
Reichspostminister von 1922 bis 1923
und von 1925 bis 1927

Anton Hoefle,
Reichspostminister von 1923 bis 1925

Georg Schätzel,
Reichspostminister von 1927 bis 1932

Paul Freiherr von und zu Eltz-Rübenach,
Reichspostminister (gleichzeitig Reichsverkehrsminister) von 1932 bis 1937

Wilhelm Ohnesorge,
Reichspostminister von 1937 bis 1945

Porträts konnten nicht nachgewiesen
werden von:
Wolfgang von Schmettau,
Oberpostdirektor von 1698 bis 1700
Samuel von Marschall, zweiter
Generalpostmeister wegen Krankheit
von Görnes 1725 bis 1745, General-
postmeister von 1745 bis 1749

Dokumente und Bilder zur brandenburgisch-preußischen Postgeschichte des 17. und 18. Jahrhunderts

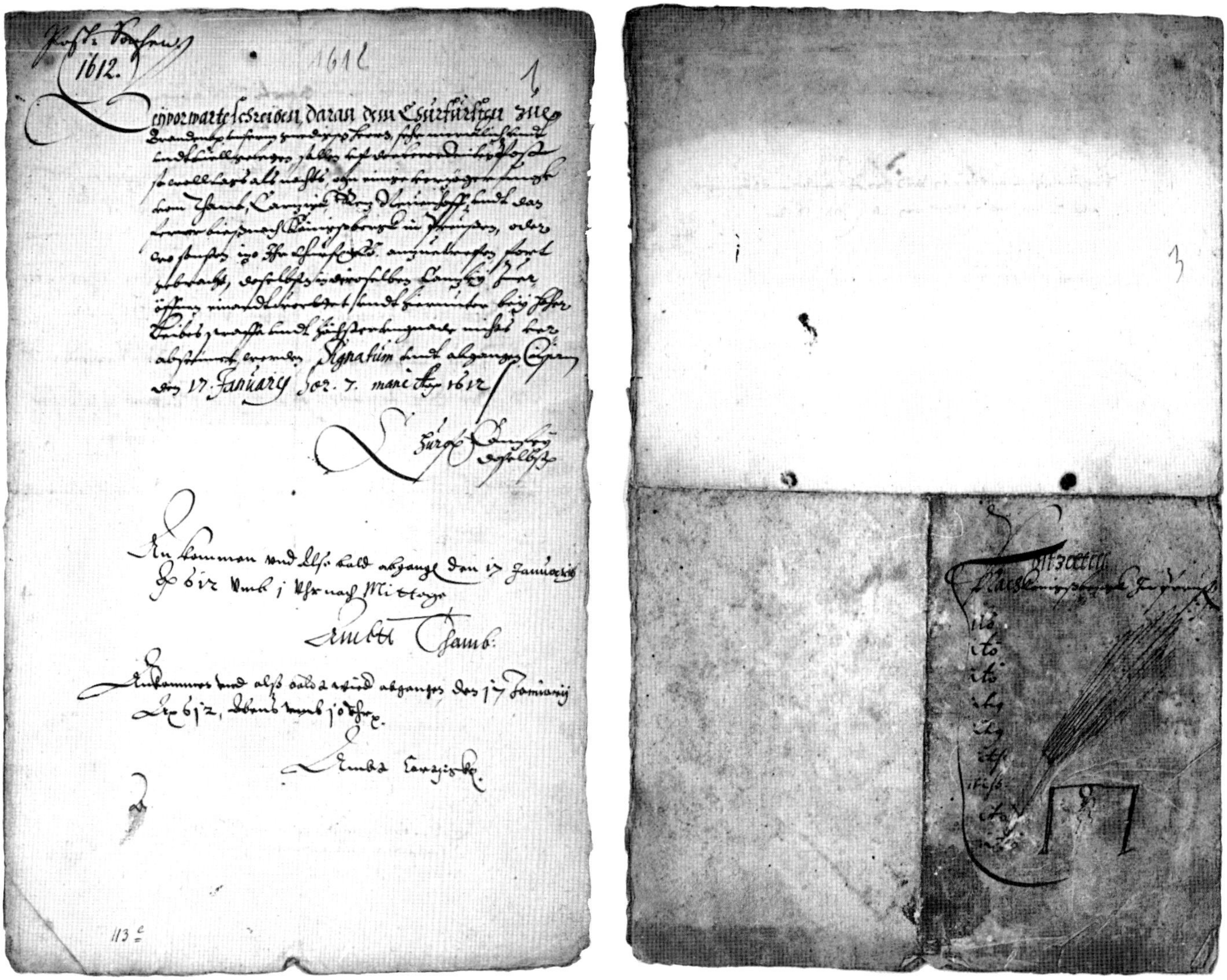

Erste und letzte Seite eines Postzettels von Berlin nach Königsberg aus dem Jahre 1612.
Dem Boten war die eilige Überbringung der Nachricht unter Androhung von Leibesstrafen aufgetragen worden.

Edikt Kurfürst Georg Wilhelms vom 2. November 1621. Georg Wilhelm ordnete die Entlastung der Bevölkerung von unberechtigten Postfuhr-Diensten an.

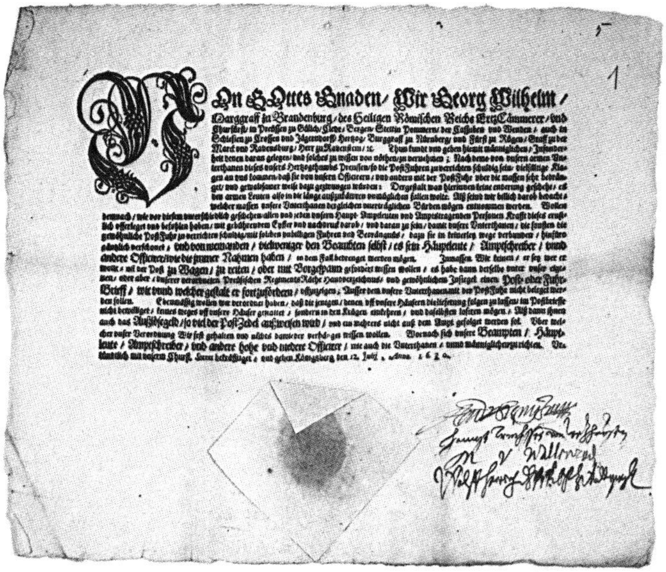

Edikt Kurfürst Georg Wilhelms vom 12. Juli 1630 mit erneuerten Bestimmungen über die von den Untertanen zu leistenden Postfuhr-Dienste.

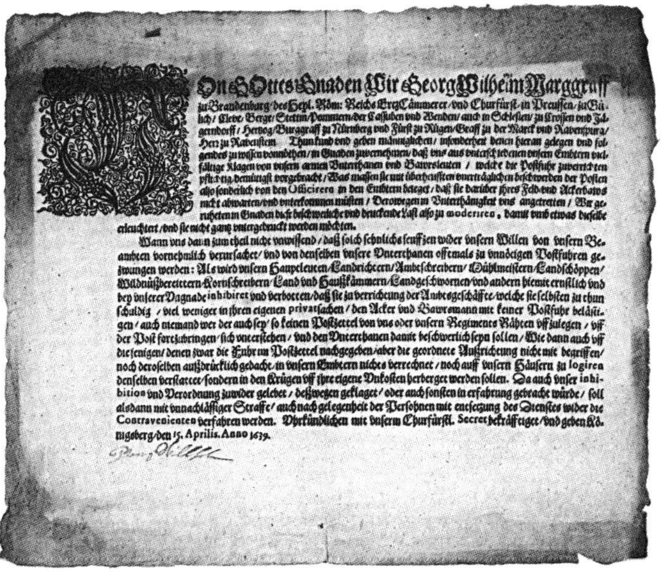

Edikt Kurfürst Georg Wilhelms von 15. April 1639. Wiederholung der Bestimmungen der Edikte von 1621 und 1630 über die Entlastung der Bevölkerung von Postfuhr-Diensten.

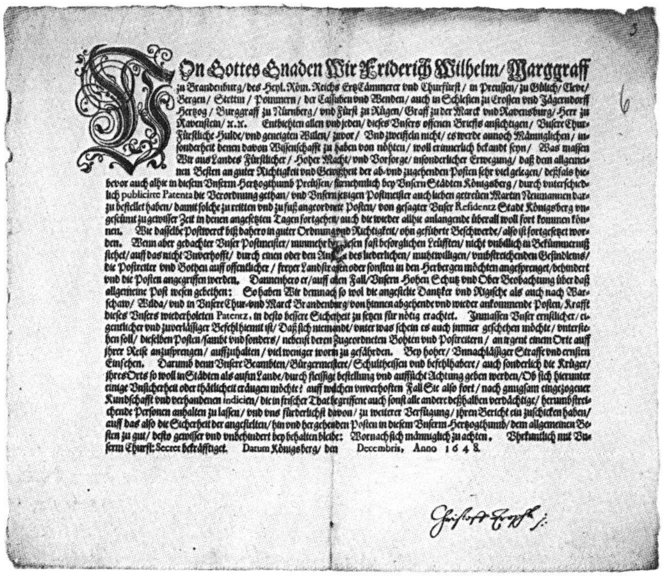

Edikt Kurfürst Friedrich Wilhelms vom Dezember 1648, das den ungehinderten Lauf der Posten garantieren sollte.

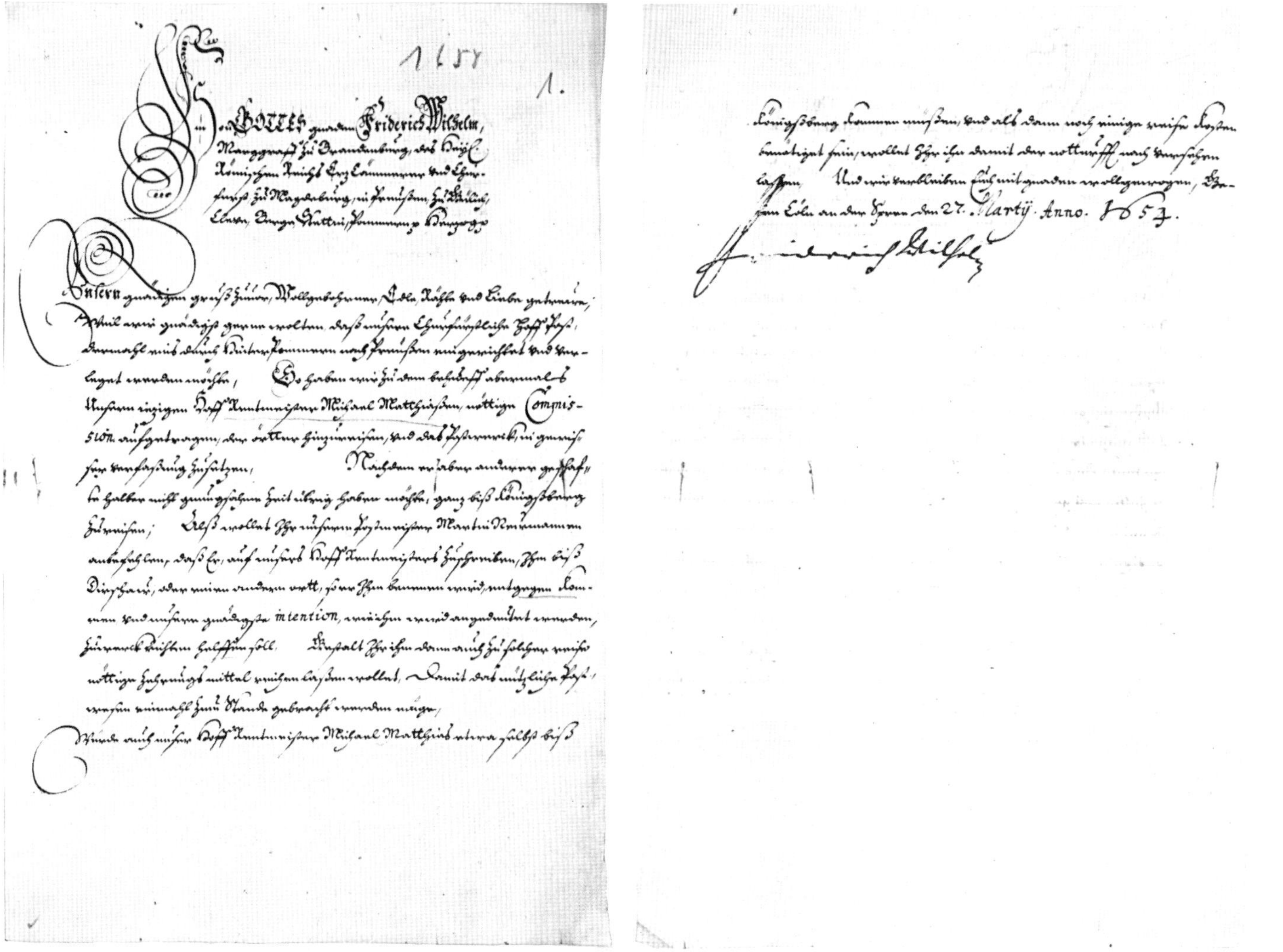

Auftrag Friedrich Wilhelms, des Großen Kurfürsten, an den Hofrentmeister Michael Matthias zur Einrichtung des Postkurses durch Hinterpommern, 27. März 1654

821 No. I. II. 822

Das IIIte Capitel.

Von Post-Sachen, und was dahin gehörig.

No. I. Patent, daß wegen Mißbrauchs derer Churfürstl. Bedienten Freyheit von Porto, solche aufgehoben, und die gar zu grossen Paquete nicht angenommen werden sollen ꝛc. Sub dato Cölln an der Spree, den 9. Martii 1655.

NAchdem der Durchlauchtigste Fürst und Herr, Herr **Friderich Wilhelm**, Marggraf zu Brandenburg, des Heil. Röm. Reichs Ertz-Cämmerer und Churfürst ꝛc. Unser allergnädigster Herr, gantz mißfällig vernommen, daß bey Dero Churfürstl. Hof-Post so grosser Mißbrauch vorgehet, und je länger je mehr überhand nimmt, indem fast jedermänniglich unter dem Titul als Churfürstlicher Diener, ohne einigen Unterscheid ihre Briefe und Paquete durch die Churfürstl. Post-Bediente, nicht allein auf der Churfürstl. Hof-Post, sondern auch wohl auf fremde Posten, woselbst Se. Churfürstl. Durchl. Selbst das Brief-Porto bezahlen müssen, frey bestellet haben wollen, theils Dienere (denen Se. Churfürstl. Durchl. sonsten einige Freyheit der Briefe halber gnädigst gerne gönneten) auch allerhand Sachen und grosse schwere Paquete von etzliche Pfund, welche die Churfürstl. Post-Pferde fast alle zu Schanden machen, und bey grossem Wasser und bösem Wege die Post mercklich versäumen, auf der Post mit fortzusenden begehren, und auch wohl fremder Leute Briefe und Sachen unter ihrem Couvert und Nahmen frey mit durchzubringen, und die Churfürstl. Post dadurch gantz unverantwortlich zu verkürtzen, den Churfürstl. Postmeistern auch, wann sie sich deshalb etwas weigerlich erzeigen, gar unbescheidene Worte, als ob sie einem jeden zu Gebothe stehen müsten, zu geben sich gelüsten lassen, einige Officianten auch sich unternehmen, auf ihre Verantwortung die Post aufzuhalten, und den Churfürstl. Postmeistern etwas zu commandiren, welches wieder Sr. Churfürstlichen Durchl. ihnen ertheiltes Patent und Instruction läufft, und Dero Churfürstl. Hof-Post, woran doch Ihro und dem gantzen gemeinen Wesen so hoch und viel gelegen ist, in grosse Confusion zu Dero nicht geringen Disreputation setzen könte;

Als haben höchstgedachte Seine Churfürstliche Durchl. solchem Unwesen nicht länger zusehen können, sondern seynd dannenhero verursachet worden, Krafft dieses offenen Patents allen und jeden Dero Postmeistern in allen Dero Erb-Landen ernstlich und bey Vermeydung Dero schweren Ungnade und Verlust ihrer Dienste zu befehlen, daß sie ins künfftige, so viel die Churfürstl. Hof-Post betrifft, auf keines Menschen Commando, er sey wer er wolle, pariren, sondern allein der Churfürstl. Instruction, und denen von Sr. Churfürstl. Durchl. eigenhändlich unterschriebenen Befehligen, gemäß leben, von nun an auch keine Briefe und Paquete ferner frey bestellen, sondern zu Verhütung fernern Unterschleiffs, auch von aller Churfürstlichen Diener Briefe, Sachen und Paqueten das behörige Brief-Porto und Post-Geld fordern, und die Paquete nach Lothen bezahlen lassen, dergleichen grosse und schwere Paquete aber, wodurch die Churfürstliche Post-Pferde zu Schanden gebracht werden können, gar nicht annehmen und mit fortsenden sollen; Gestalt Sie dann auch zugleich hiemit allen Dero Statthaltern und Regierungen in jeder Provintz, wie auch allen Dero Hohen und Niedrigen Krieges-Officirern, Gouverneurn, Commendanten, und allen andern Beamten und Befehligshabern gnädigst anbefehlen, sich hiernach gehorsamst zu achten, und den Churfürstl. Postmeistern nichts wider ihre Instruction anzumuthen, vielmehr aber denenselben zu Beförderung der Churfürstl. Hof-Post gebührende Handbiethung und Schutz leisten; So lieb einem jeden ist Dero Churfürstl. Gnade.

Zu Uhrkund dessen haben mehr höchstgemeldte Se. Churfürstl. Durchl. dieses Patent mit eigener Hand wohlbedächtig unterschrieben, und mit Dero Churfürstl. Insiegel zu bekräfftigen befohlen. Gegeben in Dero Residentz zu Cölln an der Spree, den 9ten Martii, Anno 1655.

Friderich Wilhelm.

(L.S.)

Edikt Friedrich Wilhelms vom 9. März 1655 wider den Mißbrauch der Posteinrichtungen.
Portofreiheit war nur wenigen zugestanden, schwere Pakete durften nicht mit der Post befördert werden.

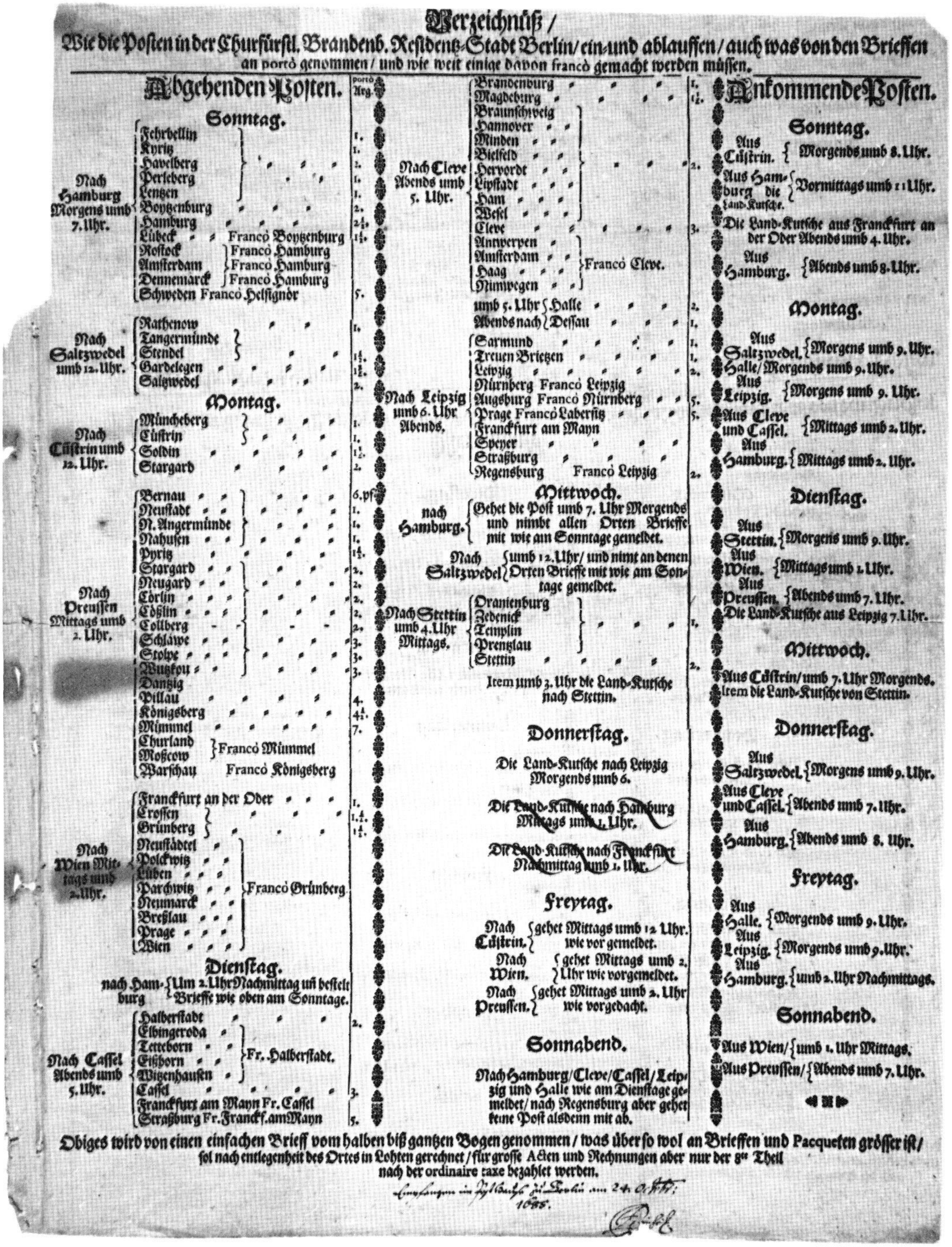

Verzeichnüß /
Wie die Posten in der Churfürstl. Brandenb. Residentz-Stadt Berlin / ein- und ablauffen / auch was von den Brieffen an porto genommen / und wie weit einige davon francò gemacht werden müssen.

Abgehenden Posten.

Sonntag.

Nach Hamburg Morgens umb 7. Uhr.
Fehrbellin 1.
Kyritz 1.
Havelberg 2.
Perleberg 1.
Lentzen 1.
Boytzenburg 2.
Hamburg 2½.
Lübeck Francò Boytzenburg 1½.
Rostock Francò Hamburg
Amsterdam Francò Hamburg
Dennemarck Francò Hamburg
Schweden Francò Helsignör 5.

Nach Saltzwedel umb 12. Uhr.
Rathenow 1.
Tangermünde 1.
Stendel 1½.
Gardelegen 1½.
Saltzwedel 2.

Montag.

Nach Cüstrin umb 12. Uhr.
Müncheberg 1.
Cüstrin 1.
Soldin 1½.
Stargard 2.

Nach Preussen Mittags umb 2. Uhr.
Bernau 6. pf.
Neustadt 1.
N. Angermünde 1.
Nahusen 1.
Pyritz 1½.
Stargard 2.
Neugard 2.
Cörlin 2.
Cößlin 2.
Collberg 2.
Schläwe 3.
Stolpe 3.
Butzow 3.
Dantzig
Pillau 4.
Königsberg 4½.
Mümmel 7.
Churland Francò Mümmel
Moßcow
Warschau Francò Königsberg

Nach Wien Mittags umb 2. Uhr.
Franckfurt an der Oder 1.
Crossen 1½.
Grünberg 1½.
Neustädtel Francò Grünberg
Polckwitz
Lüben
Parchwitz
Neumarck
Breßlau
Prage
Wien

Dienstag.

nach Hamburg Um 2. Uhr Nachmittag und bestelt Brieffe wie oben am Sonntage.

Nach Cassel Abends umb 5. Uhr.
Halberstadt 2.
Elbingeroda Fr. Halberstadt.
Tetteborn
Eißhorn
Witzenhausen
Cassel 3.
Franckfurt am Mayn Fr. Cassel
Straßburg Fr. Franckf. am Mayn 5.

Nach Cleve Abends umb 5. Uhr.
Brandenburg 1.
Magdeburg 1½.
Braunschweig
Hannover
Minden
Bielfeld 2.
Hervordt
Lipstadt
Ham
Wesel
Cleve 3.
Antwerpen Francò Cleve.
Amsterdam
Haag
Nimwegen

umb 5. Uhr Abends nach Halle 2.
Dessau 1.

Nach Leipzig umb 6. Uhr Abends.
Sarmund 1.
Treuen Brietzen 1.
Leipzig 2.
Nürnberg Francò Leipzig
Augsburg Francò Nürnberg 5.
Prage Francò Laberstz 5.
Franckfurt am Mayn
Speyer
Straßburg Francò Leipzig
Regensburg 2.

Mittwoch.

nach Hamburg. Gehet die Post umb 7. Uhr Morgends und nimbt allen Orten Brieffe mit wie am Sonntage gemeldet.

Nach Saltzwedel umb 12. Uhr / und nimt an denen Orten Brieffe mit wie am Sontage gemeldet.

Nach Stettin umb 4. Uhr Mittags.
Oranienburg 1.
Zedenick
Templin
Prentzlau
Stettin 2.

Item umb 3. Uhr die Land-Kutsche nach Stettin.

Donnerstag.

Die Land-Kutsche nach Leipzig Morgends umb 6.

Die Land-Kutsche nach Hamburg Mittags umb 1. Uhr.

Die Land-Kutsche nach Franckfurt Nachmittag umb 1. Uhr.

Freytag.

Nach Cüstrin. geht Mittags umb 12. Uhr. wie vor gemeldet.

Nach Wien. geht Mittags umb 2. Uhr wie vorgemeldet.

Nach Preussen. geht Mittags umb 2. Uhr wie vorgedacht.

Sonnabend.

Nach Hamburg / Cleve / Cassel / Leipzig und Halle wie am Dienstage gemeldet / nach Regensburg aber gehet keine Post alsdenn mit ab.

Ankommende Posten.

Sonntag.

Aus Cüstrin. Morgends umb 8. Uhr.
Aus Hamburg die Land-Kutsche. Vormittags umb 11. Uhr.
Die Land-Kutsche aus Franckfurt an der Oder Abends umb 4. Uhr.
Aus Hamburg. Abends umb 8. Uhr.

Montag.

Aus Saltzwedel. Morgens umb 9. Uhr.
Halle / Morgends umb 9. Uhr.
Aus Leipzig. Morgens umb 9. Uhr.
Aus Cleve und Cassel. Mittags umb 2. Uhr.
Aus Hamburg. Mittags umb 2. Uhr.

Dienstag.

Aus Stettin. Morgens umb 9. Uhr.
Aus Wien. Mittags umb 1. Uhr.
Aus Preussen. Abends umb 7. Uhr.
Die Land-Kutsche aus Leipzig 7. Uhr.

Mittwoch.

Aus Cüstrin / umb 7. Uhr Morgends. item die Land-Kutsche von Stettin.

Donnerstag.

Aus Saltzwedel. Morgens umb 9. Uhr.
Aus Cleve und Cassel. Abends umb 7. Uhr.
Aus Hamburg. Abends umb 8. Uhr.

Freytag.

Aus Halle. Morgends umb 9. Uhr.
Aus Leipzig. Morgends umb 9. Uhr.
Aus Hamburg. umb 2. Uhr Nachmittags.

Sonnabend.

Aus Wien / umb 1. Uhr Mittags.
Aus Preussen / Abends umb 7. Uhr.

Obiges wird von einen einfachen Brieff vom halben biß gantzen Bogen genommen / was über so wol an Brieffen und Pacqueten grösser ist / sol nach entlegenheit des Ortes in Lothen gerechnet / für grosse Acten und Rechnungen aber nur der 8te Theil nach der ordinaire taxe bezahlet werden.

Verzeichnis der abgehenden und ankommenden Posten, Berlin, 24. Oktober 1685

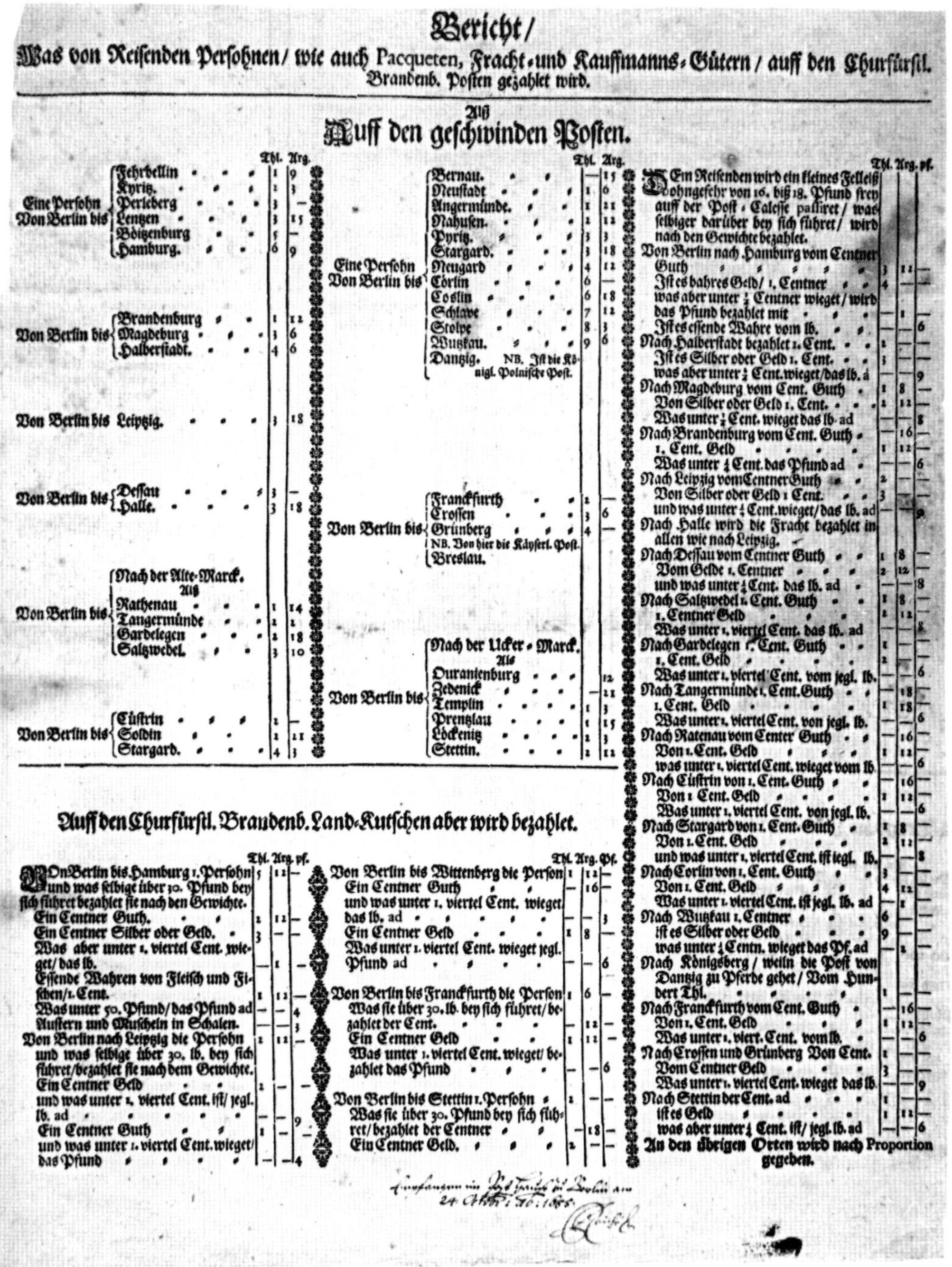

Bericht/

Was von Reisenden Persohnen/ wie auch Pacqueten, Fracht- und Kauffmanns-Gütern/ auff den Churfürstl. Brandenb. Posten gezahlet wird.

Als

Auff den geschwinden Posten.

		Thl.	Arg.
Eine Persohn Von Berlin bis	Fehrbellin	1	9
	Kyritz.	2	3
	Perleberg	3	—
	Lentzen	3	15
	Böitzenburg	5	—
	Hamburg.	6	9
Von Berlin bis	Brandenburg	1	12
	Magdeburg	3	6
	Halberstadt.	4	6
Von Berlin bis	Leipzig.	3	18
Von Berlin bis	Dessau	3	—
	Halle.	3	18
Von Berlin bis	Nach der Alte-Marck. Als		
	Rathenau	1	14
	Tangermünde	2	2
	Gardelegen	2	18
	Saltzwedel.	3	10
Von Berlin bis	Cüstrin	2	—
	Soldin	2	21
	Stargard.	4	3

		Thl.	Arg.
Eine Persohn Von Berlin bis	Bernau.	—	15
	Neustadt	1	6
	Angermünde.	1	21
	Nahusen.	2	12
	Pyritz.	3	3
	Stargard.	3	18
	Neugard	4	12
	Cörlin	6	—
	Coslin	6	18
	Schlawe	7	12
	Stolpe	8	3
	Wutzkau.	9	6
	Dantzig. NB. Ist die Königl. Polnische Post.		
Von Berlin bis	Franckfurth	2	—
	Crossen	3	6
	Grünberg	4	—
	NB. Von hier die Käyserl. Post.		
	Breslau.		
Von Berlin bis	Nach der Ucker-Marck. Als		
	Ouranienburg		12
	Zedenick	—	21
	Templin	1	3
	Prentzlau	1	15
	Löckenitz	2	3
	Stettin.	2	12

	Thl.	Arg.	pf.
DEm Reisenden wird ein kleines Felleiß ohngefehr von 16. biß 18. Pfund frey auff der Post-Calesse passiret/ was selbiger darüber bey sich führet/ wird nach den Gewichte bezahlet.			
Von Berlin nach Hamburg vom Centner Guth	3	12	—
Ist es bahres Geld/ 1. Centner	4	—	—
was aber unter ½ Centner wieget/ wird das Pfund bezahlet mit	—	1	—
Ist es essende Wahre vom lb.	—	—	6
Nach Halberstadt bezahlet 1. Cent.	2	—	—
Ist es Silber oder Geld 1. Cent.	3	—	—
was aber unter ½ Cent. wieget/ das lb. à	—	—	9
Nach Magdeburg vom Cent. Guth	1	8	—
Von Silber oder Geld 1. Cent.	2	12	—
Was unter ½ Cent. wieget das lb. ad	—	—	8
Nach Brandenburg vom Cent. Guth	—	16	—
1. Cent. Geld	1	12	—
Was unter ¼ Cent. das Pfund ad	—	—	6
Nach Leipzig vom Centner Guth	2	—	—
Von Silber oder Geld 1 Cent.	3	—	—
und was unter ¼ Cent. wieget/ das lb. ad	—	—	9
Nach Halle wird die Fracht bezahlet in allen wie nach Leipzig.			
Nach Dessau vom Centner Guth	1	8	—
Vom Gelde 1. Centner	2	12	—
und was unter ¼ Cent. das lb. ad	—	—	8
Nach Saltzwedel 1. Cent. Guth	1	8	—
1. Centner Geld	2	12	—
Was unter 1. viertel Cent. das lb. ad	—	—	8
Nach Gardelegen 1. Cent. Guth	1	—	—
1. Cent. Geld	2	—	—
Was unter 1. viertel Cent. vom jegl. lb.	—	—	6
Nach Tangermünde 1. Cent. Guth	—	18	—
1. Cent. Geld	1	18	—
Was unter 1. viertel Cent. von jegl. lb.	—	—	6
Nach Ratenau vom Center Guth	—	16	—
Von 1. Cent. Geld	1	12	—
was unter 1. viertel Cent. wieget vom lb.	—	—	6
Nach Cüstrin von 1. Cent. Guth	—	16	—
Von 1 Cent. Geld	1	12	—
Was unter 1. viertel Cent. von jegl. lb.	—	—	6
Nach Stargard von 1. Cent. Guth	1	8	—
Von 1. Cent. Geld	2	12	—
und was unter 1. viertel Cent. ist jegl. lb.	—	—	8
Nach Corlin von 1. Cent. Guth	3	—	—
Von 1. Cent. Geld	4	12	—
Was unter 1. viertel Cent. ist jegl. lb. ad	—	1	—
Nach Wutzkau 1. Centner	6	—	—
ist es Silber oder Geld	9	—	—
was unter ¼ Centn. wieget das Pf. ad	—	2	—
Nach Königsberg/ weiln die Post von Dantzig zu Pferde gehet/ Vom Hundert Thl.	1	—	—
Nach Franckfurth vom Cent. Guth	—	16	—
Von 1. Cent. Geld	1	12	—
Was unter 1. viert. Cent. vom lb.	—	—	6
Nach Crossen und Grünberg Von Cent.	1	—	—
Vom Centner Geld	3	—	—
Was unter 1. viertel Cent. wieget das lb.	—	—	9
Nach Stettin der Cent. ad	1	—	—
ist es Geld	1	12	—
was aber unter ¼ Cent. ist/ jegl. lb. ad	—	—	6

An den übrigen Orten wird nach Proportion gegeben.

Auff den Churfürstl. Braundenb. Land-Kutschen aber wird bezahlet.

	Thl.	Arg.	pf.
VOn Berlin bis Hamburg 1. Persohn	5	12	—
und was selbige über 30. Pfund bey sich führet bezahlet sie nach den Gewichte.			
Ein Centner Guth.	2	12	—
Ein Centner Silber oder Geld.	3	—	—
Was aber unter 1. viertel Cent. wieget/ das lb.	—	1	—
Essende Wahren von Fleisch und Fischen/ 1. Cent.	1	12	—
Was unter 50. Pfund/ das Pfund ad	—	—	4
Austern und Muscheln in Schalen.	—	—	3
Von Berlin nach Leipzig die Persohn	2	12	—
und was selbige über 30. lb. bey sich führet/ bezahlet sie nach dem Gewichte.			
Ein Centner Geld	2	—	—
und was unter 1. viertel Cent. ist/ jegl. lb. ad	—	—	9
Ein Centner Guth	1	—	—
und was unter 1. viertel Cent. wieget/ das Pfund	—	—	4

	Thl.	Arg.	Pf.
Von Berlin bis Wittenberg die Person	1	12	—
Ein Centner Guth	—	16	—
und was unter 1. viertel Cent. wieget das lb. ad	—	—	3
Ein Centner Geld	1	8	—
Was unter 1. viertel Cent. wieget jegl. Pfund ad	—	—	6
Von Berlin bis Franckfurth die Person	1	6	—
Was sie über 30. lb. bey sich führet/ bezahlet der Cent.	—	12	—
Ein Centner Geld	1	12	—
Was unter 1. viertel Cent. wieget/ bezahlet das Pfund	—	—	6
Von Berlin bis Stettin 1. Persohn	2	—	—
Was sie über 30. Pfund bey sich führet/ bezahlet der Centner	—	18	—
Ein Centner Geld.	2	—	—

Aufstellung der Tarife für Personen-, Paket- und Frachtbeförderung zum Fahrplan vom 24. Oktober 1685

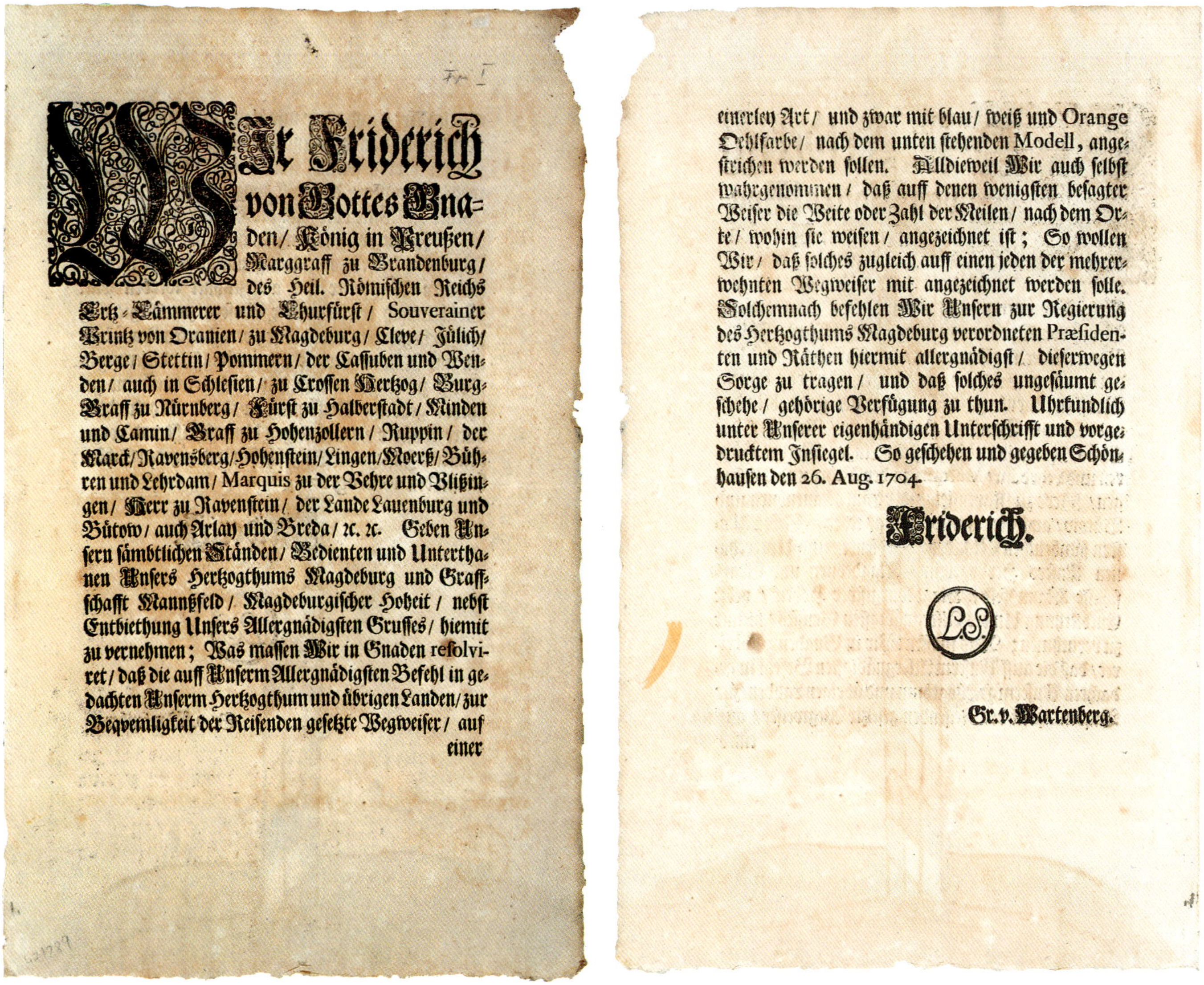
Wir Friderich von Gottes Gnaden/ König in Preußen/ Marggraff zu Brandenburg/ des Heil. Römischen Reichs Ertz-Cämmerer und Churfürst/ Souverainer Printz von Oranien/ zu Magdeburg/ Cleve/ Jülich/ Berge/ Stettin/ Pommern/ der Cassuben und Wenden/ auch in Schlesien/ zu Crossen Hertzog/ Burg-Graff zu Nürnberg/ Fürst zu Halberstadt/ Minden und Camin/ Graff zu Hohenzollern/ Ruppin/ der Marck/ Ravensberg/ Hohenstein/ Lingen/ Moerß/ Bühren und Lehrdam/ Marquis zu der Vehre und Vlißingen/ Herr zu Ravenstein/ der Lande Lauenburg und Bütow/ auch Arlay und Breda/ ꝛc. ꝛc. Geben Unsern sämbtlichen Ständen/ Bedienten und Unterthanen Unsers Hertzogthums Magdeburg und Graffschafft Mannßfeld/ Magdeburgischer Hoheit/ nebst Entbiethung Unsers Allergnädigsten Grusses/ hiemit zu vernehmen; Was massen Wir in Gnaden resolviret/ daß die auff Unserm Allergnädigsten Befehl in gedachten Unserm Hertzogthum und übrigen Landen/ zur Beqvemligkeit der Reisenden gesetzte Wegweiser/ auf einer

einerley Art/ und zwar mit blau/ weiß und Orange Oehlfarbe/ nach dem unten stehenden Modell, angestrichen werden sollen. Alldieweil Wir auch selbst wahrgenommen/ daß auff denen wenigsten besagter Weiser die Weite oder Zahl der Meilen/ nach dem Orte/ wohin sie weisen/ angezeichnet ist; So wollen Wir/ daß solches zugleich auff einen jeden der mehrerwehnten Wegweiser mit angezeichnet werden solle. Solchemnach befehlen Wir Unsern zur Regierung des Hertzogthums Magdeburg verordneten Præsidenten und Räthen hiermit allergnädigst/ dieserwegen Sorge zu tragen/ und daß solches ungesäumt geschehe/ gehörige Verfügung zu thun. Uhrkundlich unter Unserer eigenhändigen Unterschrifft und vorgedrucktem Insiegel. So geschehen und gegeben Schönhausen den 26. Aug. 1704.

Friderich.

L.S.

Gr. v. Wartenberg.

Erlaß über das Aussehen und die Aufstellung von Wegweisern in Preußen, 26. August 1704

Musterzeichnung im Erlaß über das Aussehen und die Aufstellung von Wegweisern in Preußen, 26. August 1704

Preußischer Postreiter, um 1710

Palais Wartenberg Berlin, Front zur Spree, um 1875.
Erbaut nach Plänen von Andreas Schlüter für den Reichsgrafen von Wartenberg, Generalerbpostmeister von 1700 bis 1711, als Dienstwohnung des preußischen Generalpostmeisters. Das Palais, die sogenannte »Alte Post«, wurde Ende des 19. Jahrhunderts abgerissen.

Sr. Königl. Majestät in Preussen ꝛc.
Neue
Post-Ordnung/
Nebst
Dem Revidirten
REGLEMENT
Vom 19. Martii 1710.
Und dem Neuen
Extra-Posten-
REGLEMENT.

V. Engelshofen.

3098:

Cölln an der Spree/
Gedruckt bey Ulrich Liebpert/Königl. Preuß. Hoff-Buchdrucker/
1712.

Titelblatt der Postordnung von 1712.
Diese erste preußische Postordnung, eine Zusammenfassung zum Teil älterer Vorschriften, bildete die Grundlage für die späteren Gesetzgebungswerke auf diesem Felde.

Demnach Seine Königliche Majestät in Preussen / ꝛc. Unser allergnädigster Herr / mißfällig vernehmen / wie unerachtet die Eingriffe in Dero Post-Regal und die Post-Defraudationes durch verschiedene von Zeit zu Zeit emanirte Edicte und noch letzthin in Dero publicirten Post-Ordnung Cap. 8. §. 1. alles Ernstes verbotten worden / gedachte Defraudationes dennoch je länger je mehr anwachsen und denen Posten dadurch grosser Schaden zugefüget werde; Als haben allerhöchstgedachte Se. Königl. Majestät / welche keinesweges gemeinet sind / diesem Unwesen länger nachzusehen / durch dieses offene Edict, welches / damit sich niemand mit der Unwissenheit entschuldigen könne / von allen Collegiis so wohl hier als in den gesambten Provintzen denen Bedienten publiciret / in allen Städten auf den Rahthäusern offentlich angeschlagen und von dem Magistrat der Bürgerschafft und andern Einwohnern ordentlich kund gemachet werden soll / folgendes nochmahlen verordnen wollen: daß nemlich keine Land-Kutscher / Fuhr- oder Schiffleute / sie seyn fremde oder einheimische / bey Zehen Thaler Straffe / und nach Befinden noch härterer Beahndung / sich unterstehen sollen / verschlossene oder versiegelte Briefe und unter 20. Pfund wiegende Paquete zur Bestellung an- und mitnehmen / sondern die Land-Kutscher / Fuhr- und Schiffleute sollen bloß offene Fracht-Briefe und grosse Paquete bey sich zu führen befugt seyn; ja es sollen auch diejenige / welche dergleichen Land-Kutschern / Fuhr- und Schiffleuten an denen Orten / wo ordinaire Posten gehen / verschlossene Briefe oder kleine Paquete ohne Vorbewust des Post-Ambts des Orts zur Bestellung mitgeben / oder auch von ihnen annehmen / gleich jenen 10. Thlr. Straffe erlegen. Wornach sich dann alle und jede zu achten und vor Schaden zu hüten / Unsere Post-Aembter über diesem Unsern Edict mit aller Wachsamkeit und ohne Nachsehen zu halten / Unsere Regierungen und übrige Collegia aber / wie auch die Beambte und Magisträte in den Städten / imgleichen die Accise- und Zoll-Bediente aller Orten Unsern Post-Aembtern auf derselben Verlangen jederzeit hülffliche Hand zu biethen haben. Signatum Berlin / den 20. Julii 1715.

Fr. Wilhelm.

L.S.

E. B. v. Kameke.

Edikt König Friedrich Wilhelms I. vom 20. Juli 1715. Wiederholung der Bestimmungen von 1712 über das Post-Regal und die dem Postzwang unterliegenden Sendungen.

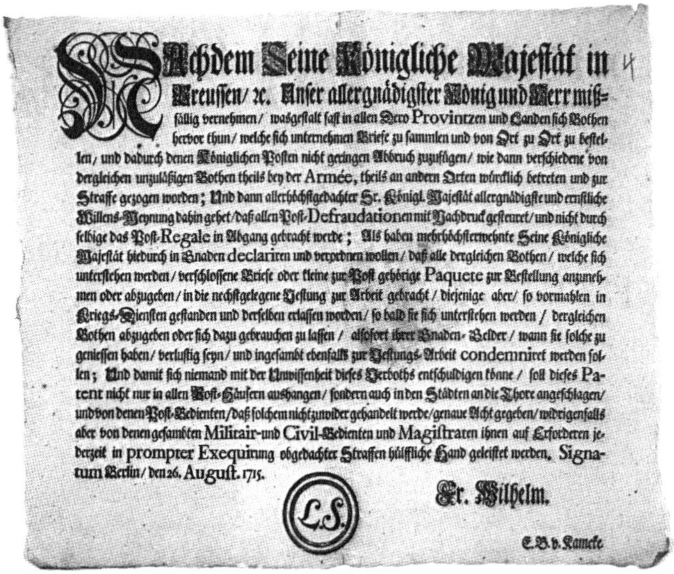

Nachdem Seine Königliche Majestät in Preussen / ꝛc. Unser allergnädigster König und Herr mißfällig vernehmen / wasgestalt fast in allen Dero Provintzen und Landen sich Bothen hervor thun / welche sich unternehmen Briefe zu sammlen und von Ort zu Ort zu bestellen / und dadurch denen Königlichen Posten nicht geringen Abbruch zuzufügen / wie dann verschiedene von dergleichen unzuläßigen Bothen theils bey der Armée, theils an andern Orten würcklich betreten und zur Straffe gezogen worden; Und dann allerhöchstgedachter Sr. Königl. Majestät allergnädigste und ernstliche Willens-Meynung dahin gehet / daß allen Post-Defraudationen mit Nachdruck gesteuret / und nicht durch selbige das Post-Regale in Abgang gebracht werde; Als haben mehrhöchsterwehnte Seine Königliche Majestät hiedurch in Gnaden declariren und verordnen wollen / daß alle dergleichen Bothen / welche sich unterstehen werden / verschlossene Briefe oder kleine zur Post gehörige Paquete zur Bestellung anzunehmen oder abzugeben / in die nechstgelegene Vestung zur Arbeit gebracht / diejenige aber / so vormahlen in Kriegs-Diensten gestanden und derselben erlassen worden / so bald sie sich unterstehen werden / dergleichen Bothen abzugeben oder sich dazu gebrauchen zu lassen / alsofort ihrer Gnaden-Gelder / wann sie solche zu geniessen haben / verlustig seyn / und ingesambt ebenfalls zur Vestungs-Arbeit condemniret werden sollen; Und damit sich niemand mit der Unwissenheit dieses Verbots entschuldigen könne / soll dieses Patent nicht nur in allen Post-Häusern aushangen / sondern auch in den Städten an die Thore angeschlagen / und von denen Post-Bedienten / daß solchem nicht zuwider gehandelt werde / genaue Acht gegeben / widrigenfalls aber von denen gesambten Militair- und Civil-Bedienten und Magistraten ihnen auf Erfordern jederzeit in prompter Exequirung obgedachter Straffen hülffliche Hand geleistet werden. Signatum Berlin / den 26. August. 1715.

Fr. Wilhelm.

L.S.

E. B. v. Kameke.

Edikt König Friedrich Wilhelms I. vom 26. August 1715 wider die Eingriffe in das Post-Regal (Wiederholung des Edikts vom 20. Juli 1715). Zuwiderhandlungen wurden mit Festungshaft bedroht.

Demnach Se. Königl. Maj. in Preussen / ꝛc. ꝛc. ꝛc. Unser allergnädigster König und Herr / höchstmißfällig vernommen / wasgestalt die Land-Kutscher und Fuhrleute / insonderheit aber die zu Berlin / Magdeburg / Halle / Halberstadt / Wesel / Franckfurt / Stargard und Ruppin / imgleichen die so wol einheim- als ausländische Chaisen- und Karren-Führer / wie nicht weniger die Schiffer- und Kahnen-Führer / der so offt darwider ergangenen Verordnungen ungeachtet / verschlossene Briefe (dann offene Fracht-Briefe können sie nach wie vor annehmen) und kleine unter zwantzig Pfund wiegende zur Post gehörige Paqueter / je länger je mehr an sich ziehen / und dadurch Seiner Königl. Majestät Post-Regale und die dahin gehörig Revenüen geschmälert werden / dergestalt / daß daferne diesen schädlichen Eingriffen und Defraudationen nicht gesteuert werden solte / das Post-Regale Noth leyden / und die Königl. General-Post-Casse ausser Stande gesetzet werden dürffte / insonderheit die kleine einländische Post-Course fernerhin ohne Schaden zu continuiren; Als befehlen Höchstgedachte Seine Königliche Majestät allen in Dero Königreich und Landen / sowol wohnhafften als durchreisenden Land-Kutschern / Fuhrleuten / Schiffern / Kahn- Chaisen- und Karren-Führern / wie sie auch Nahmen haben mögen / hiermit alles Ernstes aller Annehm- und Bestellung der verschlossenen Briefe und kleinen unter zwantzig Pfund wiegenden Paqueten / worunter jedennoch die Victualien nicht mit verstanden / sondern denen Fuhrleuten / ꝛc. ꝛc. mitzunehmen erlaubet seyn sollen / sich zu enthalten; Auf den Fall aber / da die Correspondenten ausser denen Post-Tagen etwas schleuniges / welches biß zur nechsten Post keinen Aufschub litte / an einen andern Ort zu überschreiben hätten / und ein Land-Kutscher / Fuhrmann oder Schiffer zu selbiger Zeit dahin abgienge / auch eher / als die nechste Post dahin einlangen könte / so soll zwar nach Maaßgebung der Post-Ordnung Cap. VIII. §. 1. zu Beförderung des Commercii bey diesen Umständen denen Land-Kutschern / Fuhr- und Schiff-Leuten die Mitnehmung der Briefe erlaubet seyn / sie müssen aber die ihnen anvertraute Briefe ohne einigen Unterscheid in das Post-Comptoir des Orts bringen / allwo sie ordentlich in eine Karte getragen / nach der gewöhnlichen Taxe taxiret / und an das Post-Amt des Orts / wohin die Briefe addressiret sind / couvertiret werden / da dann bey der Abgabe dieses Paquets das vor die eingeschlagene Briefe in der Karte angesetzte Porto halb bey dem Post-Amt Seiner Königlichen Majestät Pflicht-mäßig berechnet / die andere Helffte aber denen Fuhr- und Schiff-Leuten vor die Bestellung gelassen werden soll; Wer aber von denen Land-Kutschern / Fuhr- und Schiff-Leuten / imgleichen von denen Chaisen- und Kahnen-Führern / oder auch sonsten sich unterstehen wird / zum Nachtheil der höchstgedachter Seiner Königlichen Majestät Posten / zu deren Unterhaltung ein so grosses erfordert wird / verschlossene Briefe und kleine unter zwantzig Pfund wiegende Paquete mitzunehmen / derselbe soll zum erstenmahl / und zwar ohne Verstattung einiger Weitläufftigkeit / sonderheit wann die Contravention offenbahr / in zwantzig Thaler Straffe verfallen seyn / und solche sofort durch schleunige Execution von ihm beygetrieben / zum zweytenmahl aber er seiner Pferde und Wagen wie auch Schiff-Gefäße verlustig erkandt und selbige confisciret werden / wobey denn Seine Königliche Majestät denen gesamten Zoll-Bedienten und Thor-Schreibern zugleich ernstlich und bey Verlust ihrer Bedienung anbefehlen / die Land-Kutscher und Fuhr-Leute / imgleichen die Chaisen- und Kahnen-Führer auch Schiffer fleißig zu visitiren / ob sie auch versiegelte Briefe und kleine zur Post gehörige Paquete bey sich haben / gestalt sie dann alle diejenige / so darüber betroffen werden / bey dem Post-Amt des Orts / wo die Contravention entdecket wird / zu gehöriger Bestraffung ungesäumt anzuzeigen / und die denen Post-Defraudanten abgenommene Briefe und kleine Paquete zuzustellen haben / vor welche Mühe und anzuwendenden Fleiß dem Zöllner und Thor-Schreiber / der einen solchen Contravenienten anzeigen wird / der vierdte Theil der Straffe / um sie destomehr zu fleißiger Visitation und Pflichtmäßiger Vigilance zu animiren / ohnfehlbahr gereichet werden soll. Uhrkundlich unter Seiner Königlichen Majestät eigenhändigen Unterschrift und vorgedruckten Insiegel. Gegeben zu Berlin / den 6. Julii 1719.

Fr. Wilhelm.

L.S.

F. v. Görne.

Neues Edikt König Friedrich Wilhelms I. vom 6. Juli 1719 betreffend die Eingriffe in das Post-Regal.

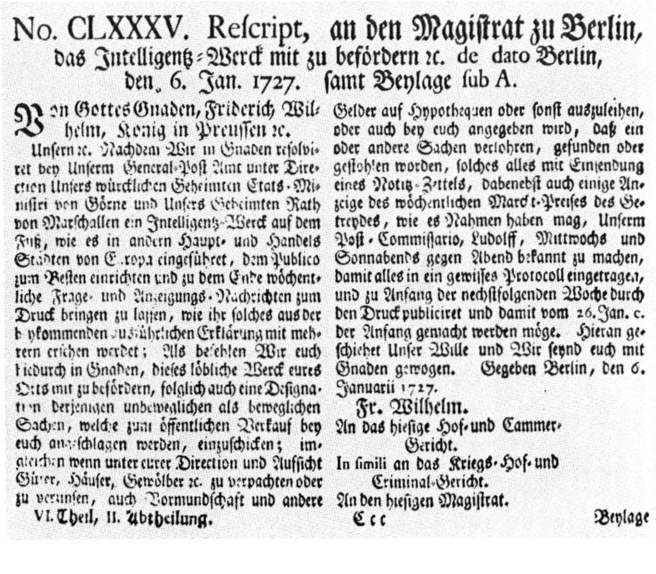

No. CLXXXV. Rescript, an den Magistrat zu Berlin, das Intelligentz-Werck mit zu befördern ꝛc. de dato Berlin, den 6. Jan. 1727. samt Beylage sub A.

Von Gottes Gnaden, Friderich Wilhelm, König in Preussen ꝛc.

Unsern ꝛc. Nachdem Wir in Gnaden resolviret bey Unserm General-Post Amt unter Direction Unsers würcklichen Geheimten Etats-Ministri von Görne und Unsers Geheimten Rath von Marschallen ein Intelligentz-Werck auf dem Fuß, wie es in andern Haupt- und Handels Städten von Europa eingeführet, dem Publico zum Besten einrichten und zu dem Ende wöchentliche Frage- und Anzeigungs-Nachrichten zum Druck bringen zu lassen, wie ihr solches aus der beykommenden ausführlichen Erklärung mit mehrern ersehen werdet; Als befehlen Wir euch hiedurch in Gnaden, dieses löbliche Werck eures Orts mit zu befördern, folglich auch eine Designation derjenigen unbeweglichen als beweglichen Sachen, welche zum öffentlichen Verkauf bey euch angeschlagen werden, einzuschicken; imgleichen wenn unter eurer Direction und Aufsicht Güter, Häuser, Gewölber ꝛc. zu verpachten oder zu vermiethen, auch Vormundschaft und andere Gelder auf Hypothequen oder sonst auszuleihen, oder auch bey euch angegeben wird, daß ein oder andere Sachen verlohren, gefunden oder gestohlen worden, solches alles mit Einsendung eines Notiz-Zettels, dabenebst auch einige Anzeige des wöchentlichen Marckt-Preises des Getreydes, wie es Nahmen haben mag, Unserm Post-Commissario, Ludolff, Mittwochs und Sonnabends gegen Abend bekannt zu machen, damit alles in ein gewisses Protocoll eingetragen, und zu Anfang der nechstfolgenden Woche durch den Druck publiciret und damit vom 26. Jan. c. der Anfang gemacht werden möge. Hieran geschiehet Unser Wille und Wir seynd euch mit Gnaden gewogen. Gegeben Berlin, den 6. Januarii 1727.

Fr. Wilhelm.

An das hiesige Hof- und Cammer-Gericht.

In simili an das Kriegs-Hof- und Criminal-Gericht.

An den hiesigen Magistrat.

VI. Theil, II. Abtheilung. Ccc Beylage

Verordnung König Friedrich Wilhelms I. vom 6. Januar 1727 über die Einrichtung eines Intelligenz-Werkes in Preußen. Die Überschüsse des Intelligenz-Blattes – keine Zeitung, sondern ein Inseratenblatt – flossen dem Potsdamer Militär-Waisenhaus zu.

Dienstags/ den 10. Junii Anno 1727.

Unter Sr. Königl. Majest. in Preussen &c. &c.
Unsers allergnädigsten Königs und Herrn/ allerhöchsten
Approbation und auf Dero specialen Befehl

No.  V.

Wochentliche Duisburgische

Auf das Interesse der Commercien dasiger Clevischen und umbliegenden Landes Orten/ item facilitirung so woll öffentlichen als privaten Umbschlags/ Handels und Wandels/ auch andere dem Publico zur nützlichen Nachricht dienende Sachen/ Eingerichtete

Addresse- und Intelligentz- Zettel.

I. Sachen zu verkauffen/ so Beweg- als Unbeweglich/ in Duisburg.

DAs alhier auf der Krämer-Strasse zu allerhand Bürgerlichen Nahrung woll-gelegenes Wohnhauß der Erbgenahmen von Eyls/ soll am 28. dieses auf hiesigem Rath-Hause dem meist bietenden verkaufft werden; Da dann diejenige/ welche solches zu kauffen gesinnet sind/ sich auf bestimten Platz und Zeit einfinden und ihren Vortheil suchen können.

II. Sachen

XI. Copulirte &c. in Wesel.

Niemand.

Getauffte Persohnen.

Bey der Lutherischen Gemeine/ Gerhardt Schuirmanns Tochter/ Maria.
Bey der Catholischen Gemeine/ Johannis Schmincks Sohn/ Bernardus Henricus.

Beerdigte Persohnen.

Bey der Reformirten Gemeine/ Johann Schröder/ alt 14. Tage/ an der Brust-kranckheit. Des Herrn Rentmeisters Nicolassen Thyssen Ehefrau/ 54. Jahr alt/ am Schlagfluß. Johann Martin Georg Hartmann/ alt 11. Monathe/ an der Brust-kranckheit. Ludwig Fuchs/ alt 9. Monathe/ am Fieber. Frau von Conradus Hinssen/ alt 67. Jahr/ an der Brust-kranckheit. Wittwe Henrich Schlütter/ alt 71. Jahr/ am Fieber. Wittwe Johann Bernd Fonck/ alt 84. Jahr/ an einer Apostem.
Bey der Lutherischen Gemeine/ Schmellenkamps Tochter/ alt drittehalb-Jahr.
Bey der Catholischen Gemeine/ Hermannus Leben/ ein Kindt.

Summa in Wesel/ der Vertrauten niemand/ der gebohrnen 2. und der gestorbenen 9. Persohnen.

XII. Copulirte und Ehelich Eingesegnete vom 24. bis 31. May in Duisburg.

Bey der Reformirten Gemeine/ der Ackermann Jan Küper mit Anna auf dem Closter.
Bey der Catholischen Gemeine/ niemand.

Getauffte Persohnen.

Bey der Reformirten Gemeine/ des Kauffhändlers Jacob Brinckmanns Sohn/ Gerhardus. Des Wollspinners Gerhard Ewalts Tochter/ Anna Catharina. Des Wollspinners Daniel Hasselmans Sohn/ Heinrich Wilhelm.
Bey der Catholischen Gemeine/ niemand.

Beerdigte Persohnen.

Bey der Reformirten Gemeine/ des Kauffmann Heinrich Fabritius Sohn/ alt viertehalb Jahr/ an der Brust-Kranckheit. Des Schumachers Jahann Tieles Frau/ alt 34. Jahr/ an der Schwindsucht. Der Schneider Hermann Janssen/ alt 44. Jahr/ am Fieber.
Bey der Catholischen Gemeine/ des Wollwebers Nesselraths Sohn/ alt 8. Jahr/ an der Zehrung.

Summa in Duisburg der Vertrauten 1. Paar/ der gebohrnen 3. und der gestorbenen 4. Persohnen.

Nachdem Jhro Königl. Majestät Unser Allergnädigster König und Herr/ den wahren Nutzen dieser Zeither nur nach wenig heraus gegebenen wochentl. Frag- und Anzeigungs-Nachrichten/ albereits dergestalt erkandt/ daß selbige zu des Publici und der Bürger eigenen Besten und Commodität angewendet werden; Wie dann nicht nur die zum allgemeinen Gebrauch dienende Sachen und Waaren/ bekandt gemachet/ damit Jedermänniglich seine Mesures darnach einrichten könne/ sondern sich auch sonst nach Jnhalt der Articul/ derselben nützlich gebrauchen könne; Als sind dieselbe Allergnädigst bewogen worden/ unterm 12. dieses höchst Eigenhändig zu verordnen/ daß diese Nachrichten von No. 1. und so weiter/ Dero Beamten und Magisträten in denen Städten/ von denen Post-Aemtern jedes Orts a 1. halben Gr. distribuiret werden sollen. Es wird dannenhero die Vollziehung dieser Königl. Verordnung hierdurch erinnert/ mit dem Erbiethen/ daß woferne ein oder anderes Post-Amt an der bisherigen Anzahl der zugesandten Zettel einen Mangel hätte/ oder nicht zulänglich erhielte/ solches zu diesem Gebrauch/ aus hiesigen Königl. Post-Amt allemahl mit mehrern versehen werden können.

Diese Nachrichten sind zu bekommen im Königl. Post-Amt zu Duisburg/ wie auch in allen Cleve- und Märckischen-Post-Ämtern à einen halben Gr.

Erste und letzte Seite des Duisburger Intelligenz-Blattes, Ausgabe vom 10. Juni 1727

D.S.S. Nr. 21.

Glorwürdiger

Adler,

Das ist:

Gründliche Vorstellung

und Unterscheidung

Derer

Kayserl. Reservaten und Hochheiten/

Von der

Reichs-Ständen Lands-Fürstlicher Obrigkeit,

Absonderlich aber von dem

K. K. Majestät reservirten Post-Regal

im gantzen Römischen Reich, und allen dessen

Provintzien teutscher Nation,

Aus denen gemeinen Rechten, Reichs-Abschieden, Actis Publicis, Friedens-Tractaten, und Schlüssen, Wahl-Capitulationen, Kayserlichen, auch Chur- und Fürstlichen Mandatis & Edictis klärlich ausgeführt und bewiesen.

Deme hinzugesetzt

LUDOVICUS ab HORNICK de Reservato Cæsareæ Majestati Postarum Regali & Imperiali Jure vindicatus,

Et de

Malè prætenso à Principibus quibusdam ac pejus defenso à Licentiato EMERANO ACKOLT Provincialium Postarum Jure triumphans.

Auctore

Cæsareo Turriano.

Gedruckt im Jahr 1694.

Titelblatt von Caesarius Turrianus, »Glorwürdiger Adler«, Ausgabe 1694. Turrianus versuchte, den Nachweis zu führen, daß das Postwesen eine Sache des Reiches sei.

Gründlicher Unterricht

Von dem aus

Landes-Fürstlicher Hoheit

Herspringenden

Post-Regal

Derer

Chur- und Fürsten des Heiligen

Römischen Reichs/

Kürtzlich fürgestellet/

Und

Herrn Ludolffs von Hornicks irrigen Meinungen entgegen gesetzet

Durch

Emeram Ackold/ J.U.L.

LIPSIÆ,

EX OFFICINA GROSSIANA.

ANNO M. DCCX.

Titelblatt von Andreas Ockel, »Gründlicher Unterricht«, Ausgabe 1710 (1. Ausgabe 1685). Ockel vertrat die Interessen der Reichsstände – die Post als Regal der Reichsfürsten.

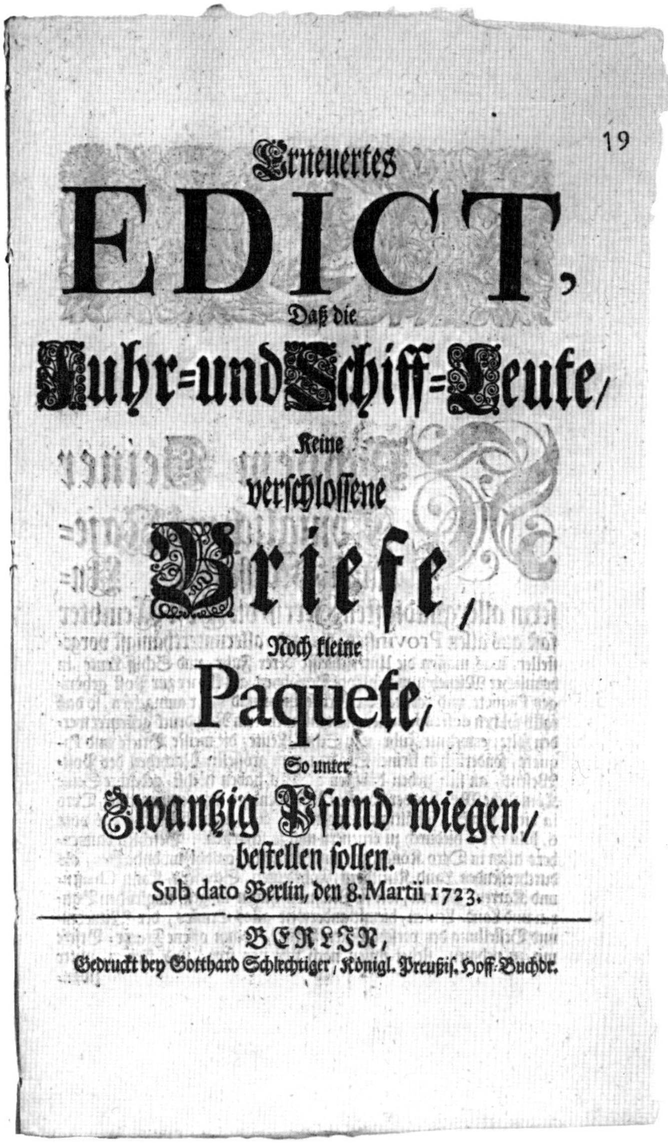

Erneuertes Edikt König Friedrich Wilhelms I. vom 8. März 1723 über das Postregal.

Titelblatt der Preußischen Verordnung über das Postwesen vom 11. April 1766.
Diese Verordnung wurde 1782 durch eine grundlegende Neufassung der Bestimmungen über das Postwesen ersetzt.

Reisen im 18. Jahrhundert

Cum Priv. S. C. Majest.
Sicherheit und Bequemlichkeit zu reisen.
Wo Friedens Ruh beschützt ein Land,
Da ist von grossem Heil zu sagen,
Ein reisender darf in der Hand
Sein Geld gantz frey und offen tragen,
Und so den Abend als den Morgen
Kein Überfall im Wald besorgen.
Die Handelschafft geht glücklich fort,
Man kan zur Noth und zum Ergehen
Besuchen manchen frembden Ort
Der Bott frey seinen Weg fortsehen
Auch wohl bey Nacht mit pfeiff und singen
Ohn Anstoß seinen Ritt vollbringen.
Cum Priv. S. C. Maj.
Unsicherheit und Raub auf der Strassen.
Ein Würckung ist von Krieges Noth
Daß gleich unsicher seyn die Strassen
Weil leider die Busch Klepper Rott
Den reisenden pflegt auf zu passen,
Wer nicht will all sein Gut preiß geben
Den kostet es wohl gar sein Leben.
Der muß es halten vor ein Beut
Der noch kan seine Haut salviren.
Die Handlung ligt zu solcher Zeit
Da nichts als Raub und Mord grassiren
Nicht Botten noch Postilionen
Pflegt solch Gesindel zu verschonen.

Zwei Blätter einer Serie von Kupferstichen mit erläuternden Versen von Jacob Wagner nach J. Chr. Weyermann, um 1700

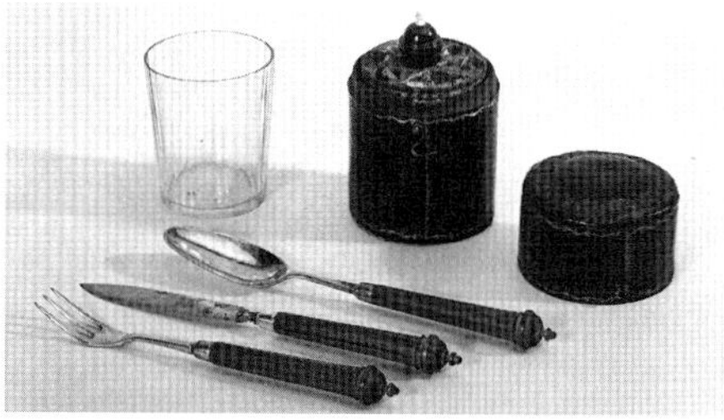

Reisebesteck, 18. Jahrhundert

Verzeichnis der abgehenden und ankommenden Posten, Berlin 1708

»Postwagen nach Gotha«; Lithographie von Georg Emanuel Opitz, um 1820

Preußisches Posthaus Halle, 1. Hälfte 18. Jahrhundert

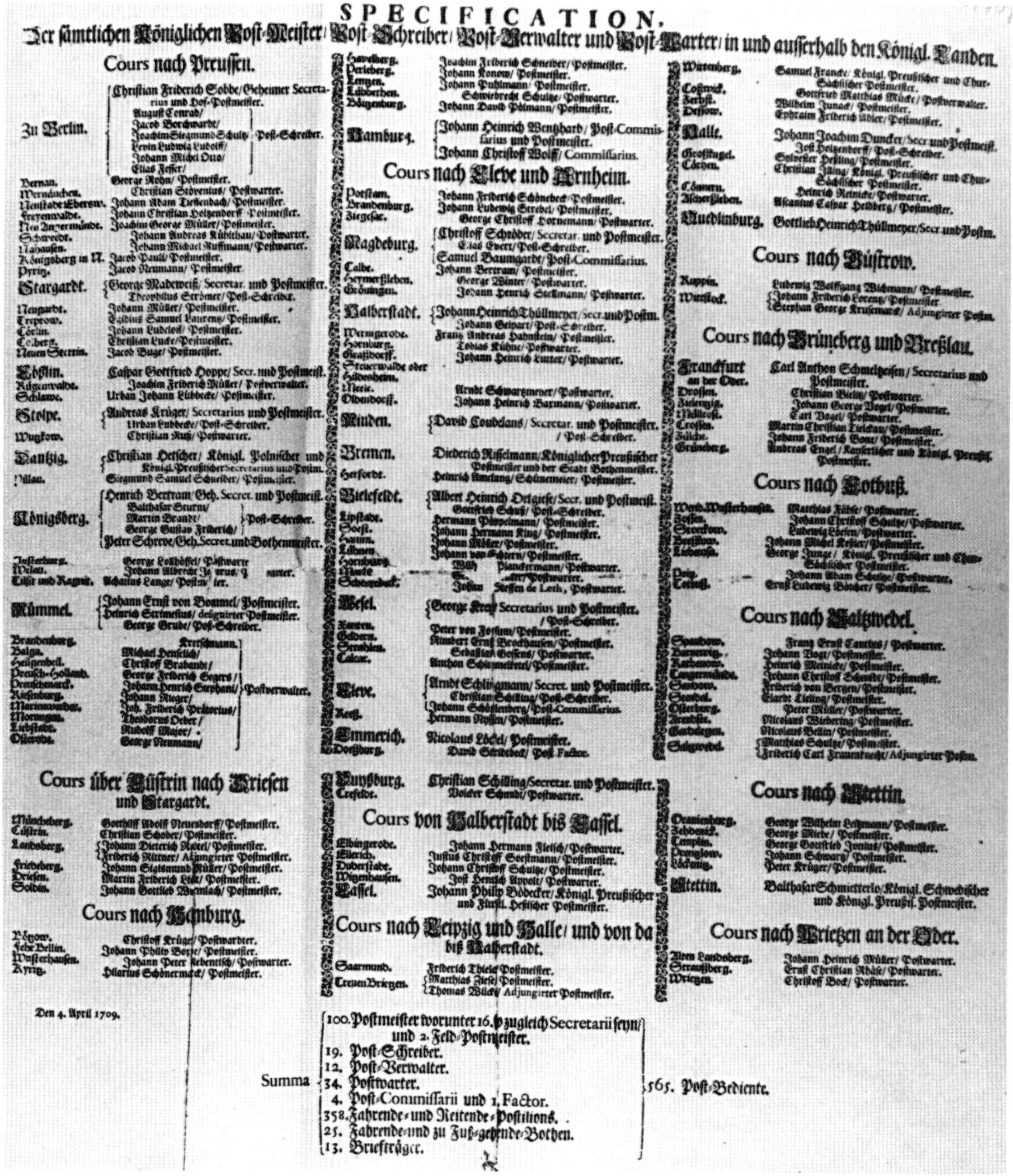

SPECIFICATION.

Der sämtlichen Königlichen Post-Meister/ Post-Schreiber/ Post-Verwalter und Post-Wärter/ in und ausserhalb den Königl. Landen.

Cours nach Preussen.

Zu Berlin. Christian Friderich Gobbe/ Geheimer Secretarius und Hof-Postmeister. August Conrad/ Jacob Borchwardt/ Joachim Siegmund Schultz/ Levin Ludwig Ludolff/ Johann Michel Otto/ Elias Zeßer/ Post-Schreiber.

Bernau. George Rohn/ Postmeister.
Wernäuchen. Christian Stövenius/ Postwarter.
Neustadt Eberswalde. Johann Adam Tiefenbach/ Postmeister.
Freyenwalde. Johann Christian Holtzendorff/ Postmeister.
Neu Angermünde. Joachim George Müller/ Postmeister.
Schwedt. Johann Andreas Kühlthau/ Postwarter.
Nahausen. Johann Michael Kuffmann/ Postwarter.
Königsberg in N. Jacob Pauli/ Postmeister.
Pyritz. Jacob Neumann/ Postmeister.
Stargardt. George Madeweiß/ Secretar. und Postmeister. Theophilus Strömer/ Post-Schreiber.
Naugardt. Johann Müller/ Postmeister.
Treptow. Tobias Samuel Laurens/ Postmeister.
Cörlin. Johann Ludeloff/ Postmeister.
Colberg. Christian Lucke/ Postmeister.
Neuen Stettin. Jacob Buge/ Postmeister.
Cößlin. Caspar Gottfried Hoppe/ Secr. und Postmeist.
Rügenwalde. Joachim Friderich Müller/ Postverwalter.
Schlawe. Urban Johann Lübbecke/ Postmeister.
Stolpe. Andreas Krüger/ Secretarius und Postmeister. Urban Lubbecke/ Post-Schreiber.
Wutzkow. Christian Ruß/ Postwarter.
Dantzig. Christian Oetscher/ Königl. Polnischer und Königl. Preußischer Secretarius und Postm. Siegmund Samuel Schneider/ Postmeister.
Pillau.
Königsberg. Henrich Bertram/ Geh. Secret. und Postmeist. Balthasar Sturm/ Martin Brandt/ George Gustav Friderich/ Post-Schreiber. Peter Schreve/ Geh. Secret. und Bothenmeister.
Insterburg. George Lollhöffel/ Postwarter.
Welau. Johann Albrecht ... / Postwarter.
Tilsit und Ragnit. Michalus Lange/ Postmeister.
Rummel. Johann Ernst von Bommel/ Postmeister. Heinrich Strimesius/ designirter Postmeister. George Grube/ Post-Schreiber.
Brandenburg. Kretschmann.
Balga. Michael Henselich/
Heiligenbeil. Christoff Brabandt/
Preußisch-Holland. George Friderich Segers/
Deutschmarck. Johann Henrich Stephani/
Riesenburg. Johann Rieger/
Marienwerder. Joh. Friderich Prätorius/
Mormugen. Theodorus Ocker/
Liebstadt. Rudolff Major/
Osterode. George Neumann/ Postverwalter.

Cours über Cüstrin nach Driesen und Stargardt.

Müncheberg. Gotthilf Adolff Neuendorff/ Postmeister.
Cüstrin. Christian Schober/ Postmeister.
Landsberg. Johann Dieterich Ratel/ Postmeister. Friderich Ritner/ Adjungirter Postmeister.
Friedeberg. Johann Sigismund Müller/ Postmeister.
Driesen. Martin Friderich Lick/ Postmeister.
Soldin. Johann Gottlieb Wernlach/ Postmeister.

Cours nach Hamburg.

Bötzow. Christoff Krüger/ Postwarter.
Fehr Bellin. Johann Philip Berge/ Postmeister.
Wusterhausen. Johann Peter Rebenitsch/ Postwarter.
Kyritz. Hilarius Schönermarck/ Postmeister.

Den 4. April 1709.

Havelberg. Joachim Friderich Schneider/ Postmeister.
Perleberg. Johann Konow/ Postmeister.
Lentzen. Johann Puhlmann/ Postmeister.
Lübberthen. George Schwiebrecht Schultze/ Postwarter.
Boitzenburg. Johann David Pölmann/ Postmeister.
Hamburg. Johann Heinrich Wentzhard/ Post-Commissarius und Postmeister. Johann Christoff Wolff/ Commissarius.

Cours nach Cleve und Arnheim.

Potsdam. Johann Friderich Schönbeck/ Postmeister.
Brandenburg. Johann Ludewig Strebel/ Postmeister.
Ziegesar. George Christoff Hornemann/ Postwarter.
Magdeburg. Christoff Schröder/ Secretar. und Postmeister. Elias Evert/ Post-Schreiber. Samuel Baumgardt/ Post-Commissarius.
Calbe. Johann Bertram/ Postmeister.
Hoymersleben. George Winter/ Postwarter.
Gröningen. Johann Henrich Stellmann/ Postwarter.
Halberstadt. Johann Heinrich Thüllmeyer/ Secr. und Postm. Johann Geipart/ Post-Schreiber.
Wernigerode. Franz Andreas Hahnstein/ Postmeister.
Hornburg. Tobias Kühne/ Postwarter.
Gramsdorff. Johann Heinrich Lutter/ Postwarter.
Steuerwalde oder Hildesheim.
Peine. Arndt Schwartzmeyer/ Postwarter.
Oldendorff. Johann Heinrich Barmann/ Postwarter.
Minden. David Coudelans/ Secretar. und Postmeister. / Post-Schreiber.
Bremen. Diederich Risselmann/ Königlicher Preußischer Postmeister und der Stadt Bothenmeister.
Herforde. Heinrich Amelang/ Schünemeier/ Postmeister.
Bielefeldt. Albert Heinrich Ortgiese/ Secr. und Postmeist. Gottfried Schuß/ Post-Schreiber.
Lipstadt. Hermann Püppelmann/ Postmeister.
Soest. Johann Hermann Ring/ Postmeister.
Hamm. Johann Möller/ Postmeister.
Lühnen. Johann von Schern/ Postwarter.
Hornburg. Wilh. Pliendermann/ Postwarter.
Moerse. ... / Postwarter.
Scherenbeck. Johann Steffen de Leth/ Postwarter.
Wesel. George Kreß/ Secretarius und Postmeister. / Post-Schreiber.
Xanten. Peter von Josten/ Postmeister.
Geldern. Rimbert Ernst Brochhausen/ Postmeister.
Straelen. Sebastian Gossens/ Postwarter.
Calcar. Anthon Schirmerstel/ Postmeister.
Cleve. Arndt Schlingmann/ Secret. und Postmeister. Christian Schilling/ Post-Schreiber. Johann Schölenberg/ Post-Commissarius.
Rees. Hermann Nissen/ Postmeister.
Emmerich. Nicolaus Löckel/ Postmeister.
Doesburg. David Stribeber/ Post-Factor.
Duysburg. Christian Schilling/ Secretar. und Postmeister.
Crefeldt. Dolcker Schmidt/ Postwarter.

Cours von Halberstadt bis Cassel.

Elbingerode. Johann Hermann Fleisch/ Postwarter.
Ellerich. Justus Christoff Seestmann/ Postmeister.
Duderstadt. Johann Christoff Schultze/ Postmeister.
Witzenhausen. Jost Henrich Appolt/ Postwarter.
Cassel. Johann Philip Böddecker/ Königl. Preußischer und Fürstl. Hessischer Postmeister.

Cours nach Leipzig und Halle/ und von da biß Halberstadt.

Saarmund. Friderich Thiele/ Postmeister.
Treuen Brietzen. Matthias Ziese/ Postmeister. Thomas Wilcke/ Adjungirter Postmeister.

Wittenberg. Samuel Francke/ Königl. Preußischer und Chur-Sächsischer Postmeister.
Coßwick. Gottfried Matthias Mücke/ Postverwalter.
Zerbst. Wilhelm Junack/ Postmeister.
Dessow. Ephraim Friderich Adler/ Postmeister.
Halle. Johann Joachim Duncker/ Secr. und Postmeist. Jost Holtzendorff/ Post-Schreiber.
Großkugel. Sylvester Hesling/ Postmeister.
Cöthen. Christian Jüling/ Königl. Preußischer und Chur-Sächsischer Postmeister.
Cönnern. Heinrich Reinicke/ Postmeister.
Aschersleben. Ascanius Caspar Helberg/ Postmeister.
Quedlinburg. Gottlieb Heinrich Thüllmeyer/ Secr. und Postm.

Cours nach Güstrow.

Ruppin. Ludewig Wolffgang Wichmann/ Postmeister.
Wittstock. Johann Friderich Lorentz/ Postmeister. Stephan George Krusemarck/ Adjungirter Postm.

Cours nach Grüneberg und Breßlau.

Francfurt an der Oder. Carl Anthon Schmelzeisen/ Secretarius und Postmeister.
Drossen. Christian Bielitz/ Postwarter.
Zielentzig. Johann George Vogel/ Postwarter.
Meseritz. Carl Vogel/ Postmeister.
Crossen. Martin Christian Tielslau/ Postmeister.
Zülche. Johann Friderich Bont/ Postmeister.
Grüneberg. Andreas Engel/ Kayserlicher und Königl. Preuß. Postmeister.

Cours nach Cotbuß.

Wend. Wusterhausen. Matthias Jäbke/ Postwarter.
Zossen. Johann Christoff Schultze/ Postwarter.
Storckow. Ludewig Eberl/ Postwarter.
Beeskow. Johann Michel Kessler/ Postmeister.
Lieberose. George Junge/ Königl. Preußischer und Chur-Sächsischer Postmeister.
Peitz. Johann Adam Schultze/ Postwarter.
Cotbuß. Ernst Ludewig Böcker/ Postmeister.

Cours nach Saltzwedel.

Spandow. Franz Ernst Cauton/ Postwarter.
Bergerdamm. Johann Vogt/ Postmeister.
Rathenow. Heinrich Meinicke/ Postmeister.
Tangermünde. Johann Christoff Schmidt/ Postmeister.
Sandow. Friderich von Bergen/ Postmeister.
Stendal. Elardt Lieling/ Postmeister.
Osterburg. Peter Müller/ Postmeister.
Arendsee. Nicolaus Wiebering/ Postwarter.
Gardelegen. Nicolaus Bellin/ Postmeister.
Saltzwedel. Matthias Schultze/ Postmeister. Friderich Carl Frauenknecht/ Adjungirter Postm.

Cours nach Stettin.

Oranienburg. George Wilhelm Lehmann/ Postmeister.
Zehdenick. George Miebe/ Postmeister.
Templin. George Gottfried Jonas/ Postmeister.
Prenglow. Johann Schwartz/ Postmeister.
Löckenitz. Peter Krüger/ Postmeister.
Stettin. Balthasar Schmetterlo/ Königl. Schwedischer und Königl. Preuß. Postmeister.

Cours nach Wrietzen an der Oder.

Alten Landsberg. Johann Heinrich Müller/ Postwarter.
Straußberg. Ernst Christian Abäk/ Postwarter.
Wrietzen. Christoff Bock/ Postwarter.

Summa
100. Postmeister worunter 16. so zugleich Secretarii seyn/ und 2. Feld-Postmeister.
19. Post-Schreiber.
12. Post-Verwalter.
34. Postwarter.
4. Post-Commissarii und 1. Factor.
358. Fahrende- und Reitende-Postilions.
25. Fahrende und zu Fuß-gehende Bothen.
13. Briefträger.
565. Post-Bediente.

Übersicht über das preußische Postpersonal im Jahre 1709

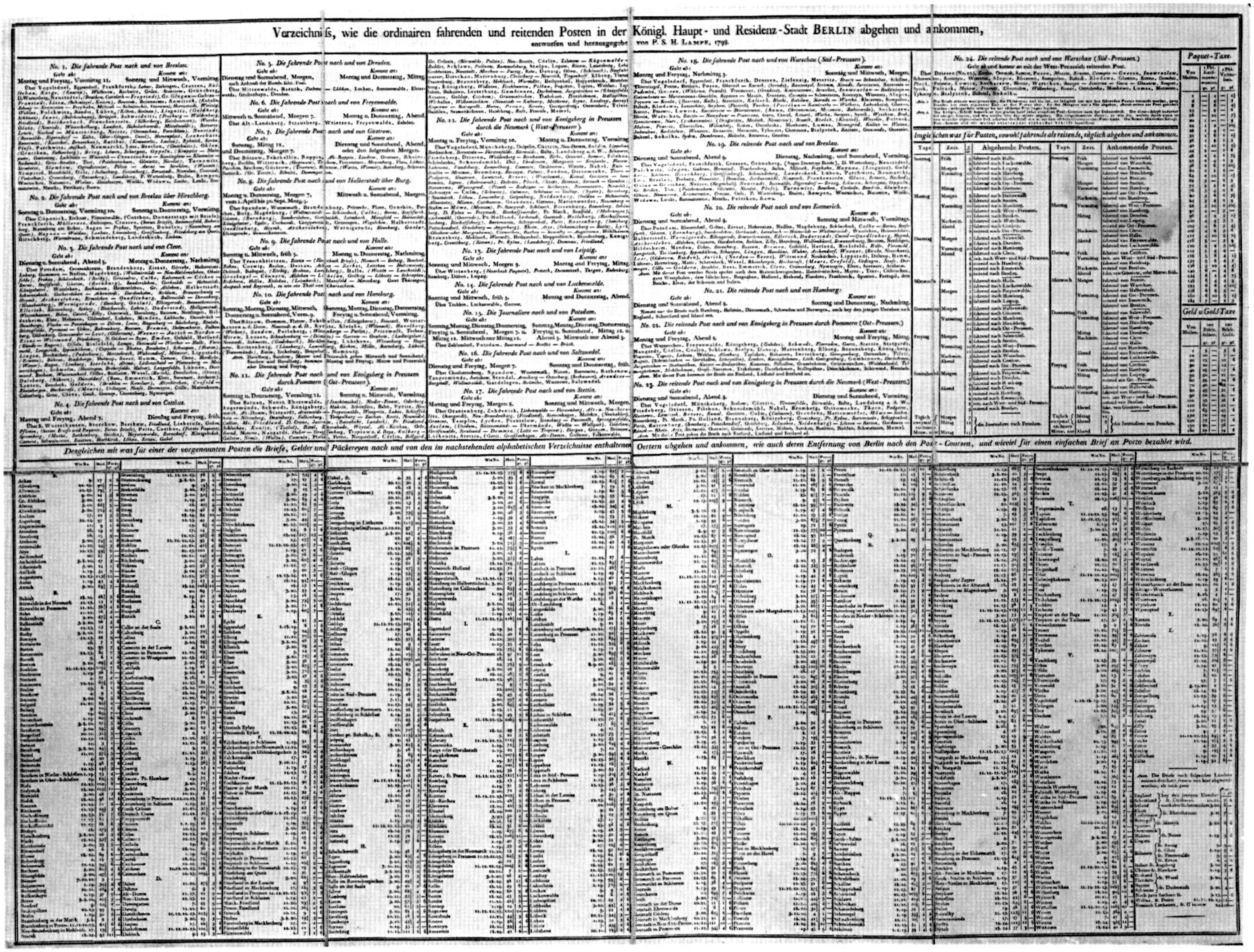

Verzeichniß, wie die ordinairen fahrenden und reitenden Posten in der Königl. Haupt- und Residenz-Stadt BERLIN abgehen und ankommen,
entworfen und herausgegeben von F. S. H. Lampe, 1798.

Dergleichen mit was für einer der vorgenannten Posten die Briefe, Gelder und Päckereyen nach und von den im nachstehenden alphabetischen Verzeichnisse enthaltenen Oertern abgehen und ankommen, wie auch deren Entfernung von Berlin nach den Post-Coursen, und wieviel für einen einfachen Brief an Porto bezahlet wird.

Fahrplan Berlin, 1798

Reiseszene, um 1800

Preußisches Posthaus Cleve; Kupferstich, 1745

Die Einkehr der Reisenden; Kupferstich, um 1760

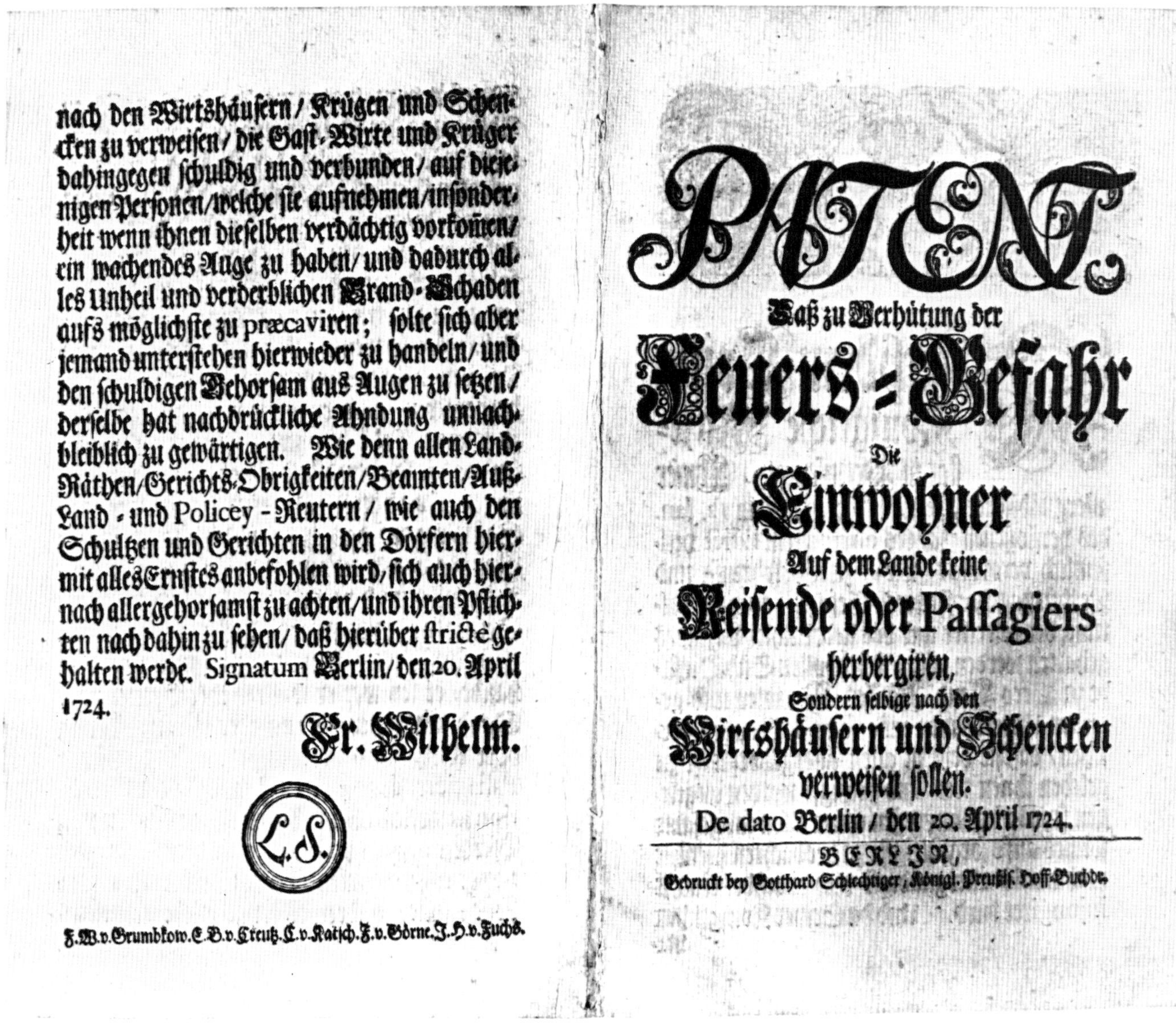

nach den Wirtshäusern / Krügen und Schencken zu verweisen / die Gast-Wirte und Krüger dahingegen schuldig und verbunden / auf diejenigen Personen / welche sie aufnehmen / insonderheit wenn ihnen dieselben verdächtig vorkommen / ein wachendes Auge zu haben / und dadurch alles Unheil und verderblichen Brand-Schaden aufs möglichste zu præcaviren; solte sich aber jemand unterstehen hierwieder zu handeln / und den schuldigen Gehorsam aus Augen zu setzen / derselbe hat nachdrückliche Ahndung unnachbleiblich zu gewärtigen. Wie denn allen Land-Räthen / Gerichts-Obrigkeiten / Beamten / Auß-Land- und Policey-Reutern / wie auch den Schultzen und Gerichten in den Dörfern hiermit alles Ernstes anbefohlen wird / sich auch hiernach allergehorsamst zu achten / und ihren Pflichten nach dahin zu sehen / daß hierüber stricte gehalten werde. Signatum Berlin / den 20. April 1724.

Fr. Wilhelm.

L.S.

F.W.v.Grumbkow. E.B.v.Creutz. C.v.Katsch. F.v.Görne. J.H.v.Fuchs.

PATENT.
Daß zu Verhütung der
Feuers-Gefahr
Die
Einwohner
Auf dem Lande keine
Reisende oder Passagiers
herbergiren,
Sondern selbige nach den
Wirtshäusern und Schencken
verweisen sollen.
De dato Berlin / den 20. April 1724.

BERLIN,
Gedruckt bey Gotthard Schlechtiger, Königl. Preußis. Hoff-Buchdr.

Patent König Friedrich Wilhelms I. vom 20. April 1724.
Reisende durften nicht bei Privatleuten logieren, sondern mußten in den öffentlichen Wirtshäusern absteigen.

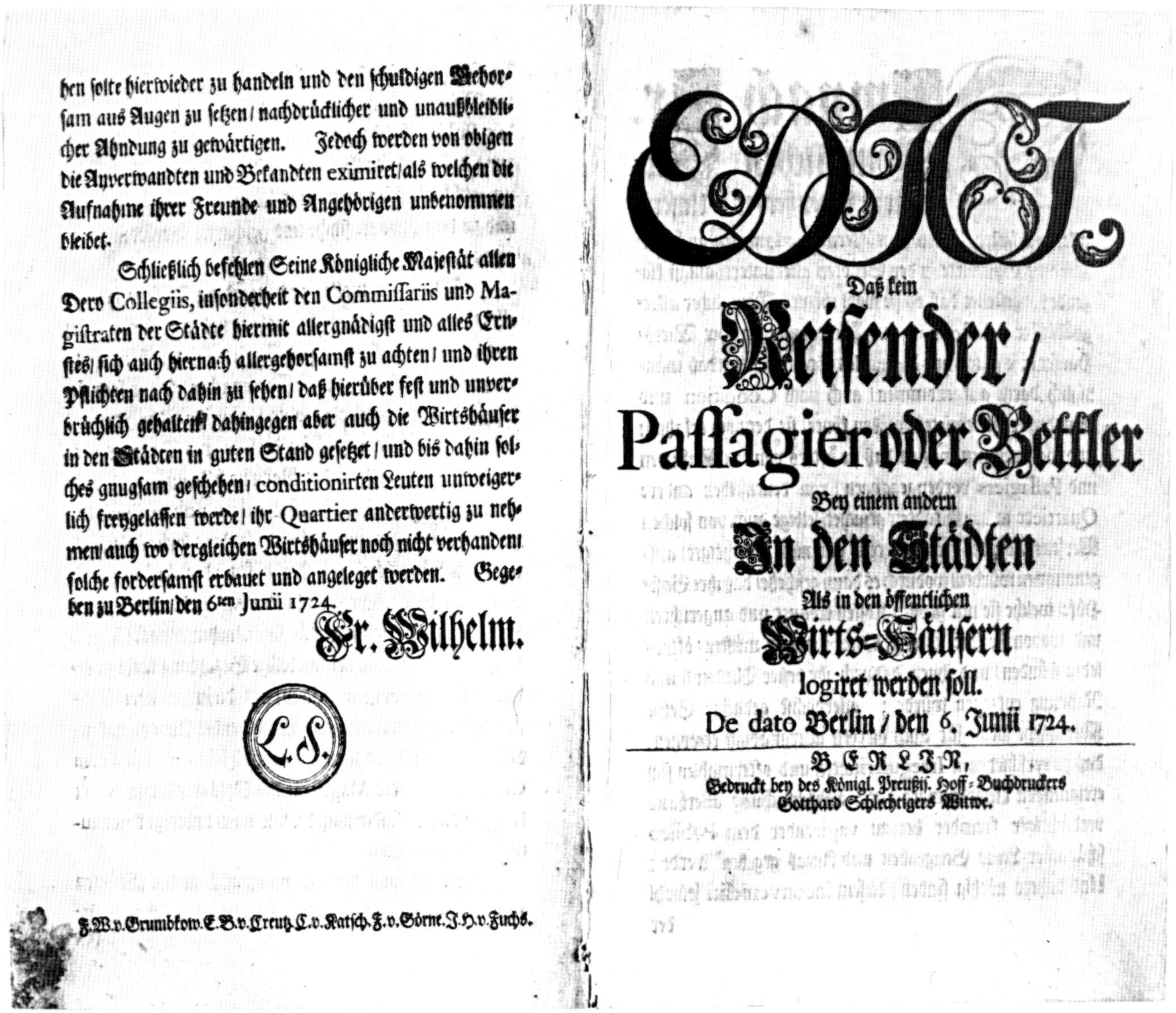

hen solte hierwieder zu handeln und den schuldigen Gehorsam aus Augen zu setzen / nachdrücklicher und unausbleibli-
cher Ahndung zu gewärtigen. Jedoch werden von obigen
die Anverwandten und Bekandten eximiret / als welchen die
Aufnahme ihrer Freunde und Angehörigen unbenommen
bleibet.

Schließlich befehlen Seine Königliche Majestät allen
Dero Collegiis, insonderheit den Commissariis und Magistraten der Städte hiermit allergnädigst und alles Ernstes / sich auch hiernach allergehorsamst zu achten / und ihren
Pflichten nach dahin zu sehen / daß hierüber fest und unver-
brüchlich gehalten / dahingegen aber auch die Wirtshäuser
in den Städten in guten Stand gesetzet / und bis dahin solches gnugsam geschehen / conditionirten Leuten unweigerlich freygelassen werde / ihr Quartier anderwertig zu nehmen / auch wo dergleichen Wirtshäuser noch nicht verhanden /
solche fordersamst erbauet und angeleget werden. Gegeben zu Berlin / den 6ten Junii 1724.

Fr. Wilhelm.

L.S.

F.W.v.Grumbkow. E.B.v.Creutz. C.v.Katsch. F.v.Görne. J.H.v.Fuchs.

EDICT.

Daß kein

Reisender /

Passagier oder Bettler

Bey einem andern

In den Städten

Als in den öffentlichen

Wirts-Häusern

logiret werden soll.

De dato Berlin / den 6. Junii 1724.

BERLIN,
Gedruckt bey des Königl. Preußis. Hoff-Buchdruckers
Gotthard Schlechtigers Wittwe.

Edikt König Friedrich Wilhelms I. vom 6. Juni 1924

stände zu determiniren Uns vorbehalten, sich unterstehen müsse, so wenig an denen ordinairen, als Extra-Posten und denen damit Reisenden, mit Schimpfworten oder Thätlichkeiten, auch Pfändungen sich zu vergreiffen, sondern wann von denen Postillionen oder Extra-Vorspännern denen Königl. oder Adelichen Pächtern, Gerichts-Obrigkeiten und Unterthanen über bestellte Aecker oder Wiesen zu geschlossenen Zeiten zum Schaden gefahren würde, sie solchen vermeinten Frevel der Postillionen, Extra-Vorspänner und Reisenden anfangs dem nächst belegenen Post-Amt anzeigen, oder falls dieses ihnen keine Justitz administriren würde, solches weiter Unserm General-Post-Amt umbständlich melden, und prompte auch unpartheyische Justitz und Verschaffung zulänglicher Satisfaction und Schadloßhaltung daselbst gewärtigen sollen; Wie nun solchergestalt überhaupt alle Privat-Fracht- und andere verdungene Fuhren und die damit Reisende denen ordinairen und Extra-Posten, wann die solche fahrende Postillions und Extra-Post-Vorspänner bey Zeiten, und damit die Fuhrleute und Reisende füglich ausweichen können, ins Post-Horn gestossen und geblasen, bey der vorhin bereits determinirten Straffe von 20. bis 50. Rthlr. unweigerlich ausweichen müssen; Also haben im Gegentheil auch die Postillions und Extra-Post-Fahrer sich des vorangezogenen Beneficii, zum Schaden der Königl. und Adelichen Unterthanen nicht zu mißbrauchen, auch wegen der Neben- und Feld-Wege, imgleichen ratione der unbestellten Aecker und Wiesen, sich nach dem Edict vom 2ten May 1730. genau zu achten, und vor Schaden zu hüten. Signatum Berlin, den 30. Novemb. 1754.

Friderich.

L.S.

G. A. Graf von Gotter.

præsent. d. 25. Martz 1755

Renovirtes

Edict,

Daß niemand

An denen ORDINAIREN und EXTRA-Posten und denen damit Reisenden so wenig mit Schimpf-Worten, als auch Thätlichkeiten und Pfändungen sich vergreiffen, sondern denenselben von den Privat-Fracht- und andern verdungenen Fuhren, so bald die Postillions oder Extra-Post-Vorspänner ins Post-Horn stossen, bey 20. bis 50. Rthlr. Strafe ausgewichen werden solle.

Sub Dato Berlin, den 30. Novembr. 1754.

BERLIN,
gedruckt bey dem Königl. Preußischen Hof-Buchdrucker, Christian Albrecht Gäbert.

Edikt König Friedrichs II. vom 30. November 1754, das den ungehinderten und beschleunigten Postenlauf gewährleisten sollte. Schäden, die von Postbediensteten auf den Feldern verursacht wurden, waren zwecks Regulierung dem Generalpostamt zu melden.

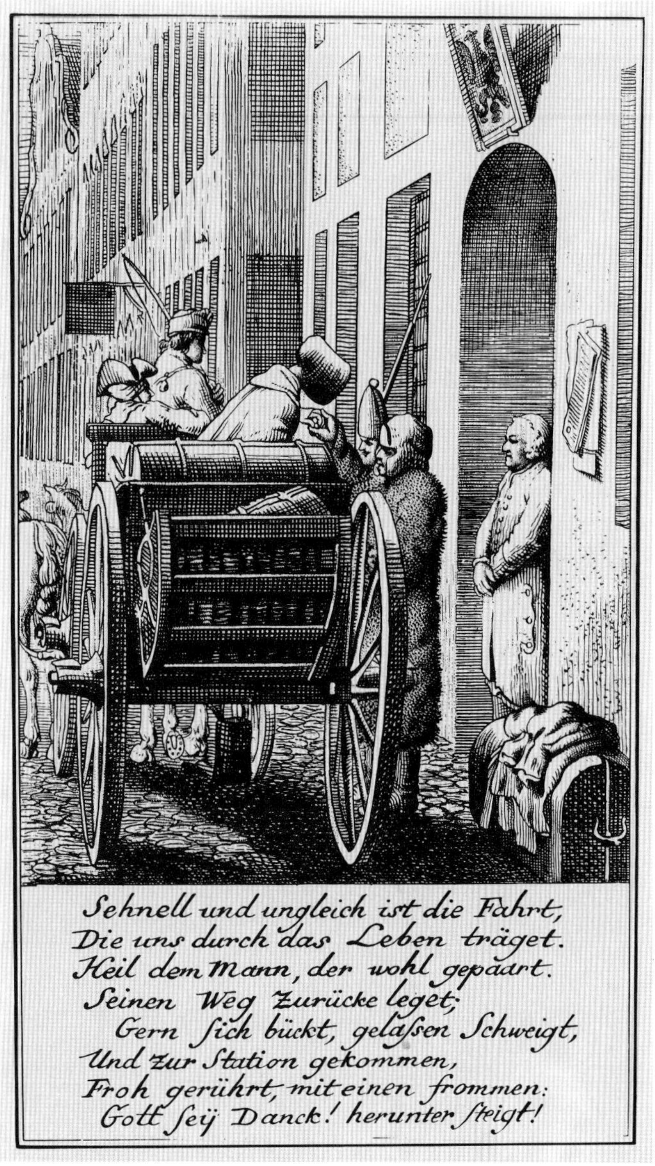

Schnell und ungleich ist die Fahrt,
Die uns durch das Leben träget.
Heil dem Mann, der wohl gepaart.
Seinen Weg zurücke leget;
Gern sich bückt, geläßen Schweigt,
Und zur Station gekommen,
Froh gerührt, mit einen frommen:
Gott seÿ Danck! herunter steigt!

Topographisches

Reise- Post- und Zeitungs-

Lexicon

von Deutschland

oder

kurze Nachrichten von den in Deutschland liegenden Städten, Marktflecken, Flecken, Schlössern, Rittergütern, Dörfern, Clöstern und andern Oertern, nebst deren Lage, Landesherrschaft, Gerichtsbarkeit und Hauptmerkwürdigkeiten wie auch Distanzen, Poststraßen, Postberichten u. s. w.

Neue ganz umgearbeitete und stark vermehrte Auflage.

Erster Band.

Leipzig,
bey Weidmanns Erben und Reich. 1782.

Ankunft der Postkutsche vor einer preußischen Poststation; Kupferstich von Daniel Chodowiecki, um 1780

Berkel (Groß u. Klein) churh. Pfdd. im Fstth. Calenberg, im A. Erzen.

Berkelfeld, grfl. Witgenstein-Berleburg. D. auf dem Westerwalde.

Berken, Bergen, Berkheim, Stadt u. A. im Ob. Elsaß, an der Ill, 1 St. v. Rappoltsweiler auf Schletstadt zu, dem Hochstift Straßburg gehörig.

Berkenbrugge, churbr. adel. G. u. D. in der Neumark, im Arenswald. Kr. Bes. v. Wedel (1756).

Berkenbrück, dergl. D. in der Mittelmark, im Luckenwald. Kr. im A. Zinna.

Berkenbrück, dergl. D. in der Mittelmark, im Lebus. Kr. im A. Fürstenwalde.

Berkenfeld, s. Birkenfeld.

Berkenhagen, churbr. D. in Pomern, im Fstth. Camin. Bes. v. Heydebrock.

Berkenow, dergl. adel. G. u. D. in der Neumark, im Schievelbein. Kr.

Berkenthien (Groß u. Klein) churh. DD. im Hzth. Lauenburg, im A. Razeburg.

Berkersheim, Bergersheim, fstl. Hessencassel. D. in der Wetterau, in der Grsch. Hanau, im A. Bergen, 1½ St. v. Frankfurt am Mayn.

Berkhahn, adel. Rg. u. D. in Franken, bey Anspach. Bes. v. Berkhahn (1756).

Berkheim, D. in Schwaben, in der Abtey Roth.

Berkheim, s. Bergheim u. Berken.

Berkhofen, churbr. Rs. in Westphalen, in der Grsch. Mark, im A. Unna.

Berkholz bey Boytzenburg, churbr. adel. D. in der Uckermark, im Uckerm. Kr.

Berkholz bey Schwedt, dergl. D. u. Vorw. ebend. im Stolpir. Kr. Bes. Marggraf zu Schwedt.

Berrlingen, fstl. Br. Wolfenb. D. im Fstth. Wolfenbüttel, im A. Winnigstedt.

Berlasreut, Mfl. in Bayern, im Hochstift Passau, in der Hrsch. Fürsteneck.

Berlebeck, grfl. Lippisch. D. in Westphalen, nicht weit von Falkenberg.

Berleburg, Berlenburg, Städtchen u. Grsch. eigentlich ein Theil u. A. der Grsch. Witgenstein, im oberrh. Kr. am Berlenbach, der nicht weit davon in die Eder fließt, 4 M. v. Marburg, mit einem schönen Residenzschl. des grfl. Hauses Sayn-Witgenstein zu Berleburg.

Berlen, s. Börlen.

Berlepsch (das Haus) Berlepschstein, Schl. Ger. u. Stammhaus derer v. Berlepsch in N. Hessen, im A. Witzenhausen, 1½ St. v. Witzenhausen, an der Hannöv. Grenze.

Berler, churc. adel. G. im Hzth. Westphalen, im A. Brilon.

Berles, Berbes, Mgr. Bayreuth. D. im A. Hallerstein.

Berlichingen, adel. G. im fränk. Ritterort Odenwald, bey Römhild. Bes. Freyh. v. Berlichingen.

Berlin, die Hauptstadt aller k. Preuß. u. churbr. Länder u. Residenz des Königs, eine der größten, schönsten u. volkreichsten Städte in Deutschland, in der Mittelmark, im Nied. Barnim. Kr. an der Spree, 1 M. v. Charlottenburg u. Schönhausen, 2 M. von Cöpenick u. Spandow, 4 M. v. Oranienburg u. Potsdam. Sie besteht aus 5 vereinigten Städten, Berlin an sich selbst, Cöln an der Spree, Friedrichswerder, Dorotheen, oder Neustadt u. Friedrichsstadt, außer den zahlreichen Vorstädten. Im eigentlichen Berlin sind besonders sehenswürdig: die luther. S. Nicolaikirche, Marienkirche, Garnisonkirche, reform. Pfarrkirche mit einem vortreflichen Glockenspiel, das reform. Joachimsthalische Gymnasium, das königl. Lagerhaus, neue Posthaus, allgemeine Rathhaus aller 5 Städte, Landhaus, die Synagoge, das Gebäude des k. Cadettencorps, Friedrichshospital u. a. In Cöln an der Spree: das prächtige königl. Schl. u. in demselben vorzüglich die Bildergallerie, Bibliothek, die Antiqvitäten, Münz- u. Medaillen-Cabineter, wie auch die Naturalien- und Kunstkammer; ohnweit dem Schl. die neue prächtige reform. Domkirche mit dem Begräbnißgewölbe des königl. u. churf. Hauses; ferner sind hier die höchsten Landescollegia, die Ritteracademie u. die lange Brücke. Diese

Diese Stadt gehöret zum Teltow. Kr. In Friedrichswerder findet man das franz. Gymnasium, auf dem ehemaligen Rathhaus das den Luther. u. Reform. gemeinschaftliche Gymnasium u. das Ober Collegium Medicum, die Niederlage der Spiegel, die zu Neustadt an der Dosse gegossen werden, die k. Hauptbanqve, u. das große Zeughaus. In Dorotheenstadt: die k. Academie der Wissenschaften über dem k. Stall, den anatomische Schauplatz, das astronomische Observatorium, das Opernhaus, die herrliche kathol. Kirche u. den Pallast des Prinzen Heinrichs. In Friedrichsstadt sind: das ansehnliche Collegienhaus, die Porcellanfabrik u. Realschule, zu bemerken. Die Vorstädte, die unter den Königs- Spandauer- u. Strahlauer-Viertel begriffen sind u. aus 55 Gassen bestehen, enthalten außer vielen schönen Gärten: das königl. Sommerpalais Monbijou, das große Arbeitshaus u. die neue Münze. Vor dem Oranienburger Thore steht das prächtige k. Invalidenhaus. Uebrigens ist Berlin ein Hauptsitz der Gelehrsamkeit, der Künste, des guten Geschmacks u. der Handlung. Es hat ein königl. Ober-Postamt. Man logirt am besten: auf der Bruderstraße in der Stadt Paris u. der Stadt Breslau, auf der Burgstraße im König v. Portugal, auf der Poststraße im schwarzen Adler, im goldnen Scepter u. a. m.

Berlinchen, churbr. kleine unmittelb. Stadt, in der Neumark, im Soldinsch. Kr. 3 M. v. Soldin an einem See u. der Hinterpommer. Grenze.

Berlingeroda, churm. D. mit 2 adel. Höfen im Unt. Eichsfeld, 1 St. von Duderstadt. Bes. v. Westernhagen.

Berlith, churbr. adel. D. u. Rg. in der Prignitz, im Kyritz. Kr. Bes. v. Königsmark (1756).

Berlitzgrube, adel. Hof in N. Hessen, im Ger. Treuschbuttlar des A. Sontra, 2½ St. v. Sontra an der Eisenach. Grenze. Bes. v. Buttlar.

Berlsheim, s. Beroldsheim.

Bermaringen, D. u. A. in Schwaben, in der untern Hrsch. der Reichsstadt Ulm, 3 St. davon, 1 St. von Blaubeuren.

Bermatingen, D. in Schwaben, in der Abtey Salmansweyler.

Bermel, s. Bermol.

Bermersheim, D. in der Unt. Pfalz, bey Alzey.

Bermesgrün, Bermsgrün, churf. Amtsd. im Erzgeb. Kr. im A. Schwarzenberg.

Bermesleven, s. Berbisleben.

Bermetshayn, Bermolzhain, Bermuthsheim, fstl Hessendarmst. D. im A. Crainfeld, auf dem Vogelsberg, ¾ St. von Crainfeld auf Schotten zu.

Bermetshausen, Bermezhausen, grfl. Witgenstein-Witgenst. D. 1 St. von Witgenstein.

Bermol, Bermel, grfl. Solms-Hohensolms. D. in der Wetterau, 1 St. v. Hohen-Solms, auf der Poststr. von Siegen nach Giessen.

Bern, D. bey Hamburg, dem dasigen Hospital zu S. Georg gehörig.

Berna, churs. D. u. Rg. in der Ob. Lausitz, im Görlitz. Kr. 3 St. v. Lauban auf Seydenberg zu. Bes. von Gablenz.

Bernang, D. am Celler See, ohnweit Cöstnitz.

Bernarditz, Mfl. in Böhmen, im Bechin. Kr. 3 St. v. Bechin.

Bernarts, s. Bernharts.

Bernau, s. Pernau.

Bernau, Berngau, D. in N. Bayern, 1 M. v. Neumarkt auf Hilpoltstein zu.

Bernau, Städtchen u. Pfleggericht, im nordl. Theil der Ob. Pfalz an der Nab u. Böhmischen Grenze.

Bernau, churbr. kl. unmittelb. Stadt, in der Mittelmark, im Nied. Barnim. Kr. 3 M. v. Berlin auf der Poststr. nach Danzig, mit sehr guten Bierbrau u. einem Postamt.

Bernau, Mgr. Anspach. D. in Franken, im Ob. A. Feuchtwang, 1 St. von Feuchtwang auf Wassertrüdingen zu.

Bernau, hzg. Würtemb. D. in Schwaben zur linken der Brenz, bey Heydenheim.

Bernbach, churs. D. in der Ob. Lausitz, im Bautzn. Kr. 1 St. von Camenz,

F 2

Auszug aus dem »Reise- Post- und Zeitungs-Lexicon von Deutschland«, 1782

Der beraubte Postwagen, 18. Jahrhundert; Stich nach einem Gemälde von Christ. Brand

Dokumente und Bilder zur preußischen Postgeschichte der ersten Hälfte des 19. Jahrhunderts

174 **Vorsicht.**

Passagier. „Aber Herr Kondukteur, warum sperren Sie hier ein? Es ist ja nur ein ganz kleiner Hügel.“
Kondukteur. „Sie kennen ja unsere abgerackerten Postklepper! Ich muß befürchten, daß sie dem Wagen über die Höhe hinunter nicht Herr werden, denn wir haben heute an die zwanzig Centner Proklamationen und Wahllisten geladen.“

Karikatur aus den »Fliegenden Blättern«, 1848

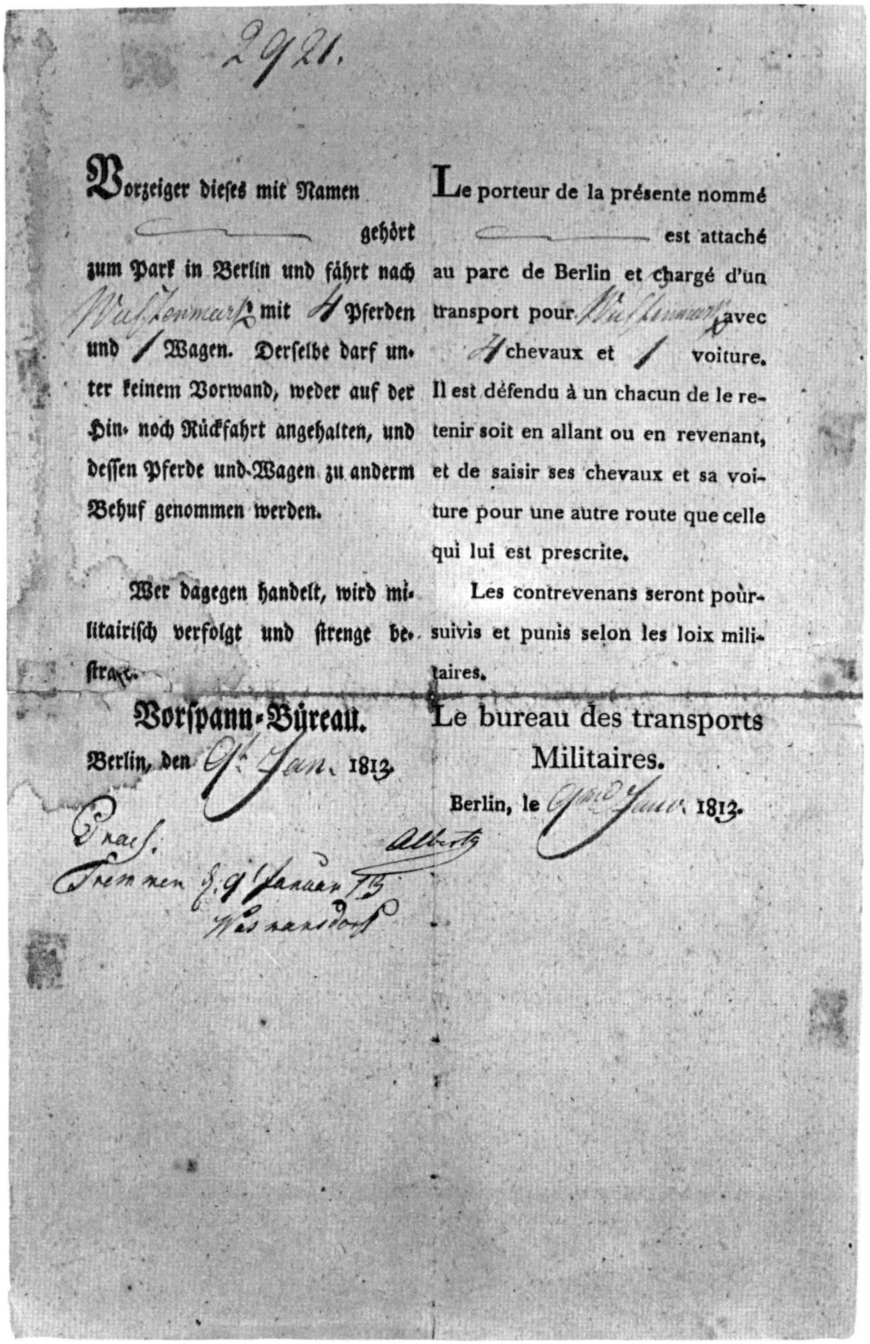

2921.

Vorzeiger dieses mit Namen ——— gehört zum Park in Berlin und fährt nach Wustermark mit 4 Pferden und 1 Wagen. Derselbe darf unter keinem Vorwand, weder auf der Hin- noch Rückfahrt angehalten, und dessen Pferde und Wagen zu anderm Behuf genommen werden.

Wer dagegen handelt, wird militairisch verfolgt und strenge bestraft.

Vorspann-Büreau.

Berlin, den 9t. Jan. 1813.

Le porteur de la présente nommé ——— est attaché au parc de Berlin et chargé d'un transport pour Wustermark avec 4 chevaux et 1 voiture. Il est défendu à un chacun de le retenir soit en allant ou en revenant, et de saisir ses chevaux et sa voiture pour une autre route que celle qui lui est prescrite.

Les contrevenans seront poursuivis et punis selon les loix militaires.

Le bureau des transports Militaires.

Berlin, le 9me Janv. 1813.

Passierschein für eine Fahrt von Berlin nach Wustermark, 9. Januar 1813 (Zeit der Befreiungskriege)

— 12 — — 13 —

No.	Vor- und Zunamen.	Geburts-Ort.	Geburts-Jahr.	Religion.	Personen-Beschreibung.	Namen des Posthalters.	Namen der Posthalterei.	Datum der Entlassungs-Ordre etc.	Ursache der Entfernung.
1.	Johann Gottfried Müller.	Streckenbach bei Rudolstadt.	1778.	Evangelisch.	Kleine Statur, blaue Augen, dunkles Haar, blasses, eingefallenes Gesicht.	Günther.	Hirschberg.	Verfüg. vom 6. Januar 1824.	Post-Contravention.
2.	Michael Salefsky.	Notzendorf im Marienburger-Werder.	1800.	Katholisch.	Kleine Statur, blondes Haar.	Heyer.	Marienwerder.	desgl. vom 15. Januar 1824.	Bedeutende Versäumnisse bei der Reitpost.
3.	Johann Rosseck.	Pietrassen Kirchspiel Sucha.	1782.	—	5 Fuſs 4 Zoll groſs, schwarzbraunes Haar, hohe Stirn, schwarzbraune Augenbraunen, blaue Augen, groſsen Mund, groſse Nase, ovales Gesicht, gesunde Farbe.	Martique.	Oletzke.	desgl. vom 16. Januar 1824.	desgl.
4.	Gottlieb Sternberg.	Blumfelde bei Schöneck.	1794.	Evangelisch.	5 Fuſs 2 Zoll groſs, braunes Haar, braune Augenbraunen, spitze Nase, rundes Kinn, ovales Gesicht, gesunde Zähne, gesunde Gesichtsfarbe. braunen Bart, runde Stirn, groſsen Mund und aufgeworfene Lippen, spricht deutsch und polnisch.	Blankenburg.	Kyschau.	desgl. vom 16. Februar 1824.	Trunkenheit im Dienste.
5.	Johann Gottfried Lehmann.	Niglenz in Sachsen.	1797.	Lutherisch.	Hagerer Gestalt, blasse Gesichtsfarbe, schwarzes Haar.	Baer.	Eilenburg.	desgl. vom 4. März 1824.	Trunkenheit im Dienste und widerspenstiges Betragen gegen den Schirrmeister.
6.	Conrad Kleemann.	Aslar im Kreise Wetzlar.	1795.	—	5 Fuſs 5 Zoll groſs, dunkelbraunes Haar, niedrige, etwas starke Stirn, dunkelbraune Augenbraunen, braune Augen, starke eingebogene Nase, starke Lippen, gesunde Zähne, rundes, spitzes Kinn, rothbraunen Bart, längliches Gesicht, gesunde Gesichtsfarbe, proportionirte Gestalt.	Goebel.	Wetzlar.	desgl. vom 16. März 1824.	Trunkenheit im Dienste.
7.	Nicolaus Wacker.	Gustorf im Kreise Greven-brück.	1806.	Katholisch.	5 Fuſs 3 Zoll groſs, untersetzter Statur, krauses, braunschwarzes Haar, schmale Stirn, braune Augenbraunen, stumpfe Nase, etwas aufgeworfenen Mund, rundes Kinn, schwachen, schwärzlichen Bart, blasse Gesichtsfarbe.	Gerlach.	Düsseldorf.	desgl. vom 16. April 1824.	Mitnahme einer uneingeschriebenen Person auf dem Reitpost-Cariol.

[4]

»Liste vom Post-Dienst entfernter Postillons« (1825).
Das Generalpostamt veröffentlichte regelmäßig sogenannte »Schwarze Listen« derjenigen Postillions, die wegen Vernachlässigung ihrer Pflichten aus dem Dienst entfernt worden waren. Durch die Publikation sollte die Anstellung bei allen preußischen Poststationen verhindert werden.

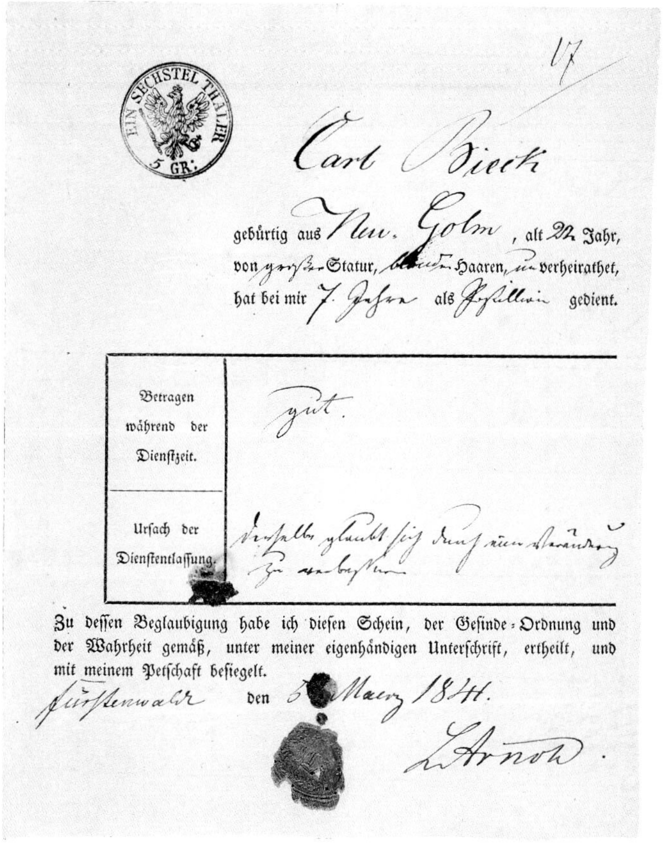

EIN SECHSTEL THALER 5 GR.

17

Carl Bieck

gebürtig aus Neu. Golm, alt 22 Jahr,
von großer Statur, blonden Haaren, unverheirathet,
hat bei mir 7. Jahren als Postillon gedient.

Betragen während der Dienstzeit.	gut.
Ursach der Dienstentlassung.	derselbe glaubt sich durch eine Veränderung zu verbessern

Zu dessen Beglaubigung habe ich diesen Schein, der Gesinde-Ordnung und der Wahrheit gemäß, unter meiner eigenhändigen Unterschrift, ertheilt, und mit meinem Petschaft besiegelt.

Fürstenwalde den 6 Maerz 1841.

L. Arnold.

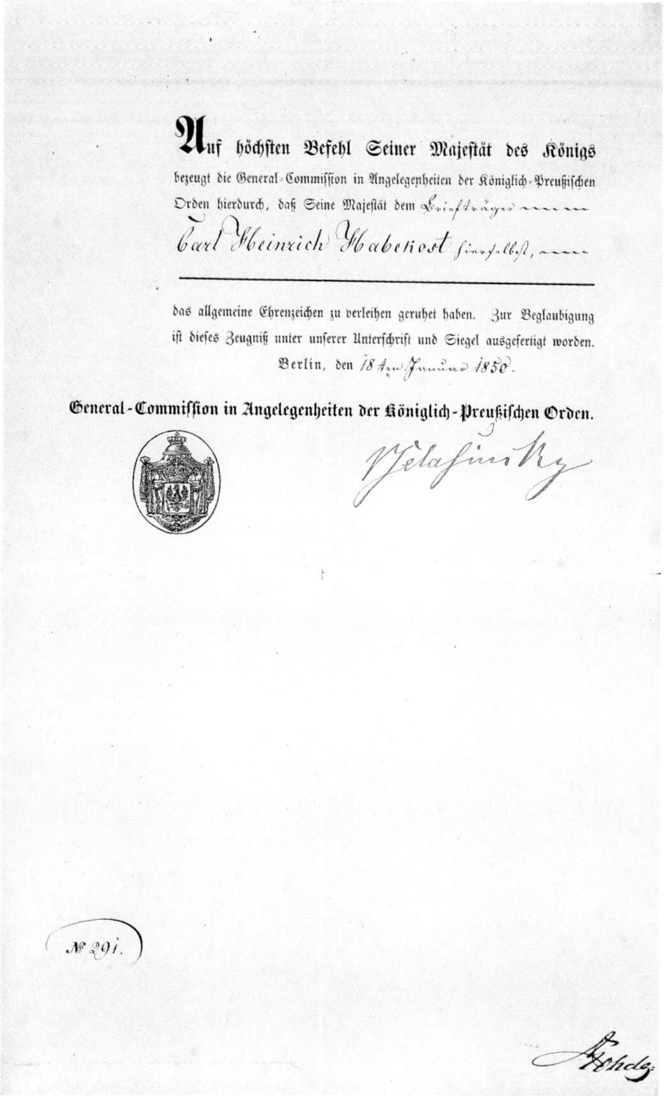

Auf höchsten Befehl Seiner Majestät des Königs bezeugt die General-Commission in Angelegenheiten der Königlich-Preußischen Orden hierdurch, daß Seine Majestät dem Briefträger Carl Heinrich Habekost hierselbst, das allgemeine Ehrenzeichen zu verleihen geruhet haben. Zur Beglaubigung ist dieses Zeugniß unter unserer Unterschrift und Siegel ausgefertigt worden.

Berlin, den 18ten Januar 1850.

General-Commission in Angelegenheiten der Königlich-Preußischen Orden.

№ 291.

Entlassungs-Zeugnis für einen Postillion, 1841

Verleihung einer Verdienstmedaille an den Briefträger C. H. Habekost als Würdigung seiner Verdienste um den Staat, 1850

Verdienstmedaille für Habekost, 1850

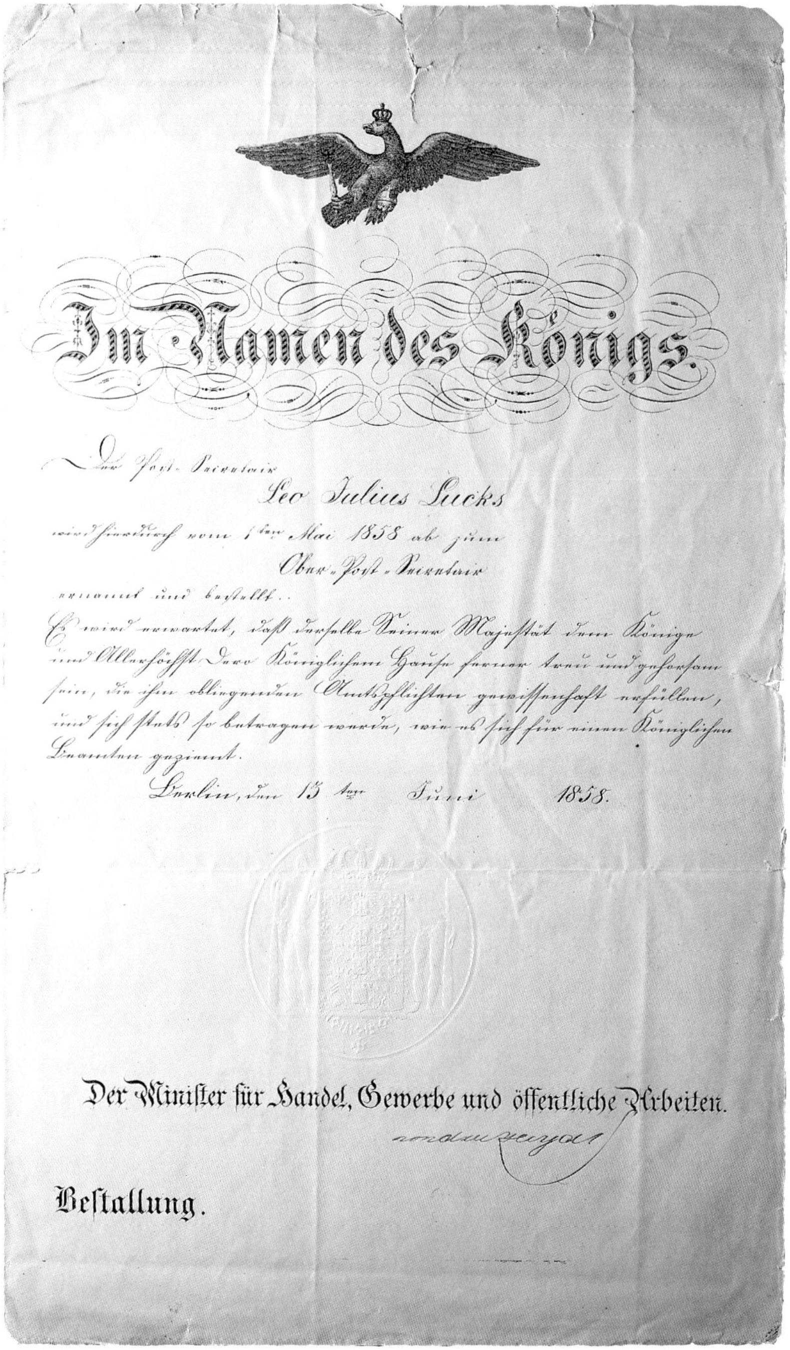

Im Namen des Königs.

Der Post-Secretair

Leo Julius Sachs

wird hierdurch vom 1sten Mai 1858 ab zum

Ober-Post-Secretair

ernannt und bestellt.

Es wird erwartet, daß derselbe Seiner Majestät dem Könige und Allerhöchst Dero Königlichem Hause ferner treu und gehorsam sein, die ihm obliegenden Amtspflichten gewissenhaft erfüllen, und sich stets so betragen werde, wie es sich für einen Königlichen Beamten geziemt.

Berlin, den 13ten Juni 1858.

Der Minister für Handel, Gewerbe und öffentliche Arbeiten.

von der Heydt

Bestallung.

Urkunde über die Beförderung zum »Ober-Post-Secretair«, 15. Juni 1858

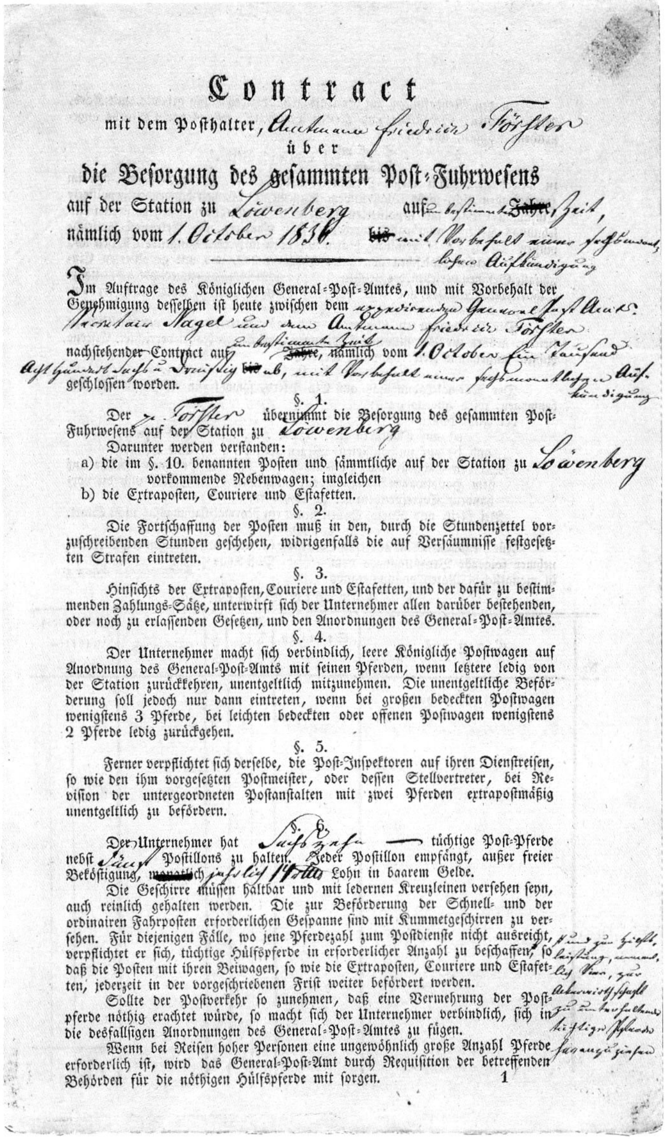

Contract

mit dem Posthalter, Amtmann Friedrich Förster
über
die Besorgung des gesammten Post-Fuhrwesens
auf der Station zu Löwenberg auf ~~Jahre~~ unbestimmte Zeit,
nämlich vom 1. October 1836. ~~bis~~ mit Vorbehalt einer sechsmonatlichen Aufkündigung

Im Auftrage des Königlichen General-Post-Amtes, und mit Vorbehalt der Genehmigung desselben ist heute zwischen dem [illegible] General-Post-Amts-Secretair Nagel und dem Amtmann Friedrich Förster nachstehender Contract auf unbestimmte Zeit ~~Jahre~~, nämlich vom 1. October ein Tausend Acht hundert sechs und dreissig ~~bis~~ ab, mit Vorbehalt einer sechsmonatlichen Aufkündigung geschlossen worden.

§. 1.

Der p. Förster übernimmt die Besorgung des gesammten Post-Fuhrwesens auf der Station zu Löwenberg.

Darunter werden verstanden:

a) die im §. 10. benannten Posten und sämmtliche auf der Station zu Löwenberg vorkommende Nebenwagen; imgleichen
b) die Extraposten, Couriere und Estafetten.

§. 2.

Die Fortschaffung der Posten muß in den, durch die Stundenzettel vorzuschreibenden Stunden geschehen, widrigenfalls die auf Versäumnisse festgesetzten Strafen eintreten.

§. 3.

Hinsichts der Extraposten, Couriere und Estafetten, und der dafür zu bestimmenden Zahlungs-Sätze, unterwirft sich der Unternehmer allen darüber bestehenden, oder noch zu erlassenden Gesetzen, und den Anordnungen des General-Post-Amtes.

§. 4.

Der Unternehmer macht sich verbindlich, leere Königliche Postwagen auf Anordnung des General-Post-Amts mit seinen Pferden, wenn letztere ledig von der Station zurückkehren, unentgeltlich mitzunehmen. Die unentgeltliche Beförderung soll jedoch nur dann eintreten, wenn bei großen bedeckten Postwagen wenigstens 3 Pferde, bei leichten bedeckten oder offenen Postwagen wenigstens 2 Pferde ledig zurückgehen.

§. 5.

Ferner verpflichtet sich derselbe, die Post-Inspektoren auf ihren Dienstreisen, so wie den ihm vorgesetzten Postmeister, oder dessen Stellvertreter, bei Revision der untergeordneten Postanstalten mit zwei Pferden extrapostmäßig unentgeltlich zu befördern.

§. 6.

Der Unternehmer hat Sechszehn — tüchtige Post-Pferde nebst Acht Postillons zu halten. Jeder Postillon empfängt, außer freier Beköstigung, [redacted] jährlich 14 Rthl. Lohn in baarem Gelde.

Die Geschirre müssen haltbar und mit ledernen Kreuzleinen versehen seyn, auch reinlich gehalten werden. Die zur Beförderung der Schnell- und der ordinairen Fahrposten erforderlichen Gespanne sind mit Kummetgeschirren zu versehen. Für diejenigen Fälle, wo jene Pferdezahl zum Postdienste nicht ausreicht, verpflichtet er sich, tüchtige Hülfspferde in erforderlicher Anzahl zu beschaffen, so daß die Posten mit ihren Beiwagen, so wie die Extraposten, Couriere und Estafetten, jederzeit in der vorgeschriebenen Frist weiter befördert werden. [Randvermerk, handschriftlich: illegible]

Sollte der Postverkehr so zunehmen, daß eine Vermehrung der Postpferde nöthig erachtet würde, so macht sich der Unternehmer verbindlich, sich in die desfallsigen Anordnungen des General-Post-Amtes zu fügen.

Wenn bei Reisen hoher Personen eine ungewöhnlich große Anzahl Pferde erforderlich ist, wird das General-Post-Amt durch Requisition der betreffenden Behörden für die nöthigen Hülfspferde mit sorgen.

1

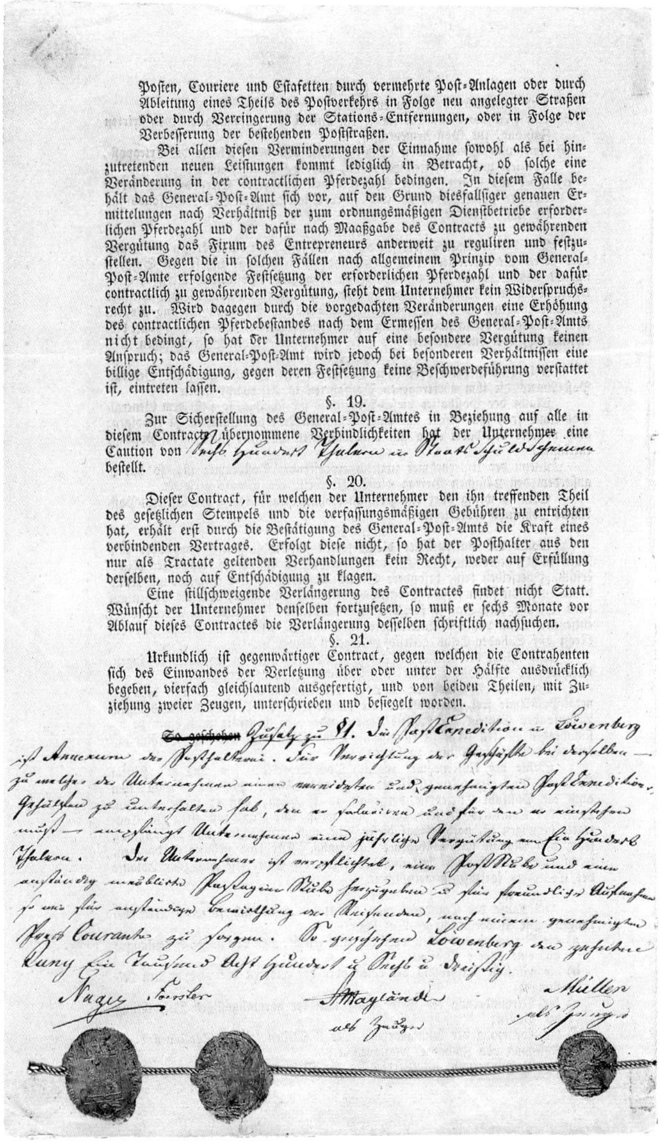

Posten, Couriere und Estafetten durch vermehrte Post-Anlagen oder durch Ableitung eines Theils des Postverkehrs in Folge neu angelegter Straßen oder durch Verringerung der Stations-Entfernungen, oder in Folge der Verbesserung der bestehenden Poststraßen.

Bei allen diesen Verminderungen der Einnahme sowohl als bei hinzutretenden neuen Leistungen kommt lediglich in Betracht, ob solche eine Veränderung in der contractlichen Pferdezahl bedingen. In diesem Falle behält das General-Post-Amt sich vor, auf den Grund diesfallsiger genauen Ermittelungen nach Verhältniß der zum ordnungsmäßigen Dienstbetriebe erforderlichen Pferdezahl und der dafür nach Maaßgabe des Contracts zu gewährenden Vergütung das Fixum des Entrepreneurs anderweit zu reguliren und festzustellen. Gegen die in solchen Fällen nach allgemeinem Prinzip vom General-Post-Amte erfolgende Festsetzung der erforderlichen Pferdezahl und der dafür contractlich zu gewährenden Vergütung, steht dem Unternehmer kein Widerspruchsrecht zu. Wird dagegen durch die vorgedachten Veränderungen eine Erhöhung des contractlichen Pferdebestandes nach dem Ermessen des General-Post-Amts nicht bedingt, so hat der Unternehmer auf eine besondere Vergütung keinen Anspruch; das General-Post-Amt wird jedoch bei besonderen Verhältnissen eine billige Entschädigung, gegen deren Festsetzung keine Beschwerdeführung verstattet ist, eintreten lassen.

§. 19.

Zur Sicherstellung des General-Post-Amtes in Beziehung auf alle in diesem Contracte übernommene Verbindlichkeiten hat der Unternehmer eine Caution von Acht hundert Thalern in Staats-Schuldscheinen bestellt.

§. 20.

Dieser Contract, für welchen der Unternehmer den ihn treffenden Theil des gesetzlichen Stempels und die verfassungsmäßigen Gebühren zu entrichten hat, erhält erst durch die Bestätigung des General-Post-Amts die Kraft eines verbindenden Vertrages. Erfolgt diese nicht, so hat der Posthalter aus den nur als Tractate geltenden Verhandlungen kein Recht, weder auf Erfüllung derselben, noch auf Entschädigung zu klagen.

Eine stillschweigende Verlängerung des Contractes findet nicht Statt. Wünscht der Unternehmer denselben fortzusetzen, so muß er sechs Monate vor Ablauf dieses Contractes die Verlängerung desselben schriftlich nachsuchen.

§. 21.

Urkundlich ist gegenwärtiger Contract, gegen welchen die Contrahenten sich des Einwandes der Verletzung über oder unter der Hälfte ausdrücklich begeben, vierfach gleichlautend ausgefertigt, und von beiden Theilen, mit Zuziehung zweier Zeugen, unterschrieben und besiegelt worden.

~~So geschehen~~ Zusatz zu §1. Die Post-Expedition in Löwenberg ist Annexum der Posthalterei. Zur Verrichtung der Geschäfte bei derselben ... [illegible] ... Thalern. Der Unternehmer ist verpflichtet, eine Post-Stube und eine [illegible] Passagier-Stube herzugeben ... [illegible] ... Courant zu sorgen. So geschehen Löwenberg den [illegible] Ein Tausend Acht hundert sechs und dreissig.

Nagel Förster [illegible] als Zeuge Müller als Zeuge

Erste und letzte Seite des Vertrages zwischen dem General-Post-Amt und dem Posthalter F. Förster betreffend den Betrieb der Poststation zu Löwenberg, 1836

Amts-Blatt
des Königlichen Post-Departements.

№ 1. Berlin, den 1. October 1846.

Verordnungen.

№ 1. Die Einführung des Post-Amtsblatts betreffend.

Vom 1. October d. J. ab wird von dem General-Post-Amte ein Amtsblatt herausgegeben, welches dazu bestimmt ist, nachstehende Gegenstände zur Kenntniß der Preußischen Post-Anstalten zu bringen:

1) sämmtliche allgemeine Verordnungen und Bestimmungen, welche bisher in Form von Circuren erlassen worden sind;
2) die Ernennungen, Beförderungen, Versetzungen, Pensionirungen und Todesfälle Preußischer Post-Beamten vom Postschreiber und Post-Expediteur aufwärts (mit Ausnahme der Versetzungen der Postschreiber und Diätarien), ferner alle Entlassungen von Beamten und Unterbedienten und die Ausschließungen Preußischer Postillone vom Postdienste;
3) die neuen Post-Anlagen und Cours-Veränderungen;
4) die Fahrpläne der Eisenbahnen;
5) den Gang der bedeutenderen Dampfschiffe;
6) die Einrichtung neuer, Veränderung und Aufhebung bestehender Post-Anstalten;
7) die Festsetzung neuer Entfernungs-Bestimmungen;
8) das Lagern überzähliger Poststücke, deren Abgangs- und Bestimmungsort nicht ausgemittelt werden kann, und
9) die Post-Einrichtungen ꝛc. fremder Staaten, so weit sie für die Preußischen Post-Anstalten von besonderem Interesse sind.

Das Amtsblatt erhält zwei Haupt-Abtheilungen. Die erste derselben mit der Rubrik „Verordnungen" ist für die ad 1. gedachten Dienst-Vorschriften bestimmt. Die zweite Haupt-Abtheilung, mit „Nachrichten" bezeichnet, umfaßt die übrigen mitzutheilenden Gegenstände. Die das Ausland betreffenden Notizen werden sämmtlich in eine Abtheilung „Ausland" zusammengefaßt.

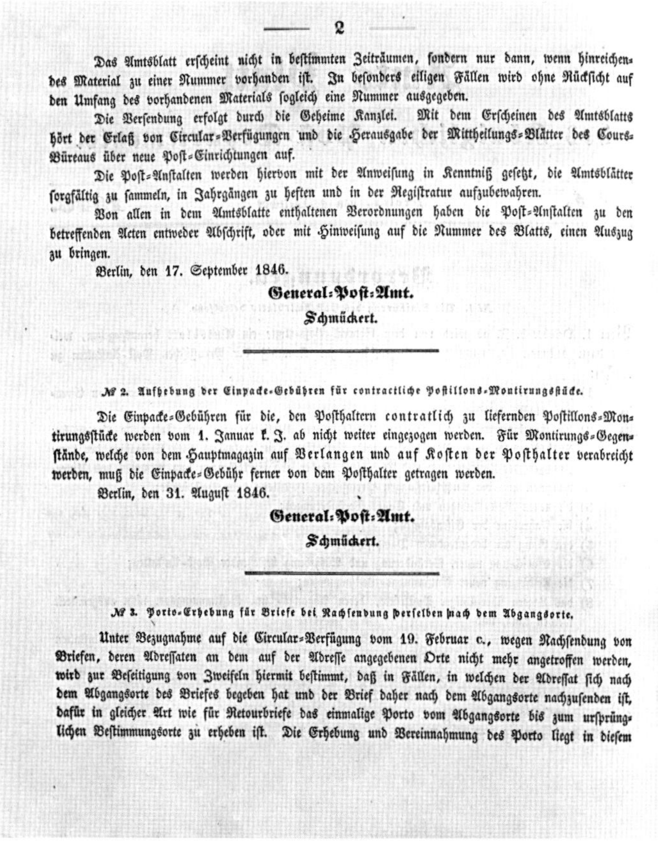

— 2 —

Das Amtsblatt erscheint nicht in bestimmten Zeiträumen, sondern nur dann, wenn hinreichendes Material zu einer Nummer vorhanden ist. In besonders eiligen Fällen wird ohne Rücksicht auf den Umfang des vorhandenen Materials sogleich eine Nummer ausgegeben.

Die Versendung erfolgt durch die Geheime Kanzlei. Mit dem Erscheinen des Amtsblatts hört der Erlaß von Circular-Verfügungen und die Herausgabe der Mittheilungs-Blätter des Cours-Büreaus über neue Post-Einrichtungen auf.

Die Post-Anstalten werden hiervon mit der Anweisung in Kenntniß gesetzt, die Amtsblätter sorgfältig zu sammeln, in Jahrgängen zu heften und in der Registratur aufzubewahren.

Von allen in dem Amtsblatte enthaltenen Verordnungen haben die Post-Anstalten zu den betreffenden Acten entweder Abschrift, oder mit Hinweisung auf die Nummer des Blatts, einen Auszug zu bringen.

Berlin, den 17. September 1846.

General-Post-Amt.
Schmückert.

№ 2. Aufhebung der Einpacke-Gebühren für contractliche Postillons-Montirungsstücke.

Die Einpacke-Gebühren für die, den Posthaltern contratlich zu liefernden Postillons-Montirungsstücke werden vom 1. Januar k. J. ab nicht weiter eingezogen werden. Für Montirungs-Gegenstände, welche von dem Hauptmagazin auf Verlangen und auf Kosten der Posthalter verabreicht werden, muß die Einpacke-Gebühr ferner von dem Posthalter getragen werden.

Berlin, den 31. August 1846.

General-Post-Amt.
Schmückert.

№ 3. Porto-Erhebung für Briefe bei Nachsendung derselben nach dem Abgangsorte.

Unter Bezugnahme auf die Circular-Verfügung vom 19. Februar c., wegen Nachsendung von Briefen, deren Adressaten an dem auf der Adresse angegebenen Orte nicht mehr angetroffen werden, wird zur Beseitigung von Zweifeln hiermit bestimmt, daß in Fällen, in welchen der Adressat sich nach dem Abgangsorte des Briefes begeben hat und der Brief daher nach dem Abgangsorte nachzusenden ist, dafür in gleicher Art wie für Retourbriefe das einmalige Porto vom Abgangsorte bis zum ursprünglichen Bestimmungsorte zu erheben ist. Die Erhebung und Vereinnahmung des Porto liegt in diesem

Die erste Ausgabe des Amtsblattes der preußischen Postverwaltung, 1. Oktober 1846

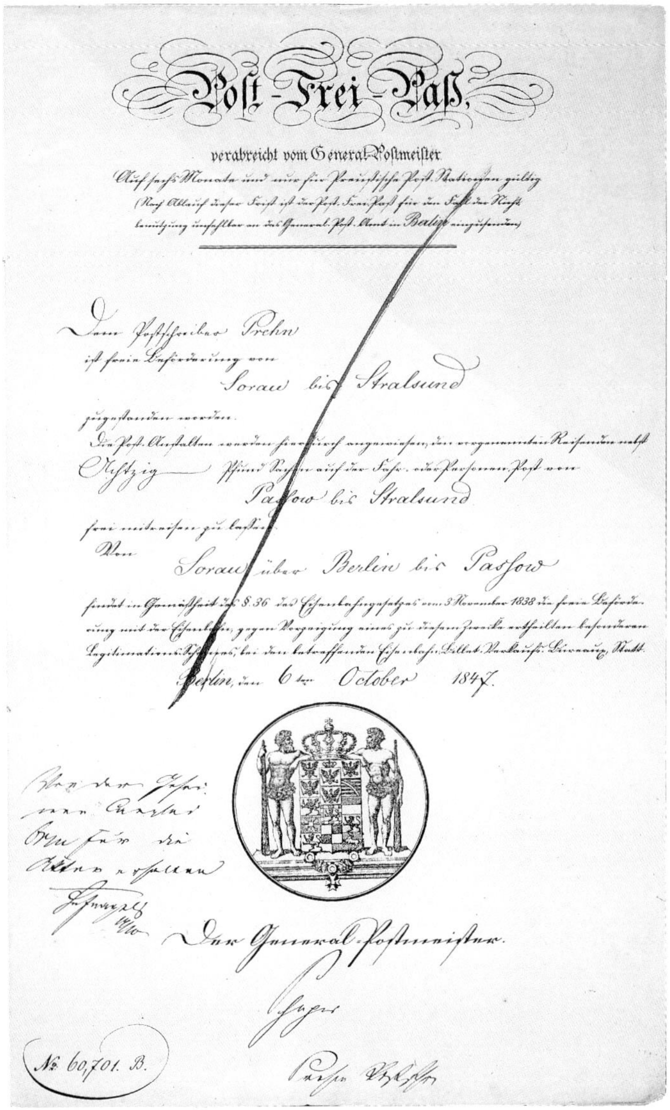

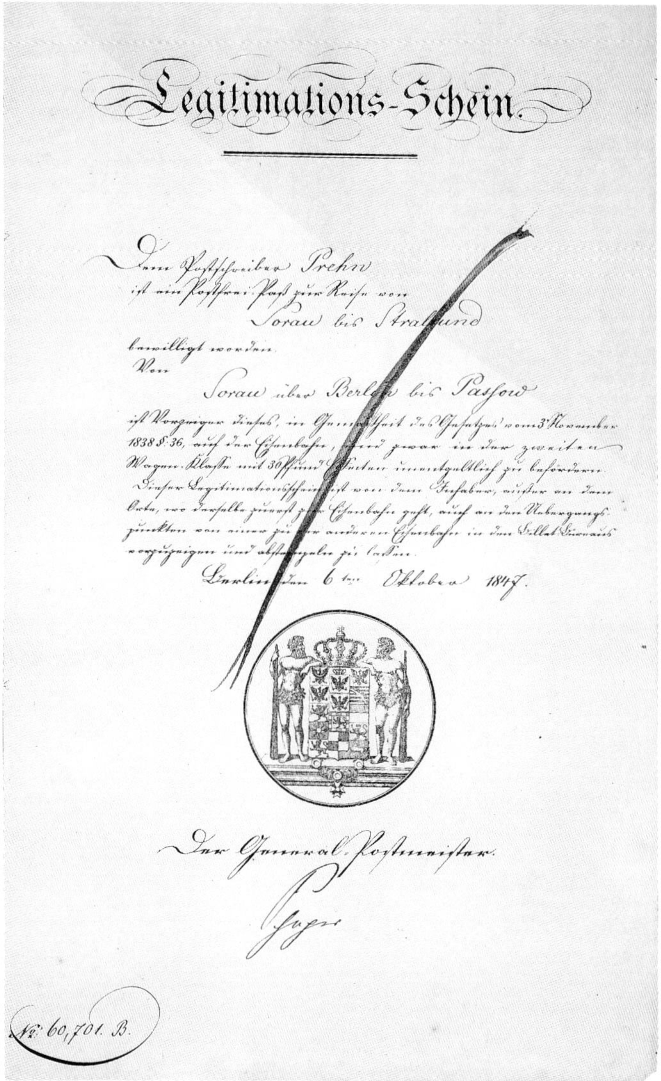

Post-Frei-Paß und Legitimationsschein für den Postschreiber Prehn für eine kostenfreie Reise von Sorau über Berlin nach Stralsund, 6. Oktober 1847

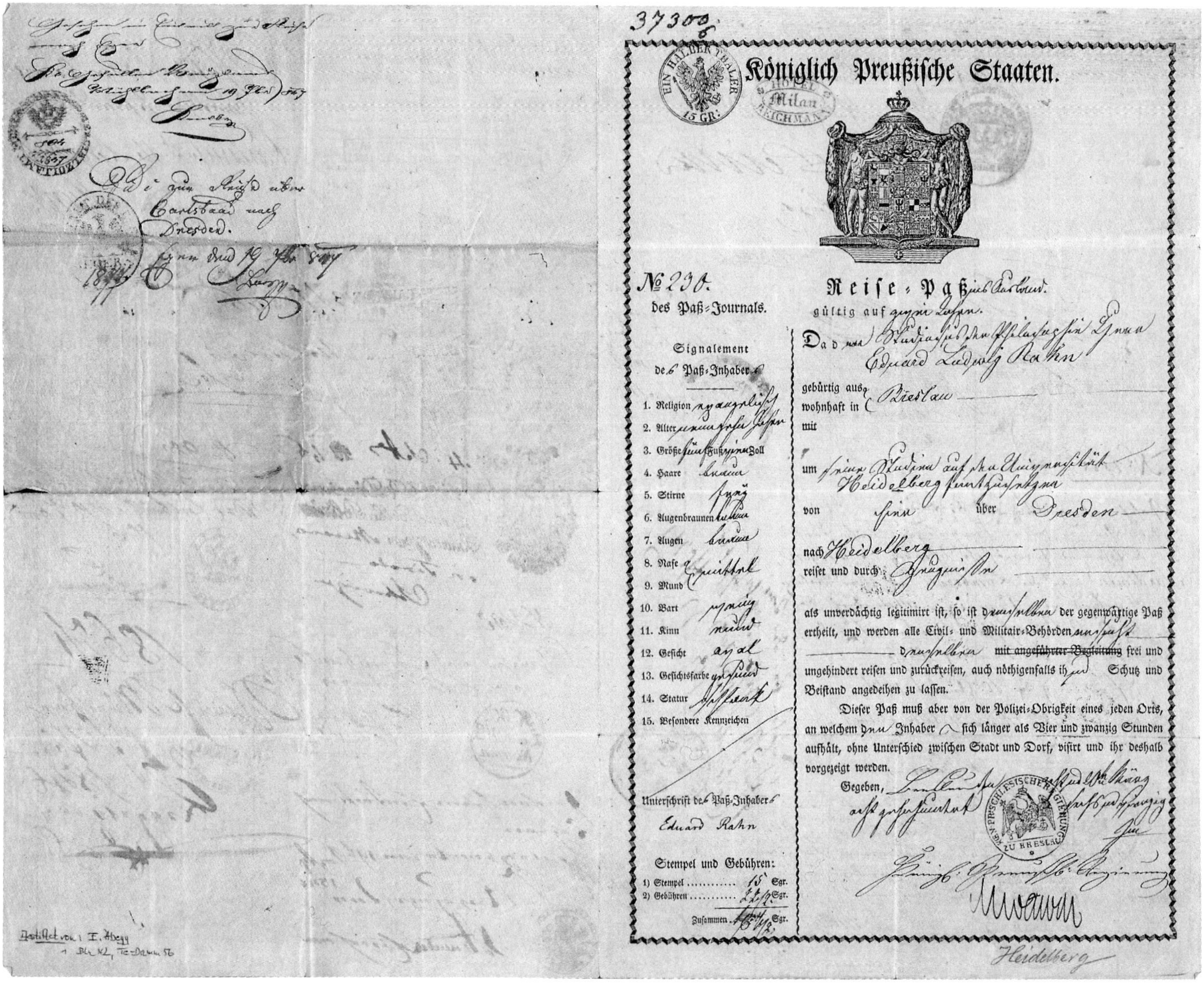

Preußischer Reise-Paß, 1846 (Seite 1 und 4)

gation de france à
Carlsruhe, le 14 Août 1846.
Par autorisation
Lamey.
CANTON THURGAU
DIESSENHOFEN
Carlsruhe 14. Aug. 1846.
Nach Heidelberg
Dresden am
27/4 46
STADT-POLIZEI DRESDEN
Nº 2888
Sardinien nach der Lombardei
bis Mailand und Venedig
Heidelberg den 11. August 1846
SESTO CALENDE 3/9 1846
VISTO ALL'I. R. UFFICIO
DI POLIZIA
BUONO PER Milano
Milano 4. 8bre 1846
Nº 981
Nº 2403
K. K. Meran
INNSBRUCK
1865/1
München
1846
Nº 336
Vu à la lé

Preußischer Reise-Paß, 1846 (Seite 2 und 3)

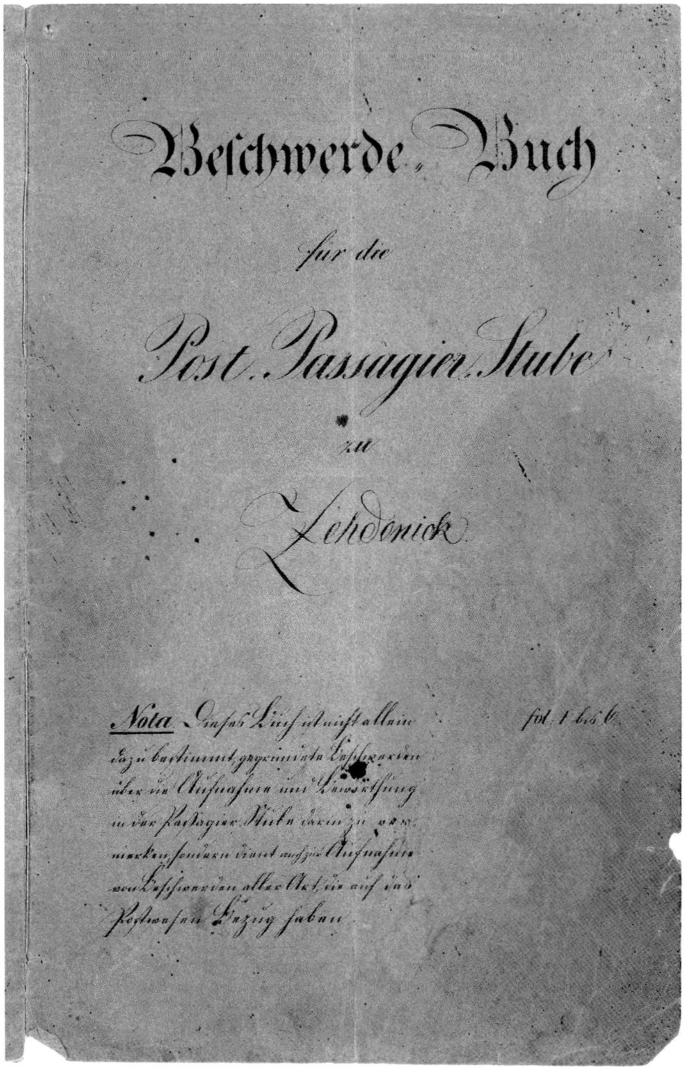

Beschwerde-Buch

für die

Post-Passagier-Stube

zu

Zehdenick

Nota Dieses Buch ist nicht allein dazu bestimmt, gegründete Beschwerden über die Aufnahme und Bewirthung in der Passagier-Stube darin zu vermerken, sondern dient auch zur Aufnahme von Beschwerden aller Art, die auf das Postwesen Bezug haben — fol. 1 bis 6

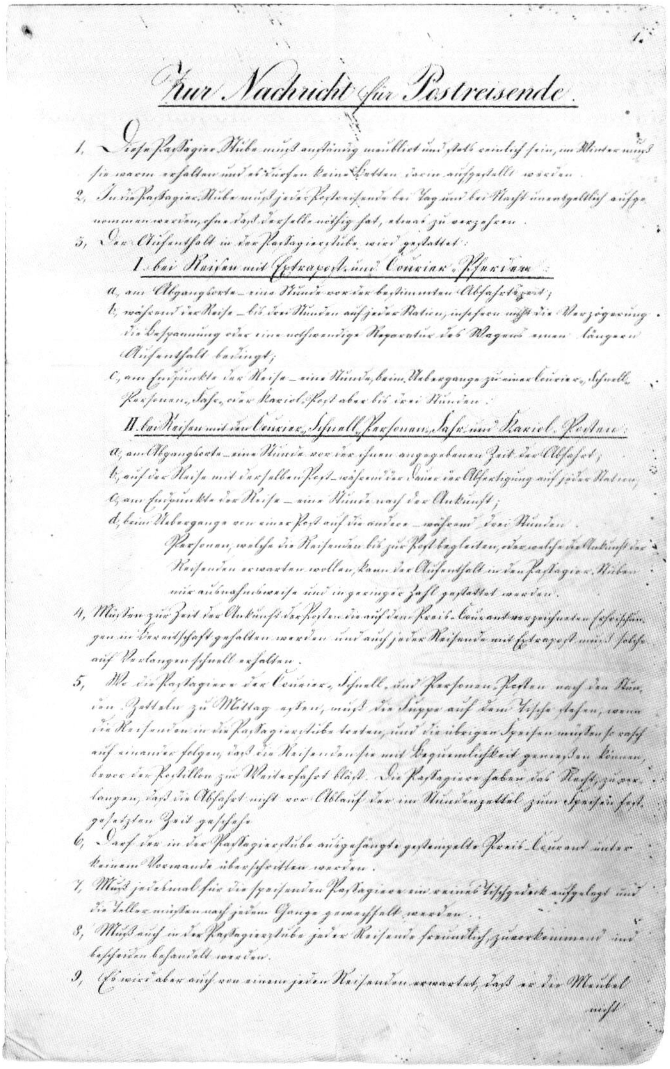

1.

Zur Nachricht für Postreisende.

1, Diese Passagier-Stube muss anständig meublirt und stets reinlich sein, im Winter muss sie warm erhalten und es dürfen keine Betten darin aufgestellt werden.

2, In die Passagier-Stube muss jeder Postreisende bei Tag und bei Nacht unentgeltlich aufgenommen werden, ohne dass derselbe nöthig hat, etwas zu verzehren.

3, Der Aufenthalt in der Passagierstube wird gestattet:

I. bei Reisen mit Extrapost und Courier-Pferden

a, am Abgangsorte – eine Stunde vor der bestimmten Abfahrtszeit;
b, während der Reise – bis drei Stunden auf jeder Station, insofern nicht die Verzögerung der Bespannung oder eine nothwendige Reparatur des Wagens einen längeren Aufenthalt bedingt;
c, am Endpunkte der Reise – eine Stunde, beim Uebergange zu einer Courier-, Schnell-, Personen-, Post- oder Kariol-Post aber bis drei Stunden.

II. bei Reisen mit den Courier-, Schnell-, Personen-, Post- und Kariol-Posten:

a, am Abgangsorte – eine Stunde vor der ihnen angegebenen Zeit der Abfahrt;
b, auf der Reise mit derselben Post – während der Dauer der Abfertigung auf jeder Station;
c, am Endpunkte der Reise – eine Stunde nach der Ankunft;
d, beim Uebergange von einer Post auf die andere – während drei Stunden.
Personen, welche die Reisenden bis zur Post begleiten, oder welche die Ankunft der Reisenden erwarten wollen, kann der Aufenthalt in den Passagier-Stuben nur ausnahmsweise und in geringer Zahl gestattet werden.

4, Müssen zur Zeit der Ankunft der Posten die auf dem Preis-Courant verzeichneten Erfrischungen in Bereitschaft gehalten werden und auf jeder Station mit Extrapost muss solche auf Verlangen schnell erhalten.

5, Wo die Passagiere der Courier-, Schnell- und Personen-Posten nach den Reise-Zetteln zu Mittag essen, muss die Suppe auf dem Tische stehen, wenn die Reisenden in die Passagier-Stube treten, und die übrigen Speisen müssen so rasch auf einander folgen, dass die Reisenden sie mit Bequemlichkeit genießen können, bevor der Postillon zur Weiterfahrt bläst. Die Passagiere haben das Recht, zu verlangen, dass die Abfahrt nicht vor Ablauf der im Stundenzettel zum Speisen festgesetzten Zeit geschehe.

6, Darf der in der Passagierstube ausgehängte genehmigte Preis-Courant unter keinem Vorwande überschritten werden.

7, Muss jedesmal für die speisenden Passagiere ein reines Tischgedeck aufgelegt und die Teller müssen nach jedem Gange gewechselt werden.

8, Muss auch in der Passagierstube jeder Reisende freundlich zuvorkommend und bescheiden behandelt werden.

9, Es wird aber auch von einem jeden Reisenden erwartet, dass er die Meubel nicht

Beschwerdebuch der preußischen Post-Passagier-Stube zu Zehdenick, 1850.
In den Passagierstuben der Poststationen lagen diese Beschwerdebücher aus, die den Reisenden Gelegenheit gaben, sich über Mißstände zu äußern.

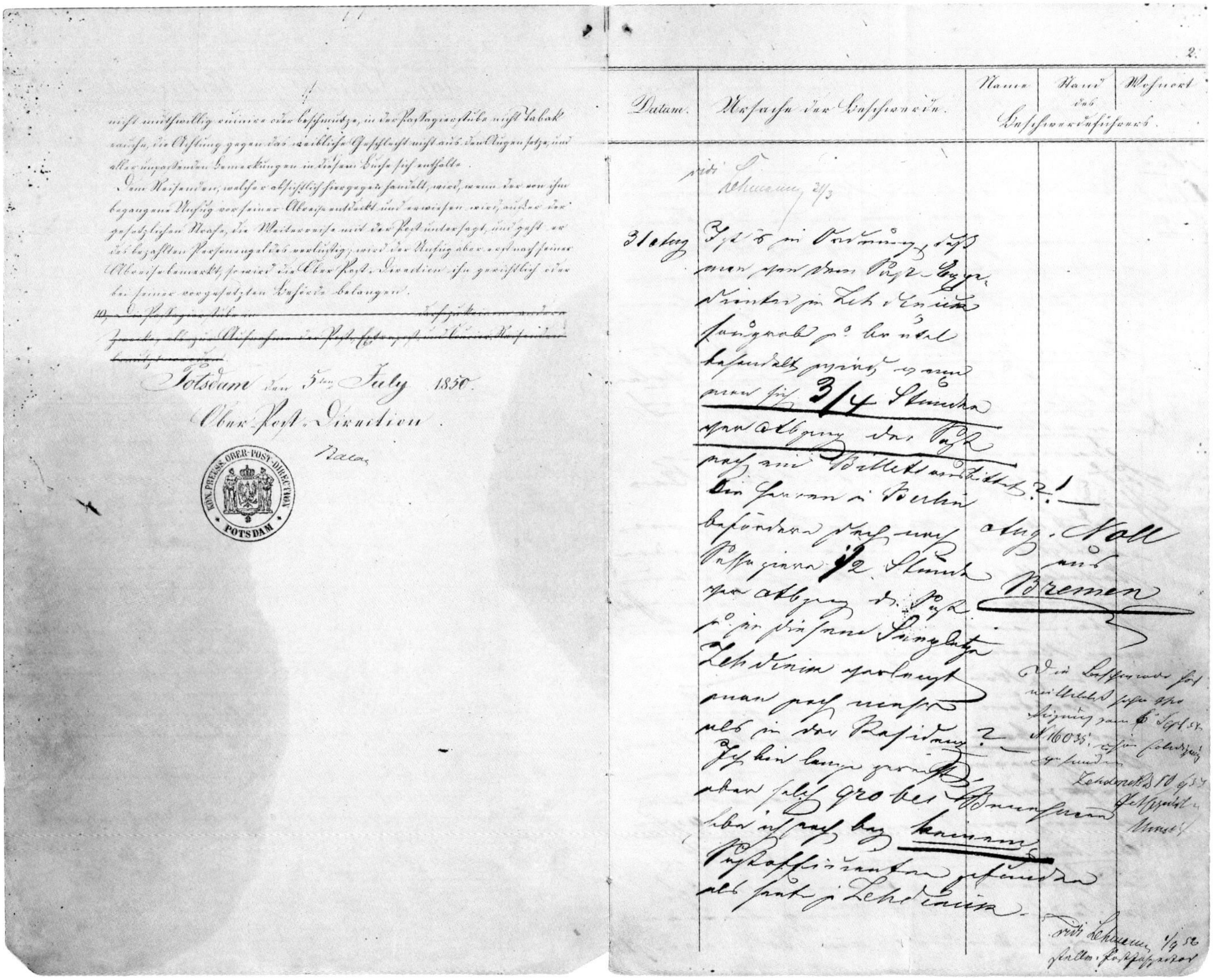
Potsdam den 5ten July 1850.

Ober-Post-Direction

KÖN. PREUSS. OBER-POST-DIRECTION POTSDAM

Datum.	Ursache der Beschwerde.	Name	Stand	Wohnort
31 Aug	[illegible] 3/4 Stunde [illegible] 1/2 Stunde [illegible] Zehdenick [illegible]	Noll aus Bremen		

Beschwerdebuch der preußischen Post-Passagier-Stube zu Zehdenick, 1850

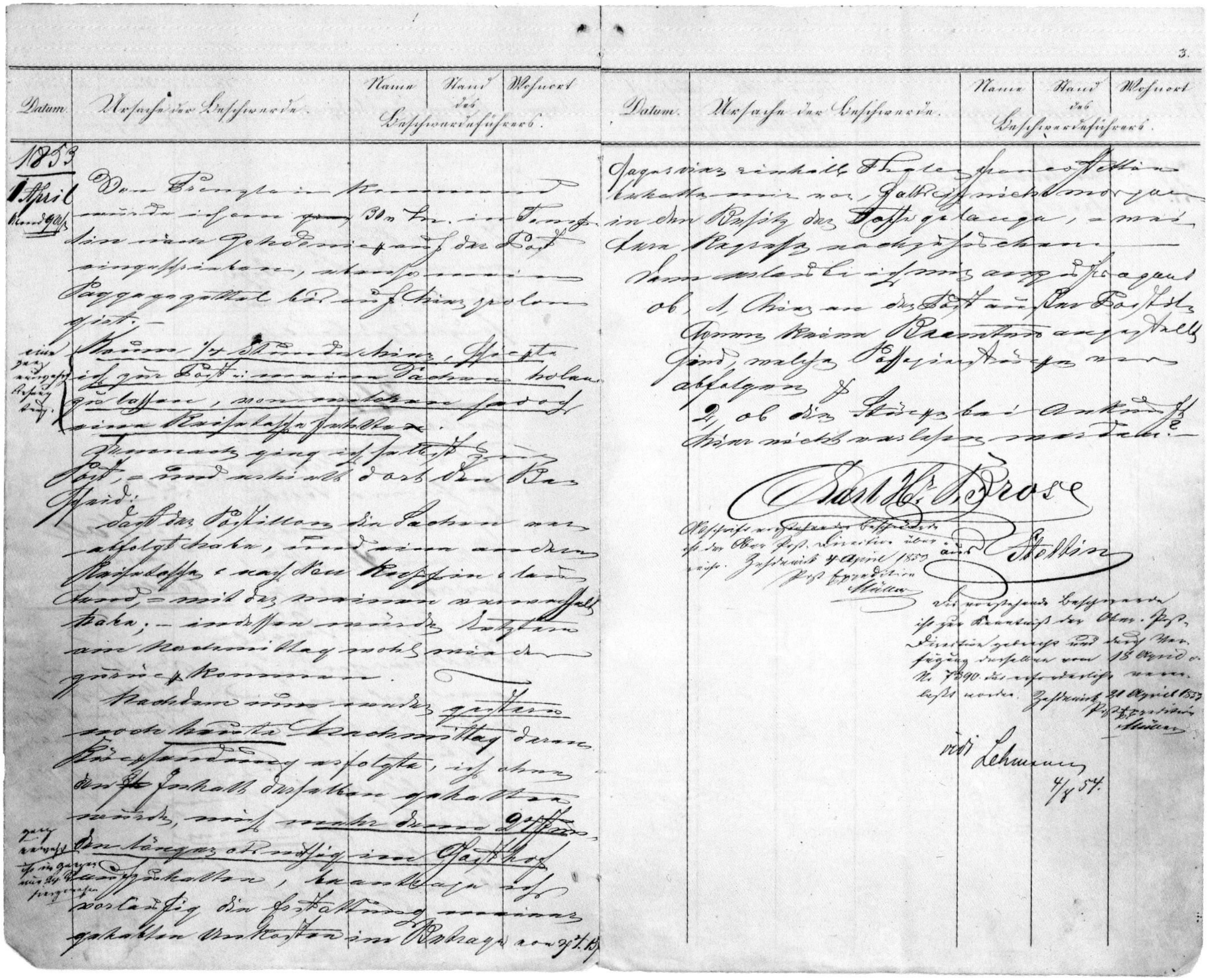

Beschwerdebuch der preußischen Post-Passagier-Stube zu Zehdenick, 1850

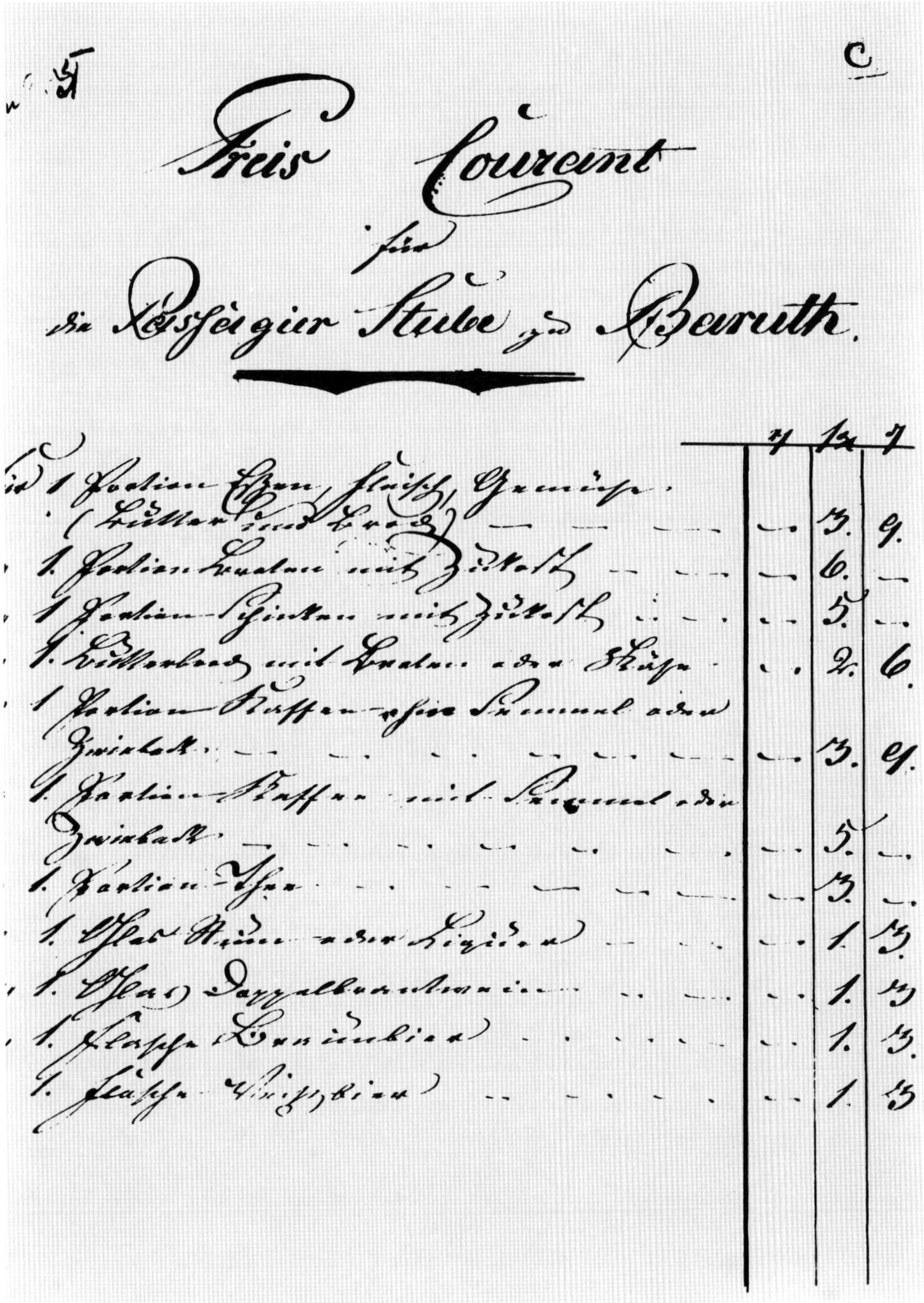

Preis Courant

für

die Passagier Stube zu Baruth.

	Rthl	Sgr	Pf
1 Portion Essen, Fleisch, Gemüse (Butter und Brod)	–	3.	9.
1. Portion Braten mit Zubehör	–	6.	–
1 Portion Schinken mit Zubehör	–	5.	–
1. Butterbrod mit Braten oder Käse	.	2.	6.
1 Portion Kaffee ohne Semmel oder Zwieback	–	3.	9.
1. Portion Kaffee mit Semmel oder Zwieback	–	5.	–
1. Portion Thee	–	3.	–
1. Glas Rum oder Liqueur	–	1.	3.
1. Glas Doppelbranntwein	–	1.	3
1. Flasche Braunbier	–	1.	3.
1. Flasche Weißbier	–	1.	3

Preisliste für die Passagier-Stube in Baruth.
Um 1850 hatte die preußische Postverwaltung die Auszeichnung von Speisen und Getränken vorgesehen; die Preise waren von der jeweiligen Oberpostdirektion zu genehmigen.

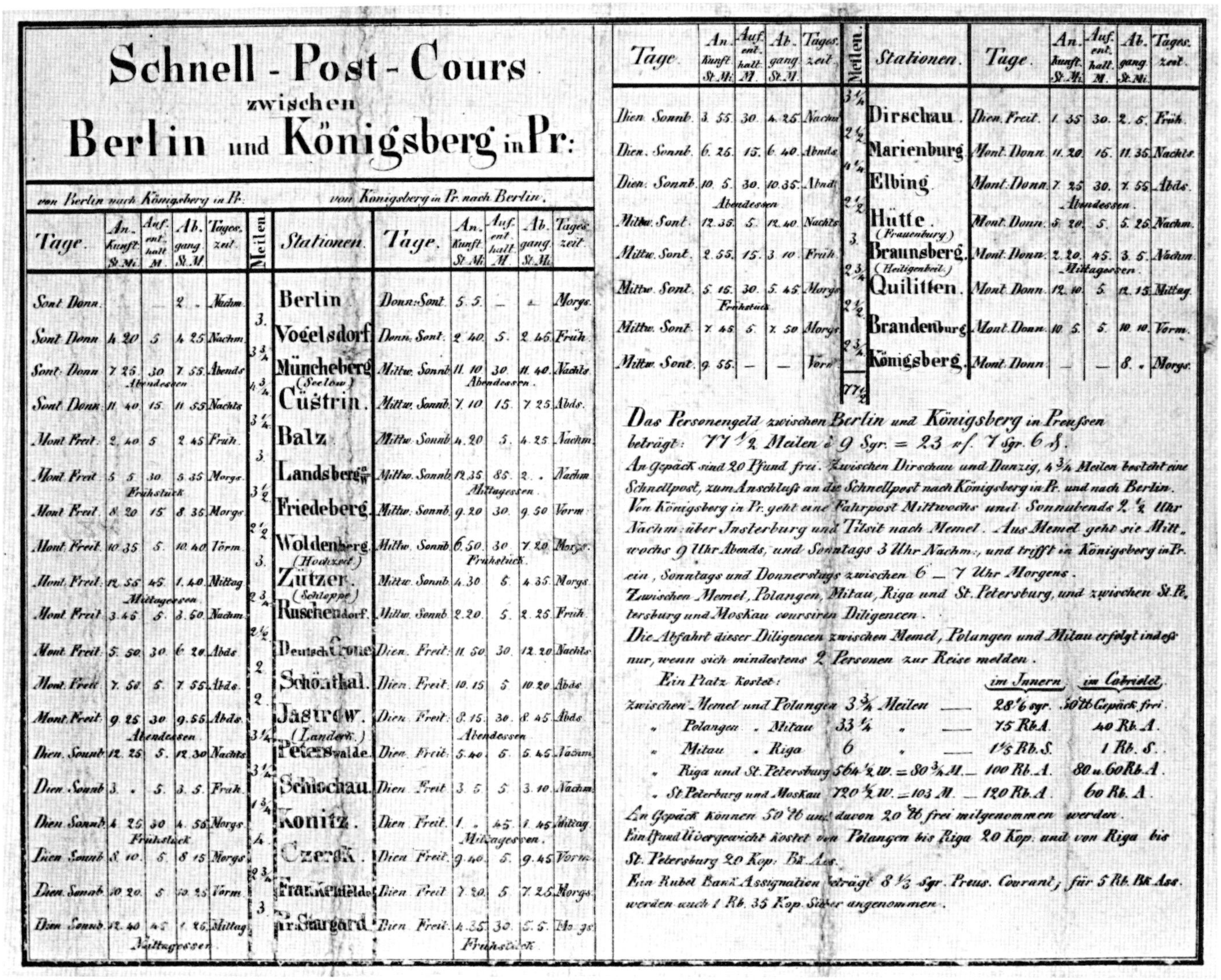

Schnell-Post-Cours
zwischen
Berlin und Königsberg in Pr:

von Berlin nach Königsberg in Pr.: Tage	An-Kunft St. Mi.	Aufent-halt M.	Ab-gang St. M.	Tages-zeit	Meilen	Stationen	von Königsberg in Pr. nach Berlin: Tage	An-Kunft St. Mi.	Aufent-halt M.	Ab-gang St. Mi.	Tages-zeit
Sont. Donn.		—	2 .	Nachm.		Berlin	Donn. Sont.	5. 5.	—	–	Morgs.
Sont. Donn.	4. 20.	5	4. 25.	Nachm.	3.	Vogelsdorf.	Donn. Sont.	2. 40.	5.	2. 45.	Früh.
Sont. Donn.	7. 25.	30 (Abendessen)	7. 55.	Abends	3 3/4	Müncheberg (Seelow)	Mittw. Sonnb.	11. 10.	30. (Abendessen.)	11. 40.	Nachts
Sont. Donn.	11. 40.	15.	11. 55.	Nachts	4 3/4	Cüstrin.	Mittw. Sonnb.	7. 10.	15.	7. 25.	Abds.
Mont. Freit.	2. 40.	5	2. 45.	Früh.	3 1/4	Balz.	Mittw. Sonnb.	4. 20.	5.	4. 25.	Nachm.
Mont. Freit.	5. 5.	30. (Frühstück)	5. 35.	Morgs.	3.	Landsberg a/W.	Mittw. Sonnb.	12. 35.	85. (Mittagessen.)	2. .	Nachm.
Mont. Freit.	8. 20.	15.	8. 35.	Morgs.	3 1/2	Friedeberg.	Mittw. Sonnb.	9. 20.	30.	9. 50.	Vorm.
Mont. Freit.	10. 35.	5.	10. 40.	Vorm.	2 1/2	Woldenberg. (Hochzeit)	Mittw. Sonnb.	6. 50.	30. (Frühstück.)	7. 20.	Morgs.
Mont. Freit.	12. 55.	45. (Mittagessen.)	1. 40.	Mittag	3.	Zützer. (Schloppe)	Mittw. Sonnb.	4. 30.	5.	4. 35.	Morgs.
Mont. Freit.	3. 45.	5.	3. 50.	Nachm.	2 3/4	Ruschendorf.	Mittw. Sonnb.	2. 20.	5.	2. 25.	Früh.
Mont. Freit.	5. 50.	30.	6. 20.	Abds.	2 1/2	Deutsch Crone.	Dien. Freit.	11. 50.	30.	12. 20.	Nachts
Mont. Freit.	7. 50.	5.	7. 55.	Abds.	2	Schönthal.	Dien. Freit.	10. 15.	5.	10. 20.	Abds.
Mont. Freit.	9. 25.	30. (Abendessen.)	9. 55.	Abds.	2.	Jastrow. (Landeck.)	Dien. Freit.	8. 15.	30. (Abendessen)	8. 45.	Abds.
Dien. Sonnb.	12. 25.	5.	12. 30.	Nachts	3 1/4	Petersvalde.	Dien. Freit.	5. 40.	5.	5. 45.	Nachm.
Dien. Sonnb.	3. .	5.	3. 5.	Früh.	3 1/2	Schlochau.	Dien. Freit.	3. 5.	5.	3. 10.	Nachm.
Dien. Sonnb.	4. 25.	30. (Frühstück)	4. 55.	Morgs.	1 3/4	Konitz.	Dien. Freit.	1. .	45. (Mittagessen.)	1. 45.	Mittag.
Dien. Sonnb.	8. 10.	5.	8. 15.	Morgs.	4.	Czersk.	Dien. Freit.	9. 40.	5.	9. 45.	Vorm.
Dien. Sonnb.	10. 20.	5	10. 25.	Vorm.	2 3/4	Frankenfelde.	Dien. Freit.	7. 20.	5	7. 25.	Morgs.
Dien. Sonnb.	12. 40.	45. (Mittagessen.)	1. 25.	Mittag	3	Pr. Stargard.	Dien. Freit.	4. 35.	30. (Frühstück)	5. 5.	Morgs.
Dien. Sonnb.	3. 55.	30.	4. 25.	Nachm.	3 1/4	Dirschau.	Dien. Freit.	1. 35.	30.	2. 5.	Früh.
Dien. Sonnb.	6. 25.	15.	6. 40.	Abnds.	2 1/2	Marienburg.	Mont. Donn.	11. 20.	15.	11. 35.	Nachts.
Dien. Sonnb.	10. 5.	30. (Abendessen)	10. 35.	Abnds.	4 1/4	Elbing.	Mont. Donn.	7. 25.	30. (Abendessen.)	7. 55.	Abds.
Mittw. Sont.	12. 35.	5.	12. 40.	Nachts	2 1/2	Hütte. (Frauenburg.)	Mont. Donn.	5. 20.	5.	5. 25.	Nachm.
Mittw. Sont.	2. 55.	15.	3. 10.	Früh.	3.	Braunsberg. (Heiligenbeil.)	Mont. Donn.	2. 20.	45. (Mittagessen.)	3. 5.	Nachm.
Mittw. Sont.	5. 15.	30. (Frühstück)	5. 45.	Morgs.	2 3/4	Quilitten.	Mont. Donn.	12. 10.	5.	12. 15.	Mittag.
Mittw. Sont.	7. 45.	5.	7. 50.	Morgs.	2 1/2	Brandenburg.	Mont. Donn.	10. 5.	5.	10. 10.	Vorm.
Mittw. Sont.	9. 55.	—	—	Vorm.	2 3/4	Königsberg.	Mont. Donn.	—	—	8. .	Morgs.
					77 1/2						

Das Personengeld zwischen Berlin und Königsberg in Preußen beträgt: 77 1/2 Meilen à 9 Sgr. = 23 rf. 7 Sgr. 6 ₰.

An Gepäck sind 20 Pfund frei. Zwischen Dirschau und Danzig, 4 3/4 Meilen besteht eine Schnellpost, zum Anschluß an die Schnellpost nach Königsberg in Pr. und nach Berlin.

Von Königsberg in Pr. geht eine Fahrpost Mittwochs und Sonnabends 2 1/2 Uhr Nachm: über Insterburg und Tilsit nach Memel. Aus Memel geht sie Mittwochs 9 Uhr Abends, und Sonntags 3 Uhr Nachm:, und trifft in Königsberg in Pr. ein, Sonntags und Donnerstags zwischen 6 _ 7 Uhr Morgens.

Zwischen Memel, Polangen, Mitau, Riga und St. Petersburg, und zwischen St. Petersburg und Moskau coursiren Diligencen.

Die Abfahrt dieser Diligencen zwischen Memel, Polangen und Mitau erfolgt indeß nur, wenn sich mindestens 2 Personen zur Reise melden.

Ein Platz kostet:			im Innern	im Cabriolet
zwischen Memel und Polangen	3 3/4 Meilen	—	28 1/6 sgr.	50 ℔ Gepäck frei.
„ Polangen „ Mitau	33 1/4 „	—	75 Rb. A.	40 Rb. A.
„ Mitau „ Riga	6 „	—	1 1/5 Rb. S.	1 Rb. S.
„ Riga und St. Petersburg	564 1/2 W. = 80 3/4 M.	—	100 Rb. A.	80 u. 60 Rb. A.
„ St. Peterburg und Moskau	720 1/2 W. = 103 M.	—	120 Rb. A.	60 Rb. A.

An Gepäck können 50 ℔ und davon 20 ℔ frei mitgenommen werden.

Ein Pfund Übergewicht kostet von Polangen bis Riga 20 Kop. und von Riga bis St. Petersburg 20 Kop: Bk. Ass.

Ein Rubel Bank Assignation beträgt 8 1/3 Sgr. Preus. Courant; für 5 Rb. Bk. Ass. werden auch 1 Rb. 35 Kop. Silber angenommen.

»Schnell-Post-Cours« Berlin – Königsberg, 1830.
Die Schnellpost legte diese 77,5 Meilen (ca. 575 km) lange Strecke in 61 Stunden zurück.

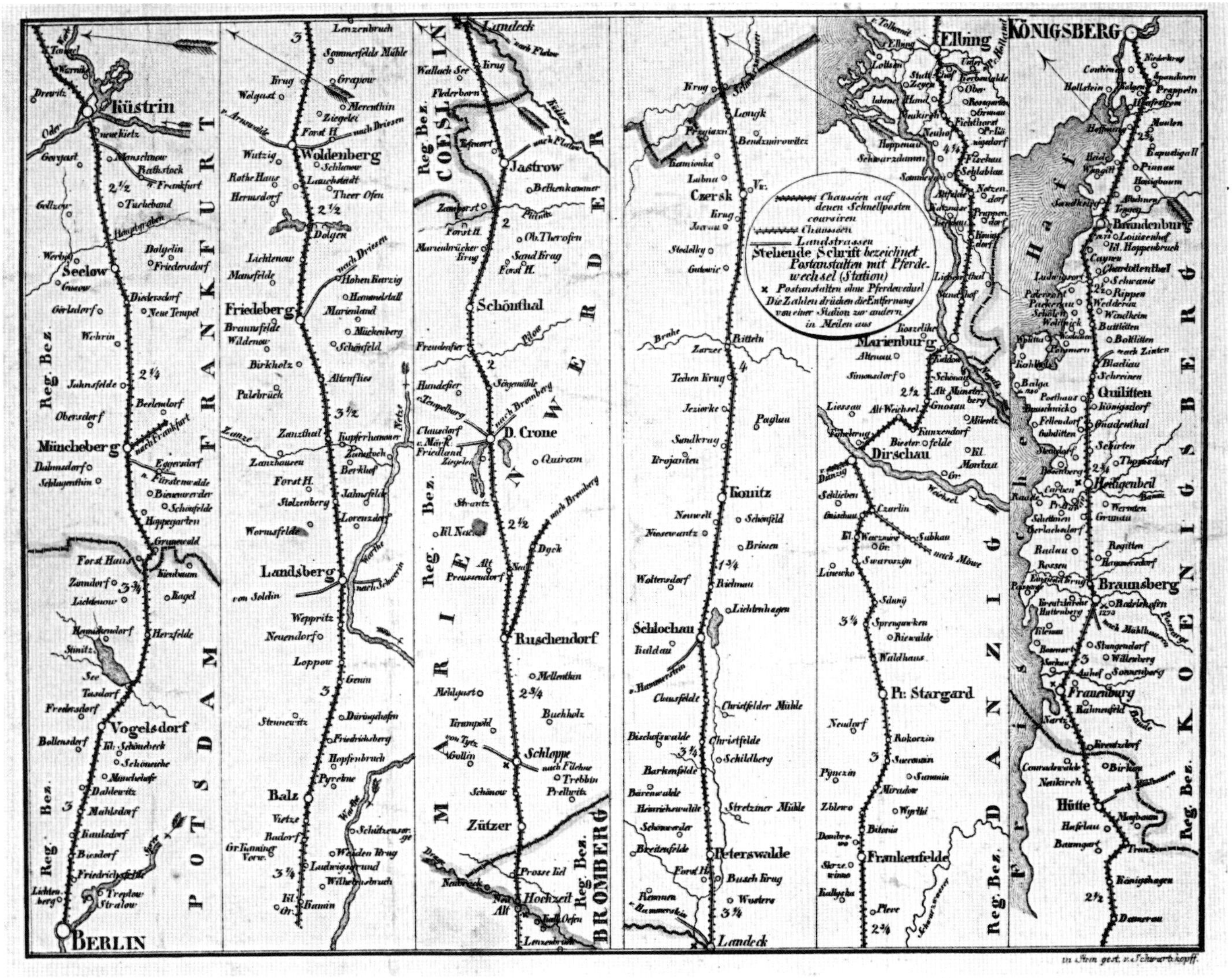

Wegekarte »Schnell-Post-Cours« Berlin–Königsberg, 1830.

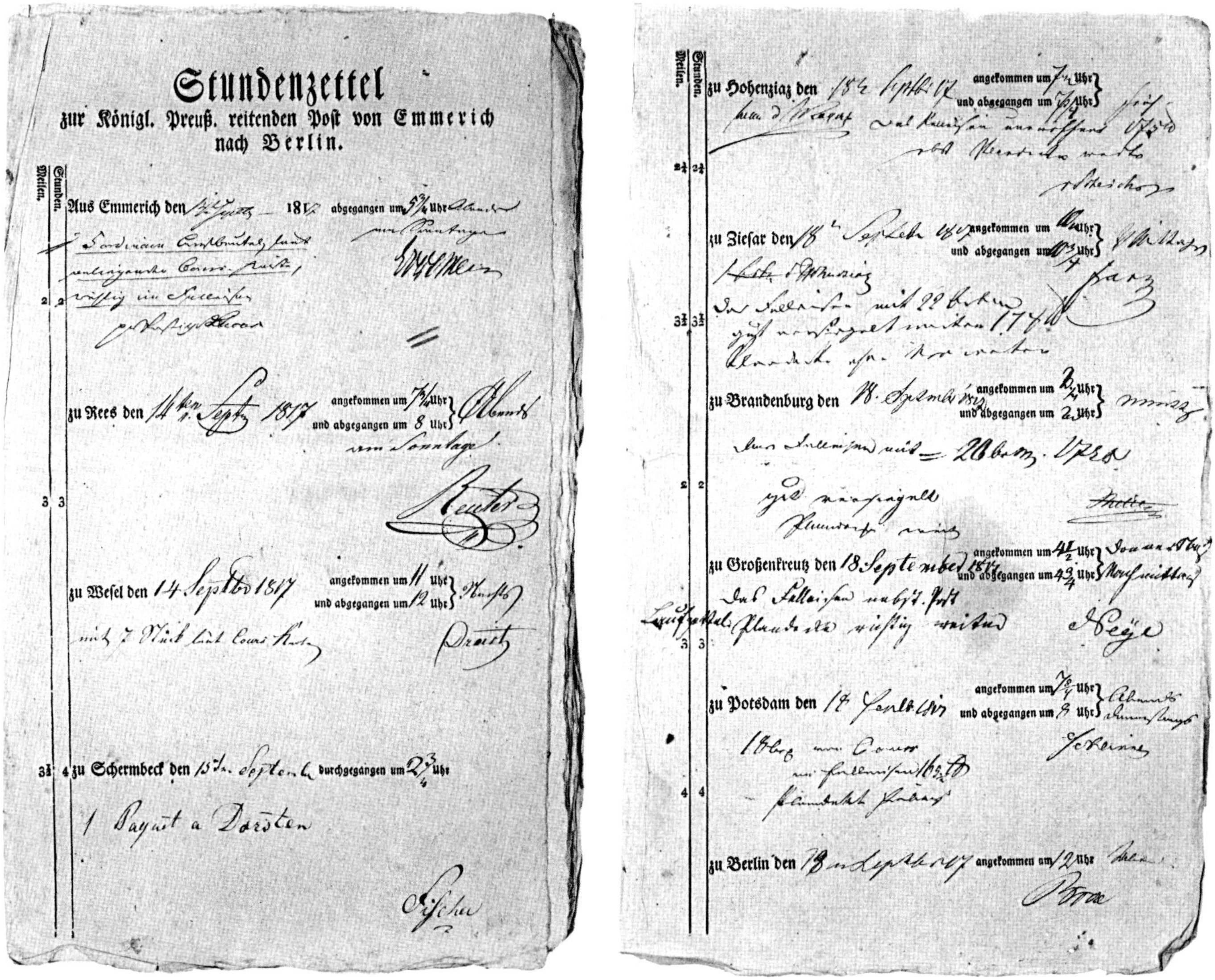

Erste und letzte Seite eines Stundenzettels der Reitpost von Emmerich nach Berlin, 1817.
Abgang in Emmerich: 13. September 1817, 17.45,
Ankunft in Berlin: 18. September 1817, 24.00.

»Postkutsche auf der Langen Brücke in Berlin«; Kopie von R. Puhlmann nach dem Gemälde von F. Graf von Harrach, um 1830

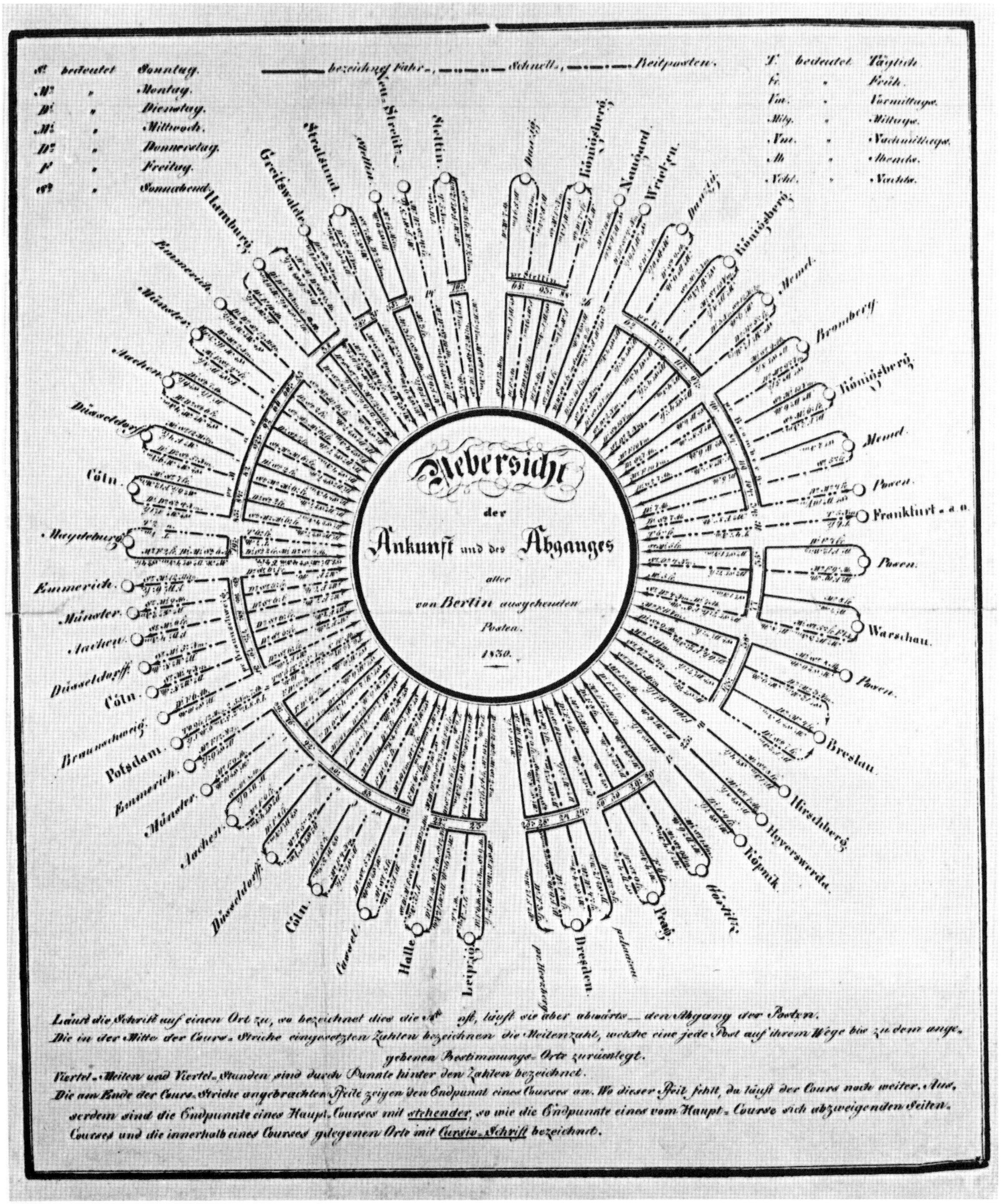

Ankunft und Abgang aller von Berlin ausgehenden Posten, 1830

Schnellpost-Reisender.

Darstellung aus dem Deutschen Post-Almanach, 1847

»Die Leipziger Strasse zu Berlin von Dönhofs-Platz aus aufgenommen«; Kolorierte Radierung von Friedrich August Schmidt nach Friedrich A. Calau

Statistische Ergebnisse des preußischen Postwesens in der Zeit von 1850 bis 1873

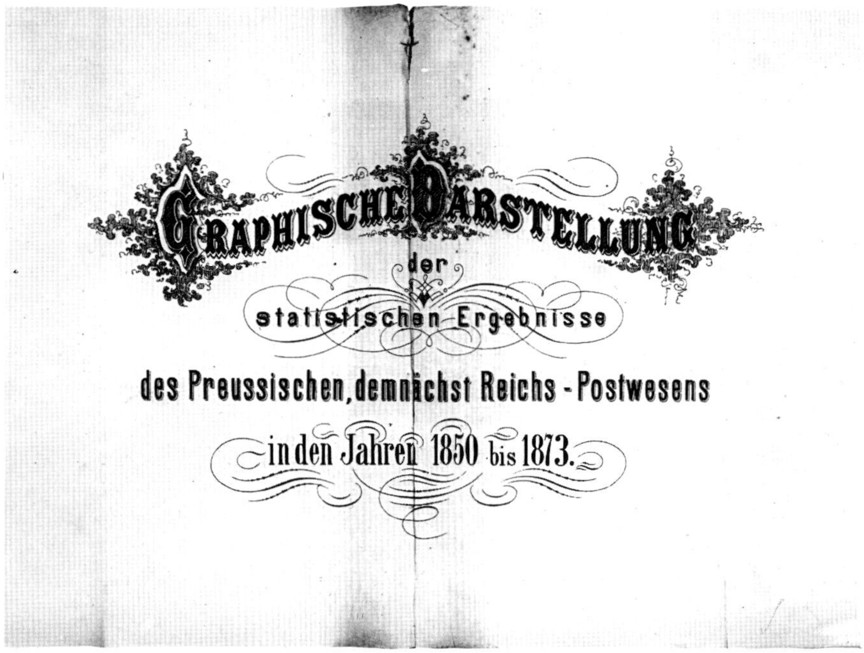
Graphische Darstellung
der
statistischen Ergebnisse
des Preussischen, demnächst Reichs - Postwesens
in den Jahren 1850 bis 1873.

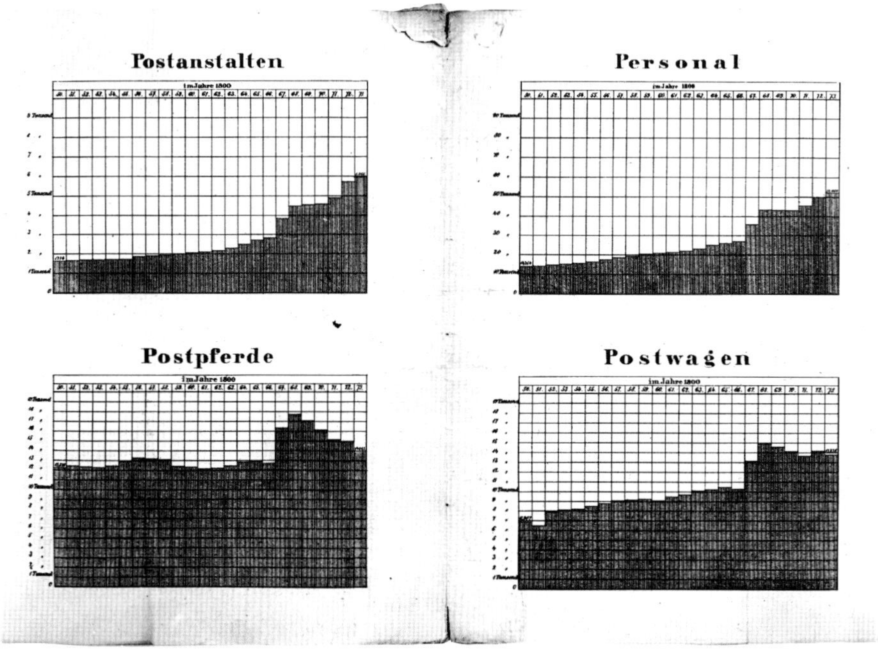

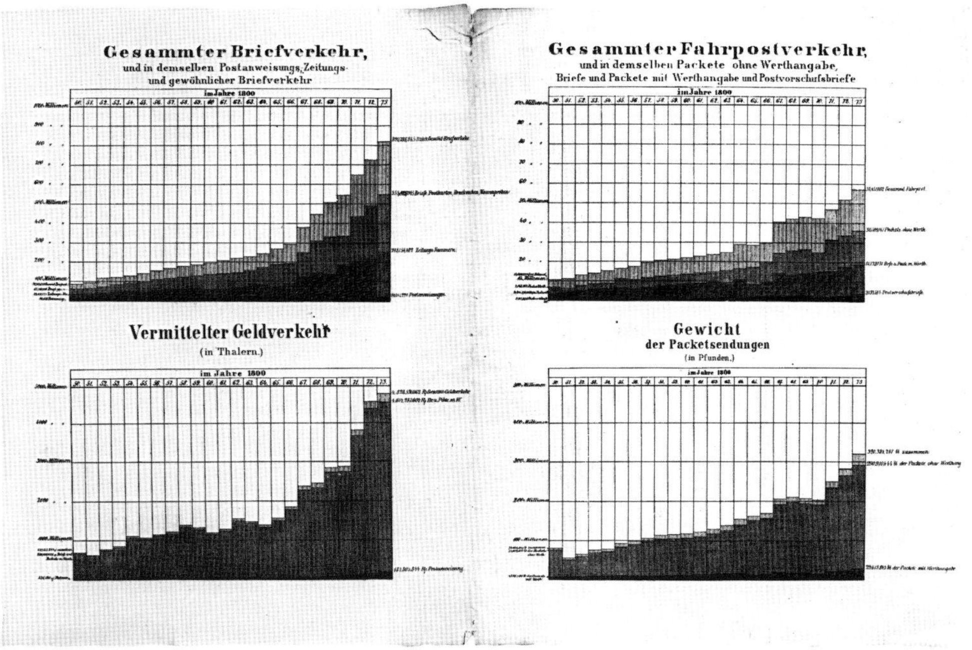
Gesammter Briefverkehr,
und in demselben Postanweisungs, Zeitungs- und gewöhnlicher Briefverkehr
im Jahre 1800
Gesammter Fahrpostverkehr,
und in demselben Packete ohne Werthangabe, Briefe und Packete mit Werthangabe und Postvorschufsbriefe
im Jahre 1800
Vermittelter Geldverkehr
(in Thalern.)
im Jahre 1800
Gewicht
der Packetsendungen
(in Pfunden.)
im Jahre 1800

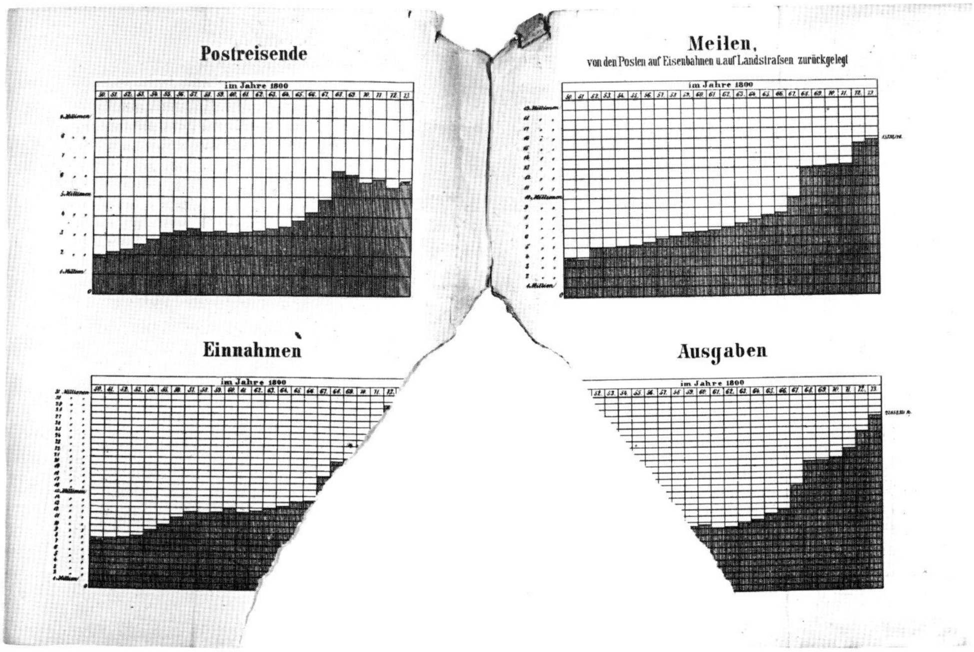
Postreisende
im Jahre 1800
Meilen,
von den Posten auf Eisenbahnen u. auf Landstrafsen zurückgelegt
im Jahre 1800
Einnahmen
im Jahre 1800
Ausgaben
im Jahre 1800

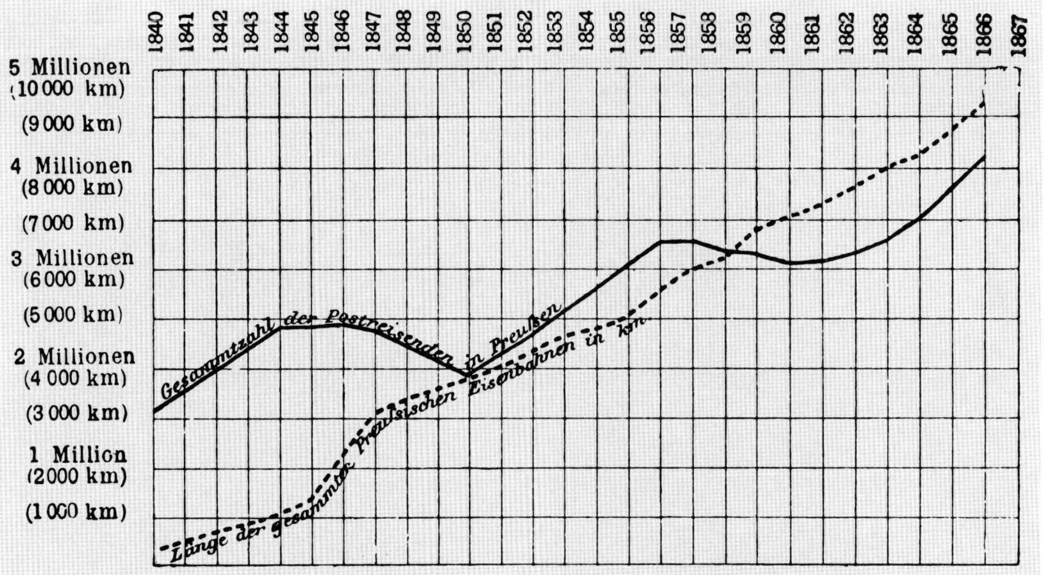

Gesammtzahl der Postreisenden in Preussen 1840 bis 1866.

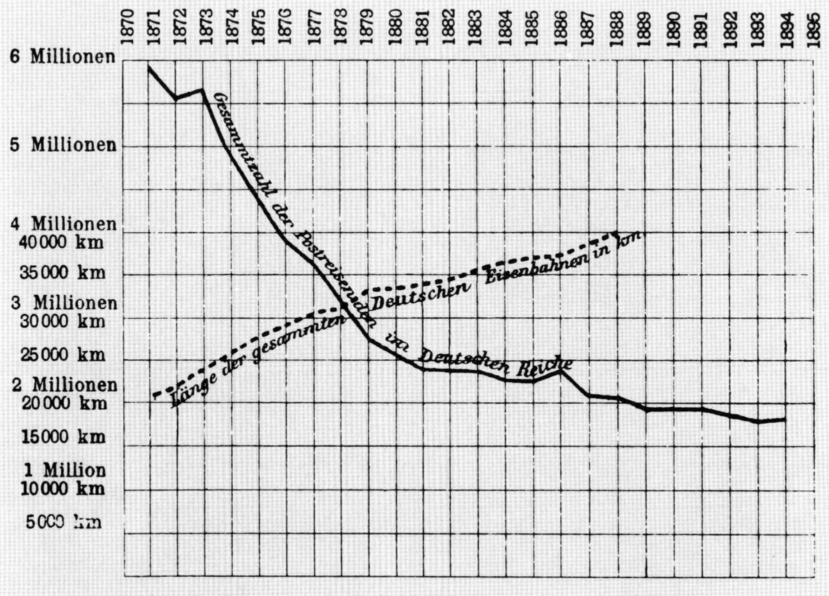

Gesammtzahl der Postreisenden auf den Reichsposten 1870 bis 1884.

Telegraphie im 19. Jahrhundert

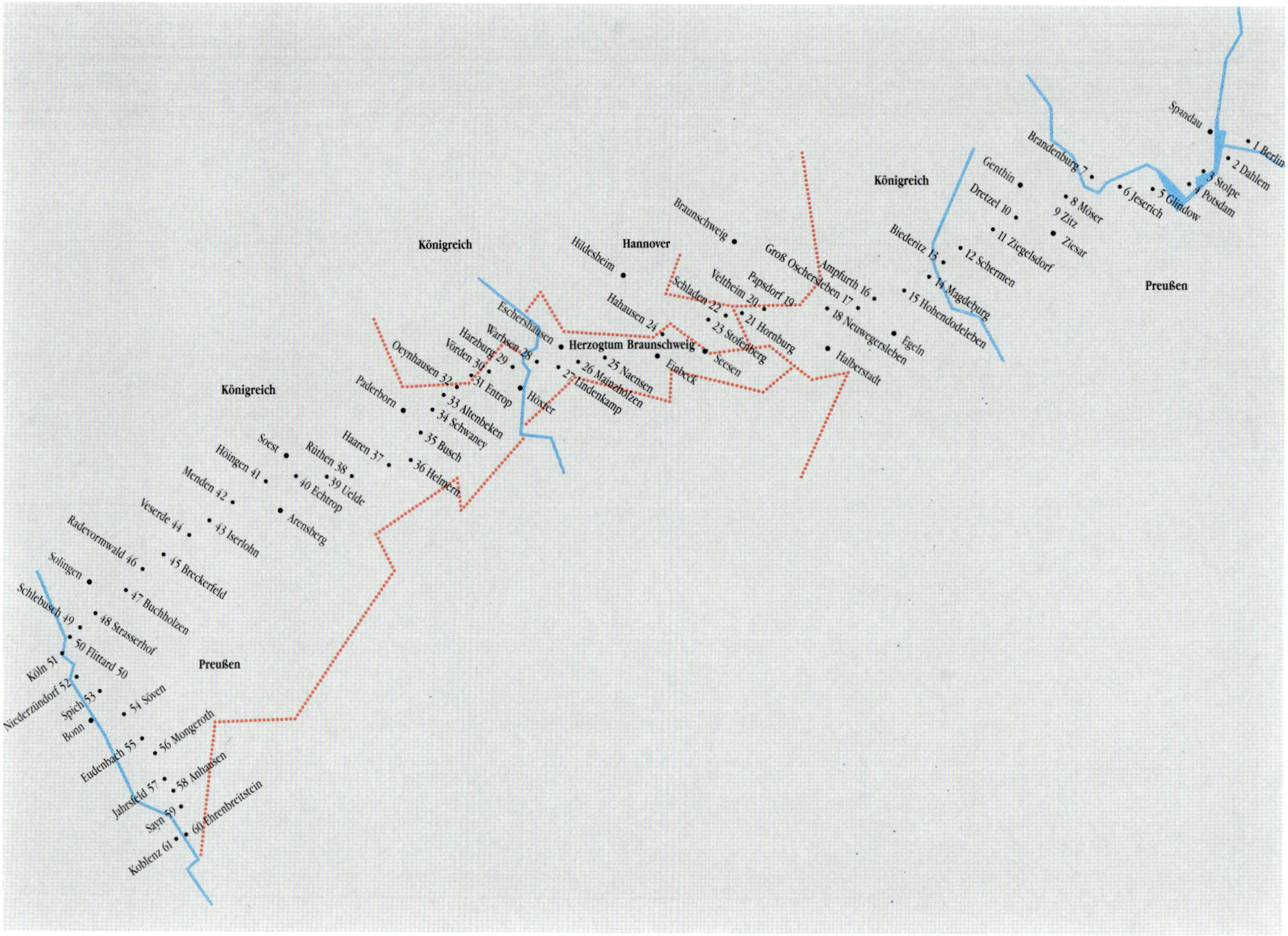

Die Linie der optischen Telegraphie Berlin–Koblenz 1833–1852

Station Nr. 1 der Linie Berlin–Koblenz: Alte Sternwarte, Berlin

Station Nr. 7: Brandenburg an der Havel

Station Nr. 14: St. Johannis-Kirche, Magdeburg

Station Nr. 51: St. Pantaleon, Köln

Station Nr. 60 (Ehrenbreitstein) und Nr. 61 (Schloß Koblenz) –

Endpunkt der Linie der optischen Telegraphie

Angehörige des Telegraphenkorps, um 1835

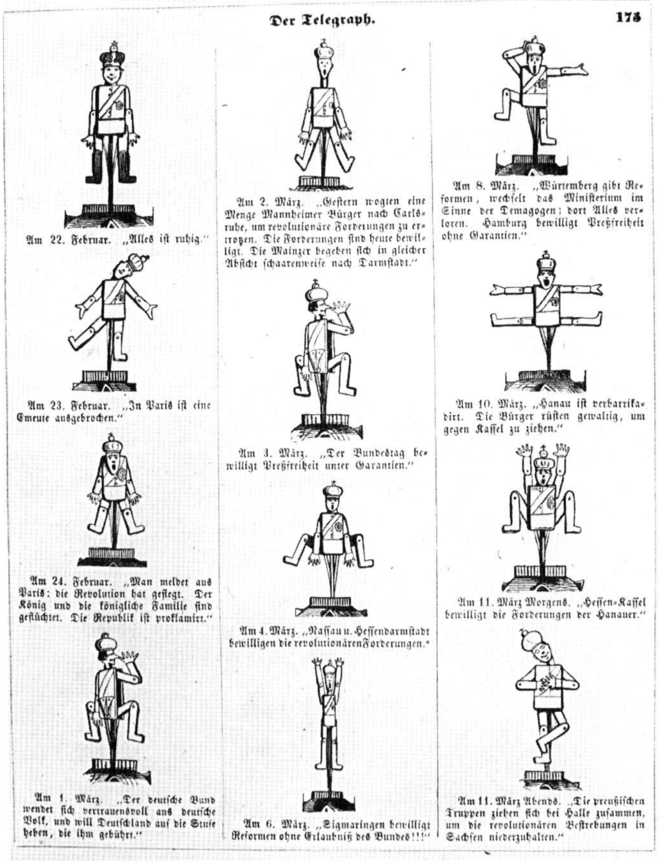

Der Telegraph. 175

Am 22. Februar. „Alles ist ruhig."

Am 23. Februar. „In Paris ist eine Emeute ausgebrochen."

Am 24. Februar. „Man meldet aus Paris: die Revolution hat gesiegt. Der König und die königliche Familie sind geflüchtet. Die Republik ist proklamirt."

Am 1. März. „Der deutsche Bund wendet sich vertrauensvoll ans deutsche Volk, und will Deutschland auf die Stufe heben, die ihm gebührt."

Am 2. März. „Gestern wogten eine Menge Mannheimer Bürger nach Carlsruhe, um revolutionäre Forderungen zu ertrotzen. Die Forderungen sind heute bewilligt. Die Mainzer begeben sich in gleicher Absicht schaarenweise nach Darmstadt."

Am 3. März. „Der Bundestag bewilligt Preßfreiheit unter Garantien."

Am 4. März. „Nassau u. Hessendarmstadt bewilligen die revolutionären Forderungen."

Am 6. März. „Sigmaringen bewilligt Reformen ohne Erlaubniß des Bundes!!!"

Am 8. März. „Würtemberg gibt Reformen, wechselt das Ministerium im Sinne der Demagogen; dort Alles verloren. Hamburg bewilligt Preßfreiheit ohne Garantien."

Am 10. März. „Hanau ist verbarrikadirt. Die Bürger rüsten gewaltig, um gegen Kassel zu ziehen."

Am 11. März Morgens. „Hessen-Kassel bewilligt die Forderungen der Hanauer."

Am 11. März Abends. „Die preußischen Truppen ziehen sich bei Halle zusammen, um die revolutionären Bestrebungen in Sachsen niederzuhalten."

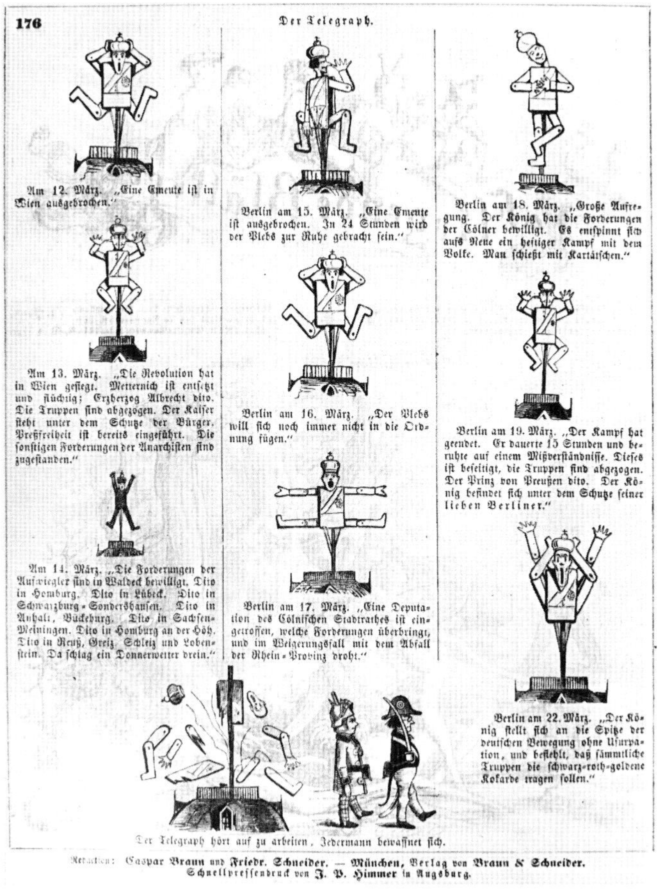

176 Der Telegraph.

Am 12. März. „Eine Emeute ist in Wien ausgebrochen."

Am 13. März. „Die Revolution hat in Wien gesiegt. Metternich ist entsetzt und flüchtig; Erzherzog Albrecht dito. Die Truppen sind abgezogen. Der Kaiser steht unter dem Schutze der Bürger. Preßfreiheit ist bereits eingeführt. Die sonstigen Forderungen der Anarchisten sind zugestanden."

Am 14. März. „Die Forderungen der Aufwiegler sind in Waldeck bewilligt. Dito in Homburg. Dito in Lübeck. Dito in Schwarzburg-Sondershausen. Dito in Anhalt, Bückeburg. Dito in Sachsen-Meiningen. Dito in Homburg an der Höh. Dito in Reuß, Greiz, Schleiz und Lobenstein. Da schlag ein Donnerwetter drein."

Berlin am 15. März. „Eine Emeute ist ausgebrochen. In 24 Stunden wird der Plebs zur Ruhe gebracht sein."

Berlin am 16. März. „Der Plebs will sich noch immer nicht in die Ordnung fügen."

Berlin am 17. März. „Eine Deputation des Cölnischen Stadtrathes ist eingetroffen, welche Forderungen überbringt, und im Weigerungsfall mit dem Abfall der Rhein-Provinz droht."

Berlin am 18. März. „Große Aufregung. Der König hat die Forderungen der Cölner bewilligt. Es entspinnt sich aufs Neue ein heftiger Kampf mit dem Volke. Man schießt mit Kartätschen."

Berlin am 19. März. „Der Kampf hat geendet. Er dauerte 15 Stunden und beruhte auf einem Mißverständnisse. Dieses ist beseitigt, die Truppen sind abgezogen. Der Prinz von Preußen dito. Der König befindet sich unter dem Schutze seiner lieben Berliner."

Berlin am 22. März. „Der König stellt sich an die Spitze der deutschen Bewegung ohne Usurpation, und befiehlt, daß sämmtliche Truppen die schwarz-roth-goldene Kokarde tragen sollen."

Der Telegraph hört auf zu arbeiten, Jedermann bewaffnet sich.

Redaction: Caspar Braun und Friedr. Schneider. — München, Verlag von Braun & Schneider.
Schnellpressendruck von J. P. Himmer in Augsburg.

»Die Angst König Friedrich Wilhelms IV. vor der Revolution«
Die »Fliegenden Blätter« nutzten 1848 den optischen Telegraphen zur karikierenden Darstellung der Märzrevolution in Berlin.

»Die Entwicklung der Nachrichtenübermittlung mit den Gründern der Telegraphenbauanstalt Siemens & Halske«; Lithographie von E. Milster, 1855

»Verlegung des Telegraphenkabels Berlin–Köln bei Mülheim«, 1878. Der Generalpostmeister der Kaiserlichen Reichspost Stephan besichtigt die Arbeiten; Gemälde von Christian Sell, 1880

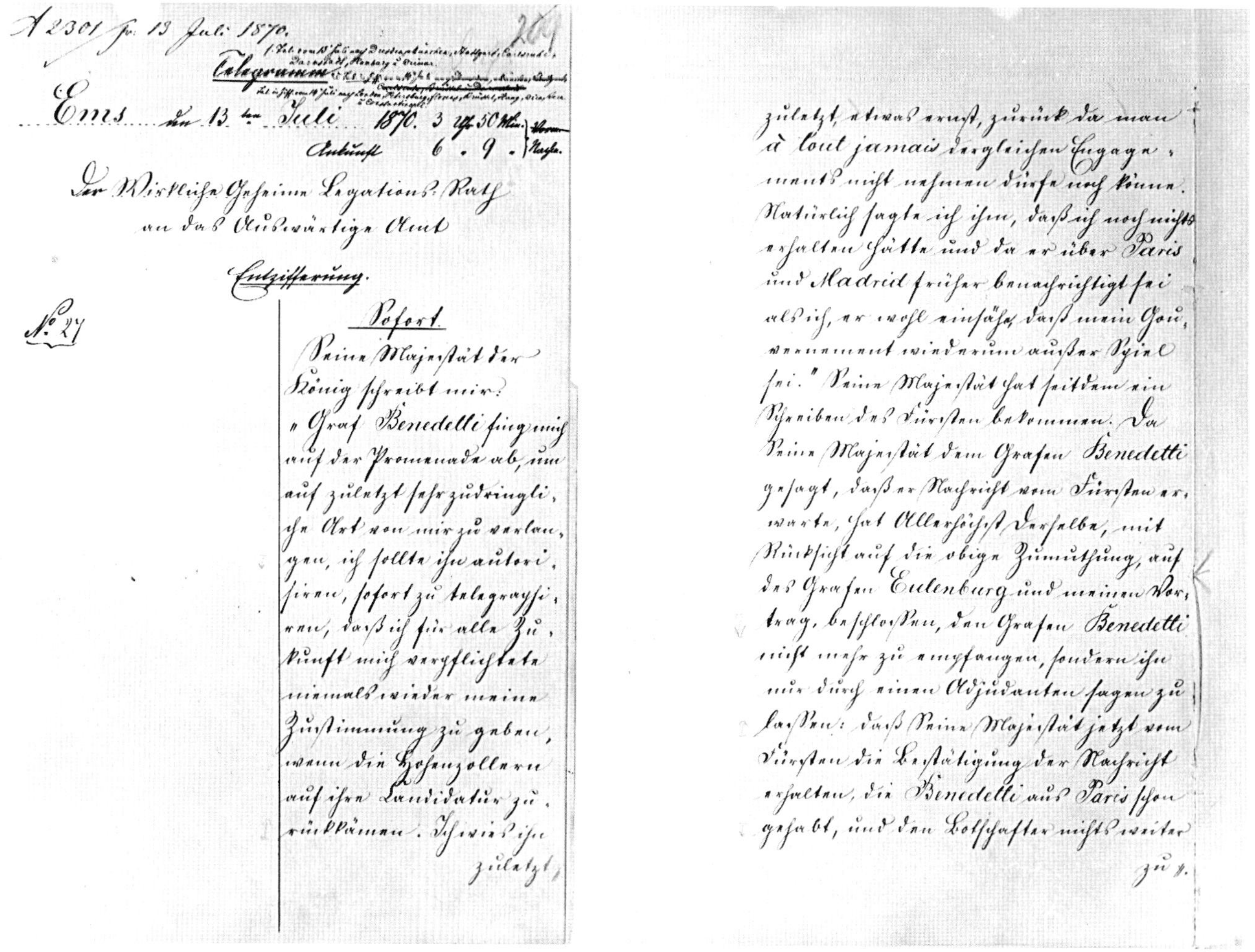

A 2301 pr. 13 Juli 1870.

Telegramm

Ems den 13ten Juli 1870. 3 Uhr 50 Min. Nachm.
Ankunft 6 . 9 . Nachm.

Der Wirkliche Geheime Legations-Rath
an das Auswärtige Amt

Entzifferung.

No 27

Sofort.

Seine Majestät der König schreibt mir: „Graf Benedetti fing mich auf der Promenade ab, um auf zuletzt sehr zudringliche Art von mir zu verlangen, ich sollte ihn autorisiren, sofort zu telegraphiren, daß ich für alle Zukunft mich verpflichtete, niemals wieder meine Zustimmung zu geben, wenn die Hohenzollern auf ihre Candidatur zurückkämen. Ich wies ihn zuletzt, zuletzt etwas ernst, zurück da man à tout jamais dergleichen Engagements nicht nehmen dürfe noch könne. Natürlich sagte ich ihm, daß ich noch nichts erhalten hätte und da er über Paris und Madrid früher benachrichtigt sei als ich, er wohl einsähe, daß mein Gouvernement wiederum außer Spiel sei." Seine Majestät hat seitdem ein Schreiben des Fürsten bekommen. Da Seine Majestät dem Grafen Benedetti gesagt, daß er Nachricht vom Fürsten erwarte, hat Allerhöchstderselbe, mit Rücksicht auf die obige Zumuthung, auf des Grafen Eulenburg und meinen Vortrag, beschlossen, den Grafen Benedetti nicht mehr zu empfangen, sondern ihm nur durch einen Adjudanten sagen zu lassen: daß Seine Majestät jetzt vom Fürsten die Bestätigung der Nachricht erhalten, die Benedetti aus Paris schon gehabt, und dem Botschafter nichts weiter zu

Berühmte Telegramme: Emser Depesche, 13. Juli 1870
Telegramm des Geheimrats H. Abeken, in dem er Bismarck über das Gespräch König Wilhelms I. mit dem französischen Botschafter Graf Benedetti bezüglich der französischen Forderungen in der Frage der Hohenzollern-Kandidatur für die spanische Krone unterrichtete. Bismarcks durch Streichungen verkürzte Veröffentlichung dieser Depesche ging der Kriegserklärung Frankreichs an Preußen am 19. Juli 1870 voraus.

210

zu sagen habe.
Seine Majestät stellt Eurer Excellenz anheim, ob nicht die neue Forderung Benedetti's und ihre Zurückweisung sogleich, sowohl unseren Gesandten, als in der Presse mitgetheilt werden sollte.
gez. Abeken.

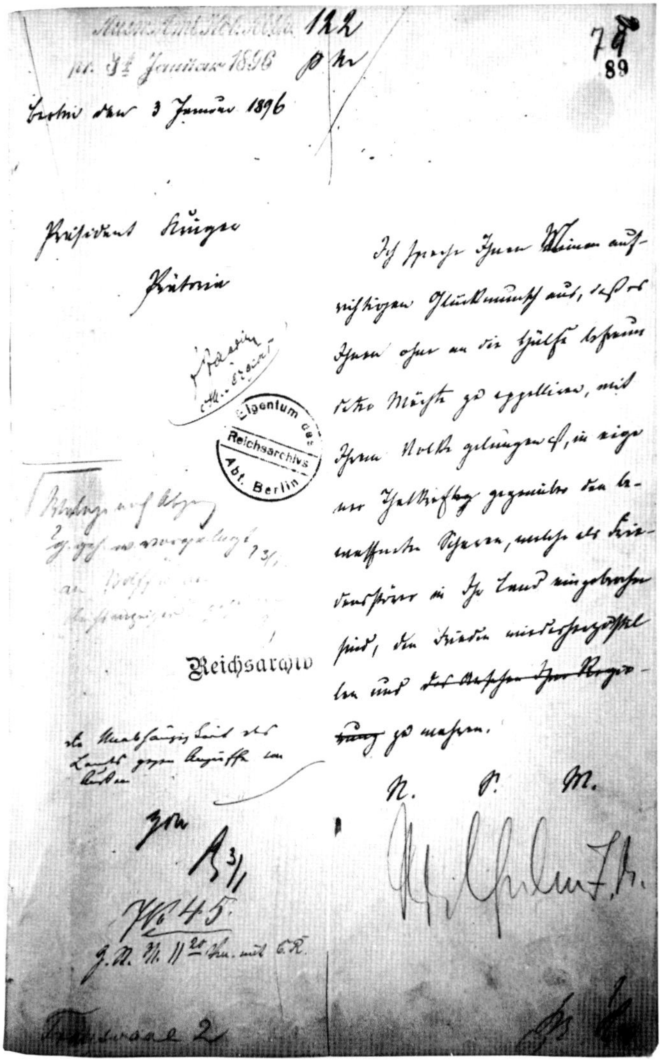

Berlin den 3 Januar 1896

Präsident Krüger
Pretoria

Ich spreche Ihnen Meinen aufrichtigen Glückwunsch aus, daß es Ihnen, ohne an die Hülfe befreundeter Mächte zu appelliren, mit Ihrem Volke gelungen ist, in eigener Thatkraft gegenüber den bewaffneten Schaaren, welche als Friedensstörer in Ihr Land eingebrochen sind, den Frieden wiederherzustellen und ~~die~~ die Unabhängigkeit des Landes gegen Angriffe von außen zu wahren.

N. S. M.

Wilhelm I.R.

Eigentum des Reichsarchivs Abt. Berlin

Reichsarchiv

Transvaal 2

Berühmte Telegramme: Krüger-Depesche, 3. Januar 1896
Glückwunschtelegramm Kaiser Wilhelms II. an den Präsidenten der Republik Transvaal, »Ohm« Krüger, nach der Abwehr eines Angriffs englischer Freischärler. Die Krüger-Depesche rief in England starke antideutsche Stimmungen hervor und belastete das Verhältnis zwischen London und Berlin.

Kabelmeßtrupp der Kaiserlichen Reichstelegraphie, um 1890

Kabellegung Dresden–Hof–München, um 1890

Kabelverlegearbeiten, um 1900

Kabelverlegearbeiten, 1912

Saal mit Hughes-Typendrucktelegraphen im Haupttelegraphenamt Berlin, 1896

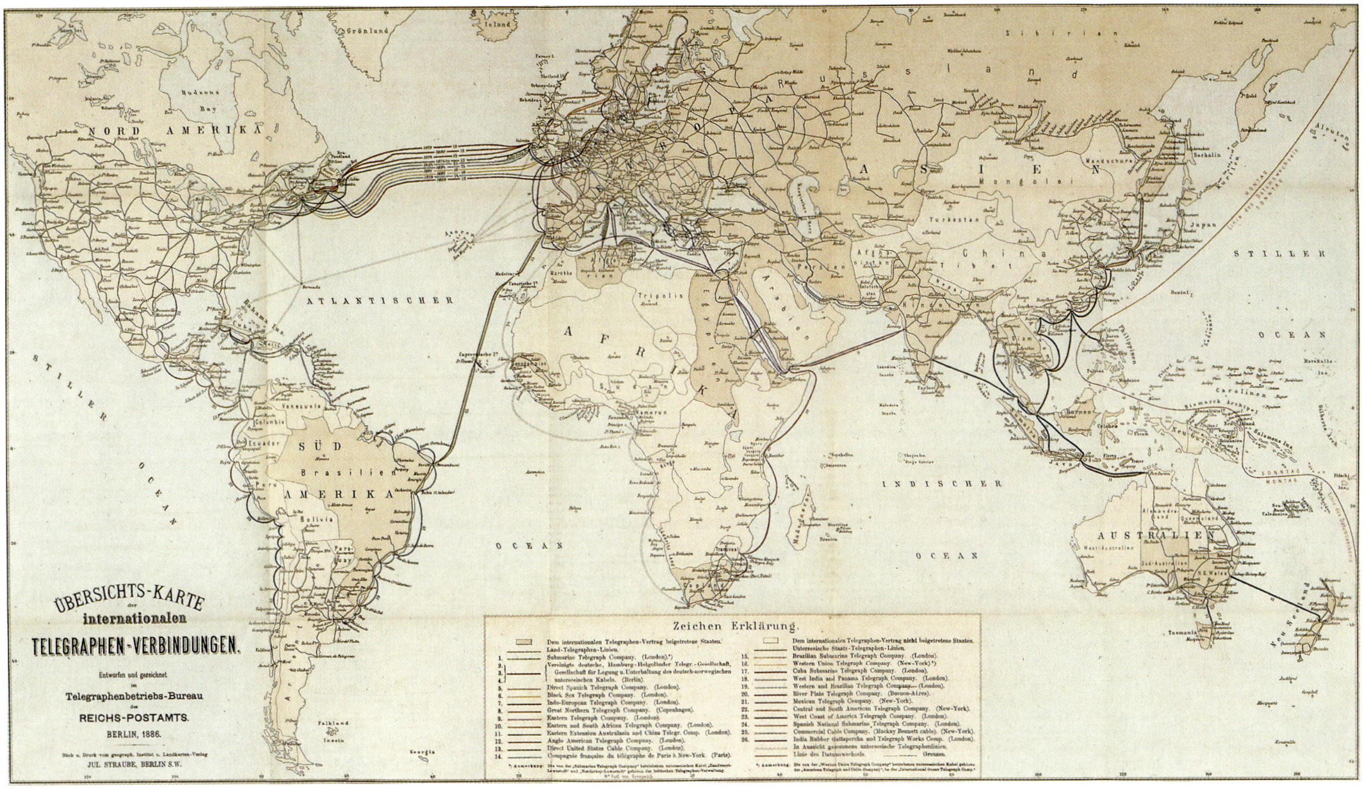

Karte der internationalen Telegraphenverbindungen 1886

Haupttelegraphenamt Berlin, Jägerstraße (heute: Otto-Nuschke-Straße), erbaut 1877/78

Zentrale Berliner Postbauten aus der Amtszeit Heinrich (von) Stephans (1870–1897)

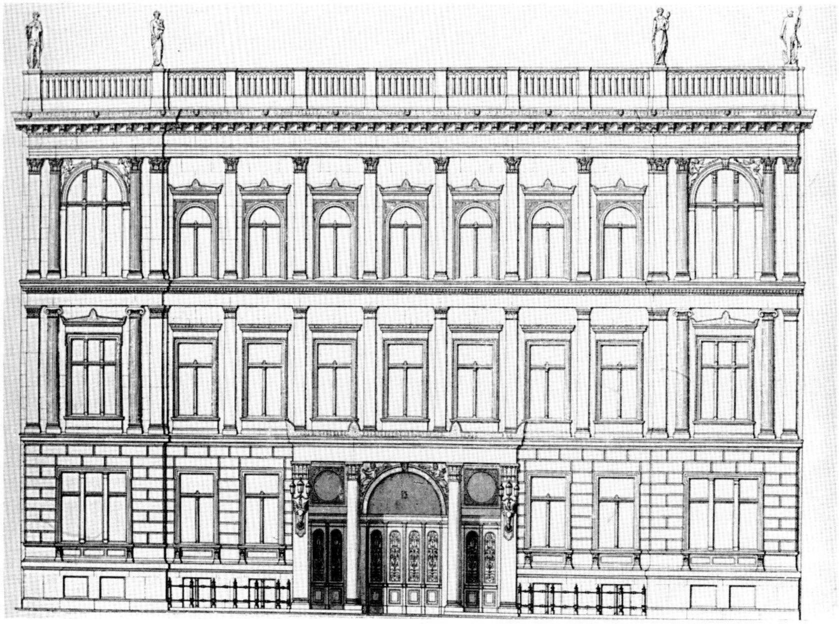

Generalpostamt Berlin, Leipziger Straße, erbaut 1871–1874

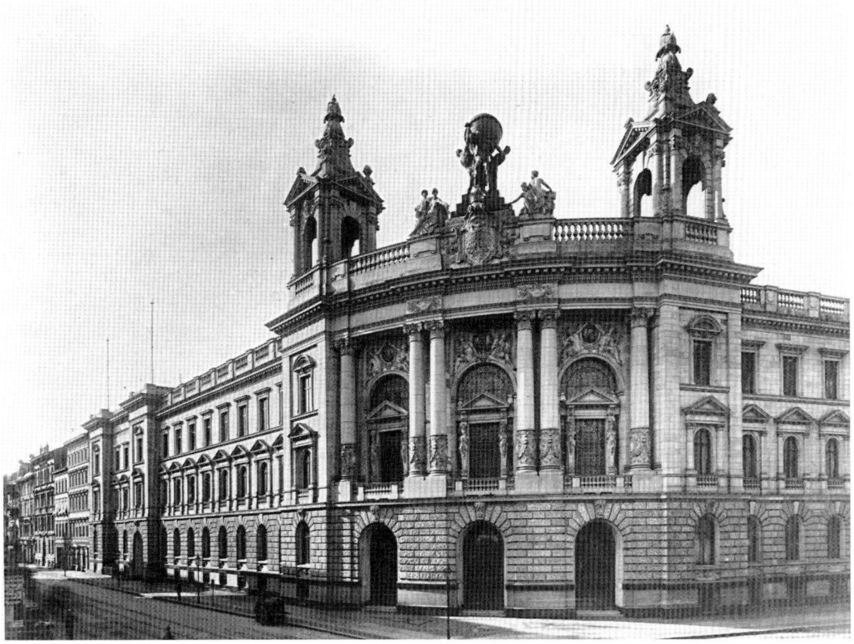

Reichspostamt Berlin, Ecke Leipziger-/Mauerstraße, erbaut 1893–1897

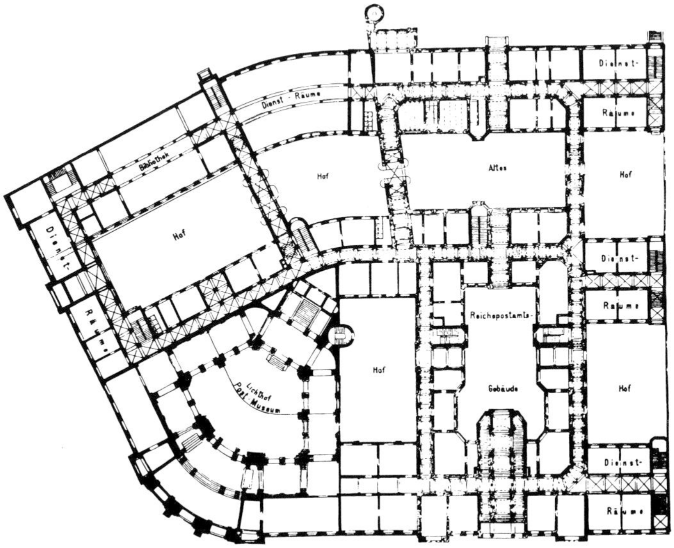

Grundriß des Erdgeschosses des Reichspostamtes

Postfuhramt Berlin, Oranienburgerstraße 35/36, erbaut 1875–1881

Posthalterei Berlin, Oranienburger Straße 35/36, Aufnahme vor 1875

Oberpostdirektion Berlin, Spandauer Straße, erbaut 1877–1882

Paketpostamt Berlin, Oranienburgerstraße 70, erbaut 1885–1888

Hauptportal der Oberpostdirektion Berlin

Reichsdruckerei Berlin, Oranienstraße, erbaut 1879–1881 und 1889–1893

Postzeitungsamt Berlin, Dessauer Straße, erbaut 1893–1895

Hofpostamt Berlin, Königstraße, erbaut 1881–1884

Postamt Charlottenburg 1, erbaut 1876/77

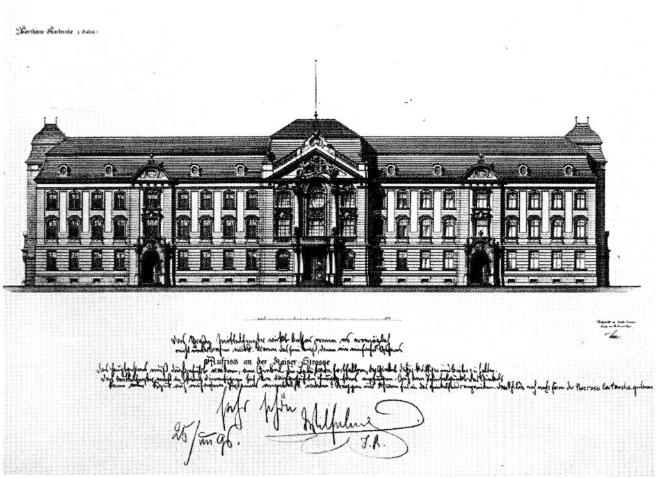

Posthaus Karlsruhe; Planzeichnung mit Anmerkungen Kaiser Wilhelms II., 1898

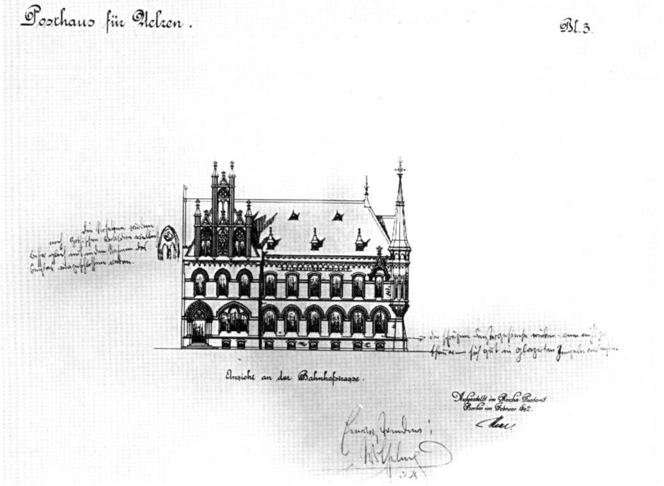

Posthaus Uelzen; Planzeichnung mit Anmerkungen Kaiser Wilhelms II., 1892

Postpersonal im Kaiserreich

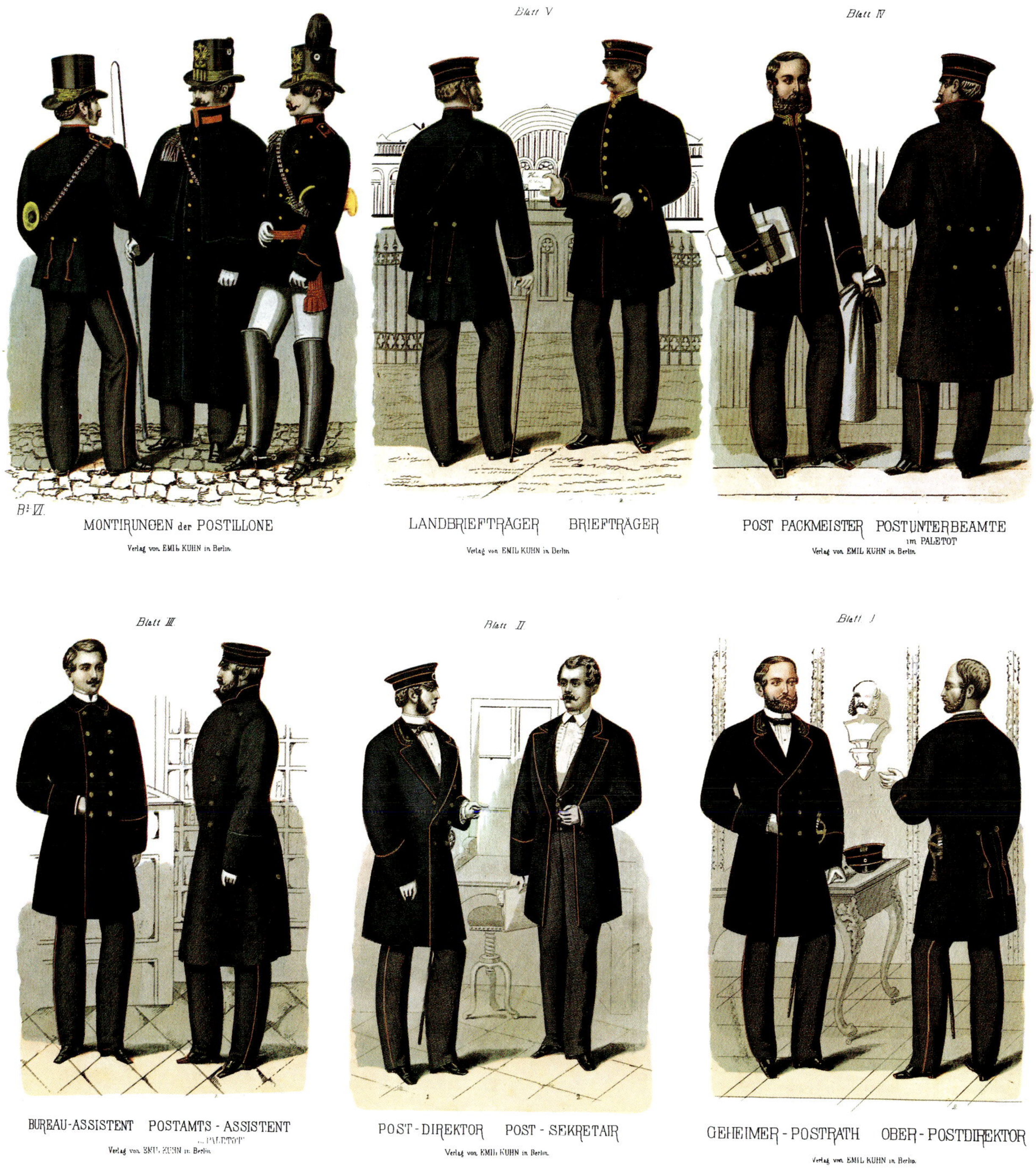

Galakleidung des Personals der Kaiserlichen Reichspost, 1889

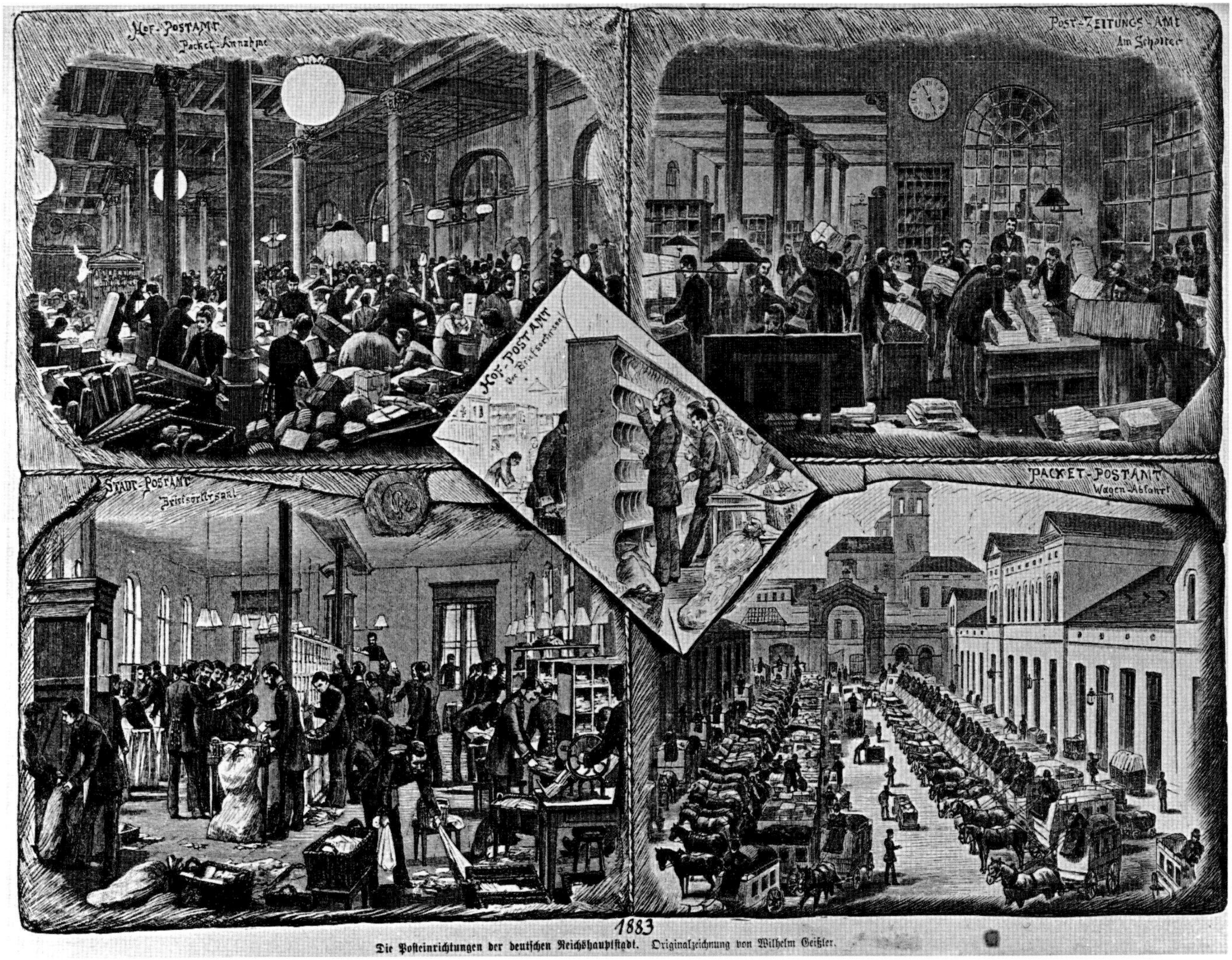

Die Posteinrichtungen der deutschen Reichshauptstadt, 1883

Weihnachtsverkehr im Paketpostamt Berlin, Ende 19. Jahrhundert

»Das Post Zeitungsamt in Berlin, 1. Die Ein- und Ausfahrt an der Mauerstraße, 2. Die Zeitungs-Ausladestelle, 3. Die Zeitungs-Einlieferungsstelle, 4. Die Vertheilungs- und Verpackungsräume, 5. Verpacken der fertiggestellten Zeitungspakete in Säcke, 6. Einladestelle für die zur Absendung bereiten Zeitungssäcke«, 1882

»Ankunft der Briefkariole von den Einsammlungsfahrten«

»Wechsel der Gespanne«

»Abfahrt der Briefkariole zu den Bestellfahrten«

»Abfertigung der Briefkariole zu den Bestellfahrten«

»Dienstbetrieb beim Stadt-Postamte in Berlin 1886«

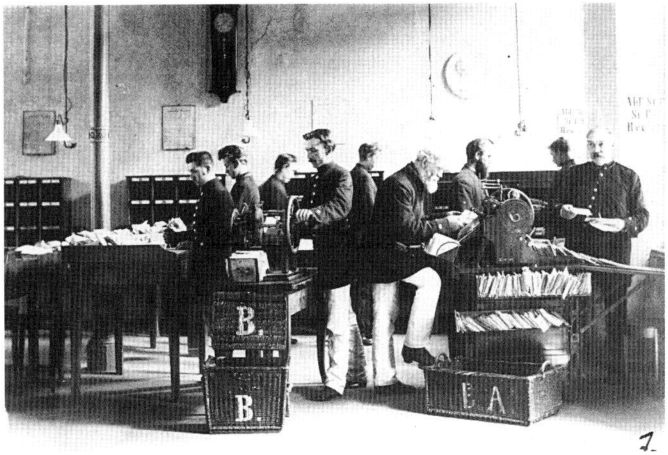

»Stempelgeschäft«

»Briefträgersaal«

»Central-Briefsortir-Stelle«

»Abfertigung der Geldbriefträger«

»Dienstbetrieb beim Stadt-Postamte in Berlin 1886«

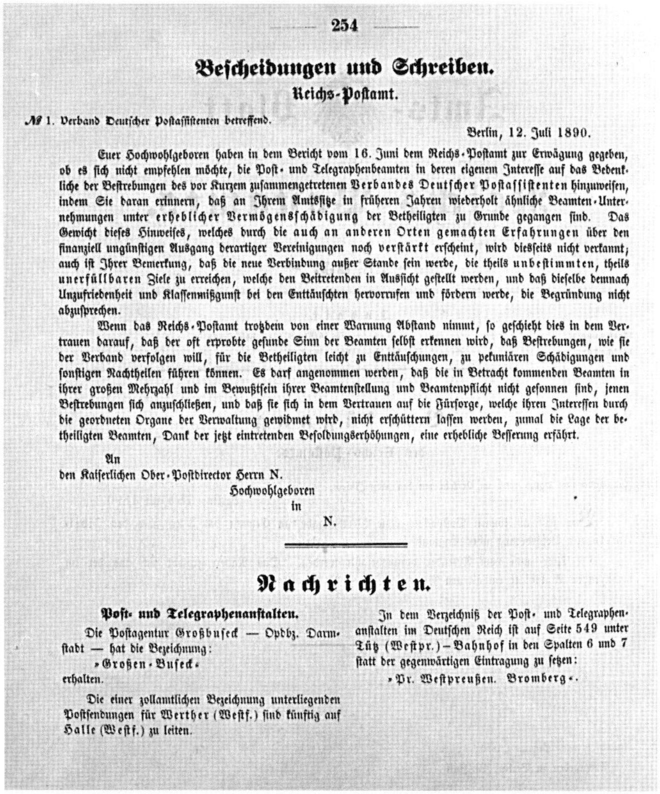

254

Bescheidungen und Schreiben.

Reichs-Postamt.

№ 1. Verband Deutscher Postassistenten betreffend.

Berlin, 12. Juli 1890.

Euer Hochwohlgeboren haben in dem Bericht vom 16. Juni dem Reichs-Postamt zur Erwägung gegeben, ob es sich nicht empfehlen möchte, die Post- und Telegraphenbeamten in deren eigenem Interesse auf das Bedenkliche der Bestrebungen des vor Kurzem zusammengetretenen Verbandes Deutscher Postassistenten hinzuweisen, indem Sie daran erinnern, daß an Ihrem Amtssitze in früheren Jahren wiederholt ähnliche Beamten-Unternehmungen unter erheblicher Vermögensschädigung der Betheiligten zu Grunde gegangen sind. Das Gewicht dieses Hinweises, welches durch die auch an anderen Orten gemachten Erfahrungen über den finanziell ungünstigen Ausgang derartiger Vereinigungen noch verstärkt erscheint, wird diesseits nicht verkannt; auch ist Ihrer Bemerkung, daß die neue Verbindung außer Stande sein werde, die theils unbestimmten, theils unerfüllbaren Ziele zu erreichen, welche den Beitretenden in Aussicht gestellt werden, und daß dieselbe demnach Unzufriedenheit und Klassenmißgunst bei den Enttäuschten hervorrufen und fördern werde, die Begründung nicht abzusprechen.

Wenn das Reichs-Postamt trotzdem von einer Warnung Abstand nimmt, so geschieht dies in dem Vertrauen darauf, daß der oft erprobte gesunde Sinn der Beamten selbst erkennen wird, daß Bestrebungen, wie sie der Verband verfolgen will, für die Betheiligten leicht zu Enttäuschungen, zu pekuniären Schädigungen und sonstigen Nachtheilen führen können. Es darf angenommen werden, daß die in Betracht kommenden Beamten in ihrer großen Mehrzahl und im Bewußtsein ihrer Beamtenstellung und Beamtenpflicht nicht gesonnen sind, jenen Bestrebungen sich anzuschließen, und daß sie sich in dem Vertrauen auf die Fürsorge, welche ihren Interessen durch die geordneten Organe der Verwaltung gewidmet wird, nicht erschüttern lassen werden, zumal die Lage der betheiligten Beamten, Dank der jetzt eintretenden Besoldungserhöhungen, eine erhebliche Besserung erfährt.

An
den Kaiserlichen Ober-Postdirector Herrn N.
Hochwohlgeboren
in
N.

Nachrichten.

Post- und Telegraphenanstalten.

Die Postagentur Großbuseck — Opdbz. Darmstadt — hat die Bezeichnung:

»Großen-Buseck«

erhalten.

Die einer zollamtlichen Bezeichnung unterliegenden Postsendungen für Werther (Westf.) sind künftig auf Halle (Westf.) zu leiten.

In dem Verzeichniß der Post- und Telegraphenanstalten im Deutschen Reich ist auf Seite 549 unter Tütz (Westpr.)–Bahnhof in den Spalten 6 und 7 statt der gegenwärtigen Eintragung zu setzen:

»Pr. Westpreußen. Bromberg«.

367

Amts-Blatt des Reichs-Postamts.

— № 59. —

Inhalt.

Bescheidungen: vom 8. Dezember 1890. Verband deutscher Postassistenten.

Bescheidungen und Schreiben.

Reichs-Postamt.

№ 3. Verband deutscher Postassistenten.

Berlin, 8. Dezember 1890.

Im Hinblick auf die Gesichtspunkte, welche in der durch das Amtsblatt Nr. 35 veröffentlichten Bescheidung vom 12. Juli d. J. (S. 254) dargelegt worden sind, kann das Reichs-Postamt es nur billigen, daß die Vorsteher von Verkehrsanstalten des dortigen Bezirks es abgelehnt haben, die ihnen vom Vorstande des Verbandes deutscher Postassistenten unter entsprechendem Ersuchen übersandten Nummern der Verbands-Zeitschrift zur Kenntniß der nachgeordneten Beamten zu bringen. Sofern noch an andere Amtsvorsteher ein derartiges Ansinnen gestellt werden sollte, würde es den diesseitigen Absichten völlig entsprechen, wenn die betreffenden Zeitungsnummern an die Absender zurückgesandt würden, da es nicht statthaft ist, daß die amtlichen Organe der Reichs-Post- und Telegraphenverwaltung in agitatorischer Weise für Privatzwecke in Anspruch genommen werden.

An
den Kaiserlichen Ober-Postdirector Herrn N.
Hochwohlgeboren
in
N.

Amtsbl. d. Reichs-Postamts f. 1890. 88

Ausgegeben zu Berlin, 13. Dezember.

Stellungnahmen des Reichspostamtes betr. den Verband deutscher Postassistenten vom 12. Juli und 8. Dezember 1890. Der 1890 gegründete Verband deutscher Postassistenten war der erste Personalverband im Bereich der Post.

— 215 —

Amts-Blatt des Reichs-Postamts.

— Nr. 37. —

Inhalt.

Berlin, 25. Juni 1898.

Wiederholt ist neuerdings der Versuch gemacht worden, Angehörige der Reichs-Post- und Telegraphenverwaltung für die Bestrebungen der Sozialdemokratie zu gewinnen; auch sind mehrere Fälle zu meiner Kenntniß gelangt, in denen außerhalb der Verwaltung stehende Agitatoren in Versammlungen von Beamten das Wort geführt haben, um Unzufriedenheit zu erregen, die Maßnahmen der Behörden in gehässiger Weise zu kritisiren und Zwietracht unter den verschiedenen Beamtenkategorien zu säen.

Wenngleich ich überzeugt bin, daß der Geist der Pflichttreue in der Beamtenschaft auch für die Zukunft ein Bollwerk gegen das Eindringen sozialdemokratischer Bestrebungen bilden wird, so halte ich es doch für meine Pflicht, ausdrücklich darauf hinzuweisen, daß — wie ich bereits im Reichstag erklärt habe — jede Betheiligung an sozialdemokratischen Bestrebungen mit den durch den Diensteid gelobten Amtspflichten unvereinbar ist, und daß deshalb Beamte, die derartigen Anschauungen Ausdruck geben, nicht im Dienst geduldet werden können.

Unstatthaft ist es ferner, daß gewerbsmäßigen Agitatoren in Beamtenversammlungen Gelegenheit geboten wird, durch aufreizende, die Organe der Reichsregierung und insbesondere die vorgesetzten Dienstbehörden herabsetzende Reden die Einmüthigkeit vertrauensvollen Zusammenarbeitens und die Arbeitsfreudigkeit in der Beamtenschaft zu untergraben. Wer sich

Amtsbl. d. Reichs-Postamts f. 1898. 50

Ausgegeben zu Berlin, 26. Juni.

— 216 —

durch solche Agitation beeinflussen läßt, kann nicht erwarten, daß ihm das Vertrauen geschenkt wird, das für die Verwendung in verantwortlicheren Stellungen unerläßlich ist.

Es ist die Pflicht der einsichtsvolleren Elemente in den einzelnen Beamtenklassen, allen die Dienstzucht lockernden und die Interessen des Standes schädigenden Einflüssen energisch entgegenzuwirken und in ihren Kreisen mit allem Ernste dafür einzutreten, daß der Beamtenschaft das gegenseitige Vertrauen und die Berufsfreudigkeit erhalten bleiben, die zur Lösung der großen und wichtigen Aufgaben der Reichs-Post- und Telegraphenverwaltung unentbehrlich sind. —

Dieser Erlaß ist durch die Vorsteher der Verkehrsanstalten persönlich sämmtlichen Beamten und Unterbeamten, neu Eintretenden nach der Vereidigung, gegen Anerkenntniß bekannt zu geben.

von Podbielski.

Herausgegeben vom Reichs-Postamt.

Berlin, gedruckt in der Reichsdruckerei.

Erlaß des Staatssekretärs des Reichspostamtes, Victor von Podbielski, vom 25. Juni 1898.
Jede Beteiligung an sozialdemokratischen Bestrebungen war verboten; Beamte, die solche Anschauungen vertraten, waren zu entlassen.

299

Amts-Blatt des Reichs-Postamts.

Nr. 51.

Berlin, 15. September 1898.

Die Wochenschrift »Deutscher Postbote«, die von einem aus dem Dienste entlassenen Postassistenten herausgegeben wird, hat mehr und mehr eine Haltung angenommen, die geeignet ist, bei den Unterbeamten das Vertrauen zu den Vorgesetzten zu erschüttern und Unzufriedenheit mit dem gewählten Lebensberufe zu erregen. Unter der Angabe, die Interessen der Unterbeamten zu vertreten, reizt sie diese zu einem agitatorischen Vorgehen gegen die Verwaltung auf.

Eins der Hauptziele meiner Amtsthätigkeit ist es, für das Wohl meiner Untergebenen zu wirken. Dafür beanspruche ich aber auch volles Vertrauen zu mir und zu meiner Verwaltung und Fernhalten von den durch den »Deutschen Postboten« angeregten Bestrebungen, die in keiner Weise geeignet sind, den Unterbeamten die Erfüllung ihrer Wünsche zu bringen.

Ich sehe mich deshalb veranlaßt, vor dem »Deutschen Postboten« ausdrücklich zu warnen, und hoffe, daß die Unterbeamten sich fernerhin der Unterstützung jenes Blattes enthalten werden.

Das Lesen eines Fachblatts, das den Unterbeamtenstand berührende Fragen in sachgemäßer und nicht verhetzender Weise erörtert, soll selbstverständlich keinem Unterbeamten verwehrt sein.

Dieser Erlaß ist durch die Vorsteher der Verkehrsanstalten persönlich sämmtlichen Unterbeamten gegen Anerkenntniß bekannt zu geben.

von Podbielski.

Herausgegeben vom Reichs-Postamt.

Berlin, gedruckt in der Reichsdruckerei.

Amtsbl. d. Reichs-Postamts f. 1898. 71

Ausgegeben zu Berlin, 15. September.

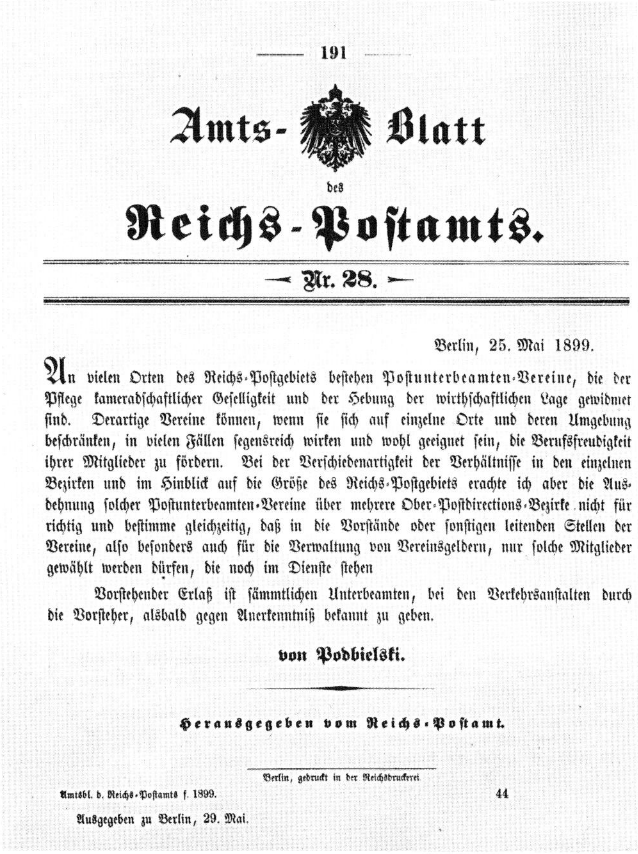

191

Amts-Blatt des Reichs-Postamts.

Nr. 28.

Berlin, 25. Mai 1899.

An vielen Orten des Reichs-Postgebiets bestehen Postunterbeamten-Vereine, die der Pflege kameradschaftlicher Geselligkeit und der Hebung der wirthschaftlichen Lage gewidmet sind. Derartige Vereine können, wenn sie sich auf einzelne Orte und deren Umgebung beschränken, in vielen Fällen segensreich wirken und wohl geeignet sein, die Berufsfreudigkeit ihrer Mitglieder zu fördern. Bei der Verschiedenartigkeit der Verhältnisse in den einzelnen Bezirken und im Hinblick auf die Größe des Reichs-Postgebiets erachte ich aber die Ausdehnung solcher Postunterbeamten-Vereine über mehrere Ober-Postdirections-Bezirke nicht für richtig und bestimme gleichzeitig, daß in die Vorstände oder sonstigen leitenden Stellen der Vereine, also besonders auch für die Verwaltung von Vereinsgeldern, nur solche Mitglieder gewählt werden dürfen, die noch im Dienste stehen

Vorstehender Erlaß ist sämmtlichen Unterbeamten, bei den Verkehrsanstalten durch die Vorsteher, alsbald gegen Anerkenntniß bekannt zu geben.

von Podbielski.

Herausgegeben vom Reichs-Postamt.

Berlin, gedruckt in der Reichsdruckerei.

Amtsbl. d. Reichs-Postamts f. 1899. 44

Ausgegeben zu Berlin, 29. Mai.

Warnende Stellungnahmen von Podbielskis vom 15. September 1898 und vom 25. Mai 1899 betr. die Zeitschrift »Der Postbote« und die »Postunterbeamtenvereine«

Nr. 4. Berlin, Donnerstag, 27. Januar 1870. 2. Jahrgang.

Norddeutsche Post.

Erscheint jeden Donnerstag.

Abonnementspreis: 15 Sgr. pro Quartal, die einzelne Nummer 2½ Sgr.

Zu beziehen durch die deutschen Post-Anstalten, sowie durch alle Buchhandlungen des In- und Auslandes durch Vermittelung der Verlagshandlung von Fr. Kortkampf, Berlin, Wilhelmstr. 84, sowie in Berlin durch die Zeitungs-Speditionen von C. Lumpe, Kurstr. 23, Th. Thiele, Linienstr 66 und durch die Expedition der „Norddeutschen Post", Brunnenstr. 31.

Insertionspreis: Für die gespaltene Petitzeile oder deren Raum 3 Sgr.

Inserate werden in der Expedition, Brunnenstr. 31, ferner durch die Verlagshandlung von Fr. Kortkampf, Wilhelmstr 84 und durch das Inseraten-Bureau der Herren Haasenstein & Vogler in Hamburg, Berlin, Leipzig, Stuttgart, Frankfurt a. M., Zürich, Wien, Basel, Genève, und R. Mosse in Berlin, München, Hamburg und Wien angenommen.

Es vermitteln Inserate und Abonnements außerdem für Berlin Herr W. Bachmann, Andreasstr. 21, für Breslau Herr A. Hauser, Brüderstraße 9.

Blätter über Verkehrswesen für Jedermann, insbesondere für Post-, Telegraphen- und Eisenbahn-Beamte, sowie für Freunde der Volkswirthschaft.

Herr General-Postdirector v. Philipsborn gegenüber der Petition der Berliner Post-Secretaire.

Die Post-Secretaire Berlins beabsichtigen in nächster Zeit, eine neue Versammlung zu berufen, um in derselben über die Fassung der jetzt dem Reichstag zu unterbreitenden Petition zu berathen, event. Beschluß zu fassen, da ihre dem Herrn General-Postdirector überreichte Bittschrift unbeantwortet geblieben ist. Es giebt uns dies Veranlassung, nunmehr mit einigen Worten das Verhalten des General-Postdirectors, Herrn von Philipsborn, zu dieser bereits vielfach besprochenen Angelegenheit zu erwähnen.

In Nr. 28 unserer Zeitung pro 1869 machten wir in einem Artikel auf das Mißverhältniß aufmerksam, welches hinsichtlich der finanziellen Lage zwischen den in Berlin und den in allen übrigen Städten des Norddeutschen Bundesgebietes angestellten Post-Secretairen besteht. Kurze Zeit darauf machten sich die hiesigen Post-Secretaire in einer Versammlung fast einstimmig über die in dieser Angelegenheit zu thuenden Schritte schlüssig und überreichten durch eine Deputation, bestehend aus drei Post-Secretairen, dem Herrn General-Postdirector Anfangs December v. J. eine Petition, in welcher die mißlichen Verhältnisse der finanziellen Stellung der hiesigen Post-Secretaire eingehend geschildert und die Gründe, welche unabweislich behufs Verbesserung dieser Mißverhältnisse eine Ortszulage von mindestens je 150 Thlr. jährlich erfordern, dargelegt waren.

Die Petition wurde vom Herrn von Philipsborn persönlich entgegengenommen, ohne daß jedoch dem Vernehmen nach Letzterer bei dieser Gelegenheit irgend welche Andeutung darüber gemacht hätte, ob eine derartige Petition auf irgend einen Erfolg zu rechnen habe oder nicht, oder ob vielleicht in nächster Zeit eine allgemeine, endlich einmal durchgreifende Gehaltsaufbesserung zu erwarten sei.

Ein solch stummes Entgegennehmen einer Petition läßt sich vielleicht einerseits, wenngleich der Annehmende wahrscheinlich schon im Voraus von dem Einbringen derselben durch die öffentlichen Blätter ꝛc. in Kenntniß gesetzt gewesen war und so auf eine Antwort vorbereitet sein konnte, vom diplomatischen Standpunkt aus billigen, andererseits mußte aber jedenfalls auf diese Petition eine schriftliche Antwort erwartet werden. Fast sind zwei Monate vergangen, und Herr v. Philipsborn, rühmlich genug bekannt, daß er mit der äußersten Strenge auf die prompte und sofortige Erledigung aller in seinem Ressort vorkommenden Angelegenheiten hält, hat sich bis zum heutigen Tage noch nicht gemüßigt gefunden, irgend welche Antwort auf die von den hiesigen Post-Secretairen eingereichte Petition zu ertheilen.

Inzwischen sind jedoch die Weihnachts-Gratifikationen, und zwar in bei weitem größerem Umfange als in den Vorjahren zur Vertheilung gelangt; es sind plötzlich eine größere Anzahl Gehaltserhöhungen, rückwirkend auf die letztvergangenen drei Monate an Post-Secretaire verfügt worden, welche ganz unstreitig einem großen Theile derselben unerwartet waren. Ober-Post-Secretairen sind widerrufliche Functions-Zulagen (bis zum Betrage von 200 Thlr.) plötzlich wider Erwarten in Gehalts-Zulagen umgewandelt worden ꝛc. Endlich tauchte in neuester Zeit das mit ziemlicher Bestimmtheit verbreitete, und soweit wir unterrichtet sind, nicht unbegründete Gerücht auf, daß die Maximal-Sätze der Gehälter für Ober-Post-Secretaire, Post-Secretaire und Post-Expedienten um je 200 Thaler von 1871 ab erhöht werden sollen. Wir haben von diesem Allen in unserer Zeitschrift Act genommen und haben unsere Ansicht nicht verhehlt, daß alle diese Gehaltsverbesserungen zum größten Theil wohl in Folge der Petition der hiesigen Post-Secretaire geschehen sind. Es dürfte dies jedoch auch theilweise, wie eine stets sehr gut unterrichtete Zeitung mittheilt, mehr einer höheren Anordnung, als dem Herrn von Philipsborn zu danken sein, da sich herausgestellt haben soll, daß pro 1869 große Ersparnisse in den Besoldungen Seitens der Postverwaltung erzielt worden sind.

Alle jene Gehalts-Verbesserungen sind seit Eingang der Petition erfolgt — aber die Antwort auf letztere ist bis jetzt ausgeblieben.

Wird dieselbe noch erfolgen, oder ist die Petition einfach ad acta gelegt worden, und somit eine Antwort nicht mehr zu erwarten? Wir müssen leider, obwohl wir uns mit schwerem Herzen dazu entschließen und vor Kurzem noch das Gegentheil anderen Zeitungsnotizen gegenüber behaupteten, das Letztere glauben. Wäre eine Antwort beabsichtigt gewesen, so hätte sie bereits erfolgen müssen; ein acht Wochen langes Schweigen ist wohl nicht anders zu definiren, als „unbeantwortet" lassen.

Wenn nun das Letzte richtig ist (und die hiesigen Post-Secretaire fassen dies bereits als das Richtige auf), was kann Herrn von Philipsborn zu einer derartigen Behandlung einer ihm überreichten Denkschrift veranlaßt haben?

Ausgabe der »Norddeutschen Post« vom 27. Januar 1870. Stellungnahme des Leiters der Norddeutschen Bundespost, von Philipsborn, zur Petition der Berliner Postsekretäre

Deutsche Post.

Erscheint jeden Donnerstag.

Abonnementspreis: 15 Sgr. pro Quartal, die einzelne Nummer 2½ Sgr.

Zu beziehen durch die deutschen Post-Anstalten, sowie durch alle Buchhandlungen des In- und Auslandes, in Berlin durch die Zeitungs-Speditionen von C. Lumpe, Kurstraße Nr. 23, Th. Thiele, Linienstraße Nr. 66, und durch die Expedition der „Deutschen Post", Brunnenstraße Nr. 31.

Insertionspreis: Für die dreigespaltene Petit-Zeile oder deren Raum 3 Sgr.

Inserate werden in der Expedition, Brunnenstraße Nr. 31. und durch die Inseraten-Bureaux der Herren Haasenstein & Vogler in Hamburg, Berlin, Leipzig, Stuttgart, Frankfurt a. M., Zürich, Wien, Basel, Genève, Herrn C. Cohnfeld, Neue Promenade Nr. 7, H. Albrecht, Friedrichstraße Nr. 74, und Rudolf Mosse in Berlin angenommen.

Es vermittelt Inserate und Abonnements außerdem für Breslau Herr A. Hauser, Brüderstraße Nr. 9.

Blätter über Verkehrswesen für Jedermann.

№ 36. Donnerstag, den 5. September 1872. 4. Jahrgang.

Die Petition der Berliner Postamts-Assistenten an den Herrn General-Post-Director Stephan.

Die Postamts-Assistenten Berlins haben sich kürzlich in einer Collectiv-Eingabe, in der sie um Erhöhung ihres Gehaltes bis auf 800 Thlr. (welcher Betrag nach der detaillirter Angabe in der Petition, den Kosten eines Hausstandes in Berlin entspräche), baten, an das General-Postamt gewandt und diese Petition durch eine Deputation von vier Mann dem Herrn General-Post-Director Stephan überreichen lassen. Wir waren schon früher von den Schritten der hiesigen Postamts-Assistenten unterrichtet, glaubten indessen nach dem Wunsche der Betheiligten, die dies für Erreichung ihrer Absichten nothwendig erachteten, diese Angelegenheit der öffentlichen Besprechung entziehen zu müssen, unsere Interessen hierbei dem Wohle der Beamten nachstellend, dessen Förderung in jeder Beziehung der ausgesprochene Zweck unserer Zeitung ist. Nachdem jedoch bereits in andere Zeitungen zum Theil ganz entstellte Nachrichten über den Verlauf dieser Angelegenheit gedrungen sind, liegt kein Grund mehr vor, ferner zu schweigen. Wir lassen daher das Thatsächliche hier folgen:

In Berlin macht sich der Wegfall einer Ortszulage für die Postamts-Assistenten besonders empfindlich bemerkbar. Häufig kommt der Fall vor, daß ein Post-Secretair und ein Postamts-Assistent von gleichem Dienstalter an einem Tische zusammen arbeiten, von denen der Erstere ein Gehalt von 7- bis 800 Thlr. bezieht, während der Letztere ein Einkommen von 300 bis 350 Thlr. hat. Hierzu kam die Unzufriedenheit der älteren Postamts-Assistenten, denen die Wohlthaten, welche ihnen die Anstellung als Postsecretair bringt, nach den Bestimmungen des Reglements erst in mehreren Jahren in Aussicht standen. Es bestand daher schon längst eine Bewegung unter denselben, welche bezweckte, auf dem Wege der Petition einen andere Regulirung der Gehaltssätze anzustreben. Diese Bewegung fand ihren Ausdruck in der kürzlich an den Herrn General-Post-Director Stephan gerichteten Collectiv-Eingabe, welche mit 142 Unterschriften bedeckt, durch vier Deputirte demselben überreicht wurde.

Der Herr General-Post-Director Stephan empfing die Deputirten im Beisein des Herrn Geh. Ober-Post-Rath Dunkel, des Herrn Ober-Post-Director Sachße und zweier Beamten aus dem Generalpostamte, von welchen Letzteren der Eine die weiteren Hergänge in einem Protokoll niederschrieb. Nachdem auf Befehl des Herrn General-Post-Directors die Eingabe von dem Aeltesten der Deputirten vorgelesen war, entgegnete derselbe in einer längeren Ansprache zunächst Folgendes:

Er müsse ein derartiges Vorgehen, hinweisend auf die Amtsblatts-Verfügung des Reichskanzleramts, nach welcher Collectiv-Eingaben unstatthaft wären, für dienstwidrig, dem Geiste des Instituts nach, an dessen Spitze er stehe, für unpassend und endlich seinen vielseitig anerkannten Bemühungen um Förderung des Wohles seinen Beamten gegenüber für undankbar erklären.

Demnächst ging derselbe auf die einzelnen Punkte der Petition näher ein, bezeichnete mehrere als unzutreffend, hob die Vortheile, welche den Postamts-Assistenten aus dem neuen Reglement, ihrer früheren Stellung gegenüber, erwachsen, hervor und betonte endlich, daß die Postbehörde über die Lage ihrer Untergebenen sehr genau unterrichtet und unausgesetzt bestrebt sei, dieselbe in jeder erreichbaren Weise zu verbessern. Ein Beweis hierfür sei, daß das General-Postamt bereits eine allgemeine Gehaltsaufbesserung der Postamts-Assistenten für das nächste Etatsjahr, d. h. 1874 beschlossen habe, von welcher er zuversichtlich hoffe, daß ihr im Reichskanzleramte die Genehmigung nicht versagt bleiben werde. Durch solche Schritte, wie die der Massenpetition der Postamts-Assistenten, würden allerdings seine Bemühungen nur erschwert. Hierauf wurde die Deputation entlassen.

Dies der objective Thatbestand. Wir enthalten uns aller Reflection, da wir uns nicht der Hoffnung verschließen können, daß der Herr General-Post-Director über das Versprochene noch etwas hinausgehen wird. Die Nachricht der Vossischen Zeitung, daß der Herr General-Post-Director die Deputation noch einmal zurückgerufen, das Gesagte zurückgenommen, sowie daß er einen Zweifel an der Richtigkeit der Unterschriften ausgesprochen und endlich mit einer Strafversetzung gedroht habe, ist selbstredend unrichtig. Ebenso auch ist die Nachricht der Staatsbürger-Zeitung, nach welcher der Herr General-Post-Director die Deputation ermahnt habe, der Presse keine Mittheilungen zu machen, ungenau. Ein derartiger Wunsch ist den Deputirten allerdings, indessen von anderer Seite, zu verstehen gegeben worden.

Ein Börsenschwindel.

Die 3 Milliarden Franken (oder 800 Mill. Thlr. oder 120 Mill. Lst.), welche Frankreich soeben geliehen erhalten hat, bilden das größte Anlehen, das je aufgenommen worden ist. 41 Milliarden sind darauf gezeichnet worden, eine Summe, die unerhört in der Geschichte ist und unsern Journalisten, Politikern und National-Oekonomen großes Kopfzerbrechen verursacht. Es ist unzweifelhaft richtig, daß Frankreich ein wohlhabendes Land war und wieder werden kann, es also eine Summe von 5 M. Fr. wohl aufzubringen vermag, allein aus dem Aermel kann man solche Summen nicht schütteln.

Ausgabe der »Deutschen Post« vom 5. September 1872 mit Abdruck der Petition der Berliner Postamts-Assistenten

Deutsche Postzeitung

Das Wort sei frei, Das Herze treu.

Einig und gleich, Treu Kaiser und Reich.

Organ des Verbandes Deutscher Post- und Telegraphen-Assistenten.

Verantwortlicher Redakteur: A. Hubrich in Berlin. Verlag: F. Funk in Berlin. — Erscheint am 1. und 16. jedes Monats. — Bezug: Durch die Post, durch die Geschäftsstelle der „Deutschen Postzeitung", Berlin, C. Münzstr. 20 oder durch den Buchhandel (Kommissionsverlag R. F. Funcke, Berlin, SO. Köpenickerstr. 114). — Bezugspreis: Durch die Post, die Geschäftsstelle oder den Buchhandel vierteljährlich 2 M. Einzelne Nummern 35 Pf. — Anzeigen: Die viergespaltene Petitzeile 30 Pf.; bei Wiederholungen Rabatt. — Fernsprech-Anschluß: Amt VII, 3126.

Sämmtliche Zuschriften sind an die Schriftleitung der „Deutschen Postzeitung" in Berlin, C. Münzstr. 20, zu richten.

Nummer 7. Berlin, 1. April 1898. IX. Jahrgang.

Beschäftigung von Frauen im Reichs-Post- und Telegraphendienst.

Nachdem mit der Verwendung von weiblichen Personen im Fernsprechdienst seit einer Reihe von Jahren günstige Erfahrungen gemacht worden sind, sollen, einem Erlaß des Herrn Staatssekretärs des Reichs-Postamts vom 22. Februar 1898 zufolge, fortan weibliche Kräfte auch im Post- und Telegraphendienst versuchsweise in größerem Umfange als bisher zur Beschäftigung zugelassen werden. Hierbei dienen folgende Grundsätze als Richtschnur.

I. Bei Postämtern III. Klasse können die Vorsteher ermächtigt werden, an Stelle von Postgehülfen weibliche ortsangesessene Personen als Gehülfinnen anzunehmen. Die Einstellung weiblicher Kräfte wird sich auch bei solchen Postämtern III empfehlen, bei denen nur während des Sommers die Verstärkung des Personals nothwendig ist. Die Anzunehmenden müssen gesund, rüstig, von entstellenden Gebrechen frei, unbescholten und mindestens 16 Jahre alt sein und eine angemessene Schulbildung nachweisen können. Von der Festsetzung einer oberen Altersgrenze wird abgesehen. Die Ermittelung, Annahme und Entlassung der Gehülfinnen ist Sache der Postverwalter. Letzteren wird angerathen, in erster Linie ihre eigenen Angehörigen und solche Verwandte zu berücksichtigen, die im Hause des Vorstehers Wohnung und Beköstigung erhalten können; in Ermangelung solcher Personen würde auf geeignete Ortsangehörige zurückzugehen sein. Von der Annahme einer Gehülfin ist der Ober-Postdirektion unter Vorlegung der Standesliste Anzeige zu erstatten. Die Ober-Postdirektionen führen über die angenommenen Gehülfinnen ein stets auf dem Laufenden zu haltendes Verzeichniß, dem die Standeslisten beigefügt werden; Personalakten werden über die Gehülfinnen nicht angelegt. Die Aufsichtsbeamten werden sich bei Gelegenheit davon Ueberzeugung verschaffen, ob die Gehülfinnen den Anforderungen entsprechen; ungeeignete Personen sind auf Bestimmung der Ober-Postdirektion zu entlassen. Die Gestellung einer Kaution ist nicht zu beanspruchen.

Die Gehülfinnen verrichten die ihnen übertragenen Dienstgeschäfte unter Verantwortlichkeit des Vorstehers. Im Uebrigen finden auf das Dienstverhältniß der Gehülfinnen die im Anhang zu Abschn. X Abth. 2 (§§ 346 ff.) für die Schreibhülfen gegebenen Vorschriften sinngemäß Anwendung. Ebenso gelten für die Ausbildung der Gehülfinnen im Telegraphendienst, sowie bei Erkrankungen die für Schreibhülfen bestehenden Bestimmungen; die Gehülfinnen müssen mithin der Krankenkasse beitreten. Bei Erkrankungen kann im Falle des Bedürfnisses ein Vertreter für Rechnung der Postkasse eingestellt werden, wogegen die Vergütung des Vorstehers um den auf die Krankheitsdauer entfallenden Theilbetrag der Vergütung gekürzt wird. Der Höchstbetrag der den Vorstehern auf die Unterhaltung einer vollbeschäftigten Gehülfin zu gewährenden Vergütung ist auf 500 M. festgesetzt.

Soll eine Gehülfin auch zur Vertretung des Amtsvorstehers im Telegraphendienst zugelassen werden, so hat sie zunächst den vollständigen Nachweis der Befähigung zur Wahrnehmung des technischen Telegraphendienstes bei einem vereinigten Verkehrsamte zu führen.

Zur Verrichtung des Nachtdienstes sind Gehülfinnen thunlichst nicht heranzuziehen; Bahnhofsdienst darf ihnen in keinem Falle übertragen werden.

Bei einem und demselben Amte können mehrere Gehülfinnen beschäftigt werden; die gleichzeitige Beschäftigung von Postgehülfen oder Assistenten und Gehülfinnen ist zu vermeiden. Eine Ausnahme würde nur bei einer Erkrankung oder Beurlaubung des Vorstehers zuzulassen sein.

II. Bei Postämtern I und Bahnpostämtern können weibliche Personen zur Beschäftigung im Amtszimmer, jedoch nur zur Bedienung von Schreibmaschinen zugelassen werden. Sie führen den Titel „Postgehülfin". Zu Postgehülfinnen sind wohlerzogene Mädchen oder kinderlose Wittwen aus achtbarer Familie im Alter von 18 bis 30 Jahren anzunehmen. Sie müssen richtig und gewandt deutsch sprechen und schreiben können, im Uebrigen den im § 19 zu 1 und 2 Abschn. X Abth. 1 der A. D. A. ge-

Ausgabe der »Deutschen Postzeitung« vom 1. April 1898. Zeitschrift des 1890 gegründeten Verbandes deutscher Postassistenten, 1891 umbenannt in Verband deutscher Post- und Telegraphen-Assistenten

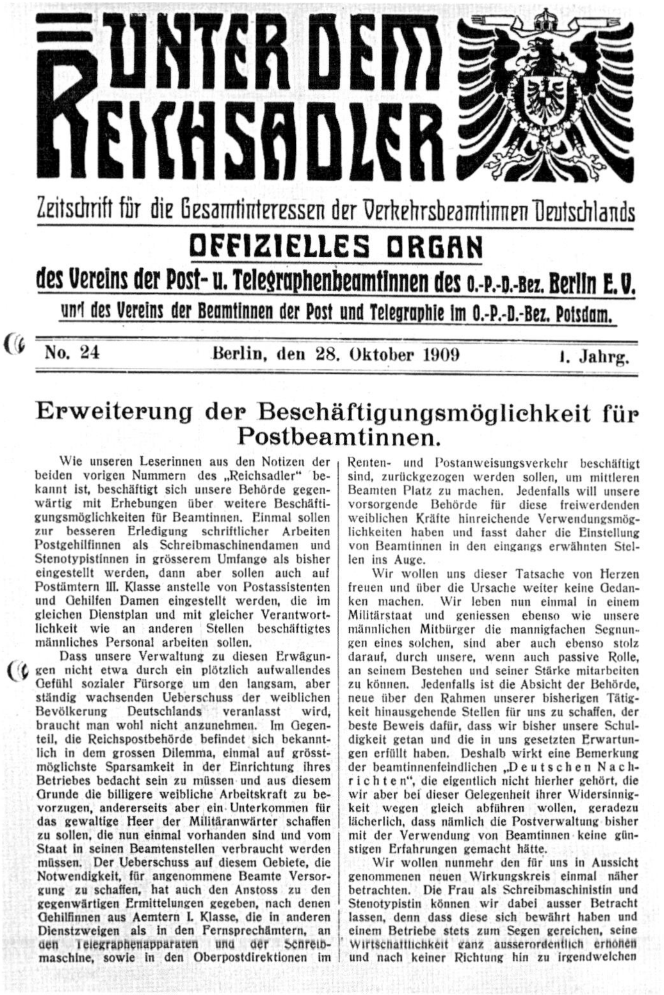

Unter dem Reichsadler

Zeitschrift für die Gesamtinteressen der Verkehrsbeamtinnen Deutschlands

OFFIZIELLES ORGAN

des Vereins der Post- u. Telegraphenbeamtinnen des O.-P.-D.-Bez. Berlin E. V.

und des Vereins der Beamtinnen der Post und Telegraphie im O.-P.-D.-Bez. Potsdam.

No. 24 Berlin, den 28. Oktober 1909 I. Jahrg.

Erweiterung der Beschäftigungsmöglichkeit für Postbeamtinnen.

Wie unseren Leserinnen aus den Notizen der beiden vorigen Nummern des „Reichsadler" bekannt ist, beschäftigt sich unsere Behörde gegenwärtig mit Erhebungen über weitere Beschäftigungsmöglichkeiten für Beamtinnen. Einmal sollen zur besseren Erledigung schriftlicher Arbeiten Postgehilfinnen als Schreibmaschinendamen und Stenotypistinnen in grösserem Umfange als bisher eingestellt werden, dann aber sollen auch auf Postämtern III. Klasse anstelle von Postassistenten und Gehilfen Damen eingestellt werden, die im gleichen Dienstplan und mit gleicher Verantwortlichkeit wie an anderen Stellen beschäftigtes männliches Personal arbeiten sollen.

Dass unsere Verwaltung zu diesen Erwägungen nicht etwa durch ein plötzlich aufwallendes Gefühl sozialer Fürsorge um den langsam, aber ständig wachsenden Ueberschuss der weiblichen Bevölkerung Deutschlands veranlasst wird, braucht man wohl nicht anzunehmen. Im Gegenteil, die Reichspostbehörde befindet sich bekanntlich in dem grossen Dilemma, einmal auf grösstmöglichste Sparsamkeit in der Einrichtung ihres Betriebes bedacht sein zu müssen und aus diesem Grunde die billigere weibliche Arbeitskraft zu bevorzugen, andererseits aber ein Unterkommen für das gewaltige Heer der Militäranwärter schaffen zu sollen, die nun einmal vorhanden sind und vom Staat in seinen Beamtenstellen verbraucht werden müssen. Der Ueberschuss auf diesem Gebiete, die Notwendigkeit, für angenommene Beamte Versorgung zu schaffen, hat auch den Anstoss zu den gegenwärtigen Ermittelungen gegeben, nach denen Gehilfinnen aus Aemtern I. Klasse, die in anderen Dienstzweigen als in den Fernsprechämtern, an den Telegraphenapparaten und der Schreibmaschine, sowie in den Oberpostdirektionen im Renten- und Postanweisungsverkehr beschäftigt sind, zurückgezogen werden sollen, um mittleren Beamten Platz zu machen. Jedenfalls will unsere vorsorgende Behörde für diese freiwerdenden weiblichen Kräfte hinreichende Verwendungsmöglichkeiten haben und fasst daher die Einstellung von Beamtinnen in den eingangs erwähnten Stellen ins Auge.

Wir wollen uns dieser Tatsache von Herzen freuen und über die Ursache weiter keine Gedanken machen. Wir leben nun einmal in einem Militärstaat und geniessen ebenso wie unsere männlichen Mitbürger die mannigfachen Segnungen eines solchen, sind aber auch ebenso stolz darauf, durch unsere, wenn auch passive Rolle, an seinem Bestehen und seiner Stärke mitarbeiten zu können. Jedenfalls ist die Absicht der Behörde, neue über den Rahmen unserer bisherigen Tätigkeit hinausgehende Stellen für uns zu schaffen, der beste Beweis dafür, dass wir bisher unsere Schuldigkeit getan und die in uns gesetzten Erwartungen erfüllt haben. Deshalb wirkt eine Bemerkung der beamtinnenfeindlichen „Deutschen Nachrichten", die eigentlich nicht hierher gehört, die wir aber bei dieser Gelegenheit ihrer Widersinnigkeit wegen gleich abführen wollen, geradezu lächerlich, dass nämlich die Postverwaltung bisher mit der Verwendung von Beamtinnen keine günstigen Erfahrungen gemacht hätte.

Wir wollen nunmehr den für uns in Aussicht genommenen neuen Wirkungskreis einmal näher betrachten. Die Frau als Schreibmaschinistin und Stenotypistin können wir dabei ausser Betracht lassen, denn dass diese sich bewährt haben und einem Betriebe stets zum Segen gereichen, seine Wirtschaftlichkeit ganz ausserordentlich erhöhen und nach keiner Richtung hin zu irgendwelchen

Die Zeitschrift »Unter dem Reichsadler« widmete sich speziell den Anliegen der Frauen im Postdienst

Dem Postillion
Gustav Manzke II
der Posthalterei in Berlin
ist für geschicktes Fahren eine
Ehrenpeitsche
verliehen und gegenwärtige Aus-
fertigung hierüber erteilt worden.
Berlin C2, den 4. Dezemb. 1913.
Kaiserliche Ober-Postdirektion

Verleihung einer Ehrenpeitsche an den Postillion G. Manzke, 4. Dezember 1913

Fahne des Postunterbeamtenvereins Berlin-Südwest, 1905

Fahne des Postunterbeamtenvereins Berlin-Südwest, 1897

Reklameschild »Reichs-Post-Bitter«, vor 1918

Potsdamer Bahnhof, Berlin, 1896.
Beim Potsdamer Bahnhof war das Bahnpostamt Nr. 1 untergebracht.

Anhalter Bahnhof, Berlin, 1910.
Beim Anhalter Bahnhof war das Bahnpostamt Nr. 2 untergebracht.

Stettiner Bahnhof, Berlin, 1903.
Beim Stettiner Bahnhof befand sich das Bahnpostamt Nr. 3.

Frankfurter Bahnhof, Berlin, um 1870.
Beim Frankfurter Bahnhof befand sich das Bahnpostamt Nr. 4.

Postverladung im Anhalter Bahnhof, um 1910; Gemälde von Otto Antoine (1865–1951)

Aufbahrung Stephans im Lichthof des Reichspostmuseums, 1897; Gemälde von Ludwig Dettmann (1865–1944)

Fernsprechamt, Stettin, 1893

Amt Zentrum, Berlin, um 1910

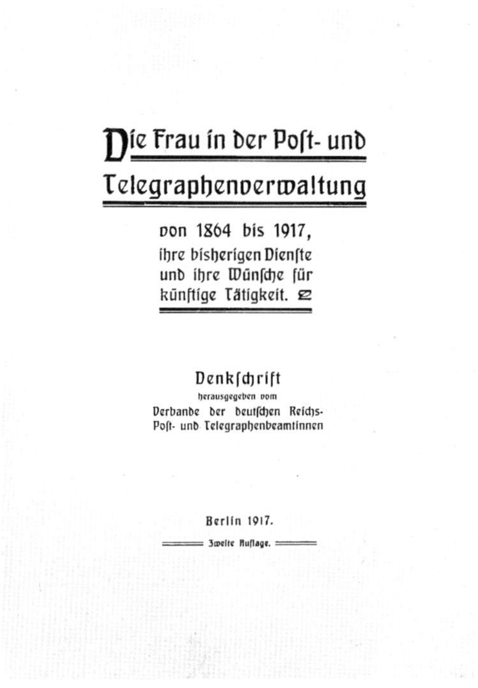

Die Frau in der Poſt- und Telegraphenverwaltung

von 1864 bis 1917,
ihre bisherigen Dienſte
und ihre Wünſche für
künftige Tätigkeit.

Denkſchrift
herausgegeben vom
Verbande der deutſchen Reichs-
Poſt- und Telegraphenbeamtinnen

Berlin 1917.

Zweite Auflage.

Denkschrift zur Rolle der Frau in der Reichs-Post- und Telegraphenverwaltung, 1917

Fernsprechamt Wilhelm, Charlottenburg, 1912

Der Spandauer Stephansbote auf seinen Gängen zwischen den Havelorten.
Nach dem Leben von C. Koch.

Briefträger der Kaiserlichen Reichspost auf den gefrorenen Havelseen

Post und Politik 1933–1945

D-UDAS
WIERTZ
Deutscher Reichspost-Kalender
1 9 3 6

Deutscher Reichspost-Kalender
1 9 3 7

Deutscher
Reichspost-Kalender
1938
ZEPF

EIN VOLK
EIN REICH
EIN FÜHRER
12+38
Deutsches Reich
EIN FÜHRER
EIN VOLK · EIN REICH
6 Rpf
10. APRIL 1938
Deutsches Reich
MEERWALD
Deutscher Reichspost-Kalender
1 9 3 9

MEERWALD
Deutsche Reichspost
Deutscher Reichspost-Kalender 1940

Ein Führer
Deutsches Reich
Lothringen
Deutsches Reich
Luxemburg
Deutsches Reich
Elsaß
Deutsches Reich
Böhmen und Mähren
Čechy a Morava
Eupen-Malmedy wieder deutsch
Deutsches Reich
Danzig ist deutsch
Deutsches Reich
Generalgouvernement
1941
Deutscher Reichspost-Kalender

DEUTSCHER REICHSPOST-KALENDER
1942
WH-5763
FELDPOST

MEERWALD
DEUTSCHER
REICHSPOST-
KALENDER
1943

Schriftleitung, Verlag und Versand: Berlin SW 68, [illegible] Erscheint wöchentlich / Verantwortlicher Schriftleiter: J. V.: Lorenz Sedlmayr, Berlin SW 68, Wilhelmstr. 140 | Durch die Post bezogen vierteljährlich 2,40 RM. [illegible] Die 6gespaltene Millimeterzeile oder deren Raum 60 Pf. Beilagen nach Vereinbarung | [illegible] G. m. b. H., Berlin W 57, Kurfürstenstr. 15/16 / Fernspr.: Sammelnummer B 2 Lützow 7104 / Postscheck: 41257 Berlin Schluß der Anzeigenannahme: 6 Tage vor Erscheinen

Deutsche Post

Organ des Reichsverbandes Deutscher Post- u. Telegraphenbeamten e. V.

Beglaubigte Abschrift.

Der Polizeipräsident
Abteilung I
113 500/223/33

Berlin, den 18. März 1933.

Verbot.

Auf Grund des § 14 PVG. in Verbindung mit § 1 der Verordnung des Reichspräsidenten zum Schutze von Volk und Staat vom 28. Februar 1933 verbiete ich hiermit im Interesse der öffentlichen Sicherheit und Ordnung das Erscheinen der periodischen Druckschrift

„Deutsche Post“

(Organ des Reichsverbandes Deutscher Post- und Telegraphenbeamten e. V.)

auf die Dauer von 3 Monaten.

Zuwiderhandlungen werden nach § 4 der Verordnung bestraft.

In Vertretung:
gez. Volk

Für richtige Abschrift:
gez. Dommitzsch,
Kanzleiangestellte.

An den
Reichsverband Deutscher Post- und Telegraphenbeamten e. V.
Berlin

Verlag: Reichsverband Deutscher Post- und Telegraphenbeamten e. V., Berlin SW 68, Wilhelmstraße 146. — Druck: Otto Elsner K.-G., Berlin S 42.

Deutsche Postzeitung

Herausgeber: Hauptamt für Beamte der Reichsleitung der N.S.D.A.P.

Fachschaft Reichspostverwaltung im Reichsbund der Deutschen Beamten

Folge 7 | Berlin, den 7. April 1935 | 3. Jahrgang

Die Ausbildung für den Postbeamtenberuf

Art und Bedeutung der beruflichen Schulung für den Dienst bei der Deutschen Reichspost

Die Aufgaben der DRP sind sowohl hinsichtlich des Umfangs ihrer Leistungen wie auch durch das Hinzutreten neuer Dienstzweige in den letzten Jahrzehnten ungemein gestiegen. Wickelte sich doch der Postverkehr um 1900 herum in wesentlich einfacheren Bahnen ab. Die Einrichtungen des Postscheckverkehrs, der Kraftposten und Landkraftposten, der Luftpost, des Funkdienstes und des Rundfunks sind alle erst Kinder unseres Jahrhunderts, und welchen gewaltigen Aufschwung hat die Fernsprechtechnik nach dem Weltkriege genommen! Entsprechend dieser Erweiterung des Aufgabenkreises der DRP sind auch die Anforderungen an die Beamten gewachsen. Es ist daher selbstverständlich, daß der Ausbildung der Postbediensteten heute eine ganz andere Bedeutung zukommt und großes Gewicht auf ihre ausreichende Unterweisung gelegt werden muß, wenn sie als Diener der staatlichen Verkehrseinrichtungen ihren Aufgaben gerecht werden und den Erfordernissen genügen sollen, die an diesen wichtigen Reichsbetrieb gestellt werden. Mit dem Siege der nationalsozialistischen Revolution haben sich allgemein auch die Auffassungen über den Wert der Einzelpersönlichkeit und der Charakterbildung geändert. Um Annahme und Ausbildung der Beamten mit den Grundsätzen der nationalsozialistischen Weltanschauung in Einklang zu bringen, sind im vergangenen Jahre Vorkehrungen getroffen worden, von denen hier vor allem die Ausbildungsvorschriften im Zusammenhang erörtert werden sollen.

Voraussetzung für eine erfolgreiche Arbeit an unseren Dienstanfängern ist, daß sie über die nötige geistige Aufnahmefähigkeit und für die technischen Dienstverrichtungen über die erforderliche Geschicklichkeit verfügen, um dem Unterricht mit Nutzen folgen zu können. Ueber das Wissen der Bewerber gibt das Schulabgangszeugnis genügenden Aufschluß, für die Laufbahnen des unteren Dienstes muß sich aber der Anwärter noch einer Aufnahmeprüfung im Lesen, Schreiben und Rechnen unterziehen. Um die geistige und körperliche Eignung für bestimmte Arbeiten festzustellen und ungeeignete Bewerber von vornherein auszuscheiden, ist für einige Dienstlaufbahnen noch eine besondere Prüfung, die psychotechnische Eignungsprüfung, vorgeschrieben. Waren früher mit diesen Nachweisen die Annahmebedingungen erfüllt und genügte meist ein gutes Schulzeugnis zur Annahme, so fordern die neuen Vorschriften neben ausreichenden Schulkenntnissen noch weiter: Charakterbildung, frische, sportgestählte Persönlichkeit und nationale Zuverlässigkeit.

Sehen wir hier von einer Erörterung der Unterrichtsgestaltung für die technischen Dienstzweige des Telegraphen-

Bild: Presse Ill. Hoffmann

In seiner Eigenschaft als Oberster Befehlshaber der Wehrmacht stattete der Führer dem Jagdgeschwader Richthofen einen Besuch ab
Der Führer mit dem Ministerpräsidenten General der Flieger Göring und Major Ritter von Greim während der Flugvorführungen in Staaken

Die »Deutsche Post«, Verbandszeitschrift des Reichsverbandes Deutscher Post- und Telegraphenbeamten, wurde im Zuge der Gleichschaltung der deutschen Presse am 18. März 1933 verboten – an ihre Stelle trat als Fachzeitschrift die »Deutsche Postzeitung«

Deutsche Postzeitung

Herausgeber: Hauptamt für Beamte der Reichsleitung der NSDAP.

Fachschaft 2 Reichspostbeamte im Reichsbund der Deutschen Beamten

Folge 2 — Berlin, den 24. Januar 1937 — 5. Jahrgang

Vier Jahre Reichspost im Neuen Reich

Von Staatssekretär im Reichspostministerium Dr. Ohnesorge

Bereits in der Neujahrsnummer der Deutschen Postzeitung habe ich beim Rückblick auf das Jahr 1936 darauf hingewiesen, daß unsere Arbeit, verglichen an der ungeheuren Arbeit des Führers und dem phantastischen Erfolg seiner Arbeit, als klein und unscheinbar erscheinen muß. Nur derjenige, der sich den trostlosen Zustand Deutschlands vor 1933 immer wieder vor Augen hält, kann ermessen, welchen gigantischen Plan der Führer aufstellte, als er erklärte: Binnen vier Jahren muß der deutsche Bauer der Verelendung endgültig entrissen sein, binnen vier Jahren muß die Arbeitslosigkeit endgültig überwunden sein, gleichlaufend damit ergeben sich die Voraussetzungen für das Aufblühen der übrigen Wirtschaft. Nur das gläubige Aufblicken zum Führer, dem unsere Herzen zu eigen geworden waren, hat uns damals den Mut gegeben, diesen von ihm angekündigten Kampf aufzunehmen und siegreich zu Ende zu führen. Denn der Kampf ist siegreich gewesen. Das, was der Führer 1933 bei der Machtübernahme versprochen hat, hat er innerhalb der als Frist gesetzten vier Jahre mehr als erfüllt, und wir leben heute wieder inmitten eines arbeitenden, hoffenden und — es soll ruhig und ehrlich bekannt werden — glücklichen Volkes!

Ein so gigantischer Kampf, wie ihn der Führer geführt hat, machte allerdings auch Mittel und Wege erforderlich, die in das Schema der alten Bürokratie nicht paßten, die im Gegenteil eingefleischten Bürokraten oft das Ende der staatlichen Ordnung zu bedeuten schienen. Ja, dem Bürokraten muß die neue, nicht auf Akten und Vorgängen basierende, sondern sich dem vielgestaltigen Volksleben anschmiegende Art des Denkens und Beschließens nationalsozialistischer Beamtenpersönlichkeit naturnotwendig als eine Bescheinigung vorkommen,

Staatssekretär Pg. Dr. Ohnesorge als Gratulant der Deutschen Reichspost zum 44. Geburtstag des Preuß. Ministerpräsidenten Hermann Göring am 12. Januar

Aufn.: Presse-Ill. Hoffmann

Deutsche Postzeitung

Herausgeber: Hauptamt für Beamte der Reichsleitung der NSDAP.

Fachschaft 2 Reichspostbeamte im Reichsbund der Deutschen Beamten

Nummer 10 — Berlin, den 9. Mai 1937 — 5. Jahrgang

Schönheit der Arbeit bei der Reichspost

Von Ministerialrat Sackersdorff, Reichspostministerium

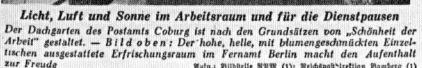

Im Jahre 1934 wurde innerhalb der NS.-Gemeinschaft „Kraft durch Freude" der Deutschen Arbeitsfront das Amt „Schönheit der Arbeit" geschaffen. Es stellte sich die Aufgabe, dem arbeitenden deutschen Menschen eine freundliche Arbeitsstätte zu schaffen und dadurch seine Arbeitsfreude und seine Arbeitskraft zu heben, damit er mit Lust und Liebe an dem großen Aufbauwerk Adolf Hitlers mitarbeiten könne. Das Amt hatte bei seinen Bestrebungen in erster Linie die privaten Unternehmungen im Auge, nicht nur, weil sie die große Mehrzahl der deutschen Arbeiter und Angestellten umfassen, sondern auch, weil gerade hier die Verhältnisse teilweise recht ungünstig lagen. Das Amt „Schönheit der Arbeit" hat sich aber auch an das Reichspostministerium, die Hauptverwaltung der Deutschen Reichsbahn und die Oberbürgermeister der großen Städte gewandt und sie um tatkräftige Mitarbeit gebeten. Das Reichspostministerium hat dieser Aufforderung um so lieber entsprochen, als die Gedankengänge des Amts „Schönheit der Arbeit" ihm keineswegs fremd waren und in Uebereinstimmung mit seinen bisherigen Bemühungen standen, die Arbeitsbedingungen für die Gefolgschaft über das Mindestmaß von Zweckmäßigkeit und Gesundheitsschutz hinaus möglichst günstig zu gestalten.

So besteht seit Schaffung des Amts „Schönheit der Arbeit" eine enge Zusammenarbeit zwischen dem Amt und dem Reichspostministerium, die auch in häufigen persönlichen Besprechungen ihren Ausdruck findet. Mit den Beauftragten der Zentralstelle des Amts wurden zunächst die Grundsätze vereinbart, nach denen die Zusammenarbeit in den Reichspostdirektions-Bezirken zu geschehen hat. Das Amt möchte einerseits Betriebe besichtigen, die in der einen oder anderen Hinsicht verbesserungsbedürftig sind, legt aber anderseits Wert darauf, auch gerade solche Betriebe zu sehen, die vorbildlich sind. Diese sollen in dieser Beziehung noch rückständigen privaten Unternehmungen als Muster dienen. An solchen vorbildlichen Be-

Licht, Luft und Sonne im Arbeitsraum und für die Dienstpausen

Der Dachgarten des Postamts Coburg ist nach den Grundsätzen von „Schönheit der Arbeit" gestaltet. — Bild oben: Der hohe, helle, mit blumengeschmückten Einzeltischen ausgestattete Erfrischungsraum im Fernamt Berlin macht den Aufenthalt zur Freude

Aufn.: Bildstelle RPM (1); Reichspostdirektion Bamberg (1)

Deutsche Postzeitung

Herausgeber: Hauptamt für Beamte der Reichsleitung der NSDAP.

Fachschaft 2 Reichspostbeamte im Reichsbund der Deutschen Beamten

Nummer 14 — Berlin, den 11. Juli 1937 — 5. Jahrgang

Die neue Schulungsstätte der Reichspost

Ausrichtung auf Führer und Volk — Erster Lagerlehrgang nach Eröffnung des Schulungsheims Zeesen

Die großen Aufgaben unserer Zeit stellen an jeden von uns höchste Anforderungen. Nur innerlich gefestigte, in Glauben und Zielrichtung auf den Führer und die schicksalsgebundene Gemeinschaft der Deutschen ausgerichtete Menschen werden diese Aufgaben meistern. Nicht nur für die Jetztzeit, auch für die nähere und fernere Zukunft hat das seine unabdingbare Geltung. Die Deutsche Reichspost ist dem Wesen und der Natur ihrer Zweckbestimmung nach stärkstens in den Kreis der gewaltigen, nach nationalsozialistischer Planung und Zielsetzung zu lösenden Gesamtaufgaben einbezogen. Auch sie braucht darum Menschen, die ihrer Aufgabe voll und ganz gewachsen sind. Kaum eine andere Hoheitsverwaltung steht in so lebensnaher und vertrauter Beziehung zu allen Kreisen und Schichten des Volkes wie die Reichspost. Deshalb braucht gerade sie eine Gefolgschaft, die in Charakter und Haltung immer wieder, in der täglichen Arbeitsleistung wie auch außerhalb des beruflichen Wirkungskreises, nationalsozialistisches Wollen und Vollbringen unter Beweis stellt; eine Gefolgschaft, die in engster Kameradschaft zusammensteht und ihren Tageskampf führt mit der Blickrichtung auf das große, alles umfassende Ziel, das der Führer allen deutschen Menschen aufgezeigt hat.

In den letztvergangenen vier Jahren hat die Deutsche Reichspost auf dem Gebiet der Durchdringung ihres Personalkörpers mit dem Geist und Gedankengut des Nationalsozialismus Vorbildliches geleistet. Reichspostminister Dr. Ohnesorge, der seiner Gefolgschaft ein wirklicher Führer und wahrer Kamerad ist, und die von ihm in

Reichsleiter Dr. Ley besichtigte unter Führung von Reichspostminister Dr. Ohnesorge das Schulungsheim der Reichspost in Zeesen; Bild oben: Die feierliche Flaggenhissung am Tage der Einweihung des Schulungsheims Aufn.: Presse-Ill. Hoffmann (1), Weltbild (1)

6. Februar 1939.

An

Herrn Heinrich Zuhnemer
Postschaffner

H e i d e l b e r g
Beethovenstr. 37

Mein lieber junger Freund!

Vielen Dank für Ihren lieben Brief vom 11.November 1938. Die in dem prachtvollen Geiste geschriebenen Briefe meiner Zeesener sind mir immer ein Lichtblick in der Massenarbeit für unser Sozialwesen. Haben Sie herzlichen Dank für Ihre Gemeinschaftarbeit in Heidelberg, deren Fortgang mich sehr interessiert und worüber ich gern öfter Nachricht erhielte.

Meine besten Wünsche für Sie auf unserer Ordensburg, dieser höchsten Pflanzstätte nationalsozialistischen Geistes und nationalsozialistischen Strebens, und allen Erfolg.

Heil Hitler!
Ihr
gz. Oh

Brief aus dem Nachlaß des Reichspostministers Wilhelm Ohnesorge

Der Reichspostminister

IV 8000-0

(Bitte in der Antwort Nummer und Gegenstand anzugeben)

Berlin W 66, den 13. Januar 1934.

An

die Oberpostdirektionen,
das Reichspostzentralamt,
die Hauptverwaltung der Versorgungsanstalt der Deutschen Reichspost und die Direktion der Reichsdruckerei.

HANDSTOCK
IV A
III
IV
Registratur (z. d. A.)

Zur Vf vom 19. Dezember 1933
IV 8208-0.

Vorzugsbeförderungen.

Die Verfügung vom 19. Dezember 1933 IV 8208-0, betr. Vorzugsbeförderungen, wird nicht überall so gehandhabt, wie beabsichtigt war und wie es nötig ist, damit das Herandrängen ungeeigneter Personen verhindert wird. Für den Vorschlag auf bevorzugte Beförderung gemäß der Verfügung kommen nur alte verdiente Kämpfer inbetracht, d.h. solche Beamte, die sich längere Zeit hindurch hervorragend für die nationale Volkserhebung betätigt haben. Diese Feststellung können die OPD usw. von sich aus nicht ohne weiteres treffen. Für jeden Vorschlag haben sie daher ein Gutachten der Gauleitung darüber einzuholen und beizufügen, daß und aus welchen Gründen der Beamte als alter verdienter Kämpfer angesehen werden muß.

In Vertretung

Ohnesorge

Erlaß des Reichspostministers vom 13. Januar 1934 betr. die bevorzugte Beförderung von »Alten Kämpfern« in die Beamtenstellen der Deutschen Reichspost

---

Zl. 30005/1938

22/XII 38

Geehrter Herr Reichspostminister!

Als Kämpfer für Großdeutschland wurde ich im Jahre 1934 aus dem Bundesdienst des damaligen Systems entlassen und war vier Jahre mit meiner Familie größter Not ausgesetzt. Meine Wiedereinstellung erfolgte am 13. März d.J. und wurde ich bald darauf durch Ihre Verfügung in das Beamtenverhältnis übernommen. Gleichzeitig entschädigten Sie mich auf Anordnung des Führers und Reichskanzlers für die Leidensjahre mit einem Betrag von RM 740. Sie haben mit dieser Wiedergutmachung ermöglicht, meine traurige soziale Lage zu verbessern und haben mir und meiner Familie neue, lang entbehrte Lebensfreude geschaffen. Empfangen Sie auf diesem Wege aus vollem Herzen meinen ehrlichsten Dank für Alles. Gott möge den Führer und Sie, Herr Reichspostminister, in Ihrer Menschenfreundlichkeit noch lange in Gesundheit erhalten und wünsche ich Ihnen ein so frohes Weihnachtsfest, wie ich es heuer feiern kann. Das neue Jahr möge allen meinen Wünschen für Sie Erfüllung bringen.

Heil Hitler

Hans Fernengel, Werkmeister, Wien IX.
Postamt Nebengasse

Brief aus dem Nachlaß des Reichspostministers Ohnesorge vom 22. Dezember 1938 mit dem Dank für die Übertragung einer Beamtenstelle am 13. März 1938

Joseph Goebbels, Reichsminister für Volksaufklärung und Propaganda (1897–1945)

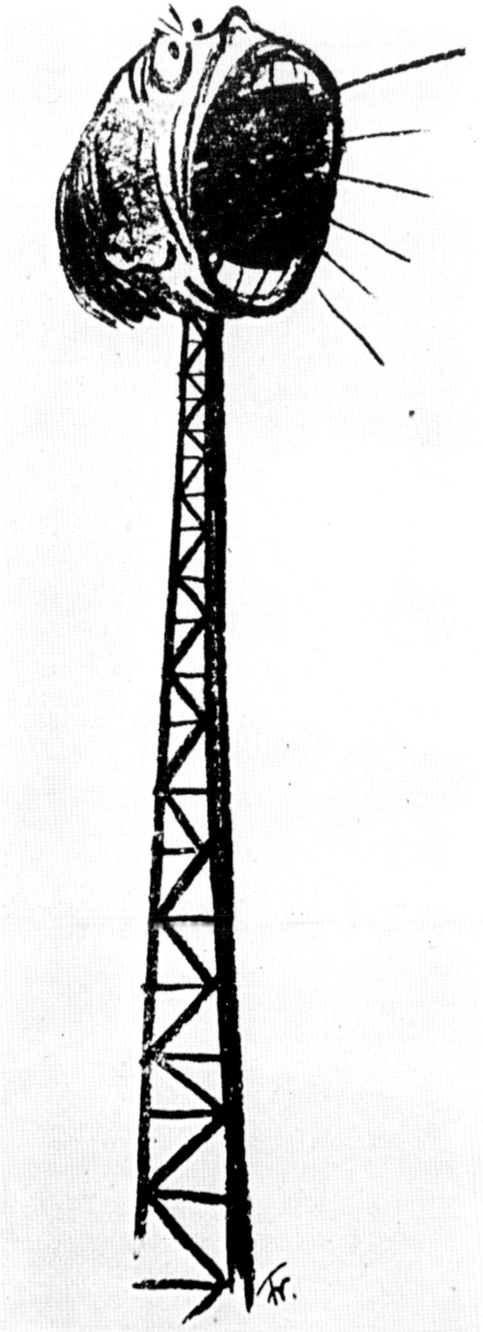

Goebbels als »Tag- und Nacht-Sender« in einer antinationalsozialistischen Karikatur, um 1935

BERLIN
13. Juli 1941

N·S·B·Z
Nationalsozialistische Beamten-Zeitung

NUMMER 12/13
10. Jahrgang

Deutsche Postzeitung

HERAUSGEBER: HAUPTAMT FÜR BEAMTE DER REICHSLEITUNG DER NSDAP.
Fachschaft 2 Reichspostbeamte im Reichsbund der Deutschen Beamten
VERLAG BEAMTENPRESSE GMBH. BERLIN SW 68, FRIEDRICHSTR. 41-42

Aus dem Inhalt: Aufbauarbeit der Reichspost in den Ostgebieten S. 121 — Schulungslager Wannsee für den weiblichen Post-Nachwuchs S. 123 — Begabte werden in Deutschland gefördert und unterstützt — Kämpferisches Beamtentum! S. 124 — Vergütungen bei auswärtiger Beschäftigung S. 125 — Allgemeine Leitbehelfe — Die Nachrichtenübermittlung im Wandel der Zeiten S. 128 — **Ausgabe B: enthält u. a.** Ansprechender Gemeinschaftsraum in einem Posthaus S. 125 — Sicherheitseinrichtungen in Hochspannungsanlagen S. 127 — Techn. Zeitschriftenschau S. 128

Aufbauarbeit der Reichspost in den Ostgebieten

Der Aemterwettbewerb im Warthegau — Sieben Aemter wurden ausgezeichnet

Großdeutschlands Freiheitskampf gegen Plutokratie und Bolschewismus führt unsere tapferen Truppen von Sieg zu Sieg. Unvergleichlich sind ihre Leistungen. Dankbar blickt die Heimat auf ihre kämpfenden Männer an den Fronten, und sie wird dieser Dankbarkeit erneut stärksten Ausdruck geben bei der Haussammlung für das Kriegshilfswerk zum Deutschen Roten Kreuz am kommenden Sonntag. In Ost und West hat es sich aber auch gezeigt, daß in den befreiten und zurückgewonnenen Gebieten unmittelbar nach Beendigung der Kampfhandlungen die ordnende und aufbauende Arbeit der öffentlichen Verwaltung einsetzte, um das Leben wieder in Gang zu bringen. Die Deutsche Reichspost hat hieran einen hervorragenden Anteil. Das hat sich nicht nur im Westen, sondern vor allem auch im Osten erwiesen, auf den der Blick heute, angesichts der Kämpfe und Siege im Gebiet der Sowjetunion, heute stärker denn je gerichtet ist.

Wenige feldgraue Postschutzmänner waren der kämpfenden Truppe im Polenfeldzug gefolgt und fanden in den meisten Orten nur vollständig verwahrloste, verschmutzte, vielfach absichtlich zerstörte oder zerschossene Postdiensträume und Einrichtungen vor. Die Dienstmöbel zerschlagen, Fenster und Türen zertrümmert, Fernmeldeeinrichtungen zerstört, Apparate teilweise verschleppt, die Kabel zerhackt, Freileitungen heruntergerissen, weite Strecken von Leitungsgestängen vernichtet, Schutt, Schmutz und Unordnung rings um die Postgebäude, keine oder wenig brauchbare Fahrzeuge, schlechtes Wasser, verunreinigte Brunnen und viele andere Unzulänglichkeiten. Dazu — namentlich im ehemaligen Kongreßpolen — unergründliche Wege und holprige Straßen. Dabei ungenügende Wohnunterkünfte, ungünstige hygienische Zustände und Kampf gegen Wanzen und anderes Ungeziefer.

Behelfsmäßig wurden die nötigsten Einrichtungen wieder hergestellt und der Betrieb zunächst für die Wehrmacht und die nach und nach einrückenden Parteidienststellen und Behörden eröffnet. Nach Eintreffen weiterer Arbeitskräfte — Beamte, Beamtinnen, Postangestellte und Arbeiter aus allen Teilen des Reichs — begann nach Anweisung der neuerrichteten RPD Posen eine emsige Aufbauarbeit im Post- und Fernmeldenetz des ganzen Warthegaues. In fleißiger Gemeinschaftsarbeit haben Amtsvorsteher und Gefolgschaft die von den Polen verwahrlosten Dienststellen aufgeräumt und gesäubert, die zerschossenen Räume und Bahnpostwagen wieder hergerichtet, das erste Gerät, Verteilfachwerk und Dienstmöbel selbst instandgesetzt oder neuangefertigt, dabei die Strapazen durch die strenge Kälte bis zu 30 Grad bei mangelndem Heizmaterial, eingefrorener Dampfheizung im Bahnpostwagen, Wassereinbrüchen und Vereisung der durch Bombensprengung zerstörten Tunnel und Bahnkörper willig ertragen. Nach und nach konnten die ge-

Eröffnung des ersten Schulungslagers für weibliche Postangehörige
Von links: Reichspostminister Dr.-Ing. e. h. Ohnesorge, Lagerleiterin Dr. Rauscher, Reichsorganisationsleiter Dr. Ley, Staatssekretär Dipl.-Ing. Nagel
Zu unserem Aufsatz auf S. 123. Urheber: Reichspostministerium, Pressebildarchiv

Gauleiter und Reichsstatthalter Greiser besichtigte mit dem Gauobmann der DAF., Reichsamtsleiter Dr. Derichsweiler, das Fernsprechamt Posen Bild: Reichspostdirektion Posen

Werbeplakat für den Volksempfänger VE 301 –
das gleiche Radio für alle »Volksgenossen«

BERLIN
17. September 1939

N·S·L·Z

Nationalsozialistische Beamten-Zeitung

NUMMER 19
8. Jahrgang

Deutsche Postzeitung

HERAUSGEBER: HAUPTAMT FUR BEAMTE DER REICHSLEITUNG DER NSDAP.

Fachschaft 2 Reichspostbeamte im Reichsbund der Deutschen Beamten

VERLAG BEAMTENPRESSE GMBH., BERLIN SW 68

Unsere Feldpost

Ihr Aufbau und ihre Arbeit

Aufnahme: Presse-Bild-Zentrale

In den Wagen ist eine Postdiensteinrichtung ähnlich der bei den fahrbaren Postämtern eingebaut

Am 1. September ließ das Oberkommando der Wehrmacht durch Presse und Rundfunk verkünden, daß mit Ablauf des 2. September die Postsperre aufgehoben würde. In einer Verfügung an die Dienststellen der DRP fügte das Reichspostministerium ergänzend hinzu, daß vom 3. September ab der Feldpostdienst aufzunehmen sei. Damit erhielt unsere neu geschaffene Feldpost, die schon mehrfach die Postversorgung von Teilen unserer Wehrmacht als Uebungspost ausgeführt hat, zum ersten Male Gelegenheit zum vollen Einsatz.

Die Deutsche Feldpost ist in ihrer jetzigen Gestalt erst wenige Jahre alt. Versailles hatte die alte stolze Deutsche Feldpost aus dem Weltkriege zerschlagen, die nach den Worten Hindenburgs wesentlich dazu beigetragen hat, die Schlagfertigkeit des Heeres zu stärken. In den darauffolgenden Jahren war Deutschland die Vergrößerung seiner Wehrmacht untersagt. Die Schaffung einer Feldpost für das 100 000-Mann-Heer, das nur in der Heimat verwendet werden sollte, wurde zuerst nicht für erforderlich gehalten und später in gänzlich unzureichendem Maße betrieben. Erst als unser Führer die Ketten von Versailles sprengte und unsere Wehrmacht stolzer und größer denn je erstand, war die Zeit für den Aufbau einer neuen Deutschen Feldpost gekommen.

An der Spitze der jetzigen Feldpost steht der Heeresfeldpostmeister; ihm unterstellt sind die Armeefeldpostmeister, denen wiederum die Feldpostämter unterstehen. Man hat also die uns Postbeamten geläufige Dreiteilung — Reichspostministerium, Reichspostdirektion, Postamt — auch auf die Feldpost übertragen. Zur Verbindung der Feldpostämter mit den für die Zuteilung der Postsendungen wichtigen Postleitpunkten sind die Feldpostleitstellen ausersehen. Für besondere Arbeiten steht jedem Armeefeldpostmeister eine Armeebriefstelle zur Verfügung. Diese Dienststellen der Feldpost sind ausschließlich mit Beamten der Deutschen Reichspost besetzt. Außerhalb der Deutschen Reichspost stehende Volksgenossen können bei der Feldpost nicht eingestellt werden. Die persönliche Ausrüstung der Feldpostbeamten sowie die Ausstattung der Feldposteinheiten mit Postgeräten erfolgt durch Vermittlung der Ausrüstungs-Reichspostdirektionen. Die bei der Feldpost benötigten Kraftwagen stellt die DRP; so erhält u. a. jedes FpA einen Großraum-Kraftomnibus, in den eine Postdiensteinrichtung nach Art der Ausstattung der fahrbaren Postämter eingebaut wird. Ueberall, wo in diesen Tagen unsere Feldpostkraftwagen mit den in schmucken Uniformen steckenden Feldpostbeamten auftauchten, wurden sie freudig begrüßt. Jeder denkt bei ihrem Anblick daran, daß die Feldpost berufen ist, die Verbindung zwischen der Heimat und dem Feldheer und umgekehrt herzustellen und aufrechtzuerhalten. Daß sich die Feldpostbeamten dieser hohen Aufgabe bewußt und bereit sind, ihre ganze Kraft und, wenn es sein soll, auch Leib und Leben zur Erfüllung dieser Pflicht einzusetzen, bedarf kaum einer Erwähnung.

Was befördert die Feldpost zur Heimat?

Die Feldpostämter werden in möglichster Nähe der Truppenunterkünfte im Operationsgebiet untergebracht, damit auch der Soldat an der Front Gelegenheit hat, Post nach der Heimat aufzuliefern und ihm umgekehrt schriftliche Heimatgrüße schnellstens zugeführt werden können. Bei den Feldpostämtern kann der Soldat Briefe und Post-

Zulassungsmarke für Feldpostpäckchensendungen

Zulassungsmarke für Luftfeldpostsendungen

Zwei Feldpostkarten mit Propagandamarken

Die erste Briefmarkenausgabe nach der Ernennung Hitlers zum Reichskanzler, 21. April 1933
Sonderausgabe zur Erinnerung an den »Tag von Potsdam«, die Eröffnung des neugewählten Reichstages, am 21. März 1933

Die letzten Briefmarkenausgaben der Deutschen Reichspost, Wohltätigkeits-Sonderausgaben: 20. April 1945 – Parteiformationen SA und SS

Ausgaben aus den Kameradschaftsblocks der Deutschen Reichspost von 1939 und 1944. Unter dem Begriff »Kameradschaftsblock« lief ein Betreuungsprogramm für die zum Kriegsdienst einberufenen Mitglieder der Deutschen Reichspost.

Wohltätigkeits-Sonderausgabe: 20. Jahrestag des Hitlerputsches am 9. November 1923

Kriegs-Propagandafälschung dieser Briefmarke

Wohltätigkeits-Sonderausgabe: 21. Jahrestag des Hitlerputsches am 9. November 1923

Kriegs-Propagandafälschung dieser Briefmarke, »Himmler fesselt Zivilisten«

Britische Kriegs-Propagandafälschung der Hitler-Kopf-Ausgabe. Statt des Hitler-Kopfes 1943 Bild des Reichsführers der SS, Himmler

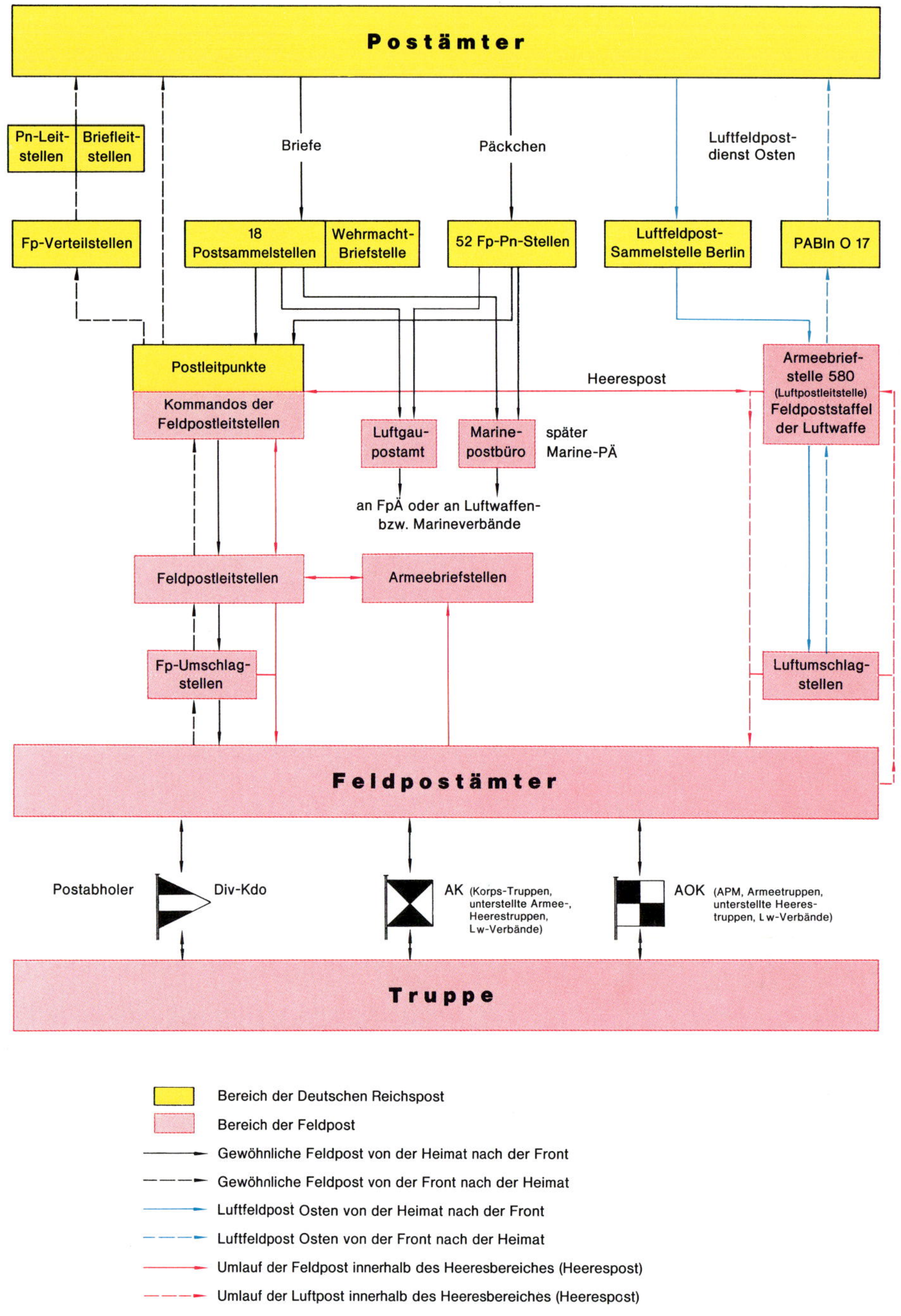
Postämter
Pn-Leitstellen
Briefleitstellen
Briefe
Päckchen
Luftfeldpostdienst Osten
Fp-Verteilstellen
18 Postsammelstellen
Wehrmacht-Briefstelle
52 Fp-Pn-Stellen
Luftfeldpost-Sammelstelle Berlin
PABln O 17
Postleitpunkte
Heerespost
Kommandos der Feldpostleitstellen
Armeebriefstelle 580 (Luftpostleitstelle) Feldpoststaffel der Luftwaffe
Luftgaupostamt
Marinepostbüro
später Marine-PÄ
an FpÄ oder an Luftwaffen- bzw. Marineverbände
Feldpostleitstellen
Armeebriefstellen
Fp-Umschlagstellen
Luftumschlagstellen
Feldpostämter
Postabholer
Div-Kdo
AK (Korps-Truppen, unterstellte Armee-, Heerestruppen, Lw-Verbände)
AOK (APM, Armeetruppen, unterstellte Heerestruppen, Lw-Verbände)
Truppe
Bereich der Deutschen Reichspost
Bereich der Feldpost
Gewöhnliche Feldpost von der Heimat nach der Front
Gewöhnliche Feldpost von der Front nach der Heimat
Luftfeldpost Osten von der Heimat nach der Front
Luftfeldpost Osten von der Front nach der Heimat
Umlauf der Feldpost innerhalb des Heeresbereiches (Heerespost)
Umlauf der Luftpost innerhalb des Heeresbereiches (Heerespost)

Aufbau der Feldpost-Beförderung

Feldpoststelle im Polenfeldzug, 1939

Feldpostpäckchenstelle Berlin, Dezember 1939

Beim Feldpostamt 501, in einer Bonner Schule, Winter 1939/40

Beim Feldpostamt 501, in einer Bonner Schule, Winter 1939/40

Brand des Feldpost-Schuppens im Bahnhof Minsk, 11. Juli 1941

Feldpost im Jugoslawien-Feldzug, Mai 1941

Stau der Feldpostsendungen auf dem Bahnhof Smolensk, Winter 1941/42

Stau der Feldpostsendungen auf dem Bahnhof Smolensk, Winter 1941/42

Stau der Feldpostsendungen auf dem Bahnhof Smolensk, Winter 1941/42

Stau der Feldpostsendungen auf dem Bahnhof Smolensk, Winter 1941/42

Verladen von Luft-Feldpost auf dem Flughafen Smolensk, Sommer 1942

Wichtige Mitteilung!

Fernsprechverkehr bei Fliegeralarm

Die überaus starke Inanspruchnahme der Fernsprechanschlüsse für private Orts-, Schnell- und Ferngespräche nach einem Fliegeralarm hat dazu geführt, daß der **lebenswichtige Fernsprechverkehr** der Behörden, z. B. der Polizei und Feuerwehr sowie der Stellen für die Lebensmittelversorgung usw., zum Schaden der Allgemeinheit **lahmgelegt** wurde.

Es ist daher dringend erforderlich, **private Gespräche** im Orts-, Schnell- und Ferndienst **während des Alarms und mindestens 2 Stunden nach der Entwarnung** unbedingt zu **unterlassen.** Auch in den darauf folgenden Tagen ist aus den gleichen Gründen größte Zurückhaltung im Fernsprechverkehr geboten.

Wenn dieser Hinweis keinen Erfolg haben sollte, würde die Reichspostdirektion gezwungen sein, **private Anschlüsse zu sperren.** Nach den Alarmen werden **Auskünfte in Störungsangelegenheiten** wegen der damit verbundenen starken Belastung der Dienststellen bis zum Wiedereintritt geordneter Verhältnisse grundsätzlich **nicht erteilt.**

Der Präsident Reichspostdirektion Berlin

Bitte Rückseite beachten!

11264 42 2 A Din A 6

Bitte diese Mitteilung nicht achtlos beiseitelegen!

Teilnehmer mit mehreren Fernsprechanschlüssen werden gebeten, die **umstehende Mitteilung** auch ihrer **Gefolgschaft** und dem Bedienungspersonal ihrer **Fernsprechzentrale bekanntzugeben.**

Hinweis der Reichspostdirektion Berlin aus dem Jahre 1942, daß private Telefonate während des Fliegeralarms sowie zwei Stunden nach Entwarnung zu unterlassen waren

Register

Auf S. 190 wurde der Name Zschüschner versehentlich falsch geschrieben.

Über die Autoren

BARUDIO, GÜNTER
geb. 1942, Dr. phil., Frankfurt am Main. Studium der Rechte, der Philosophie, Skandinavistik und Osteuropäischen Geschichte in Frankfurt am Main und Uppsala. Promotion 1973. Historiker und freischaffender Autor. Veröffentlichungen vor allem zur Geschichte des 17. und 18. Jahrhunderts.

DALLMEIER, MARTIN
geb. 1946, Dr. phil., Regensburg. Studium der Geschichte, Historischen Hilfswissenschaften und der Vor- und Frühgeschichte in Regensburg. Promotion 1974. Leiter des Fürst Thurn und Taxis Zentralarchivs – Hofbibliothek Regensburg. Zahlreiche Veröffentlichungen zur europäischen Postgeschichte.

FORSTMANN, WILFRIED
geb. 1941, Dr. phil., Oberursel. Studium der Mittleren und Neueren Geschichte, Volkswirtschaft, Soziologie und Kunstgeschichte in Tübingen, Kiel und Frankfurt am Main. Promotion 1971. Akademischer Oberrat an der Johann-Wolfgang-Goethe-Universität Frankfurt. Veröffentlichungen zur Sozial- und Wirtschaftsgeschichte, der Stadtgeschichte sowie zur preußischen und französischen Geschichte des 19. und 20. Jahrhunderts.

GNEWUCH, GERD
geb. 1934., Bonn-Bad Godesberg. Oberamtsrat im Bundesministerium für das Post- und Fernmeldewesen Bonn. Veröffentlichungen speziell zur Postgeschichte Berlins.

LECLERC, HERBERT
geb. 1927., Friedberg. Oberamtsrat beim Bundespostmuseum Frankfurt am Main. Leiter der dortigen Archivaliensammlung. Zahlreiche postgeschichtliche Veröffentlichungen, vor allem im Archiv für deutsche Postgeschichte.

LOTZ, WOLFGANG
geb. 1953, Dr. phil., Dieburg. Studium der Geschichte, Germanistik und Pädagogik in Frankfurt am Main. Promotion 1981. Freier Historiker. Veröffentlichungen zur preußischen Geschichte im 18. Jahrhundert sowie zur Postgeschichte.

MARTENS, STEFAN
geb. 1954, Dr. phil., Paris. Studium der Geschichte und Philosophie in Frankfurt am Main und Münster/Westfalen. Promotion 1983. Wissenschaftlicher Mitarbeiter und Referent für Zeitgeschichte am Deutschen Historischen Institut Paris. Veröffentlichungen zur Zeitgeschichte.

PFAEHLER, DIETRICH
geb. 1947., Bad Neustadt a. d. Saale. Studium der Geschichte und Kunstgeschichte in Kiel, Freiburg i. Br., Wien und Würzburg. Freier Schriftsteller und Verleger. Veröffentlichungen zur Geschichte und Kulturgeschichte, besonders des mitteldeutschen Raumes, sowie zur Kartographiegeschichte und über historische Ortsansichten.

PROBST, ERWIN
geb. 1929, Regensburg. Archivoberrat am Fürst Thurn und Taxis Zentralarchiv – Hofbibliothek Regensburg. Zahlreiche Veröffentlichungen zur Post- und Landesgeschichte.

PUHLE, MATTHIAS
geb. 1955, Dr. phil., Braunschweig. Studium der Geschichte, Germanistik und Philosophie in Braunschweig. Promotion 1984. Kustos am Städtischen Museum Braunschweig. Veröffentlichungen zur Stadtgeschichte und zur Geschichte der Hanse.

ROTTER, EKKEHART
geb. 1948, Dr. phil., Aschaffenburg. Studium der Geschichte, Germanistik und Orientalistik in Frankfurt am Main und Tübingen. Promotion 1979. Mitarbeiter der Mainzer Akademie der Wissenschaften und der Literatur am Rechtshistorischen Institut der Johann-Wolfgang-Goethe-Universität Frankfurt. Veröffentlichungen vor allem zur Geschichte des Mittelalters.

SCHNEIDMÜLLER, BERND
geb. 1954, Prof. Dr. phil., Oldenburg. Studium der Geschichte, Germanistik, Politik, Pädagogik und Evangelischen Theologie in Frankfurt am Main und Zürich. Promotion 1977, Habilitation 1985. Professor für Geschichte des Mittelalters an der Universität Oldenburg. Zahlreiche Veröffentlichungen zur Geschichte Frankreichs im Mittelalter, zur kirchlichen Verfassungs-, zur Stadt- und Landesgeschichte.

UEBERSCHÄR, GERD R.
geb. 1943, Dr. phil., Freiburg. Studium der Geschichte, Osteuropäischen Geschichte, Politikwissenschaften und Geographie in Frankfurt am Main. Promotion 1976. Wissenschaftlicher Oberrat am Militärgeschichtlichen Forschungsamt Freiburg i. Br. Zahlreiche Veröffentlichungen zur Geschichte des Zweiten Weltkrieges und zur Geschichte des Widerstandes.

VOGT, MARTIN
geb. 1936, Dr. phil., Darmstadt. Studium der Geschichte und Germanistik in Göttingen und London. Promotion 1963. Habilitation 1980. Privatdozent an der Technischen Hochschule Darmstadt und Bibliothekar im Institut für Europäische Geschichte in Mainz. Editionen der »Akten der Reichskanzlei Weimarer Republik« sowie zahlreiche Aufsätze zur deutschen Geschichte des 19. und 20. Jahrhunderts.

Bild- und Quellennachweis

Amtsblatt des Königlichen Post-Departements: 400
Amtsblatt des Reichs-Postamts: 450, 451, 452
Amtsblatt des Reichspostministeriums: 280, 300, 314
Archiv für Kunst und Geschichte, Berlin: 129
Archiv HV der Deutschen Postgewerkschaft, Frankfurt am Main: 470 li.
Bayerische Staatsbibliothek München: 12 (Clm 8112, fol 1^verso^), 106
Berlin Museum, Berlin: 156, 428
Berlin und seine Eisenbahnen 1846–1896, Berlin 1896: 418
Bibliothek der Sorbonne Paris: 58 (Registre de l'Université 9 [11] fol 1 ^recto^)
Bildarchiv Preußischer Kulturbesitz, Berlin: 25, 71, 152, 153, 155, 157 li., 158, 160, 165, 272, 273 li., 347, 362
Briefmarken – Frey, Freiburg i. Br.: 477 unten li. u. re., 332 re. oben, 479 re. Sp. oben u. Mitte
Bundesarchiv Koblenz: 290 li., 298, 299, 472 re., 473 re.
Bundesministerium für das Post- und Fernmeldewesen,
– Bibliothek: 225, 226 li., 227 re., 291, 322, 454, 470 re., 471, 472 li., 475 re., 476
– Wertzeichenarchiv: 246, 254, 273 re., 276, 277, 297, 324, 325, 326, 327, 328, 329, 330, 331, 332 li. Sp. u. re. unten, 333, 334 li., 478 oben li., 478 re. Sp., 479 oben li.
Bundespostmuseum, Frankfurt am Main: 52, 56, 68, 75, 96, 102, 111, 113, 115, 118, 124, 126, 127, 142, 144, 145, 166, 170, 171, 172, 173, 175, 177, 178, 179, 181, 183, 184, 187, 190, 192, 193, 195, 196, 197, 202, 206, 207, 208, 215, 216, 217, 218, 220, 221, 222, 224, 226 re., 227 li., 228, 229, 231 re., 233, 240, 242, 247, 252, 255, 257, 258, 259, 264, 265, 268, 275, 278, 288, 292, 293, 294, 295, 309, 311, 358, 359, 360, 361, 362 oben u. unten re., 372, 373, 374, 380, 383, 386 oben, 390 li., 392, 395, 404, 405, 406, 408, 409, 412, 413, 422 oben, 426, 432, 433, 436 oben, 437 oben, 438, 439 oben, 440, 441 oben, 442 oben li./2 × unten, 445, 446, 447, 448, 449, 453, 456, 461, 463, 464, 466, 467, 468, 469, 473 li., 480, 481, 482, 483
Burgerbibliothek Bern: 17 (Codex 120, fol 106^recto^)
Burg Hohenzollern, Hechingen: 93
Die Deutsche Reichspost im Staate Adolf Hitlers, Berlin 1937: 290 re.
Deutsche Bauzeitung 1898: 373, 437 unten
Deutsche Postgeschichte 1937/I: 78 re
Deutsche Postgeschichte 1938/I: 384
Deutscher Post-Almanach für das Jahr 1847: 413
Deutsches Ledermuseum, Offenbach: 382
Deutschordens-Zentralarchiv, Wien: 35, 36
Bernd Fischer, Hanse-Städte. Geschichte und Kultur, Köln 1981: 45
Fliegende Blätter 1848: 393, 427
Alfred Frantz, St. Johannis, Magdeburg 1931: 422 unten
Fürst Thurn und Taxis Zentralarchiv – Hofbibliothek Regensburg: 69, 78 li., 83, 85, 86, 91, 92, 98, 99, 100, 125, 133, 134, 135, 137, 138, 139, 141
Geheimes Staatsarchiv Preußischer Kulturbesitz, Berlin: 30, 364, 365, 366, 375 oben u. unten li., 378, 407, 416, 417
Gerd Gnewuch, Bonn-Bad Godesberg: 341
Germanisches Nationalmuseum Nürnberg: 386 unten li., 387, 388, 389
Fredric V. Grunfeld, Die deutsche Tragödie, Hamburg 1975: 474 re., 475 li.
Hanseatiske Museum Bergen/Norwegen: 46
Herzog-August-Bibliothek Wolfenbüttel: 20 (Cod. Guelf. 120 Extravag. fol 1^recto^)
Industrie- und Handelskammer Köln: 429
Landesarchiv Berlin: 434
Landesbildstelle Berlin: 338, 439 unten, 457, 458, 459, 460, 474 li.
Rudolf Lotz, Rappach: 477 oben li. u. re.
Mittelrhein-Museum, Koblenz: 424, 425
Museum für Hamburgische Geschichte, Hamburg: 186
Museum für Verkehr und Technik, Berlin: 370, 371 (Archiv MVT II.50)
Mylius, Chr. C., Corpus Constitutionum Marchicarum, Berlin/Halle 1737 ff.: 367, 375 re. unten
Österreichische Nationalbibliothek Wien, Bildarchiv: 157 re.
Politisches Archiv des Auswärtigen Amtes, Bonn: 430, 431 li.
Postmuseum Berlin: 27, 79, 97, 131, 148, 162, 163, 164, 182, 231 li., 307, 343, 344, 345, 346, 348, 351, 354, 377 li., 385, 390 re., 391, 394, 396, 397, 398, 399, 401, 402, 403, 410, 411, 420, 441 unten, 442 oben re., 444, 455, 462, 484
Postmuseum Stuttgart: 90, 377 re.
Rheinisches Bildarchiv/Kölnisches Stadtmuseum, Köln: 423
Schedelsche Weltchronik: 42
Andreas Schlegel, Berlin: 335
Staatsarchiv Dresden: 368, 369
Staatsarchiv Hamburg: 66
Staatsbibliothek Preußischer Kulturbesitz, Berlin: 121, 381 (YB 2208 gr)
Staatliche Schlösser und Gärten Berlin (Schloß Charlottenburg): 80, 88, 89, 414, 121
Stadtarchiv Braunschweig: 49
Stadtarchiv Duisburg: 376
Stadtarchiv Frankfurt am Main: 21
Stadtarchiv Goslar: 14
Stadtarchiv Wesel: 81
St. Johannis-Kirche, Lüneburg: 54
Süddeutscher Verlag, Bilderdienst, München: 251, 263
Tiroler Landesmuseum Ferdinandeum, Innsbruck: 107
R. und G. Ueberschär, Offenbach: 334 re. oben u. unten, 478 li. Sp. Mitte u. unten, 479 li. Sp. Mitte
Universitätsbibliothek Heidelberg: 16 (Cpg 848, fol. 248^verso^)
Verlag Dietrich Pfaehler, Bad Neustadt a. d. Saale: 119
Daniel Wiest, Umkirch bei Freiburg: 479 unten
Zahlenspiegel der Deutschen Reichspost, Ausgabe 1942: 296
Zeitschrift für Bauwesen 1875: 436 unten
Zentrales Staatsarchiv Potsdam: 431 re.

POSTMUSEEN

DEUTSCHES POSTMUSEUM
– vormals Bundespostmuseum –

Schaumainkai 53, 6000 Frankfurt 70,
Tel. (069) 6060-1.
Wegen Umbaus zur Zeit geschlossen;
Wiedereröffnung 1990.
Ausstellung vorübergehend:
Stephanstraße 3, 6000 Frankfurt 1.
Geöffnet Dienstag bis Sonntag
von 10 bis 16 Uhr.

Neben dieser zentralen Institution unterhält die Deutsche Bundespost mehrere regionale Postmuseen und Sammlungen. Sie haben die Aufgabe, Grundzüge der deutschen Postgeschichte und darüber hinaus die charakteristische regionale Entwicklung der Post zu vermitteln.

POSTMUSEUM BERLIN
(Urania-Haus)

An der Urania 15, 1000 Berlin 30,
Tel. (030) 2128201.
Geöffnet Montag bis Donnerstag
von 9 bis 17 Uhr,
Sonnabend und Sonntag von 10 bis 17 Uhr.

Schwerpunkte:
Preußische Postgeschichte, Post- und Fernmeldemetropole Berlin, Innovationszentrum, Videokonferenzstudio, Briefmarkenland Berlin.

POSTABTEILUNG DES VERKEHRSMUSEUMS NÜRNBERG

Lessingstraße 6, 8500 Nürnberg,
Tel. (0911) 10-5000.
Wegen Umbaus zur Zeit geschlossen;
Wiedereröffnung 1990.

Schwerpunkte:
Bayerische Postgeschichte, spezielle bayerische Telegrafen- und Fernmeldetechnik.

POSTMUSEUM AM STEPHANSPLATZ (HAMBURG)

Am Stephansplatz 5, 2000 Hamburg 36,
Tel. (040) 357-2395.
Geöffnet Dienstag, Mittwoch und Freitag
von 10 bis 15 Uhr,
Donnerstag von 10 bis 18 Uhr.

Schwerpunkte:
Seefunk, Schiffspost, Hamburger Stadtpost und Stadtrohrpost.

MITTELRHEINISCHES POSTMUSEUM KOBLENZ

Friedrich-Ebert-Ring 14–20, 5400 Koblenz,
Tel. (0261) 128-2059.
Wiedereröffnung 1989.

Schwerpunkte:
Optische Telegrafie, Rheinfunk.

POST- UND FERNMELDE-MUSEUM STUTTGART

Friedrichstraße 13, 7000 Stuttgart,
Tel. (0711) 2000-2009.
Geöffnet Montag bis Freitag von 10 bis 15 Uhr.

Schwerpunkt:
Württembergische Postgeschichte.

POSTGESCHICHTLICHE SAMMLUNG DER OBERPOSTDIREKTION HANNOVER/BRAUNSCHWEIG

Zeppelinstraße 8, 3000 Hannover,
Tel. (0511) 127-4457.
Geöffnet Montag, Mittwoch und Freitag
von 10 bis 13 Uhr.

Schwerpunkte:
Post- und Fernmeldegeschichte des Raumes Hannover/Braunschweig.

POSTGESCHICHTLICHE SAMMLUNG DER OBERPOSTDIREKTION SAARBRÜCKEN

Postamt, Beratungsdienst,
Großer Markt 22, 6630 Saarlouis,
Tel. (06831) 441-216.
Führungen können mit dem Beratungsdienst des Postamts Saarlouis vereinbart werden.

Die Sammlung wird 1989 nach Saarbrücken (Postamt 13), Duttweiler Straße, verlagert. Den zukünftigen Schwerpunkt der Ausstellung bilden die deutsch-französischen Postbeziehungen.

PHILIPP-REIS-SAMMLUNG, FRIEDRICHSDORF

Hugenottenstraße 93, 6382 Friedrichsdorf,
Tel. (06172) 75491.
Geöffnet Samstag von 10 bis 12 Uhr und nach Vereinbarung.

Schwerpunkt:
Erfindung des Telefons.

WEITERE INFORMATIONEN:

Deutsches Postmuseum, Frankfurt am Main,
Tel. (069) 6060-1

Gesellschaft für deutsche Postgeschichte e.V.,
Tel. (069) 6060-1

Stand: Ende 1988